Bäuml ■ Behrendt ■ Henningsen ■ Pitschel-Walz

Handbuch der Psychoedukation

für Psychiatrie, Psychotherapie
und Psychosomatische Medizin

Mit Beiträgen von

Heike Alsleben
Michaela Amering
Ines Andre-Lägel
Hans-Jörg Assion
Josef Bäuml
Andreas Bechdolf
Bernd Behrendt
Matthias Bender
Hartmut Berger
Ursula Berninger
Birgit Conradt
Roberto D'Amelio
Janine Diehl-Schmid
Roger Dörr
Tanja Friedenstab
Teresa Froböse
Herbert Greß
Hans Gunia
Matthias Hammer
Marta Hauser
Askan Hendrischke
Peter Henningsen
Wolfgang Hiller
Stefan Hollenberg
Peter Hornung

Sibylle Hornung-Knobel
Maren Jensen
Georg Juckel
Werner Kissling
Maria Kleinstäuber
Stefan Klingberg
Christine Knaevelsrud
Eckhardt Koch
Ilona Kogan
Thomas Kohler
Michael Kroll
Kai-Uwe Kühn
Alexander Kurz
Ralph Lägel
Marion Lautenschlager
Alexandra Liedl
Agnes Lowe
Hans-Jürgen Luderer
Joergen Mattenklotz
Eva M. Meisenzahl
Rosmarie Mendel
Norbert Mönter
Hendrik Müller
Daniel Niebauer
Sabine Nunnemann

Gabriele Pitschel-Walz
Irmgard Plößl
Franziska Püschner
Kristin Rabovsky
Markus Reicherzer
Michael Rentrop
Wolfgang Retz
Heinrich von Reventlow
Christine Rummel-Kluge
Michael Sadre-Chirazi Stark
Annette Schaub
Bernt Schmitz
Ingrid Sibitz
Katarina Stengler
Julia Strothjohann
Heiner Vogel
Monika Vogelgesang
Martin von Wachter
Christoph Walther
Peter M. Wehmeier
Karl Heinz Wiedl
Thomas Wobrock
Claus Wolff-Menzler

Josef Bäuml
Bernd Behrendt
Peter Henningsen
Gabriele Pitschel-Walz

Handbuch der Psychoedukation

für Psychiatrie, Psychotherapie und Psychosomatische Medizin

Mit 50 Abbildungen und 61 Tabellen

 Ihre Meinung zu diesem Werk ist uns wichtig! Wir freuen uns auf Ihr Feedback unter www.schattauer.de/feedback oder direkt über QR-Code.

Bibliografische Information der Deutschen Nationalbibliothek

Die Deutsche Nationalbibliothek verzeichnet diese Publikation in der Deutschen Nationalbibliografie; detaillierte bibliografische Daten sind im Internet über http://dnb.d-nb.de abrufbar.

Besonderer Hinweis:

Die Medizin unterliegt einem fortwährenden Entwicklungsprozess, sodass alle Angaben, insbesondere zu diagnostischen und therapeutischen Verfahren, immer nur dem Wissensstand zum Zeitpunkt der Drucklegung des Buches entsprechen können. Hinsichtlich der angegebenen Empfehlungen zur Therapie und der Auswahl sowie Dosierung von Medikamenten wurde die größtmögliche Sorgfalt beachtet. Gleichwohl werden die Benutzer aufgefordert, die Beipackzettel und Fachinformationen der Hersteller zur Kontrolle heranzuziehen und im Zweifelsfall einen Spezialisten zu konsultieren. Fragliche Unstimmigkeiten sollten bitte im allgemeinen Interesse dem Verlag mitgeteilt werden. Der Benutzer selbst bleibt verantwortlich für jede diagnostische oder therapeutische Applikation, Medikation und Dosierung.

In diesem Buch sind eingetragene Warenzeichen (geschützte Warennamen) nicht besonders kenntlich gemacht. Es kann also aus dem Fehlen eines entsprechenden Hinweises nicht geschlossen werden, dass es sich um einen freien Warennamen handelt.

Das Werk mit allen seinen Teilen ist urheberrechtlich geschützt. Jede Verwertung außerhalb der Bestimmungen des Urheberrechtsgesetzes ist ohne schriftliche Zustimmung des Verlages unzulässig und strafbar. Kein Teil des Werkes darf in irgendeiner Form ohne schriftliche Genehmigung des Verlages reproduziert werden.

© 2016 by Schattauer GmbH, Hölderlinstraße 3, 70174 Stuttgart, Germany
E-Mail: info@schattauer.de
Internet: www.schattauer.de
Printed in Germany

Lektorat: Elisabeth Vorspohl, Bonn
Projektleitung: Dr. Nadja Urbani
Umschlagabbildung: © Horst Naiser, München, 2008. „Mit 7 Sinnen zum Glück", Acryl auf Leinen, je 9 einzelne Elemente (30x30 cm) zu einem Gesamtbild verbunden.
Satz: am-productions GmbH, Wiesloch
Druck und Einband: Westermann Druck Zwickau GmbH, Zwickau

Auch als E-Book erhältlich:
ISBN 978-3-7945-6956-4

ISBN 978-3-7945-3131-8

Geleitwort

Liebe Kolleginnen und Kollegen,

zunächst möchte ich meine Freude ausdrücken, dass dieses Handbuch in Kooperation von Kollegen aus der Psychiatrie und Psychotherapie sowie der Psychosomatik und Psychotherapie herausgegeben wird.

Dies unterstreicht beispielhaft die Brücken bauende Funktion der Psychoedukation, die fachübergreifend darum bemüht ist, das Empowerment der Betroffenen nach besten Kräften zu unterstützen und zu stärken.

Noch vor 20 Jahren klang das Wort „Psychoedukation" in den Ohren vieler Profis fremd und beinahe anrüchig, assoziierte man doch damit ein eher autoritäres Therapieverständnis, wie die Patienten sich zu behandeln lassen hätten. Heute sind für alle häufigen psychischen Erkrankungen S3-Leitlinien entstanden, die neben der Psychopharmakotherapie auch die Psychotherapie und die psychosozialen Interventionen gleichberechtigt empfehlen.

Für Patienten und deren Angehörige ist daher eine umfassende Information darüber, um welche Erkrankungen es sich handelt und wie diese leitliniengerecht behandelt werden, ausgesprochen wichtig. Dies ist die wesentliche Grundlage einer tragfähigen Behandlungsallianz und einer gemeinsamen Entscheidungsfindung. Dabei werden neben den möglichen einhergehenden Handicaps auch unzweifelhaft vorhandene Ressourcen und Stärken vermittelt.

Durch eine psychodidaktisch intelligent aufgebaute Informationsvermittlung kann eine gewisse Struktur in die Beschwerdenvielfalt gebracht und die Motivation gestärkt werden, Kenntnisse über das Störungsbild und dessen Behandlung zu erhalten, um somit Experte für die eigene Erkrankung zu werden.

Durch die systematische Förderung des Empowerments entsteht ganz von selbst eine Kultur der Zuversicht, des An-sich-Glaubens und des Prinzips Hoffnung!

Nach heutigem Wissen stellt das Gefühl, gut informiert und auf dem neuesten Stand zu sein, die Grundlage für Selbstkompetenz und Selbstwirksamkeit dar. Bei Übertragung dieses Paradigmas auf Menschen mit schweren psychischen Erkrankungen kann deshalb durch eine systematische Wissensvermittlung bei gleichzeitiger emotionaler Entlastung erwartet werden, dass es zu einer Abnahme von Angst und Skepsis gegenüber den therapeutischen Hilfen und einer Zunahme von Vertrauen und Zuversicht kommt.

Psychoedukation gehört zu den Schlüsselinterventionen der Recovery-orientierten psychiatrischen Behandlung, die neben Personenorientierung und Personeneinbezug auf Selbstbestimmung sowie auf die Anerkennung eines Wachstumspotentials setzt.

Die in diesem Handbuch aufgelisteten psychoedukativen Verfahren zu nahezu allen relevanten psychischen und psychosomatischen Erkrankungen bergen eine immense Fülle an Inspirationen und Anregungen, sodass garantiert jeder Leser ein für ihn hilfreiches und bereicherndes Kapitel finden wird.

Ich wünsche diesem Handbuch eine möglichst große Verbreitung, um den therapeutischen Konsens unter den verschiedenen Therapierichtungen zu beflügeln und gleichzeitig den Betroffenen und ihren Angehörigen die denkbar besten Voraussetzungen für eine erfolgreiche Behandlung zu liefern.

Mit freundlichen Grüßen

Berlin, den 02.02.2016

Dr. med. Iris Hauth
Präsidentin der DGPPN

Vorwort

Psychoedukation ist mittlerweile zu einem „geflügelten" Wort geworden, zählt zu den Selbstverständlichkeiten jeglicher psychiatrisch-psychotherapeutischen Behandlung und bedarf „fast" keiner gesonderten Erwähnung mehr ... So könnte man salopp den Werdegang psychoedukativer Interventionen in den letzten 20 Jahren zusammenfassen. In allen S-III-Leitlinien der psychiatrisch-psychotherapeutischen und psychosomatischen Fachgesellschaften werden psychoedukative Interventionen als Basisbestandteil jeglicher Therapie empfohlen.

Die DGPE (Deutsche Gesellschaft für Psychoedukation) hat es sich seit Gründung der ersten Arbeitsgruppe im Herbst 1996 zur Aufgabe gemacht, die unterschiedlichen psychoedukativen Ansätze zu sammeln und mit den auf den verschiedenen Gebieten tätigen Experten eine konsensfähige Definition zu erarbeiten, um einen allgemein akzeptierten Rahmen für den weiteren Ausbau psychoedukativer Konzepte zu schaffen.

Die aus dem Jahre 2003 stammende Definition wurde auch bei der Neuauflage des Konsensusbuches unverändert beibehalten (Bäuml, Pitschel-Walz et al., 2008): „Unter dem Begriff der Psychoedukation werden systematische, didaktisch-psychotherapeutische Interventionen zusammengefasst, um Patienten und ihre Angehörigen über die Krankheit und ihre Behandlung zu informieren, mehr Krankheitsverständnis und den selbstverantwortlichen Umgang mit der Krankheit zu fördern und sie bei der Krankheitsbewältigung zu unterstützen. Im Rahmen einer Psychotherapie bezeichnet Psychoedukation denjenigen Bestandteil der Behandlung, bei dem die aktive Informationsvermittlung, der Erfahrungsaustausch unter den Betroffenen und die Bearbeitung allgemeiner Krankheitsaspekte im Vordergrund stehen."

Die Souveränität der Betroffenen und deren Empowerment gezielt zu stärken gilt als generell akzeptiertes Behandlungsziel. Auch wenn es in den einzelnen Psychotherapie-Schulen unterschiedliche Zugangswege zu den Störungsbildern und den erforderlichen Behandlungskonzepten gibt, steht die laiengerechte Information der Erkrankten bezüglich ihres Beschwerdebildes und der als hilfreich eingeschätzten Bewältigungsstrategien als übergeordnetes Ziel fest.

Neuere Psychopharmakotherapie-Studien haben gezeigt, dass die Responserate bei Antidepressiva in placebo-kontrollierten Doppelblindversuchen entscheidend davon abhing, ob die Probanden das Gefühl hatten, ein Verum- oder ein Scheinmedikament zu erhalten. Das subjektive Wissen um oder auch das Vertrauen in die „Richtigkeit" einer verordneten Therapie scheint wesentlich mit der Aktivierung von salutogenetischen Selbstheilungskräften zusammenzuhängen (Hegerl, Kunze, 2012).

Deshalb könnte als kleinster gemeinsamer Nenner der Psychoedukation in den unterschiedlichen Therapieschulen die systematische Förderung des „Placebo-Effekts" genannt werden! Angesichts einer steigenden Zahl von Berichten über Nocebo-Effekte (Falkai, Wobrock, 2012) wird deutlich, welch weitreichende Bedeutung diesem Phänomen in der Behandlung seelischer Erkrankungen zukommt.

Dieses Handbuch soll Therapeuten jeglicher Couleur einen Leitfaden an die Hand geben, welche psychoedukativen Konzepte bei welchen Störungsbildern zur Verfügung stehen, um diese dann auch gezielt einsetzen zu können. Die „weißen Flecken" in der psychoedukativen Landschaft sollen gleichzeitig alle Therapeuten anspornen, noch fehlende Konzepte zu erstellen. Die Herausgeber sind gerne bereit, bei der Realisierung neuer Ansätze Schrittmacherdienste zu leisten.

Es wäre den Herausgebern ein ganz besonderes Anliegen, dass bei der gegenwärtigen Erarbeitung der PEPP-Kriterien die hier beschriebenen psychoedukativen Konzepte eine substantielle Berücksichtigung finden. Dadurch könnte es zu einer flächendeckenden Implementierung der Psychoedukation im stationären wie ambulanten Setting kommen.

In der Hoffnung, dass dieses Handbuch alle auf dem Gebiet der Psychiatrie, Psychotherapie und Psychosomatischen Medizin tätigen Kolleginnen und Kollegen bereichern möge, zum Nutzen und Vorteil der Patienten, hoffen wir auf eine möglichst weite Verbreitung dieses Handbuchs.

München 2016 **Josef Bäuml,
Bernd Behrendt,
Peter Henningsen,
Gabriele Pitschel-Walz**

„Gebrauchsanweisung"

Um dem unter natürlichem Zeitdruck stehenden Leser eine rasche Orientierung zu erleichtern, nachfolgend eine kurze „Gebrauchsanweisung" zur Nutzung dieses Handbuchs:

- Kapitel 1–12:
  Allgemeine Einführung
  Hier werden neben einer allgemeinen Einführung in das psychoedukative Denken und Arbeiten einige spezifische Aspekte zu den einzelnen Krankheitsbildern – Psychiatrie, Psychotherapie, Psychosomatik, Neurologie und Somatik – dargelegt. Psychodidaktische und psychopädagogische Aspekte werden ebenso erläutert wie die zentralen Anliegen der Psychoedukation, „Salutogenese und Recovery". Informationen über gesundheitspolitische Aspekte, über Ausbildungsstandards und über die epidemiologische Verbreitung der Psychoedukation im deutschsprachigen Raum runden dieses Kapitel ab.

- Kapitel 13–38:
  Abhandlung aller relevanten psychiatrisch-psychosomatischen Krankheitsbilder
  Nach einer kurzen Auflistung der „harten Fakten" zu den einzelnen Krankheitsbildern erfolgt eine Übersicht der deutschsprachigen Manuale für Patienten und Angehörige. Danach werden auf der Basis der zurzeit zur Verfügung stehenden Manuale die curricular abzuhandelnden Themen aufgeführt, relevante didaktisch-psychotherapeutische Vorgehensweisen beschrieben und zu beachtende organisatorische Details erläutert.

  Es folgen dann als „Herzstück" richtungsweisende Abbildungen und plastische Interaktionsszenen aus diesen Manualen, die als konkreter „Anschauungsunterricht" zeigen, wie Psychoedukation aus dem jeweils beschriebenen Krankheitsbild in der Praxis aussehen kann.
  Die einzelnen Kapitel enden jeweils mit einem Überblick über die zur Verfügung stehende Ratgeberliteratur, Links für Patienten, Medien etc., die den Betroffenen und ihren Angehörigen zum Selbststudium empfohlen werden können.

- Kapitel 39–54:
  Diagnoseübergreifende, angehörigenbezogene und indikationsorientierte Konzepte
  In diesen Kapiteln werden psychoedukative Konzepte beschrieben, die nicht streng auf einzelne Diagnosen beschränkt sind, sondern diagnose- und indikationsübergreifend eingesetzt werden können (Psychoedukation für Kinder, Einsatz von Peers, Verbesserung der Lebensqualität, Gesundheitsmanagement, Internetforen, Migrationshintergrund, Maßregelvollzug, Integrierte Versorgung etc.). Auch hier wird versucht, die aktuell zur Verfügung stehenden Konzepte so „nutzerfreundlich" wie möglich darzustellen.

- Kapitel 55–57:
  Kurzer Abriss psychoedukativer Konzepte bei neurologischen, onkologischen und sonstigen somatischen Erkrankungen
  Die zur Verfügung stehenden Materialien werden nur stichwortartig aufgelistet, wesentliche Manuale werden genannt und patientenfreundliche Links und Medien

zusammenfassend dargestellt. Dadurch soll den interessierten Lesern ein Einblick in die reichhaltige psychoedukative Behandlungskultur der somatischen Fächer ermöglicht werden.

Die Konzeption des Handbuchs soll paradigmatisch für das Anliegen der Psychoedukation stehen: Effektive Instruktion zur optimalen Förderung der individuellen Kreativität und Problemlösefähigkeit!

Josef Bäuml

Anschriften der Herausgeber

Prof. Dr. med. Josef Bäuml
Arzt für Psychiatrie und Psychotherapie
Leitender Oberarzt
Klinik für Psychiatrie und Psychotherapie
Klinikum rechts der Isar TUM
Ismaninger Str. 22
81675 München
J.Baeuml@lrz.tum.de

Dr. Dipl.-Psych. Bernd Behrendt
Leitender Psychologe
Klinik für Psychiatrie und Psychotherapie
Universitätsklinikum des Saarlandes
66421 Homburg/Saar
bernd.behrendt@uks.eu

Prof. Dr. med. Peter Henningsen
Direktor der Klinik für Psychosomatische
Medizin und Psychotherapie
Klinikum rechts der Isar der TUM
Langerstr. 3
81675 München
p.henningsen@tum.de

PD Dr. rer. biol. hum. Gabriele Pitschel-Walz
Psychologische Psychotherapeutin
Leitung Klinische Psychologie und
Psychotherapie
Klinik für Psychiatrie und Psychotherapie
Klinikum rechts der Isar TUM
Möhlstraße 26
81675 München
G.Pitschel-Walz@lrz.tum.de

Anschriften der Autoren

Dipl.-Psych. Heike Alsleben
Universitätsklinikum Hamburg-Eppendorf
Klinik für Psychiatrie und Psychotherapie
Spezialambulanz für Angst- und
Zwangsstörungen
Martinistraße 52
20246 Hamburg
h.alsleben@uke.de

Univ. Prof. Dr. med. Michaela Amering
Abteilung für Psychiatrie und
Psychotherapie
Medizinische Universität Wien
michaela.amering@meduniwien.ac.at

Dipl.-Psych. Ines Andre-Lägel
Psychotherapeutische Praxis
Alsenstraße 38
14109 Berlin
kontakt@praxis-andre.de

Prof. Dr. med. Hans-Jörg Assion
Ärztlicher Direktor
LWL-Klinik Dortmund
Marsbruchstraße 179
44287 Dortmund
Hans-Joerg.Assion@lwl.org

Professor Dr. med. Andreas Bechdolf
Chefarzt Kliniken für Psychiatrie, Psychotherapie und Psychosomatik mit Vivantes
Klinikum am Urban und
Vivantes Klinikum im Friedrichshain
Dieffenbachstraße 1
10967 Berlin
andreas.bechdolf@vivantes.de
www.vivantes.de/kau/psych/
http://fritz-am-urban.de/

Dr. med. Matthias Bender
Ärztlicher Direktor
Vitos Klinikum Hadamar
Mönchberg 8
65589 Hadamar
Klinikdirektor Vitos
Klinik für Psychiatrie und Psychotherapie
Weilmünster
Weilstraße 10
35789 Weilmünster
Matthias.bender@vitos-hadamar.de

Prof. Dr. med. Hartmut Berger
Psychologisches Institut
Alexanderstraße 10
Technische Universität Darmstadt
64289 Darmstadt
hartmut.berger@vodafone.de

Ltd. Dipl.-Sozialpädagogin Ursula Berninger
Leiterin AG Versorgungsforschung
Leiterin Klinische Sozialpädagogik
Universitätsklinik für Psychiatrie,
Psychosomatik und Psychotherapie
Füchsleinstraße 15
97080 Würzburg
Berninger_U@ukw.de

Dipl.-Psych. Birgit Conradt
LVR-Klinikum Düsseldorf
Kliniken der Heinrich-Heine-Universität
Düsseldorf
Bergische Landstraße 2
40629 Düsseldorf
Birgit.conradt@lvr.de

Dipl.-Psych. Roberto D'Amelio
Universitätsklinikum des Saarlandes
Neurozentrum Geb. 90.3
66421 Homburg/Saar
roberto.d.amelio@uks.eu

Anschriften der Autoren

Prof. Dr. med. Janine Diehl-Schmid
Zentrum für Kognitive Störungen
Klinik und Poliklinik für Psychiatrie und
Psychotherapie der TU München
Möhlstraße 26
81675 München
janine.diehl-schmid@tum.de

Roger Dörr
Diplom-Psychologe, Diplom-Pädagoge,
Diplom-Sozialpädagoge,
Diplom-Sozialarbeiter (FH)
Universitätsklinikum des Saarlandes
Klinik für Psychiatrie und Psychotherapie
(Geb. 90)
66421 Homburg/Saar
Roger.Doerr@uniklinikum-saarland.de

Dr. phil. Dipl.-Psych. Tanja Friedenstab
Lützenstraße 11
10711 Berlin
t.friedenstab@web.de

Dr. med. Teresa Froböse
Zentrum für Kognitive Störungen
Klinik für Psychiatrie und Psychotherapie
Klinikum rechts der Isar TUM
Ismaninger Straße 22
81675 München
t.froboese@lrz.tum.de

Dr. med. Herbert Greß
Universitätsklinikum des Saarlandes
Kirrberger Straße 100
66421 Homburg/Saar
Herbert.Gress@uniklinikum-saarland.de

Dipl.-Psych. Hans Gunia
Heidelberger Landstraße 171
64297 Darmstadt
praxis@hansgunia.de
www.hansgunia.de

Dr. med. Matthias Hammer
Rotenbergstraße 170
70190 Stuttgart
info@matthias-hammer.de

Dipl.-Psych. Marta Hauser
KPP, FETZ, Charité Berlin
Charitéplatz 1
10117 Berlin
mhauser@nshs.edu
marta.hauser@charite.de

Dr. med Askan Hendrischke
Klinik für Psychosomatik und
Psychotherapeutische Medizin
Ostalb-Klinikum
Im Kälblesrain 1
73430 Aalen
askan.hendrischke@ostalb-klinikum.de

Prof. Dr. Wolfgang Hiller
Psychologisches Institut
Abt. Klinische Psychologie und
Psychotherapie
Universität Mainz
Wallstraße 3
55122 Mainz
hiller@uni-mainz.de

Prof. Dr. Dipl.-Psych. Stefan Hollenberg
Fachhochschule für öffentliche Verwaltung
Thürmchenswall 48–54
50668 Köln
stefan.hollenberg@fhoev.nrw.de

Prof. Dr. med. W. P. Hornung
Chefarzt Abt. Psychiatrie und
Psychotherapie
LVR-Klinik Bonn
Kaiser-Karl-Ring 20
53108 Bonn
wp.hornung@freenet.de

Sibylle Hornung-Knobel
komm. Chefärztin des Kompetenzzentrum Sucht
Isar-Amper-Klinikum
Casinostraße 9
85540 München
Sibylle.Hornung-Knobel@kbo.de

Dipl.-Psych. Maren Jensen
Asklepios Westklinikum
Psychiatrische Institutsambulanz
Suurheid 20
22559 Hamburg
m.jensen@asklepios.com

Prof. Dr. med. Georg Juckel
Ärztlicher Direktor des LWL-Universitätsklinikums Bochum der Ruhr-Universität Bochum
Direktor der Klinik für Psychiatrie, Psychotherapie und Präventivmedizin
Alexandrinerstraße 1–3
44791 Bochum
georg.juckel@rub.de

Dr. med. Werner Kissling
Leitender OA Klinik für Psychiatrie und Psychotherapie der TU München
Möhlstraße 26
81675 München
W.Kissling@lrz.tum.de

Dr. phil. Dipl.-Psych. Maria Kleinstäuber
AG Klinische Psychologie und Psychotherapie
Fachbereich Psychologie
Gutenbergstraße 18
35032 Marburg
maria.kleinstaeuber@staff.uni-marburg.de

Prof. Dr. Dipl.-Psych. Stefan Klingberg
Klinik für Psychiatrie und Psychotherapie
Calwerstraße 14
72076 Tübingen
stefan.klingberg@med.uni-tuebingen.de

Prof. Dr. Christine Knaevelsrud
Psychologische Psychotherapeutin
Freie Universität Berlin
Habelschwerdter Allee 45
14195 Berlin
christine.knaevelsrud@fu-berlin.de

Prof. Dr. med. Eckhardt Koch
Ltd. Arzt Interkulturelle Psychiatrie
Migrations und Ethikbeauftragter Vitos
Klinikum Gießen-Marburg
Wilhelm-Roser-Straße 33a
35037 Marburg
eckhardt.koch@vitos-giessen-marburg.de

Dipl.-Psych. Ilona Kogan
Justizvollzugskrankenhaus Berlin
in der Justizvollzugsanstalt Plötzensee
Abteilung für Psychiatrie und Psychotherapie
Friedrich-Olbricht-Damm 16
13627 Berlin
ilona-kogan@t-online.de

Dr. med. Thomas C. Kohler
Chefarzt i. R. SINOVA Kliniken und Psychiatrische Tagesklinik Ravensburg
Nikolausstraße 14
88212 Ravensburg
tckohler@gmx.de

Dr. med. Michael Kroll
Chefarzt Kinder- u. Jugendpsychiatrie u. -psychotherapie
Asklepios Fachklinikum Stadtroda
Bahnhofstraße 1a
07646 Stadtroda

Kai Uwe Kühn
Vinzenz von Paul Hospital gGmbH
Schwenninger Straße 55

Anschriften der Autoren

78628 Rottweil
KU.Kuehn@VvPH.de

Prof. Dr. med. Alexander Kurz
Zentrum für Kognitive Störungen
Klinik für Psychiatrie und Psychotherapie
Klinikum rechts der Isar der TUM
Ismaninger Straße 22
81675 München
a.kurz@tum.de

Ralph Lägel MBA
Senior Manager Healthcare Strategies
Global Innovative Pharma Business Germany
Pfizer Pharma GmbH
Linkstraße 10
10785 Berlin
ralph.laegel@pfizer.com

Dr. med. Dr. chem. Marion Lautenschlager
OÄ KPP, Charité Berlin
Charitéplatz 1
10117 Berlin
marion.lautenschlager@charite.de

Dr. Alexandra Liedl
REFUGIO München
Rosenheimer Straße 38
81669 München
Alexandra.Liedl@refugio-muenchen.de

Dipl.-Psych. Agnes Lowe
LVR-Klinikum Düsseldorf
Klinik und Poliklinik für Psychiatrie und
Psychotherapie der Heinrich-Heine-
Universität
Bergische Landstraße 2
40629 Düsseldorf
Agnes.Lowe@lvr.de

Prof. Dr. med. Hans-Jürgen Luderer
Chefarzt a. D.
Klinikum am Weissenhof
74189 Weinsberg
hj.luderer@gmx.de

Joergen Mattenklotz
Fachkrankenpfleger für Psychiatrie
PDL ambulante psychiatrische Pflege
Kreis Soest
Fachdozent psychiatrische Pflege
Lippstädter Akademie für Pflege und
Gesundheit
ESTA Bildungswerk gGmbH
Bahnhofsplatz 1
59555 Lippstadt
joergenmattenklotz@gmail.com

Prof. Dr. med. Eva Meisenzahl-Lechner
Klinikum der Universität München
Campus Innenstadt
Klinik für Psychiatrie und Psychotherapie
Nußbaumstraße 7
80336 München
Eva.Meisenzahl@med.uni-muenchen.de

Dr. med. Norbert Mönter
Arzt für Neurologie und Psychiatrie,
Psychotherapie, Psychoanalyse
Psychiatrie Initiative Berlin Brandenburg
Tegeler Weg 4
10589 Berlin
dr.moenter@psychiatrie-in-berlin.de

Dipl.-Psych. Hendrik Müller
Uniklinik Köln
Klinik für Psychiatrie und
Psychotherapie
Kerpener Str. 62
50937 Köln
hendrik.mueller@uk-koeln.de

Daniel Niebauer
M.A., Master of Arts in Social Work
Doktorand an der Kath. Uni. Eichstätt-
Ingolstadt
daniel_niebauer@posteo.de

Dr. med. Sabine Nunnemann
Wilhelmsruher Damm 171
13439 Berlin
schmitzsabine@gmx.de

Dr. Irmgard Plößl
Abteilungsleitung berufliche Teilhabe und Rehabilitation
Werkstattleitung Rudolf-Sophien-Stift gGmbH
Schockenriedstraße 40
70565 Stuttgart
ploessl@rrss.de
www.rrss.de

Dr. Franziska Püschner
Senior Manager Gesundheitsökonomie
inav – privates Institut für angewandte Versorgungsforschung GmbH
Friedrichstraße 95
10117 Berlin
pueschner@inav-berlin.de

Dr. med. Kristin Rabovsky
Oberärztin Forensisch-Psychiatrische Klinik
Stv. Leiterin Versicherungsmedizin
Universitäre Psychiatrische Kliniken Basel
Wilhelm Klein-Straße 27
CH 4012 Basel
kristin.rabovsky@upkbs.ch

Dr. med. Markus Reicherzer
Ärztlicher Direktor
Stefanie-von-Strechine-Straße 16
83646 Bad Tölz
markus.reicherzer@klinik-schlemmer.de
www.klinik-schlemmer.de

Dr. med. Michael Rentrop
OA Klinik für Psychiatrie und Psychotherapie der TU München, Klinikum rechts der Isar
Ismaninger Straße 22
81675 München
michael.rentrop@tum.de

Univ.-Prof. Dr. med. Wolfgang Retz
Klinik für Psychiatrie und Psychotherapie
Universitätsmedizin Mainz
Untere Zahlbacher Straße 8
55131 Mainz
wolfgang.retz@unimedizin-mainz.de

Dipl.-Psych. Heinrich Graf von Reventlow
MA Humanitäre Hilfe, Psychologischer Psychotherapeut
Leitung Beratung und Therapie für Flüchtlinge
Evangelisches Zentrum für Beratung und Therapie am Weissen Stein
Eschersheimer Landstraße 567
60431 Frankfurt am Main
heinrich.reventlow@frankfurt-evangelisch.de

PD Dr. med. Christine Rummel-Kluge
Klinik und Poliklinik für Psychiatrie und Psychotherapie der Universität Leipzig
Stiftung Deutsche Depressionshilfe
Semmelweisstraße 10
04103 Leipzig
Christine.Rummel-Kluge@medizin.uni-leipzig.de

Prof. Dr. med. Michael Sadre Chirazi-Stark
Prof. Stark Institut
Beim Schlump 29
20144 Hamburg
kontakt@pro-stark.de

Dr. phil. Annette Schaub
Ltd. Dipl.-Psych. an der Klinik für Psychiatrie und Psychotherapie der LMU München
Supervisorin der BLÄK
Nussbaumstraße 7
80336 München
Annette.Schaub@med.uni-muenchen.de

Dr. rer. soc. Dipl.-Psych. Bernt Schmitz
Hermann-Löns-Weg 24/2
69118 Heidelberg
bernt.schmitz@med.uni-heidelberg.de

Anschriften der Autoren

Prof. Dr. med. Katarina Stengler
Leiterin Psychiatrische Institutsambulanz
und Ambulanz für Zwangserkrankungen
Leiterin AG Psychosoziale Forschung
Klinik und Poliklinik für Psychiatrie und
Psychotherapie
Universitätsklinikum Leipzig
Semmelweisstraße 10
04103 Leipzig
Katarina.Stengler@medizin.uni-leipzig.de

Dr. Julia Strothjohann
Charité – Universitätsmedizin Berlin
Klinik für Psychiatrie und Psychotherapie
Charitéplatz 1
10117 Berlin
julia.strothjohann@charite.de

PD Dr. Dipl.-Psych. Heiner Vogel
Universität Würzburg
Abteilung Medizinische Psychologie und
Psychotherapie, Medizinische Soziologie
und Rehabilitationswissenschaften
Klinikstraße 3
97070 Würzburg
h.vogel@uni-wuerzburg.de

Dr. med. Monika Vogelgesang
Chefärztin AHG Klinik Münchwies
Zentrum für psychosomatische Medizin,
Psychotherapie und Suchtmedizin
Turmstraße 50–58
66540 Neunkirchen
mvogelgesang@ahg.de

Dr. med. Martin von Wachter
Klinik für Psychosomatik und
psychotherapeutische Medizin
Ostalb-Klinikum Aalen
Im Kälblesrain 1
73430 Aalen
von.Wachter@ostalb-klinikum.de

Prof. Dr. Christoph Walther
Technische Hochschule Nürnberg Georg
Simon Ohm
Fakultät Sozialwissenschaften
Bahnhofstraße 87
90402 Nürnberg
Christoph.Walther@th-nuernberg.de

PD Dr. med. Peter M. Wehmeier
Stellv. Klinikdirektor
Vitos Klinik für Psychiatrie und
Psychotherapie Weilmünster
Weilstraße 10
35789 Weilmünster
peter.wehmeier@vitos-weilmuenster.de

Prof. em. Dr. Karl Heinz Wiedl
Institut für Psychologie
Universität Osnabrück
Klinische Psychologie und Psychotherapie
Knollstraße 15
49069 Osnabrück
wiedl@uni-osnabrueck.de

Prof. Dr. med. Thomas Wobrock
Chefarzt des Zentrums für Seelische
Gesundheit
Facharzt für Psychiatrie und Psycho-
therapie, Facharzt für Neurologie
Kreiskliniken Darmstadt-Dieburg
Krankenhausstraße 7
64823 Groß-Umstadt
t.wobrock@kreiskliniken-dadi.de

Dr. med. Claus Wolff-Menzler, M.A.
Ärztlicher Direktor, Chefarzt der Abteilung
Allgemeinpsychiatrie
Alexianer Aachen GmbH
Alexianer Krankenhaus Aachen
Alexianergraben 33
52062 Aachen
c.wolff-menzler@alexianer.de
www.alexianer.de

Inhalt

I Allgemeine Einführung

1 Grundlagen des Konsensuspapiers zur Psychoedukation............ 2
Gabriele Pitschel-Walz, Josef Bäuml

2 Spezifische Aspekte der Psychoedukation in der Psychiatrie und Psychotherapie................. 12
Josef Bäuml, Gabriele Pitschel-Walz

3 Psychoedukation in der Psychosomatischen Medizin........... 17
Peter Henningsen

4 Psychoedukation in der Neurologie und anderen somatischen Fachgebieten...................... 22
Herbert Greß, Bernd Behrendt

5 Psychoedukation unter multiprofessionellen Gesichtspunkten und Ausbildungsstandards...... 26
Ursula Berninger, Gabriele Pitschel-Walz, Josef Bäuml

6 Psychotherapeutische Haltung und psychotherapeutische Elemente . 39
Gabriele Pitschel-Walz, Josef Bäuml

7 Organisatorische Aspekte und psychodidaktische Elemente der Psychoedukation........... 47
Josef Bäuml, Gabriele Pitschel-Walz

8 Psychoedukation aus pädagogischer Perspektive................... 56
Christoph Walther

9 Psychoedukation aus pflegerischer Perspektive................... 65
Joergen Mattenklotz, Gabriele Pitschel-Walz

10 Psychoedukation aus salutogenetischer Sicht............... 74
Hartmut Berger

11 Psychoedukation – gesundheitspolitische Implikationen medizinischer und gesundheitsökonomischer Fakten........... 78
Ralph Lägel, Franziska Püschner

12 Häufigkeit und Relevanz von Psychoedukation bei psychischen Erkrankungen.................. 85
Christine Rummel-Kluge, Werner Kissling

II Psychoedukation bei demenziellen Erkrankungen

13 Psychoedukation bei frontotemporalen Demenzen.......... 94
Janine Diehl-Schmid, Sabine Nunnemann

14 Psychoedukation bei Alzheimer-Demenz und bei leichter kognitiver Beeinträchtigung (MCI) 99
Teresa Froböse, Alexander Kurz

III Psychoedukation bei Suchterkrankungen

15 Psychoedukation bei Alkoholabhängigkeit 110
Hans-Jürgen Luderer

IV Psychoedukation bei schizophrenen Erkrankungen

16 Psychoedukation bei akuten und chronischen schizophrenen Erkrankungen 122
Josef Bäuml, Bernd Behrendt, Thomas Kohler

17 Psychoedukation bei ersterkrankten Patienten mit schizophrenen Störungen 140
Birgit Conradt, Stefan Klingberg, Agnes Lowe

18 Psychoedukation bei Personen mit erhöhtem Psychoserisiko 151
Andreas Bechdolf, Hendrik Müller, Marta Hauser, Georg Juckel, Marion Lautenschlager

19 Psychoedukative Familienintervention (PEFI) bei schizophrenen Psychosen – als Beispiel einer Mehrfamilienintervention 163
Hans Gunia, Hartmut Berger

20 Psychoedukation bei Patienten mit der Doppeldiagnose schizophrene Psychose und Sucht 175
Sibylle Hornung-Knobel

21 Psychoedukation in der Rehabilitation bei Schizophrenie 185
Karl Heinz Wiedl

V Psychoedukation bei affektiven Erkrankungen

22 Psychoedukation bei unipolaren Depressionen 198
Gabriele Pitschel-Walz, Hans-Jürgen Luderer

23 Psychoedukation bei Burnout und Erschöpfung 214
Michael Sadre-Chirazi Stark

24 Psychopharmaka in Schwangerschaft und Stillzeit 227
Eva M. Meisenzahl, Josef Bäuml

25 Psychoedukation bei Hinterbliebenen nach Suizid 241
Ines Andre-Lägel

26 Psychoedukation im Kontext kognitiver, interpersoneller und familienfokussierter Ansätze bei bipolaren Störungen 248
Annette Schaub

VI Psychoedukation bei Angst, Zwang und posttraumatischer Belastungsstörung

27 Psychoedukation bei Angsterkrankungen 262
Heike Alsleben und Maren Jensen

28 Psychoedukation in der Behandlung von Patienten mit Zwangserkrankungen und ihre Angehörigen – Besonderheiten und Herausforderungen 274
Katarina Stengler, Peter Hornung, Michael Kroll

29 Psychoedukation bei posttraumatischen Störungen 285
Alexandra Liedl, Christine Knaevelsrud

VII Psychoedukation bei somatoformen Störungen und Verhaltensauffälligkeiten mit körperlichen Faktoren

30 Kluges Ernährungsverhalten kann man lernen – Elemente einer psychoedukativ fundierten Therapie von Essstörungen 296
Monika Vogelgesang

31 Psychoedukation und Coaching bei adulter ADHS 304
Matthias Bender, Roberto D'Amelio, Wolfgang Retz

32 Psychoedukation für Eltern von Kindern und Jugendlichen mit Aufmerksamkeitsdefizit-/Hyperaktivitätsstörung (ADHS) 315
Peter M. Wehmeier

33 Psychoedukation bei somatoformen Störungen 324
Maria Kleinstäuber, Wolfgang Hiller

34 Psychoedukation bei Schlafstörungen 341
Thomas Wobrock, Roger Dörr

35 Psychoedukation bei chronischen Schmerzerkrankungen 358
Martin von Wachter, Askan Hendrischke

36 Psychoedukation bei sexuellen Funktionsstörungen 377
Roger Dörr, Kai-Uwe Kühn

IIX Psychoedukation bei Persönlichkeitsstörungen

37 Psychoedukation bei Persönlichkeitsstörungen 390
Bernt Schmitz

38 Psychoedukation bei Borderline-Persönlichkeitsstörung.......... 406
Michael Rentrop, Markus Reicherzer

IX Psychoedukation mit diagnosenübergreifendem Ansatz

39 Diagnosenübergreifende Psychoedukation 418
Kristin Rabovsky, Maren Jensen, Thomas Kohler

40 Psychoedukation in der Wohnungslosenhilfe 432
Daniel Niebauer

X Psychoedukation und die Einbeziehung der Angehörigen

41 Psychoedukation und die Einbeziehung der Familien 438
Gabriele Pitschel-Walz, Teresa Froböse, Josef Bäuml

42 Psychoedukation bei Kindern psychisch erkrankter Eltern 446
Ines Andre-Lägel

43 „Peer to Peer"-Psychoedukation.. 454
Christine Rummel-Kluge, Gabriele Pitschel-Walz, Werner Kissling

44 Systemische Familien-Psychoedukation in der Psychosomatischen Medizin 463
Askan Hendrischke, Martin von Wachter

XI Indikationsorientierte Psychoedukation

45 Lebensqualitätsorientierte Psychoedukation 482
Ingrid Sibitz, Julia Strothjohann, Michaela Amering

46 Psychoedukation in der beruflichen Rehabilitation psychisch kranker Menschen 491
Irmgard Plößl, Matthias Hammer

47 Psychoedukation zur Bewältigung von arbeitsplatzbezogenem Stress 500
Matthias Bender, Peter M. Wehmeier

48 Psychoedukation im Internet 510
Heinrich von Reventlow

49 Psychoedukation und Migration . 521
Eckhardt Koch, Hans-Jörg Assion, Matthias Bender

50 Psychoedukation bei schizophrenen Erkrankungen in der Forensik und im Justizvollzug 531
Ilona Kogan, Tanja Friedenstab

51 Psychoedukation zur Motivierung von Maßregelvollzugspatienten in der Entziehungsanstalt für eine psychodynamische Psychotherapie 548
Stefan Hollenberg, Georg Juckel

52 Finanzierung der Psychoedukation im Rahmen der Integrierten Versorgung.................... 558
Werner Kissling, Rosmarie Mendel

53 Psychoedukative Gruppen in der ambulanten nervenärztlich-psychiatrischen Versorgung..... 567
Norbert Mönter

54 PsychoEdukations-Modul zum pauschalierenden Entgeltsystem in der Psychiatrie und Psychosomatischen Medizin (PE mit PEPP).................. 575
Claus Wolff-Menzler

XII Psychoedukative Ansätze bei neurologischen, onkologischen und sonstigen Erkrankungen

55 Patientenschulungen bei neurologischen Erkrankungen 596
Bernd Behrendt, Heiner Vogel

56 Psychoedukation in der Psychoonkologie 602
Peter Henningsen

57 Patientenschulungen bei somatischen Erkrankungen........... 609
Bernd Behrendt, Heiner Vogel

Anhang

Sachverzeichnis................ 618

I Allgemeine Einführung

1 Grundlagen des Konsensuspapiers zur Psychoedukation

(2003/2008)

Gabriele Pitschel-Walz, Josef Bäuml

Die folgenden Ausführungen sind eine entsprechend adaptierte und gekürzte Fassung des Konsensuspapiers aus: Bäuml u. Pitschel-Walz (Hrsg.), 2008.

Die Arbeitsgruppe „Psychoedukation bei der Behandlung schizophrener Erkrankungen" wurde 1996 mit dem Ziel ins Leben gerufen, eine Ist-Analyse der bestehenden Konzepte psychoedukativer Interventionen durchzuführen und sich über akzeptierte Grundsätze der Psychoedukation zu verständigen. Darüber hinausgehende Ziele sind die Weiterentwicklung der einzelnen Konzepte, die Entwicklung von Hilfen zur praktischen Umsetzung und die Planung wissenschaftlicher Untersuchungen. In dieser Arbeitsgruppe sind Ärzte und Psychologen psychiatrischer Universitätskliniken und Versorgungskliniken vertreten.

In einer Auftaktveranstaltung in Hamburg (11/96) sowie bei weiteren acht Treffen in Münster (4/97), München (1/98), Weinsberg (1/99), Leipzig (11/99), Homburg (5/00), Herborn (11/00), Düsseldorf (7/01), Bonn (1/02) und München (10/02) wurden Ziele, organisatorischer Rahmen, Indikationen und Kontraindikationen, strukturelle Ausrichtung, inhaltliche Schwerpunkte, didaktische und psychotherapeutische Vorgehensweisen sowie Forschungsmöglichkeiten diskutiert und eine Standortbestimmung der klinischen Anwendung psychoedukativer Methoden bei der Behandlung der Schizophrenie erarbeitet. Nach der Veröffentlichung der ersten Auflage des Konsensusbuches im Jahre 2003 sind weitere Psychoedukationsexperten in die Arbeitsgruppe aufgenommen worden, sodass die Gruppe aktuell 43 Mitglieder (Stand: 12/2015) umfasst. Auf den weiteren, zwei-mal jährlich stattfindenden Treffen der Arbeitsgruppe wurden psychoedukative Weiterentwicklungen, mögliche gemeinsame Forschungsvorhaben, Ausbildungsstandards und die Organisation der seit 2004 jährlich, seit 2011 zweijährlichen Deutschen Psychoedukations-Kongresse diskutiert. Der Fokus wurde auf die Psychoedukation bei anderen Indikationsbereichen erweitert. Infolgedessen wurde die Arbeitsgruppe in „Arbeitsgruppe Psychoedukation" umbenannt.

Beim Treffen der Arbeitsgruppe am 25.10.2005 in Weinsberg beschlossen die Teilnehmer einstimmig, eine Fachgesellschaft in der Rechtsform eines Vereins zu gründen, um die Anliegen der Arbeitsgruppe in der Fachwelt wie auch in der Öffentlichkeit noch besser vertreten zu können. Am 14.11.2006 wurde die Deutsche Gesellschaft für Psychoedukation (DGPE) als Verein eingetragen. Eine eigene Homepage wurde eingerichtet (www.dgpe.de). Seit November 2012 hat die DGPE Referatestatus in der Deutschen Gesellschaft für Psychiatrie, Psychotherapie, Psychosomatik und Nervenheilkunde (DGPPN). Die DGPE hat zum Zeitpunkt der Abfassung des Manuskriptes 107 Mitglieder aus Deutschland, Österreich und der Schweiz (Stand: 12/2015).

1 Grundlagen des Konsensuspapiers zur Psychoedukation

Nachfolgend wird das Ergebnis der Konsensusfindung der Mitglieder der Arbeitsgruppe Psychoedukation hinsichtlich der Definition von Psychoedukation dargestellt. Ziele und Organisationsformen der Psychoedukation werden auf der Grundlage einer Synthese der verschiedenen Konzepte formuliert. Psychoedukative Konzepte sind bisher vor allem im Bereich der Psychiatrie zur Behandlung der Schizophrenie und der schizoaffektiven Störungen erarbeitet und implementiert worden. Die hier dargestellten grundsätzlichen Prinzipien der Psychoedukation gelten jedoch auch im Kontext anderer psychischer Störungen.

Die diagnosespezifischen Besonderheiten werden in den jeweiligen Kapiteln dieses Bandes näher erläutert.

> **Definition**
> Unter dem Begriff „Psychoedukation" werden systematische didaktisch-psychotherapeutische Interventionen zusammengefasst, die Patienten und ihre Angehörigen über die Krankheit und ihre Behandlung informieren, ihr Krankheitsverständnis und den selbstverantwortlichen Umgang mit der Krankheit verbessern und sie bei der Krankheitsbewältigung unterstützen sollen.
> Im Rahmen einer Psychotherapie bezeichnet Psychoedukation denjenigen Bestandteil der Behandlung, bei dem die aktive Informationsvermittlung und die Bearbeitung allgemeiner Krankheitsaspekte im Vordergrund stehen und im Gruppensetting durch den Erfahrungsaustausch unter den Betroffenen ergänzt werden. Die Wurzeln der Psychoedukation liegen in der Verhaltenstherapie, wobei aktuelle Konzepte auch gesprächspsychotherapeutische Elemente in unterschiedlicher Gewichtung enthalten.

1.1 Ziele

1.1.1 Ziele für die Arbeit mit Patienten

Übergeordnetes Ziel:

Im Vordergrund steht die Gesundheitsförderung: die Stärkung der Ressourcen und die Förderung des informierten, selbstverantwortlichen Umgangs mit der Erkrankung.

Folgende *Teilziele* werden für Patienten im Einzelnen angestrebt:
- Verbesserung des Informationsstandes der Patienten bezüglich ihrer Diagnose sowie des Verlaufs, der Ursachen und der Behandlungsmöglichkeiten der Erkrankung,
- Aufbau eines funktionalen Krankheitskonzeptes,
- Befähigung zu einer kompetenten Mit-Entscheidung bezüglich der Behandlungsoptionen,
- emotionale Entlastung der Patienten,
- Förderung der langfristigen Behandlungsbereitschaft der Patienten,
- Verbesserung der Fähigkeiten zur Krisenbewältigung,
- Gewinnen von Sicherheit im Umgang mit der Erkrankung,
- Erhöhung der Selbstwirksamkeit.

1.1.2 Ziele für die Arbeit mit Angehörigen/Bezugspersonen

Übergeordnete Ziele:

Hierbei steht die Förderung der Kompetenz im Umgang mit den Betroffenen im Vordergrund. Ziel ist eine Verbesserung des Krankheitsverlaufs bei den Patienten. Darüber hinaus soll die Bewältigung krankheitsbedingter Probleme im persönlichen Lebensbereich gefördert werden.

Als *Teilziele* für Angehörige/Bezugspersonen ergeben sich:
- Verbesserung des Informationsstandes bezüglich der Diagnose sowie des Verlaufs, der Ursachen und der Behandlungsmöglichkeiten der Erkrankung,
- Aufbau eines funktionalen Krankheitskonzeptes,
- Emotionale Entlastung der Angehörigen,
- Förderung der langfristigen Kooperationsbereitschaft mit allen an der Behandlung Beteiligten,
- Unterstützung der Angehörigen bei der Förderung der Behandlungsbereitschaft bei den Patienten,
- Verbesserung der Fähigkeiten zur Bewältigung von Krisen und zur Unterstützung bei Krisen,
- Verbesserung des innerfamiliären Umgangs, vor allem im Hinblick auf die Erkrankung.

1.1.3 Ziele für die Professionellen

Übergeordnetes Ziel:

Die Professionellen streben die Verbesserung der Behandlungsergebnisse an, d. h. die Verbesserung des kurzfristigen und vor allem langfristigen Krankheitsverlaufs durch Förderung der Selbstkompetenz von Patienten und Angehörigen.

Dabei ergeben sich für die Professionellen folgende *Teilziele*:
- Bessere Wahrnehmung der subjektiven Nöte und Bedürfnisse von Patienten und Angehörigen,
- Sensibilisierung für die Ressourcen von Patienten und Angehörigen,
- Aufbau eines partnerschaftlichen Behandlungsbündnisses,
- Ökonomisierung der Informationsvermittlung,
- systematische Nutzung des protektiven Potenzials der Angehörigen,
- Kennenlernen der trialogischen Perspektive,
- Perspektivenerweiterung hinsichtlich verschiedener Erlebensweisen- und Bewältigungsmöglichkeiten.

1.2 Indikation/Voraussetzungen bzw. Kontraindikationen

1.2.1 Teilnahme an Patientengruppen

Teilnehmer sind Patienten mit einer gesicherten Diagnose. Die Patienten müssen „gruppenfähig" sein, d. h., sie sollten mindestens 30 Minuten lang teilnehmen und sich auch auf die Gruppeninhalte konzentrieren können. Die Beurteilung orientiert sich in der Regel am Ausmaß der formalen Denkstörungen, der psychomotorischen Unruhe und einer eventuellen maniformen Symptomatik. Hierbei sind die Belastungen sowohl für die Betroffenen selbst als auch für die Gruppe zu berücksichtigen. Insbesondere müssen die potenziellen Auswirkungen auf das depressiv-suizidale Erleben der Teilnehmer berücksichtigt werden. Kontraindikationen sollten nicht restriktiv gestellt werden, vielmehr sollte eine Adaptation des Konzepts an die individuellen Besonderheiten der Patienten stattfinden. Mangelnde Krankheitseinsicht, Wahnerleben oder eine andere produktiv psychotische Symptomatik wie Halluzinationen und Ich-Störungen sind ebenso wenig Kontraindikationen wie eine Residual- und Minussymptomatik. Mangelnde Sprachkenntnisse oder kognitive Leistungseinbußen sollten die Teilnahme lediglich dann in Frage stellen, wenn zu befürchten ist, dass die Beteiligung zu problematischen Missverständnissen oder Insuffizienzgefühlen führen könnte.

1 Grundlagen des Konsensuspapiers zur Psychoedukation

1.2.2 Teilnahme an Angehörigengruppen

Die Personengruppe umfasst Familienangehörige (z. B. Eltern, Partner, erwachsene Kinder, Geschwister) und andere relevante Bezugspersonen (z. B. Freunde, Betreuer, Laienhelfer). Die Patienten müssen über die Einladung ihrer Angehörigen zur Gruppe informiert sein; ein Einverständnis der Patienten mit der Gruppenteilnahme ist wünschenswert. Insbesondere bei patientenzentrierten Angehörigengruppen, z. B. im Rahmen eines bifokalen Ansatzes, ist das Einverständnis der Patienten mit der persönlichen Einladung ihrer Angehörigen erforderlich (da die Einladung in eine diagnosenspezifische Gruppe eine indirekte Preisgabe der Diagnose darstellt). Bei der Einbeziehung der Angehörigen sind die Rechtsvorschriften der ärztlichen Schweigepflicht selbstverständlich zu berücksichtigen.

1.2.3 Teilnahme an Familiengruppen

Teilnehmer an Familiengruppen sind Patienten mit einer gesicherten Diagnose und ihre Angehörigen sowie in Lebensgemeinschaft lebende Partner. Für die Aufnahme von Patienten und ihrer Partner bzw. Angehörigen in Familiengruppen gelten die gleichen Kriterien wie für die Teilnahme an Patienten- und Angehörigengruppen.

1.3 Organisatorischer Rahmen

Psychoedukation kann in der psychiatrischen oder psychotherapeutischen Einzelbehandlung, im Rahmen einer Familientherapie oder in Gruppen stattfinden. In der ambulanten und stationären verhaltenstherapeutischen Einzelbehandlung sind psychoedukative Elemente ein wichtiger, grundlegender Bestandteil. Psychoedukative Gruppen werden zumeist an Kliniken stationär durchgeführt. Daher beziehen sich die Ausführungen schwerpunktmäßig auf dieses Setting.

Im Folgenden werden die Rahmenbedingungen beschrieben, die auch als organisatorische Qualitätskriterien gelten können:
- Manualisiertes Vorgehen,
- Einbindung in den psychiatrisch-psychotherapeutischen Gesamtbehandlungsplan,
- Durchführung im stationären, teilstationären und/oder ambulanten Setting,
- idealerweise störungsspezifisch,
- Vorgehen in geschlossenen, halboffenen oder offenen Gruppen, wobei geschlossene Gruppen wünschenswert sind, halboffene und offene Gruppen aber der Versorgungsrealität eher Rechnung tragen,
- bifokaler Ansatz,
- Leitung und Ko-Leitung mit definierten Voraussetzungen,
- Freiwilligkeit der Teilnahme,
- Gruppenstärke bis 10 Patienten (6–15)/Angehörige (10–20),
- Dauer der einzelnen Gruppensitzungen ca. 50–100 Minuten für Patienten, ca. 100–150 Minuten für Angehörige,
- Dauer des Gesamtprogrammes: 8–16 Sitzungen für Patienten oder Angehörige,
- Frequenz der Sitzungen: 1–2 × wöchentlich bei Patienten, alle 1–3 Wochen bei Angehörigen,
- regelmäßige Supervision.

1.3.1 Struktur und Inhalte

Ausgehend von der individuellen Erfahrung der einzelnen Gruppenmitglieder und unter Respektierung ihrer subjektiven Krankheits-

konzepte werden psychoedukative Gruppen durch folgende Elemente strukturiert:
- das interaktive Erarbeiten von Informationen über die Krankheit selbst und die derzeitigen Behandlungsmöglichkeiten (in Form von allgemeinem Hintergrundwissen und praktischem Handlungswissen zur Förderung des individuellen Selbstmanagements unter salutogenetischer Perspektive);
- die emotionale Entlastung, d. h. Hilfestellung bei der seelischen Verarbeitung der Erkrankung.

Basierend auf dem Vulnerabilitäts-Stress-Bewältigungs-Modell mit genetischen, biologischen, psychischen und sozialen Bedingungsfaktoren wird über die Erkrankung aufgeklärt und damit einhergehend ein funktionelles Krankheitskonzept erarbeitet, in das alle gängigen Therapiekonzepte integriert werden können. Im Einzelnen werden folgende Themen bearbeitet:

Allgemeines Hintergrundwissen

Symptomatik und Krankheitsbegriff

- Diagnose, Krankheitsbegriff
- Frühwarnzeichen
- Symptomatik
- persistierende Symptomatik

Ursachen und Krankheitskonzept

- Vulnerabilitäts-Stress-Bewältigungs-Modell
- biologisch-genetische Aspekte
- Informationsverarbeitung und Neurotransmitterstoffwechsel
- Bedeutung des Familienklimas
- lebensgeschichtliche Faktoren, Traumatisierungen
- Risikofaktoren, insbesondere Drogen und Alkohol
- salutogenetische Aspekte

Epidemiologie und Verlauf

- soziodemografische Daten
- Erkrankungshäufigkeit
- Verlaufsformen
- Prognose

Therapie: Akut- und Langzeitbehandlung

- Pharmakotherapie
- Nebenwirkungen
- Umgang mit Nebenwirkungen
- Psychotherapie
- psychosoziale Maßnahmen
- Rezidivprophylaxe
- Krankheitsbewältigung
- sonstige Behandlungsmaßnahmen (z. B. Lichttherapie, Elektrokrampftherapie, Ergotherapie, Bewegungstherapie, Kunsttherapie, Musiktherapie)
- Rehabilitationsmaßnahmen
- rechtliche Aspekte

Praktisches Handlungswissen

- Auslösefaktoren
- persönliche Frühwarnzeichen
- individuelle Bewältigungsstrategien und Rückfallvorbeugung
- Notfall- und Krisenpläne
- Stärkung gesunder Anteile der Patienten
- Erarbeitung von Bewältigungsstrategien
- Erarbeitung von realistischen Therapie- und Rehabilitationszielen
- Vermeidung von Über- bzw. Unterstimulation/Stressmanagement
- Förderung der Selbstakzeptanz
- Optimierung der medikamentösen Behandlungsmöglichkeiten

1 Grundlagen des Konsensuspapiers zur Psychoedukation

1.4 Zentrale emotionale Themen

Die beiden vorausgehenden Punkte „Allgemeines Hintergrundwissen" und „Praktisches Handlungswissen" besitzen für Patienten- und Angehörigengruppen eine ähnlich wichtige Bedeutung.

Durch die weitgehend konforme Abhandlung dieser beiden Bereiche soll ein vergleichbarer Wissensstand geschaffen werden, damit alle Beteiligten im besten Sinne des Wortes „die gleiche Sprache" sprechen können. Die gemeinsame Informationsbasis soll davor schützen, dass ein vorhandenes Kompetenzgefälle konfliktträchtig wird.

Der emotionale Themenkomplex muss jedoch sehr viel differenzierter behandelt werden; in Patientengruppen sollen diese Bereiche bei entsprechender Aktualisierung während des Gruppenprozesses nicht ausgeklammert werden, im Gegenteil. Es gilt, den Patienten durch das behutsame Aufgreifen dieser Themen zu signalisieren, dass die Therapeuten die aus der Erkrankung erwachsenden emotionalen Belastungen wahrnehmen und nachempfinden können. Um der spezifischen Vulnerabilität während der akut- und postakuten Phase Rechnung zu tragen, sind bei schizophren Erkrankten überfordernde Affektaktualisierungen selbstverständlich zu vermeiden. Derartige Themen müssen der gezielten Bearbeitung im Rahmen einer entsprechend modifizierten Einzeltherapie vorbehalten bleiben.

In Angehörigengruppen sollte die Bearbeitung dieser zentralen emotionalen Themen jedoch gezielt in Gang gesetzt werden. Dies vermittelt den Angehörigen im Kreise von Schicksalsgenossen die entlastende Erfahrung, dass andere Familien ähnliche Probleme haben und dass Überforderungs- und Resignationsgefühle kein Ausdruck eigener Unzulänglichkeit, sondern die oft zwangsläufige Folge der Erkrankung ihres Familienangehörigen sind.

Aber auch hierbei ist selbstverständlich darauf zu achten, dass die Teilnehmer durch Fokussierung dieser Probleme nicht überfordert und destabilisiert werden.

Generell ist dafür Sorge zu tragen, dass entsprechend belastete Teilnehmer, Patienten wie Angehörige, während der Gruppen dafür sensibilisiert und motiviert werden, sich einer entsprechend adaptierten längerfristigen Psychotherapie zu unterziehen, die im Rahmen der psychoedukativen Gruppen nicht geleistet werden kann. Psychoedukation ist kein Ersatz für eine entsprechend indizierte Einzelpsychotherapie.

1.4.1 Emotionale Themen in Patienten- und Angehörigengruppen

- Subjektives Erleben der Symptome
- Schamgefühle
- Angst vor Stigmatisierung
- Enttäuschung
- Schuldgefühle
- Insuffizienzgefühle
- Resignation
- Hilflosigkeit
- Hoffnungslosigkeit
- Suizidalität
- Sinnfrage
- Neidgefühle
- Hader mit dem Schicksal/Kränkung
- Wut
- traumatische Erlebnisse
- Verleugnung
- Subjektiv positiv erlebte Aspekte der Symptomatik/sekundärer Krankheitsgewinn
- Spannungsfeld zwischen Idealisierung und Pathologisierung der Erkrankung

Diese Themenliste gilt in unterschiedlicher Gewichtung für Patienten und Angehörigengruppen. Darüber hinaus spielen folgende Themen vor allem bei Angehörigen eine herausragende Rolle.

1.4.2 Emotionale Themen in Angehörigengruppen

- „mad-bad"-Dilemma
- eigene Abgrenzung, das Recht auf eigene Lebensgestaltung
- Entlastung von Schuld- und Schamgefühlen
- protektive Funktion des Familienklimas
- „aggressive Gefühle" den Patienten gegenüber
- Erfahrungsaustausch untereinander
- Relativierung der vermeintlichen Einmaligkeit des persönlichen Schicksals
- „Burnout"
- mangelnde Anerkennung der Versorgungsleistung der Angehörigen
- Gefühl der „Hilflosigkeit und Verzweiflung" bei Patienten mit fehlender Krankheits- und Behandlungseinsicht, die ihre Verhaltensauffälligkeiten auf dem Rücken der Angehörigen ausleben, aber nicht/ noch nicht akut fremd- oder selbstgefährlich sind, sodass die professionellen Helfer nach aktueller Rechtslage nicht wirksam helfen können.

1.5 Implementierung

Nach der Umfrage von Rummel-Kluge et al. (s. Kapitel 12) ist davon auszugehen, dass nach wie vor zu wenige Patienten und Angehörige Psychoedukation erhalten. Deshalb müssen Implementierungshindernisse erkannt und behoben werden.

Zunächst gilt es zu eruieren, welche psychoedukativen Interventionen in der Institution bislang Anwendung finden oder gefunden haben, d. h., wo eine solche psychotherapeutisch-psychoedukative Kultur bereits besteht; ausgehend von diesem Psychoedukations-Staging können dann einschlägig erfahrene und interessierte Mitarbeiter gewonnen werden, um noch einmal einen gemeinsamen systematischen Anlauf zu wagen. Ein solches Vorgehen muss insbesondere vermeiden, bestehende Strukturen zu übergehen und damit ungewollt Konkurrenzgefühle zu aktivieren oder Kränkungen zu induzieren.

Sollte keine „Psychoedukationskultur" bestehen, kann die Implementierung psychoedukativer Patienten- und Angehörigengruppen in einer Klinik am besten von einer „Keimzelle" mit dem Start einzelner Gruppen auf einer Station oder in einer Ambulanz ausgehen oder dort als Gesamtkonzept eingeführt werden. In jedem Fall bedarf es interessierter und engagierter Mitarbeiter, die innerhalb der Klinik die ersten Schritte tun und Überzeugungsarbeit leisten, um Unterstützung und Zustimmung auf allen Ebenen zu finden. Ein neues Interventionskonzept kann langfristig nur dann implementiert werden, wenn der Klinikchef und alle im Behandlungsteam vertretenen Berufsgruppen dahinterstehen.

Die ärztliche und pflegerische Klinik- bzw. Abteilungsleitung sollte über das Konzept, die Inhalte, die notwendigen Investitionen und die kurzfristigen und langfristigen Vorteile (finanzieller Art, Motivation der Mitarbeiter, Zuwachs an Kompetenz, Patientenzufriedenheit, guter Ruf der Klinik etc.) informiert und auf diese Weise eingebunden werden. Dies kann z. B. auch über die Teilnahme an Informations- und Fortbildungsveranstaltungen erfolgen.

Eingangs sind folgende Fragen zu beantworten:

- Gibt es geeignete Gruppenleiter aus verschiedenen Berufsgruppen, Ko-Leiter und Supervisionsmöglichkeiten?
- Gibt es genügend geeignete bzw. interessierte Patienten und Angehörige?
- Ist ein geeigneter Raum vorhanden?
- Ist die Anreise den Angehörigen bzw. Patienten zumutbar?
- Kann eine ausreichende Zahl von Sitzungen angeboten werden?
- Werden die Gruppen innerhalb der Klinik unterstützt? Von wem und wo?

1.5.1 Einbindung des gesamten Teams

Das gesamte Team der Arbeitseinheit sollte mit den Grundlagen des psychoedukativen Konzepts vertraut gemacht werden, weil die in der eigentlichen Gruppe vermittelten Inhalte dem Stationsalltag entsprechend umgesetzt und geübt werden müssen, um eine bessere Generalisierung im Alltag („Trainingsfeld Station") zu erreichen. Empfehlenswert hierfür ist die Hospitation von Stationsmitarbeitern an den laufenden Gruppen. Dies kommt gleichzeitig dem erwünschten Fortbildungscharakter der Psychoedukationsgruppen zugute.

Erst- sowie Auffrischungsschulungen können z. B. als Anreiz in Form von auswärtigen Fortbildungsveranstaltungen oder durch Einladung externer Referenten angeboten werden.

Stationäres Setting

Hausinterne Koordination der Gruppenarbeit:

- mündliche und schriftliche Informationen der Ärzte und Psychologischen Psychotherapeuten, Vertreter des Pflegepersonals und anderer Berufsgruppen über die geplanten Projekte
- Verdeutlichung, dass die psychoedukativen Gruppen die Therapiemotivation der Patienten erhöhen sollen
- kein konkurrierendes Angebot z. B. gegenüber Ergotherapie oder Sozialarbeit
- die psychoedukativen Gruppen informieren die Patienten auch über die anderen Therapiemöglichkeiten
- erleichtern somit den Zugang zu diesen Angeboten durch Motivation zu einer höheren Eigenverantwortlichkeit
- Angebot der Patientengruppen in die Patiententherapieinformation integrieren
- feste Gruppenzeiten und Integration in den (stationären) Therapieplan
- Aushang über Angehörigengruppen
- Information der Patienten über Angehörigengruppen
- Weitergabe von Handzetteln an Angehörige bei Besuchen in der Klinik (Einverständnis der Patienten mit Diagnosemitteilung an die Angehörigen erforderlich)
- schriftliche Einladung von Angehörigen (Einverständnis der Patienten wünschenswert)

Einbinden der Gruppenarbeit in ein therapeutisches Gesamtkonzept:

- gezielte Integration der psychoedukativen Inhalte in die Behandlungsroutine der Patienten (von der Station bis zum niedergelassenen Nerven- oder Hausarzt)
- Ausgabe von Medikamenteninformationsblättern, Broschüren und Aufklärungsmaterialien an alle Patienten, die den Inhalt erfassen können
- Empfehlung von Büchern (Literaturliste, Anlegen einer Patientenbibliothek)
- Gezielte Rückkopplung bzw. Feedback aus der Gruppenarbeit (z. B. durch direktes Ansprechen in den Visiten etc.)

- Erwähnung der psychoedukativen Arbeit in der Dokumentation, insbesondere auch im Arztbrief
- Leitung und Qualitätssicherung der Gruppenarbeit sollte durch psychotherapeutisch erfahrene Ärzte und/oder Psychologische Psychotherapeuten erfolgen

Motivierung der Mitarbeiter:

- Präsentation von Erfahrungsdaten und Evaluationsergebnissen. Die Erfassung auch einfacher Erfolgsdaten motiviert die Beteiligten zur Gewinnung weiterer Mitarbeiter und führt so zu einer breiteren Unterstützung für das Konzept
- Die Frage nach inhaltlichen Vorbehalten im Team und in den Leitungsebenen sollte immer wieder offen diskutiert werden
- Regelmäßige Reflexion der Arbeit in den Abteilungen, in denen die Gruppen implementiert wurden
- Veränderung des Stationsklimas, kompetenterer Umgang mit Patientenproblemen, Umsetzen des Empfindlichkeits-/Belastungsansatzes auch im Stationsalltag
- In der Diskussion von Vor- und Nachteilen aus Sicht des Teams im Umgang mit den mündigeren Patienten lassen sich hemmende und fördernde Faktoren identifizieren
- Auch die Arbeit mit Feedback-Bögen für die Gruppen, die regelmäßig den Gewinn der Patienten/Angehörigen transparent werden lassen, kann die Motivation stützen

Ambulantes Setting

Leider muss man zum gegenwärtigen Zeitpunkt konstatieren, dass sich die Psychoedukation im ambulanten Setting noch nicht regelhaft etabliert hat. Dabei sind bei einem genügend großen Patientenkreis psychoedukative Behandlungsprogramme gut zu realisieren. Eine psychiatrische Fachambulanz sollte dieses Angebot vorhalten. Auch kleinere komplementäre Einrichtungen können sich durch Zusammenarbeit oder Vernetzung dieses Angebot erschließen.

In den *Institutsambulanzen und Polikliniken* können psychoedukative Gruppen im Rahmen des pauschal vergüteten ärztlichen oder psychologischen Leistungskataloges durchgeführt werden.

Für die Motivierung der Mitarbeiter und die Koordination der Gruppenarbeit gelten analog die Ausführungen zum stationären Setting. Sowohl hinsichtlich der Mitarbeiter und Patienten, vor allem aber auch der Angehörigen ist eine jeweilige Fortführung und Vernetzung der stationären mit ambulanten Gruppenangeboten wünschenswert.

Für den *niedergelassenen Vertragsarzt* oder *Psychologischen Psychotherapeuten* ergeben sich derzeit nur eingeschränkte bzw. auf manche Bundesländer begrenzte direkte Möglichkeiten zur Abrechnung und damit zur Realisierung psychoedukativer Angebote. Dies betrifft insbesondere Psychoedukationsangebote für Angehörige und stellt einen nicht unerheblichen hemmenden Faktor in der berufspolitischen Verankerung dar (s. auch Kapitel 11). Niedergelassene Therapeuten mit Gruppentherapieanerkennung können psychoedukative Gruppen z. B. als verhaltenstherapeutische Gruppe für jeden einzelnen Patienten beantragen und abrechnen, was aber einen erheblichen logistischen Aufwand erfordert.

Neue Strukturen, die geeignet sind, ein speziell auf Psychoedukation ausgerichtetes ambulantes Angebot zu schaffen, sind ebenso denkbar.

Das Gesundheitsmodernisierungsgesetz zur *Integrierten Versorgung* (§ 140 SGB V) ist

1 Grundlagen des Konsensuspapiers zur Psychoedukation

am 1.1.2004 in Kraft getreten. Die Integrierte Versorgung zielt allgemein darauf ab, die Kooperation zwischen den verschiedenen Versorgungssektoren (stationär, ambulant, Rehabilitation) zu verbessern, den Krankheitsverlauf auf diese Weise insbesondere bei chronischen Erkrankungen positiv zu beeinflussen und letztendlich auch Kosten einzusparen. Modellprojekte zur Integrierten Versorgung in der Psychiatrie, z. B. das „Bonner Integrative Versorgungsangebot für Patienten mit Psychosen und deren Angehörige" (BIVAP), das „Berliner Modell", das „Münchner Modell" (s. auch Kapitel 52 u. 53) oder das IG3-S-Projekt in Niedersachsen sehen psychoedukative Gruppen als wichtige Compliance-fördernde Intervention vor. Die in § 140 angebotene Anschubfinanzierung ermöglicht es, neue Versorgungskonzepte in der Regelversorgung zu realisieren und dafür auch ausreichend Finanzmittel zu erhalten. Die Projekte zur Integrierten Versorgung könnten somit der Implementierung von Psychoedukation im bisher vernachlässigten ambulanten Sektor Vorschub leisten.

2 Spezifische Aspekte der Psychoedukation in der Psychiatrie und Psychotherapie

J. Bäuml, G. Pitschel-Walz

2.1 Methodische Einordnung der Psychoedukation

Die Verortung der Psychoedukation innerhalb der psychotherapeutischen Verfahren ist aufgrund der interaktiven Vorgehensweise, der Ressourcenorientierung, der Wertschätzung, der optimistischen Grundhaltung und des Prinzips der Selbstbefähigung mit Förderung der Selbstwirksamkeit am ehesten innerhalb der Verhaltenstherapie unter Einschluss humanistischer Therapieelemente zu sehen (Grawe et al., 2004). Die noch gelegentlich zu findende Etikettierung als „Edukation" im Sinne einer direktiven, autoritären Vermittlung von „Herrschaftswissen" (Klimitz, 2006) läuft dem modernen Selbstverständnis der Psychoedukation diametral zuwider. Psychoedukation möchte die Betroffenen durch umfassende Aufklärung und durch ein patientengerechtes Vertrautmachen mit dem erforderlichen Hintergrundwissen über die Erkrankung und die erforderlichen Behandlungsmaßnahmen befähigen, mit den „Herrschern" auf dem therapeutischen Feld auf Augenhöhe sprechen zu können. Es handelt sich also um ein „Teilen" des tradierten Wissensvorsprungs im Sinne des Shared-decision-Making (Hamann et al., 2009), das die Voraussetzungen für eine partnerschaftliche Therapie schafft.

2.2 Emotionale Aspekte

Angestoßen im Jahr 1975 durch die Psychiatrie-Enquete und die Forderung nach Gleichstellung von somatisch und psychisch Kranken, hat sich mit einiger Zeitverzögerung auch bei seelisch Kranken der Anspruch auf ein attraktives und menschenwürdiges Milieu in psychiatrischen Kliniken und Krankenhäusern durchgesetzt. Als Paradebeispiel können hier die in den letzten Jahren neu entstandenen psychosomatischen Kliniken genannt werden, die oft über prächtige Eingangshallen und sehr ansprechende Empfangstheken verfügen, mit denen selbst viele Hotels nicht ohne weiteres konkurrieren können.

Parallel zur Aufwertung der Klinikgestaltung hat sich auch die Akzeptanz von psychosomatischen Krankheitsbildern in der Bevölkerung deutlich verbessert. Als „Speerspitze" dieses neuen, von alten Vorurteilen befreiten Krankheitsbildes kann das „Burnout"-Syndrom gelten. Dieser paraphrasierende Begriff („Deckmantel") ermöglicht es immer mehr Menschen, sich zu den Krankheitssymptomen einer Depression zu bekennen und eine Behandlung anzunehmen. Je attraktiver und angesehener ein Krankheitsbild ist und je mehr soziale Anerkennung damit verbunden wird, desto größer ist auch der sekundäre Krankheitsgewinn. Wahrscheinlich steigt damit auch die Akzeptanz des zugehörigen Diagnosebegriffs (Burisch, 2010).

So sehr dieser Perspektivenwechsel bei leichteren seelischen Erkrankungen und vor allem psychosomatischen Krankheitsbildern zu begrüßen ist, so wenig scheinen die Patienten mit den psychiatrischen Kerndiagnosen wie Schizophrenie, bipolare Erkrankungen, Demenzen und schweren Persönlichkeitsstörungen davon zu profitieren. Menschen mit diesen Erkrankungen fühlen sich nach wie vor nicht wertgeschätzt, sondern stigmatisiert. Entsprechend schwer fällt es ihnen, ihre Erkrankung zu akzeptieren und konsequent behandeln zu lassen (Baumann et al., 2006).

Deshalb zählt es zu den vornehmsten Aufgaben der Psychoedukation, die zum Verständnis und zur Akzeptanz der Erkrankung erforderlichen Informationen möglichst ansprechend und minimal stigmatisierend aufzubereiten. Damit soll keiner billigen „Schönfärberei" das Wort geredet werden! Bei der Konzeption der Informationsvermittlung sollte vielmehr stets der Grundsatz gelten, dass diese Kenntnisse für die Betroffenen zu keinem Zeitpunkt ihrer Erkrankung – einschließlich Phasen depressiver Verstimmung mit Verzweiflungsgefühlen und lebensverneinenden Gedanken – eine belastende oder angsterregende Rückwirkung auf ihr subjektives Befinden haben dürfen (Bäuml et al., 2010).

Psychoedukation darf niemals verwechselt werden mit der Vermittlung von krankheitsbezogenen Fakten im juristischen Sinne einer „umfassenden Aufklärung". So sehr die Patienten ein Recht darauf haben, die Wahrheit über ihre Erkrankung und die mit einer Behandlung einhergehenden Nebenwirkungen zu erfahren, so sehr haben sie auch ein Recht darauf, dass diese Information ihrer krankheitsbedingten und zumindest vorübergehend reduzierten Belastbarkeit angepasst wird.

Die Vermeidung von deprimierenden und mutlos machenden Fakten und die Einkleidung der Information in ein saluto-genetisch orientiertes Gesamtkonzept sind die beiden Grundpfeiler der Psychoedukation!

2.3 Ressourcenorientierung

Als naturwissenschaftliche Disziplin wurde die Medizin vor allem dadurch wirksam und erfolgreich, dass sie sich ganz konkret auf die wesentlichen pathophysiologischen Faktoren der zugrunde liegenden Erkrankungen konzentrierte. Dieses aus der Somatik hervorgegangene Modell wurde auch von der Psychiatrie übernommen; durch die konkrete, detaillierte Beschreibung der psychopathologischen Auffälligkeiten ist es den Vorreitern der modernen Psychiatrie (Griesinger, Kraepelin, Bleuler, Jaspers, Kurt Schneider etc.) schließlich gelungen, international anerkannte Krankheitsentitäten zu formulieren, die eine eindeutige und verlässliche Kommunikation über die einzelnen Leidenszustände und eine möglichst genaue Zuordnung der Beschwerden zu anerkannten Krankheitsbildern gewährleisten. Damit ging zwangsläufig eine ausschließliche Konzentration auf die Defizite und krankheitsbedingten Auffälligkeiten der Erkrankten einher.

Übersehen wurde dabei, dass die unzweifelhaft vorhandenen Begabungen, das Gespür für feine Zwischentöne im mitmenschlichen Bereich, die Originalität, die Kreativität, die unkonventionelle Denkweise und das oft unerschrockene Infragestellen rigider Konventionen einen immensen Schatz darstellen, der zum Nährboden für bahnbrechende künstlerische Kreationen und innovative Neuschöpfungen werden kann. Ohne dies euphemistisch vertiefen zu wollen, ist freilich auch zu erwähnen, dass diese Begabungen bei psychisch Erkrankten leider nicht immer von entsprechendem wirtschaftlichem Erfolg gekrönt sind.

Nach heutigem Verständnis können derartige „Softskills" nur dann erfolgreich zum Tragen kommen, wenn die kognitive „Hardware" eine gewisse Basisstabilität besitzt. Zur Manifestation einer seelischen Erkrankung kommt es vermutlich dann, wenn die mit der kreativen Begabung einhergehende sensorische und kognitive Informationsfülle vom neuronalen Netzwerk nicht mehr eindeutig und zuverlässig verarbeitet werden kann. Nach heutiger Sprachregelung lässt sich dies vielleicht am besten mit dem Begriff der „erhöhten Vulnerabilität" umschreiben.

Der auf Zubin und Spring (1977) zurückgehende Vulnerabilitätsbegriff erlaubt ein mehrdimensionales Erklärungsmodell (Zusammenwirken von genetischen, somatischen und erlebnisreaktiven Momenten), das die Wechselwirkung von subjektiver Konstitution und objektiven Umgebungsstressoren bei der Entstehung seelischer Erkrankungen dynamisch verknüpft.

Auch wenn davor zu warnen ist, diese einzelnen Faktoren allzu mechanistisch aufzuaddieren und eine sich daraus zwingend ergebende Krankheitslogik aufzubauen, so sind die didaktisch anschaulichen Vorteile des Konzepts nicht hoch genug zu bewerten. Es ermöglicht den Betroffenen, ihr „So-Sein" als ein natürliches Zusammenwirken unterschiedlicher Einflussebenen zu begreifen, das durch die Aktivierung eigener Willenskräfte und eigenen Selbstbehauptungsvermögens durchaus beeinflusst, aber nicht beliebig verändert werden kann.

Das Sich-Abfinden und das Sich-Einlassen auf ein irgendwie schicksalhaft bedingtes Persönlichkeitsprofil führt den Betroffenen Grenzen vor Augen, deren Bewältigung in der Regel eine intensive, supportiv-psychotherapeutische Begleitung erfordert. Die daraus resultierende Trauerarbeit wird umso eher gelingen, je mehr die prädisponierenden Faktoren nicht als „minderwertige" Ausgangskonstitution und „Fehlanlagen" empfunden werden, sondern vielmehr als Zeichen eines individualistischen, non-konformen und letztendlich „anderen" Lebensentwurfes (Bäuml et al., 2007).

Es reicht also nicht, die Betroffenen lediglich über einen „entgleisten Dopaminhaushalt", einen Mangel an serotonergen und noradrenergen Stoffen oder eine „Unterfunktion angstverarbeitender Zentren" zu informieren. Es müssen immer auch die funktionierenden und potenziell unerschöpflichen Entwicklungsmöglichkeiten ihrer zentralnervösen Veranlagung betont werden, damit sie das Gefühl nicht verlieren, neben der Krankheit auch eine besondere, unverwechselbare Individualität und Originalität zu besitzen, die vieles von dem wettmachen kann, was die sogenannten Gesunden lediglich unter dem Begriff „Krankheit" verbuchen würden. Die Wertschätzung dieser Ressourcen besitzt eine wesentliche salutogenetische Funktion!

2.4 Kognitive Aspekte

80 % der von einer Schizophrenie betroffenen Patienten (Jahn et al., 2011) sowie ein Großteil der affektiv oder auch anderweitig psychisch Erkrankten leiden zumindest vorübergehend unter relevanten kognitiven Einbußen, sodass die Aufnahmefähigkeit vor allem in der Akutphase stark beeinträchtigt sein kann. Deshalb müssen psychoedukative Informationen sehr strukturiert, übersichtlich gegliedert und in leicht begreifbare Einzelelemente aufgeteilt werden.

Die parallele Visualisierung der Inhalte mit einprägsamer Darstellung komplexer Sachverhalte durch selbsterklärende, einleuchtende Bilder ist ein wesentliches didaktisches Element der Psychoedukation.

Auch eine einfache, anschauliche Sprache, kurze Sätze, der Verzicht auf Fremdwörter und das Vermeiden langer Monologe sind eine wichtige psychoedukative Basistugend. Das im Kasten dargestellte KISS-Modell verdeutlicht wesentliche didaktische Prinzipien.

KISS-Prinzip (Keep **I**t **S**hort and **S**imple**)**

In Bildern sprechen
Anschaulich (Analogien schaffen)
Maximal drei Botschaften
Fachausdrücke vermeiden („Dolmetschen"!)
Einbinden (Eselsbrücken und Gedächtnisstützen)
Interaktive Informationsvermittlung
Nachfragen (Wiederholen lassen)
Interessante und packende Darstellung
Humor!!!

Die genauere Begründung und Beschreibung der kognitiven Probleme bei psychischen Erkrankungen können in entsprechenden neuropsychologischen Publikationen (z. B. Jahn et al., 2011) nachgelesen werden.

2.5 Kleinster gemeinsamer Nenner aller psychischen Erkrankungen

Das im psychiatrisch-psychotherapeutischen Handeln natürliche Nebeneinander von somatisch orientierten Therapieverfahren einerseits (Medikation, EKT, Repetitive Transcranielle Magnetstimulation, Lichttherapie, Schlafentzug, Vagusstimulation, Tiefe Hirnstimulation etc.) und mannigfaltigen psychotherapeutischen Verfahren andererseits (Verhaltenstherapie, Tiefenpsychologische Verfahren, Humanistische Verfahren etc.) schafft einen scheinbar unüberbrückbaren Gegensatz zwischen beiden Behandlungsbereichen. Durch zahlreiche Studien und wachsende Erfahrung konnte mittlerweile gezeigt werden, dass erst ein konsequentes Zusammenspiel beider Verfahren den Therapieerfolg deutlich verbessert (Pitschel-Walz et al., 2007; Huhn et al., 2014). Der Psychoedukation kommt die entscheidende Aufgabe zu, nicht allein dafür zu sorgen, dass sich der vermeintliche Graben zwischen Psychopharmakotherapie und Psychotherapie in der Wahrnehmung der Betroffenen gar nicht erst auftut, sondern von Anfang an konsequent und glaubwürdig zu belegen, dass nur die professionelle Kombination beider Verfahren im Zusammenspiel mit den Selbstbewältigungskräften der Betroffenen den besten Therapieerfolg gewährleistet (Bäuml, 2008). In diesem Kontext leistet das Synapsenmodell einen unschätzbaren Beitrag, weil es anschaulich vermittelt, dass die postsynaptisch wirksame Medikation und die präsynaptisch wirksame psychotherapeutische Behandlung einander synergistisch ergänzen (siehe auch Kapitel 4.1).

2.6 Ausblick

Der sehr frühzeitige und systematische Einsatz der Psychoedukation kann den Boden dafür bereiten, dass die Patienten und ihre Angehörigen nicht in Versuchung geraten, ein einseitiges oder eindimensionales Krankheitskonzept zu entwickeln. Stattdessen lernen sie von Beginn an, die multidimensionale Entstehung ihrer Erkrankung und den Nutzen einer entsprechend multidimensionalen Therapie zu begreifen. Psychoedukation ist sozusagen die „Pflicht" für alle Erkrankten, damit sie ihre „Kür" – eine längerfristig ausgerichtete Behandlung mit dem natürlichen Nebeneinander von Medikation, Psychotherapie und psychosozialen Maßnahmen – entsprechend individuell angepasst planen können (Bäuml, Pitschel-Walz et al., 2010).

Literatur

Bäuml J, Pitschel-Walz G (Hrsg.) (2008). Psychoedukation bei schizophrenen Erkrankungen. Konsensuspapier der Arbeitsgruppe „Psychoedukation bei schizophrenen Erkrankungen". 2. Auflage. Stuttgart (Schattauer Verlag).

Bäuml J, Pitschel-Walz G, Berger H, Gunia H, Juckel G, Heinz A (2010). Arbeitsbuch PsychoEdukation bei Schizophrenie (APES). 2. Auflage. Stuttgart (Schattauer Verlag).

Bäuml J (2008). Psychosen aus dem schizophrenen Formenkreis. Ein Ratgeber für Patienten und Angehörige. Leitfaden für professionelle Helfer. Einführung für interessierte Laien. Heidelberg (Springer-Verlag).

Bäuml J, Berger H, Mösch E, Pitschel-Walz G. (2007). Psychose-Seminar. In: Becker T, Bäuml J, Pitschel-Walz G, Weig W (Hrsg.). Rehabilitation bei schizophrenen Erkrankungen. Köln (Deutscher Ärzteverlag), S. 271–292.

Baumann A, Zäske, Gaebel W (2006). Stigma und Diskriminierung schizophren erkrankter Menschen. In: Schmauß M (Hrsg). Schizophrenie – Pathogenese, Diagnostik und Therapie. Bremen (Uni-Med-Verlag), S. 364–383.

Burisch M (2010). Balance statt Burnout. Berlin, Heidelberg (Springer-Verlag).

Grawe K, Donati R, Bernauer F (2004). Psychotherapie im Wandel. Von der Konfession zur Profession. Göttingen (Hogrefe-Verlag).

Hamann J, Mendel R, Cohen R, Heres S, Ziegler M, Bühner M, Kissling W (2009). Psychiatrists' Use of Shared Decision Making in the Treatment of Schizophrenia: Patient Characteristics and Decision Topic. Psychiatr Serv 60: 1009.

Huhn, Pitschel-Walz G, Kissling W, Leucht S (2014). Cochrane metaanalysis – psychopharmacotherapy and psychotherapy. JAMA Psychiatry, 71(6): 706–715.

Jahn T, Pitschel-Walz G, Gsottschneider A, Froböse T, Kraemer S, Bäuml J (2011). Neurocognitive prediction of illness knowledge after psychoeducation in schizophrenia: results from the Munich COGPIP study. Psychol Med 41:533–5.

Klimitz H (2006). Psychoedukation bei schizophrenen Störungen – Psychotherapie oder „Unterwanderung"? Psychiat Prax 33: 372–379.

Pitschel-Walz G, Bäuml J (2007). Psychoedukation. In: Becker T, Bäuml J, Pitschel-Walz G, Weig W (Hrsg.). Rehabilitation bei schizophrenen Erkrankungen. Köln (Deutscher Ärzteverlag), S. 111–126.

Zubin J, Spring B (1977). Vulnerability: A new view of schizophrenia. Journal of Abnormal Psychology 86: 103–126.

3 Psychoedukation in der Psychosomatischen Medizin

Peter Henningsen

3.1 Vorbemerkung

Psychosomatische Medizin ist in einem ganz zentralen Sinn psychotherapeutische Medizin. Sie wird vor allem dort praktiziert, wo mit Psychotherapie signifikante Leidensreduktionen oder sogar Heilungen zu erzielen sind: bei traditionell als psychogen angesehenen, also „neurotisch" genannten Erkrankungen und dort, wo neben organischen Grundlagen einer Erkrankung potenziell krankheitswertige psychosoziale Belastungen hinzukommen. Ein besonderer Schwerpunkt liegt, wie der Name „Psychosomatik" impliziert, auf Beschwerdebildern, bei denen neben psychischen auch körperliche Symptome wie Schmerzen, Erschöpfung und Funktionsstörungen der Körperorgane eine wichtige Rolle spielen (Herzog et al., 2013).

Psychoedukation hingegen ist eine Form psychosozialer Interventionen, die ihre primäre Heimat in der Psychiatrie, vor allem in der Behandlung von Patienten mit schizophrenen Psychosen und bipolaren Störungen, hat. In formalisierterer Form gibt es sie seit etwa 30 Jahren (vgl. z. B. Bäuml und Pitschel-Walz, 2008). Interessanterweise wird diese Form der Intervention im Weiterbildungskatalog zum Facharzt für Psychiatrie und Psychotherapie bis dato aber nicht spezifisch erwähnt.

Hingegen führt der Weiterbildungskatalog zum Facharzt für Psychosomatische Medizin und Psychotherapie immerhin explizit die Behandlung von 25 Fällen supportiver und psychoedukativer Therapie bei somatisch Kranken auf. Trotzdem fristete die Psychoedukation in der Psychosomatischen Medizin lange Zeit eher ein Schattendasein.

Einige Gründe für die ursprünglich geringe Bedeutung der Psychoedukation in der Psychosomatischen Medizin sind rasch zu klären:

- Psychoedukation ist ein relativ junges Behandlungskonzept, das primär Wurzeln außerhalb der Psychosomatik hat. Deshalb leuchtet ein, dass es nicht unverzüglich Eingang in die Psychosomatische Medizin fand.
- Psychosomatische Medizin versteht sich traditionell als psychotherapeutische Medizin; dem entsprach bekanntlich bis 2004 die Berufsbezeichnung „Facharzt für psychotherapeutische Medizin". Insofern Psychoedukation informatorische und psychotherapeutische Elemente kombiniert, hielt man es kaum für notwendig, psychoedukative Aspekte in der psychosomatischen Behandlung besonders zu betonen. Sie kamen aber durchaus zum Einsatz.
- Ein wichtiges Motiv für die Einführung von Psychoedukation in der Psychiatrie, nämlich die Steigerung der Akzeptanz der Patienten für die notwendige psychopharmakologische Therapie, spielt in der Psychosomatik traditionell keine wesentliche Rolle, weil medikamentöse Therapieansätze dort nicht die gleiche Bedeutung haben.
- Auch in der psychodynamischen Psychotherapietradition, die in der Psychosomatischen Medizin besonders stark vertre-

ten ist, spielen kognitive Therapieelemente, die einen inhärenten Bestandteil der Psychoedukation bilden, traditionell eine geringere Rolle.

Wir wollen in diesem Kapitel einen Überblick geben und untersuchen, ob sich diese Situation verändert hat und wo Psychoedukation in der Psychosomatischen Medizin von Bedeutung ist. Details finden sich in den übrigen Kapiteln des Buches, die psychosomatischen Themen gewidmet sind.

3.2 Wie und wo passt Psychoedukation konzeptuell zur Psychosomatik?

Psychoedukation setzt sich bekanntlich zum Ziel, durch aktive Wissensvermittlung und Erfahrungsaustausch die Compliance des Patienten mit notwendigen medizinischen Massnahmen zur Behandlung seiner Erkrankung ebenso zu fördern wie das damit verbundene Coping. Diese Unterstützung kommt gleichzeitig seiner Selbstwirksamkeit zugute oder seinem, neudeutsch formuliert, „Empowerment". Psychoedukation kann als eigenständige psychosoziale Intervention – dann meist im Gruppensetting – erfolgen, sie kann aber auch zusammen mit weiteren Elementen, meist aus dem kognitiv-behavioralen Spektrum, in eine Psychotherapie integriert werden.

Mit ihren Zielen wendet sich Psychoedukation, wenn man so will, an den kompetenten Patienten, der Informationen adäquat und rational verarbeiten und daraus Handlungsstrategien ableiten kann. Insbesondere im Falle von Patienten mit schwereren psychischen Erkrankungen ist freilich nur unter Vorbehalt von rationaler Kompetenz auszugehen. Doch weil sich Psychoedukation auch in diesen Fällen zumindest an die gesunden Anteile der Persönlichkeit wendet, zählt sie zu den ressourcenorientierten Interventionsformen.

3.2.1 Die Rolle der Psychoedukation je nach Störungsbereich

Wenn wir im Feld der Psychosomatischen Medizin nach Krankheits- oder Störungsbereichen sortieren, gibt es einen Bereich, in dem die Unterstellung rationaler Kompetenz des Patienten per se zutrifft, nämlich dann, wenn es um die *Bewältigung (insbesondere chronischer) körperlicher Erkrankungen* durch den Betroffenen geht. Die vorherrschende Grundannahme dabei ist, dass der Betreffende Informationen über seine Erkrankung und ihre angemessene Behandlung weder neurotisch noch gar psychotisch verzerrt aufnimmt und sie folglich prinzipiell rational in Handlungen, z. B. Compliance und Lebensstil betreffend, umsetzt.

- Am konsequentesten ist diese Vorstellung in *Schulungsprogrammen* verwirklicht, wie sie z. B. in Rehabilitationskliniken für Patienten mit Diabetes, Herzinsuffizienz, Rheuma etc. angeboten werden. Diese Programme heben in erster Linie auf strukturierte Wissensvermittlung zur Erkrankung, ihrer Behandlung, dem krankheitsangemessenen Lebensstil etc. ab, gehen aber auf psychosoziale Aspekte, z. B. auf die emotionale Bewältigung einer Diagnose oder auf den Umgang mit Progredienzangst, wenig bis gar nicht ein. Für die Erziehung oder Bildung eines informierten, kompetenten und sich als selbstwirksam erlebenden Patienten mit einer solchen chronischen Krankheit besitzen sie aber eine große Bedeutung.

3 Psychoedukation in der Psychosomatischen Medizin

- *Psychoedukative Programme*, die ebenfalls bei körperlichen Erkrankungen, insbesondere bei Krebs in der Psychoonkologie, Anwendung finden, gehen über rein wissensvermittelnde Schulungsprogramme hinaus. Sie thematisieren explizit den Umgang mit den mannigfaltigen Gedanken und Gefühlen, die die Auseinandersetzung mit einer bedrohlichen Erkrankung und ihrer Behandlung mit sich bringt. Es ist aber wichtig, auch hier prinzipiell an der Grundannahme eines kompetenten, durchweg rational handelnden Patienten festzuhalten.

Ein weiterer für die Psychosomatik wichtiger Störungsbereich betrifft *funktionelle bzw. somatoforme Körperbeschwerden inkl. Schmerz*, also solche Fälle, in denen Patienten anhaltend über Schmerzen, Funktionsstörungen und/oder Erschöpfungsbeschwerden klagen, ohne dass sich ein ausreichend erklärender Organbefund feststellen lässt. Inwieweit hier vom Patienten als einem kompetenten, rational handelnden Gegenüber ausgegangen werden kann, der – ähnlich den Patienten mit klar organisch definierten Erkrankungen – seine Symptome zwar verstärkt wahrnehmen mag, im Übrigen aber adäquat damit umgeht, ist traditionell auch von der theoretischen Brille abhängig, durch die man diese Patienten sieht. Die Programme werden hier etwas holzschnittartig umrissen; in der Realität sind die Übergänge fließend:

- Im Rahmen von *psychologischen Schmerzbewältigungsprogrammen*, wie sie in Schmerztageskliniken und vergleichbaren Einrichtungen zum Einsatz kommen, wird mit Schmerzen und anderen Körperbeschwerden grundsätzlich so umgegangen wie in den oben umrissenen psychoedukativen Programmen für Menschen mit organisch definierten Körperkrankheiten. Dementsprechend wenden sich die Programme mit psychoedukativen Mitteln ebenso wie mit Krankengymnastik, medikamentöser Therapie und anderen Massnahmen an das rationale, kompetente Gegenüber im Patienten.
- In einem *klassischen kognitiv-verhaltenstherapeutischen Behandlungsprogramm* wird der Fokus über die Körperbeschwerden und deren Bewältigung hinaus erweitert. Identifiziert und behandelt werden auch solche kognitiven und affektiven Faktoren, die zur Aufrechterhaltung und Ausprägung der Beschwerden maßgeblich beitragen, z. B. Katastrophisieren, Aufmerksamkeitslenkung, Ruminationen etc. Der Fokus ist also nicht nur bewältigungs-, sondern in gewisser Weise auch kausal orientiert; psychoedukative Elemente spielen hier vor allem in der initialen Behandlungsphase eine wichtige Rolle.
- In einer *psychodynamisch orientierten Behandlung* liegt der Schwerpunkt traditionell auf der Durcharbeitung von Beziehungserfahrungen – sowohl in biografischer Hinsicht als auch in der aktuellen therapeutischen Beziehung. Man erwartet, dass die Körperbeschwerden nach Bearbeitung der entsprechenden unbewussten Konflikte und strukturellen Beeinträchtigungen wieder in den Hintergrund treten. Es gehört dabei zu den Grundannahmen dieser Therapieform, dass das rationale Handeln und Verstehen eines Patienten durch diese unbewussten Konflikte und strukturellen Beeinträchtigungen z. B. der Selbst- und Fremdwahrnehmung, aber auch der Affektsteuerung etc., „hinter dem Rücken des Betroffenen" krankheitsbedingt beeinträchtigt sind. Psychoedukative Elemente spielen in dieser Therapieform dann eine Rolle, wenn sie als sogenanntes

supportives, ich-stützendes Element als geeignet betrachtet werden, einen Patienten zu stabilisieren und zu ent-ängstigen.

Im Hinblick auf den Umgang mit Patienten mit funktionellen/somatoformen Störungen hat sich diese holzschnittartige Typisierung allerdings in den letzten Jahren gewandelt. Für die Initialphase gilt es mittlerweile schulenübergreifend, also auch in der psychodynamisch orientierten Behandlung, als unumgänglich, den Patienten unter Zuhilfenahme psychoedukativer Elemente für eine Psychotherapie zu motivieren. Dabei geht es vor allem darum, ihm psychosomatische Zusammenhänge zwischen körperlichen Beschwerden einerseits und Verhalten und Erleben andererseits zu erläutern. Dadurch soll ihm, ohne dass er „in die Psycho-Ecke" gedrängt bzw. als primär psychisch krank hingestellt wird, aufgezeigt werden, warum die Berücksichtigung psychosozialer Aspekte seines Erlebens, Verhaltens und seiner Lebenssituation, ggf. im Rahmen einer Psychotherapie, sinnvoll und legitim ist. Diese psychoedukative Arbeit an der Erweiterung des Erklärungsmodells, das der Patient von seinen Beschwerden hat, lässt sich psychodynamisch-beziehungsorientiert auch als Arbeit am Aufbau einer stabilen therapeutischen Beziehung verstehen.

Für weitere in der Psychosomatischen Medizin bevorzugt behandelte Krankheitsbilder, etwa Essstörungen, Posttraumatische Belastungsstörungen, Angst-, depressive und Persönlichkeitsstörungen, hängt das Ausmaß, mit dem psychoedukative Elemente in die Therapie integriert werden, prinzipiell auch von der psychotherapeutischen Schulrichtung ab. Allerdings ist festzuhalten, dass die schulische gegenüber der störungsorientierten Ausrichtung der Psychotherapie in den letzten Jahren eindeutig an Relevanz verloren hat. Alleine schon aufgrund des Ziels, eine stabile Psychotherapie- und Veränderungsmotivation bei einem entsprechend informierten Patienten zu erreichen, bilden psychoedukative Elemente heute einen festen Bestandteil der psychosomatisch-psychotherapeutischen Behandlung.

3.2.2 Die Rolle der Psychoedukation je nach therapeutischem Setting

Ein in praktischer Hinsicht wichtiger Aspekt betrifft das Setting, unabhängig vom Krankheitsbild. Im stationären psychosomatisch-psychotherapeutischen Setting besteht die Möglichkeit, psychoedukative Elemente als ein eigenständiges Modul unter anderen in einem multimodalen Behandlungskonzept zu integrieren, z. B. als störungsorientierte oder auch störungsübergreifende Gruppe in einem auch äußerlich mit Flipchart und/oder Beamer umgestalteten Gruppenraum.

Im ambulanten psychotherapeutischen Setting, in dem keine getrennten Module vorgesehen sind, besteht diese Möglichkeit nicht. Was den Einbau psychoedukativer Elemente sowohl in der Einzel- als auch in der Gruppentherapie angeht, spielen daher die jeweilige Therapieschule des Behandlers und seine persönlichen Präferenzen eine sehr viel größere Rolle.

3.2.3 Psychoedukation und therapeutische Haltung

Ein weiterer praktisch wichtiger Aspekt, der bedeutsame historische Veränderungen durchlaufen hat, betrifft die therapeutische Haltung gegenüber einem Patienten. Die althergebrachte paternalistische Haltung des Behandlers beruhte auf der Überzeugung, dass der Therapeut schon wisse, was für den

Patienten gut sei. Infolgedessen müsse letzterer über seine Erkrankung lediglich soviel wissen, wie zur Befolgung der ärztlichen Massgaben nötig sei. In den letzten Jahren ist diese Haltung fach- und schulenübergreifend, auch in der psychodynamisch orientierten Psychosomatik, eher in den Hintergrund getreten; stattdessen werden z. B. unter dem Begriff des „shared decision making" partnerschaftliche Haltungen propagiert. In diesem Kontext ist Psychoedukation fast schon zwingende Voraussetzung, um den Patienten überhaupt erst in die Lage zu einer solchen partnerschaftlichen Herangehensweise zu versetzen.

Zusammenfassend lässt sich also festhalten, dass Psychoedukation als eine ursprünglich aus der Psychiatrie stammende Interventionsform inzwischen auch in der Psychosomatik Fuß gefasst hat. Fest verankert ist sie mittlerweile da, wo es um die Unterstützung von Patienten im Rahmen der Psychoonkologie und insgesamt der Bewältigung (chronischer) organischer Erkrankungen geht. Aber auch für andere Krankheitsbilder und für unterschiedliche therapeutische Orientierungen gehört Psychoedukation, wie auch die Kapitel dieses Buches illustrieren, in der heutigen Psychosomatik mit dazu.

Literatur
Bäuml J, Pitschel-Walz G (Hrsg.) (2008). Psychoedukation bei schizophrenen Erkrankungen. 2. Aufl. Stuttgart (Schattauer).
Herzog W, Beutel M, Kruse J (Hrsg.) (2013). Psychosomatische Medizin und Psychotherapie heute. Stuttgart (Schattauer).
Köllner V (2009). Psychoedukative Verfahren. In: Janssen PL et al. (Hrsg.). Leitfaden Psychosomatische Medizin und Psychotherapie. 2. Aufl. Köln (Deutscher Ärzte-Verlag), S. 578–581.

4 Psychoedukation in der Neurologie und anderen somatischen Fachgebieten

Herbert Greß, Bernd Behrendt

4.1 Vorbemerkung

Die Neurologie ist die Lehre von den Erkrankungen des zentralen, peripheren und vegetativen Nervensystems sowie der zugehörigen Gefäße und der Muskulatur. Trotz teils fließender Übergänge im Bereich der organischen psychischen Störungen unterscheidet sich die Psychiatrie von der organmedizinisch orientierten Neurologie in erster Linie durch ihren Fokus auf die umfassende Versorgung psychisch kranker Menschen aller Art.

Etwa zwei Millionen Patienten werden in Deutschland jährlich von Neurologen behandelt. Das Spektrum der Erkrankungen ist außerordentlich groß. Es reicht von sogenannten Volkskrankheiten wie Schmerzen unterschiedlicher Genese (z. B. Rückenschmerzen, Kopfschmerzen, Muskelschmerzen) bis hin zu Gefäß-, Muskel-, Tumor- und degenerativen Hirnerkrankungen.

Neben schweren Erkrankungen mit oft chronischem Verlauf – z. B. Schlaganfall, Multiple Sklerose, Erkrankungen der Basalganglien (z. B. die Parkinson-Krankheit), Nervenentzündungen und -verletzungen, Tumoren von Gehirn, Rückenmark und peripheren Nerven, Bandscheibenerkrankungen, Anfallsleiden, entzündlichen ZNS-Erkrankungen, primär degenerativen Erkrankungen (Demenzen, Amyotrophe Lateralsklerose, spinale Atrophien, Kleinhirn-Ataxien), Polyneuropathien, Muskeldystrophien, Myositiden, Myasthenia gravis – sind auch psychogene Störungen bzw. Konversionssyndrome nicht selten (vgl. Mumenthaler und Mattle, 2010; Gehlen und Delank, 2010).

4.2 Spezifische Aspekte der Psychoedukation in der Neurologie und anderen somatischen Fachgebieten

Betrachtet man also die Erkrankungen, die in der Neurologie diagnostiziert und behandelt werden, so wird rasch deutlich, dass diese neben körperlichen Symptomen häufig auch erhebliche psychische und psycho-organische Aspekte aufweisen. Allein in der neurologischen Notfallversorgung ist eine große Zahl von dissoziativen Bewegungsstörungen zu verzeichnen. Miyasaki et al. (2003) geben an, dass bis zu 25 % der Bewegungsstörungen in neurologischen Abteilungen dissoziativer Natur seien. Davon fielen 32,8 % auf den psychogenen Tremor, 25 % auf die psychogene Dystonie, 25 % auf den psychogenen Myoklonus, 6,1 % auf den psychogenen Parkinsonismus und 10,9 % auf die psychogene Gangstörung. Auch dissoziative Krampfanfälle sowie dissoziative Sensibilitäts- und Empfindungsstörungen werden meist zunächst dem Neurologen zur Diagnostik vorgestellt.

Wie die obige Zusammenfassung zeigt, stellen die organisch begründeten neurologischen Erkrankungen oft schwere Krankheitsbilder dar, bisweilen mit zerebralorganischen Schädigungen. Solche Krankheitsbilder belasten die Patienten wie auch die Angehörigen in besonderem Maße. Sorgen um die körperliche Gesundheit, Depressionen und Ängste sind häufig die Folge.

Während also psychogene Störungen differenzialdiagnostische Probleme aufwerfen, ist zu den primär neurologischen Organerkrankungen zu sagen, dass
- diese nicht selten reaktive, psychische Störungen, etwa Anpassungsstörungen, nach sich ziehen,
- neurologische Erkrankungen durch zusätzliche psychopathologische Dispositionen (wie mangelnde emotionale Konfliktverarbeitung, Ängste, depressive Verstimmungen u. a.) überlagert und ausgestaltet sein können,
- neurologische und psychische Erkrankungen gleichzeitig nebeneinander bestehen können,
- psychische Einflussfaktoren neurologische Erkrankungen oder Schübe auslösen oder im Verlauf beeinflussen können (vgl. Scheidt, 2011).

Dies macht nochmals deutlich, dass organische und seelische Aspekte bei neurologischen Erkrankungen u. U. auf komplexe Weise miteinander verwoben sind.

Der moderne Neurologe definiert sich heute oft nicht mehr fachübergreifend als „Nervenarzt", der sich entsprechend dem umgangssprachlichen Verständnis auch um die psychischen Probleme der Patienten kümmert. Stattdessen versteht er sich als ein Spezialist, der primär für die organischen Ursachen und Auswirkungen der neurologischen Erkrankungen zuständig ist. Die spezifische Berücksichtigung psychosozialer Aspekte sowohl bei der Verursachung als auch bei der Bewältigung der Erkrankung fällt folglich zunächst nicht in sein Hauptaufgabengebiet. Die Erwartung, dass sowohl die Erkrankten selbst als auch ihre Angehörigen bei den oft sehr umfangreichen und vor allem langwierigen Behandlungsprozessen optimal kooperieren werden, konfrontiert die Beteiligten also mit sehr hohen Anforderungen.

4.3 Die Chancen der Psychoedukation in der Neurologie und anderen somatischen Fachgebieten

Vor diesem Hintergrund kann Psychoedukation als basales psychotherapeutisches Verfahren maßgeblich dazu beitragen, dass chronisch Kranke und ihre Angehörigen die Krankheit besser verstehen und besser mit ihr umzugehen lernen; dieser Prozess fördert auch die eigenen Bewältigungskräfte. Die Betroffenen werden angeregt, das Ausmaß ihrer Erkrankung sehr bewusst zu erleben und reflektieren; durch die entsprechende Informationsvermittlung und die Erweiterung ihrer Bewältigungskompetenz können sie ihr Wissen und ihre Erfahrung einbringen und ihre persönlichen Kraftquellen kennenlernen. Neben den positiven Auswirkungen auf die eigene Lebensqualität und die Zusammenarbeit und die Beziehung von Arzt und Patient sind damit auch Kosteneinsparungen im Gesundheitswesen verbunden (Behrendt und Krischke, 2005; Bernardy und Köllner, 2011).

Am Beispiel der Multiplen Sklerose lässt sich illustrieren, welch hohe Anforderungen an die Selbstbeobachtungs- und Bewältigungskompetenz der Patienten, aber auch ihrer Angehörigen gestellt werden und dass sie dringend entsprechende Orientierungshilfen benötigen:

So ist es beispielsweise sehr wichtig, die verschiedenen Verlaufsformen zu kennen und zwischen ihnen zu unterscheiden:
- Beim schubförmigen Verlauf treten die klinischen Symptome innerhalb von Stunden bis Tagen auf und dauern Tage bis wenige Wochen.
- Um einen neuen Schub von vorangegangenen abzugrenzen, müssen per definitionem mindestens 30 Tage zwischen den einzelnen Ereignissen liegen.
- Bei der Rückbildung des Schubes kann es zu einer kompletten oder inkompletten Remission kommen. Die schubweise verlaufende Form kann aber auch in eine sekundär progrediente Form übergehen, bei der die Symptome mit weiteren Schüben oder aber ohne weitere Schübe zunehmen.
- Demgegenüber verläuft die primär progrediente Form in der Regel ohne überlagernde Schübe mit einem schleichenden Voranschreiten der klinischen Symptome.
- Während somatische Einflussfaktoren, z. B. Virusinfektionen, das Schubrisiko zweifelsfrei erhöhen, gibt es darüber hinaus Hinweise, dass die Wahrscheinlichkeit eines Schubes auch unter Einwirkung psychischer Belastungen steigen kann, etwa bei Stress in der Beziehung, in der Familie oder am Arbeitsplatz bzw. im Kontext von Trennungs- und Verlusterlebnissen (vgl. Mohr et al. 2004; Apel et al. 2006).
- Es besteht die Gefahr, dass psychogene Symptome mit einem Schub verwechselt werden und es zu sinnlosen, hochdosierten Stoßtherapien mit Corticosteroiden kommt.

In diesem Handbuch wird gezeigt, dass neben den Programmen für psychische Krankheitsbilder mittlerweile auch Patientenschulungen für Herz-Kreislauf-Erkrankungen, bösartige Tumoren, endokrine Erkrankungen, Stoffwechselerkrankungen, Magen-Darm-Erkrankungen, Diabetes, Erkrankungen der Atemwege, Bluthochdruck, Dialyse usw. entwickelt worden sind. In den Kapiteln 12 bis 14 dieses Buches werden einige Programme ausführlicher dargestellt. Die früheren unsystematischen Ansätze der Patientenaufklärung und Schulung in der Medizin wurden in den letzten Jahren zunehmend in Form von Patientenschulungsprogrammen systematisiert und tragen somit zur Verbesserung der Qualität und Effektivität der Behandlung sowie der Lebensqualität der Patienten und ihrer Angehörigen bei. Viele Bereiche liegen hier jedoch noch brach. Dieses Handbuch soll auch dazu anregen, für die noch fehlenden Indikationen vor allem auf neurologischem Gebiet passende psychoedukative Konzepte auszuarbeiten.

Literatur

Apel A, Klauer T, Zettl UK (2006). In: Fortschr Neurol Psychiatr 74(10): 567–574 (Übersichtsarbeit).

Behrendt B, Krischke NR (2005). Psychoedukative Interventionen und Patientenschulungen zur Förderung von Compliance, Coping und Empowerment. In: Behrendt B und Schaub A (Hrsg.). Handbuch Psychoedukation und Selbstmanagement. Verhaltenstherapeutische Ansätze für die klinische Praxis. Tübingen (DGVT-Verlag), S. 15–29.

Bernardy K, Köllner V (2011). Psychoedukation. In: Adler HR et al. (Hrsg.). Uexküll, Psychosomatische Medizin. Theoretische Modelle und klinische Praxis. 7. Auflage. München (Urban & Fischer), S. 450–456.

Gehlen W, Delank HW (2010). Neurologie. Stuttgart (Thieme).

Gold R et al. (2012). DGN/KKNMS Leitlinie zur Diagnose und Therapie der Multiplen Sklerose (2012) http://www.awmf.org/uploads/tx_szleitlinien/030-050l_S2e_Multiple_Sklerose_Diagnostik_Therapie_2012-08.pdf

Miyasaki JM, Sa DS, Galvez-Jimenez N, Lang AE (2003). Psychogenic movement disorders. Can J Neurol Sci30, Suppl 1: 94–100.

Mohr DC, Hart SL, Julian L et al. (2004). Association between stressful life events and exacerbation in multiple sclerosis: a meta-analysis. In: BMJ (Clinical research ed.). 328(7442) (Übersichtsarbeit).

Mumenthaler M, Mattle H (2008). Neurologie. Stuttgart (Thieme), S. 731.

Scheidt CE (2011). Neurologie. In: Adler HR et al. (Hrgs.). Uexküll, Psychosomatische Medizin. Theoretische Modelle und klinische Praxis. 7. Auflage. München (Urban & Fischer), S. 1105–1117.

5 Psychoedukation unter multiprofessionellen Gesichtspunkten und Ausbildungsstandards

Ursula Berninger, Gabriele Pitschel-Walz, Josef Bäuml

5.1 Einleitung

Psychoedukation als systematische didaktisch-psychotherapeutische Intervention gehört mittlerweile zum Standardrepertoire einer modernen psychiatrischen Versorgung (Behandlung und Rehabilitation), bei der sowohl personen- als auch ressourcenorientiert gearbeitet und den Betroffenen und Angehörigen gleichermaßen auf Augenhöhe begegnet wird, unter Förderung von Autonomie und Empowerment. Multiprofessionelles Arbeiten stellt hierbei einen Behandlungs- und Versorgungsstandard dar; die einzelnen Professionen mit ihren unterschiedlichen Aufgabenschwerpunkten fühlen sich einer psychoedukativen Grundhaltung verpflichtet und bringen psychoedukative Manuale diagnosespezifisch oder diagnoseübergreifend zum Einsatz. In den folgenden Ausführungen wird die Psychoedukation als Grundhaltung und Methode erörtert. Die Durchführung der Psychoedukation erfolgte zunächst zwar schwerpunktmäßig im klinischen Kontext, wird mittlerweile aber auch in unterschiedlichen multiprofessionellen Zusammensetzungen im ambulanten Bereich (u. a. in Institutsambulanzen, psychosozialen rehabilitativen Diensten und Einrichtungen) als Basiselement innerhalb eines Gesamtbehandlungs- und Gesamtversorgungsplanes angestrebt. In den weiteren Ausführungen werden die Qualitätsanforderungen an die Therapeuten erörtert, die psychoedukative Interventionen durchführen. Die aktuellen Qualifizierungsstandards der für Leitungs- und Koleitungsfunktionen in Frage kommenden Berufsgruppen werden dargelegt und es wird der Versuch unternommen, die wünschenswerten Ausbildungskriterien für die von professionellen Therapeuten durchgeführte und die „Peer-to-Peer"-Psychoedukation zu definieren und in Anlehnung an die DGPE-Empfehlungen festzulegen. Die jeweiligen Ausbildungsstandards wurden von der Deutschen Gesellschaft für Psychoedukation (DGPE) erstellt.

5.2 Psychoedukation unter multiprofessionellen Gesichtspunkten – Grundhaltung/Methode/Gesamtbehandlungsplan

Unterzieht man die Ziele der Psychoedukation einer genaueren Betrachtung, so lässt sich konstatieren, dass diese in ihrer basalen Form von allen in der Psychiatrie tätigen Professionen verfolgt werden. Zu nennen sind hier die Vermittlung von Wissen (Patienten und Angehörige zu Experten machen), Hilfestellung beim Umgang mit der Erkrankung, ressourcenorientierte Vorgehensweise, Begleitung während schwieriger Krisenphasen, Trauerarbeit, Lebenszielplanung und Einbeziehung des sozialen Umfeldes. Insofern könnte man sagen, dass jedes psychiatrische Handeln, jeder Umgang mit Patienten/Klienten im psychiatrischen Bereich im Wesentlichen von einer psychoedukativen Grundhaltung geprägt wird.

5 Multiprofessionalität und Ausbildungsstandards

Psychoedukation im engeren Sinne, d. h. als psychotherapeutische Basisintervention verstanden, wird in der klinischen Praxis (stationäre, teilstationäre und poliklinische Behandlung, Institutsambulanzen) vorrangig von psychiatrisch-psychotherapeutisch tätigen Ärzten, Psychologischen Psychotherapeuten und Sozialpädagogen mit Zusatzausbildung durchgeführt. Mitarbeiter der Pflege fungieren dabei sehr häufig als Co-Therapeuten bzw. leiten selbst einzelne psychoedukative Module (Rummel-Kluge et al., 2006). Im ambulanten, sozial- und beruflich-rehabilitativen Kontext, z. B. in Sozialpsychiatrischen Diensten, Übergangseinrichtungen und Tagesstätten, liegt die Leitung psychoedukativ ausgerichteter Gruppen in der Regel bei Sozialpädagogen oder Psychologen.

Entscheidend ist hierbei, dass die Psychoedukation jeweils als ein Baustein eines Gesamtbehandlungsplanes betrachtet wird. Dies bedeutet in der Praxis, dass die Teammitglieder der einzelnen Professionen die Module kennen und über den jeweils aktuellen Stand der Durchführung informiert sein sollten, um spezielle Aspekte in weiteren einzel- und gruppentherapeutischen Kontakten fortführen zu können, z. B. im psychologischen Einzelgespräch (Aufbau angenehmer Aktivitäten), im sozialpädagogischen Bereich (Aufbau/Stabilisierung sozialer Kompetenzen, Rehabilitationsplanung), in der Ergotherapie (Training basaler Arbeitsfähigkeiten) oder in der Pflege (Medikamententraining, Frühwarnzeichen, Krisenplan etc.). Das verbindende Element stellt hierbei die Einigung auf ein gemeinsames funktionales Krankheitsmodell dar.

Die Integration der Psychoedukation in den Gesamtbehandlungsplan unterstützt zudem die Patienten bei der Zuordnung der einzelnen Therapiebausteine und der gemeinsamen Therapie-, Lebens- und Rehabilitationsplanung.

5.3 Qualitätsanforderungen an durchführende Therapeuten

5.3.1 Persönliche Grundhaltung der Therapeuten

Grundlage psychiatrisch-psychoedukativen Handelns ist die humanistische Grundhaltung des Therapeuten. Diese Haltung ist geprägt von empathischer Einfühlung, bedingungsloser Wertschätzung und Authentizität, von dem Verzicht auf eine persuasive Vorgehensweise zu Gunsten eines kooperativen Behandlungsstils und von einer gemeinsamen Behandlungs- und Versorgungsplanung, für welche die Psychoedukation die Voraussetzungen schafft. Dies impliziert einen respektvollen Umgang mit den durchaus differierenden Haltungen und Betrachtungsweisen der Betroffenen und ihrer Angehörigen und erfordert die Fähigkeit, individuelle Copingstile und subjektive Krankheitskonzepte zu integrieren, Phasen von Krankheitsbewältigungsprozessen zu erkennen und auf eine ressourcenorientierte Betrachtungsweise zu fokussieren (s. Kap. 6).

5.3.2 Beruflicher Erfahrungshintergrund

Für die Durchführung psychoedukativer Interventionen in Leitungs- und Koleitungsfunktion sind eine differenzierte Kenntnis der Zielsetzung der Psychoedukation im Rahmen eines Gesamtbehandlungsplanes und ein umfassendes aktuelles theoretisches Hintergrundwissen über das jeweilige Krankheitsbild mit den zugehörigen Behandlungsmöglichkeiten vorauszusetzen. Hierzu gehören Kenntnisse über Symptome, Ursachen, Verlauf, medizinische, psychologische und psychosoziale Behandlungsmöglichkeiten und über die verschiedenen Krankheitskonzepte. Ergänzt werden diese Kenntnisse durch praktisches Handlungswissen über Frühwarnzeichen, Einsatz von Bewältigungsstrategien, Rückfallvorbeugung, gesunde Lebensführung, Notfallpläne, Selbsthilfesystem etc. Von Vorteil ist außerdem ein gewisser Erfahrungshintergrund, was die „emotionale Entlastung" im Hinblick auf Patienten- und Angehörigengruppen betrifft (s. Kap. 1). Dabei sollte die Praxiserfahrung, sei es über Berufstätigkeit oder Praktika, im jeweiligen klinischen stationären oder teilstationären Kontext nach Möglichkeit mindestens ein Jahr betragen.

5.3.3 Psychotherapeutische Basistechniken (s. Kap. 1)

In der bisherigen Psychoedukationspraxis fließen Elemente unterschiedlicher therapeutischer Techniken und Schulen zusammen. Die gemeinsame Grundlage bildet hier ein basales Krankheits- und Gesundheitskonzept. Neben der humanistischen Grundhaltung und den gesprächspsychotherapeutischen Grundelementen finden sich schwerpunktmäßig Techniken aus der kognitiven Verhaltenstherapie. Der Therapeut sollte auch mit den Grundprinzipien therapeutischer Gruppenarbeit vertraut sein.

Gesprächspsychotherapeutische Grundelemente (Sachse, 1999):
- Kongruenz (Echtheit): Zugang des Therapeuten zu eigenen Gedanken und Gefühlen gegenüber dem Patienten/Klienten,
- Akzeptanz und Wertschätzung: Interesse für Person, Aufnahme der Inhalte ohne Bewertung,
- Empathie (einfühlendes Verstehen): Verstehen des inneren Bezugsrahmens des Patienten/Klienten.

Kognitiv-verhaltenstherapeutische Grundprinzipien als Therapiebasis und therapeutische Techniken:
- strukturiertes Vorgehen, Transparenz, Schaffen einer wohlwollenden, angstfreien Atmosphäre, systematische Verstärkung für die Gruppenteilnahme, die Beiträge und Fortschritte der Teilnehmer, aktives Zuhören, Zulassen von Gesprächspausen, Einsatz von Rollenspielen, Ressourcenorientierung,
- kognitive Techniken: Selbstkontrolltechniken, Problemlöseverfahren, kognitive Analyse, Herausarbeiten dysfunktionaler Annahmen etc.

Grundprinzipien therapeutischer Gruppenarbeit (Yalom, 2005):
- Hoffnung wecken;
- Verständnis für die Universalität des Leidens,
- Informationsmitteilung und Austausch,
- Altruismus,
- Entwicklung sozialer Kompetenz,
- Imitationsverhalten,
- interpersonales Lernen,
- Katharsis,
- Gruppenkohäsion.

Didaktische Prinzipien/Organisations- und Vernetzungskompetenz (s. Kap. 7):

Durchführende der Psychoedukation sollten neben den Grundwirkfaktoren der Gruppenarbeit auch mit den didaktischen und organisatorischen Prinzipien psychoedukativer Arbeit vertraut sein. Dazu gehören insbesondere:
- die interaktive Arbeitsweise in der psychoedukativen Gruppenarbeit,
- das Einhalten eines gleichbleibenden Ablaufes,
- das Beherrschen von Organisationsaufgaben (Einladungsroutine, Öffentlich-

keitsarbeit, Bereitstellung von Material und Technik etc.),
- die Vernetzung und Rückkopplung innerhalb der Institution und des Behandlungsteams zur Rekrutierung von Patienten/Klienten und Angehörigen und zur Weitergabe von Informationen bezüglich des therapeutischen Prozessgeschehens innerhalb der Gruppe und bezogen auf die einzelnen Teilnehmer,
- die Durchlässigkeit zwischen klinischem und ambulantem Bereich in beide Richtungen. Konkret bedeutet dies, dass es Patienten und Angehörigen auch nach Entlassung ermöglicht werden sollte, an psychoedukativen Gruppen teilzunehmen, also ggf. einen begonnenen Gruppenzyklus auch ambulant zu beenden oder aus der ambulanten Situation heraus an klinischen Gruppen teilzunehmen,
- grundsätzlich sollte der Gruppenleiter dafür Sorge tragen, dass Weiterbehandler (Ärzte, Psychologen, Sozialpädagogen) den Stand des psychoedukativen Geschehens kennen und ggf. in ihrem multiprofessionellen Kontext daran anknüpfen, um den Behandlungserfolg nachhaltig zu sichern.

5.4 Berufsgruppenspezifische Qualifizierungsstandards und psychoedukative Ausbildungsstandards nach den Empfehlungen der DGPE

Im Folgenden geht es um die Frage, inwieweit die im Rahmen der Psychoedukation hauptsächlich tätigen Berufsgruppen (Ärzte, Psychologen, Sozialpädagogen, Pflegepersonal) durch ihre Grundausbildung oder durch die zu absolvierende Weiterbildung bereits grundlegende Qualifizierungsstandards erwerben, die es ihnen ermöglichen, wünschenswerte qualifizierte psychoedukative Interventionen durchzuführen. Ausbildungs- und Weiterbildungsrichtlinien werden erörtert und berufsgruppenspezifische psychoedukative Ausbildungsstandards nach den Empfehlungen der DGPE definiert.

5.4.1 Ärztlicher/Fachärztlicher Bereich

Viele der in Kliniken für Psychiatrie und Psychotherapie bzw. Psychosomatik tätigen Ärzte sind bereits Fachärzte oder befinden sich in der fünfjährigen Facharztausbildung. Wichtige Aspekte, die für eine qualifizierte psychoedukative Arbeit als wünschenswert erachtet werden, sind als Weiterbildungsinhalte in der (Muster-)Weiterbildungsordnung 2003 (Stand 2010) definiert. Darunter fallen insbesondere der Erwerb von Kenntnissen, Erfahrungen und Fertigkeiten bezüglich der psychiatrischen Erkrankungsbilder, der Krankheitsverhütung, der Früherkennung, der Prävention, der Rückfallverhütung und Krisenintervention unter Einbeziehung von Familienberatung, der Grundlagen der Sozialpsychiatrie und der psychosozialen Therapien, der Behandlung von chronisch psychisch kranken Menschen, insbesondere in Zusammenarbeit mit komplementären Einrichtungen und der Gemeindepsychiatrie. Auch die praktische Anwendung von wissenschaftlich anerkannten Therapieverfahren und Methoden (z. B. Psychopharmakotherapie, Kognitive Verhaltenstherapie oder Tiefenpsychologisch fundierte Psychotherapie: 240 Therapiestunden unter Supervision) zählt zu den Weiterbildungsinhalten, ebenso wie die 10-stündige Teilnahme an einer Angehörigengruppe unter Supervision, das praxisorientierte Seminar über Sozialpsychiatrie und das Kennenlernen der Dynamik von Gruppe und Familie. Die Umsetzung der Weiterbildungsinhalte obliegt der Hoheit der einzelnen Kammern der Bundesländer. So ist z. B. in der Weiterbildungsordnung der Bayerischen Landesärztekammer, Stand 2007, der Erwerb von Kenntnissen, Erfahrungen und Fertigkeiten für die Durchführung von Psychoedukation verankert.

Welche Fähigkeiten für die Durchführung von psychoedukativen Gruppen müssen bei Ärzten besonders gefördert werden?

- Laiengerechte Sprache („Dolmetschen"),
- Gruppenleitungsfähigkeiten,
- Ressourcenorientierung,
- interaktive Gruppenarbeit,
- Haltung („auf Augenhöhe"),
- Vertiefung psychoedukativer Inhalte (Psychotherapie, psychosoziale Maßnahmen).

Ausbildungsstandards für Fachärzte auf dem Gebiet der Psychiatrie und Psychotherapie nach den Empfehlungen der DGPE

Indikationen:

- Alle psychiatrischen Erkrankungen, auch diagnosenübergreifend (ICD-10: F 0–9);
- praktisch-klinische Erfahrung als Voraussetzung:
  - in der Facharzt-Weiterbildung,
  - mindestens dreimonatige ärztliche Tätigkeit in einer psychiatrischen Einrichtung,
  - störungsspezifische Kompetenz: Mindestens drei Monate lang ärztliche Tätigkeit in einer psychiatrischen Einrichtung mit eigenverantwortlicher Behandlung von Patienten aus dem jeweiligen Diagnosenspektrum.
- **Nachweis/Bestätigung:** Leiter der Einrichtung, zuständiger Oberarzt.

Ausbildungselemente:

- Konsensusteil des Buches: Bäuml J, Pitschel-Walz G (Hrsg.) (2008). Psychoedukation bei schizophrenen Erkrankungen. Stuttgart (Schattauer), S. 1–28. Inhalt umfassend beherrschen,
- vertiefte Kenntnisse von mindestens einem Manual aus der AG Psychoedukation bzw. von anderen Autoren mit eigenständigen psychoedukativen Konzepten,
- Teilnahme an einem zweitägigen Workshop zur Psychoedukation (16 UE) oder Teilnahme an zwei eintägigen Workshops à 8 UE pro Tag,
- Hospitation in je einer psychoedukativen Gruppe für Patienten und für Angehörige,
- Durchführung einer live-supervidierten Gruppenleitung, entweder in einer Patienten- oder in einer Angehörigengruppe,
- Durchführung von mindestens zwei selbstständig geleiteten psychoedukativen Gruppen unter Supervision/Intervision (möglichst erst nach 12-monatiger klinischer Weiterbildung).
- **Nachweis/Bestätigung:** Leiter der Einrichtung, Leiter der psychoedukativen Gruppen in der Einrichtung, zuständiger Oberarzt.

5.4.2 Psychologischer/Psychologisch-Psychotherapeutischer Bereich

Die stationär arbeitenden Psychologen sind entweder bereits ausgebildete Psychologische Psychotherapeuten oder durchlaufen gerade ihr einjähriges Praxisjahr (1200

Stunden) zum Erwerb des Titels Psychologischer Psychotherapeut. Die Deutsche Gesellschaft für Psychiatrie, Psychotherapie und Nervenheilkunde (DGPPN) hat für die praktische Ausbildungstätigkeit in der Klinik 2008 ein Ausbildungscurriculum erstellt, dem das Psychotherapeutengesetz und die Allgemeine Prüfungsordnung zugrunde liegen. Für die Durchführung von Psychoedukation sind dabei vor allem der Erwerb wesentlicher Kenntnisse bezüglich interdisziplinärer Zusammenarbeit, das Kennenlernen und Durchführen von Einzel- und Gruppentherapien (z. B. Psychoedukation, Soziales Kompetenztraining, Skillsgruppe und andere störungsspezifische Programme), das Erlernen von Konzepten der Rückfallprävention, der Grundzüge der Gesprächsführung (Akzeptanz, Offenheit, Konkretheit, Verstärkung) und die differenzierte Wahrnehmung unterschiedlicher Moderatorenanforderungen relevant.

Gegliedert ist der Kompetenzerwerb hierbei in die Stufen Hospitation, Übernahme kotherapeutischer Funktionen und selbstständige Leitungsfunktion unter Supervision.

Dem Einbezug von Angehörigen wird innerhalb der Ausbildungsempfehlungen ein hoher Stellenwert beigemessen. Angehörigengespräche sollen unter Einbeziehung des Patienten und unter Hinzuziehung einer weiteren behandelnden Person durchgeführt werden; sie haben die Funktion, aufzuklären, zu entlasten, psychosoziale Konflikte zu verringern sowie den Aufbau und die soziale Unterstützung für die Patienten zu fördern.

Welche Fähigkeiten für die Durchführung von psychoedukativen Gruppen müssen bei Psychologen besonders gefördert werden?

- Vertiefung psychoedukativer Inhalte (Medikamentöse Behandlung, psychosoziale Maßnahmen),
- Gruppenleitungsfähigkeiten.

Ausbildungsstandards für psychologische Psychotherapeuten nach den Empfehlungen der DGPE

Indikationen:

- Alle psychiatrischen Erkrankungen, auch diagnosenübergreifend (ICD-10: F 0–9).

Praktisch-klinische Erfahrung als Voraussetzung:

- Diplom/Master abgeschlossen;
- Psychotherapieausbildung bereits begonnen,
- mindestens dreimonatige psychotherapeutische Tätigkeit in einer psychiatrischen Einrichtung,
- störungsspezifische Kompetenz: Mindestens drei Monate lang psychotherapeutische Tätigkeit in einer psychiatrischen Einrichtung mit selbstständiger Durchführung von Psychotherapie unter Supervision mit Behandlung von Patienten aus dem jeweiligen Diagnosespektrum.
- **Nachweis/Bestätigung:** Leiter der Einrichtung, zuständiger Ausbildungsleiter.

Ausbildungselemente:

- Konsensusteil des Buches: Bäuml J, Pitschel-Walz G (Hrsg.) (2008). Psychoedukation bei schizophrenen Erkrankungen,

Stuttgart (Schattauer), S. 1–28. Inhalt umfassend beherrschen,
- vertiefte Kenntnisse von mindestens einem Manual aus der AG Psychoedukation bzw. anderen Autoren mit eigenständigen psychoedukativen Konzepten,
- Teilnahme an einem zweitägigen Workshop zur Psychoedukation (16 UE) oder Teilnahme an zwei eintägigen Workshops à 8 UE pro Tag,
- Hospitation in je einer psychoedukativen Gruppe für Patienten und für Angehörige,
- Durchführung einer live-supervidierten Gruppenleitung, entweder in einer Patienten- oder in einer Angehörigengruppe,
- Durchführung von mindestens zwei selbstständig geleiteten psychoedukativen Gruppen unter Supervision/Intervision (möglichst erst nach 12-monatiger klinischer Weiterbildung); Supervision durch Mitglieder der DGPE.
- **Nachweis/Bestätigung:** Leiter der Einrichtung, leitender Psychologe der Einrichtung, Leiter der psychoedukativen Gruppen in der Einrichtung, zuständiger Oberarzt.

5.4.3 Sozialpädagogischer Bereich

Im Vergleich zu Ärzten und Psychologen stellt sich die Ausbildungssituation im sozialpädagogischen Bereich etwas anders dar. Bis zur Bolognareform 2010, durch die Bachelor- und Masterstudiengänge im sozialpädagogischen Bereich eingeführt wurden, endete das Studium der Sozialpädagogik an der Hochschule für Angewandte Wissenschaften (Ehemalige Fachhochschule) nach spätestens neun Semestern, davon zwei Praxissemestern, mit der Diplomarbeit und der verliehenen staatlichen Anerkennung. Es gab bis 2010 zwei Studienausrichtungen (Diplomsozialpädagogik/Diplomsozialarbeit) mit unterschiedlicher Zielsetzung und unterschiedlichen Inhalten.

2010 wurde an sämtlichen Hochschulen der Bachelor- und Masterstudiengang eingeführt. Der Bachelorstudiengang dauert 6–7 Semester und beinhaltet je nach Bundesland nur noch ein Praxissemester bzw. ein sich anschließendes Berufsanerkennungsjahr. Das postgraduale Masterstudium umfasst 3–4 Vollzeitsemester oder berufsbegleitend nochmals 5–6 Semester.

Je nach Hochschultyp und Ausrichtung integriert der Studiengang Nachbardisziplinen und Bezugswissenschaften wie Psychologie, Soziologie, Erziehungswissenschaften, Philosophie, Rechtswissenschaften, Medizin, Wirtschaft, Politologie und die Kulturwissenschaften. Nach dem Diplomerwerb oder dem Bachelor-/Masterabschluss gibt es keine weitere praktische Ausbildung im klinischen Kontext. Ein Novum stellt das mittlerweile von einigen Hochschulen (z. B. Hochschule Coburg, Alice-Salomon-Hochschule Berlin) angebotene Studium der Klinischen Sozialarbeit dar, welches sich dadurch definiert, dass sozialpädagogische Arbeit in Behandlungskontexten erfolgt, eine Beteiligung an Behandlungsprozessen vorgesehen ist und eigene Behandlungsaufgaben wahrgenommen werden.

Sowohl bei dem früheren Diplomstudiengang als auch bei den inzwischen eingeführten Bachelor- und Masterstudiengängen werden im Studienfach Sozialmedizin Grundlagen der wesentlichen psychiatrischen Erkrankungsbilder und im Studienfach Psychologie tiefenpsychologisch fundierte, verhaltensanalytische sowie gesprächs- und gruppentherapeutische Konzepte vermittelt und durch entsprechende Seminare auf der Erfahrungsebene vertieft. An einigen Hochschulen für Angewandte Wissenschaften, z. B. in Würzburg, werden zudem bereits eigene Blockseminare zum Thema Psychoedukation angeboten. Eine einjährige Praxiserfahrung im klinischen oder psychosozialen Bereich ist bei Diplom- und Masterabschlüssen gegeben, sofern das Praxisfeld Psychiatrie ausgewählt wurde.

Welche Fähigkeiten für die Durchführung von psychoedukativen Gruppen müssen bei Sozialpädagogen und Pädagogen besonders gefördert werden?

- Vertiefung psychoedukativer Inhalte (Medikamentöse Behandlung, Psychotherapie),
- Gruppenleitungsfähigkeiten.

Ausbildungsstandards für Sozialpädagogen und Pädagogen nach den Empfehlungen der DGPE

Indikationen:

- Alle psychiatrischen Erkrankungen, auch diagnoseübergreifend (ICD-10: F 0–9).

Praktisch-klinische Erfahrung als Voraussetzung:

- Diplom/Master abgeschlossen,
- Zusatzqualifikation (Familientherapie, Suchttherapie o. ä.) begonnen/abgeschlossen,
- Erfahrung mit Gruppenmoderation bei psychisch kranken Patienten,
- störungsspezifische Kompetenz: Mindestens einjährige klinische Erfahrung in einer psychiatrischen Einrichtung, bzw. in der jeweiligen psychoedukativ relevanten klinischen Fachabteilung,
- **Nachweis/Bestätigung:** Leiter der Einrichtung, zuständiger Ausbildungsleiter.

Ausbildungselemente:

- Konsensusteil des Buches: Bäuml J, Pitschel-Walz G (Hrsg.) (2008). Psychoedukation bei schizophrenen Erkrankungen. Stuttgart (Schattauer), S. 1–28. Inhalt gut beherrschen,
- vertiefte Kenntnisse von mindestens einem Manual aus der AG Psychoedukation bzw. anderen Autoren zur Psychoedukation mit eigenständigen psychoedukativen Konzepten,
- gründliche Kenntnis eines etablierten Lehrbuches zur Psychiatrie und Psychotherapie (z. B. Tölle, Möller et al., Berger et al. etc.),
- Teilnahme an zwei eintägigen Workshops zur Psychoedukation (16 UE) oder Teilnahme an einem zweitägigen Workshop á 8 UE pro Tag,
- Co-Leiterfunktion in je einer psychoedukativen Gruppe für Patienten und für Angehörige,
- Durchführung einer live-supervidierten Gruppenleitung, entweder in einer Patienten-oder in einer Angehörigengruppe,
- Durchführung von mindestens zwei selbstständig geleiteten psychoedukativen Gruppen unter Supervision/Intervision (Supervisionsangebote durch Mitglieder der DGPE).
- **Nachweis/Bestätigung:** Leiter der Einrichtung, Leiter der psychoedukativen Gruppen in der Einrichtung, zuständiger Oberarzt.

5.4.4 Pflege/Fachpflegebereich

Für die in der Regel auf 2 Jahre konzipierte Weiterbildung „Psychiatrische Fachkrankenpflege" gibt es bisher kein einheitliches Curriculum. Allerdings hat die Deutsche Krankenhausgesellschaft 2011 bezüglich der

Ausbildungsinhalte Empfehlungen vorgelegt. Für die Durchführung der Psychoedukation relevant sind hierbei insbesondere die Lerneinheiten Methoden der Gesprächsführung (v. a. klientenzentrierte/motivierende Gesprächsführung), Kennenlernen gruppendynamischer Modelle/Behandlungstechniken (Psychoedukation, Entspannungstechniken), sozialwissenschaftliche und medizinisch-psychiatrische Erklärungsmodelle von Entstehung, Verlauf und Behandlung psychiatrischer Erkrankungen und den damit verbundenen Belastungsfaktoren und Stressoren sowie Angehörigenberatung.

Welche Fähigkeiten für die Durchführung von psychoedukativen Gruppen müssen bei Mitarbeitern der Pflege besonders gefördert werden?

- Vertiefung psychoedukativer Inhalte insgesamt (allgemeine Krankheitslehre, Psychopharmakotherapie, Psychotherapie, psychosoziale Maßnahmen),
- Gruppenleitungsfähigkeiten,
- interaktives Vorgehen,
- Haltung (auf Augenhöhe).

Komplementäre Psychoedukation: Ausbildungsstandards für Mitglieder der Pflege nach den Empfehlungen der DGPE

- Co-Leiter von Psychoedukativen Gruppen unter der Leitung von Ärzten, Psychologen, Sozialpädagogen mit therapeutischer Zusatzqualifikation,
- Gruppenleiter im Rahmen der Aktivierenden Pflege.

Indikationen:

- Psychosen aus dem schizophrenen Formenkreis (ICD-10: F 2).

Praktisch-klinische Erfahrung als Voraussetzung:

- Abschluss des Pflegeexamens,
- Weiterbildung „Psychiatrische Fachkrankenpflege" begonnen/abgeschlossen,
- regelmäßige psychiatrische Fortbildung,
- Erfahrung mit informeller Gruppenmoderation bei psychisch kranken Patienten,
- störungsspezifische Kompetenzen: mindestens dreijährige klinische Erfahrung in einer psychiatrischen Einrichtung mit schizophren erkrankten Patienten.
- **Nachweis/Bestätigung:** PDL, Leiter der Einrichtung, zuständiger Ausbildungsleiter.

Ausbildungselemente:

- Konsensusteil des Buches: Bäuml J, Pitschel-Walz G (Hrsg.) (2008). Psychoedukation bei schizophrenen Erkrankungen. Stuttgart (Schattauer), S. 1–28. Inhalt gut beherrschen,
- vertiefte Kenntnisse von mindestens einem Manual aus der AG Psychoedukation bzw. anderen Autoren zur psychoedukativen Behandlung von schizophren erkrankten Patienten,
- Kenntnis psychoedukativer Medien,
- Lektüre eines etablierten Lehrbuches zur Psychiatrie und Psychotherapie (z. B. Tölle, Möller et al., Berger et al. etc.),
- Teilnahme an vier eintägigen Workshops zur Psychoedukation (32 UE; z. B. PEGASUS-Programm) oder Teilnahme an zwei zweitägigen Workshops á 8 UE pro Tag (z. B. PEGASUS-Programm; Alliance-Programm; APES-Konzept etc.),

5 Multiprofessionalität und Ausbildungsstandards

- Co-Leiterfunktion in mindestens zwei psychoedukativen Gruppen für Patienten,
- Co-Leiterfunktion in angehörigenzentrierten Interventionen für mindestens ein Jahr (Angehörigengruppen; PEFI; Trialogische Gruppen; Psychose-Seminare etc.),
- regelmäßige Supervision (Supervisionsangebote durch Mitglieder der DGPE).
- **Nachweis/Bestätigung:** PDL, Leiter der Einrichtung, Leiter der psychoedukativen Gruppen in der Einrichtung, zuständiger Oberarzt.

Für alle psychoedukativ arbeitenden Professionen wird empfohlen, prozessbegleitend den regelmäßigen Kontakt zu anderen Gruppenleitern zu suchen und zur Qualitätssicherung an Weiterbildungsveranstaltungen teilzunehmen.

Eine Mitgliedschaft bei der Deutschen Gesellschaft für Psychoedukation e. V. (DGPE) ermöglicht zudem die Einsichtnahme von Hinweisen zu aktuellen Artikeln, Publikationen, Kongresspräsentationen, angebotenen Fortbildungsveranstaltungen, Kongressankündigungen, Adressen für Implementierungshilfen und ggf. Kontaktdaten zu externen Supervisoren (www.dgpe.de).

5.4.5 Komplementäre Peer-to-Peer-Psychoedukation (s. Kap. 43)

Für die Ausbildung zu ‚Peer-to-Peer'-Psychoedukations-Gruppenleitern sind jene Patienten und Angehörige geeignet, die über weitreichende Erfahrung, ein funktionales Krankheits- und Behandlungskonzept sowie über ausreichende Stabilität verfügen. Wenn die Ausbildungskandidaten den Ausbildungszyklus durchhalten und erfolgreich abschließen, können sie als Leiter von Peer-to-Peer-Gruppen neben den professionell geleiteten Gruppen eine wertvolle Ergänzung darstellen.

Zur Abgrenzung von professionell geleiteten psychoedukativen Gruppen sollte für die Peer-to-Peer-Gruppen ein anderer Name verwendet werden, z. B. Peer-to-Peer-Psychoedukation, Angehörige informieren Angehörige (AiA) – als eindeutige Kennzeichnung der Selbsthilfeform der Psychoedukation.

Die Ausbildungsstandards orientieren sich am Stufenmodell zur Peer- to- Peer Psychoedukation von Rummel-Kluge et al. (2008), das sich in Pilotstudien bereits als durchführbar und erfolgreich erwiesen hat.

Komplementäre Peer-to-Peer-Psychoedukation: Ausbildungsstandards für Betroffene und Angehörige nach den Empfehlungen der DGPE

Indikationen:

- Psychosen aus dem schizophrenen Formenkreis (ICD-10: F2), für andere Diagnosen geplant.

Persönliche Voraussetzungen:

Betroffene:
- eigene Erfahrungen mit einer Psychose aus dem schizophrenen Formenkreis,
- Remission der eigenen Psychose,
- psychische Stabilität (zeigt sich auch darin, dass der Ausbildungszyklus durchgehalten wird),
- Akzeptanz der eigenen Diagnose,
- eigene psychiatrische Rückfallschutzbehandlung,
- positive Haltung gegenüber den psychoedukativen Inhalten (vor allem bezüglich

der antipsychotischen und der psychotherapeutischen Behandlung),
- Interesse an anderen Menschen,
- Fähigkeit, von den eigenen Erfahrungen mit psychischer Erkrankung zu abstrahieren,
- Fähigkeit, vor einer Gruppe zu sprechen.
- **Nachweis/Bestätigung:** Zuständiger Ausbildungsleiter.

Angehörige:
- eigene Erfahrungen mit einer Psychose aus dem schizophrenen Formenkreis bei einem Familienangehörigen,
- psychische Stabilität (zeigt sich auch darin, dass der Ausbildungszyklus durchgehalten wird),
- Akzeptanz der Diagnose des erkrankten Angehörigen,
- positive Haltung gegenüber den psychoedukativen Inhalten (vor allem bezüglich der antipsychotischen und der psychotherapeutischen Behandlung),
- Interesse an anderen Menschen,
- Fähigkeit, von den eigenen Erfahrungen mit psychischer Erkrankung zu abstrahieren,
- Fähigkeit, vor einer Gruppe zu sprechen.
- **Nachweis/Bestätigung:** Zuständiger Ausbildungsleiter.

Ausbildungselemente:
- Teilnahme interessierter Betroffener bzw. Angehöriger an einer regulären, von professionellen Gruppenleitern geführten Patienten- bzw. Angehörigen-Psychoedukationsgruppe (Stufe 1),
- vertiefte Kenntnisse von mindestens einem Manual aus der AG Psychoedukation bzw. von anderen Autoren zur Psychoedukativen Behandlung schizophren erkrankter Patienten (z. B. Alliance-Programm von Kissling, Rummel-Kluge, Pitschel-Walz; APES-Manual von Bäuml, Pitschel-Walz et al.), da noch kein eigenes Manual für Peers vorliegt,
- Teilnahme an mehreren eintägigen Workshops zur Psychoedukation (16 UE; Dauer und Häufigkeit in Abhängigkeit von der Teilnehmerzahl), bei denen die zukünftigen Patienten- bzw. Angehörigen-Gruppenleiter eine allgemeine Einführung in die Gruppenmoderation erhalten und die Durchführung der Gruppensitzungen in Rollenspielen videogestützt trainieren. Dabei erhalten sie ausführlich Rückmeldung zur persönlichen Ausstrahlung, zum Kommunikationsverhalten, zu Didaktik und Empathie. Psychoedukative Inhalte werden bedarfsgerecht vertieft (Stufe 2),
- Durchführung von mindestens einer Gruppe durch jeweils zwei Peer-Gruppenleiter in Ko-Moderation mit professionellen Gruppenleitern. Ausführliche Rückmeldung nach jeder Gruppensitzung (Stufe 3),
- selbstständige Durchführung von Gruppen durch jeweils 2 Peer-Gruppenleiter unter Supervision von Ärzten, Psychologen oder Sozialpädagogen. Teilnahme eines professionellen Gruppenleiters an mindestens einer Gruppensitzung (vor allem bei der Medikamentensitzung), regelmäßige Nachbesprechung der Gruppensitzungen (Stufe 4),
- Evaluation in jeder Ausbildungsstufe (Wissen, Feedback) zur Qualitätssicherung,
- auch nach Abschluss der Ausbildung ist eine professionelle Begleitung erforderlich (regelmäßige Nachbesprechung der Sitzungen, punktuelle Anwesenheit bei Gruppensitzungen, Organisation von Auffrischungstreffen, Weitergabe von neuen psychoedukationsrelevanten Erkenntnissen, Empfehlung von Workshops an den Psychoedukations-Kongressen),

5 Multiprofessionalität und Ausbildungsstandards

- die letzte Verantwortlichkeit liegt bei den anleitenden psychoedukationserfahrenen Ärzten, Psychologen und Sozialpädagogen.
- **Nachweis/Bestätigung:** Zuständiger Ausbildungsleiter.

Psychotherapeutische Kompetenz:
- Psychotherapeutische Basisfertigkeiten,
- empathisch-humanistische Grundhaltung.

Spezifische Fertigkeiten für die Durchführung von Peer-to-Peer-Psychoedukation:
- Interaktive Gesprächsführung,
- kooperative Behandlungspartnerschaft,
- Ressourcenorientierung,
- didaktisch-pädagogische Kompetenz,
- synergistisches Miteinander von Medikation, Psychotherapie und psychosozialen Maßnahmen.
- **Nachweis/Bestätigung:** Leiter der Einrichtung, zuständiger Oberarzt/zuständiger Ausbildungsleiter/Supervisor.

Psychoedukative Informationsinhalte:
- Störungsspezifische Informationen (Grundkenntnisse),
- Krankheitsbegriff, Diagnosenmanagement (Grundkenntnisse),
- Symptomatik, Diagnostik (Grundkenntnisse),
- Ätiologie: Vulnerabilitäts-Stress-Bewältigungs-Modell (Grundkenntnisse),
- multimodale Therapieoptionen,
- Medikation (Grundkenntnisse),
- Besonderheiten der Psychopharmakotherapie inkl. Nebenwirkungen,
- Psychotherapie (Grundkenntnisse),
- Psychosoziale Maßnahmen (Grundkenntnisse),
- Verlaufsaspekte, Recovery,
- Frühwarnzeichen, Krisenplan, Rezidivprophylaxe,
- Selbsthilfe, Empowerment,
- Einbeziehung der Angehörigen.
- **Nachweis/Bestätigung:** Zuständiger Ausbildungsleiter.

Literatur

Arolt V, Kersting A (Hrsg) (2010). Psychotherapie in der Psychiatrie. Berlin, Heidelberg (Springer-Verlag).

Bäuml J, Pitschel-Walz G (Hrsg) (2008). Psychoedukation bei schizophrenen Erkrankungen. Konsensuspapier der Arbeitsgruppe „Psychoedukation bei schizophrenen Erkrankungen". 2. Auflage. Stuttgart (Schattauer), S. 3–17.

Bartmann U (2010). Verhaltensmodifikation als Methode der Sozialen Arbeit. 3. Auflage. Tübingen (DGVT-Verlag).

Bayerische Landesärztekammer. Weiterbildungsordnung für die Ärzte Bayerns 2004 i. d. Fassung der Beschlüsse von 10/2007, Abschnitt B, 23. Psychiatrie und Psychotherapie, Version Internet 08.2.

Berninger U, Pfuhlmann B (2011). Psychoedukation in der allgemeinpsychiatrischen Tagesklinik. In: Schultz-Venrath U (Hrsg.). Psychotherapien in Tageskliniken. Berlin (Medizinisch Wissenschaftliche Verlagsgesellschaft).

Bundesärztekammer/Arbeitsgemeinschaft der deutschen Ärztekammern. (Muster) Weiterbildungsordnung 2003 (Stand 2010). 27. Gebiet: Psychiatrie und Psychotherapie, 122–124.

DGPPN (2013). S3-Leitlinie Psychosoziale Therapien bei schweren psychischen Erkrankungen. Berlin, Heidelberg (Springer-Verlag).

DGPPN-Curriculum für die stationäre psychiatrische Tätigkeit im Rahmen der Ausbildung zum klinischen Psychotherapeuten (2008).

DGPPN-Musterweiterbildungsordnung 2003 (Stand 2010). Gebiet Psychiatrie und Psychotherapie. Facharzt/Fachärztin für Psychiatrie und Psychotherapie.

DKG/Deutsche Krankenhausgesellschaft (2011). Empfehlung zur Weiterbildung von Gesundheits- und (Kinder-) Krankenpflegekräften für die pflegerischen Fachgebiete Intensivpflege, Funktionsdienste, Pflege in der Onkologie, Nephrologie und Psychiatrie, 110–137.

Pauls H (2011). Klinische Sozialarbeit – Grundlagen und Methoden psycho-sozialer Behandlung. Weinheim, München (Juventa), S. 11–31.

Rummel-Kluge CB, Pitschel-Walz G, Bäuml J, Kissling W (2006). Psychoeducation in schizophrenia – results of a survey of all psychiatric institutions in Germany, Austria and Switzerland. Schizophr Bull 32(4): 765–775.

Rummel-Kluge C, Pitschel-Walz G, Hansen WP, Helbig A, Popp H, Kissling W. (2008). Peer to Peer Psychoedukation. In: Bäuml J, Pitschel-Walz G. (Hrsg.). Psychoedukation bei schizophrenen Erkrankungen. 2., erweiterte und aktualisierte Auflage. Stuttgart (Schattauer), S. 308–314.

Sachse R (1999). Lehrbuch der Gesprächspsychotherapie. Göttingen (Hogrefe) S. 28 ff.

Voderholzer U, Hohagen F (Hrsg) (2013). Therapie psychischer Erkrankungen – STATE OF THE ART. München (Urban & Fischer).

Yalom ID (2005). Theorie und Praxis der Gruppenpsychotherapie. Stuttgart (Klett-Cotta), S. 23 ff.

6 Psychotherapeutische Haltung und psychotherapeutische Elemente

Gabriele Pitschel-Walz, Josef Bäuml

6.1 Vorbemerkungen

Die Hauptaufgaben der Therapeuten in den psychoedukativen Gruppen sind die Informationsvermittlung mit emotionaler Entlastung und die Steuerung des Gruppengeschehens. Lernen in der Gruppe heißt immer auch, Beziehung aufnehmen, miteinander kommunizieren, sich austauschen und die Perspektive des anderen einnehmen. Lernen in der Gruppe kann motivieren, anregen, Wege öffnen, Energie und Selbsthilfepotenzial freisetzen. Die Leiter der psychoedukativen Gruppen sollen dafür die bestmöglichen Voraussetzungen schaffen.

In Hinblick auf die Ziele der Psychoedukation sollten Konflikte nicht verschärft, sondern auf eine konstruktive, lösungsorientierte Weise von den Therapeuten modellhaft bearbeitet werden. Das gruppendynamische Geschehen ist zu beobachten und zu beachten, sollte aber nicht zum Schwerpunkt des therapeutischen Prozesses werden.

6.2 Psychotherapeutische Haltung

Basis für eine gute psychoedukative Arbeit ist wie bei jeder anderen therapeutischen Intervention auch das Herstellen einer vertrauensvollen und stützenden therapeutischen Beziehung. Die von Carl Rogers (1973) für die klientenzentrierte Therapie beschriebene Grundhaltung der Empathie und Akzeptanz kann auch für die psychoedukativen Gruppen übernommen werden. Die therapeutische Beziehung sollte demnach durch wohlwollendes Akzeptieren, eine freundlich-offene Zugewandtheit, Echtheit und einen therapeutischen Optimismus gekennzeichnet sein.

Die therapeutische Beziehung kann darüber hinaus wie bei einer kognitiv-behavioralen Therapie als „Arbeitsbündnis und menschliche Begegnung zugleich" (Zimmer, 1983) beschrieben werden. Wichtig sind dabei neben Akzeptanz und Empathie die Transparenz der therapeutischen Ziele und Interventionen, Strukturierung, Verstärkung und Ressourcenorientierung. Ressourcenorientierung ist eines der grundlegenden Prinzipien moderner Verhaltenstherapie. Die Aktivierung von Ressourcen gilt als zentrale Wirkkomponente, die maßgeblich zum Therapieerfolg beiträgt (Margraf u. Schneider, 2009; Frank, 2007). Die Psychoedukation, ursprünglich aus der Verhaltenstherapie hervorgegangen, hat die Ressourcenorientierung als therapeutische Grundhaltung übernommen und die Anerkennung und Stärkung gesunder Anteile der Patienten als Ziel formuliert. Ressourcenorientierung bedeutet auch, dass der Therapeut Vertrauen in die Fähigkeiten der Patienten signalisiert und ihnen dadurch das Gefühl der Beeinflussbarkeit und der potenziellen Selbstwirksamkeit vermittelt. Diese als Empowerment-Haltung (Knuf, 2001a; Pitschel-Walz et al., 2012) beschriebene therapeutische Grundhaltung gewinnt im Verlauf der Gruppe immer mehr an Bedeutung.

Wenn es den Therapeuten gelingt, das richtige Maß an Akzeptanz und angstreduzierender Entlastung auf der einen Seite sowie konsequenter und kontinuierlicher Forderung nach Eigeninitiative der Patienten auf der anderen Seite zu finden, ist die Basis für eine Erfolg versprechende Weiterführung der Behandlung erreicht.

6.2.1 Akzeptanz zeigen

Akzeptanz und Wertschätzung bedeuten, dass der Therapeut die Teilnehmer prinzipiell so annimmt, wie sie sind, mit ihren Stärken, Schwächen und Eigenheiten. Er sollte Verständnis zeigen für die Ängste und die Skepsis der Teilnehmer und sie, was ihr Verhalten oder ihre Einstellungen betrifft, nicht unter Leistungs- oder Veränderungsdruck setzen. Sanktionen, Druck (*„Sie wissen doch, wohin das führt, wenn Sie ständig die Medikamente absetzen …"*) und ständige Überredungsversuche (*„Sie müssen sich endlich der Situation stellen …"*) wirken eher kontraproduktiv und Reaktanz erzeugend; die Teilnehmer fühlen sich nicht ernst genommen und bleiben in der Folge der Gruppe fern oder gehen in den inneren Widerstand. Vor allem zu Beginn muss auch bei dysfunktionalen Aussagen jegliche Zurechtweisung vermieden werden. Jeder Gesprächsbeitrag sollte von den Therapeuten als Versuch gewertet werden, das manchmal unfassbare Krankheitsgeschehen irgendwie begreiflich zu machen bzw. auf individuelle Weise damit umzugehen. Das Gefühl, als kompetenter Gesprächspartner in Sachen Krankheit, Behandlung und Bewältigung betrachtet zu werden, trägt dann zur Festigung des Selbstwertgefühls und der Selbstsicherheit bei und macht Mut, das eigene Schicksal selbst in die Hand zu nehmen.

Auch bei ausgeprägten inhaltlichen Diskrepanzen (*„Das ist keine Krankheit, die anderen sind nur neidisch wegen meiner Fähigkeiten …"*; *„Das ist ausschließlich auf das schlechte Klima in meiner Familie zurückzuführen …"*; *„Da können Sie mir sagen, was Sie wollen, diese Medikamente verändern die Persönlichkeit …"*) sollten die Therapeuten ihre verständnisvolle Haltung bewahren und die Teilnehmer um anhaltende Gesprächsbereitschaft bitten, um sich auf diese Weise wechselseitig die Chance zu geben, den Gründen für die unterschiedlichen Standpunkte nach und nach auf die Spur zu kommen.

6.2.2 Modellfunktion nutzen

Besteht eine gute therapeutische Beziehung, so sehen die Gruppenteilnehmer den Therapeuten als Vorbild und versuchen häufig, seine Einstellungen, Werte und Verhaltensweisen zu übernehmen. Durch sein Beispiel kann der Therapeut die Teilnehmer dazu ermutigen, Dinge anzusprechen, die sonst nicht so leicht zur Sprache kämen (z. B. Umgang mit Suizidgedanken, mit Gefühlen wie Angst, Wut oder Trauer, Umgang mit Alkohol oder Drogen, mit Sexualität und Beziehungen). Es verbessert die Gruppenatmosphäre, wenn er z. B. in einer Blitzlichtrunde offen über seine eigenen Gefühle und Erlebnisse spricht, also sich selbst als Gruppenteilnehmer begreift, der in und mit der Gruppe etwas lernen kann. Dazu gehört auch, dass der Gruppenleiter eigene Fehler und Schwächen eingesteht (*„… da habe ich mich wohl getäuscht. Ich werde mich bis zum nächsten Mal schlau machen und Ihnen selbstverständlich Bescheid geben …"*), aber auch einen freundlichen Umgang mit sich selbst und den Teilnehmern pflegt und häufig Anerkennung und Lob ausspricht (*„… Herzlichen Dank für den wichtigen Gedanken, den Sie eingebracht haben …"*). In der

6 Psychotherapeutische Haltung und psychotherapeutische Elemente

Regel bringen die Teilnehmer die Fähigkeit zum Kritiküben mit. Patienten oder Angehörige sehen die negativen Aspekte einer Person oder einer Situation häufig überdeutlich und thematisieren sie mit Nachdruck. Sehr viel schwerer fällt es ihnen, im eigenen Verhalten oder in der aktuellen Situation positive Aspekte zu sehen. Dem Therapeuten kommt hier eine wichtige Aufgabe zu. Dazu gehört auch, dass er den Teilnehmern dabei hilft, ihre Fortschritte und Erfolge bewusster wahrzunehmen und in Worte zu fassen (*„Machen wir eine kurze Runde, in der jeder sagt, was ihm seit der letzten Gruppensitzung gelungen ist, z. B. ein Bild in der Kunsttherapie, die Teilnahme am Morgensport, ein wichtiges Telefonat, erstmals wieder alleine mit der U-Bahn gefahren …"*).

6.2.3 Hoffnung verbreiten

Viele Patienten und auch Angehörige sind von den Vorurteilen bezüglich einer psychischen Erkrankung erheblich verunsichert und befürchten oft „das Schlimmste" („einmal krank, immer krank", „Gehirnerkrankung, die zum geistigen Abbau führt", „nie wieder arbeitsfähig", „keine Aussicht auf Heilung" usw.). Ein wesentliches Ziel der psychoedukativen Gruppen ist daher die Vermittlung von Hoffnung. Es ist eine wichtige Aufgabe der Therapeuten, von Anfang an eine von therapeutischem Optimismus getragene Atmosphäre zu schaffen.

Diese kann dadurch erreicht werden, dass die Therapeuten
- durch den schrittweisen Informationsaufbau und die strukturierte Wissensvermittlung eine gewisse Ordnung in das scheinbare Chaos der Erkrankung bringen und Erklärungsmodelle anbieten,
- immer wieder ihre eigene zuversichtliche Haltung deutlich machen,
- selbst das Augenmerk auf das richten, was gut läuft (ressourcenorientiert, nicht defizitorientiert arbeiten!),
- erfolgreiche Patienten ermuntern zu berichten, wie sie ein Problem/eine Krise gemeistert haben,
- positive Beispiele früherer Patienten schildern,
- ehemalige Patienten in die Gruppensitzung einladen, damit sie darüber berichten können, was ihnen geholfen hat, mit den Ängsten umzugehen, aus der psychischen Krise, der Phase der Negativsymptomatik, der Depression etc. wieder herauszufinden, die Krankheit in ihr Leben zu integrieren bzw. einen Sinn in ihrem Leben zu finden usw.

Die Äußerungen der Therapeuten sollten als „beruhigende Versicherungen" (s. Hoffmann u. Hofmann, 2008) entängstigend und hoffnungssteigernd wirken und ein Gegengewicht zu den negativen Kognitionen und Befürchtungen der Patienten bilden. Dazu gehört auch die Stärkung des Vertrauens in das bisher bestehende Wissen über die Erkrankung und ihre Behandlung. Wenn Therapeuten die Einstellung vertreten: *„Eigentlich wissen wir noch gar nichts über Ihre Erkrankung"*, ist dies wenig hilfreich. Es verstärkt das innere Chaos der Patienten und die Angst und Hoffnungslosigkeit von Patienten und Angehörigen, die ein Bedürfnis nach Erklärungsmodellen und wissenschaftlich abgesicherten Erkenntnissen haben. Es geht nicht darum, Erkrankungen wie z. B. die Schizophrenie zu beschönigen oder durch die rosarote Brille zu sehen. Themen wie Rückfallgefahr, Chronifizierung, Stigmatisierung oder Suizidgedanken sollten offen angesprochen werden, um einen angemessenen Umgang mit der Erkrankung und den damit verbundenen Gefahren zu ermöglichen. Entscheidend ist, *wie* diese

Themen besprochen werden und dass die Therapeuten den Patienten dabei helfen, die Informationen zu „verdauen". Alle Informationen und Einschätzungen der Therapeuten sollten in Inhalt und Sprache grundsätzlich so präsentiert werden, dass den Betroffenen auch in einer schwierigen Situation eine positive Lebensperspektive offen steht.

Die Vermittlung von Hoffnung (oder „Stellvertretende Hoffnung", s. Knuf, 2001b) kann jedoch nur dann gelingen, wenn der Therapeut selbst von der Möglichkeit einer positiven Entwicklung und Lebensperspektive überzeugt ist und gelernt hat, sein emotionales Erleben im Umgang mit schwer psychisch Kranken zu reflektieren und in der Gruppensituation zu kontrollieren.

6.2.4 Humorkompetenz einsetzen

„Lachen ist die beste Medizin", sagt der Volksmund. Bereits Freud und Adler haben sich mit den emotionalen Aspekten des Lachens und dessen potenzieller Heilkraft auseinandergesetzt. In den letzten 20 Jahren gewann die Idee, dass Humor und Lachen in der Behandlung organischer wie psychischer Erkrankungen für den Prozess der Heilung förderlich sind, immer mehr an Bedeutung. Emotionale Probleme resultieren oft daraus, dass man vieles zu ernst nimmt. Wenn man über sich selbst oder die eigene Situation lachen kann, nimmt man einen Perspektivenwechsel vor, der es erleichtert, mit sich selbst, der Lebenssituation oder mit bestimmten Lebensereignissen besser zurechtzukommen. Humor kann daher eingesetzt werden, um den Patienten zu helfen, trotz der Krankheit eine positive Lebensphilosophie zu entwickeln. Selbstverständlich sollte auch der Therapeut über eine gewisse „Humorkompetenz" verfügen und über sich selbst, seine eigenen Unzulänglichkeiten und Fehler lachen können.

Die Therapeuten können sich durch eigene spontane, humorvolle Beiträge als Modell anbieten oder entsprechende Beiträge von Teilnehmern verstärken. Gemeinsames Lachen reduziert Spannung, stabilisiert die Beziehung und macht die Sitzungen attraktiver. Spontaneität und Humor verstärken die Gruppenkohäsion.

6.3 Psychotherapeutische Elemente

6.3.1 Psychotherapeutische Strategien

Psychotherapeutische Strategien werden von den Therapeuten in den psychoedukativen Sitzungen gezielt eingesetzt, um die therapeutischen Wirkfaktoren zu fördern und die Wahrscheinlichkeit, dass die Teilnehmer das gewünschte, gesundheitsförderliche Verhalten zeigen, zu erhöhen.

6.3.2 Aktiv zuhören

Das aktive Zuhören ist eine therapeutische Technik, die der therapeutischen Grundhaltung des Akzeptierens und Ernstnehmens in der klientenzentrierten Therapie entspricht.

Durch aktives Zuhören bringt der Therapeut seinen Respekt vor den Teilnehmern zum Ausdruck. Gleichzeitig demonstriert er, wie man sich als interessierter Gesprächspartner verhalten kann.

Zum aktiven Zuhören gehört
- die aufmerksame Konzentration auf die Ausführungen der Teilnehmer,
- das Herstellen von Blickkontakt,

- das Aussenden von verbalen und nonverbalen Signalen, die den Gesprächsfluss in Gang halten und
- das Zusammenfassen und Wiedergeben von Gesprächsbeiträgen in eigenen Worten (Paraphrasieren).

6.3.3 Teilnehmer verstärken

Der Therapeut sollte zu Beginn der Sitzung immer wieder seine Hochachtung ausdrücken, dass die Teilnehmer, die ja häufig mit Müdigkeit, Denk- und Konzentrationsstörungen, Antriebsschwäche oder sozialen Ängsten kämpfen, sich zur Gruppensitzung eingefunden haben („*Ich rechne es Ihnen hoch an, dass Sie heute in die Gruppe gekommen sind. Dem einen oder anderen, dem es nicht so gut geht, fällt es sicherlich nicht so leicht, hierher zu kommen. Daher, vielen Dank, dass Sie alle hier sind …*", „*Schön, dass Sie so regelmäßig zur Gruppe kommen …*", „*Ich freue mich über Ihre rege Teilnahme …*"). Das Führen der Anwesenheitsliste und das regelmäßige Nachfragen nach fehlenden Teilnehmern signalisiert auch das Interesse der Therapeuten an jedem einzelnen Teilnehmer und bestärkt diese in der Gruppenteilnahme.

Jeder Beitrag eines Teilnehmers sollte verbal („*Das war ein ganz wichtiger Punkt …*") und nonverbal (Hinwendung, Blickkontakt, Nicken, Lächeln etc.) verstärkt und anerkannt werden, indem der Therapeut ihn z. B. im Gespräch aufgreift („*Herr P. hat ganz anschaulich beschrieben, wie er …*"), zu einem späteren Zeitpunkt zitiert („*Frau M. hat das vorhin als Dünnhäutigkeit bezeichnet …*") oder am Flipchart festhält.

Dadurch werden die Teilnehmer ermuntert, weiterhin aktiv am Gruppengeschehen mitzuwirken. Mögliche Ängste, in einer Gruppe zu sprechen, werden reduziert.

Für positive Veränderungen ihres Verhaltens und ihrer Einstellungen sollten die Teilnehmer von den Therapeuten eine entsprechende Rückmeldung erhalten. Auch wenn die Teilnehmer in der Gruppe über ihre Fortschritte berichten, sollten sie positive Verstärkung erfahren. Die Therapeuten sollten dabei nicht nur das optimale Zielverhalten verstärken, sondern auch die einzelnen kleinen Schritte auf dem Weg zum Verhaltensziel („*Das finde ich toll, dass Sie bereit sind, an diesem Problem zu arbeiten …*", „*Gut zu hören, dass es Ihnen gelang, sich zu einem Spaziergang aufzuraffen …*" „*Schön, dass Sie heute so konzentriert mitarbeiten konnten …*"; „*Es freut mich, dass Sie sich mit diesem Gedanken ein wenig anfreunden können …*").

6.3.4 Strukturierte Problemlösegespräche führen

Das Problemlösetraining ist eine kognitiv-behaviorale Standardmethode, die als eigenständige Therapie oder als ein Baustein in einer umfassenderen verhaltenstherapeutischen Intervention im Einzel-, Gruppen- oder Familiensetting zum Einsatz kommen kann. Beim Aufbau von Bewältigungsverhalten spielt das Problemlösen auch in den psychoedukativen Gruppen eine Rolle. Anhand der von Teilnehmern eingebrachten Probleme (z. B. „*Wie gehe ich mit meiner Diagnose um?*" „*Wie kann ich das Grübeln stoppen?*") lassen sich die einzelnen Schritte des Problemlöseprozesses beispielhaft vermitteln.

Um eine differenzierte Betrachtung einer Problemsituation einzuleiten oder – ganz allgemein – um ein Gespräch zu lenken, ist es oft hilfreich, offene Fragestellungen („W-Fragen") zu verwenden. Fragen, die mit „wann, wo, wie, welche" etc. beginnen, können zur Situationsklärung beitragen („*Welche Bemerkung Ihres Kollegen hat Sie besonders verärgert?*"), neue Perspektiven eröffnen („*Wie sähe denn Ihr Wunschverhalten aus?*") und die Gruppenteilnehmer zur Selbstreflexion anregen („*Was bedeutet für Sie das Einnehmen von Medikamenten?*").

In einem psychoedukativen Basisprogramm können die Problemlöseschritte natürlich nicht ausreichend geübt werden. Deshalb ist nicht zu erwarten, dass die Problemlösekompetenz durch diese exemplarischen Problemlösegespräche bei allen Teilnehmern ausreichend aufgebaut und gestärkt wird. Die Therapeuten können den Gruppenteilnehmern aber zumindest die problemorientierte Grundhaltung, dass Probleme nicht als Bedrohung, sondern als normaler Bestandteil des Lebens und grundsätzlich auch als lösbar betrachtet werden, demonstrieren. Für ein ausführlicheres Problemlösetraining sind die Teilnehmer auf eine zusätzliche verhaltenstherapeutische Gruppe (evtl. Kommunikationstraining, Soziales Kompetenztraining, Skills Training) oder die Einzeltherapie zu verweisen.

6.3.5 Rollenspiele durchführen

Rollenspiele sind im psychoedukativen Basis-Programm optional und sollten nur durchgeführt werden, wenn genügend Zeit für die Vor- und Nachbereitung bleibt.

Im Rahmen der psychoedukativen Patienten- wie auch Angehörigengruppen kann es manchmal hilfreich sein, neue Verhaltensweisen („*Wie kann ich Verärgerung angemessen ausdrücken?*" „*Wie kann ich in einem Bewerbungsgespräch meine Krankheit erwähnen, ohne mir zu schaden?*" „*Wie kann ich als Angehörige mit dem Patienten bestimmte Regeln im Haushalt vereinbaren?*") in Rollenspielen zu erproben und einzuüben. Dadurch können die Teilnehmer größeres Vertrauen und höhere Selbstsicherheit gegenüber der realen Situation entwickeln. Die Therapeuten müssen darauf achten, dass die Rollenspielsituationen die Teilnehmer weder emotional noch darstellerisch (nicht jeder ist ein talentierter Schauspieler!) überfordern.

6.4 Therapeutische Wirkfaktoren der Gruppe

In seinem Buch über „Theorie und Praxis der Gruppenpsychotherapie" stellte Yalom eine Reihe von Wirkfaktoren der Gruppentherapie dar, die auf seinen Erfahrungen mit interaktionell orientierten Psychotherapiegruppen basierten (Yalom, 1989). Auch Verhaltenstherapeuten schenkten seit den 70er Jahren den gruppendynamischen Aspekten vermehrt Beachtung (Fiedler, 1996). Unabhängig vom speziellen therapeutischen Gruppenverfahren konnte man übergreifende Gruppenwirkfaktoren identifizieren, die therapeutisch nutzbar sind. Aus verhaltenstherapeutischer Sicht sind diese Wirkfaktoren der Gruppe „instrumentelle Gruppenbedingungen" (Grawe, 1980), die der Therapeut gezielt herstellen bzw. anregen sollte. Grawe et al. (1994) sehen vor allem in der Klärung (Einsicht ins eigene Verhalten), Kompetenz (Erwerb von Störungs- und Handlungswissen; Hilfestellung zur Problembewältigung) und Interaktion (Therapeut-Patienten-Beziehung; Gruppe als Schicksalsgemeinschaft) grundlegende Dimensionen therapeutischen Geschehens. Auch für die psychoedukativen Gruppen scheinen diese psychotherapeutischen Dimensionen zuzutreffen (Pitschel-Walz et al., 2011).

6.4.1 Die Gruppe als Schicksalsgemeinschaft

Schon die Erfahrung „Du bist nicht allein" bietet den Gruppenteilnehmern eine emotionale Entlastung. Zu sehen, dass andere, durchaus als kompetent, erfolgreich, liebenswert eingeschätzte Personen in eine ähnliche Krise geraten sind und ebenfalls psychiatrisch/psychotherapeutisch behandelt werden müssen, verringert die häufig zu beobachtenden Schuldgefühle und stellt die Überzeugung, ein Versager und eine Zumutung für das soziale Umfeld zu sein, infrage. Als sehr wohltuend wird auch das Verständnis füreinander innerhalb der Gruppe erlebt. Nach einer meist längeren Zeit, in der die Erkrankten vorwiegend von Menschen umgeben waren, die ihr inneres Erleben nicht nachvollziehen konnten oder ihnen sogar mit Vorurteilen begegneten und sie unter Druck setzten, treffen sie hier auf Menschen mit ähnlichem Erfahrungs- und Leidenshintergrund, denen ihre Probleme und Ängste nicht fremd sind.

Besonders wichtig ist die Funktion anderer Teilnehmer als Hoffnungsspender, vor allem wenn sie sich eine Besserung ihres Zustandes nicht mehr vorstellen können. Wenn sich im Verlauf der Gruppe bei einigen Teilnehmern deutliche Besserungen zeigen oder ambulant behandelte Patienten in einen Kreis von stationär behandelten integriert sind, können diese Beispiele Hoffnung wecken.

6.4.2 Der Gruppenzusammenhalt

Grundlage für die Entwicklung von Gruppenkohäsion ist eine warme, vertrauensvolle Atmosphäre, in der alle aktiv und ohne Angst vor Kritik oder Zurückweisung an der Gruppenarbeit teilnehmen und von einander profitieren können. Diesem kooperativen Gruppenklima wird gleich zu Beginn u. a. durch die Einführung der „Gruppenregeln" („Andere ausreden lassen"; „Keine Seitengespräche führen"; „Schweigepflicht" etc.) der Weg bereitet. Die Haltung des Therapeuten wirkt dabei immer wieder unterstützend. Pausen und die Zeit vor oder nach der Gruppe können ebenfalls zum Aufbau einer vertrauensvollen Atmosphäre beitragen und darüber hinaus auch zur Rückmeldung oder zum Motivationsaufbau genutzt werden. Der Pausen-Smalltalk unter oder mit den Gruppenteilnehmern stärkt die Gruppenkohäsion und ist möglicherweise ein erster Schritt zum Aufbau eines neuen sozialen Netzes (s. hierzu auch McFarlane, 2002).

6.4.3 Von anderen lernen

Die Möglichkeit, von anderen Betroffenen zu lernen, ist einer der Vorteile des Gruppensettings. Die Gruppenteilnehmer werden im Gruppenverlauf vom Therapeuten immer wieder dazu angeregt, positive Erfahrungen im Umgang mit der Erkrankung einzubringen, zu schildern, welche Strategien sich für sie persönlich als hilfreich erwiesen haben, oder über Einstellungsänderungen und die entsprechenden Konsequenzen für ihren Alltag zu berichten. Wenn z. B. ein Patient, der schon mehrere Krankheitsepisoden gut überstanden hat, einem Ersterkrankten davon berichtet, ist dies für den Betroffenen oft sogar informativer, glaubwürdiger und überzeugender als die Ausführungen selbst des besten Therapeuten. Weil es Teilnehmern oft leichter fällt, für andere Problemlösungen zu finden als für sich selbst, können sie die Chance nutzen, Lösungsmöglichkeiten, die in der Gruppe für andere erarbeitet wurden, auf ihre eigene

Situation zu übertragen und auf diese indirekte Weise selbst davon zu profitieren.

In einer relativ kurzfristigen Basis-Psychoedukation kann kein spezielles Kommunikationstraining durchgeführt werden. Dieses bleibt der längerfristigen Einzel-, Familien- oder Paartherapie vorbehalten. Dennoch können die Gruppenprozesse durch ihre vielfältigen Möglichkeiten zum interpersonellen Lernen durchaus zur Verbesserung der Kommunikation in der Familie oder mit dem Partner beitragen. Vielen Teilnehmern wird vor allem durch die Gruppengespräche deutlich, dass die Bewältigung der Erkrankung eine individuelle Herausforderung bedeutet, die bei Inanspruche der verfügbaren Hilfen von einer möglichst selbstkompetenten Warte aus zu bewältigen ist. Das Jasagen zur eigenen Krankheit und die Willensbekundung, den Kampf gegen die Krankheit aufzunehmen, können zu einem sinnstiftenden Vorgang werden, der vielen Patienten wieder eine lebenswerte Perspektive eröffnet (*„Das muss uns erst einmal einer nachmachen, so schwer krank gewesen zu sein und nicht resigniert zu haben ... "*).

Literatur

Fiedler P (1996). Verhaltenstherapie in und mit Gruppen. Weinheim (Psychologie-Verlags-Union).

Frank R (Hrsg.) (2007). Therapieziel Wohlbefinden. Ressourcen aktivieren in der Psychotherapie. Heidelberg (Springer-Verlag).

Grawe K (1980). Verhaltenstherapie in Gruppen. München (Urban & Schwarzenberg).

Grawe K, Donati R, Bernauer F (1994). Psychotherapie im Wandel. Von der Konfession zur Profession. Göttingen (Hogrefe).

Hoffmann N, Hofmann B (2008). Beruhigende Versicherungen. In: Linden M, Hautzinger M (Hrsg.). Verhaltenstherapiemanual. 6. Aufl. Heidelberg (Springer-Verlag), S. 17–19.

Knuf A (2001a). Steine aus dem Weg räumen! Empowerment und Gesundheitsförderung in der Psychiatrie. In: Knuf A, Seibert U (Hrsg.). Selbstbefähigung fördern – Empowerment und psychiatrische Arbeit. Bonn (Psychiatrie-Verlag), S. 32–44.

Knuf A (2001b). Aufklärung und Informationsaustausch als Empowerment-Strategie. In: Knuf A, Seibert U (Hrsg.). Selbstbefähigung fördern – Empowerment und psychiatrische Arbeit. Bonn (Psychiatrie-Verlag), S. 45–56.

Margraf J, Schneider S. (Hrsg.) (2009). Lehrbuch der Verhaltenstherapie, Band 1. 3. Vollständig bearbeitete und erweiterte Auflage. Heidelberg (Springer-Verlag).

McFarlane WR (2002). Multifamily Groups in the Treatment of Severe Psychiatric Disorders. New York (Guildford Press).

Pitschel-Walz G, Froböse T, Kraemer S, Gsottschneider A, Bäuml J, Jahn T (2011). Subjektives Wirksamkeitserleben in Psychoedukativen Gruppen bei Schizophrenie. Z Klin Psychol Psychother 40 (3): 186–197.

Pitschel-Walz G, Rummel-Kluge C, Froböse T, Beitinger R, Stiegler M, Bäuml J, Kissling W (2012). Steigerung des „empowerment" bei Angehörigen von schizophren Erkrankten. Psychotherapeut 57: 313–318.

Rogers CR (1973). Die klient-bezogene Gesprächspsychotherapie. München (Pfeiffer).

Yalom ID (1989). Theorie und Praxis der Gruppenpsychotherapie. München (Pfeiffer).

Zimmer D (1983). Die Therapeut-Klient-Beziehung in der Verhaltenstherapie. In: Zimmer D (Hrsg.). Die therapeutische Beziehung, Konzepte, empirische Befunde und Prinzipien ihrer Gestaltung. Weinheim (Edition Psychologie).

7 Organisatorische Aspekte und psychodidaktische Elemente der Psychoedukation

Josef Bäuml, Gabriele Pitschel-Walz

7.1 Vorbemerkungen

Die Psychoedukation versteht sich als eine psychotherapeutische Basisintervention, die im klinischen Kontext in der Regel unter der Leitung von Ärzten oder Psychologischen Psychotherapeuten steht. Die Coleitung in psychoedukativen Gruppen wird durch die anderen Berufsgruppen, etwa Sozialpädagogen, Pflege, Spezialtherapeuten etc., übernommen. In diesem Kontext können unter ärztlicher bzw. psychologischer Supervision psychoedukative Module auch von anderen Berufsgruppen durchgeführt werden.

Die Hilfe zur Selbsthilfe stellt ein zentrales Element der Psychoedukation dar. Das ressourcenorientierte interaktive Vorgehen soll den individuellen Wissensbestand der Betroffenen entsprechend würdigen und deren Stärken betonen. Die Vermittlung von spezifischem Wissen über die krankheitsbedingten Handicaps steht deshalb in keinerlei Widerspruch zur Ressourcenorientierung!

So wichtig es ist, den Blick immer wieder auf die unzweifelhaften Stärken der Erkrankten zu lenken, darf nicht „um den heißen Brei" der zugrunde liegenden Erkrankung „herumgeredet" werden. Nicht Verdrängen und Bagatellisieren sind das Ziel psychoedukativer Interventionen, sondern die unvoreingenommene sachliche und lösungsorientierte Informationsdarbietung. Die laiengerechte, strukturierte und didaktisch optimal aufbereitete Wissensvermittlung soll den Patienten „Aha"-Effekte vermitteln, die ihnen das Gefühl von Durchblick und Begreifen hinsichtlich der eigenen Erkrankung und der erforderlichen Behandlungsmaßnahmen ermöglichen. Dies ist eine Voraussetzung dafür, dass sie die Rat- und Hilflosigkeit im Umgang mit der eigenen Problematik überwinden können. Die Erläuterung von entscheidenden Details trägt zusätzlich dazu bei, die „Missing Links" bezüglich des eigenen Krankheitsverständnisses zu beseitigen.

Die Erarbeitung eines in sich stimmigen Krankheitskonzepts mit Erweiterung der eigenen Handlungs- und Behandlungsoptionen soll den Patienten dabei helfen, ein optimistisches und zukunftsorientiertes Behandlungsverständnis zu entwickeln. Das Vertrautmachen mit den Hintergründen der eigenen Erkrankung ist vor allem deshalb kein Widerspruch zur Empowerment-Philosophie, weil es aufs engste mit der Vermittlung von spezifischem Behandlungswissen kombiniert wird. Diese Amplifizierung der Coping-Möglichkeiten ist eine wichtige Voraussetzung für eine umfassende Empowerment-Entfaltung. Neben der emotionalen Unterstützung bei der Krankheitsverarbeitung soll das Expertentum der Betroffenen durch inhaltliche „Aufrüstung" gestärkt werden. Durch didaktisch geschicktes Vertrautmachen mit den krankheitsspezifischen Besonderheiten sollen sie buchstäblich „zur Therapie verführt" werden. Damit dies erfolgreich gelingen kann, sind die im Folgenden beschriebenen psychodidaktischen Elemente ein wichtiges Rüstzeug.

7.2 Organisation

7.2.1 Räumlichkeiten

Die Bereitstellung eines abgeschlossenen Raumes mit ausreichenden Sitzmöglichkeiten versteht sich von selbst. Die Teilnehmer sollten im Kreis um eine Tischgruppe sitzen, damit sie sich Notizen machen können. Flipchart, Overhead-Projektor, Beamer mit Powerpoint-Präsentationsmöglichkeiten, Videoabspielgeräte etc. sollten vorhanden sein. Die Flipchart-Tafel sollte während des gesamten Gruppenzyklus dauerhaft stehenbleiben können, damit man während der einzelnen Sitzungen immer wieder auf früher erarbeitete Schaubilder zurückgreifen kann. Dies verstärkt den Wiedererkennungs- und Behaltenseffekt.

7.2.2 Zeitliche Positionierung

Eine klare Absprache mit den Mitarbeiterinnen und Mitarbeitern der Einrichtung trägt entscheidend dazu bei, die psychoedukativen Gruppen zeitlich stabil im Wochenplan zu verankern. Die Einbettung der Gruppen in den aushängenden Wochenplan kann hierbei wesentliche Schrittmacherdienste leisten. Um die Akzeptanz der Gruppen innerhalb des therapeutischen Teams zu stärken, sind regelmäßige Fortbildungen zur Psychoedukation von großer Bedeutung. „Top-to-bottom"- und „Bottom-to-top"-Strategien sollten einander ergänzen; neu hinzukommende Mitarbeiterinnen und Mitarbeiter sollten grundsätzlich zur Hospitation in den Gruppen eingeladen werden. Umgekehrt sollten die Leiter der Einrichtungen regelmäßig ihr Interesse am Fortgang der Gruppen bekunden.

Diese Maßnahmen sind einer Normalisierung der regelmäßig stattfindenden Psychoedukation zuträglich. Psychoedukation soll als selbstverständliche Basis des gesamten psychiatrisch-psychotherapeutischen Behandlungskonzepts betrachtet werden. Sie erleichtert allen anderen Berufsgruppen die Arbeit, weil sie den Teilnehmern das Ineinandergreifen der unterschiedlichen Therapiebausteine einsichtig macht und es ihnen auf diese Weise ermöglicht, das multimodale Behandlungsverfahren grundsätzlich zu bejahen.

7.2.3 Einladungsprozedere

Die regelmäßige mündliche Information der Patienten durch sämtliche Mitglieder des therapeutischen Teams, insbesondere der Pflege, soll bewirken, dass die Patienten die psychoedukativen Interventionen als etwas Selbstverständliches wahrzunehmen lernen. Zusätzliche Informationsaushänge sollen diese Motivationsstrategien unterstützen. Entsprechende Broschüren und Flyer sollen ausliegen und den Patienten regelmäßig ausgehändigt werden. Während der Visitengespräche sollen die Gruppen immer wieder thematisiert und die Patienten zur Teilnahme motiviert werden. Der curriculare Aufbau und die jeweils vorgesehenen Termine sollen ihnen ebenfalls in schriftlicher Form ausgehändigt werden.

Durch das Ausfüllen einer Einverständniserklärung zur regelmäßigen Gruppenteilnahme soll die Verbindlichkeit des Gruppenbesuchs erhöht werden. Ein ähnliches Vorgehen ist auch bei Angehörigengruppen zu empfehlen; deren Adressen sind über die Patienten selbst einzuholen. Die Patienten sollten schriftlich dokumentieren, dass sie mit der Teilnahme ihrer Angehörigen nicht nur einverstanden sind, sondern dass sie diese auch aktiv motivieren, im Interesse aller Familienangehöriger mitzumachen. Die

7 Organisatorische Aspekte und psychodidaktische Elemente

Klärung der Anreisemöglichkeiten bis hin zur Parkplatzfrage mit ausreichenden Hinweisschildern ist eine wichtige logistische Voraussetzung für das Gelingen von Angehörigengruppen.

7.3 Gruppenleitung

Die Leitung der Psychoedukativen Gruppen liegt in der Hand von Ärzten und Psychologischen Psychotherapeuten. Unter deren Supervision kann die Durchführung einzelner psychoedukativer Module auch an die Mitglieder anderer Berufsgruppen delegiert werden. Neben dem Leiter muss auch stets ein Co-Leiter anwesend sein; diese Funktion kann von den Mitgliedern aller anderen Berufsgruppen übernommen werden. Im Vorfeld hat eine klare Aufgabenteilung zu erfolgen. Der Gruppenleiter sollte sich den Teilnehmern in dieser Funktion entsprechend vorstellen und die Gruppe leiten. Die Aufgabe des Co-Therapeuten besteht vor allem in der Unterstützung des Leiters bei der praktischen Durchführung der Gruppen. Er kann Flipchart-Darstellungen übernehmen, Medien austeilen und bei aktuellen Unklarheiten die einzelnen Teilnehmer durch individuelle klärende Gespräche unterstützen. Insbesondere muss er im Falle individueller Überforderung, in Krisen oder bei anderweitigen Dekompensationen von Gruppenmitgliedern bereit stehen, um die Betroffenen notfalls auch aus der Gruppe heraus auf die Stationen zu begleiten.

Gruppenleiter und Co-Therapeuten müssen offen miteinander kommunizieren können. Bei Krisenintervention sollte das gemeinsame Vorgehen offen vor den Teilnehmern besprochen werden. Transparenz und Überschaubarkeit sind überaus wichtige Elemente!

Das Vorgehen anhand eines klar strukturierten Curriculums (siehe die einzelnen Konzepte bei den jeweiligen Krankheitsbildern) ist ein entscheidender Wirkfaktor der Psychoedukation. Kontinuität und einander sukzessive ergänzende Informationsmodule tragen dazu bei, den Betroffenen nach und nach ein in sich stimmiges Krankheitsbild zu vermitteln.

Die Integration von Hospitanten zum Kennenlernen der Methode und zur Vertiefung ihrer Kenntnisse im Sinne eines Modell-Lernens ist ebenfalls ungemein wichtig! Vorab ist selbstverständlich die Zustimmung der Teilnehmer einzuholen. Die Hospitanten sollten im Idealfall in die Gruppenrunde integriert sein; bei größerer Anzahl ist die Positionierung in einer parallelen Stuhlreihe angebracht. Nach jeder Gruppensitzung sollte eine zumindest minimale Dokumentation des praktischen Vorgehens erfolgen (s. Kasten Gruppenprotokoll).

> **Gruppenprotokoll**
> - Namen von Leiter und Co-Leitung
> - Namen von Hospitanten
> - Teilnehmerliste (handschriftlicher Eintrag der einzelnen Teilnehmer)
> - Zeit, Ort
> - Thematische Schwerpunkte mit stichpunktartiger Auflistung
> - Emotionale Themen, stichpunktartige Auflistung
> - Verwendete Medien, Materialien
> - Besondere Vorkommnisse
> - Zusammenfassende Beurteilung der Sitzung
> - Prozedere

7.4 Medien und Materialien

Ein Flipchart mit ausreichend Papier und vier farbigen Stiften ist ein zentrales Element der Psychoedukation. Die jeweils erarbeiteten Schaubilder sollten während des Gruppenzyklus erhalten bleiben, damit man immer wieder auf früher erarbeitete Skizzen und Abbildungen Bezug nehmen kann.

Powerpoint-Folien, Overhead-Folien oder auch Videos ermöglichen ein entsprechendes Vorgehen. Ergänzend kann man auch mit vorgefertigten Anschauungstafeln arbeiten, etwa zur Veranschaulichung von Neurotransmitter-Bahnen im Gehirn oder von Synapsenmodellen, zur Beschreibung der Symptomatik oder Darstellung des Vulnerabilitäts-Stress-Modells, zur Auflistung der wichtigsten Medikamente, Darstellung psychotherapeutischer Behandlungskonzepte, psychosozialer Interventionen und Frühwarnzeichen; weitere Themen für Anschauungstafeln sind Krisenpläne, Adressen mit wichtigen Telefonnummern, Auflistung hilfreicher Laienliteratur etc. Im Einzelfall kann auch der individuelle Einsatz eines Gehirnmodells oder entsprechender Farbatlanten sehr hilfreich sein.

Optimal ist das Aushändigen eines Patientenheftes, in dem die Grundzüge der einzelnen Sitzungen mit Abbildung der dort gemeinsam erarbeiteten Schaubilder und Tabellen skizziert sind. Die Teilnehmer können sie dann handschriftlich durch eigene Notizen ergänzen. Dies erleichtert das Entstehen eines Gesamtüberblicks. Die Heftbindung stellt auch sicher, dass nicht einzelne Blätter verloren gehen. Je nach individuellem Schwerpunkt können weitere passende Medien herangezogen werden.

7.4.1 Formblätter und Vordrucke

Informationsblätter zu den Psychoedukativen Gruppen in Form von Flyern oder Aushängen erfüllen überaus wichtige Funktionen. Als personalisierte Informationsschreiben an die einzelnen Teilnehmer stärken sie die Verbindlichkeit. Die Unterzeichnung einer Einverständniserklärung zur regelmäßigen Teilnahme an den Gruppen soll die Kommtreue erhöhen; gleichzeitig kann in dieses Dokument auch das Einverständnis des Teilnehmers mit der wissenschaftlichen Auswertung und Veröffentlichung der in den Gruppen gesammelten und anonymisierten Daten integriert werden.

Eine Terminliste mit paralleler Darstellung der jeweiligen Themenschwerpunkte im Rahmen des Gesamtcurriculums ermöglicht auch eine gewisse Vorbereitung der Teilnehmer auf die jeweiligen Gruppensitzungen.

Eine Teilnehmerliste mit handschriftlicher Abzeichnung erleichtert die Dokumentation des Gruppenverlaufs.

Zur wissenschaftlichen Evaluation sind das Austeilen von Wissensfragebögen, Krankheitskonzeptskalen, Befindlichkeitsskalen und Zufriedenheitsskalen im Prä-Post-Vergleich sinnvoll. Die Beurteilung des Gruppenverlaufs aus Sicht der Gruppenleiter kann z. B. durch den Teilnehmer-Qualitätsbogen (Bäuml et al., 2012) erfolgen. Das Aushändigen eines Feedback-Bogens am Ende des Gruppenzyklus erleichtert es, den Stellenwert einzuschätzen, den die Psychoedukation für die Patienten besitzt, und hilft, Missverständnisse, Unklarheiten und Unzufriedenheiten der Teilnehmer rechtzeitig zu erkennen und zu beheben (s. Kasten Formblätter zur Unterstützung der Psychoedukation).

7 Organisatorische Aspekte und psychodidaktische Elemente

> **Formblätter zur Unterstützung der Psychoedukation**
> - Flyer
> - Informationsschreiben
> - Einverständniserklärung zur Gruppenteilnahme
> - Terminliste
> - Curriculum
> - Teilnehmerliste
> - Gruppenprotokoll
> - Wissensfragebogen (WFB, SCHIWI, ERWIAN etc.)
> - KK-Skala (Linden, 1988)
> - Teilnehmer-Qualitätsbogen (Bäuml et al., 2012)
> - Feedback-Bogen

7.5 Psychodidaktisches Vorgehen

7.5.1 Interaktive Informationsvermittlung

Die interaktive Informationsvermittlung stellt das zentrale Element der Psychoedukation dar. Hierzu ist eine sehr anschauliche, laiengerechte und gut verständliche Sprache im Sinne eines „Dolmetschens" der „fachchinesischen" Fakten erforderlich.

Die sehr klare und strukturierte Visualisierung der wichtigsten Fakten ist enorm wichtig, da viele Patienten krankheitsbedingt zumindest vorübergehend an kognitiven Einbußen leiden, die ihre Aufmerksamkeit und Memorierungskurve beeinträchtigen können. Deshalb sind Veranschaulichungen in Bildform unverzichtbar! Die einzelnen Schaubilder sollen zusammen mit den Teilnehmern sukzessive erarbeitet und am Flipchart notiert werden.

7.5.2 Regelmäßige Wiederholung

Die gezielte Wiederholung der einzelnen Schaubilder mit sich automatisch ergebender Vertiefung der Fakten steigert den Behaltenseffekt und erhöht das subjektive Zufriedenheitsgefühl der Teilnehmer. *Gezielte Redundanz* ist deshalb ganz wesentlich!

Vor jeder Psychoedukativen Gruppe (entweder nach der Blitzlichtrunde oder von vornherein in diese integriert) soll das in den zurückliegenden Sitzungen erarbeitete Wissen jeweils ganz kurz und selbstverständlich abgerufen werden. Hierzu empfiehlt sich das fortlaufende Ansprechen der einzelnen Gruppenteilnehmer, um einer Elitebildung von bereits sehr weit fortgeschrittenen Patienten bei gleichzeitiger potenzieller Stigmatisierung von weniger kundigen neuen Teilnehmern zu verhindern. Sofern ein Teilnehmer die angesprochene Frage nicht beantworten kann, sollte der Gruppenleiter durch eine freundliche Paraphrasierung die entsprechenden Fakten erläutern. Auf diese Weise kann regelmäßig eine Zusammenfassung des bisher erarbeiteten Wissens erfolgen; gleichzeitig ist unbedingt darauf zu achten, dass einzelne Teilnehmer nicht beschämt oder bloßgestellt werden. Paraphrasierende Kommentare wie: *„Sorry, das habe ich wohl beim letzten Mal nicht verständlich genug erklärt"*, oder: *„Niemand kann sofort alles wissen!"*, oder: *„Da freue ich mich, dass ich einmal etwas selbst weiß und nicht warten muss, dass es mir die Gruppenteilnehmer vorsagen …"*, sind humorvolle und witzige Interventionen, die Peinlichkeit zu vermeiden helfen. Dadurch wird auch demonstriert, dass das Erarbeiten der entscheidenden Details eine unverzichtbare Grundlage der Psychoedukation darstellt, dass die Gruppenleiter um die Schwierigkeit des Behaltens dieser Faktenvielfalt wissen und dass sie bemüht sind, den Teilnehmern durch geduldiges Wiederholen und regelmäßig wiederkehrende Erklärungen bisher unverstandener Details zu einem stimmigen Gesamtüberblick zu verhelfen.

In späteren Kurzquiz-Runden stellen sich automatisch Erfolgserlebnisse ein, wenn sich zeigt, dass einfache Fakten einer immer größeren Zahl von Teilnehmern geläufig werden. Der Gruppenleiter beweist sein pädagogisches Geschick, indem er diese Teilnehmer durch ein ausdrückliches Lob verstärkt.

7.5.3 Selbst- und Fremdverstärkung, gegenseitige Unterstützung

Besonders erfahrene und sehr kundige Teilnehmer können motiviert werden, weniger erfahrenen und weniger informierten Mitpatienten die einzelnen Informationsmodule nochmals zu erklären: „*Frau S., ich könnte mir gut vorstellen, dass Sie heute Nachmittag mit Frau M. dieses Thema noch einmal besprechen. Sie haben beim letzten Mal schon gezeigt, wie gut Sie auf diesem Gebiet Bescheid wissen, und es wäre für Frau M. sicher eine große Hilfe, wenn Sie ihr diesen Sachverhalt noch einmal in aller Ruhe erklären würden. Wäre das für Sie beide in Ordnung?*"

Dadurch kann die individuelle Expertise der einzelnen Teilnehmer wertgeschätzt und zur Wissensvertiefung bei anderen mitgenutzt werden. Sowohl erfahrene als auch weniger erfahrene Patienten können von diesem partnerschaftlichen Üben und Amplifizieren der einzelnen Informationsmodule profitieren.

Die einleitende Blitzlicht-Runde soll sicherstellen, dass sich jeder Teilnehmer in der Gruppe wahrgenommen und integriert fühlt; eine paraphrasierende Leiterintervention kann sehr schüchternen, gehemmten oder noch sehr introvertierten Patienten helfen: „*Für Herrn G. ist diese Gruppensituation ganz neu; ich finde es prima, dass er in die Gruppe gekommen und trotz gewisser Vorbehalte bereit ist, hier teilzunehmen. Es ist ganz in Ordnung, hier erstmal dabei zu sein und sich vorerst noch abwartend und zuhörend zu verhalten.*"

Auch hier gilt der Grundsatz, jeden Teilnehmer bedingungslos wertzuschätzen, ihn in seiner aktuellen Befindlichkeit anzunehmen und auf jeden Fall zu vermeiden, jemanden bloßzustellen oder zu kränken.

In die Blitzlichtrunde können jeweils Selbst- oder auch Fremdverstärkungsübungen eingebaut werden, z. B.: „*Ich finde gut an mir, dass ich heute pünktlich gekommen bin*", „*… dass ich heute morgen in der Ergotherapie durchgehalten habe*", „*… dass ich gestern abend endlich meine Mutter einmal angerufen habe…*", „*… dass ich heute morgen schon am Frühsport teilgenommen habe*" etc.

Bei Fremdverstärkungsübungen kann die psychosoziale Kompetenz der Einzelnen ohne größeren Aufwand gefördert werden: „*Ich finde es gut, dass Peter mich heute an den rechtzeitigen Besuch der Gruppe erinnert hat*", „*… dass Conny heute so eine hübsche Haarspange trägt*", „*… dass Michael mir heute morgen beim Töpfern geholfen hat.*"

Selbst- und Fremdverstärkungselemente sollen immer wieder in die Gruppe integriert werden. Sie ermöglichen kleinere Erfolgserlebnisse, verbessern den selbstkompetenten Umgang mit Insuffizienzgefühlen und geben Gelegenheit, modellhaft zu lernen, sein eigener „Psychotherapeut" zu sein.

7.5.4 Arbeitsheft für Patienten

Während des Gruppengeschehens sollen die Teilnehmer immer wieder animiert werden, sich eigene Notizen zu machen bzw. in den ausgeteilten Patientenheften die für sie besonders wichtigen Inhalte zu unterstreichen. Hierbei ist immer wieder zu betonen, dass das aktuell dargestellte Wissen einen allgemeinen Überblick darstellt, dass aber jeder Teilnehmer die für ihn besonders wichtigen Inhalte in vertiefenden Einzelgesprächen mit den Ärzten und Therapeuten bearbeiten muss.

Die Verzahnung von individuellem Erfahrungswissen mit wissenschaftlich abgesicherten Fakten soll bewirken, dass jeder Patient einen maximalen Kompetenzzuwachs erfährt. Hierbei ist vermutlich nicht die Anzahl der im Gedächtnis behaltenen Details der entscheidende Wirkfaktor, sondern vielmehr die innere Überzeugung, die oft als unheimlich erlebte Erkrankung durch das Verstehen der Hintergründe überwinden zu können. Mit diesem Gefühl des „Beherrschens der Erkrankung" geht automatisch ein subjektiver Kompetenzzuwachs einher, der die eigene Ängstlichkeit gegenüber der Unberechenbarkeit der Erkrankung reduziert und das Gefühl von Empowerment und Selbstkompetenz erhöht.

7.5.5 Selbsthilfeliteratur

Indem die Therapeuten gezielt dazu anregen, bestimmte Informationseinheiten durch die Lektüre einschlägiger Ratgeberbücher oder Informationsschriften zu vertiefen, werden die Teilnehmer ermutigt, vorhandene Wissenslücken zu schließen und den Verständniszuwachs zu erhöhen. Der Auftrag, die Angehörigen beim nächsten Besuch mit einem kleinen Vortrag zu bestimmten Themen, wie etwa „Vulnerabilitäts-Stress-Modell", „Krisenplan", „Rückfallraten mit und ohne Medikation" oder „Die unterschiedlichen psychosozialen Betreuungsmaßnahmen", zu überraschen, kann dazu beitragen, die Teilnehmer zur Erarbeitung dieser Inhalte zu motivieren und den Angehörigen vor Augen zu führen, zu welch kompetentem Verhalten der Erkrankte mittlerweile wieder in der Lage ist.

7.5.6 Was nehme ich heute mit?

Das abschließende Blitzlicht kann z. B. mit nachfolgender Frage eingeleitet werden: „Was nehme ich heute mit?" Auch hier soll reihum vorgegangen werden, um jeden Teilnehmer einzubinden und zu verhindern, dass bereits weitgehend gesundete und kompetente Teilnehmer die Redezeit unter sich aufteilen. Die Gruppenleiter erhalten dadurch auch die Chance, sich ein Bild zu verschaffen, welche Gruppeninhalte in der zurückliegenden Sitzung auf besondere Resonanz gestoßen sind. Durch entsprechende Amplifikationen und Unterstreichung einzelner Aussagen tragen sie dazu bei, dass sich die jeweiligen Adressaten besonders wertgeschätzt fühlen und zentrale Inhalte nochmals betont werden. Dadurch kann die Verankerung eines soliden Basiswissens sukzessive gezielt gefördert werden.

„Für mich war heute besonders aufschlussreich, dass neben der Medikation auch die Psychotherapie ganz wichtig ist."

„Jetzt habe ich verstanden, warum der Dopamin-Überschuss meine Wahrnehmungen so durcheinanderbringt."

„Für mich war heute wichtig, dass ich durch eine ausreichende Medikation die Gefahr eines Rückfalls deutlich verringern kann."

„Ich habe heute verstanden, dass ich am Ausbruch der Erkrankung keine Schuld habe, dass dies einfach schicksalhaft kommen kann, dass man aber etwas dagegen tun kann."

„Ich fand es ermutigend, wie die anderen heute von ihren erfolgreichen Versuchen erzählt haben, die Krankheit unter Kontrolle zu bringen."

7.5.7 Hospitanten, trialogische Perspektive

Hospitanten, die regelmäßig an den Gruppensitzungen teilnehmen, können ebenfalls in das Schluss-Feedback einbezogen werden, z. B. mit der Aufforderung: *„Jetzt bitte ich einmal die Gastexperten, kurz zu beschreiben, was sie heute besonders bemerkenswert fanden."* Dies gibt den Hospitanten Gelegenheit, nochmals gezielt hervorzuheben, dass bisher eher zurückhaltende und ängstlich-vermeidende Teilnehmer über sich hinausgewachsen seien, sich erstmals vernehmlich eingebracht, erstaunliches Detailwissen gezeigt hätten usw.

Dies alles sind Elemente, die das Selbstwertgefühl der Teilnehmer stärken, den Gruppenzusammenhalt festigen und das subjektive Kompetenzerleben der Betroffenen verbessern.

Die Hinführung zum Trialog, wie er z. B. in den Psychose-Seminaren stattfindet, kann in diesem Kontext angebahnt werden. So können bereits fortgeschrittene und kompetent wirkende Teilnehmer motiviert werden, sich zur Teilnahme an einem der nächsten Psychose-Seminare zu melden. Auch das Interesse am Besuch einer gruppentherapeutischen Intervention außerhalb und nach der stationären Behandlung wird dadurch gefördert.

7.6 Fazit

Das interaktive Vorgehen mit bedingungsloser Verstärkung auch geringster Aktivitäten der Teilnehmer trägt gezielt dazu bei, dass die Gruppenmitglieder die „Treppe hinaufstolpern". Psychoedukation versteht sich als Basisverfahren auch für die schwer kranken Patienten; deshalb muss sie jeweils so ausgerichtet sein, dass Kränkungen und Beschämungen unter allen Umständen vermieden und Verwirrung durch Detailüberflutung und Informationsüberlastung verhindert werden. Jeder Teilnehmer soll am Ende der Runde das Gefühl haben, bei diesem Gruppenbesuch ein Stück weitergekommen zu sein.

Hierzu muss die Infrastruktur der einzelnen Einrichtungen entsprechend angepasst werden, damit die psychoedukativen Gruppen einen festen Platz im Therapiealltag erhalten. Sie sollen weder andere Therapiemaßnahmen verdrängen, noch sollen sie als exotische „Orchideenfächer" am Rande vegetieren. Psychoedukation muss zur selbstverständlichen Routine-Therapie werden, bei der jeder gerne mitmachen möchte. Durch Mundpropaganda können sowohl die Betroffenen als auch die durchführenden Therapeuten die „Aura" verbreiten, dass es ein großer Verlust sei, sich die Psychoedukation entgehen zu lassen. Einen solchen Spirit zu erzeugen und aufrechtzuerhalten zählt zu den vornehmsten Aufgaben der Gruppenleiter. Durch eigene Kreativität, Erfahrungszuwachs, regelmäßige Supervisions- und Fortbildungsmaßnahmen und entsprechendes Literaturstudium ist es möglich, sich diese Kompetenz anzueignen.

Dann sollte es gelingen, das wichtigste Anliegen der Psychoedukation zu realisieren: Die Betroffenen mit der Tatsache der Erkrankung auszusöhnen, sie für ihr eigenes Erkrankungsbild zu interessieren und für eine konsequente Behandlung zu begeistern. Durch die parallele Einbeziehung der Angehörigen mit den gleichen Zielen kann die Effektivität der Psychoedukation nochmals deutlich gesteigert werden.

Literatur

Linden M, Nather J, Wilms HU (1988). Zur Definition, Bedeutung und Messung der Krankheitskonzepte von Patienten. Die Krankheitskonzeptskala (KK-Skala) für schizophrene Patienten. Fortschr Neurol Psychiatr 56: 35–43.

Bäuml J, Pitschel-Walz G (2011). Psychoedukation. Zeitschrift für Psychiatrie und Psychotherapie. Up-2date 5(3): 161–176.

Bäuml J, Pitschel-Walz G (2012). Psychoedukation, quo vadis? Psychotherapeut 57(4): 289–290.

Bäuml J, Baumgärtner J, Froböse T et al. (2012). Partizipationsverhalten schizophren erkrankter Patienten in Psychoedukationsgruppen: Erste Ergebnisse mit dem Teilnahmequalitätsbogen. Psychotherapeut 57(4): 301–312.

8 Psychoedukation aus pädagogischer Perspektive

Christoph Walther

8.1 Die Fragestellung

Da Psychoedukation (PE) entwickelt wurde, um Klienten über die jeweilige Erkrankung und Behandlung aufzuklären und damit die Therapieergebnisse zu verbessern (vgl. z. B. Bäuml, 2008), ist es auf den ersten Blick ungewöhnlich, PE aus einer pädagogischen Perspektive zu betrachten, die grundsätzlicher angelegt ist als der gängige Verweis auf die Notwendigkeit einer angemessenen Didaktik in so gut wie jedem PE-Manual. Zudem stellt sich die Frage nach dem Erkenntnisgewinn einer solchen Sichtweise für die PE in Theorie und Praxis. Um ebendiese Fragestellung soll es in diesem Beitrag gehen. Dazu werden

- zunächst das Verhältnis von PE und Pädagogik genauer bestimmt und
- sodann praktische Überlegungen und Konsequenzen für eine Perspektive skizziert, in der PE als eine Form der Erwachsenenbildung aufgefasst wird.

Die folgenden Überlegungen sind im Kontext von PE im psychiatrischen Bereich entwickelt worden. Die zitierte Literatur stammt infolgedessen vorwiegend aus diesem Gebiet, aber die Ausführungen sind prinzipiell auch auf PE im psychosomatischen Bereich übertragbar.

8.2 Das Verhältnis von Psychoedukation und Pädagogik

PE grenzt sich häufig gegen „Erziehung" ab, um nicht mit Belehrung, Vorschreiben, Überreden, Bevormunden oder Manipulieren in Verbindung gebracht zu werden (vgl. z. B. Hornung, 1999, S. 115; Wiedemann et al., 2003, S. 790; Arbeitsgruppe Psychoedukation, 2008, S. 3). In diesem Zusammenhang findet man gelegentlich auch die Behauptung, dass „Psychoedukation" sich etymologisch nicht von *educare* (erziehen, physisch und moralisch aufziehen), sondern von *educere* (herausführen) herleite (vgl. z. B. Neurologen & Psychiater im Netz). Nach diesem Verständnis ist PE dann quasi ein Herausführen aus einem Informationsdefizit, also Aufklärung bzw. Informieren, und konnotiert so auch den Kantschen Aufklärungsbegriff.

Korrekt ist, dass „Edukation" auf das Partizip Perfekt des lateinischen *educare*, nämlich „educatum", zurückgeht und nicht auf das Partizip Perfekt von *educere*, nämlich „eductum". Wäre dies die Herkunftsform, müsste es im Deutschen *„Psychoeduktion"* lauten. Auch ein Verweis auf „educatio" (z. B. Bäuml, 2008, S. 134) landet in der Übersetzung wieder bei „Erziehung von Kindern". Ausbildung oder Bildung umfasst der lateinische Begriff nicht. Die PE steht der Erziehung also semantisch deutlich näher, als sie inhaltlich dort gesehen werden möchte. Dieser Wortursprung sollten jede und jeden, der PE konzipiert und/oder anwendet, daran gemahnen, zu prüfen, inwieweit seine Einstellung und sein Verhalten womöglich doch einer „heimlichen" Erziehung oder einer gut gemeinten „Überredung" dienen.

Die Abgrenzung von PE gegen Erziehung ergibt sich also nicht aus der Herkunft des Wortes, sondern hat inhaltliche Gründe. In der Pädagogik gibt es keine allgemein anerkannte Definition von Erziehung. Zumeist versteht man darunter die Bemühung eines Erziehenden, dem Heranwachsenden durch bestimmte Methoden und eine charakteristische Haltung wertorientierte (Erziehungs-) Ziele zu vermitteln (vgl. Marotzki, 2006). Postuliert wird dabei eine mit der Geburt anhebende Erziehungsbedürftigkeit, die mit zunehmendem Alter abnehme und sich schließlich erübrige. Im Unterschied zu Lernen und Bildung ist Erziehung also „lebensgeschichtlich begrenzt" (ebd., S. 149). Dies ist eines ihrer konstituierenden Merkmale. Kinder und Jugendliche, nicht aber Erwachsene, sind erziehungsbedürftig – wo immer die genaue Altersgrenze auch liegen mag. Insofern stellt PE keine Erziehung im klassischen Sinne dar, denn sie wendet sich in der Regel an Erwachsene und dient nicht der physischen und moralischen Aufzucht.

Wenn Erwachsene die Adressaten von Pädagogik sind, spricht man von „Erwachsenenbildung". Bildungs- und Lernprozesse erwachsener Menschen werden im Vergleich zu Erziehungsprozessen, die immer auch wertorientierte Erziehungsziele verfolgen, als ergebnisoffener angesehen. Erwachsenenbildung bietet die Möglichkeit zur persönlichen Auseinandersetzung – wie immer das Ergebnis aussehen mag – mit sich selbst, mit anderen Menschen und mit „objektiven" Themen (Selbst-, Fremd- und Sachbezug). „Allgemein wird mit Erwachsenenbildung […] als institutionalisierte Form hilfreicher Kommunikation in modernen Gesellschaften das intentionale Lernen Erwachsener bezeichnet, welches im Rahmen fremd-, zunehmend aber auch selbstorganisierter Lernprozesse zumeist in Gruppen stattfindet" (Dewe, 2006, S. 121). Diese Definition kann auf PE Anwendung finden: PE stellt ein organisiertes und strukturiertes Lernangebot für Erwachsene in der Gruppe dar, das bestimmte Absichten und Ziele verfolgt. PE ist eine Intervention mit Lern- und Bildungsabsicht, da sie nach Maßgabe ihrer Ziele und Inhalte ausdrücklich Wissen weitergeben und Kompetenzen vermitteln will (Lernaspekt), um zur Auseinandersetzung mit der Erkrankung und zur Krankheitsbewältigung zu befähigen (Bildungsaspekt).

Wenn man PE in der Pädagogik verorten möchte, findet sie den ihr angemessenen Platz im Bereich der Erwachsenenbildung. Gleichwohl hat sich PE stets kritisch zu prüfen, ob sie nicht manchmal doch auch ihre erwachsenen Teilnehmenden in bestimmte Richtungen (er-)ziehen will und somit in der Praxis doch wieder eher Erziehung als Erwachsenenbildung ist. PE als eine Form der Erwachsenenbildung zu begreifen, hat zur Konsequenz, dass das Wissen und bestimmte Erkenntnisse, die in der Erwachsenenbildung über Lern- und Bildungsprozessen bei erwachsenen Menschen zur Verfügung stehen, nutzbringend auf PE angewandt werden können.

8.3 Psychoedukation als Erwachsenenbildung

In der hier gebotenen Kürze werden diese Erkenntnisse im Folgenden schlaglichtartig aufgeführt. Ihre Bedeutung für die PE wird kurz skizziert. Eine thematische Vertiefung und die einschlägige erziehungswissenschaftliche Literatur finden sich bei Walther (2011).

8.3.1 Lernen als Aneignungsleistung

Bei Lern- und Bildungsprozessen, die für Erwachsene nachhaltig sind, kommt der Aneignungs- und Verarbeitungsleistung des Lernenden eine ungleich höhere Bedeutung zu als der Vermittlungsleistung des Vortragenden, z. B. des Therapeuten, der PE durchführt. Letztere wird in der Praxis oft überschätzt, wenn Gelehrtes und Gelerntes tendenziell gleichgesetzt werden. Holzkamp (1993) hat dies als „Lehr-Lern-Kurzschluss" bezeichnet. Natürlich muss sich jeder, der PE durchführt, darüber im Klaren sein, was er inhaltlich vermitteln möchte. Doch jede inhaltliche und didaktische Optimierung hat ihre Grenze darin, dass auch die beste Vermittlung nicht die notwendige Aneignungsleistung des Lernenden „herstellen", „machen" oder ersetzen kann. Der Therapeut kann weder davon ausgehen, dass die Klienten das übernehmen, was er ihnen in der PE beizubringen versucht, noch kann er darauf bauen, dass sie es in dem beabsichtigten Sinn tatsächlich anwenden. Hierzu passt z. B. der Befund aus einer Evaluationsstudie zu einem PE-Manual (Wienberg, 1997, S. 33), dass die Einschätzung der Therapeuten über das Ausmaß, wie gut die Betroffenen die in der PE vermittelten Informationen verstanden haben, deutlich optimistischer ausfiel als die Selbsteinschätzung der Klienten. Das Ergebnis von PE wird in seinem Ausmaß nur zu einem geringeren Anteil vom Therapeuten und zu einem weit höheren Anteil vom Klienten bestimmt. Lernen und Bildung können didaktisch gesehen vom Therapeuten lediglich angeregt, angestoßen, ermöglicht, oft nicht mehr als nicht behindert werden. In der Erwachsenenbildung wird dies unter dem Stichwort „Vermittlungsdidaktik versus Ermöglichungsdidaktik" diskutiert.

8.3.2 Voraussetzungen für eine Aneignungsleistung

Die bei der Aneignungs- und Verarbeitungsleistung zu überwindenden Hürden werden oft unterschätzt. Die Lerninhalte der PE und die aktuelle Lernsituation in der Gruppe treffen bei den erwachsenen Klienten auf jeweils individuell unterschiedliche Kognitions-, Emotions- und Handlungsmuster, die durch biografische Lebens- und Krankheitserfahrungen erworben wurden. Sie treffen außerdem auf den Hintergrund vorangegangener (guter oder schlechter) Lernerfahrungen (z. B. in Schule, Ausbildung oder am Arbeitsplatz). Diese Muster und die Erfahrungen aus der individuellen Lerngeschichte bestimmen, was der Klient in Bezug auf den aktuellen Lerngegenstand in der PE denkt und fühlt und wie groß seine grundsätzliche Aufnahme- bzw. Lernbereitschaft für Neues, die sog. Driftzone, ist. Die Driftzone ist nicht mit einer krankheitsbedingten Einschränkung der kognitiven Aufnahmekapazität zu verwechseln; vielmehr bezeichnet der Begriff den Spielraum (auch gesunder Menschen), innerhalb dessen ein Lerngegenstand als emotional zumutbar und sinnvoll erlebt – oder spontan abgelehnt – wird. Ob und welche Teile des Lernstoffes der Lernende für eine potenzielle Aneignung in Erwägung zieht, hängt wesentlich davon ab, inwieweit er den Inhalt als interessant, wesentlich, verwendungsrelevant, nützlich, erstrebenswert und lebensdienlich bewertet (sog. Viabilität), also eine weitere Beschäftigung damit für lohnend hält. Entscheidend für die Annahme ist darüber hinaus das Ausmaß, in dem die neuen Inhalte seiner Einschätzung nach an sein bestehendes Vorwissen und seine Alltagspraxis anschließen und in welchem Umfang sie in seine Driftzone fallen.

Deshalb kann manche Lernanforderung in der PE von Klienten auch als (Lern-)Zumutung, Verunsicherung oder gar (Identitäts-)Bedrohung erlebt und deshalb abgewiesen werden. Dies ist z. B. der Fall, wenn der Klient subjektiv plausible bzw. bewährte und vertraute Handlungs- und Erklärungsmuster – ganz gleich, wie dysfunktional sie den Therapeuten auch erscheinen mögen – infrage stellen soll. In der Pädagogik bezeichnet man diese Reaktion als „Lernwiderstände". Wie hoch hier die Latte liegen kann, zeigt z. B. ein Ergebnis aus Schmidts (2012) Untersuchung zu psychoedukativen Interventionen: Entgegen ihrer Annahme zeigte sich nach PE „keine Reduktion der Zuschreibung eigener Schuld an der Entstehung der Erkrankung" (S. 101) und keinerlei Veränderung in der Ursachenzuschreibungen der Klienten. Manche Non-Compliance kann auch als Lernwiderstand und weniger als Krankheitssymptom oder mangelnde Krankheitseinsicht gewertet werden! Subjektiv „bewährtes" Wissen aufzugeben und wissenschaftlich fundiertes Wissen als „richtiger" anzunehmen ist (auch bei gesunden Menschen) eine hohe Lernerwartung. Dessen sollte man sich als Therapeut bewusst sein. Im Rahmen der Erwachsenenbildung hat Siebert (2009) einmal formuliert: „Erwachsene sind lernfähig, aber unbelehrbar" (S. 35).

8.3.3 Was ermöglicht die Aneignungsleistung?

Die Bereitschaft zur Aneignung von Lerninhalten steigt, wenn die vorhandenen einschlägigen Vorkenntnisse sowie die daraus erwachsenden Lern- und Bildungsbedürfnisse bzw. -erwartungen der Klienten explizit abgefragt und zum Thema gemacht werden. Bei der Konzeption mancher PE-Manuale sind Themenwünsche, die Betroffene benannt haben, von vornherein eingearbeitet worden. Es geht aber darüber hinaus auch um die jeweilige aktuelle Sitzung während einer PE. Am Anfang jeder Sitzung sollte der Therapeut standardmäßig das in der Gruppe vorhandene Vorwissen ausdrücklich würdigen und die Lerninteressen abfragen, damit er im weiteren Verlauf der Stunde an geeigneter Stelle darauf Bezug nehmen kann. Dies fördert die Lernbereitschaft, steigert die erlebte Viabilität der Lerninhalte, erleichtert es dem Therapeuten, die Driftzonen besser zu berücksichtigen, und steigert die Nachhaltigkeit des Lernens (siehe z. B. Wienberg, Walther und Berg, 2013).

8.3.4 Lernbedarf und Lernbedürfnis

Womit beginnt ein Lernprozess? In der Regel nimmt man folgenden Ablauf an: Der Therapeut stellt bei einem Klienten einen Lernbedarf fest. Er macht ein entsprechendes Lernangebot mit dazugehörigen Lernaufgaben (z. B. PE) und verbindet dies mit einer Lernaufforderung an den Klienten. Dieser von außen festgestellte Lernbedarf initiiert manchmal einen Lernprozess. Ungleich nachhaltiger ist ein immanentes Lernbedürfnis des Klienten, wenn in seinem Alltags- und Lebensvollzug ein (wiederholtes) signifikantes Erlebnis zum Innehalten nötigt und eine Such- und Orientierungsbewegung auslöst, die auf Überprüfung und Korrektur gewohnheitsmäßiger Denk- und Handlungsmuster zielt. Ein solches Erlebnis (man könnte auch von „Irritation" sprechen) könnte z. B. eine Rezidivdiagnose bei einem Betroffenen sein, der sich für dauerhaft genesen hielt, oder eine neuerliche Klinikaufnahme, die er zu verhindern gehofft hatte.

Ein erlebtes Lernbedürfnis enthält im Verhältnis zu einem festgestellten Lernbedarf eine deutlich höhere intrinsische Lernmotivation und bringt deshalb eine größere Chance mit sich, dass sich ein Lernfenster öffnet. Auch aus diesem Grund sollte sich der Therapeut über aktuelle Lern- und Bildungsinteressen in seiner PE-Gruppe gründlich informieren. Er darf nicht seine Lehrziele mit den Lernzielen der Klienten gleichsetzen, sondern muss beide voneinander unterscheiden können. Eine anschauliche Beschreibung, wie das Lernangebot der PE und die individuelle Suche nach Antworten der Klienten (Lernbedürfnis) aneinander vorbei laufen können, findet sich in der oben genannten Untersuchung von Schmidt (2012, S. 179–185).

8.3.5 Der Lernweg

Die Gestaltung des Lernweges (nicht nur in der PE) stellt man sich typischerweise so vor, dass neues, wissenschaftlich fundiertes Wissen entweder bestehende Kenntnislücken des Klienten schließt oder idiosynkratrisches Wissen ersetzt. Solch eine lineare Übernahme entzieht sich jedoch der Machbarkeit durch den Therapeuten. Lernen und Bildung erfolgt bei Erwachsenen (im Vergleich zu Kindern und Jugendlichen) eher als Anreicherung, Differenzierung, Flexibilisierung oder Weiterentwicklung vorhandener Wissensbestände. Hier spielt die Beobachtung präsentierter Lerninhalte sowie der Reaktion anderer Gruppenteilnehmer darauf eine zentrale Rolle. Im Abgleich mit den persönlichen Vorkenntnissen und der persönlichen Vorerfahrung werden interessante und viable Aspekte aus den neuen Lerninhalten herausgesucht. In der Erwachsenenbildung spricht man von „Anschlusslernen": Neues schließt an Vorhandenes an und differenziert es, ersetzt es aber in der Regel nicht.

Dieser Differenzierungsprozess lässt sich am ehesten durch Perspektivenvielfalt in der PE anstoßen. Die praktische Konsequenz daraus wäre, neben der Wissensvermittlung auch dem Erfahrungsaustausch der Teilnehmer über die jeweiligen Lerninhalte viel Zeit einzuräumen. Die große Bedeutung des Erfahrungsaustausches wird in der Literatur immer wieder betont (z. B. Bäuml, 2008). Ihre positive Wirkung wurde wiederholt nachgewiesen (s. aktuell z. B. Schmidt, 2012). Für den Betroffenen wird erfahrbar, dass es außer den eigenen noch andere, alternative Handlungsmuster gibt, die ihm vielleicht neue, interessante Handlungsoptionen erschließen. Die Untersuchungen von Hofer et al. (2001) sowie Kilian et al. (2001) kamen zu dem Ergebnis, dass Klienten PE als sehr hilfreich erlebten, *obwohl* sie ihr Verhalten oder ihr Krankheitskonzept nur zu einem geringen Prozentsatz veränderten. In der Studie von Kilian et al. erlebt ein Teil der Klienten die „Auseinandersetzung mit den Erfahrungen anderer Patienten [...] als hilfreich für die Bewältigung der eigenen Situation" (S. 171). Den Autoren zufolge ist „die Anregung des Informationsaustausches zwischen den Patienten ein mindestens ebenso wichtiger Effekt [...] wie die Vermittlung von Wissen" (ebd.). Perspektivenvielfalt in der PE scheint für Klienten besonders interessant zu sein. Doch selbst wenn sie die neu erworbenen Kenntnisse in der PE-Situation für anwendbar halten, greifen sie später im Alltag womöglich erneut auf gewohnte Denk- und Handlungsmuster zurück.

8.3.6 Lernziel und Lernerfolg

Der Lern- und Bildungserfolg bemisst sich in der PE in der Regel danach, ob das wissenschaftliche Krankheitskonzept vom Klienten übernommen wurde. Der Therapeut, der dies zu erreichen versucht, muss auf Frustration gefasst sein, denn der Wunsch der Klienten, ihre eigene Entscheidungsfreiheit zu bewahren, wird bei dieser Zielsetzung zu wenig berücksichtigt. Ein realistischeres Ziel bestünde darin, die Bereitschaft des PE-Klienten zu wecken, sich auf einen Perspektivenwechsel „probedenkend" und „probehandelnd" einzulassen. Der Perspektivenwechsel vermittelt ihm für zukünftiges Denken und Handeln eine potenzielle Auswahl- und Entscheidungsposition, d. h. die Möglichkeit, seine bestehenden Handlungsmuster zu modifizieren oder alternative Muster anzuwenden. Mithin hat sich die Anzahl seiner Optionen erhöht; gleichzeitig bleibt seine Entscheidungsfreiheit unangetastet. Der Therapeut muss allerdings Abschied nehmen von der Vorstellung, steuern zu können, welche Option der Klient wählt. In einer Evaluationserhebung zum PEGASUS-Manual konnte Wienberg (1997) zeigen, wie sehr die Einschätzungen von Therapeuten und Klienten in der Frage differieren, welche Themen in der PE von Bedeutung sind. Das, was wichtig ist in der PE, wird unterschiedlich eingeschätzt. Die kritische Frage, die es zu beantworten gilt, lautet also, ob und inwieweit die Übernahme der wissenschaftlichen Krankheitstheorie mitsamt ihren Handlungskonsequenzen als entscheidendes Kriterium für eine gelungene Krankheitsbewältigung durch den Klienten zu betrachten ist.

PE wird sich darauf einstellen müssen, dass Klienten individuell viable Behandlungsweisen entwickeln (wollen), die u. U. nur zum Teil mit dem vermittelten schulmedizinischen Wissen konform gehen. Zu überlegen ist, ob dies im Sinne einer Partizipation der Klienten (Shared-decision-Making), des Empowerment-Konzepts oder des Recovery-Ansatzes nicht nur wünschens-, sondern auch unterstützenswert wäre. In der Regel vermittelt PE eine standardisierte Behandlungsweise, die auf umfangreichen statistischen Häufigkeitsverteilungen beruht. Wissenschaftswissen wird aber nicht allein deshalb, weil es empirisch fundiert ist, vom Betroffenen als viabel empfunden. Auch Wissenschaftswissen muss seine Plausibilität im Alltag des Klienten unter Beweis stellen und hat folglich nicht für jeden – quasi auf normierende Weise – die gleiche Bedeutung.

Zahlreiche Häufigkeitsberechnungen weisen auch Varianzen auf (vgl. z. B. Wienberg u. Sibum, 2003, S. 173; Amering u. Schmolke, 2007, S. 35 f.). Im Rahmen eines Krankheitsbewältigungsprozesses gibt es nicht nur mehrere Wege zu einem Ziel, sondern auch unterschiedliche anzustrebende Ziele, die sich wiederum mit der Zeit (und den Erfahrungen) in der persönlichen Präferenz der Klienten ändern können. Wege und Ziele sind von einem gut informierten Klienten als letzte Instanz selbst auszuwählen. Umgang mit einer Erkrankung ist ein höchst subjektiver, in der Regel nicht zu normierender Prozess. Der Therapeut ist Experte für die Erkrankung, der Klient ist jedoch Experte dafür, wie er glaubt, sein Leben mit der Erkrankung leben zu können (und zu müssen). Aus Untersuchungen wissen wir, dass eine optimale Rezidivprophylaxe nicht automatisch auch eine Verbesserung der Lebensqualität der Klienten bedeutet (vgl. Rössler et al., 1999; Wienberg u. Sibum, 2003; Rabovsky u. Stoppe, 2004; Schmidt, 2012). Der Klient ist in der PE über die wissenschaftlichen Behandlungs- und Umgangsmöglichkeiten zu informieren, doch dies hat mit dem übergeordneten Ziel zu geschehen, dass er selbst herausfinden muss, was er aktuell als viabel erlebt und was für seine gegenwärtige persönliche Kosten-Nutzen-Rechnung stimmig ist. Im Kontext von Patientenschulung hat Vogel (2001) darauf hingewiesen, dass Empowerment bedeutet, Respekt vor der Autonomie des Patienten zu haben, sodass man – die Grenzen der Selbst- und Fremdgefährdung achtend – auch „Entscheidungen des Patienten zu ‚ungesunden' Lebensweisen akzeptiert und sogar unterstützt." (S. 162). Dieses Vorgehen setzt eine gute Therapeut-Klient-Beziehung und die Möglichkeit voraus, Erfahrungen auch gemeinsam auszuwerten.

8.3.7 Fehlervermeidung und Erfahrungsevaluation

PE versucht, Rückfällen, ungesundem und riskantem Verhalten – aus klinischer Sicht „Fehlern" – vorzubeugen. So verständlich dies von der menschlichen Seite und z. B. mit Blick auf die sozialen Folgen mancher Rückfälle ist, so sind aus pädagogischer Sicht doch auch Zweifel anzumelden. Rückfälle oder Erfahrungen mit riskantem Verhalten sind typische Irritationen, also Lernfenster, die die Chance bieten, aktuelle Erfahrungen des Klienten zu evaluieren, ein umfassenderes Verständnis der Situation zu fördern und Handlungsmuster zu korrigieren (Erfahrungsevaluation). Rückfall muss nicht als Zeichen für Versagen gewertet, sondern kann als Vorfall genutzt werden. Man lernt eben auch aus eigenen Fehlern und eigenen Erfahrungen (manchmal sogar nachhaltiger), und nicht nur durch gut gemeinte Hinweise. Erfahrungsevaluation bedeutet, einen sogenannten Fehler als Ergebnis vorangegangener Entscheidungen zu sehen und diesen Entscheidungsweg zu rekonstruieren, auszuwerten und für die Zukunft zu verbessern. Der Umkehrschluss, dass Rückfälle oder Erfahrung mit riskantem Verhalten stets anzustreben seien, gilt natürlich nicht! Es geht hier lediglich um die Haltung des Therapeuten, in jedem Rückfall und riskantem Verhalten immer auch die Lern- und Bildungschance zu erkennen, zu nutzen und eine Möglichkeit zur gemeinsamen Erfahrungsevaluation zu schaffen. Im Kontext des Recovery-Ansatzes sprechen Amering u. Schmolke (2007) von der „Würde des Risikos" (S. 171), vom „Recht, Fehler zu machen" (ebd.), und davon, „verantwortliche Risiken" (S. 261) zu ermöglichen, „damit Lern- und Lebenserfahrungen gemacht werden können" (ebd.). Diese gilt es dann aber auch auszuwerten. PE wäre ein Forum dafür.

8.3.8 Ambulante Psychoedukation verstärken

Lerntheoretisch spricht einiges dafür, PE verstärkt ambulant einzusetzen. Es ist sinnvoll, initial im stationären Rahmen mit PE zu beginnen. Ein Klinikaufenthalt kann aus Sicht des Lernens als eine Irritation – und damit als Lernfenster – wirken; er ist aber zumeist eine stressbesetzte (und folglich die Lernfähigkeit hemmende) Episode im Gesamtkrankheits- und Gesamtlebensverlauf. Oft erschließen sich den Klienten durch die Auseinandersetzung mit ihrer Erkrankung in den gesünderen Phasen wichtige Perspektiven, die sich von denen, die sie in den stationär behandlungsbedürftigen Phasen entwickelt haben, unterscheiden. Zusätzlich kann sich ambulante PE auf wesentliche Erfahrungen bezüglich des Krankheitsumgangs aus dem alltäglichen Lebensvollzug beziehen, die sowohl der Klient als auch der (oft langjährige) ambulante Bezugsbetreuer in die PE-Sitzungen mit einbringen kann. Bei der zurzeit gewöhnlich kurzen stationären Aufenthaltsdauer kann ambulante PE zudem mehr Zeit zum Lernen geben als PE in den Kliniken, wo mitunter auf eine kurze Informationsvermittlung fokussiert wird. Hofer et al. (2001) haben in ihrer Untersuchung gezeigt, dass in einem Zeitraum von 10 Wochen die Krankheitskonzepte der Betroffenen durch PE nur sehr eingeschränkt veränderbar waren.

Für PE im psychiatrischen Bereich bedeutet dies, dass Sozialpsychiatrische Dienste oder alle Formen des betreuten Wohnens geradezu prädestiniert sind, ambulante PE standardmäßig anzubieten. Bei dem hier eingesetzten Fachpersonal handelt es sich überwiegend um Sozialpädagogen. Diese Berufsgruppe sollte sich verstärkt mit PE befassen. Sozialpädagogen stehen der Alltagsbegleitung der Klienten am nächsten und kennen die Klienten z. T. über viele Jahre. Infolgedessen besitzen sie auch ein (Mit-)Wissen über die Höhen und Tiefen in der Krankheitsbewältigung, das sie gewinnbringend in die ambulant durchgeführte PE einbringen können.

8.4 Fazit

Es ist hilfreich, sich als Anwender von PE vor Augen zu führen, dass man Erwachsenenbildung betreibt. Für Lern- und Bildungsprozesse von Erwachsenen gelten bestimmte Kriterien, die zu kennen manche konkrete Situationen leichter erklärbar, verständlicher und besser handhabbar machen. Die Einstellung, mit PE Erwachsenenbildung zu betreiben und sich ihre Potenziale als auch Limitationen bewusst zu machen, schützt zudem vor der Tendenz, die erwachsenen Klienten womöglich doch nach-erziehen zu wollen.

Literatur

Amering M, Schmolke M (2007). Recovery. Das Ende der Unheilbarkeit. 2. Aufl. Köln (Psychiatrie-Verlag).

Arbeitsgruppe „Psychoedukation bei schizophrenen Erkrankungen" (2008). Konsensuspapier zu psychoedukativen Interventionen bei schizophrenen Erkrankungen. In: Bäuml J, Pitschel-Walz G (Hrsg.). Psychoedukation bei schizophrenen Erkrankungen. Konsensuspapier der Arbeitsgruppe „Psychoedukation bei schizophrenen Erkrankungen". 2. Aufl. Stuttgart (Schattauer), S. 1–34.

Bäuml J (2008). Psychosen aus dem schizophrenen Formenkreis. 2. Aufl. Heidelberg (Springer-Verlag).

Bäuml J (2010). Einleitung. In: Bäuml J, Pitschel-Walz G, Berger H, Gunia H, Heinz A, Juckel G (Hrsg.). Arbeitsbuch PsychoEdukation bei Schizophrenie (APES). 2. Aufl. Stuttgart (Schattauer), S. 1.

Dewe B (2006). Erwachsenenbildung/Weiterbildung. In: Krüger H, Grunert C (Hrsg.). Wörterbuch Erziehungswissenschaft. 2. Aufl. Opladen (Verlag Barbara Budrich), S. 121–128.

Hofer E, Wancata J, Amering M (2001). „Ich bin ein unverstandenes Wesen auf Erden". Krankheitskonzepte von PatentInnen mit der Diagnose Schizophrenie vor und nach Psychoedukation. In: Psychiatr Prax 28: 287–291.

Holzkamp K (1993). Lernen. Eine subjektwissenschaftliche Grundlegung. Frankfurt a. M. (Campus).

Hornung W P (1999). Psychoedukative Interventionen. In: Krausz M, Naber D (Hrsg.). Integrative Schizophrenietherapie. Basel (Karger), S. 113–147.

Kilian R, Lindenbach I, Angermeyer M C (2001). „(…) manchmal zweifle ich an mir, wenn es mir nicht gut geht". In: Psychiatr Prax 28: 168–173.

Marotzki W (2006). Erziehung. In: Krüger H-H, Grunert C (Hrsg.). Wörterbuch Erziehungswissenschaft. 2. Aufl. Opladen (Verlag Barbara Budrich), S. 146–152.

Neurologen & Psychiater im Netz (o. J.). Therapieformen/Psychoedukation. http://www.neurologen-und-psychiater-im-netz.de/npin//show.php3?id=87&nodeid= zuletzt aufgerufen am 4.9.2013.

Rabovsky K, Stoppe G (2004). Compliance und Lebensqualität – spezielle Aspekte der Langzeitbehandlung. In: Pajonk F G, Falkai P (Hrsg.). Langzeittherapie der Schizophrenie. Bremen (UNI-MED Verlag), S. 132–142.

Rössler W, Salize H J, Cucchiaro G, Reinhard E, Kernig C. (1999). Does the place of treatment influence the quality of life of schizophrenics? In: Acta Psychiatr Scand 100: 142–148.

Schmidt F (2012). Nutzen und Risiken psychoedukativer Interventionen für die Krankheitsbewältigung bei schizophrenen Erkrankungen. Köln (Psychiatrie-Verlag).

Siebert H (2009). Didaktisches Handeln in der Erwachsenenbildung. Didaktik aus konstruktivistischer Sicht. 6. Aufl. Augsburg (Ziel Verlag).

Vogel H (2001). Fragen zur Didaktik in der Patientenschulung. Praxis Klinische Verhaltensmedizin und Rehabilitation 54: 161–163.

Walther C (2011). Schizophrenie als Lern- und Bildungsanlass. Psychoedukation aus pädagogischer Sicht. Köln (Psychiatrie-Verlag).

Wienberg G (1997). Psychoedukative Gruppenarbeit mit schizophren und schizoaffektiv Erkrankten: Konzeption und erste Ergebnisse einer Nutzer- und Anwenderbefragung. In: Dittmar V, Klein H E, Schön D (Hrsg.). Die Behandlung schizophrener Menschen. Integrative Therapiemodelle und ihre Wirksamkeit. Regensburg (S. Roderer Verlag), S. 19–44.

Wienberg G, Sibum B (2003). Psychoedukative Therapie schizophren Erkrankter – Einordnung und Überblick. In: Wienberg G (Hrsg.). Schizophrenie zum Thema machen. Psychoedukative Gruppenarbeit mit schizophren und schizoaffektiv erkrankten Menschen. Grundlagen und Praxis. Köln (Psychiatrie-Verlag), S. 131–212.

Wienberg G, Walther C, Berg M (2013). PEGASUS. Psychoedukative Gruppenarbeit mit schizophren und schizoaffektiv erkrankten Menschen. 6. Aufl. Köln (Psychiatrie-Verlag).

Wiedemann G, Klingberg S, Pitschel-Walz G., Arbeitsgruppe Psychoedukation (2003). Psychoedukative Interventionen in der Behandlung von Patienten mit schizophrenen Störungen. Nervenarzt 74: 789–808.

9 Psychoedukation aus pflegerischer Perspektive

Joergen Mattenklotz, Gabriele Pitschel-Walz

9.1 Psychoedukation im Kontext der psychiatrischen Pflege

Psychiatrische Pflege ist seit der Psychiatrie-Enquete stetigen Veränderungen unterworfen.

> **Kernpunkte moderner psychiatrischer Pflege (vgl. Ullmann, 2007)**
>
> Professionelle psychiatrische Pflege …
> - fördert und erhält Gesundheit, beugt gesundheitlichen Schäden vor und unterstützt Menschen in der Behandlung und im Umgang mit Auswirkungen von Krankheiten und deren Therapien mit dem Ziel, die bestmöglichen Betreuungs- und Behandlungsergebnisse sowie die bestmögliche Lebensqualität in allen Phasen des Lebens bis zum Tod zu erreichen,
> - richtet sich an den Menschen in allen Lebensphasen, an Einzelpersonen, Familien, Gruppen und Gemeinden, an Kranke und deren Angehörige sowie an Behinderte und Gesunde,
> - umfasst in einem Kontinuum Aufgaben zur Gesundheitserhaltung und -förderung, zur Prävention, in der Geburtsvorbereitung und Geburtshilfe, bei akuten Erkrankungen, während der Rekonvaleszenz und Rehabilitation, in der Langzeitpflege sowie in der palliativen Betreuung,
> - beruht auf einer Beziehung zwischen betreuten Menschen und Pflegenden, die geprägt ist durch sorgende Zuwendung, Einfühlsamkeit und Anteilnahme. Die Beziehung erlaubt die Entfaltung von Ressourcen der Beteiligten, Offenheit für die zur Pflege nötigen Nähe und die Festlegung gemeinsamer Ziele,
> - erfasst die Ressourcen und den Pflegebedarf der betreuten Menschen, setzt Ziele, plant Pflegeinterventionen, führt diese durch (unter Einsatz der nötigen zwischenmenschlichen und technischen Fähigkeiten) und evaluiert die Ergebnisse,
> - basiert auf Evidenz, reflektierter Erfahrung und Präferenzen der Betreuten, bezieht physische, psychische, spirituelle, lebensweltliche und soziokulturelle alters- und geschlechtsbezogene Aspekte ein und berücksichtigt ethische Richtlinien,
> - umfasst klinische, pädagogische und wissenschaftliche Aufgaben sowie Führungsaufgaben, die ergänzend von Pflegenden mit einer Grundausbildung und solchen mit unterschiedlichen Weiterbildungen, von Generalisten/Generalistinnen und Spezialisten/Spezialistinnen wahrgenommen werden,
> - erfolgt in Zusammenarbeit mit den betreuten Menschen, pflegenden Angehörigen und Mitgliedern von Assistenzberufen im multiprofessionellen Team mit Ärzten und Ärztinnen (verantwortlich für medizinische Diagnostik und Therapie) und Mitgliedern anderer Berufe im Gesundheitswesen. Dabei übernehmen Pflegende Leitungsfunktionen oder arbeiten unter der Leitung anderer. Sie sind jedoch immer für ihre eigenen Entscheidungen, für ihr Handeln und Verhalten verantwortlich,
> - wird sowohl in Institutionen des Gesundheitswesens als auch außerhalb, überall, wo Menschen leben, lernen und arbeiten, ausgeübt.

Ausgehend von einer verwahrenden Großpsychiatrie mit dementsprechenden Aufgaben musste sich ein Berufsbild völlig neu umdefinieren: Aus „verwahren" wurde „miteinander arbeiten" – möglichst unter Einbezug des Umfelds der Betroffenen.

Mit Blick auf diese Herausforderungen haben Mitarbeiter des Instituts für Pflegewissenschaft an der Universität Basel und die Expertengruppe des Projekts Zukunft Medizin Schweiz an der schweizerischen Akademie der medizinischen Wissenschaften gemeinsam eine Definition für moderne Pflege erarbeitet. Sie ist Hintergrund einer pflegerischen psychoedukativen Haltung und soll der inhaltlichen Arbeit insgesamt dienen.

Diese Kernpunkte machen deutlich, wie sich die Aufgaben der psychiatrischen Pflege verändert haben. Früher, in einer verwahrenden Psychiatrie, bestand Pflege vor allem in einem „Ausführen von Anordnungen", heute, im Rahmen der pflegerischen Professionalisierung, gewinnt das gesicherte Fachwissen, die evidenzbasierte Pflege, immer mehr an Bedeutung. Derzeit wird vor allem diskutiert, die vorhandenen Qualitätskriterien mit Blick auf die Fragen zu überprüfen, ob Pflegeinterventionen wirksam sind, wo in bestimmten Fällen andere Konzepte angewandt werden müssen und welchen Beitrag die Pflege in der Gesamtbehandlung leisten kann.

Infolge dieser Entwicklungen entstanden eine Reihe neuer Aufgaben, z. B. spezialisierte pflegerische Gruppenangebote für Betroffene oder die gezielte Arbeit mit Angehörigen (Asani et al., 2007). Die Beteiligung an psychoedukativen Maßnahmen wurde, nachdem zunächst vorwiegend Ärzte und Psychologen damit befasst waren, auch für die psychiatrische Pflege relevant (Asani et al., 2005).

Psychoedukation in Kontext der psychiatrischen Pflege bedeutet unter anderem, dass das Expertenwissen den Betroffenen – wie von den anderen Berufsgruppen auch – vorbehaltlos zur Verfügung gestellt wird. Dadurch erhalten Patienten die Chance, zu Experten ihrer eigenen Erkrankung zu werden. Da Betroffene unabhängig von Psychoedukation bereits über wichtiges eigenes subjektives Wissen und über Erfahrungen im Umgang mit ihrer Erkrankung verfügen, besteht das Ziel darin, das Erfahrene in ein gemeinsames Krankheitskonzept zu integrieren. Patienten können natürlich nur dann Experten für ihre eigene Erkrankung werden, wenn sie Zugang zum aktuellen Stand von Wissenschaft und Forschung haben und geistig in der Lage sind, sich damit vertraut zu machen. Das skizzierte Ideal impliziert einen hohen fachlich-ethischen Anspruch, der seitens der Pflege ohne professionelle Fort- und Weiterbildung nicht zu erfüllen ist. Um diese Voraussetzungen zu schaffen, muss in der psychiatrischen Versorgungspraxis noch einiges an Bildungs-, Schulungs- und Supervisionsarbeit geleistet werden.

9.2 Praktische Umsetzung psychoedukativer Begleitung durch die Pflege

Wesentlich ist, dass sich die psychiatrische Pflege der Philosophie verpflichtet sieht, die hinter der Psychoedukation steht. Diese Philosophie ist geprägt durch Subjektorientierung, Ressourcenorientierung, Recovery-Orientierung, Kommunikation auf Augenhöhe, Informationsbereitschaft etc. (vgl. Kapitel 1, 6 und 7) und muss im Klinikalltag zum Tragen kommen. Das heißt, das Fachpersonal setzt Methoden ein, die es den Patienten erleichtern, ihre eigenen Ressourcen

9 Psychoedukation aus pflegerischer Perspektive

wahrzunehmen und zu nutzen. Es ist außerdem dafür verantwortlich, eine Atmosphäre zu schaffen, die dem individuellen Wachstum der Betroffenen zuträglich ist. Dies ist leider nicht selbstverständlich. Lange Zeit war bei vielen Mitarbeitern psychiatrischer Einrichtungen eine negative berufliche Prägung zu beobachten, die sich Patienten gegenüber in einer resignativen Grundhaltung ausdrückte. In gewisser Hinsicht ist diese Haltung nachvollziehbar: Da Fachpersonen viel mit Langzeitkranken oder mit Menschen in akuten Krisen zu tun haben, laufen sie Gefahr, positive Entwicklungen nicht mehr wahrzunehmen.

Stimmen aus der pflegerischen Praxis, die die psychoedukativ ausgerichtete Arbeit beschreiben

- Inhaltliche Stärkung der Individualität des Erkrankten und seiner Angehörigen
- „Es gibt nicht richtig, nicht falsch, nur eine Idee oder keine", es geht um Ideenfindung im Umgang mit der Erkrankung
- Einen Beitrag leisten dazu, Krisen/Erkrankung und deren Zusammenhänge zu erkennen und daraus Schlüsse zu ziehen
- Stärkung von Selbsthilfe und Recovery
- Antwort finden auf die Frage: „Wie kann ein Leben mit einem Handycap gelingen?"
- Fachliche Unterstützung von Patienten und Angehörigen, aber auch Unterstützung durch Wärme, Empathie und Humor
- Einen Beitrag zum Verständnis des psychosozialen Systems leisten
- Fragen zur Erkrankung mit Offenheit, Eindeutigkeit, Klarheit, Wissen, Toleranz, Akzeptanz und Achtsamkeit begegnen
- Mit allen an der Behandlung/Betreuung beteiligten Personen einen Weg finden, die psychiatrische Erkrankung zu verstehen
- Unsicherheiten und Unruhe bei den Beteiligten geringer machen
- Verantwortung übernehmen

Umgekehrt suchen psychisch kranke Menschen, denen es gut geht, nicht um professionelle Hilfe nach (vgl. Mattenklotz u. Kirchhoff, 2007).

Neben der psychoedukativ geprägten *Grundhaltung* kann sich die Pflege auch bei konkreten psychoedukativen Angeboten einbringen.

Besonders in der Behandlung von an Schizophrenie Erkrankten bestehen vielfach Erfahrungen mit der Durchführung von psychoedukativen *Gruppen* in der Co-Therapeutenrolle und auch mit selbstständig gestalteten Gruppensitzungen. Hilfreich dafür war die Entwicklung des Alliance-Psychoedukations-Programms, durch das auch den in der Pflege Tätigen ausreichend Schulung und Material an die Hand gegeben wurden (Rummel-Kluge et al., 2007).

Im Rahmen der Bezugspflege besteht die Möglichkeit der psychoedukativen Begleitung im *Einzelsetting*. Hier können systematisch oder je nach den Bedürfnissen der Betroffenen psychoedukative Module neu bearbeitet, wiederholt oder auf den Einzelfall bezogen entsprechend konkretisiert werden. In einem Pilotprojekt mit schizophren Erkrankten wurden von Bezugspflegekräften mehrere psychoedukative Einzelsitzungen unter Zuhilfenahme von Arbeitsbüchern, vorgefertigten Tischflipcharts und Videos aus dem Alliance-Psychoedukations-Programm durchgeführt (Asani et al., 2005).

Es wurden 12 Module bearbeitet:
1. Einführung
2. Symptome der Schizophrenie
3. Diagnose der Schizophrenie
4. Ursachen der Schizophrenie
5. Medikamente
6. Warnzeichen
7. Krisenplan
8. Psychosoziale Behandlungsmöglichkeiten
9. Bedeutung der Angehörigen

10. Umgang mit Alkohol, Drogen und anderen Genussmitteln
11. Beziehungen und Sexualität
12. Abschlusssitzung

Die Resonanz war sehr positiv. Bei den beteiligten Patienten wurden ein Wissenszuwachs und die Veränderung des Krankheitskonzepts gefunden.

9.2.1 Ein Praxisbeispiel – Thema: Krisenmanagement

Das Thema Notfallplan und Krisenmanagement beschäftigt vermutlich jede psychiatrische Einrichtung und bildet einen Schwerpunkt im Bereich der psychoeduktiven Begleitung durch die Pflege.

Nachfolgend wird ein Praxisbeispiel aus der psychiatrisch-psychotherapeutischen Tagesklinik Soest vorgestellt.

Jeder Krisenplan muss sorgfältig und in Ruhe überlegt werden. Hilfreiche Hinweise im Gespräch mit dem Patienten sind dabei: „Nehmen Sie sich die Zeit, mögliche Bewältigungsstrategien für neue Krisen vorab zu planen. Was Sie sich jetzt vornehmen, wird Ihnen in turbulenten Zeiten ein Stück Sicherheit geben" (vgl. Konzept TK Soest, Berg u. Mattenklotz, 2006). Die einzelnen Fragen (s. Tab. 9-1) werden sodann im persönlichen Gespräch durchgearbeitet. Die Antworten werden schriftlich fixiert.

In Zusammenarbeit mit Patienten ist darüber hinaus ein Krisenplan entstanden, der sich an den vier Phasen der Krisenentwicklung orientiert. Tabelle 9-2 zeigt diesen Krisenplan, der auch den Charakter einer „Vereinbarung" gewinnen kann.

Die folgende Abbildung 9-1 zeigt einen ausgefüllten Krisenplan.

Tab. 9-1 Anleitung zu einem Krisenmanagement-Gespräch

Wenn es mir schlechter geht, mit wem könnte ich darüber sprechen?   Ich nehme mir vor, dann mit .... darüber zu sprechen.   Telefonnummer, Adresse, Zeiten der Erreichbarkeit
Stärkung der seelischen Abwehrkräfte   Was gelingt mir in guten Zeiten, wodurch es mir weiterhin gut geht?   Was davon könnte ich vermehrt tun, wenn es mir mal nicht so gut geht?   Was brauche ich unbedingt für mein seelisches Gleichgewicht?   Wovon darf ich nicht zu viel tun?   Wovon darf ich nicht zu wenig tun?
Belastungen erkennen   Wie macht sich seelische Anspannung bei mir bemerkbar (z. B. Gereiztheit, Schlaf- und Konzentrationsstörungen, Unlust, Ängste)?   Erste Anzeichen für Überforderung sind bei mir?   Spätere Anzeichen für Überbelastung sind bei mir?   Welche Situationen, Ereignisse und Gedanken belasten mich übermäßig und können mich in eine Krise bringen?   Im Bereich Familie, Bekannte, Freunde, Partnerschaft?

9 Psychoedukation aus pflegerischer Perspektive

Tab. 9-1 *Fortsetzung*

Belastungen erkennen
Im Bereich Freizeit?
Im Bereich Schule/Arbeit?
Welche Belastungen kann ich heute und in den nächsten Tagen vermeiden?
Was muss ich dazu tun?
Welche Strategien zur Stressbewältigung haben sich nicht oder weniger bewährt?
Was kann meine Umgebung tun, wenn sie merkt, dass es mir schlechter geht?
schlechter geht?

Selbsthilfe
Was werde ich tun, sobald ich die Belastung erkannt habe?
Was tue ich, wenn meine eigenen Möglichkeiten nicht mehr ausreichen?
Wie kann ich akuten Stress bewältigen und ruhiger werden (z. B. ruhig atmen, mir positive Sätze vorsagen/vorgeben, ggf. für diesen Zweck verordnete Medikamente einnehmen)?

Tab. 9-2 Krisenplan

Stufe 1 Veränderungen, die auf eine beginnende Krise hindeuten:	Maßnahmen:
Stufe 2 Sichere Anzeichen einer beginnenden Krise:	Maßnahmen:
Stufe 3 Die Krise hat ihren Höhepunkt in mir bekannter Härte erreicht:	Maßnahmen:
Stufe 4 Ich bin der Krise ausgeliefert, es besteht die Gefahr, mich und andere zu verletzen:	Maßnahmen, in Absprache mit professionellen Helfern:

Krisenplan	
Stufe 1	
Veränderungen, die auf eine beginnende Krise hindeuten Bauchschmerzen, Gereiztheit, Ungeduld, Grübeln, keine Lust zu Schminken, Lustlosigkeit allgemein, „Warum immer ich"-Gedanken	**Maßnahmen** Kreatives Schaffen (Ablenkung), Entspannung, trotzdem Schminken, Problemlösungsbuch, Zeitplan überdenken, Sport, Auszeit nehmen, genießen, jmd. besuchen oder einladen, bewusst Positives wahrnehmen
Stufe 2	
Sichere Anzeichen einer beginnenden Krise Einschlafprobleme, anhaltender Durchfall, Fressattacken, Übelkeit, Isolation, Antriebsschwäche, Reinsteigern in Kleinigkeiten, nix mehr genießen können, Überforderungsgefühl bei jeglichen Entscheidungen	**Maßnahmen** s.o., auf Essverhalten achten, Sport disziplinieren, mit Freund(en) darüber sprechen • Krise bewusst machen • Liste angenehmer Tätigkeiten • Notfallkoffer • Baldrian (5–6 Tabletten) • mit Therapeut sprechen
Stufe 3	
Die Krise hat ihren Höhepunkt in mir bekannter Härte erreicht negatives Denken, Antriebslosigkeit, Heulanfälle, Ohnmachtsgefühl, Schmerzen, alles als sinnlos empfinden, Selbstmordgedanken, kein Selbstwertgefühl, keine Entscheidungen mehr treffen können/wollen, Perspektivlosigkeit, höre überall Vorwürfe heraus	**Maßnahmen** darüber sprechen (mit Fr. Rodewaldt oder Hr. Mattenklotz telefonieren), falls vorhandener Termin mit Therapeut: Hilflosigkeit ansprechen, um Hilfe bitten
Stufe 4	
Ich bin der Krise ausgeliefert, es besteht die Gefahr, mich und andere zu verletzen Drogen (Kiffen), will alles, was mir eigentlich wichtig ist, hinschmeißen/loswerden, Empfinden keiner Existenzberechtigung, kann nicht mehr aktiv sein/keine Initiative vorhanden, Überlegungen mit Freund Schluss zu machen (ist zu gut für mich)	**Maßnahmen in Absprache mit professionellen Helfern**

Abb. 9-1 Beispielkrisenplan aus dem Psychoedukationsprojekt Soest (Mattenklotz, 2013, S. 287)

9.3 Das Psychoedukationsprojekt Soest (vgl. Mattenklotz, 2013)

9.3.1 Geschichte des Projekts

Entstanden ist das Projekt als Gruppe für Betroffene. Als sich die Teilnehmerzahlen negativ entwickelten, wurde die Gruppe trialogisch erweitert. D. h., in der Gruppe begegneten sich fortan außer Betroffenen auch Angehörige und interessierte Profis. Seit dieser Zeit lagen die Teilnehmerzahlen immer konstant, sodass parallele Gruppen eingerichtet werden konnten. Das Thema „Psychotische Störungen" wurde um die Themenschwerpunkte „Depression" und „Angst" erweitert. Seine finanzielle Basis und Förderung erhält das Projekt seit nunmehr 5 Jahren vom Kreis Soest.

Trialogischer Ansatz der Psychoedukation

Das Soester Psychoedukationsprojekt bietet einerseits Austausch auf Augenhöhe zwischen Betroffenen, Angehörigen und professionell in der Psychiatrie tätigen Mitarbeitern im Sinne der Psychoseseminare (vgl. Bäuml et al., 2008a, b; Bock et al., 2007). Andererseits geht es aber auch um Vermittlung von Wissen und Veranschaulichung von Erklärungsmodellen (z. B. Vulnerabilitäts-Stress-Bewältigungs-Modell), also um psychoedukative Elemente.

Trialogisch bedeutet, von Menschen zu lernen, die Erfahrung mit psychischen Erkrankungen gemacht haben, von Angehörigen zu lernen, die ihre spezifische Sicht einbringen können, und von Professionellen zu lernen, die Fachwissen und wissenschaftliches Wissen in die Alltagssprache übersetzen. Die *ressourcenorientierte* Ausrichtung stellt dabei nicht die Symptome und nicht die krankheitsbedingten Einschränkungen in den Vordergrund, sondern das Lernen aus der Situation sowie das Bestärken guter Erfahrungen und Strategien. Gemeinsam kann man an diesem ausgetauschten Wissen und an den Erfahrungen persönlich wachsen.

Dieses Wissen und diese Erfahrung begründen einen Erkenntnisschatz, der hilft, die Zukunft selbstbestimmt zu gestalten und die nächste Krise besser zu meistern. So wird das *Empowerment* der von psychischer Krankheit betroffenen Familien gefördert.

Multiprofessionalität

Das Projekt ist multiprofessionell ausgerichtet, d. h. verschiedene Berufsgruppen und mehrere Kooperationspartner sind beteiligt:
- Psychiatrisch-psychotherapeutische Tagesklinik Soest,
- Sozialpsychiatrischer Dienst (SPDi) des Kreises Soest,
- „Phönix Kontaktstelle" für psychisch kranke Menschen. Die Pflege tritt gemeinsam mit einer Fachärztin für Psychiatrie als Leitung des Projektes auf. Sie bringt sich intensiv in die Verhandlungen zur Anerkennung als Präventionsmaßnahme bei den Krankenkassen ein und übernimmt Verantwortung. So wird die Pflege zum ernst genommenen Kooperationspartner.

Konzept und Inhalte

Das Konzept ist in fünf Abschnitte gegliedert. Inhalte dabei sind:
1. Klare Definition der Erkrankung Behandlung diagnostischer Fragen;

2. „Aufräumen" mit Vorurteilen/Korrektur von falschen Vorstellungen („Mythen");
3. Aufklärung über die Behandlung (Chancen und Risiken).
Die Frage „Wie verläuft eine medikamentöse Behandlung?" – mit den Schwerpunkten Neuroleptika und Antidepressiva – ist dabei ein wichtiger Bestandteil und wird von einer Fachärztin für Psychiatrie erläutert;
4. Erarbeitung von Strategien im Umgang mit der Erkrankung. Dabei werden auch allgemeine Alltagskompetenzen gefördert und z. B. Fragen zur Ernährung erörtert;
Förderung von Verstehen und emotionaler Entlastung bei allen Beteiligten;
5. Aktives Krisenmanagement, d. h. Erstellung und Reflexion eines Krisenplans (Was können Betroffene und Angehörige tun, um einer Krise angemessen zu begegnen?);
6. Intensiver Austausch und Kennenlernen des Umfelds der Teilnehmer;
7. Einführung in das lokale psychiatrische Netzwerk.

Durch das Bewusstmachen der Erkrankung werden Selbstverantwortung sowie der Umgang mit Verletzlichkeit gestärkt und gefördert.

Die Teilnehmer sollen nach Besuch der Gruppe in der Lage sein, die Frage im Sinne der Selbstwirksamkeit zu beantworten: „Wer hat wen im Griff: die Erkrankung den Betroffenen oder der Betroffene die Erkrankung?"

9.4 Ausblick

Statt mit einem theoretischen Ausblick zu schließen, veröffentlichen wir im Folgenden Auszüge aus Briefen ehemaliger Teilnehmer des Psychoedukationsprojekts Soest, die den Sinn und die Wichtigkeit der Psychoedukation und des Projektes gut wiedergeben und zudem die Notwendigkeit einer Vielzahl solcher Projekte mit Beteiligung der psychiatrischen Pflege veranschaulichen.

„Die erhaltene Psychoedukation hat in mir das Vertrauen bestärkt, nicht mit einem einzigartigen und phantastischem Problem allein da zu stehen und nur auf Unverständnis zu stoßen, sondern dass es ein sehr verbreitetes und gut bekanntes ist und es im Krisenfall verständnisvolle Ansprechpartner gibt, wie Sie sagen auch Freitag Nachmittag und am Wochenende. Mein gewaltiges Problem hat sich einfach entmystifiziert ..."

W. P. (Betroffener)*

„In der Behandlung der psychiatrischen Klinik in Warstein wurde dann das erste Mal mit ihm das Thema Psychose besprochen, er wurde konfrontiert ... Das führte dazu, dass er sich entschließen konnte, die Psychoedukation in Soest aufzusuchen. Die dort erfolgten aufklärenden Gespräche, die Einführungen über Sinn und Unsinn bzw. Funktion der helfenden Medikamente und die Notwendigkeit von regelmäßiger Einnahme, das Erkennen, dass andere Menschen vergleichbare psychische Situationen durchleben, hat entscheidend seine Flucht in die Isolierung beendet. Während zahlreicher Sitzungen, an denen wir auch als Eltern teilnahmen, fand eine unschätzbare Aufklärung statt, die es ihm nun erlaubt, aktiv mit seiner Erkrankung und zufriedener zu leben ... Entscheidend für W., seine Erkrankung anzunehmen und mit ihr aktiv umzugehen, waren die zahlreichen Aufklärungsunterweisungen in der Gruppe unter der Leitung von Hrn. Mattenklotz und beteiligten

Ärzten … Als entscheidend für mich sehe ich an, dass ich selbst aggressive Äußerungen von W. mir gegenüber nicht mehr persönlich nehme, sondern als Ausdruck seiner Erkrankung und den damit einhergehenden körperlich-seelischen Irritationen …"

Ihr W. M. (Stiefvater)*

* Gekürzte Darstellung mit der Genehmigung zur Veröffentlichung beider Briefe aus: Mattenklotz J, 2013, S. 256–262.

Literatur

Asani F, Eissmann I, Henkel R et al. (2005). Einzelpsychoedukation schizophrener Patienten im Rahmen der Bezugspflege. Psych Pflege 11: 193–201.

Asani F, Eissmann I, Henkel R (2007). Angehörigenarbeit bei schizophrenen Erkrankungen als pflegerische Aufgabe. Psych Pflege 13: 188–189.

Bäuml J, Berger H, Froböse T et al. (2008a). Psychoseseminare: Psychoedukative und rehabilitative Funktion. In: Bäuml J, Pitschel-Walz G (Hrsg.). Psychoedukation bei schizophrenen Erkrankungen. 2. Aufl. Stuttgart (Schattauer), S. 140–154.

Bäuml J, Berger H, Hansen-Heberle H et al. (2008b). Das Münchner Psychose-Seminar. In: Binder W, Bender W (Hrsg.). Angehörigenarbeit und Trialog. Köln (Claus Richter), S. 29–75.

Berg H, Mattenklotz J (2006). Konzept TK Soest. Unveröffentlichtes Manuskript.

Bock T, Buck D, Esterer I (2007). Stimmenreich – Mitteilungen über den Wahnsinn. Stuttgart (Psychiatrie-Verlag).

Mattenklotz J (2013). Die Pflege psychisch kranker Menschen. Psychoedukation – Recovery. Ein Ratgeber für die Praxis. Aachen (Karin Fischer).

Mattenklotz J, Kirchhoff M (2007). Die Umsetzung von Psychoedukationsgruppen durch Pflegende in der Psychiatrie. Kongressband Dreiländerkongress für psychiatrische Pflege, Ibicura.

Rummel-Kluge C, Pitschel-Walz G, Kissling W (2007). A fast, implementable psychoeducation program for schizophrenia. Psychiatr Serv 58(9): 1226.

Ullmann (2007). Psychoedukation bei schizophren erkrankten Menschen unter der besonderen Berücksichtigung von Krankheitsbewältigung und Steigerung der Lebensqualität im interdisziplinären Kontext. Diplomarbeit Fachhochschule Jena/Fachbereich Sozialwissenschaften (unveröff.).

10 Psychoedukation aus salutogenetischer Sicht

Hartmut Berger

10.1 Vorbemerkung

Psychoedukation steht an der Schnittstelle zwischen psychotherapeutischen Verfahren einerseits und pädagogischen Interventionen andererseits. Während Psychotherapie auf Verhaltensänderungen durch Zuwachs an Selbsterkenntnis und die daraus abgeleitete Einübung funktionaler Verhaltensweisen abzielt, konzentriert sich die Pädagogik auf Verhaltensänderungen durch die Vermittlung von Wissen.

Beide Verfahren beruhen, ihrer wissenschaftlichen Tradition folgend, auf dem Krankheitskonzept: Auf dessen Grundlage werden aus erfahrungsgeleiteter Kenntnis Krankheitseinheiten gebildet und daraus Strategien abgeleitet, die der Heilung, Linderung und der Verhütung einer Verschlimmerung der Erkrankung dienen sollen, wie dies das Sozialgesetzbuch definiert. Mit der Vorgabe dieses auf Krankheit fokussierten Konzeptes ist aber stets die Gefahr verbunden, den mit einer Krankheit behafteten Menschen auf eben dieselbe zu reduzieren. Dabei wird leicht verkannt, dass ein Mensch vor seiner Erkrankung auch einmal gesund war, dass er auch weiterhin partiell gesund ist und mithin in aller Regel über Ressourcen verfügt, die brachliegen, wenn sich das Bemühen der Behandler und der Betroffenen selbst ausschließlich auf die Erkrankung und ihre Folgen konzentriert. Und nicht nur das: Die Fokussierung auf die Erkrankung und ihre Entstehungsbedingungen verschließt die Augen vor der Frage, unter welchen Bedingungen Menschen *nicht* krank werden und welche Bedingungen in der Lage sind, die Gesundheit zu fördern, zu erhalten und wiederherzustellen.

10.2 Historische Entwicklung

Engel (1976) wies bereits vor 40 Jahren auf die Bedeutung der seelischen Gesundheit als wichtiges Ziel hin und leitete damit einen Paradigmenwechsel ein, der von Antonovsky (1997) aufgegriffen wurde und in dem Konzept der Salutogenese seinen Niederschlag fand. Antonovsky widmete sich der Frage, welche Entwicklungsfaktoren geeignet sind, um seelische Gesundheit zu schützen bzw. wiederherzustellen. Im Endergebnis identifizierte er drei Faktoren, denen er eine solche Schutzfunktion beimaß und die er unter dem operationalisierten Konstrukt des Kohärenzsinnes zusammenfasste: Menschen sind demnach umso robuster, je mehr sie von ihrer Umwelt verstehen, je besser sie die Dinge handhaben können und je bedeutsamer ihnen ihr Lebensumfeld erscheint.

Aus diesem Konzept lassen sich nun Interventionsstrategien ableiten, die geeignet sind, seelische Gesundheit zu fördern und wiederherzustellen. Sie werden als Gesundheitsförderung bezeichnet, die anders als die Gesundheitserziehung im engeren Sinne nicht lediglich auf „Schutz vor Risiko und Krankheit, sondern [auf] Verbesserung und Steigerung von Gesundheit" (Hurrelmann u. Laaser, 1993) abzielt. Gesundheitsförderung bedient sich der Strategien der Selbstbefähigung (empowerment), der Selbstwirksamkeit (self efficacy), der Förderung der Widerstandskraft (resilience) und der Wiederherstellung (recovery) seelischer Gesundheit. Diese Strategien werden im Folgenden erläutert.

Im Einzelnen haben wir unter Gesundheitsförderung zunächst einen Prozess zu verstehen, der gemäß Bengel (Bengel u. Herweig, 2003) „allen Menschen ein höheres Maß an Selbstbestimmung über ihre Gesundheit ermöglichen und sie damit zur Stärkung ihrer Gesundheit befähigen soll. Um ein umfassendes körperliches, seelisches und soziales Wohlbefinden zu erlangen, ist es notwendig, dass sowohl Einzelne als auch Gruppen ihre Bedürfnisse befriedigen, ihre Wünsche und Hoffnungen wahrnehmen und verwirklichen sowie ihre Umwelt meistern können".

Das Konzept des „Empowerment" (Selbstbefähigung) stammt ursprünglich aus dem Bereich der Entwicklungshilfe und bezog sich dort insbesondere auf Maßnahmen zur Bekämpfung der Armut (Rifkin, Lebando-Hundt und Raper, 2000). Die Vermittlung technischer Fähigkeiten sollte vor allem Menschen aus besonders armen Regionen in die Lage versetzen, ihre Situation aus eigener Kraft und nachhaltig zu verbessern. Eine andere Quelle des Empowerment-Konzeptes ist die Antipsychiatriebewegung in den USA. Die daraus entstandenen Selbsthilfegruppen seelisch Kranker wollten sich aus der Abhängigkeit von den psychiatrischen Institutionen befreien und Unabhängigkeit sowie Mitsprache und Selbstbestimmung erlangen (Simon, 1990). Eine weitere Quelle des Empowerment-Konzeptes ist der durch die WHO eingeläutete Paradigmenwechsel im Verständnis von Krankheit und Gesundheit. Hierdurch fand die Strategie des Empowerment als Teil der Gesundheitsförderung Eingang in das Gesundheitswesen. Die WHO (1986) sah in seelischer Gesundheit fortan nicht mehr nur Abwesenheit von Krankheit, sondern vielmehr einen Zustand vollständigen körperlichen, mentalen und sozialen Wohlbefindens und hieraus folgend einen Zustand, der den Menschen in die Lage versetzt, seine Fähigkeiten zu verwirklichen, Alltagsstress zu bewältigen, produktiv zu arbeiten und zur Entwicklung seiner Herkunftsgemeinde beizutragen (Barry u. Jenkins, 2007). Dieses Verständnis liegt der in der Ottawa-Charta formulierten Forderung zugrunde, neben die Behandlung und Prävention seelischer Krankheiten die Strategie der Gesundheitsförderung zu stellen. Eine in diesem Sinn verstandene Gesundheitsförderung zielt darauf, dass jeder Mensch die Chance haben sollte, seine eigenen Vorstellungen von Gesundheit zu entwickeln, sie umzusetzen und seine Umwelt entsprechend zu beeinflussen. So gesehen, unterscheidet sich Gesundheitsförderung wesentlich von einer Gesundheitserziehung im herkömmlichen Sinne präventiver Strategien. Darüber hinaus erweitert sie diese um effektive Instrumente zur nachhaltigen Verbesserung der Gesundheit.

Das von Bandura entwickelte Konzept der Selbstwirksamkeit (self efficacy) bezeichnet die Erwartung, dass aufgrund angenommener eigener Kompetenzen gewünschte Handlungen erfolgreich ausgeführt werden. Quellen einer hohen Selbstwirksamkeitserwartung sind laut Bandura die Erfahrung, schwierige Situationen gemeistert zu haben, an Modellen lernen zu können, soziale Unterstützung zu erfahren und über die Kontrolle der physiologischen Begleitreaktionen von erlebtem Stress zu verfügen. Die Untersuchungen zum Effekt der Selbstwirksamkeit legen nahe, dass „das Urteil der Menschen über ihre Fähigkeit zu handeln der wichtigste Verstärker menschlichen Handelns überhaupt ist" (Bandura, 1997). Aus diesem Grund hat u. a. das amerikanische National Cancer Institute auf seiner Webseite konkrete Handlungsanleitungen zur Verstärkung der Selbstwirksamkeit im Rahmen der Gesundheitsförderung zusammengestellt (www.cancer.gov). Es liegt deshalb nahe, Gesundheitsförderung um

Strategien zu ergänzen, die auf eine Verstärkung der Selbstwirksamkeit zielen. Dies gilt ebenso für Strategien, welche eine Stärkung der Widerstandskraft intendieren.

Walsh definierte Widerstandskraft (resilience) als „die Fähigkeit, aus widrigen Lebensumständen gestärkt und mit größeren Ressourcen ausgestattet herauszukommen, als dies ohne diese schwierigen Lebensumstände der Fall gewesen wäre" (Walsh 1998). Resilienz in diesem Sinne meint mehr als die pure Bewältigung krisenhafter Lebenssituationen, nämlich die durch lernende Erfahrung vermittelte Förderung von Stärken, die ohne die erlebten belastenden Ereignisse wie Krankheit oder traumatische Lebenserfahrungen nicht vorhanden gewesen wäre, also einen Zugewinn an Lebenskompetenz „nicht trotz, sondern wegen widriger Umstände" (Warner, 2004). Resilienzfördernde Faktoren sind der gleichen Quelle zufolge u. a. ein positives Selbstwertgefühl, also eine hohe Selbstwirksamkeitserwartung, positive Beziehungen zu anderen Menschen, ein intaktes soziales Gefüge und die Überzeugung von der Sinnhaftigkeit des Lebens, mit anderen Worten: ein gut ausgeprägter Kohärenzsinn. Insbesondere im Hinblick auf die Bewältigung chronisch verlaufender schizophrener Psychosen bringt Amering, einer Definition von Warner (2004) folgend, diese und die weiter oben beschriebenen Strategien in das Konzept des Recovery ein.

Das Recovery-Konzept bezeichnet nach Amering und Schmolke (2012) einen aktiven Prozess der Bewältigung einer seelischen Erkrankung, der die nachfolgend zusammengestellten Elemente umfasst: 1. Die Rückkehr zum Normalzustand. 2. Die Wiederherstellung der Gesundheit. 3. Den Erwerb nützlicher Erfahrungsinhalte aus dem Erleben der (an sich unnützen) Erkrankung heraus. Der Recovery-Prozess beinhaltet die Vermittlung von Hoffnung sowie von Bedeutung und Lebenssinn, die Förderung von Potenzialen zur Veränderung, zur Verbesserung der Selbstkontrolle und zur aktiven Partizipation, also zur aktiven Teilhabe am Gesundungsprozess. Weiterhin setzt Recovery auf die Vermittlung von Optimismus, Kreativität im Umgang mit der Erkrankung und auf einen positiven Bezug zur Umwelt. Ziel eines wohlverstandenen Recovery-Prozesses ist es, „Betroffenen ein befriedigendes, aktives und hoffnungsvolles Leben zu ermöglichen, auch wenn Einschränkungen durch die seelische Erkrankung bestehen". Die Realisierung dieses Prozesses wird wesentlich durch die Anwendung der in den vorausgegangenen Abschnitten beschriebenen Strategien der Gesundheitsförderung, der Förderung des Empowerment, der Selbstwirksamkeit, der Resilienz und des Kohärenzsinnes verwirklicht.

10.3 Das salutogenetische Potenzial der Psychoedukation

Betrachtet man vor diesem Hintergrund die Interventionsstrategien und -ziele, deren sich Psychoedukation bedient, so ist ihr gesundheitsförderliches Potenzial unschwer zu erkennen: Durch Vermittlung von Wissen und Strategien der Selbstbefähigung kann sie es Menschen ermöglichen, aus eigener Kraft der Erkrankung zu begegnen und ihr Verhaltenstechniken entgegenzusetzen, welche geeignet sind, die Folgen der Erkrankung zu lindern und das Risiko einer Wiedererkrankung zu verringern. Insoweit fördern die vermittelten Selbsthilfestrategien auch die innere Widerstandskraft und den Prozess der Wiederherstellung seelischer Gesundheit. Dies ist unter anderem belegt durch die erwiesene Reduktion der Rückfallraten bei schizophrenen Störungen nach psychoedukativen Interventionen (s. auch Kap. 16). Den gesundheitsförderlichen Effekt von Psychoedukation belegen auch zwei eigene Studien zur Wirksamkeit psychoedukativer Familienintervention. Sie zeigten, dass die familiäre Kohäsion durch die Mehrfamilienintervention deutlich verbessert wird, und belegten einen weiteren Anstieg ein halbes Jahr nach Abschluss der Gruppe (Berger et al., 2004). Ferner konnten signifikante Verbesserungen der Lebensqualität und des Kohärenzsinnes, also der Fähigkeit, der Krankheit aus eigener Kraft widerstehen zu können, erreicht werden (Gassmann u. Berger, 2012).

Psychoedukation bietet neben der Vermittlung von Krankheitswissen die Vermittlung gesundheitsförderlicher Strategien, die Menschen dazu verhelfen können, ihre eigenen Ressourcen zu entdecken, sie zu entfalten und im Umgang mit ihrer Erkrankung proaktiv einzusetzen, um trotz aller Einschränkungen ein befriedigendes und mit Hoffnung erfülltes Leben führen zu können.

Literatur

Amering M, Schmolke M (2012). Recovery. Bonn (Psychiatrie Verlag).

Antonovsky A (1997). Salutogenese. Tübingen (DGVT).

Bandura A (1997). Self-efficacy: The exercise of control. New York (Freeman).

Barry M, Jenkins R (2007). Implementing Mental Health Promotion. Edinburgh (Elsevier).

Bengel J, Herwig J E (2003). Gesundheitsförderung in der Rehabilitation. In: Jerusalem M, Weber H (Hrsg.) (2003). Psychologische Gesundheitsförderung. Göttingen (Hogrefe).

Berger H, Gunia H, Friedrich J (2004). Psychoedukative Familienintervention. Stuttgart (Schattauer).

http://www.cancer.gov/about-cancer/causes-prevention/patient-prevention-overview-pdq Aufgerufen am 14.8.2015

Engel G (1976). Psychisches Verhalten in Gesundheit und Krankheit. Bern (Huber).

Gassmann W, Berger H (2012). The efficacy of psychoeducative family intervention (PEFI) for schizophrenic out-patients: Preliminary results of a one-year follow up. Unveröff. Vortrag 12.04.2012. Jahrestagung des HPH-Netzwerkes Taipei.

Hurrelmann K, Laaser U (1993). Gesundheitswissenschaften. Weinheim (Beltz).

Rifkin S B, Lebando-Hundt G, Raper A K (2000). Participartory approaches in Health Promotion and Health Planing. London (Health Development Agency).

Simon B (1990). Rethinking empowerment. Journal of Progressive Human Services 1: 27–40.

Walsh F (1998). Strengthening family resilience. New York (Guildford Press).

Warner R (2004) Recovery for schizophrenia. New York (Brunner-Routledge).

World Health Organisation (1986) Ottawa Charter of Health Promotion. Genf (WHO).

11 Psychoedukation – gesundheitspolitische Implikationen medizinischer und gesundheitsökonomischer Fakten

Ralph Lägel, Franziska Püschner

Bereits seit den 70er Jahren des letzten Jahrhunderts gibt es psychoedukative Maßnahmen. Entwickelt wurden sie in den USA, wo auch der Begriff „Psychoedukation" in den 80er Jahren geprägt wurde. Psychoedukative Ansätze wurden zunächst als Familieninterventionen bei schizophren erkrankten Menschen angewandt. In den folgenden Jahren verbreiteten sie sich auch im europäischen und deutschsprachigen Raum. Im Konsensuspapier der Arbeitsgruppe „Psychoedukation bei schizophrenen Psychosen" wurde der Begriff der Psychoedukation für die deutsche Fachöffentlichkeit 2003 definiert und gilt seither als anerkannt (Bäuml u. Pitschel-Walz, 2008).

Parallel dazu wurden zahlreiche Programme entwickelt, zunächst für die Indikation Schizophrenie, später für weitere schwere psychische Erkrankungen, aber auch für viele somatische Indikationen, v. a. für die sogenannten Volkskrankheiten. Ziele waren dabei die Verbesserung des Krankheitsverständnisses und der Selbstmanagementfähigkeiten sowie eine Erhöhung der Selbstwirksamkeit zum therapeutischen Outcome.

Entsprechend der Indikation und des Entwicklungsgrades des psychoedukativen Modells gibt es Unterschiede hinsichtlich der Interventionstiefe wie auch der Studienlage. Prinzipiell kann Psychoedukation in vielen klinischen Anwendungsfeldern zum Einsatz kommen: sowohl als integrierte Behandlungskomponente in übergeordneten Interventionskonzepten, im präventiven Bereich (z. B. bei kardiovaskulären Erkrankungen) und in der Therapie verschiedenster psychischer und somatischer Erkrankungen (z. B. bei der Vermittlung des Störungsmodells und von Strategien zum Umgang mit der Erkrankung) als auch rückfallprophylaktisch in der Rehabilitation (Mühling u. Jacobi, 2011). Im Fokus steht dabei stets der Patient oder auch je nach Indikation seine Angehörigen.

Zahlreiche Studien und durchgeführte Metaanalysen liefern, abhängig vom spezifischen Setting, empirische Belege über die Wirksamkeit psychoedukativer Maßnahmen: medizinische Outcomes können verbessert, Erkrankungsrückfälle oder Hospitalisierungen vermieden und stationäre Verweildauern reduziert werden. Darüber hinaus fördern Psychoedukationsprogramme nicht nur die Compliance bzw. Adhärenz hinsichtlich der Medikation, sondern auch das Wissen über die jeweilige Erkrankung, über den Umgang mit ihr bzw. über ihre Bewältigung. Durch Psychoedukation kann die Zufriedenheit der Patienten und ihrer Angehörigen nachweislich gesteigert werden (Pitschel-Walz et al., 2001; Xia et al., 2011).

Psychoedukative Maßnahmen finden sich einerseits in den spezialisierten Manualen, andererseits aber auch in Disease Management Programmen (DMPs) oder in anderen leitlinienbasierten therapieunterstützenden Ansätzen (DGPPN, 2006). Entsprechend fanden psychoedukative Ansätze auch vermehrt Eingang in die medizinischen Leitlinien, so z. B. als Teil der S3-Leitlinie „Psychosoziale Therapien bei schweren psychischen Erkrankungen" der Deutschen Gesellschaft für Psychiatrie und Psychotherapie, Psychosomatik und Nervenheilkunde (DGPPN) (Deutsche Ges. für Psychiatrie PuNB, 2013). Mittlerweile bewegen sich Psychoedukation auf einem Evidenzgrad mit der Empfehlungsstärke B und Psychoedukation zusammen mit Angehörigenarbeit auf einem Evidenzgrad mit der Empfehlungsstärke A (Riedel-Heller et al., 2012).

Studien zeigen darüber hinaus ökonomische Effekte, die durch den Einsatz von Psychoedukation bei verschiedensten Indikationen generiert werden können. Beispielhaft seien an dieser Stelle die gesundheitsökonomischen Implikationen für drei Indikationen angeführt.

Psychiatrische Erkrankungen sind für das Gesundheitswesen von besonderer Bedeutung. Die Prävalenz in der deutschen Bevölkerung wird auf 32 % geschätzt (Wittchen und Jacobi, 2001). Die direkten Kosten der Erkrankungen liegen bei etwa 28 Milliarden EUR pro Jahr – damit stellen sie die drittgrößte Krankheitsgruppe in Deutschland dar. Hinzu kommen die hohen indirekten Kosten, u. a. bedingt durch Arbeitsunfähigkeitstage oder Frühberentungen. Die Tendenz ist steigend (BKK Bundesverband, 2012; Statist. Bundesamt, 2010). Gerade im Hinblick auf psychische Erkrankungen ist die hohe Rate an Non-Compliance bzw. Non-Adhärenz problematisch. Damit gehen vermehrte Krankheitsrückfälle, Rehospitalisierungen und steigende Kosten für das Gesundheitswesen einher (Laan et al., 2010; Kissling, 2008). Auf diesem Gebiet erweisen sich psychoedukative Interventionen nicht nur als wirksam, sondern auch als kosteneffektiv (Heekerens u. Ohling, 2006; Breitborde et al., 2009; Shimodera et al., 2012; Colom et al., 2009).

In einer prospektiven, randomisierten klinischen Studie von Scott et al. (2009) wurden 120 bipolare Patienten entweder einer psychoedukativen Gruppenintervention (Interventionsgruppe) oder einer kontrollierten Gruppentherapie zugewiesen. Im Studienverlauf wurden die Rückfallraten, die Inanspruchnahmen von ambulanten und stationären Leistungen sowie die Kosten erhoben. Es zeigte sich, dass über einen Beobachtungszeitraum von 5 ½ Jahren die Interventionsgruppe kosteneffektiver war als die Kontrollgruppe. Ein maßgeblicher Kostentreiber war dabei die Anzahl an Hospitalisierungen (40 %). Insgesamt konnten innerhalb der Beobachtungsphase durch die psychoedukativen Maßnahmen im Vergleich zur kontrollierten Gruppentherapie durchschnittlich ca. 3.300 EUR pro Patient eingespart werden (Häuser et al., 2009).

Psychoedukative Maßnahmen werden auch bei Fibromyalgie eingesetzt, einer chronischen Erkrankung des rheumatischen Formenkreises, die insbesondere durch Schmerzen in verschiedenen Körperregionen, in der Muskulatur oder Gelenken charakterisiert ist. Hinzu kommen Symptome wie Steifigkeits- oder Schwellungsgefühle, Müdigkeit und Konzentrationsstörungen. Die Prävalenz liegt in Industrieländern in etwa zwischen 2 % und 5 %. Das Fibromyalgie-Syndrom geht mit hohen Behandlungskosten, Arbeitsausfällen, Frühberentungen und einem erheblichen Verlust an Lebensqualität einher (Späth, 2011; DIVS, 2012). Hinsichtlich der Therapie erweist sich ein multimodaler Ansatz als evident: bestehend aus Edukation, ausgewählter medikamentöser Therapie, Bewegungsübungen und kognitiver Verhaltenstherapie (BKK Bundesverband, 2012; Luciano et al., 2013).

Eine randomisierte kontrollierte Studie von Luciano et al. (2013) im ambulanten Setting zeigte, dass durch den zusätzlichen Einsatz von Psychoedukation – aus der Perspektive sowohl des Gesundheitssystems als auch der Sozialversicherung – Kosten gesenkt werden können. Für die Untersuchung wurden 108 Patienten einer Interventionsgruppe (Routineversorgung mit zusätzlicher Psychoedukation) sowie 108 Patienten einer Kontrollgruppe (Routineversorgung) zugeteilt. Über einen Zeitraum von einem Jahr (zwischen 2007 und 2009) wurden medizinische und ökonomische Parameter erhoben. Im Vergleich wies die Interventionsgruppe bessere medizinische Outcomes auf. Insgesamt wurden durch die zusätzliche Psychoedukation aus Gesundheitssystemperspektive etwa 216 EUR pro Patient im Jahr gespart, aus Sozialversicherungssicht etwa 197 EUR.

Ein weiteres Krankheitsbild, bei dem Psychoedukation angewandt wird, ist die Chronisch obstruktive Lungenerkrankung (COPD). Die Erkrankung ist eine der häufigsten weltweit und stellt laut World Health Organization (WHO) die vierthäufigste Todesursache dar (WHO, 2014). In Deutschland variiert die Prävalenz je nach Studie zwischen etwa 1 % und 13 %. Neben der hohen Sterberate führt die Erkrankung auch zu hohen Kosten durch stationäre Aufenthalte, medikamentöse Therapien, Arbeitsunfähigkeit oder Frühberentung (Nowak et al., 2004; Aumann u. Prenzler, 2013).

In einer prospektiven, randomisierten kontrollierten Studie von Ninot et al. (2011) wurden im Zeitraum von 2003 bis 2004 insgesamt 38 Patienten mit COPD rekrutiert und entweder einer Interventions- oder einer Kontrollgruppe zugeteilt. Die Interventionsgruppe erhielt ein vierwöchiges Edukationsprogramm, Patienten der Kontrollgruppe wurden routinemäßig betreut. Im Vergleich zur Kontrollgruppe verbesserten sich nach 12 Monaten die körperliche Belastbarkeit sowie die gesundheitsbezogene Lebensqualität in der Interventionsgruppe signifikant. Hinsichtlich der Inanspruchnahme der stationären Versorgung wurden keine signifikanten Unterschiede gefunden. Dennoch konnte durch das edukative Programm eine Kostenersparnis in Bezug auf die Medikationskosten um durchschnittlich 481 EUR erzielt werden (Ninot et al., 2011).

Diese Beispiele zeigen, dass niedrigschwellige und kostengünstige Psychoedukationsmaßnahmen relevante Effekte in Bezug auf eine medizinische und ökonomische Wirksamkeit erzielen sowie auf die Lebensqualität der Betroffenen und ihrer Angehörigen. Es besteht weiterer Forschungsbedarf, um die Effektivität psychoedukativer Programme für die unterschiedlichsten Indikationen noch überzeugender zu belegen. Hier bietet das Gesetz zur Stärkung der Versorgung in der gesetzlichen Krankenversicherung (Versorgungsstärkungsgesetz), welches am 23. Juli 2015 in Kraft getreten ist, mit dem „Innovationsfonds zur Förderung innovativer sektorübergreifender Versorgungsformen und für die Versorgungsforschung" eine Möglichkeit, gesundheitsökonomische Evaluationen im Bereich der Psychoedukation zu initiieren und somit weitergehende belastbare Daten zur Kosteneffektivität zu liefern (Deutscher Bundestag, Gesetzentwurf der Bundesregierung, 2015).

Als Methode ist die Psychoedukation medizinisch wissenschaftlich anerkannt; sie kommt immer häufiger zur Anwendung. Allerdings erfolgt die Umsetzung vorrangig aufgrund der intrinsischen Motivation von Ärzten, Psychotherapeuten, Psychologen, pflegerischem Personal, Patienten sowie Angehörigen. Die durchgehende Umsetzung der Psychoedukation in ihrer vollen Anwendungsbreite ist im gegenwärtigen Finanzierungssystem des deutschen Gesundheitswesens nur in bedingtem Maß abgebildet und gedeckt.

Im stationären Bereich sind psychoedukative Programme – was psychiatrische Indikationen anbelangt – im Pauschalierenden Entgeltsystem Psychiatrie und Psychosomatik (PEPP) annähernd abgedeckt. Im somatischen Bereich hingegen spiegelt sich Psychoedukation nur sehr ungenügend bis gar nicht in den DRGs (diagnosebezogene Fallgruppen) wider.

Psychoedukative Programme im ambulanten Bereich sind derzeit völlig ungenügend im einheitlichen Bewertungsmaßstab (EBM) oder in der Gebührenordnung für Ärzte (GOÄ) abgebildet, sodass sie außerhalb von Verträgen zur integrierten Versorgung nach §140a oder DMPs praktisch nicht durchgeführt werden.

Bereits im Sondergutachten 2009 des Sachverständigenrates zur Begutachtung der Entwicklung im Gesundheitswesen wurde z. B. für die Indikation ADHS und deren Behandlung im ambulanten Bereich herausgearbeitet, dass in ungenügendem Maße ambulante psychoedukative Angebote zur Verfügung stehen, obwohl sie von Leitlinien empfohlen werden und Studien ihre Wirksamkeit belegen (Deutschre Bundestag, 2009; Schurmann u. Dopfner, 2009). Einer der Gründe ist neben Problemen in der Bedarfsplandeckung auch die ungenügende Abbildung dieser Maßnahmen in der ambulanten Honorierung. Auf diese Problematik hat auch die Deutsche Gesellschaft für Psychoedukation (DGPE)[1] bereits mehrfach auf Kongressen, Veranstaltungen und in Publikationen hingewiesen (Bäuml u. Pitschel-Walz, 2008).

Die auf der Basis des Koalitionsvertrages 2013 begonnene Diskussion um Reformvorhaben in der Strukturierung und möglicherweise auch Finanzierung ambulanter psychotherapeutischer Angebote ist auch eine Chance, diese Problematik wirksam anzugehen. So sieht der neue Koalitionsvertrag vor, unter anderem die Psychotherapie-Richtlinie zu überarbeiten und die Rolle von Gruppentherapie zu fördern. Dies kann sich künftig auch als wichtiger Ansatz für die ambulanten psychoedukativen Maßnahmen im Hinblick auf die Finanzierung und Umsetzung erweisen (Koalitionsvertrag zwischen CDU, CSU und SPD, 2013).

Seitens GKV-Spitzenverbandes wurden in einem Positionspapier vom 27.11.2013 verschiedene Vorschläge zur Reform des Angebotes ambulanter Psychotherapie unterbreitet. Unter anderem wurde dabei auch die Förderung der Gruppenpsychotherapie als Versorgungsziel definiert (GKV Spitzenverband, 2013). Mittlerweile liegen zahlreiche Stellungnahmen der verschiedenen Fachverbände vor, die das Papier des GKV-Spitzenverbandes in bestimmten Teilen kontrovers diskutieren, andere Teile aber auch aufgreifen und weiterentwickeln. Dabei wird durch die Deutsche Psychotherapeutenvereinigung (DPtV)[2] auch vorgeschlagen, die psychoedukative Gruppentherapie als Teil der ambulanten Versorgung modular zu verankern (Best und Schäfer, 2013). Die DPtV führt dazu modifizierend aus, dass im Rahmen der gestuften ambulanten psychotherapeutischen Versorgung Patienten nach dem Erstkontakt (S) und frühzeitiger diagnostischer Abklärung (FDA) in eine Akutversorgung (AV) von maximal 12 Stunden gehen, die auch eine psychoedukative Gruppentherapie (PEGTh) sein kann (s. Abb. 11-1).

---

1 Die Deutsche Gesellschaft für Psychoedukation e. V. (DGPE) hat sich die Förderung und Verbreitung der Psychoedukation zum Ziel gesetzt.

2 Die DPtV vertritt als Berufsverband die Interessen Psychologischer Psychotherapeutinnen und Psychotherapeuten sowie Kinder- und Jugendlichenpsychotherapeutinnen und – therapeuten.

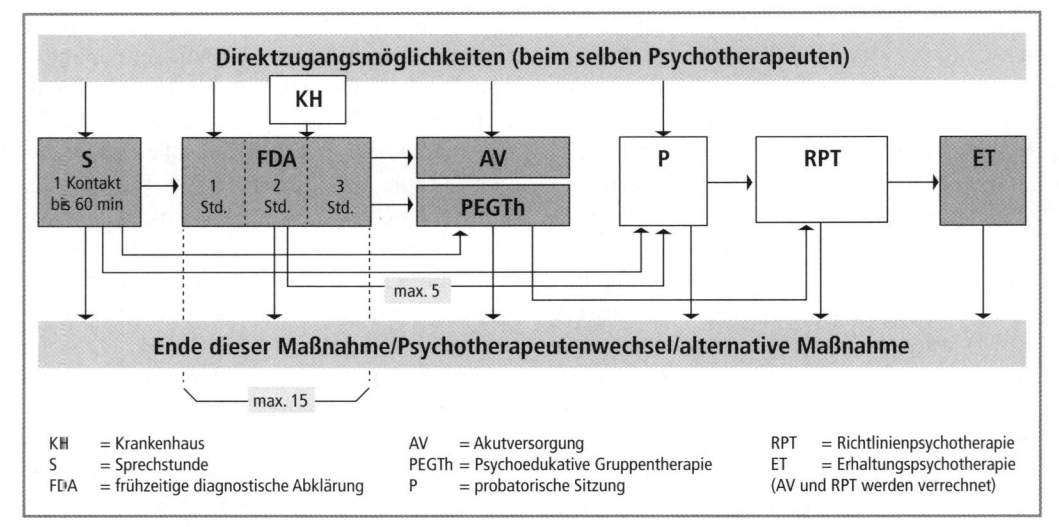

Abb. 11-1 Modell einer gestuften ambulanten psychotherapeutischen Versorgung (Quelle: Deutsche Psychotherapeutenvereinigung, 2013)

Legende:
- KH = Krankenhaus
- S = Sprechstunde
- FDA = frühzeitige diagnostische Abklärung
- AV = Akutversorgung
- PEGTh = Psychoedukative Gruppentherapie
- P = probatorische Sitzung
- RPT = Richtlinienpsychotherapie
- ET = Erhaltungspsychotherapie
- (AV und RPT werden verrechnet)

Somit wäre die psychoedukative Gruppentherapie (PEGTh) Bestandteil der Akutversorgung (AV) und könnte in einem relevanten Umfang in die ambulante psychotherapeutische Versorgung integriert werden.

Das gesundheitspolitische Programm der DPtV geht in diesem Kontext noch einen Schritt weiter: Gruppenbehandlungen, z. B. im Sinne von Psychoedukation, wären auch bei chronischen psychosomatischen und körperlichen Erkrankungen sinnvoll und stellen eine kostensparende Behandlungsoption dar (Gesundheitspolit. Programm der DPtV, 2009).

Zusammenfassend ist festzuhalten, dass eine wichtige Ressource, die einen relevanten medizinischen und ökonomischen Mehrwert für den Patienten und das Gesundheitssystem verspricht, nur ungenügend genutzt wird. Die Sicherstellung des Angebots von psychoedukativen Maßnahmen im stationären und im ambulanten Bereich stellt deshalb eine gesundheitspolitische Herausforderung dar. Die verschiedenen Interessensgruppen sollten sich für dieses Konzept stark machen und damit einen wegweisenden Impuls setzen, um die Psychoedukation zum Wohle der Patienten auch im ambulanten psychotherapeutischen Setting zu integrieren. Dies wäre auch aus Sicht der Deutschen Gesellschaft für Psychoedukation ein wichtiger zukunftsweisender Schritt.

Literatur

Aumann I, Prenzler A (2013). Epidemiologie und Kosten der COPD in Deutschland Eine Literaturrecherche zu Prävalenz, Inzidenz und Krankheitskosten. Klinikarzt 42 (4): 168–172.

Bäuml J, Pitschel-Walz G (Hrsg.) (2008). Psychoedukation bei schizophrenen Erkrankungen. Konsensuspapier der Arbeitsgruppe „Psychoeduaktion bei schizophrenen Erkrankungen". 2. Aufl. Stuttgart (Schattauer).

Best D, Schäfer S (2013). Modell einer gestuften ambulanten psychotherapeutischen Versorgung. Psychotherapie Aktuell 4.2013. Berlin (Deutsche Psychotherapeutenvereinigung).

Breitborde NJK, Woods SW, Srihari VH (2009). Multifamily Psychoeducation for First-Episode Psychosis: A Cost-Effectiveness Analysis. Psychiatr Serv 60 (11): 1477–1483.

Colom F, Vieta E, Sánchez-Moreno J et al. (2009). Group psychoeducation for stabilised bipolar disorders: 5-year outcome of a randomised clinical trial. BJP 194: 260–265.

Deutsche Gesellschaft für Psychiatrie, Psychotherapie und Nervenheilkunde (DGPPN) (2006). Behandlungsleitlinie Schizophrenie Reihe: S3-Praxisleitlinien in Psychiatrie und Psychotherapie, Band 1, XVI.

Deutsche Gesellschaft für Psychiatrie PuNB (Hrsg.) (2013). S3-Leitlinie Psychosoziale Therapien bei schweren psychischen Erkrankungen. Heidelberg (Springer-Verlag).

Deutsche Interdisziplinäre Vereinigung für Schmerztherapie (DIVS). 2012. Themenheft „Fibromyalgiesyndrom – Eine interdisziplinäre S3-Leitlinie". Hintergründe und Ziele – Methodenreport – Klassifikation – Pathophysiologie – Behandlungsgrundsätze und verschiedene Therapieverfahren. Schmerz 26.

Deutscher Bundestag (2015). Gesetzentwurf der Bundesregierung. Entwurf eines Gesetzes zur Stärkung der Versorgung in der gesetzlichen Krankenversicherung (GKV-Versorgungsstärkungsgesetz – GKV-VSG). Drucksache 18/4095.

Deutscher Bundestag (2009). Gutachten 2009 des Sachverständigenrates zur Begutachtung der Entwicklung im Gesundheitswesen. Koordination und Integration – Gesundheitsversorgung in einer Gesellschaft des längeren Lebens. Drucksache 16/13770.

Gesundheitspolitisches Programm der Deutschen Psychotherapeutenvereinigung vom 20.11.2009. Berlin (Deutsche Psychotherapeutenvereinigung).

GKV-Spitzenverband (2013). Reform des Angebots an ambulanter Psychotherapie. Vorschläge der gesetzlichen Krankenkassen. Positionspapier beschlossen vom Verwaltungsrat des GKV-Spitzenverbandes am 27. November 2013. BKK Bundesverband (2012). Gesundheitsreport 2012. Gesundheit fördern – Krankheit versorgen – mit Krankheit leben. Essen (BKK Bundesverband).

Häuser W, Glaesmer H, Brähler E (2009). Prävalenz und Prädiktoren von Schmerzen in mehreren Körperregionen. Schmerz 23 (5): 461–470.

Heekerens HP, Ohling M (2006). Familien-Psychoedukation als Rückfallprophylaxe bei Schizophrenie: Wirkung und Wirkungsweise. Psychotherapie 11 (1): 26–36.

Kissling W (2008). Das „Münchner Modell". Krankenkassen finanzieren Compliance-Programme. PsychoNeuro 34 (9): 410–415.

Koalitionsvertrag zwischen CDU, CSU und SPD (2013). Deutschlands Zukunft gestalten, 18. Legislaturperiode. Union Betriebs-GmbH. Dezember 2013.

Laan W, van der Does Y, Sezgi B et al. (2010). Low Treatment Adherence with Antipsychotics is Associated with Relapse in Psychotic Disorders within Six Month after Discharge. Pharmacopsychiatry 43: 221–224.

Luciano JV, Sabes-Figuera R, Cardeñosa E et al. (2013). Cost-Utility of a Psychoeducational Intervention in Fibromyalgia Patients Compared With Usual Care An Economic Evaluation Alongside a 12-Month Randomized Controlled Trial. Clin J Pain 29: 702–711.

Mühlig S, Jacobi F (2011). Klinische Psychologie & Psychotherapie. Heidelberg (Springer).

Ninot G, Moullec G, Picot MC et al. (2011). Cost-saving effect of supervised exercise associated to COPD self-management education program. Respiratory Medicine 105: 377–385.

Nowak D, Dietrich ES, Oberender P et al. (2004). Cost-of-illness Study for the Treatment of COPD in Germany. Pneumologie 58: 837–844.

Pitschel-Walz G, Leucht S, Bäuml J, Kissling W et al. (2001). The effect of family interventions on relapse and rehospitalization in schizophrenia – a meta-analysis. Schizophr Bull 27: 73–92.

Riedel-Heller S, Gühne U, Weinmann S et al. (2012). Psychosoziale Therapien bei schweren psychischen

Erkrankungen – Die S3-Leitlinie der DGPPN: Stand der Forschung, Behandlungsempfehlungen und Desiderate für die Versorgungsforschung. Psychother Psych Med 62 (11): 425–428.

Schurmann S, Dopfner, M (2009). Psychoedukation. In: Steinhausen H-C, Rothenberger A, Dopfner M (Hrsg). Handbuch ADHS. Stuttgart (Kohlhammer).

Scott J, Colom F, Popova E et al. (2009). Long-Term Mental Health Ressource Utilization and Cost of Care Following Group Psychoeducation or Unstructured Group Support for Bipolar Disorders: A Cost-Benefit-Analysis. J Clin Psychiatr 70 (3): 378–386.

Shimodera S, Furukawa TA, Mino Y et al. (2012). Cost-effectiveness of family psychoeducation to prevent relapse in major depression: Results from a randomized controlled trial. BMC Psychiatry 12 (40): 1–6.

Späth M (2011). Fibromyalgie. Orthopäde 40: 1031–1045.

Statistisches Bundesamt (2010). Gesundheitsberichterstattung des Bundes. Krankheitskosten in Mio. € für Deutschland.

Wittchen HU, Jacobi F (2001). Die Versorgungssituation psychischer Störungen in Deutschland Eine klinisch-epidemiologische Abschätzung anhand des Bundes-Gesundheitssurveys 1998. Bundesgesundheitsblatt – Gesundheitsforschung – Gesundheitsschutz 44 (10): 993–1000.

World Health Organization (WHO). 2014. The top 10 causes of death. Fact sheet No. 310. Updated July 2013.

Xia J, Merinder LB, Belgamwar MR (2011). Psychoeducation for schizophrenia. Cochrane Database Syst Rev 15: 6.

12 Häufigkeit und Relevanz von Psychoedukation bei psychischen Erkrankungen

Ergebnisse zweier Umfragen im Abstand von fünf Jahren in Deutschland, Österreich und der Schweiz

Christine Rummel-Kluge, Werner Kissling

12.1 Einleitung

Das Interesse an Psychoedukation hat in den letzten Jahren stetig zugenommen. Viele Kliniken bieten inzwischen Psychoedukationsgruppen – diagnosespezifisch oder auch diagnoseübergreifend – für Patienten und deren Angehörige an. Auch Kongresse und Fortbildungsveranstaltungen zu diesem Thema erfreuen sich großer Beliebtheit. Dennoch nennen viele Teilnehmer Schwierigkeiten bei der klinischen Umsetzung neu erworbener Anregungen und Ideen sowie bei der Aufrechterhaltung einmal begonnener Gruppenangebote als Gründe dafür, dass Psychoedukation in geringerem Umfang angeboten wird als eigentlich beabsichtigt. Im Abstand von fünf Jahren wurden zwei postalische Umfragen zum Thema Psychoedukation an allen psychiatrischen Kliniken in Deutschland, Österreich und der Schweiz durchgeführt (Rummel-Kluge et al., 2006). Ziel der ersten Umfrage war eine Bestandsaufnahme zur Rolle und Verbreitung von Psychoedukation an deutschsprachigen psychiatrischen Einrichtungen. Mit der zweiten Umfrage sollte untersucht werden, ob sich das Angebot an Psychoedukationsgruppen in der Zwischenzeit verändert hatte.

12.2 Fragebogen-Design

Für die Umfragen wurde ein zweiteiliger Fragebogen mit Multiple-Choice-Fragen/offenen Fragen entwickelt und innerhalb der Arbeitsgruppe „Psychoedukation bei schizophrenen Erkrankungen" getestet. Für die Umfragen wurde in den Fragebögen und im Anschreiben die Definition von „Psychoedukation" verwendet, die für die Arbeitsgruppe maßgebend ist: „Unter dem Begriff der Psychoedukation werden systematische didaktisch-psychotherapeutische Interventionen zusammengefasst, die dazu geeignet sind, Patienten und ihre Angehörigen über die Krankheit und ihre Behandlung zu informieren, das Krankheitsverständnis und den selbstverantwortlichen Umgang mit der Krankheit zu fördern und sie bei der Krankheitsbewältigung zu unterstützen" (s. Kapitel 1).

Teil 1 des Fragebogens war an die Klinikleitungen adressiert und wurde entwickelt, um festzustellen, ob im Vorjahreszeitraum der Befragung in der jeweiligen Institution Psychoedukation stattgefunden hatte, wer der Ansprechpartner für die jeweiligen Gruppen war bzw. aus welchen Gründen keine psychoedukativen Gruppen angeboten wurden. Zudem wurden der Stellenwert von 16 Behandlungsoptionen (z. B. Pharmakotherapie oder Psychoedukation) erfragt und einige Charakteristika der Einrichtungen erfasst.

Teil 2 des Fragebogens enthielt 23 Fragen und richtete sich direkt an die im ersten Teil der Umfrage genannten Ansprechpartner, die für die Durchführung der Informationsgruppen verantwortlich waren. Es galt herauszufinden, wieviel Prozent der stationär behandelten Patienten und ihrer Angehörigen tatsächlich an einer psychoedukativen Gruppe teilgenommen hatten und wie diese Psychoedukationsangebote durchgeführt wurden.

12.3 Durchführung der Umfrage

Umfrage I erfolgte zwischen Dezember 2003 und Juli 2004, Umfrage II zwischen Dezember 2008 und August 2009. Teil 1, bestehend aus einem zweiseitigen postalischen Fragebogen und einem Begleitschreiben, wurde anhand der Adressenliste der Deutschen Krankenhausgesellschaft an die Klinikleitungen aller psychiatrischen Krankenhäuser und Abteilungen in Deutschland, Österreich und der Schweiz verschickt, und zwar mit der Bitte, den ausgefüllten Fragebogen per Fax zurückzusenden (N=622 in Umfrage I, N=500 in Umfrage II; die Überarbeitung der Liste ergab u.a. aufgrund von Umstrukturierungen im Gesundheitssystem eine Reduktion der Anzahl der angeschriebenen Einrichtungen). Ein Erinnerungsschreiben wurde zusammen mit dem zweiseitigen Fragebogen nach zwei Monaten an die Ärzte geschickt, die bis dahin nicht geantwortet hatten. Teil 2, ein detaillierter Fragebogen, wurde direkt an die in Teil 1 genannten Ansprechpartner, die für die Durchführung der Psychoedukation verantwortlich waren, geschickt.

Die Antworten wurden deskriptiv-statistisch ausgewertet.

12.3.1 Rücklauf-Fragebogen

Die Rücklaufquoten zu Teil 1 der beiden Umfragen und die Art der antwortenden Einrichtungen sind in Tabelle 12-1 dargestellt.

Tab. 12-1 Rücklauf und teilnehmende Einrichtungen

	Umfrage I (2004)	Umfrage II (2009)
Anzahl der Einrichtungen	622	500
Anzahl der beantworteten Fragebögen	337 (54%)	289 (58%)
Art der Einrichtung (%) Abteilungskrankenhaus Landes-/Bezirkskrankenhaus Fachkrankenhaus Universitätskrankenhaus Andere (z.B. Tagesklinik, Forensik)	36 30 18 11 5	40 31 9 12 7

12.4 Ergebnisse der Umfragen

12.4.1 Durchführung von Psychoedukation

93% der an Umfrage II teilnehmenden Einrichtungen berichteten, dass Psychoedukation in ihrer Einrichtung durchgeführt worden sei. Im Vergleich zu Umfrage I (86%) war dies eine statistisch signifikante Zunahme ($X2=5.44$, $p=0.020$). Für die spezifischen Diagnosen wurden statistisch signifikante Zunahmen für „Depression", „Bipolare Störung" und „Angsterkrankungen" gefunden

Tab. 12-2 Häufigkeit der Durchführung von Psychoedukation bei verschiedenen Diagnosen in Umfrage I und Umfrage II

	Umfrage I (2004)	Umfrage II (2009)		
	(n=337)	(n=288)	X^2-test[1]	p-wert
Durchführung von Psychoedukation im Allgemeinen	86	93	5.44	0.02
Schizophrenie	84	86	0.28	0.60
Depression	59	67	4.14	0.042
Suchterkrankungen	17	17	0.004	0.91
Angsterkrankungen	9	18	7.73	0.005
Persönlichkeits-Störungen	7	8	0.006	0.94
Bipolare Störung	4	9	6.02	0.014
Posttraumatische Belastungsstörung	3	0.4	5.79	0.02 (–)
Demenz	3	3	0.006	0.94
Zwangsstörung	2	1	1.13	0.29
Schlafstörung	1	2	0.92	0.34
Essstörung	1	1	0.24	0.63
Schizophrenie und Sucht	0	3	n.z.	n.z.
Schmerz	0	2	n.z.	n.z.
ADHS	0	1	n.z.	n.z.
Frühstadium Psychose	0	0.6	n.z.	n.z.
Diagnoseübergreifende Psychoedukation	23	25	0.45	0.50
1Freiheitsgrade = 1, n.z. = nicht zutreffend				

(s. Tab. 12-2). Neu hinzu gekommene Diagnosen, für die Psychoedukationsgruppen durchgeführt wurden, waren: „Schizophrenie und Sucht", „Schmerz", „Aufmerksamkeitsdefizit-/Hyperaktivitäts-Störung" (ADHS) und „Frühstadium Psychose".

12.4.2 Gründe, keine Psychoedukation durchzuführen

Fehlendes Personal, mangelnde Zeit und fehlendes Knowhow wurden in Kliniken, die überhaupt keine Psychoedukation angeboten haben, als Hauptursachen genannt. Skepsis, ob Psychoedukation überhaupt ein wirksames Therapieangebot darstelle, wurde in Umfrage I noch mit 6 % angegeben, in Umfrage II jedoch gar nicht mehr als Grund aufgeführt (s. Tab. 12-3).

12.4.3 Vergleich der Relevanz verschiedener Behandlungsoptionen

„Pharmakotherapie", „Beschäftigungstherapie" und „Psychoedukation für Patienten" waren die drei Behandlungsoptionen, denen die Teilnehmenden in beiden Umfragen die höchste Wichtigkeit zuschrieben (Rummel-Kluge et al., 2013). „Psychoedukation für Patienten" wurde in Umfrage II (93 %) statistisch signifikant häufiger (p=0.035) für „relevant" oder „sehr relevant" gehalten als in Umfrage I (87 %). Die Relevanz von „Psychoedukation für Angehörige" hingegen änderte sich nicht signifikant und war „hoch" oder „sehr hoch" für 59 % der Teilnehmenden in Umfrage II.

Tab. 12-3 Gründe, keine Psychoedukation durchzuführen

	Umfrage I (2004) (n=337)	Umfrage II (2009) (n=289)
„Keine Psychoedukation durchgeführt" Warum nicht?	14 % (n=48)	7 % (n=19)
„Kein Personal"	35 %	28 %
„Keine Zeit"	29 %	22 %
„Kein Knowhow"	8 %	17 %
„Skepsis gegenüber Psychoedukation"	6 %	0 %
Andere Gründe, z. B.: „Nicht genügend Patienten für eine diagnosespezifische Gruppe."	52 %	53 %

[1] Summe > 100 % aufgrund Mehrfachantwort-Möglichkeit

12.5 Diskussion der Umfrageergebnisse

Die wahrgenommene Relevanz von Psychoedukation für Patienten ist in den deutschsprachigen Ländern in Europa hoch. Psychoedukation wird häufig angeboten. Gegenüber der ersten Umfrage aus dem Jahr 2004 zeigte sich 2009 in der zweiten Umfrage ein statistisch signifikanter Anstieg der Anwendungshäufigkeit dieser Interventionsform. Psychoedukation wurde in Umfrage II in 93 % der teilnehmenden Einrichtungen angeboten. Die Durchführung für Psychoedukation bei den Diagnosen Schizophrenie (86 %) und Depression (67 %) kann als häufig angesehen werden (Rummel-Kluge et al., 2013, 2015). Für alle anderen spezifischen Diagnosen sind die Angebote deutlich seltener; Angsterkrankungen rangieren hier mit 18 % an dritter Stelle – vor den Angeboten für Suchterkrankungen mit 17 %. Möglicherweise kommen bei anderen Erkrankungen auch im Rahmen der Einzelpsychotherapie psychoedukative Elemente zum Einsatz. Diagnoseübergreifende Psychoedukation wird in etwa einem Viertel der teilnehmenden Kliniken durchgeführt. Diese Art der Psychoedukation berücksichtigt, dass gerade kleinere Einrichtungen meist nur wenige Patienten mit derselben Diagnose betreuen und deswegen keine diagnosenspezifischen Angebote zustande kommen. Im Vergleich zu Umfrage I wurde in Umfrage II statistisch signifikant mehr Psychoedukation für Patienten mit Depression, bipolarer Störung und Angsterkrankungen durchgeführt. Für diese Diagnosen wurde die Psychoedukation auch in einigen aktuellen Leitlinien und Forschungsarbeiten als wirksam beurteilt (Rummel-Kluge et al., 2013; Zwanzger u. Deckert, 2007; Eker u. Harkin 2012; Connolly u. Thase 2011; DGPPN et al., 2011). Auch die allmähliche Verbreitung von diagnosespezifischen Manualen in diesem Bereich und von durchgeführten Workshops und Kongressen zum Thema Psychoedukation könnten dazu beigetragen haben, dass Psychoedukation mittlerweile häufiger durchgeführt wird (Pitschel-Walz et al., 2003; DGPE, 2014). Bemerkenswert ist, dass die wahrgenommene Relevanz von Psychoedukation für Patienten hoch war (93 %), von Psychoedukation für Angehörige jedoch deutlich geringer (59 %). Dies ist insofern überraschend, als klar belegt ist, dass Psychoedukationsprogramme für Angehörige wirksam sind (Katsuki et al., 2011; Lucksted et al., 2012; Madigan et al., 2012; Rummel-Kluge u. Kissling, 2008; Shimazu et al., 2011; Xia et al., 2011). Des Weiteren gab es einen statistisch signifikanten Anstieg in der wahrgenommenen Relevanz der Psychoedukation von Patienten, hingegen keine signifikante Veränderung bei der Psychoedukation von Angehörigen.

Für diese Untersuchung sind drei wesentliche Limitierungen festzuhalten: Erstens haben nicht alle angeschriebenen Einrichtungen geantwortet. Die Rücklaufquoten sind jedoch mit 54 % und 58 % vergleichbar mit ähnlichen Umfragen (Demyttenaere et al., 2011; Jones et al., 2004). Zweitens war die Anzahl der angeschriebenen Einrichtungen aufgrund von Veränderungen im Gesundheitssystem in Umfrage II niedriger als in Umfrage I; die Rücklaufquoten waren jedoch vergleichbar. Drittens könnte sozial erwünschtes Antworten zu der hohen wahrgenommenen Relevanz von Psychoedukation beigetragen haben, da Psychoedukation im Fokus der Umfrage stand.

12.6 Schlussfolgerungen

Psychoedukation für Patienten wird als relevant erachtet und in deutschsprachigen Ländern häufig angeboten. Allerdings erfolgen diagnosespezifische Angebote meist nur für die Diagnosen Schizophrenie (86 %) und Depression (67 %). Zwar werden auch hier bei weitem noch nicht alle Patienten erreicht, aber die Entwicklung zwischen den beiden Umfragezeitpunkten belegt eine Zunahme. Bei anderen Diagnosen besteht noch deutlich größerer Handlungsbedarf.

Wir sollten deshalb alle Anstrengungen unternehmen, um künftig jedem Patienten mit einer psychischen Erkrankung und seinen Angehörigen die Teilnahme an einer psychoedukativen Gruppe anbieten zu können. Neben der reinen Informationsvermittlung erhielten auf diese Weise möglichst viele Betroffene und Angehörige Unterstützung im Umgang mit der Erkrankung und könnten Coping-Strategien erlernen. Außerdem fiele es ihnen leichter, eine kompetente Entscheidung bezüglich einer medikamentösen Rückfallschutzbehandlung zu treffen. Dadurch könnten viele stationäre Wiederaufnahmen, hohe Kosten und vor allem auch sehr viel menschliches Leid vermieden werden. Was die Angehörigen-Psychoedukation betrifft, so erscheint es besonders notwendig, gerade bei den Experten immer wieder Überzeugungsarbeit zu leisten, denn auch hier bietet sich die große Chance, Angehörige über die verschiedenen psychischen Erkrankungen aufzuklären und ihnen dadurch Entlastung und Anleitung im Umgang mit ihren Betroffenen zu ermöglichen.

Literatur

Connolly KR, Thase ME (2011). The clinical management of bipolar disorder: a review of evidence-b Connolly KR, Thase ME (2011). The clinical management of bipolar disorder: a review of evidence-based guidelines. Prim Care Companion CNS Disord 13.ased guidelines. Prim Care Companion CNS Disord 13.

Demyttenaere K, Ansseau M, Constant E et al. (2011). Do general practitioners and psychiatrists agree about defining cure from depression? The DEsCRIBE survey. BMC Psychiatry 11: 169.

DGPE (21.03.2014). http://www.dgpe.de/die-kongresse-bisher.html

DGPPN, BÄK KA et al. (Hrsg) für die Leitliniengruppe Unipolare Depression*. S3-Leitlinie/Nationale VersorgungsLeitlinie Unipolare Depression Langfassung. 2011. Ref Type: Online Source

Eker F, Harkin S (2012). Effectiveness of six-week psychoeducation program on adherence of patients with bipolar affective disorder. J Affect Disord 138: 409–416.

Jones T, Hanney S, Buxton M et al. (2004). What British psychiatrists read: questionnaire survey of journal usage among clinicians. Br J Psychiatry 185: 251–257.

Katsuki F, Takeuchi H, Konishi M et al. (2011). Pre-post changes in psychosocial functioning among relatives of patients with depressive disorders after Brief Multifamily Psychoeducation: a pilot study. BMC Psychiatry 11: 56.

Lucksted A, McFarlane W, Downing D et al. (2012). Recent developments in family psychoeducation as an evidence-based practice. J Marital Fam Ther 38: 101–121.

Madigan K, Egan P, Brennan D et al. (2012). A randomised controlled trial of carer-focussed multi-family group psychoeducation in bipolar disorder. Eur Psychiatry 27: 281–284.

Pitschel-Walz G, Bäuml J, Kissling W (2003). Psychoedukation Depressionen. Manual zur Leitung von Patienten- und Angehörigengruppen. München (Urban & Fischer).

Rummel-Kluge C, Pitschel-Walz G, Bäuml J et al. (2006). Psychoeducation in schizophrenia – results of a survey of all psychiatric institutions in Germany, Austria, and Switzerland. Schizophr Bull 32: 765–775.

Rummel-Kluge C, Kissling W (2008). Psychoeducation for patients with schizophrenia and their families. Expert Rev Neurother 8: 1067–1077.

Rummel-Kluge C, Kluge M, Kissling W (2013). Frequency and relevance of psychoeducation in psychiatric diagnoses: results of two surveys five years apart in German-speaking European countries. BMC Psychiatry 13: 170.

Rummel-Kluge C, Kluge M, Kissling W (2015). Psychoedukation bei Depression: Ergebnisse zweier Umfragen im Abstand von fünf Jahren in Deutschland, Österreich und der Schweiz. Psychiatr Prax 42(6): 309–312.

Schaub A, Roth E, Goldmann U (2006). Kognitiv-psychoedukative Therapie bei bipolaren Erkrankungen. Ein Therapiemanual. Göttingen (Hogrefe).

Shimazu K, Shimodera S, Mino Y et al. (2011). Family psychoeducation for major depression: randomised controlled trial. Br J Psychiatry 198: 385–390.

Xia J, Merinder LB, Belgamwar MR (2011). Psychoeducation for schizophrenia. Schizophr Bull 37: 21–22.

Zwanzger P, Deckert J (2007). Anxiety disorders. Causes, clinical picture and treatment. Nervenarzt 78: 349–359.

II Psychoedukation bei demenziellen Erkrankungen

13 Psychoedukation bei frontotemporalen Demenzen

Janine Diehl-Schmid, Sabine Nunnemann

13.1 Die frontotemporalen lobären Degenerationen

Die frontotemporalen lobären Degenerationen (FTLD) sind eine relativ seltene Ursache der Demenz mit einer Prävalenz von 3–18 von 100.000 Personen (Rosso, 2003; Borroni et al., 2010) in der relevanten Altersklasse. Verglichen mit der Alzheimer-Demenz beginnen erste Symptome der FTLD früher, im Mittel sind die Betroffenen bei Beginn der Erkrankung 58 Jahre alt (Johnson, 2005).

Das gemeinsame Kennzeichen der klinisch und neuropathologisch heterogenen FTLD ist eine Atrophie des Frontallappens und/oder der anterioren Temporallappen des Gehirns. Konsensuskriterien unterteilen die FTLD in drei klinische Haupttypen, die auf der Grundlage der früh im Krankheitsverlauf auftretenden Symptome unterschieden werden können (Neary et al., 1998). Die Verhaltensvariante der frontotemporalen Demenz (behavioral variant FTD, bvFTD) stellt den häufigsten klinischen Phänotyp dar und ist durch Persönlichkeitsveränderungen, Verhaltensauffälligkeiten, emotionale Verflachung, Verlust von Empathie und mangelnde Krankheitseinsicht gekennzeichnet. Die Patienten sind im Vergleich zu ihrem früheren Verhalten sorgloser und oberflächlicher; ein Teil der Kranken zeigt enthemmtes, sozial inadäquates, manchmal taktloses oder sogar aggressives Verhalten. Bei manchen Patienten fällt von Beginn an eine zunehmende Antriebslosigkeit und Apathie auf, einhergehend mit sozialem Rückzug und zunehmendem Desinteresse. Einige Patienten zeigen stereotype, perseverative, zwanghaft anmutende oder ritualisierte Verhaltensweisen oder auch eine Veränderung des Essverhaltens mit Essattacken bzw. einer Fixierung auf bestimmte Nahrungsmittel (Rascovsky et al., 2011). Im Vergleich zur Alzheimer-Krankheit sind bei der bvFTD trotz gleichen Schweregrades der Demenz die kognitiven Einschränkungen geringer ausgeprägt, die Fähigkeiten zur Alltagsbewältigung jedoch deutlich stärker beeinträchtigt (Mioshi et al., 2007).

Die semantische Demenz ist gekennzeichnet durch eine Sprachstörung infolge einer Beeinträchtigung des semantischen Wissens. Bei einem Großteil der Patienten treten aber auch Verhaltensauffälligkeiten auf, die ähnlich ausgeprägt sind wie bei der bvFTD (Bathgate et al., 2001). Die progrediente, nicht-flüssige Aphasie (PNFA) ist durch eine fortschreitende Störung der Sprachproduktion und Sprachmotorik gekennzeichnet, die mit Wortfindungsstörungen und Agrammatismus einhergeht, andere kognitive Bereiche in frühen Stadien der Erkrankung aber eher ausspart (Gorno-Tempini et al., 2004). Bei der semantischen Demenz und bei der progredienten, nicht-flüssigen Aphasie führen Sprachstörungen wie auch Sprachverständnisstörungen zu Kommunikationsproblemen, die wiederum zu Missverständnissen und Konflikten zwischen Patienten und Angehörigen/Bezugspersonen Anlass geben und Einschränkungen der sozialen Teilhabe nach sich ziehen – nicht nur der Patienten, sondern zumeist auch der Angehörigen.

Das Belastungserleben der Angehörigen von Patienten mit FTLD ist noch größer als das von Patienten mit Alzheimer-Krankheit (Riedijk et al., 2006). Mehrere Studien kamen einheitlich zu dem Schluss, dass viele Angehörige von Patienten mit FTLD unter einer Depression leiden. Als besondere Probleme für die Angehörigen wurden in einer Literaturübersicht identifiziert: Die verzögerte Diagnose, das junge Alter der Patienten, die Verhaltensauffälligkeiten der Patienten, fehlende Informationen über die Erkrankung, das Fehlen geeigneter Betreuungsmöglichkeiten sowie die mangelnde Selbstfürsorge und die soziale Isolation der betreuenden Angehörigen (Nunnemann et al., 2012).

13.2 Aktueller Stand der Psychoedukation

Bei einem großen Teil der Patienten mit FTLD ist die Krankheitseinsicht reduziert oder sogar aufgehoben, sodass sie selbst den Nutzen psychoedukativer Maßnahmen nicht erkennen können und einer Teilnahme deswegen eher ablehnend gegenüberstehen. Daher richten sich alle bisher angebotenen Interventionen ausschließlich an die Angehörigen.

Bislang wurden in erster Linie Angehörigengruppen bzw. Angehörigenkonferenzen mit psychoedukativem Schwerpunkt durchgeführt.

In einer Pilotstudie wurde eine ärztlich geleitete FTLD-Angehörigengruppe für acht Teilnehmer angeboten. Sie fand jeweils für 90 Minuten über einen Zeitraum von sieben Wochen statt (Diehl et al., 2003). Die Themen beinhalteten Aufklärung (Informationen zu medizinischen, rechtlichen, finanziellen und Versicherungsfragen sowie zu Beratungsstellen und Angeboten) und therapeutische Elemente (emotionaler Rückhalt, Ermutigung, praktische Ratschläge, Möglichkeit zu Aussprache und Erfahrungsaustausch). Das Programm wurde direkt nach der letzten Sitzung und erneut sechs Monate später evaluiert. Die pflegenden Angehörigen fühlten sich durch den Austausch mit anderen erleichtert, konnten voneinander lernen, teilten Bewältigungsstrategien und knüpften neue soziale Kontakte. Die Gruppe wurde insgesamt als sehr nützlich bewertet. Die positiven Auswirkungen waren auch nach sechs Monaten noch nachweisbar.

Banks et al. (2006) berichten von drei aufeinander aufbauenden Konferenzen für pflegende Angehörige von Patienten mit FTLD, die über einen Zeitraum von einem Jahr hinweg stattfanden. Die einzelnen Tagungen dauerten jeweils einen halben Tag, beginnend mit einer Vorlesung und anschließender Gelegenheit, Fragen zu stellen. Themen waren die Erkrankung FTLD, die medikamentöse Behandlung, die Kommunikation und die Selbstfürsorge der Angehörigen. Die Teilnehmer konnten zudem eine 90-minütige Beratungsgruppe mit 10–15 Angehörigen besuchen, die von zwei qualifizierten Personen geleitet wurde. In einem semistrukturierten Setting konnten die Teilnehmer sich kennenlernen und Bewältigungsstrategien und praktische Tipps austauschen. Falls sich bei einem Teilnehmer eine krisenhafte Situation offenbarte, wurde die Person von der Gruppenleitung an entsprechende Ärzte weiterverwiesen. Zudem konnten die Angehörigen Bekanntschaften vertiefen und mit Klinikern und Forschern in Kontakt kommen. Das Feedback war insgesamt sehr positiv. Gemäß den Evaluationsbögen wünschten sich die Teilnehmer mehr Information über die Forschung auf dem Gebiet der FTLD und mehr Beratung hinsichtlich der Entlastung der

Patienten von Verantwortlichkeiten (z. B. Fahrtauglichkeit, finanzielle Angelegenheiten, potenziell gefährliche Tätigkeiten). Für eine Beratungsgruppe per Video-Konferenz wurde Computer- und Internet-basierte Technologie eingesetzt (Marziali, 2009). Sechs Angehörige von Patienten mit bvFTD nahmen an wöchentlichen Treffen über insgesamt zehn Wochen teil. Die Gruppenstunden wurden von einem dafür ausgebildeten Mediziner geleitet. Auf die strukturierten ersten zehn Treffen folgten zehn wöchentliche Treffen als Selbsthilfegruppe ohne Leitung. Alle Angehörigen standen der Möglichkeit der Teilnahme an einer Beratungsgruppe über Computer und Internet sehr positiv gegenüber. Aufgrund der Alltagsanforderungen durch Beruf, Haushalt, Kinder und die Pflege eines Angehörigen mit bvFTD war es für sie die einzige Möglichkeit, professionelle Unterstützung in Anspruch zu nehmen. Am meisten half ihnen das Bewusstsein, nicht die einzigen zu sein, die sich den Anforderungen der Pflege eines Angehörigen mit bvFTD stellen müssen. Die gegenseitige emotionale Unterstützung war nach Angaben der Teilnehmer hilfreich.

und multizentrischen Studie als wirksam erwiesen hatte (Hebert et al., 2003).

In dem Programm wurden individuelle Problemlösestrategien (Coping) eingesetzt, die vor allem auf die Verhaltenssymptome der Patienten fokussierten. Den Teilnehmern wurde vermittelt, wie Stressoren kognitiv umbewertet werden können (Reframing) und wie das informelle soziale Unterstützungsnetz erweitert werden kann. Dabei wurden vor allem auch übende Verfahren eingesetzt. Größter Wert wurde auf den Transfer des theoretisch erworbenen Wissens gelegt. Die Intervention führte zu einer Reduktion des Belastungserlebens der Angehörigen sowie ihrer negativen Reaktionen auf belastende Verhaltensweisen der Patienten. Diese Verbesserungen waren nicht nur kurz nach dem Gruppenprogramm nachweisbar, sondern auch ein Jahr nach Abschluss des Programms (McKinnon et al., 2012; Mioshi et al., 2012).

Die Inhalte der 15 wöchentlichen Sitzungen sind in Tabelle 13-1 dargestellt. Die Intervention wurde in der Form von Manualen für den Therapeuten und seinen Assistenten sowie für die Teilnehmer bereits standardisiert.

13.3 Vorstellung eines Manuals

Eine kleine australische, nicht randomisierte Pilotstudie untersuchte den Effekt eines intensiven, auf die besonderen Bedürfnisse der Angehörigen von Patienten mit FTLD zugeschnittenen strukturierten psychoedukativen Gruppenprogramms. Es orientierte sich an einer Intervention für Angehörige von Alzheimer-Patienten, das sich im Hinblick auf die Belastung der Teilnehmer durch die Verhaltenssymptome der Patienten in einer randomisierten, kontrollierten

13.4 Ausblick

Bislang gibt es keine psychoedukativen Programme für Patienten mit FTLD. Aufgrund der zumeist reduzierten bis aufgehobenen Krankheitseinsicht, wie sie bei der Mehrzahl der Patienten vorliegt, würden entsprechende Angebote aller Wahrscheinlichkeit nach auch nicht angenommen werden.

Klinische Forschung zur Psychoedukation für Angehörige von Patienten mit FTLD ist rar. Es existieren kaum randomisierte Studien, Kontrollbedingungen fehlen. Die

13 Psychoedukation bei frontotemporalen Demenzen

Tab. 13-1 Inhalte des Gruppenprogramms

	Inhalt der Sitzungen
Woche 1, 2, 3	Den Angehörigen/Bezugspersonen soll vermittelt werden: • Informationen über die FTLD, • wie sie schwierige Situationen identifizieren und präzise beschreiben können, • wie sie in einer schwierigen Situation die veränderbaren von den nicht-veränderbaren Aspekten unterscheiden können, • wie sie den jeweiligen Aspekten (veränderbar/nicht-veränderbar) einer schwierigen Situation die jeweils richtige Coping-Strategie zuordnen können, um die Situation besser zu bewältigen, • wie sie trotz Sprachstörung des Patienten (vor allem mit SD und PNFA) und der daraus folgenden Schwierigkeiten der sprachlichen Kommunikation geeignete Wege finden, mit dem Patienten zu kommunizieren.
Woche 4–14	Vermittlung der drei Coping-Strategien und deren richtiger Einsatz bei veränderbaren und nicht-veränderbaren Aspekten einer schwierigen Situation; Übungen und Hausaufgaben vertiefen das Gelernte. 1. Problemlösestrategien (3 Sitzungen), 2. Veränderung von Einstellungen und Bewertungen (Reframing) (3 Sitzungen), 3. Erweiterung des informellen sozialen Unterstützungsnetzes (4 Sitzungen).
Woche 15	Programmevaluation und Organisation einer sozialen Aktivität, um das Ende der Sitzungen zu kennzeichnen.

Langzeitauswirkungen auf Depression, Belastung und psychisches Wohlbefinden von Patienten und Angehörigen wurden bislang nicht untersucht. In Anbetracht der vergleichsweise niedrigen Prävalenz der FTLD berichten die Organisatoren von psychoedukativen Maßnahmen für Angehörige in Deutschland – vor allem in ländlichen Regionen – regelmäßig von Schwierigkeiten, eine ausreichende Anzahl von Teilnehmern zu rekrutieren. Internetbasierte Programme, unter Umständen mit Webinars, Chat-Möglichkeit und Email-oder Telefonberatung durch den Moderator, könnten eine größere Zahl von Angehörigen erreichen. In einer ersten Pilotstudie wurde gezeigt, dass eine Angehörigenintervention mit dem Ziel, Stimmung, Belastungserleben und Stress von Angehörigen von Patienten mit FTLD zu beeinflussen auch über Internet-Videokonferenzen möglich ist. Zudem konnte ein positiver Effekt der fünfwöchigen eins-zu-eins Intervention gezeigt werden, der auch einen Monat nach Abschluss der Intervention noch nachweisbar war (Dowling et al., 2014).

Literatur

Banks SR, Medina EJ, Skoglund A et al. (2006). Organizing a Series of education and support conferences for caregivers of individuals with frontotemporal dementia and primary progressive aphasia. Alzheimer's Care Quarterly 7(4): 243–250.

Bathgate D, Snowden J et al. (2001). Behaviour in frontotemporal dementia, Alzheimer's disease and vascular dementia. Acta Neurol Scand 103: 367–378.

Borroni B, Alberici A et al. (2010). Is frontotemporal lobar degeneration a rare disorder? Evidence from a preliminary study in Brescia county, Italy. JAD 19(1): 111–116.

Diehl J, Mayer T et al. (2003). Angehörigengruppen bei Patienten mit frontotemporaler Demenz. Nervenarzt 74: 445–449.

Dowling GA, Merrilees J, Mastick et al. (2014). Life enhancing activities for family caregivers of people with frontotemporal dementia. Alzheimer Dis Assoc Disord 28(2): 175–181.

Gorno-Tempini M, Dronkers N et al. (2004). Cognition and anatomy in three variants of primary progressive aphasia. Ann Neurol 55: 335–346.

Hebert R, Levesque L et al. (2003). Efficacy of a psychoeducative group program for caregivers of demented persons living at home: a randomized controlled trial. J Gerontol B Psychol Sci Soc Sci 58B: S58–S67.

Johnson K J D, Mendez J, Neuhaus M et al. (2005). Frontotemporal Lobar Degeneration: Demographic Characteristics of 353 Patients. Arch Neurol 62(6): 925–930.

Marziali E C R (2009). New Technology to Connect Frontotemporal Dementia Spousal Caregivers Online. The Canadian Review of Alzheimer's Disease and Other Dementias (June): 23–26.

McKinnon C, O'Connor C et al. (2012). Qualitative results of a structured group program for carers of people with frontotemporal dementia. Int J Geriatr Psychiatry published online DOI: 10.1002/gps.3813.

Mioshi E, Kipps C M et al. (2007). Activities of daily living in frontotemporal dementia and Alzheimer disease. Neurol 68 (24): 2077–2084.

Mioshi E, McKinnon C et al. (2012). Improving Burden and Coping Skills in Frontotemporal Dementia Caregivers: A Pilot Study. Alzheimer Dis Assoc Disord 27 (1): 84–86.

Neary D, Snowden J et al. (1998). Frontotemporal lobar degeneration. A consensus on clinical diagnostic criteria. Neurol 51: 1546–1554.

Nunnemann S, Kurz A et al. (2012). Caregivers of patients with frontotemporal lobar degeneration: a review of burden, problems, needs, and interventions. Int Psychogeriatr 16: 1–19.

Rascovsky K, Hodges J et al. (2011). Sensitivity of revised diagnostic criteria for the behavioral variant of frontotemporal dementia. Brain 134: 2456–2477.

Riedijk S R, De Vugt M E et al. (2006). Caregiver burden, health-related quality of life and coping in dementia caregivers: a comparison of frontotemporal dementia and Alzheimer's disease. Dement Geriatr Cogn Disord 22 (5–6): 405–412.

Rosso S M, Donker Kaat L, Baks T et al. (2003). Frontotemporal dementia in the Netherlands: patient characteristics and prevalence estimates from a population-based study. Brain 126: 2016–2022.

14 Psychoedukation bei Alzheimer-Demenz und bei leichter kognitiver Beeinträchtigung (MCI)

Teresa Froböse, Alexander Kurz

14.1 Alzheimer-Demenz

14.1.1 Kurze Beschreibung des Krankheitsbildes

Die häufigste Ursache einer Demenz ist die Alzheimer-Krankheit, auf die wir uns hier konzentrieren. Als Demenz bezeichnet man einen Zustand verminderter kognitiver Leistungsfähigkeit, z. B. im Bereich Gedächtnis, Orientierung, Auffassung, Rechnen, Lernfähigkeit, Sprache und Urteilsvermögen, der zu einer Einschränkung bei Alltagstätigkeiten führt. Meist gehen die kognitiven Defizite mit Veränderungen der emotionalen Kontrolle, der Persönlichkeit oder des Sozialverhaltens einher. Das Bewusstsein ist nicht getrübt. Die Symptome müssen mindestens 6 Monate vorliegen. Dieser Zustand wird mit wenigen Ausnahmen durch eine chronische oder fortschreitende Krankheit des Gehirns hervorgerufen. Die Häufigkeit der Ursachen ist in Tab. 14-1 dargestellt. An erster Stelle steht die Alzheimer-Krankheit, gefolgt von Gefäßerkrankungen. Bei älteren Patienten stellt die Kombination dieser beiden Pathologieformen die vorherrschende Ursache der Demenz dar. Der Zustand der Demenz entwickelt sich allmählich im Laufe mehrerer Jahre. Mittlerweile wird die Alzheimer-Demenz (AD) in spezialisierten Einrichtungen aufgrund verbesserter diagnostischer Methoden, z. B. PET-Untersuchung oder Bestimmung von Demenzmarkern im Liquor, immer häufiger im leichtgradigen Stadium mit erst beginnenden kognitiven Defiziten festgestellt (Brodaty et al., 2011; O'Loughlin u. Darly, 2006). Die frühzeitige Erkennung könnte somit einen Wandel von einem defizitorientierten zu einem kompe-

Tab. 14-1 Verteilung der häufigsten Demenzursachen (vgl. J. Schneider, 2007)

Ursache	Häufigkeit [%]
Alzheimer-Krankheit ohne weitere Pathologie	30
Alzheimer-Krankheit mit weiterer Pathologie	54
– mit Infarkten	38
– mit Parkinson-/Lewy-Körper-Krankheit	12
– mit mehreren Pathologien	4
Infarkte ohne weitere Pathologie	12
Parkinson-/Lewy-Körper-Krankheit	2
Andere Ursachen	2

tenzorientierten Bild Demenzkranker herbeiführen. Für die Betroffenen hat die Frühdiagnose widersprüchliche Konsequenzen. Einerseits ermöglichen die besser erhaltenen kognitiven Fähigkeiten die aktive Auseinandersetzung mit den Defiziten (Leicht et al., 2010), die Aneignung von Strategien zur Lösung von Alltagsproblemen (Robinson et al., 2010), die Artikulation von Bedürfnissen und Präferenzen (Woods, 1999) sowie die Mitwirkung an Entscheidungen über Behandlung und Lebensplanung (Gaugler et al., 2011; Karlawish, 2008). Andererseits treten depressive Verstimmungen (Aalten et al., 2005) und Suizidtendenzen (Purandare et al., 2009) aufgrund der weitgehend unversehrten Einsichts- und Reflexionsfähigkeit (Joosten et al., 2010; Logsdon et al., 2006) häufiger auf als bei einer Diagnose in einem weiter fortgeschrittenen Stadium.

14.1.2 Aktueller Stand der Psychoedukation für Patienten mit Alzheimer-Demenz

Die Ziele psychoedukativer Interventionen wie Aufbau eines funktionalen Krankheitskonzeptes, Vermittlung von Kompetenzen im Umgang mit der Erkrankung, Erhöhung der Selbstwirksamkeit, Verbesserung des subjektiven Befindens, Vermittlung von Hoffnung und emotionale Entlastung wurden bereits ausführlich in den Kapiteln 1 und 2 erläutert. Diese allgemeinen Ziele müssen jedoch an die jeweiligen Diagnosegruppen adaptiert werden. Dies gilt auch im Fall der Demenz. Ein Grundelement der Psychoedukation ist eine didaktische Wissensvermittlung („Dolmetschen" von Fakten) mit interaktiver Erarbeitung einzelner Themenschwerpunkte und Strukturierung sowie Illustrierung von Beiträgen der Teilnehmer.

Bei oberflächlicher Betrachtung scheinen das Konzept der Psychoedukation und das Krankheitsbild der Demenz in einem Widerspruch zu stehen. Psychoedukation beinhaltet neben anderen Aspekten eine Art der Wissensvermittlung z. B. über die Erkrankung, die auch einen Lernprozess erfordert. Bei einer Demenz bestehen kognitive Defizite, die u. a. die Speicherung und Verarbeitung von Information betreffen, so dass das Lernvermögen in der Regel eingeschränkt ist. Psychoedukation sollte daher für Patienten angeboten werden, bei denen die kognitiven Einschränkungen noch geringgradig sind. Des Weiteren sollten psychoedukative Programme so modifiziert werden, dass die Anforderungen an Gedächtnisleistung und Informationsverarbeitung möglichst gering bleiben. Die Früherkennung ist die Voraussetzung für die Anwendung der Psychoedukation bei Demenz. Die gegenwärtig verfügbare, aber auch die in Entwicklung befindliche Pharmakotherapie, verzögert das Fortschreiten der Krankheitssymptome, hat jedoch keinen Einfluss darauf, ob und wie der vorübergehende Erhalt von kognitiven und alltagspraktischen Fähigkeiten im Einzelfall genutzt wird (Molnar et al., 2009). Für die Nutzung dieser Fähigkeiten ist eine professionelle Vermittlung eines Krankheitskonzeptes, z. B. durch medizinisches Fachpersonal (Arzt, Fachpflegekraft, Sozialpädagoge), wichtig, um den Patienten die Zusammenhänge zwischen den wahrgenommenen Symptomen, den hirnmorphologischen Veränderungen und den Behandlungsmöglichkeiten näherzubringen. Eine psychoedukative Intervention stellt eine therapeutische Unterstützung dar bei der Auseinandersetzung mit der Krankheit im Hinblick auf emotionale (Aufrechterhaltung von Selbstwert, persönlicher Identität und Eigenständigkeit), instrumentelle (Wahrung des individuellen Lebensstils, sinnvolle Tätigkeiten, Teilhabe, Neugestaltung von Rollen und Aufgaben) und interpersonelle (partnerschaftliche bzw. familiäre Beziehungen, Zuwendung, Anerkennung, positive Kommunikation) Bedürfnisse (Clare, 2002; Dröes, 2007; Harris u. Keady, 2004; Stechl et al., 2007; Whitlatch et al., 2005; Yale, 1999). Entsprechende Interventionen sind in Deutschland bisher nur vereinzelt erprobt und nicht wissenschaftlich evaluiert worden.

In jüngster Zeit sind vorwiegend in den USA Therapieverfahren zur Unterstützung von Patienten im Frühstadium der Alzheimer-Demenz konzipiert worden (Goldberg, 2011; Logsdon et al., 2006; Whitlatch et al., 2006; Zarit et al., 2004). Ihre gemeinsamen Merkmale sind Gruppenformat, strukturierter Aufbau, professionelle Leitung, Wissensvermittlung, Erfahrungsaustausch unter den Betroffenen, Erarbeitung von praktischen Problemlösungen und partielle Einbeziehung der Angehörigen. Damit tragen diese Interventionen charakteristische Züge der Psychoedukation (Mühlig u. Jacobi 2006). Die besonderen pädagogischen Probleme, z. B. eine verlangsamte kognitive Verarbeitungsgeschwindigkeit, die sich bei einer Gruppenintervention für Erwachsene mit kognitiver Beeinträchtigung ergeben können, wurden in den bisherigen Interventionen nicht berücksichtigt. Zur Wirksamkeit der Therapieverfahren liegen hauptsächlich Erkenntnisse aus unkontrollierten Studien vor. Sie zeigen eine hohe Akzeptanz und Therapiezufriedenheit unter den Teilnehmern (Gaugler et al., 2011; Goldsilver u. Gruneir, 2001; Whitlatch et al., 2005), eine Verminderung von Angst und Depressivität sowie Verbesserungen des krankheitsbezogenen Wissens, des sozialen Rückhalts, der Zuversicht und der Selbstwirksamkeit, des Austausches von praktischen Problemlösungen sowie der Kommunikation zwischen Patienten und Angehörigen (LaBarge u. Trtanj, 1995; McAfee et al., 1989; Snyder et al., 2007; Snyder et al., 1995; Sörensen et al., 2008; Zarit et al., 2004).

In einer Pilotstudie an der Universität Mainz nahmen 12 Patienten an 12 zweiwöchentlichen Therapiesitzungen teil, die neben psychoedukativen auch psychomotorische Elemente umfassten. Bei ihnen wurde ein Rückgang von Angst, Rückzugsverhalten und Antriebslosigkeit festgestellt (Scheurich et al., 2008). Bisher gibt es weltweit zwei randomisierte und kontrollierte Studien. Logsdon et al. (2010) verglichen in Washington eine 9 Sitzungen umfassende Intervention mit einer Wartelistenbedingung. Die 142 Teilnehmer der aktiven Therapie zeigten signifikante Verbesserungen der subjektiven Lebensqualität, der Stimmung und der intrafamiliären Kommunikation. In Dänemark konnten von der Arbeitsgruppe Waldorff et al. (2012) 330 Patienten und ihre Angehörigen in eine Studie eingeschlossen werden. Die primären Zielgrößen waren kognitive Fähigkeiten, Depressivität und Lebensqualität. Nach 12 Monaten wurden keine signifikanten Veränderungen der Zielgrößen im Vergleich zur Baseline festgestellt.

Edukative Gruppenprogramme für Patienten im Frühstadium der Alzheimer-Demenz lassen sich von psychosozialen Interventionen für diese Indikation abgrenzen, die entweder andere Zielsetzungen verfolgen (Demenz Support Stuttgart, 2012; Kurz et al., 2012; Voigt-Radloff et al., 2009), sich auf Patienten in weiter fortgeschrittenen Krankheitsstadien beziehen (Graessel et al., 2011; Romero, 2004) oder sich primär an pflegende Angehörige wenden (Bundesministerium für Gesundheit, 2011; Haberstroh et al., 2011; Rummel-Kluge et al., 2008).

Die Psychiatrische Klinik am Klinikum rechts der Isar hat in Deutschland Pionierarbeiten auf dem Gebiet der Psychoedukation geleistet. Seit 1990 bestehen Erfahrungen in der Konzeptualisierung und Standardisierung von psychoedukativen Gruppeninterventionen für Patienten und Angehörige bei verschiedenen psychiatrischen Krankheitsbildern sowie in der Evaluation dieser Interventionen durch kontrollierte klinische Prüfungen. Auf dem Gebiet der Demenzerkrankungen ist eine Arbeitsgruppe der Klinik der Frage nachgegangen, in welchem Maß Demenzkranke in der Lage sind, sich neue Informationen anzueignen und auf dieser Grundlage Entscheidungen bezüglich der Behandlung und der weiteren Lebensführung zu treffen. Diese Fähigkeiten sind entscheidende Vorbedingungen für die Wirksamkeit psychoedukativer und psychotherapeutischer Interventionen. Eine Befragung von 100 Patienten ergab, dass beide Voraussetzungen bei Patienten mit leichtgradiger Demenz weitgehend erhalten sind, mit zunehmendem Schweregrad der Erkrankung jedoch abnehmen (Hamann et al., 2011).

14.1.3 Aktueller Stand der Psychoedukation für Angehörige

Gruppen für Angehörige von Patienten mit einer Alzheimer-Demenz sind etabliert und werden sowohl im ambulanten als auch im stationären Setting durchgeführt. Auch in den S3-Leitlinien „Demenzen" sind angehörigenbezogene Verfahren mit dem Ziel der Verbesserung der Situation des Erkrankten mit dem Empfehlungsgrad B verankert. Sie können Verhaltenssymptome im Allgemeinen und speziell die Depressivität der Erkrankten beeinflussen und sollten daher angeboten werden.

Insgesamt haben Angehörige von an Demenz erkrankten Menschen aufgrund der Belastungssituation ein erhöhtes Risiko z. B. für depressive Erkrankungen. Daher wurden nichtpharmakologische Interventionen für pflegende Angehörige als Austauschforum, zur Wissensvermittlung und zur emotionalen Unterstützung entwickelt (Kurz u. Wilz, 2010). Die Deutsche Alzheimer Gesellschaft organisiert in den regionalen Alzheimer Gesellschaften und Beratungsstellen Angehörigengruppen, die seit Jahren einen festen Bestandteil der Angebote bilden. In Studien konnte gezeigt werden, dass Selbsthilfegruppen den emotionalen Rückhalt und das subjektive Wohlbefinden Angehöriger stärken können. Auch die pflegerische Kompetenz und die Fähigkeit zur Stressbewältigung wurden verbessert.

Belle et al. (2006) haben in den Vereinigten Staaten eine randomisiert-kontrollierte Untersuchung bei 600 Angehörigen von Alzheimer-Demenz-Patienten durchgeführt und gezeigt, dass deren Lebensqualität signifikant zunahm und die Prävalenz für depressive Erkrankungen zurückging. In einer Metaanalyse von Parker et al. wurden Studien von 2000–2005 eingeschlossen. Eine Auswertung erfolgte nach Art der Intervention. So konnte in psychoedukativen Gruppeninterventionen ein Rückgang sowohl der depressiven Symptome als auch der Belastung Angehöriger, aber keine Verzögerung von Heimaufnahmen nachgewiesen werden (Parker et al., 2008). Die deutsche Arbeitsgruppe Pinquart et al. (2006) publizierte eine Metaananlyse, die 127 Studien aus den Jahren 1982–2005 einbezog. Zusammenfassend zeigte sich zumindest ein geringer positiver Effekt auf die Belastung, Depressivität, das Wohlergehen und den Wissensstand der Angehörigen. Die Gruppeninterventionen wurden in den beiden Metaanalysen in psychoedukative, supportive, multimodale und anderweitige Gruppenformate unterteilt.

14.1.4 Manuale für Patienten und Angehörige

Die praktische Anwendung psychoedukativer Prinzipien bei Patienten mit Demenz wurde durch die Alzheimer Gesellschaft München erprobt. Seit 2007 wird eine Intervention für Betroffene und ihre Angehörigen durchgeführt. Das edukative Gruppenprogramm, an dem bisher insgesamt 30 Patienten teilnahmen, besteht aus 8 wöchentlichen Sitzungen von je 120 Minuten Dauer mit jeweils 6 bis 10 Teilnehmern. Parallel zu den Patientengruppen finden Angehörigengruppen statt. Die Evaluation auf der Grundlage freier Interviews und standardisierter Fragebögen ergab eine hohe Therapiezufriedenheit. Die Teilnehmer bewerteten die Vermittlung von Information und praktischen Ratschlägen sowie die Möglichkeit des Erfahrungsaustausches als hilfreich. Darüber hinaus berichteten sie über Verbesserungen der Selbstwirksamkeit und der Offenheit im Umgang mit ihrer Krankheit. Das Manual für die Patienten wird hier nicht vorgestellt.

Wie bereits erwähnt, werden Angehörigengruppen insbesonders von den regionalen Alzheimer Gesellschaften angeboten. Es handelt sich hierbei um eine Schulungsreihe „Hilfe beim Helfen" für Angehörige von an Alzheimer erkrankten Patienten. Die Schulungsreihe besteht aus 7 Sitzungen mit unterschiedlichen Themengebieten, z. B. Informationen zum Krankheitsbild (Arten und Stadien von Demenzerkrankungen, Therapieansätze), Anregungen für den Umgang mit Erkrankten, aber auch Tipps zu sozialpsychiatrischen Fragestellungen wie Pflegeversicherung und Entlastungsangebote für die Angehörigen oder Tipps zu rechtlichen Themen wie Schwerbehindertenausweis, Betreuungsrecht, Vorsorgevollmacht und Patientenverfügung. Die Themen und die Sitzungen sind aufeinander abgestimmt und umfassen jeweils ca. 2 Stunden. Teilnehmerinnen und Teilnehmer haben zudem Gelegenheit, Kontakt zu anderen Angehörigen zu knüpfen, die in ähnlicher Situation sind, und Erfahrungen oder auch Lösungsvorschläge bei gemeinsamen Problemfeldern auszutauschen. Das Seminar richtet sich gleichermaßen an Angehörige, die aktuell mit dem Thema konfrontiert wurden, und an solche, die schon länger in der Versorgung aktiv sind. In Bezug auf die Rate an Heimunterbringungen zeigt diese Intervention keine Effekte. Dieser Aspekt wurde in der AENEAS-Studie (A European Network for the Evaluation of Alzheimer Supportgroups) 2003–2005 untersucht. In Zusammenarbeit der Psychiatrischen Klinik der Technischen Universität München mit der Deutschen Alzheimer-Gesellschaft (Berlin) und dem Institut für Gesundheitssystemforschung der Charité (Berlin) wurde an 15 Zentren in Deutschland, Österreich und der Schweiz die Schulungsreihe „Hilfe beim Helfen" mit der Standardversorgung (Kontrollbedingung) verglichen. Es wurde festgestellt, dass die Rate der Heimunterbringungen durch die Schulungsreihe im Vergleich zur Kontrollbedingung nicht signifikant beeinflusst wurde. Das Anliegen der Studie war ursprünglich, die Rate der Heimunterbringungen und damit verbunden auch die Gesundheitskosten zu senken. Dieses Ziel wurde nicht erreicht.

Zur Reduktion von Belastungen im Umgang mit demenzkranken Verwandten wurde im Projekt „Tele.TAnDem" unter der Leitung von Prof. Dr. Gabriele Wilz in den Jahren 2008 bis 2010 pflegenden Angehörigen eine gezielte telefonische Beratung über insgesamt 3 Monate mit insgesamt 7 Telefongesprächen angeboten. Das Interesse der Angehörigen, an einer derartigen Intervention teilzunehmen, war sehr groß. Im prä-post-

Vergleich wurden bei den Angehörigen der Interventionsgruppe eine signifikante Verringerung der Pflegebelastung, des Erschöpfungserlebens und des Beschwerdedrucks sowie eine Verbesserung der Problemlösefähigkeit, der Lebensqualität und des emotionalen Befindens festgestellt. Laut Prof. Dr. Wilz erlebten die pflegenden Angehörigen gerade die regelmäßigen Kontakte als besonders hilfreich. In der zweiten Studie „Tele.TAnDem.Transfer" soll dieses qualifizierte psychologische Unterstützungsangebot in den Jahren 2012 bis 2015 erstmals in bestehenden Versorgungsstrukturen erprobt werden. Durchgeführt wird das Projekt mit Förderung des Bundesministeriums für Gesundheit und unter Mitwirkung der Deutschen Alzheimer-Gesellschaft.

14.1.5 Ausblick

Gemeinsam mit der Deutschen Alzheimer Gesellschaft ist eine Gruppenintervention für Patienten im Frühstadium der AD (MMST > 20) zur Ergänzung der pharmakologischen Therapie und des Hilfsangebots regionaler Alzheimer-Gesellschaften und Memory-Kliniken geplant, um die momentan bestehende Versorgungslücke zu schließen. Die Intervention wird 8 wöchentliche Sitzungen (Dauer 90 Minuten, 8–10 Teilnehmer) umfassen und soll durch Sozialpädagogen oder Pflegekräfte geleitet werden. Im Mittelpunkt stehen die Vermittlung eines realistischen Krankheitsmodells, die Erarbeitung praktischer Problemlösungen, die Gestaltung interpersoneller Beziehungen, die Zukunftsplanung und die Nutzung von Versorgungseinrichtungen. In Pilotstudien sollen die Wirkungen der Intervention bezüglich der zentralen Bedürfnisse der Teilnehmer, die optimale Dauer und die geeignete Form der Wissensvermittlung herausgefunden werden.

14.2 Leichte kognitive Beeinträchtigung (MCI)

14.2.1 Kurze Beschreibung des Krankheitsbildes

Als leichte kognitive Beeinträchtigung (engl. mild cognitve impairment, MCI) werden eine Gedächtnisstörung und/oder Einbußen in anderen kognitiven Bereichen, verbunden mit Lernschwierigkeiten und Konzentrationsstörungen, bezeichnet, die über die altersbedingte Leistungsabnahme hinausgehen und durch psychometrische Verfahren objektiviert werden können. Die kognitiven Dysfunktionen können in den Bereichen Gedächtnis, Lernen, Rechnen, Aufmerksamkeit, Sprache, Visuokonstruktion und Exekutivfunktionen auftreten. Keines der Symptome ist so schwerwiegend, dass die Diagnose einer Demenz oder eines Delirs gestellt werden kann. Für das Vorliegen einer Demenz ist nicht die Ausprägung der kognitiven Einschränkungen entscheidend, sondern deren Auswirkung auf die noch erhaltene Alltagskompetenz der Patienten (Albert et al., 2011; Guo et al., 2013). Da es für die leichte kognitive Beeinträchtigung gegenwärtig noch keine wirksame pharmakologische Behandlung gibt, spielt diese Diagnose in der Praxis bisher nur eine geringe Rolle. Von wissenschaftlicher Seite aus betrachtet, ist die leichte kognitive Störung allerdings von großem Interesse, da ein Ziel wäre, möglichst früh mit einer medikamentösen Behandlung zu beginnen, um das Fortschreiten zu Demenz und Pflegebedürftigkeit hinauszuzögern oder sogar ganz aufzuhalten. 10–15 % der Patienten von

Gedächtniszentren mit leichter kognitiver Beeinträchtigung entwickeln pro Jahr eine Demenz (Petersen, 2011).

14.2.2 Aktueller Stand der Psychoedukation

Bisher gibt es nur vereinzelt Vorerfahrungen und Studien mit dieser Diagnosegruppe. Der Begriff Psychoedukation wird in dieser Diagnosegruppe kaum verwendet, und psychoedukative Gruppen mit dem Schwerpunkt der Vermittlung eines Krankheitskonzeptes zur Erleichterung des Umgangs mit der Diagnose sind nicht verbreitet. Der überwiegende Anteil der Gruppenangebote fokussiert auf kognitives Training oder kognitive Rehabilitation, um den Umgang mit den kognitiven Einschränkungen und die Verwendung von Gedächtnishilfen zu verbessern (Belleville 2008; Kinsella et al., 2009; Troyer et al., 2008).

Banningh et al. (2011) konnten in einer psychotherapeutischen Intervention die Akzeptanz der Erkrankung bei den Patienten erhöhen und bei den weiblichen Patienten das Gefühl von Hilflosigkeit reduzieren. Des Weiteren werden für Patienten mit leichter kognitiver Störung Rehabilitationskurse angeboten, die sie z. B. im Umgang mit einem Kalendersystem trainieren. Rehabilitation bedeutet in diesem Zusammenhang Verbesserung oder Stabilisierung der kognitiven Leistungsfähigkeit. Patienten berichteten nach den Gruppen von einem Zugewinn an Unabhängigkeit, Selbstzufriedenheit und verbesserter Stimmung (Greenaway et al., 2013). 2011 wurde von einer Münchner Arbeitsgruppe eine Pilotstudie zu einer kognitiven Intervention mit psychoedukativen Anteilen für MCI-Patienten initiiert, die eine Verbesserung des kognitiven Leistungsniveaus und einen Rückgang von depressiven Symptomen belegte (Buschert et al., 2011).

Literatur

Aalten P, De Vugt ME, Jaspers N et al. (2005). The course of neuropsychiatric symptoms in dementia. Part I: Findings from the two-year longitudinal Maasbed study. Int J Geriatr Psychiatry 20: 523–530.

Albert, MS, DeKosky ST, Dickson D et al. (2011). The diagnosis of mild cognitive impairment due to Alzheimer's disease: recommendations from the National Institute on Aging-Alzheimer's Association workgroups on diagnostic guidelines for Alzheimer's disease. Alzheimers Dement 7(3): 270–279.

Banningh LW, Prins JB, Vernooij-Dassen MJ, Wijnen HH et al. (2011). Group therapy for patients with mild cognitive impairment and their significant others: results of a waiting-list controlled trial. Gerontol 57(5): 444–454.

Belle SH, Burgio L, Burns R et al. (2006). Enhancing the quality of life of dementia caregivers from different ethnic or racial groups: a randomized, controlled trial. Ann Intern Med 145(10): 727–38.

Belleville S. (2008). Cognitive training for persons with mild cognitive impairment. Int Psychogeriatr 20(1): 57–66.

Brodaty H, Breteler MMB, DeKosky ST et al. (2011). The world of dementia beyond 2020. J Am Geriatr Soc 59: 923–927.

Bundesministerium für Gesundheit (2011). Leuchtturmprojekt Demenz. Bonn.

Burns DD, Sayers SL, Moras K (1994). Intimate relationships and depression: is there a causal connection? J Consult Clin Psychol 62: 1033–1043.

Buschert VC, Friese U, Teipel SJ et al. (2011). Effects of a newly developed cognitive intervention in amnestic mild cognitive impairment and mild Alzheimer's disease: a pilot study. J Alzheimer's Dis 25(4): 679–694.

Carpenter BD, Balsis S, Otilingam PG et al. (2009). The Alzheimer's Disease Knowledge Scale: development and psychometric properties. Gerontologist 49: 236–247.

Clare L (2002). We'll fight it as long as we can: coping with the onset of Alzheimer's disease. Aging Ment Health 6: 139–148.

Demenz Support Stuttgart (2012). Unterstützte Selbsthilfe von Menschen mit Demenz. Ein Startpunkt. Stuttgart.

Dröes RM (2007). Insight in coping with demenia: Listening to the voice of those who suffer from it. Aging Ment Health 11: 115–118.

Gaugler JE, Gallagher-Winker K, Kehrberg K et al. (2011). The Memory Club: Providing support to persons with early-stage dementia and their care partners. Am J Alzheimer's Dis Other Demen 26: 218–226.

Goldberg EL (2011). Filling an unmet need: a support group for early stage/young onset Alzheimer's disease and related dementias. W V Med J 107: 64–68.

Goldsilver PM, Gruneir MR (2001). Early stage dementia group: An innovative model of support for individuals in the early stages of dementia. Am J Alzheimers Dis Other Demen 16: 109–114.

Graessel E, Stemmer R, Eichenseer B et al. (2011). Non-pharmacological, multicomponent group therapy in patients with degenerative dementia: a 12-month randomized, controlled trial. BMC Medicine 9: 129.

Greenaway MC, Duncan NL, Smith GE. (2013). The memory support system for mild cognitive impairment: randomized trial of a cognitive rehabilitation intervention. Int J Geriatr Psychiatry. 28 (4): 402–409.

Guo LH, Alexopoulos P, Eisele T et al. (2013). The National Institute on Aging-Alzheimer's Association research criteria for mild cognitive impairment due to Alzheimer's disease: predicting the outcome. Eur Arch Psychiatry Clin Neurosci. 263(4): 325–333.

Haberstroh J, Neumeyer K, Krause K et al. (2011). TANDEM: Communication training for informal caregivers of people with dementia. Aging Ment Health 15: 405–413.

Hamann J, Bronner J, Margull J et al. (2011). Patient participation in medical and social decisions in Alzheimer's disease. J Am Geriatr Soc 59: 2045–2052.

Harris PB, Keady J (2004). Living with early onset dementia: Exploring the experience and developing evidence-based guidelines for practice. Alzheimer's Care Today 5: 111–122.

Hautzinger M, Bailer M (1993). ADS – Allgemeine Depressions Skala. Göttingen (Beltz Test GmbH).

Joosten Weyn Banningh LWA, Prins JB, Vernooij-Dassen MJFJ et al. (2010). Group therapy for patients with mild cognitive impairment and their significant others: Results of a waiting-list controlled trial. Gerontology 57: 444–454.

Karlawish J (2008). Measuring decision-making capacity in cognitively impaired individuals. Neurosignals 1: 91–98.

Kinsella GJ, Mullaly E, Rand E et al. (2009). Early intervention for mild cognitive impairment: a randomised controlled trial. J Neurol Neurosurg Psychiatry. 80(7): 730–736.

Kurz A, Hallauer J, Jansen S, Diehl J (2005). Zur Wirksamkeit von Angehörigengruppen bei Demenzerkrankungen. Nervenarzt 76(3): 261–269.

Kurz A, Wilz G (2010). Die Belastung pflegender Angehöriger bei Demenz. Nervenarzt 82(3): 336–342.

Kurz A, Thöne-Otto A, Cramer B et al. (2012) CORDIAL: Cognitive rehabilitation and cognitive-behavioural treatment for early dementia in Alzheimer's disease. A multi-centre, randomized, controlled trial. Alzheimer Dis Assoc Disord 26(3): 246–253.

LaBarge E, Trtany R (1995). A support group for people in the early stages of dementia of the Alzheimer type. J Appl Gerontol 14:289–301.

Leicht H, Berwig H, Gertz HJ (2010). Anosognosia in Alzheimer's disease: the role of impairment levels in assessment of insight across domains. J Int Neuropsychol Soc 16: 463–473.

Logsdon RG, McCurry SM, Teri L (2006). Time-limited support groups for individuals with early stage dementia and their care partners: Preliminary outcomes from a controlled clinical trial. Clin Gerontol 30: 5–19.

Logsdon RG, Pike KC, McCurry SM et al. (2010). Early-stage memory loss support groups: Outcomes from a randomized controlled clinical trial. J Gerontol Psychol Sci 65B: 691–697.

McAfee ME, Ruh PA, Bell P et al. (1989). Including persons with early stage Alzheier's disease in support groups and strategy planning. Am J Alzheimer's Dis Other Demen 4: 18–22.

Molnar FJ, Man Son Hing M, Fergusson D (2009). Systematic review of measures of clinical significance employed in randomized controlled trials of drugs for dementia. J Am Geriatr Soc 57: 536–546.

Mühlig S, Jacobi F (2006). Psychoedukation. In: Wittchen HU, Hoyer J (Hrsg). Lehrbuch der klinischen Psychologie und Psychotherapie. Berlin (Springer), S 543–553.

O'Loughlin C, Darly J (2006). Has the referral of older adults with dementia changed since the availability of acetylcholinesterase inhibitors and the NICE guidelines? Psychiatr Bull 30: 131–134.

Parker D, Mills S, Abbey J (2008). Effectiveness of interventions that assist caregivers to support people with dementia living in the community: a systematic review. Int J Evid based Healthc 6(2): 137–72.

Petersen RC (2011). Clinical practice. Mild cognitive impairment. N Engl J Med. 364(23): 2227–2234.

Pinquart M, Sörensen S (2006). Helping caregivers of persons with dementia: which interventions work and how large are their effects? Int Psychogeriatr. 18(4): 577–595.

Purandare N, Oude-Voshaar RC, Rodway C et al. (2009). Suicide in dementia: 9-year national clinical survey in England and Wales. Br J Psychiatry 194: 175–180.

Robinson L, Iliffe S, Brayne C et al. (2010). Primary care and dementia: 2. long-term care at home: psychosocial interventions, information provision, carer support and case management. Int J Geriatr Psychiatry 25: 657–664.

Romero B (2004). Selbsterhaltungstherapie: Konzept, klinische Praxis und bisherige Ergebnisse. Z Gerontopsychol psychiat 17: 119–134.

Rummel-Kluge C, Pitschel-Walz G, Kissling W (2008). Psychoeducation in dementia: Results of a survey of all psychiatric institutions in Germany, Austria and Switzerland. Psychiatry Clin Neurosci 62: 751.

Scheurich A, Schanz B, Müller MJ et al. (2008). Gruppentherapeutische Frühintervention für Patienten im Frühstadium der Alzheimererkrankung und deren Angehörige – Eine Pilotstudie. Psychother Med Psychol 58: 246–252.

Schneider JA, Arvanitakis Z, Bang W et al. (2007). Mixed brain pathologies account for most dementia cases in community-dwelling older persons. Neurology 69: 2197–2204.

Schwarzer R, Jerusalem M (1999). Skalen zur Erfassung von Lehrer- und Schülermerkmalen. Dokumentation der psychometrischen Verfahren im Rahmen der Wissenschaftlichen Begleitung des Modellversuchs Selbstwirksame Schulen. Berlin (Freie Universität Berlin).

Snyder L, Jenkins C, Joosten L (2007). Effectiveness of support groups for people with mild to moderate Alzheimer's disease: An evaluative survey. Am J Alzheimer's Dis Other Demen 22: 14–19.

Snyder L, Quayhagen Mp, Shepherd S et al. (1995). Supportive seminar groups: an intervention for early stage dementia patients. Gerontologist 35: 691–695.

Sörensen LV, Waldorff FB, Waldemar G (2008). Early counselling and support for patients with mild Alzheimer's disease and their caregivers: A qualitative study on outcome. Aging Ment Health 12: 444–450.

Stechl E, Lämmler G, Steinhagen-Thiessen E et al. (2007). Subjektive Wahrnemung und Bewältigung der Demenz im Frühstadium – SUWADEM. Z Gerontol Geriat 40: 71–80.

Troyer AK, Murphy KJ, Anderson ND et al. (2008). Changing everyday memory behaviour in amnestic mild cognitive impairment: a randomised controlled trial. Neuropsychol Rehabil 18(1): 65–88.

Voigt-Radloff S, Graff M, Leonhart R et al. (2009). WHEDA study: effectiveness of occupational therapy at home for older people with dementia and their caregivers – the design of a pragmatic randomised controlle trial evaluating a Dutch programme in seven German centres. BMC Geriatrics 9: 44.

Waldorff FB, Buss DV, Eckermann A et al. (2012). Efficacy of psychosocial intervention in patients with mild Alzheimer's disease: the multicentre, rater blinded, randomised Danish Alzheimer Intervention Study (DAISY). BMJ 345: e4693.

Whitlatch CJ, Feinberg LF, Tucke SS (2005). Measuring the values and preferences for everyday care of persons with cognitive impairment and their family caregivers. Gerontologist 45: 370–380.

Whitlatch CJ, Judge K, Zarit SH et al. (2006). Dyadic intervention for family caregivers and care receivers in early-stage dementia. Gerontologist 46: 688–694.

Woods B (1999). The person in dementia care. Generations 23: 35–39.

Yale R (1999). Support groups and other services for individuals with early-stage Alzheimer's disease. Generations 23: 57–61.

Zarit SH, Famia EE, Watson J et al. (2004). Memory Club: A group intervention for people with early-stage dementia and their care partners. Gerontologist 44: 262–269.

www.deutsche-alzheimer.de/

III Psychoedukation bei Suchterkrankungen

15 Psychoedukation bei Alkoholabhängigkeit

Hans-Jürgen Luderer

15.1 Epidemiologie

Die Störungen durch Konsum psychotroper Substanzen gehören zu den häufigsten psychischen Störungen überhaupt. In der Epidemiological Catchment Area Study (Heizer u. Pryzbeck, 1988; Regier et al., 1988) fand sich eine Lebenszeitprävalenz von 16 % für alle substanzbedingten Störungen und von 13 % für die Störungen durch Alkohol. Für Deutschland fanden Pabst und Kraus (2008) im Suchtsurvey 2006 12-Monatsprävalenzen von 3,8 % für Alkoholmissbrauch und 2,4 % für Alkoholabhängigkeit. Die körperlichen, psychischen und sozialen Folgen des übermäßigen Konsums psychotroper Substanzen im Allgemeinen und des übermäßigen Trinkens im Besonderen sind erheblich (s. u. a. Feuerlein et al., 1998).

Deshalb haben sich in vielen Ländern seit Langem neben der allgemeinen Krankenversorgung spezielle Suchthilfesysteme etabliert. Diese gehen weit über den medizinischen Bereich hinaus und umfassen u. a. die betriebliche Suchtkrankenhilfe, Selbsthilfeorganisationen, Beratungs- und Behandlungsstellen sowie Koordinationsstellen auf regionaler, Landes- und Bundesebene. 1947 wurde die jetzige Deutsche Hauptstelle für Suchtfragen (DSH) unter der Bezeichnung „Hauptarbeitsgemeinschaft zur Abwehr der Suchtgefahren" (HAG) gegründet.[1]

Die Behandlung Alkoholkranker wird üblicherweise in Phasen aufgeteilt. Unterschieden werden Motivationsphase, Entgiftungsphase, Entwöhnungsphase und Nachsorgephase. In der Motivationsphase spielen niedergelassene Allgemeinärzte, Selbsthilfegruppen und Beratungs- und Behandlungsstellen eine wesentliche Rolle. Die Entgiftungsphase erfolgt in somatischen Krankenhäusern, als qualifizierter Entzug (Mann u. Stetter, 1991, 2002; Mann et al., 2012) in psychiatrischen Kliniken oder bei günstigen medizinischen Voraussetzungen ambulant.

Die stationäre Entwöhnungsbehandlung in Fachkliniken ist in Deutschland seit 1979 eine Maßnahme der medizinischen Rehabilitation (Empfehlungsvereinbarung vom 20.11.1978[2]). Seit 2001 besteht die Möglichkeit der ambulanten Rehabilitation in zugelassenen Beratungsstellen, seit 2008 ist eine tagesklinische bzw. ganztägige ambulante Entwöhnungsbehandlung möglich.

Die Behandlungsergebnisse dieser Therapien sind durchaus ermutigend. Küfner et al. (1988) untersuchten 1410 Patienten verschiedener Fachkliniken. Im Verlauf von vier Jahren waren bei konservativer Berechnung (alle nicht erreichten Patienten wurden als rückfällig eingestuft) 7 % verstorben, 35 % waren konstant abstinent und 7 % teilweise abstinent. Betrachtet man das Trinkverhalten nach 18 Monaten und nach vier Jahren, so waren jeweils 50 % aller bzw. 61 %

---

[1] http://www.dhs.de/dhs.html, http://de.wikipedia.org/wiki/Deutsche_Hauptstelle_f%C3%BCr_Suchtfragen (letzter Zugriff 21.4.2013)

[2] http://www.dhs.de/fileadmin/user_upload/pdf/Arbeitsfeld_Suchthilfe/Suchtvereinbarung_20.11.1978.pdf, letzter Zugriff 21.4.2013

der im Rahmen der Katamnese untersuchten Patienten abstinent.

Auch in anderen Studien fanden sich unterschiedliche Zahlen für konstante und zeitlich begrenzte Abstinenz. Finney und Moos (1991) untersuchten nach zehn Jahren 113 Patienten. 37 % der 83 überlebenden Patienten waren dauerhaft abstinent, ein Jahr vor dem Katamnesezeitpunkt jedoch 54 %. Von 100 untersuchten Patienten (Vaillant 1988) tranken nach vier, acht und 12 Jahren 24 %, 32 % und 25 % keinen Alkohol. Shaw et al. (1997) stellten fest, dass es im Verlauf von Jahren immer mehr Patienten gelingt, abstinent zu werden oder ihre Trinkmenge entscheidend zu reduzieren. Sie fanden Erfolgsquoten von 37 % nach sechs Monaten, 53 % nach 12 Monaten und 69 % nach neun Jahren (Übersicht u. a. bei Krauss, 2009).

Spontanverläufe und Behandlungsergebnisse nicht spezialisierter Einrichtungen sind im Vergleich dazu wenig ermutigend. Lemere (1953) fand bei einer retrospektiven Befragung von Angehörigen verstorbenen Alkoholiker eine Abstinenzquote von 11 %. Mehr als drei Viertel der Verstorbenen hatten ihr Trinkverhalten während des gesamten Lebens nicht verändert. Wieser und Kunad (1975) untersuchten 153 Patienten einer großen psychiatrischen Klinik 8 Jahre nach ihrer Entlassung. 39 % der Patienten waren verstorben, nur 5 % hatten nach der Behandlung konstant abstinent gelebt, mehr als die Hälfte der Überlebenden trank während der gesamten acht Jahre exzessiv (Übersicht bei Luderer, 1993).

Man muss allerdings davon ausgehen, dass weniger als 10 % der Alkoholkranken eine spezifische Behandlung erfahren. 30–35 % der Alkoholkranken werden in somatischen Krankenhäusern, 70–80 % in Praxen niedergelassener Ärzte behandelt. Dort stehen jedoch die Alkoholfolgeerkrankungen und nicht die Suchterkrankung selbst im Vordergrund.

Angesichts der Folgen übermäßigen Trinkens einerseits und der ermutigenden Ergebnisse qualifizierter Therapien andererseits ist es erstrebenswert, möglichst viele Alkoholgefährdete von den Vorteilen maßvollen Trinkens zu überzeugen und möglichst viele Alkoholabhängige für eine suchtspezifische Behandlung zu gewinnen. Das ist jedoch leichter gesagt als getan.

15.2 Einstellung zum Trinken bei Alkoholkranken

Alkoholische Getränke sind von ihrem Geschmack, aber auch von ihrer Wirkung her für viele Menschen ausgesprochen attraktiv. Nicht zuletzt aus diesen Gründen ist Alkohol aus dem Leben der meisten Gesellschaften kaum wegzudenken. Dabei war schon immer bekannt, dass der Genuss nur in Maßen unproblematisch ist.

Vielen Menschen fällt es allerdings nicht leicht, beim Trinken das rechte Maß zu finden und beizubehalten. Häufig hängt die Antwort auf die Frage, wie viel Alkohol gesundheitlich und gesellschaftlich zuträglich ist, vom eigenen Trinkverhalten ab. Wer wenig trinkt, hält Wenigtrinker für leistungsfähiger und geselliger. Wer viel trinkt, nimmt eine positive Wirkung des Trinkens auf körperliches und psychisches Wohlbefinden an. Je mehr eine Person trinkt, desto krasser das Bild des Alkoholikers (Antons u. Schulz, 1976)! Offenbar versuchen die meisten Menschen, ihr eigenes Trinken vor sich und Anderen zu rechtfertigen.

Eine sozialpsychologische Erklärung hierfür ist die Theorie der kognitiven Dissonanz (Festinger, 1957). Kognitive Dissonanz entsteht immer dann, wenn eine Person sich mit widersprüchlichen und deshalb schlecht miteinander vereinbaren Wahrnehmungen, Gedanken oder Einstellungen konfrontiert sieht. Wenn die eigene Wahrnehmung oder das eigene Verhalten der eigenen Einstellung zuwiderläuft, kann man entweder die Wahrnehmung zur Kenntnis nehmen, das Verhalten ändern und die Einstellung überprüfen; alternativ kann man aber auch die Wahrnehmung uminterpretieren, das eigene Verhalten rechtfertigen und die Einstellung beibehalten.

Auf übermäßiges Trinken bezogen, bedeutet dies: Wer zu viel trinkt und die gesundheitlichen und sozialen Folgen zu spüren bekommt, kann seine Selbstbeurteilung als mäßiger Alkoholkonsument korrigieren und sein Trinkverhalten ändern. Er kann aber auch seine Selbstbeurteilung beibehalten, die Folgen des Trinkens kleinreden und sich die Unterstützung anderer Personen mit ähnlichem Konsummuster sichern. Deshalb ist es bei Informationen über die Folgen übermäßigen Trinkens sinnvoll, die Tendenz zur Selbstrechtfertigung zu bedenken. Den meisten Menschen fällt es nicht allzu schwer, unangenehme Wahrheiten für eine gewisse Zeit zu ignorieren.

Alkoholiker durchlaufen aus diesen Gründen auf ihrem Weg, sich ihrer Krankheit bewusst zu werden, meist einen schmerzlichen Prozess. Lange trinken sie ohne körperliche, psychische und soziale Nachteile, irgendwann sehen sie sich aber mit den ersten negativen Folgen wie morgendlichem Kater oder kritischen Bemerkungen von Familienangehörigen und anderen Personen konfrontiert. Sie versuchen, diese Folgen irgendwie zu erklären und kritische Äußerungen als übertrieben abzutun. Wenn die alkoholbedingten Probleme erkannt werden, bemühen sie sich, wenigstens nach außen hin ein positives Bild aufrechtzuerhalten. Insofern stellt sich die Frage, wie Menschen überhaupt erkennen, dass sie etwas ändern sollten.

Ein Konzept zur Beschreibung solcher Veränderungsprozesse ist das transtheoretische Modell von Prochaska und DiClemente (1982). Es geht von der Grundannahme aus, dass Veränderungsprozesse mehrere qualitativ unterschiedliche und sukzessiv aufeinanderfolgende Stufen durchlaufen. In der Phase der Vorbesinnung oder Absichtslosigkeit (Precontemplation) ist das Problem den Betroffenen noch nicht bewusst. Erst in der Phase der Besinnung oder Absichtsbildung (Contemplation) wird die Diskrepanz zwischen eigenem Anspruch und tatsächlichem Verhalten bewusst; nun werden Argumente für oder gegen Veränderungen in Erwägung gezogen. In der Vorbereitungsphase (Preparation) setzen sich die Betroffenen ernsthaft mit Veränderungsplänen auseinander, klären Ziele und planen Vorgehensweisen. In der Handlungsphase (Action) unternehmen sie konkrete Veränderungsschritte, in der Phase des Aufrechterhaltes (Maintenance) ist es ihre Aufgabe, das Erreichte zu festigen. Während des gesamten Prozesses ist es für die Betroffenen hilfreich, ihr Problem nicht aus den Augen zu verlieren, die Bewertung des persönlichen Umfelds und der eigenen Person ständig zu überprüfen und hilfreiche Beziehungen zu nutzen.

15.3 Motivationsprozesse bei Alkoholkranken

Das Phasenmodell der Motivation nach Prochaska und DiClemente (1982) trifft Aussagen zum Ablauf des Motivationsprozesses, sagt aber wenig über die dabei hilfreichen therapeutischen Prozesse. Methoden zur Herstellung von Veränderungsbe-

15 Psychoedukation bei Alkoholabhängigkeit

dingungen wurden im Rahmen des Motivational Interviewing (Miller u. Rollnick, 1991) entwickelt. Die Autoren gehen von der Annahme aus, dass jeder Suchtkranke gute Gründe hat, seinen Konsum entweder beizubehalten oder zu verändern, und dass Konfrontation, Drängen und Streiten sinnlos sind.

Diese Grundidee entstand im Zuge der Vorbereitung einer klinischen Studie zur Verhaltenstherapie bei Problemtrinkern (Zusammenfassung bei Miller u. Rose, 2009). Neun Berater wurden in Selbstkontrolltraining und Empathie im Sinne der klientenzentrierten Therapie (Rogers, 1957, 1959) trainiert. Es stellte sich heraus, dass die Empathie der Therapeuten hinsichtlich des späteren Trinkverhaltens weitaus bedeutsamer war als alle therapeutischen Techniken.

Miller beschrieb sein Vorgehen erstmals 1983. Es ist gekennzeichnet durch die Ablehnung des damals üblichen konfrontativen Vorgehens und den von Miller selbst als „empathic person-centered style" bezeichneten Umgang mit den Betroffenen. Charakteristisch für diesen Ansatz sind einerseits das Herstellen und Stärken der vom Betroffenen selbst formulierten Veränderungsmotivation, andererseits die empathische Haltung auch gegenüber der Argumente gegen eine Veränderung. Die Ambivalenz wird damit zum natürlichen Bestandteil des Motivationsprozesses. Grundlegende therapeutische Prinzipen sind akzeptierende Haltung, aktives Zuhören, Betrachten der Situation aus Sicht des Patienten, Herstellen kognitiver Dissonanz durch offene Fragen und flexibler Umgang mit Ambivalenz und Widerstand.

In mehreren randomisierten und kontrollierten Untersuchungen sank der Alkoholkonsum nach Interventionen, die sich am Modell des Motivational Interviewing orientierten (Miller et al., 1988; Miller et al., 1993). Überraschenderweise war die Abstinenzquote bei Patienten, die vor einem Behandlungsprogramm eine einzige MI-Sitzung absolviert hatten, höher als bei der Kontrollgruppe ohne vorherige MI-Intervention (Brown u. Miller, 1993; Bien et al., 1993; Aubrey, 1998).

Die Therapieergebnisse waren allerdings bei verschiedenen Therapeuten unterschiedlich. Deshalb wurden bei der Untersuchung der therapeutischen Prozesse Gesprächsaufzeichnungen mit dem Motivational Interviewing Skill Code (MISC, Miller u. Mount, 2001, Miller et al., 2004; Moyers et al., 2003, 2005) codiert. Untersucht wurden die Übereinstimmung der Therapeutenäußerungen mit den Vorgaben des MI einerseits und die Häufigkeit und Intensität der Thematisierung des Veränderungswunsches durch die Patienten andererseits.

Es zeigte sich, das MI-konformes Therapeutenverhalten im Vergleich zu konfrontativem Vorgehen eine Zunahme der Thematisierung von Veränderungsabsichten („Change Talk") und eine Abnahme des Widerstands gegen Veränderung bewirkte. Der wesentliche Prädiktor für die Umsetzung von Sprechen über Veränderung in reales Verhalten waren das Ausmaß der Ernsthaftigkeit des Sprechens über Veränderung am Ende des Gesprächs und eine ansteigende Kurve der Ernsthaftigkeit („Commitment") im Verlauf des Gesprächs.

MI ist somit eine suchtspezifische Anwendung und Weiterentwicklung gesprächspsychotherapeutischer Prinzipien, der Empathie, der nicht an Bedingungen geknüpften Wertschätzung und der Kongruenz. Im Falle der Alkoholabhängigkeit besteht eine wesentlich Aufgabe der Therapeuten darin, bei den Betroffenen vor allem die Ambivalenz und die Tendenz zur Selbstrechtfertigung zu verstehen und zu akzeptieren. Dabei darf das grundsätzliche Ziel, nämlich die Veränderung, nicht aus den Augen verloren werden. Hilfe zur Veränderung im Sinne von Gesprächspsychotherapie und Motivational Interviewing bedeutet Verändern durch Verstehen.

Die Empathie spielt auch bei der Psychoedukation eine entscheidende Rolle. Auch hier besteht ein wesentliches Ziel darin, den Patienten zu helfen, die bereits eingetretenen Folgen ihres Trinkens zu erkennen und die entsprechenden Konsequenzen zu ziehen, ohne sie unter Druck zu setzen.

15.4 Prinzipien und Modelle der Psychoedukation bei Personen mit problematischem Alkoholkonsum

Die Grundidee der Psychoedukation bei Alkoholkranken zielt auf die Förderung des Problembewusstseins für den Alkoholkonsum, die Entwicklung eines funktionalen Krankheitskonzepts und die Motivation zur Abstinenz auf der Basis gemeinsam erarbeiteten Wissens.

Bei alkoholgefährdeten Personen haben pädagogische Vorgehensweisen, die sich an diesen Gedanken orientieren, unter anderem in der Präventionsarbeit eine lange Tradition. Der Gedanke, dass es sinnvoll ist, gerade Jugendliche und alkoholgefährdete Personen auf die Gefahren übermäßigen Alkoholkonsums hinzuweisen und vor den Folgen zu warnen, führte schon früh zur Entwicklung von Aufklärungsprogrammen. Die früher übliche konfrontative Haltung wurde im Laufe der Zeit von flexiblen Vorgehensweisen abgelöst, bei denen die Selbstverantwortung der betroffenen Personen eine zentrale Rolle einnimmt.

Ein Beispiel hierfür ist das Manual der Bundszentrale für gesundheitliche Aufklärung „Kurzintervention bei Patienten mit Alkoholproblemen" (BZGA, 2009), das auf der Basis des transtheoretischen Modells erstellt wurde. Es richtet sich vor allem an Ärzte in der Primärversorgung und bietet Hilfestellung bei Beziehungsaufbau, Diagnosestellung, Förderung der Änderungsbereitschaft und der Änderungskompetenz sowie bei der Begleitung der Patienten im Rahmen dieses Prozesses. In dem letztgenannten Abschnitt (v. a. S. 62 ff.) werden dem Leser Hilfen beim empathischen Umgang mit der Ambivalenz des Patienten an die Hand gegeben.

Ein Programm für Personen mit problematischem Alkoholkonsum ist das „Psychoedukative Gruppenprogramm bei problematischem Alkoholkonsum" (PEGPAK; Wessel u. Westermann, 2002). Es umfasst folgende Elemente: Informationsvermittlung, Problemanalyse, Zielfindung und Zielaktivierung, Vermittlung von kognitiven und handlungsbezogenen Selbstmanagementstrategien zum Erwerb allgemeiner Problemlösefertigkeiten, zur Entwicklung eines anderen Lebensstils, zum Umgang mit Risikosituationen und zur Bewältigung sonstiger Krisen.

15.5 Prinzipien und Modelle der Psychoedukation bei Alkoholkranken

Burscheidt (2001) beschrieb vier Themenblöcke eines Therapieprogramms (alkoholbezogene Probleme, Basistechniken der Kommunikation, komplexe Aufgaben und Problemlösestrategien) mit jeweils einem psychoedukativen Einführungsbaustein.

15 Psychoedukation bei Alkoholabhängigkeit

Sittinger et al. (2003) entwickelten das **A**bstinenz-**M**otivations**p**rogramm „Alkoholfrei **m**it **P**fiff" (AMP), das insgesamt 20 Sitzungen umfasst. Es beinhaltet Informationen über Ursachen, Motive, Risikosituationen sowie Reflexionen über kurz- und langfristige positive und negative Effekte von Alkoholkonsum und Abstinenz. Weitere Bestandteile dieses Programms sind das Einüben funktionaler Verhaltensweisen (z. B. Ablehnen von Alkohol) in Problemsituationen. Die fünf psychoedukativen Sitzungen dienen der Förderung der Veränderungsbereitschaft sowie der Wahrnehmung der eigenen körperlichen Gesundheit und der aktuellen Lebenssituation.

Luderer et al. (1986) beschrieben ein gesprächspsychotherapeutisches Modell der Psychoedukation. Dieses geht von der Beobachtung aus, dass die Patienten die Vermittlung von Sachinformationen meist nicht auf sich und ihr Leben beziehen. Deshalb wurden den Themen der „Informationsgruppe" systematisch Inhalte emotionalen Erlebens zugeordnet. Der Grundgedanke dieses Programms war es, zusätzlich zu Sachinformationen gerade solche Erfahrungen anzusprechen, die Patienten nicht wahrhaben wollen und deren sie sich schämen, und sie auf die Pychotherapiegruppen (Luderer, 1987) hinzuführen.

Jede Informationsgruppensitzung begann mit einer etwa 20-minütigen Einführung, in welcher der Gruppenleiter im Anschluss an die Sachinhalte die dazugehörigen Selbsterfahrungsinhalte ansprach. Danach folgte eine Diskussion, bei der die Patienten ihr eigenes Erleben schilderten. Der Themenkatalog bestand aus insgesamt sechs Sitzungen. Bei einer Frequenz von einer Sitzung pro Woche und einer Therapiedauer von 12 Wochen wurde jeder Patient zweimal mit jedem Thema konfrontiert.

Themen der ersten Sitzung waren die Definition der Alkoholabhängigkeit, die Diagnosestellung und die Jellinek-Typologie. Dabei wurden mangelnde Krankheitseinsicht („Eigentlich ist ja alles noch in Ordnung", „Andere trinken ja genau so viel"), Selbstrechtfertigung („Ich trinke ja nur, wenn ich Probleme habe", „Wenn die anderen nicht so schrecklich wären, bräuchte ich nicht zu trinken") und Selbstüberschätzung („Ab morgen ist Schluss", „Dann trinke ich eben nichts mehr. So schwer kann das doch nicht sein") thematisiert.

Inhalt der zweiten Stunde waren Alkoholwirkung, Rausch, Alkoholentzug, Eifersuchtswahn und nicht wahnhafte Eifersucht. In der dritten Stunde kamen Informationen über körperliche Alkoholfolgekrankheiten sowie über das Verhältnis Alkoholkranker zu ihrem Körper zur Sprache.

Beispiel:

„Viele Abhängige lassen ihren Körper links liegen, solange sie trinken, und achten nicht auf ihn. Wenn er sich mit irgendwelchen Symptomen meldet, hören sie nicht darauf, so als stünden am Straßenrand Ampeln, die alle rot aufleuchten, und dann wird eine nach der anderen überfahren. Mich interessiert, ob Sie solche Beschwichtigungsversuche von sich selbst auch kennen, ob sie auch zu sich gesagt haben: „Das ist ja nicht so schlimm, das wird schon wieder, trinken wir erst mal einen drauf."

(Tonbandprotokoll Gruppensitzung vom 28.4.1982, Luderer et al., 1986)

Die Patienten schilderten in diesen Gruppenstunden ihre Erlebnisse recht plastisch:

„Sicher, da hat sich der Magen zusammengekrampft, und das Essen ist wieder herausgekommen, und da hat man sich eben gedacht: Auf, jetzt wird kräftig geschluckt, das wird schon wieder. Und das hat ja auch immer funktioniert, nach ein paar Flaschen Bier war man wieder fit."

Einige Patienten sprachen Veränderungen ihrer Körperwahrnehmung an:

„Ich merke jetzt, dass ich sehr auf meinen Körper achten muss, er reagiert auf alles. Jetzt ist es morgens sehr kalt, und wenn ich mich nicht sofort anziehe, bekomme ich eine Erkältung. Drauf habe ich früher nicht geachtet, ich habe wohl immer etwas auf der Brust gehabt, aber da habe ich eben einen getrunken, und dann war es weg, oder ich habe mir wenigstens eingebildet, es wäre weg."

In ähnlicher Weise wurden die anderen Themen bearbeitet: Suizidalität, eigene Suizidgedanken und das Verharmlosen eigener Suizidversuche, Freiwilligkeit und Zwang (4. Sitzung), strafrechtliche Vorschriften und das Thema Aggressivität (5. Sitzung) sowie Nachsorge und Schwierigkeiten, ein abstinentes Leben zu führen (6. Sitzung). Der Verlauf der Stunden und die positive Beurteilung des Vorgehens durch die Patienten (Luderer et al., 1986) können als Bestätigung für ein Modell gewertet werden, das den inneren Bezugsrahmen der Patienten in den Mittelpunkt rückt.

Schober et al. (2013) legten ein umfangreiches Psychoedukationsmanual vor, in dem allgemeine psychotherapeutische Methoden einschließlich des Aufbaus einer therapeutischen Beziehung und allgemeine Prinzipien der Gruppentherapie, psychoedukative Inhalte (u. a. Suchtverlauf, Suchtverlagerung, körperliche und psychosoziale Folgen, Medikamente in der Suchtbehandlung, praktische Aspekte der Therapie) sowie psychotherapeutische Inhalte (Suchtentwicklung, Motivationsaufbau, Entwicklung von Zielen, Problemanalysen, Emotionsregulation, Umgang mit Risikosituationen, Genuss und Achtsamkeit, Notfallsituationen, Umgang mit Angehörigen) detailliert beschrieben werden. Dieses Manual bietet derzeit die umfassendste Darstellung von Methoden und Inhalten psychoedukativer Gruppenarbeit.

15.6 Empirische Forschung

Die Effekte psychoedukativer Gruppen wurden bisher kaum empirisch untersucht. Die Auswirkungen der Behandlung auf Zielgrößen wie z. B. Reduktion der Trinkmenge, Abstinenzquoten, psychosoziales Funktionsniveau oder Lebenszufriedenheit wurden zwar im Rahmen von Katamnesen erhoben. Der Anteil der Psychoedukation am Gesamtergebnis lässt sich dabei aber noch nicht einmal grob abschätzen, da die Psychoedukation immer in ein multimodales Therapiekonzept eingebunden ist.

15.7 Zusammenfassung und Ausblick

Informationsbroschüren und Informationsgruppen sind schon seit mehr als 30 Jahren Bestandteil der Suchtprävention sowie der Behandlung Suchtgefährdeter und Suchtkranker. In dieser Zeit wurden zahlreiche Psychoedukationsmodelle entwickelt. Die Wirksamkeit der Psychoedukation wurde bisher nur im Rahmen von Katamnesen erfasst, deren Ergebnisse die Wirksamkeit der gesamten multimodalen Behandlung widerspiegeln. Die vorliegenden Patientenbefragungen belegen allerdings eine hohe Akzeptanz und Zufriedenheit mit diesem Baustein der Therapie.

Im Gegensatz zur Psychoedukation bei Patienten mit Schizoprenien und deren Angehörigen hat sich jedoch für die Psychoedukation mit Alkoholkranken bisher kein einheitlicher Themenkatalog durchgesetzt.

Unklar bleibt zudem bei vielen Modellen das psychotherapeutische Vorgehen, das sich nicht auf reine Informationsvermittlung beschränkt.

Für zukünftige Psychoedukationsprogramme wäre folgender Themenkatalog denkbar:

1. Normales Trinken, schädlicher Gebrauch, Abhängigkeit – Umgang mit Craving („Suchtdruck"), Selbstrechtfertigung,
2. Alkoholwirkung, Alkoholrausch – Verhalten im Rausch (Rückzug, Aggression), positive Rauscherfahrungen,
3. Körperliche Alkoholfolgeerkrankungen – Umgang mit dem eigenen Körper,
4. Psychische Alkoholfolgeerkrankungen – Depression, Eifersucht, Misstrauen,
5. Rechtliche Aspekte – Freiwilligkeit, äußerer Druck, Behandlung gegen den Willen der betroffenen Person,
6. Rückfälle – Umgang mit Versuchungssituationen, Craving, Vermeiden von Rückfällen, Verhalten bei drohendem Rückfall, Verhalten bei beginnendem Rückfall, Geahr der Selbstüberschätzung oder des Nicht-wahrhaben-Wollens bei drohendem oder beginnendem Rückfall.

Ein Aspekt der Therapie, der bei allen Einzelthemen eine zentrale Rolle spielt, ist die Achtsamkeit (Schober et al., 2013).

Zusammenfassend können wir festhalten, dass sich die Psychoedukation in der Behandlung alkoholabhängiger Patienten von der reinen Informationsvermittlung der 1970er Jahre zu einem integralen Bestandteil der Psychotherapie dieser Patientengruppe entwickelt hat.

Ratgeber, Links, Medien etc.

Anonyme Alkoholiker Deutschland, Gemeinsames Dienstbüro, Waldweg 6, D-84177 Gottfrieding-Unterweilnbach. Informationsmaterialien http://www.anonyme-alkoholiker.de/content/07lit/07in dex.php

Bundeszentrale für Gesundheitliche Aufklärung (2009). Kurzintervention bei Patienten mit Alkoholproblemen. Ein Beratungsleitfaden für die ärztliche Praxis. Bonn (BZGA). http://www.bzga.de/infomaterialien/alkoholpraevention/?ab=10

Deutsche Hauptstelle für Suchtfragen, Westenwall 4, 59065 Hamm: Kurzinformationen (Factsheets), Broschüren und Faltblätter http://www.dhs.de/informationsmaterial.html (Siehe hierzu auch Landeshauptstellen für Suchtfragen).

Literatur

Antons K, Schulz W (1976). Normales Trinken und Suchtentwicklung, Band 1. Zürich (Hogrefe).

Aubrey LL (1998). Motivational interviewing with adolescents presenting for outpatient substance abuse treatment. Unpubl. Doct. Diss. Albuquerque, University of New Mexico.

Bien TH, Miller WR, Boroughs JM (1993). Motivational interviewing with alcohol outpatients. Behav Cogn Psychoth 21: 347–356.

Brown JM, Miller WR (1993). Impact of motivational interviewing on participation and outcome in residential alcoholism treatment. Psychol Addict Behav 7: 211–218.

Burscheidt W (2001). Integrative Verhaltenstherapie bei Alkoholbhängigkeit. Ein Therapiemanual. Berlin (Springer).

Bundeszentrale für Gesundheitliche Aufklärung (2009). Kurzintervention bei Patienten mit Alkoholproblemen. Ein Beratungsleitfaden für die ärztliche Praxis. Bonn (BZGA).

Festinger L (1957). A Theory of Cognitive Dissonance. Stanford, CA (Stanford University Press).

Finney JW, Moos RH (1991). The long-term course of treated alcoholism: I. Mortality, relapse and remission rates and comparisons with community controls. In: J Stud Alcohol 52 (1): 44–54.

Feuerlein W, Küfner H, Soyka M (1998). Alkoholismus, Missbrauch und Abhängigkeit. Entstehung, Folgen, Therapie. Stuttgart (Thieme).

Heizer JE, Pryzbeck TR (1988). The co-occurrence of alcoholism with other psychiatric disorders in the general population and its impact on treatment. J Stud Alcohol 49, 219–224.

Küfner H, Feuerlein W, Huber M (1988). Die stationäre Behandlung von Alkoholabhängigen: Ergebnisse der 4-Jahreskatamnese, mögliche Konsequenzen für Indikationsstellung und Behandlung. Suchtgefahren 34: 157–171.

Krauss E (2009). 10-Jahres-Katamnese bei Alkoholkranken unter besonderer Berücksichtigung der Frauen. Dissertation, Universität Tübingen. http://d-nb.info/1000148556/34, letzter Zugriff 28.4.2013.

Lemere F (1953). What happens to alcoholics? Am J Psychiat 109: 674–675.

Luderer HJ (1987). Klientenzentrierte Selbsterfahrungsgruppen bei männlichen Alkoholabhängigen. Psychiatr Prax 14: 169–173.

Luderer HJ (1993). Stationäre Therapie Alkoholabhängiger. Methoden und Ergebnisse. Nervenheilkunde 12: 445–450.

Luderer HJ, Böcker A, Böcker FM (1986). Selbsterfahrungsbezogene Informationsvermittlung bei alkoholkranken Männern in Motivationsprozess und Entwöhnung. Suchtgefahren 32: 190–203.

Mann KF, Diehl A, Hein J et al. (2012). Alkoholabhängigkeit. In: Voderholzer U, Hohagen F (Hrsg.). Therapie psychischer Erkrankungen. München (Elsevier), S. 22–36.

Mann KF, Stetter F (1991). Keine Entgiftung ohne psychotherapeutische Begleitung. Psycho 5: 296–304.

Mann KF, Stetter F (2002). Die qualifizierte Entzugsbehandlung von Alkoholabhängigen: Entwicklung und Evaluation. In: Mann KF (Hrsg.). Neue Therapieansätze bei Alkoholproblemen. Berlin (Pabst), S. 59–72.

Miller WR, Benefield RG, Tonigan JS (1993). Enhancing motivation for change in problem drinking: A controlled comparison of two therapist styles. J Consul Clin Psychol 61: 455–461.

Miller WR, Mount KA. (2001). A small study of training in motivational interviewing: Does one workshop change clinician and client behavior? Behav Cogn Psychother 29: 457–471.

Miller WR, Rollnick S. (1991). Motivational interviewing: Preparing people to change addictive behavior. New York (Guilford Press).

Miller WR, Rose GS (2009). Toward a theory of Motivational Interviewing. Am Psychol 64: 527–537.

Miller WR, Sovereign RG (1989). The check-up: A model for early intervention in addictive behaviors. In: Løberg T, Miller WR, Nathan PE, Marlatt GA (Hrsg.). Addictive behaviors: Prevention and early intervention. Amsterdam (Swets & Zeitlinger), S. 219–231.

Miller WR, Sovereign RG, Krege B. (1988). Motivational interviewing with problem drinkers. 2: The Drinker's Check-up as a preventive intervention. Behav Psychother 16: 251–268.

Miller WR, Yahne CE, Moyers TB et al. (2004). A randomized trial of methods to help clinicians learn motivational interviewing. J Consul Clin Psychol 72: 1050–1062.

Moyers TB, Martin T, Catley D et al. (2003). Assessing the integrity of motivational interventions: Reliability of the Motivational Interviewing Skills Code. Behav Cogn Psychother 31: 177–184.

Moyers TB, Martin T, Manuel JK et al. (2005). Assessing competence in the use of motivational interviewing. J Subst Abuse Treat 28: 19–26.

Pabst A, Kraus L (2008): Alkoholkonsum, alkoholbezogene Störungen und Trends. Ergebnisse des Epidemiologischen Suchtsurveys 2006. Sucht 54 (Sonderheft 1): 36–46.

Pampallona S, Bollini P, Tibaldi G et al. (2002). Patient adherence in the treatment of depression. Br J Psychiatry 180: 104–109.

Prochaska JO, DiClemente CC (1982). The transtheoretical therapy: Toward a more integrative model of change. Psychother-Theor Res 19: 276–288.

Regier DA, Farmer ME, Rae DS et al. (1988). One-month-prevalence of mental disorders in the United States. Based on five Epidemiological

Catchment Area sites. Arch Gen Psychiatry 45: 977–986.

Rogers CR (1957). The necessary and sufficient conditions of therapeutic personality change. J Consult. Psychol 21: 95–103.

Rogers CR (1959). A theory of therapy, personality, and interpersonal relationship as developed in the client-centered framework. In: Koch S (Hrsg.). Psychology: A Study of a Science Vol. 3. New York (Mc Graw-Hill), S. 184–256. (Deutsch: Eine Theorie der Psychotherapie, der Persönlichkeit und der zwischenmenschlichen Beziehungen. Köln (GwG) 1987.)

Schober F, Peukert P, Wernz F et al. (2013). Psychoedukatives Training bei Abhängigkeitserkrankungen. Stuttgart (Kohlhammer).

Sittinger H (2005). Psychoedukation in der Vorbeugung und Behandlung von Suchterkrankungen. In: Behrendt B, Schaub A (Hrsg.). Handbuch Psychoedukation und Selbstmanagement. Tübingen (DGVT-Verlag), S. 53–76.

Sittinger H, Sohne E, Scholl I et al. (2003). AMP – Abstinenz – Motivationsprogramm für komorbide Alkoholabhängige. Nervenarzt, Suppl. 2: 251.

Shaw, G. K.; Waller, S.; Latham, C. J.; Dunn, G.; Thomson, A. D. (1997): Alcoholism: a long-term follow-up study of participants in an alcohol treatment programme. In: Alcohol Alcohol 32 (4): 527–535.

Vaillant GE (1988). What can long-term follow-up teach us about relapse and prevention of relapse in addiction? Brit J Addict 83: 1147–1157.

Wessel T, Westermann H (2002). Problematischer Alkoholkonsum – das psychoedukative Schulungsprogramm PEGPAK. Suchttherapie 3: 97–102.

Wieser S, Kunad E (1975). Katamnestische Studien beim chronischen Alkoholismus und zur Frage von Sozialprozessen bei Alkoholikern. Nervenarzt 36: 477–483.

IV Psychoedukation bei schizophrenen Erkrankungen

16 Psychoedukation bei akuten und chronischen schizophrenen Erkrankungen

Josef Bäuml, Bernd Behrendt, Thomas Kohler

16.1 Das Erkrankungsbild der „Psychosen aus dem schizophrenen Formenkreis"

16.1.1 Einleitung

Psychoedukation bei schizophren erkrankten Patienten zählt zu den basalen psychiatrisch-psychotherapeutischen Therapieverfahren. Neben dem Ziel, bei den Betroffenen ein grundsätzliches Verständnis für ihre individuell erhöhte Vulnerabilität und die daraus resultierende Notwendigkeit sowohl einer psychopharmakologischen als auch psychotherapeutisch-psychosozialen Behandlung zu erzeugen, sollen dadurch auch individuelle Bewältigungsstrategien entwickelt und gefördert werden.

Hierbei leistet unter anderem das Synapsenmodell wertvolle Dienste, um die Synergie von postsynaptisch wirksamen medikamentösen Ansätzen und präsynaptisch schützenden psychotherapeutisch-psychosozialen Interventionen zu veranschaulichen.

Das Vulnerabilitäts-Stress-Bewältigungsmodell soll zudem verdeutlichen, dass es sich nicht in erster Linie um eine Kumulation von Defiziten, sondern um die schicksalhafte Verquickung einer besonderen Individualität mit jeweils inkompatiblen Stressereignissen handelt, die zum Ausbruch der Erkrankung führt. Durch eine intelligente Medikation, gezielte Strategien zur Stressreduktion bzw. -vermeidung und eine behutsame Lebensführung kann diese Erkrankung gut bewältigt werden (Bäuml u. Pitschel- Walz, 2011).

Die systematische, interaktive Erarbeitung der einzelnen Informationsmodule gemäß dem Prinzip der „dosierten Diskrepanz" (Linden, 2000) trägt den kognitiven Beeinträchtigungen vieler Patienten Rechnung, die vor allem in der akuten und postakuten Phase bei 80 % der Betroffenen auftreten. Die gleichzeitige Einbeziehung der Angehörigen führt zu einer wesentlichen Verbesserung sowohl des Akut- als auch des langfristigen Verlaufes.

Die psychoedukativen Gruppen für schizophren erkrankte Patienten sollten selbstverständlicher Bestandteil des Gesamtbehandlungsplanes und fest in den Therapiealltag integriert sein (Bäuml u. Pitschel-Walz, 2012).

16.1.2 Grundlegende Fakten

Schizophrene Erkrankungen zählen zu den häufigsten Krankheitsbildern in psychiatrischen Kliniken (ca. 30–40 % der Patienten) und liegen hinsichtlich der direkten und indirekten Krankheitskosten laut WHO an fünfter Stelle weltweit.

Die wesentlichen Prinzipien psychoedukativer Arbeit wurden nicht zufällig in der Therapie mit schizophren erkrankten Menschen entwickelt. Diese stellen aus verschiedenen Gründen eine ganz besondere Herausforderung dar:
- Betroffene fühlen sich häufig „nicht krank" („lack of insight" war in einer WHO-Studie das häufigste „Symptom" bei Psychosen).

- Diese Überzeugung ist außerordentlich resistent gegenüber den therapeutischen Interventionen und war vor der Entwicklung der PE nahezu regelhaft vorhanden.
- Diese dysfunktionale Überzeugung verhindert eine frühe und adäquate Behandlung, insbesondere eine neuroleptische Dauerbehandlung.
- Viele Rezidive führen zu schlechterem „Outcome" mit Chronifizierung, Abhängigkeit von Sozialtransfers und sozialpsychiatrischen Angeboten.
- Trotz der Überzeugung, „nicht krank" zu sein, leiden viele Betroffene unter einer Vielzahl von Beschwerden und Störungen.
- Außenstehende, vor allem Angehörige, haben deutlich weniger Probleme mit dieser Einordnung, woraus sich vielfältige Konflikte ergeben (Inanspruchnahme des medizinischen Hilfesystems).
- Die Ablehnung der „Kranken-Rolle" ist ein wesentlicher Grund für die immer wieder mal notwendig werdende Behandlungen gegen den Willen der Betroffenen.
- Psychoedukation soll die grundlegenden dysfunktionalen Überzeugungen verändern, damit sie die Behandlungsmöglichkeiten optimal und in eigener Entscheidung für sich nutzen können (Kohler, 2012).

Nachfolgend werden die wichtigsten Fakten zur Erkrankung aufgelistet und deren professionelle psychoedukative Vermittlung anhand einiger ausgewählter Manuale demonstriert.

16.1.3 Häufigkeit, Symptomatik, Verlauf, Ursachen

Schizophrene Erkrankungen treten weltweit, unabhängig vom jeweiligen Kulturkreis, mit einer Häufigkeit von etwa 1 % auf (Häfner, et al., 2013). Die Neuerkrankungsrate pro Jahr liegt bei etwa 0,1 % bis 0,3 %. Die Zahl der aktuell Erkrankten bzw. sich in Behandlung befindlichen Patienten liegt bei 0,3 % bis 0,5 % der Bevölkerung.

Über alle psychopathologischen Schulen hinweg kann die Symptomatik am anschaulichsten durch die Unterteilung in Plus- (Positiv-) und Minus- (Negativ-) Symptome dargestellt werden. Aus Platzgründen wird an dieser Stelle auf eine eingehendere Beschreibung der Symptomatik verzichtet; sie kann in den bekannten Lehrbüchern eingesehen werden. Die möglichst anschauliche Beschreibung und Darstellung gehört zu den elementaren Aufgaben jeder psychoedukativen Intervention.

Etwa 10 % bis 20 % der Patienten haben nur einen einzigen Krankheitsschub, ca. 50 % erleiden wiederholte Rezidive mit zwischenzeitlich weitgehender Remission der Beschwerden, und bei 25 % bis 40 % handelt es sich um einen chronischen Verlauf (Möller et al., 2004; Falkai u. Schmitt, 2013; Häfner et al., 2013). Etwa 70 bis 80 % der Erkrankten leben alleine, ohne feste Partnerbeziehung, ca. 10 % bis 20 % können einer beruflichen Tätigkeit auf dem ersten Arbeitsmarkt nachgehen, ca. ein Drittel lebt langfristig in speziell betreuten Einrichtungen. Die Lebensspanne ist aufgrund der erhöhten Suizidrate von 10 % bis 15 % und weiterer ungünstiger Wechselwirkungen mit somatischer Komorbidität um durchschnittlich 15 Jahre verkürzt (Gaebel u. Falkai, 2005; Leucht et al., 2010). Trotzdem verfügen viele der Erkrankten über enorme Ressourcen und Fähigkeiten, die oft nur vorübergehend durch die Erkrankung blockiert oder verschüttet sind (s. Abb. 16-1). Diese salutogenetischen Aspekte wirken prophylaktisch gegenüber einer Stigmatisierung.

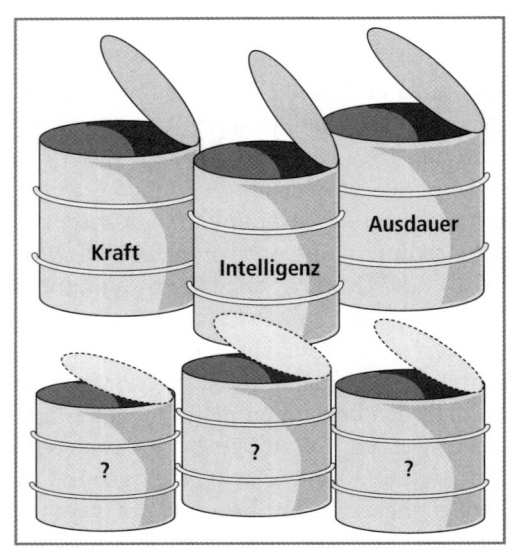

Abb. 16-1 Das Dosenmodell der Fähigkeiten (nach Behrendt, 2009, S. 71)

„Man kann sich das eher so vorstellen, dass durch die akute Psychose die vorhandenen Fähigkeiten wie ‚in Dosen eingemacht' werden, sodass man eine Zeitlang nicht an seine Fähigkeiten heran kann, weil der Deckel mehr oder weniger zu ist. Durch die Behandlung, tägliches Training und die Therapie können Sie selbst dazu beitragen, die Dosen wieder zu öffnen und einen Zugang zu Ihren Fähigkeiten zu erhalten. Wieweit Ihnen das gelingen wird, kann man zum gegenwärtigen Zeitpunkt vielleicht noch nicht sagen. Aber: Es gibt keinen Grund zu der Annahme, dass es ausgerechnet Ihnen nicht gelingen wird, Ihre Fähigkeiten zu trainieren!"

Behrendt, 2009, S. 71

16.1.4 Ursachen

Das Vulnerabilitäts-Stress-Bewältigungsmodell (Zubin u. Spring, 1977; Nuechterlein u. Dawson, 1984) mit seinem bio-psychosozialen Erklärungsansatz macht deutlich, dass in der Regel kein monokausales Erkrankungsgeschehen vorliegt (s. Abb. 16-2). Genetische Ursachen sind nach heutigem Wissen bei etwa 80 % der Erkrankten beteiligt, führen aber nur bei etwa 10 % der davon Betroffenen zum Ausbruch der Erkrankung. Das heißt einerseits, dass Menschen ohne genetische Prädisposition ein sehr viel geringeres Erkrankungsrisiko besitzen (etwa 0,1 % bis 0,5 %), dass aber umgekehrt genetisch prädisponierte Personen nur mit einer etwa 10 % bis 20 %igen Wahrscheinlichkeit erkranken (Schwab, Wildenauer, 2013).

Schwangerschaftskomplikationen, eine Asphyxie bei der Geburt oder schwere Erkrankungen während der frühen Kindheit erhöhen das Risiko, an Schizophrenie zu erkranken, deutlich, eine Hypoxie während der Geburt z. B. um den Faktor 4,2.

Auch früh einsetzender Drogenkonsum, vor allem vor dem 12. Lebensjahr, erhöht das spätere Psychoserisiko um den Faktor 2–4 (Dragt et al., 2012).

Als Ursache für die Erkrankung wird eine Störung der Neurotransmitterbalance im limbischen (Plus-Symptomatik) sowie im frontalen Bereich (Minus-Symptomatik) angenommen, die jeweils zu einer Störung der Informationsverarbeitung führen.

Auch primär strukturelle Defizite mit einer Erweiterung des dritten Ventrikels und einer Volumenabnahme im dorsolateralen präfrontalen Cortex werden beobachtet. Neuerdings mehren sich Befunde, die auf eine Störung der Konnektivität zwischen beiden Hirnhälften hinweisen (Manoliu et al., 2013).

Das Vulnerabilitäts-Stress-Coping-Kompetenzmodell kann in vereinfachter Form als „Krankheits- und Gesundheitsmodell: was mich belastet und was mich schützt" am Flipchart erarbeitet werden. Weil das Modell von Nuechterlein u. Dawson allzu komplex ist, lässt es sich am Beispiel einer Waage

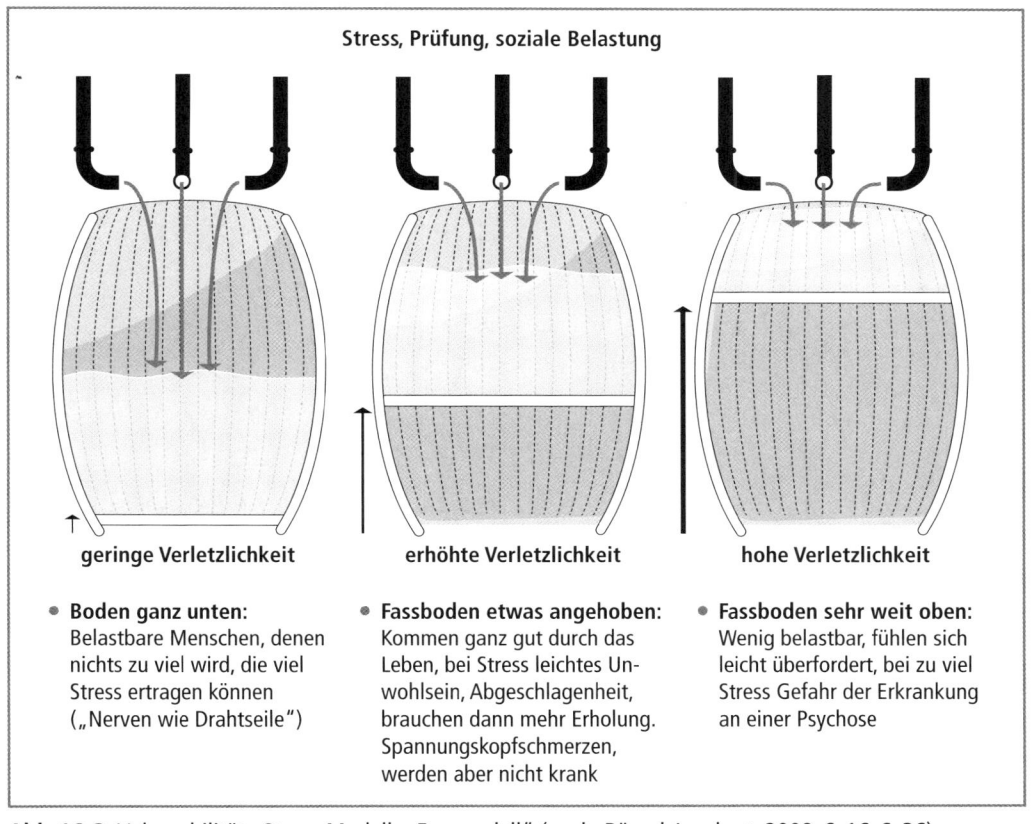

16 Psychoedukation bei akuten und chronischen schizophrenen Erkrankungen

Stress, Prüfung, soziale Belastung

geringe Verletzlichkeit	erhöhte Verletzlichkeit	hohe Verletzlichkeit
• **Boden ganz unten:** Belastbare Menschen, denen nichts zu viel wird, die viel Stress ertragen können („Nerven wie Drahtseile")	• **Fassboden etwas angehoben:** Kommen ganz gut durch das Leben, bei Stress leichtes Unwohlsein, Abgeschlagenheit, brauchen dann mehr Erholung. Spannungskopfschmerzen, werden aber nicht krank	• **Fassboden sehr weit oben:** Wenig belastbar, fühlen sich leicht überfordert, bei zu viel Stress Gefahr der Erkrankung an einer Psychose

Abb. 16-2 Vulnerabilitäts-Stress-Modell: „Fassmodell" (nach: Bäuml, Lambert, 2009, S. 16, S. 36)

erarbeiten; in die linke Waagschale kann alles „hineingelegt" werden, was man unter dem Aspekt „Belastungsfaktoren" zusammenfassen kann. In die rechte Waagschale können sämtliche „Schutzfaktoren" gelegt werden, die man braucht, um im „seelischen Gleichgewicht" zu bleiben (siehe Abb. 16-4).

16.1.5 Medikamentöse Behandlung

Zur Behandlung der überwiegend dopaminerg vermittelten Plussymptomatik haben sich hochpotente Neuroleptika bewährt, die allerdings Nebenwirkungen in Form eines Parkinsonoids verursachen können. Zur Linderung der sich nach Abklingen der Plussymptomatik in ca. 50% bis 70% der Fälle einstellenden Minussymptomatik werden niederpotente Neuroleptika bevorzugt, die als Nebenwirkung in erster Linie Müdigkeit, Sedierung und Gewichtszunahme hervorrufen können. Die bis 1990 dominierenden Neuroleptika der ersten Generation wurden in den letzten beiden Jahrzehnten sukzessive ersetzt durch die Neuroleptika der zweiten Generation („Atypika"), da sie die „typischen" Nebenwirkungen der Neuroleptika der ersten Generation bei gleicher bis besserer Wirkung seltener hervorrufen.

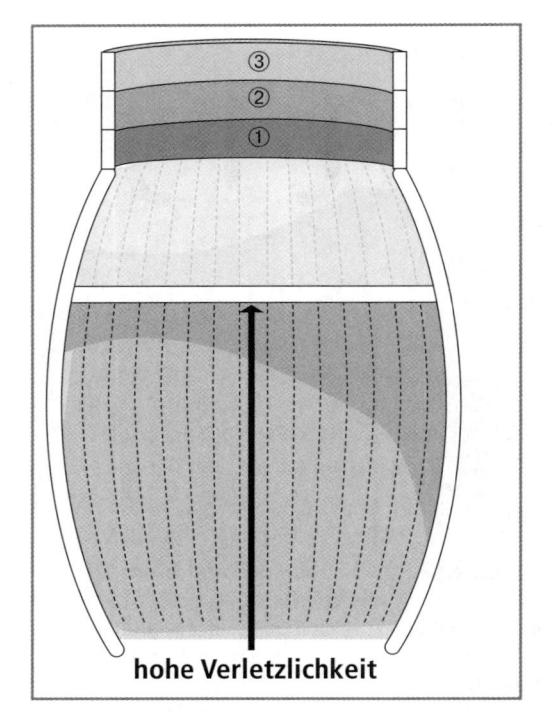

Abb. 16-3 Fassmodell: Zur Behandlung kann mit einer klugen Staffelung der einzelnen Therapiebausteine das geringere Fassungsvermögen ausgeglichen werden:
③ Psychosoziale Maßnahmen
② Psychotherapeutische Interventionen
① Psychopharmakotherapie

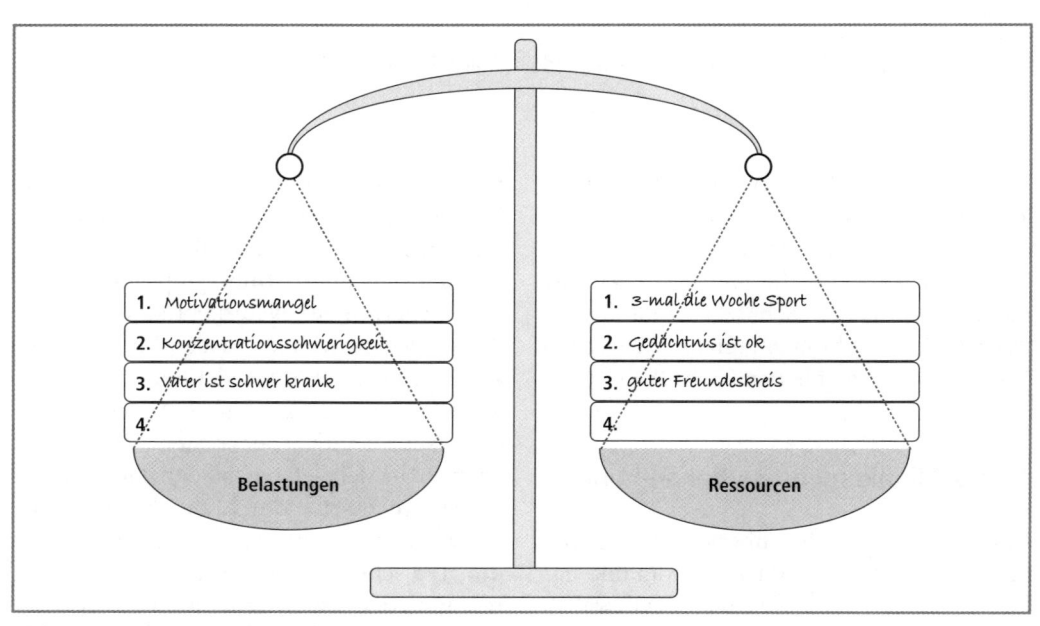

Abb. 16-4 Das Waage-Modell (nach Behrendt, 2009, S. 54)

Hierbei hat sich gezeigt, dass das bereits in den 1970er Jahren entdeckte Neuroleptikum Clozapin auch heute noch bei Therapieresistenz das Mittel der Wahl darstellt. Es kommt mittlerweile bei etwa 30 % der Erkrankten zum Einsatz (Deutschenbaur et al., 2014). Seit einigen Jahren werden negative Effekte von Neuroleptika auf das Gehirnvolumen diskutiert, in erster Linie nach langjähriger und hochdosierter Medikation mit klassischen, hochpotenten Neuroleptika (Aderhold et al., 2014). Auch wenn diese Effekte auftreten sollten, so muss der neurotoxische Effekt der Erkrankung per se auf das Gehirnvolumen mit all den bekannten negativen Auswirkungen auf den langfristigen Verlauf der Erkrankten gegengerechnet werden (Gründer, 2013). Eine so niedere wie möglich, aber doch so hohe wie nötige Dosis sollte deshalb weiterhin die Regel sein.

Durch eine konsequente neuroleptische Rezidivprophylaxe kann die stationäre Wiederaufnahmerate innerhalb eines Jahres von 70 % auf 20 % reduziert werden. Aktuelle Metaanalysen belegen erneut den bereits seit Langem nachgewiesenen Behandlungsvorteil von Neuroleptika im Vergleich zu Placebo; die Rezidivrate liegt im Behandlungsfall bei 27 %, unter Placebo bei 64 % (Leucht et al., 2011). Die Noncompliance-Problematik mit Abbruchraten um 50 % innerhalb des ersten Jahres und entsprechend hohen stationären Wiederaufnahmeraten unterstreicht die Wichtigkeit einer konsequenten Aufklärung und Förderung der Krankheitseinsicht der Patienten.

16.1.6 Ausblick

Es wird erwartet, dass sich durch die Verbesserung der Diagnostik mit Früherkennung von psychotisch gefährdeten Heranwachsenden und gleichzeitiger Einleitung psychohygienischer Präventivmaßnahmen, gepaart mit gezielter Psychopharmakotherapie, das Ersterkrankungsalter mittelfristig hinauszögern und langfristig möglicherweise auch die Zahl der Neuerkrankungen reduzieren lassen. Entscheidend für die langfristige Akzeptanz vor allem der medikamentösen Behandlung wird die Verbesserung und Weiterentwicklung der Psychopharmaka sein. Um mit den derzeit zur Verfügung stehenden Strategien bestmögliche Resultate erzielen zu können, kommt der psychoedukativen Basistherapie eine immens wichtige Rolle sowohl in der Akut- als auch in der Langzeittherapie zu.

16.2 Aktueller Stand der Psychoedukation

16.2.1 Deutschsprachige Manuale

Amering M, Sibitz I, Gössler R, Katschnig H (2002). Wissen – Genießen – Besser leben. Ein Seminar für Menschen mit Psychose-Erfahrung. Psychosoziale Arbeitshilfen 20. Bonn (Psychiatrie-Verlag).

Bäuml J, Pitschel-Walz G, Berger H et al. (2010). Arbeitsbuch PsychoEdukation bei Schizophrenie (APES). Manual für die Gruppenleitung. Stuttgart (Schattauer).

Behrendt B (2004). Psychoedukative Gruppen für Angehörige schizophren oder schizoaffektiv Erkrankter. Manual für Gruppenleiter. Tübingen (dgvt).

Behrendt B (2009). Meine persönlichen Warnsignale. Ein psychoedukatives Therapieprogramm zur Krankheitsbewältigung für Menschen mit Psychoseerfahrung. 2. überarbeitete und erweiterte Auflage. Tübingen (dgvt).

Behrendt B (2009). Meine persönlichen Warnsignale. Ein psychoedukatives Therapieprogramm zur Krankheitsbewältigung für Menschen mit Psychoseerfahrung. Arbeitsbuch für Gruppenteilnehmer

mit CD-ROM. 2. Überarbeitete und erweiterte Auflage. Tübingen (dgvt).
Berger H, Friedrich J, Gunia H (2004). Psychoedukative Familienintervention (PEFI) – Manual zu Grundlagen und Praxis. Stuttgart (Schattauer).
Brönner M, Betz C, Schröter S et al. (2007). „Wellness"-Therapie bei schizophrenen Psychosen. In: Becker T, Bäuml J, Pitschel-Walz G et al. (Hrsg.). Rehabilitation bei schizophrenen Erkrankungen. Köln (Deutscher Ärzte-Verlag), S. 250–260.
Deger-Erlenmaier H, Heym S, Sellner B (1997). Die Angehörigengruppe – ein Leitfaden für Moderatoren. Psychosoziale Arbeitshilfen 12. Bonn (Psychiatrie-Verlag).
Hahlweg K, Dürr H, Dose M, Müller U (2006). Familienbetreuung schizophrener Patienten. Ein verhaltenstherapeutischer Ansatz zur Rückfallprophylaxe. Göttingen (Hogrefe).
Kieserg A, Hornung WP (1996). Psychoedukatives Training für schizophrene Patienten (PTS). Tübingen (dgvt).
Kissling W, Rummel C, Pitschel-Walz G (2003). Psychoedukation für Patienten mit schizophrenen Psychosen und deren Angehörige – Einführungsmanual für das Behandlungsteam. Pfizer NeuroScience.
Klingberg S, Schaub A, Conradt B (2003). Rezidivprophylaxe bei schizophrenen Störungen – ein kognitiv-verhaltenstherapeutisches Behandlungsmanual. Weinheim (Beltz).
Luderer HJ (1991). Schizophrenie – Leben mit der Krankheit. Ein Leitfaden zur Arbeit mit Patienten und deren Angehörigen (Folienset). Köln (Eigenverlag Tropon).
Pfammatter K, Brenner HD (2002). Therapiemanual zur Psychoedukation und Krankheitsbewältigung (PKB). In: Roder V, Zorn P, Andres K et al. (Hrsg.). Praxishandbuch zur verhaltenstherapeutischen Behandlung schizophren Erkrankter. Bern (Huber), S. 157–214.
Wienberg G, Walther C, Berg M (2013). Schizophrenie zum Thema machen – Grundlagen und Praxis. Pegasus – Manual und Materialien. Neuauflage. Bonn (Psychiatrie-Verlag).

16.2.2 Wirksamkeitsstudien zu psychoedukativen Manualen

Zu den drei deutschsprachigen Manualen von Bäuml, Pitschel-Walz et al. (2007/2010), Hornung, Buchkremer et al. (1995/1999) und Hahlweg, Dose, Dürr (1998) liegen kontrollierte Wirksamkeitsstudien zum rezidivprophylaktischen Effekt für die Zeitdauer von 1 bis 7 Jahren nach Entlassung vor. Wie die Abbildung unten zeigt, konnten die jeweiligen psychoedukativen Interventionen im Vergleich zu einer Kontrollgruppe signifikante Verbesserungen der stationären Wiederaufnahmeraten aufweisen (s. Abb. 16-5).

In einer prospektiven Effectiveness-Studie, die unter Routineversorgungsbedingungen durchgeführt wurde, konnten konsekutiv die meisten an der „Warnsignal-Gruppe" teilnehmenden Patienten untersucht werden. Sowohl bei der Einjahres- als auch bei der Zweijahreskatamnese zeigten sich vergleichbare Rezidivraten wie bei den oben beschriebenen kontrollierten Studien.

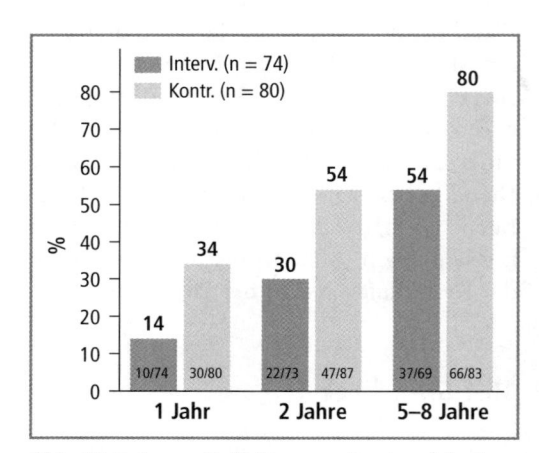

Abb. 16-5 Langzeiteffekte von Psychoedukativen Gruppen: Wiederaufnahmeraten nach 1, nach 2 und nach 5 bis 8 Jahren (nach: Bäuml et al., 2007, S. 854–861)

16.2.3 Psychoedukation in deutschsprachigen psychiatrischen Kliniken
(nach Rummel-Kluge et al., 2006/2013; s. Tab. 16-1)

Tab. 16-1 Psychoedukation in deutschsprachigen Psychiatrischen Einrichtungen

ICD-10	Diagnosen	PE-Gruppen in Kliniken 2004	PE-Gruppen in Kliniken 2009
F 2	Schizophrene Psychosen*	84 %	86 %
F 3	Affektive Erkrankungen	58 %	67 %
F 1	Suchterkrankungen	17 %	17 %
F 4	Angst- und Zwangserkrankungen	10 %	18 %
F 6	Persönlichkeitsstörungen	3 %	< 10 %

(Umfrage bei 625 Psychiatrischen Institutionen im Jahre 2004; Rücklauf von 53 %; 2009 Umfrage bei 500 Psychiatrischen Institutionen mit Rücklauf von 58 %)
* In den befragten Kliniken haben 2004/2009 nur 21 %/25 % der Patienten und 2 %/4 % der Angehörigen tatsächlich an psychoedukativen Gruppen teilgenommen

Tab. 16-2 Praktische Durchführung der Psychoedukativen Gruppen

	Patientengruppen	Angehörigengruppen
Beginn	abhängig von Akutsymptomatik	möglichst rasch nach Aufnahme der Patienten
Zahl der Treffen	4–12 (18) (je 60 Min.)	4–12 (je 90–120 Min.)
Gruppenfrequenz	1 bis 2 × wöchentlich	1 bis 4 × monatlich
Gruppenform	geschlossen	geschlossen
Teilnehmer	8 bis 15	8 bis 20
Schwerpunkte: Informationsvermittlung Emotionale Entlastung	+++ ++	+++ +++
Gruppenleitung	Ärzte, Psychologen, Sozialpädagogen, Pflegepersonal, andere Berufsgruppen (Hospitanten)	
Leitungsstil	Strukturiertes Vorgehen, interaktiv, psychotherapeutische Basiskompetenz, Elemente aus kognitiver Verhaltenstherapie	

16.3 Muster-Manuale: Theoretische Aspekte

16.3.1 Setting (ambulant, stationär, Tagesklinik, Gruppenkonzept, Einzeltherapie)

Die Ziele der Psychoedukation sind:
- Informierter, selbstverantwortlicher Umgang mit der Erkrankung,
- „Expertenrolle" der Patienten vertiefen,
- „Co-Therapeuten"-Funktion der Angehörigen stärken,
- Professionelle Therapieverfahren mit individuellen Selbsthilfestrategien optimal verzahnen,
- Krankheitseinsicht und Compliance verbessern,
- Rezidivprophylaxe fördern,
- Gesundung unterstützen,
- Informations- und Aufklärungsarbeit ökonomisieren,
- Behandlungs- und Erkrankungskosten reduzieren.

16.3.2 Zentrale Elemente der Psychoedukation

Informationsvermittlung

- Krankheitsbegriff, Symptomatik,
- Ursachen (V/S-Modell),
- Akuttherapie (Medikation, Psychotherapie, psychosoziale Maßnahmen, Einbeziehung der Angehörigen zur Entlastung),
- Langzeittherapie (medikamentöse Rezidivprophylaxe, psychotherapeutische Behandlungen, psychosoziale Maßnahmen, Rehabilitationsprogramme, Einbeziehung der Angehörigen zur Erweiterung ihrer Unterstützungskompetenz),
- Selbsthilfestrategien (Gesundheitsverhalten, Früherkennung, Krisenmanagement).

Emotionale Entlastung

- Angstreduktion (Stigmatisierung, Chronifizierung),
- Trauerarbeit (Adaptation der Lebensperspektive),
- Entlastung von Schuld- und Versagensgefühlen,
- Relativierung der vermeintlichen Einmaligkeit des eigenen Schicksals,
- Erfahrungsaustausch mit anderen,
- Kontakt mit Schicksalsgenossen,
- Kontaktaufnahme mit Selbsthilfegruppen,
- Mut und Hoffnung geben.

Beispiele für spezifische VT – Techniken

- Kognitiv-behaviorale Interventionen als Coping-Strategien für individuelle Warnsignale (FWS), akute (z. B. Halluzinationen) oder chronifizierte Symptome etc.,
- Verhaltensanalysen bei der Rekonstruktion von Krankheitsepisoden und Warnsignalmustern,
- Training sozialer Kompetenzen (Verhaltenstrainings),
- Techniken zur Stressbewältigung.
- Entspannungsverfahren,
- Metakognitive Strategien,
- Einsatz von Tagebüchern, Protokollen, persönlichen Beobachtungsbögen etc.,
- „Therapeutische Hausaufgaben" (Übungen im Rahmen PE-Interventionen),
- Promlemlösetraining,
- Strategien zum Aktivitätenaufbau.

Spezifische Wirkfaktoren der Psychoedukation (nach Bäuml, Pitschel-Walz et al., 2010)

- „Professionelle Simplifizierung" komplexer Fakten,

16 Psychoedukation bei akuten und chronischen schizophrenen Erkrankungen

- Komplizierte Fachinformationen laiengerecht vermitteln („Dolmetscherfunktion"),
- Durchblick und „Aha-Erlebnisse" ermöglichen,
- „Missing links" darbieten,
- Einsicht in die Krankheit und erforderlichen Behandlungsmaßnahmen bringen,
- Patienten und Angehörige zu „Experten" machen („Wissen ist Macht"),
- Struktur und Ordnung in die therapeutischen Einzelmaßnahmen bringen,
- Zweiseitige Informationsvermittlung.
- Klare schulmedizinisch orientierte Grundhaltung der Therapeuten als Orientierungshilfe,
- gleichzeitig Respekt und Achtung vor subjektiven Einzelmeinungen,
- Fokus auf Ressourcen, keine Defizitorientierung,
- Adäquate Trauerarbeit fördern mit Adaptation der Lebensplanung,
- Einbeziehung der Angehörigen, Befähigung zur Co-Therapeuten-Rolle,
- Stärkung des protektiven Potenzials der Familien.

16.3.3 Curriculum mit Themenschwerpunkten der psychoedukativen Gruppen für Patienten und Angehörige

(nach Bäuml, Pitschel-Walz et al., 2010)

1. Begrüßung, Einführung, Krankheitsbegriff
   („Bin ich denn hier richtig?")
2. Symptomatik und Diagnostik
   („Ist das überhaupt eine Psychose?")
3. Synapsen-Modell und „somatische Brücke"
   („Wie passen Chemie und Seele zusammen?")
4. Vulnerabilitäts-Stress-Bewältigungs-Modell
   („Warum ich? ... Ich war schon immer etwas sensibler als andere.")
5. Medikamente und Nebenwirkungen
   („Schaden diese Medikamente nicht mehr als sie nutzen?")
6. Psychotherapie
   („Kann man den inneren Knackpunkt finden?")
7. Psychosoziale Maßnahmen
   (WAFFFFF: Wohnung, Arbeit, Finanzen, Freizeit, Freunde, Familie, Future.)
8. Rezidivprophylaxe, Frühwarnzeichen, Krisenplan, Verabschiedung
   („Wie lange muss ich jetzt das Gras wachsen hören?", und: „Habe ich jetzt das Schlimmste hinter mir?")

Emotionale Themen

- Versachlichung von psychotisch bedingten Verhaltensauffälligkeiten („mad-bad"),
- Entlastung von Schuldgefühlen, da Krankheit wesentlich biologisch mit bedingt,
- Orientierungshilfe für eigene Bewältigungsmöglichkeiten,
- Versachlichung von biochemischen und psychologischen Wechselwirkungen,
- Vermeintlichen Widerspruch von „Chemie" und „Seele" bearbeiten,
- Entmystifizierung der Erkrankung,
- Protektives Potenzial von gut informierten Angehörigen vor Augen führen,
- Berechenbarkeit und Behandelbarkeit der Erkrankung verdeutlichen,
- Mut und Hoffnung induzieren,
- Vulnerabilität ist primär Ausdruck einer besonders gelagerten Individualität,
- Zuwachs an Selbstachtung und Selbstzufriedenheit,
- Ja-sagen-Können zum eigenen „So-Sein".
- Modifizierung des Krankheitsverlaufes durch Aktivierung von Selbstschutzfaktoren,
- Selbstwirksamkeitserleben ermöglichen,

- Psychose ist nicht die Folge von persönlichen „Fehlern",
- Hoffnung und Ermutigung durch Verweis auf psychologische Hilfsmöglichkeiten,
- Entscheidungshilfen bezüglich geeigneter Behandlungstechniken,
- Kontakte untereinander fördern,
- Bestätigung und Anerkennung geben für die Akzeptanz des eigenen „So-Seins",
- Abgrenzungs- und Selbstschutzverhalten normalisieren,
- Belastung durch fortbestehende Rezidivgefahr,
- Einschränkung der eigenen Lebensziele und Selbstverwirklichungspläne,
- Orientierung der eigenen Lebensgestaltung am aktuellen Krankheitsniveau,
- Stolz und Genugtuung, bisher nicht resigniert zu haben,
- Zuwachs an Wissen und Selbstkompetenz durch Gruppenteilnahme,
- Sicherheit durch Vermittlung von neuen Bewältigungsstrategien,
- Sicherheit durch Herausarbeitung von Krisenplänen.

Ablauf der Sitzungen

- Begrüßung,
- Klärung organisatorischer Details,
- „Blitzlicht"-Runde,
- Kurzwiederholung bisheriger Fakten,
- Informationsvermittlung, interaktiv,
- Visualisierung der Info an Flipchard,
- Emotionale Entlastung,
- Klärung individueller Fragen,
- Schlussrunde („Was nehme ich heute mit?"),
- Verabschiedung,
- Evaluation des Gruppenverlaufs (Fragebögen austeilen),
- Begleitung auf Station etc.

Therapeutische Strategien und Beziehungsgestaltung

- Humanistische, wohlwollende psychotherapeutische Grundhaltung (siehe Kap. 5.3.1),
- Partnerschaftlich-partizipatives Therapieverständnis,
- Wertschätzung, Respekt, verstärkendes Verhalten, Autonomieentfaltung,
- Divergierende Ansichten vorurteilsfrei zur Kenntnis nehmen,
- Verständnis für schulmedizinische Sichtweise wecken,
- „Einsicht" durch Verständniszuwachs,
- Funktionalisierung von Konflikten, modellhaftes Problemlösen demonstrieren,
- Gruppenkohäsion fördern durch Betonung der „Schicksalsgemeinschaft".

Didaktik, Medien, Evaluation

- Automatisiertes Einladungsprocedere (Flyer, Aushang, Motivationskonzept),
- Einladungsschreiben für Patienten und Angehörige,
- Psychodidaktische Grundregeln beherzigen (siehe Kap. 7),
- „Dolmetschen", einfache, verstehbare Sprache,
- Interaktive Gruppengestaltung,
- Visualisieren, Flipchart-Aufzeichnungen,
- Wiederholen, vertiefende Redundanz,
- Arbeitshefte für Patienten und Angehörige entwickeln,
- Informationsblätter, selbsterklärende Schaubilder etc.,
- Laienliteratur bereitstellen (Ratgeber, Broschüren, etc.),
- Checklisten (Einverständniserklärung, Adressenblatt, Teilnehmerliste, Gruppenprotokoll etc.),
- Beurteilung des Gruppenverlaufs (z. B. TQB, Bäuml et al., 2012),

- Fragebögen für Patienten und Angehörige (Wissen, z. B. WFB, Bäuml, Pitschel-Walz, 1996; Krankheitseinstellung, z. B. Linden, 1988; Befindlichkeit, Symptomatik, Feedback etc.).

16.4 Muster-Manuale: Praktische Darstellung und Fallbeispiele

16.4.1 Idealtypische Beispielszenen aus den Gruppensitzungen (modifiziert nach Bäuml, Pitschel-Walz, 2009)

Fallbeispiel 1: Hader mit dem Schicksal

(Psychoedukation bei schizophren erkrankten Patienten, Thematisierung des erhöhten Dopamingehalts im limbischen System).

Patient: „… das mit dem Überschuss an Dopamin leuchtet mir jetzt schon ein … Immer wenn die Psychose wieder beginnt, bin ich wie unter Strom. Dann nervt mich alles viel schneller, Geräusche klingen viel lauter … Dann habe ich also eine ‚Macke' in meinem Gehirn, die immer wieder auftreten kann, dann bin ich praktisch ein Mensch ‚zweiter Wahl' …"
Therapeut: „Da spricht schon ein gewisser Frust aus Ihren Worten. Sie haben diesen komplizierten Sachverhalt sehr präzise auf den Punkt gebracht. Die Sorge, dieser Zustand könnte immer wieder kommen und Ihre Fähigkeiten immer wieder blockieren, muss für Sie sehr bedrückend sein. Das ist tatsächlich eine ‚Gemeinheit' des Schicksals, da gebe ich Ihnen vollkommen Recht! Aber angesichts Ihres Scharfsinns und Ihres engagierten Mitmachens in der Psychoedukation bin ich überzeugt, dass Sie alle Hilfsmöglichkeiten einsetzen werden, um erneute Psychosen möglichst zu vermeiden

… Die genaueren Details hierzu werden wir in der übernächsten Gruppensitzung besprechen …"
Beispiel für eine empathisch paraphrasierende, supportive Intervention, die den Kommentar des Patienten konstruktiv funktionalisiert und Hoffnung und Zuversicht vermittelt.

Fallbeispiel 2: Missing Links

(Psychoedukative Gruppe für schizophren erkrankte Patienten; Erklärung, wie man sich das Zustandekommen der Plussymptomatik vorstellen kann).

Patientin: „… ich habe wirklich das Gefühl gehabt, dass mich eine finstere Macht bedroht. Ich habe ganz deutlich die Stimme des Teufels gehört, die auf mich einquatscht, das macht mich total kirre!"
Therapeut: „Das muss für Sie sehr bedrohlich gewesen sein! Hierzu möchte ich Ihnen zur Veranschaulichung ein kleines Beispiel bringen: Stellen Sie sich vor, ein Paar befindet sich in einer Disco und versucht, ein Problem in der Beziehung zu klären. Die Musik ist allerdings so laut, dass sie ihr eigenes Wort nicht verstehen können; es ist völlig unmöglich, ernsthaft miteinander zu reden. Erst muss die Musik leiser gedreht werden, oder die beiden gehen aus der Disco hinaus in einen ruhigen Raum … Das Leiserstellen der Musik löst natürlich längst noch nicht den Konflikt zwischen beiden, aber erst bei normaler Lautstärke besteht die Chance, das Problem überhaupt vernünftig zu besprechen … Erst nach einer Normalisierung der Reizweiterleitung durch Neuroleptika ist der Betroffene wieder in der Lage, zwischen wirklichen Empfindungen und krankhaft übersteigerten Sinnesreizen zu unterscheiden … Also erst muss die ‚Musik leiser gedreht', die Reizleitung wieder normalisiert werden, dann ist die Klärung von wichtigen Fragen und Problemen möglich …"
(s. Abb. 16-6)

Keine Psychose: Reizleitung funktioniert normal

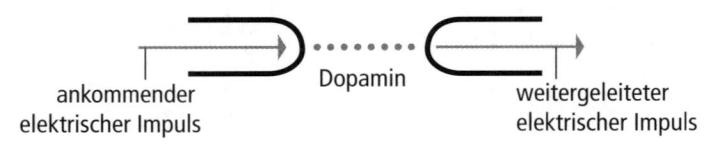

ankommender elektrischer Impuls — Dopamin — weitergeleiteter elektrischer Impuls

Akute Psychose, unbehandelt: Dopaminüberschuss, zig-fach verstärkte Weiterleitung des Reizes

Akute Psychose, Antipsychotika in zu geringer Dosierung: Dopaminüberschuss, Schutzfunktion der Antipsychotika zu gering, überschießende Weiterleitung des Reizes

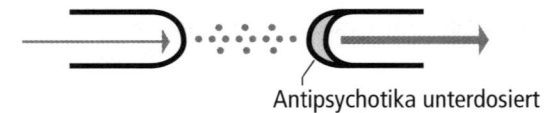

Antipsychotika unterdosiert

Akute Psychose, Antipsychotika in idealer Dosierung: der Dopaminüberschuss wird weggefiltert, durch den schützenden Effekt der Antipsychotika wird die Reizleitung normalisiert

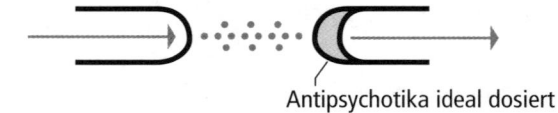

Antipsychotika ideal dosiert

Nebenwirkungen: Dopaminüberschuss, durch die zu starke Filterfunktion der Antipsychotika kommt es zu einer übermäßigen Abschwächung des Reizes: Verlangsamung, Steifigkeit

Antipsychotika überdosiert

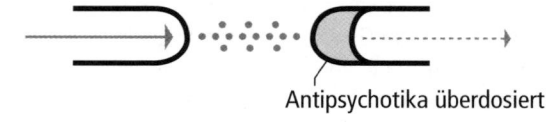

Abb. 16-6 Reizübertragung der Nervenzellen im gesunden und psychotischen Zustand mit Auswirkungen der antipsychotischen Medikation.
Synapsenmodell: Reizübertragung von einer Nervenzelle auf eine andere (Darstellung der Wirkungsweise von Antipsychotika bei unterschiedlichem Dopamingehalt). Der am Nervenende eintreffende Impuls setzt in Abhängigkeit vom Funktionszustand der Synapse (normale Situation/krankhaft verändert) jeweils eine gewisse Menge an Dopamin frei. Dadurch werden unterschiedlich starke Stromimpulse mit entsprechend veränderter Weiterleitung des ursprünglichen Reizes erzeugt (zur besseren Verständlichkeit sehr vereinfacht dargestellt). (Nach Bäuml, 2008, S. 74)

16.4.2 Grundsätzliche Überlegungen und praktisches Vorgehen bei Patienten mit fehlender Krankheitseinsicht

(modifiziert nach Th. Kohler, 2012)

Ein Großteil der Betroffenen ist überwiegend fremdmotiviert und nicht aus eigenem Antrieb in Behandlung. In vielen Fällen erfolgt die stationäre Behandlung sogar unter Zwang, und zu einem gewissen Grad gilt dies auch für die Teilnahme an psychoedukativen Gruppen. Patienten „dort abzuholen, wo sie stehen", heißt, diese Problematik gleich zu Beginn zu thematisieren, sie nach Möglichkeit zu verstehen und mit den Betroffenen darüber zu kommunizieren. Erfahrungsgemäß ist dies die elementare Voraussetzung für Vertrauen und damit auch für die Bereitschaft, die „Botschaften" der PE „an sich heran zu lassen" und im besten Fall zu übernehmen. In der Klinik in Ravensburg wurden folgende Modifizierungen vorgenommen:

1. Die Widerstände der Patienten gegen „psychische Krankheit", Behandlung und Psychoedukation werden offensiv thematisiert.
2. Die Widerstände werden als verständlich und nachvollziehbar respektiert; sodann wird ein mögliches Erklärungsmodell erarbeitet.
3. Dafür werden mindestens 3 Stunden eingeplant, denn erst wenn sich bei den Patienten eine gewisse Nachdenklichkeit entwickelt hat und sie die primären Widerstände überwunden haben, können sie weitere Informationen akzeptieren.
4. Die weiteren PE-Inhalte müssen auf „Essentials" beschränkt werden. Zusätzliche Informationen besorgen die Betroffenen dann selbst.
5. „Essentials" in diesem Konzept sind:
   – „Schizophrenie ist eine Krankheit, eine Krankheit, eine Krankheit" (Vulnerabilitäts-Stress-Konzept).
   – „Schizophrenie ist dem Spontanverlauf nach überwiegend eine rezidivierende Krankheit mit relativ hohem Risiko einer Chronifizierung."
   – Frühwarnzeichen und Notfallplan.
   – Langzeitbehandlung mit Neuroleptika/Antipsychotika, bevorzugt in Depotform („atypische" NL).
   – Auswirkung von Alkohol und anderen Rauschmitteln, insbesondere Cannabis, auf den Krankheitsverlauf.

Das Verständnis der „primären Widerstände" und insbesondere der unmittelbaren Erfahrung der Betroffenen – „Es geht mir verdammt schlecht, das ist aber niemals eine Krankheit" – wird in der Gruppe interaktiv bearbeitet. Dazu werden die Untersuchungen von Bibace und Walsh (1981) sowie Bibace et al. (1994) über Entwicklungsniveaus der Konzeptualisierungen von „Krankheit" vorgestellt. Diesen Autoren zufolge bilden/erlernen wir unser Krankheitskonzept etwa ab dem 2. Lebensjahr, und zwar vor allem aufgrund eigener Krankheitserfahrungen. Bis zum Abschluss der Pubertät wird es schrittweise differenziert, danach ist es nur noch schwer zu verändern.

Über die Untersuchungen von Bibace et al. (1994) hinausgehend wird sodann gefragt: „Welche Art von Krankheiten hatten wir als Kinder, und wie verlaufen diese üblicherweise"? Damit gelangt die Gruppe zur Bildung unserer subjektiven Krankheitskonzepte am Modell akuter Infektionskrankheiten, der „Kinderkrankheiten" (Masern, Mumps usw.). Wir lernen üblicherweise wenig oder nichts über chronische Erkrankungen und über psychische Krankheiten. Die weiteren Fragen, etwa: „Gibt es keine seelischen Störungen in der Kindheit? Wie sehen die aus und wie reagieren Vater und Mutter üblicherweise darauf?", lassen die Gruppe sehr rasch erkennen, dass „psychische Symptome" zwar bei vielen Menschen und immer wieder auftreten (z. B. Ängste, Schlafstörungen, Einnässen usw.), aber nur extrem selten als mögliche Anzeichen für eine Krankheit, sondern weit häufiger als „Charakterfehler" und/oder als Entwicklungsverzögerung und/oder als „Faulheit", Vorsatz oder „böser Wille" des Kindes interpretiert werden.

Diese Erfahrungen machen es später allen psychisch Kranken und ihren Angehörigen sehr schwer, psychische Krankheit so zu akzeptieren wie „jede andere Krankheit", um der üblichen „Selbststigmatisierung" zu entkommen. Schizophren erkrankte Menschen und ihre Angehörigen, aber auch Betroffene mit anderen psychischen Erkrankungen, reagieren sehr erleichtert auf diese Überlegungen zur Bildung unserer Krankheitskonzepte, fühlen sich mit sich selbst wieder mehr im Einklang und können die weiteren Informationen dann sehr viel besser annehmen. Diese modifizierte Psychoedukation scheint weniger „Abbrecher" und „Non-Responder" zu produzieren, sodass die Indikation wieder etwas weiter gestellt werden kann. Jenseits dieser subjektiven Evidenzerfahrungen fehlen bislang empirische Evaluationen dieser modifizierten im Vergleich zur Standard-Psychoedukation bzw. zu einer unspezifischen Gruppe.

16.5 Bisherige Erfahrungen mit Manualen zur Psychoedukation bei Psychosen aus dem schizophrenen Formenkreis

Bei der manualisierten Durchführung von psychoedukativen Gruppen orientieren sich die meisten Ärzte und psychologischen Psychotherapeuten zu Beginn an den unter 16.2.1 aufgelisteten Manualen. Im Laufe der Zeit werden die meisten Therapeuten ihre eigenen Materialien zusammenstellen, um die entscheidenden Fakten möglichst authentisch und überzeugend präsentieren zu können. Die Synthese aus einem manualisierten Basisprogramm und eigenen Ergänzungen ist ein in der Psychotherapie gängiges Vorgehen und garantiert ein an die individuellen Neigungen der Therapeuten angepasstes Konzept, das für den Therapieerfolg letztendlich entscheidend ist.

16.6 Ausblick

Künftig sollten noch weitere Module für fortgeschrittene Patienten und vor allem auch für Angehörige entwickelt werden, damit diese sich nach Absolvierung der Basispsychoedukation entsprechend weiterbilden können. Gleichzeitig sollten alle Patienten die Chance haben, manche Module mehrmals zu durchlaufen, damit sich durch Wiederholung und Vertiefung nach und nach ein solides Basiswissen konsolidieren kann.

Die Beschreibung von psychoedukativen Konzepten für Doppeldiagnosen, Ersterkrankte, Patienten mit Prodromalsymptomen oder mit dem Wunsch nach einer engen Einbeziehung der Angehörigen in die gleiche Gruppe erfolgt in den Kapiteln 17–21.

Künftige wissenschaftliche Studien sollten klären, welche Patienten zu welchem Zeitpunkt von welcher Form der Psychoedukation am meisten profitieren. Zu klären wäre auch, inwiefern routinemäßige Boostersessions einen wirksamen Beitrag zur Verbesserung der Langzeitprognose leisten können. Die Honorierung solcher Wiederholungs- und Vertiefungsgruppen müsste von den Krankenkassen übernommen werden. Darüber hinaus gilt es, innerhalb der Einrichtungen nach Möglichkeiten zu suchen, den durch die Psychoedukation entstehenden Mehraufwand angemessen zu refinanzieren. Auch im ambulanten Bereich muss dringend eine kostendeckende Abrechnungsmöglichkeit geschaffen werden, damit Psychoedukation nicht nur in Einzelgesprächen, sondern vor allem in Gruppenform regelmäßig angeboten werden kann.

Ratgeber

Bäuml J (2008). Psychosen aus dem schizophrenen Formenkreis. Ein Ratgeber für Patienten und Angehörige. 2. Auflage. Heidelberg (Springer).

Bechdolf A, Juckel G (2006). Psychoedukation bei Personen mit erhöhtem Psychoserisiko. Stuttgart (Schattauer).

Behrendt B (2009). Meine persönlichen Warnsignale. Arbeitsbuch für Gruppenteilnehmer. 2. überarbeitete Auflage. Tübingen (dgvt).

Bock T, Deranders JE, Esterer J (2001). Stimmenreich. Mitteilungen über den Wahnsinn. Bonn (Psychiatrie-Verlag).

Chirazi-Stark M, Esterer FM (2002). Wege aus dem Wahnsinn. Therapien bei psychischen Erkrankungen. Bonn (Psychiatrie-Verlag).

Finzen A (2013). Schizophrenie. Die Krankheit verstehen. Bonn (Psychiatrie-Verlag).

Häfner H (2005). Das Rätsel Schizophrenie. Eine Krankheit wird entschlüsselt. München (Beck).

Kissling W, Pitschel-Walz G (2003). Mit Schizophrenie leben – Informationen für Patienten und Angehörige. Stuttgart (Schattauer).

Klingberg S, Mayenberger M, Blaumann G (2005). Schizophren? Orientierung für Betroffene und Angehörige. Stuttgart (Schattauer).

Luderer H-J (1998). Schizophrenie. Mit der Krankheit umgehen lernen. Stuttgart (TRIAS-Verlag).

Links

www.dgppn.de (Deutsche Gesellschaft für Psychiatrie, Psychotherapie, Psychosomatik und Nervenheilkunde)

www.oegpp.at (Österreichische Gesellschaft für Psychiatrie und Psychotherapie)

www.psychiatrie.ch (Schweizerische Gesellsch. für Psychiatrie und Psychotherapie)

www.psychiatrie.de (Deutsche Gesellschaft für Soziale Psychiatrie)

www.dgpe (Deutsche Gesellschaft für Psychoedukation)

www.bapk.de (Bundesverband der Angehörigen psychisch Kranker)

www.bpe-online.de (Bundesverband Psychiatrie-Erfahrener e. V.)

www.psychose.de (Internet-Portal zum Thema Psychose)

www.psychosenetz.de (Psychose-Information)

www.world-schizophrenia.org (Internationaler Schizophrenie-Verband)

Literatur

Aderhold V, Weinmann S, Hägele C et al. (2014). Frontal brain volume reduction due to antipsychotic drugs? Nervenarzt 86(3): 302–23.

Bäuml J, Pitschel-Walz G, Volz A et al. (2007). Psychoeducation in Schizophrenia: Rehospitalisation and Hospital Days – 7 Year Follow-Up of the Munich Psychosis Information Project Study. J Clin Psychiatry 68: 854–861.

Bäuml J (2009). Psychoedukative Therapie. In: Arolt V, Kersting A (Hrsg.). Psychotherapie in der Psychiatrie. Heidelberg (Springer), S. 121–134.

Bäuml J, Pitschel-Walz G (2011). Psychoedukation. Psychiatr Psychother Up2date 5(3): 161–176.

Bäuml J, Pitschel-Walz G (2012). Psychoedukation, quo vadis? Psychotherapeut 57(4): 289–290.

Bäuml J, Baumgärtner J, Froböse T et al. (2012). Partizipationsverhalten schizophren erkrankter Patienten in Psychoedukationsgruppen: Erste Ergebnisse mit dem Teilnahmequalitätsbogen. Psychotherapeut 57(4): 301–312.

Bäuml J, Brönner M, Leucht S (2012). Schizophrenie, schizotype und wahnhafte Störungen. In: Leucht S, Förstl H (Hrsg.). Kurzlehrbuch Psychiatrie und Psychotherapie. Stuttgart (Thieme), S. 75–100.

Behrendt B (2004). Psychoedukative Gruppen für Angehörige schizophren oder schizoaffektiv Erkrankter. Manual für Gruppenleiter. Tübingen (dgvt).

Bibace R, Walsh M (1981). Childrens's concepts of illness. New Dir Child Dev 14: 31–48.

Bibace R, Schmidt L, Walsh M (1994). Children's perceptions of illness. In: Penny G, Bennett P, Herbert M (Hrsg.). Health Psychology: A lifespan Perspective. London (Psychology Press), S. 13–30.

Deutschenbaur L, Lambert M, Walter M et al. (2014). Pharmakologische Langzeitbehandlung schizophrener Erkrankungen. Nervenarzt 85: 363–377.

Dragt S, Niemann DH, Linszen DH, et al. (2012). Cannabis use and age at onset of symptoms in subjects at clinical high risk for psychosis. Acta Psychiatr Scand 125(1): 45–53.

Falkai P, Schmitt A (2013). Surveillance in the group of schizophrenia: key to understanding the etiology. Nervenarzt 84(9): 1091–1092.

Gaebel W, Falkai P (2005). Behandlungsleitlinie Schizophrenie. Darmstadt (Steinkopff).

Häfner H (2005). Das Rätsel Schizophrenie. Eine Krankheit wird entschlüsselt. München (Beck).

Gründer G (2013). Can long-term treatment with antipsychotic drugs lead to structural brain damage? Nervenarzt 84(9): 1120–1122.

Häfner H, Maurer K, an der Heiden W (2013). Schizophrenie – eine einheitliche Erkrankung? Nervenarzt 84: 1093–1103.

Hahlweg K, Dose M. (1998). Schizophrenie Göttingen (Hogrefe).

Hornung WP, Feldmann R, Klingberg S et al. (1999). Long-term effects of a psychoeducational psychotherapeutic intervention for schizophrenic outpatients and their key-persons – results of a five-year follow-up. Eur Arch Psychiatry Clin Neurosci 249: 162–167.

Kohler Th (2012) Psychoedukative Gruppen für Patienten mit mäßiger Krankheitseinsicht. Unveröffentlichtes Manuskript.

Leucht S, Tardy M, Komossa K et al. (2011). Antipsychotic drugs versus placebo for relapse prevention in schizophrenia: a systematic review and meta-analysis. Schizophr Res 127(1–3): 83–92.

Linden M (2000). Lerntheoretisch orientierte Psychotherapie: theoretische und empirische Grundlagen sowie klinische Anwendungsprinzipien der kognitiven Verhaltenstherapie. In: Möller HJ, Laux G, Kapfhammer HP (Hrsg.). Psychiatrie und Psychotherapie. Stuttgart (Springer), S. 656–685.

Manoliu A, Riedl V, Zherdin A et al. (2013). Aberrant Dependence of Default Mode/Central Executive Network Interactions on Anterior Insular Salience Network Activity in Schizophrenia. Schizophr Bull 40(2): 428–437.

Möller HJ (2004). Course and long-term treatment of schizophrenic psychoses. Pharmacopsychiatry 37 Suppl 2: 126–135.

Parellada E, Velligan DL, Emsley R et al. (2012). Long-Acting Injectable Antipsychotics in First-Episode Schizophrenia. Schizophrenia Research and Treatment. Vol. 2012; http://dx.doi.org/1155/2012/318535

Pitschel-Walz G, Leucht S, Bäuml J et al. (2001 a). The effect of family interventions on relapse and rehospitalization in schizophrenia – a meta-analysis. Schizophr Bull 27(1): 73–92.

Pitschel-Walz G, Bäuml J, Engel R (2006). Psychoeducation and compliance in the treatment of schizophrenia: results of the Munich Psychosis Information Project-study. J Clin Psychiatry 67(3): 443–452.

Pitschel-Walz G, Gsottschneider A, Froböse T (2013). Neuropsychologie der Psychoedukation bei Schizophrenie. Ergebnisse der Münchner COGPIP-Studie. Nervenarzt 84: 79–90.

Rummel-Kluge C, Pitschel-Walz G, Bäuml J et al. (2006). Psychoeducation in schizophrenia – results of a survey of all psychiatric institutions in Germany, Austria, and Switzerland. Schizophr Bull (32): 765–775.

Rummel-Kluge C, Kluge M, Kissling W (2013). Frequency and relevance of psychoeducation in psychiatric diagnoses: Results of two surveys five years apart in German-speaking European countries. BMC Psychiatry 13: 170–178.

Schwab SG, Wildenauer DB (2013). Genetics of psychiatric disorders in the GWAS era: an update on schizophrenia. Eur Arch Psychiatry Clin Neurosci 263 (Suppl): 147–154.

Tarrier N, Barrowclough C, Porceddu K, et al. (1994). The Salford Family Intervention Project: relapse rates of schizophrenia at five and eight years. Br J Psychiatry 165: 829–832.

Wienberg, G, Schönemann-Wurmthaler, S, Sibum, B (2003). Schizophrenie zum Thema machen. Psychoedukative Gruppenarbeit mit schizophren und schizoaffektiv erkrankten Menschen. Grundlagen und Praxis. Köln (Psychiatrie-Verlag).

Wienberg, G, Walther, C, Berg, M (2013). PEGASUS. Psychoedukative Gruppenarbeit mit schizophren und schizoaffektiv erkrankten Menschen. Köln (Psychiatrie-Verlag).

Xia J, Merinder LB, Belgamwar MR (2011). Psychoeducation for schizophrenia. Cochrane Database Syst Rev:CD002831

Zubin J, Spring B (1977). Vulnerability: A new view of schizophrenia. J Abnorm Psychol 86: 103–126.

17 Psychoedukation bei ersterkrankten Patienten mit schizophrenen Störungen

Birgit Conradt, Stefan Klingberg, Agnes Lowe

17.1 Besondere Anforderungen

Ersterkrankte Patienten mit schizophrenen Störungen sind eine spezielle Patientengruppe mit spezifischen Behandlungsbedürfnissen. Warum das so ist und welche Konsequenzen sich daraus für eine Behandlung und insbesondere für eine psychoedukativ ausgerichtete psychotherapeutische Intervention ergeben, soll im Folgenden erläutert und diskutiert werden.

17.1.1 Häufigkeit, Relevanz

Schizophrenie zählt zu den 10 häufigsten zur Behinderung führenden Erkrankungen (Murray u. Lopez, 1996) und ist mit erheblichen Einbußen des psychosozialen Funktionsniveaus verbunden (Harvey u. Bellack, 2009). Nach aktuellen wissenschaftlichen Erkenntnissen liegt das Lebenszeitrisiko für einen Suizid bei Menschen, die an einer Schizophrenie erkrankt sind, bei etwa 5,6 %, wobei das Risiko im ersten Jahr der Behandlung doppelt so hoch ist (Nordentoft et al., 2015). Angehörige Ersterkrankter sind emotional belastet, entwickeln häufig selbst behandlungsbedürftige Symptome, werden mit vielfältigen Problemen der Patienten konfrontiert und haben einen hohen Unterstützungsbedarf (Tennakoon et al., 2000; Addington et al., 2003, Addington et al., 2005).

Die Jahresinzidenz einer schizophrenen Neuerkrankung beträgt weltweit etwa 0.01 bis 0.02 %. In Deutschland wird bei etwa 15 600 Menschen (19 pro 100 000 Einwohner) jährlich eine schizophrene Ersterkrankung diagnostiziert (Gaebel u. Wölwer, 2010). Die Mitteilung der Diagnose „Schizophrenie" ist für Patienten und Angehörige häufig schwer zu akzeptieren, und ihre Verarbeitung erfordert eine besondere Unterstützung durch die Behandler. Verbunden sind damit oft beträchtliche Einschränkungen und Leid für die Betroffenen und ihre Angehörigen.

17.1.2 Krankheitsverlauf

Der frühe Erkrankungsbeginn trifft Patienten in einer wichtigen Phase der psychosozialen Entwicklung: Die erste Manifestation einer schizophrenen Episode tritt v.a. zwischen dem 15. und 35. Lebensjahr auf; zwei Drittel der Patienten erkranken vor dem 30. Lebensjahr, Männer im Durchschnitt 3–4 Jahre früher als Frauen (Häfner et al., 1993). Die psychotische Symptomatik entwickelt sich oft schleichend und wird meist erst mit längerer Verzögerung behandelt. Dabei kann die Dauer der unbehandelten Psychose (DUP) 1–2 Jahre betragen. Die verzögerte Behandlung hat oft negative Folgen für den langfristigen Krankheitsverlauf der Betroffenen. Verzögerte Recovery, höhere Rückfallraten sowie ein niedrigeres soziales und berufliches Funktionsniveau sind mögliche Konsequenzen (McGorry u. Jackson, 1999; Schaffner et al., 2010). Junge Menschen, die an einer schizophrenen Psychose erkranken, missbrauchen häufig Alkohol und Drogen (Meister et al., 2010), leiden oft an Depressionen aber auch Angststörungen sowie Symptomen einer Posttraumatischen Belastungsstörung (Buckley et al., 2009). Ein besonderes Problem im Rahmen der Therapie ersterkrankter Patienten ist ihre geringe Krankheitseinsicht (Sheitmann et al., 1997), die mit einer schlechten Medikamenten-Compliance einhergeht (Coldham, 2002; Gaebel, 2004). Ein komorbider Substanzmissbrauch und das Fehlen einer familiären Unterstützung sind Faktoren, die sich negativ auf die Compliance der Patienten auswirken (Schimmelmann, 2006).

Der weitere Krankheitsverlauf nach der ersten psychotischen Episode ist individuell unterschiedlich und durch wechselhafte Verlaufsprofile gekennzeichnet. Circa 20 % ersterkrankter Patienten bilden keine weitere psychotische Episode aus. Bei der Mehrzahl der Patienten kommt es nach variablen Zeiträumen zu weiteren unterschiedlich stark ausgeprägten Episoden, auf die im besten Falle eine vollständige Remission oder aber Teilremissionen folgen. Nach jeder weiteren psychotischen Episode steigt die Wahrscheinlichkeit für eine chronische Entwicklung mit zunehmenden Residuen. Die Heterogenität der Verläufe macht eine individuelle Prognose schwierig. Dem gegenüber steht das hohe Bedürfnis von Patienten und Angehörigen, zu wissen, wie es weitergeht und wie groß die Gefahr ist, abermals zu erkranken. In diesem Kontext ist die Rezidivprophylaxe das Hauptziel therapeutischer Interventionen, die einer Chronifizierung bei ersterkrankten Patienten entgegenwirken wollen.

17.1.3 Rückfallraten ersterkrankter schizophrener Patienten

Für die Wiedererkrankungsrate Ersterkrankter im *ersten* Behandlungsjahr ist es von entscheidender Bedeutung, ob Patienten eine medikamentöse Therapie durchführen. Die (1-Jahres-) Rückfallrate unter antipsychotischer Erhaltungstherapie ist im Vergleich zur Placebo-Behandlung deutlich geringer (Kane et al., 1982: 0 % vs. 41 %; Crow et al., 1986: 46 % vs. 62 %; Scottish Schizophrenia Research Group, 1989: 0 % vs. 57 %; Hogarty u. Ulrich 1998: 43 % vs. 64 %). Psychosoziale Interventionen verringern die Rückfallraten noch weiter (Waytt et al., 1998). Dabei ist das Risiko eines Rückfalls für Ersterkrankte bei Abbruch der pharmakotherapeutischen Behandlung 4,9fach höher als bei fortgeführter antipsychotischer Behandlung (Robinson et al., 1999). Über einen *längeren Zeitraum* (5-Jahres-Katamnesen) betrachtet, ist das Rückfallrisiko sehr hoch (Watt et al., 1983: 77 %; Scottish Schizophrenia Research Group, 1992: 74 %; Robinson et al., 1999: 82 %). Demgegenüber erreichen (mehr als) 70 % der ersterkrankten Patienten unter antipsychotischer Behandlung eine (Voll-) Remission der psychotischen Symptomatik nach 3–4 Monaten (Lieberman et al., 1996; Schooler et al., 2005), 83 % erreichen eine stabile Remission nach einem Jahr (Lieberman et al., 1996; APA, 2004).

17.1.4 Anforderungen an die Behandlung

Angesichts des potenziell chronischen Verlaufs der schizophrenen Psychosen ist schon in der ersten Krankheitsphase maximale Unterstützung geboten, um einer Chronifizierung bestmöglich entgegenzuwirken und die zur Verfügung stehenden Behandlungsoptionen wirksam werden zu lassen. Es ist nicht erkennbar, dass in späteren Krankheitsphasen der Zugang zum Patienten prinzipiell besser wäre.

Andererseits ist die Nachfrage nach Behandlung bei den Betroffenen häufig begrenzt. Die Behandlungskooperation ist (als Folge der Erkrankung oder auch als Folge ungünstiger Behandlungsverläufe) häufig erschwert.

Aus dieser Diskrepanz von Behandlungsbedarf und Nachfrage ergibt sich die Überlegung, dass insbesondere die Behandlungsmotivation und die Behandlungskooperation in der Zusammenarbeit mit ersterkrankten Patienten eine besondere Bedeutung haben und volle Aufmerksamkeit des Behandlungsteams verdienen. Patienten müssen motiviert werden, sich mit der Erkrankung auseinanderzusetzen, die Behandlung anzunehmen und selbst alles zu tun, um die psychische Gesundheit wiederherzustellen bzw. zu erhalten. Fehlende Krankheitseinsicht, Ablehnung von Behandlungsmaßnahmen inkl. der Medikation sowie eine Tendenz zum frühzeitigen Behandlungsabbruch sind Herausforderungen, denen sich jede Therapiekonzeption stellen muss und die bei psychoedukativen Interventionen natürlicherweise im Vordergrund stehen.

Auch bei der Pharmakotherapie muss die besondere Situation Ersterkrankter berücksichtigt werden. Ersterkrankte Patienten zeigen eine besonders gute Response auf antipsychotische Medikation und benötigen eine wesentlich niedrigere Dosis als Mehrfacherkrankte (APA, 2004; DGPPN, 2005). Da es keine verlässlichen Prädiktoren zur Identifikation der ca. 20 % ersterkrankten Patienten, die (auch ohne antipsychotische Behandlung) keine schizophrene Re-Manifestation erleiden, gibt (APA, 2004; Gaebel et al., 2005), wird grundsätzlich eine (medikamentöse) Behandlungsempfehlung für alle ersterkrankten Patienten für mindestens 1 Jahr nach vollständiger Remission ausgesprochen (Gaebel et al., 2006). Der Aufbau einer Medikamenten-Adhärenz ist somit ein zentraler Bestandteil psychoedukativer Interventionen. Eine früh einsetzende und kontinuierlich durchgeführte Medikation kann – Verträglichkeit vorausgesetzt- der Chronifizierung entgegenwirken.

17.1.5 Aktueller Stand

Im Rahmen des Kompetenznetzes Schizophrenie (Gaebel et al., 2004) wurde ein 8-stündiges psychoedukatives Programm für Patienten entwickelt, das in ein umfassendes kognitiv-verhaltenstherapeutisches Therapiekonzept integriert ist (Klingberg, Schaub, Conradt, 2003). Erste Ergebnisse des Kompetenznetzes Schizophrenie weisen darauf hin, dass die Halterate ersterkrankter schizophrener Patienten damit verbessert werden kann. Die Verbesserung der Compliance durch psychoedukative Programme für schizophren erkrankte Patienten und deren Angehörige ist durch viele Studien belegt (Pitschel-Walz et al., 2001). Die Relevanz der frühen Phase einer Schizophrenie für den weiteren Krankheitsverlauf ist im Rahmen wissenschaftlicher Studien bestätigt worden. Darüber hinaus wurden phasenspezifische multimodale Therapiekonzepte erarbeitet. Zur Verbesserung der Versorgung ersterkrankter Patienten wurden in Deutschland spezielle Behandlungszentren gegründet (z.B. Berlin, Göttingen, Heidelberg, Hamburg, Tübingen, Köln, Limburg). Die Durchführung psychoedukativer Interventionen ist fester Bestandteil des Therapieangebots.

17.2 Anforderungen an psychoedukative Interventionen bei Ersterkrankten

Die erstmalige Diagnose „Schizophrenie" bedeutet für die Patienten eine hohe Anpassungsleistung an eine vollständig veränderte Lebenssituation. Alle psychischen Probleme, die mit dem Neuauftreten einer *chronischen Erkrankung* verbunden sind, können auch in diesem Fall auftauchen. Insbesondere sind dies bei Ersterkrankten:
- Informationsmangel in Bezug auf die psychische Erkrankung,
- Belastung (u. U. auch Traumatisierung) durch die Erlebnisse der Akutphase,
- Massive Gefährdung des Selbstwert-Erlebens, verbunden mit einer „normalen" Vermeidungstendenz (u. U. auch zusätzlich zur fehlenden Krankheitseinsicht),
- Verlust der im jungen Erwachsenenalter gerade aufgebauten Autonomie.

Ersterkrankte haben in der Regel überhaupt *erstmals im Leben Kontakt mit einer psychiatrischen* Klinik, und dieser Kontakt kann sie für die weitere Inanspruchnahme von ärztlichen/psychologischen Leistungen prägen. Besondere Aufmerksamkeit muss deshalb dem geeignetem Setting, einer größtmöglichen Freiwilligkeit und dem Aufbau einer guten Patient-Therapeut-Beziehung gelten. Letztere sollte von folgendem *therapeutischem Grundverständnis* geprägt sein:
- Respekt vor der Autonomie des Patienten, Selbstwertschonung, individuelle Anpassung der Informationsvermittlung, Transparenz bzgl. Verantwortlichkeiten und therapeutischer Entscheidung, Beachtung von Ressourcen und Lebenszielen des Patienten.
- Bei der Vermittlung von Information über Wiedererkrankungsraten sollte die Betonung auf den Chancen liegen, gesund zu bleiben. Wichtig ist, den Beitrag zu betonen, die der Patient selbst dazu leisten kann, z. B. durch eine regelmäßige und kontrollierte Medikamenteneinnahme, Stressvermeidung, Krisenbewältigung etc.
- Psychoedukation bei Ersterkrankten bedeutet auch, Patienten eine Entscheidungsgrundlage zu geben, welchen Nutzen welche Therapie hat und Vor- und Nachteile gegeneinander abzuwägen. Aufgrund der Fakten gilt es zu motivieren, sich mit der Erkrankung auseinanderzusetzen.
- Neben Schwierigkeiten und Defiziten der Patienten müssen ihre Bewältigungsstrategien und Ressourcen herausgearbeitet werden. Mit den Patienten gemeinsam wird ein individuelles Krankheitskonzept erarbeitet. Zu berücksichtigen sind dabei mögliche Informationsverarbeitungsstörungen, vorherrschende Negativsymptomatik und paranoides Misstrauen.

Zudem gilt es, die Geschehnisse in der Akutphase zu thematisieren. Erstmalig mit der Erkrankung und zumeist auch erstmalig mit einem Psychiatrischen Krankenhaus konfrontierte Patienten sind auf Unterstützung angewiesen, damit sie das für sie völlig fremde Erleben bearbeiten und in Zusammenhang mit ihrer Erkrankung bringen können. Dies sind Themen, die über eine als reine Informationsvermittlung verstandene Psychoedukation hinausgehen. Vor allem, wenn initial eine Behandlung gegen den Willen des Patienten notwendig war, ist es wichtig, das Geschehen nach Abklingen der akuten Symptomatik zu thematisieren und dabei besonderen Wert auf die Gestaltung der Therapeut-Patient-Beziehung zu legen. Krankheitseinsicht und Einsicht in Behandlungsbedürftigkeit kann man bei Ersterkrankten zunächst nicht voraussetzen. Sie müssen erarbeitet werden. Deswegen müssen complianceverbessernde Maßnahmen wie Psychoedukation unbedingt in dieser Frühphase der Erkrankung zum Einsatz kommen.

Im Rahmen einer *weitergehenden ambulanten kognitiven Verhaltenstherapie mit psychoedukativen Elementen* kann eine Vertiefung auf der Basis einer individuellen Fallkonzeption und Therapieplanung erfolgen. Je nach Problemlage werden dann unterschiedliche Bereiche bearbeitet: Intervention bei auftretenden Frühsymptomen, Intervention bei relevanten Belastungsfaktoren, Intervention bei persistierenden Symptomen. Dazu sind insgesamt 28 Behandlungsstunden vorgesehen und im Manual beschrieben. Die kontinuierliche Ausgabe von Arbeitsblättern (Bestandteil des unten beschriebenen Manuals) an den Patienten begleitet den Therapieprozess und unterstützt die erarbeiteten Inhalte.

17.2.1 Einbeziehung der Angehörigen

Die Angehörigen ersterkrankter Patienten sind häufig vielfältigen Belastungen und Fragen ausgesetzt. Schuldgefühle, Sorgen um den weiteren Verlauf, die berufliche Zukunft und finanzielle Belastungen durch notwendige Unterstützung beim Lebensunterhalt sind zentrale Fragen, die sich Angehörige stellen. Zudem besteht in aller Regel ein hohes Bedürfnis nach Informationen über die Erkrankung, denn die meisten Betroffenen können auf kein Vorwissen zurückgreifen. Für die Angehörigen ersterkrankter schizophrener Patienten bedeutet dies, dass auch sie durch die (erzwungene) Auseinandersetzung mit der Erkrankung eine erhebliche Einstellungs- und Veränderungsleistung zu erbringen haben.

Hier muss Psychoedukation einen zentralen Beitrag liefern. Darüber hinaus ist die Bewältigung von Alltagsproblemen von Bedeutung. Angehörige Ersterkrankter sind damit häufig ebenso überfordert wie mit der Frage, wie viel Unterstützung sie dem Angehörigen geben müssen, ohne übertrieben protektiv und überfürsorglich zu sein. Auf der anderen Seite lassen Patienten diese Unterstützung nicht immer zu, zumal wenn die Ersterkrankung in das junge Erwachsenenalter fällt und ihren Autonomiebestrebungen zuwiderläuft.

Das von uns an Angehörigen ersterkrankter Patienten mit einer schizophrenen Psychose evaluierte 8-stündige Therapiekonzept (Klingberg, Schaub, Conradt, 2003) bietet 6 psychoedukativ ausgerichtete Einzelsitzungen an. In 2 zusätzlichen gemeinsamen Sitzungen mit dem Patienten werden Krankheitsmodelle von Patienten, Angehörigen und Therapeuten gegenübergestellt, die Erfassung von Frühsymptomen und die Entwicklung eines (gemeinsamen) Krisenplans erarbeitet und Alltagsprobleme im Umgang mit den Patienten einbezogen.

Im klinischen Alltag werden häufig therapeutisch geleitete, psychoedukativ orientierte Angehörigengruppen angeboten. Manchmal sind Angehörige ersterkrankter Patienten mit diesem Setting jedoch überfordert. Den unter Umständen desillusionierenden Schilderungen von Angehörigen chronisch erkrankter/häufig rezidivierender Patienten steht der Erfahrungshintergrund dieser Familien gegenüber. Hilfreiche Strategien bei der Bewältigung von Alltagsproblemen werden meist von Angehörigen Ersterkrankter weniger stark nachgefragt, weil für sie das Bedürfnis nach Informationen und emotionaler Entlastung im Vordergrund steht.

Aus diesen Gründen sind das Setting der Einzelgespräche bzw. einzelne Sitzungen, u. U. auch gemeinsam mit dem Patienten,

17 Psychoedukation bei ersterkrankten Patienten mit schizophrenen Störungen

für Angehörige besonders geeignet. Die hohe Teilnahmerate und gute Akzeptanz der Angehörigen ersterkrankter Patienten untermauert dieses Fazit.

Im Rahmen der Ersterkrankungsstudie des Kompetenznetzes Schizophrenie wurden alle verfügbaren Angehörigen zu beratenden Gesprächen eingeladen. Bei 24 von 54 Patienten kamen solche Gespräche zustande. Bei einer nennenswert großen Subgruppe wollten die Patienten jedoch unter keinen Umständen die Einbeziehung ihrer Angehörigen akzeptieren. Andererseits kam es nur in einem einzigen Fall zu einer Ablehnung durch die Angehörigen. Darüber hinaus haben 95 % der mit den Angehörigen vereinbarten Stunden tatsächlich stattgefunden. Dies dokumentiert den hohen Bedarf, den die Angehörigen hier haben.

17.3 Muster-Manual: Rezidivprophylaxe bei schizophrenen Störungen

Eine individuelle Therapie, die im stationären Setting beginnt, aber schwerpunktmäßig ambulant durchgeführt wird, scheint der Schwere der Erkrankung angemessen. Das psychoedukative Programm für ersterkrankte Patienten umfasst 8 Stunden Psychoedukation, die in Einzelsitzungen durchgeführt werden (Klingberg, Schaub, Conradt, 2003). Die Inhalte und Ziele der jeweiligen Sitzungen werden in der folgenden Tabelle dargestellt (s. Tab. 17-1): Im Rahmen der Sitzungen werden die Inhalte anhand von Arbeitsblättern in einer individualisierten Form und unter Beachtung der Persön-

Tab. 17-1 Psychoedukation für Ersterkrankte mit schizophrenen Störungen

Stunde	Thema	Ziele
1	Überblick, Krankheitsverlauf und Symptomatik	• Einführung von Struktur und Zeitplan der Behandlung • Darstellung der eigenen Vorgeschichte und Symptomatik sowie deren subjektiver Bedeutung • Kennenlernen häufiger Symptome einer Psychose und Abgleich mit eigener Symptomatik • Klärung organisatorischer Fragen (Terminabsprache etc.)
2	Subjektive Krankheitstheorie, „Psychose", Symptomatik, Ressourcen	• Erläuterung der subjektiven Theorien des Patienten über seine Erkrankung und seinen gegenwärtigen Zustand • Syndromale Zuordnung zum Begriff „Psychose" • Wiederfinden der eigenen Störung unter diesem Begriff • Akzeptanz von Krankheitscharakter und Behandlungsbedürftigkeit ohne selbstabwertende Verarbeitung • Erkennen und Benennen eigener Stärken
3	Plus- Minussymptomatik, Krankheitsverlauf, Ziele des Patienten	• Unterscheidung zwischen Plus- und Minussymptomen sowie die Anwendung auf eigene Symptome • Reflexion der verschiedenen Symptome im zeitlichen Verlauf • Herausarbeiten künftiger Ziele unter Einbeziehung der Sichtweisen von Angehörigen und Therapeuten

Tab. 17-1 *Fortsetzung*

Stunde	Thema	Ziele
4	Krankheitskonzept – Vulnerabilität und Stress, Stabilisierungschance	• Verstehen der grundlegenden Aspekte des Vulnerabilitäts-Stress-Bewältigungsmodells • Erkennen des eigenen Einflusses auf den Krankheitsverlauf • Identifikation subjektiver Belastungsfaktoren/Stressoren • Einschätzung von Stabilisierungschance und Rückfallrisiko
5	Umgang mit Belastungen erlernen	• Erarbeitung erster grundsätzlicher Handlungsoptionen, um Belastungen abzubauen/Belastbarkeit zu erhöhen und damit auf den Krankheitsverlauf einzuwirken • Kenntnis *allgemein*gültiger belastender und entlastender Faktoren • Erarbeitung eines *individuellen* Profils belastender und entlastender Faktoren • Erstellung einer Hierarchie von Strategien zur Steigerung der Belastbarkeit
6	Tagebuch und Rolle der Vererbung	• Motivational gestützte Einführung des Tagebuchs • Informationen über Epidemiologie und genetische Faktoren der Erkrankung
7	Biologisches Erklärungsmodell, Hauptwirkungen antipsychotischer Medikation	• Kennenlernen biologischer Wirkfaktoren der Erkrankung und Einschätzung ihrer Bedeutung im Vergleich zu den psychischen und sozialen Einflussfaktoren • Vermittlung der Grundzüge der Dopaminhypothese der Schizophrenie • Vorstellung der wichtigsten Medikamentengruppen und deren Indikationsbereiche • Kennenlernen verschiedener Neuroleptika und deren Hauptwirkungen
8	Nebenwirkungen antipsychotischer Medikation, psychosoziale Behandlungsmaßnahmen	• Vermittlung der wichtigsten Nebenwirkungen der Neuroleptika • Erfahrungen mit Neuroleptika können auf die neuen Kenntnisse bezogen werden • Patient wird in die Lage versetzt, Angehörige/Freunde über seine Medikation sachgerecht zu informieren • Kennenlernen der relevanten Ansprechpartner des gemeinde-psychiatrischen Versorgungssystems des Patienten

lichkeit, der intellektuellen Möglichkeiten und des Entwicklungsstandes des Patienten erarbeitet.

Das Therapiekonzept für Angehörige enthält 6 psychoedukativ ausgerichtete Einzelsitzungen und 2 Sitzungen gemeinsam mit dem Patienten. Beide Konzepte sind manualisiert und evaluiert. Klientel waren ersterkrankte Patienten mit einer schizophrenen Erkrankung nach Abklingen der akuten Symptomatik.

17.4 Ausblick

Die vorgestellte psychoedukative Intervention wurde im Rahmen des Kompetenznetzes Schizophrenie erarbeitet und umgesetzt. Patienten und Therapeuten akzeptierten dieses Vorgehen. Das vorgestellte Manual erwies sich als gut durchführbar. Darüber hinaus wurde seitens der Patienten die große Bedeutung der therapeutischen Beziehung zum Ausdruck gebracht.

Für die psychoedukative Intervention bei ersterkrankten Patienten ergeben sich dabei folgende *Implikationen für die Praxis:*
- Als Regelbetreuung für ersterkrankte Patienten sollte im Anschluss an den ersten stationären Aufenthalt eine mindestens 8 Sitzungen umfassende psychoedukative Einzeltherapie erfolgen. Darüber hinaus ist ein weitergehendes psychotherapeutisches Angebot wünschenswert.
- Ein Angebot für Angehörige Ersterkrankter sollte planmäßig vorgehalten werden. Die hohe Akzeptanz individueller psychoedukativer Maßnahmen deutet darauf hin, dass hier ein großer Bedarf besteht, der in der ambulanten Versorgung aufgegriffen werden sollte. Dass diesem Bedürfnis der Angehörigen zur Zeit nicht ausreichend Rechnung getragen wird, verweist angesichts ihrer hohen Belastung auf einen erheblichen Mangel in der gegenwärtigen Versorgungsrealität.
- Auch in der ambulanten Versorgung besteht ein gravierender Mangel in der psychotherapeutischen Behandlung schizophren Erkrankter und ihrer Angehörigen. Für Ersterkrankte gibt es kein ausreichendes spezifisches Angebot. Erfahrungen, Ansätze und wissenschaftlicher Hintergrund sprechen dafür, die Weiterentwicklung intensiv voranzutreiben.

17.4.1 Ratgeber, Links, Medien etc ...

Für erstmals an Schizophrenie erkrankte Patienten stehen im deutschsprachigen Raum praktisch keine speziellen Informationsbroschüren, Internetportale oder Links zur Verfügung. Daher muss auf die gängigen Links zum Thema Psychose zurückgegriffen werden. Zu verweisen ist hier insbesondere auf www.psychose-psychotherapieforschung.de und www.kompetenznetz-schizophrenie.de. Weitere empfehlenswerte informative Links sind www.psychose.de, www.ddpp.eu, www.bapk.de sowie www.bpe-online.de.

Zur ersten Auseinandersetzung mit der Erkrankung wurde im Rahmen der vorgestellten Interventionsentwicklung ein Buch speziell für Patienten und Angehörige geschrieben (Klingberg, Mayenberger, Blaumann, 2005). Zur weitergehenden Information über Psychosen aus dem schizophrenen Formenkreis siehe Bäuml (2008).

Literatur

American Psychiatric Association (APA) (2004). Practice guideline for the treatment of patients with schizophrenia. 2. Auflage. AM J Psychiatry 161 (suppl): 1–56.

Addington J, Coldham EL, Jones B et al. (2003). The first episode of psychosis: the experience of relatives. Acta Psychiatr.Scand. 108(4): 285–90.

Addington J, McCleery A, Addington D (2005). Three-year outcome of family work in an early psychosis program.Schizophr Res 79(1): 107–16.

Aguilar EJ, Keshava MS, Martinez-Quiles MD et al. (1994). Predictors of acute dystonia in first-episode psychotic patients. Am J Psychiatry 151(12): 1819–1821.

Bäuml, J., Pitschel-Walz, G., Volz et al. (2007). Psychoeducation in schizophrenia: 7-year follow-up concerning rehospitalization and days in hospital in the Munich Psychosis Information Project Study. J Clin Psychiatry 68: 854–861.

Bäuml J (2008). Psychosen aus dem schizophrenen Formenkreis. Berlin (Springer).

Birchwood M, Todd P, Jackson C. (1998). Early intervention in psychosis. The critical period hypothesis. Br J Psychiatry 172 (Suppl): 53–59.

Butzlaff RL, Hooley JM (1998). Expressed emotion and psychiatric relapse. A metaanalysis. Arch Gen Psychiatry 55: 547–552.

Caldwell CB, Gottesmann JJ (1990). Schizophrenics kill themselves too: A review of risk factors for suicide. Schizophr Bull 16: 571–589.

Conus P, Lambert M, Cotton S et al. (2010). Rate and predictors of service disengagement in an epidemiological first-episode psychosis cohort. Schizophr Res 118(1–3): 256–263.

Coldham EL, Addington J, Addington D. (2002). Medication adherence of individuals with a first episode of psychosis. Acta Psychiatr Scand 106:286–290.

Crow TJ, MacMillan JF, Johnson Al (1986). A randomised controlles trial of prophylactic neuroleptic treatment. Brit J Psychiatry 148: 120–127.

Fleischhacker WW, Meise U, Gunther V et al. (1994). Compliance with antipsychotic drug treatment:influence of side effects. Acta Psychiatr Scand 382: 11–15.

Gaebel W, Falkai P, Weinmann S, Wobrock T (2006). Behandlungsleitlinie Schizophrenie. In: Deutsche Gesellschaft für Psychiatrie, Psychotherapie und Nervenheilkunde DGPPN (Hrsg.). S3-Praxisleitlinien in Psychiatrie und Psychotherapie. Darmstadt (Steinkopf).

Gaebel W, Möller HJ, Buchkremer G et al. (2004). Pharmacological long-term treatment strategies in first episode schizophrenia – study design and preliminary results of an ongoing RCT within the German Research Network on Schizophrenia. Eur Arch Psychiatry Clin Neurosci 254: 129–140.

Gaebel W (2002). Schizophrenie, schizotype und wahnhafte Störungen. In: Gaebel W, Müller-Spahn (Hrsg.). Diagnostik und Therapie psychischer Störungen. Stuttgart (Kohlhammer), S. 244–273.

Gaebel W, Wölwer W. (2010) Gesundheitberichterstattung des Bundes Themenheft 50: Schizophrenie. Robert Koch Institut

Gaebel W, Riesbeck M, von Wilmsdorff M (2010). Drug attitude as predictor for effectiveness in first-episode schizophrenia: Results of an open randomized trial (EUFEST). Eur Neuropsychopharmacol 20(5): 310–316.

Häfner H, an der Heiden W, Hambrecht M (1993). Ein Kapitel systematischer Schizophrenierforschung-Die Suche nach kausalen Erklärungen für den Geschlechtsunterschied im Ersterkrankungsalter. Nervenarzt 64: 706–716.

Harvey, P D, Bellack AS (2009). Toward a terminology for functional recovery in schizophrenia: is functional remission a viable concept? Schizophr Bull 35(2): 300–306.

Hogarty GE, Ulrich RF (1998). The l imitations of antipsychotic medications on schizophrenia relapse and adjustement, and the contributions of social treatment. J Psych Res 32: 243–250.

Kane JM, Rifkin A, Quitkin F et al. (1982). Fluphenazine vs placebo in patinets with remitted, acute first-episode schizophrenia. Arch Gen Psychiatry 21: 82–86.

Kamali M, Kelly BD, Clarke M, Browne S, Geroin M, Kinsella A, Lane A, Larkin C, O'Callaghan E. (2006). A prospective evaluation of adherence to medication in first episode schizophrenia. Eur Psychiatry, Feb 3 (Epub ahead of print).

Kissling W Höffler J, Seemann U et al. (1999). Die direkten und indirekten Kosten der Schizophrenie. Fortschr Neurol Psychiat 67: 29–36.

Klingberg S, Schaub A, Conradt B (2003). Rezidivprophylaxe bei schizophrenen Störungen. Weinheim (Beltz – PVU).

Klingberg S, Mayenberger M, Blaumann G (2005). Schizophren? Orientierung für Betroffene und Angehörige. Weinheim (Beltz-PVU).

Lieberman JA, Koreen AR, Chakos M et al. (1996). Factors influencing treatment response and outcome of first-episode schizophrenia: implications for understanding the pathophysiologie of schizophrenia. J Clin Psychiatry 57(suppl 9): 5–9.

McGlashan TH, Levy ST, Carpenter WT Jr (1975). Integration and sealing over. Clinically distinct recovery styles from schizophrenia. Arch Gen Psychiatry 32 (10): 1269–1272.

McGorry P, Jackson HJ (1999). The recognition and management of early psychosis – A preventive approach. Cambridge (Cambridge University Press).

Meister K, Burlon M, Rietschel L (2010). Psychose und Sucht bei Jugendlichen und Jungerwachsenen. Teil 1: Prävalenz und Erklärungsmodelle. Fortschr Neurol Psychiat 78(2): 81–89.

Müller P, Gaebel W, Bandelow B (1998). Zur sozialen Situation schizophrener Patienten. Nervenarzt 69: 204–209.

Murray HJ, Lopez A. D. (1996). The global burden of disease. A comprehensive assessment of mortality and disability from diseases, injuries, and risk factors in 1990 and projected to 2020. Cambridge, MA (Harvard University Press).

Nordentoft M, Madsen T, Fedyszyn I (2015). Suicidal behaviour and mortality in first episode psychosis. J Nerv Ment Dis 203(5): 387–392.

Pitschel-Walz G, Leucht S, Bäuml J et al. (2001). The effect of family interventions on relapse and rehospitalization in schizophrenia – a meta-analysis. Schizophr Bull 27: 73–92.

Pompili M, Serafini G, Innamorati M et al. (2011). Suicide risk in first episode psychosis: a selective review of the current literature. Schizophr Res 129(1): 1–11.

Gaebel W., Wölwer W. (2010). Gesundheitserstattung des Bundes Schizophrenie. Berlin (Robert Koch-Institut).

Robinson D, Woerner MG, Alvir JM (1999): Predictors of relapse following response from a first episode of schizophrenia or schizoaffective disorder. Arch Gen Psychiatry 56: 241–247.

Schaffner N, Schimmelmann BG, Niedersteberg A et al. (2011). Versorgungswege von erstmanifesten psychotischen Patienten – eine Übersicht internationaler Studien. Fortschr Neurol Psychiatr 80(2): 72–78.

Schimmelmann BG, Conus P, Schacht M et al. (2006). Predictors of service disengagement in first-admitted adolescents with psychosis. J Am Acad Child Adolesc Psychiatr 45(8): 990–999.

Scottish Schizophrenia Research Group (1989). The Scottish first episode schizophrenia study. VII. Two-year follow-up. Acta Psychiatr Scand. 80: 597–602.

Scottish Schizophrenia Research Group (1992): The Scottish first episode schizophrenia study. VIII. Five-year follow-up: clinical and psychosocial findings. Brit J Psychiatry 161: 496–500.

Schooler N, Rabinowitz J, Davisson M et al. (2005). Risperidone and Haloperidol in first-episode psychosis: A long-term randonized trial. Am J Psychiatry 162: 947–953.

Sheitman BB, Lee H, Strauss R et al. (1997). The evaluation and treatment of first-episode psychosis. Schizophr Bull 23(4): 653–661.

Tait L, Birchwood M, Trower P (2004). Adapting to the challenge of psychosis: personal resilience and the use of sealing-over (avoidant) coping strategies. Brit J Psychiatry 185: 410–415.

Tandon R, Nasrallah HA, Keshavan MS (2009). Schizophrenia, "just the facts" 4. Clinical features and conceptualization. Schizophr Res 110(1–3): 1–23.

Tennakoon L, Fannon D, Doku V et al. (2000). Experience of caregiving: relatives of people experiencing a first episode of psychosis. Brit J Psychiatry 177: 529–533.

Watt DC, Katz K, Shepherd M (1983). The natural history of schizophrenia: a 5-year prospective follow-up of a representative sample of schizophrenics by means of a standardized clinical and social assessment. Psychol Med 13: 663–670.

Wyatt RJ, Damiani LM, Henter ID (1998). First-episode schizophrenia. Early intervention and medication discontinuation in the context of course and treatment. Brit J Psychiatry 172 (suppl 33): 77–83.

18 Psychoedukation bei Personen mit erhöhtem Psychoserisiko

Andreas Bechdolf, Hendrik Müller, Marta Hauser, Georg Juckel, Marion Lautenschlager

18.1 Einleitung

Mit der Strategie der indizierten Prävention und der hiermit verbundenen Früherkennung und Frühintervention ist es gelungen die Prognose einer Reihe von Volkserkrankungen wie z. B. arterieller Hypertonie wesentlich zu verbessern. Die „Global Burden of Disease Study der WHO" (Murray u. Lopez, 1996) zeigte, dass die Schizophrenie eine Erkrankung ist, die am fünfthäufigsten zur dauerhaften Behinderung führt, noch vor Volkskrankheiten wie den kardiovaskulären Erkrankungen oder Diabetes.

Psychotische Störungen zeigen in vielen Fällen einen rezidivierenden oder chronischen Verlauf. Sie können für die Betroffenen und ihre Angehörigen mit schwerem und langjährigem Leid einhergehen und verursachen auf gesellschaftlicher Ebene erhebliche Kosten (Kissling u. Hoffler 1999; Van Os et al., 2009; Konnopka et al., 2009). Seit ungefähr zwei Jahrzehnten gibt es Bemühungen, das erfolgreiche Rational der indizierten Prävention auf psychische Erkrankungen im Allgemeinen und die psychotischen Störungen im Speziellen auszuweiten (Klosterkötter, 2008).

So verbindet sich mit der indizierten Prävention die Hoffnung, die manifeste Erkrankung, der in 75 % der Fälle eine Prodromalphase von durchschnittlicher Dauer von fünf Jahren vorausgeht (Häfner et al. 1992 2012), in diesem Zeitfenster hinauszuzögern oder sogar zu verhindern.

Um psychotische Störungen zu prädizieren, wurden verschiedene Risikokriterien-sätze entwickelt (s. u.) und prospektiv evaluiert (Klosterkötter et al., 2001; Yung et al., 1998).

Jedoch zeichnet sich ab, dass neben dem Übergang in eine Psychose auch das Fortbestehen der Risikosymptomatik (Addington et al., 2011; Ziermanns et al., 2011) oder deren vollständige Remission, (Simon et al., 2011, Ziermanns et al., 2011), einen von mehreren möglichen Outcomes darstellt. Außerdem sollten neben diesen symptombezogenen Outcomes auch das psychosoziale Funktionsniveau sowie die Lebensqualität berücksichtigt werden (Bechdolf et al., 2005). Für diese Betrachtungsweise spricht, dass die wesentlichen Anteile der sozialen Behinderung, z. B. Verlust des Beschäftigungsverhältnisses, Schwierigkeiten beim Eingehen und Aufrechterhalten von Partnerschaften sowie beim selbstständigen Führen des Haushalts, bereits vor der Erstmanifestation von produktiv psychotischen Symptomen auftreten (Häfner et al., 1995). Weiterhin weisen Personen mit erhöhtem Psychoserisiko auch eine hohe Rate an Komorbiditäten mit Achse-I- und Achse-II-Störungen auf (Bechdolf et al., 2011). Attenuierte psychotische Symptome könnten in großen Stichproben ein Risikofaktor für die Hospitalisierung aufgrund einer nicht-psychotischen psychischen Störung sein (Werbeloff et al., 2012). Auch hierin zeigen sich notwendige Ziele einer Intervention.

Es bleibt also festzustellen, dass hilfesuchende Personen mit einem erhöhten Psychoserisiko – auch unabhängig davon, ob die Symptome in das Vollbild einer Psychose übergehen – behandlungsbedürftig sind (Ruhrmann et al., 2010 b). Dieser Umstand hat dazu beigetragen, dass ein attenuiertes Psychosesyndrom als eigenständige diagnostische Kategorie in das DSM-5 aufgenommen wurde.

Vor dem Hintergrund des unklaren Verlaufs sind bei Interventionen bei Personen mit erhöhtem Psychoserisiko hohe ethische Maßstäbe anzulegen. Dementsprechend ist das jeweilige Hilfsangebot durch eine verantwortungsbewusste Nutzen-Risiko-Abwägung zu rechtfertigen. Als mögliche Risiken werden die fälschliche Identifizierung tatsächlich ungefährdeter Personen (Falsch-Positive), (medikamentöse) Nebenwirkungen der präventiven Interventionen und die Stigmatisierung oder psychische Belastung durch die Identifizierung genannt (McGlashan et al., 2001).

Die Erarbeitung der hier skizzierten relevanten Informationen über die Erkrankung und hieraus abgeleitete mögliche präventive Strategien sollten im Rahmen von psychoedukativen Sitzungen bei Personen mit erhöhtem Psychoserisiko einen besonderen Stellenwert einnehmen.

18.2 Risikokriterien für erste psychotische Episoden

Derzeit sind zwei Kriteriengruppen prospektiv auf ihre prognostische Güte zur Vorhersage von psychotischen Erstmanifestationen evaluiert: die „ultra-high risk"-(UHR-) Kriterien und die Basissymptom-Kriterien.

18.2.1 „Ultra-high risk"-(UHR-) Kriterien

Die Melbourner Gruppe um McGorry wandte erstmals die „Close-In-Strategie" (Bell, 1992) an und legte der Definition der sogenannten UHR-Kriterien (Yung et al., 1998) folgende Kombination zugrunde:
- Attenuierte (abgeschwächte) psychotische Symptome (APS),
- kurzzeitig vorhandene, spontan remittierende psychotische Symptome (brief limited intermittent psychotic symptoms = BLIPS) sowie
- Kombinationen aus Risikofaktoren, etwa einer schizophrenen Erkrankung eines Angehörigen ersten Grades oder einer schizotypen Persönlichkeitsstörung beim Betroffenen und einem signifikanten Absinken des globalen Funktionsniveaus.

Seit dieser Pionierleistung wurde eine Reihe von größeren naturalistischen Beobachtungsstudien mit den UHR-Kriterien (oder nah verwandten Kriterien durchgeführt (Fusar-poli et al., 2012), die im Folgenden näher erläutert werden).

Transiente psychotische Symptome (brief limited intermittent psychotic symptoms = BLIPS)

Unter transiente psychotische Symptome fallen Wahnideen, Halluzinationen oder formale Denkstörungen, die nur vorübergehend und nicht länger als eine Woche vorhanden sind und spontan remittieren. Sie unterscheiden sich also nicht phänomenologisch, sondern lediglich in ihrer Dauer von psychotischen Symptomen, die für die Diagnose einer manifesten Psychose herangezogen werden.

Attenuierte psychotische Symptome (APS)

Abgeschwächte psychotische Symptome sind angelehnt an die revidierten DSM-IV-Kriterien einer schizotypischen Persönlichkeitsstörung und umfassen Beziehungsideen, eigentümliche Vorstellungen oder magisches Denken, ungewöhnliche Wahrnehmungserlebnisse, eine eigenartige Denk- und Sprechweise sowie paranoide Ideen.

Risikofaktoren und Funktionseinbußen

Zur Erfassung der Gruppe von Personen mit einem erhöhten Risiko für die Entwicklung einer manifesten Psychose ohne Ausbildung einer psychoseähnlichen Symptomatik wurde zudem eine Kombination aus dem Vorliegen eines bekannten Risikofaktors (genetische Belastung, Geburtskomplikationen), einer unlängst eingetretenen deutlichen Verschlechterung der psychischen Verfassung und des globalen Funktionsniveaus vorgeschlagen (Yung et al., 1998).

Basissymptom-Kriterien

Das Basissymptom-Konzept wurde in den 1960er Jahren von Gerd Huber (Süllwold & Huber, 1986) entwickelt. Es hat seinen Ursprung in der Beobachtung von Defiziten, die schon Jahre oder Jahrzehnte sowohl vor der ersten akuten Episode und im Vorfeld schizophrener Rezidive als auch postpsychotisch und intrapsychotisch bei fluktuierender akutpsychotischer Symptomatik auftreten, von den Betroffenen selbst wahrgenommen und (retrospektiv) berichtet werden (Süllwold u. Huber, 1986). Diese milden Störungen des Antriebs, des Affekts, der Denk- und Sprachprozesse, der Wahrnehmung, der Propriozeption, der Motorik und der zentral-vegetativen Funktionen rufen gleichwohl einen starken Beschwerdedruck hervor. Huber (Süllwold u. Huber, 1986) bezeichnet sie als „Basissymptome".

Im Rahmen einer prospektiven Untersuchung (Cologne Early Recognition Study, CER) an 160 Patienten zeigten sich zwei Symptomcluster als besonders psychoseprädiktiv. Bei einem von zehn kognitiv-perzeptiven Basissymptomen (*cognitive-perceptive basic-symptoms*, COPER) lag die Übergangsrate in eine schizophrene Störung innerhalb eines Jahres bei knapp 20% und nach durchschnittlich 5,7 Jahren bei 67%. In einem Beobachtungszeitraum von 9,6 Jahren stieg sie weiter auf 78% (Klosterkötter et al., 2001). Ein weiteres Basissymptomkriterium umfasst ausschließlich kognitive Basissymptome (*cognitive disturbances*, COGDIS). Die COGDIS-Kriterien zeichnen sich durch eine hohe Spezifität (0,85–0,91) und eine niedrige *Falsch-Positiv-Rate* (1,9%–7,5%) aus. Für das Vorliegen eines von neun dieser Basissymptome wurde eine Übergangsrate von 23,9% bereits innerhalb von 12 Monaten gefunden. Nach 24 Monaten stieg die Rate auf 46,3% an.

Zusammenfassung: Risikokriterien für erste psychotische Episoden

Betrachtet man diese naturalistischen Studien, wird deutlich, dass die Studien jüngeren Datums mit geringeren Übergangsraten verbunden sind (Yung et al., 2007). Eine aktuelle Metaanalyse der Übergangsraten, die 2500 Risikopatienten einschloss, kam auf Übergangsraten von 29% (95% CI 23–36) nach einem und 36% (95% CI 30–43) nach zwei Jahren (Fusar-Poli et al., 2012). Im Zusammenhang mit der Problematik der abnehmenden Übergangsraten wurden bereits

Strategien zur weiteren Risikoanreicherung und Stratifizierung in Risikogruppen vorgestellt (Ruhrmann et al., 2010 a).

18.3 Psychosefernes und psychosenahes Prodrom

Retrospektive Erhebungen des Verlaufs der Prodromalsymptome legen nahe, dass mit den oben dargestellten Kriteriensätzen auch ein unterschiedlich hohes Risiko verbunden ist, innerhalb eines bestimmten Zeitraumes eine manifeste psychotische Störung zu entwickeln (Schultze-Lutter, 2009). Erstmals liegen nun auch prospektive Belege für diese Annahme vor (Nelson et al., 2011). Sie beeinflussten die Weiterentwicklung der oben beschriebenen Kriterien durch das Kompetenznetz Schizophrenie, das zwischen „psychosefernen" und „psychosenahen Prodromen" differenziert. Hierbei lehnte sich die Definition des psychosenahen Prodroms über APS und BLIPS eng an die UHR-Kriterien an. Basissymptome, Risikofaktoren und Funktionseinbußen wurden unter das psychoseferne Prodrom subsumiert. Ziel war es, in möglichen Prodromalstadien der Schizophrenie abhängig vom Übergangsrisiko differenzierter intervenieren zu können. Mit einer Nutzen-Risiko-Abwägung wurden für diese beiden Stadien differenzielle Interventionen entwickelt, nämlich die multimodale Kognitive Verhaltenstherapie (KVT) für das psychoseferne Prodrom und Amisulprid für das psychosenahe Prodrom.

18.4 Effektivität von Frühintervention bei Personen mit erhöhtem Psychoserisiko

Im letzten Jahrzehnt haben Forschergruppen in Australien, den USA und Europa Modelle für Frühinterventionen bei Personen mit erhöhtem Psychoserisiko entwickelt. Die meisten Gruppen haben hierfür speziell konzipierte Früherkennungs- und Therapiesettings etabliert. Hierbei wird mithilfe von Öffentlichkeitsarbeit die Wissensvermittlung über Prodromalsymptome und weitere Indikatoren für ein erhöhtes Psychoserisiko sowie über eine mögliche Unterstützung und Behandlung von Betroffenen angeboten. Das Behandlungsangebot ist ambulant, niederschwellig und nicht-stigmatisierend gestaltet und soll das Hilfesuchverhalten der Risikopersonen unterstützen. Die meisten Interventionen sind aus dem Vulnerabilitäts-Stress-Bewältigungs-Modell der schizophrenen Störung abgeleitet und stehen Strategien nahe, die sich in der Rezidivprophylaxe schizophrener Störungen bewährt haben.

Trotz verschiedener methodischer Einschränkungen (Bechdolf et al., 2006; Müller et al., 2012) lässt sich zusammenfassend feststellen, dass alle spezifischen Interventionen günstige Wirkungen in Richtung eines oder mehrerer Ziele der Frühintervention zeigen, wenn gleich z. T. nur deskriptiv. Dies gilt für Olanzapin (McGlashan et al., 2006), Amisulprid (Ruhrmann et al., 2007), Risperidon in Kombination mit kognitiver Verhaltenstherapie, kognitive Verhaltenstherapie mit Placebo sowie kognitive Verhaltenstherapie mit Risperidon (McGorry et al., 2002; McGorry et al., 2013), Omega-3-Fettsäuren (Amminger et al., 2010), kognitive Verhaltenstherapie (Addington et al., 2011; Bechdolf et al., 2012; Morrison et al., 2004;

Morrison et al., 2012; van der Gaag et al., 2013) und Familientherapie (Miklowitz et al., 2014). Dennoch zeigen inzwischen mehrere Metaanalysen, die einige Hundert unter Studienbedingungen behandelte Risikopatienten einschließen, die Überlegenheit aller spezifischen Behandlungsangebote gegenüber der Standardbehandlung oder keiner Behandlung bezüglich des Übergangs in das Vollbild einer Psychose (Preti u. Cella, 2010; Stafford et al., 2013; Van der Gaag et al., 2013).

Die Interventionen, die eine KVT einschließen, umfassen zu einem wesentlichen Teil auch psychoedukative Vorgehensweisen. Diese sind jedoch häufig nicht explizit beschrieben oder evaluiert. Ausnahmen stellen der multimodale Therapieansatz und die kognitive Einzeltherapie für Personen mit erhöhtem Psychoserisiko von Bechdolf et al. (2012; s. a. Bechdolf et al., 2011) dar, die psychoedukative Sitzungen in ihr Therapieprogramm integriert haben, sowie das von Hauser et al. (2009) entwickelte Psychoedukationsprogramm für Risikopersonen. Letzteres hat in einer explorativen Evaluation an einer kleinen Stichprobe von hilfesuchenden Risikopersonen positive Wirkung in verschiedenen Bereichen gezeigt.

18.5 Besonderheiten bei der Behandlung von Personen mit erhöhtem Psychoserisiko

Bei der Behandlung von Personen mit einem erhöhten Psychoserisiko ist zu berücksichtigen, dass es sich meistens um *junge Patienten* handelt. Sie befinden sich in wichtigen Entwicklungsphasen und sind daher leicht irritierbar. Reifungsdefizite und -verzögerungen in der Persönlichkeitsentwicklung können daher sowohl (Teil-)Ursache als auch Folgen der prodromalen Symptome sein. Oft ist die Behandlungsmotivation fluktuierend. Zudem haben Patienten im jungen Erwachsenenalter häufig keine Therapieerfahrung. Sie sollten deshalb in einer allgemeinen Einführung darüber informiert werden, was bei psychotherapeutischen Verfahren im weitesten Sinne und bei verhaltenstherapeutischen Verfahren im Speziellen von Patienten erwartet wird. Vielen Patienten bereitet es Unbehagen, sich mit Symptomen, Schwächen und Nöten einem fremden Menschen anzuvertrauen. Vor diesem Hintergrund ist es wichtig, nicht nur die Schwierigkeiten, sondern auch die Bewältigungsstrategien und Ressourcen der Patienten herauszuarbeiten. Bei Jugendlichen und jungen Heranwachsenden ist es besonders wichtig, dass der Therapeut sich in ihre Erlebniswelt einfühlen kann (und möchte) und nach Möglichkeit auch in der Lage ist, sich an ihren Sprachstil etc. anzupassen. Darüber hinaus darf auch die teilweise sehr geringe *Belastbarkeit* der Patienten nicht unterschätzt werden. Je nachdem, wie stark die prodromalen Symptome bereits ausgeprägt sind, kann v. a. die Konzentrationsfähigkeit eingeschränkt sein. Unter Umständen liegt auch im emotionalen Bereich eine verminderte Belastungsfähigkeit vor. Bei einer Komorbidität mit Depression und/oder Angststörungen (fast 80 %) müssen Strategien zur Behandlung dieser weiteren Störung erarbeitet werden. Außerdem ist darauf zu achten, dass die therapeutischen Maßnahmen nicht selbst als Stressor wahrgenommen werden und infolgedessen zu einer Verschlimmerung der Symptome führen.

Als *Ziel der Behandlung* von Patienten mit erhöhtem Psychoserisiko sollte nicht nur die Besserung der Symptome im Vordergrund stehen. Vielmehr geht es darum, dem Patienten individuelle Coping-Strategien an die Hand zu geben, die ihm den Umgang mit seinen Symptomen und ihre Akzeptanz ermöglichen. Dadurch lässt sich u. U. eine weitere Verschlimmerung aufhalten oder der Ausbruch einer manifesten psychotischen Erkrankung zumindest hinauszögern. Da der Übergang in eine Psychose trotz umfassender Therapiemaßnahmen nicht auszuschließen ist, dienen insbesondere psychoedukative Maßnahmen dazu, den Patienten zu befähigen, psychotische Symptome möglichst rasch zu erkennen und sich umgehend um Hilfe zu bemühen.

18.6 Psychoedukative Elemente der Einzeltherapie

Da es sich bei den Risikopersonen um eine heterogene Patientengruppe mit unterschiedlicher Symptomatik, unterschiedlichem Vorwissen und je individuellen Therapieerwartungen handelt, werden psychoedukative Strategien derzeit im deutschsprachigen Raum ausschließlich im Einzelsetting angeboten. Dennoch ist die Einzelpsychoedukation Teil eines multimodalen Ansatzes, der Angehörigenberatung und Gruppentherapie mit einschließt (Bechdolf et al., 2012; Übersicht bei Bechdolf u. Juckel, 2006).

Nachfolgend illustrieren wir die psychoedukative Arbeit mit Personen mit erhöhtem Psychoserisiko am Beispiel von drei Strategien aus der Einzelbehandlung der multimodalen KVT im psychosefernen Prodrom (Bechdolf et al., 2012; Bechdolf u. Juckel 2006). Die Einzeltherapie gliedert sich dabei in Einleitungs-, Behandlungs- und Beendigungsphase, in denen Psychoedukations-, Symptom-, Stress- und Krisenmanagement-Module an die speziellen Bedürfnisse der Patienten angepasst und flexibel eingesetzt werden. Zur kognitiven Einzeltherapie (unter Berücksichtigung von psychoedukativen Elementen) bei Personen mit erhöhtem Psychoserisiko liegt mittlerweile auch ein deutschsprachiges Manual vor (Bechdolf et al., 2011). Eine Einführung des Behandlungsrationals im Rahmen des Kompetenznetzes Schizophrenie geben Häfner et al. (2012).

Aus didaktischen Gründen werden diese Aspekte hier chronologisch dargestellt und zum besseren Verständnis mit Formulierungsvorschlägen versehen. Es ist jedoch zu betonen, dass die Elemente auf die Bedürfnisse des individuellen Patienten abgestimmt werden müssen. Das Timing der Interventionen sowie die Integration in die übrigen Behandlungsmodule sind für die Akzeptanz der eingeführten Erklärungsmodelle von zentraler Bedeutung. Des Weiteren sind die angebotenen Strategien fortwährend in den unterschiedlichen Behandlungskontexten und -situationen einzubringen bzw. zu modifizieren. Der besseren Anschaulichkeit wegen geben wir die Formulierungsbeispiele in wörtlicher Rede wieder.

18.6.1 Krankheitsverständnis und subjektive Krankheitstheorie des Patienten

Schon in der Phase des Beziehungsaufbaus bekommt der Therapeut erste Hinweise darauf, wie der Patient die geschilderten Problembereiche bewertet und einordnet. Er sollte differenziert explorieren, ob der Patient sich vorstellen kann, dass die beschriebenen Beschwerden Ausdruck einer Erkrankung sein könnten. Er sollte weiterhin fragen, wie sich der Patient die Erfahrung mit der möglichen Prodromalsymptomatik erklärt, von welchen Meinungen und Vorstellungen über psychisch Kranke, über Psychose und ggf. Schizophrenie er gehört hat (Stigmaproblem) und wie er selbst zu diesen Bewertungen und Erklärungsmodellen steht. Für den weiteren therapeutischen Umgang ist es wichtig, sich Klarheit über das Ausmaß seines Krankheitsverständnisses zu verschaffen und ausgehend von seiner subjektiven Krankheitstheorie weitere Erklärungsmodelle zu entwickeln.

18.6.2 Einführung der Begriffe „Frühsymptome" und „erhöhtes Risiko für eine psychotische Krise"

Dieses Thema verlangt besondere Behutsamkeit, weil die Mitteilung, zu einer Gruppe mit einem erhöhten Risiko für eine psychotische Krise zu gehören, für die Betroffenen außerordentlich belastend ist und zu Depressions- oder Angstsymptomen führen kann. Obwohl viele Patienten den Begriff Psychose oder Schizophrenie von sich aus einbringen, sobald sie Vertrauen in die Behandlung gefasst haben, sollte die mögliche Entwicklung einer psychotischen Krise erst thematisiert werden, wenn eine tragfähige therapeutische Beziehung etabliert wurde. Andererseits sollte die Thematik aber auch rechtzeitig angesprochen werden, um die Transparenz des Therapieansatzes nicht zu gefährden. Dazu ein Formulierungsbeispiel:

„Wir haben in den vergangenen Sitzungen über Symptome gesprochen, unter denen Sie seit einiger Zeit leiden. Wir wissen, dass diese Symptome häufig im Vorfeld einer psychotischen Krise auftreten. Sie können Anzeichen einer möglichen Verschlechterung in der Zukunft und eventuell einer schwerwiegenden psychischen Erkrankung sein. In der heutigen Sitzung werden wir gemeinsam einen Überblick erarbeiten, was damit gemeint ist."

18.6.3 Einführung des Begriffs „psychotische Krise"

Der Begriff „psychotische Krise" wird hier aus drei Gründen benutzt:
1. Früherkennungs- und Interventionsstrategien identifizieren nicht nur besonders früh Patienten mit schizophrenen Störungen, sondern auch solche mit anderen psychotischen Erkrankungen, z. B. wahnhafter Depression, bipolaren Störungen mit psychotischen Symptomen, kurzen psychotischen Episoden und mit psychosenaher Symptomatik (attenuierte psychotische Symptome oder transiente psychotische Symptome, z. B. McGorry et al., 2002; Morrison et al., 2004). Vor diesem Hintergrund erscheint die Einengung der Präventionsbemühungen auf die Schizophrenie alleine nicht gerechtfertigt. Um die Vielzahl von Psychosen und psychoseähnlichen Zustandsbildern zu umschreiben, auf die wir uns bei den Betroffenen einstellen müssen, haben wir deshalb den Begriff der psychotischen Krise eingeführt.
2. Die Gefahr, dass die Betroffenen die Formulierung „psychotische Krise" als stigmatisierend und abwertend erleben, ist relativ gering.
3. Mit der Verwendung des Begriffs Krise betonen wir den vorübergehenden, durch intensive Behandlung überwindbaren Charakter der psychotischen Symptomatik. Da eine psychotische Symptomatik schnell erkannt wird, wenn der Betroffene in einem Früherkennungszentrum in Behandlung ist, bleibt die Dauer der unbehandelten Psychose (DUP) kurz. Die Therapie der psychotischen Symptomatik kann kurzfristig erfolgen und wirkt in der bereits vertrauten Umgebung wenig traumatisierend. Deshalb gehen wir von einer günstigen Prognose der psychotischen Ersterkrankungen aus.

Der Therapeut könnte in einer solchen Situation z. B. folgende Worte an den Betroffenen richten:

„Der Begriff ‚Psychose' wurde im 19. Jahrhundert geprägt und leitet sich von dem Wort ‚psychisch' ab, was soviel heißt wie: ‚Mit der Seele zusammenhängend.' Mit dem Begriff werden seelische Erkrankungen zusammengefasst, die nicht aus eigener Kraft bewältigt werden können. Eine psychotische Krise ist eine vorübergehende Veränderung der Wahrnehmung, des Denkens und der Empfindungen, die meistens im jungen Erwachsenenalter auftritt. Typische Schilderungen von Betroffenen sind etwa [hier die individuellen Symptome des Patienten aufgreifen und in psychotische Symptome extrapolieren]: ‚Ich fühle mich wie im Film und der Realität merkwürdig entfremdet. Ich fühle mich durch Vorkommnisse in der Umgebung persönlich gemeint und beziehe diese Vorkommnisse auf mich. Ich fühle mich pausenlos durch Unbekannte beobachtet und verfolgt. Ich höre oder sehe etwas, das andere nicht wahrnehmen können.'"

Charakteristischerweise sind während einer psychotischen Krise die Möglichkeiten, sich von diesen Erlebnisweisen zu distanzieren, reduziert. Die Betroffenen und ihre Umgebung sind über solche fremdartige Erlebnisse natürlich oft beunruhigt. Sie fühlen sich verängstigt und ratlos. Die Therapie dieser Krise besteht aus einer Kombination von psychotherapeutischer, medikamentöser und soziotherapeutischer Behandlung.

„Dem Auftreten geht in der Regel eine längere Periode voraus, in der sich Schwierigkeiten beim Denken oder bei der Wahrnehmung, Ängste, Depressionen, Probleme auf der Arbeit, in der Schule oder in der Familie einstellen können [hier die individuellen Beschwerden des Patienten aufgreifen]. Zum jetzigen Zeitpunkt können wir nicht sagen, ob sich die Beschwerden tatsächlich zu einer psychotischen Krise entwickeln werden oder ob sie von alleine wieder abklingen und das Erkrankungsrisiko dann wieder so gering ist wie für jemanden, der keine Anzeichen für ein erhöhtes Risiko hat (nur 1 % im ganzen Leben). Da wir bei Ihrer Beschwerdekonstellation davon ausgehen, dass das Risiko, an einer psychotischen Krise zu erkranken, auf 20 % innerhalb der nächsten zwölf Monate ansteigen wird, empfehlen wir Ihnen eine Behandlung, von der wir annehmen, dass sie neben der Förderung Ihrer Ziele [individuelle Ziele aufgreifen] das Risiko, eine psychotische Krise zu entwickeln, reduziert."

Bei der Erarbeitung eines gemeinsamen Krankheitsmodells sollten die subjektiven Erklärungsmodelle des Patienten über die Entstehung der Symptome aufgegriffen und so gut wie möglich mit dem Vulnerabilitäts-Stress-Bewältigungs-Modell oder dem Synapsenmodell (Überaktivität von Botenstoffen im Gehirn) in Verbindung gebracht werden.

18.6.4 Herleiten der Frühsymptome aus der Überaktivität des Hirnstoffwechsels

Es hat sich als besonders hilfreich erwiesen, die Entstehung individueller Frühsymptome anhand des Synapsenmodells zu erklären. Dieser Ansatz kommt der Verständnisfähigkeit der Patienten entgegen und wirkt emotional entlastend. Die Erklärung des Therapeuten könnte wie folgt lauten:

„Wie wir besprochen haben, zeichnen sich Denk- oder Wahrnehmungsstörungen dadurch aus, dass allzu viele Botenstoffe in den synaptischen Spalt ausgeschüttet werden. Die nachfolgende Zelle bekommt also viel zu viel ‚Information' ab. Wir bezeichnen dies als ‚Reizüberflutung'. Und was könnte Ihrer Meinung nach passieren, wenn allzu viele Botenstoffe auf die zweite Zelle einströmen? Wie könnte es sich wohl anfühlen, wenn so etwas im Nervensystem passiert?"

An dieser Stelle sollte der Therapeut die Symptomatik des Patienten präzise aufgreifen. Im Folgenden einige Formulierungsbeispiele:
- Bei Gedankeninterferenzen, Gedankendrängen, Gedankenjagen: „Richtig, dann kommt es dazu, dass einem viel zu viele Gedanken durch den Kopf sausen, die sozusagen miteinander konkurrieren und sich gegenseitig wegdrängen, sodass man gar keinen klaren Gedanken mehr fassen kann."
- Bei Gedankenblockierung: „Wie würden Sie als Nervensystem reagieren, wenn viel zu viele innere Gedanken und/oder Außenreize auf einmal ankommen? Genau, dann würden sie ‚blocken' oder den ‚Laden dicht machen' mit der Begründung: ‚Wegen Überlastung geschlossen.' Wir stellen uns vor, dass Gedankenblockaden oder Gedankenleere genau auf diese Weise zustande kommen. Manchmal funktioniert diese Überlastungsreaktion derart schnell und effizient, dass man die Überlastung subjektiv vorab gar nicht richtig bemerkt. Die Gedankenblockade ist also schon eine Art Schutzmechanismus gegen Überlastung. Gleichwohl wird das natürlich von den Betroffenen als unangenehm und ängstigend empfunden."

Ein wesentlicher Bestandteil des Symptommanagements „Entkatastrophisieren der Symptome durch Verstehen der Zusammenhänge" ist somit schon berührt. Entsprechend den Ergebnissen der Verhaltensanalyse kann im Symptommanagement dann weiter an den Auslösern, begleitenden Kognitionen oder an den Konsequenzen der Symptomatik gearbeitet werden.

18.7. Psychoedukative Einzeltherapie

Aus den in diesem Kapitel dargelegten Gründen, z. B. wegen der unterschiedlichen beobachteten Verlaufsformen, erscheint eine gemäß den oben erläuterten Kriterien adaptierte psychoedukative Intervention auch für Risikopersonen empfehlenswert und aussichtsreich. Eine von anderen kognitiv-verhaltenstherapeutischen Therapiebausteinen gesonderte wissenschaftliche Evaluation der Wirksamkeit von Psychoedukation bei Risikopersonen ist jedoch aufgrund der Neuheit des Feldes bisher lediglich in einer unkontrollierten Studie erfolgt, die indes messbare günstige Wirkungen auch bei Risikopersonen nahelegt (Hauser et al., 2009). Die untersuchte psychoedukative Einzeltherapie umfasste sieben Sitzungen und thematisierte Risikosymptome, Symptome psychotischer Erkrankungen, Erklärungsmodelle, Stressoren, Ressourcen und Coping-Strategien, Information über psychosoziale und pharmakologische Therapieoptionen sowie die Planung des weiteren Behandlungsverlaufs. Eine Woche vor der ersten und nach der letzten Sitzung wurden auf der Grundlage mehrerer Fragebögen und eines Interviews die Bereiche Psychopathologie, Funktionsniveau, Wissen, Kontrollüberzeugungen und Lebensqualität quantitativ erfasst und verglichen. Die Ergebnisse belegten einen signifikanten Wissenszuwachs, eine Verbesserung der Lebensqualität, eine Reduktion der Überzeugung, dass die erlebten Symptome schicksalhaft und unveränderbar seien, sowie eine Verbesserung des klinischen Gesamteindrucks. Auf qualitativer Ebene wurde das Psychoedukationsprogramm von den Patienten insgesamt als sehr nützlich bewertet. Am hilfreichsten fanden die Teilnehmer die Unterscheidung zwischen Risikosymptomen und Symptomen einer akuten psychotischen Erkrankung sowie die Hilfen zur Identifikation von und zum Umgang mit Stress. Insgesamt hatte die Psychoedukation einen nachweisbar entlastenden Effekt auf die untersuchten Risikopersonen. Weitere wissenschaftliche Evaluationen von psychoedukativen Interventionen werden klären müssen, ob die gefundenen günstigen Effekte für Risikopersonen replizierbar sind.

18.8 Zusammenfassung

In den vergangenen Jahren konnten prospektiv Kriterien entwickelt werden, die Personen mit erhöhtem Psychoserisiko für erste psychotische Episoden identifizieren. Erste Evaluationen von Interventionen bei diesen Patienten, die auch psychoedukative Strategien umfassen, geben Hinweise auf deren präventive Wirkung. Solche Strategien sollten jedoch nur in einem niederschwelligen, nicht-stigmatisierenden Setting und unter sorgfältiger Beachtung möglicher Risiken der Frühintervention zur Anwendung kommen.

Literatur

Addington J, Cornblatt BA, Cadenhead KS et al. (2011). At clinical high risk for psychosis: outcome for nonconverters. Am J Psychiatry 168(8): 800–805.

Addington J, Epstein I, Liu L et al. (2011). A randomized controlled trial of cognitive behavioral therapy for individuals at clinical high risk of psychosis. Schizophr Res 125: 54–61.

Amminger GP, Schafer MR, Papageorgiou K et al. (2010). Long-chain omega-3 fatty acids for indicated prevention of psychotic disorders: a randomized, placebo-controlled trial. Arch Gen Psychiatry 67: 146–154.

Bechdolf A, Juckel G (2006). Psychoedukation bei Personen mit erhöhtem Psychoserisko. Stuttgart (Schattauer).

Bechdolf A, Müller H, Stützer H et al.; PREVENT study group (2011). Rationale and baseline characteristics of PREVENT: a second-generation intervention trial in subjects at-risk (prodromal) of developing first-episode psychosis evaluating cognitive behavior therapy, aripiprazole, and placebo for the prevention of psychosis. Schizophr Bull 37(Suppl 2): 111–121.

Bechdolf A, Phillips L, Francey S et al. (2006). Recent approaches to psychological interventions for people at risk of psychosis. Eur Arch Psychiatry Clin Neurosci 256(3): 159–173.

Bechdolf A, Pukrop R, Köhn D et al. (2005). Subjective quality of life in subjects at risk for a first episode of psychosis: a comparison with first episode schizophrenia patients and healthy controls. Schizophr Res 79(1): 137–143.

Bechdolf A, Pützfeld V, Güttgemanns J, Groß S et al. (2010). Kognitive Verhaltenstherapie bei Personen mit erhöhtem Psychoserisiko – Ein Behandlungsmanual. Bern (Huber).

Bechdolf A, Wagner M, Ruhrmann S (2012). Preventing progression to first-episode psychosis in early initial prodromal states. Br J Psychiatry 200 (1): 22–29.

Bell RQ (1992). Multiple-risk cohorts and segmenting risks as solutions to the problem of false positives in risk for the major psychosis. Psychiatry 55: 370–81.

Cannon TD, Cadenhead K, Cornblatt B et al. (2008). Prediction of psychosis in youth at high clinical risk: a multisite longitudinal study in North America. Arch Gen Psychiatry 65(1): 28–37.

Demjaha A, Valmaggia L, Stahl D et al. (2010). Disorganization/Cognitive and negative symptom dimensions in the at-risk mental state predict subsequent transition to psychosis. Schizophr Bull 38(2): 351–359.

Fusar-Poli P, Bonoldi I, Yung AR et al. (2012). Predicting psychosis: meta-analysis of transition outcomes in individuals at high clinical risk. Arch Gen Psychiatry 69: 220–229.

Häfner H BA, Klosterkötter J, Maurer K (2012). Psychosen – Früherkennung und Frühintervention. Der Praxisleitfaden. Stuttgart (Schattauer).

Häfner H, Maurer K, Ruhrmann S (2004). Are early detection and secondary prevention feasible? Facts and visions. Eur Arch Psychiatry Clin Neurosci 254: 117–128.

Häfner H, Nowotny B, Löffler W et al. (1995). When and how does schizophrenia produce social deficits? Eur Arch Psychiatry Clin Neurosci 246:17–28.

Häfner H, Riecher-Rössler A, Hambrecht M et al. (1992). IRAOS: An instrument for the assessment of onset and early course of schizophrenia. Schizophr Res 6: 209–223.

Häfner H, Riecher-Rössler A. et al. (1992). First onset and early symptomatology of schizophrenia. Eur Arch Psychiatry Clin Neurosci 242: 109–118.

Hauser M, Lautenschlager M, Gudlowski Y et al. (2009). Psychoeducation with patients at-risk for schizophrenia--an exploratory pilot study. Patient Educ Couns 76(1): 138–142.

Kelly C, Hadjinicolaou AV, Holt C et al. (2010). Meta-analysis of medical and non-medical treatments of the prodromal phase of psychotic illness in at-risk mental states. Psychiatr Danub 22 (Suppl 1): 56–62.

Kissling W, Hoffler J et al. (1999). Direct and indirect costs of schizophrenia. Fortschr Neurol Psychiatr 67(1): 29–36.

Klosterkötter J (2008). Indizierte Prävention schizophrener Erkrankungen. Deutsches Ärzteblatt PP 8: 363–370.

Klosterkötter J, Hellmich M, Steinmeyer EM et al. (2001). Diagnosing schizophrenia in the intial prodromal phase. Arch Gen Psychiatry 58: 158–164.

Konnopka A, Klingberg S, Wittorf A et al. (2009). The cost of schizophrenia in Germany: a systematic review of the literature. Psychiatr Prax 36(5): 211–218.

Mason O, Startup M, Halpin S et al. (2004). Risk factors for transition to first episode psychosis among individuals with „at-risk mental states". Schizophr Res 71: 227–237.

McGlashan TH, Miller TJ, Woods SW (2001). Pre-onset detection and intervention research in schizophrenia psychosis. Current estimates of benefit and risk. Schizophr Bull 27(49): 563–570.

McGlashan TH, Zipursky RB et al. (2004). Olanzapine vs. placebo for prodromal schizophrenia. Schizophr Res 67: 6.

McGlashan TH, Zipursky RB, Perkins D et al. (2006). Randomized, double-blind trial of olanzapine versus placebo in patients prodromally symptomatic for psychosis. Am J Psychiatry 163: 790–799.

McGorry PD, Nelson B, Phillips LJ et al. (2013). Randomized controlled trial of interventions for young people at ultra-high risk of psychosis: twelve-month outcome. J Clin Psychiatry 74: 349–356.

McGorry PD, Yung AR, Phillips LJ et al (2002). Can first episode psychosis be delayed or prevented? A randomized controlled trial of interventions during the prepsychotic phase of schizophrenia and related psychosis. Arch Gen Psychiatry 59(10): 921–928.

Miklowitz DJ, O'Brien MP, Schlosser DA et al. (2014). Family-focused treatment for adolescents and young adults at high risk for psychosis: results of a randomized trial. J Am Acad Child Adolesc Psychiatry 53: 848–858.

Morrison AP, French P, Stewart SL et al. (2012). Early detection and intervention evaluation for people at risk of psychosis: multisite randomised controlled trial. BMJ 344: e2233.

Morrison AP, French P, Walford L et al. (2004). Cognitive therapy for the prevention of psychosis in people at ultra-high risk: randomised controlled trial. Br J Psychiatry: 291–297.

Müller H, Wiessmann T, Bechdolf A (2012). Interventions in People at Risk of Developing First Episode Psychosis: A Survey of Current Randomised Controlled Studies. Fortschr Neurol Psychiatr 80: 570–579.

Murray CJL, Lopez AD (Hrsg.) (1996). The global burden of disease and injury series, vol. 1: A comprehensive assessment of mortality and disability from diseases, injuries, and risk factors in 1990 and projected to 2020. Cambridge, MA (Harvard University Press).

Nelson B, Yuen K, Yung AR (2011). Ultra high risk (UHR) for psychosis criteria: are there different levels of risk for transition to psychosis? Schizophr Res 125(1): 62–68.

Preti A, Cella M (2010). Randomized-controlled trials in people at ultra high risk of psychosis: a review of treatment effectiveness. Schizophr Res 123: 30–36.

Riecher-Röossler A, Pflueger MO, Aston J et al. (2009). Efficacy of using cognitive status in predicting psychosis: a 7-year follow-up. Biol Psychiatry 66(11): 1023–1030.

Ruhrmann S, Bechdolf A, Kühn KU et al.; LIPS Study Group (2007). Acute effects of treatment for prodromal symptoms for people putatively in a late initial prodromal state of psychosis. Br J Psychiatry (Suppl 51): 88–95.

Ruhrmann S, Schultze-Lutter F, Salokangas RK (2010a). Prediction of psychosis in adolescents and young adults at high risk: results from the prospective European prediction of psychosis study. Archives of General Psychiatry 67(3): 241–251.

Ruhrmann S, Schultze-Lutter F, Klosterkotter J (2010b). Probably at-risk, but certainly ill – advocating the introduction of a psychosis spectrum disorder in DSM-5DSM-V. Schizophr Res Jul 120(1–3): 23–37.

Schultze-Lutter F (2009). Subjective symptoms of schizophrenia in research and the clinic: the basic symptom concept. Schizophr Bull 35: 5–8.

Simon AE, Velthorst E, Nieman DH et al. (2011). Ultra high-risk state for psychosis and non-transition: a systematic review. Schizophr Res 132(1): 8–17.

Stafford MR, Jackson H, Mayo-Wilson E et al. (2013). Early interventions to prevent psychosis: systematic review and meta-analysis. BMJ 346: f185.

Süllwold L, Huber G (1986). Schizophrene Basisstörungen. Berlin, Heidelberg, NewYork (Springer).

Thompson A, Nelson B, Yung AR (2011). Predictive validity of clinical variables in the "at risk" for psychosis population: international comparisons with results from the North American Prodrome Longitudinal Study. Schizophr Res 126 (1–3): 51–57.

Van der Gaag M, Nieman DH, Rietdijk J et al. (2012). Cognitive Behavioral Therapy for Subjects at Ultrahigh Risk for Developing Psychosis: A Randomized Controlled Clinical Trial. Schizophr Bull 38: 1180–1188.

Van der Gaag M, Smit F, Bechdolf A et al. (2013). Preventing a first episode of psychosis: Meta-analysis of randomized controlled prevention trials of 12month and longer-term follow-ups. Schizophrenia research 149: 56–62.

Van Os J, Kapur S (2009). Schizophrenia. Lancet 22 (374): 635–645.

Werbeloff N, Drukker M, Dohrenwend BP, Levav I, Yoffe R, van Os J, Davidson M, Weiser M et al. (2012). Self-reported Attenuated Psychotic Symptoms as Forerunners of Severe Mental Disorders later in Life. Arch Gen Psychiatry 69(5): 467–475.

Yung AR, Phillips LJ, McGorry PD et al (1998). Prediction of psychosis. Br J Psychiatry 172 (Suppl 33): 14–20.

Yung AR, Phillips LJ, Nelson B et al. (2011): Randomized controlled trial of interventions for young people at ultra high risk for psychosis: 6-month analysis. J Clin Psychiatry 72: 430–440.

Yung AR, Phillips LJ, Yuen HP et al. (2004). Risk factors for psychosis in an ultra high-risk group: Psychopathology and clinical features. Schizophr Res 67(2): 131–142.

Yung AR, Yuen HP, Berger G et al. (2007). Declining transition rate in ultra high risk (prodromal) services: dilution or reduction of risk? Schizophr Bull 2007 33: 673–681.

Ziermans TB, Schothorst PF, Sprong M, van Engeland H (2011). Transition and remission in adolescents at ultra-high risk for psychosis. Schizophr Res 126 (1–3): 58–64.

19 Psychoedukative Familienintervention (PEFI) bei schizophrenen Psychosen – als Beispiel einer Mehrfamilienintervention

Hans Gunia, Hartmut Berger

19.1 Einleitung

Das Programm **P**sycho**E**dukative **F**amilien**I**ntervention (PEFI), das wir auf der Grundlage unserer psychiatrischen Alltagserfahrungen im Vitos Philippshospital entwickelt haben, stellt eine an die spezifischen Bedürfnisse schizophrener Patienten und ihrer Angehöriger angepasste Version der psychotherapeutisch orientierten Familienintervention dar. Es erweitert die herkömmlichen psychoedukativen Ansätze um kommunikative Übungen, deren Ziel es ist, die familiäre Kommunikation auf mehreren Ebenen zu verbessern. Uns geht es also nicht lediglich darum, die Selbsthilfefähigkeit von Patienten und Angehörigen durch die umfassende Vermittlung von Wissen über die Krankheit, über Behandlungsmöglichkeiten und Bewältigungsstrategien zu verbessern; vielmehr möchten wir den Teilnehmern darüber hinaus auch Strategien zur Förderung der familiären bzw. partnerschaftlichen Kohäsion an die Hand geben. Dementsprechend setzt sich das Programm aus den vier Bausteinen Informationsvermittlung, Kommunikationstraining, soziales Kompetenztraining und Problemlösetraining zusammen. Zukünftig wollen wir den Ressourcenteil durch den Einbezug körperorientierter Verfahren, z. B. Tango Argentino, erweitern.

Unser Programm ist als Mehrfamilienintervention konzipiert (vgl. hierzu McFarlane, 2002, 2005), d. h., mehrere Familien werden zu einer Gruppe zusammengefasst. Patienten sind ebenso vertreten wie Angehörige. Dieses Angebot entspricht einerseits dem Wunsch vieler Angehöriger, einen aktiven Beitrag zur Genesung erkrankter Familienmitglieder zu leisten und sich entsprechende Fertigkeiten anzueignen, und ermöglicht andererseits Interventionen, die in einer singulären Familientherapie oder in einer bifokalen Therapie (getrennte Gruppen für Angehörige und Betroffene) in dieser Weise nicht möglich wären. Die Familiengruppen bieten u. a. Gelegenheit, das soziale Netzwerk der Familie zu erweitern und Mitglieder mehrerer Familien in die Rollenspiele einzubeziehen. Dadurch werden sogar bei emotional belastenden Themen eine wesentlich höhere Akzeptanz und bessere Lernerfolge erreicht als in den anderen genannten Gruppenformen. Die Psychoedukative Familienintervention wird damit der Komplexität schizophrener Störungen, der Gefahr ihrer Chronifizierung und der wichtigen Rolle der Angehörigen in besonderem Maße gerecht.

PEFI ergänzt die vorhandenen Manuale (Andres et al., 2002; Bäuml 200; Bäuml et al. 2003; Behrendt, 2009; Hahlweg et al. 1995; Kieserg und Hornung 1996, Schaub et al., 1996; Wienberg, 2003 um einen Mehrfamilienansatz. Die von McFarlane (2002) durchgeführte Studie zur Wirksamkeit der Mehrfamilienintervention zeigt zudem, dass dieses Format offenbar effektiver wirkt als psychoedukative Interventionen bei einzelnen Familien. So liegen die Rückfallraten bei

Mehrfamilieninterventionen nach 2 Jahren bei 25 % gegenüber 44 % bei psychoedukativen Interventionen einzelner Familien. Die Teilnehmer der Mehrfamilieninterventionen berichten darüber hinaus eine deutlich höhere Reduktion von Stress, bessere Fertigkeiten in der Selbstbefähigung und der Krisenintervention, eine deutlich verbesserte innerfamiliäre Kommunikation und eine höhere Lebenszufriedenheit als die Vergleichgruppe. Darüber hinaus sind die Beschäftigungsrate der Patienten höher, das Ausmaß der Negativsymptomatik geringer und das soziale Netzwerk größer als in der Vergleichspopulation. In einer eigenen Studie konnte der Nachweis erbracht werden, dass die familiäre Kohäsion durch die Mehrfamilienintervention deutlich verbessert wird und ein halbes Jahr nach Abschluss der Gruppe weiter angestiegen ist (Berger et al., 2004), mithin also nachhaltige, die Intervention überdauernde Änderungen der familiären Kommunikationsstruktur erreicht werden. Zudem belegte diese Studie, dass die Rückfallrate innerhalb eines Jahres auf 19 % im Vergleich zu 60 % vor der Intervention gesenkt wurde. Eine weitere in unserer Klinik durchgeführte Untersuchung bestätigt diese eindrucksvollen Remissionsraten: Die Interventionsgruppe zeigte mit 17,25 Tagen nur halb so viele Rückfalltage wie die Kontrollgruppe mit 32,35 Tagen. Weiterhin zeigte die Interventionsgruppe signifikante Verbesserungen der Lebensqualität und des Kohärenzsinnes, also der Fähigkeit, der Krankheit aus eigener Kraft zu widerstehen; dabei profitierten die Patienten mit der ausgeprägteren Symptomatik offenkundig in höherem Maß als alle anderen Gruppenteilnehmer, was dafür spricht, dass PEFI gerade für schwerer kranke schizophrene Menschen gut geeignet ist (Gassmann u. Berger, 2012). Studien von Hogarty et al. (1991) und die Übersichtsarbeit von Wiedemann et al. (2003) zeigen zudem, dass gerade verhaltenstherapeutische Familientherapien zu den wirksamsten psychotherapeutischen Verfahren in der Behandlung der Schizophrenie gehören. Allerdings hat sich diese Kenntnis im psychiatrischen Alltag noch nicht in eine flächendeckende Angebotsstruktur umgesetzt: Kommen nach einer Studie von Rummel-Kluge et al. (2008) nur etwa 21 % der Patienten und 2 % der Angehörigen in den Genuss von Psychoedukation, so ist die Versorgungsrealität für PEFI noch schlechter. Nach unseren Recherchen wird außer in unserer eigenen Klinik in lediglich drei weiteren deutschsprachigen Kliniken Mehrfamilienpsychoedukation angeboten.

19.2 Teilnehmerkreis und Indikation

Das Programm sollte allen Patienten und Angehörigen angeboten werden, d. h., neben Familien mit einem erkrankten Angehörigen (z. B. Eltern mit einem kranken Sohn) auch Partnerschaften bzw. Lebensgemeinschaften. Die Psychoedukative Familienintervention ist ein offenes Angebot, an dem teilzunehmen jedermann freisteht. Optimalerweise sind die Betroffenen schon teilremittiert und noch in stationärer Behandlung. Im Verlauf der Durchführung der PEFI-Gruppen werden die Patienten in der Regel aus der stationären Behandlung entlassen und kommen ambulant weiterhin in die Familiengruppe.

Die PEFI-Gruppen werden von zwei Therapeuten geleitet und finden an 10 Abenden in wöchentlichem Abstand statt. Die Dauer einer Sitzung beträgt 90 Minuten incl. einer Pause. Die maximale Gruppengröße liegt bei 10 bis 12 Teilnehmern, was etwa 3 bis 4 Familien entspricht. In den Pausen bieten wir kalte

Getränke und Gebäck und Smalltalk mit den Teilnehmern an. Auf diese Weise kann „das Eis gebrochen" werden, weil sich die lockere Pausenatmosphäre auch auf die Sitzung überträgt und es den Teilnehmern erleichtert, sich in die Gruppe einzubringen. Zum anderen wird die Vernetzung der Teilnehmer untereinander erleichtert, sodass sich eher soziale Netzwerke entwickeln können.

19.3 Überblick über das Programm

Ziel der ersten vier Abenden ist insbesondere eine umfassende Aufklärung über die Erkrankung, um den Teilnehmern eine Wissensgrundlage zur kompetenten Bewältigung der Krankheit zu vermitteln. Es werden Informationen über Psychosen, deren Entstehung anhand des Vulnerabilitäts-Stress-Modells, Verlauf, Prognose, Einfluss der Familie (EE-Konzept) und Behandlungsmöglichkeiten vermittelt. Die Informationen über die Interventionsmöglichkeiten beziehen sich auf die medikamentöse Behandlung, auf deren physiologische und biochemische Grundlagen und die Nebenwirkungen der Medikamente sowie auf nichtmedikamentöse Behandlungsformen, Stressbewältigung sowie nachstationäre Behandlung und Betreuung. Diese Inhalte sollen die Rezidivprophylaxe mittels Kombinationsbehandlung aus Neuroleptikatherapie, Minimierung von psychosozialem Stress und in der Gruppe zu erlernenden Kommunikations- und Krankheitsbewältigungsstrategien für die Familienmitglieder nachvollziehbar machen. Die Aufklärung erfüllt auch die Funktion, Schuldgefühle, Ängste und Vorwürfe in den Familien zu verringern und dadurch Stressbelastungen für den Patienten zu reduzieren.

In der fünften Sitzung geht es um die Erkennung von Frühwarnzeichen. Mit den Familien wird eine Liste von geläufigen Prodromalzeichen erstellt. Zum Schluss der Sitzung werden Maßnahmen für den Fall eines drohenden Rückfalls erarbeitet und in einem Krisenplan festgehalten. Da die Teilnehmer in dieser Stunde realisieren, dass es die Möglichkeit eines Rezidivs gibt, erleben sie diese Sitzung oft als belastend. In den folgenden drei Sitzungen werden in Form von Rollenspielen Kommunikationsstrategien eingeübt, um einerseits belastende und spannungsinduzierende Interaktionen in der Familie durch einen konstruktiven Umgangstil zu ersetzen und andererseits die Voraussetzung für das spätere Problemlösetraining zu schaffen. Die Kommunikationsübungen beziehen sich auf Fertigkeiten wie „aktives Zuhören", „Ich-Botschaften" und „berechtigte Forderungen stellen". Für die Rollenspiele werden die Familien gemischt.

In der neunten Sitzung wird das Problemlösekonzept vorgestellt und anhand eines Beispiels durchgesprochen. Es beinhaltet folgende Schritte:
- Genaue Problemdefinition,
- Zieldefinition,
- Sammlung von Lösungsmöglichkeiten,
- Bewertung jeder Möglichkeiten,
- Auswahl der besten Lösungsmöglichkeit(en),
- Festlegung einzelner Handlungsschritte zur Problemlösung und
- rückblickende Analyse nach durchgeführtem Lösungsversuch.

In der letzten Sitzung bringen die Teilnehmer eigene Beispiele ein, damit das Problemlösekonzept mit realen (familiären) Schwierigkeiten eingeübt werden kann.

In der Wiederauffrischungssitzung, die nach einem halben Jahr angeboten wird (Booster Session), wird ein Erfahrungsaustausch in gemischten Familien angeregt. Die Kleingruppen sollen erarbeiten, welche Strategien erfolgreich angewendet wurden und welche in der Sitzung zu wiederholen sind. Bei Bedarf werden einzelne Inhalte und Kommunikationsstrategien wiederholt.

Das Programm liegt als Manual vor (Berger et al., 2004) und ist so strukturiert, dass zu jeder Sitzung eine Einführung und eine Handlungsanweisung vorliegen. Die Einführung gibt eine Übersicht der jeweiligen Thematik, die Handlungsanweisung enthält Beispiele des Vorgehens. An mehreren Stellen sind Alternativen vorgesehen, die von den Gruppentherapeuten individuell nach persönlichen Vorlieben und fachlichen oder situativen Erfordernissen ausgewählt werden können.

Allgemein gilt für das Verhalten der Therapeuten, dass sie sich bemühen, die Informationen im Dialog mit der gesamten Gruppe zu erarbeiten und dabei soweit wie möglich Erlebnisse der Patienten und Angehörigen einzubeziehen. Dafür eignen sich v. a. die Module über Ursachen der Psychose, über Symptome, Wirkungen und Nebenwirkungen der Medikamente sowie über die persönlichen Frühwarnzeichen und individuellen Krankheitsbewältigungsstrategien. Manchmal muss man sicherlich auch „übereifrige" Teilnehmer „bremsen", da sonst andere blockiert wären oder die Gruppe verlassen würden. Auch sollte man nie das übergeordnete Ziel einer Gruppensitzung aus den Augen verlieren. Das heißt, dass man einen Teilnehmer, der sich „zuviel Raum nimmt", getrost unterbrechen kann. Freilich sollte der geplante Stoff auch nicht „durchgehechelt" werden.

Die Gruppen sind nach Möglichkeit von zwei Therapeuten durchzuführen, die vorher absprechen, wer in jeder Sitzung als Therapeut bzw. als Co-Therapeut fungiert. Auf ein emotional annehmendes Klima ist zu achten. Der Abstraktionsgrad der Darstellung muss an das intellektuelle Niveau und die Konzentrationsfähigkeit der Gruppenmitglieder angepasst werden. Die Sitzungen beginnen grundsätzlich mit einem Eingangsblitzlicht und enden mit einem Schlussblitzlicht. Das Schlussblitzlicht dient auch dazu, Rückmeldung darüber zu erhalten, was von den Teilnehmern in der Stunde verstanden wurde. Wichtiger als eine vollständige Darstellung der Inhalte scheint eine verständliche Darstellung zu sein, selbst auf die Gefahr hin, andere wichtig erscheinende Teilaspekte vernachlässigen zu müssen.

Im Folgenden werden die Inhalte der Sitzungen 5 bis 10 detaillierter dargestellt.

19.3.1 Kommunikationstraining

Viele Angehörige fühlen sich schuldig und haben das Gefühl, irgend etwas falsch gemacht zu haben (z. B. in der Erziehung). Die neuere Forschung belegt, dass die Familienangehörigen nicht, wie früher von einigen Forschern behauptet, schuld sind an der psychischen Krankheit ihrer Angehörigen. Wir wissen aber auch, dass bestimmte Kommunikationsstile in einer Familie mit kranken Angehörigen den Verlauf einer Psychose positiv oder negativ beeinflussen können. Zu vermeiden sind etwa Feindseligkeiten, aggressive Kritik oder überfürsorgliches Verhalten. In den folgenden Sitzungen sollen die Teilnehmer taktvoll darauf hingewiesen werden, diese Kommunikationsstile zu unterlassen bzw. umzulernen. In drei aufeinanderfolgenden Sitzungen werden die Kommunikationsstrategien „aktives Zuhören" (s. Kasten Aktives Zuhören), „Umgang mit negativen Gefühlen" (Ich-Botschaften, s. Kasten Ichbotschaften) und „berechtigte Forderungen stellen" vorgestellt und geübt. Die Übungen finden in Kleingruppen statt. Die Familien werden gemischt, d. h., Patienten werden mit

Angehörigen anderer Familien in Kleingruppen zusammengebracht. Dieses Vorgehen ist nicht nur sehr ökonomisch, sondern bietet gegenüber einer reinen Familientherapie den entscheidenden therapeutischen Vorteil, dass die Teilnehmer aktuelle Konflikte bearbeiten können, ohne die dazugehörigen „familiären Konfliktgeschichten" zu aktualisieren. Patienten scheinen darüber hinaus Kritik besser akzeptieren zu können, wenn sie von Angehörigen anderer Patienten geäußert wird. Umgekehrt scheinen Angehörige mehr Verständnis für die Krankheit aufzubringen, wenn es um Betroffene geht, die nicht der eigenen Familie angehören. Darüber hinaus können durch diese Technik alternative Handlungsmöglichkeiten zum Umgang mit der aktuellen Situation aufgezeigt werden. Wesentliches Element dieses Trainings ist das therapeutische Rollenspiel, um alternative Verhaltensweisen unmittelbar einzuüben und die Interaktionsschwierigkeiten der direkten Beobachtung und Analyse zugänglich zu machen. Die Rahmenbedingungen für das Rollenspiel sollen möglichst konkretisiert und an das Flipchart geschrieben werden, damit die Rollen und Lernziele jedes Beteiligten klar und verständlich werden. Zum Abschluss eines jeden Rollenspiels erhalten die „Rollenspieler" Rückmeldung. Wichtig ist die positive Verstärkung, z. B. bei Beachtung der Regeln. Jedes Rollenspiel ist nach Möglichkeit solange zu wiederholen, bis das vorgegebene Übungsziel erreicht ist. Als didaktische Einführung in das Thema können auch die Gruppenleiter Demonstrationsrollenspiele durchführen, um angemessene und unangemessene Interaktionsstile zu veranschaulichen (z. B. „berechtigte Forderungen stellen" vs. „aggressive Kritik"). Im Folgenden stellen wir kurz die Inhalte der einzelnen Sitzungen dar, deren Reihenfolge jedoch nach Belieben verändert werden kann.

Wir beginnen mit dem aktiven Zuhören. Wichtig ist hierbei, den Teilnehmer das Ziel dieser Übung zu verdeutlichen. Sie sollen lernen, aufmerksam zuzuhören, ohne eigene Anteile in das Gespräch einzubringen. Folgende Einsatzmöglichkeiten können dargestellt werden: Aktive Stressbewältigung: Wenn man von jemanden kritisiert wird, kann man diese Kritik durch das aktive Zuhören von sich „wegspiegeln", indem man z. B. sagt: „Du findest, dass ich heute noch nicht genug getan habe." So gewinnt man Zeit.

Aktives Zuhören

Das aktive Zuhören ist eine Gesprächsstrategie, die aus der Gesprächspsychotherapie abgeleitet wurde. Die Regeln lauten:
1. Schenken Sie Ihrem Gesprächspartner Ihre volle Aufmerksamkeit (direkter Blickkontakt, zugewandte Körperhaltung).
2. Verzichten Sie auf alles, was den Gesprächspartner von sich selbst und seiner Darstellung ablenken könnte.
3. Steuern Sie nicht das Gespräch, sondern greifen Sie nur Themen auf, die von Ihrem Gesprächspartner bereits angeschnitten wurden.
4. Lassen Sie Ihren Gesprächspartner grundsätzlich ausreden.
5. Geben Sie keine Werturteile über die Äußerungen des Gesprächspartners ab und halten Sie mit Ihrer eigenen Meinung zurück.
6. Widersprechen Sie Ihrem Gesprächspartner nicht.
7. Fassen Sie die Äußerungen Ihres Gesprächspartners gelegentlich mit eigenen Worten zusammen.
8. Versuchen Sie, die hinter den Äußerungen liegenden Gefühlsbotschaften herauszuarbeiten.
9. Spiegeln Sie Ihrem Gesprächspartner diese Gefühlsbotschaften (Vorsicht: nicht allzu häufig!).

Ein andere Einsatzmöglichkeit ist das Problemgespräch. Wenn sich ein Freund oder eine Freundin z. B. ihren Ballast von der Seele reden möchte, ist es günstig, wenn man genau zuhören und bei der Sache bleiben kann („Vielleicht kennen Sie selbst Situationen, in denen Sie jemandem Ihr Problem erzählen wollen und es Sie sogar stören würde, wenn der andere seine eigene Meinung und/oder Bewertung dazugeben würde.").

Das aktive Zuhören dient auch der Vervollkommnung unserer Kommunikationsfähigkeit:

Therapeut: „Vielleicht haben Sie schon mal beobachtet, wie störend es sein kann, wenn ein Zuhörer (scheinbar) bereits alles weiß, sofort anfängt zu interpretieren oder ein Werturteil abgibt. Ein Großteil der menschlichen Wahrnehmung besteht aus Wahrnehmung + Interpretation. Ziel dieser Übung in der Gruppe ist es auch, zu lernen, beides wieder voneinander zu trennen und sensibel zu werden für die Wahrnehmungsverzerrungen im Gespräch. Es geht also darum, zu lernen, den anderen so zu verstehen, wie dieser sich verstanden haben will."

Anschließend führen wir in die „Ichbotschaften" ein. Die Teilnehmer werden wie folgt instruiert: „Im ersten Teil teilen Sie genau mit, was passiert ist, z. B.: ‚Peter, du bist heute fünf Minuten zu spät in die Gruppe gekommen' (und nicht etwa: ‚Peter, du kommst immer zu spät.'). Im zweiten Teil teilen Sie mit, welche persönliche Konsequenzen dieses Verhalten für Sie hat, z. B.: ‚Ich habe durch Dein verspätetes Kommen den Faden verloren.' Im dritten Teil schließlich sprechen Sie die Gefühle an, die das Verhalten ausgelöst hat, z. B.: ‚Das hat mich geärgert.' Im vierten Teil unterbreiten Sie einen Verbesserungsvorschlag, z. B.: ‚Ich würde mich freuen, wenn Du das nächste Mal pünktlich kommen könntest.'"

Ich-Botschaften

Die vier Elemente einer Ich-Botschaft umfassen:
1. Eine kurze Beschreibung des Verhaltens, das nicht akzeptabel ist.
2. Die greifbare und konkrete Wirkung des Verhaltens auf den Anderen.
3. Die hierdurch ausgelösten Gefühle.
4. Einen Verbesserungsvorschlag.

Im Anschluss daran werden die Teilnehmer im Umgang mit Ich-Botschaften und negativen Gefühlen unterwiesen. Teilen Sie auch negative Gefühle mit. Allerdings ist es ganz wichtig, hierbei einige Regeln zu beachten.

Regeln zum Mitteilen negativer Gefühle

1. Gebrauchen Sie das Wort „ICH." Vermeiden Sie es, von „man" zu sprechen. Sie geben damit zu erkennen, dass Sie selbst durch die Situation betroffen sind.
2. Thematisieren Sie die Gefühle, die das Problem bei Ihnen auslöst. Nennen Sie Ihren Ärger, Ihre Angst oder Ihre Wut beim Namen.
3. Aggressive Befehle, Drohungen, Vorwürfe oder Beschimpfungen sind ungeeignet.
4. Achten Sie darauf, dass Sie mit Ihren Worten das Gleiche sagen wie durch Ihre Gestik, Mimik und Körperhaltung.
5. Günstig ist es, wenn Sie das Problem bei sich lassen können und den anderen nicht angreifen.

Sowohl die Ichbotschaften als auch der Umgang mit negativen Gefühlen sollen den Familien helfen, emotionale Kommunikationsbarrieren zu überwinden, die Kommunikation insgesamt konstruktiver zu gestalten und Konflikte damit unwahrscheinlicher zu machen.

Im nächsten Modul vermitteln wir, wie man „berechtige Forderungen" stellen kann. Berechtigte Forderungen leiten sich aus persönlichen Rechten ab. Hierzu gehören z. B.: Das Recht, beschädigte Waren umzutauschen, das Recht, (unberechtigte) Bitten abzuschlagen, das Recht auf Ruhe, das Recht, in einem höflichem und ruhigem Ton angesprochen zu werden, das Recht, einer ungebetenen Person den Zutritt zur eigenen Wohnung zu verweigern, das Recht, eine kalte Suppe oder ein schlechtes Essen zu reklamieren, das Recht, andere Personen auf seine Rechte hinzuweisen, das Recht, sich über allzu laute Musik zu beschweren, das Recht, sich in einem Geschäft beraten zu lassen und anschließend, ohne etwas zu kaufen, wieder zu gehen, usw. Die Durchsetzung berechtigter Forderungen ist auf folgende Weise möglich:

Berechtigte Forderungen müssen konkret, kurz und eindeutig formuliert sein. Sie dürfen keine persönlichen Angriffe enthalten. Die Forderung muss notfalls wiederholt werden („Schallplatte-mit-Sprung-Technik"). Diskussionen sind zu vermeiden. Blickkontakt und sicheres Auftreten (Körperhaltung zugewandt, ernster Gesichtsausdruck, ruhige Gestik) sind notwendig.

In den letzten beiden Sitzungen geht es hauptsächlich um die Vorstellung des Problemlösekonzeptes. Hier werden von den Teilnehmern eingebrachte eigene Beispiele bearbeitet. Das Problemlöseschema umfasst folgende Schritte:
1. Problemdefinition,
2. Zieldefinition,
3. Erarbeiten von Lösungsmöglichkeiten,
4. Abwägen der Lösungsalternativen,
5. Wahl der Lösungsmöglichkeit,
6. Festlegung einzelner Handlungsschritte zur Problemlösung und
7. rückblickende Analyse nach durchgeführtem Lösungsversuch.

In diesem Training sollen die Familien eine effektive Gesprächsstruktur erlernen, um plötzlich eintretende, aber auch länger andauernde Konflikte gemeinsam konstruktiver bewältigen zu können. Die Therapeuten sollten auch während der letzten Sitzung darauf achten, dass die erlernten Gesprächstechniken aus den vorherigen Sitzungen von den Teilnehmern eingesetzt werden, und sie, falls nötig, wiederholen. Das Problemlösekonzept sollte zuerst vorgestellt und anhand eines Beispiels und der Kopiervorlage gemeinsam in der Gruppe durchgesprochen werden. Wichtig ist, auf eine konkrete Problem- und Zieldefinition zu achten. Je nach Definition von Problem und Ziel müssen unterschiedliche Lösungsstrategien gefunden werden. Unter dem Punkt „Notieren von Lösungsmöglichkeiten" sollten wirklich sämtliche Lösungsideen, die den Teilnehmern einfallen, ohne Zensur notiert werden. Gerade ungewöhnliche Ideen bieten oft eine gute Chance, das Ziel zu erreichen.

Anschließend können sich die Teilnehmer mit jeder einzelnen Möglichkeit befassen und sie mit Plus- oder Minuszeichen oder einer unterschiedlichen Anzahl dieser Zeichen bewerten. Sie wählen danach die Lösungsmöglichkeit mit den meisten Pluszeichen aus (Punkt 5). Manchmal lässt sich die Entscheidung durch eine Kombination mehrerer Möglichkeiten optimieren. Zu guter Letzt kann man die Lösung in die Tat umsetzen und überprüfen, ob eine Annäherung an das Ziel stattgefunden hat.

In interfamiliär besetzten Kleingruppen sollten die Teilnehmer das Problemlösekonzept anhand eines eigenen Beispiels selbstständig bearbeiten. Im Nachhinein können dann in der Großgruppe Schwierigkeiten besprochen und unter Berücksichtigung der vorher erlernten Techniken Rollenspiele initiiert werden.

19.3.2 Wiederauffrischungssitzung

Die Wiederauffrischungssitzung dient zunächst einmal dem Erfahrungsaustausch. In der Eröffnungsrunde werden alle Teilnehmer nach ihren guten und weniger guten Erfahrungen im letzten Halbjahr gefragt. Die Therapeuten weisen schon vorab darauf hin, dass die Familien diesen Erfahrungsaustausch in anschließenden gemischten Kleingruppen vertiefen sollen. In der Eröffnungsrunde geht es also vorrangig um ein Aufwärmen und das Wiederanknüpfen an die alte Gruppenkohärenz. Dann sollen die Teilnehmer in gemischten Kleingruppen ihre Erfahrungen austauschen, und zwar insbesondere im Hinblick auf die Nützlichkeit der in der Gruppe erworbenen Kommunikationstechniken. Im anschließenden Plenum schildern sie gelungene und weniger gelungene Beispiele. Ziel dieses Austausches ist die Identifizierung von Strategien, die noch erläuterungsbedürftig sind. Deshalb empfiehlt es sich, zur Wiederauffrischungssitzung noch einmal sämtliche Arbeitsmaterialien des PEFI-Programmes mitzubringen, damit man bei Bedarf darauf zurückgreifen kann. Im Schlussblitzlicht sollten alle Teilnehmer für ihre erreichten Fortschritte noch einmal ausdrücklich gelobt werden. Insbesondere sind gelungene Beispiele der Umsetzung erlernter Kommunikationsstrategien herauszustreichen.

Da wir Humor und eine gewisse Leichtigkeit in den Gruppen für wichtig halten, arbeiten wir gerne mit Metaphern und mit veränderten Reihenfolgen. Wir möchten dies im Folgenden an zwei Beispielen demonstrieren. Wir beginnen mit unserer Einführung des Moduls „Entstehung von Psychosen".

Entstehung von Psychosen

Therapeut fragt in die Runde: „Wissen Sie, was ein Aquarium ist?"

Ein Teilnehmer antwortet: „Ein Aquarium ist ein Glaskasten, gefüllt mit Wasser, in dem Fische schwimmen."

Therapeut: „Haben Sie schon einmal ein Aquarium gesehen, das auf der Rückseite eine Folie hat, auf der eine Landschaft oder Pflanzen abgebildet sind?"

Teilnehmer: „Ja."

Therapeut: „Was glauben Sie denn, warum man eine solche Folie auf der Rückseite eines Aquariums anbringt?"

Teilnehmer: „Damit der Betrachter glaubt, dass das kein Glaskasten ist, sondern ein Teil eines Meeres oder eines Flusses."

Therapeut fragt eine zweite Teilnehmerin: „Haben Sie ein Auto?"

Teilnehmerin: „Ja."

Therapeut: „Darf ich fragen, welches Fabrikat?"

Teilnehmerin: „Einen schwarzen Ford Escort."

Therapeut: „Darf ich fragen, wo Sie wohnen?"

Teilnehmerin: „In Riedstadt."

Therapeut: „Fahren Sie mit Ihrem schwarzen Ford Escort manchmal nach Darmstadt?"

Teilnehmerin: „Ja."

Therapeut: „Was würde denn passieren, wenn Sie durch Darmstadt führen und auf der Windschutzscheibe eine Folie von Riedstadt hätten, aber Sie wüssten nicht, dass es sich um eine Folie handelt, weil sich diese ja beim Fahren mitbewegt, und Sie hielten die Folie für die Wirklichkeit."

Teilnehmerin: „Das wäre ganz schrecklich. Ich würde schnell einen Unfall bauen."

Therapeut an alle: „Was hat diese Geschichte Ihrer Meinung nach mit unserem Thema von heute zu tun?"

19 Psychoedukative Familienintervention (PEFI) bei schizophrenen Psychosen

Wir sehen den Vorteil einer solchen Metapher darin, dass wir in das Thema Psychose einführen können, ohne die Begriffe „Krankheit", „Psychose" oder „Symptome" zu verwenden. Wir verhindern damit zum einen Reaktanz, zum anderen ist die Geschichte für viele Teilnehmer interessant, und die Kommunikationskanäle bleiben bei allen Teilnehmern offen. Anschließend kann über Psychosen aufgeklärt werden.

> **Quiz**
>
> Therapeut: „Wissen Sie, wie hoch die Rückfallwahrscheinlichkeit innerhalb eines Jahres nach Entlassung aus der Klinik mit Medikamenten ist?"
> Teilnehmer 1: „10 %."
> Therapeut: „Wer bietet mehr oder weniger?"
> Teilnehmer 2: „50 %."
> Therapeut: „Wer bietet mehr oder weniger?"
> Teilnehmer 3: „20 %."
> Therapeut: „Korrekt, es sind etwa 20 %."
> (Therapeut trägt auf einem vorbereiteten Flipchart-Blatt 20 % in einem Balkendiagramm ein.)
> Therapeut: „Wissen Sie wie hoch die Rückfallwahrscheinlichkeit innerhalb eines Jahres nach Entlassung aus der Klinik ohne Medikamente ist?"
> Teilnehmer 1: „10 %."
> Therapeut: „Wer bietet mehr oder weniger?"
> Teilnehmer 2: „50 %."
> Therapeut: „Wer bietet mehr oder weniger?"
> Teilnehmer 3: „80 %."
> Therapeut: „Korrekt, es sind etwa 80 %."
> (Therapeut trägt auf einem vorbereiteten Flipchart-Blatt 80 % in einem Balkendiagramm ein.)
> Therapeut: „Wissen Sie, wie lange es schon Medikamente in der Behandlung von Schizophrenien gibt?"
> Teilnehmer 1: „20 Jahre."
> Therapeut: „Wer bietet mehr oder weniger?"
> Teilnehmer 2: „50 Jahre."
> Therapeut: „Wer bietet mehr oder weniger?"
> Teilnehmer 3: „60 Jahre."
> Therapeut: „Ja, etwa 60 Jahre."
> Therapeut: „Wissen Sie, wie lange die durchschnittliche Verweildauer in psychiatrischen Kliniken vor Einführung der Neuroleptika war?"
> Teilnehmer 1: „20 Jahre."
> Therapeut: „Wer bietet mehr oder weniger?"
> Teilnehmer 2: „Für immer."
> Therapeut: „Wer bietet mehr oder weniger?"
> Teilnehmer 3: „30 Jahre."
> Therapeut: „Etwa 3 Jahre."
> Therapeut: „Wissen Sie, wie lange die durchschnittliche Verweildauer in psychiatrischen Kliniken heute ist?"
> Teilnehmer 1: „1 Jahr."
> Therapeut: „Wer bietet mehr oder weniger?"
> Teilnehmer 2: „4 Monate."
> Therapeut: „Wer bietet mehr oder weniger?"
> Teilnehmer 3: „4 Wochen."
> Therapeut: „Etwa 3 bis 4 Wochen."
> Therapeut: „Wissen Sie was passiert, wenn man, egal mit welcher Krankheit, 3 Jahre am Stück in einem Krankenhaus untergebracht ist?"
> Teilnehmer 1: „Man wird unselbstständig."
> Teilnehmer 2: „Der Arbeitsplatz ist gefährdet."
> Teilnehmer 3: „Freunde gehen verloren."
> Teilnehmer 4: „Die Ehe ist gefährdet."
> Therapeut: „Ja, völlig richtig."
> Therapeut: „Wir wissen nicht genau, ob man die Verkürzung des stationären Aufenthaltes alleine auf die Medikamente zurückführen kann, aber auch wenn wir nur einen Teil darauf zurück führen können, bedeutet das, dass auch ‚keine Medikamente nehmen' Nebenwirkungen hat."

Wenn man z. B. im Medikamentenmodul als erstes die positiven Medikamentenwirkungen thematisiert, reagieren die Betroffenen nicht selten widerständig und halten mit den von ihnen erlebten Nebenwirkungen dagegen. Wir beginnen das Medikamentenmodul deshalb mittlerweile gerne mit dem Sammeln der von den Teilnehmern berichteten Nebenwirkungen, die wir allesamt an ein Flipchart schreiben. Falls sie nicht genannt werden, fügen wir die Erektions- und Luststörungen selbst hinzu. Wir tun dies, weil diese Nebenwirkung für die Betroffenen oft schambesetzt ist. Auf diese Weise fühlen sie sich von uns verstanden und dort abgeholt, wo sie sind. Damit sind wir allerdings auf der „negativen Medikamentenseite" angelangt, obwohl wir eigentlich darstellen wollen, dass wir die Neuroleptika als wichtigen Baustein der Schizophreniebehandlung sehen. Wir versuchen deshalb, durch ein Quiz „auf die andere Seite" zu gelangen.

Dass auch „keine Medikamente nehmen" Nebenwirkungen hat, ist für viele Teilnehmer eine interessante Überlegung, die manche zum Nachdenken bringt und unter Umständen hilft, eine negative Einstellung gegenüber der medikamentösen Behandlung aufzuweichen.

19.4 Ausblick

Die Psychoedukative Familienintervention ist insgesamt gesehen hervorragend geeignet, vorhandene uni- und bifokale Ansätze zu verfeinern und die Interventionsmöglichkeiten um die Vermittlung kommunikativer Strategien innerhalb der Familien zu erweitern. Ihr Vorteil liegt in ihrer Ökonomie (mehrere Familien können in einer Gruppe erreicht werden), in der Variabilität des Einsatzes der Interventionsstrategien (z. B. Familientausch), die in singulären Familientherapien oder in unifokalen Gruppen nicht gegeben ist, und in ihrem nachhaltigen Einfluss auf die familiäre Kommunikation. Zusätzlich zur Senkung der Rückfallrate auf 19 % im Jahr nach der Intervention führt dies auch zu einer Zunahme der familiären Kohäsion und zu einer verbesserten Fähigkeit des familiären Krisenmanagements, zu einer Erhöhung der Lebensqualität und zur Verbesserung des Kohärenzsinnes, also der Fähigkeit, der Erkrankung mit eigenen Mitteln zu widerstehen. Ob sich hierdurch auch die Rehabilitationschancen der Patienten verbessern lassen, wie dies die Ergebnisse der Studie von McFarlane (2002) nahe legen, ist zurzeit offen und bedarf weiterer Untersuchungen. Ein Nachteil der Psychoedukativen Familienintervention hängt damit zusammen, dass nicht alle Patienten in Familien leben bzw. nicht immer alle Angehörigen zur Teilnahme an den Gruppen motiviert werden können. Der Ausschöpfungsgrad ist also zwangsläufig geringer als der von uni- bzw. bifokalen Gruppen.

Um die Psychoedukative Familienintervention evaluieren zu können, haben wir bisher aus Gründen der Homogenität des Settings darauf verzichtet, auch soziale Netzwerke außerhalb der Familie einzubeziehen. Zukünftig möchten wir das Setting offener gestalten und außer Angehörigen auch andere Mitglieder des sozialen Netzes, z. B. Freunde oder Wohngemeinschaften, einbeziehen. Erste Erfahrungen sind ermutigend.

Weil wir es für wichtig halten, dass die Gruppenatmosphäre von einer gewissen Leichtigkeit geprägt ist, haben wir uns im Sommer 2012 zu einem Experiment entschlossen und einen ganztägigen psychoedukativen Workshop in Kombination mit einem Tango-Argentino-Workshop angeboten. Damit sollte auch der Ressourcenanteil erhöht werden. Wir entschieden uns für den Tango Argentino (TA), weil dieser mit hoher Wahrscheinlichkeit sowohl für die Betroffenen als auch für die Angehörigen neu ist, weil TA „Spaß macht" und interessant ist und weil man durch TA „Führen und Folgen", kommunikative Techniken und soziale Regeln, z. B. Blickkontakt, besonders gut vermitteln kann. „Aktives Zuhören" und „Wünsche äußern" können körperlich durch Techniken des „Führens und Folgens" geankert werden, und last but not least werden die Kommunikationsstrategien durch den Einbezug von zwei Modi (verbal und sensorisch) besonders gut abgespeichert. In einer Untersuchung von Pinninger et al. (2012) konnte zudem gezeigt werden, dass TA bei depressiven Menschen genauso wie achtsamkeitsbasierte Strategien zu einer Zunahme der Achtsamkeit führt und dass er in noch höherem Maße als achtsamkeitsbasierte Strategien stressreduzierend wirkt.

In einem ersten Tagesworkshop nahmen zwei Paare – mit jeweils einer kranken Ehefrau – sowie ein Elternteil ohne krankes Familienmitglied teil. Der Workshop wurde durch Fragebogen evaluiert. Aufgrund der Mischung aus Tango, Psychoedukation und Selbsterfahrungsanteilen verlief der Tag sehr kurzweilig und war für die Teilnehmer gut aushaltbar. Alle waren an einer Fortsetzung interessiert. Die Teilnehmer konnten sich die vermittelten Inhalte erwartungsgemäß gut merken. Ein interessanter Effekt bestand darin, dass die „kranken Familienmitglieder" durch den TA oft aus ihrer Krankenrolle heraustreten konnten, etwa wenn sie den Gesunden im TA etwas zeigen konnten. Diese Erfahrungen ermutigen uns, das Projekt weiter zu entwickeln.

Literatur

Andres K, Pfammatter M u. Brenner HD (2002). Therapiemanual zur Psychoedukation und Krankheitsbewältigung (PKB). In: Roder V, Zorn P, Andres K et al. (Hrsg.). Praxishandbuch zur verhaltenstherapeutischen Behandlung schizophren Erkrankter. Bern (Huber), S. 157–214.

Bäuml J (2008). Psychosen aus dem schizophrenen Formenkreis. Ein Ratgeber für Patienten und Angehörige. 2., aktual. u. erw. Auflage. Berlin (Springer).

Bäuml J, Pitschel-Walz G (2003). Psychoedukation bei schizophrenen Erkrankungen. Stuttgart (Schattauer).

Bäuml J, Pitschel-Walz G, Berger H et al. (2010). Arbeitsbuch PsychoEdukation (APES). 2., überarb. Auflage. Stuttgart (Schattauer).

Behrendt B (2009). Meine persönlichen Warnsignale. Ein psychoedukatives Therapieprogramm zur Krankheitsbewältigung für Menschen mit Psychoseerfahrung, Manual für Gruppenleiter (= Materialie 50). 2. überarbeitete u. erweiterte Auflage. Tübingen (dgvt).

Berger H, Friedrich J, Gunia H (2004). Psychoedukative Familienbetreuung – Manual zu Grundlagen und Praxis. Stuttgart (Schattauer).

Berger H, Gunia H (2005). „Kür": Psychoedukative Erweiterungsmodule: Psychoedukative Familienintervention (PEFI) – ein Programm zur Vermittlung von Strategien zur Verbesserung der familiären Kommunikation. In: Bäuml J, Pitschel-Walz G, Berger H et al. (Hrsg.). Arbeitsbuch PsychoEdukation (APES). Stuttgart (Schattauer).

Gassmann W, Berger H (2012). Die Effekte von Psychoedukativer Familienintervention auf die Rückfallrate und die gesundheitliche Lebensqualität schizophrener Patienten. Vortrag auf der Jahrestagung Health Promoting Hospitals der WHO am 12.4.2012 in Taipei/Taiwan (unveröff. Manuskr.).

Hahlweg K, Dürr H, Müller U (1995). Familienbetreuung schizophrener Patienten. Ein verhaltenstherapeutischer Ansatz zur Rückfallprophylaxe: Konzepte, Behandlungsanleitung und Materialien. Weinheim (Beltz – PVU).

Hogarty, G. E., Anderson, C. M., Reiss, D. J., Kornblith, S. J., Greenwald, R. F. U., Carter, M. (1991). Family psychoeducation, Social Skills Training, and maintenance chemotherapy in the aftercare treatment of schizophrenia: II. Two-year effects of a controlled study on relapse and adjustment. Arch Gen Psychiatry. 48: 340–347.

Kieserg A, Hornung WP (1996). Psychoedukatives Trainingsprogramm für schizophrene Patienten (PTS); ein verhaltenstherapeutisches Behandlungsprogramm zur Rezivprophylaxe. 2. überarb. Aufl. Tübingen (dgvt).

McFarlane W (2002). Multifamily Groups in Treatment of Severe Psychiatric Disorders. New York/London (Guilford Press).

McFarlane W (2005). Familiy Psychoeducation and multifamily groups: Treatment of choice for psychotic disorders. Wiss. Vortrag anlässlich der gfts-Tagung am 23.09.2005 in Riedstadt (unveröff. Manuskr.).

Pinninger R, Brown RF, Thorsteinsson EB et al. (2012). Argentine tango dance compared to mindfulness meditation and a waiting-list control: A randomized trial for treating depression. Complement Ther Med 20(6): 377–384.

Rummel-Kluge G, Pitschel-Walz G., Bäuml J et al. (2008). Umfrage zur Häufigkeit und Durchführung von Psychoedukation bei Schizophrenie an psychiatrischen Kliniken in Deutschland, Österreich und der Schweiz. In: Bäuml J, Pitschel-Walz G (Hrsg.). Psychoedukation bei schizophrenen Erkrankungen. Stuttgart (Schattauer), S. 42–48.

Schaub A, Andres K, Brenner HD et al. (1996). Entwicklung einer bewältigungsorientierten Gruppentherapie für schizophrene Patienten. In: Böker W, Brenner HD (Hrsg.). Integrative Therapie der Schizophrenie. Bern (Huber), S. 330–352.

Wiedemann G, Klingberg S, Pitschel-Walz G (2003). Psychoedukative Interventionen in der Behandlung von Patienten mit schizophrenen Störungen. Nervenarzt 74: 789–808.

Wienberg G (2003). Schizophrenie zum Thema machen: Psychoedukative Gruppenarbeit mit schizophren und schizoaffektiv erkrankten Menschen – Grundlagen und Praxis. Bonn (Psychiatrie-Verlag).

20 Psychoedukation bei Patienten mit der Doppeldiagnose schizophrene Psychose und Sucht

Sibylle Hornung-Knobel

20.1 Einleitung

Schizophren Erkrankte stellen unter den Konsumenten von legalen und illegalen Drogen eine zahlenmäßig bedeutende und therapeutisch anspruchsvolle Gruppe dar. So kann man bei ca. einem Drittel aller Patienten mit schizophrener Psychose einen komorbiden Substanzmissbrauch bzw. eine -abhängigkeit feststellen (Dixon, 1999). Dies trifft auch auf die Subgruppe der Patienten mit Erstmanifestation einer schizophrenen Psychose zu, bei der sich Komorbiditätsraten für Substanzmissbrauch oder -abhängigkeit von ca. 50 % beschreiben lassen (Addington u. Addington, 2007). Besonders alarmierend ist, dass in dieser Patientengruppe im Vergleich mit der Durchschnittsbevölkerung ein 5- bis 10-fach höheres Risiko zur Entwicklung eines Alkoholmissbrauchs und ein 8-fach höheres Risiko zur Entwicklung eines Missbrauchs von anderen psychotropen Substanzen erkennbar ist (Chambers et al., 2001). Darüber hinaus haben Patienten mit Schizophrenie und gleichzeitiger Substanzabhängigkeit eine schlechtere Prognose, da ein Fortbestehen des Substanzkonsums den Krankheitsverlauf deutlich negativ im Sinne von häufigen Rezidiven und Rehospitalisierungen, erhöhter Suizidrate und ernsthaften somatischen Erkrankungen wie Hepatitis und HIV-Infektionen beeinflusst. Art, Anzahl und Menge der konsumierten Substanzen sind zu einem großen Anteil über die Verfügbarkeit der Droge, vorhandene Geldmittel, Vorlieben der Peergroup und persönliche Möglichkeiten in der Beschaffung der betreffenden Substanz gesteuert (Lammertink et al., 2001).

Bisher wurde in den Psychoedukationsmanualen zur Schizophrenie der Bearbeitung einer Suchtproblematik nur wenig Beachtung geschenkt. Aufgrund des steigenden Anteils an Schizophrenie erkrankter Patienten mit einem Missbrauch psychotroper Substanzen in den psychiatrischen Kliniken und der Entstehung von Doppeldiagnosestationen wurde die Notwendigkeit von psychoedukativen Maßnahmen für Patienten mit schizophrener Psychose und Sucht im Rahmen eines integrativen Behandlungskonzepts ersichtlich.

20.2 Grundlagen der integrativen Therapie

In der Therapie von Patienten mit Doppeldiagnose wird derzeit ein integrativer Ansatz favorisiert, bei dem ein interdisziplinäres Behandlungsteam sowohl für die Therapie der schizophrenen Grunderkrankung als auch für die Behandlung des Substanzkonsums zuständig ist (Minkoff, 1989). Dabei sollten im Rahmen einer integrativen Therapie beide Erkrankungen gleichermaßen berücksichtigt und die im Kasten „Inhalte der integrativen Therapie von Doppeldiagnosepatienten" aufgeführten Maßnahmen durchgeführt werden (Bachmann et al., 2002).

> **Inhalte der integrativen Therapie von Doppeldiagnosepatienten**
>
> **Maßnahmen zur Behandlung der schizophrenen Grunderkrankung**
> - Förderung von Krankheitswissen und Einsicht
> - Behandlungs- und Medikamenten-Compliance
> - Management von Rezidiven
>
> **Maßnahmen zur Behandlung des Suchtmittelkonsums**
> - Erkennen und Akzeptieren des Substanzmissbrauchs oder der Abhängigkeit
> - Förderung von Abstinenzzuversicht und Motivation
> - Rückfallprophylaxe und Rückfallmanagement
> - Entwicklung und Umsetzung von gesundheitsförderlichen Alternativen zum Substanzmissbrauch
>
> **Maßnahmen zur Behandlung der Doppeldiagnose**
> - Wissen und Einsicht in den Zusammenhang und die Interaktion zwischen Substanzkonsum und dem Verlauf der schizophrenen Psychose

Es bleibt anzumerken, dass jede Behandlung „individualisiert" verlaufen muss, d. h. flexibel auf den Gesundheitszustand, die Lebensumstände, die aktuelle Veränderungs- bzw. Therapiemotivation, die persönlichen und sozialen Ressourcen sowie die Bedürfnisse des Patienten einzugehen ist (Carey, 1996; Rosenthal u. Westreich, 1999). Hierbei steht das Motto „Zwei Patienten gleich behandeln heißt, einen falsch zu behandeln" im Vordergrund. Die hohen Drop-out-Raten von Behandlungsprogrammen setzen strikte Abstinenz als Zulassungskriterium voraus und belegen eindrücklich, dass viele dieser Patienten große Schwierigkeiten haben, sich von vornherein auf ein konfrontierendes Therapiekonzept einzulassen.

Aus diesem Grund wird bei dem integrativen Behandlungsansatz postuliert, dass Abstinenz keine zwingende Bedingung zur Aufnahme in ein Behandlungsprogramm darstellt, sondern als langfristiges Ziel definiert werden sollte (Owen et al., 1997; Drake et al., 2001). Ein gestuftes Vorgehen berücksichtigt, dass die meisten Patienten ihren Substanzmissbrauch zunächst nur vorübergehend reduzieren bzw. beenden können, was sich auf vielfältige Ursachen zurückführen lässt. So hat der Patient z. B. erfahren, dass er mittels Drogen- und/oder Alkoholkonsum krankheitsbezogene Symptome, unangenehme Nebenwirkungen der Medikation und belastende Gefühlszustände positiv beeinflussen und angenehme Erlebnisse intensivieren kann (Goff u. Evins, 1998). Auch die häufig schwierige soziale Situation und Perspektive der Patienten (z. B. fehlende berufliche Ausbildung etc.) sowie ein fehlendes familiäres Umfeld, das einen konstruktiven „Behandlungsdruck" erzeugen könnte, stehen der Aufrechterhaltung einer stabilen Abstinenzmotivation entgegen (Mueser et al., 1999). Bei den motivierten Angehörigen jedoch sollte eine Familienintervention mit Fokus auf Schaffung von höherer Akzeptanz für die Doppeldiagnosenproblematik mit einer störungszentierten interaktiven Kompetenz bzw. Problemlösekompetenz fester Bestandteil einer integrativen Therapie der Patienten sein (Hahlweg u. Dose, 1998; Drake u. Mueser, 2000; Mueser u. Fuchs, 2002).

Die therapeutischen Interventionen sind größtenteils von multimodalen Programmen zur Behandlung von Sucht und Psychose abgeleitet (Barrowclough et al.) und beinhalten u. a. die Verbesserung der Behandlungs- und Medikamentencompliance, die Reduktion des Substanzmittelkonsums, die Verringerung von Exerbation der schizophrenen Symptomatik, die Verbesserung des kognitiven und sozialen Funktionsniveaus und die Zunahme an Lebensqualität (Harvey u. Keefe, 2001; Drake et al., 2001).

Integrative Therapieprogramme in der Behandlung von Patienten mit Doppeldiagnose sind nur dann erfolgreich, wenn sie langfristig und niederschwellig angelegt sind (Ho et al., 1999; Brunette et al., 2001).

Die Drop-Out-Rate ist in diesen integrativen Behandlungsprogrammen niedrig. Die Remissionsrate, bezogen auf die Suchtproblematik im Langzeitverlauf, ist hingegen deutlich höher und befindet sich auf einem vergleichbaren Niveau wie die von Suchtpatienten ohne psychotische Störung (Bartels et al., 1995). Bislang sind aber nur wenige deutschsprachige Behandlungsmanuale verfügbar, die ein spezifisches, auf die Doppeldiagnose Psychose und Sucht abzielendes therapeutisches Prozedere inkl. Psychoedukation beschreiben (vgl. Gouzoulis- Mayfrank, 2003; Kissling et al., 2003; D'Amelio et al., 2006).

20.3 Integrative Therapie in der psychiatrischen Regelversorgung, Individualisierung und Regelhaftigkeit

Die integrative Behandlung von Patienten mit Psychose und Sucht stellt hohe Anforderungen an die Toleranz und Konsequenz des Behandlungsteams, da schizophrene Patienten mit den stark regelbasierten Behandlungsbedingungen von Suchtabteilungen überfordert sind, andererseits aber informiert, motiviert und überwacht werden sollten, ihren übermäßigen Suchtmittelkonsum zu erkennen und langfristig einzustellen. Parallel dazu bedarf es einer effektiven psychotischen Symptombehandlung und einer adäquaten Führung der schizophrenen Patienten mit Vermeidung von Überforderung und Stresssituationen. Wie im einleitenden Kapitel hervorgehoben, sind deshalb psychoedukative Behandlungselemente sowohl für die schizophrene Erkrankung als auch für die Suchtproblematik in der psychiatrischen Regelversorgung erforderlich. Entsprechende Programme werden z. B. auf der spezialisierten Doppeldiagnosestation des Isar-Amper-Klinikums, Klinikum München-Ost (früher Bezirkskrankenhaus Haar) und in den Rheinischen Kliniken Düsseldorf umgesetzt. Die Grundprinzipien gelten jedoch genauso auf Stationen oder in Tageskliniken, die nur mit einer kleinen Gruppe von Doppeldiagnosepatienten belegt sind.

Bei der *Patientenaufnahme* im Rahmen eines Doppeldiagnosekonzepts ist zu beachten, dass die Patienten vorab und gleich zu Beginn über die Rahmenbedingungen der Behandlung aufgeklärt werden. Als Mindestbedingung gilt, dass sich die Patienten im Stadium der Überlegung befinden und zumindest während des stationären Aufenthaltes versuchen wollen, auf psychotrope Substanzen zu verzichten (Prochaska u. di Clemente, 1983). Sie sollten auf jeden Fall mit der Durchführung von Alkohol- und Drogenkontrollen unabhängig von konkreten Verdachtsmomenten einverstanden sein, und es sollte ein ausreichender Leidensdruck zur Behandlung hinsichtlich der psychotischen Erkrankung bestehen.

Im *Behandlungsprozess* haben sich klare Tagesstrukturen bewährt, die z. B. in täglichen Therapiebesprechungen umgesetzt werden können. Wichtig ist dabei einerseits ein individuelles Anforderungsprofil an Aktivitäten, andererseits eine für alle gleiche Verbindlichkeit der Teilnahme an den für sie zugeschnittenen Programmbestandteilen. Gerade die Patienten, die nur für wenige Stunden im Voraus ihren Tag planen, profitieren von einer solchen Übung der Planung und Reflexion als Strukturierungshilfe. Problempatienten, die unter psychotischen Symptomen oder Suizidimpulsen leiden oder akut rückfallgefährdet sind, benötigen darüber hinaus noch eine individuelle engmaschige Betreuung. In den Rheinischen Kliniken Düsseldorf hat sich hierfür ein „Therapiebogen" bewährt, der ähnlich einem klassischen Beobachtungsbogen im Stundentakt ausgefüllt und von Mitarbeitern abgezeichnet wird. Bei diesem Vorgehen werden die Patienten stärker in die Therapieverantwortung eingebunden als bei einer klassischen Beobachtung. Weil es bei jeder Unterschrift zu einem zumindest kurzen therapeutischen Kontakt kommt, wird das Vorgehen weniger als reine Kontrolle, sondern eher als Therapiebestandteil erlebt.

Ein besonderes Problem jeder Behandlung von Doppeldiagnosepatienten stellen *Rückfälle* dar. Rückfälle sollten immer eine Konsequenz haben, ohne dass es zum Abbruch oder zur Gefährdung der therapeutischen Beziehung kommt. Eine Möglichkeit des Umgangs mit Rückfällen, die über die Besprechung der Rückfallsituation hinausgeht, stellt eine dreitägige vereinbarte Ausgangssperre dar, durch die der Gefahr des unmittelbaren Weiterkonsums und der Zunahme eines Cravings entgegengewirkt werden soll. Sofern dieses Vorgehen bereits zu Therapiebeginn mit den Patienten vereinbart wird, findet es in der Regel gute Akzeptanz. Bei abstinenzambivalenten Patienten kann es zu mehrfachen Rückfällen und Ausgangssperren kommen. Bei nicht lösbaren Abstinenzproblemen aber sollte eine Vereinbarung mit dem Patienten zur Entlassung und zur zukünftigen Wiederaufnahme getroffen werden, um „disziplinarische" Entlassung und Therapieabbrüche zu vermeiden.

Die *Entlassungsplanung* bei Doppeldiagnosepatienten beinhaltet nahezu zwingend die Einbeziehung mindestens einer relevanten Bezugsperson, die nicht zum Konsumumfeld des Patienten gehört. Die weiterbehandelnden Therapeuten sollten, sofern sie nicht mit dem stationären Behandlungsteam identisch sind, frühzeitig über die geplante Entlassung und die Verfassung des Patienten informiert sein. Von entscheidender Wichtigkeit ist die Wahrnehmung des ersten Nachbehandlungskontakts, der bei schwierigen Patienten oder einem neuen Therapeuten schon während der Endphase des Klinikaufenthaltes stattfinden sollte. In den Rheinischen Kliniken Düsseldorf und im Isar-Amper-Klinikum wird allen Patienten angeboten, sich in der Klinik auch tagesklinisch behandeln oder im Rahmen der psychiatrischen Institutsambulanz vom Team der Doppeldiagnosestation weiterbetreuen zu lassen („Rundum-sorglos-Paket"). Sofern in der jeweiligen Region möglich, ist darüber hinaus die Teilnahme an einer Selbsthilfegruppe für Doppeldiagnosepatienten empfehlenswert. Häufig sind jedoch mehrere Behandlungsepisoden erforderlich, um die notwendige langfristige Beziehung zu den Patienten aufzubauen.

20.3.1 Umsetzung des integrativen bewältigungsorientierten Behandlungskonzepts auf der Doppeldiagnosestation

Seit 1997 wird die integrative bewältigungsorientierte Therapie auf der Doppeldiagnosestation des Isar-Amper-Klinikums angeboten, da durch ein spezielles Therapiekonzept die Behandlung der Patienten mit Subtanzmittelkonsum und psychotischer Erkrankung effektiver ist und eine länger andauernde psychische Stabilität sowie Abstinenzmotivation mit dem Ziel einer dauerhaften Abstinenz erreicht werden kann. Der integrative Behandlungsansatz hat sich mittlerweile im stationären sowie teilstationären Setting bewährt und zeichnet sich u. a. dadurch aus, dass er als niederschwelliges Konzept die geringe Abstinenzmotivation der Patienten besonders berücksichtigt.

Das integrative Behandlungskonzept umfasst verschiedene Ziele, die in unterschiedlicher Intensität parallel realisiert werden müssen. Die Therapieziele der Doppeldiagnosestation des Isar-Amper-Klinikums umfassen kurzfristig die psychische Stabilisierung und das Einhalten eines abstinenten Verhaltens des Patienten mit Reduktion der Eigengefährdung während der stationären Behandlung. Mittel- bis längerfristig soll eine Vermeidung von (Re-)Hospitalisierungen, Verminderung der Konsummengen bzw. eine Verlängerung abstinenter Intervalle sowie Reduktion von forensischen und psychosozialen Komplikationen erreicht werden. Die Basis hierfür ist, dass die Behandlung auf die individuelle Motivation des Patienten ausgerichtet ist und ein mit dem Patienten gemeinsam vereinbarter und von ihm akzeptierter Behandlungsplan erarbeitet wird, was nach klinischer Erfahrung die Adhärenz des Patienten verbessert und die Therapieabbrüche verringert. Therapeutische Inhalte des integrativen Konzepts sind nicht nur edukative Behandlungselemente, sondern u. a. auch Übungen zur besseren Wahrnehmung eigener Grenzen, zur Stärkung der Ressourcen der Patienten und zur Verbesserung der sozialen Integration, immer mit dem Ziel langfristige Zukunftsperspektiven zu schaffen. Das integrative bewältigungsorientierte Behandlungskonzept stellt aber auch Anforderungen an das therapeutische Team, das multidisziplinär mit Pflegekräften, kreativen Therapeuten, Psychologen, Sozialpädagogen und Ärzten aufgestellt werden sollte und das die beiden Erkrankungen des Patienten, die psychische Störung sowie die Suchterkrankung und deren Interaktionen kennt und in der Lage ist, damit kompetent, langfristig denkend und Rückschritte einplanend umzugehen. Die therapeutische Haltung des Teams sollte geprägt sein von respektvollem, wertschätzendem und transparentem Umgang mit den Patienten (Motivational Interviewing).

Abb. 20-1 zeigt den Ansatz des integrativen Behandlungskonzept und macht deutlich, wie die psychose- und suchtspezifischen Behandlungsstrategien in Einzel- und Gruppeninteraktionen miteinander verknüpft werden.

20.3.2 Milieutherapie

Basis des integrativen Ansatzes ist die *Milieutherapie*, weil das Milieu einen großen Einfluss auf psychische Stabilität und Abstinenzmotivation ausübt. Ein ungünstiges milieutherapeutisches Setting fördert die Suchtmittelrückfälle und führt im Sinne von „High Expressed Emotion" („high EE") zu psychotischen Wiedererkrankungen.

Angestrebt werden sollten ein respektvoller Umgang miteinander, Transparenz und eine empathische Grundhaltung. Der Patient soll sich mit all seinen Problemen und Störungen ernst genommen fühlen und zunehmend Vertrauen gewinnen. Verstärkt wird die Effektivität der milieutherapeutischen Behandlung durch die Bezugspflege, die nach Möglichkeit ambulant weitergeführt werden sollte. Bei den Bezugspersonengesprächen handelt es sich vorwiegend um motivierende Gespräche, um das Erfas-

Milieutherapie, Verhaltenstherapie – und soziotherapeutische Interventionen	
Einzelinteraktionen	**Gruppeninteraktionen**
• Medizinische Versorgung (D, M) • Therapeutische Einzelgespräche 　– Craving-Protokolle 　– Rückfallbetreuung 　– Zielerarbeitung 　– Krisenplan • Bezugspflegegespräche • Akupunktur	• Psychoedukationsgruppen 　(Depression, Psychose, Sucht und 　Interaktionen) • E-S-M 　(Edukation-Skills-Motivation) • WAFFF-Gruppe 　(Wohnen, Arbeiten, Finanzen, Freizeit, 　Freunde) • Suchtmittelbezogene Rückfallprävention 　(motivationale Interventionen) • Pflegetherapeutische Gruppen 　– WIL – Wir im Leben 　– Aktivitätsgruppe • Ergo-, Sport-, Kunst-, Musik- und Reittherapie • Theategruppe • Therapeutisches Klettern • Koch-/Haushaltsgruppe

Abb. 20-1 Aufbau des integrativen Behandlungskonzepts bei Doppeldiagnose Psychose und Sucht

sen von Bedürfnissen und um konkrete Hilfe bei Alltagsproblemen sowie Verminderung von Suchtmittelrückfällen.

Ein weiterer Bestandteil des milieutherapeutischen Settings ist die *Niederschwelligkeit*, worunter zu verstehen ist, dass eine Abstinenzorientierung gewünscht, eine Abstinenz aber nicht gefordert wird. Während der Dauer des Klinikaufenthalts sollte eine minimale Motivation zur Abstinenz zu erkennen sein. Der Patient sollte anstreben, während der stationären Behandlung auf Suchtmittel zu verzichten.

Um die Abstinenzorientierung zu erleichtern bzw. zu steigern, kommen motivationale Strategien zur Anwendung. Es zeigt sich, dass die Motivation keine statische Größe darstellt und dass Patienten normalerweise verschiedene Motivationsstadien durchlaufen, bis eine Stabilität erreicht wird. Dieses Modell wertet einen Rückfall als „normales Ereignis" und zeigt auf, dass jeder Rückfall ein Schritt in Richtung Genesung sein kann. Dieser Ansatz bewahrt den Patienten vor Resignation, Schuldgefühlen und Scham (Prochaska u. di Clemente, 1983). Beim integrativen Therapieansatz werden nach aktuellen Suchtmittelrückfällen die näheren Umstände und die Auslöser entweder in Einzel- oder in Gruppengesprächen bearbeitet, und es folgt keine Entlassung aus dem stationären Setting. Die suchtmittelbezogene Rückfallprävention bzw. die Abstinenzorientierung beinhaltet auch die Umsetzung eines Abstinenzmilieus, d. h. ein systematisches Überwachen und Thematisieren des Suchtmittelmissbrauchs. Zusätzlich wird der Patient angehalten, täglich ein Craving-Protokoll auszufüllen, das wöchentlich entweder mit dem Arzt oder mit der Bezugsperson besprochen wird. Geregelt ist auch ein eindeutiger Umgang mit Rückfällen. Einem Rückfall folgt – um einen weiteren Substanzmittelkonsum zu verhindern und das Craving etwas abzumildern – ein dreitägiges Ausgangsverbot, was bereits zuvor mit den Patienten abgesprochen wurde. Außerdem soll der Patient ein Rückfallprotokoll verfassen. Zeitnah findet eine Rückfallanalyse mit dem Therapeuten statt.

Da die Compliance bezüglich der Medikamenteneinnahme bei komorbiden Patienten mit der Diagnose Psychose und Sucht äußerst gering ist – sei es infolge des fortgesetzten Drogen- und Alkoholkonsums, der mangelnden Krankheitseinsicht oder auch der Kritik oder des Druck seitens der Peergroup –, besitzt die *Psychopharmakotherapie* einen besonderen Stellenwert. Wichtig sind deshalb eine möglichst nebenwirkungsarme Psychopharmakamedikation, vorwiegend mit atypischen Antipsychotika (auch in Depotform) und eine stützende Begleitbehandlung mit Antidepressiva, Mood Stabilizern sowie mit Anti-Craving-Medikamenten.

Das integrative bewältigungsorientierte Behandlungsmodell setzt folgende inhaltliche Schwerpunkte:
1. Modifizierte Psychoedukation,
2. Verhaltens- und soziotherapeutische Elemente,
3. Anti-craving Skills,
4. „Motivational Interviewing" (Milieutherapie).

20.3.3. Psychoedukation

Ebenso wie das integrative Behandlungskonzept ist auch die *Psychoedukation* auf die Besonderheiten und Bedürfnisse der Doppeldiagnosepatienten zugeschnitten. Ziel der durchgeführten Psychoedukation ist es, die Patienten zu befähigen, beide Erkrankungen zu managen. Das spezielle Psychoedukationsprogramm beinhaltet die *Informationsgruppe zur Schizophrenie*, die Basiswissen u. a. zum Krankheitsbegriff, zu Diagnosekriterien, zu neurobiologischen und psychosozialen Ursachenfaktoren vermittelt und wesentliche Aspekte der mehrdimensionalen Behandlung für die schizophrene Erkrankung erläutert. Parallel dazu wird in der *Informationsgruppe zur Sucht* über das Erkennen der Suchterkrankung, Missbrauch und Abhängigkeit, die verschiedenen Drogen, biologische Bedingungsfaktoren, Hochrisikositationen/Alarmsignale, Medikation etc. aufgeklärt.

Ein weiteres Modul vermittelt spezielles Wissen über die *Interaktion beider Erkrankungen* z. B. über Zusammenhänge zwischen Substanzkonsum und psychiatrischer Erkrankung, verschiedene hypothetische Modelle und Auswirkungen von Suchtmittelkonsum auf die psychiatrische Erkrankung, parallele Suchtentwicklung bei Selbstmedikation etc.

Von besonderer Bedeutung ist neben der reinen Information der Dialog zwischen Betroffenen und Therapeuten. Der Patient soll in der Gruppe eine emotionale Entlastung finden und in die Lage versetzt werden, seine Krankheitsbewältigung zu optimieren.

Für die Psychoedukation sind 14–16 Stunden, die verpflichtend sind und zweimal pro Woche stattfinden, eingeplant (12 bzw. 14 Sitzungen abwechselnd Psychose oder Sucht und zwei weitere Sitzungen über die Interaktion beider Erkrankungen).

20.3.4 E-S-M-Gruppe

Edukation – Skills – Motivation

Neben den Psychoedukationsgruppen sind weitere Basismodule des integrativen Behandlungskonzepts, die sog. E-S-M-Gruppen (Edukation – Skills – Motivation) Bestandteil des gruppentherapeutischen Pflichtprogramms.

Das Wochenprogramm beinhaltet folgende Themen (s. Tab. 20-1):

Ziel ist es, innerhalb dieser Gruppe einerseits Ängste, Anspannung, sozialen Rückzug und Negativsymptomatik zu reduzieren, und andererseits die eigene Abstinenzmotivation und Krankheitseinsicht zu unterstützen, am Umgang mit Krisensituationen zu arbeiten, eigene Fähigkeiten (wieder) zu entdecken, Selbstwahrnehmung zu fördern und eigene Ziele sowie Grenzen wahrzunehmen.

Die therapeutischen Gruppen bestehen aus jeweils maximal 11 Teilnehmern und finden an drei Terminen pro Woche statt. In Anwesenheit von zwei therapeutischen Fachkräften beschäftigen sich die Patienten innerhalb eines Zyklus von 8 Wochen mit verschiedenen Modulen aus den drei Themenblöcken Edukation – Skills – Motivation. Hierbei bleibt festzuhalten, dass die Gruppensitzungen gruppendynamisch und spielerisch ausgerichtet sind und darauf abzielen, die Doppeldiagnosepatienten mit genügend Maß an Vertrauen zu motivieren und zu aktivieren.

Einen weiteren Schwerpunkt im Behandlungskonzept bildet die Ohrakupunktur nach NADA zur Rückfallprophylaxe, Schlafverbesserung, Angst-Reduktion und Entspannung.

20.3.5 Familienintervention

Recht frühzeitig sollten die Angehörigen in die Behandlung mit einbezogen werden, u. a. zur Verbesserung ihrer eigenen Belastung/Überforderung, aber auch, um die Patienten zu unterstützen und zu stabilisieren. Die Entlassung der Doppeldiagnosepatienten sollte in Absprache mit der Bezugsperson/Angehörigen in ein „konsumsensitives" Umfeld erfolgen. Eine ambulante, längerfristige Weiterbetreuung sollte sich anschließen.

Tab. 20-1 Wochenprogramm

	Motivation	Skills/Selbstfürsorge
Woche 1	Ziele, Wünsche	Achtsamkeit
Woche 2	Veränderung, Motivation	Anti-craving Skills
Woche 3	Gesundheitsfürsorge	Ressourcen/Fähigkeiten/Problembewusstsein
Woche 4	Emotionen	Emotionen (Rollenspiele)
Woche 5	(Innen-/Aussen-) Wahrnehmung	Konflikte
Woche 6	Stress-Vulnerabilität	Nein-Sagen
Woche 7	Selbstwert	Interaktion
Woche 8	Beziehungen	Beziehungen (Nähe/Distanz)

Ablauf: Eingangsübung/Spiel > Einheit > Abschlussblitzlicht > Arbeitsblätter

Zusammenfassend lässt sich feststellen, dass neben der speziellen Psychopharmakotherapie das *integrative bewältigungsorientierte Behandlungskonzept* eine durchaus beeindruckende Erfolgsbilanz aufweist. So konnten – nach den bisher veröffentlichen Studien – eine Reduktion der Konsummengen (Drake et al., 1993), weniger Hospitalisierungen und niedrige Drop-out-Raten (Drake et al. 1993; Bartels et al., 1995) festgestellt werden.

Literatur

Addington J, Addington D (2007). Patterns, predictors and impact of substance use in early psychosis: a longitudinal study. Acta Psychiatr Scand 115(4): 304–309.

Bachmann KM, Moggi F, Wittig R et al. (2002). Doppeldiagnose -Patienten. In: Böker W, Brenner HD (Hrsg.). Behandlung schizophrener Psychosen. Stuttgart (Enke).

Bartels SJ, Drake RE, Wallach MA (1995). Long-term course of substance disorders among patients with severe mental illness. Psychiatr Serv 46: 248–251.

Borrowclough C, Haddock G, Tarrier N et al. (2001). Randomized controlled trial of motivational interviewing, cognitive behavior therapy and family intervention for patients with comorbid schizophrenia and substance use disorders. Am J Psychiatry 158: 1706–1713.

Brunette M, Drake RE, Hartnett T (2001). A comparison of a long term and short term residential treatment program for dual diagnosis patients. Psychiatr Serv 50: 75–80.

Carey KB (1996). Substance use reduction in the context of outpatient psychiatry Treatments: A collaborative, motivational, harm reduction approach. Comm Ment Health J 32: 291–306.

Chambers RA, Krystal JH, Self DW (2001). A neurobiological basis for substance abuse comorbidity in schizophrenia. Biol Psychiatry 50: 71–83.

D'Amelio R, Wobrock T, Behrendt B (2006). Psychoedukation Schizophrenie und Sucht. Manual zur Leitung von Patienten- und Angehörigengruppen. München (Urban u. Fischer).

Dixon L (1999). Dual diagnosis of substance abuse in schizophrenia: prevalance and impact on outcomes. Schizophren Res 35 (Suppl. 1): 93–100.

Drake RE, Bartels SB, Teague GB et al. (1993a) Treatment of substance use disorders in severely mentally ill patients. J Nerv Ment Dis 181: 606–611.

Drake RE, Mueser KT (2000). Psychosocial approaches to dual diagnosis. Schizophrenic Bull 26(1). 105–118:

Drake RE, Goldmann HH, Leff HS et al. (2001) Implementing evidence-based practice in routine mental health service settings. Psychiatr Serv 52: 179–182.

Goff DC, Evins AE (1998). Negative symptoms in schizophrenia: Neurobiological models and treatment response. Harv Rev Psychiatry 6: 59–77.

Gouzoulis-Mayfrank E (2003). Komorbidität Psychose und Sucht. Von den Grundlagen zur Praxis. Darmstadt (Steinkopff).

Hahlweg K, Dose M (1998). Schizophrenie. Göttingen (Hogrefe).

Harvey PD, Keefe RS (2001). Studies of cognitive change in patients with schizophrenia following novel antipsychotic treatment. Am J Psychiatry 158(2): 176–184.

Ho AP, Tsuang JW, Liberman RP et al. (1999). Achieving effective treatment of patient with chronic psychotic illness and comorbid substance abuse. Am J Psychiatry 156: 1765–1770.

Kissling W, Seemann K, Fritze P (2004). Integrierte Versorgung. Neurotransmitter 10: 28–35.

Lammertink M, Löhrer F, Kaiser R et al. (2001). Differences in substance abuse patterns: multiple drug abuse alone versus schizophrenia with multiple drug abuse. Acta Psychiatr Scand 104(5): 361–366.

Minkoff K (1989). "Development of an Integrated Model for the Treatment of Patients with Dual Diagnosis of Psychosis and Addiction." Hospital and Community Psychiatry 40 (10): 1031–1036.

Mueser KT, Yarnold PR, Levinson DR (1990). Prevalence of substance abuse in schizophrenia: Demographic and clinical correlates. Schizophr Bull 16: 31–56.

Mueser KT, Fox L (2002). A family intervention program for dual diagnosis. Comm Ment Health J 38: 253–270.

Owen C, Rutherford V, Jones M et al. (1997). Noncompliance in psychiatric aftercare. Comm Ment Health J 33: 25–34.

Prochaska JO, DiClemente CC (1983). Stages and process of self-change of smoking: Towards an integrative model of change. J Consult Clin Psych 5: 390–395.

Rosenthal RN, Westreich L (1999). Treatments of persons with dual diagnosis of substance use disorders and others psychological problems. In: McCrady BS, Epstein EE (Hrsg.). Addictions: A Comprehensive Guidebook. New York, NY (Oxford University Press), S. 439–476.

21 Psychoedukation in der Rehabilitation bei Schizophrenie

Die Bewältigungs- und Gesundheitsorientierte Gruppen- und Einzeltherapie (Be-Go-Get) bei Schizophrenie und anderen Psychosen

Karl Heinz Wiedl

21.1 Begründung der Psychoedukation (PE) bei dieser Indikation

Schizophrenie ist eine schwere psychische Erkrankung, die sich meist in tiefgreifenden Beeinträchtigungen der Wahrnehmung, des Denkens und der Affektivität sowie in neuropsychologischen Störungen manifestiert. Erscheinungsweise, vorherrschende Symptomatik, Verlaufsform (von episodisch einmalig bis persistierend und chronisch), Grad der Einschränkungen (volle Remission bis bleibendes oder zunehmendes Residuum) und Behandlungsbedürfnisse variieren, sodass eine Berücksichtigung unterschiedlicher Varianten von Schizophrenie sowie eine individualisierte Diagnostik und Behandlung zwingend sind. Das Konzept des Schizophreniespektrums (vgl. Sartory, 2007) trägt dieser Vielfalt Rechnung und umschreibt gleichzeitig eine Zielgruppe, bei der mittlerweile eine gut dokumentierte Palette von Interventionsmaßnahmen Anwendung findet (vgl. Nice, 2009).

Rehabilitation baut auf einer kurativen Behandlung (medizinische und psychologische Therapie) mit dem Ziel der Symptomreduzierung auf, zielt jedoch „weniger auf die Veränderung von Symptomen als vielmehr auf eine Verbesserung oder Stabilisierung funktionaler Einschränkung und Aktivitäten sowie eine Förderung gesellschaftlicher Teilhabe in den Lebensbereichen, die von der betreffenden Person angestrebt werden" (Jaeckel et al., 2010, S. 32; s. a. SGB IX, §4). Grundlegende Konzepte zur Vermittlung derartiger Zielorientierung sind somit Bewältigung (Coping), subjektive Vorstellungen von Krankheit und Gesundheit, Ressourcen, Selbstbestimmung, Aktivität und Hoffnung (Jaeckel et al. 2010). Diese salutogenetischen Konzepte stehen im Zentrum des hier vorgestellten Be-Go-Get-Programms (Wiedl et al., 2014). Sie sind handlungsleitend auch für die Auswahl und Gestaltung psychoedukativer Inhalte innerhalb des Programms.

21.2 Aktueller Stand

Psychoedukative Inhalte werden in unserem Ansatz in Übereinstimmung mit den o. g. paradigmatischen Konzepten wie folgt realisiert: Be-Go-Get …
- fokussiert in seinen psychoedukativen Anteilen insbesondere auf die Vermittlung dynamischer, also veränderbarer Aspekte der Erkrankung,
- bezieht bei der Vermittlung der den Umgang mit der Erkrankung betreffenden Inhalte nach Möglichkeit die gesundheitspsychologische Perspektive explizit und komplementär mit ein,
- integriert dadurch Krankheits- wie auch Gesundheitsaspekte,

- fokussiert auf den Prozess der Auseinandersetzung mit der Erkrankung einschließlich der dabei auftretenden erschwerenden kognitiven, emotionalen und sozialen Bedingungen,
- unterstützt die aktive Mitwirkung der Teilnehmer am Trainings- und Vermittlungsprozess durch die spezifische methodische Gestaltung der Behandlung,
- weist den Teilnehmern die Rolle von Experten für spezifische Krankheitsaspekte sowie für den Umgang damit zu,
- schafft einen Kontext, in dem eine spezifische Arbeitsmethodik durch Kompensation möglicher kognitiver (v. a. Aufmerksamkeit, Gedächtnis, Lernen betreffender) oder sozialer (kommunikative Fertigkeiten betreffender und soziale Rückzugstendenzen verstärkender) Beeinträchtigungen die Entfaltung vorhandener Stärken und eine Verbesserung der Performanz der Rehabilitanden ermöglicht,
- findet vorzugsweise in einem Format statt, das der Strukturierung von Kompaktseminaren bzw. Trainings in der Erwachsenenbildung angenähert ist und dadurch die Leitidee einer Normalisierung repräsentiert, und
- bereitet die Teilnehmer durch systematische Unterstützung der aktiven Partizipation innerhalb des Programms auf ihre kooperative Mitwirkung in dem zu erwartenden langfristigen Rehabilitationsprozess und damit auf eine verbesserte Teilhabe vor.

Das Be-Go-Get-Programm enthält sechs Basismodule, die jeweils kompakt innerhalb eines ein- bis zweitägigen Seminars bearbeitet werden. Zwischen den Modulen liegen in der Regel jeweils zwei bis drei Wochen. Es werden die folgenden Module bearbeitet:

Krankheit und Gesundheit: Zusammen mit subjektiven Krankheitskonzepten erfolgt eine Bearbeitung subjektiver Vorstellungen von Gesundheit, das spielerische Erfahren eigener Ressourcen und Kompetenzen in der Gruppe sowie das Herausarbeiten unterschiedlicher persönlicher Stärken.

Ursachen und Auslöser: Das mit dem Vulnerabilitätskonzept verbundene Konzept dysfunktionaler Überzeugungen wird ergänzt durch Elemente „positiven Denkens". Dysfunktionale Vorstellungen von Gesundheit, z. B. bezüglich der Selbsthilfe durch Drogen, werden problematisiert.

Frühsymptome und Rückfallprophylaxe: Obwohl dieses Modul nach wie vor stark symptomlastig ist, kann eine Betonung der Ressourcen in der Erarbeitung von Bewältigungsmöglichkeiten und der Stärkung der Selbstwirksamkeit auf unterschiedlichen Ebenen realisiert werden (Wissen, Maßnahmen, Kenntnisse, Monitoring, Aufdecken individueller Handlungsbarrieren und deren Überwindung). Es wird u. a. vermittelt, dass Frühsymptome als Indikatoren eines Mangels an gesundheitsförderlichen Verhaltensweisen sowie als Chance verstanden werden können, auf den Verlauf der Erkrankung eigenständig Einfluss zu nehmen.

Medikation und Nebenwirkungen: Hier lassen sich Gesundheitsaspekte insbesondere bei der Bearbeitung von Nebenwirkungen darstellen: Körpergewicht, innere Unruhe, Störungen der Sexualfunktion etc. werden zusammen mit gesundheitsfördernden Bewältigungsmöglichkeiten herausgearbeitet. Erläutert wird auch die Komplementarität von Gesundheit und Krankheit anhand der Möglichkeiten, Gesundheit so aufzubauen, dass eine Reduktion der Medikation und ihrer Nebenwirkungen aussichtsreich erscheint. Beispiele sind Genießen, Ernährung, Sport und Bewegung sowie verbesserte Selbstregulation.

Körperliche und mentale Fitness: Dieses Modul führt die in den vorangegangenen Abschnitten bereits angesprochenen gesundheitsbezogenen Aspekte systematisch und verhaltensorientiert weiter: Hauptthemen sind Ernährung, geistige Fitness, Sport und Bewegung.

Belastungsbewältigung: Zu den einzelnen Aspekten von Belastung und deren Identifikation sowie zu Coping und Problemlösestrategien werden jeweils einzelne Bewältigungsschritte und dafür erforderliche Stärken herausgearbeitet. Ansatzpunkte hierfür ergeben sich auch aus der kooperativen, aktiven Partizipation innerhalb der Gruppe und den dabei durchgeführten Übungen.

21.3 Praktische Darstellung und Fallbeispiele

Im Folgenden wird zur Veranschaulichung der spezifischen Inhalte und Vorgehensweisen des Be-Go-Get das Modul „Krankheit und Gesundheit" ausführlicher und anhand von Beispielen dargestellt.

Für die Bearbeitung der genannten Ziele/Inhalte werden etwa 7 Einheiten à 90 Min. benötigt. Zur Vertiefung der gesundheitsbezogenen Themen können Teile des Moduls Fitness ergänzend implementiert werden. Dadurch erhöht sich die Anzahl der Sitzungen entsprechend.

Schon bei den Rahmenbedingungen sollten salutotherapeutische Überlegungen Berücksichtigung finden. So hat es sich nach unseren Erfahrungen bewährt, das Gruppenangebot in Form eines Seminars durchzuführen und es im Sinne einer Normalisierung auch so zu benennen. Die Teilnehmer werden zu „Experten" ihrer Erkrankung und fühlen sich ernst genommen, weil man ihnen zutraut, aktiv Beiträge zu leisten. Dies schlägt sich auch in der didaktischen Ausrichtung nieder. Edukative Einheiten mit Frontalunterrichtscharakter tauchen nur vereinzelt auf. Der Schwerpunkt der Arbeit liegt auf aktivierenden Methoden, wie sie in der Erwachsenenbildung und Personalentwicklung verwendet werden (Moderationstechniken, erfahrungsabhängiges Lernen). Darüber hinaus haben diese Methoden auch kompensatorische Funktion bezüglich der kognitiven Beeinträchtigungen. So hilft z. B. die Kärtchen- und Metaplantechnik durch kognitive Entlastung bei der Systematisierung von Einzelaspekten und unterstützt die Konzeptbildung. Die Teilnehmer erproben und trainieren weiterhin wichtige Ressourcen, die sie im Arbeits- und Alltagsleben benötigen (z. B. in oder vor einer Gruppe zu sprechen, sich eine eigene Meinung zu bilden oder einen Standpunkt zu vertreten, differenzierte Entscheidungen zu treffen etc.). Wir erwarten davon auch eine Verbesserung der Selbstwirksamkeitsüberzeugung. Zu weiteren Vorteilen des Seminarsettings siehe Amering et al. (2002).

Die Grundhaltung der Therapeuten ist dialektischer Natur (zur Verwendung des Begriffs vgl. Linehan, 1996). Einerseits müssen sie stets die individuellen Beeinträchtigungen der Teilnehmer im Auge behalten und kompensierende Maßnahmen darauf abstimmen (Coaching, Wiederholungen, Pausen); andererseits gilt es, die Ressourcen zu erkennen und zu spiegeln (hierbei ist die kontingente positive Verstärkung von essenzieller Bedeutung). Kritische Fragen sind nicht als Widerstand, sondern als Anregung zur Auseinandersetzung zu sehen.

Grundsätzlich sollen die bearbeiteten Inhalte eines jeden Moduls engmaschig über Einzelkontakte begleitet werden. So lassen sich die zwangsläufig allgemein gehaltenen Aspekte individuell vertiefen. Zudem können Ängste und Verunsicherungen abgepuffert werden.

Die Teilnehmer haben zu Beginn der Gruppe noch vergleichsweise wenig Erfahrung in der Auseinandersetzung mit krankheitsbezogenen Themen. Darüber hinaus ist, wie oben erläutert, die Fokussierung auf Störungen, Einschränkungen und Chronizitätsrisiken für die Teilnehmer oft nur schwer zu bewältigen. Aus diesem Grunde empfiehlt sich ein behutsames, ebenfalls kompensierendes Vorgehen. Dies kann z.B. dadurch gefördert werden, dass zur besseren Strukturierung und zur Vorbereitung der Teilnehmer auf die Themen der speziellen Aufgaben mit Einzelarbeit begonnen wird, bevor sich die Arbeit in Kleingruppen oder in der größeren Gruppe anschließt.

21.3.1 Störungsbezogener Teil des Moduls

Weil dieser Beitrag in erster Linie der Darstellung salutotherapeutischer Maßnahmen gewidmet ist, werden die eindeutig störungsbezogenen Übungen hier nur kurz in tabellarischer Form skizziert (s. Tab. 21-1). Die Inhalte sind z.T. mit anderen psychoedukativen Programmen vergleichbar, unterscheiden sich jedoch mehrheitlich in der gewählten Methodik (vgl. z.B. APES von Bäuml et al., 2005, oder Klingberg et al., 2003).

21.3.2 Gesundheitsbezogene Erweiterung

Über eine weitere Kleingruppenarbeit (in aktiveren Gruppen kann dies auch im Plenum geschehen) wird der Frage nachgegangen, was die Teilnehmer unter dem Begriff „Gesundheit" verstehen. Die Ergebnisse werden in der Gesamtgruppe vorgestellt, von den Gruppenleitern am Flipchart festgehalten und nachfolgend diskutiert. Aus den Beiträgen kann in der Regel recht schnell das übliche kategoriale, dichotome Modell (Gesundheit ist die Abwesenheit von Krankheit) abgeleitet werden. Die durch dieses Modell implizierten Einschränkungen der Handlungsmöglichkeiten vor allem bei chronischen Erkrankungen – nur durch Heilung oder durch das „Besiegen" der Erkrankung kann man als Betroffener überhaupt gesund werden, was bei chronischen Krankheiten per se unmöglich ist – sollten klar herausgearbeitet werden. Auch die daraus resultierenden emotionsbezogenen Konsequenzen – insbesondere Resignation, Hoffnungslosigkeit und Depression – sollten kurz thematisiert werden.

Eine weitere populäre Sichtweise geht von einem Spektrum des Wohlbefindens im Sinne eines eindimensionalen Modells mit den beiden Polen Krankheit und Gesundheit aus. Demgemäß lässt sich die Befindlichkeit über eine numerische Skala zwischen 0 (sehr krank) bis 100 (gesund) abbilden. Auch hier kann sich jeder Betroffene immer nur an einem Punkt der Skala verorten. Eine Annäherung an den „gesunden" Pol kann lediglich über eine Verringerung der Symptomatik erfolgen. Dies würde z.B. bedeuten, dass bei persistierenden Restsymptomen keine weitere Gesundung möglich wäre.

Das Arbeitsziel an dieser Stelle ist daher die kooperative Entwicklung eines Komplementärmodells von Krankheit und Gesundheit, in dem Gesundheit eine alternative Definition erhält. Meist lassen sich in dem von den Teilnehmern zusammengetragenen Material auch schon Begriffe finden, die eine Überleitung zu einem derartigen Modell herstellen (unspezifische Interventionen, z.B. Sport treiben, entspannt sein, kei-

21 Psychoedukation in der Rehabilitation bei Schizophrenie

Tab. 21-1 Störungsbezogene Inhalte des Moduls Krankheit und Gesundheit. Übersicht zu den ersten fünf Sitzungen des Moduls

Thema und Methodik	Inhalte
Sitzung 1: Individuelle Psychose-Kennzeichen Kärtchen- und Metaplantechnik Paarinterview Gruppenarbeit Stellwandpräsentation im Plenum Mediengestütztes Experteninput	Wie erlebte ich meine Psychose (Symptome)? Versuch der Kategorisierung Symptom – ABC (Begriffsklärung) Psychose im Film: Ausschnitte aus „Das weiße Rauschen" mit nachfolgender Symptomanalyse
Sitzung 2: Psychose und Gesellschaft Flipchart – Brainstorming Kleingruppenarbeit mit Zeitungsartikel Plenumsdiskussion	Begriffe aus dem Volksmund und deren Wirkung auf Betroffene; Mythen Psychische Störung in den Medien (Aspekt der Gewalttätig- bzw. Unberechenbarkeit) Umgang mit stigmatisierenden Bemerkungen Anderer (Aufklärung vs. Abgrenzung)
Sitzung 3: Psychose und Wissenschaft Kärtchentechnik/Brainstorming Mediengestütztes Experteninput Übung: Der Diagnosenbaum Stellwandpräsentation im Plenum	Störungskategorien des ICD-10 Exogene, Substanzbedingte und „Endogene" Psychosen im Vergleich Schizophrene, Affektive und Schizoaffektive Psychose im Vergleich
Sitzung 4: Psychose und Normalität Mediengestütztes Experteninput Erklärungsmodell für akustische Fehlwahrnehmungen Übung: Optische Halluzinationen	Störung als Eskalation normalpsychologischer Prozesse Halluzinationen als belastungsbedingte Übersprungshandlung (Stimmen hören als „fehlgeleitetes" Hören) Wahnphänomene als übersteigerter Bewertungsprozess
Sitzung 5: Psychose im Verlauf Paarinterview Kärtchen- und Metaplantechnik Stellwandpräsentation im Plenum Mediengestütztes Experteninput Plenumsdiskussion	Wie verlief meine Psychose? Fokus auf der Verlaufsdynamik einer einzelnen Episode Fokus auf die langfristige Verlaufstypologie Implikationen in Bezug auf den Umgang mit der Erkrankung (Heilung vs. Bewältigung)

nen Stress haben). Am Bild einer Balkenwaage (Apotheker- oder Marktwaage) und mithilfe des Prinzips handlungsbasierten Lernens veranschaulicht der Gruppenleiter das Zusammenspiel zwischen Krankheit auf der einen und Gesundheit bzw. Ressourcen auf der anderen Seite (Experteninput) (s. Abb. 21-1).

Mithilfe kleiner Gewichte wird zunächst die Krankheitsschale bestückt. In der Regel finden die Teilnehmer hier schnell konkrete Beispiele (Antriebsstörung, Konzentrationsmangel, Nebenwirkungen der Medikamente etc.). Für jeden Aspekt wird ein Gewicht hinzugefügt. Die Waage neigt sich nach links. Dies veranschaulicht den defizit- und

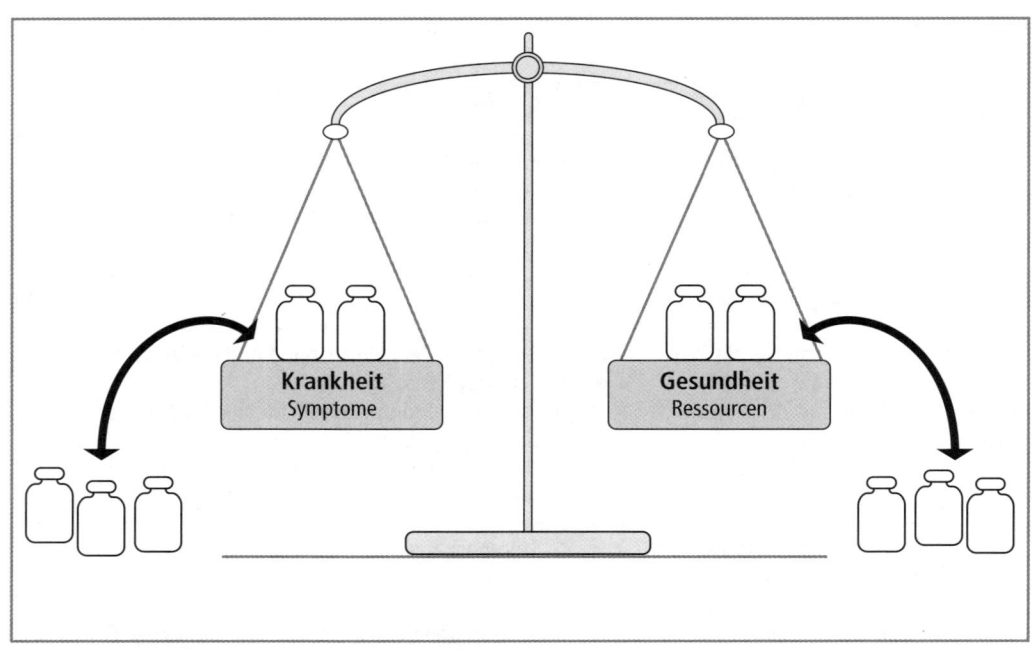

Abb. 21-1 Das Waage-Modell als Veranschaulichung der Interaktion von krankheits- und gesundheitsbezogenen Aspekten (nach: Wiedl KH et al., Bewältigungs- und gesundheitsorientierte Therapie bei psychotischen Störungen. Göttingen, Hogrefe, 2014, S. 86).

symptomorientierten Blickwinkel mit den entsprechenden Auswirkungen auf die Stimmung und auf mögliche Bewältigungsversuche (Resignation und Passivität werden wahrscheinlich). Nun leitet der Gruppenleiter einen Perspektivenwechsel ein und bittet die Teilnehmer, entsprechende Beispiele für gesundheitsförderliches Verhalten zu finden. Dies gestaltet sich erfahrungsgemäß schwieriger. Sollte niemandem etwas einfallen, kann auch von therapeutischer Seite modellhaft ein Punkt genannt werden (z. B. genügend Schlaf, angemessene Bewegung). Es sollte deutlich werden, dass gesundes Verhalten nicht zwangsläufig oder notwendigerweise symptomabhängig erfolgen muss. Für jeden genannten Aspekt wird nun die rechte Schale mit Gewichten bestückt. Den Teilnehmern wird dadurch plastisch vor Augen geführt, dass sich die Waage Stück für Stück wieder ins Gleichgewicht bewegt, obwohl sich auf der Belastungsseite nichts verändert hat. Zum Ende hin werden nochmals die nun erweiterten Einflussmöglichkeiten – Reduzierung von krankheitsbezogenen Aspekten und Ausbau von gesundheitsförderlichem Verhalten – hervorgehoben.

21.3.3 Implizites Anwenden von Ressourcen und Kompetenzen in der Gruppe

Um sich der Thematik „eigene Ressourcen" zu nähern, werden die Gruppenteilnehmer durch eine Problemlöseaufgabe dazu angeregt, ihre Ressourcen zu aktivieren und im

21 Psychoedukation in der Rehabilitation bei Schizophrenie

Rahmen eines Teams zusammenzuführen, um das anstehende Problem zu lösen.

Übung: „Die Eiflugmaschine"

Diese gruppendynamische Übung wird üblicherweise im Rahmen von Erwachsenenfortbildungen oder Bewerbungsverfahren verwendet, um die Problemlöse- und sozialen Fähigkeiten zu testen. Die Aufgabe besteht darin, aus einer begrenzten Menge an vorgegebenen Materialien innerhalb von 30 Minuten eine stoßsichere Verpackung zu basteln, welche geeignet sein muss, ein rohes Ei beim freien Fall vor dem Zerbrechen zu schützen. Zunächst wird die Gruppe in Dreier-Teams aufgeteilt. Danach bekommt jede Gruppe einen Satz Material ausgehändigt (s. Abb. 21-2):

- 3 Doppelbögen Zeitungspapier
- 7 DIN A4 Blätter
- Bindfaden (ca. 120 cm)
- 1 Rolle Klebeband
- 1 Luftballon
- 1 Flasche Klebstoff
- 1 rohes Ei

Danach werden die Teams auf mehrere Räume aufgeteilt. Die Gruppenleiter geben den Startschuss. Beide Gruppenleiter sollten die ganze Zeit über ansprechbar sein und bei

Abb. 21-2 Übungsmaterialen „Eiflugmaschine" (nach: Wiedl KH et al., Bewältigungs- und gesundheitsorientierte Therapie bei psychotischen Störungen. Göttingen, Hogrefe, 2014, S. 85)

größeren Schwierigkeiten als Coaches zur Seite stehen. Nach Ablauf der Zeit sammelt sich die Gruppe wieder und die Ergebnisse werden durch einen Test überprüft. Der Schwerpunkt der Betrachtung liegt jedoch nicht darauf, ob die Aufgabe erfolgreich gelöst wurde, sondern auf der Frage, welche Fertigkeiten und Ressourcen man im Rahmen einer solchen Aufgabe benötigt. Diese werden im Anschluss in einer Plenumrunde gesammelt und vom Co-Therapeuten auf der Flipchart festgehalten. Folgende Ressourcen und Fähigkeiten sind zur Lösung der Aufgabe hilfreich:

- Allgemeinwissen (Wann fliegt etwas? Wie kann ich etwas Zerbrechliches schützen?),
- Kreativität/Erfindungsreichtum (Welche Lösungen kommen in Frage?),
- Teamfähigkeit (Ideenabgleich in der Gruppe),
- Logisches Denken/Verstand (Welche Lösungen machen Sinn?),
- Durchsetzungsfähigkeit (Wer setzt sich mit welcher Lösung durch?),
- Praktisches Denken (Welcher Schritt kommt wann?),
- Handwerkliches Geschick (Erstellen der Teile),
- Vorstellungskraft (Wie muss die fertige Maschine aussehen?),
- Ausdauer und Konzentration (sorgfältiges Erstellen der Teile),
- Feingefühl (das Ei darf nicht schon im Vorfeld kaputt gehen).

Somit wird der Begriff „Ressource" konkret operationalisiert und dadurch fassbar. Jeder Teilnehmer kann nun im Rahmen einer angeleitenden Einzelarbeit (vgl. Wiedl et al., 2014) für sich reflektieren, welchen konstruktiven Beitrag er trotz der vorhandenen Anfälligkeiten und Beeinträchtigungen in seinem Team geleistet hat.

21.3.4 Psychosespezifische salutotherapeutische Interventionen

In der folgenden Einheit geht es um die Suche nach kompensatorischen und präventiven Möglichkeiten des Umgangs speziell mit den psychosebedingten Beeinträchtigungen (Restsymptome, anhaltende unerwünschte Wirkungen der psychopharmakologischen Medikation, Aktivitätseinschränkungen im Sinne der Internationalen Klassifikation der Funktionsfähigkeit, Behinderung und Gesundheit, ICF).

Die folgende Übung hat sich als Einstieg gut bewährt. Das Ziel besteht in der sukzessiven Visualisierung des Zusammenspiels von psychosebedingtem Handicap und möglichen gesundheitsbezogenen „Helfern". Als stiller Impuls wird zunächst auf der Stellwand ein Bergsteiger gezeigt, der an einer steilen Wand hängt (s. Abb. 21-3).

Der Bergsteiger trägt einen Rucksack. Nun werden Assoziationen aus der Gruppe erfragt, z. B.: „Was hat diese Abbildung mit dem Thema Psychose zu tun?" Der Bergsteiger steht für den Menschen in seiner Alltagsumgebung, in der er sich Tag für Tag bestimmten Anforderungen zu stellen hat. Der Rucksack symbolisiert die Belastungen und Beeinträchtigungen. Um zum Thema Psychose überzuleiten, wird der abgebildete Rucksack gegen ein größeres Exemplar ausgetauscht. Er symbolisiert die verstärkte Vulnerabilität bzw. die erhöhte Belastung der Psychose-Erfahrenen im Vergleich zu Nicht-Erkrankten (erstere haben „ein größeres Päckchen zu tragen"). Nachfolgend werden im Plenum Faktoren gesammelt, die die individuelle Vulnerabilität ausmachen können. Die Beiträge sollten so unter den vorgefertigten Überschriften subsumiert werden, dass nach und nach das Akronym HANDICAP (**H**ohe Rückzugsneigung, **A**ntriebsstörung, **N**ebenwirkungen der Medi-

21 Psychoedukation in der Rehabilitation bei Schizophrenie

Abb. 21-3 Die Bergsteiger-Übung (nach: Wiedl KH et al., Bewältigungs- und gesundheitsorientierte Therapie bei psychotischen Störungen. Göttingen, Hogrefe, 2014, S. 137)

kamente, **D**ünnhäutigkeit, **I**rritierbarkeit, **C**haos im Kopf/Denkstörungen, **A**ngeschlagenes Selbstbild, **P**robleme mit Tagesstruktur) entsteht und die Karten im Halbkreis um den Rucksack herum befestigt sind. Jeder Buchstabe steht für einen Ausprägungsaspekt der psychotischen Vulnerabilität und die daraus resultierenden Einschränkungen in den Aktivitäten, die zur Teilhabe am Sozial- oder Arbeitsleben notwendig sind. Auch die medikamentösen Nebenwirkungen finden hier als eigenständiger Begriff ihre Berücksichtigung. Danach fragen die Therapeuten die Teilnehmer, welche Möglichkeiten es gibt, um dem Bergsteiger seine Aufgabe zu erleichtern. Etliche Vorschläge werden auf Belastungsreduktion (durch Entferung von Dingen aus dem Rucksack) zielen. An dieser Stelle wird auf das Modul Belastungsbewältigung verwiesen. Die weiter zu verfolgende Alternative ist nun die Erleichterung durch ergänzende gesundheitsbezogene Verhaltensweisen. Als Hilfestellung werden sechs verschiedenfarbige Luftballonschablonen über dem Bergsteiger positioniert. Sie veranschaulichen, dass die mit ihnen assoziierten Faktoren die Last der psychosespezifischen Beeinträchtigungen („Rucksack") reduzieren können. Die Gruppe wird nun weiterführend dazu angeregt, gesundheitsorientiert zu denken und kreative Ideen zu diesem Thema zu entwickeln. Als Überschriften werden die sechs übrigen Karten an den Ballons befestigt. Sie ergeben das Akronym GESUND.

Die Buchstaben stehen für essenzielle Bereiche des gesunden Lebensstils, die aus unserer Sicht ein hohes kompensatorisches Potenzial in Bezug auf störungs- oder behandlungsbedingte Beeinträchtigungen besitzen. Von zentraler Bedeutung sind hier, wie oben erläutert, Ernährung, Bewegung (Aktivität & Sport) und geistige Fitness („Nahrung für den Geist", Konzentration & Gedächtnis). Alle drei Bereiche stehen in engem Zusammenhang mit der Tagesstruktur („Durchdachter Tag"). Einerseits wird ihre Berücksichtigung bzw. Umsetzung durch eine vorhandene Tagesstruktur erleichtert (im Idealfall haben sich Gewohnheiten oder Rituale herausgebildet), andererseits ist das fitnessorientierte Verhalten an sich Tagesbestandteil und fördert damit den Aufbau einer geregelten Tagesstruktur, indem es Langeweile und Leerlauf verhindert. Ein unterstützendes soziales Umfeld kann als Katalysator wirken (Motivation und Austausch, positive Konkurrenz im Sinne von Ansporn etc.). Zu den komplementären erholungsbezogenen Gesundheitsaspekten zählen Genuss, Achtsamkeit und Entspannung. Diese sind nicht als unabhängig voneinander zu betrachten. So ist Genuss nur mithilfe achtsamen Verhaltens möglich, und Entspannung beinhaltet immer sowohl kognitive als auch motorische Elemente. Das fertige Schaubild wird den Teilnehmern am Ende der Übung als Infoblatt zur Verfügung gestellt.

21.4 Ausblick

Das Be-Go-Get-Manual enthält detaillierte Beschreibungen einzelner Methoden und Vorgehensweisen sowie eine umfangreiche Sammlung von Arbeitsmaterialien. Videoaufzeichnungen zu spezifischen Vorgehensweisen sowie Vorschläge und Arbeitsberichte zur Nutzung des Programms für Teilnehmer mit Doppeldiagnosen sind auf DVD enthalten. Die bisherige Erfahrung zeigt, dass auch Patienten mit psychotischen affektiven Störungen (v. a. bipolaren Störungen) gewinnbringend in das Programm einbezogen werden können.

Erste Evaluationsstudien zeigen eine hohe Akzeptanz des Programms. Für eine Überbelastung der psychosekranken Teilnehmer durch das spezifische Format (Kompaktseminar) ergeben sich keinerlei Hinweise, im Gegenteil: Die Teilnehmer schätzen diese Form des Arbeitens sehr. Aus Sicht der Behandlungsplanung liegt ein Vorteil der Kompaktseminare darin, dass sie je nach vorausgehender Akut- oder Rehabilitationsmaßnahme flexibel als Einzelmodule eingesetzt werden können.

Ratgeber

Dose M, Hahlweg K (2005). Ratgeber Schizophrenie. Informationen für Betroffene und Angehörige. Göttingen (Hogrefe).

Literatur

Amering M, Sibitz I, Gössler R et al. (2002). Wissen – genießen – besser leben. Ein Seminar für Menschen mit Psychoseerfahrung. Bonn (Psychiatrie-Verlag).

Bäuml J, Pitschel-Walz, G, Berger H et al. (2005). Arbeitsbuch PsychoEdukation bei Schizophrenie (APES). Stuttgart (Schattauer).

Jaeckel D, Hoffmann H, Weig W (2010). Praxisleitlinien Rehabilitation für Menschen mit psychischen Störungen. Bonn (Psychiatrie-Verlag).

Klingberg S, Schaub A, Conradt B (2003). Rezidivprophylaxe bei schizophrenen Störungen. Ein kognitiv-verhaltenstherapeutisches Behandlungsmanual. Weinheim (Beltz-PVU).

Linehan M (1996). Dialektisch-behaviorale Therapie der Borderline Persönlichkeitsstörung. München (Cip-Medien).

National Institute for Health and Clinical Excellence (NICE) (2009). Schizophrenia. Core interventions in the treatment and management of schizophrenia in primary and secondary care (National Clinical Practice Guideline, Nr. 82) London (NICE).

Sartory G (2007). Schizophrenie. Empirische Befunde und Behandlungsansätze. München (Spektrum).

Wiedl KH, Kauffeldt S, Krüger J (2014). Bewältigungs- und gesundheitsorientierte Therapie bei psychotischen Störungen. Das Be-Go-Get-Programm. Göttingen (Hogrefe).

V Psychoedukation bei affektiven Erkrankungen

22 Psychoedukation bei unipolaren Depressionen

Gabriele Pitschel-Walz, Hans-Jürgen Luderer

22.1 Psychoedukation bei Depressionen – besondere Anforderungen

22.1.1 Häufigkeit der Erkrankung – Verlauf (Schwere, Chronizität)

Unipolare Depressionen gehören mit einer Lebenszeitprävalenz von etwa 16 % bis 20 % zu den häufigsten psychischen Störungen. Hinsichtlich der Belastungen durch die Erkrankung, die Dauer und Schwere der Symptome, vorzeitige Behinderung und erhöhte Mortalität durch Suizide oder assoziierte körperliche Erkrankungen („global burden of disease") stehen sie an vierter Stelle aller Krankheiten (Murray u. Lopez, 1997).

Ein großer Teil der unipolaren Depressionen ist durch einen episodenhaften Verlauf mit Symptomen wie gedrückter Stimmung, Verlust von Interesse und Freude, erhöhter Ermüdbarkeit, Mangel an Schwung und Energie sowie Konzentrationsstörungen, Denkhemmung, negativer Sicht der Zukunft, Suizidgedanken und -handlungen, Schuldgefühlen und Schlafstörungen gekennzeichnet.

Unipolare Depressionen sind in der Regel rezidivierende Erkrankungen. 50 % bis 85 % der Patienten erleben nach der ersten Episode mindestens eine weitere. Nach der dritten Episode beträgt die Rezidivwahrscheinlichkeit 90 % (APA, 2000). Bei Patienten, die erfolgreich psychopharmakologisch behandelt wurden, lässt sich durch eine vorbeugende Behandlung mit Antidepressiva das Rezidivrisiko von 35 % auf 18 % nach einem Jahr und von 62 % auf 24 % nach zwei Jahren reduzieren (Geddes et al., 2003).

Nicht alle unipolaren Depressionen sind durch selbstlimitierende Episoden gekennzeichnet. Manche nehmen einen chronischen Verlauf (DGPPN, 2012). Die Lebenszeitprävalenz chronischer Depressionen liegt bei 3 % (Kessler et al., 1994). Zu dieser Untergruppe affektiver Störungen gehören Dysthymien (Depressionen mit geringerem Schweregrad der psychopathologischen Symptomatik), Dysthymien mit zusätzlichen depressiven Episoden („Double Depression") und Verläufe mit lang andauernden und nicht remittierenden depressiven Episoden. Sie sind durch höhere Komorbidität, geringeres soziales Funktionsniveau, häufigere stationäre Behandlungen und häufigere Suizidhandlungen gekennzeichnet (Arnow u. Constantino, 2003). Bei 70 % dieser Patienten beginnen die Symptome früher als bei Patienten mit anderen affektiven Störungen. Häufiger als bei anderen unipolaren Depressionen finden sich in der Anamnese frühe Traumatisierungen (Cassano et al., 1992).

22.1.2 Die Heterogenität unipolarer Depressionen

Bei Schizophrenien oder bipolaren Störungen besteht das wesentliche Ziel der Psychoedukation darin, die Betroffenen und/oder ihre Angehörigen bei der Bewältigung der Krankheit zu unterstützen. Die genannten Krankheiten sind charakterisiert durch eine weitgehend schicksalhafte Entstehung und einen überwiegend eigengesetzlichen Verlauf sowie durch die herausragende Bedeutung der medikamentösen Behandlung und der Medikamentencompliance. Für die unipolare Depression gilt dies nicht in dieser Form bzw. nicht in diesem Ausmaß. Dieses Krankheitsbild umfasst weitgehend eigengesetzlich verlaufende und auch weitgehend psychosozial determinierte Störungsbilder mit zahlreichen Übergängen und Kombinationen (DGPPN, 2012).

Patienten, die vor der Depression eher wenige psychosoziale Probleme hatten und mit ihrem Leben gut zurechtgekommen sind, empfinden die Krankheit als schicksalhaften Einbruch in ihr Leben. Manche suchen trotzdem nach Erklärungen und ziehen geringfügige Versäumnisse heran, die sie sich vorwerfen. Bei schweren Depressionen können sich die Selbstvorwürfe bis zu einem extremen Schuldwahn steigern. Diese Patienten leiden zudem unter den psychosozialen Problemen als Folge der Depression. Aufgabe der Psychoedukation ist es deshalb, den Patienten die eigengesetzlichen Aspekte depressiver Erkrankungen zu vermitteln und sie auf diese Weise emotional zu entlasten.

Patienten, die bereits vor der Depression ausgeprägte psychosoziale Probleme hatten, sich mit diesen aber nicht auseinandergesetzt haben, versuchen oft, einer Beschäftigung damit weiterhin aus dem Weg zu gehen. Diese Patienten leiden an krankheitsunabhängigen psychosozialen Schwierigkeiten, die sie entweder nicht entsprechend wahrnehmen oder von denen sie sich überfordert fühlen, weil sie keine Strategien haben, um sie adäquat lösen zu können. Aufgabe der Psychoedukation ist es, ihnen vor allem die psychosozialen Faktoren der Erkrankungsentstehung und der Aufrechterhaltung zu vermitteln und mögliche Ansatzpunkte zur Problemlösung aufzuzeigen.

Viele Patienten leiden allerdings unter krankheitsabhängigen und krankheitsunabhängigen psychosozialen Problemen. Als hilfreich erweist es sich hier, zwischen depressiven Symptomen und zusätzlichen psychosozialen Problemen zu trennen und darauf hinzuweisen, dass ausschließlich biologische oder ausschließlich psychosoziale Erklärungen einer Depression in der Regel nicht angemessen sind. Damit stellen sich für die Patienten zentrale Fragen, z. B.:
- Was ist die Krankheit und was bin ich?
- Welche Symptome sind auf den (biologischen) Prozess Depression zurückzuführen, welche sind nicht durch ihn, sondern durch bereits vorher bestehende psychosoziale Probleme erklärbar?

Die Beantwortung dieser Fragen ist kein einmaliger Vorgang, sondern ein kontinuierlicher Prozess, der in der psychoedukativen Gruppe konstruktiv angestoßen werden kann.

22.1.3 Rezidivprophylaxe und Noncompliance

Ähnlich wie an Schizophrenie erkrankte Patienten sind auch Patienten mit unipolaren Depressionen froh, wenn eine Episode abgeklungen ist. Sie glauben oder hoffen, künftig von der Krankheit verschont zu bleiben. Deshalb setzen im Median etwa 40 % der Patienten prophylaktisch gegebene Antidepressiva ab (Pampallona et al., 2002). Psychoedukation hat hier die Aufgabe, die Patienten mit diesen Zahlen vertraut zu machen und eine Diskussion über das individuelle Rückfallrisiko und den persönlichen Stellenwert der Medikamente anzuregen.

In den S3-Therapieleitlinien Unipolare Depression (DGPPN, 2012) wird die Rezidivprophylaxe durch Psychotherapie im Anschluss an die Akutbehandlung empfohlen.

Obwohl die Akzeptanz der Psychotherapie in der Allgemeinbevölkerung wesentlich höher als die Akzeptanz von Psychopharmaka ist, sind viele Patienten nicht bereit, sich auf eine psychotherapeutische Behandlung einzulassen. Durch das Nichtwahrnehmen der indizierten Therapieverfahren kommt es unnötigerweise zu ungünstigen Krankheitsverläufen mit erhöhten Rückfallraten, erhöhtem Suizidrisiko, vermehrter sozialer Beeinträchtigung und reduzierter Lebensqualität für die Betroffenen und ihre Familien.

Viele Gründe für Noncompliance sind offenbar durch Psychoedukation und Einbeziehung der Angehörigen beeinflussbar (Scott u. Pope, 2002). Auch durch ein niederschwelliges psychotherapeutisches Angebot, etwa die psychoedukative Gruppe, können Ängste abgebaut und die Inanspruchnahme von Psychotherapie verbessert werden.

22.1.4 Die Belastungen der Angehörigen

Wie einige Untersuchungen zeigen, sind die Belastungen der Angehörigen von Patienten mit einer Depression enorm (Pitschel-Walz et al., 2003). Manche Angehörigen sind aufgrund ihrer persönlichen Stärken und der Unterstützung, die sie aus ihrem unmittelbaren sozialen Umfeld erhalten, in der Lage, diese Belastungen zu tragen, ohne selbst körperlich oder seelisch Schaden zu nehmen. Jedoch muss man davon ausgehen, dass mehr als 40 % der Angehörigen, die mit einem depressiven Menschen zusammenleben, so belastet sind, dass sie selbst therapeutische Hilfe bräuchten.

Die Angehörigen – insbesondere Partner von depressiven Menschen – leiden darunter, dass sie immer weniger positive Reaktionen vom Erkrankten erhalten. Dass die Anstrengungen, die sie evtl. zur Stimmungsaufhellung der Patienten unternehmen, nicht oder nur in geringem Maße erfolgreich sind, erzeugt in ihnen ein Gefühl der Hilflosigkeit. Nicht selten nehmen sie eine eigene Schuld an der Entstehung der Depression an oder fühlen sich für das Scheitern der bisherigen Bewältigungsversuche verantwortlich. Zeichen der Überforderung, z. B. Gereiztheit und Aggressivität dem Erkrankten gegenüber, können die Schuldgefühle verstärken. Aus Rücksicht auf die Erkrankten oder aus Angst davor, sie könnten sich „etwas antun", reduzieren viele Angehörige darüber hinaus ihre Außenaktivitäten und berauben sich dadurch ihrer Erholungsmöglichkeiten. Sie arbeiten ihre psychischen und sozialen Reserven auf und verlieren allmählich die Kraft, den Erkrankten kontinuierlich Mut und Hoffnung zu machen. Ebendies aber stellt eine wichtige Unterstützungsmaßnahme bei der Gesundung der Patienten dar.

Eine psychoedukative Gruppe ist für die Angehörigen oft die erste Anlaufstelle. Im Kreise ähnlich Betroffener erhalten sie nicht nur wichtige Informationen über die Erkrankung, die Behandlungsmöglichkeiten und darüber, wie sie selbst die Patienten am besten unterstützen können; darüber hinaus wirkt die Gruppe auch emotional entlastend. Gefühle wie Ärger, Angst oder Resignation, die sich im oft jahrelangen Arrangement mit der Erkrankung aufgestaut haben, können offen angesprochen werden und finden Verständnis. Die Äußerung von Unmuts- und Ohnmachtsgefühlen ist eine entscheidende Voraussetzung dafür, dass sich das zumeist angespannte Familienklima wieder entspannen kann. Die innere Einstellung der Angehörigen verändert sich und infolgedessen auch ihr Umgang mit den Erkrankten. Es besteht die Chance, dass die

Angehörigen einerseits die gesunden Anteile der Patienten aufmerksamer wahrnehmen und andererseits mit ihrem Verhalten die so wichtige Botschaft „Ich glaube an Dich" wieder überzeugender vermitteln können.

In der psychoedukativen Angehörigengruppe können die Teilnehmer außerdem Unterstützung erfahren, damit sie selbst diese schwierigen Zeiten besser überstehen können.

22.2 Aktueller Stand

22.2.1 Wirksamkeitsstudien

Metaanalysen der vorliegenden Studien zeigen, dass sich Psychoedukation als effektive Behandlungsmethode auch bei Depression bewährt hat (Cuijpers et al., 2009; Donker et al., 2009). Das Krankheitswissen und die Einstellungen gegenüber der Erkrankung wurden verbessert, die Medikamentencompliance erhöht, depressive Symptome reduziert und der Krankheitsverlauf positiv beeinflusst. Die psychoedukativen Ansätze erzielten vergleichbare Ergebnisse wie andere psychotherapeutische Behandlungsverfahren (Cuijpers et al., 2009). Schon wenige intensive Psychoedukationsmethoden mit vorwiegend edukativem Charakter erzielten in der Metaanalyse von Donker et al. (2009) eine Effektstärke von d = 0.20 (95 % CI 0.01–0.40; NNT 9).

Auch psychoedukativ orientierte Familieninterventionen wurden für den Bereich der Depressionen entwickelt und evaluiert (Luciano et al., 2012). In der Studie von Shimazu et al. (2011) lagen die Rückfallraten nach neun Monaten in der Interventionsgruppe bei 8 % und in der Kontrollgruppe bei 50 % (risk ratio 0.17, 95 % CI 0.04–0.66; NNT 2.4, 95 % CI 1.6–4.9). Bei den Patienten mit Psychoedukation war der Zeitraum bis zum Rückfall signifikant länger als bei der Kontrollgruppe ohne Psychoedukation (Kaplan-Meier survival analysis, p = 0.002). Shimodera et al. (2012) konnten mit ihren Berechnungen auch die Kosteneffektivität dieser psychoedukativen Familienintervention nachweisen.

22.2.2 Versorgungsrealität

Auch in Deutschland wurden Manuale zur Psychoedukation bei Depressionen entwickelt (Deutsches Bündnis gegen Depression e. V./Techniker Krankenkasse, 2011; Kühner u. Weber, 2001; Pitschel-Walz et al., 2003; Schaub et al., 2006, Wilms et al., 2005). Im letzten Jahrzehnt wurden vermehrt psychoedukative Gruppen in unterschiedlichen Settings (stationär, tagesklinisch, ambulant, Reha) durchgeführt.

Zwei Pilotstudien über das Programm von Pitschel-Walz et al. (2003) zeigen, dass sich fast alle Patienten und Angehörige nach Abschluss der Gruppen sehr gut oder gut informiert fühlten (Pitschel-Walz 2005). Alle Teilnehmer konnten ihr krankheitsbezogenes Wissen signifikant verbessern. Aus ihrer Rückmeldung ging hervor, dass die Kombination von Informationsvermittlung durch Professionelle und Erfahrungsaustausch unter ähnlich Betroffenen dem Bedürfnis der Patienten bzw. Angehörigen in hohem Maß entgegenkommt. Der Umfang der Psychoedukation (8 Sitzungen + 1 Nachtreffen) wurde von der Mehrheit der Teilnehmer als „gerade richtig" beurteilt. Ein ähnlich positives Feedback und ein signifikanter Wissenszuwachs wurden auch von Schaub und Mitarbeitern zu ihrem psychoedukativen Programm berichtet (Schaub et al., 2006).

Wie die Umfragen bei allen psychiatrischen Kliniken in Deutschland, Österreich und der Schweiz ergaben, liegt die Depression als Diagnose bei der Durchführung von Psychoedukation nach der Schizophrenie an zweiter Stelle. Dennoch zeigte sich, dass in den antwortenden Kliniken nur 16 % der Patienten mit affektiven Erkrankungen und 1 % ihrer Angehörigen im Jahr 2003 Psychoedukation tatsächlich erhalten hatten (s. Kap. 12). Es wäre daher wünschenswert, dass die so erfolgreichen psychoedukativen Gruppen für Patienten mit Depressionen und für deren Angehörige noch häufiger angeboten werden.

22.3 Muster-Manual

An der Klinik für Psychiatrie und Psychotherapie der TU München wurde Ende der 90er-Jahre in Anlehnung an das PIP-Konzept (Psychosen-Informations-Projekt; Bäuml u. Pitschel-Walz, 2008) ein Konzept für psychoedukative Gruppen bei Depressionen entwickelt und im Klinikalltag erprobt. Das Konzept integrierte auch die in einer Befragung angegebenen Informationswünsche von Patienten und Angehörigen (Görnitz, 2002). Das so entstandene Therapeutenmanual inkl. Arbeitsmaterialien auf CD-ROM und ein Ratgeber für Patienten und Angehörige wurden 2003 veröffentlicht (Pitschel-Walz et al., 2003; Pitschel-Walz, 2003). Dieses Psychoedukationsmanual wird laut Umfrage von Rummel-Kluge et al. (2013) im deutschsprachigen Raum am häufigsten verwendet.

Das Programm kann als psychotherapeutische Basisintervention gesehen werden, an der nahezu alle Patienten, die an einer Depression leiden, teilnehmen können, und zwar sowohl in stationären, teilstationären als auch in ambulanten Settings. Die Gruppen sollen in erster Linie den selbstkompetenten Umgang der Patienten mit ihrer Erkrankung fördern. Bei Bedarf wird dabei auch zu einer gezielten, weitergehenden individuellen Psychotherapie motiviert. Gleichzeitig wird dem hohen Stellenwert der Medikamente bei der stationären Behandlung Rechnung getragen. Gerade bei Patienten mit einer schweren rezidivierenden Depression, wie sie in psychiatrischen Kliniken häufig zu finden sind, ist eine Integration der Behandlungsansätze unumgänglich. Für dieses Klientel umfasst das Repertoire an Selbsthilfestrategien auch die Inanspruchnahme professioneller Hilfe, sei es in Form von Psychotherapie oder aber in Form einer medikamentösen Behandlung, evtl. auch im Rahmen eines stationären Aufenthalts. Mit den psychoedukativen Gruppen wird die häufig zu beobachtende Rivalität zwischen medikamentöser und psychotherapeutischer Behandlung praktisch aufgehoben. Die Patienten können erfahren, dass Chemie und Seele keinen Widerspruch darstellen müssen.

Aufgrund der vielfältigen Vorteile sollte die psychoedukative Arbeit vorzugsweise in Gruppen durchgeführt werden. Die psychoedukativen Informationsinhalte lassen sich jedoch durchaus in die therapeutische Einzelarbeit mit Patienten integrieren.

Das psychoedukative Gruppenprogramm wurde für Patienten, die aktuell unter Depressionen leiden, und für deren Angehörige entwickelt. Dabei wurde der Heterogenität der Depressionen Rechnung getragen. Patienten mit den ICD-10-Diagnosen F3, F43.20, F43.21 und F43.22, eventuell auch F06.32, F1x.54, F20.4 und F25.1, können an den psychoedukativen Gruppen teilnehmen (s. Tab. 22-1).

Kontraindikationen gibt es fast keine. Die Patienten sollten gruppfähig sein, d. h.,

Tab. 22-1 Praktische Durchführung der psychoedukativen Gruppen bei Depressionen (nach Pitschel-Walz et al., 2003)

	Patientengruppe stationär	Patientengruppe ambulant	Angehörigengruppe
Beginn	Abhängig von Akut-Symptomatik	Bei ausreichender Teilnehmerzahl	Möglichst parallel zur Patientengruppe
Zahl der Treffen	8 (je 60 min.)	8 (je 90 min.) + 1 Nachtreffen	8 (je 90 min.) + 1 Nachtreffen
Gruppenfrequenz	2× wöchentlich, tagsüber	1× wöchentlich, abends	1× wöchentlich oder 14-tägig, abends
Gruppenform	geschlossen	geschlossen	geschlossen
Teilnehmer	8–15	8–15	6–15
Gruppenleitung	Psychologen, Ärzte Sozialpädagogen, Pflegepersonal, (Hospitanten)		
Leitungsstil	Strukturiertes Vorgehen, interaktiv, psychotherapeutische Basiskompetenzen; Elemente aus Verhaltenstherapie, kognitiver Verhaltenstherapie und Gesprächspsychotherapie		

innere Unruhe oder Ängste sollten soweit abgeklungen sein, dass sie sich 1 Stunde lang in der Gruppe aufhalten können. Damit die Patienten von der Psychoedukation profitieren können, sollten sie über ausreichende Kenntnisse der deutschen Sprache verfügen. An den möglichst parallel stattfindenden Angehörigengruppen können – das Einverständnis der Patienten vorausgesetzt – alle interessierten Angehörigen (Partner, Eltern, Geschwister, erwachsene Kinder und andere für den Patienten bedeutende Personen) teilnehmen. Zu den Themenschwerpunkten der einzelnen Sitzungen s. Tab. 22-2.

Neben der interaktiven Informationsvermittlung zu den dargestellten Themen spielt die gleichzeitige emotionale Entlastung eine wesentliche Rolle. Mit emotionaler Entlastung ist gemeint, dass die gefühlsmäßige Betroffenheit und die Erschütterung, die mit dieser Erkrankung zwangsläufig verbunden sind, entsprechend aufgefangen und bearbeitet werden. „Der sollte sich mal zusammenreißen", oder: „Die drückt sich doch nur vor der Arbeit", sind Kommentare, die an Depressionen Erkrankte immer wieder hören müssen. Sie bewirken, dass sie sich unverstanden und noch mehr als Versager fühlen, sich weiter zurückziehen und ihre Depressionen dadurch verstärken. Vorurteile in der Bevölkerung bezüglich psychiatrischer oder psychotherapeutischer Behandlung vertiefen bestehende Ängste der Betroffenen und verhindern häufig eine rechtzeitige fachgerechte Behandlung. Schon die Erfahrung „Du bist nicht allein" ist für die Gruppenteilnehmer emotional entlastend. Zu sehen, dass andere, durchaus als kompetent, erfolgreich und liebenswert eingeschätzte Personen in eine ähnliche Krise ge-

Tab. 22-2 Themenschwerpunkte der psychoedukativen Gruppensitzungen (nach Pitschel-Walz et al., 2003)

1. Sitzung	Vorstellung der Teilnehmer Organisatorisches Aktuelle Probleme, Erwartungen an die Gruppe Depressionsspirale
2. Sitzung	Was sind Depressionen? Symptome Dreieck: Fühlen, Denken, Handeln
3. Sitzung	Was wissen wir über die Ursachen? Vulnerabilitäts-Stress-Coping Modell Diagnosen
4. Sitzung	Wie werden Depressionen behandelt? Schwerpunkt: Medikamente, Nebenwirkungen; Rückfallprophylaxe (Reizübertragung – Synapsenmodell)
5. Sitzung	Wie werden Depressionen behandelt? Überblick über Therapieverfahren Schwerpunkt: Psychotherapie, weitere Therapieformen (Schlafentzug, Lichttherapie etc.)
6. Sitzung	Wie soll man mit der depressiven Erkrankung umgehen? Schwerpunkt: Steigerung angenehmer Aktivitäten
7. Sitzung	Wie soll man mit der depressiven Erkrankung umgehen? Schwerpunkt: Negative Gedanken erkennen und korrigieren; Grübeln vs. Problemlösen Hilfe durch Angehörige, Hilfe für Angehörige
8. Sitzung	Zusammenfassung (Goldene Regeln) Beantwortung noch offen gebliebener Fragen Zukunftsplanung (Krisenplan) Literaturempfehlungen, Selbsthilfegruppen Feedback
Nachtreffen	Bericht der Teilnehmer über bisher Erreichtes Aktuelle Probleme Wiederholung der wichtigsten Informationen Zukunftsplanung Abschied

raten sind und ebenfalls stationär psychiatrisch behandelt werden müssen, verringert die häufig zu beobachtenden Schuldgefühle und das Gefühl, nutzlos und eine Zumutung für das soziale Umfeld zu sein. Als sehr wohltuend wird auch das Verständnis füreinander innerhalb der Gruppe erlebt. Nach einer zumeist längeren Zeit, in der sie vorwiegend von Menschen umgeben waren, die ihr inneres Erleben nicht nachvollziehen konnten oder sie sogar mit Vorurteilen belegten und unter Druck setzten, lernen sie hier Menschen mit ähnlichem Erfahrungs- und Leidenshintergrund kennen, denen ihre Probleme und Ängste nicht fremd sind. Dazu gehören auch Gespräche über Selbsttötungsversuche oder -absichten und die damit häufig verbundenen Schuldgefühle. Das Tabu zu brechen und mit Betroffenen offen über Suizidgedanken zu sprechen ist als erster Schritt zur Verhinderung weiterer Suizidversuche zu sehen.

Besonders wichtig ist die Funktion anderer Teilnehmer als Hoffnungsspender. Menschen in einer tiefen Depression können sich eine Besserung ihres Zustandes oft nicht mehr vorstellen. Wenn sich im Verlauf der Gruppe bei einigen Teilnehmern deutliche Besserungen zeigen, können diese Beispiele Hoffnung spenden.

Die Möglichkeit, von anderen Betroffenen zu lernen, ist einer der Vorteile der Gruppen im Vergleich zu psychoedukativen Einzelgesprächen. Die Gruppenteilnehmer werden im Gruppenverlauf vom Therapeuten immer wieder dazu angeregt, positive Erfahrungen im Umgang mit der Erkrankung einzubringen, die Gedanken, die sie als hilfreich empfinden, zu äußern oder Einstellungsänderungen und die daraus resultierenden Konsequenzen für ihre Gefühle und ihr Verhalten zu schildern. Diese persönlichen Berichte aus den eigenen Reihen, die zudem vom Therapeuten positiv herausgestellt werden, zeigen den Teilnehmern neue Wege auf und bestärken sie in ihrer Motivation, ihr Schicksal in die Hand zu nehmen und selbst etwas zur langfristigen Stabilisierung beizutragen.

22.4 Muster-Manual: Praktische Darstellung und Fallbeispiele

Im Folgenden werden aus dem psychoedukativen Gruppenprogramm beispielhaft wichtige Aspekte sowie die Handouts der zweiten Gruppensitzung und das sitzungsübergreifende Thema „Emotionale Entlastung" bei Angehörigengruppen dargestellt. Eine ausführliche Beschreibung des Ablaufs aller Sitzungen und des Vorgehens bei Problemsituationen sowie Folien und Formblätter sind im Manual zu finden (Pitschel-Walz et al., 2003).

22.4.1 Beispiel: Zweite Sitzung

Im Gegensatz zu Schizophrenien ist der Realitätsbezug bei unipolaren Depressionen in der Regel erhalten. Ausgenommen sind lediglich schwere Episoden mit psychotischen Symptomen. Insofern sind die Verständigung über die Akutsymptomatik und das Erreichen der Behandlungsbereitschaft bei vielen Patienten unproblematisch.

In der zweiten Sitzung können die Teilnehmer ihre eigenen Erfahrungen mit der Depression einbringen. Dies ist ein Thema, bei dem sie sich nahezu immer aktivieren lassen. Die wesentlichen Symptome der Erkrankung kommen zur Sprache und können entsprechend zugeordnet werden (Fühlen, Denken, Verhalten/Antrieb, vegetative/körperliche Symptome). Für viele wirkt es entlastend, zu erleben, dass andere ähnliche Leiden durchgemacht bzw. Veränderungen an sich verspürt haben.

Manche Patienten leiden vor allem unter körperlichen Symptomen und befürchten, körperlich krank zu sein. Bei diesen Patienten besteht ein wesentlicher Schritt der Psychoedukation in der Erklärung der körperlichen Beschwerden als Depressionssymptome, z. B. mit den Worten: „*Ihr Körper schlägt Alarm*".

Patienten, bei denen hartnäckige Schlafstörungen im Vordergrund des Beschwerdebildes stehen, sehen diese oft als Wurzel aller anderen Beeinträchtigungen. Bei diesen Patienten ist es hilfreich, die Schlafstörungen als ein Symptom unter mehreren darzustellen. Oftmals wird ihnen in dieser Sitzung bewusst, dass sich schon im Vorfeld depressive Symptome zeigten, die sie aber nicht als solche erkannt haben. Tabelle 22-3 zeigt bei-

Tab. 22-3 Wie äußert sich die Depression? (Nach Pitschel-Walz et al., 2003, S. 62)

Fühlen	Denken	Antrieb/äußeres Verhalten	Vegetativ/körperlich
• Keine Lebensfreude/Lust • Tiefe Traurigkeit • Keine Gefühle/stumpf • Empfindungslosigkeit • Wie abgestorben • Niedergeschlagenheit • Hoffnunungslosigkeit • Innere Unruhe • Unerklärliche Angstzustände • Einsam/ausgegrenzt • Gereiztheit • Unsicher/ohne Schutz • Versagensgefühle • Wertlosigkeit	• „Ich bin ein totaler Versager" • „Das wird nie mehr besser" • „Ich bin eine Zumutung für andere" • „Alles ist sinnlos" • „Mein Leben ist nichts wert" • „Es liegt ein großer Berg vor mir, der Tag wird schrecklich" • „Bei mir geht alles schief" • „Ich halte das nicht mehr aus" • „Manchmal denke ich, es wäre besser, ich bin tot" • Wahn • „Ich bin an allem Unglück der Welt schuld" • „Ich habe kein Geld mehr, die Familie muss verhungern" • „Ich habe Krebs, alle wissen es, niemand sagt es mir"	• Arbeit nicht mehr geschafft • Kein Interesse mehr • Alltägliches fällt schwer • „Ich schiebe alles vor mir her" • Hektik • „Kann mich nicht konzentrieren" • „Kann mich zu nichts aufraffen" • „Kann mich nicht entscheiden" • Ständiges Weinen • Im Bett verstecken • Kontakte zu anderen Menschen sind mühsam • Wie blockiert • Anhänglichkeit	• Müde, erschöpft, energielos • Kloß im Hals • Schwindel • Keine Lust auf Sex • Schlechtes Einschlafen • Unruhiger Schlaf • Gliederschmerzen • Andere Schmerzen • Kein Appetit • Es schmeckt nichts mehr • Gewichtsabnahme • Schweißausbrüche • Erhöhter Puls • Druck auf der Brust • Vermehrtes Seufzen

22 Psychoedukation bei unipolaren Depressionen

spielhaft eine Sammlung von Symptomen, wie sie in einer psychoedukativen Gruppensitzung erstellt werden kann.

Neben der emotionalen Entlastung ist es Ziel dieser 2. Sitzung, bestimmte Veränderungen als Frühwarnzeichen zu identifizieren, damit eine depressive Phase künftig besser abgefangen werden kann.

Die Einführung des Dreiecks Denken, Fühlen, Handeln (s. Abb. 22-1) soll die Wechselwirkungen zwischen diesen Bereichen veranschaulichen und die Ansatzpunkte für Selbsthilfestrategien (planvolle Steigerung der Aktivitäten, Veränderung der negativen Gedanken und Einstellungen, Akzeptanz und alternativer Umgang mit negativen Gefühlen) und Psychotherapie veranschaulichen. Sie vermittelt den Teilnehmern die Zuversicht, dass sie selbst einen Beitrag zur ihrer Gesundung und Gesunderhaltung leisten können.

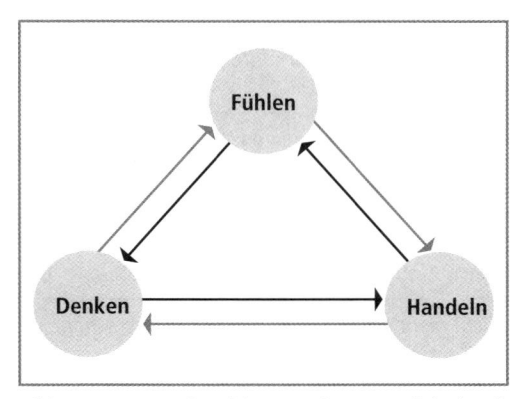

Abb. 22-1 Dreieck Fühlen, Denken, Handeln (nach Pitschel-Walz et al., 2003, S. 63)

22.4.2 Beispiel: Emotionale Themen in Angehörigengruppen

In den psychoedukativen Angehörigengruppen spielt der Austausch in der Gruppe eine noch größere Rolle als in den Patientengruppen. Wie die Pilotstudien zur Akzeptanz der Gruppen zeigten (Pitschel-Walz, 2005), gaben die Angehörigen (72 %) etwa doppelt so häufig wie die Patienten (35 %) in einer offen gestellten Frage im Feedbackfragebogen an, dass ihnen die Erfahrung der Gemeinschaft besonders gut gefallen hätte. Gerade bei der Besprechung von emotionalen Themen ist die Gruppe ein wesentlicher therapeutischer Faktor. Es ist daher sehr erwünscht, möglichst viele der emotionalen Themen, die im Raum stehen, tatsächlich anzusprechen. Manche Teilnehmer äußern sich sehr offen über ihre positiven und negativen Gefühle. Bei anderen ist es notwendig, dass der Therapeut die in ihren Äußerungen anklingenden emotionalen Inhalte verbalisiert („Aus Ihrer Schilderung höre ich ganz viel Trauer und Enttäuschung heraus ...", oder: „Ich kann mir vorstellen, dass in so einer Situation auch Wutgefühle aufkommen ..."). Ist ein emotionales Thema eingebracht worden, sollte der Therapeut auf jeden Fall die ganze Gruppe ansprechen und fragen, wer diese Gefühle aus eigener Erfahrung kennt. Hierbei kann er um ein Handzeichen bitten. Dadurch ist das Thema zum Gruppenthema geworden, und es entsteht so etwas wie eine „Erlaubnis", über das „Unaussprechliche", das vermeintliche Tabuthema, zu sprechen. Den Teilnehmern fällt es daraufhin leichter, sich offen und ehrlich über diese sonst zurückgedrängten Gefühle auszutauschen (siehe Tab. 22-4).

Tabelle 22-4 zeigt die Vielfältigkeit der emotionalen Themen auf und macht auch die hohen Anforderungen an die Gruppentherapeuten deutlich. Je nach Ausbildung und Fähigkeiten der Therapeuten sowie abhängig von den zeitlichen Kapazitäten kann die Angehörigengruppe wie eine Gruppe mit Selbsthilfecharakter moderiert werden oder den Charakter einer therapeutischen Gruppe annehmen, wie sie z. B. im Programm von Vauth et al. (2009) für Angehörige von schizophren Erkrankten beschrieben ist.

Nach den Gruppendiskussionen sollten die Therapeuten darauf hinweisen, dass die Situation der Angehörigen nicht einfach ist, dass aber das Offenlegen der Ängste und Sorgen den Umgang mit den Belastungen erleichtert. Sie sollten auch immer loben, wie engagiert, mutig und geduldig die Teilnehmer ihre schwierige Situation meistern. Positive Emotionen, z. B. die nach wie vor vorhandene Zuneigung zum erkrankten Partner, die Freude an den gemeinsamen Aktivitäten – auch wenn sie im gegenwärtigen Stadium reduziert sein mag – oder der

Tab. 22-4 Emotionale Themen in Angehörigengruppen (aus: Pitschel-Walz et al., 2003, S. 144 f.)

Emotionale Themen	Beispielsätze aus Angehörigengruppen
Hilflosigkeit	„Ich weiß gar nicht, was ich tun soll. Alles, was ich mache, ist verkehrt."
Energielosigkeit	„Manchmal habe ich einfach keine Kraft mehr …"
Resignation	„Ich habe keine Hoffnung mehr!"
Sorge um die eigene Gesundheit	„Wenn das so weiter geht, klapp' ich auch noch zusammen."
Überforderung	„Jetzt muss ich alle Entscheidungen treffen. Und die ganze Verantwortung liegt bei mir."
Wegfall der Unterstützung	„Bei wem kann ich mich jetzt ausweinen?"
Trauer	„Er war früher schon ein anderer Mensch, so selbstbewusst und schlagfertig."
Enttäuschung	„Ich habe da so viel Hoffnung reingesetzt, und jetzt?"
Hader mit dem Schicksal	„Jetzt, da ich nicht mehr arbeite, hätten wir es uns so schön machen können!"
Neidgefühle	„Andere Ehepaare machen tolle Reisen usw., und wir?"
Angst vor Noncompliance	„Irgendwann meint sie dann immer, dass sie die Medikamente nicht mehr braucht. Und dann geht die Geschichte von vorne los."
Angst vor Rückfällen	„Das will ich nicht noch einmal erleben!"
Angst vor Chronifizierung	„Und wenn das einfach nicht mehr besser wird?"

Tab. 22-4 *Fortsetzung*

Emotionale Themen	Beispielsätze aus Angehörigengruppen
Angst vor Suizid	„Immer diese Gedanken, hoffentlich tut sie sich nichts an!"
Vertrauensverlust	„Sie hatte mir doch versprochen, sich nichts anzutun!"
Änderung der eigenen Lebensplanung	„Eigentlich wollte ich nur halbtags arbeiten wegen der Kinder, aber wenn mein Mann nicht arbeiten kann? Wir brauchen das Geld."
Änderung der Erwartungen	„Er hätte Filialleiter werden sollen, aber jetzt können wir froh sein, wenn er seinen Arbeitsplatz behalten kann."
Schuldgefühle	„Vielleicht habe ich ihn auch zu sehr unter Druck gesetzt?"
Verlust des Freundeskreises	„Wer will denn schon so jemanden besuchen?"
Vorwürfe/vorschnelle Ratschläge von Verwandten	„Die meinen nur, er solle sich mal zusammenreißen."
Angst vor Stigmatisierung	„Wenn die das mitbekommen, dass sie in der Psychiatrie ist!"
Schamgefühle	„Ich sage ihr dann, dass sie sich kämmen soll."
Abhängigkeit	„Dass ich alles, was ich tue, davon abhängig machen muss, wie es meinem Mann geht, das macht mich so wahnsinnig!"
Einengung	„Das nimmt mir die Luft zum Atmen, wenn er immer neben mir herläuft."
Verzichten-Müssen	„Ich kann sie doch nicht allein zu Hause sitzen lassen, während ich mich amüsiere!"
Sexualität	„Ich geb' es ehrlich zu, ich habe eine Freundin. Meine Frau akzeptiert das."
Trennungsphantasien	„Man fühlt sich wie ein Schwein, wenn man einen Depressiven verlassen will."
Ärger/Wut	„Das macht mich ganz narrisch, wenn er alles ablehnt, was ich vorschlage."
Aggressivität	„Dann habe ich ihr einen Arschtritt gegeben – verzeihen Sie – aber ich hab das einfach nicht mehr ausgehalten."
Eifersucht	„Mit den Mitpatientinnen geht er spazieren oder ins Café, aber bei mir zu Hause sitzt er nur leidend herum!"
Sekundärer Krankheitsgewinn	„Der geht es doch besser, wenn sie krank ist. Da springen doch alle um sie herum."

Stolz, es gemeinsam durchzustehen, sollten entsprechend gewürdigt werden.

Der Umgang der Therapeuten mit emotionalen Themen und insbesondere mit Tabuthemen erhält Modellcharakter: Emotionale Themen werden nicht „unter den Teppich gekehrt", sondern kommen „auf den Tisch", sodass man sich mit ihnen auseinandersetzen kann.

In einem zweiten Schritt können die mit den Emotionen verbundenen Kognitionen herausgearbeitet und auf ihre Funktionalität geprüft werden. Bei zugrunde liegenden dysfunktionalen Einstellungen (z. B.: *„Es gehört sich nicht, dass ich in meiner Situation Spaß habe."* Oder: *„Wenn ich mich nur genug kümmere, wird es meinem Angehörigen besser gehen."* Oder: *„Es darf niemand wissen, wie es in mir drinnen aussieht."*) kann im sokratischen Dialog und mithilfe der Gruppe eine kognitive Umstrukturierung eingeleitet werden (mögliche Stichpunkte am Flipchart: *„Frust auszubalancieren durch eigene angenehme Aktivitäten ist nicht nur erlaubt, sondern notwendig"*, oder: *„Ich bin nicht (allein) verantwortlich für das Wohlergehen meines Angehörigen"*, oder: *„Den Kummer rauslassen und sich aussprechen tut gut"* etc.).

Bei vielen Angehörigen reicht es aus, dass sie durch die psychoedukativen Gruppen in ihrem Verhalten und ihren Gefühlen bestätigt werden und neue Perspektiven gewinnen, um mit ihren Belastungen besser zurechtzukommen. Dennoch ist es wichtig, darauf hinzuweisen, dass sie in ihrer Situation durchaus „berechtigt" sind, sich weitere professionelle Hilfe zu holen (z. B. eigene Psychotherapie, Paartherapie, Teilnahme an einem Entspannungskurs, eigene medikamentöse Unterstützung).

22.5 Ausblick

Psychoedukative Gruppen bei Depressionen haben sich bewährt. Die vorliegenden Manuale bieten einen guten Leitfaden für das praktische Vorgehen und können an spezifische Gegebenheiten angepasst und nach Bedarf erweitert werden. Im Moment bestehen Bestrebungen, für Patienten mit Migrationshintergrund, die keine oder nur geringe Deutschkenntnisse besitzen, entsprechende Materialien und Handouts zum Thema Depression in ihre Muttersprache (zunächst Türkisch und Russisch) zu übersetzen bzw. in Anlehnung an die vorhandenen Manuale neu zu entwickeln.

Wie die Umfragen von Rummel-Kluge et al. (2006; s. Kap. 12) zeigen, könnte die Verbreitung der Gruppenangebote weiter gesteigert werden. Besonders im ambulanten Bereich besteht ein hoher Bedarf, dem bislang in keiner Weise Rechnung getragen wird. Lediglich in einigen Projekten zur Integrierten Versorgung hat man begonnen, Psychoedukation als zentrale Leistung anzubieten (siehe Kap 52 f.).

22 Psychoedukation bei unipolaren Depressionen

Ratgeber, Links, Medien etc.
Ratgeber
Cleve J (2000). Licht am Ende des Tunnels – Wie Depressive und ihre Angehörige sich selbst helfen können. 2. Auflage. Bern (Huber).

Hautzinger M (2006). Wenn Ältere schwermütig werden. Hilfe für Betroffene und Angehörige bei Depression im Alter. Weinheim (Beltz-PVU).

Hegerl U, Niescken S (2008). Depressionen bewältigen: Die Lebensfreude wiederfinden. Stuttgart (Trias).

Pitschel-Walz G (2003). Lebensfreude zurückgewinnen. Ratgeber für Menschen mit Depressionen und deren Angehörige. München (Elsevier).

Wolfersdorf M (2010). Depression – Die Krankheit bewältigen. 1. Ausgabe der Neuauflage, Bonn (Balance buch + medien verlag).

Speziell für Angehörige:
Bischkopf J (2010). So nah und doch so fern. Mit depressiv erkrankten Menschen leben. 2. Auflage. Bonn (Balance buch + medien verlag).

Epstein Rosen L, Amador XF (1998). Wenn der Mensch, den du liebst, depressiv ist. Bern (Scherz).

Homeier S (2006). Sonnige Traurigtage. Illustriertes Kinderfachbuch für Kinder psychisch kranker Eltern und deren Bezugspersonen. Frankfurt (Mabuse).

Johnstone M, Johnstone A (2009). Mit dem schwarzen Hund leben. Wie Angehörige und Freunde depressiven Menschen helfen können, ohne sich dabei selbst zu verlieren. München (Antje Kunstmann).

Wunderer S (2010). Warum ist Mama traurig? Ein Vorlesebuch für Kinder mit einem psychisch erkrankten Elternteil. Frankfurt (Mabuse).

Erfahrungsberichte:
Johnstone M. (2009). Mein schwarzer Hund. Wie ich meine Depression an die Leine legte. München (Antje Kunstmann).

Josuran R, Hoehne V, Hell D (2001). Mittendrin und nicht dabei. Mit Depressionen leben lernen. Düsseldorf (Econ).

Kuiper PC (1995). Seelenfinsternis. Frankfurt (Fischer).

Reiners H (2002). Das heimatlose Ich – Aus der Depression zurück ins Leben. München (Kösel).

Solomon A. (2001). Saturns Schatten – Die dunklen Welten der Depression. Frankfurt (Fischer).

Woggon B (2002). Ich kann nicht wollen. Berichte depressiver Patienten. Bern (Huber).

Internet-Seiten:
http://www.buendnis-depression.de
http://www.diskussionsforum-depression.de
http://www.depressionsliga.de
http://www.deutsche-depressionshilfe.de
http://www.depressionen.ch
http://www.nakos.de
http://www.psychiatrie.de
http://www.psychiatrie-aktuell.de

Literatur
APA (2000). Practice guidelines for the treatment of patients with major depressive disorder (revision 2000). Am J Psychiatry 157 (Suppl.): 1–45.

Arnow BA, Constantino MJ (2003). Effectiveness of psychotherapy and combination treatment for chronic depression. J Clin Psychol 59: 893–905.

Bäuml J, Pitschel-Walz G. (Hrsg.) (2008). Psychoedukation bei schizophrenen Erkrankungen. 2. Aufl. Stuttgart (Schattauer).

Cassano GB, Akiskal HS, Perugi G et al. (1992). The importance of measures of affective temperaments in genetic studies of mood disorders. J Psychiatr Res 26(4): 257–268.

Cuijpers P, Muñoz RF, Clarke GN et al. (2009). Psychoeducational treatment and prevention of depression: the „Coping with Depression" course thirty years later. Clin Psychol Rev 29(5): 449–458.

Deutsches Bündnis gegen Depression e. V./Techniker Krankenkasse (Hrsg.) (2011). Mehr wissen, gesünder leben. Ein praxisorientierter Leitfaden zur Durchführung psychoedukativer Gruppen zum Thema Depression. Leipzig/Hamburg.

Deutsche Gesellschaft für Psychiatrie, Psychotherapie und Nervenheilkunde DGPPN (Hrsg.) (2012). S3-Leitlinie und Nationale Versorgungsleitlinie Unipolare Depression (Version 1.3). http://www.awmf.org/uploads/tx_szleitlinien/nvl-005l_S3_Unipolare_Depression_2012-01.pdf

Donker T, Griffiths KM, Cuijpers P et al. (2009). Psychoeducation for depression, anxiety and psychological distress: a meta-analysis. BMC Med 16(7): 79.

Geddes JR, Carney SM, Davies C et al. (2003). Relapse prevention with antidepressant drug treatment in depressive disorders: a systematic review. Lancet 361: 653–661.

Görnitz A (2002). Ratgeber-Literatur zu depressiven Erkrankungen: Beschreibung des aktuellen Bücherangebotes, empirische Untersuchung zu genutzten Informationsquellen, krankheitsbezogenem Wissen und Erwartungen von Betroffenen, deren Angehörigen und professionellen Helfern im Vergleich. Unveröff. Diss. TU München.

Kessler RC, McGonagle KA, Zhao S et al. (1994). Lifetime and 12-month prevalence of DSM-III-R psychiatric disorders in the United States: Results from the National Comorbidity Survey. Arch Gen Psychiatry 51: 8–19.

Kühner C, Weber I (2001). Depressionen vorbeugen. Ein Gruppenprogramm nach RF Munoz. Göttingen (Hogrefe).

Luciano M, Del Vecchio V, Giacco D et al. (2012). A "family affair"? The impact of family psychoeducational interventions on depression. Expert Rev Neurother 12(1): 83–91.

Murray CJ, Lopez AD (1997). Global mortality, disability, and the contribution of risk factors: Global Burden of Disease Study. Lancet 349: 1436–42.

Pampallona S, Bollini P, Tibaldi G et al. (2002). Patient adherence in the treatment od depression. Br J Psychiatry 180: 104–109.

Pitschel-Walz G (2003). Lebensfreude zurückgewinnen – Ratgeber für Menschen mit Depressionen und deren Angehörige. München (Urban & Fischer).

Pitschel-Walz G (2005). Psychoedukative Gruppen für Patienten mit Depressionen und für deren Angehörige: wissenschaftliche Fundierung, praktische Durchführung und Akzeptanz. In: Behrendt B, Schaub A (Hrsg.). Handbuch Psychoedukation & Selbstmanagement – Verhaltenstherapeutische Ansätze für die klinische Praxis. Tübingen (dgvt), S. 247–272.

Pitschel-Walz G, Bäuml J, Kissling W (2003). Psychoedukation Depressionen. München (Urban & Fischer).

Regier DA, Farmer ME, Rae DS et al. (1988). One-month-prevalence of mental disorders in the United States. Based on five Epidemiological Catchment Area sites. Arch Gen Psychiatry 45: 977–986.

Rummel-Kluge CB, Pitschel-Walz G, Bäuml J et al. (2006). Psychoeducation in schizophrenia – results of a survey of all psychiatric institutions in Germany, Austria and Switzerland. Schizophr Bull 32(4): 765–775.

Rummel-Kluge CB, Kluge M, Kissling W (2013). Frequency and relevance of psychoeducation in psychiatric diagnoses: Results of two surveys five years apart in German-speaking European countries. BMC Psychiatry 13: 170. doi:10.1186/1471–244X-13–170

Schaub A, Roth E, Goldmann U (2006). Kognitiv-psychoedukative Therapie zur Bewältigung von Depressionen. Ein Therapiemanual. Göttingen (Hogrefe).

Scott J, Pope M (2002). Nonadherence with Mood Stabilizers: Prevalence and Predictors. J Clin Psychiatry 63: 384–390.

Shimazu K, Shimodera S, Mino Y et al. (2011). Family psychoeducation for major depression: randomised controlled trial. Br J Psychiatry 198(5): 385–390.

Shimodera S, Furukawa TA, Mino Y et al. (2012). Cost-effectiveness of family psychoeducation to prevent relapse in major depression: Results from a randomized controlled trial. BMC Psychiatry 12:40. http://www.biomedcentral.com/1471-244X/12/40

Vauth R, Bull N, Schneider G (2009). Emotions- und stigmafokussierte Angehörigenarbeit bei psychotischen Störungen. Ein Behandlungsprogramm. Göttingen (Hogrefe).

Wilms H-U, Bull N, Wittmund B et al. (2005). Hilfen für Partner psychisch kranker Menschen. Ein Gruppenmanual für Angehörige chronisch psychisch kranker Menschen. Bonn (Psychiatrie-Verlag).

23 Psychoedukation bei Burnout und Erschöpfung

Michael Sadre-Chirazi Stark

23.1 Begründung der Psychoedukation bei Burnout

Die Bedeutung psychischer Erkrankungen nimmt deutlich zu. Alle Statistiken und Jahresauswertungen der großen Krankenkassen, z. B. DAK und TK, zeigen einen sehr hohen Anteil an den Krankheitstagen der Versicherten. Betrug dieser 1980 noch 2,5 %, so waren es 1990 3,7 % und 2005 bereits 9,4 %. Dementsprechend bilden die psychischen Erkrankungen mittlerweile die viertgrößte Krankheitsgruppe, während sie Anfang der 1990er Jahre lediglich den siebten Rang einnahmen und vorher nahezu bedeutungslos waren.

Auch die durchschnittliche Falldauer psychischer Erkrankungen von 29,3 Tagen gehört nach den Krebserkrankungen zu den Krankheitsfällen mit der längsten Dauer überhaupt. Besonders auffällig sind der Anstieg von Krankmeldungen aufgrund von Depressionen, Angst und Essstörungen (+ 51 %) sowie der Trend, dass psychische Erkrankungen neuerdings vermehrt auch schon bei jungen Beschäftigten (bis 29 Jahre) auftreten (TK Gesundheitsreport).

Der Begriff „Burnout" wurde in den 1970er Jahren von dem New Yorker Psychoanalytiker Harald Freudenberger (1974) geprägt, und zwar zur Bezeichnung von Überlastungssysmptomen bei Angehörigen helfender Berufe, die Freudenberger auch bei sich selbst beobachtet hatte. Die ersten Forschungsberichte konzentrierten sich auf diesen Personenkreis, d. h. auf Ärzte (Bergner, 2008) und Pflegekräfte (Lavery u. Patrick, 2007), nachfolgende dann auf Lehrer (Peter u. Peter, 2013; Hillert, 2011) und Pfarrer (Honer, 1999), aber auch Leistungssportler (Chen et al., 2008). Der Umgang mit Stress war auch damals schon in der deutschen Therapeutenszene Thema (Stark u. Sandmeyer, 1999, 2000).

Verschiedene Ansätze versuchten das Phänomen Burnout zu konzeptualisieren: als Ausdruck eines vorwiegend externalen Ortes der Kontrolle (Glass u. Mc Knight, 1996), als Ressourcenverlustspirale (Buchwald et al., 2004), als „innere Erschöpfung" (Burisch, 1989, ^{5}2014), als die Arbeit, die uns krank macht (Bauer, 2013), als Folge des Wandels der Arbeitsbedingungen (Gerlmaier, 2009), als Zeitkrankheit (Grabe, 2010), als Ausdruck unzulänglicher Selbstregulation (Bergner, 2010) speziell im Rahmen der Neurostresstheorie (Lazar, 2010) sowie als Erkrankung der Frauen als Versorgerinnen (Freudenberger u. North, 2011).

Der Begriff Burnout etablierte sich weltweit als Synonym für Überlastung. Weil er eine Überanstrengung infolge übermäßiger Leistung konnotiert, schien er offenbar auch den Laien akzeptabler als der Begriff Stress oder gar als die Diagnose Depression. Schon Mitte des vergangenen Jahrzehnts dokumierten die Medien eine Ausbreitung des Krankheitsbegriffs Burnout. Das Wochenmagazin „Der Spiegel" (Spiegel online, Sept. 2006) berichtete auf der Grundlage einer aktuellen Untersuchung, dass immer mehr Führungskräfte am sogenannten Burnout-Syndrom litten. Fast jeder zweite leitende Mitarbeiter, also deutlich mehr als in den

1990er Jahren, sei davon betroffen. 45 % der Manager wiesen nach eigenen Angaben Zeichen von Erschöpfung auf.

Zum „Medienereignis" wurde der Begriff Burnout, als Prominente nach psychischen Zusammenbrüchen, Suiziden oder auch im Zusammenhang mit ihrem Rückzug vom aktiven Leistungssport mit der Diagnose belegt wurden. In ebendiesem Kontext wurde „Burnout" zu einem Synonym für Depression und zum Medienthema Nr. 1 (z. B. Dettmer et al., 2011). Ein Vorteil bestand sicherlich darin, dass die Schilderungen der Symptomatik durch betroffene Prominente eine Öffentlichkeit schufen und die Diskussion über psychische Erkrankungen damit quasi salonfähig wurde. Nachdem auch die „Bildzeitung" über die depressive Symptomatik und über Hilfsmöglichkeiten berichtet hatte, konnten immer mehr Menschen entsprechende Symptome, über die sie zuvor nicht nachgedacht hatten, bei sich selbst wahrnehmen. Letztlich lenkte dies die Diskussion aber auch in eine Richtung, der die Überschrift eines Zeit-Artikels Ausdruck gab: „Noch jemand ohne Burnout?" (Albrecht, 2011)

Fachleute und Krankenkassen, deren Ausgaben in diesem Bereich explodieren, müssen sich nun mit der Frage beschäftigen, ob der Anstieg der Burnout-Diagnosen lediglich auf verbesserte diagnostische Möglichkeiten zurückzuführen ist oder/oder ob immer mehr Menschen es wagen, um Hilfe nachzusuchen, weil Burnout im Unterschied zum laienhaften Verständnis der Depression kein „Versagen" nahelegt, sondern als Erschöpfungsfolge nach erbrachter (Über-) Leistung gerechtfertigt und nachvollziehbar erscheint.

Gleichwohl ist der Anstieg der Krankheitszahlen seit etlichen Jahren allzu dramatisch, als dass diese Phänomene ihn erklären könnten. Meiner Meinung nach trägt ein weiterer Einflussfaktor, der sich eher im Hintergrund verändert hat und dessen Auswirkungen wir erst jetzt zu begreifen lernen, dazu bei. In den letzten 10 Jahren hat die Ökonomie sich als prägender Faktor des gesamten gesellschaftlichen Rahmens etabliert. Arbeitsprozesse wurden auf Kosten von Personal „verschlankt"; durch die Computerisierung lassen sich Arbeitsleistungen bis ins Kleinste nachvollziehen. Der „gläserne" Arbeitnehmer wird hinsichtlich seiner Produktivität komplett durchleuchtet. Die mobile Kommunikation hat den sozialen Umgang sehr verändert, d. h. in erster Linie beschleunigt. Viele Beschäftigte ziehen kaum noch eine Grenze zwischen Arbeit und Freizeit, sondern sind immer erreichbar. Das Leben auf Standby bleibt nicht ohne Folgen. Zudem hat die Ökonomisierung die Kürzung der sozialen Sicherungssysteme erzwungen (Lockerung des Kündigungsschutzes, Hartz-4-Gesetze etc.). Die in der Vergangenheit stützenden Systeme, etwa die soziale Einbindung in Freundeskreis, Kirche oder Sportverein, lösen sich auf, u. a. durch die erzwungene Mobilität der Arbeitssuchenden. Das Streben nach Produktivitätssteigerung durch weniger Personal führt zu einer erhöhten Anforderung an die sog. psychomentalen Softskills. Im Hochleistungsbereich arbeiten heute eher kleine Teams mit Spezialisten an einzelnen Projekten unter hohem Zeit- und Leistungsdruck. Welche Führungskraft ist schon darin geschult, diffizile Einzelpersönlichkeiten zu einem Team zusammenzuschweißen, Mobbingstrukturen rechtzeitig zu erkennen, produktive Feedbackstrukturen aufzubauen und dabei selbst dem Leistungsdruck von „oben" standzuhalten, statt ihn unbesehen nach „unten" durchzureichen.

Ein weiteres Indiz dafür, dass es eher die strukturellen Veränderungen sind, dass anders als in der ersten Hälfte des letzten Jahrzehnts, in der vor allem Beschäftigungslose überproportional von psychischen Diagnosen betroffen waren, jetzt in den letzten fünf Jahren vor allem bei den Berufstätigen psychisch bedingte Fehlzeiten zunehmen (TK Gesundheitsreport, 2012).

Um selbstbestimmter und kompetent mit den neuen Belastungen umgehen zu können, bedarf es einer Vertiefung der Alltagswissens. Psychoedukation will Wissen vermitteln, damit Betroffene auf der Basis des Verstehens der Zusammenhänge eigene Aktivität und Handlungsfreiheit (wieder-)erlangen. Das Gefühl der Handlungsfreiheit wird hier als fundamentaler Baustein psychischer Stabilität verstanden.

23.2 Diagnostik

Burnout ist keine Kategorie der internationalen diagnostischen Manuale, z. B. des ICD oder des im DSM. Im ICD-10 gibt es eine Z Kategorie für Faktoren, die den Gesundheitszustand beeinflussen und zur Inanspruchnahme des Gesundheitswesens führen. Z 56 beschreibt Kontaktanlässe mit Bezug auf das Berufsleben. Darunter fallen u. a. Arbeitslosigkeit, Arbeitsplatzwechsel, belastende Einteilung der Arbeitszeit, drohender Arbeitsplatzverlust, nicht zusagende Arbeit, schwierige Arbeitsbedingungen sowie Unstimmigkeiten mit Vorgesetzten oder Arbeitskollegen.

Um das Phänomen Burnout genauer zu erfassen, wurden verschiedene Inventare entwickelt, die in einer Vielzahl von Forschungsarbeiten Anwendung fanden. Es wäre sinnvoll, angebotene Präventions- oder Behandlungsinterventionen mit entsprechenden Fragebögen zu evaluieren. Zu beachten ist hier, dass die vorliegenden Fragebögen eher der Differenzierung von Burnout und Depression dienen und weniger der Erfolgskontrolle bezüglich der Intervention.

23.2.1 Das Maslach Burnout Inventory – MBI

Das MBI fragt Aussagen aus den Kategorien emotionale Erschöpfung, Depersonalisierung und Leistungszufriedenheit nach Intensität und Häufigkeit ab. Inhaltlich erfasst dieser Fragebogen die wichtigsten Aspekte des Burnouts. Ein Nachteil der frühen Versionen des Instruments: Die Fragen waren ausschließlich auf helfende Berufe bezogen. In späteren Überarbeitungen wurden eine Version für Lehrer (MBI-Educators Survey) und eine Version für alle Berufe (MBI-General Survey) eingeführt. Allerdings bezieht sich die einzige offizielle deutsche Übersetzung des MBI (das MBI-D) immer noch auf „Patienten" (Büssing u. Perrar, 1992).

Die **EUCUSA-Methode** (European Customer Satisfaction Association) stellt
- den eigentlichen *Prozess* der Mitarbeiterbefragung,
- die Indexbildung rund um *Aspekte* und *Dimensionen* sowie
- die Einordnung und *Handlungsempfehlung* der Befragungsergebnisse

in den Vordergrund. Grundsteine der Methode sind die Gliederung der Fragen in sogenannte Dimensionen und Aspekte. *Dimensionen* bezeichnen in diesem Kontext größere Themenfelder oder „Überschriften". Traditionell sind dies Arbeitsbedingungen, Ziele, Entwicklung, Entlohnung, Kollegen, direkte und höhere Vorgesetzte, Kommunikation und Unternehmen. In der EUCUSA-Methode werden diese „Überschriften" je nach Bedarf um weitere Standardthemen oder neuere psychologische Themen erweitert: Unternehmenskultur, Produktivität,

Qualität, Veränderungsmanagement, Kundenorientierung, Reorganisation, aber auch Empowerment, Arbeitsplatzsicherheit, Stress und Burnout, Organisationsbürger-Verhalten, Selbstwertgefühl der Organisation, Gerechtigkeit, psychologischer Kontrakt, Vertrauen sowie Arbeit und Familie (Work-Life-Balance). *Aspekte* hingegen beziehen sich auf die einzelnen Fragestellungen, deren genaue Formulierung ebenfalls mit sprachlichen, kulturellen, landesspezifischen, sozialen und anderen Kriterien abgestimmt werden muss. Die Kunst, die richtigen Aspekte auszuwählen, besteht darin, dass durch diese Anpassungen die höchste Validität für das Unternehmen erreicht wird, während gleichzeitig die Vergleichbarkeit mit anderen oder vergangenen Ergebnissen erhalten bleibt (Borg, 2000; Meyer u. Dornach, 2000).

Trierer Inventar zum chronischen Stress

Das Trierer Inventar erfasst einerseits die Anforderungen (Arbeitsüberlastung, soziale Überlastung und Erfolgsdruck), andererseits die mangelnde Bedürfnisbefriedigung (Unzufriedenheit mit der Arbeit, Überforderung, Mangel an sozialer Anerkennung) sowie soziale Spannungen und Isolation. Der Test wurde anhand verschiedener Alters- und Berufsgruppen validiert. (Schulz et al., 2004)

Der Copenhagen Burnout Inventory

Dieses neu entwickelte Testinstrument will die Nachteile des MBI überwinden. Es basiert auf einer Stichprobe von 1.914 Teilnehmern aus sozialen Berufen und erzielt hohe Werte bei der Reliabilität und Validität. Die 19 Items wurden zu drei Skalen zusammengefasst:

1. Ausmaß des persönlichen Erlebens von Erschöpfung (physisch und psychisch)
2. Belastung und Erschöpfung, die der Arbeit zugeschrieben wird und
3. Frustration und Erschöpfung, die aus der Zusammenarbeit mit Klienten resultiert. (Kristensen T S et al., 2005)

Die Burnout-Screening-Skalen (BOSS)

Bei BOSS handelt es sich um ein Selbstbeurteilungsverfahren zur Erfassung subjektiver psychischer und physischer Beschwerden, die typischerweise im Rahmen eines Burnout-Syndroms auftreten. Es stehen zwei unabhängig voneinander einsetzbare Fragebögen mit jeweils 30 Items zur Verfügung.

BOSS I beinhaltet vier Skalen, mit denen subjektiv empfundene Beschwerden in den vier Lebensbereichen Beruf, Eigene Person, Familie und Freunde über einen Beurteilungszeitraum von drei Wochen erfasst werden. Der Fragebogen differenziert damit zwischen verschiedenen elementaren Lebensbereichen und reflektiert so das Gesamtsystem des Betroffenen von Arbeit und sozialem Umfeld.

BOSS II besteht aus drei Skalen (körperliche, kognitive und emotionale Beschwerden) und umfasst einen Beurteilungszeitraum von sieben Tagen. Mithilfe dieses Fragebogens sollen die Situation und Symptomatik des Probanden auf einer klinischen Ebene besser erfasst und graduiert werden.

In der Auswertung wird pro Skala zwischen einem Gesamtwert, einem Intensitätswert und einem Breitenwert unterschieden. Die Ergebnisse des BOSS geben Auskunft darüber, inwieweit eine Person von psychischen, körperlichen oder psychosozialen Beschwerden betroffen ist, die typischerweise im Rahmen eines Burnout-Syndroms bzw. einer chronischen Stresssituation auftreten. BOSS kann sowohl zur dimensionalen Diagnostik (Quantifizierung der Beschwerden) als auch zur kategorialen Diagnostik (Verdachtsdiagnose eines Burnout-Syndroms) eingesetzt werden (Hagemann u. Generich, 2009).

Erste Veröffentlichungen nach der Einführung des Begriffs Burnout versuchten, Unterschiede zur klassischen Depression herauszuarbeiten.

- Burnout scheint thematisch mit Arbeitsbedingungen zusammenhängen, Depression hingegen berührt alle Bereiche und Lebensbedingungen (siehe z.B. Freudenberger u. Richelson, 1980; Warr, 1990; Glass u. McKnight, 1996).
- Depression ist eine Konsequenz des Burnouts und tritt in der letzten Phase des Burnouts auf (Schaufeli u. Enzmann, 1998; Leiter u. Durup, 1994; Burisch, 2014; Maslach et al., 2001).
- Zwei der drei beobachtbaren Komponenten von Burnout, nämlich Depersonalisation, Zynismus und reduziertes persönliches Engagement, scheinen spezifisch für Burnout zu sein und korrelieren nicht mit Depression (siehe z.B. Glass u. McKnight, 1996; Schaufeli u. Enzmann, 1998).

23.2.2 Aktueller Stand

Der Büchermarkt wird seit einigen Jahren überschwemmt von einer Vielzahl von Selbsthilfebüchern zum Thema Burnout. Leider finden sich unter den Autoren auch zahlreiche selbsternannte Burnout-Experten. Im Folgenden eine kleine Auswahl empfehlenswerter Literatur:

Therapieprogramme

Weimer S, Pöll M (2012). Burnout – ein Behandlungsmanual. Baukastenmodul für Einzeltherapie und Gruppen, Klinik und Praxis. Stuttgart (Klett-Cotta).

Meyer B (2012). Reviga. Online-Programm gegen Stress und Burnout. Hamburg (Gaia).

Ratgeber

Bergner T.M.H. (2010). Burnout-Prävention – das 12-Stufen-Programm zur Selbsthilfe. Stuttgart (Schattauer).

Kaluza G (2010). Stressbewältigung – Trainingsmanual zur psychologischen Gesundheitsförderung. Heidelberg (Springer).

Ruhwandl D (2009). Top im Job – ohne Burnout durchs Arbeitsleben. Stuttgart (Klett-Cotta).

Burisch M (2010). Das Burnout-Syndrom. Theorie der inneren Erschöpfung. Hilfen zur Selbsthilfe. Heidelberg (Springer).

Mähler B, Musall P (2006). Eltern-Burnout: Wege aus dem Familienstress. Reinbek b. Hamburg (Rowohlt).

Nelting M (2010). Burnout – Wenn die Maske zerbricht: Wie man Überbelastung erkennt und neue Wege geht. München (Goldmann).

Hillert A (2004). Das Anti-Burnout-Buch für Lehrer. Muenchen (Koesel).

Wehmeier PM (2013). Erfolg ist, wenn es mir gut geht! Burnout durch Selbstmanagement vermeiden. Göttingen (Vandenhoeck & Ruprecht).

Umfassende *Metaanalysen* zur Überprüfung der Wirksamkeit von Burnout-Behandlungs- oder Präventionsprogrammen gibt es bisher nur wenige (Richardson u. Rothstein, 2008). Am erfolgreichsten wurden dabei Programme auf der Basis von kognitiver Verhaltenstherapie eingestuft. Spezifische Psychoedukationsprogramme wurden bisher nicht wissenschaftlich überprüft.

23 Psychoedukation bei Burnout und Erschöpfung

23.3 Muster-Manual: Burnout-Präventionsprogramm nach Prof. Stark – theoretische Aspekte

Das vom Autor entwickelte Burnout-Psychoedukationsprogramm lässt sich sowohl im stationären, teilstationären und ambulanten Setting, z. B. in Institutsambulanzen der Kliniken, anwenden als auch in der Praxis von niedergelassenen Psychotherapeuten. In der privaten Praxis ist der organisatorische und abrechnungsbedingte Aufwand sehr hoch; andererseits ist die Auseinandersetzung in der Gruppe v. a. der Relativierung des Stigmatisierungsaspekts („*Ich bin alleine schuld!*") zuträglich. Die Inhalte sind auch im Einzelkontakt vermittelbar, jedoch bedeutet die Interaktion in der Gruppe durch die Selbstöffnung und Beteiligung der Teilnehmer einen zusätzlichen therapeutischen Gewinn.

Die Evaluation des beschriebenen Programms ist in Planung, erste Daten werden ausgewertet. Kurze Fragebögen erfassen die Belastungen in den einzelnen Lebensfeldern. Die Fragebögen sind auch online verfügbar unter www.prof-stark.de.

Die Intervention kann als Informationsprogramm zur Prävention, aber auch als Gruppentherapieprogramm durchführt werden. In der Gruppentherapie liegt der Schwerpunkt auf der angeleiteten Interaktion und Selbstöffnung der Teilnehmer. Dies hat einen deutlich entlastenden Effekt auf die üblicherweise vorliegende Selbststigmatisierung.

23.3.1 Praktische Durchführung

Die Rahmenbedingungen der Sitzungen sind in Tab. 23-1 zusammengestellt. Tab. 23-2 zeigt den Ablauf der Sitzungen, Tab. 23-3 die Themen der Sitzungen.

Zu den in den Sitzungen bearbeiteten Inhalten liegen eine Vielzahl von Checklisten und Fragebögen sowie Abbildungen und Grafiken vor. Einige der Checklisten und Fragebögen sind im Internet unter www.prof-stark.de abrufbar. Sie können mit automatischer Auswertung ausgefüllt werden.

23.3.2 Praktische Darstellung und Fallbeispiele

In der **zweiten Sitzung** werden anhand von verschiedenen plastischen Modellen die physiologischen Stressreaktionen (Amygdala), die Erfolgsbewertungen (Tiefes Tal) und der Zusammenhang zwischen Ökonomie, Arbeitsplatz und persönlichen Grundhaltungen veranschaulicht (s. Tab. 23-4).

Tab. 23-1 Rahmenbedingungen der Sitzungen

Zahl der Sitzungen	10
Häufigkeit	1 mal pro Woche
Zeitdauer	90 Min., evtl. 10 Min. Pause
Profession der Therapeuten	Arzt, Psychologe

Tab. 23-2 Ablauf der Sitzungen

Eingangsrunde	• Wie war die letzte Woche? • Was habe ich von den Anregungen umgesetzt? • Besprechung der Hausaufgaben
Neue Inhalte	• spezifische Inhalte der einzelnen Stunden • Interaktion und Beispiele der Teilnehmer einbinden
Abschluss Hausaufgabe	• Was war für mich heute wichtig? • Was nehme ich mir vor für die nächste Woche?

Tab. 23-3 Themen und Ziele der Sitzungen

Stunde	Thema	Ziele
1	Einführung Energiefassmodell	• Das Seelenenergiefassmodell: • Energiespender/Energieräuber • Die vier Grundbereiche psychischer Gesundheit • Das Prinzip der Energieosmose zwischen den Bereichen • Grundprinzipien der Prävention und Therapie
2	Wie erkläre ich mir die Erschöpfung?	• Zusammenhang zwischen Belastung und Robustheit • Prinzip der Frühwarnzeichen • Chronische Überforderung höhlt Robustheit aus • Informationen zum Thema Burnout: Zahlen, Fakten, Betroffene, Ursachen • Grafik: Burnout-Ursachen-Interaktionsmodell: Individuum, Arbeitsumfeld, Sozioökonomische Bedingungen
3	Stress und Stressmanagement	• Stress-Dosis und Leistung • Stressphysiologie • Stress-Treppe • Stresspersönlichkeit: Teufelskreis des Aktionismus
4	Bereich Gesundheit und Wohlbefinden	• Selbstfürsorge und Achtsamkeit • Stressniveau • chronischer Stress • Belastungsschwerpunkte im Alltag • Konfliktquelle: Ich selbst • Ausmaß der Krise: Depression und Ängste • Lebensfreude
5	Persönlichkeitsprofile	• Auswertung der individuellen Persönlichkeitsprofile • Typische Konstellationen der Burnoutgefährdung • Persönlichkeitsprofil und berufliches Anforderungsprofil • Die Rolle der Persönlichkeit im Zusammenhang mit der Energiebilanz

23 Psychoedukation bei Burnout und Erschöpfung

Tab. 23-3 *Fortsetzung*

Stunde	Thema	Ziele
6	Persönlichkeitsprofile und Veränderungspotenziale	• von den Extremen zum Optimum, zur guten Mischung • Veränderungspotenziale • Veränderungswünsche • Entwicklungsquadrat • Leit- und Glaubenssätze
7	Soziale Orientierung – Selbstkonzept in Freizeit und Soziales Netz	• Ausgewogenheit, Zusammenhang mit Persönlichkeitsstile „Hilfsbereitschaft" • Auszehren des Bereiches durch berufliche Überlastung und unbewusste Schwerpunktsetzung der Aktivitäten • Individuelle Reflexion des Zustandes der Wertigkeit und Zeitinvestition, Planungsideen, Kontaktaufnahmen
8	Emotionale Gebundenheit – Partnerschaft, Familie	• Auswertung des Check-up Partnerschaft • Relation der Wichtigkeit und Entwicklung in den letzten Zeiträumen • Thema: kein Partner • Entwicklung in der Partnerschaft: Beziehungsdynamik • Akteur und Opfer, Durchbrechen von Teufelskreisen
9	Selbstkonzept im Arbeitsleben I: Arbeit und Leistung	**Therapeutische Ansätze/Thema Persönlichkeit:** • Mentale Einstellung zu Arbeit und Leistung klären • Motive für persönliches Engagement analysieren • Kränkbarkeiten bearbeiten • Anerkennung auch außerhalb des Berufs suchen **Veränderung der Anforderungsprofile** **Gratifikationskrise als Auslöser von Burnout** **Veränderung der Würdigung und Erwartungen an Leistung:** **Analyse Bereich Arbeit/Leistung** • Arbeitsstrukturen • Wie können Sie Ihre Einstellung zur Belastung am Arbeitsplatz ändern? • Instrumentelle und strukturelle Stressbewältigung • Soziales Umfeld am Arbeitsplatz
10	Selbstkonzept im Arbeitsleben II: Strukturelle Bedingungen und Veränderungsmöglichkeiten	**Informationen zu arbeitsmedizinischen Grundlagen** **Zeitmanagement und Arbeitsablaufplanung:** **Stress am Arbeitsplatz** **Abschlussreflexion:** • Energiefassmodell-Gesamtschau: vertikale und horizontale Achse • Einschätzung: Zugewinn an Kraftquellen, Veränderung von negativen Bewertungen, gesteigerte Handlungskompetenzen im Umgang mit Krafträubern, Sensibilisierung für die Wahrnehmung von Frühwarnzeichen, Relativierung der Ausgewogenheit der vier Grundbereiche • Abschlussrunde

Tab. 23-4 Darstellung der 2. Sitzung

2	Wie erkläre ich mir die Erschöpfung	• Zusammenhang zwischen Belastung und Robustheit • Prinzip der Frühwarnzeichen • Chronische Überforderung höhlt Robustheit aus • Informationen zum Thema Burnout: Zahlen, Fakten, Betroffene, Ursachen • Grafik: Burnout-Ursachen-Interaktionsmodell: Individuum, Arbeitsumfeld, sozioökonomische Bedingungen
	Materialien	• Belastungs-Bewältigungs-Modell (Belastung und Robustheit) • Flipchart Gehirn (Amygdala) (s. Abb. 23-1) • Flipchart/Chart „Tiefes Tal" • Fragebogen: Burnout-Fragebogen • Metaplankarten: Sammlung Frühwarnzeichen und Symptome • Chart: Zeitlicher Verlauf eines Burnouts • Flipchart: Burnout-Phasen • Chart: Das Interaktionsmodell zu den Ursachen (BUI-Modell, Burnout-Ursachen-Interaktions-Modell)
	Hausaufgaben	• Individuelle Frühwarnzeichenliste mit Abstufungseinschätzung leicht bis schwer

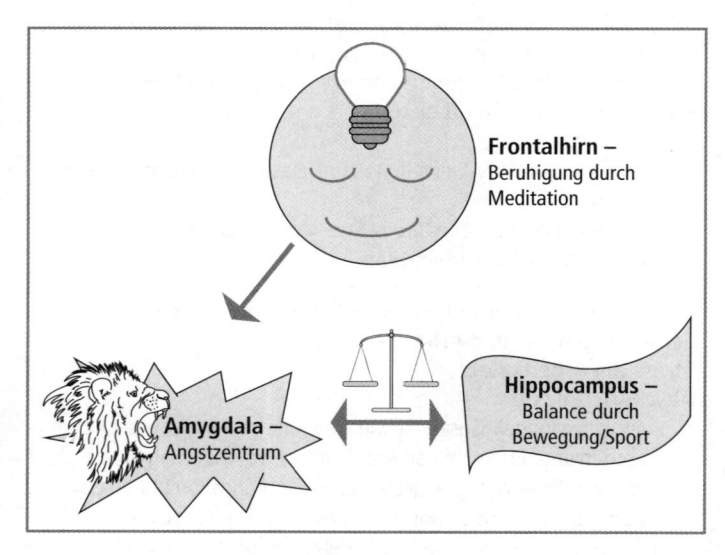

Frontalhirn – Beruhigung durch Meditation

Amygdala – Angstzentrum

Hippocampus – Balance durch Bewegung/Sport

Abb. 23-1 Beispiel 1: Flipchart Gehirn (Amygdala)

23 Psychoedukation bei Burnout und Erschöpfung

> **Der Säbelzahntiger-Reflex**
>
> Um die physiologischen Prozesse zu verstehen, die in unserem Gehirn und in unserem Körper ablaufen, wenn wir uns unter Stress befinden, hat sich das anschauliche Bild des Säbelzahntiger-Reflexes bewährt. Im Körper gibt es verschiedene Systeme, die Anspannung und Entspannung vermitteln. Das grundsätzlichste, alltäglichste ist das des Sympathikus (der Antreiber) und des Parasympathikus (der Entspanner). Das Nervensystem des Sympathikus setzt bei „Gefahr" (z. B. Stress) den Herzschlag und den Blutdruck hoch, durch die Aktivierung und Freisetzung aller Energiereserven wird sozusagen Vollgas gegeben, was zur Anspannung der Muskeln führt (wir sind damit bereit, bei drohender Gefahr schnell die Flucht zu ergreifen oder einen Gegner anzugreifen) sowie zur Verengung der Pupillen zum Scharfsehen (wo ist die Gefahr?). Das Nervengeflecht des Parasympathikus hingegen ist der Gegenspieler, er entspannt das System, er tritt sozusagen auf die Bremse, nachdem wir hochgelaufen sind, er sorgt dafür, dass alles, was nicht mehr überlebensnotwendig ist, wieder runtergefahren wird.
>
> Er senkt Blutdruck und Herzfrequenz, weitet die Pupillen, und entspricht damit der Meldung: die Gefahr ist vorbei!
>
> Gesteuert wird dieses Gaspedal-Bremse-System von einem Bereich im Gehirn, den man das limbische System nennt. Vereinfacht beschrieben, sitzen hier zwei Strukturen, der Gefahrenwächter (Amygdala, s. Abb. 23-1) und der Beruhiger (Hippocampus). In der Amygdala, einem in der Hirnentwicklung der Lebewesen ganz alten Zentrum, das alle weiter entwickelten Lebewesen haben, wird jeder Außenreiz, der auf uns einwirkt und den wir wahrnehmen, z. B. ein Knall, ein Blitz, eine Erschütterung, daraufhin kontrolliert, ob er etwas Gefährliches für das Individuum darstellt oder nicht. Aber auch le diglich furchtsame Gedanken können diesen Bereich triggern. So ist z. B., was früher der angstmachende Gedanke war – „Ist der Säbelzahntiger noch da?" – heute der angstbesetzte Gedanke: „Der Chef hat mir schon wieder eine Email geschrieben." Das bedeutet, die körperliche hormonelle Stresskaskade, der Säbelzahntiger-Reflex, wird in Gang gesetzt. Über die Hypophyse wird die Nebennierenrinde dazu angeregt, Adrenalin für eine akute und schnelle Stressreaktion und Cortisol für die länger wirkende und chronische Stressbewältigung auszuschütten.
>
> Wir können jedoch lernen, einen Ausgleich für den Säbelzahntiger-Reflex „Angriff oder Flucht" zu schaffen, indem wir ausgleichend auf den Hippocampus, den Beruhiger oder Entschleuniger, und/oder auf seine Gegenspielerin, die Amygdala, also die Antreiberin oder Gefahrenwächterin, einwirken. Wir können den Hippocampus stärken, indem wir auf der körperlichen Ebene eine stress- und wettbewerbsfreie Sportart praktizieren, wodurch wir die angestauten physischen Energien abbauen können (wir sollten dabei jedoch darauf achten, uns nicht neue Formen von Stress einzuhandeln!). Der zweite Ansatz besteht darin, der Überaktivierung der Amygdala durch geistige Prozesse entgegenzuwirken, sei es durch bewusste Beruhigung oder Meditation oder durch kognitive Prozesse oder Umstrukturierungen, z. B. in Form von Selbstsuggestionen wie inneren ermutigenden Dialogen oder meditativen Übungen.

Um eine Veränderung der meist individualisierten Schuldzuweisung zu erreichen, ist das BUI-Modell von zentraler Bedeutung. Es veranschaulicht die interaktive Beziehung zwischen individuellen Befindlichkeiten bzw. Persönlichkeitsstilen und Bedingungen am Arbeitsplatz. Dies kann eine förderliche, aber auch kontraproduktive Interaktion sein. In den letzten Jahren hat sich allerdings der Druck durch die verschärften ökonomischen Zwänge drastisch erhöht. Er wird zumeist ungefiltert an die einzelnen Arbeitnehmer weitergereicht (s. Abb. 23-2).

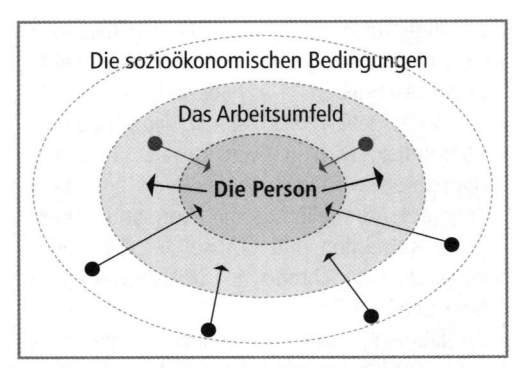

Abb. 23-2 Beispiel 2: Flipchart BUI-Modell

23.4 Ausblick

Eine Veröffentlichung des Gruppentherapie-Manuals ist ebenso in Planung wie weitere Workshops. Derzeit baut der Autor ein internationales Netzwerk zum Thema „Psychische Gesundheit am Arbeitsplatz" im Rahmen eines Projektes der Weltgesellschaft für Psychosoziale Rehabilitation auf. Weitere Informationen zum Netzwerk unter www.prof-stark.de oder www.prof-stark-institut.de.

Ratgeber, Links, Medien

Eichenberg C, Abitz K (2009). Burnout: Ressourcen aus dem Internet. Psychotherapie im Dialog 10(3): 268–272.

Stark M (2010). Online-Tests zum Thema Depression, Angst, Stresszeichen, Burnoutgefährdung, Burnout-Persönlichkeitstest und andere unter www.prof-stark.de.

Literatur

Albrecht H (2011). Wer hat noch kein Burnout? http://www.zeit.de/2011/49/M-Burnout

Awa WL, Plaumann M, Walter U (2009). Burnout prevention: A review of intervention programs. Patient Educ Couns 78(2): 184–190.

Bauer J (2013) Arbeit. Warum unser Glück von ihr abhängt und wie sie uns krank macht. München (Blessing).

Bergner TMH (2008). Burnout bei Ärzten. Stuttgart (Schattauer).

Bergner TMH (2019). Burnout-Prävention – das 12-Stufen-Programm zur Selbsthilfe. Stuttgart (Schattauer).

Borg I (2000). Führungsinstrument Mitarbeiterbefragung – Theorien, Tools und Praxiserfahrungen. 2. Aufl. Göttingen (Verlag für Angewandte Psychologie).

Buchwald P, Hobfoll SE (2004). Burnout aus ressourcentheoretischer Perspektive. Psychol Erz Unterr 51(4): 247–257.

Burisch M (1989). Das Burnout-Syndrom. Theorie der inneren Erschöpfung. Heidelberg (Springer). 5., überarb. Auflage 2014.

Büssing A, Perrar KM (1992). Die Messung von Burnout. Untersuchung einer deutschen Fassung des Maslach Burnout Inventory (MBI-D). Diagnostica 38(4): 328–353.

Chen LH, Kee YH, Tsai YM (2008). Relation of dispositional optimism with burnout among athletes. Percept Motor Skills 106: 693–698.

DAK (2005–2013). Gesundheitsreport, Hamburg.

Dettmer M., Shafy S, Tietz J (2011). Volk der Erschöpften. http://www.spiegel.de/spiegel/print/d-76551044.html

Eichenberg C, Abitz K (2009). Burnout: Ressourcen aus dem Internet. PID 10(3): 2009, 268–272.

Fengler J (2008). Helfen macht müde. Zur Analyse und Bewältigung von Burnout und beruflicher Deformation. 7. Auflage. Stuttgart (Klett-Cotta).

Freudenberger H (1974). Staff burn-out. J Soc Issues 30; 159–165.

Freudenberger H, North G (2011). Burnout bei Frauen. Frankfurt (Fischer).

Freudenberger H, Richelson G (1980). Burnout: The High Cost of High Achievement. Garden City, NY (Doubleday).

Gerlmaier A (2009). Wandel der Arbeit: Stress und psychische Belastung. In: Pape K (Hrsg.). Wandel der Arbeit und betriebliche Gesundheitsfoerderung. Hannover (Offizin), S. 13–35.

Glass DC, Mc Knight JD (1996). Perceived control, depressive symptomatology, and professional burnout: a review of the evidence. Psychol Health 11: 23–48.

Grabe M (2010). Zeitkrankheit Burnout. Marburg (Francke).

Hagemann W, Generich K (2009). Burnout-Screening-Skalen BOSS. Goettingen (Hogrefe).

Hillert A (2004). Das Anti-Burnout-Buch für Lehrer. München (Koesel).

Hillert A (2010). Lehrergesundheit: AGIL – das Präventionsprogramm für Arbeit und Gesundheit im Lehrerberuf. Stuttgart (Schattauer).

Honer E (1999). Wer „ausbrennt", muss einmal gebrannt haben. Das Burnout-Syndrom in der Supervision mit katholischen Pfarrern. OSC 6(2): 131–148.

Kaluza G (2010). Stressbewältigung – Trainingsmanual zur psychologischen Gesundheitsförderung. Heidelberg (Springer).

KristensenT S et al. (2005). The Copenhagen Burnout Inventory: A new tool for the assessment of burnout. Work Stress 19(3): 192–207.

Lazar S W (2010). Stress reduction correlates with structural changes in the amygdala. Soc Cogn Affect Neurosc 5: 11–17.

Lavery JF, Patrick K (2007). Burnout in nursing. Aust Nurs J 24: 43–48.

Leiter MP, Durup J (1994). The discriminent validity of burnout and depression: A confirmatory factor analytic study. Anxiety Stress Coping 7: 357–373.

Maslach C, Jackson SE (1981). The measurement of experience Burnout. J Occup Behav 2: 99–113.

Maslach C, Schaufeli WB, Leiter MP (2001). Job Burnout. Annu Rev Psychol 52: 397–422.

Meyer A, Dornach F (2000). Kundenmonitor Deutschland – Qualität und Zufriedenheit, Jahrbuch der Kundenorientierung in Deutschland 2000. München (Servicebarometer AG).

Meyer B (2012). Reviga. Ein Internetbasiertes Burnoutpräventionsgrogramm. Hamburg (Gaia).

Nelting M (2010). Burnout – Wenn die Maske zerbricht: Wie man Überbelastung erkennt und neue Wege geht. München (Goldmann).

Peter M, Peter U (2013). Burnout-Falle Lehrerberuf? Infos, Tests und Strategien zum Vorbeugen, Erkennen, Bewältigen. Mülheim/Ruhr (Verlag an der Ruhr).

Richardson KM, Rothstein HR (2008). Effects of Occupational Stress Management Intervention Programs: A Meta-Analysis. J Occup Health Psychol 13(1): 69–93.

Ruwaard J, Lange A, Bouwman M et al. (2007). E-mailed standardized cognitive behavioural treatment of work-related stress: A randomized controlled trial. Cogn Behav Ther 36(3): 179–192.

Ruhwandl D (2009). Top im Job – ohne Burnout durchs Arbeitsleben. Stuttgart (Klett-Cotta).

Schaufeli W, Enzmann D (1998): The Burnout Companion to Study and Practice. A Critical Analysis. Issues in Occupational Health London (Taylor & Francis).

Schulz P, Schlotz W, Becker P (2004). TICS – Trierer Inventar zum chronischen Stress. Göttingen (Hogrefe).

Spiegelonline (N. N.). http://www.spiegel.de/wirtschaft/umfrage-immer-mehr-manager-mit-erschoepfungssyndrom-a-434906.html

Stark M, Sandmeyer P (1999). Wenn die Seele SOS funkt. Fitnesskur gegen Stress und Überlastung. Reinbek bei Hamburg Rowohlt

Stark M, Sandmeyer P (2000). Wenn die Seele neue Kraft braucht. Wie aus Urlaub und Freizeit Erholung wird. Reinbek bei Hamburg (Rowohlt).

Techniker Krankenkasse (2008–2012). Gesundheitsreport. Hamburg.

Walter U, Plaumann M, Busse A et al. (2006). Prävention von Stress am Arbeitsplatz: Ergebnisse einer systematischen Literaturrecherche. In: KKH Kaufmännische Krankenkasse in Zusammenarbeit mit der MHH Medizinischen Hochschule Hannover: Weissbuch Praevention 2005/2006 Stress? Ursachen, Erklärungsmodelle und praeventive Ansätze. Berlin (Springer), S. 148–162.

Warr P (1990). The measurement of well-being and other aspects of mental health. J Occup Health Psych 63: 193–210.

Wehmeier PM (2013). Erfolg ist, wenn es mir gut geht! Burnout durch Selbstmanagement vermeiden. Göttingen (Vandenhoeck & Ruprecht).

Weimer S, Poell M (2012). Burnout – ein Behandlungsmanual. Baukastenmodul für Einzeltherapie und Gruppen, Klinik und Praxis. Stuttgart (Klett-Cotta).

24 Psychopharmaka in Schwangerschaft und Stillzeit

Eva M. Meisenzahl, Josef Bäuml

24.1 Einleitung

Schwangerschaft und Geburt sind intensive Erlebnisse im Leben einer Frau. Psychische Veränderungen, Befindlichkeitsstörungen und seelische Krisen bis hin zur Manifestation von psychiatrischen Krankheiten sind multifaktoriell durch spezifische hormonelle, physische sowie soziale und psychologische Aspekte dieses Lebensabschnittes bedingt.

Psychische Störungen im Wochenbett sind ein häufiges Phänomen. In der psychiatrischen Klassifikation nach ICD-10 werden sie unter F53 subsumiert.

Die Prävalenzzahlen sind insbesondere für die Wochenbettdepression (Geburt bis 6. Woche post partum) sowie für die Reexazerbation vorbekannter Störungen (Cohen, 1998) hoch:
- Wochenbettdepression: 3 %–27 %
- Post-partum-Psychose: 0,01 %
- Exazerbation einer vorher bestehenden psychischen Störung: 70 %

Bezüglich der Störungen, die sich bereits in der Schwangerschaft manifestieren, werden die Krankheitsbilder unabhängig von Erst- oder Remanifestation unter den klassischen F-Diagnosen des ICD-10 subsumiert.

Man geht heute davon aus, dass die Schwangerschaft an sich kein „protektiver Faktor" für das Auftreten psychiatrischer Störungsbilder ist. Untersuchungen zeigen, dass bereits im
- 1. Trimenon 7,4 %, im
- 2. Trimenon 12,8 % und im
- 3. Trimenon 12,0 %

der werdenden Mütter deutliche depressive Syndrome aufweisen, die wenig beachtet werden (Bennett et al., 2004).

Eine übersehene psychiatrische Störung bringt zumeist mittel- bis langfristig erhebliche Komplikationen mit sich, angefangen von der eigentlichen depressiven Symptomatik bis hin zu Störungen der Mutter-Kind-Beziehung.

24.2 Planung psychopharmakologischer Therapiestrategien

Der Facharzt ist mit verschiedenen Gruppen von Patientinnen konfrontiert:
1. Die psychiatrisch vorbekannte Patientin mit Kinderwunsch, die sich in einer Krankheitsphase oder im Status der Remission befinden kann.
2. Die Patientinnen mit einer Erstmanifestation einer psychiatrischen Störung in der Schwangerschaft.
3. Die Patientin mit einer Krankheitsmanifestation (Ersterkrankung oder rezidivierende Erkrankung) im Wochenbett und/oder in der Phase der Stillzeit.

Die psychiatrischen Behandlungsoptionen in der Schwangerschaft sind vielfältig. Die Herstellung einer vertrauensvollen, freundlichen und stützenden Beziehung ist ein erster zentraler Bestandteil jeder Therapie. Die Möglichkeit, auch negative Gedanken und Grübeleien aussprechen zu können, ist von elementarer emotionaler Bedeutung, aber diese Beziehung unterstützt auch die Wirkung von Psychopharmaka bereits im Niedrigdosierungsbereich.

Auf der Grundlage dieser Beziehung lässt sich vielerlei klären. Die Patientinnen sind erfahrungsgemäß für therapeutische Strategien zu gewinnen.

24.2.1 Diagnostik

Bei Erstmanifestation einer Störung sollte sich die somatische Diagnostik an den Leitlinien der Fachgesellschaft orientieren (spezifische Laboruntersuchungen, EEG, ggf. cMRT, ggf. Liquorpunktion). Der Ausschluss von Störungen wie Schilddrüsendysfunktionen (Kontrolle von TSH, T3 und T4), andere Hormonstörungen sowie Vitaminmangel (B1, B6, B9, B12), die eine psychiatrische Symptomatik verursachen können, ist unentbehrlich. Insbesondere bei Patientinnen mit zusätzlicher Hyperemesis gravidarum sollten Mangelerscheinungen i. S. von Hypovitaminosen genau im Auge behalten werden. Übersehene Hypovitaminosen in der Schwangerschaft können zu irreversiblen Schädigungen, z. B. der Wernicke-Enzephalopathie, führen.

Vor jedem psychopharmakologischen Vorgehen sollten in Abhängigkeit vom Schweregrad der Symptomatik weitere Optionen mit der Patientin erörtert werden:
1. allgemeine Stressreduktion (z. B. vorübergehende Krankschreibung),
2. Verhaltenstherapeutische Psychotherapie (Einzel- oder Gruppentherapie),
3. Einsatz von Lichttherapie oder Schlafentzug (auch im ambulanten Rahmen oder teilstationär möglich).

24.2.2 Präventive Maßnahmen

Eine psychopharmakologische Therapie hat grundsätzlich keine Zulassung in der Schwangerschaft. Die Patientin muss über diesen Tatbestand informiert werden. Die prinzipiellen Risiken für den Fetus unterteilen sich wie folgt:
1. Teratogenität,
2. Perinatale Syndrome (Zeitraum unmittelbar vor und nach Geburt),
3. Langzeitauffälligkeiten des Kindes (sogenannte „Verhaltensteratogenität").

Wichtig ist auch die ärztliche Kenntnis über die Ursachen angeborener Entwicklungsstörungen und den Beitrag, den Psychopharmaka hier potenziell leisten (siehe Kasten unten).

> **Ursachen angeborener Entwicklungsstörungen: Prävalenz für kongenitale Anomalien in der Bevölkerung**
>
> - 3 % bis 5 % monogenetische Erkrankungen (Chromosomen-Anomalien: 20 %)
> - 5 % Anatomische Faktoren (Uterusanomalien, Mehrlingsschwangerschaft, Oligohydramnion)
> - 2 % Chemische/physikalische Ursachen (Medikamente, Drogen, Strahlung, Schadstoffe)
> - 4 % Mütterliche Erkrankungen
> - 4 % Unbekannte Ursachen (spontane Entwicklungsstörungen: 65 %)

24.2.3 Prävention von Teratogenität

Nach der Definition der WHO bezeichnet der Begriff Teratogenität sämtliche exogenen Einflüsse auf die intrauterine Entwicklung, die zu morphologischen oder biochemischen Anomalien sowie zu Verhaltensstörungen führen (Paulus u. Lauritzen, 2003). Teratogenität ist somit in der gesamten Schwangerschaft möglich, jedoch im ersten Trimenon, der Phase der Organausbildung, von besonderer Relevanz.

Die Teratogenität misst sich in der Regel an den aktuell gültigen Prävalenzzahlen für kongenitale Anomalien in der gesamten Bevölkerung, die auf 3 % bis 5 % beziffert wird (Nelson und Holmes, 1989).

Folsäure wird schon von Beginn der Schwangerschaft an vermehrt gebraucht und ist zur Prävention von neuronaler Teratogenität sehr sinnvoll. Der Bedarf steigt um das Doppelte des Normalbedarfs an und liegt in der gesunden Schwangerschaft bei 800 µg oder 0,8 mg pro Tag. Die übliche Substitutionsmenge bei Schwangeren liegt jedoch unter der zur Prävention medikamentös verursachter Schäden möglicherweise notwendigen Dosis. Aus diesem Grund wird entsprechend internationaler Leitlinien der neurologisch-pharmakologischen Epilepsietherapie in der Schwangerschaft die Einnahme von 5 mg Folsäure täglich empfohlen (Tettenborn, 2004), um potenziellen Fehlbildungen durch Psychopharmakaeinnahme insbesondere im 1. Trimenon vorzubeugen. Diese präventive Folsäure-Therapie beginnt idealerweise einige Monate vor der Schwangerschaft und wird bis über das Ende des 1. Trimenons durchgeführt. Da es sich um ein wasserlösliches Vitamin handelt, liegt bei Vitamin B_1 eine große therapeutische Breite vor. So ist bei ärztlicher Überwachung der Einnahme über lange Zeiträume unter physiologischen Bedingungen nicht mit Intoxikationen zu rechnen.

Festzuhalten ist, dass die aktuell vorliegenden Zahlen zu Fehlbildungsraten unter Psychopharmaka für diese einfache präventive Maßnahme der erhöhten und rechtzeitigen Folsäureeinnahme bereits vor Eintreten der Schwangerschaft sprechen.

In der Präimplantationsphase (0–2. SSW) ist das Fehlbildungsrisiko sehr gering. Das sensibelste Stadium ist die Organogenese (1. Trimenon), in der Fetalphase (2.–3. Trimenon) sinkt das Risiko erneut (Wilson, 1977).

24.2.4 Ein interdisziplinäres Kompetenznetz für jede Patientin

Bei der Planung psychopharmakologischer Therapien stehen die Einbeziehung und Überzeugung der Angehörigen, z.B. der Partner, an erster Stelle. Wenn die Familie die medikamentöse Behandlung aufgrund von Ängsten und Befürchtungen nicht mitträgt, besteht das Risiko des Scheiterns. Die Zusammenarbeit mit Gynäkologen und Hebammen ist während einer psychopharmakologisch begleiteten Schwangerschaft unabdingbar.

Neben den üblichen Schwangerschaft-Ultraschallscreenings (1., 2. und 3. Trimenon) sollten große Fehlbildungen zusätzlich durch den großen Organ-Ultraschall in der 22. Schwangerschaftswoche bei Spezialisten eines Perinatalzentrums ausgeschlossen werden. Zusätzliche Echokardiografien des Fetus können durch die gynäkologischen Kollegen bei Gabe bestimmter Psychopharmaka (Lithium, Benzodiazepine, SSRI) gemeinsam geplant werden.

Die Geburt eines Kindes, das psychopharmakologischer Behandlung ausgesetzt war, sollte in einem Haus der Maximalversorgung mit Kinderintensiv-Einheit stattfinden, damit mögliche Komplikationen des Neugeborenen routinemäßig bewältigt werden können. Auch sollten die dortigen Kollegen über die Notwendigkeit der Psychopharmakotherapie informiert sein.

Grundsätzlich stellt die Einnahme von Psychopharmaka keine medizinische Indikation für eine Schwangerschaftsunterbrechung dar. Erst das Auftreten von schwerwiegenden Fehlbildungen führt zur Erwägung einer solchen Indikation, über die dann von den gynäkologischen Kollegen zu entscheiden ist. Maßnahmen wie die Einleitung einer Mutter-Kind-Therapie oder die Kontaktierung des Jugendamtes sollten rechtzeitig und behutsam geplant werden.

24.3 Psychopharmakologische Risikoprofile

Die amerikanische Zulassungsbehörde für Medikamente FDA hat für die unterschiedlichen psychopharmakologischen Gruppen 5 theoretische Kategorien erstellt, die definitorisch – auf der Grundlage vorliegender tierexperimenteller und Humandaten – unterschiedliche Gefährdungspotenziale für Psychopharmaka in der Schwangerschaft beschreiben (s. Tab. 24-1).

Zusammengefasst stellen sich die potenziellen praktisch-klinischen Komplikationen von Psychopharmaka wie folgt dar:

Psychopharmaka und ihre Komplikationen in der Schwangerschaft

a) **Symptomatik 1., 2. und 3. Trimenon**
- Spontanabort/Fehlgeburt
- Intrauteriner Tod
- Schwere Fehlbildungen
- Wachstumsretardierung

b) **Perinatale Symptome**
- Sedierung
- Hypoglykämie
- Bradykardie
- Entzugserscheinungen
- Extrapyramidalsymptomatik

c) **Verhaltensteratogenität**
Störung von Intelligenz, Kognition, Motorik, Sprachentwicklung, Verhalten, Reproduktion, Immunsystem

---

Einerseits besteht ein offensichtliches maternales „teratogenes" Risiko, wenn eine psychiatrische Störung nicht behandelt

Tab. 24-1 Klassifikation des Risikos von Medikamenten in der Schwangerschaft (US Food and Drug Administration, FDA)

Kategorie		Einstufung fetales Risiko
A		Kontrollierte Humanstudien zeigen kein Risiko für den Fetus
B	Clozapin	Tierstudien ohne Evidenz oder positive Evidenz für Fetalrisiko, keine kontrollierten Humanstudien
C	Alle Psychopharmaka	Positive und negative Evidenz in Tierstudien, keine Humanstudien
D	Mood Stabilizer	Positive Evidenz in Humanstudien bzw. klinische Beobachtungen, *aber Nutzen kann Risiko überwiegen*
X		Kontraindiziert, eindeutige Schädigung, *Nutzen überwiegt Risiko nicht*

24 Psychopharmaka in Schwangerschaft und Stillzeit

wird, und damit indirekt auch ein fetales Risiko für einen Säugling, der eine akut psychisch kranke Mutter hat (ggf. Spontanabort, Frühgeburt). Andererseits besteht das bekannte potenzielle fetale Risiko, das durch die direkte Wirkung der psychopharmakologischen Therapien hervorgerufen werden kann.

Welche Risiken müssen bei der Gabe von Psychopharmaka in der Schwangerschaft abgewogen werden?

a) **Psychiatrische Folgewirkungen:**
- Suizidalität
- Chronizität bei fehlender Behandlung
- Mutter-Kind-Bindung deutlich eingeschränkt

b) **Gynäkologische Folgewirkungen der maternalen Exazerbation:**
- Spontanabort
- Unterernährung
- Präeklampsie
- Verkleinertes Kindsgewicht
- Frühgeburt

c) **Psychopharmakawirkungen:**
- Nebenwirkungen
- Teratogenität
- Perinatale Syndrome
- Spätfolgen

Zu berücksichtigen ist, dass eine Reihe von geburtshilflichen Komplikationen, etwa Spontanaborte, Unterernährung, Präeklampsie und gestörte intrauterine Kindsentwicklung, sowohl bei unbehandelten psychiatrischen Störungen als auch als primäre Nebenwirkungen von Psychopharmaka beobachtet wurden. Die fetalen Risiken der Teratogenität sind aktuell am meisten gefürchtet, weil sie irreversibel oder nur mit erheblichen medizinisch-chirurgischen Interventionen behebbar sind.

Die vulnerabelste Phase für teratogene Wirkungen sind die ersten 8–12 Wochen, abzüglich der Präimplantationsphase, welche als Periode der ersten 2 Wochen nach der letzten Menstruation berechnet wird. Weil im ersten Trimenon (Woche 3–12) alle entscheidenden Organe angelegt werden, haben potenziell teratogene Substanzen in dieser Phase die massivsten negativen Auswirkungen. Dazu zählen u. a. die neuronalen Defektentwicklungen mit Neuralrohrdefekten, Fehlbildungen der hinteren Schädelgrube, Hydrocephalus, Myelocelen sowie Hirnnervenfehlbildungen. Weitere Fehlbildungen beziehen sich auf Gesichtsfehlbildung, Extremitätenfehlbildung, kardiale sowie urogenitale Fehlbildungen (Schaefer et al., 2006).

Eine Gefährdung der weiteren Organentwicklung ist während der gesamten Schwangerschaft gegeben. Trotzdem muss bei allen Überlegungen stets differenziert werden zwischen dem durch den Einsatz von Psychopharmaka bedingten maternalen und fetalen Risiko einerseits und den Folgen einer Exazerbation der psychiatrischen Störung durch das Weglassen der Psychopharmaka andererseits!

Die vorübergehenden perinatalen Syndrome entstehen durch die Medikamentenexposition des Fetus. Sie beinhalten Intoxikationserscheinungen (z. B. Herzfrequenzvariabilität, Schreckhaftigkeit, Zittern, REM-Schlafstörungen, motorische Über-/Unteraktivität) sowie die unmittelbar nach der Entbindung einsetzenden **Absetzphänomene**.

Voraussetzung ist die rationale Psychopharmakologie ohne exzessive Polypharmazie. Wenn eine psychopharmakologische Medikation in der Schwangerschaft bereits notwendig war, ist das Absetzen zur Verhinderung von perinatalen Syndromen im Regelfall nicht automatisch sinnvoll, weil das Risiko der maternalen Verschlechterung in der Postpartalphase hoch ist.

Zu den Spätfolgen, die unter dem Begriff der sogenannten Verhaltensteratogenität subsumiert werden, zählen Störungen in der postnatalen Entwicklung bis zur Pubertät in Motorik und Kognition (IQ, Sprachentwicklung, Verhalten). Hier entsteht der methodische Fallstrick, dass Störungen der motorischen und kognitiven Entwicklung sowohl auf die Medikation als auch mittelbar oder unmittelbar auf die psychiatrische Erkrankung der Mutter zurückgeführt werden können. Auch aus diesem Grunde liegen zu dem komplexen Begriff der Verhaltensteratogenität kaum aussagekräftige Befunde vor, v. a. nicht über die Auswirkungen spezifischer Psychopharmaka zu spezifischen Expositionszeitpunkten im Uterus.

Als praktische Handlungsrichtlinie gelten analog den Leitlinien der Epilepsietherapie in der Schwangerschaft (Delgado-Escueta u. Janz, 1992) die Anwendung der geringstwirksamen Dosierung *und* die Vermeidung von Kombinationstherapien. Im Einzelfall müssen auch die Interaktionen mit Medikationen aus anderen Bereichen, z. B. Antihypertensiva oder Antidiabetika, geprüft werden. Serumspiegelspitzen müssen ggf. durch Verteilung der Dosierungen auf mehrere Tagesdosen vermieden werden. Zusätzlich sollte eine Anamnese mit Fehlbildungen in der Familienanamnese durchgeführt werden.

24.4 Psychopharmaka-Gruppen

24.4.1 Antidepressiva

Nach den Kriterien der amerikanischen Arzneimittelzulassungsbehörde FDA ist kein Antidepressivum für den Zeitraum der Schwangerschaft und Stillzeit zugelassen. Bezüglich ihres teratogenen Risikos fallen Antidepressiva wie alle anderen Psychopharmaka in die Gruppe C, definiert als Gruppe, in der positive (Vorliegen von Teratogenität) oder keine tierexperimentellen Daten zur Teratogenität und keine Humanstudien vorliegen. Bei Patientinnen, die bereits Antidepressiva einnehmen, scheint die beste präventive Maßnahme die frühzeitige Gabe von Folsäure im Hochdosisbereich (5 mg/die) vor Schwangerschaftsbeginn bzw. die gezielte Schwangerschaftsplanung zu sein.

Trizyklische Antidepressiva (TZA)

Bezüglich Teratogenität inkl. Spontanaborten zeigt die überwiegende Mehrheit der Studienbeobachtungen, dass die Substanzklasse der trizyklischen Antidepressiva kein erhöhtes Risiko aufweist (Altshuler et al., 1996; Ericson et al., 1999; McElhatton et al., 1996; Brunel et al., 1994). Perinatale Syndrome unter dieser Substanzklasse spiegeln meist die Nebenwirkungsprofile der Trizyklika. Insbesondere anticholinerge Syndrome wie Harnverhalt, Lethargie und Obstipation sind möglich und können intensivpädiatrisch behandelt werden. Bei entsprechender Indikation erscheint die Gabe dieser Substanzgruppe aufgrund der langen Erfahrungsreihen relativ risikoarm.

MAO-Hemmer

Die gesamte Gruppe, wiewohl sie in der FDA nicht kritischer eingestuft wird als die anderen Antidepressiva, ist durch das bekannte Risiko der Blutdruckkrisen prinzipiell sehr risikoreich. Bei Planung einer Schwangerschaft oder neu bestehender Schwangerschaft ist daher eine Umstellung dringend zu empfehlen.

Selektive Serotonin-Wiederaufnahme-Inhibitoren (SSRIs)

Für eine erhöhte Rate von Spontanaborten unter SSRIs gibt es bislang keine Hinweise. Obwohl die Datenlage bezüglich weiterer Teratogenität längere Zeit relativ stabil anzeigte, dass für SSRIs (Paroxetin, Fluoxetin, Citalopram, Sertralin) keine signifikant erhöhten Malformationsraten vorliegen (z. B. Hallberg u. Sjoblom, 2005; Addis u. Koren, 2000; Chambers et al., 1999), weisen neuere prospektive Einzelstudien für die Substanzen Fluoxetin und Paroxetin auf signifikant erhöhte spezifische kardiale Malformationen (Kardiomyopathie) hin (Diav-Citrin et al., 2005).

Bekannt ist, dass Sertralin den geringsten transplazentaren Übergang aufweist, gefolgt von Paroxetin, Fluoxetin und Citalopram (Hendrick et al., 2003). Inwieweit sich daraus praktische Konsequenzen für die Therapiewahl bezüglich der Teratogenität ableiten lassen, ist bislang unklar. Die perinatale Symptomatik umfasst Tachypnoe, pulmonalen Distress sowie Serotonin- und Entzugssyndrome (Laine et al., 2003; Zeskind u. Stephens, 2004). Unsere eigene klinische Erfahrung und der Austausch mit pädiatrischen Intensivmedizinern zeigt, dass diese Symptomatiken zwar belastend, jedoch intensivmedizinisch gut beherrschbar sind.

Eine Reduktion oder gar ein Absetzen der psychopharmakologischen Medikation scheint – insbesondere auf der Grundlage einer gut geprüften psychiatrischen Indikation bereits in der Schwangerschaft – wenig sinnvoll, zumal die Wochenbettsituation das Risiko der Krankheitsverschlechterung erhöht. Zur Langzeitteratogenität liegen keine aussagekräftigen Untersuchungen vor.

Serotonin-Noradrenalin-Wiederaufnahmehemmer

Für eine erhöhte Teratogenität von Venlafaxin gibt es bisher keine Hinweise (150 untersuchte exponierte Schwangere: Einarson et al., 2001; Paulus u. Lauritzen, 2005). Zu beachten ist jedoch, dass über dieses Präparat noch deutlich weniger publizierte Daten vorliegen als über TZA und SSRIs.

Andere Antidepressiva

Zu den Präparaten Mirtazapin, Reboxetin, Duloxetin und Johanniskraut ist die Datenlage unzureichend, sodass sie nicht die Mittel der ersten Wahl in der Schwangerschaft darstellen oder nur im Falle einer klaren Non-Response auf die besser bekannten Präparate zum Einsatz kommen dürfen. Für Bupropion scheint bei eingeschränkter Studienlage bis dato keine signifikant erhöhte Teratogenität in den wenigen naturalistischen Studien vorzuliegen. Kasuistisch wurde ein intrauteriner Fruchttod beschrieben.

In Tabelle 24-2 sind die verschiedenen Informationen hinsichtlich der Einnahme von Antidepressiva zusammengefasst.

Fazit: Die aktuelle Datenlage zeigt, dass vor dem Einsatz von Antidepressiva eine klare Indikationsprüfung durchgeführt werden muss und andere Therapieoptionen zu erwägen sind. Die Aufklärung und das (ggf. schriftliche) Einverständnis der Patientin sollten vor Verschreibung erfolgen.

Erste Wahl sind bis dato TZAs oder SSRIs unter der ggf. zusätzlichen Gabe von 5,0 mg Folsäure täglich. Problematische Präparate wie Lithium oder MAO-Hemmer sollten möglichst vor Eintreten der Schwangerschaft umgestellt werden.

Bedeutsam sind immer die Einhaltung der geringst notwendigen psychopharmako-

Tab. 24-2 Antidepressiva und ihre Komplikationen in der Schwangerschaft

Spontanaborte: • TZA (Altshuler 1996, N = 400): unauffällig   • SSRI (11 Studien): unauffällig   • Venlafaxin bis 300 mg (N = 150): kein Hinweis   • Andere AD: keine Daten   Störvariable: zunehmendes Alter
Fehlbildungen: • TZA (Altshuler 1996, N = 400): unauffällig   • SSRI: Fluoxetin (8 Studien): kein Hinweis
Neuere prospektive Studien: Fluoxetin/Paroxetin – spezifische kardiale Malformation (Kardiomyopathie). Andere SSRI: geringe Datenlage, jedoch bis dato kein Hinweis in Einzelfallberichten   • TZA: anticholinerge Syndrome (Einzelberichte): Harnverhalt, Obstipation, Lethargie   • SSRI: 11 Studien positiv – Tachypnoe, pulmonaler Distress, Frühgeburt, Serotonin-Syndrome u.a.   • Für alle anderen AD: keine systematischen Untersuchungen
Keine langfristigen Untersuchungen bisher vorliegend
Keine konkreten Aussagen zu: Escitalopram, Mirtazapin, Reboxetin, Bupropion, Johanniskraut

logischen Dosis und das monotherapeutische Regime, da Polypharmazie die Teratogenität erhöht. Es sollten Substanzen mit gleichmäßigen Blutspiegeln gewählt werden, um Expositionspeaks beim Fetus zu vermeiden. Spiegelkontrollen sind in Anbetracht des veränderten Schwangerenmetabolismus und möglicher Interaktionen mit Nicht-Psychopharmaka anzuraten.

Eine Kontaktaufnahme zu einem Pränatalzentrum sollte eine Serviceleistung des psychiatrischen Fachkollegen sein, um die Anzahl und Frequenz der geplanten fetalen Ultraschalle zu evaluieren und ggf. zu erhöhen (reguläre Ultraschalle: 3 plus großer U-Schall 22. Woche).

Wichtige Kriterien bei der Abwägung des Einsatzes von Psychopharmaka

- Teratogenität
- Perinatale Symptome
- Verhaltensteratogenität

Die Geburtsplanung sowie die Geburt selbst müssen aus psychopharmakologischer Sicht in einem Haus der Maximalversorgung (Kinderintensiv-Einheit) stattfinden, da nur dort mit möglichen Komplikationen optimal umgegangen werden kann.

24.4.2 Stimmungsstabilisierer (Moodstabilizer/Phasenprophylaktika)

Klar kontraindiziert ist bekanntermaßen Lithium im ersten Trimenon aufgrund der bekannten, wenngleich sehr seltenen kardialen Epstein-Anomalie (Cohen et al., 1994;

Zalzstein et al., 1990). Dieser Zusammenhang wird durch neuere Befunde allerdings wieder relativiert. Lithium sollte – wenn klinisch vertretbar – erst wieder im 2./3. Trimenon angesetzt werden. Zu bedenken ist, dass die Lithiumausscheidung über die Niere bei Schwangeren um bis zu 100 % gesteigert ist. Unter der Geburt sinkt die Clearance erneut, sodass eine genaue Dosisanpassung und Spiegelkontrolle insbesondere bei der Gabe in der Schwangerschaft notwendig ist. Im letzten Trimenon wurde empfohlen, die Dosierung wieder zu halbieren, da es andernfalls zu häufigeren Frühgeburten kommt (Troyer et al., 1993). Ursache sind offenbar das Absinken der renalen Clearance der Mutter und die damit verbundene Erhöhung der toxischen Akkumulationsgefahr bei Mutter und Fetus. Engmaschige Spiegelkontrollen sind daher über die gesamte Einnahmezeit in der Schwangerschaft erforderlich.

Die Perinatalsyndrome sind vielfältig und reichen von den klassischen Zeichen der Lithiumintoxikation bis zu kardialen Störungen, Diabetes insipidus sowie Hypothyreose mit Struma des Neugeborenen (Malzacher et al., 2003; Zegers und Andriessen, 2003). Das sogenannte Floppy-infant-Syndrom mit Lethargie und Trinkschwäche, Tachypnoe, Tachykardie und Temperaturregulationsstörungen wird bei Lithiumgaben häufig als perinatales Syndrom beobachtet. Zur Langzeitteratogenität liegen keine aussagekräftigen Daten vor.

Weitere Stimmungsstabilisierer/ Phasenprophylaktika

Vorab sollte erneut beachtet werden, welche der hier eingesetzten Präparate für das Störungsbild tatsächlich eine Zulassung besitzen und somit erste medikamentöse Wahl sind. Bedeutsam ist insbesondere bei den Bipolarstörungen die Schwere des Krankheitsverlaufes, die in direkter Abwägung zum fetalen Risiko steht. Geprüft werden sollte auch, inwieweit die Symptomatik vorübergehend mit anderen Präparaten, z. B. Neuroleptika, behandelt werden kann.

Die Datenlage zu Carbamazepin, Valproinsäure und Lamotrigin zeigt, dass alle eine signifikant erhöhte Teratogenität aufweisen (Tettenborn, 2002; Arpino et al., 2000). Einige internationale Register deuten darauf hin, dass möglicherweise Lamotrigin, in Dosierungen unter 200 Mikrogramm täglich, ein signifikant geringeres Risiko aufweisen könnte als die anderen Moodstabilizer. Jedoch ist der Einsatzbereich von Lamotrigin für akute psychische Störungen minimal.

Verschiedene Untersuchungsergebnisse weisen darauf hin, dass das Fehlbildungsrisiko unter der Einnahme mehrerer Antiepileptika höher ist als unter Monotherapie, weshalb in der Epilepsiebehandlung die Monotherapie erste Leitlinienempfehlung ist.

Zu Gabapentin liegen keine aussagekräftigen Daten auf psychiatrischem Sektor vor.

24.4.3 Tranquilizer und Hypnotika, Benzodiazepine

Die Behandlung mit Benzodiazepinen ist über die gesamte Schwangerschaft entgegen weitverbreiteter Meinung als kritisch zu bewerten. Benzodiazepine haben hohe Akkumulationsraten im Fetus. Sie können – Zeitspannen sind hier nicht bekannt, und es liegt sicher auch eine individuell unterschiedliche Empfindlichkeit vor – über alle drei Trimena der Schwangerschaft zu Herzfehlbildungen, Lippen-Gaumenspalten, Atresien und Mikrozephalie führen (Dolovich et al., 1998). Benzodiazepine finden ihren Gebrauch ausschließlich zur kurzfristigen Akutbehandlung von psychiatrischen Notfällen. Ihre Verschreibung sollte im ersten Trimenon besonders restriktiv gehandhabt werden.

Die perinatalen Syndrome entsprechen den Wirkungen und Nebenwirkungen dieser Stoffgruppe mit vermehrter Schläfrigkeit, Atemdepression sowie dem wochenlang anhaltenden „Floppy-infant-Syndrom" mit Lethargie, Trinkschwäche, Tachypnoe und Temperaturregulationsschwächen.

Andere Hypnotika

Für die Schlafmittel Zolpidem und Zopiclon liegen keine verwertbaren Daten vor.

Schließlich sollte noch die Schlafmedikation mit Chloralhydrat erwähnt werden. Hier sind chromosomale Veränderungen beschrieben, deshalb ist Chloralhydrat absolut kontraindiziert.

Bei Schlafstörungen und Spannungszuständen kann zusätzlich und versuchsweise Magnesium im Hochdosisbereich angewendet werden. Es wirkt schlafanstoßend und muskelrelaxierend. Wenn trotz bereits erfolgter antidepressiver Therapie erheblich störende Schlafstörungen persistieren, ist die zusätzliche Gabe von Doxepin im Niedrigdosisbereich (z. B. 2,5–10 mg) eher vertretbar als die Gabe von Benzodiazepinen.

24.4.4 Neuroleptika/Antipsychotika

Für „klassische" Neuroleptika aus der Gruppe der Butyrophenone ergaben retrospektive Studien keine Hinweise auf Spontanaborte. Eine umfangreiche prospektive Fall-Kontrollstudie zu Haloperidol ergab keine erhöhte Fehlbildungsrate (Diav-Citrin et al., 2005).

Bei den Phenothiazinen und Thioxanthenen ist die Datenlage widersprüchlich und lässt keine Aussagen zu.

Perinatalsyndrome sind für alle klassischen Neuroleptika klar beschrieben: Hyperreflexie, Bewegungsunruhe, vasomotorische Instabilität sowie Verläufe mit extrapyramidaler Symptomatik, in Einzelbeobachtungen bis zu 10 Monaten. Zur Langzeitteratogenität gibt es keine Aussagen.

Bei den atypischen Neuroleptika ist Clozapin generell bezüglich des Risikos der Agranulozytose nicht das Mittel der ersten Wahl in der Schwangerschaft. Es sollte nur bei therapierefraktären schizophrenen Störungen Verwendung finden.

Die umfangreichsten Untersuchungen hinsichtlich der Teratogenität liegen aktuell für Olanzapin vor. Der Datenstand verweist auf keine erhöhte Teratogenität. Auch im Tierversuch hat sich Olanzapin bisher als nicht teratogen erwiesen (z. B. Gentile, 2004; McKenna et al., 2004, 2005). Bezüglich perinataler Syndrome wurden in Einzelfallberichten Hyperreflexie, Bewegungsunruhe, vasomotorische Instabilität oder Sedierung beschrieben.

Zu anderen atypischen Neuroleptika (Risperidon, Quetiapin und Aripiprazol) liegen keine ausreichenden Daten vor, sodass eine vorsichtige Anwendung sehr angebracht erscheint.

Lediglich Ziprasidon sollte mit einer nachgewiesenen tierexperimentellen Teratogenität (Herzfehlbildung) erwähnt werden, wiewohl die tierexperimentellen Ergebnisse keine direkten Schlüsse auf die Humansituation zulassen.

Fazit: Bei schizophrenen Störungen ist eine Psychopharmakotherapie oft unvermeidlich. Erste Wahl sind bis dato Haloperidol sowie Olanzapin. Die Umstellung von medizinisch risikoreicheren Präparaten wie Clozapin sollte erwogen werden.

Bei einer stabilen Patientin sollte die psychopharmakologische Vorbehandlung nicht abgesetzt, sondern im Niedrigdosisbereich fortgeführt werden, weil das Rezidivrisiko hoch ist. Dies hängt jedoch letztlich vom Einzelfall ab. Bedeutsam sind erneut die geringst notwendige psychopharmakologische Dosis und das monotherapeutische Regime, da Polypharmazie die Teratogenität erhöht. Auch hier sollten mit Rücksicht auf gleichmäßige Blutspiegel auf fraktionierte Dosierung geachtet und Plasma-Konzentrationsbestimmungen (TDM) durchgeführt werden. Im Hinblick auf Compliance und konstante Plasmaspiegel nehmen Depotpräparate möglicherweise, wiewohl nicht geprüft, einen sinnvollen Platz in der praktischen Routine ein.

Auch für die neuroleptische Therapie gelten die klare Indikationsprüfung und der Ausschluss anderer Therapieoptionen.

24.5 Stillen unter Psychopharmaka

Stillen ist für die Mutter-Kind-Bindung wichtig, jedoch nicht unabdingbar. Stillen ist bereits für gesunde Mütter eine körperlich anstrengende Tätigkeit und führt zu erheblichem Schlafmangel. Der oft gestörte Tag-Nacht-Rhythmus ist z. B. für depressive Mütter ein erheblicher Stressor. Zentral ist bei der Frage des Stillens oder Abstillens die Einbeziehung des Vaters des Kindes, der nachts wichtige Hilfe leisten kann, um der Stressbelastung durch Schlafmangel entgegenzuwirken.

Bei Patientinnen, die trotz Aufklärung über die potenziellen Risiken und Nebenwirkungen nicht auf das Stillen verzichten möchten, kann ein Stillversuch mit Beobachtung des Neugeborenen unter Einbeziehung von Kinderarzt und Hebamme vertreten werden. Der Stillwunsch sollte jedoch in keinem Fall zu einer Reduktion oder gar zum Absetzen der psychopharmakologischen Medikation führen. Bei einer eindeutigen depressiven Episode im Rahmen einer Wochenbettdepression sollte die antidepressive Medikation bei guter Response mindestens 6 Monate, besser 1 Jahr, unter fachärztlicher Betreuung eingenommen werden.

Jede psychopharmakologische Medikation geht in die Muttermilch über; lediglich über das Ausmaß des Überganges bestehen diskrepante Ansichten. Prinzipiell besteht für das Neugeborene eine Akkumulationsgefahr wegen noch fehlender ausreichender hepatischer Metabolisierung. Zu berücksichtigen ist auch, dass das ZNS des Neugeborenen wegen der fehlenden Blut-Hirn-Schranke gegenüber psychoptropen Substanzen deutlich sensitiver ist.

Prinzipiell ist somit beim Stillen unter Einnahme von Psychopharmaka mit der Manifestation spezifischer Effekte und Nebenwirkungen zu rechnen. Übersichten finden sich bei Burt et al. (2001) sowie Chaudron und Jefferson (2001). Verlässliche Daten zur Langzeit-Teratogenität von Psychopharmaka-Exposition unter Stillen liegen nicht vor.

24.6 Prävention durch Planung

Die Betreuung psychischer Störungen bei Frauen in Schwangerschaft und Stillzeit ist für den psychiatrischen Facharzt eine besondere fachliche Herausforderung, denn sie erfordert Zeit, Geduld und ein hohes Maß an Verantwortung.

Die geplante Schwangerschaft lässt mit der zusätzlichen Planung von Stressreduktion, verhaltenstherapeutischer Psychotherapie, Maßnahmen wie ggf. Folsäuregabe vor dem Schwangerschaftsbeginn oder einer geordneten Medikamentenumstellung deutlich mehr Optionen im Vorfeld zu. Dies gilt auch für das Erkennen von Hochrisiko-Müttern mit erstmalig beginnender psychiatrischer Symptomatik, die von Gynäkologen und Hebammen betreut werden. Das Investieren in ein enges interdisziplinäres Netzwerk ermöglicht den schnellen und frühzeitigen Austausch über Fachgrenzen hinaus. Nur so gelingt es, frühzeitig auf Krisen in der Schwangerschaft und Stillzeit zu reagieren und Psychopharmaka sinnvoll und sparsam einzusetzen.

lern muss versucht werden, den für die Erkrankte und ihr heranreifendes Kind optimalen Behandlungskompromiss zu finden.

Die Verfasser haben eine Reihe von Modulen entwickelt, die in tabellarischer Auflistung die wesentlichen Informationen beinhalten, die von den Gruppenleitern/Behandlern mit den Patientinnen und ihren Angehörigen fallorientiert besprochen werden können. Hierbei müssen die bereits ausführlich beschriebenen psychoedukativen Grundelemente beachtet werden: Interaktive Informationserarbeitung bei gleichzeitiger emotionaler Entlastung durch wertschätzenden Umgang, prompte Verstärkung von Eigenbeiträgen, zweiseitige Informationsvermittlung, Vermittlung von Hoffnung und Zuversicht etc.; siehe hierzu auch die Kapitel 16 bis 18.

24.7 Psychoedukative Module zum Thema Psychopharmakotherapie in der Schwangerschaft und während der Stillzeit

Für psychisch erkrankte werdende Mütter, deren Partner und oftmals auch weitere Familienangehörige, ist eine gründliche, angstreduzierende und gleichzeitig nicht überfordernde psychoedukative Aufklärung über die Zusammenhänge von gelingender Schwangerschaft und protektiver Psychopharmakotherapie ungemein wichtig. In der Regel wird es sich hierbei um Einzel- bzw. familienzentrierte Gespräche handeln, da die gleichzeitige Betreuung von mehreren psychisch kranken Schwangeren die Ausnahme sein dürfte. Bei fehlender Krankheitseinsicht und akutem Behandlungsbedarf ist die Einrichtung einer Betreuung dringend erforderlich! Zusammen mit Patientin, Angehörigen, Betreuern und Behand-

24.7.1 Basisinformationen zu Schwangerschaft und Wochenbett bei Erstmanifestation bzw. vorbekannter psychischer Erkrankung

(Aus Platzgründen nur tabellarische Auflistung, die ausführlichen Informationen können bei den Verfassern des Artikels aber angefordert werden)

- Psychische Störungen im Wochenbett (Cohen, 1998)
- Diagnostik bei Planung einer SS
- Optionen vor der Psychopharmakagabe in der SS
- Planung einer SS unter Psychopharmaka
- Einteilung der Fehlbildungsrisiken durch Psychopharmaka
- Ursachen angeborener Entwicklungsstörungen
- Prävention von Teratogenität
- Wichtige Maßnahmen bei Psychopharmakotherapie in SS

24 Psychopharmaka in Schwangerschaft und Stillzeit

- Klassifikation des Risikos von Medikamenten in der SS
- Psychopharmaka und ihre Komplikationen in der SS
- Risiken bei der Gabe von Psychopharmaka in der SS
- Trizyklische Antidepressiva und MAO-Hemmer
- Selektive Serotonin-Wiederaufnahme-Inhibitoren (SSRIs)
- Serotonin-Noradrenalin-Wiederaufnahmehemmer
- AD in der SS, Zusammenfassung
- Lithium
- Stimmungsstabilisierer (Moodstabilizer/Phasenprophylaktika)
- Tranquilizer und Hypnotika, Benzodiazepine
- Klassische/Typische Neuroleptika/Antipsychotika
- Atypische Neuroleptika/Antipsychotika
- Stillen unter Psychopharmaka

Literatur

Addis A, Koren G (2000). Safety of fluoxetine during the first trimester of pregnancy: a meta-analytical review of epidemiological studies. Psychol Med 30: 89–94.

Altshuler LL, Cohen L, Szuba MP et al. (1996). Pharmacologic management of psychiatric illness during pregnancy: dilemmas and guidelines. Am J Psychiatry 153: 592–606.

Arpino C, Brescianini S, Robert E (2000). Teratogenic effects of antiepileptic drugs: use of an international database on malformations and drug exposure (MADRE). Epilepsia 41: 1436–1443.

Bennett HA, Einarson A, Taddio A et al. (2004). Prevalence of depression during pregnancy: systematic review. Obstet Gynecol 103: 698–709.

Berry RJ, Li Z, Erickson JD et al. (1999). Prevention of neural-tube defects with folic acid in China. N Engl J Med 341: 1485–1490.

Brunel P, Via T, Roche I et al. (1994). Suivi de 151 grossesses exposées à un traitement antidépresseur (IMAO exclus) au cours de l'organogenese. Therapie 49: 117–122.

Burt VK, Suri R, Altshauler L et al. (2001). The use of psychotropic medications during breast-feeding. Am J Psychiatry 158: 1001–1009.

Chambers CD, Dick LM, Felix RJ et al. (1999). Pregnancy outcome in women who use sertraline. Teratology 59: 376.

Chaudron LH, Jefferson JW (2001). Mood stabilizers during breastfeeding. A review. J Clin Psychiatry 61: 79–90.

Cohen LS (1998). Pharmacologic treatment of depression in women: PMS, pregnancy, and the post partum period. Depress Anxiety 8 Suppl 1: 18–26.

Cohen LS, Friedman JM, Jefferson JW et al. (1994). A reevaluation of risk of in utero exposure to lithium. JAMA 271: 146–150.

Delgado-Escueta AV, Janz D (1992). Consensus guidelines: preconception councelling, management and care of the pregnant woman with epilepsy. Neurology 42 (Supp 5): 149–160.

Diav-Citrin 0, Shechtman S, Ornoy S et al. (2005). The safety of haloperidol and penfluridol in pregnancy: a multicenter, prospective, controlled study. J Clin Psychiatry 66: 317–322.

Diav-Citrin O, Shechtmans S, Weinbaum D et al. (2008). Paroxetine and fluoxetine in pregnancy: a prospective, multicentre, controlled, observational study. Br J Clin Pharmacol 66: 695–705.

Dolovich LR, Addis A, Regis Vaillancourt et al. (1998). Benzodiazepine use in pregnancy and major malformations or oral cleft: meta-analysis of cohort and case-control studies. BMJ 317: 839–843.

Einarson A, Fatoye B, Sakar M et al. (2001). Pregnancy outcome following gestational exposure to venlafaxine: a multicentre prospective controlled study. Am J Psychiatry 158: 1728–1730.

Ericson A, Källén B, Wiholm BE (1999). Delivery outcome after the use of antidepressants in early pregnancy. Eur J Clin Pharmacol 55: 503–508.

Gentile S (2004). Clinical utilization of atypical antipsychotics in pregnancy and lactation. Ann Pharmacother 38: 1265–1271.

Gentile S (2005). The safety of newer antidepressants in pregnancy and breastfeeding. Drug Safety 28: 137–152.

Hallberg P, Sjoblom V (2005). The use of selective serotonin reuptake inhibitors during pregnancy and breast-feeding: a review and clinical aspects. J Clin Psychopharmacol 25: 59–73.

Hendrick V, Stow ZN, Altshuler LL (2003). Placental passage of antidepressant medications. Am J Psychiatry 160: 993–996.

Laine KL, Heikkinen T, Ekblad U et al. (2003). Effects of exposure to selective serotonin reuptake inhibitors during pregnancy an serotoninergic Symptoms in newborns and cord blood monoamine and prolactin concentrations. Arch Gen Psychiatry 60: 720–726.

Malzacher A, Engler H, Drack G et al. (2003). Lethargy in a newborn: lithium toxicity or lab error? J Perinat Med 313: 340–342.

McElhatton PR, Garbis HM, Elefant E et al. (1996). The outcome of pregnancy in 689 women exposed to therapeutic doses of antidepressants. A collaborative study of the European Network of Teratology Information Services (ENTIS). Reprod Toxicol 10: 285–294.

McKennaK, Einarson A, Levinson A et al. (2004). Significant changes in antipsychotic drug use during pregnancy. Vet Human Toxicol 46: 44–46.

McKenna K, Koren G, Tetelbaum M et al. (2005). Pregnancy outcome of women using atypical antipsychotic drugs: a prospective comparative study. J Clin Psychiatry 66: 444–449.

MRC VITAMIN STUDY RESEACH GROUP (1991). Prevention of neural tube defects: results of the medical research council vitamin study. Lancet 338: 131–137.

Nelson K, Holmes LB (1989). Malformations due to presumed spontaneous mutations in newborn infants. N Engl J Med 320: 19–23.

Oates M (2003). Suicide: the leading cause of maternal death. Br J Psychiatry 183: 279–281.

Paulus WE, Lauritzen C (2005). Medikamente und Schadstoffe in der Schwangerschaft und Stillzeit. Balingen (Spitta).

Schaefer C, Spielmann H, Vetter K (2006). Arzneiverordnung in Schwangerschaft und Stillzeit, 7. Aufl. München (Elsevier).

Schmitt E, Bauer J (2004). Mindert eine Folsäuresubstitution die Teratogenität von Antiepileptika? Z Epileptol 17: 199–208.

Tettenborn B (2002). Teratogenität von Antiepileptika: große und kleine Fehlbildungen. Akt Neurol 29. Supplement 1: 37–39.

Troyer WA, Pereira GR, Lannon RA et al. (1993). Association of maternal lithium exposure and premature delivery. J Perinatol 13: 123–127.

Zalzstein E, Koren G, Einarson T et al. (1990). A case-control study an the association between first trimester exposure to lithium and Ebstein's anomaly. Am J Cardiol 65: 817–818.

Zegers B, Andriessen P (2003). Maternal lithium therapy and neonatal morbidity. Eur J Pediatr 162: 348–349.

Zeskind PS, Stephans LE (2004). Maternal selective serotonin reuptake inhibitor use during pregnancy and newborn neurobehavior. Pediatrics 2: 368–375.

25 Psychoedukation bei Hinterbliebenen nach Suizid

Ines Andre-Lägel

Wir haben gesehen und doch nicht verstanden,
und seit wir verstehen, ist es zu spät …[1]

(Erika Bodner)

25.1 Begründung der Psychoedukation für Suizid-Hinterbliebene

Suizid ist allgegenwärtig, und doch wird im Alltag nur selten offen darüber gesprochen. Im Jahr 2011 starben in Deutschland 10.144 Menschen durch Suizid, 4.664 von ihnen, so die Zahlen des Statistischen Bundesamtes, durch Erhängen. Das Bündnis gegen Depression führt an, dass bei 90 % der Suizidopfer eine psychiatrische Erkrankung vorlag. Nach der Metaanalyse „Psychiatric diagnoses and suicide – Revisiting the evidence" von Bertolote et al. (2006), sind hier vor allem Depressionen (30,2 %), Substanzgebundene Störungen (17,6 %), Schizophrenien (14,1 %) und Persönlichkeitsstörungen (13 %) vertreten. Nach einer schwedischen Untersuchung, veröffentlicht im Britischen Ärzteblatt (Tidemalm et al., 2008), nimmt sich jeder dritte männliche Patient mit bi-/unipolarer Störung oder einer Schizophrenie, der nach einem Suizidversuch stationär behandelt wurde, nach seiner Entlassung das Leben. Durch den Zusammenhang zwischen psychiatrischen Erkrankungen und Suizid kommt der Behandlung der Grunderkrankung im Rahmen der Suizidprävention eine sehr große Bedeutung zu. Doch hier soll es nicht um den Suizid selbst, sondern um die Folgen für die Angehörigen gehen.

Stirbt ein geliebter Mensch durch Suizid, so haben die Hinterbliebenen nicht nur ihre Trauer zu bewältigen. Hinzu kommen häufig quälende Fragen nach dem Warum: Warum hat er/sie sich das angetan? Warum hat er/sie mich verlassen? Habe ich nicht genug Liebe oder Verständnis oder Fürsorge gegeben? War ich selbst nicht liebenswert genug? Hätte ich es verhindern können? Was habe ich übersehen? Warum habe ich mich an diesem Tag nicht noch mehr gekümmert?

25.1.1 Eltern und Partner nach Suizid

Welches Gefühl, welche Frage im Vordergrund steht, hängt vom Verhältnis des Hinterbliebenen zum Verstorbenen ab: Eltern beschreiben nach dem Suizid ihres Kindes vor allem, dass sie sich für dessen Tod verantwortlich fühlen (Seguin et al., 1995). Hingegen finden sich nach dem Suizid eines Partners vermehrt Gefühle des Verlassenwordenseins bzw. der Ablehnung (Smolin, 1993). In allen Gruppen aber spielen Schuldgefühle eine wichtige Rolle.

In der Gesellschaft stehen die Hinterbliebenen mit ihren Fragen und den damit verbundenen Gefühlen von Schuld, Wut, Angst und Schmerz jedoch meist allein. Das Thema Selbsttötung macht sprachlos und unsicher.

---

1 Erika Bodner in: von Stülpnagel F: Ohne dich. Hilfe für Tage, an denen es besonders schmerzt. München (Kösel) 2011.

Insbesondere Gespräche mit anderen Betroffenen, z. B. in einer Selbsthilfegruppe für Suizidhinterbliebene, werden von den Trauernden als besonders wichtig eingestuft. „Am hilfreichsten war die Gruppe als solche! Gefragt war weniger der ‚Supertherapeut' als vielmehr das Erlebnis, mit seinem Trauma nicht allein zu sein" (Stich, 1996).

Menschen durchlaufen nach Verena Kast im Trauerprozess verschiedene Phasen (Tab. 25-1):

1. Phase: Nicht wahrhaben wollen
Ähnlich einem Schockzustand wird der Verlust verleugnet. Die Trauernden beschreiben sich als empfindungslos, erstarrt, wie in einem bösen Traum.

2. Phase: Emotionen brechen auf
Massive Gefühle von Trauer, Wut, Angst und Hilflosigkeit bestimmen diese Phase der Trauer. Welche Gefühle vorherrschen, ob und wann sie auftreten, ist abhängig vom Verhältnis zum Verstorbenen. Es ist wichtig, diese Emotionen zuzulassen.

3. Phase: Sich finden und sich trennen
In dieser Zeit setzen sich die Trauernden mit der neuen Wirklichkeit auseinander. Es werden Orte und Kontexte aufgesucht, wo der Verstorbene früher zu finden war und nun fehlt.

4. Phase: Neuer Selbst- und Weltbezug
Hat der Hinterbliebene den Verlust verarbeitet, entwickelt er ein angepasstes Bild von sich selbst und von der Welt ohne den Verstorbenen. Bei gelingendem Trauerprozess schafft er es, den Verstorbenen in der Erinnerung weiterleben zu lassen. Auf diese Art kann er eine Bindung zur verstorbenen Person aufrechterhalten. Neue Beziehungen werden möglich (Kast, 2001).

Auch wenn diese Trauerphasen als typisch angesehen werden, trauert doch jeder Mensch in seinem eigenen Tempo. Die meisten Partner sind noch viele Jahre nach dem Verlust relativ hoch belastet (Zisook u. Shuchter, 1986). Die Bedeutung, die sie dem Verlust zuschreiben, bestimmt dabei die Trauerreaktion (Znoj, 2009). Trauer ist also hochindividuell. Sie folgt weder einem vorgegebenen Ablauf noch einem festgelegten Zeitplan. Einige Menschen schließen ihren Trauerprozess bereits nach wenigen Wochen ab, andere benötigen mehrere Jahre.

Den Trauerprozess nach einem Manual zu absolvieren scheint daher nicht die Methode erster Wahl zu sein. Für Menschen, die in der Bewältigung ihrer Trauer langsamer voranschreiten, birgt ein allzu schnelles Vorgehen die Gefahr der Überforderung. Zudem beinhaltet das Vorgeben einer bestimmten Dauer für die verschiedenen Phasen die implizite Erwartung, dass die Trauer auch in diesem vorgegebenen Intervall zu durchlaufen wäre.

Dennoch ist es wünschenswert, dass sich helfende Angehörige und Freunde der jeweiligen Phasen und Prozesse im Trauerprozess und der intensiven Schuld- und Wutgefühle bewusst sind, damit sie die Hin-

Tab. 25-1 Trauerphasen

1	2	3	4
Nicht wahrhaben wollen	Emotionen brechen auf	Sich finden und sich trennen	Neuer Selbst- und Weltbezug

terbliebenen angemessen begleiten und unterstützen können. So kann eine Bewältigung des Suizides erfolgen und eine mögliche psychische Störung (Depression, Anpassungsstörung, posttraumatische Belastungsreaktion etc.) oder eine anderweitige krankheitswertige Reaktion auf das Erlebte vermieden werden.

25.1.2 Kinder nach Suizid

Die therapeutische Erfahrung zeigt, dass mit Kindern nicht über den Suizid von Angehörigen gesprochen wird. Klagen schon erwachsene Hinterbliebene darüber, dass offenbar niemand bereit ist, mit ihnen über das Geschehen zu sprechen, so leiden Kinder unter dem Schweigen ganz besonders. Nicht selten berichten sie später, dass ihnen auch Jahre nach dem Suizid der Eltern oder Geschwister noch niemand berichtet hat, was genau geschehen ist. Oft haben sie ihr Wissen über die Todesursache aus Informationsbruchstücken zusammengetragen.

Eine Ursache dafür ist sicher der Wunsch, die Kinder vor etwas zu schützen, das für viele Menschen schwer verständlich und beängstigend ist, sie davor zu bewahren, sich dieselben zermürbenden Fragen zu stellen wie die Erwachsenen: „Warum hat er/sie sich das Leben genommen?" „Hätte ich etwas merken können?" „Was habe ich übersehen?" „Warum konnte ich es nicht verhindern?" „Hat er/sie mich nicht genug geliebt, um am Leben zu bleiben?" Erschwert wird das Gespräch mit hinterbliebenen Kindern vielleicht auch dadurch, dass es an entsprechender Ratgeberliteratur mangelt.

Die Vorstellungen, die Kinder vom Tod haben, sind abhängig von ihrem Alter und Entwicklungsstand:

Bis zum 2. Lebensjahr:
Das Kind ist in der Lage, stabile Bindungen aufzubauen. Fehlt die Bezugsperson, so sucht es nach ihr, weint viel und schläft schlecht. Es ist dem Kind in diesem Alter noch nicht möglich zu verstehen, dass der Verstorbene nicht zurückkehren wird.

Bis zum 7. Lebensjahr:
Ein Kind in diesem Alter kann die Endgültigkeit des Todes noch nicht begreifen. Es glaubt, dass der Tod umkehrbar sei: „Wenn es Mama besser geht, dann wacht sie wieder auf." Dies schließt auch ein, dass es sich Sorgen macht, man könne im Grab frieren oder Angst haben, weil es dort dunkel ist.
Kinder im Vorschulalter denken magisch, ihre Erklärungen folgen nicht den Gesetzen der Naturwissenschaften. Bis etwa zum 7. Lebensjahr ist das kindliche Denken egozentrisch. Das Kind hält seine Sichtweise für die einzig mögliche und naheliegende. Es kann daher in diesem Alter zu der Annahme neigen, sein Handeln habe zum Verlust der Bezugsperson geführt. „Weil ich nicht artig war, ist Mama gestorben."

7. bis 11. Lebensjahr:
Im Grundschulalter beginnen Kinder, die Endgültigkeit des Todes zu erkennen. Dies kann dazu führen, dass sie sich auch länger zurückliegende Todesfälle noch einmal vergegenwärtigen und ein neuer Trauerprozess beginnt. Das Kind begreift zudem, dass es auch weitere wichtige Personen durch den Tod verlieren kann, und entwickelt u. U. Angst vor dem Verlassenwerden. Hier ist es wichtig, ihm die benötigte Sicherheit und Geborgenheit zu vermitteln.

Ab dem 12. Lebensjahr:
In diesem Alter können Kinder alle mit dem Tod verbundenen Konsequenzen verstehen: Die Endgültigkeit, die Unumkehrbarkeit, die Endlichkeit des Lebens an sich und das Beenden der Körperfunktionen durch das Sterben.

Aufgrund des langen menschlichen Entwicklungsprozesses dauert die Trauer bei Kindern länger als bei Erwachsenen. In jeder Phase erleben sie ein neues Element des Verlustes und können erst im Jugendalter die letzte Trauerphase abschließen.

Kinder und Jugendliche sollten über diese Prozesse hinweg entwicklungsgerecht unterstützt und begleitet werden. So können sie ihren jeweiligen Bedürfnissen und Möglichkeiten entsprechend bei der Verarbeitung des Geschehens angemessene Hilfe bekommen. Eine Sechsjährige begegnet dem Suizid des Vaters mit völlig anderen Emotionen, Gedanken und Verhaltensweisen als eine Acht- oder Zwölfjährige. Doch nicht immer gelingt es Kindern oder Jugendlichen, Zusammenhänge ihrer aktuellen Befindlichkeit mit dem Jahre zurückliegenden Suizid zu erkennen, geschweige denn zu kommunizieren.

Insofern ist es einerseits wichtig, der Umwelt diese Veränderungen im Verstehen und Verarbeiten zu erklären; andererseits wird ein einziges Psychoedukationsmanual für Kinder und Jugendliche den erheblich unterschiedlichen und wechselnden individuellen Erfordernissen kaum gerecht. Psychotherapeutische Hilfe sollte daher nicht nur einmal, sondern auch in späteren Entwicklungsphasen in Erwägung gezogen werden. Für Erwachsene mag der Prozess nach ein paar Jahren abgeschlossen sein, Kinder und Jugendliche können Jahre nach dem Geschehen scheinbar unvermittelt belastet wirken.

25.1.3 Aktueller Stand

Bisher gibt es keine Psychoedukationsmanuale für die Begleitung von Angehörigen nach Tod oder Suizid – weder für ein Einzel- noch für ein Gruppensetting. Auf dem Markt finden sich jedoch viele Arbeits- oder Begleitbücher und Ratgeberliteratur, die das Thema Suizid, Trauer und/oder Schuld behandeln. Bei der Auswahl ist zu beachten, dass ein Teil dieser Literatur im Rahmen eines religiösen Weltbildes verfasst wurde; dieses sollte dann nach Möglichkeit mit dem Glaubenssystem des Betroffenen übereinstimmen (die Literaturangaben zu diesem Kapitel enthalten eine Auswahl an empfehlenswerter Literatur).

Für die Begleitung von Kindern im Trauerprozess fehlen bisher auch spezifische Psychoedukationsmanuale. Doch auch hier können wir Arbeitsbücher nutzen, die den Entwicklungsstand und die damit verbundenen unterschiedlichen Verarbeitungsmöglichkeiten von Kindern erklären und berücksichtigen (siehe die Literaturempfehlungen).

Um Familien nach einem Suizid zu unterstützen, können in der Regel auch kostenfreie Angebote der Jugendhilfe genutzt werden. Dazu gehören kommunale, kirchliche und andere Beratungsstellen oder eine vorübergehende Begleitung der Familie durch einen ausgebildeten Familienhelfer. In vielen Städten haben sich Selbsthilfegruppen für Angehörige nach Suizid gegründet.

25.2 Praktische Darstellung

Zu Beginn jeglicher psychoedukativen Arbeit ist zu klären, ob und inwieweit die Hinterbliebenen zuallererst auf eine psychische Stabilisierung angewiesen sind. Ihr Leben ist aus den Fugen geraten, Furchtbares ist geschehen, und es ist unwiderruflich. Meist beherrschen Verunsicherung und Fragen, Wut, Schuld und Trauer das Denken und Fühlen. Es ist wichtig, in dieser Phase Sicherheit zu vermitteln und den Fokus auf notwendige Ressourcen, Unterstützungsmaßnahmen und ggf. auch vorübergehende Hilfen zu richten.

Der Suizid kann bei den Angehörigen außerdem mit einem traumatischen Erlebnis, z. B. dem Auffinden des Verstorbenen, verbunden sein. Hier ist es wichtig, auf entsprechende Symptome, z. B. Albträume, Flashbacks, Verlangsamung des Zeitgefühls, Schreckhaftigkeit, Dissoziation etc., zu achten und bei Bedarf eine spezielle Traumatherapie zu veranlassen.

25.2.1 Psychoedukation bei Erwachsenen

Die Zeit, die Hinterbliebene benötigen, um das Geschehen zu verstehen und zu bearbeiten, variiert erheblich. Zudem können Aspekte, die schon einmal behandelt wurden, zu späteren Zeitpunkten wiederauftauchen. Daher ist es unbedingt wichtig, nicht vorwegzupreschen und möglichst rasch ein Thema nach dem anderen abzuarbeiten. Vielmehr geht es darum, den Prozess des Hinterbliebenen achtsam zu begleiten und die Verarbeitung durch Information zu unterstützen. Gefühle müssen ihren Platz bekommen. Sie haben ihre Berechtigung und ihre Notwenigkeit im Verarbeitungsprozess, ganz gleich, ob es sich um Trauer, Schuldgefühle, Wut, Ärger, Angst oder andere Emotionen handelt. Für den Hinterbliebenen ist es wichtig, über die verschiedenen Phasen der Trauer informiert zu werden, damit er den eigenen Zustand als eine normale Reaktion auf ein schreckliches Ereignis einordnen kann. Dadurch wird ihm gleichzeitig klar, dass er mit seinen Emotionen und Gedanken nicht allein ist, sondern sie mit vielen anderen Menschen auf der Welt teilt. Hilfreich ist es auch, die Betroffenen aufzuklären, wie häufig Suizide in Deutschland verübt werden, auch wenn in unserer Gesellschaft kaum darüber gesprochen wird. Viele Hinterbliebene haben nach einem Suizid das Gefühl, sich schämen zu müssen und sich niemandem anvertrauen zu dürfen. Zu realisieren, wie häufig Suizid tatsächlich geschieht, wirkt dieser Scham und Sprachlosigkeit entgegen. Das Einbinden in eine Selbsthilfegruppe (z. B. AGUS e. V.) kann eine zusätzliche Entlastung schaffen.

Ein weiterer wichtiger Punkt im Rahmen einer psychoedukativen Begleitung ist häufig die Frage, warum die Suizidgefahr nicht erkannt wurde. Ob etwas übersehen wurde, ob man sich durch Unaufmerksamkeit oder auf andere Weise schuldig gemacht hat. Auch hier ist es hilfreich, die verschiedenen Phasen der Suizidalität zu erläutern, damit die Hinterbliebenen begreifen, dass Suizid meist nicht vorhersehbar ist. Wir können einen Suizid letztlich nicht verhindern. Diese Erkenntnis ist hart, aber für Hinterbliebene wichtig und entlastend.

25.2.2 Psychoedukation bei Kindern

Um Kinder vermeintlich zu schützen, wird ihnen nicht selten eine Lüge über die Todesursache angeboten. Häufig spricht man auch nicht mit ihnen über den Verlust. Wenn das Kind dann nicht nachfragt, hoffen viele Erwachsene, dass es sich an den Verstorbenen nicht erinnern könne. In Wirklichkeit ist jedoch anzunehmen, dass das Kind die Sprachlosigkeit seiner Umwelt erkennt und es nicht wagt, aktiv nachzufragen. Es spürt, dass man „darüber" nicht spricht. So bleiben Kinder mit ihren Gefühlen, ihren Sorgen, ihrer Trauer nicht selten allein.

Kindern trauern anders als Erwachsene. Ihr Trauerprozess wird vor allem durch ihren Entwicklungsstand, ihre Hirnentwicklung, ihre Abhängigkeit von Bezugspersonen und ihre eingeschränkte Lebenserfahrung bestimmt. Insofern verändert sich nicht nur die Form der Trauer und das Verstehen des Vorgefallenen – auch die Fragen, Emotionen und Gedanken, die Kinder nach dem Suizid eines Angehörigen beschäftigen, können sich im Laufe der Zeit verändern.

An diese Veränderungen angepasst, sollte mit dem Kind auch über den Verlust der Bezugsperson gesprochen werden. Suizid lässt sich nicht verheimlichen. Für das Kind ist es daher besser, eine entwicklungsgerechte Information zu bekommen, als etwas „aufzuschnappen" und sich zu fragen, warum niemand mit ihm spricht. Die Geheimhaltung veranlasst es, nach möglichen Erklärungen dafür zu suchen, warum es nichts erfährt und warum der Elternteil sich getötet hat. Um zu verhindern, dass es zu dem Schluss kommt: „Weil ich schuld bin, redet keiner mit mir …", ist es wichtig, dem Kind angemessene Informationen zu geben. Angemessen bedeutet, dass die Erklärungen zu seinem Denkmodell und auch zu seinem Weltbild passen und kindgerecht formuliert sind.

25.3 Ausblick

Hinterbliebene sind nach dem Suizid eines Partners, Elternteils oder Kindes extremer Belastung ausgesetzt und finden in unserer Gesellschaft bisher nur wenig Unterstützung. Ein psychoedukatives Arbeitsbuch zum Thema Angehörige nach Suizid, das die relevanten Informationen bietet, bei der Bewältigung des Verlustes unterstützt und dabei hilft, mit den offen bleibenden Fragen und eventuellen Schuldgefühlen angemessen umzugehen, wäre eine deutliche und wünschenswerte Bereicherung des Spektrums an Psychoedukationsmaterialien.

Ratgeber, Links, Medien etc.

Informationsmaterial für erwachsene Hinterbliebene zum Thema Suizid:

Kübler-Ross E (2012). Was können wir sonst noch tun? Antworten auf Fragen nach Sterben und Tod. Freiburg (Herder).

Onnasch K, Gast U (2011). Trauern mit Leib und Seele – Orientierung bei schmerzlichen Verlusten. 2. Aufl. Stuttgart (Klett-Cotta).

Otzelberger M (2012). Suizid – Das Trauma der Hinterbliebenen – Erfahrungen und Auswege. 6. Aufl. München (dtv).

Paul C (2012). Warum hast du uns das angetan? Ein Begleitbuch für Trauernde, wenn sich jemand das Leben genommen hat. München (Goldmann).

Paul C (2013). Schuld – Macht – Sinn. Arbeitsbch für die Begleitung von Schuldgefühlen im Trauerprozess. 2. Aufl. Gütersloh (Gütersloher Verlagshaus).

Stülpnagel, F von (2011). Ohne dich. Hilfe für Tage, an denen die Trauer besonders schmerzt. 4. Aufl. München (Kösel).

Informationsmaterial zum Thema Kinder-Suizid:

Cyrulnik B (2013). Wenn Kinder sich selbst töten – Das Unfassbare begreifen und verhindern. Berlin (Ullstein).

Selbsthilfegruppen für Angehörige nach Suizid:

AGUS-Bundesgeschäftsstelle, Markgrafenallee 3 a, 95448 Bayreuth, Email: kontakt(at)agus-selbsthilfe.de, Telefon: 0921–150 03 80

Arbeitsmaterial für Kinder zum Thema Tod und Trauer:

Susan V (1996). Leb wohl, lieber Dachs (Bilderbuch und DVD). Weinheim (Beltz).

Franz M (2002). Tabuthema Trauerarbeit: Kinder begleiten bei Abschied, Verlust und Tod. München (Don Bosco).

Arbeits- und Informationsmaterial für Kinder zum Thema Tod und Suizid:

Juen J, Werth M (2008). Dann geh' ich zu Mama ins Bett – Arbeitsbuch zum Thema Tod und Suizid. Innsbruck (Berenkamp).

Ennulat G (2012). Kinder trauern anders – Wie wir sie einfühlsam und richtig begleiten. 8. Aufl. Freiburg (Herder).

Hüsch M, Hüsch H (2013). „Da spricht man nicht drüber." Wie Jakob den Suizid seines Vaters erlebt. 2. Aufl. Aachen (Hüsch & Hüsch).

Tausch D, Bickel L (2015). Wenn Kinder nach dem Sterben fragen – Ein Begleitbuch für Kinder, Eltern und Erzieher. 2. Aufl. Freiburg (Kreuz).

Literatur

Bertolote JM, Fleischmann A, de Leo D et al. (2006). Revisiting the evidence. Crisis – The Journal of Crisis Intervention and Suicide Prevention. Online-Veröff. 1. September.

Kast V (2001). Trauern – Phasen und Chancen des psychischen Prozesses. 23. Aufl. Freiburg (Kreuz).

Séguin M, Lesage A, Kiely M (1995). Parental Bereavement after suicide and accident: a comparative study. Suicide and Life-Threatening Behaviour 25(4): 489–498.

Smolin A, Guninan J (1993). Healing after the suicide of a loved one. Touchstone, 22. Juni.

Stich W (1996). „Hinterbliebene nach Suizid" – Erfahrungen aus drei Jahren Gruppenarbeit. Suizidprophylaxe 23(4): 157–160.

Tidemalm D, Långström N, Lichtenstein P et al. (2008). Psychiatric diagnoses and suicide risk after suicide attempt according to coexisting psychiatric disorder: Swedish cohort study with long-term follow-up. BMJ 337: a2205.

Zisook S, Shuchter SR (1986). The first four years of widowhood. Psychiatric Ann 16(5): 288–294.

Znoj HJ (2009). Trauer. Psychiatrie und Psychotherapie up2date 5(3): 317–333.

26 Psychoedukation im Kontext kognitiver, interpersoneller und familienfokussierter Ansätze bei bipolaren Störungen

Annette Schaub

26.1 Einführung

Menschen mit bipolaren Erkrankungen schwanken zwischen den Polen „himmelhoch jauchzend" und „zu Tode betrübt". Die Erkrankung beginnt zumeist mit einer depressiven Phase und führt zu einem Knick in der Lebenslinie. Oft geht der korrekten Diagnose und Behandlung eine lange Latenz voraus. Psychotische Merkmale und „rapid cycling" (d.h. mehr als vier Krankheitsphasen innerhalb von zwölf Monaten) können auftreten. Die Suizidalität ist insbesondere in jungen Jahren sowie im weiteren Krankheitsverlauf ernst zu nehmen: 25 % bis 50 % der Betroffenen unternehmen Suizidversuche, 15 % suizidieren sich. Ratgeber für bipolare Störungen (z. B. Grunze u. Walden, 2005; Wormer, 2004) und die Schilderungen Betroffener (z. B. Bock, 2005; Jamison, 1999; Kingma, 2002) geben einen Einblick in diese Störung. Die Biografien vieler namhafter Künstler zeigen, dass die Störung die Kreativität einerseits fördern kann, im weiteren Verlauf aber auch einschränkt. Ein Beispiel von vielen ist der Künstler Vincent van Gogh (1853–1890).

26.2 Deeskalationstechniken in der akuten Manie

Bipolar erkrankte Patienten, die gegen ihren Willen in der Psychiatrie aufgenommen werden, können für sich selbst, für andere Patienten und das behandelnde Personal ein Risiko darstellen. Bis zu 25 % der bipolar-I-erkrankten Menschen werden als aggressiv oder agitiert eingestuft (Latalova, 2009). Amann et al. (2013) beschreiben mehrere fortschrittliche Methoden der Deeskalation. Humane und sichere Interventionen (Richmond et al., 2012) sind notwendig, um Verletzungen für alle Beteiligten zu vermeiden und die Behandlungsmotivation des Patienten zu erhöhen (Fisher, 1994). Da akut manische Patienten auf Interventionsversuche häufig aggressiv reagieren, werden Techniken der verbalen Deeskalation angewandt, um den Betroffenen in die Behandlung zu involvieren und Möglichkeiten einer pharmakologischen Behandlung zu diskutieren. Der deutschsprachige Ansatz von Wesuls et al. (2003) umfasst die gesprächspsychotherapeutische Methode des Widerspiegelns nach Rogers (1993), fokussierende Konkretisierungsfragen und systemische Interventionen, mit deren Hilfe sich ein deeskalierender Kontakt zu dem manischen und aggressionsbereiten Patienten herstellen lässt. Das Ernstnehmen der Ängste, die fürsorgliche und authentische Haltung der Bezugspersonen und das Gewahrwerden seitens des Betroffenen, dass etwas Hilfreiches für ihn getan werden könnte, tragen zur Deeskalation bei. Wenn sich ein guter Rapport entwickelt und der Patient die Medikamentengabe nicht als Disziplinierungsmaßnahme erlebt, wächst seine Bereitschaft, sich psychopharmakologisch behandeln zu lassen. Selbst bei manischen Patienten kann eine gute Adhärenz gelingen. Der Einbezug der Angehörigen ist sehr hilfreich, wenn anlässlich früherer stationärer Aufenthalte zusammen mit den Betroffenen Krisenpläne zur Prävention psychotischer Krisen ausgearbeitet wurden (Schaub et al., 2004).

Wenn Maßnahmen der verbalen Deeskalation bei fremd- oder selbstgefährdeten Patienten misslingen und auf eine Zwangsbehandlung nicht verzichtet werden kann, sollte die notwendige Immobilisation und Fixierung so human und verletzungsfrei wie möglich erfolgen, um Traumatisierungen durch Zwangsmedikation oder den Einsatz körperlicher Gewalt zu verhindern. Die Anzahl der Fixierungen reduzierte sich deutlich durch ein teamzentriertes 4-Stufen-Immobilisations- und Fixierungstraining im psychiatrischen Zentrum Wiesloch (Kammerer-Cierniolch et al., 2011) sowie durch die Befragung der Patienten nach aggressionsauslösenden Triggern, beruhigenden Strategien und medikamentösen Vorstellungen in drei psychiatrischen amerikanischen Krankenhäusern (Jonikas et al., 2004). Informationen für das behandelnde Personal über Risiken bei derartigen Maßnahmen, frühzeitige Interventionen bei sich anbahnenden Krisen und der Einbezug der Patienten in Entscheidungen über die Behandlungsmöglichkeiten bei Erregungszuständen zeigten eine signifikante Reduktion von mechanischer Beschränkung und Isolierung (Hellerstein, Straub, Lequesne, 2007). Die kurzfristige Erhebung von Risikofaktoren bei 597 Patienten in einer randomisierten Clusterstudie über 40 Wochen im Vergleich zu zwei Kontrollstationen führte zu einer statistischen Reduktion von aggressiven Ereignissen sowie Verhalten und Zeit in Isolierung (Van de Sande et al., 2011). Die Studie von Borckardt et al. (2011) belegte eine mehr als 80%ige Reduktion von Isolierung und mechanischer Fixierung, wenn die Patienten in den Behandlungsplan miteinbezogen wurden und das Personal über mögliche Traumatisierungen durch Fixierung oder Isolierung informiert sowie über Regeländerungen und konkrete strukturelle Änderungen auf Station informiert war.

Nach Amann et al. (2013) ist die Deeskalationsmethode eine bis dato eher vernachlässigte Behandlungstechnik bei potenziell agitierten Patienten. Sie sollte aufgrund der relativ guten Datenlage (Reduktion von Aggressionen) besser in die klinische Routine integriert werden. Übersichtsarbeiten (Hankin et al., 2011; Gaskin et al., 2007) belegen, dass Erregungszustände bei psychiatrischen Patienten ein häufiges Problem darstellen, das mithilfe von Deeskalationstechniken und pharmakologischer Behandlung kontrolliert werden kann. Damit einhergehend können traditionell eingesetzte Methoden wie Isolierung oder mechanische Beschränkung reduziert werden. Teamübergreifende Fortbildungen, die aktive Einbeziehung der Patienten in den Behandlungsprozess und die Anwendung atypischer Neuroleptika, ggf. in Kombination mit anderen Stimmungsstabilisierern, sind in der Behandlung der Manie hilfreich. Typische Neuroleptika sind aufgrund der eher ungünstigen Nebenwirkungsprofile (Sedation, EMS) in der Behandlung von agitierten, manischen Patienten zu vermeiden.

26.3 Psychoedukation und Psychotherapie

Die S3-Leitlinie bipolare Störungen von der deutschen Gesellschaft für Psychiatrie, Psychotherapie und Neurologie und für bipolare Störungen (DGBS u. DGPPN, 2012) gibt Anregungen für die Psychotherapie und weist der Psychoedukation eine wichtige Rolle zu. Diese systematische didaktisch-psychotherapeutische Intervention will die Patienten und ihre Angehörigen über die Krankheit und ihre Behandlung informieren, das Krankheitsverständnis und die aktive Zusammenarbeit mit der Behandlung und Rehabilitation fördern sowie die Betroffenen bei der Bewältigung ihrer Krankheit unterstützen (Bäuml u. Pitschel-Walz, 2008). Die S3-Leitlinie unterscheidet zwischen der Psychoedukation als einer einfachen Form mit weniger als 10 Sitzungen und der Psychotherapie bei höherer Sitzungsanzahl. Pharmakologische Interventionen reduzieren die Symptome und senken die Rückfallrate, solange die Medikamente regelmäßig eingenommen werden. Trotz Fortschritten in der Pharmakotherapie besteht jedoch dringender Bedarf, die Behandlung weiter zu optimieren. Ressourcenaktivierung, Problemaktualisierung, Bewältigung und emotionale Klärung sind nach Grawe et al. (1994) wesentliche Wirkprinzipien der Psychotherapie.

Mögliche Ansatzpunkte der Psychotherapie bei bipolaren Störungen sind Probleme in der Krankheits- und Lebensbewältigung, mangelnde Compliance als häufiger Grund für Rezidive, medikamentös weniger beeinflussbare soziale Defizite, die Verarbeitung von Lebensereignissen und Aufrechterhaltung eines adäquaten Aktivitätsniveaus, der angemessene Umgang mit Frühwarnzeichen zur Rezidivprophylaxe sowie der familiäre Interaktionsstil (High Expressed Emotion; Miklowitz et al., 1988, zeigten einen Anstieg der Rezidive in hochemotionalen Familien um das 2- bis 3-fache).

26.4 Psychoedukation im Kontext neurobiologischer Erkenntnisse und optimierter Therapie

Aktuell wird Psychoedukation bei bipolaren Störungen auch im Kontext neurobiologischer Erkenntnisse und optimierter Therapie verstanden (Schaub u. Grunze, 2013). Die bereits erwähnte Maßnahme der Deeskalation (Amann et al., 2013), differenzialdiagnostische Überlegungen und Fortschritte der Pharmakotherapie (Grunze et al., 2013a; Amann et al., 2013) sowie bildgebende Verfahren (Grunze et al., 2013b) spielen hierbei eine wesentliche Rolle. Eine Optimierung der ambulanten Behandlung wird durch den Einsatz von Stimmungstagebüchern und einer individuell angepassten Psychopharmakotherapie mit dazugehörigem Drugmonitoring (Seemüller et al., 2013) möglich.

Bereits die McLean-Harvard First Episode Mania Study von Tohen et al. (2003) belegte die erhebliche Einschränkung des psychosozialen Funktionsniveaus bei bipolaren Störungen. 166 Patienten mit einer Bipolar-I-Erkrankung, die aufgrund einer manischen oder gemischen Episode stationär aufgenommen wurden, zeigten nach 2 Jahren eine syndromale und symptomatische Genesung, jedoch mehr als die Hälfte nur eine unzureichende funktionelle Genesung. D. h., die Betroffenen konnten keine gleichwertige Wohn- und Arbeitsplatzsituation mehr erreichen. Als mögliche Ursachen einer ungenügenden funktionellen Genese werten Seemüller et al. (2013) die hohe

Rückfallhäufigkeit, kognitive Defizite und häufige Therapieabbrüche.

Eine Studie des Stanley Foundation Netzwerkes mit 258 bipolaren Patienten (Seemüller et al., 2013) zeigte eine Aufteilung in drei Gruppen: Chronische affektive Symptome (27 %), eine Gruppe mit phasenhaftem Krankheitsverlauf mit hypomanen, gemischten und depressiven Episoden (40 %) und jene mit leichten Hypomanien oder Depressionen (33 %). Für die Erfassung der bisherigen Lebensgeschichte ist die retrospektive Life-Chart-Methode (Leverich u. Post, 1996; Schaub et al., 2004) eine der bestetablierten Methoden. Dokumentiert werden monateweise die Medikamenteneinnahme, kritische Lebensereignisse, die Stimmung und der Krankheitsverlauf. Patienten mit einem hohen Rezidivrisiko profitieren ebenfalls von der prospektiven Variante, die täglich Stimmung, Anzahl der Stunden Schlaf, Einnahme der Medikamente und Lebensereignisse erfasst. Diese Versionen sind auch auf der Webseite www.dgbs.de zu finden. Der Einsatz von Stimmungstagebüchern kann für die Rückfallprävention hilfreich sein.

Die kognitiven Defizite bipolarer Patienten bedingen ein etwas höheres Leistungsniveau als bei schizophrenen Patienten (Schaub et al., 2013a; Quraishi u. Frangou, 2002), jedoch ergeben sich bei beiden Störungen Auswirkungen auf die generelle Alltagsbewältigung (Depp et al., 2012). Häufige Therapieabbrüche sind oft auf eine mangelnde Compliance zurückzuführen. Die Studie von Scott und Pope (2002) bezieht sich auf 98 Patienten mit affektiven Störungen, die Stimmungsstabilisierer einnehmen. Bei 49 % der 92 befragten Patienten zeigte sich im letzten Monat eine unregelmäßige Einnahme der Medikamente, die mit Rezidiven einherging. Zur Änderung dysfunktionaler Kognitionen hinsichtlich der Medikation (z. B. Angst, von Psychopharmaka abhängig zu werden) und zum adäquaten Umgang mit Nebenwirkungen sind psychoedukative und kognitive Ansätze (z. B. Colom u. Vieta, 2006; Schaub et al., 2004) von Bedeutung.

Im Rahmen der Stanley- und in Folge der Bipolar-Spezialambulanz der psychiatrischen Klinik der LMU München wurde ein kognitiv-psychoedukativer Gruppenansatz (Schaub et al., 2004) etabliert. Das ursprüngliche Behandlungsangebot umfasste eine Gruppenintervention aus 14 Sitzungen zu jeweils 90 Minuten, die zweimal wöchentlich angeboten wurde. Die Angehörigen wurden zu einer Angehörigengruppe eingeladen, die dreimal jeweils 2 ½ Stunden stattfand. Die Gruppenintervention soll die Krankheitseinsicht (funktionales Störungsmodell) bei bipolar erkrankten Patienten fördern. Weitere Ziele beziehen sich auf Verbesserung der Behandlungscompliance, Kompetenz im Erkennen und Umgang mit Frühwarnzeichen, Erhöhen der allgemeinen Belastbarkeit und Stressmanagement, Etablierung eines regelmäßigen Lebensrhythmus, Vorbeugen von Substanzmissbrauch und suizidalem Verhalten und insbesondere Rückfallprävention. Aufgrund der verkürzten Verweildauer wurde die Gruppe mittlerweile komprimiert. Tabelle 26-1 gibt einen Überblick über die Inhalte der psychoedukativ-kognitiven Gruppe.

Eine Studie mit 52 bipolaren Patienten zeigte eine sehr hohe Behandlungszufriedenheit mit diesem Ansatz (Schaub et al., 2013b). 96 % bewerteten die Gruppe als hilfreich und fühlten sich über ihre Erkrankung gut informiert. Nach der Intervention zeigten sich ein signifikanter Wissenszuwachs (F=25,714, p <.001) und eine Verbesserung des Schweregrads der Erkrankung (CGI; F=68,255, p <.001). Im Hinblick auf soziodemografische und klinische Variablen er-

Tab. 26-1 Inhalte der psychoedukativ-kognitiven Gruppensitzungen (nach Schaub et al., 2004, S. 104)

Sitzung	Inhalt
1. Sitzung	Einführung und Überblick: Erwartungen erfragen, Gruppenregeln einführen, Informationen zur Erkrankung vermitteln
2. Sitzung:	Erklärungsmodell der Erkrankung: Erklärungsmodell erarbeiten, Wirkungsweise der Medikamente erklären
3. Sitzung:	Medikamentöse Behandlung: Verschiedene Medikamentengruppen in der Behandlung bipolarer Erkrankungen vorstellen
4. Sitzung:	Nebenwirkungen der Medikamente: Wichtige Nebenwirkungen erarbeiten, gemeinsam sammeln, was die Teilnehmer gegen die Nebenwirkungen tun können
5. Sitzung:	Depression Teil 1: Symptome und Bewältigungsmöglichkeiten: Symptome der Depression sammeln, Symptome in Gefühls-, Gedanken-, Körper- und Verhaltensebene einteilen; persönliche Auslöser erarbeiten und Bewältigungsmöglichkeiten sammeln
6. Sitzung:	Depression Teil 2: Aktivitätenaufbau: In das Teufelskreis-Modell der Depression einführen, Aktivierungsmöglichkeiten sammeln, Kriterien bei der Planung von Aktivitäten erarbeiten
7. Sitzung:	Depression Teil 3: Veränderung depressiver Gedanken: ABC-Schema einführen, alternative Gedanken anhand der ausgefüllten Gedankenprotokolle erarbeiten
8. Sitzung:	Depression Teil 4: Vorbeugung von Rückfällen: Frühwarnzeichen für Depressionen sammeln, Stabilisierungsmöglichkeiten besprechen, Vorgehen bei Krisen diskutieren und Krisenplan ausfüllen
9. Sitzung:	Manie Teil 1: Symptome und ihre Bewältigungsmöglichkeiten: Symptome der Manie sammeln und sie in Gefühls-, Gedanken-, Körper- und Verhaltensebene einteilen, Auslöser und Reaktionen sammeln und diskutieren
10. Sitzung:	Manie Teil 2: Vorbeugung von Rückfällen, Erhöhen der Belastbarkeit: Frühwarnzeichen der Manien sammeln, Stabilisierungsmöglichkeiten besprechen, Vorgehen bei Krisen diskutieren und Krisenplan ausfüllen, Vertrag mit Vertrauensperson besprechen und an einem Beispiel erarbeiten, Möglichkeiten sammeln, die eigene Belastbarkeit zu erhöhen
11. Sitzung:	Gesunde Lebensführung Teil 1: Lebensrhythmus und Drogenkonsum: Rückmeldung bezüglich des Angehörigengesprächs über Frühwarnsignale erfragen, Wichtigkeit eines geregelten Lebensrhythmus betonen, Einnahme von Alkohol und Drogen thematisieren, Umgang mit Versuchungssituationen diskutieren
12. Sitzung:	Gesunde Lebensführung Teil 2: LifeCharts LifeChart-Methode einführen
13. Sitzung:	Gesunde Lebensführung Teil 3: Zielerreichungs- und Kommunikationsstrategien: Individuelle Ziele identifizieren und konkretisieren, Kommunikationsstrategien einführen, Psychotherapie und Selbsthilfegruppen als „Begleitschutz" betonen
14. Sitzung:	Rückblick & Feedback: Feedback erbitten und den Teilnehmern Feedback geben

gab sich lediglich bei der Arbeitsqualifikation ein differenzieller Behandlungseffekt: Patienten mit höherer Arbeitsqualifikation zeigten einen günstigeren Verlauf (F=4,125, p=.048). 40 Patienten (77%) wurden nach 2 Jahren erneut befragt: 30% waren abermals stationär behandelt worden. 5% wurden als chronisch eingestuft, 32,5 als teilremittiert und 62,5% als remittiert. Die höhere Anzahl bisheriger stationärer Aufnahmen (p=.010) und das männliche Geschlecht (p=.031) erwiesen sich als signifikante Prädiktoren für einen Rückfall (R^2=.358, p=.004). Diese störungsspezifische Gruppentherapie stellt einen festen Bestandteil der Versorgung dar und bietet emotionale Unterstützung für die Patienten und ihre Angehörigen. Es gilt, die Patienten in den Behandlungsprozess zu integrieren, sie über die psychosoziale und pharmakologische Behandlung zu informieren und ihnen praktische Fertigkeiten zu vermitteln, damit sie besser mit der Erkrankung leben können. Die Integration in ein verbindliches Versorgungssystem kann die Lebensqualität der Betroffenen verbessern.

Fünf verhaltenstherapeutische Interventionen haben sich bewährt: Die psychoedukative, die kognitive, die interpersonelle und soziale Rhythmustherapie, die familienbezogene und die achtsamkeitsbasierte Psychotherapie, wobei letztere noch der weiteren empirischen Überprüfung bedarf. Ein funktionales Krankheitsmodell wird in allen Interventionen aufgegriffen. Schaub und Neubauer (2013) geben einen Überblick über die Inhalte und die Dauer der verschiedenen Interventionen, die sich auf Ansätze der ersten bis hin zur dritten Generation beziehen. Derzeit liegen neun manualisierte Therapieansätze vor, die empirisch untersucht wurden (s. Tab. 26-2).

Der Ansatz von Colom und seinen Mitarbeitern (Colom u. Vieta, 2006) ist ein sehr gut evaluiertes Beispiel für psychoedukative

Tab. 26-2 Übersicht der psychotherapeutischen Manuale

Intervention	Manuale
Psychoedukative Therapie	• Psychoeducation Manual for Bipolar Disorder (Colom u. Vieta, 2006)
Kognitive Therapie	• Cognitive-Behavioral Psychotherapy for Bipolar Disorder (Basco u. Rush, 2005) • Life Goals Program (Bauer u. McBride, 2003) • Cognitive Therapy for Bipolar Disorder: A Therapist's Guide to Concepts, Methods and Practice (Lam et al., 1999) • Bipolar Disorder: A Cognitive Therapy Approach (Newman et al., 2002) • Kognitiv-psychoedukative Therapie bei bipolaren Erkrankungen (Schaub et al., 2004) • Kognitive Verhaltenstherapie zur Rückfallprophylaxe (Meyer u. Hautzinger, 2013)
Interpersonelle Therapie	• Interpersonal Therapy/Social Rhythm Therapy (Frank, 2005)
Familientherapie	Family-Fokused Treatment Approach for Bipolar Disorder (Miklowitz u. Goldstein, 1997; Miklowitz, 2008)

Interventionen. Der psychoedukative Ansatz von Colom et al. (2003, 2009) wurde in einer kontrollierten, randomisierten Studie mit 120 Patienten mit Bipolar-I- und Bipolar-II-Störungen (DSM-IV) untersucht. Einschlusskriterien waren Werte auf der Young Mania Rating Scale < 6 Punkte sowie auf der Hamilton Depression Rating Scale -17 < 8 Punkte für mindestens sechs Monate vor Studieneinschluss sowie die Teilnahme an der psychopharmakologischen Standardbehandlung. Die Patienten wurden nach Alter und Geschlecht gematcht, um zusätzlich entweder in eine psychoedukative oder in eine unstrukturierte Gruppe mit 21 Sitzungen randomisiert zu werden. Über die Gesamtstudiendauer von zwei Jahren wurden die Patienten monatlich von einem Rater beurteilt, der hinsichtlich ihrer Studienbedingung „blind" war.

Nach Auswertung der Studie zeigte sich eine deutliche Überlegenheit der psychoedukativen Gruppenbedingung: Während der Behandlungsphase erlitten 60 % der Kontrollgruppe, aber nur 38 % der Interventionsgruppe einen Rückfall. Am Ende der Zwei-Jahres-Katamnese hatten 67 % der Interventions- gegenüber 92 % der Kontrollgruppe (p < .001) einen Rückfall. In der Survival-Analyse war die Interventionsgruppe hinsichtlich des Zeitpunkts jedweder Episode der Kontrollgruppe überlegen. Die Hospitalisierungsrate nach zwei Jahren war nicht unterschiedlich: die Interventionsgruppe lag bei 35 %, die Kontrollgruppe bei 25 %. Hinsichtlich der psychopharmakologischen Behandlung zeigten sich keine Unterschiede zwischen den Gruppen mit Ausnahme höherer Lithium-Werte der Interventionsgruppe zur Zwei-Jahres-Katamnese. Selbst in der Fünf-Jahres-Katamnese (Colom et al., 2009) zeigte sich eine klare Überlegen der psychoedukativen Intervention gegenüber der unstrukturierten Gruppe. Deutschsprachige nicht evaluierte Beispiele sind die Ansätze von Wagner und Bräunig (2004), Jelley und Elmer (2005) sowie Erfurth et al. (2005).

Kognitiv-behaviorale Interventionen leiten den Patienten an, negative Überzeugungen als solche zu erkennen und in realistische umzuwandeln (Beck et al., 1994). Diese negativen Überzeugungen können sich auf die Erkrankung (z. B. Stigma), den Selbstwert und die Compliance beziehen. Ziel dieser Interventionen ist es auch, hilfreiche Verhaltensweisen aufzubauen (z. B. wieder aktiver werden, anstatt sich immer mehr zurückzuziehen) und so dem Teufelskreis der Depression zu entkommen. Als Beispiel ist der Ansatz von Basco und Rush (1996) zu nennen. Im Life Goals Program von Bauer und McBride (2003) werden nach einer psychoedukativen Phase spezifische Lebensziele identifiziert und in einem Gruppensetting zu realisieren versucht. Die Therapie von Lam et al. (1999) gliedert sich in drei Phasen: Nach der Etablierung eines Behandlungskontrakts folgen kognitive und Selbstmanagement-Techniken, die sich mit Folgen der Erkrankung (Stigma) beschäftigen. Dieser Selbstmanagementansatz will dem Patienten helfen, seine persönlichen Frühwarnsignale zu identifizieren und bei ihrem Auftreten geeignete Maßnahmen zur Rückfallprophylaxe einzusetzen. Der Ansatz der Arbeitsgruppe von Newman et al. (2002) ist längerfristig angelegt: Er will Behandlungserfolge konsolidieren und den rezidivprophylaktischen Schutz noch weiter ausbauen. Der Ansatz von Meyer und Hautzinger (2013) sowie Schaub et al. (2004) vermittelt Psychoedukation, Frühsymptommanagement, kognitiv-behaviorale Aspekte wie Aktivitätenaufbau, kognitive Umstrukturierung, Problemlösen und Kommunikationsstrategien.

Ein für bipolare Störungen spezifischer Schwerpunkt ist die Aufrechterhaltung von Lebensrythmen. Der Ansatz von Frank (2005) fokussiert auf einen ausgeglichenen Schlaf-Wach-Rhythmus sowie das Einhalten einer Tagesstruktur durch Routinetätigkeiten und soziale Stimulierung in Kombination mit Inhalten der interpersonellen Therapie, die sich in der Behandlung depressiver Störungen bewährt hat. Diese umfasst die konventionellen Bereiche der interpersonellen Therapie: Schwierigkeiten im zwischenmenschlichen Bereich, Probleme bei Rollenübergängen und unbearbeitete Trauer.

Familienbezogene Interventionen umfassen Psychoedukation sowie das Erlernen von Kommunikations- und Problemlösestrategien (Miklowitz u. Goldstein, 1997; Miklowitz, 2008). Ein aktueller Ansatz von Miklowitz und Mitarbeitern (IFIT; Miklowitz et al., 2003a) integriert Aspekte der Familienfokussierten Therapie (FFT) und der Interpersonal Social Rhythm Therapy (IPSRT; Frank, 2005).

Was den Stand der Therapieforschung anbelangt, so liegen im englischen und deutschen Sprachraum mehrere kontrollierte, randomisierte Studien mit längerfristigen Katamnesen vor, die die Effizienz von familientherapeutischen (Miklowitz et al., 2003; Miklowitz et al., 2008; Rea et al., 2003; Perlich et al., 2010), psychoedukativen (Lobban et al., 2010; Colom et al., 2003; Colom et al., 2009), kognitiven (Meyer u. Hautzinger, 2012; Lenz et al., 2009; Perry et al., 1999; Castle et al., 2011) und interpersonellen Ansätzen (Frank et al., 2008; Simon et al., 2005) belegen. Die Erweiterung der klassischen Therapieinterventionen der kognitiven Therapie um Ansätze der Schematherapie (Young, 1994), der emotionsfokussierten (Greenberg u. Watson, 1998) und der achtsamkeitsbasierten Therapie (Williams et al., 2008; Weber et al., 2010) erscheinen vielversprechend, jedoch müssten diese noch die Überlegenheit gegenüber der „klassischen" KVT nachweisen (für ausführlichere Informationen s. Schaub u. Neubauer, 2013).

26.5 Zusammenfassung und Ausblick

Psychoedukation ist eine sinnvolle Behandlung als Ergänzung zur Pharmakotherapie, um die Dauer bis zum Rückfall deutlich zu verlängern. Psychoedukation verhindert keinen Krankenhausaufenthalt, verkürzt aber die Aufenthaltsdauer. Daher sind strukturierte psychologische Interventionen sehr wichtig! Psychoedukation könnte durch die Steigerung der Behandlungscompliance eine Brücke zwischen klinischen Studien und der „echten Welt" (in der die Medikamente häufig gegen ärztlichen Rat abgesetzt werden) schaffen.

Psychotherapeutische Kompetenzen statt ausschließlicher Informationsvermittlung sind hilfreich, damit der Betroffene die Abhängigkeit von einem pharmakologischen Medikament in sein Selbstkonzept integrieren kann. Deshalb sind interaktive psychoedukative Dialoge mit dem Patienten und seinen Angehörigen, die zu therapeutischen Ansätzen ausdifferenziert wurden, den reinen Kurzinterventionen überlegen. Um dem Patienten die Kooperation mit der Pharmakotherapie zu erleichtern, ist es hilfreich, seine Erfahrungen im Umgang mit der Psychiatrie zu validieren und das Stigma der Erkrankung zu thematisieren (Miklowitz u. Goldstein, 1997). Als wichtige therapeutische Strategien sind die Veränderung der familären Einstellungen und der Kommunikationsformen (z. B. Miklowitz et al., 2003), das Erkennen und der adäquate Umgang mit Frühwarnsignalen (Colom et al.,

2003, 2009) sowie die Etablierung eines ausgeglichenen Lebensstils (Castle et al., 2011) zu nennen.

Die Erweiterung der klassischen Therapieinterventionen um Ansätze der Social Rhythm Therapy (Frank, 2005), der Schematherapie (Ball et al., 2006), der emotionsfokussierten (Greenberg u. Watson, 1998), der achtsamkeitsbasierten (Williams et al., 2008) und der multimodalen Therapie erscheinen vielversprechend. Der Nachweis iherer Überlegenheit gegenüber der „klassischen" KVT steht aber noch aus. Die Bedeutung der Angehörigen für die Stabilisierung wird weiterhin bestätigt (z. B. Reinares et al., 2008).

Psychoedukative und kognitive Gruppen- oder Einzelinterventionen haben sich in der Behandlung bipolarer Störungen als hilfreich erwiesen, insbesondere wenn der Patient und/oder seine Angehörige in ein verlässliches störungsspezifisches Versorgungssystem eingebettet sind.

Literatur

Amann B, Wesuls R, Landin-Romero R et al. (2013). Deeskalationstechniken und atypische Neuroleptika in der Behandlung der akuten Manie. Fortschritte für Neurologie und Psychotherapie 81 (Suppl. 1): S9–S16.

Bäuml J, Pitschel-Walz G (Hrsg.) (2008). Psychoedukation bei schizophrenen Erkrankungen. Konsensuspapier der Arbeitsgruppe „Psychoedukation bei schizophrenen Erkrankungen." Stuttgart (Schattauer), S. 220–234.

Ball JR, Mitchell PB, Corry JC et al. (2006). A randomized controlled trial of cognitive therapy for bipolar disorder: Focus on long-term change. J Clin Psychiatry 67(2): 277–286.

Basco MR, Rush AJ (1996). Cognitive-behavioral therapy for bipolar disorder. New York (Guilford).

Bauer MS, McBride L (2003). Structured group psychotherapy for bipolar disorder: The life goals program (2nd ed.). New York (Springer).

Beck AT, Rush AJ, Shaw BF et al. (1994). Kognitive Therapie der Depression. 4. Aufl. Weinheim (Beltz-PVU).

Bock T (2005). Achterbahn der Gefühle. Leben mit Manien und Depressionen. 2. Aufl. Freiburg (Herder).

Borckardt JJ, Madan A, Grubaugh AI et al. (2011). Systematic investigation of initiatives to reduce seclusion and restraint in a state psychiatric hospital. Psychiatr Serv 62: 477–483.

Castle D, White C, Chamberlain J et al. (2011). Group-based psychosocial intervention for bipolar disorder: randomised controlled trial. Br J Psychiatry 196: 383–388.

Colom F, Vieta E. (2006). Psychoeducation Manual for Bipolar Disorder. Cambridge (Cambridge University Press).

Colom F, Vieta E, Martinez-Aran A et al. (2003). A randomized trial on the efficacy of group psychoeducation in the prophylaxis of recurrences in bipolar patients whose disease is in remission. Arch Gen Psychiatry 60: 402–407.

Colom F, Vieta E, Sanchez-Moreno J et al. (2009). Group psychoeducation for stabilised bipolar disorders: 5-year outcome of a randomised clinical trial. Br J Psychiatry 194: 260–265.

Depp CA, Mausbach BT, Harmell AL et al. (2012). Meta-analysis of the association between cognitive abilities and everyday functioning in bipolar disorder. Bipolar Disord 14: 217–226.

DGBS e. V. und DGPPN e. V. (2012). S3-Leitlinie zur Diagnostik und Therapie Bipolarer Störungen. Langversion 1.0, Mai 2012.

Erfurth A, Dobmeier M, Zechendorff M (2005). Kurzpsychoedukation bei bipolaren Erkrankungen. Stuttgart (Thieme).

Fisher WA (1994). Restraint and seclusion: a review of the literature. Am J Psychiatry 151: 1594–1591.

Frank E (2005). Treating bipolar disorder: a clinicians' guide to interpersonal and social rhythm therapy. New York (Guilford Publications).

Frank E, Soreca H., Swartz HA et al. (2008). The role of interpersonal and social rhythm therapy in improving occupational functioning in patients with bipolar I disorder. Am J Psychiatry 165: 1559–1565.

Gaskin CJ, Elsom SJ, Happell B (2007). Interventions for reducing the use seclusion in inpatient facilities: review of the literature. Br J Psychiatry 191: 298–303.

Grawe K, Donati R, Bernauer F (Hrsg.) (1994). Psychotherapie im Wandel. Von der Konfession zur Profession. Göttingen (Hogrefe).

Greenberg LS, Watson JC (1998). Experiential therapy of depression: differential effects of client-centered relationship conditions and active experiential interventions. Psychother Res 8: 210–224.

Grunze H, Grunze A, Ammann BL (2013a). Differenzialdiagnostik und Psychopharmakotherapie bipolarer Störungen. Fortschritte für Neurologie und Psychotherapie 81 (Suppl. 1): S3–S8.

Grunze A, Meisenzahl E, Grunze H (2013b). Bildgebende Verfahren bei bipolaren Erkrankungen. Fortschritte für Neurologie und Psychotherapie 81 (Suppl. 1): S17–S21.

Grunze H, Walden J (2005). Die bipolaren Störungen. Manisch-depressive Erkrankungen. Ratgeber für Betroffene und ihre Angehörigen. 2. Aufl., Stuttgart (Thieme).

Hankin CS, Bronstone A, Koran LM (2011). Agitation in the inpatient psychiatric setting: a review of clinical presentation, burden, and treatment. J Psychiatr Prax 17: 170–185.

Hellerstein DJ, Straub AB, Lequesne E et al. (2007). Decreasing the use of restraint and seclusion among psychiatric inpatients. J Psychiatr Pract 13: 308–317.

Jamison KR (1999). Meine ruhelose Seele. Die Geschichte einer manischen Depression. München (Goldmann).

Jelley R, Elmer OM (2005). HOPE – Handlungsorientierte Psychoedukation bei Bipolaren Störungen. Tübingen (dgvt).

Jonikas JA, Cook JA, Rosen C et al. (2004). A program to reduce use of physical restraint in psychiatric inpatient facilities. Psychiatric Serv 55: 818–820.

Kammerer-Ciernioch J, Heinzmann T, Lauterbach R et al. (2011). Physical restraint versus mechanical restraint: Alternativen zur Sicherungsfixierung. Erste Auswertung eines Modellprojektes. Berlin (DGPPN). www.prodema-online.de

Kingma R (2002). Mit gebrochenen Flügeln fliegen. Freiburg (DGBS).

Lam DH, Jones S, Bright J et al. (1999). Cognitive therapy for bipolar disorder: A therapist's guide to concepts, methods and practice. Chichester (Wiley).

Lam DH, Watkins ER, Hayward P et al. (2003). A randomized controlled study of cognitive therapy for relapse prevention for bipolar disorder: Outcome of the first year. Arch Gen Psychiatry 60: 145–52.

Latalova K (2009). Bipolar disorder and aggression. Int J Clin Pract 63: 889–899.

Lenz G, Berg A, Breit-Gabauer B et al. (2009). Psychoeducation (PE) in bipolar disorder: a randomized controlled study. Bipolar Disord 11(1): 11.

Leverich CS, Post RM (1996). Life charting the course of bipolar disorder. Current Review of Mood and Anxiety Disorders 1: 48–61.

Lobban F, Taylor L, Chandler C et al. (2010). Enhanced relapse prevention for bipolar disorder by community mental health teams: cluster feasibility randomised trial. Br J Psychiatry 196: 59–63.

Meyer TD, Hautzinger M (2012). Cognitive behaviour therapy and supportive therapy for bipolar disorders: relapse rates for treatment period and 2-year folllow-up. Psychol Med 42: 1429–1439.

Meyer TD, Hautzinger M (2013). Manisch-depressive Störungen. Kognitiv-verhaltens-therapeutisches Behandlungsmanual. 2. Aufl. Weinheim (Beltz-PVU).

Miklowitz DJ (2008). A family-focused treatment approach. 2. Aufl. New York (Guilford).

Miklowitz DJ, Goldstein MJ, Nuechterlein KH et al. (1988). Family factors and the course of bipolar affective disorders. Arch Gen Psychiatry 56: 5–13.

Miklowitz DJ, Goldstein MJ (1997). Bipolar disorder: A family-focused treatment approach. New York (Guilford).

Miklowitz DJ, George EL, Richards JA et al. (2003). A randomized study of family-focused psychoeducation and pharmacotherapy in the outpatient management of bipolar disorder. Arch Gen Psychiatry 60: 904–912.

Miklowitz DJ, Richards JA, George EL et al. (2003a). Integrated family and individual therapy for bipolar disorder: results of a treatment development study. J Clin Psychiatry 64(2): 182–191.

Newman CF, Reilly-Harrington N, Leahy RL (2002). Bipolar disorder: A cognitive approach. Washington (APA).

Perry A, Tarrier N, Morriss R et al. (1999). Randomised controlled trial of efficacy of teaching patients with bipolar disorder to identify early symptoms of relapse and obtain treatment. Br Med J 313: 149–153.

Quraishi S, Frangou S (2002). Neuropsychology of bipolar disorder: a review. J Affect Disord 772: 209–226.

Rea MM, Tompson MC, Miklowitz DJ et al. (2003). Family- focused treatment versus individual treatment for bipolar disorder: Results of a randomized clinical trial. J Consult Clin Psych 71: 482–492.

Reinares, M., Colom F, Sanchez-Moreno J et al. (2008). Impact of caregiver group psychoeducation on the course and outcome of bipolar patients in remission: a randomized controlled trial. Bipolar Disord 10: 511–519.

Richmond JS, Berlin JS, Fishkind AB et al. (2012). Verbal De-escalation of the Agitated Patient: Consensus Statement of the American Association for Emergency Psychiatry Project BETA De-escalation Workgroup. West J Emerg Ned 13: 17–25.

Rogers CR (1993). Die klientenzentrierte Gesprächspsychotherapie. Frankfurt am Main (Fischer).

Schaub A (2003). Psychoedukative, kognitiv-verhaltenstherapeutische Interventionen bei bipolaren Störungen. Krankenhauspsychiatrie, Sonderheft 13: 31–37.

Schaub A, Grunze H (Gasthrsg.) (2013). Bipolare Störungen – Psychoedukation im Kontext neurobiologischer Erkenntnisse und optimierter Therapie. Fortschritte für Neurologie und Psychotherapie 81 (Suppl. 1 Bipolare Störungen): S1–2.

Schaub A, Bernhard B, Gauck L (2004). Kognitiv-psychoedukative Therapie bei bipolaren Erkrankungen. Verhaltenstherapeutische Konzepte, Behandlungsanleitung und Materialien für Betroffene und Angehörige. Göttingen (Hogrefe).

Schaub A, Kopinke J, Neußer A et al. (2007). Kognitiv-psychoedukative Gruppenintervention bei stationären Patienten mit depressiven Erkrankungen – Ergebnisse einer prospektiven Pilotstudie. Verhaltenstherapie 17: 167–173.

Schaub A, Frank R (2010). Sprechstunde für Kinder psychisch kranker Eltern. Monatschrift Kinderheilkunde 158(9): 858–867.

Schaub A, Neubauer N (2013). Psychotherapie bei bipolaren Störungen – Therapiekonzepte, ihre Inhalte und Wirksamkeit. Zeitschrift für Neurologie und Psychiatrie 81 (Suppl. 1 bipolare Störungen): S22–S29.

Schaub A, Neubauer N, Mueser K et al. (2013a) Neuropsychological functioning in inpatients with major depression or schizophrenia. BMC Psychiatry 13:203.

Schaub A, Neubauer N, Bernhard B et al. (2013b). Kognitiv-psychoedukative Gruppenintervention bei bipolar erkrankten Patienten: Pilotstudie mit 2-Jahres-Katamnese. Fortschritte für Neurologie und Psychotherapie 81 (Suppl. 1): S30–S34.

Schaub A, Neubauer N, Mueser K et al. (2013c) Neuropsychological functioning in inpatients with major depression or schizophrenia. BMC Psychiatry, 13:203.

Schaub A, Roth E, Goldmann U (2013d). Kognitiv-psychoedukative Therapie zur Bewältigung von Depressionen. Ein Therapiemanual. 2. Aufl. Göttingen (Hogrefe).

Scott J, Pope M (2002). Self-reported adherence to treatment with mood stabilizers, plasma levels and psychiatric hospitalization. Am J Psychiatry 159: 1927–1929

Seemüller F, Berger M, Musil R et al. (2013). Herausforderungen der ambulanten Behandlung von Patienten mit bipolaren affektiven Störungen. Zeitschrift für Neurologie und Psychiatrie 81 (Suppl. 1): S35–S39.

Simon GE, Ludman EJ, Unnützer J et al. (2005). Randomized trial of a population-based care program for people with bipolar disorder. Psychol Med 35: 13–24.

Tohen M, Zarate CA, Hennen J et al. (2003). Die McLean-Harvard First-Episode Mania Study: prediction of recovery and first recurrence. Am J Psychiatry 160: 2099–2107.

Van de Sande R, Niyman HL, Noorthoorn EO et al. (2011). Aggression and seclusion on acute wards: effects of short-term risk assessment. Br J Psychiatry 199: 473–478.

Wagner P, Bräunig P (2004). Psychoedukation bei bipolaren Störungen. Ein Therapiemanual für Gruppen. Stuttgart (Schattauer).

Weber B, Jermann F, Gex-Fabry M et al. (2010). Mindfulness-based cognitive therapy for bipolar disorder: A feasibility trial. Eur Psychiat 25: 334–337.

Wesuls R, Heinzmann T, Brinker L (2003). Professionelles Deeskalationsmanagement. Praxisleitfaden zum Umgang mit Gewalt und Aggression in den Gesundheitsberufen. Stuttgart (Unfallklasse Baden-Württemberg) S. 1–74.

Williams JMG, Alatiq Y, Crane C et al. (2008). Mindfullness-based cognitive therapy (MBCT) in bipolar disorder: Preliminary evaluation of immediate effeccts on between-episode functioning. J Affect Disorders 107: 275–279.

Wormer EJ (2004). Bipolar: Leben mit extremen Emotionen. Depression und Manie. Ein Manual für Betroffene und Angehörige. München (Knaur).

Young JE (1994). Cognitive therapy for personality disorder: A schema focused Approach. Sarasota, Fl (Professional Ressource Press).

VI Psychoedukation bei Angst, Zwang und posttraumatischer Belastungsstörung

27 Psychoedukation bei Angsterkrankungen

Heike Alsleben und Maren Jensen

27.1 Begründung der Psychoedukation bei Angststörungen

Angststörungen zählen neben Substanzmissbrauch und Depressionen zu den häufigsten psychischen Störungen. Untersuchungen zufolge erkranken ca. 13 % bis 15 % der deutschen Bevölkerung mindestens einmal im Leben an einer Angststörung. Perkonigg und Wittchen (1995) fassten dazu schon vor 20 Jahren vergleichbare Studien aus verschiedenen Ländern zusammen. Die Lebenszeitprävalenzen für Angststörungen lagen demnach zwischen 9,2 % und 24,9 %. Die Munich Follow-Up Studie von Wittchen et al. (1992) gab eine Lebenszeitprävalenz von 13,9 % in der westdeutschen Bevölkerung an.

Jacobi et al. (2004) stellten die 12-Monats-Prävalenzdaten zu psychischen Störungen in der erwachsenen Allgemeinbevölkerung (Alter: 18 bis 65 Jahre) der Bundesrepublik aus dem Bundesgesundheitssurvey von 1998/99 vor. Die Autoren kamen zu einer 12-Monats-Prävalenz bei Angststörungen von 14,5 %, wobei Frauen etwa doppelt so häufig betroffen waren wie Männer. „Irgendeine spezifische Phobie" mit 7,6 % zeigte die höchste Prävalenz, gefolgt von der Panikstörung mit 2,3 %, der Agoraphobie (ohne Panikstörung) und der sozialen Phobie mit jeweils 2,0 % und der generalisierten Angststörung mit 1,5 %. Diese Forschungsgruppe wies darauf hin, dass durch psychische Erkrankungen vermehrt Gesundheitsleistungen in Anspruch genommen wurden und es zu erhöhten Arbeitsausfalltagen kam (Jacobi et al., 2004).

Aus den Angaben des statistischen Bundesamtes zum Jahr 2010 (Statistisches Bundesamt, 2012) geht hervor, dass mehr als 1,16 Millionen Menschen aufgrund einer psychischen Erkrankung vollstationär behandelt wurden, davon 860.597 in psychiatrischen Fachabteilungen. Angststörungen (ICD-10 F40 und F41) spielten dabei jedoch mit 2,7 % in den Krankenhäuser insgesamt bzw. in psychiatrischen Fachabteilungen mit 2,2 % eine eher untergeordnete Rolle. Aufgrund der hohen Prävalenz kann deshalb davon ausgegangen werden, dass Patienten mit diesen Erkrankungen eher in der ambulanten Versorgung zu finden sind. Hierzu berichtet das Zentralinstitut für die kassenärztliche Versorgung in Deutschland, dass 0,9 % der gesetzlich Versicherten wegen phobischer Störungen (F40) und 3,5 % wegen anderen Angststörungen (F41) ambulant behandelt wurden. Dabei wurden wesentlich mehr Patienten von Nervenärzten, Neurologen und Psychiatern als von Ärztlichen und Psychologischen Psychotherapeuten behandelt (ZI, Email vom 10.08.2012).

Angsterkrankungen sind in der Regel mit einem hohen persönlichen Leidensdruck und schweren psychosozialen Folgen verbunden, da bestimmte Objekte gemieden werden, z. B. öffentliche Verkehrsmittel, Einkaufszentren, Geschäfte oder menschliche Begegnungen generell. Die Patienten neigen auch zu sehr häufigen Arztbesuchen, ohne dass eine medizinisch behandelbare Ursache für die Beschwerden vorliegt. Zusätzlich kann es zu Belastungen von nahen Angehörigen kommen.

Angsterkrankungen sind zudem häufig mit einer hohen Komorbidität in Form von

Depressionen, Substanzmissbrauch, körperlichen Symptomen oder anderen Angststörungen verbunden. Spontanremissionen sind eher selten (Witttchen, 1991; Wittchen u. Jacobi, 2004). Chronifizierte Erkrankungsverläufe stehen im Vordergrund. Um die Genesungschancen Betroffener zu verbessern und einer Chronifizierung entgegenzuwirken, erscheint es daher notwendig, eine effiziente und zeitnahe Behandlung vorzuhalten.

Die Bundespsychotherapeutenkammer fertigte 2011 eine Studie an, in deren Rahmen im Januar 2011 alle niedergelassenen Psychologischen Psychotherapeuten und Kinder- und Jugendpsychotherapeuten angeschrieben wurden. Es sollten Angaben zur psychotherapeutischen Versorgung von gesetzlich Krankenversicherten des letzten halben Jahres gemacht werden. Aus dieser Studie geht hervor, dass Patienten in Großstädten zwei bis drei Monate auf ein Erstgespräch zur psychotherapeutischen Behandlung warteten, in ländlichen Regionen knapp 4 Monate. Als besonders schlecht wurde die Versorgung im Ruhrgebiet (17 Wochen) und in den ostdeutschen Bundesländern (16,6 bis 19,4 Wochen) bewertet (BPtK, 2011).

Die Studie zeigte weiterhin auf, dass die langen Wartezeiten die Betroffenen entmutigten, überhaupt ein Erstgespräch aufzunehmen. Durchschnittlich fragten 17,7 Patienten im Monat bei einem Psychotherapeuten nach einem Erstgespräch, jedoch erhielt nur jeder vierte einen Termin bei Psychotherapeuten, die keine Warteliste führten. Bei Psychotherapeuten, die eine Warteliste führten, mussten die Anfragenden durchschnittlich 12,5 Wochen auf ein Erstgespräch warten. Lediglich 51,6% derjenigen, denen ein Erstgespräch angeboten wurde, nahmen tatsächlich eine ambulante Psychotherapie auf. Ein Behandlungsbeginn fand dann im Durchschnitt erst nach 17,4 Wochen statt (BPtK, 2011). Das bedeutet, dass in der Regel keine zeitnahe Behandlung stattfindet. Dies ist besonders bei psychischen Störungen, die zu Chronifizierungen neigen und psychotherapeutisch effektiv behandelt werden können, wie es bei den Angsterkrankungen der Fall ist, fatal.

Jacobi legte in seiner Dissertationsschrift von 2001 Ergebnisse zur Kosten-Nutzen-Analyse bei kognitiver Verhaltenstherapie von Angsterkrankungen vor. Er kam zu dem Schluss, dass durch entsprechende Psychotherapie sowohl eine Kostenentlastung des Gesundheitssystems als auch eine Verbesserung der Lebensqualität der Betroffenen erreicht werde (Jacobi, 2001).

Welchen Stellenwert Angsterkrankungen in Bezug auf Arbeitsunfähigkeit haben, lässt sich aus dem Gesundheitsreport der DAK von 2005 zum Schwerpunktthema „Psychische Erkrankungen: Angststörungen und Depressionen nehmen zu" abschätzen. Dem Gesundheitsreport zufolge stiegen die Ausfallzeiten aufgrund einer psychischen Erkrankung von 1997 bis 2004 um insgesamt 69% an (DAK-Gesundheitsreport 2005, S. 43). 2,9% der DAK-Versicherten waren aufgrund einer psychischen Erkrankung im Versicherungsjahr mindestens einmal nicht arbeitsfähig (ebd., S. 44). Neurotische Störungen (ICD-10 F40-F48) und affektive Störungen (ICD-10 F30-F39) stellten je 41% der Ausfallzeiten bezogen auf alle psychischen Erkrankungen dar (ebd., S. 60 f.). Unterschiede zeigten sich bei den von Arbeitsunfähigkeit Betroffenen. So waren 1% der Erwerbstätigen wegen einer Depression, jedoch nur knapp 0,2% der Erwerbstätigen wegen einer Angsterkrankung mindestens einmal im Jahr arbeitsunfähig (ebd., S. 62). Auch wenn Angsterkrankungen bezogen auf die Arbeitsunfähigkeit eine eher geringe Bedeutung haben, müssen sie aufgrund des hohen Leidensdrucks und der entstehenden Kosten ernst genommen werden.

Kommt es nicht zur Überwindung oder wesentlichen Besserung der Angststörung, kann eine dauerhafte Einschränkung der Erwerbsausübung oder Berentung die Folge sein. Laut dem Informationssystem der Gesundheitsberichterstattung des Bundes ist bei gesetzlich Rentenversicherten seit Jahren eine Steigerung der Berentung aufgrund von phobischen und anderen Angststörungen belegt. Für das Berichtsjahr 2010 wird angegeben, dass 988 Personen (Frauen: 621, Männer: 367) wegen phobischer Störungen und 3810 Personen (Frauen: 2593, Männer: 1217) wegen anderer Angststörungen neu berentet wurden (Deutsche Rentenversicherung Bund, www.gbe-bund.de, zuletzt aufgerufen am 21.08.2012).

Aus dem Dargelegten wird deutlich, dass die Situation für Angsterkrankte verbessert werden sollte. Durch Psychoedukationsgruppen in Ambulanzen oder niedergelassenen Praxen könnte die ungenutzte Wartezeit bis zum Beginn einer psychotherapeutischen Behandlung sinnvoll genutzt werden und zur Vorbereitung einer nachfolgenden Psychotherapie, soweit notwendig, dienen. Die Genesungschancen und die Lebensqualität der Betroffenen könnten durch ein solches Vorgehen erhöht werden. Außerdem würden das Gesundheitssystem und die Rentenversicherungen entlastet.

27.1.1 Aktueller Stand

In der verhaltenstherapeutischen Behandlung von Angst- und Panikstörungen sind psychoedukative Interventionen ein wichtiger Bestandteil. Ihr Stellenwert wird durch den vorrangegangen Abschnitt noch einmal hervorgehoben. Die allgemeinen Ziele von Psychoedukation, „Vermittlung von Wissenskompetenz" und „Hilfe zur Selbsthilfe", stehen im Vordergrund. Dazu gehören aufklärende Informationen über Angststörungen, also über Symptomatik, Ursachen und Behandlungsmöglichkeiten, sowie die Vermittlung von Selbsthilfestrategien. Wissen über die eigene Erkrankung stellt eine entscheidende Voraussetzung für eine effektive Krankheitsbewältigung dar. Durch den lerntheoretischen Ansatz psychoedukativer Konzepte lässt sich das Selbsthilfepotenzial von Patienten erhöhen. Voraussetzung hierfür ist eine aktive Mitarbeit. Ziel ist die Verminderung des Risikoverhaltens der Betroffenen und ihrer Angehörigen, das die Angsterkrankung aufrechterhält und/oder verstärkt, und damit verbunden eine Verbesserung der Lebensqualität.

Neben der direkten Informationsvermittlung im Rahmen von niederfrequenten psychotherapeutischen Einzel- und Gruppengesprächen werden Patientenratgeber und Selbsthilfemanuale eingesetzt, um die Betroffenen über ihre Erkrankungen und deren Behandlungs- und Bewältigungsmöglichkeiten aufzuklären. Die alleinige Anwendung dieser bibliotherapeutischen Unterstützung bleibt zumeist Patienten mit einer milden bis mittelstark ausgeprägten Symptomatik und kurzer Erkrankungsdauer vorbehalten. Im Rahmen einer Psychotherapie kann ausgewählte Selbsthilfeliteratur Transfereffekte in den Alltag des Patienten positiv unterstützen und Therapieerfolge nach Abschluss der Behandlung stabilisieren.

Die Durchführung psychoedukativer Behandlungselemente kann unter Supervision an speziell geschulte kooperierende Berufsgruppen übertragen werden, z.B. an Mitarbeiter aus der Gesundheitspflege oder Sozialarbeiter. Häufig finden psychoedukative Behandlungsangebote in Kombination mit der Anleitung für Entspannungstechniken, etwa der progressiven Muskelentspannung nach Jacobson, oder als Ergänzung einer psychopharmakologischen Behandlung statt.

Psychoedukative Gruppenangebote, wie sie z. B. seit vielen Jahren erfolgreich in der Spezialambulanz für Angststörungen des Universitätsklinikums Hamburg-Eppendorf praktiziert werden, können zu einer Verbesserung der primären Versorgung von Patienten mit Angststörungen beitragen (Schulz et al., 1997), wodurch direkte und indirekte Krankheitskosten vermindert werden, die z. B. entstehen, wenn Betroffene lange auf ein geeignetes Behandlungsangebot warten müssen. Die von den Patienten positiv bewertete und als unterstützend erlebte Gruppenkohäsion stellt einen weiteren Vorteil edukativer Gruppensettings dar.

27.2 Kurzpräsentation von Manualen

Nachfolgend werden drei deutschsprachige Manuale zum Thema „Psychoedukation bei Angststörungen" vorgestellt. Die beiden ersten sind aktuell in Buchform über den Handel zu beziehen. Als Quelle für das dritte Manual ist uns derzeit nur ein Internetlink bekannt. Eine umfangreiche Recherche ergab aktuell keine weiteren Behandlungskonzepte zu diesem Spektrum.

1. Das Manual „**Psychoedukation Angst- und Panikstörungen**" (Alsleben et al., 2004) befähigt Psychologen, Ärzte und Ko-Therapeuten im Rahmen einer überschaubaren Vorbereitungszeit, psychoedukative Gruppen zum Thema Angststörungen zu leiten. Das in verschiedene Behandlungssettings integrierbare evaluierte Konzept erleichtert Patienten und ihren Angehörigen den Umgang mit der Erkrankung und unterstützt einen Abbau von (indirektem) Vermeidungsverhalten. Das Behandlungskonzept ist auf 4 bis 5 mehrstündige Gruppensitzungen ausgerichtet. Neben dem informationsvermittelnden Teil umfasst es einen übungsorientierten Teil, in dem das Vor- und Nachbesprechen häuslicher Übungen und die Bewältigung von Rückschlägen im Vordergrund stehen. Ergänzt werden kann dieses Gruppenprogramm durch angeleitete Verhaltensexperimente, eine Anleitung zur Progressiven Muskelentspannung nach Jacobson und die Entwicklung individueller Störungsmodelle für die einzelnen Gruppenteilnehmer. Eine Voraussetzung für die Teilnahme stellt die Bereitschaft der Patienten dar, eigenständig Übungen zur Angstbewältigung durchzuführen. Eine umfangreiche Sammlung von Folien und Arbeitsblättern kann als Arbeitshilfe eingesetzt werden. Als Begleitlektüre dient der Ratgeber „Stärker als die Angst" (Rufer et al., 2011).
2. Ein durch niederfrequente Therapeutenkontakte begleitetes Übungsprogramm für Patienten mit einer Agoraphobie und deren Angehörige stellt das von Mathews, Gelder und Johnston erarbeitete Behandlungskonzept „**Platzangst**" dar (Mathews et al., 2004). Angehörige können in dieses psychoedukative Behandlungsangebot in ko-therapeutischer Funktion einbezogen werden. Die Patienten und ihre Angehörigen werden in separaten Abschnitten des Selbsthilfemanuals über das Programm informiert und in dessen Anwendung eingeführt. Kontrollfragen zu den Inhalten vertiefen das Verständnis der wichtigen Aspekte, auf die es bei der Bewältigung agoraphobischer Ängste ankommt. Arbeitsblätter und Fragebögen dienen als Arbeitshilfe.
3. Im Rahmen ihrer Dissertation stellt Stumm (2008) die Entwicklung und Evaluation des störungsübergreifenden, stationären psychoedukativen Gruppenprogramms „**Psychoedukation Angst bei stationären Patienten – PAsta**" dar. Das

8 Sitzungen umfassende Gruppenprogramm wurde für Patienten mit heterogenen Angststörungen bzw. Ängsten im Rahmen psychischer Erkrankungen konzipiert. Es versteht sich als Basistherapie, auf der die klinische Behandlung aufbauen kann. Neben der Vermittlung von psychoedukativen Informationen zu Angststörungen und deren Behandlungsmöglichkeiten beinhaltet dieses Manual ein Modul zur kognitiven Verhaltenstherapie und zur Expositionsbehandlung. Die Patienten lernen, mit ihrer Angst umzugehen. In Ergänzung zum Einüben von Strategien zur Angstbewältigung werden ihnen Möglichkeiten zur Rückfallprophylaxe aufgezeigt.

Mit der Durchführung können Diplom-Psychologen und Ärzte betraut werden. Andere Berufsgruppen einer psychiatrischen Station können als Ko-Therapeuten eingesetzt werden. Durch die einzelnen Sitzungen führt den Gruppenleiter ein Behandlungsleitfaden. Zusätzlich stehen Arbeitsblätter und Folien zur Verfügung.

27.2.1 Praktische Darstellung und Fallbespiele

Die nachfolgenden, in verkürzter Form dargestellten psychoedukativen Methoden und Modelle entstammen i.W. dem Manual von Alsleben et al. (2004). Sie lassen sich sowohl im Rahmen von verhaltenstherapeutischen (Kurzzeit-)Gruppentherapien einsetzen als auch ambulant oder (teil-)stationär in Einzel- und Gruppentherapien unterschiedlicher Psychotherapierichtungen (s.

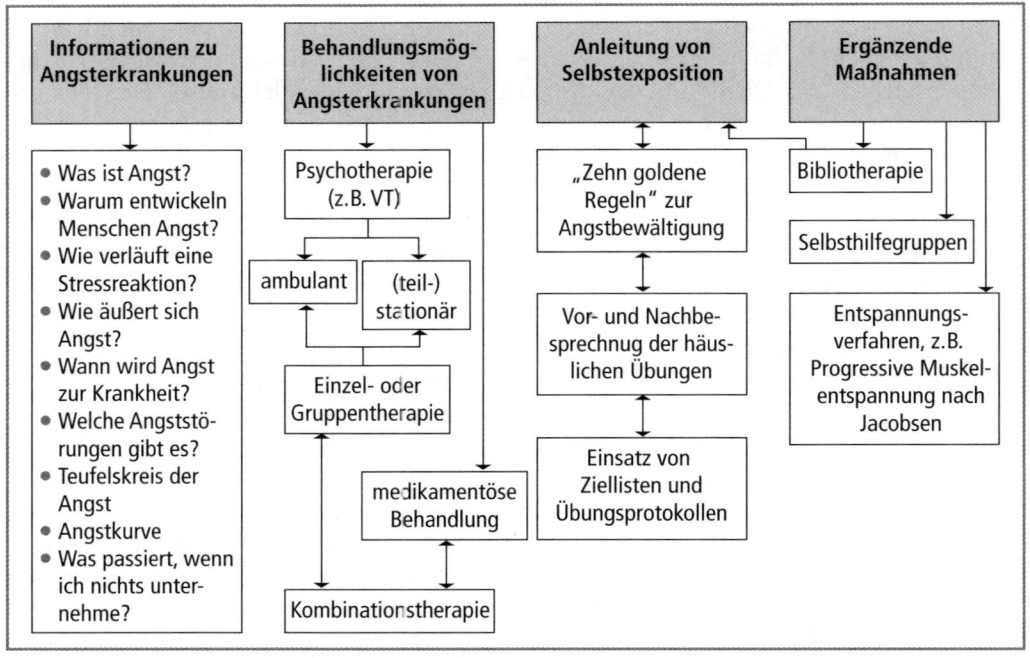

Abb. 27-1 Übersicht: PE bei Angst- und Panikstörung (nach Alsleben, 2005)

27 Psychoedukation bei Angsterkrankungen

Abb. 27-1). Die Modelle werden Patienten mit phobischen Angsterkrankungen oder mit einer Panikstörung vermittelt, um sie zu Experten ihrer eigenen Erkrankung zu machen und ihr Selbsthilfepotenzial zu fördern. Ziel ist es nicht, dass die Patienten völlig angstfrei werden; vielmehr sollen sie in ihrer Handlungskompetenz im Umgang mit unangemessenen Angstreaktionen und damit in ihrem Selbstwirksamkeitserleben unterstützt werden, denn Angst gehört als Zeichen von Gesundheit zum Leben eines jeden Menschen dazu. Eine ausführliche Anleitung zu diesem Thema findet sich in Alsleben et al. (2004) und Rufer et al. (2011). Die Vermittlung von psychoedukativen Informationen sollte durch Visualisierung unterstützt werden. Hierzu eignen sich u. a. PowerPoint- oder Overhead-Folien und Flipcharts. Durch den Einsatz von Arbeitsblättern lassen sich Themen erarbeiten und vertiefen.

Was ist Angst? Angst ist ein normales, ungefährliches Gefühl, das bei jedem Menschen regelhaft auftritt und mit körperlichen Vegetativsymptomen wie Herzrasen, Zittern oder anderen Stresssymptomen einhergehen kann. Zumeist entsteht Angst in Situationen, die subjektiv als bedrohlich erlebt werden. Gründe, warum Menschen übermäßige Ängste entwickeln, können sehr vielfältig sein. Dazu ein typisches Beispiel, wie es Betroffenen vermittelt werden kann:

> Wenn Sie an einem heißen Sommertag aufgrund einer Betriebsstörung für längere Zeit in einer überfüllten S-Bahn steckenbleiben, reagieren Sie zunächst möglicherweise mit ansteigender Aufgeregtheit und Besorgnis. Sie sind eingeschlossen und fragen sich, wie lange es wohl dauern wird. Unrealistische Katastrophengedanken können entstehen, wie z. B.: „Ich bekomme keine Luft mehr", „Ich werde ersticken", „Ich werde nie wieder hier rauskommen" oder: „Gleich erleide ich einen Herzanfall." Derartige Gedanken sind in der Regel verbunden mit typischen körperlichen Erregungssymptomen. Sie beginnen also beispielsweise zu schwitzen, zu zittern oder fühlen sich körperlich extrem angespannt. Im Anschluss an ein solches Erlebnis stellen Sie vielleicht bei der nächsten Gelegenheit fest, dass sich Ihr Verhältnis zum S-Bahn-Fahren grundlegend verändert hat. Sie reagieren schon im Voraus bei der Vorstellung mit einer gewissen Aufgeregtheit oder mit Angstgefühlen. Das von Ihnen ehemals als unproblematisch erlebte S-Bahn-Fahren ist für Sie nun zu einer Situation geworden, in der Sie fast automatisch eine ängstliche Anspannung bis hin zum Panikerleben verspüren. Derartige Angstgefühle können sich in der Folge auf ähnliche Situationen übertragen, z. B. auf das Fahren mit dem Bus oder mit Fahrstühlen.

Besonders hoch ist das Risiko einer Generalisierung der phobischen Ängste auf andere (ähnliche) Bereiche, wenn gleichzeitig mit der Angststörung z. B. eine Depression vorliegt oder es in einer Stresssituation zur Überforderung kommt.

Warum entwickeln Menschen Angst? Menschen entwickeln Ängste aufgrund einer in ihrem Körper biologisch angelegten Flucht-Kampf-Reaktion, die durch das vegetative Nervensystem gesteuert wird. Dabei handelt es sich um eine automatische Alarmreaktion auf eine (vermeintliche) Gefahrensituation. Dieses Reaktionsverhalten hatte in der menschlichen Entwicklungsgeschichte einen hohen Überlebenswert, ist jedoch heute in angstbesetzten Situationen meistens nicht mehr erforderlich.

Wie verläuft eine Stressreaktion? Eine Stressreaktion ähnelt in ihrem Erleben einer Angstreaktion. Das Ausmaß ihrer Ausprägung ist, wie in Abb. 27-2 dargestellt, indivi-

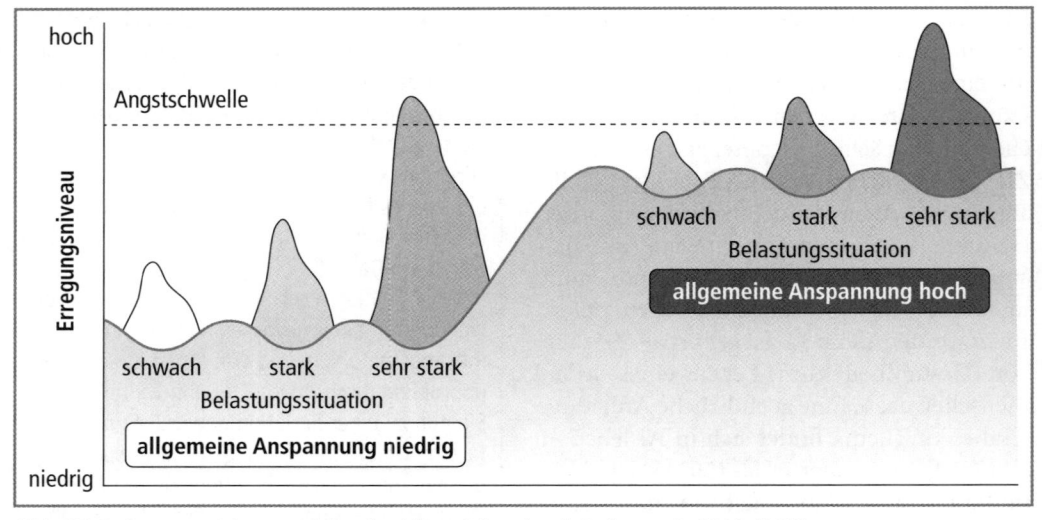

Abb. 27-2 Stress und Angstreaktion im Alltagsleben (nach Rufer et al., 2011, S. 23)

duell abhängig von dem aktuellen Anspannungsniveau des Körpers sowie von der Stärke der stressauslösenden Belastungsfaktoren und deren subjektiver Bewertung.

Wie äußert sich Angst? Angst besteht immer aus vier Anteilen:
- dem *körperlichen Anteil*, z. B. Symptomen wie Herzrasen oder Schwitzen,
- dem *gedanklichen Anteil*, z. B. der Befürchtung, die Kontrolle zu verlieren, einen Herzanfall zu erleiden oder zu sterben,
- dem *gefühlsbezogenen Anteil*, z. B. Angst, Hilflosigkeit oder Traurigkeit, und
- dem *verhaltensbezogenen Anteil*, z. B. Flucht vor oder Vermeidung von Angstsituationen oder Aktivierung von Sicherheitsverhalten.

Diese vier Anteile treten nicht immer gleichzeitig auf und sind in ihrer Ausprägung individuell unterschiedlich. Sie alle spielen eine wichtige Rolle sowohl bei der Entstehung als auch bei der Aufrechterhaltung von Angststörungen.

Wann wird Angst zur Krankheit? Damit man von einer Angsterkrankung sprechen kann, müssen mehrere Faktoren erfüllt sein. Die Ängste müssen unangemessen und stärker als notwendig auftreten, sich häufig wiederholen und lange andauern oder mit dem Gefühl eines Kontrollverlustes über die Häufigkeit ihres Auftretens und Andauerns verbunden sein. Ein weiteres Kriterium ist die Vermeidung angstbesetzter Situationen, ohne dass eine reale Bedrohung vorliegt. Dadurch kommt es zu Einschränkungen im Alltagsleben der Betroffenen und/oder im Beruf und einem entsprechend starken Leidensdruck.

Welche Angststörungen gibt es? Im Vordergrund dieses edukativen Moduls steht die Vermittlung von Grundwissen über die häufigsten Formen von Angsterkrankungen, z. B. die Agoraphobie, die Panikstörung, die spezifische Phobie oder die soziale Phobie, und deren Ätiologie. Zudem werden die Gemeinsamkeiten phobischer Angststörungen herausgearbeitet.

27 Psychoedukation bei Angsterkrankungen

Wie entstehen Angststörungen? Zumeist sind an der Entstehung von Angsterkrankungen mehrere unterschiedliche Faktoren beteiligt. Dazu gehören negative, verunsichernde Erlebnisse und Erfahrungen in der Sozialisation ebenso wie das Lernen am Modell der Eltern und anderer Bezugspersonen oder fehlende Lernerfahrungen. Eine erbliche Veranlagung im Sinne einer erhöhten Vulnerabilität, schnell ängstlich zu reagieren, kann das Entstehen von Angststörungen begünstigen. Auch ein langbestehendes erhöhtes Stressniveau in Verbindung mit einer Überlastung oder der Dauergebrauch von Alkohol und Drogen (z. B. Marihuana) können Auslösebedingungen darstellen.

Der Teufelskreis der Angst Ein zentrales Modell der Psychoedukation bei Angststörungen ist „Der Teufelskreis der Angst" (s. Abb. 27-3). Das Auftreten körperlicher (Angst-) Symptome und deren Wahrnehmung werden von den Betroffenen als gefährlich bewertet und lösen weitere Angst erzeugende Gedanken aus. Die Wahrnehmung dieser Gedanken setzt weitere körperliche Veränderungen im Sinne einer Stressreaktion in Gang, und der Angstkreislauf setzt sich als Circulus vitiosus fort.

Zum therapeutischen Vorgehen in der Psychoedukation In der Behandlung von Patienten mit phobischen Angststörungen hat sich die Expositionstherapie in vivo mit Reaktionsmanagement seit vielen Jahren erfolgreich etabliert. Ihre Effektivität wurde in zahlreichen klinischen Studien belegt (Hand, 1993, 2005). Das dieser Behandlungsform zugrunde liegende Rational ist für die meisten Patienten leicht erlernbar und plausibel. Es eignet sich in abgestufter Form sehr gut zur Selbstbehandlung, angeleitet durch wenige therapeutische Kontakte. Neben den bisher beschriebenen psychoedukativen Informa-

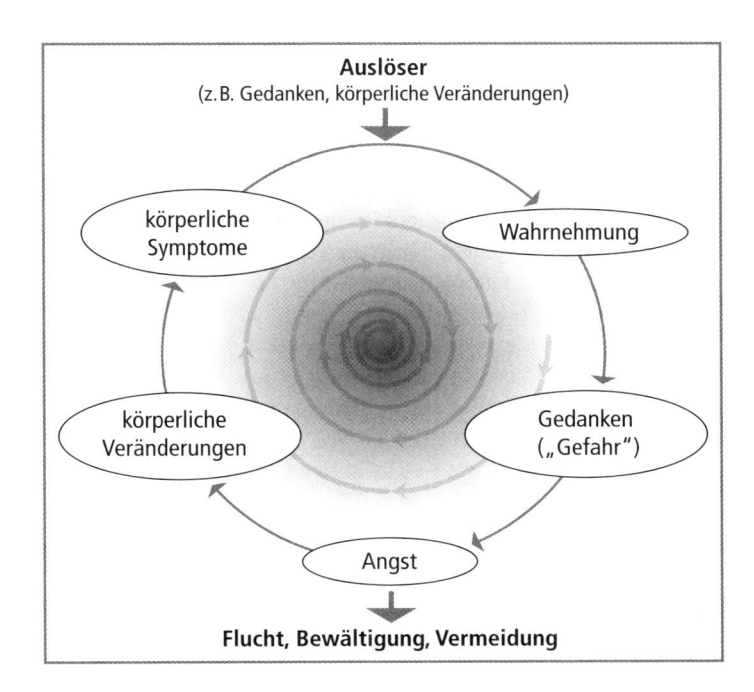

Abb. 27-3 Teufelskreis der Angst (nach Rufer et al., 2011, S. 45)

tionen über Angststörungen erhalten die Patienten eine Anleitung zum eigenständigen Üben in angstbesetzten Situationen. Diese Anleitung beinhaltet kognitive Aspekte, z. B. die in der Verhaltenstherapie häufig vermittelten „Zehn goldenen Regeln" zur Bewältigung von Angst- und Panikerleben (siehe Kasten unten).

> **Die „Zehn goldenen Regeln" zur Angstbewältigung (nach Rufer et al., 2011)**
>
> 1. Denken Sie daran, dass Ihre Angstgefühle und die dabei auftretenden körperlichen Symptome nichts anderes sind als eine Übersteigerung einer normalen Körperreaktion auf eine Stresssituation.
> 2. Solche vorübergehenden Gefühle und Körperreaktionen sind zwar sehr unangenehm, aber weder gefährlich noch in irgendeiner Weise schädlich.
> 3. Steigern Sie sich in Angstsituationen nicht selbst durch Gedanken wie: „Was wird geschehen?", oder „Wohin kann das führen?" in noch größere Ängste hinein.
> 4. Konzentrieren Sie sich stattdessen auf das, was um Sie herum und mit Ihrem Körper wirklich geschieht – nicht auf das, was in Ihrer Vorstellung noch alles geschehen könnte.
> 5. Warten Sie ab und geben Sie der Angst Zeit, vorüberzugehen. Bekämpfen Sie die Angst nicht! Laufen Sie nicht davon! Akzeptieren Sie die Angst!
> 6. Beobachten Sie, wie die Angst von selbst wieder abnimmt. Steigern Sie sich gedanklich nicht weiter in die (Erwartungs-) Angst hinein („Angst vor der Angst").
> 7. Denken Sie daran, dass es beim Üben nur darauf ankommt zu lernen, mit Angst umzugehen – es geht nicht darum, sie zu vermeiden. So geben Sie sich eine Chance, Fortschritte zu machen.
> 8. Halten Sie sich Ihre Ziele vor Augen und welche Fortschritte Sie – trotz aller Schwierigkeiten – schon gemacht haben. Denken Sie daran, wie zufrieden Sie sein werden, wenn Sie auch dieses Mal Erfolg haben.
> 9. Beenden Sie eine Übung erst dann, wenn Sie merken, dass Ihre Angst nachlässt.
> 10. Danach beginnen Sie mit der nächsten Übung.

Als Grundlage der Übungstherapie unterstützen diese Regeln die betroffenen Patienten bei der (gedanklichen) Bewältigung von Angstsituationen. Gründlich zu verstehen, wie diese Regeln anzuwenden sind, ist für die Patienten wichtig, damit sie beim Üben eine dauerhafte Angstreduktion erleben und ihr (indirektes) Vermeidungsverhalten reduzieren können.

Durch die Anwendung der Angstregeln lernen die Patienten, dass sie selbst Einfluss auf ihr Angsterleben nehmen können, statt sich der Angst hilflos ausgeliefert zu fühlen. Neben einer Reduzierung des erhöhten körperlichen Anspannungsniveaus stehen dabei Realitätsüberprüfung und die Verminderung von katastrophisierenden Gedanken ebenso im Vordergrund wie die Erfahrung, dass es wichtig ist, sich in Angstsituationen Zeit zu lassen und durch konsequentes Üben Fortschritte zu machen. Ebenso wichtig ist die Erkenntnis, dass die Angsterregung nicht fortwährend ansteigt oder ewig andauert, sondern von alleine wieder abnimmt.

Um zu vermitteln, worauf es beim Üben genau ankommt, sollten die Selbstexpositionsübungen besonders in der Anfangsphase mit den Patienten gründlich vor- und nachbesprochen werden. Dabei dienen Arbeitsblätter wie Ziellisten und Übungsprotokolle als hilfreiche Unterstützung. Ausführliche Hinweise dazu, worauf es bei der Selbstexposition ankommt, finden Betroffene z. B. in Rufer et al. (2011).

27 Psychoedukation bei Angsterkrankungen

Die Angstkurve Die in Abb. 27-4 dargestellte Angstkurve vermittelt den Betroffenen den typischen Angstverlauf in einer Übungssituation. In der Situation können Angst- und Panikgefühle vorübergehend zunehmen. Gelingt es den Übenden jedoch, sich für das bewusste Verbleiben in der Angstsituation zu entscheiden und irrationale Katastrophengedanken zu stoppen, wird ihr Angsterleben abnehmen. Regelmäßiges Üben führt zu neuen Erfahrungen, einer Stärkung des Selbstvertrauens und einer Reduktion der Angstkurve. Der deutliche Abfall der Angstkurve ist das Kriterium dafür, wann eine Übung beendet werden sollte, nicht die Zeitdauer oder die geübte Entfernung, z. B. die Anzahl der gefahrenen Stationen mit dem Bus.

Was passiert, wenn ich nichts unternehme? Nicht außer Acht gelassen werden sollten Informationen darüber, welche Folgen lange bestehende Angststörungen bzw. ein ausgeprägtes Flucht- und Vermeidungsverhalten nach sich ziehen können. Häufig kommt es zu Beeinträchtigungen in den privaten und beruflichen Lebensbereichen, die sich u. a. negativ auf die Partnerschaft oder das Freizeitverhalten und damit auch auf die Lebensqualität auswirken können. Zusätzlich sollten Patienten aufgeklärt werden über komorbide Störungen, die im Zusammenhang mit Angsterkrankungen auftreten können. Dazu gehören z. B. Depressionen und Alkohol- oder Medikamentenmissbrauch, aber auch ein Blutdruck- und Cholesterinanstieg.

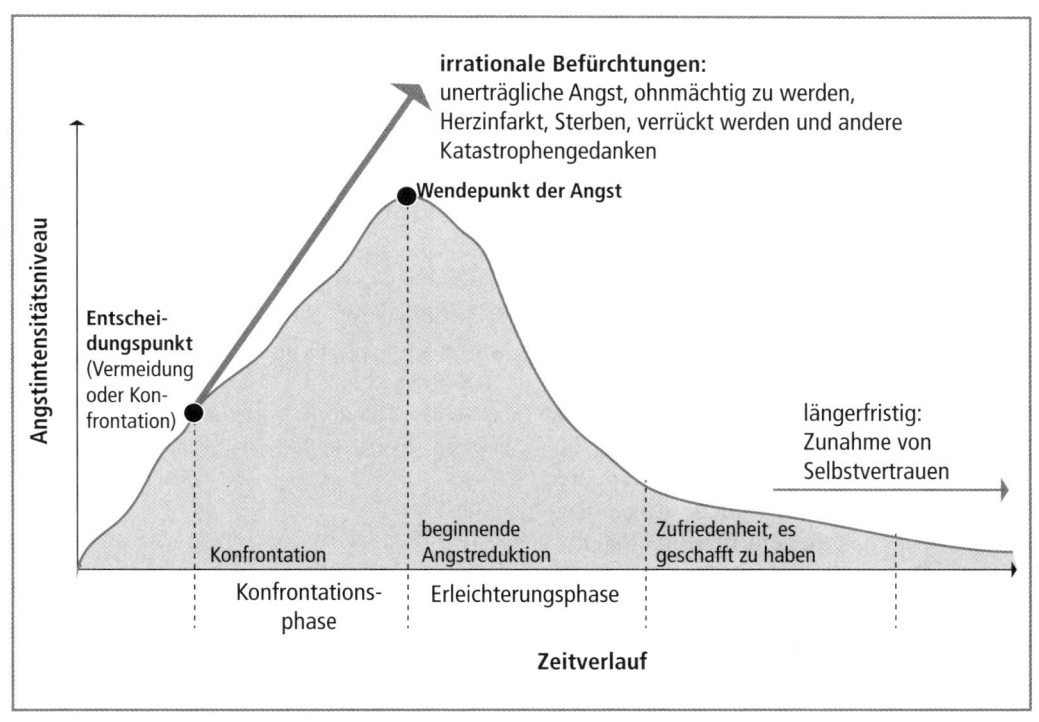

Abb. 27-4 Angstkurve (nach Rufer et al., 2011, S. 54)

Behandlungsmöglichkeiten von Angststörungen Findet die Vermittlung psychoedukativer Informationen im Rahmen einer Kurzzeit-Gruppentherapie statt, ist es empfehlenswert, die Teilnehmer über die Indikationen und Möglichkeiten der Weiterbehandlung zu informieren. Dazu gehören die Aufklärung über Psychotherapie im Rahmen ambulanter und (teil-)stationärer Therapiesettings sowie Basisinformationen über den aktuellen Stand der psychopharmakologischen Behandlung von Angsterkrankungen (siehe Rufer et al., 2011). Haben Patienten ausreichend von dem Kurzzeitangebot profitiert, so können Empfehlungen zum Erlernen eines Entspannungsverfahrens oder Informationen zu Selbsthilfegruppen den erzielten Behandlungserfolg stabilisieren.

27.3 Ausblick

Psychoedukative Informationen haben sich in der Behandlung von Angststörungen als erfolgreich erwiesen, um Betroffene in der Entwicklung ihres Selbsthilfepotenzials zu unterstützten. Sie können für sich alleine ein Kurzzeitbehandlungsangebot darstellen oder in ambulante und stationäre Behandlungssettings eingebunden werden. Als ergänzende Unterstützung können Patientenratgeber oder Selbsthilfemanuale eingesetzt werden. Die Durchführung kann unter Supervision von geschulten Ko-Therapeuten übernommen werden. Auch Angehörige lassen sich in das niederschwellige Behandlungsangebot einbeziehen. Diese Behandlungsform kann als eine erste schnell verfügbare Intervention helfen, einer Chronifizierung vorzubeugen und somit zu einer Kostenreduzierung im Gesundheitssystem beizutragen. Für die Zukunft wäre es wünschenswert, in Forschungsarbeiten die Evidenz der psychoedukativen Behandlung von Angststörungen zu replizieren.

Ratgeberliteratur

Mathews A, Gelder M, Johnston D (2004). Platzangst. Ein Übungsbuch für Betroffene und Angehörige. (Deutsche Bearbeitung: Hand I, Fisser-Wilke C). 4. Aufl. Basel (Karger).

Niklewski G, Riecke-Niklewski R (2010). Ängste überwinden. Berlin (Stiftung Warentest).

Rufer M, Alsleben H, Weiss A (2011). Stärker als die Angst. Ein Ratgeber für Menschen mit Angst- und Panikstörung und deren Angehörigen. Bern (Huber).

Schmidt-Traub S (2008). Angst bewältigen. Selbsthilfe bei Panik und Agoraphobie. Heidelberg (Springer).

Wittchen HU et al. (1995). Hexal-Ratgeber Angst. Freiburg (Karger).

Internetlinks

Informationen zu Selbsthilfegruppen:

www.nakos.de → NAKOS – Nationale Kontakt- und Informationsstelle zur Anregung und Unterstützung von Selbsthilfegruppen

www.selbsthilfe-interaktiv.de → Kommunikationsplattform für Selbsthilfegruppen und daran Interessierte

Informationen zu Angststörungen:

www.panik-attacken.de → DASH – Deutsche Angst-SelbstHilfe e. V.

www.angst-und-panik.de → Onlineforum bezogen auf Angst und Panik

www.angst-auskunft.de → Allgemeine Angst-Auskunft

www.angstportal.de → Selbsthilfe-Portal für Betroffene

www.vssp.de → Bundesverband der Selbsthilfe Soziale Phobie

Literatur

Alsleben H, Weiss A, Rufer M (2004). Psychoedukation Angst- und Panikstörungen. München (Elsevier).

Alsleben H (2005). Psychoedukation bei Angst- und Panikstörungen. In: PiD 4: 419–424.

Bundespsychotherapeutenkammer (2011). BPtK-Studie zu Wartezeiten in der ambulanten psychotherapeutischen Versorgung. Umfrage der Landespsychotherapeutenkammern und der BPtK. http://www.bptk.de/fileadmin/user_upload/Publikationen/BPtK-Studien/belastung_moderne_arbeitswelt/Wartezeiten_in_der_Psychotherapie/20110622_BPtK-Studie_Langfassung_Wartezeiten-in-der-Psychotherapie.pdf

DAK-Gesundheitsreport 2005. Erstellt durch das IGES Institut für Gesundheits- und Sozialforschung GmbH. Berlin.

Deutsche Rentenversicherung Bund (Hrsg.). Rentenzugänge wegen verminderter Erwerbsfähigkeit in der Gesetzlichen Rentenversicherung (www.gbe-bund.de, zuletzt aufgerufen am 21.8.2012).

Hand I (1993). Expositions-Reaktions-Management (ERM) in der strategisch-systemischen Verhaltenstherapie. Verhaltenstherapie 3: 61–65.

Hand I (2005). Exposition und Konfrontation. In: Linden M, Hautzinger M (Hrsg.). Verhaltenstherapie-Manual. 5. Aufl. Heidelberg (Springer), S. 152–162.

Jacobi F (2001). Kosten-Effektivitäts- und Kosten-Nutzen-Analyse psychologischer Angstbehandlung. Unveröff. Diss, TU Dresden.

Jacobi F, Klose M, Wittchen HU (2004). Psychische Störungen in der deutschen Allgemeinbevölkerung: Inanspruchnahme von Gesundheitsleistungen und Ausfalltage. Bundesgesundheitsbl – Gesundheitsforsch – Gesundheitsschutz 47: 736–744.

Mathews A, Gelder M, Johnston D (2004). Platzangst. Ein Übungsbuch für Betroffene und Angehörige. (Deutsche Bearbeitung: Hand I, Fisser-Wilke C). 4. Aufl. Basel (Karger).

Perkonigg A, Wittchen HU (1995). Epidemiologie von Angststörungen. In: Kasper S, Möller HJ (Hrsg.). Angst- und Panikerkrankungen. Jena (Gustav Fischer), S. 137–156.

Rufer M, Alsleben H, Weiss A (2011). Stärker als die Angst. Ein Ratgeber für Menschen mit Angst- und Panikstörung und deren Angehörigen. Bern (Huber).

Schulz M, Osen B, Hand I (1997). Verhaltenstherapeutische Kurzzeit-Gruppentherapie zur Versorgung von Patienten mit Angststörung in der primärärztlichen Praxis. Verhaltenstherapie 7: 5–13.

Statistisches Bundesamt (Destatis), Krankenhausdiagnosestatistik (2012). Aus dem Krankenhaus entlassene vollstationäre Patientinnen und Patienten (einschl. Sterbe- und Stundenfälle) 2010 nach Diagnosen und Altersgruppen. Sonderauswertung. Wiesbaden (Statistisches Bundesamt H 1 – Gesundheit).

Stumm E (2008). Psychoedukation Angst bei stationären Patienten – PAsta. Entwicklung und Evaluation eines stationären psychoedukativen Gruppenprogramms zur Behandlung von Angst. Diss. Univ Erlangen-Nürnberg. http://d-nb.info/988610523/34

Wittchen HU (1991). Der Langzeitverlauf unbehandelter Angststörungen: Wie häufig sind Spontanremissionen? Verhaltenstherapie 1: 273–282.

Wittchen, HU, Essau CA, von Zerssen D et al. (1992). Lifetime and Six-Month Prevalence of Mental Disorders in the Munich Follow-Up Study. Eur Arch Psychiatry Clin Neurosci 241: 247–258.

Wittchen HU, Jacobi F (2004). Gesundheitsberichterstattung des Bundes. Robert Koch-Institut in Zusammenarbeit mit dem Statistischen Bundesamt, Heft 21, Angststörungen. Berlin.

Zentralinstitut für die kassenärztliche Versorgung in Deutschland: Diagnosenportal des Zentralinstituts für die kassenärztliche Versorgung, Berichtsjahr 2009, Email vom 10.08.2012.

28 Psychoedukation in der Behandlung von Patienten mit Zwangserkrankungen und ihre Angehörigen – Besonderheiten und Herausforderungen

Katarina Stengler, Peter Hornung, Michael Kroll

28.1 Vorbemerkung

Patienten mit Zwangserkrankungen kommen erst spät, in aller Regel mit sehr ausgeprägten Symptomen und meist chronifizierten Krankheitsverläufen, im psychiatrisch-psychotherapeutischen Versorgungssystem an. Psychoedukation ist ein Kernstück im Gesamtbehandlungsplan bei Zwangserkrankungen und stellt aufgrund der spezifischen Behandlungsbedürfnisse in diesem Indikationsbereich besondere Anforderungen an die Therapeuten. Dies soll im Folgenden ausführlicher dargestellt und in bestimmten Aspekten eingehend diskutiert werden.

28.2 Epidemiologie/Häufigkeit, Relevanz

Zwangserkrankungen zählen mit einer Lebenszeitprävalenz zwischen 2 % und 4 % zu den häufigsten psychischen Erkrankungen und weisen einen hohen Anteil an schweren, chronischen Verläufen auf (Angst et al., 2005).

Die Erkrankung beginnt häufig in der Kindheit oder Adoleszenz. Das mittlere Erkrankungsalter beträgt 20 Jahre. Die Tatsache, dass Patienten mit Zwangserkrankungen im Mittel erst 7–10 Jahre nach dem Auftreten von Zwangssymptomen erstmals therapeutische Hilfe in Anspruch nehmen (Rasmussen u. Eisen, 1994; Grabe et al., 2000) und zu diesem Zeitpunkt oft schon ein hoher Grad an Chronifizierung (Skoog u. Skoog, 1999; Angst et al., 2004) mit zumeist somatischen (Fineberg et al., 2003) und sozialmedizinisch relevanten Folgeschäden (Greist et al., 2003) eingetreten ist, unterstreicht die Notwendigkeit der Früherkennung und frühzeitigen diagnosespezifischen Behandlung.

Eine wesentliche Bedingung für eine frühzeitigere Inanspruchnahme professioneller Hilfe bei Zwangserkrankungen sind gründlichere Kenntnisse sowohl bei Patienten und Angehörigen als auch seitens der Professionellen (Goodwin et al., 2002; Beşiroğlu et al., 2004; Stengler-Wenzke u. Angermeyer, 2005). Wahl et al. (2010) zeigten, dass 70 % der Patienten mit einer Zwangsstörung, die sich in nervenärztlicher Behandlung befanden, nicht die Diagnose „Zwangsstörung" erhielten und somit auch nicht spezifisch behandelt wurden. Neben den Informationsdefiziten im professionellen System ist die frühzeitige Zuordnung unspezifischer Auffälligkeiten zu Krankheitssymptomen durch die Betroffenen und ihre Angehörigen der bedeutendste Faktor, der eine frühzeitige spezifische Behandlung von Zwangserkrankungen verzögert bzw. verhindert. Insbesondere die mit großer

Peinlichkeit und Scham erlebten Symptome führen lange Zeit zu Bagatellisierung, vermeintlicher Normalisierung (Stengler-Wenzke u. Angermeyer, 2005) und Verheimlichung der Symptome und damit langfristig zur Verzögerung einer Therapie.

Die Angehörigen von Zwangserkrankten spielen in diesem Prozess eine besondere Rolle: Zum einen benötigen sie Informationen, wenn sie mit ersten Auffälligkeiten im Frühverlauf der Zwangsstörung konfrontiert werden. Wissen über veränderte Verhaltensweisen kann Verständnis wecken und eine frühe Behandlungsaufnahme unterstützen (Steketee, 1997; Stengler-Wenzke u. Angermeyer, 2005). Zum anderen befinden sich Angehörige von Patienten mit Zwangserkrankungen immer in einem Spannungsfeld zwischen Unterordnung unter und Widerstand gegen die Zwänge der Betroffenen. Sie sind selbst belastet aufgrund der Auswirkungen der Erkrankung (Stengler-Wenzke et al., 2004) und können durch Einbeziehung in den therapeutischen Prozess alternative Möglichkeiten finden, ihren eigenen Alltag und ihr psychosoziales Umfeld neu zu gestalten. Mit Rücksicht auf diesen Spagat der Angehörigen sollten Eltern, Partner, Kinder und andere wichtige Bezugspersonen in Rücksprache und im Einvernehmen mit den Erkrankten selbst zeitnah zu Beginn der spezifischen Behandlung in die Psychoedukation einbezogen werden.

28.3 Verlauf/Prognose

Aufgrund des frühen Erkrankungsalters, das bei einem nicht geringen Teil der Erkrankten im Kindes- und Jugendalter liegt, sind die Betroffenen in einem wichtigen Lebensabschnitt mit ersten Beeinträchtigungen konfrontiert. In dieser Lebensphase werden nicht nur bedeutende Voraussetzungen für die spätere berufliche Entwicklung geschaffen, sondern auch ein wesentlicher Grundstein für erfolgreiche soziale Beziehungen und einen breiten psychosozialen Aktionsradius gelegt. Trotz früher erster Auffälligkeiten dauert es in der Regel viele Jahre, bis erste professionelle Hilfe aufgesucht wird. Solange verläuft die Erkrankung schleichend und in den meisten Fällen deutlich progredient (Rasmussen u. Eisen, 1994). Es gibt auch fluktuierende Verläufe, wobei die Betroffenen meist eine Zunahme oder ein erneutes Auftreten der Beschwerden unter allgemeiner Stressexposition angeben. Einige Patienten zeigen keine Veränderung der Symptome über die Zeit, bei anderen wird ein deutlicher Wechsel der Symptome angegeben (Skoog u. Skoog, 1999). Es gibt Hinweise in der Literatur, dass ein Erkrankungsbeginn vor dem 20. Lebensjahr insbesondere für Männer einen Risikofaktor für einen ungünstigen Verlauf darstellt (Stengler et al., 2013). Ebenso konnten Stengler et al. (2013) in ihrer retrospektiv angelegten Studie einen Zusammenhang zwischen späterer Inanspruchnahme professioneller Hilfe und ungünstigerem Langzeitverlauf sehen. Zwangsstörungen zeigen erhebliche Komorbidität, insbesondere mit depressiven Störungen, nämlich 35 % bis 78 % (Abramowitz, 2004; Abramowitz et al., 2003), die den Verlauf der Erkrankung erheblich verkomplizieren und die Prognose verschlechtern können. Infolge der hohen Komorbiditätsraten und der großen Heterogenität der Erkrankung wird die Zwangsstörung von einigen Autoren in ein sogenanntes Spektrum assoziierter Störungsbilder („Zwangsspektrumerkrankungen") eingeordnet; dies spiegelt sich auch im neuentwickelten diagnostischen Manual DSM-5 im Rahmen eines Störungskapitels „Zwangsstörung und assoziierte Erkrankungen" wider (www.DSM5.org).

Obgleich es evidenzbasierte und in der Versorgung sehr gut etablierte psychotherapeutische und pharmakotherapeutische Behandlungsstrategien bei Zwangserkrankungen gibt (DGPPN, 2013), profitieren bis zu 60 % der Patienten weder von einer der beiden Therapien noch von einer kombinierten Behandlung (Bloch et al., 2006). Sie gelten deshalb als therapieresistent. Auch bei diesen Patienten und ihren Angehörigen ist Psychoedukation ein wichtiger Behandlungsbaustein, der sich inhaltlich auf die besondere Situation der Betroffenen einstellen muss und eine große Herausforderung für das professionelle System darstellt. Hier gilt es zum einen, neben der Symptomschwere im engeren Sinne die oft erheblichen Einschränkungen alltagspraktischer und sozialer Kompetenzen zu erfassen und breit definierte psychosoziale Interventionen setting- und berufsgruppenübergreifend insbesondere im häuslichen Umfeld anzubieten (Stengler et al., 2013). Während spezifische Behandlungsansätze im ambulanten Bereich und damit im unmittelbaren Lebensumfeld der Patienten und ihrer Angehörigen überaus sinnvoll und zielführend sein können, ist die Versorgungsrealität für Zwangserkrankte in diesem Feld ausgesprochen schlecht (Külz et al., 2010). Zwangsstörungen gelten bei Psychotherapeuten zudem als „undankbar" und behandlungsresistent (Ambühl, 2005). Psychoedukation kann – modifiziert für die ambulant zur Verfügung stehenden professionellen Systeme – insbesondere im Hinblick auf eine frühzeitigere Inanspruchnahme des psychiatrisch-psychotherapeutischen Systems zu einer Verbesserung der Gesamtversorgung von Zwangserkrankten und ihren Angehörigen beitragen.

28.4 Aktueller Stand

Die Kognitive Verhaltenstherapie gilt nach wie vor als Mittel der ersten Wahl in der Behandlung von Zwangsstörungen (Hofmann u. Smits, 2008). Darüber hinaus werden pharmakotherapeutische Strategien mit hoher Evidenz empfohlen (Soomro et al., 2007; Bloch et al., 2006). Sie stellen bei den meisten Patienten eine wichtige Ergänzung zur Psychotherapie dar bzw. sind von Beginn an im Rahmen einer Kombinationsbehandlung indiziert (DGPPN, 2013). Psychosoziale Interventionen und die Einbeziehung des sozialen Umfeldes, insbesondere der Angehörigen, haben sich, eingebettet in einen Gesamtbehandlungsplan, als sehr effektiv erwiesen (Stengler et al., 2013). Psychoedukation wird insbesondere bei Therapiebeginn als wichtige Voraussetzung für die anschließende diagnosespezifische Verhaltenstherapie angesehen (DGPPN, 2013).

Im deutschsprachigen Raum haben Terbrack und Hornung (2004) ein Manual zur Leitung von Patienten- und Angehörigengruppen publiziert, das sich in seinem Vorgehen an die von der DGPE definierten Kriterien von Psychoedukation orientiert (Bäuml u. Pitschel-Walz, 2007) und auf das im Folgenden u. a. fokussiert wird. Darüber hinaus hat die Arbeitsgruppe um Stengler 2002 im Rahmen einer bewältigungsorientierten verhaltenstherapeutischen Gruppentherapie (Stengler-Wenzke u. Angermeyer, 2002) ein strukturiertes psychoedukatives Programm insbesondere für die ambulante Gruppentherapie vorgelegt, aus dem 2008 modifizierte und konkretisierte Behandlungsanleitungen in einem Patienten- und Angehörigenleitfaden erschienen sind (Stengler, 2008). Des Weiteren haben sich in Deutschland mehrere, insbesondere stationär arbeitende Zentren auf den Behandlungsschwerpunkt Zwangserkrankun-

28 Psychoedukation bei Zwangserkrankungen

gen spezialisiert, die psychoedukative Behandlungsbausteine in ihren verhaltenstherapeutischen Therapieprogrammen als wesentlich ausweisen und u.a. von der Deutschen Gesellschaft für Zwangserkrankungen (DGZ e.V., http://www.zwaenge.de/) empfohlen werden.

28.5 Muster-Manuale

Im Allgemeinen kommen psychoedukative Behandlungsmaßnahmen sowohl im ambulanten als auch im stationären Setting unmittelbar am Therapiebeginn zum Einsatz. Es wird generell zwischen einem Informations- und Wissensteil und einem verhaltensmodifizierenden Teil unterschieden. Bei allen psychoedukativen Maßnahmen spielt die emotionale Entlastung der Patienten und ihrer Angehörigen eine wesentliche Rolle. Im konkreten Falle der Zwangserkrankungen ist sie oft die Voraussetzung dafür, dass zu einem späteren Zeitpunkt verhaltenstherapeutische Maßnahmen unter Einbeziehung der notwendigen Expositionsübungen erfolgreich durchgeführt werden können. Die ersten explorativen Gespräche mit den Patienten sollten deshalb die Grundlage für eine vertrauensvolle Arbeitsbeziehung bilden, in der sich der Zwangserkrankte an dem aktuellen Punkt seiner individuellen Lebens- und Krankheitsbiografie durch den Therapeuten „abgeholt" fühlt.

Das psychoedukative Programm nach Terbrack und Hornung (2004) für Patienten mit Zwangserkrankungen beschreibt ein gruppentherapeutisches Setting mit bis zu 8 Patienten bzw. Angehörigengruppen mit bis zu 12 Teilnehmern. In dem bewältigungsorientierten Programm nach Stengler-Wenzke und Angermeyer (2002) sind bis zu 16 Stunden vorgesehen, wobei hier einerseits stark verhaltenstherapeutische Interventionen betont und andererseits 2 abschließende Gruppensitzungen mit Angehörigen integriert wurden. Die Rahmenbedingungen der Sitzungen sind in Tabelle 28-1 zusammengestellt, der grundlegende Ablauf jeder Sitzung kann den zitierten Manualen ent-

Tab. 28-1 Praktische Durchführung von psychoedukativen Interventionen bei Patienten mit Zwangserkrankungen

Zahl der Sitzungen	8 (-16)
Gruppenform	geschlossen
Häufigkeit	1 mal pro Woche (Angehörigengruppen auch 14-tägig)
Zeitdauer	90(-120) Min./Sitzung
Profession der Therapeuten	Arzt, Psychologe, ko-therapeutisch andere im Umgang mit Zwangserkrankten geübte Berufsgruppen, z.B. Soziotherapeuten
Setting	Bevorzugt Gruppentherapie im ambulanten, teil- und stationären Setting

nommen werden. Er orientiert sich im Allgemeinen an den Grundprinzipien psychoedukativer Gruppentherapie bei psychischen Störungen, wie sie von der DGPE e. V. u. a. auch für Menschen mit schizophrenen Erkrankungen empfohlen werden (Bäuml et al., 2007).

Die konkreten Themenschwerpunkte psychoedukativer Gruppentherapie bei Patienten mit Zwangserkrankungen sind in Tabelle 28-2 zusammengefasst. Wesentliche Elemente sind die Definition und Zuordnung der individuellen Auffälligkeiten zu krankheitsspezifischen Symptomen und diagnostischen Kategorien sowie die Erarbeitung eines Krankheits- und Behandlungskonzepts und die Einordnung der Psychoedukation in einen Gesamtbehandlungsplan, der inhaltliche und zeitliche Planungen enthält. Die Vermittlung der Bedeutung von Angehörigenarbeit und die aktive Einbeziehung der Angehörigen in das therapeutische

Tab. 28-2 Themenschwerpunkte psychoedukativer Gruppentherapie bei Zwangserkrankungen

Stunde	Themen	Materialien/sonstiges
1	Vorstellung der Teilnehmer und Therapeuten; Einführung Überblick; erste Auffälligkeiten und Symptome der Zwangserkrankung	Eingeführt und ggf. angewendet werden können: Beschwerdelisten, Symptomhierarchien; (einfache) Verhaltensprotokolle
2	Vom Symptom zur Diagnose; Differenzialdiagnosen; Komorbidität; Verlauf der Erkrankung	Wichtig: klare Zuordnung von unspezifischen Auffälligkeiten zu diagnostischen Kategorien/Diagnosestellung
3 (-4)	Vorstellung und Entwicklung eines Krankheitsmodells I: Ätiopathogenese – Ursachen und Bedingungen, Beginn: biologische Hypothesen	Verwendung finden können: individuelle Hypothesen zum Krankheitsmodell, Eigenanamnesen/Lebensläufe, biografische Schilderungen
5 (-6)	Vorstellung und Entwicklung eines Krankheitsmodells II: Fortsetzung – psychologische Modelle – Schwerpunkte: Krankheitskonzept nach Salkovskis und Funktionalität – Rolle der Angehörigen	Eingeführt und verwendet werden sollen: Grafik Salkovskis-Modell; Verhaltens- und Situationsanalysen mit individuellen Symptombeschreibungen; „Goldene Regeln für Angehörige" einführen
7	Behandlungsmöglichkeiten von Zwangserkrankungen: Überblick und Pharmakotherapie	Erfahrungen der Teilnehmer nutzen; Medikamente der TN ggf. vorstellen lassen
8	Verhaltenstherapie bei Zwangsstörungen – Überblick; Zusammenfassung	Wichtig: Expositionsbehandlung vorstellen, ggf. Exposition in sensu
Optional: Ergänzend/ vertiefend	Therapieresistente Verläufe und psychosoziale Interventionen; Selbstmanagement	Schwerpunkt: Vorstellung Zuhausebehandlung bei schwierigen, therapieresistenten Verläufen

Konzept sind obligater Bestandteil psychoedukativer Maßnahmen. Im Rahmen der einzelnen Therapiesitzungen werden die Inhalte anhand von Arbeitsblättern, Trainingsmaterialien und anderen Hilfsmitteln in jeweils individualisierter Form eingesetzt.

Die hier referierten, im deutschsprachigen Raum publizierten psychoedukativen Programme für Zwangserkrankte nehmen unterschiedlich Bezug auf Angehörigengruppen. Die jeweilig konkreten Abläufe können deshalb dem Manual nach Terbrack und Hornung (2004), der Publikation von Stengler-Wenzke und Angermeyer (2002) bzw. dem Leitfaden von Stengler (2007) entnommen werden.

28.6 Bedeutung von psychoedukativen Interventionen bei Patienten mit Zwangserkrankungen/Einbettung in ein Gesamtkonzept

Patienten mit Zwangserkrankungen haben zumeist eine langjährige Odyssee durch das Versorgungssystem hinter sich, bevor sie erstmals eine diagnosespezifische Behandlung erfahren. Dies ist oft der Zeitpunkt, an dem sie erstmals mit der Diagnose Zwangserkrankung konfrontiert werden. Nach ihren Erfahrungen mit der Diagnosestellung befragt, gaben Zwangserkrankte an, dass dies in der Mehrzahl der Fälle für sie eine Entlastung war, da sie ihre Auffälligkeiten zuvor meist als störende Charakter- und Persönlichkeitseigenschaften angesehen hatten. Mit einer Diagnose und damit der Zuordnung zu einer Erkrankung ergaben sich für sie eine potenzielle Behandlungsmöglichkeit und damit ein optimistischer Ausblick auf die Therapie (Trosbach et al., 2003). Angehörige gaben in ähnlichen Untersuchungen ebenfalls an, dass ihnen die Vermittlung von Wissen und Informationen über die Erkrankung ihrer Betroffenen, aber auch über ihre eigene Rolle im Zusammenhang mit der Zwangserkrankung innerhalb des familiären Systems sehr geholfen habe (Stengler-Wenzke et al., 2004). So gesehen, können psychoedukative Interventionen insbesondere am Beginn einer Therapie bei Zwangserkrankungen weichenstellend für den weiteren Verlauf, förderlich für die Motivation der Patienten sowie sinnvoll und unterstützend für deren Angehörige sein.

In diesem Zusammenhang sollten einige **Besonderheiten im Umgang mit Patienten mit Zwangserkrankungen** beachtet werden:

- Patienten mit Zwangsstörungen haben im Laufe ihrer Erkrankung aufgrund ihrer skurril und fremdartig anmutenden Symptomatik Ablehnung und Zurückweisung in persönlichen Kontakten mit Menschen ihrer Umgebung erfahren und/oder diese antizipiert und sich infolgedessen zurückgezogen und isoliert.
- Der Zugang zur sozialen Gemeinschaft ist ihnen fremd geworden. Mithin ist davon auszugehen, dass sie auch in therapeutischen Erstkontakten Zurückweisung und Unverständnis für ihre oft als peinlich und beschämend empfundenen Symptome befürchten.
- Deshalb sind ein behutsames, empathisches Grundverständnis und zugleich eine direkte, nicht zögerliche therapeutische, von großer Professionalität getragene Vorgehensweise notwendig.
- In diesem Kontext erfährt der Patient Akzeptanz, Wertschätzung und Respekt hinsichtlich seiner Erkrankung und seiner Person, aber auch Klarheit bezüglich der Kompetenzen und der Verantwortung des Therapeuten.

- Bei der Therapieplanung sind von Anfang an die persönliche Motivation und Zielstellung sowie die individuellen Ressourcen der Patienten entscheidend. Diese sind während des therapeutischen Prozesses in regelmäßigen Abständen zu evaluieren und neu zu justieren. Die Angehörigen sollten in dieses Vorgehen eingeweiht und idealer Weise einbezogen werden.
- Insbesondere bei chronifizierten, therapierefraktären Verläufen sind kurzfristige, die Lebensqualität der Patienten verbessernde psychosoziale Interventionen indiziert. Die Bedeutung dieser Maßnahmen sollte Patienten wie auch Angehörigen im Rahmen der Psychoedukation frühzeitig vermittelt werden. Hierzu ist einmal mehr eine ressourcenorientierte Grundhaltung der Therapeuten erforderlich, die stets die Balance zwischen allgemeinen, evidenzbasierten therapeutischen Möglichkeiten und individuellen Voraussetzungen und Bedürfnissen der Patienten im Blick behält. Das Recht auf Autonomie und Selbstbestimmung der Patienten ist dabei evident.

28.7 Einbeziehung der Angehörigen

Nicht nur die Patienten selbst erleben ihre Zwangserkrankung mit großem Leid und erheblichen Einschränkungen ihrer Lebensqualität. Vielmehr sind auch ihre Angehörigen – Eltern, Geschwister, Partner, Kinder – erheblich „mitbetroffen".

Angehörige von Zwangserkrankten berichten, dass es ihnen schwerfällt, Veränderungen und Verhaltensauffälligkeiten des Patienten frühzeitig als „Erkrankung" einzuordnen. Vielmehr schreiben sie Auffälligkeiten als „Tics", „Eigenarten" oder „Macken" der Primärpersönlichkeit des Betroffenen zu und appellieren gleichsam an seine Veränderungsbereitschaft, was von ihm wiederum aufgrund der Krankheitswertigkeit der Symptomatik nicht „einfach" zu realisieren ist. Letztlich schämen sich Angehörige für ihre betroffenen Familienmitglieder oder ärgern sich über die entstandene Situation und ziehen sich – gemeinsam mit den Patienten – aus dem Bekannten-, Freundes- und übrigen sozialen Umfeld zurück. Damit schließt sich ein Teufelskreis, der im familiären System zusätzlich für Stress, Anspannung und erhöhtes Konfliktpotenzial sorgt. Psychoedukation kann hier einen wesentlichen Beitrag leisten, durch Information und Wissen die Symptome der Erkrankung besser zuzuordnen und eine gezielte diagnosespezifische Therapie einzuleiten.

Vor diesem Hintergrund sind folgende Aspekte im **Umgang mit Angehörigen von Zwangserkrankten** wichtig:

- Angehörige sollen im Einverständnis mit dem Patienten frühzeitig im Rahmen psychoedukativer Interventionen in den therapeutischen Prozess einbezogen werden.
- Sie sollen ausreichend Wissen und Information über die Erkrankung und deren Behandlungsmöglichkeiten erhalten.
- Angehörige müssen ermutigt werden, sich von den Zwangssymptomen der Betroffenen klar abzugrenzen, um so ihren gesunden Alltag zu bewahren oder wiederzuerlangen.
- Möglichkeiten des Austauschs der Angehörigen von Zwangserkrankten untereinander sind förderlich, machen Mut und sollten im Gesamtbehandlungsplan durch Implementierung langfristig angelegter Angehörigengruppen berücksichtigt werden.

28.8 Fallbeispiel und praktische Vorgehensweise

Beispielhafter Auszug aus einer fünften bzw. sechsten Gruppentherapiestunde PE (Kognitves Modell nach Salkovskis und psychologische Krankheitshypothesen) Wenn Patienten Symptome ihrer Erkrankung als solche erkennen, benennen und einordnen können und sobald sie Informationen über den Verlauf der Erkrankung und Veränderungen der Symptomatik erhalten haben, sollte die PE mit der Erklärung von Ursachen und Bedingungen der Erkrankung fortgeführt werden. Die Erarbeitung des kognitiv-behavioralen Krankheitsmodells nach Salkovskis (s. Abb. 28-1) wird in der 5./6. Stunde unter Einbeziehung der verschiedenen psychologischen Hypothesen zur Aufrechterhaltung von Zwangssymptomen vorgenommen und am besten anhand individueller Beispiele erarbeitet.

Dazu werden die Patienten ermutigt, konkrete Symptombeispiele zu berichten und in die Struktur des Modells einzufügen. Wie in der PE üblich, wird auch hier immer wieder

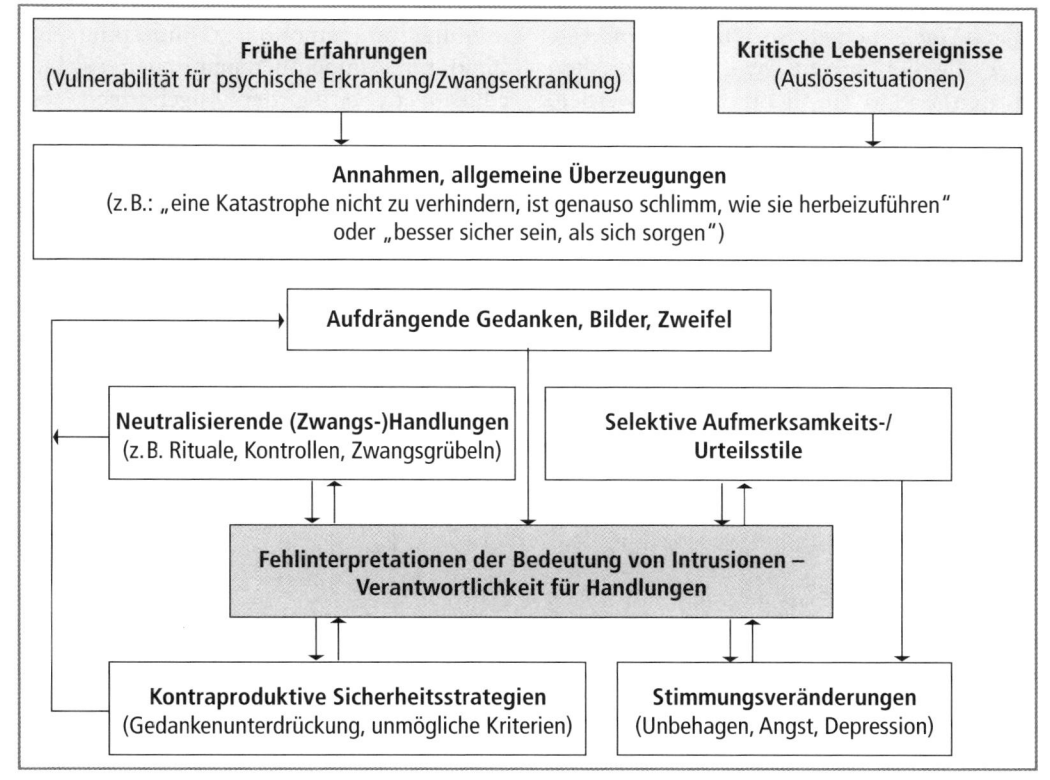

Abb. 28-1 Kognitiv-behaviorales Modell der Zwangsstörung: basiert auf der Annahme, dass zwanghafte Phänomene ihren Ursprung in normalen, aufdringlichen Gedanken (Intrusionen) haben, deren Auftreten und Inhalte aufgrund erworbener dysfunktionaler Einstellungen fehlbewertet werden. In der Folge der Fehlinterpretationen kommt es zu Symptomen wie Angst, Stimmungseinbrüchen und den (neutralisierenden) Zwangsritualen (modifiziert nach Salkovskis, 1999)

versucht, gruppeninteraktive Prozesse in Gang zu bringen. So können Kleingruppen aus jeweils 2 Teilnehmern gebildet werden, die am Flipchart ihre *individuell gestalteten Salkovskis-Modelle* erarbeiten. Danach werden in der Großgruppe Schwierigkeiten oder besonders gelungene Abläufe geschildert; gemeinsam werden Hausaufgaben von und für jede Kleingruppe formuliert. Die Einführung des kognitiven Modells unter Einbeziehung individueller Problem- und Symptomkonstellationen kann durchaus zu intensiven negativen Gefühlen führen, da sich einige Patienten erstmals mit Symptomen und deren kognitiven und emotionalen Zusammenhängen konfrontieren. Wichtig ist, dass die Patienten zunächst die Kontrolle über die berichteten Symptome behalten (dürfen) und wohlwollend ermutigt werden, physiologische Abläufe (Angst, Traurigkeit, Wut etc.) bereits bei der Symptombeschreibung zuzulassen und langsam zu versuchen, sie zu überwinden. Dieser Prozess sollte auch im Rahmen der Gruppentherapie individuell und selbstbestimmt ablaufen können. Der Therapeut steht hilfreich, empathisch und stets ressourcenorientiert zur Seite. Ein Überreden oder mit Nachdruck forciertes Arbeiten ist nicht sinnvoll, sondern langfristig eher hinderlich. Vielmehr sollten Situationen, in denen Patienten angstvoll verharren und dem Zwang vermeintlich erliegen, von sensibel vorgehenden Therapeuten gespiegelt und verständnisvoll akzeptiert werden. Im Anschluss an diese Stunden sollten standardisierte Vorlagen für Verhaltensprotokolle ausgegeben werden, die die Teilnehmer in die künftigen Psychoedukationssitzungen mitbringen. Diese Vorlagen können langfristig auch als Basis für die sich zumeist anschließenden verhaltenstherapeutischen Gruppensitzungen dienen.

28.9 Ausblick

Psychoedukation in der Behandlung von Patienten mit Zwangserkrankungen sollte ein fester Bestandteil in einem Gesamtbehandlungsplan sein und insbesondere zu Beginn einer diagnosespezifischen (kognitiven) Verhaltenstherapie regelmäßig angeboten werden. Die hier auszugsweise vorgestellten Manuale bzw. Gruppentherapieprogramme haben sich in ihrem Ablauf und in ihrer inhaltlichen Gestaltung als gut durchführbar erwiesen. Es gibt Hinweise dafür, dass die Einbeziehung von Angehörigen einen zusätzlichen positiven Effekt für Patienten und Angehörige haben kann. Durch Wissensvermittlung und emotionale Entlastung entstand im gruppentherapeutischen psychoedukativen Setting der Angehörigen eine „Schicksalsgemeinschaft", die half, Unsicherheiten im Umgang mit der Erkrankung und dem Erkrankten zu reduzieren und die eigene Lebensqualität zu verbessern (Stengler-Wenzke u. Angermeyer, 2002). Bei der Entwicklung psychotherapeutisch-psychosozialer Behandlungskonzepte für Zwangskranke wird es in Zukunft neben der Angehörigenarbeit darum gehen müssen, Patienten mit chronischen, therapieresistenten Krankheitsverläufen verstärkt zu berücksichtigen und Interventionen vor allem auch im ambulanten Setting anzusiedeln.

Es ergeben sich folgende **Implikationen für die Praxis:**

Mittel der ersten Wahl in der Behandlung von Zwangserkrankungen ist leitliniengerecht und evidenzbasiert die Kognitive Verhaltenstherapie. Ein Kernstück ist die Psychoedukation, die primär der Wissens- und Informationsvermittlung über die Erkrankung dient und deren Umsetzung bei Zwangserkrankten nur in einer empathischen und wertschätzenden therapeutischen Atmosphäre gelingen kann.

Vor dem Hintergrund der späten Inanspruchnahme des professionellen Systems durch Patienten mit Zwangserkrankungen und der damit verbundenen frühzeitigen Chronifizierung im Krankheitsverlauf könnten psychoedukative Interventionen, die im primärärztlichen Bereich (Kinder- und Jugendärzte, Haus- und psychiatrische Fachärzte) angesiedelt sind, dabei helfen, im Frühverlauf der Erkrankung zielsicherer zu diagnostizieren und schneller und wirksamer zu therapieren. Neben notwendigen strukturellen und gesetzlichen Voraussetzungen sind hierfür vor allem politische Entscheidungsträger gefordert.

Ratgeber, Links, andere Medien
Deutsche Gesellschaft Zwangserkrankungen (DGZ) e.V. Die „Deutsche Gesellschaft Zwangserkrankungen e. V." ist ein gemeinnütziger Verein, in dem sich Betroffene und medizinische/psychologische Experten gemeinsam gegen den Zwang engagieren. Im Mittelpunkt steht das Angebot an Betroffene und ihre Angehörigen, Hilfe zur Selbsthilfe und Hilfe zum Leben mit der Erkrankung zu erhalten.
DGZ; Postfach 1545; 49005 Osnabrück
Tel.: 0541 35744–33; Email: zwang@t-online.de

Online-Foren für Betroffene
www.zwaenge.de
www.zwangserkrankungen.de

Diesem Beitrag zugrunde liegende Manuale/ Ratgeber
Terbrack U, Hornung WP (2004). Psychoedukation Zwangsstörungen. Manual zur Leitung von Patienten- und Angehörigengruppen München (Urban & Fischer).
Stengler K (unter Mitarbeit von Kroll M) (2008). Zwänge verstehen und hinter sich lassen. Was Betroffene und Angehörige selbst tun können. Stuttgart (Thieme TRIAS).

Literatur
Abramowitz JS, Franklin ME, Schwartz SA, Furr JM (2003). Symptom Presentation and Outcome of cognitive-behavioral therapy for obsessive-compulsive disorder. J Consult Clin Psychol 71(6): 1049–1057.
Abramowitz JS (2004). Treatment of obsessive-compulsive disorder in patients who have comorbid major depression. J Clin Psychology 60: 1133–1141.
Ambühl H (2005). Psychotherapie der Zwangsstörungen: Krankheitsmodelle und Therapiepraxis – störungsspezifisch und schulenübergreifend. 2. Aufl. Stuttgart (Thieme).
Angst J, Gamma A, Endrass J et al. (2005). Obsessive-compulsive syndromes and disorders: significance of comorbidity with bipolar and anxiety syndrome. Eur Arch Psychiatry Clin Neurosci 255(1): 65–71.
Bäuml J, Pitschel-Walz G (2007). Psychoedukation bei schizophrenen Erkrankungen. Konsensuspapier der Arbeitsgruppe. 2. Auf. Stuttgart (Schattauer).
Beşiroğlu L, Cllli AS, Aşkin R (2004). The predictors of health care seeking behavior in obsessive compulsive disorder. Compr Psychiatry 45(2): 99–108.
Bloch MH, Landeros-Weisenberger A, Kelmendi B et al. (2006). A systematic review: antipsychotic augmentation with treatment refractory obsessive-compulsive disorder. Mol Psychiatry 11: 622–632.
DGPPN (Hrsg.). Kordon A, Lotz-Rambaldi W, Muche-Borowski C et al. (2013). Behandlungsleitlinie Zwangsstörungen. In: DGPPN S3-Praxisleitlinien in Psychiatrie und Psychotherapie. http://www.dgppn.de/publikationen/leitlinien.html
Fineberg NA, O'Doherty C, Rajagopal S et al. (2003). How common is obsessive compulsive disorder in a dermatology outpatient clinic? J Clin Psychiatry 64: 152–155.
Goodwin R, Koenen KC, Hellman F et al. (2002). Helpseeking and access to mental health treatment for obsessive-compulsive disorder. Acta Psychiatr Scand 106:143–149.

Grabe HJ, Meyer C, Hapke U et al. (2000). Prevalence, quality of life and psychosocial function in obsessive-compulsive disorder and subclinical obsessive-compulsive disorder in northern Germany. Eur Arch Psychiatry Clin Neurosci 250(5): 262–268.

Greist JH, Bandelow B, Hollander E et al. (2003). WCA recommendations for the long-term treatment of obsessive compulsive disorder in adults. CNS Spect 8 (8 suppl 1): 7–16.

Hofmann SG, Smits JA (2008). Cognitive-behavioral therapy for adult anxiety disorders: a metaanalysis of randomized placebo-controlled trials. J Clin Psychiatry 69(4): 621–632.

Külz AK, Hassenpflug K, Riemann D et al. (2010). Psychotherapeutic care in OCD outpatients – results from an anonymous therapist survey. Psychother Psychosom Med Psychol 60(6):194–201.

Rasmussen SA, Eisen JL (1994). The epidemiology and differenzial diagnosis of obsessive compulsive disorder. J Clin Psychiatry 55 (Suppl): 5–10; Discussion 11–14.

Skoog G, Skoog I (1999). A 40-year follow-up of patients with obsessive compulsive disorder. Arch Gen Psychiatry 56: 121–127.

Soomro GM (2007). Obsessive compulsive disorder. BMJ Clin Evid 1004; online http://www.ncbi.nlm.nih.gov/pmc/articles/PMC3285220/

Steketee G (1997). Disability and family burden in obsessive-compulsive disorder. Can J Psychiatry 42: 919–28.

Stengler K (2008). Zwänge verstehen und hinter sich lassen. Was Betroffene und Angehörige selbst tun können. Stuttgart (Thieme TRIAS).

Stengler-Wenzke K, Angermeyer MC (2002). Ambulante Gruppentherapie für Patienten mit Zwangserkrankungen und deren Angehörige. Psychiatr Prax 29(3): 136–141.

Stengler-Wenzke K, Angermeyer MC (2005). Employment of professional help by patients with obsessive-compulsive disorders. Psychiatr Prax 32: 195–201.

Stengler-Wenzke K, Beck M, Holzinger A et al. (2004). Stigma experiences of patients with obsessive compulsive disorders. Fortschr Neurol Psychiatr 72(1): 7–13.

Stengler-Wenzke K, Kroll M, Riedel-Heller S et al. (2007). Quality of life in obsessive-compulsive disorder: the different impact of obsessions and compulsions. Psychopathology 40(5): 282–289.

Stengler K, Olbrich S, Heider D (2013). Mental health treatment seeking among patients with OCD: impact of age of onset. Soc Psychiatry Psychiatr Epidemiol 48(5): 813–819.

Terbrack U, Hornung WP (2004). Psychoedukation Zwangsstörungen: Manual zur Leitung von Patienten- und Angehörigengruppen. 1. Aufl. München (Urban & Fischer).

Trosbach J, Stengler-Wenzke K, Angermeyer MC (2003). Shame, embarrassment and trouble relatives of patients with OCD describe stigma experiences in every-day life. Psychiatr Prax 30(2): 62–67.

Wahl K, Kordon A, Kuelz KA et al. (2010). Obsessive-Compulsive Disorder (OCD) is still an unrecognised disorder: A study on the recognition of OCD in psychiatric outpatients. European Psychiatry 25: 374–380.

29 Psychoedukation bei posttraumatischen Störungen

Alexandra Liedl, Christine Knaevelsrud

29.1 Warum Psychoedukation nach traumatischen Ereignissen?

Mehr als die Hälfte der Allgemeinbevölkerung ist im Laufe des Lebens mindestens einem traumatischen Ereignis ausgesetzt (Creamer et al., 2001; Kessler et al., 1995). Eine umfangreiche deutsche Erhebung (N= 3171) zeigt Traumaprävalenzen von 50.1 % für Frauen und 49.9 % für Männer (Spitzer et al., 2009). Das Erleben eines traumatischen Ereignisses muss nicht immer zur Ausbildung einer psychischen Störung führen. Leiden jedoch Betroffene auch vier Wochen später noch an Symptomen des Wiedererlebens, der Übererregung (z. B. in Form von Schlafstörungen oder Konzentrationsproblemen) und der Vermeidung, wird häufig eine Posttraumatische Belastungsstörung (PTBS) diagnostiziert. Die Lebenszeitprävalenz für PTBS liegt in der amerikanischen Bevölkerung bei 6.8 % (Kessler et al., 2005), in der europäischen Bevölkerung bei 1.9 % (Alonso et al., 2004) und in der deutschen Bevölkerung bei 2.3 % (Maercker et al., 2008). Dabei entwickeln Personen, die ein durch Menschen verursachtes Trauma erlebt haben, mit einer höheren Wahrscheinlichkeit eine PTBS als z. B. Personen, die Opfer eines Hurrikans geworden sind. Neben der PTBS sind Depressionen, Angststörungen, somatische Beschwerden und Dissoziationen weitere Traumafolgestörungen.

In der Forschung findet sich eine Vielzahl an Behandlungsmöglichkeiten für PTBS-Patienten. Als Methode der Wahl in der PTBS-Behandlung gilt die Kognitive Verhaltenstherapie (KVT), die bislang am besten erforscht wurde. Studien belegen, dass Exposition und kognitive Umstrukturierung am effektivsten in der Reduzierung von PTBS-Symptomen sind (Resick et al., 2002; Rothbaum u. Schwartz, 2002).

Eine wichtige Komponente im Rahmen der KVT für posttraumatische Störungen ist die Psychoedukation (Foa, 2008). Allerdings gibt es bislang wenig Forschung zu spezifischen Effekten von Psychoedukation im Rahmen komplexer Behandlungsprogramme (Ehlers u. Clark, 2003). Die Befundlage zum präventiven Einsatz von Psychoedukation mit dem Ziel, Informationen über typische Reaktionsweisen und damit einhergehend Möglichkeiten der Bewältigung zu vermitteln, ist divergent: Einige Studien zeigen eine signifikante Reduktion der PTBS-Symptome durch Psychoedukation (Resnick et al., 2007), andere widersprechen diesem Effekt (Sijbrandij et al., 2006; Turpin et al., 2005). Die Effektivität von Psychoedukation als alleinige präventive Maßnahme konnte in den meisten Studien nicht nachgewiesen werden. Bei Traumatisierten, die bereits Traumasymptome zeigen, kann es unter Umständen sogar zu einer Verschlechterung der Symptomatik kommen (Neuner et al., 2004; Yeomans et al., 2010). Als Behandlungsbaustein eines komplexen Behandlungsprogramms scheint Psychoedukation jedoch hilfreich und effektiv zu sein (u. a. Oflaz et al., 2008; Resnick et al., 2007).

Neben den unterschiedlichen Ergebnissen der Studien zur Wirksamkeit von Psychoedukation bei posttraumatischen Störungen zeigt die praktische Arbeit mit traumatisierten Patienten, die an unwillkürlichen Erinnerungen, dissoziativem Erleben, Konzentrations- und Gedächtnisstörungen leiden, dass Betroffene häufig befürchten, den Verstand zu verlieren. Sie empfinden ihre Symptome als beängstigend, unverständlich und z. T. beschämend. Aufgrund vegetativer Angstsymptome wie Herzklopfen oder Zittern machen sie sich große Sorgen über die eigene körperliche Verfassung. Nicht selten werden körperliche Reaktionen als Anzeichen einer somatischen Erkrankung missverstanden. Patienten beobachten an sich selbst Veränderungen der Wahrnehmung und des Bewusstseins wie z. B. Vergesslichkeit, Nervosität und Gereiztheit bis hin zu aggressiven Durchbrüchen, was wiederum Angst, Scham und Schuldgefühle auslöst. Auch depressive Verstimmungen bzw. Episoden und Schlafstörungen veranlassen traumatisierte Patienten häufig zu Selbstvorwürfen. Informationsvermittlung und Aufklärung über die möglichen Reaktionen auf traumatische Ereignisse kann Betroffenen dabei eine große Entlastung und Erleichterung bieten.

Da neben den psychischen Symptomen traumatische Ereignisse häufig auch psychosoziale Beeinträchtigungen zur Folge haben, kann das psychoedukative Angebot im Gruppensetting einen wichtigen Behandlungsbeitrag leisten. Insbesondere Menschen mit einer Posttraumatischen Belastungsstörung leiden an Symptomen, die sie psychosozial und interpersonell beeinträchtigen, z. B. einem deutlichen Rückgang des Interesses bzw. der Teilnahme an wichtigen Aktivitäten, dem Gefühl der Losgelöstheit und Entfremdung von anderen sowie einer eingeschränkten Bandbreite der Affekte (insbesondere jener, die mit Intimität, Zärtlichkeit und Sexualität assoziiert sind).

Traumatische Ereignisse selbst gehen zudem häufig mit dem unmittelbaren Erleben destruktiver interpersoneller Erfahrungen einher. Sogenannte intentionale – also von Menschen willentlich beabsichtigte – Traumata wie sexuelle und körperliche Gewalt, Misshandlungen, Überfälle, schwere Menschenrechtsverletzungen wie Folter und Verfolgung können das Vertrauen in soziale Beziehungen maßgeblich erschüttern und die Verlässlichkeit und Integrität der Mitmenschen infrage stellen. Wiederholt haben Metaanalysen bestätigt (Olatunji et al., 2007), dass sich die Posttraumatische Belastungsstörung im Vergleich zu anderen Angsterkrankungen besonders negativ auf das soziale Funktionieren und die Beziehungen zu Nahestehenden auswirkt. Scheinbar paradoxerweise spielt jedoch insbesondere die soziale Unterstützung und die Einbindung in ein soziales Netzwerk eine zentrale Rolle bei der Bewältigung traumatischer Erfahrungen (Ozer et al., 2003). Emotionale und kognitive Folgen traumatischer Erfahrungen, z. B. Scham- und Schuldgefühle oder ein ausgeprägtes Gefühl der Ohnmacht und Hilflosigkeit, können sich überdies negativ auf das Selbstbewusstsein, die Intimität und die Kommunikationsfähigkeit auswirken – allesamt Schlüsselelemente für die Aufrechterhaltung gesunder Beziehungen (Nietlisbach et al., 2010). Auch im familiären Kontext wurden die negativen sozialen Folgen traumatischer Erfahrung mehrfach nachgewiesen. In Studien mit ehemaligen politischen Inhaftierten zeigte sich bei Befragten mit PTBS ein höheres Maß an familiärer Funktionsstörung und ausgeprägtere Schwierigkeiten in Erziehungsangelegenheiten im Vergleich mit einer Kontrollgruppe (Maercker et al., 2000).

29.2 Psychoedukationsprogramme für traumatisierte Patienten

Es gibt nur wenige Psychoedukationsprogramme für die Arbeit mit traumatisierten Patienten. Lubin und Johnsohn (1997) entwickelten das Gruppenkonzept „Interactive Psychoeducational Group Therapy for Traumatized Women" (IPGT), das sich ausschließlich an traumatisierte Frauen wendet. Das Programm verfolgt in 16 wöchentlichen Sitzungen mehrere Ziele: Es soll den Frauen Wissen über ihre traumatischen Erfahrungen vermitteln, ihnen die Unterscheidung zwischen Krankheit und beeinträchtigten Persönlichkeitseigenschaften erleichtern und dadurch zugleich die PTBS-Symptomatik reduzieren. Dabei gliedert sich die IGPT in drei Phasen mit unterschiedlichen Schwerpunkten. Die erste Phase, welche sechs Sitzungen beinhaltet, fokussiert auf die Auswirkungen des Traumas auf die eigene Person. Themen wie Scham, die Unfähigkeit zu vertrauen und die Zerstörung der weiblichen Identität werden diskutiert.

In der zweiten Phase, wiederum sechs Wochen, werden die Auswirkungen des Traumas auf persönliche Beziehungen besprochen. Thematisiert werden Intimitäts-, Abhängigkeits- und Sexualprobleme, maladaptive Coping-Strategien und Vermeidungsverhalten. In den letzten vier Sitzungen, der dritten Phase, geht es darum, trotz des erlittenen Traumas einen Sinn im Leben zu sehen und sich wieder ein soziales Netzwerk aufzubauen. Das kognitiv-behavioral ausgerichtete IGPT-Modell legt den Schwerpunkt auf die Ressourcen des Opfers, welche nicht gänzlich durch die traumatische Erfahrung beeinträchtigt wurden.

Mit einer Evaluationsstudie an fünf Gruppen mit insgesamt 29 Teilnehmerinnen konnten Lubin et al. (1998) die Wirksamkeit des IGPT-Konzeptes bestätigen. Patientinnen zeigten sowohl unmittelbar nach der Intervention als auch nach einem 6-monatigen Follow-up eine signifikante Reduktion in ihrer PTBS- und Depressionssyptomatik sowie einen Rückgang in allgemein psychiatrischen und dissoziativen Symptomen.

Ein weiteres Psychoedukationsprogramm, „BE SMART" (Become Empowered: Symptom Management for Abuse and Recovery from Trauma) von Moller und Rice (2006), ist eine zwölf Wochen umfassende Gruppenintervention für traumatisierte Männer und Frauen. Ziel dieses Programms ist es, „wellness coping principles" zu erlernen, indem die Nachwirkungen des Traumas bearbeitet werden. In Anlehnung an das Murphy-Moller Wellness Modell (Murphy u. Moller, 1996) basiert das BE-SMART-Programm auf folgenden vier Bereichen: Gesundheit, Einstellungen und Verhalten, Umwelt und interpersonelle Beziehungen sowie Spiritualität. In den einzelnen Sitzungen werden Nachwirkungen des Traumas in Bezug auf die oben genannten Bereiche, persönliche „Wellness"-Ziele sowie Schritte, die zum Erreichen dieser Ziele notwendig sind, bearbeitet. Weitere Themen sind Effekte des Traumas auf Gedächtnisentwicklung und Informationsverarbeitungsprozesse. Die Teilnehmer thematisieren ihre Ängste und diskutieren Möglichkeiten, besser mit ihnen leben zu können. Im Rahmen der letzten Gruppensitzung werden soziale Unterstützung und Rückfall-Präventionsschritte thematisiert. Eine Evaluation des BE-SMART-Programms liegt zurzeit noch nicht vor.

Das bislang einzige deutschsprachige Manual, „Psychoedukation bei posttraumatischen Störungen", stammt von Liedl, Schäfer und Knaevelsrud (2010, 2013). Dieses Programm wird im Folgenden detaillierter beschrieben.

29.3 Das Manual „Psychoedukation bei posttraumatischen Störungen"

Das Manual „Psychoedukation bei posttraumatischen Störungen" zielt darauf, Traumapatienten Wissen über die psychischen Folgen eines traumatischen Ereignisses zu vermitteln und ihnen dadurch zu ermöglichen, sich selbst besser einzuschätzen und besser mit sich selbst umzugehen.

Ein weiteres Anliegen des Manuals ist es, traumatisierten Menschen bewusst zu machen, wer sie prätraumatisch waren und worin ihre Ressourcen bestanden und bestehen, denn häufig drängen sich die negativen Erinnerungen in den Vordergrund und verstellen den Blick auf das Positive und die eigenen Stärken im Leben.

Aufgeteilt ist das Manual in 17 Module, in denen die verschiedenen posttraumatischen Störungen bzw. Symptome behandelt werden:

Themen des Manuals „Psychoedukation bei posttraumatischen Störungen"

1. Psychoedukation – ein erster Schritt auf dem Weg durchs Labyrinth
2. Sie können verändern und dürfen entscheiden – gemeinsam sind wir stärker
3. Trauma – auch tiefe Wunden können heilen
4. Posttraumatische Belastungsstörung I – eine normale Reaktion auf ein abnormes Ereignis
5. Posttraumatische Belastungsstörung II – nicht hilflos ausgeliefert
6. Dissoziationen – bleiben Sie im Hier und Jetzt
7. Vergessen – und Erinnerungshilfen
8. Schmerzen – und Entlastung
9. Depression – tauchen Sie wieder auf
10. Schlafstörungen – entspannen Sie sich
11. Angst – nur Mut
12. Aggressionen – gehen Sie es an
13. Lassen Sie sich helfen, helfen Sie sich selbst
14. Das Leben zurückerobern
15. Abschlusssitzung
16. Zusatzmodul: Trauer – geben Sie sich Zeit
17. Zusatzmodul: Integration – wagen Sie Neues

Jedes Modul wird in einem Informationsblatt zusammengefasst, das den Patienten am Ende der Sitzung mitgegeben wird. Zudem erhalten sie ein Übungsblatt mit einer Übung für die kommende Woche, mit deren Hilfe die besprochenen und erlernten Themen im Alltag vertieft werden sollen. Diese Materialien sind sowohl im Anhang des Manuals als auch online zum Ausdrucken zu finden.

Alle Gruppensitzungen zeichnen sich durch eine feste wiederkehrende Struktur aus:

1. Begrüßung der Teilnehmer
2. Blitzlichtrunde mit Wort weitergeben
3. Überblick über den Inhalt der Stunde
4. Wiederholung der Kernaussage der letzten Sitzung durch einen Teilnehmer
5. Besprechung der Übung für die letzte Woche (offene Fragen aus der letzten Sitzung, Anmerkungen zum Informations- oder Übungsblatt)
6. Themenblock
7. Offene Fragen
8. Kernaussage
9. Übung für die kommende Woche (Übungsblatt) und Informationsblätter
10. Evtl. Achtsamkeits- oder Entspannungsübung
11. Abschlussblitzlicht mit Wort weitergeben, evtl. Lockerungsübung.

Die Autoren empfehlen eine Dauer von 1,5–2 Stunden für eine Gruppensitzung.

Das Manual „Psychoedukation für Traumatisierte" kann als Leitfaden in unterschiedlichen Institutionen und Bereichen eingesetzt werden. Einrichtungen, die von dem in der Praxis bewährten Aufbau profitieren können, sind
- psychiatrische und psychosomatische Kliniken und Tageskliniken,
- Beratungsstellen (z. B. für von Gewalt betroffene Frauen, für Opfer von Gewalt, für Flüchtlinge, Kriegs- und Folteropfer) oder allgemein sozialpsychiatrische Dienste sowie
- psychotherapeutische Praxen.

Das Manual richtet sich vorwiegend an therapeutisch arbeitende Kollegen wie Psychologen, Ärzte und Sozialarbeiter, aber auch an andere im Traumabereich tätige Fachkräfte, z. B. speziell weitergebildete Krankenschwestern oder Pfleger. Auch wenn das Manual für ein Gruppensetting konzipiert wurde, geben die Autoren in ihrem Buch Empfehlungen für den Einsatz von Psychoedukation als Baustein im Einzelsetting. Auch bei Berufsgruppen mit erhöhtem Traumarisiko, etwa Feuerwehr, Polizei und Bundeswehr, ist das Manual anwendbar.

Das Manual dient nicht nur als Leitfaden zur Durchführung einer Psychoedukation, sondern kann auch zur Wissens- und Kompetenzerweiterung eingesetzt werden. Fachkräften, die erstmals mit Traumatisierten konfrontiert werden, gibt es Einblick in die möglichen Traumafolgestörungen, deren Symptomatik und Wege, damit umzugehen. Auf diese Weise vermittelt es größere Sicherheit im Umgang mit Betroffenen.

29.3.1 Praktische Darstellung und Fallbeispiele

Das Manual „Psychoedukation bei posttraumatischen Störungen" wurde bislang in verschiedenen Settings eingesetzt. Im Folgenden werden Szenen aus den Gruppensitzungen und Patientenbeispiele geschildert. Im Manual wurde großer Wert darauf gelegt, die einzelnen Module sehr praxisnah zu gestalten. Nachfolgend finden sich einzelne Teile daraus wieder, ergänzt um Patientenäußerungen.

Typische Szene aus Gruppensitzung 4: Posttraumatische Belastungsstörung – eine normale Reaktion auf ein abnormes Ereignis

Das Erleben von Symptomen der Posttraumatischen Belastungsstörung, insbesondere Intrusionen, lässt bei Betroffenen häufig die Frage und Sorge entstehen, „verrückt zu sein":

Teilnehmer:
„Ich habe den Eindruck, ich bin verrückt geworden: Plötzlich bin ich wieder in der Unfallsituation. Ich kann das nicht steuern. Es überkommt mich einfach, wie eine Welle überrollt es mich und ich bin machtlos demgegenüber. Die Bilder und Szenen sind so real, dass ich wirklich denke, ich bin wieder im brennenden Auto und komme nicht raus, und auch mein Körper fühlt sich dann so an, als würde das alles nochmal passieren. Diese Bilder sind das schlimmste, ich bekomme sie einfach nicht los ..."

Therapeut:
„Das kennen sicher alle von Ihnen, dieses Gefühl ohnmächtig zu sein, nichts machen zu können gegen die Bilder und Erinnerungen, die so real erscheinen, als würde es wieder passieren. Und damit verbunden das Gefühl, verrückt zu sein. Genau darum wird es in unserer heutigen Gruppensitzung gehen: Wie ist das zu erklären, dass sie von den Erinnerungen immer wieder überrollt werden?

Wir nennen diese realen Erinnerungen, die unkontrolliert auftauchen, Intrusionen. Was ich Ihnen vorab schon sagen möchte: Sie sind nicht verrückt. Ihre Reaktionen sind normal, abnormal war das Ereignis, das Sie erlebt haben!"

Die Erkenntnis, dass es anderen genauso geht, ist für Betroffene in der Regel bereits sehr entlastend. Zudem erfahren Teilnehmer, dass es Erklärungsmodelle für dieses Phänomen gibt. Eine Erklärung für das erneute Überwältigtwerden von dem traumatischen Ereignis ist die spezifische Art der Abspeicherung des Erlebten.

Therapeut:
„Normalerweise werden autobiografische Erinnerungen, wie zum Beispiel die Feier zum 18. Geburtstag oder der Schulabschluss, in einer geordneten und abstrahierten Form gespeichert. Das bedeutet, dass das Ereignis nach bestimmten Kriterien abgespeichert ist, etwa nach relevanten Themen wie Familie, Freundschaften, Prüfungen … Somit sind unsere Erinnerungen geordnet gespeichert und können über bestimmte Suchkriterien abgerufen werden. Oder sie können über Reize, die damit in (emotionaler) Verbindung stehen, wie z. B. ein bestimmter Song auf der Schul-Abschiedsfeier, abgerufen werden. Wenn ein Ereignis abgerufen wird, ist es eingebettet in einen größeren Zusammenhang, das heißt, es ist Ihnen klar, dass es ein Ereignis in Ihrer Jugend war, und Sie diese Feier in Ihrem Heimatort, vielleicht in einer Kneipe, erlebt haben.

Man geht nun davon aus, dass bei Menschen mit einer Posttraumatischen Belastungsstörung das traumatische Ereignis nicht oder ungenügend mit anderen autobiografischen Erinnerungen integriert wurde. Das bedeutet, dass das Ereignis bzw. das Erlebte nicht als Vergangenes, das zeitlich und emotional eingeordnet werden kann, gespeichert wurde. Die Erinnerung hat keinen zeitlichen Kontext und wird leicht durch Reize, die auch nur entfernt damit assoziiert sind, ausgelöst. Problematisch und völlig ohnmächtig werden Intrusionen erlebt, wenn Ihnen der Auslöser nicht bewusst ist."

Typische Szene aus Gruppensitzung 6: Dissoziation – bleiben Sie im Hier und Jetzt

Auch dissoziative Tendenzen und Erlebnisse lösen bei Betroffenen häufig die Sorge, verrückt zu sein, aus sowie die Angst, völlig die Kontrolle zu verlieren. Ein offener Austausch über dieses Phänomen, das in der Regel alle Teilnehmer in irgendeiner Form erlebt haben, kann bereits entlastend wirken.

Teilnehmer:
„Und dann passiert es wieder, wie erst heute morgen, dass ich in der U-Bahn sitze und meine Haltestelle verpasse. Ich bin einfach weitergefahren und habe erst nach 3 Stationen gemerkt, dass ich schon längst hätte aussteigen müssen. Ich kann das gar nicht steuern, ich bin völlig in Gedanken, einfach weg. Auch in Gesprächen ist mir das passiert, ich kann dem Inhalt gar nicht folgen, merke das aber erst sehr viel später."

Therapeut:
„Ähnlich wie bei den Intrusionen, also den wiederkehrenden Erinnerungen, erleben dieses Phänomen des „Neben-sich-Stehens" sicherlich auch alle von Ihnen. Wir haben auch dafür einen festen Begriff, was Ihnen zeigt, dass es ein typisches Phänomen nach traumatischen Erlebnissen ist. Wir nennen es Dissoziation. Heute wird es zum einen darum gehen, diesen Zustand zu erklären und auch, warum er in bestimmten Situationen sogar sinnvoll ist. Zum anderen besprechen wir Strategien, die Ihnen helfen sollen, besser damit umzugehen.

Das Phänomen, über das wir heute sprechen, ist in gewissem Ausmaß ‚normal' – jeder Mensch hat es schon einmal erlebt: Sie sitzen in einem tranceartigen Zustand in einem Bus. Erst nachdem Sie ange-

29 Psychoedukation bei posttraumatischen Störungen

sprochen werden, wird Ihnen bewusst, was Sie in diesem Moment getan haben (z. B. Haare drehen, Hände kneten ...). Eine andere Form dieses für uns merkwürdigen Zustands sind Tagträume: So verbringen Kinder 30 % ihres Wachseins in ‚Traumwelten', bei Erwachsenen sind es ca. 2 %.

Nun stellt sich natürlich die Frage: Warum machen wir das? Wozu ist es gut?

Wir sind tagtäglich sehr vielen Reizen ausgesetzt, die erst einmal ungefiltert auf uns einströmen. Um in einer solchen Welt klarzukommen, ist es entscheidend und notwendig, dass wir uns von diesen unendlich vielen Wahrnehmungen abschirmen und sorgfältig filtern, was wir aufnehmen und was nicht.

Wie Sie z.T. erzählt haben, geht das ‚Neben-sich-Stehen', das Sie erleben, über die übliche Form hinaus. Es bereitet dann Probleme im Alltag: Sie haben Schwierigkeiten, sich zu konzentrieren; plötzlich finden Sie sich an einem Ort wieder, ohne genau zu wissen, wie Sie dorthin gekommen sind, oder fühlen sich von anderen Menschen sehr weit entfernt. Das macht natürlich Angst: Angst, die Kontrolle zu verlieren, und auch Angst, verrückt zu werden. Bei Menschen, die ein traumatisches Ereignis erlebt haben, findet sich diese Form der sogenannten Dissoziation jedoch häufiger. Das heißt, auch hier reagiert Ihr Körper wieder völlig normal auf ein abnormales Erlebnis. Durch das ‚Abdriften' oder ‚Ausschalten des Bewusstseins' wird das Unaushaltbare aushaltbar gemacht. Denn in diesen Situationen ist auch das ständige Wiedererleben des Traumas nicht möglich. Damit haben diese Zustände kurzfristig etwas Positives und sind eine Art Schutzfunktion des Körpers."

Teilnehmer:
„Das ist soweit nachvollziehbar, und ich verstehe meine Reaktion jetzt auch besser. Aber was mache ich denn dagegen? Gibt es irgendeine Möglichkeit, das in den Griff zu bekommen?"

Therapeut:
„Um die Dissoziation einzuschränken, ist es notwendig, die eigene Aufmerksamkeit zu schulen und zu lenken. Hilfreich sind dabei sensorische Reize wie das Kneten eines Igelballes, das Schnippen eines Gummibandes am Handgelenk, das Festhalten eines kleinen spitzen Steines, den Sie in Ihrer Hosentasche tragen. Durch diese Reize wird Ihre Aufmerksamkeit im Hier und Jetzt behalten, sie spüren einen leichten Schmerz, der das Wegdriften schwierig macht. Ich habe Ihnen heute ein Gummiband mitgebracht und möchte Sie bitten, dass Sie bis zur nächsten Sitzung ausprobieren, ob es für Sie hilfreich ist. Es ist nicht auffällig, dieses Gummiband am Handgelenk zu tragen; dabei können Sie, wenn Sie in der Bahn sind oder bei einem Gespräch, immer wieder daran ziehen. Wir werden in der nächsten Sitzung besprechen, wie es Ihnen damit ergangen ist. Probieren Sie gerne auch andere Strategien aus, einige Vorschläge finden Sie auf dem Infoblatt, das Sie am Ende bekommen werden. Es ist gut, wenn Sie Ihre Erfahrungen auf dem Übungsblatt festhalten, sodass wir in der nächsten Stunde darüber sprechen können."

Auch wenn einige Teilnehmer das Bedürfnis haben, über das traumatische Erlebnis in der Gruppe zu berichten, sollten Therapeuten nach Auffassung der Autoren das Schildern traumatischer Berichte zum Schutz des Betroffenen und der übrigen Teilnehmer unterbinden. Das Behandlungsmanual beinhaltet Grenzen, u.a. um dissoziative Tendenzen der Gruppenteilnehmer zu reduzieren. Dennoch haben wir es in einzelnen Gruppensitzungen erlebt, dass Teilnehmer auch während der Sitzung dissoziierten. In einem besonders schweren Fall haben wir den Stuhl eines Teilnehmers gegen einen Sitzball ausgetauscht. Dadurch gelang es ihm, mit seiner Aufmerksamkeit beim Gruppengeschehen zu bleiben.

29.4 Ausblick

2013 erschien die überarbeitete 2. Auflage des Manuals „Psychoedukation bei posttraumatischen Störungen". Aufgrund der positiven Rückmeldungen von Therapeuten, die das Manual angewandt haben, wurde am bewährten und praxiserprobten Konzept festgehalten. Erweitert wurde das Manual durch Empfehlungen zum Umgang mit Flashbacks und akuter Suizidalität. Eingesetzt wird das Manual bisher fast ausschliesslich in integrierten Behandlungssettings, sodass zu den unmittelbaren Effekten einer ausschließlichen Psychoedukation als Prävention bzw. Intervention keine valide Einschätzung möglich ist. Eine Weiterentwicklung insbesondere für den Einsatz bei Jugendlichen, für die es bisher keine vergleichbaren Ansätze gibt, wäre perspektivisch eine wichtige Ergänzung.

Literatur

Alonso J, Angermeyer MC, Bernert, S et al. (2004). Prevalence of mental disorders in Europe: results from the European Study of the Epidemiology of Mental Disorders (ESEMeD) project. Acta Psychiatr Scand 109: 21–27.

Creamer M, Burgess P, McFarlane AC (2001). Post-traumatic stress disorder: findings from the Australian National Survey of Mental Health and Well-being. Psychol Med 31(7): 1237–1247.

Ehlers A, Clark DM (2003). Early psychological interventions for adult survivors of trauma: A review. Biol Psychiatry 53(9): 817–826.

Foa, E, Keane TM, Friedman MJ et al. (2008). Effective treatments for PTSD: Practice guidelines from the International Society for Traumatic Stress Studies. 2. Aufl. New York (Guilford).

Kessler RC, Berglund P, Demler O et al. (2005). Lifetime Prevalence and Age-of-Onset Distributions of DSM-IV Disorders in the National Comorbidity Survey Replication. Arch Gen Psychiatry 62(6): 593–602.

Kessler RC, Sonnega A, Bromet E et al. (1995). Posttraumatic stress disorder in the National Comorbidity Survey. Arch Gen Psychiatry 52(12): 1048–1060.

Liedl A, Schäfer U, Knaevelsrud C (2010). Psychoedukation bei posttraumatischen Störungen. Manual für Einzel- und Gruppensetting. Stuttgart (Schattauer).

Liedl A, Schäfer U, Knaevelsrud C (2013). Psychoedukation bei posttraumatischen Störungen. Manual für Einzel- und Gruppensetting. 2. Aufl. Stuttgart (Schattauer).

Lubin H, Johnson DR (1997). Interactive psychoeducational group therapy for traumatized women. Int J Group Psychother 47(3): 271–290.

Lubin H, Loris M, Burt J et al. (1998). Efficacy of psychoeducational group therapy in reducing symptoms of posttraumatic stress disorder among multiply traumatized women. Am J Psychiatry 155(9): 1172–1177.

Maercker A, Beauducel A, Schutzwohl M (2000). Trauma severity and initial reactions as precipitating factors for posttraumatic stress symptoms and chronic dissociation in former political prisoners. J Trauma Stress 13(4): 651–660.

Maercker A, Forstmeier S, Wagner B et al. (2008). [Post-traumatic stress disorder in Germany: Results of a nationwide epidemiological study.] FT Posttraumatische Belastungsstörungen in Deutschland: Ergebnisse einer gesamtdeutschen epidemiologischen Untersuchung. [English Abstract] Nervenarzt 79(5): 577–586.

Murphy MF, Moller MD (1996). The Three R's Program: A Wellness Approach to Rehabilitation of Neurobiological Disorders. Int J of Psychiatr Nurs Res 3(1): 308–317.

Moller MD, Rice MJ. (2006). The BE SMART trauma reframing psychoeducation program. Arch Psychiatr Nurs 20(1): 21–31.

Neuner F, Schauer M, Klaschik C et al. (2004). A Comparison of Narrative Exposure Therapy, Supportive Counseling, and Psychoeducation for Treating Posttraumatic Stress Disorder in an

African Refugee Settlement. J Consult Clin Psychol 72(4): 579–587.
Nietlisbach G, Maercker A, Rossler W et al. (2010). Are empathic abilities impaired in posttraumatic stress disorder? Psychol. Rep 106(3): 832–844.
Oflaz F, Hatipoglu S, Aydin H (2008). Effectiveness of psychoeducation intervention on post-traumatic stress disorder and coping styles of earthquake survivors. J Clin Nurs 17(5): 677–687.
Olatunji BO, Cisler JM, Tolin, DF (2007). Quality of life in the anxiety disorders: A meta-analytic review. [Review]. Clin Psychol Rev 27(5): 572–581.
Ozer EJ, Best SR, Lipsey TL et al. (2003). Predictors of posttraumatic stress disorder and symptoms in adults: A meta-analysis. Psychol Bull 129(1): 52–73.
Resick PA, Nishith P, Weaver TL et al. (2002). A comparison of cognitive-processing therapy with prolonged exposure and a waiting condition for the treatment of chronic posttraumatic stress disorder in female rape victims. J Consult Clin Psychol 70(4): 867–879.
Resnick H, Acierno R, Waldrop AE et al. (2007). Randomized controlled evaluation of an early intervention to prevent post-rape psychopathology. Behav Res Ther 45(10): 2432–2447.
Rothbaum BO, Schwartz AC. (2002). Exposure therapy for posttraumatic stress disorder. Am J Psychother 56(1): 59–75.
Sijbrandij M, Olff M, Reitsma JB et al. (2006). Emotional or educational debriefing after psychological trauma: Randomised controlled trial. Br J Psychiatry 189: 150–155.
Spitzer C, Barnow S, Volzke H et al. (2009). Trauma, posttraumatic stress disorder, and physical illness: findings from the general population. Psychosom Med 71(9): 1012–1017.
Turpin G, Downs M, Mason S. (2005). Effectiveness of providing self-help information following acute traumatic injury: randomised controlled trial. Br J Psychiatry 187: 76–82.
Yeomans PD, Forman EM, Herbert JD et al. (2010). A randomized trial of a reconciliation workshop with and without PTSD psychoeducation in Burundian sample. J Trauma Stress 23(3): 305–312.

VII Psychoedukation bei somatoformen Störungen und Verhaltensauffälligkeiten mit körperlichen Faktoren

30 Kluges Ernährungsverhalten kann man lernen – Elemente einer psychoedukativ fundierten Therapie von Essstörungen

Monika Vogelgesang

30.1 Epidemiologie

Das Robert Koch-Institut hat 2013 eine „Studie zur Gesundheit Erwachsener in Deutschland" veröffentlicht: Aktuell sind rund 44 % der Männer und 29 % der Frauen in Deutschland im Sinne einer Präadipositas übergewichtig (BMI: 25–29 kg/m2). 23 % der Männer und 24 % der Frauen sind adipös (BMI > 30 kg/m2). Die Häufigkeit der Adipositas hat in den beiden letzten Jahrzehnten besonders bei Männern und jungen Erwachsenen zugenommen.

Epidemiologische Angaben zur Anorexia bzw. Bulimia nervosa sind nach Wunderer et al. (2012) wegen der großen soziokulturellen Unterschiede der Auftretenshäufigkeit schwieriger zu erhalten. So kommen die Erkrankungen am häufigsten bei Jugendlichen und jungen Frauen vor. Hoek (2006) gibt für die westlichen Industrienationen eine Punktprävalenz von 0,3 % Anorexie und 1 % Bulimie bei jungen Frauen (16–35 Jahre) an.

Nach Hoek et al. (2003) sowie Zipfel u. Groß (2005) erkranken jährlich pro 100.000 Menschen 19 Frauen und 2 Männer an Anorexie. Bei den 13- bis 19-jährigen Mädchen sind es 50 pro 100.000.

Ein Drittel der neu erkrankten Fälle findet ohne therapeutische Hilfe in einem Zeitraum von sechs Monaten wieder zu einem normalen Essverhalten, wohingegen sich das Vollbild der chronifizierten Anorexie bei 10 % der Betroffenen entwickelt (Zipfel et al., 2000).

Bei Anorektikerinnen besteht nach Teufel et al. (2008) ein zehnfach erhöhtes Mortalitätsrisiko. Somit handelt es sich um eine der gefährlichsten Erkrankungen des jungen Erwachsenenalters.

30.1.1 Verläufe

Anorexia nervosa Die Anorexia nervosa manifestiert sich typischerweise im mittleren Jugendalter bei scheinbar problemlos funktionierenden, leistungsorientierten und nicht selten leicht übergewichtigen Mädchen. Die Erkrankung kann auf eine spontan remittierende Episode beschränkt bleiben, doch häufig verläuft sie ohne Therapie chronisch ondulierend in Phasen mit dazwischen liegenden Subremissionen bzw. in unterschiedlich rascher Progredienz, evtl. sogar mit letalem Ausgang. Da die Nahrungsrestriktion auf Dauer nicht aufrechterhalten werden kann, geht eine primär restriktive Anorexie nicht selten in eine Anorexie vom Binge-eating-purging-Typus und dann in eine Bulimia nervosa über.

Bulimia nervosa Der Erkrankungsbeginn liegt im späten Jugend- und frühen Erwachsenenalter. Wegbereiter für die bulimische Erkrankung sind vorangegangene Phasen der Nahrungsrestriktion, häufig in Form einer anorektischen Symptomatik, oft jedoch auch bei Normal- und Übergewichtigkeit. Obwohl auch bei der Bulimia nervosa Episoden mit Spontanremissionen vorkommen, nimmt die Störung meistens einen chronischen Verlauf in progredienter, persistierender oder ondulierender Form. Sie kann je nach vorliegendem Gewichtsbereich abwechselnd mit einer Anorexia nervosa vorkommen oder auch bei einem nicht Aufrechterhalten der Purging-Maßnahmen in eine Binge-eating-Disorder übergehen. Die Bulimia nervosa verläuft von leicht bis letal in den unterschiedlichsten Schweregraden. Sie tritt gehäuft mit einer Komorbidität bezüglich depressiver Störungen, Persönlichkeitsstörungen mit mangelnder Impulskontrolle, Suchterkrankungen sowie posttraumatischen Belastungsstörungen (insbesondere nach sexuellem Missbrauch) auf.

Adipositas ist kein passager in Erscheinung tretendes Phänomen, das durch eine kurzfristig angelegte Intervention zum Verschwinden gebracht werden kann. Vielmehr handelt es sich um eine meist chronisch verlaufende Erkrankung mit einer sehr hohen Rezidivquote. Deshalb kommt der Langzeit-Rückfallprophylaxe ein ebenso hoher Stellenwert zu wie der Reduktion des aktuell vorhandenen Körperfettes. Wegen der hartnäckigen Tendenz zur Persistenz der dysfunktionalen Essverhaltensweisen ist es notwendig, dass Adipöse sich als potenziell dauerhaft essgestört einstufen. Daraus ergibt sich die Notwendigkeit, durchgängig die Strategien der Nahrungskontrolle und des engagierten Bewegungsverhaltens aufrechtzuerhalten, und zwar auch dann, wenn die Adipositas äußerlich nicht mehr in Erscheinung tritt.

30.2 Manuale für Selbstbetroffene

Inzwischen gibt es einige interessante Manuale für Menschen mit Essstörungen, z. B. „Mehr vom Leben" von Eifert und Timko (2012) für Magersüchtige oder „Das Leben verschlingen" von Munsch (2012) für Menschen mit Essanfällen und deren Angehörige. Zu nennen wäre auch noch der „Ratgeber Übergewicht" von Pudel (2009). Bei noch nicht chronifizierten leichteren Fällen bzw. zur Therapievorbereitung und -begleitung sind diese Bücher durchaus sinnvoll. Allerdings können sie eine psychotherapeutische Behandlung bei fortgeschrittenen Fällen nicht ersetzen, da die stützende, reflektierende, ermutigende und kritische Begleitung durch eine professionell ausgebildete Person in der Regel erforderlich ist, um die komplexe Störung erfolgreich zu überwinden. Zur Unterstützung der Therapie kann auf Behandlungsmanuale, z. B. „Essanfälle und Adipositas" von Hilbert und Tuschen-Caffier (2010), zurückgegriffen werden.

30.2.1 Versorgungsrealität

Hach et al. (2005) führten an mehr als 1.500 jungen Frauen in der BRD eine repräsentative Untersuchung durch, die ergab, dass eine Anorexie bzw. Bulimie nur in jedem 5. Fall in der ärztlichen Primärversorgung erkannt wurde, obwohl bereits typische Symptome vorlagen.

30.2.2 Behandlungsrahmen

In der AHG Klinik Münchwies werden seit fast drei Jahrzehnten spezifische Therapieprogramme für Essgestörte angeboten. Dabei wird zwischen adipösen PatientInnen (evtl. mit Binge-eating-Störung oder anderen psychogenen Essstörungsanteilen) und PatientInnen mit Anorexia bzw. Bulimia nervosa unterschieden. Für beide Gruppen gibt es zusätzlich zum üblichen stationären Behandlungsprogramm (bestehend aus interaktionell-problemlösungsorientierter Gruppentherapie, Einzeltherapie, indikativen Gruppen wegen Komorbidität sowie Sport-, Ergo- und Soziotherapie) 4 Stunden wöchentlich spezifische Gruppentherapie wegen der Essstörung plus Einzelessmanagement und spezifische körper- und bewegungstherapeutische Angebote.

In den spezifischen Gruppenprogrammen für Essstörungen werden wesentliche Informationen über die Krankheitsbilder und deren Therapie, wie von Bäuml und Pitschel-Walz (2012) gefordert, systematisch und in einer für die Betroffenen gut nachvollziehbaren Abfolge interaktiv erarbeitet.

Grundvoraussetzung Beziehungsaufbau Essstörungen führen nicht selten zu sozialer Ausgrenzung und gesellschaftlichem Rückzug der Betroffenen. Vor diesem Hintergrund kommt dem Aufbau einer tragfähigen therapeutischen Beziehung als korrigierender sozialer Lernerfahrung mit dem Potenzial, auf dieser Basis die Beziehung sowohl zu sich selbst als auch zu den Mitmenschen zu verbessern, ein besonderer Stellenwert zu.

Essstörungsspezifische Therapieziele Die Behandlung zielt insbesondere auf das Erreichen eines physiologischen Gewichtsbereiches, die Normalisierung des Essverhaltens, den Verzicht auf Purging-Maßnahmen, den Abbau gewichtsphobischer Kognitionen, eine positiv annehmende Einstellung zum eigenen Körper sowie auf einen unschädlichen Umgang mit unerträglichen Emotionen.

Therapierationale Um die PatientInnen für eine zuverlässige Protokollierung zu gewinnen, ist es unabdingbar, sie über das verhaltenstherapeutische Therapierationale zu informieren und dem Patienten jeden neuen Planungsschritt des Essverhaltens, angepasst an sein Intelligenz- und Bildungsniveau, verständlich zu machen.

Information über die medizinisch-biologischen Zusammenhänge Insbesondere zu Beginn der Therapie empfiehlt sich eine ernährungsphysiologische Psychoedukation, die als Bestandteil eines kognitiv-behavioralen Prozedere beschrieben wird. Es ist Teil der therapeutischen Kunst, diese Aufklärung über die durch die Essstörung bedingten Gesundheitsschäden so durchzuführen, dass die Patientinnen dadurch nicht entmutigt, sondern zu einer Verbesserung ihrer Lebensführung angespornt werden.

In regelmäßigen Abständen werden die Patientinnen über die kurz- bzw. langfristigen medizinischen Folgen und Begleiterscheinungen der Symptomatik informiert. Besonderer Wert wird dabei darauf gelegt, ihnen bewusst zu machen, wie sie durch das gezügelte Essen und Hungern die bulimische Symptomatik und somit den Teufelskreis von „Überessen-Erbrechen-Fasten-Überessen" aufrechterhalten bzw. wie sie im Falle einer restriktiven Anorexie durch das chronische Hungern den Körper und die Psyche gierig auf Essen machen. Die Betroffenen reagieren darauf befremdet und mit noch rigiderer Nahrungskontrolle.

Weiterhin werden die Patientinnen über eine ausgewogene Ernährung und über ein adäquates Bewegungsverhalten sowie über die Wirkungen der häufig missbräuchlich eingenommenen Laxanzien und Diuretika informiert. Ein Aufklären über physiologische sowie hormonelle und salzbedingte Gewichtsschwankungen ist essenziell.

Kalorienkorridor Informationen über gesunde Ernährung und den Kalorienkorridor, in dem sich in der Regel eine langsame Gewichtsabnahme einstellt, gehören selbstverständlich ebenfalls zur Psychoedukation. Nach Nees (2008) ist bei einer durchschnittlichen Kalorienreduktion von 1200–1500 kcal pro Tag mit einer Gewichtsabnahme von 6 kg in drei Monaten zu rechnen. Dabei sollten kalorisch unproblematische Nahrungsmittel, z. B. frische Möhren und andere Rohkost, genannt werden, die die Betroffenen ad libitum zu sich nehmen können.

Weiterhin sollten die Patientinnen wissen, was sie im Fall von Heißhungerattacken verzehren können. Hier gilt es, Beispiele für individuell auf ihre Stimmigkeit zu überprüfende Lösungen zu finden (z. B. Magerjoghurt mit süßen Beeren) und moderne Süßigkeiten, Junk-Food sowie andere schnell aufschließbare Nahrungsmittel zu vermeiden. Dabei empfiehlt es sich, die Abnehmvorsätze während einer definierten Phase auszusetzen und für diese Tage das Ziel zu definieren, so zu essen, dass hierdurch keine nachhaltige Gewichtszunahme erfolgt.

Vermittelt werden auch Ablenkungsstrategien, die es erleichtern, sich in diesen und anderen Zeiten der Rückfallgefährdung nicht übermäßig stark mit den Essimpulsen zu beschäftigen.

Lebensstiländerung Auf der Basis der bislang vermittelten Psychoedukation ist es notwendig, der Patientin zu verdeutlichen, dass nur eine tiefgreifende Lebensstiländerung zu dem gewünschten Erfolg führen kann. Es geht dabei um ein neues Denken und ein neues Verhalten. Der Vergleich des tatsächlichen Verhaltens mit dem angestrebten sollte dabei der einzige Gradmesser des Therapieerfolges sein.

Die damit verbundene Abwendung vom Diktat der Waage ist den Patientinnen nicht einfach zu vermitteln, denn selbstverständlich wollen sie täglich ablesen, wie sich der Zeiger der Waage kontinuierlich nach unten bewegt. Nun wäre es absurd zu behaupten, dass es bei der Behandlung der Adipositas unerheblich sei, wie viel jemand wiegt. Aber wichtiger als das aktuelle Gewicht, das erheblichen physiologischen Schwankungen unterliegen kann, ist der Aspekt, wie konsequent die Betroffenen durchschnittlich und über längere Zeitverläufe eine adäquate Ernährung beachten und dabei nachhaltig an Gewicht verlieren.

Das chinesische Sprichwort: „Wer eine weite Reise vor sich hat, rennt nicht", kann zur Veranschaulichung des Sachverhaltes herangezogen werden, dass auch bei der Gewichtsabnahme letztendlich nur das ausdauernde, langsame und unbeirrte Voranschreiten wirklich zum Ziel führt. Es ist wesentlich, das Therapieziel als Verhalten zu definieren, das für die Patientin prinzipiell steuerbar ist. Die Psychoedukation kann ein Grundverständnis für diese Sichtweise wecken.

Schließlich sollten durch eine entsprechende Informationsvermittlung die psychologischen Faktoren dargestellt werden, die zur Entstehung und Aufrechterhaltung einer Adipositas beitragen können. Trotz der in der Bevölkerung gängigen Begriffe des Kummerspecks und des Frustessens besteht in dieser Hinsicht in der Regel eine ausgeprägte Unwissenheit. Die potenzielle Funktion des Essens, z. B. als Ersatz für glückende zwischenmenschliche Beziehungserfahrungen und als Seelentröster, sollte allen Adipösen und auch den nicht adipösen chronisch diätierenden Patientinnen bzw. den Binge-Esserinnen bekannt sein.

30.2.3 Aufbau von Bewegung

Ebenso wie bei der Ernährung braucht der Essgestörte fachkundige Psychoedukation beim Aufbau eines adäquaten Bewegungsverhaltens, und ebenso wie im Ernährungszusammenhang droht auch hier die Gefahr, die Grenzen des eingangs festgelegten Korridors zu über- bzw. zu unterschreiten. Unterforderung ist nicht zielführend, bei Überforderung hingegen besteht die Gefahr, sich durch Überlastung körperlich zu schädigen bzw. aus Frustration die Aktivität schon bald wieder ganz einzustellen. Insbesondere der Einstieg in das Bewegungsverhalten muss langsam und schonend erfolgen. Neben der Überforderung ist auch das Erleben von Peinlichkeit zu vermeiden, das für viele Adipöse ein ernst zu nehmendes Hindernis in Bezug auf körperliche Aktivitäten darstellt. In diesem Zusammenhang, jedoch auch unter funktionalen Aspekten, ist auf eine adäquate Kleidung zu achten. Bei der Auswahl der Bewegungsart sollte bedacht werden, dass diese den individuellen körperlichen Gegebenheiten des Betroffenen und auch seinen Vorlieben entspricht; zudem sollte sie gut in seinen Alltag integrierbar sein. Täglich eine Stunde Bewegungszeit ist angebracht. Da ein Teil der Adipösen aufgrund einer defizitären Anstrengungsbereitschaft einen erheblichen Widerstand gegen den Aktivitätsaufbau zeigt, bedarf es des kontinuierlichen motivierenden Einbezugs der Thematik in die Therapie, damit hier nicht Passivität, Lust- und Mutlosigkeit die Oberhand behalten.

Anorektische Patientinnen und Bulimikerinnen sind wesentlich leichter als Adipöse zu Bewegung zu motivieren. Bei ihnen besteht jedoch die Gefahr der Überforderung infolge des Versuchs, durch übermäßige Bewegung Körpermasse abzubauen. Auch hier sind intensive Aufklärungsarbeit und Unterstützung beim Aufbau eines adäquaten Bewegungsverhaltens erforderlich.

Der Adipöse sollte gelernt haben, mit wie viel Bewegung er in Relation zu seiner Ernährung in eine leicht negative Energiebilanz kommt. Die anorektische Patientin sollte hingegen eine leicht positive Energiebilanz anstreben, und die Bulimikerin sollte unter Verzicht auf Sport als Purgingmaßnahme ausreichend Bewegung bei neutraler Energiebilanz in ihren Tagesablauf einplanen.

30.2.4 Aufbau von Alternativverhalten

Auf der Basis der Kenntnis des individuellen Bedingungsgefüges geht es nun darum, alternatives Verhalten zu definieren und einzuüben. Dabei ist zu beachten, dass es sich hier nicht nur um äußerlich beobachtbares Handeln, sondern ebenso um Manifestationen des Denkens und Fühlens handelt. Angestrebt wird, Trigger für essgestörtes Verhalten zu verhindern, sie zu vermeiden bzw. ihnen so zu begegnen, dass daraus keine Schädigung erwächst. Dieses Vorgehen bildet den zentralen Teil der Behandlung. Hierzu sind je nach individueller Erfordernis die geeigneten Techniken aus dem Repertoire der Psychotherapie auszuwählen. Insbesondere das individuelle Stressmanagement und die Verbesserung der sozialen Kompetenzen sind dabei in der Regel von grundlegender Wichtigkeit.

Rückfallmanagement Rückfälle treten im Verlauf der Essstörungsbehandlung immer wieder auf. Es handelt sich dabei im engeren Sinne um Phasen des Überessens, Hungerns oder Erbrechens. Letztendlich ist es jedoch sinnvoll, auch das Bewegungsverhalten mit einzubeziehen und alle Phasen, in denen der Betroffene den vereinbarten Verhaltenskorridor verlässt, im Sinne einer Rückfälligkeit zu problematisieren. Dabei gilt es, schon im Vorfeld psychoedukativ auf die ernst zu nehmenden Gefahren einer Rückfälligkeit hinzuweisen, sie jedoch gleichzeitig zu entkatastrophisieren und den Patienten zu erläutern, dass es eben nicht gleichgültig ist, ob man nach einer ersten Regelübertretung sämtliche Verhaltensvorsätze ignoriert. Vielmehr geht es darum, die Phase der Rückfälligkeit möglichst schnell zu beenden. Je ausgeprägter das Überessen war, desto schwieriger wird, schon allein wegen der Hungerinduktion durch das vermehrte Essen, dessen Beendigung sein. Üblicherweise wird schon während des Überessens der psychisch entlastende Vorsatz gebildet, nach Beendigung des Rückfalls (deren Termin indes noch etwas in die Zukunft verschoben wird) die hierdurch vermehrte Kalorienaufnahme durch eine rigorose Diät (evtl. in Verbindung mit einem drastisch erhöhten Kalorienverbrauch durch Sport) auszugleichen. Auch dieses Phänomen soll schon im Vorfeld problematisiert werden. Es ist ein Bestandteil des obesogenen Verhaltens, denn es erhält den Rückfall mit aufrecht, indem dessen negative Folgen unbewusst verharmlost werden und der Betroffene mit seiner Beendigung ein aversives Vorhaben assoziiert. Wenn er dann tatsächlich versucht, das drastische Diätvorhaben zu verwirklichen, so wird er dies aufgrund der biologischen und psychischen Gegenregulationsmechanismen, wenn überhaupt, nur kurz durchhalten können, sodass der nächste Rückfall mit all seinen negativen körperlichen und psychischen Folgen vorprogrammiert ist. All diese Gegebenheiten sind den Patienten im Sinne eines „prophylaktischen" Rückfallmanagements zu erklären, damit sie nachvollziehen können, warum auf den Vorsatz eines kompensatorischen Verlassens des vorgegebenen Verhaltenskorridors in Richtung einer Reduktion der Energiebilanz unbedingt zu verzichten ist. Vielmehr ist nach Beendigung des Rückfalls darauf zu achten, dass die ursprünglich definierten Verhaltensweisen im Rahmen des festgelegten Korridors wieder aufgenommen werden.

Für jede Essstörungsbehandlung gilt, dass sie mit Erreichen des Zielgewichtes nicht abgeschlossen ist, sondern dass sich eine längere Phase anschließen muss, in der die Aufrechterhaltung dieses Gewichtsbereiches begleitet wird. Auch für diese Phase muss ein Korridor mit definierten ernährungs- und bewegungsbezogenen Verhaltensweisen festgelegt werden, die eine neutrale Energiebilanz gewährleisten.

30.2.5 Beispiele

a) Verhaltenskorridor festlegen
Die Therapeutin stellt die Aufgabe, dass die jeweilige Gruppe gemeinsam Kalorienzahl und Bewegung (Art und Dauer) pro Tag festlegt, um bei Adipositas eine leicht negative, bei Anorexie eine leicht positive Energiebilanz zu erreichen. Informationen zum Energiegehalt von Nahrungsmitteln und zum Verbrauch, z. B. bei verschiedenen Sportarten, werden dabei zugänglich gemacht.
b) Die Teufelskreise des Fastens
 (s. Abb. 30-1)
c) Ausstieg aus dem Teufelskreis
d) Diskussion
Was ist gesundes Essverhalten? Dabei soll Folgendes herausgearbeitet werden: Gesundes Essverhalten führt dem Körper die Nahrungsart und -menge zu, die er gerade braucht. (s. Abb. 30-2)
e) Denkfehler aufspüren (s. Abb. 30-3)
f) Einen Rückfall bauen
Elemente, die zu einem Rückfall führen können, werden zusammengestellt (Situati-

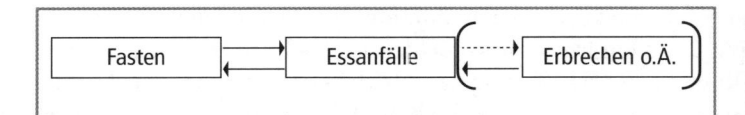

Abb. 30-1 Die Teufelskreise werden an der Tafel erarbeitet und mit Beispielen aus der Gruppe veranschaulicht

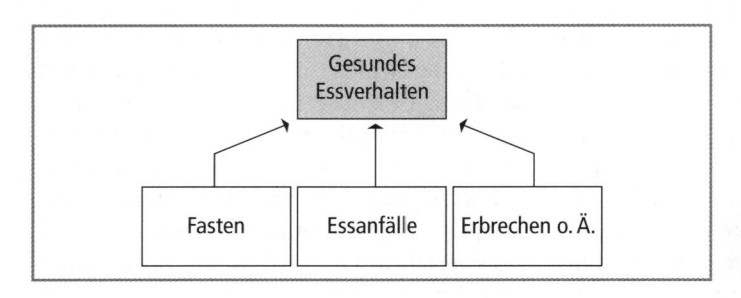

Abb. 30-2 Erarbeitung an der Tafel mit Verhaltensbeispielen aus der Gruppe

Denkfehler

Patientin: „Warmes Essen macht dick."
Therapeutin: „Wie viele Kalorien hat ein halbes warmes Hähnchen?"
Patientin: „400 Kalorien"
Therapeutin: „Wie viele Kalorien hat ein halbes kaltes Hähnchen?"

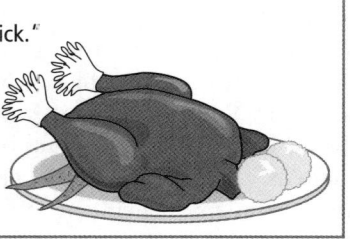

Abb. 30-3 Denkfehler

onen, Gedanken, Gefühle etc.). Sie werden an der Tafel in einem Schaubild veranschaulicht.

g) Den Rückfall verhindern
Elemente, die einen Rückfall verhindern, werden zusammengestellt. Dabei wird zwischen Elementen, die schon die Rückfallauslöser verhindern, und Notfallmaßnahmen kurz vor der Rückfälligkeit unterschieden. Die Darstellung wird an der Tafel aufgezeichnet und mit der Gruppe diskutiert.

h) Vor- und Nachteile des Wiegens
An der Tafel werden zwei Spalten mit den Vor- bzw. Nachteilen eines täglichen Wiegens aufgezeichnet. Die Beiträge der Gruppe werden den jeweiligen Spalten zugeordnet. Abschließend erfolgen eine gemeinsame Bilanzierung und die Ableitung der Verhaltensregel, dass tägliches Wiegen bei Essstörungen eher dysfunktional ist. Die Gruppe diskutiert und legt fest, welche Wiegeabstände für die einzelnen Mitglieder sinnvoll erscheinen.

i) Einkaufliste
Gruppenarbeit: Elemente eines klugen Einkaufsverhaltens. Die Elemente werden an der Tafel aufgezeichnet und als Notizen den Gruppenteilnehmerinnen mitgegeben.

30.3 Ausblick

Ein Anliegen dieser Darstellung war die auf langjähriger Erfahrung beruhende Überzeugung, dass Psychoedukation bei der Behandlung von Essstörungen zwar ein unabdingbar notwendiges, jedoch kein hinreichendes Element ist. Ohne weitere Psychotherapie würde sie zu kurz greifen.

Bewährt hat sich das Einweben psychoedukativer Elemente in das psychotherapeutische Vorgehen, und zwar nicht etwa zeitlich und inhaltlich schematisch, sondern immer adaptiert an den Kenntnisstand, die intellektuellen Fähigkeiten und auch an die aktuelle Motivation der Patienten und Patientinnen.

Vor diesem Hintergrund bilden die obigen Beispiele nur eine kleine Auswahl aus dem reichhaltigen Fundus der Möglichkeiten, die jeder Essstörungstherapeut nach Belieben und Erfordernis weiterentwickeln sollte.

Literatur

Bäuml J, Pitschel-Walz G (2012). Pschoedukation, quo vadis? Psychotherapeut 57: 289–290.

Eifert G, Timko CA (2012). Mehr vom Leben. Wege aus der Anorexie – Das ACT-Selbsthilfebuch. Weinheim (Beltz).

Hach I, Ruhl UE, Rentsch H et al. (2005). Recognition and therapy of eating disorders in young women in primary care. Journal of Public Health 13 (3): 160–165.

Hilbert A, Tuschen-Caffier B (2010). Essanfälle und Adipositas. Ein Manual zur kognitiv-behavioralen Therapie der Binge-Eating-Störung. Göttingen (Hogrefe).

Hoek HW et al. (2003). Review of the prevalence and incidence of eating disorders. Int J Eat Disord 34: 383–396.

Hoek HW (2006). Incidence, prevalence and mortality of anorexia nervosa and other eating disorders. Curr Opin Psychiatry 19: 389–394.

Munsch S (2011). Das Leben verschlingen. Hilfe für Betroffene mit Binge-Eating-Störungen (Essanfällen) und deren Angehörige. Weinheim (Beltz).

Nees, K. (2008) Die Adipositas konsequent behandeln. Ärztezeitung 2:6.

Pudel V (2003). Adipositas. Göttingen (Hogrefe).

Pudel V (2009). Ratgeber Übergewicht. Informationen für Betroffene und Angehörige. Göttingen (Hogrefe).

Teufel M, Groß G, Giel KE et al. (2008). Anorexia nervosa. Krankheitsbild und Behandlungsperspektiven. Ärztliche Psychotherapie 1: 12–16.

Wunderer E, Borse S, Schnebel A (2012). Essstörungen. Jahrbuch Sucht 2012. Lengerich (Pabst), S. 144–151.

Zipfel S, Löwe B, Reas D et al. (2000). Long-term-prognosis in anorexia nervosa: lessons from a 21-year follow-up study. Lancet 355: 721–722.

Zipfel S, Groß G (2005). Epidemiologie, Diagnostik und Differentialdiagnostik von Essstörungen. Psychotherapie 10 (1): 54–60.

31 Psychoedukation und Coaching bei adulter ADHS

Matthias Bender, Roberto D'Amelio, Wolfgang Retz

31.1 Einleitung

Die Aufmerksamkeitsdefizit-/Hyperaktivitätsstörung (ADHS) ist eine Entwicklungsstörung, die sich in der Kindheit mit Aufmerksamkeitsstörungen, motorischer Überaktivität und Merkmalen der Impulsivität manifestiert und einen chronischen Verlauf nehmen kann. Die transnationale Prävalenz von ADHS wird für Erwachsene mit 3,7 % angegeben. Für die Bundesrepublik Deutschland wurde eine Prävalenz von 3,1 % festgestellt (Fayyad et al., 2007). Bis zu zwei Drittel der Kinder, bei denen ADHS dignostiziert wurde, weisen im Erwachsenenalter weiterhin Symptome der Störung auf (Kooij et al., 2010). Damit gehört ADHS zu den besonders häufigen psychischen Störungen des Erwachsenenalters. Die Diagnose einer ADHS orientiert sich in allen Lebensabschnitten an den diagnostischen Kriterien des DSM-V bzw. den Richtlinien der ICD-10. Die dort angeführten Kriterien beziehen sich auf drei klassische psychopathologische Syndrome: Aufmerksamkeitsstörungen, Impulsivität und Hyperaktivität. ADHS wird in dem seit 2013 veröffentlichten DSM-V den ZNS-Entwicklungsstörungen zugeordnet. Die Aufteilung in die beiden Symptomkategorien „Unaufmerksamkeit" und „Hyperaktivität/Impulsivität" bleibt bestehen, die Subtypen entfallen aber und werden durch sogenannte „Specifier" ersetzt. Man spricht also weiterhin von einer „vorwiegend unaufmerksamen Präsentation", wenn Aufmerksamkeitsdefizite überwiegen, bzw. von einer „vorwiegend hyperaktiven/impulsiven Präsentation" oder „kombinierten Präsentation". Damit sind auch reine Aufmerksamkeitsstörungen oder Hyperaktivitätsprobleme als ADHS diagnostizierbar. Neu gegenüber dem DSM-IV ist zudem, dass die Symptome vor dem 12. und nicht mehr vor dem 7. Lebensjahr beginnen müssen. Das DSM-V berücksichtigt auch in höherem Maß als sein Vorläufer aus 1994, dass ADHS nicht nur bei Kindern, sondern auch bei Erwachsenen auftreten kann. Für Patienten ab 17 Jahren müssen jedoch nur noch 5 Symptome in einer Kategorie nachweisbar sein, 6 sind es bei jüngeren. Insgesamt werden die Symptome ausführlicher beschrieben. Das Ausschlusskriterium Autismus entfällt.

Nach den Vorgaben der ICD und des DSM kann die Diagnose einer ADHS nur dann gestellt werden, wenn sich neben den charakteristischen psychopathologischen Merkmalen auch gravierende Beeinträchtigungen in verschiedenen Bereichen des täglichen Lebens nachweisen lassen. Neben Problemen in Schule, Ausbildung und Beruf ergeben sich aus der Störung häufig auch Schwierigkeiten in der Ausgestaltung zwischenmenschlicher Beziehungen. Diese verlaufen oft unharmonisch; die Scheidungsrate bei Erwachsenen mit ADHS ist erhöht. Auch Verstöße gegen die Straßenverkehrsordnung und andere rechtliche Probleme sind bei Erwachsenen mit ADHS relativ oft zu registrieren.

Unter entwicklungspsychopathologischen Aspekten ist zu beachten, dass die Syndrome Unaufmerksamkeit, Impulsivität und Hyper-

31 Psychoedukation und Coaching bei adulter ADHS

aktivität zwar auch bei Erwachsenen mit ADHS die Kernsymptomatik der Störung darstellen, jedoch nicht das gesamte Symptomspektrum der ADHS in diesem Lebensabschnitt abbilden. Jenseits von ICD und DSM existieren mehrere Konzepte, die für den Gebrauch speziell bei erwachsenen Patienten konzipiert wurden (Wender, 1995; Brown u. Gammon, 1995; Conners et al., 1999). Zu beachten ist ferner das Modell einer Beeinträchtigung exekutiver Funktionen bei ADHS, bei dessen Berücksichtigung sich in DSM-IV und ICD-10 bislang nicht beachtete Phänomene aufdrängen (Barkley, 1997). Hierzu gehören z. B. Schwierigkeiten in der Organisation und Koordination von Aktivitäten u. Aufgaben, die erwachsenen ADHS-Patienten die Bewältigung ihres Alltags erschweren. Vor allem auch der Beeinträchtigung der Emotionsregulation bei erwachsenen ADHS-Patienten wurde in den letzten Jahren besondere Beachtung geschenkt (Retz et al., 2012). Die Forschungsergebnisse weisen darauf hin, dass Beeinträchtigungen der Affektregulation, emotionale Labilität und Stressintoleranz typische Merkmale der adulten ADHS darstellen und entsprechend bedeutsam für die Planung therapeutischer Interventionen sind. Für die therapeutische Anwendung bei erwachsenen Patienten gibt es inzwischen im deutschsprachigen Raum mehrere manualisierte Psychotherapieprogramme (Retz et al., 2011). Seit Juli 2011 ist in Deutschland erstmals ein Methylphenidatpräparat, seit 2014 ein weiteres und seit 2013 Atomoxetin zur Behandlung im Erwachsenenalter zugelassen. Psychoedukation kommt als psychotherapeutischer Basisintervention ein besonderer Stellenwert in einem multimodal angelegten Gesamtbehandlungskonzept zu und ist auch in allen störungsspezifischen Psychotherapiemanualen als Baustein integriert.

31.2 Psychoedukation bei adulter ADHS

Bei der ADHS-Therapie im Erwachsenenalter lassen sich psychoedukative Interventionen sehr sinnvoll integrieren (Bender et al. 2015). Gerade die psychosozialen Folgen der ADHS wie Partnerschaftsprobleme, geringes Selbstwertgefühl, Schwierigkeiten am Arbeitsplatz oder rechtliche Probleme sind z. B. einer rein pharmakologischen Behandlung kaum zugänglich. Sie erfordern einen informierten Patienten, der sich aktiv am Behandlungsprozess beteiligt.

31.2.1 Ziele psychoedukativer Interventionen bei ADHS im Erwachsenenalter

Mittels psychoedukativer Interventionen sollen folgende Ziele erreicht werden:

- **Information:** Der Patient soll ausführlich über Ätiologie, Symptomatik, Verlauf, Auswirkungen und Behandlungsoptionen der ADHS, des Weiteren über ADHS-assoziierte Komorbiditäten und Folgeerkrankungen informiert werden.
- **Coping:** Beim Patienten sollen Selbstmanagement- und Selbstregulationsfertigkeiten angestoßen und (re-)aktiviert werden, die ihm eine verbesserte Kontrolle über ADHS ermöglichen und seine Selbstachtung und Lebenszufriedenheit vergrößern.
- **Compliance:** Der Patient soll zu einer weiterführenden, kontinuierlichen und konsequenten Behandlung der ADHS und eventuell vorhandener Komorbiditäten bzw. Folgeerkrankungen motiviert werden.
- **Interaktion:** Der Patient soll sich im Gespräch mit anderen Betroffenen emotional entlasten und über bewährte Möglichkeiten der Alltags- oder Krankheitsbewältigung austauschen.

31.2.2 ADHS-spezifische Psychoedukationsprogramme und ihre praktische Durchführung

In der folgenden Tabelle (Tab. 31-1) findet sich ein Überblick über den Ablauf und die Inhalte des bislang einzigen deutschsprachigen Manuals zur Psychoedukation bei ADHS im Erwachsenenalter:

Prinzipiell lässt sich jede psychoedukative Intervention auch im Einzelsetting durchführen. Die Durchführung von Psychoedukation im Gruppensetting bietet allerdings den Vorteil, dass die Betroffenen feststellen können, dass ihre Störung bzw. „neurobiologische Besonderheit" auch von anderen geteilt wird. Dieser Umstand kann bereits entlastend wirken, weil er u. a. die

Tab. 31-1 Überblick über die Themenschwerpunkte der Sitzungen 1 bis 10 der psychoedukativen Gruppe für Patienten mit ADHS im Erwachsenenalter (nach D'Amelio et al., 2008, S 47–48)

1	Kennenlernen und Organisatorisches	• Vorstellung der Teilnehmer • Organisatorisches und Terminabsprache • „Regeln für eine gute Zusammenarbeit" • Individuelle Therapieziele • ADHS-Wissensfragebogen
2	Was ist ADHS und wie entsteht ADHS?	• Symptome der ADHS • Neurobiologiche Grundlagen der ADHS • ADHS-assoziierte Komorbiditäten
3	Wie kann man ADHS behandeln?	• Pharmakologische und psychologische Behandlungsmöglichkeiten bei ADHS • Pharmakologische und psychologische Behandlungsmöglichkeiten bei ADHS-assoziierten Komorbiditäten
4	Mein (soziales) Leben mit ADHS	• Besonderes Potenzial von Menschen mit ADHS • Problematische und Positive Anteile meiner ADHS • ADHS in sozialen Interaktionen • Besprechung der Anteile der ADHS, die sozial als problematisch erachtet werden
5	Wie gehe ich mit mir um? Selbstbild und Selbstwert	• Wie gehe ich mit mir um? Der innere Trainer • Diskussion: Optimist oder Pessimist? • Individuelle Stärken und Kompetenzen
6	Von Chaos und Kontrolle – (Selbst-)Organisation im Alltag	• Chaosstifter & Ordnungshalter • Strategien und Techniken zur Alltagsstrukturierung • „Jäger und Farmer"-Metapher
7	Stressmanagement	• Psychosomatische Grundlagen von Stress und Stressreaktion • Externe und interne Stressoren • Methoden zu Stress-Prophylaxe, -Management und Regeneration

Tab. 31-1 *Fortsetzung*

8	Stimmungsregulation und Impulskontrolle	• Das Stimmungsbarometer • (Mehr) Selbstkontrolle bei Wut und Ärger • Stimmungsregulierende Maßnahmen
9	Selbstmodifikation von problematischem Verhalten	• Grundlagen der Selbstmodifikation • Schema zur Analyse und zur Veränderung von problematischem Verhalten • Subjektive Akzeptanz der ADHS-spezifischen Medikation
10	Ausklang und Verabschiedung	• Rückblick und Würdigung • Vereinbarung des 1. Nachtreffens • Evtl. Überführung in eine Selbsthilfegruppe • Durchführung des ADHS-Wissensfragebogens • Verabschiedung der Teilnehmer

Vorstellung einer „negativen Einzigartigkeit" relativiert und damit zur Reduktion eines negativen Selbstbildes beiträgt. Des Weiteren können sich die Gruppenmitglieder untereinander emotional stabilisieren und sich gegenseitig bei der Generierung von Lösungen für störungsassoziierte Probleme unterstützen. In Erweiterung des ursprünglichen Konzeptes werden in den aktuellen psychoedukativen Ansätzen auch Angehörige bzw. Bezugspersonen von Betroffenen betreut, und zwar entweder in Form von eigenen und/oder im Rahmen von gemeinsamen psychoedukativen Gruppen mit den Betroffenen (sog. Trialog).

Mit ADHS assoziierte Komorbiditäten stellen keine prinzipielle Kontraindikation für den Besuch der psychoedukativen Gruppe dar, sondern werden bereits ausführlich in Sitzung 2 der psychoedukativen Intervention thematisiert. Es sollte allerdings darauf geachtet werden, dass die Patienten über genügend intellektuelle Fähigkeiten, Sprachverständnis und psychische Stabilität verfügen, um dem Gruppengeschehen folgen bzw. sich aktiv daran beteiligen zu können. Damit sich zwischen den Teilnehmern vertrauensvolle Beziehungen und eine gute Arbeitsatmosphäre ausbilden können, sollte eine psychoedukative Gruppe bei ADHS im Erwachsenenalter idealerweise in geschlossener Form durchgeführt werden – auch wenn mit Information der bestehenden Gruppe und aus versorgungspsychiatrischen Gründen davon abgewichen werden kann. Diese Organisationsform kommt auch der erhöhten Ablenkbarkeit bzw. Irritierbarkeit von Betroffenen mit ADHS entgegen, die durch einen häufigen Wechsel in der Gruppenzusammensetzung (zumindest während der Sitzungen) noch weiter zunehmen könnte. Bei Durchführung der Psychoedukation in einem stationären Setting sollte den Patienten ermöglicht werden, „ihre" Gruppe auch nach der Entlassung in einem ambulanten Status weiterhin zu besuchen.

Für den Ablauf einer psychoedukativen Gruppensitzung hat sich folgende Einteilung bewährt:

I. Begrüßung
II. Mitteilung des Themas/Inhalte der heutigen Sitzung
III. Achtsamkeits- & Zentrierungsübungen
IV. Besprechung der erteilten „Hausaufgaben"
V. Einstieg in das Thema der Sitzung
VI. Erarbeitung der Inhalte der heutigen Sitzung
VII. Diskussions-/Fragerunde
VIII. Verteilung von „Hausaufgaben"
IX. Fortbildungshinweis
X. Abschluss & Verabschiedung

Achtsamkeitsübungen dienen der „Befreiung zur Gegenwart" (Huppertz, 2009, 2015) durch Training der nicht-bewertenden Wahrnehmung, um dabei ganz im gegenwärtigen Moment zu verweilen und jeden Augenblick mit nicht nachlassender Präsenz in der momentanen Fokussierung auf nur *eine* Sache bzw. Handlung zu begleiten (Grossmann, 2004). Betroffene mit ADHS können Achtsamkeitsübungen gewinnbringend einsetzen, um ihre Ablenkbarkeit zu verringern bzw. ihre (selektive) Aufmerksamkeit zu fördern (Zylowska et al., 2008). Darüber hinaus sollen sie ihre Impulskontrolle verbessern und sich von einer ständigen und raschen Positiv-Negativ-Bewertung mehr und mehr distanzieren. Dabei empfiehlt es sich, mit der sog. *äußeren Achtsamkeit* zu beginnen, d. h., sich mit einer Sinnesqualität auf einen alltäglichen Gegenstand oder Handlungsstrang nicht bewertend, sondern zunächst lediglich wahrnehmend und sodann beschreibend zu fokussieren. Man kann z. B. den eigenen Kugelschreiber mit geschlossenen Augen betasten und Form-, Oberflächen-, Temperaturdifferenzen wahrnehmen und diese haptischen Sinneseindrücke dann beschreiben. Genauso kann man achtsam Kaffee trinken, Zähne putzen, ein Musikstück hören, ein Bild anschauen etc. Kurze Übungen von 2–3 Minuten Länge sind erfahrungsgemäß auch für eher ungeduldige und unruhige ADHS-Betroffene gut in den Alltag zu integrieren.

Optional kann es pro Gruppentermin für ca. zehn Minuten einen sog. *Fortbildungshinweis* eines im Hausaufgabenabschnitt der Vorgruppe benannten Teilnehmers geben, der einen Artikel, ein Buch oder einen Interneteintrag zum ADHS-Thema vorstellt. Viele ADHS-Patienten sind sehr gut informiert und screenen beständig die mediale Landschaft, wovon alle – auch die Gruppenleiter – profitieren können. In manchen Gruppen entsteht dadurch eine eigene kleine „Fortbildungsbibliothek", die in Form einer Mappe kopierter Beiträge neben den Psychoedukationsmaterialien und Arbeitsblättern als bleibende Gruppenleistung ausgegeben und von manchen Patienten alleine oder in den fortbestehenden Selbsthilfegruppen weitergeführt wird.

Bei Bedarf kann die aktuelle Sitzung zu einem zuvor definierten Zeitpunkt für eine Pause von ca. 15–20 Minuten zur „aktiven Regeneration" mit Bewegung unterbrochen werden.

31.3 Wirksamkeit psychoedukativer Interventionen und des spezifischen Coachings bei ADHS im Erwachsenenalter

Die Wirksamkeit psychoedukativer Interventionen wurde *für den Erwachsenenbereich* – außer für die Eltern von ADHS-Kindern (s. Kap. 32) – bislang noch nicht in entsprechend konzipierten Studien ausreichend belegt (Wiggings et al., 1999). Dies liegt u. a. darin begründet, dass eine wissenschaftliche Auseinandersetzung mit psychoedukativen Interventionen bei Erwachsenen mit ADHS erst in der jüngeren Vergangenheit begonnen hat und bis vor Kurzem noch kein strukturiertes und manualisiertes psychoedukatives Behandlungsprogramm zur Verfügung stand (D'Amelio et al., 2008). Zwar beinhalten die wenigen bislang erschienenen störungsspezifischen Therapieprogramme für ADHS im Erwachsenenalter z. T. auch umfangreiche psychoedukative Elemente (i. S. der Vermittlung von störungsspezifischem Wissen zu Ätiologie, Symptomatik, Komorbiditäten und Behandlungsoptionen; z. B. Baer u. Kirsch, 2010), doch sie verbinden diese z. B. in Anlehnung an die Erfahrungen mit der Borderline-Persönlichkeitsstörung mit dialektisch-behavioralen Techniken (z. B. das „Gruppenfertigkeitstraining nach dem Freiburger Konzept" von Hesslinger et al., 2004) oder kognitiv-verhaltenstherapeutischen Verfahren (z. B. Safren et al., 2005). Die wenigen verfügbaren Untersuchungen zur Wirksamkeit psychotherapeutischer Verfahren bei adulter ADHS erlauben daher nur sehr eingeschränkt die Beurteilung des Erfolgs von psychoedukativen Interventionen bei ADHS. Bezüglich der Bewertung der Effektivität eines ADHS-spezifischen Coachings kann bislang nur auf eine australische Studie mit einer relativ kleinen Anzahl (N=22) von Probanden verwiesen werden, die mit guten Ergebnissen eine kognitiv-verhaltenstherapeutische Intervention mit ADHS-spezifischem Coaching im Einzelsetting kombinierte („cognitive remediation programme"; Stevenson et al., 2002).

31.4 Coaching bei ADHS im Erwachsenenalter

Mit dem Fachbegriff „Coaching" wird ein interaktiver, personenzentrierter Beratungs- und Begleitungsprozess beschrieben, mittels dessen Klienten, unterstützt durch einen Coach, ihre Lebensgestaltung in einem definierten Lebensbereich optimieren können (Rauen, 2002). Insgesamt zielt Coaching auf die Optimierung der Selbstmanagement- bzw. Selbstregulationsfähigkeiten der Klienten im beruflichen und/oder privaten Kontext. Der Coach gibt hier keine direkten Lösungsvorschläge vor, sondern unterstützt die Klienten dabei, eigene Lösungswege für die angestrebten Veränderungen zu entwickeln (Migge, 2007). In diesem Sinne ist Coaching als eine professionell angeleitete „Hilfe zur Selbsthilfe" aufzufassen.

ADHS-spezifisches Coaching bezeichnet einen individualisierten und maßgeschneiderten Beratungs- und Begleitprozess mit dem Ziel, die ADHS-Betroffenen bei der Strukturierung des Alltags und (besseren) Bewältigung von Aufgaben im privaten oder beruflichen Kontext zu unterstützen, um dadurch (mittelfristig) ein Mehr an Selbstbestimmung bzw. -wirksamkeit und Lebensqualität zu erlangen (Ryffel-Rawak, 2003). Der Coach wirkt dabei als Katalysator und fördert, unterstützt und begleitet die von seinen Klienten erstrebten Veränderungen im Rahmen eines konkreten „Veränderungsprojektes". Dies geschieht bei Bedarf auch vor Ort, d. h. in der unmittelbaren Lebensumwelt der Klienten (z. B. in deren Wohnung). In dem folgenden Kasten sind überblicksartig die wichtigsten Merkmale und Ziele eines ADHS-spezifischen Coachings dargestellt:

- **Fokus auf Veränderung:** Zielgerichtetes, lösungszentriertes und ressourcenorientiertes Vorgehen unter Einsatz der Elemente Planung, Handlung, Reflexion und Generalisierung.
- **Sequentielles anstatt paralleles (Be-)Arbeiten:** Immer nur *ein* konkretes Anliegen bzw. „Veränderungsprojekt" zur selben Zeit bearbeiten bzw. erfolgreich zum Abschluss bringen, bevor ein neues angegangen wird.
- **Graduiertes Vorgehen:** Beständige Zielannäherung durch sukzessives Abarbeiten machbarer Teilschritte bis hin zum Erreichen eines zuvor definierten SOLL-Zustandes.
- **Nachhaltige Hilfe zur Selbsthilfe:** Verzicht auf „Rat*schläge*", stattdessen Motivierung, Beratung und Unterstützung durch den ADHS-Coach. Regelmäßige Überprüfung, ob die Hilfestellung durch den ADHS-Coach noch indiziert ist oder ob die Klienten ihr nächstes „Veränderungsprojekt" bereits selbstständig umsetzen können.

Es ist zu erwähnen, dass die Begriffe „Coach" bzw. „ADHS-Coach" gesetzlich nicht geschützt sind und sich demnach jeder als Coach bezeichnen kann. Entsprechend verhält es sich mit den derzeit verfügbaren Angeboten zu einem „ADHS-spezifischen Coaching". Des Weiteren ist festzuhalten, dass bislang weder international noch im deutschsprachigen Raum einheitliche bzw. verbindliche Ausbildungs- und Beurteilungskriterien für ein ADHS-spezifisches Coaching erstellt worden sind (vgl. dazu http://www.add.org, http://www.adhdcoaches.org und http://www.adhs-deutschland.de). Es wurden bislang auch keine verbindlichen Kriterien formuliert, wie ein Coaching-Prozess bei Erwachsenen mit ADHS zu strukturieren bzw. umzusetzen ist (vgl. Ratey, 2002; Ryffel-Rawak, 2003).

31.4.1 Der Coaching-Prozess bei ADHS: Ein 8 Phasen umfassendes Stufenmodell

ADHS-Coaching kann als Problem-*Lösungs*-Prozess aufgefasst werden, der verschiedene aufeinander abgestimmte Phasen bzw. Stufen (s. Abb. 31-1) umfasst, die i. S. einer „Erfolgsleiter" sukzessive, bis zum Erreichen eines zuvor definierten Zieles, durchlaufen werden.

Dabei sollen die Klienten im Rahmen eines konkreten Anliegens („Veränderungsprojektes") mittels *Handlung* einen als problematisch erlebten Zustand solange modifizieren, bis ein bestimmter (vorher definierter) wünschenswerter Ziel-Zustand hergestellt ist. Damit zielgerichtetes Handeln überhaupt möglich ist, müssen allerdings zunächst entsprechende Maßnahmen zur Erreichung des erwünschten SOLL-Zustandes entwickelt bzw. gefunden werden. Dies setzt eine sorgfältige *Planung* voraus. Die geplanten Maßnahmen sind dann bei Bedarf so lange zu modifizieren und zu optimieren, bis IST- und SOLL-Wert übereinstimmen. Durch *Reflexion* können sich die Klienten bewusst machen, wie (d. h., durch welche Vorgehensweisen und unter Einsatz welcher Ressourcen, Strategien und Handlungsweisen) sie letztendlich ihren Zielpunkt bzw. ihr aktuelles Etappenziel („Meilenstein") im Rahmen ihres Veränderungsprojektes erreichen konnten. Dies ist die Voraussetzung dafür, dass sie an ihren „Lösungen wachsen können" und somit in der Lage sind, die angewendeten Maßnahmen auch zur Lösung weiterer Probleme bzw. zur Erreichung weiterer (Teil-)Ziele im Rahmen ihres aktuellen „Veränderungsprojektes" zu verwenden. Dies wird als *Generalisierung* bezeichnet. Dieses zirkuläre Zusammenspiel der beschriebenen Elemente **P**lanung, **H**andlung, **R**eflexion und **G**eneralisierung (sog.

31 Psychoedukation und Coaching bei adulter ADHS

Abb. 31-1 Die 8 Stufen im ADHS-Coaching (nach d'Amelio, 2008, S. 133)

Die 8 Stufen (von unten nach oben):
- **Orientierungsphase:** Klärung des Anliegens, Identifikation von Problembereichen und Auswahl des zu bearbeitenden Problems
- **Identifikation von Ressourcen**
- **Klärung des IST-Zustandes:** Problem-Beschreibung und -Analyse
- **Klärung des SOLL-Zustandes:** Ziel-Bestimmung
- **Strukturierung und Planung:** Erarbeiten von Maßnahmen zur Zielerreichung
- **Umsetzung**
- **Ziel-Erreichung**
- **Stabilisierung des Erfolges**

„P-H-R-G"-Problemlöse-Kreislauf) ist für das ADHS-Coaching wesentlich.

Beispiel für eine ambulante ADHS-Sprechstunde an einem allgemeinen psychiatrischen Versorgungskrankenhaus

In der Institutsambulanz der Vitos Klinik für Psychiatrie und Psychotherapie in Hadamar wird nach leitlinienorientierter Diagnostik für Betroffene mit ADHS im Erwachsenenalter ein *gestuftes Therapiekonzept* im ambulanten Setting angeboten, das aus folgenden Behandlungs-Modulen besteht, welche aufeinander aufbauen und idealerweise sukzessive besucht werden:

I. Psychoedukation bei ADHS im Erwachsenenalter: Gruppenintervention für Patienten, 10 Sitzungen, Gruppengröße 8 bis 10 Patienten, Dauer 120 Min. pro Sitzung.

II. „Trialogforum": Gruppenintervention (Patienten und deren Angehörige), Teammitglieder, 1 Sitzung, Gruppengröße bis 40 Personen, Dauer 3–4 Std. Neben einem Überblicksvortrag liegt der Fokus auf dem Thema ADHS und Beziehung/Familie.

III. Basis- und Intensivcoaching: Gruppenintervention für Patienten, 6 und 8 Sitzungen, Gruppengröße 8–10 Patienten, Dauer 120 Min. pro Sitzung.

Parallel wird eine Angehörigengruppe mit 9 Sitzungen im 14-tägigen Abstand angeboten. Entsprechend dem hier vorgestellten Konzept sollen in der psychoedukativen Gruppe und dem „Trialogforum" wichtige Grundlagen für ein einvernehmliches Leben mit ADHS vermittelt bzw. erarbeitet werden. Darauf aufbauend, können dann im Coaching die spezifischen Probleme und Anliegen der einzelnen Teilnehmer besprochen und im Rahmen eines „maßgeschneiderten Veränderungsprojektes" modifiziert werden. Alle Gruppenmitglieder im Coaching bilden zu diesem Zweck ein „Thinking Team", welches sich unter professioneller Anleitung aktiv an dem Beratungs- und Lösungsprozess beteiligt.

31.5 Ausblick und Fazit

Orientiert man sich an den deutschen Leitlinien zur Behandlung von ADHS im Erwachsenenalter, so wird analog zur Behandlung der Störung bei Kindern und Jugendlichen auch bei der adulten ADHS die Kombination medikamentöser und psychotherapeutischer Ansätze empfohlen. Diese Vorgehensweise berücksichtigt, dass ADHS eine komplexe Störung darstellt, die mit verschiedenen Problemen auf biologischer, psychologischer und sozialer Ebene einhergeht. Dementsprechend ist davon auszugehen, dass sich das Ergebnis der Behandlung durch die gleichzeitige oder sequentielle Anwendung unterschiedlicher Therapieansätze optimieren lässt. Insofern ist Psychoedukation als ein wichtiger Baustein in der Therapie der adulten ADHS zu betrachten, der gemeinsam mit weiteren Behandlungselementen zum Einsatz kommen sollte – dies umso mehr, als Psychoedukation adaptiv ist und sich den Gegebenheiten vor Ort anpasst, sich also in einem ambulanten ebenso wie auch im teilstationären oder stationären Umfeld umsetzen lässt. In diesem Sinne kann Psychoedukation bei ADHS im Erwachsenenalter als Instrument zur psychotherapeutischen „Basisversorgung" (i. S. eines „stepped care") aufgefasst werden, die bei Bedarf mit den anderen Bausteinen einer multimodalen störungsspezifischen Therapie kombinierbar ist. Da ein ADHS-spezifisches Coaching mehr auf die Behebung von „Alltags-"Problemen/-Beschwerden ausgerichtet ist, profitieren von dieser Interventionsform vor allem Betroffene, die eine mehr alltagsbezogene Begleitung/Unterstützung benötigen. Im Gegensatz zur Psychoedukation muss für diese Interventionsform in den nächsten Jahren noch ein wissenschaftlich fundierter einheitlicher Standard hinsichtlich Ausbildung bzw. Qualifikation von ADHS-spezifischen Coaches erarbeitet werden.

Unserer Erfahrung nach lässt sich mit dieser meist lebhaften, ideenreichen, oft humorvollen Patientengruppe, für die eine sehr gute Compliance und Adhärenz charakteristisch sind, effizient individualisiert und bis in die trialogische Dimension (Bender, 2008) mit den Methoden der bifokalen Psychoedukation und des Coachings therapeutisch arbeiten.

Abschließend zitieren wir exemplarisch aus einem Auswertungs- & Rückmeldebogen das Resümee einer Patientin, die an dem ambulanten Angebot der Vitos Klinik Hadamar teilgenommen hat:

„Das Wissen um ADHS hat mir ein akzeptierendes Integrieren meiner Handicaps ermöglicht: ab dann ging es aufwärts – vor allem mit meinem angeknacksten Selbstwertgefühl. In der Gruppe fühlte ich mich erstmals verstanden mit meinen Beschwerden und nicht einfach als chaotisch, schusselig, unfähig, willensschwach und undiszipliniert abgestempelt. Mithilfe der Medikation und der Psychoedukation konnte ich erstmals im Leben meine Schwierigkeiten gezielt und erfolgreich angehen. Wollen und Können passen jetzt zusammen."

Literatur

Baer N, Kirsch P (2010). Training bei ADS im Erwachsenenalter TADSE. Weinheim (Beltz). Barkley RA (1997). Attention-deficit/hyperactivity disorder, self-regulation, and time: toward a more comprehensive theory. J Dev Behav Pediatr 18: 271–279.

Bender M (2008). Individualisierung und trialogische Dimension. In: Bäuml J, Pitschel-Walz G (Hrsg.). Psychoedukation bei schizophrenen Erkrankungen. Stuttgart (Schattauer), S. 130–139.

Bender M, D'Amelio R, Wehmeier PM (2015). Wenn der Zappelphilipp erwachsen wird. Psychoedukation bei Patienten mit adulter ADHS und Eltern betroffener Kinder. In: Persönlichkeitsstörungen 19: 292–302. Stuttgart (Schattauer).

Brown TE, Gammon GD (1995). Differential diagnosis of ADD vs. ADHD in adults. In: Nadeau KG (Hrsg.). Comprehensive Guide to Attention Deficit Disorder in Adults. New York (Brunner/Mazel), S. 93–107.

Conners CK, Ehrhard D, Sparrow D (1999). CAARS' Adult ADHD Rating Scales (CAARS). New York (Multi-Health Systems).

D'Amelio R, Retz W, Philipsen A et al. (Hrsg.). (2008). Psychoedukation und Coaching ADHS im Erwachsenenalter. Manual zur Leitung von Patienten- und Angehörigengruppen. München (Urban & Fischer).

Fayyad J, De Graaf R, Kessler R et al. (2007). Cross-national prevalence and correlates of adult attention-deficit hyperactivity disorder. Br J Psychiatry 190: 402–409.

Grossman P (2004). Das Üben von Achtsamkeit: Eine einzigartige klinische Intervention für die Verhaltenswissenschaften. In: Heidenreich T, Michalak J (Hrsg.). Achtsamkeit und Akzeptanz in der Psychotherapie. Ein Handbuch. Tübingen (dgvt), S. 69–101.

Hesslinger B, Philipsen A, Richter H (2004). Psychotherapie der ADHS im Erwachsenenalter – Ein Arbeitsbuch. Göttingen (Hogrefe).

Huppertz M (2009). Achtsamkeit – Befreiung zur Gegenwart. Paderborn (Junfermann).

Huppertz M (2015). Achtsamkeitsübungen. Experimente mit einem anderen Lebensgefühl. Paderborn (Junfermann).

Kanfer FH, Reinecker H, Schmelzer D (2000). Selbstmanagement-Therapie. Berlin (Springer).

Kooij SJ, Bejerot S, Blackwell A et al. (2010) European consensus statement on diagnosis and treatment of adult ADHD: The European Network Adult ADHD. BMC Psychiatry 10: 67. Krause J, Krause KH (2005). ADHS im Erwachsenenalter. Stuttgart (Schattauer):

Migge B (2007). Handbuch Coaching und Beratung. Weinheim (Beltz).

Philipsen A et al. (2010). Evaluation of the efficacy and effectiveness of a structured disorder tailored psychotherapy in ADHD in adults: study protocol of a randomized controlled multicentre trial. Atten Defic Hyperact Disord 2(4): 203–12.

Ratey NA, Jaksa P, The ADDA Subcommittee on AD/HD Coaching (2002). The ADDA Guiding Principles for Coaching Individuals with Attention Deficit Disorder. National ADDA (http://www.add.org/articles/coachingguide.html)

Rauen C (2002). Coaching. Praxis der Personalpsychologie. Göttingen (Hogrefe).

Rauen C (2003). Coaching. Innovative Konzepte im Vergleich. Göttingen (Hogrefe).

Retz W, Retz-Junginger P, Thome J et al. (2011). Pharmacological treatment of adult ADHD in Europe. World J Biol Psychiatry 12 (Suppl 1): 89–94.

Retz W, Stieglitz RD, Corbisiero S et al. (2012). Emotional dysregulation in adult ADHD: what is the empirical evidence? Expert Rev Neurother 12: 1241–1251.

Ryffel-Rawak D (2003). Coaching bei ADHS. http://www.adhs.ch/download/ADHS-Coaching.pdf

Safren et al. (2005). Cognitive-behavioral therapy for ADHD in medication-treated adults with continued symptoms. Behav Res Ther 43: 831–842.

Stevenson CS, Whitmont S, Bornholt L et al. (2002). A cognitive remediation programme for adults with attention deficit hyperactivity disorder. Aust N Z J Psychiatry 36: 610–616.

Wender PH (1995). Adult attention deficit hyperactivity disorder. Oxford (OUP).

Wiggings D et al. (1999). Effects of a brief group intervention for adults with attention deficit/hyperactivity disorder. J Ment Health Counsel 21: 82–92.

Zylowska I et al. (2008). Mindfulness meditation training in adults and adolescents with ADHD: a feasibility study. J Attention Disord 11 (6): 737–746.

32 Psychoedukation für Eltern von Kindern und Jugendlichen mit Aufmerksamkeitsdefizit-/Hyperaktivitätsstörung (ADHS)

Peter M. Wehmeier

32.1 Der Stellenwert der Psychoedukation bei ADHS

Psychoedukation oder die Beratung der Eltern bzw. Bezugspersonen von Kindern und Jugendlichen mit Aufmerksamkeitsdefizit-/Hyperaktivitätsstörung (ADHS) wird von den meisten Fachverbänden weltweit als fester Bestandteil eines multimodalen Therapiekonzepts für die Behandlung der betroffenen Kinder und Jugendlichen angesehen (Banaschewski et al., 2006; DGKJP et al., 2007; NICE, 2008). Somit ist Psychoedukation ein unverzichtbarer Bestandteil der Behandlung von Kindern und Jugendlichen mit ADHS. Die Aktivierung ihrer Ressourcen und die Entwicklung von Resilienz stehen im Vordergrund.

Gerade die Eltern, die von der Erkrankung des Kindes am meisten betroffen sind, fühlen sich im Umgang mit der ADHS-Symptomatik oft überfordert und allein gelassen (Gebhardt et al., 2008). Als wesentliche Probleme nennen sie Selbstvorwürfe, Vorwürfe mangelnder Erziehungskompetenz oder die Ablehnung des Kindes durch andere, z. B. wegen seiner Hyperaktivität. Die alltägliche Belastung durch das auffällige Verhalten des Kindes, die Suche nach der richtigen Behandlung oder Fragen zu einem Schulwechsel führen nicht selten zur Überlastung der erziehenden Personen, häufig der Mutter (Gebhardt et al., 2008). Aus diesem Grund besitzen die Aufklärung der Eltern über ADHS und die Beratung zum Umgang mit den Auffälligkeiten der Kinder und Jugendlichen einen hohen Stellenwert (Barkley, 2005; Remschmidt, 2005; Bundesärztekammer, 2005; DKGJP et al., 2007; NICE, 2008).

Die Wirksamkeit von Psychoedukationsprogrammen für Eltern von Kindern und Jugendlichen mit expansiven Verhaltensauffälligkeiten wie ADHS, Störung mit oppositionellem Trotzverhalten und Störung des Sozialverhaltens ist gut belegt (Bor et al., 2002; Chronis et al., 2004; Costin u. Chambers, 2007; Cunningham, 2006, 2007; Daly et al., 2007; Dretzke et al., 2009; Montoya et al., 2011). Entsprechend groß ist der Nutzen solcher Programme (Bormann-Kischkel et al., 2004; Lundahl et al., 2006; Hautmann et al., 2008, 2009a, 2009b; Hanisch et al., 2010). Daher wird der flächendeckende Einsatz solcher Programme zur Behandlung und zur Prävention gefordert (Döpfner et al., 2010).

32.2 Die einzelnen Psychoedukationsprogramme

Im deutschsprachigen Raum sind mehrere Psychoedukationsprogramme für Eltern bzw. Bezugspersonen von Kindern und Jugendlichen mit ADHS erhältlich (s. Tab. 32-1). Eine Auswahl der wichtigsten Programme wird im Folgenden zusammenfassend dargestellt.

Tab. 32-1 PE-Programme für Eltern bzw. Bezugspersonen von Kindern und Jugendlichen mit ADHS

Programm	Indikation	Information über das Störungs-bild	Hinweise zum Umgang mit dem Patienten	Didaktisches Material	CD-ROM, DVD
Wackelpeter und Trotzkopf (Döpfner et al., 2011)	ADHS, oppositionelles Problemverhalten	ja	ja	ja	nein
Präventionsprogramm für Expansives Problemverhalten (PEP) (Plück et al., 2006)	ADHS, oppositionelle Verhaltensstörung	ja	ja	ja	ja
Kompetenztraining für Eltern sozial auffälliger Kinder (KES) (Lauth u. Heubeck, 2006)	sozial auffällige Kinder, einschließlich Kinder mit ADHS	unspezifisch	ja	ja	nein
ADS Elterntraining (Aust-Claus, 2010)	ADHS	ja	ja	ja	ja
ADS: Eltern als Coach (Aust-Claus, 2014)	ADHS	ja	ja	ja	ja
Kurzes ADHS Psychoedukationsprogramm für Eltern (KAPPE) (Härtling u. Wehmeier, 2011)	ADHS	ja	ja	spezifische didaktische Hinweise	ja

32.2.1 „Wackelpeter und Trotzkopf"

Dieses Therapieprogramm von Döpfner et al. (2011) soll eine Hilfestellung für Eltern von Kindern und Jugendlichen mit ADHS geben. In dem Buch wird gezeigt, wie die Eltern sich selbst und zugleich auch ihren Kindern helfen können. In Anlehnung und als Ergänzung zum erfolgreichen Therapieprogramm für Kinder mit hyperkinetischem und oppositionellem Problemverhalten (THOP), das von derselben Arbeitsgruppe entwickelt wurde, legen die Autoren ein Elternbuch vor, das alles für Eltern bzw. Bezugspersonen Wissenswerte zur ADHS und deren Therapie enthält. Im 1. Teil werden Eltern über die Problematik, die Ursachen sowie den Verlauf der Störung und v. a. über die verfügbaren Hilfsmöglichkeiten aufgeklärt. Der 2. Teil enthält einen Elternleitfaden, der in 14 Stufen Möglichkeiten zur Verminderung der Verhaltensprobleme in der Familie aufzeigt. Der 3. Teil ergänzt den Elternleitfaden durch konkrete Anwendungs-

32 Psychoedukation für Eltern von Kindern mit ADHS

beispiele, in denen typische Probleme und ihre Lösungsmöglichkeiten beschrieben sind. Der 4. Teil enthält Arbeitsblätter und Memo-Karten, die bei der Umsetzung des Elternleitfadens helfen. Das Buch kann im Rahmen der Behandlung des Kindes bei einem Psychotherapeuten oder Arzt zur Information der Eltern eingesetzt werden. Es soll sich auch als Selbsthilfeprogramm für Eltern eignen, die sich eigenständig mit den Problemen ihres Kindes beschäftigen möchten.

32.2.2 Präventionsprogramm für Expansives Problemverhalten (PEP)

Das Präventionsprogramm für Expansives Problemverhalten (PEP) von Plück et al. (2006) ist ein Manual für Eltern- und Erziehergruppen zur Prävention von kindlichen – insbesondere oppositionellen und hyperkinetischen – Verhaltensstörungen. Es soll Eltern bzw. Erzieherinnen über die wichtigsten Methoden der Verhaltensänderung informieren und diesbezüglich schulen und eine Lücke zwischen Selbsthilfe und Therapie schließen. Es besteht aus einem Eltern- und einem Erzieherprogramm, die weitgehend parallel aufgebaut sind. Die Zielgruppe von PEP sind in erster Linie Eltern und Erzieherinnen von 3- bis 6-jährigen Kindern, die frühe Zeichen ausgeprägten expansiven Verhaltens aufweisen. Die Eltern von Kindern im frühen Grundschulalter kommen als Teilnehmer ebenfalls in Betracht. Die betreffenden Kinder zeigen Aufmerksamkeits- und Konzentrationsprobleme, Impulsivität, motorische Unruhe und Aggressivität, ohne dass die Kriterien einer klinischen Diagnose notwendigerweise erfüllt sein müssen. Ziel des Programms ist die Stärkung der Erziehenden selbst, die Stärkung der positiven Eltern- bzw. Erzieher-Kind-Interaktion sowie die Stärkung der konstruktiven Eltern-Erzieher-Interaktion. Dem Buch liegt eine CD-ROM bei, die didaktisches Material für die einzelnen Sitzungen enthält.

32.2.3 Kompetenztraining für Eltern sozial auffälliger Kinder (KES): Ein Präventionsprogramm

Dieses Training von Lauth und Heubeck (2006) beruht auf einem stress- und ressourcentheoretischen Ansatz, demzufolge die elterlichen Erziehungsschwierigkeiten nicht aus allgemeiner Unfähigkeit, sondern aus Überlastung und ungenutzten Verhaltensmöglichkeiten entstehen. Folgerichtig setzt das Training an den Hauptbelastungen der Familie an, z. B. der täglichen Hausaufgabensituation oder der Situation beim abendlichen Zu-Bett-Gehen. Die Eltern bzw. Bezugspersonen werden in 6 Sitzungen angeleitet, wie sie das Kind in den wichtigsten familiären Standardsituationen effektiver begleiten können. In der Gruppe lernen sie z. B., ihre eigenen Stärken zu sehen, präzise Anweisungen zu geben, das Kind durch Lob und Tadel zu lenken und die Hausaufgaben nach einem vorgegebenen Plan durchführen zu lassen. Schließlich werden die Eltern darin beraten, wie sich die Familie besser zusammenfinden und neu ausrichten kann.

32.2.4 ADS Elterntraining

Das ADS Elterntraining von Aust-Claus (2010) ist ein kompaktes Handbuch mit Präsentationsfolien und weiterem didaktischem Material auf CD-ROM. Das Handbuch ist die Grundlage eines Elterntrainings für Eltern von Kindern mit ADS bzw. ADHS. Nach dem von Aust-Claus entwickelten OptiMind-Konzept werden in 4 Bausteinen konkrete Anleitungen für ein Coaching, Training oder Seminar mit betroffenen Eltern gegeben. Die CD-ROM enthält 49 Präsentationsfolien und 20 sogenannte „OptiMemos" mit ausdruckbaren Punkteplänen, Wochenplanern, Arbeitsplanern und Checklisten für Eltern von Kindern mit ADS bzw. ADHS.

32.2.5 ADS: Eltern als Coach – Praktisches Workbook für Eltern

Das Workbook von Aust-Claus und Hammer (2010) für Eltern von Kindern mit ADS bzw. ADHS soll konkrete Tipps für die Erziehung und Begleitung der Kinder geben, z. B. im Rahmen des Alltags- und Hausaufgabenmanagements. Es enthält Kopiervorlagen für Punktepläne sowie für Wochenplaner. Das Training wurde als praktisches Anwendungsbuch konzipiert und bietet ähnlich wie das ADS Elterntraining konkrete Hilfestellungen an. Das systematisch aufgebaute Workbook soll Lösungsstrategien rund um das Thema ADS anbieten, die in 4 Seminar-Bausteinen erarbeitet werden. Die Seminar-Bausteine schließen unter anderem die Themen „Medikation" und „Stressbewältigung für Eltern" ein. Das Buch wird durch eine DVD mit zahlreichen Videobeispielen ergänzt.

32.2.6 Kurzes ADHS Psychoedukationsprogramm für Eltern (KAPPE)

KAPPE wurde von Härtling und Wehmeier (2011) als ein besonders kompaktes und zeitökonomisches Psychoedukationsprogramm konzipiert. KAPPE stellt eine interaktive Vortragsreihe dar und ist als Behandlungsbaustein im Rahmen einer multimodalen Therapie zu verstehen. Die Eltern sollen über das Störungsbild ihres Kindes aufgeklärt werden und Strategien für den erfolgreichen Umgang mit schwierigen Situationen im Alltag und in verschiedenen Lebensbereichen außerhalb der Familie kennenlernen. Auf diese Weise sollen ihr Verständnis der Störung und die selbstverantwortliche Bewältigung von Problemen gefördert werden. Das Programm gibt darüber hinaus konkrete Hilfestellungen zur Organisation des Alltags und verweist auf effektive Behandlungsmöglichkeiten. Es vermittelt wichtige Informationen, Fertigkeiten und Konfliktlösungsstrategien. Nach entsprechender Anleitung soll KAPPE auch von nichtärztlichen Mitarbeitenden einer Praxis durchgeführt werden können.

KAPPE besteht aus 4 Modulen, die jeweils in einem Zeitraum von etwa 2 Stunden (120 Min.) gehalten werden können. Modul 1 gibt einen Überblick über das Störungsbild AD(H)S einschließlich Ursachen, Symptomatik, Diagnostik und Therapie. Modul 2 geht auf Fragen der Erziehung und auf angemessene Erziehungsstrategien ein. In diesem Modul werden die Rolle von Regeln und die Funktion von Verstärkerplänen eingehend erläutert. Darüber hinaus wird in diesem Modul der Umgang mit ADHS-typischen Konfliktsituationen besprochen.

In Modul 3 werden der Teufelskreis der ADHS-Symptomatik beschrieben und die Bandbreite der verschiedenen Behandlungsmöglichkeiten vorgestellt – einschließlich der medikamentösen Therapie. Weiteres Thema ist der Umgang mit ADHS-Symptomen.

In Modul 4 geht es um Schwierigkeiten des Kindes bzw. Jugendlichen in Lebensbereichen außerhalb der Familie. Außerdem wird in diesem Modul der Einsatz effektiver Erziehungsstrategien besprochen und über lokale und überregionale Hilfsmöglichkeiten informiert.

32 Psychoedukation für Eltern von Kindern mit ADHS

Modul 2
Verstärkerplan Beispiel

KAPPE
Kurzes ADHS
Psychoedukations
Programm für Eltern

Mein Ziel: Wenn ich es schaffe, alle meine Hausaufgaben in mein Hausaufgabenheft zu schreiben, dann bekomme ich 5 Punkte!

	Montag	Dienstag	Mittwoch	Donnerstag	Freitag
Hier kann ich die Anzahl meiner erreichten Punkte aufstempeln.	☺ ☺ ☺	☺ ☺ ☺ ☺ ☺	☺ ☺ ☺		

Belohnung für 20 erreichte Punkte: Kinobesuch
Belohnung für 15 erreichte Punkte: Picknick mit Mama und Papa

Abb. 32-1 Modul 2 – Verstärkerplan Beispiel

Praktische Durchführung des Psychoedukationsprogramms KAPPE

Das Programm wird idealerweise in 4 aufeinander folgenden Wochen angeboten. Zur Durchführung ist grundsätzlich jeder Gruppenraum geeignet, z. B. das Wartezimmer in der Praxis. Die Teilnehmerzahl kann variieren. Bewährt haben sich Gruppen von bis zu 12 Teilnehmern bei einem Gruppenleiter. Besonders gute Erfahrungen haben wir mit einem Team aus 2 Gruppenleitern gemacht. Dann kann die Gruppengröße 12 Teilnehmer auch ohne Weiteres überschreiten. Nicht zu empfehlen ist der Wechsel der Gruppenleiter von Termin zu Termin. Die Teilnehmer sollten während des Vortrags immer wieder angesprochen und nach Möglichkeit mit einbezogen werden. Fragen, die sie während des Vortrags stellen, sollte der Gruppenleiter kurz beantworten. Fragen, die eine ausführliche Antwort erfordern, sollten am Ende des Moduls aufgegriffen werden.

Voraussetzung für die Funktion als Gruppenleiter ist die praktische Erfahrung im Umgang mit Kindern und Jugendlichen mit ADHS. Darüber hinaus sollte der Gruppenleiter auch über theoretische Kenntnisse des Störungsbildes verfügen. Hingegen ist eine abgeschlossene Psychotherapieausbildung oder ein Training als Moderator nicht unbedingt erforderlich. Beispielsweise käme eine zum Thema ADHS vorgebildete medizinische Fachangestellte oder ein pädagogischer bzw. psychologischer Mitarbeiter

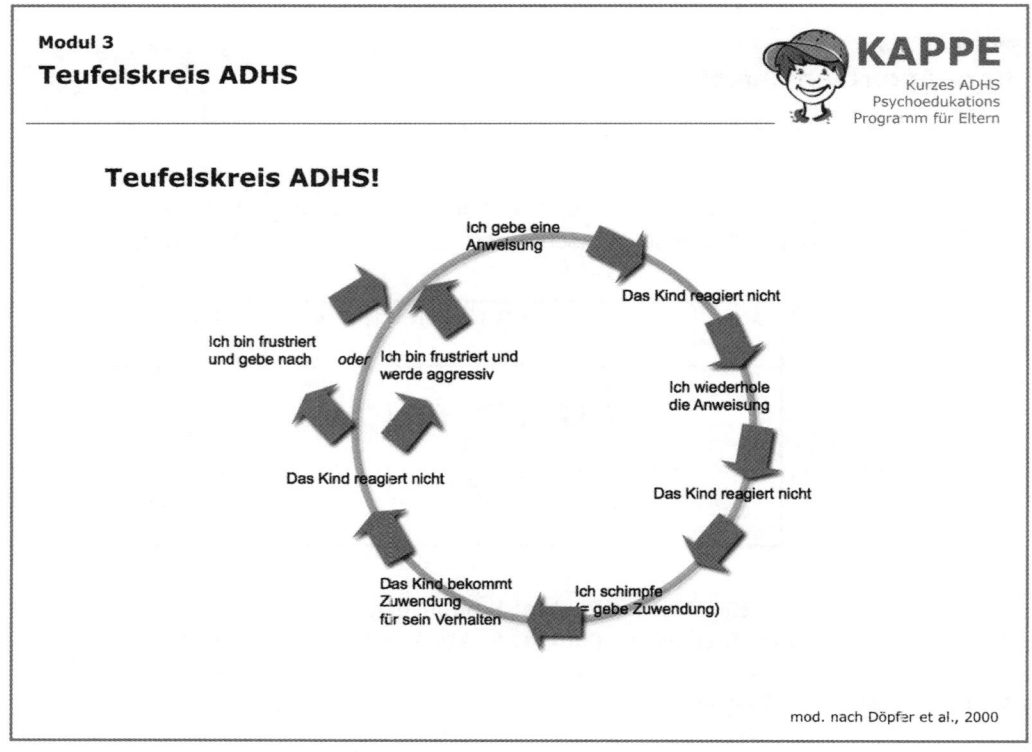

Abb. 32-2 Modul 3 – Teufelskreis ADHS

einer Praxis durchaus als Gruppenleiter in Frage.

Der Gruppenleiter sollte nach Möglichkeit versuchen, empathisch auf die Teilnehmer einzugehen. Oft ist es hilfreich, die Theorie durch Beispiele aus der eigenen Arbeit oder aus der Erfahrungswelt der Teilnehmer zu verdeutlichen. Der Text auf den Folien fasst die wichtigsten Themen schlagwortartig zusammen. Der Gruppenleiter muss die Inhalte der Folien anhand eigener Beispiele aus der Praxis veranschaulichen und im Dialog mit den Teilnehmern vertiefen.

Obwohl das Psychoedukationsprogramm KAPPE auch von medizinischen Laien durchgeführt werden soll, kommt das wichtige Thema der ADHS-Medikation ebenfalls zur Sprache (Modul 3), denn die medikamentöse Behandlung ist eine mögliche Komponente der von allen Leitlinien empfohlenen multimodalen ADHS-Therapie (Banaschewski et al., 2006; DGKJP et al., 2007; NICE, 2008). Der Erfahrungsaustausch über die Wirkung der Medikamente und die Grenzen der medikamentösen Behandlung ist ein wichtiges Vehikel für die Aufklärung der Eltern bzw. Bezugspersonen über die Symptomatik und den Verlauf von ADHS. Daher ist es vorteilhaft, wenn der Gruppenleiter eine klare Vorstellung von der Wirkung und möglichen Nebenwirkungen der häufig eingesetzten

Medikamente hat. Es hat sich bewährt, diese Diskussion allgemein zu halten. Bei Detailfragen zur Medikation sollte der Gruppenleiter die Gruppenteilnehmer unbedingt an den behandelnden Arzt verweisen!

Evaluation von KAPPE

Waren die Teilnehmer mit dem Programm zufrieden? KAPPE wurde von 104 Teilnehmern des Psychoedukationsprogramms mithilfe eines Fragebogens zur Zufriedenheit mit dem Programm evaluiert. Von den Teilnehmern waren 49,0 % mit dem Programm insgesamt „voll und ganz zufrieden", 6,7 % „teils/teils zufrieden" und 1,0 % „überhaupt nicht zufrieden". 42,3 % der Teilnehmer lagen zwischen „voll und ganz zufrieden" und „teils/teils zufrieden".

Wurden die Erwartungen der Teilnehmer erfüllt? Die Erwartungen an das Programm wurden bei 27,9 % der Teilnehmer „voll und ganz" und bei 8,7 % der Teilnehmer „teils/teils" erfüllt. Bei 61,6 % der Teilnehmer lag die Erfüllung der Erwartungen zwischen „voll und ganz" und „teils/teils"; bei 1,9 % lag die Erwartungserfüllung zwischen „teils/teils" und „überhaupt nicht".

Waren die besprochenen Inhalte relevant? Die Inhalte der Module waren für die weit überwiegende Mehrheit der Teilnehmer (92,3 %) für ihren praktischen Alltag relevant, während 6,7 % keine Angaben machten und 1,0 % die Inhalte für ihren praktischen Alltag nicht relevant fanden. Am häufigsten (24,2 %) wurden „Informationen zum Regelplan, zum Punkteplan und zum Tagesablauf" als relevant für den praktischen Alltag bezeichnet, gefolgt von „Verstärkerprinzip" (11,6 %), „Umgang mit der Erkrankung" (11,6 %) und „Umgang mit der Schule" (11,6 %).

Welche Inhalte haben gefehlt? Von den Teilnehmern gaben 83,7 % an, dass ihnen keine relevanten Inhalte gefehlt hätten, 16,3 % vermissten einige Inhalte. Von diesen Teilnehmern wurden am häufigsten (11,8 %) Grundinformationen zu den neurobiologischen Ursachen der ADHS vermisst.

Was hat den Teilnehmern am besten gefallen? Die Aspekte des Programms, die den Teilnehmern am besten gefallen haben, waren die PowerPoint-Präsentation (15,4 %), der Austausch bzw. die Diskussion zwischen den Teilnehmern (15,4 %) sowie das Programm als Ganzes (12,5 %).

Welche Aspekte des Programms wurden nicht evaluiert? Die direkten oder indirekten Auswirkungen des Programms – etwa auf die ADHS-Symptomatik, das Funktionsniveau des Kindes bzw. Jugendlichen oder die Lebensqualität der Familienmitglieder – wurden im Rahmen der Evaluation nicht untersucht.

Literatur

Aust-Claus E, Hammer PM (2014). ADS Eltern als Coach. Aufmerksamkeitsdefizitsyndrom. Ein praktisches Workbook für Eltern. 7. Aufl. Wiesbaden (OptiMind Media).

Aust-Claus E (2010). ADS – Das Elterntraining. Manual für den ADS-ElternCoach. 5. Aufl. Wiesbaden (OptiMind Media).

Banaschewski T, Coghill D, Santosh P et al. (2006). Long-acting medications for the hyperkinetic disorders. A systematic review and European treatment guideline. Eur Child Adolesc Psychiatry 15: 476–495.

Barkley RA (2005). Das große ADHS-Handbuch für Eltern. Verantwortung übernehmen für Kinder mit Aufmerksamkeitsdefizit und Hyperaktivität. 2. Aufl. Bern (Huber).

Bor W, Sanders MR, Markie-Dadds C (2002). The effects of the Triple P-Positive Parenting Program on preschool children with co-occurring disruptive behavior and attentional/hyperactive difficulties. J Abnorm Child Psychol 30: 571–587.

Bormann-Kischkel C, Kohlert M, Peh G et al. (2004). Evaluation of a group for parents of children with attention deficit hyperactivity disorder (ADHD). Psychiatr Prax 31 (Suppl. 1): S132–S133.

Bundesärztekammer (2005). Stellungnahme zur „Aufmerksamkeitsdefizit-/Hyperaktivitätsstörung (ADHS)" – Kurzfassung. Deutsches Ärzteblatt 120 (51/52): A3609-A3616. Online-Publikation, August 2005.

Chronis AM, Chacko A, Fabiano GA et al. (2004). Enhancements to the behavioral parent training paradigm for families of children with ADHD: review and future directions. Clin Child Fam Psychol Rev 7: 1–27.

Costin J, Chambers SM (2007). Parent management training as a treatment for children with oppositional defiant disorder referred to a mental health clinic. Clin Child Psychol Psychiatry 12: 511–524.

Cunningham CE (2006). COPE: Large-group, community-based family-centered parent training. In: Barkley RA. Attention-deficit hyperactivity disorder: a handbook for diagnosis and treatment. 3. Aufl. New York (Guilford Press), S. 480–498.

Cunningham CE (2007). A family-centered approach to planning and measuring the outcome of interventions for children with attention-deficit/hyperactivity disorder. Ambul Pediatr 7 (Suppl. 1): 60–72.

Daly BP, Creed T, Xanthopoulos M et al. (2007). Psychosocial treatments for children with attention deficit/hyperactivity disorder. Neuropsychol Rev 17: 73–89.

Deutsche Gesellschaft für Kinder- und Jugendpsychiatrie und Psychotherapie (DGKJP) u. a. (Hrsg.) (2007). Leitlinien zur Diagnostik und Therapie von psychischen Störungen im Säuglings-, Kindes- und Jugendalter. Hyperkinetische Störungen (F90). 3. Aufl. Köln (Deutscher Ärzte Verlag), S. 239–254. Online-Publikation, November 2006.

Döpfner M, Banaschewski T, Krause J et al. (2010). Versorgung von Kindern, Jugendlichen und Erwachsenen mit Aufmerksamkeitsdefizit-/Hyperaktivitätsstörung (ADHS) in Deutschland. Stellungnahme des zentralen adhs-netzes zum Sondergutachten 2009 des Sachverständigenrates zur Begutachtung der Entwicklung im Gesundheitswesen. Z Kinder Jugendpsychiatr Psychotherapie 38(2): 131–136.

Döpfner M, Schürmann S, Lehmkuhl G (2011). Wackelpeter und Trotzkopf. Hilfen für Eltern bei ADHS-Symptomen, hyperkinetischem und oppositionellem Verhalten. 4. Aufl. Weinheim (Beltz).

Dretzke J, Davenport C, Frew E et al. (2009). The clinical effectiveness of different parenting programmes for children with conduct problems: a systematic review of randomised controlled trials. Child Adolesc Psychiatry Ment Health 3: 7–16.

Gebhardt B, Finne E, von Rahden O et al. (2008). ADHS bei Kindern und Jugendlichen. Befragungsergebnisse und Auswertung von Daten der Gmünder Ersatzkasse GEK. Online-Publikation, September 2008.

Hanisch C, Freund-Braier I, Hautmann C et al. (2010). Detecting effects of the indicated prevention programme for externalizing problem behaviour (PEP) on child symptoms, parenting, and parental quality of life in a randomized controlled trial. Behav Cogn Psychother 38: 95–112.

Härtling F, Wehmeier PM (2011). KAPPE: Kurzes ADHS Psychoedukationsprogramm für Eltern. Stuttgart (Thieme).

Hautmann C, Hanisch C, Mayer I et al. (2008). Effectiveness of the prevention program for externalizing problem behaviour (PEP) in children with symptoms of attention-deficit/hyperactivity disorder and oppositional defiant disorder – generalization to the real world. J Neural Transm 115: 363–370.

Hautmann C, Stein P, Hanisch C et al. (2009a). Does parent management training for children with externalizing problem behavior in routine care result in clinically significant changes? Psychother Res 19 (2): 224–233.

Hautmann C, Hoijtink H, Eichelberger I et al. (2009b). One-year follow-up of a parent management training for children with externalizing behaviour problems in the real world. Behav Cogn Psychother 37: 379–396.

Lauth GW, Heubeck B (2006). Kompetenztraining für Eltern sozial auffälliger Kinder (KES). Ein Präventionsprogramm. Göttingen (Hogrefe).

Lundahl B, Risser HJ, Lovejoy MC (2006). A meta-analysis of parent training: moderators and follow-up effects. Clin Psychol Rev 26: 86–104.

Montoya A, Colom F, Ferrin M (2011). Is psychoeducation for parents and teachers of children and adolescents with ADHD efficacious? A systematic literature review. Eur Psychiatry 26(3): 166–175.

National Institute for Health and Clinical Excellence (NICE) (2008). Attention deficit hyperactivity disorder. Diagnosis and management of ADHD in children, young people and adults. Online-Publikation, September.

Plück J, Wieczorrek E, Wolff Metternich T et al. (2006). Präventionsprogramm für Expansives Problemverhalten (PEP). Ein Manual für Eltern und Erziehergruppen. Göttingen (Hogrefe).

Remschmidt H, and the Global ADHD Working Group (2005). Global consensus on ADHD/HKD. European Child Adoles Psy 14: 127–137.

33 Psychoedukation bei somatoformen Störungen

Maria Kleinstäuber, Wolfgang Hiller

33.1 Begründung der Psychoedukation bei somatoformen Störungen

Die gegenwärtige Konzeptualisierung somatoformer Beschwerden nach den Klassifikationssystemen DSM-IV und ICD-10 (World Health Organization, 1996) nennt als zentrales Kriterium Körpersymptome, die nicht bzw. nicht ausreichend durch einen organischen Befund erklärt werden können (Medically Unexplained Symptoms = MUS). Es werden hauptsächlich die Somatisierungsstörung, die undifferenzierte Somatisierungsstörung, die anhaltende somatoforme Schmerzstörung und die somatoforme autonome Funktionsstörung unterschieden. Bei der hypochondrischen Störung steht hingegen die anhaltende Angst, an einer schweren körperlichen Erkrankung zu leiden, im Vordergrund. Unter Ausschluss der Schmerzstörung (s. Kap. 35) legt das folgende Kapitel den Schwerpunkt auf Psychoedukation bei der (undifferenzierten) Somatisierungsstörung sowie der Hypochondrie.

Während subklinische MUS in der Allgemeinbevölkerung ein alltägliches Phänomen darstellen (Hiller et al., 2006), kommt die schwerste Form multipler MUS, die Somatisierungsstörung, mit einer Lebenszeitprävalenz unter 1 % eher selten vor (Robins u. Regier, 1991). Für die undifferenzierte Somatisierungsstörung ist die Lebenszeitprävalenz mit 6 % bis 12 % jedoch deutlich höher (Jacobi et al., 2004; Robins u. Regier, 1991). Ähnliches zeigt sich bei der Hypochondrie, die im Vollbild nur selten diagnostiziert wird (Lebenszeitprävalenz < 1 %). Subdiagnostische Krankheitsängste stellen jedoch mit einer Punktprävalenz von 7 % bis 13 % ein deutlich häufigeres Problem dar (Bleichhardt u. Hiller, 2007; Gureje et al., 1997). Das Risiko eines chronischen Verlaufs (Arnold et al., 2006; Leiknes et al., 2007) sowie der Entwicklung komorbider psychischer Erkrankungen ist bei somatoformen Störungen erhöht (Jacobi et al., 2004; Kroenke et al., 1994). Es ist daher nicht verwunderlich, dass sie mit einem enormen Leidensdruck sowie starken psychososozialen Beeinträchtigungen einhergehen (Barsky et al., 2005; de Waal et al., 2004). Eine besondere Problematik stellt das häufig somatisch geprägte subjektive Störungsmodell der Patienten dar (Rief et al., 2004), das sie einen negativen ärztlichen Befund meist nur schwer akzeptieren lässt. Diese Problematik kann die Arzt- bzw. Therapeut-Patient-Beziehung belasten (Hahn et al., 1996). Betroffene fühlen sich nicht selten als „psychisch krank" oder „Simulanten" stigmatisiert. Die Entwicklung einer therapeutischen Beziehung und einer ausreichenden Therapiemotivation stellen in diesem Fall eine ganz besondere Herausforderung dar, für die eine fundierte und ausführliche Psychoedukation unerlässlich ist.

33.1.1 Psychoedukation bei somatoformen Störungen: aktueller Stand

Nach aktuellem Stand liegen Anleitungen zur Psychoedukation bei somatoformen Störungen entweder als Elemente kognitiv-verhaltenstherapeutischer Behandlungsmanuale oder in Form von Selbsthilfeliteratur für Patienten vor. Die folgende Übersicht fasst die psychodeduktive Literatur zu somatoformen Störungen zusammen (s. Tab. 33-1).

Bislang liegen für die (undifferenzierte) Somatisierungsstörung keine Studien vor, in denen die Wirksamkeit von reiner Psychoedukation isoliert untersucht wurde; dies erfolgte allenfalls im Kontext eines komplexeren Therapieprogramms. Schlussfolgerungen über die Effektivität von Psychoedukation können jedoch aus Forschungsprojekten zum sogenannten Reattributionstraining (Goldberg et al., 1989) gezogen werden. Sie werden zur Verbesserung der hausärztlichen Versorgung eingesetzt, wobei der Arzt den Patienten dabei unterstützen soll, für die individuellen Beschwerden neben organischen auch andere Einflussbedingungen in Betracht zu ziehen. Bisherige Evaluationsstudien weisen auf eine eher geringe Wirksamkeit der Reattributionstrainings hin (z. B. Kleinstäuber et al., 2011; Morriss et al., 2007; Rief et al., 2006; Rosendal et al., 2007). Des Weiteren können auch Schlussfolgerungen aus Studien zu Biofeedback-Interventionen, die zumeist stark psychoedukativ geprägt sind, gezogen werden. Therapieerfolge konnten hinsichtlich der Veränderung biomedizinischer hin zu eher biopsychologischen Kausalattributionen sowie bzgl. der körperlichen und komorbiden depressiven Symptomatik gezeigt werden (Katsamanis et al., 2011; Nanke u. Rief, 2003). In einer Studie (Schweickhardt et al., 2007) erhielten die Teilnehmer der Kontrollgruppe psychoedukatives Lesematerial ohne weiteren therapeutischen Kontakt. Interessanterweise konnte für diese minimale Intervention bereits ein kleiner signifikant positiver Effekt auf verschiedene Ergebnismaße gefunden werden. In einer Studie von

Tab. 33-1 Literaturüberblick zur Psychoedukation bei somatoformen Störungen

	Literatur
Therapiemanuale	Bleichhardt u. Martin (2010)[b] Bleichhardt u. Weck (2011)[b] Kleinstäuber, Thomas, Witthöft und Hiller (2011)[a] Rief u. Hiller (2011)[a]
Selbsthilfe-Ratgeber	Girstenbrey (2008)[a] Heintz u. Groebner (2010)[c] Kaufs (2006)[b] Lieb u. Pein (2009)[a] Morschitzky u. Hartl (2012)[b] Morschitzky u. Sator (2010)[a] Rauh u. Rief (2006)[a]

Anmerkungen: Indikation: [a] (undifferenzierte) Somatisierungsstörung, [b] hypochondrische Störung, [c] (undifferenzierte) Somatisierungsstörung und Krankheitsängste.

Martin et al. (2007) ergaben sich hinsichtlich einer einmaligen psychotherapeutischen Gruppensitzung von 3–4 Stunden mit überwiegend psychoedukativen Elementen positive Effekte hinsichtlich der Beschwerdenintensität sowie des Inanspruchnahmeverhaltens.

Bei Hypochondrie wurde die Wirksamkeit rein psychoedukativer Programme untersucht, welche vor allem kognitiv-verhaltenstherapeutisch geprägt sind, z. B. die „Explanatory Therapy" nach Kellner (1979), das Gruppenprogramm „Coping with Health Anxiety" der niederländischen Arbeitsgruppe um Bouman (2002) oder die kognitiv-edukative Behandlung nach Barsky et al. (1988). Die „Explanatory Therapy" nach Kellner (1979) legt den Schwerpunkt auf die Vermittlung alternativer Erklärungen für Körperbeschwerden. In einer unkontrollierten Prä-Post-Studie (Kellner, 1982) konnten nach Behandlung 64 % als remittiert bzw. teilremittiert identifiziert werden. Für das Gruppenprogramm von Bouman (2002) ergaben sich in einer Studie signifikante Prä-Post-Effekte hinsichtlich der hypochondrischen Symptomatik sowie weiterer Ergebnismaße (Buwalda u. Bouman, 2009): die bis zu sechs Monaten stabil blieben. In einer anderen randomisiert-kontrollierten Studie (Buwalda et al., 2006) konnten die Patienten des psychoedukativen Programms im Vergleich zu einer Problemlösegruppe vor allem hinsichtlich der Ängstlichkeit und der Alltagsproblembewältigung einen besseren Behandlungserfolg aufweisen. Eine Reduktion der hypochondrischen Symptome und der Depressivität sowie langfristige weitere Verbesserungen konnten vergleichbar in beiden Gruppen gezeigt werden. Die bisher größte Therapiestudie im Bereich Hypochondrie wurde für das Behandlungskonzept von Barsky et al. (1988) durchgeführt (Barsky u. Ahern, 2004). Es erwies sich hinsichtlich verschiedener Ergebnismaße im Vergleich zur Kontrollbedingung als langfristig wirksam. Interessanterweise zeigte sich in der Evaluation des kognitiv-verhaltenstherapeutischen Behandlungskonzepts für Hypochondrie von Bleichhardt und Weck (2011), dass zum Therapieende die psychoedukativ geprägte Technik „Alternative Erklärungen für die Körpersymptome finden" von den Patienten als am hilfreichsten bewertet wurde. Zusammenfassend lässt sich schlussfolgern, dass psychoedukative Ansätze bei Hypochondrie möglicherweise wirksam sind. Weitere Replikationsstudien, v. a. aus unabhängigen Arbeitsgruppen, sind jedoch wünschenswert.

Bezüglich der Versorgungslage in Deutschland ist zu berücksichtigen, dass Psychoedukation somatoformer Patienten überwiegend im Rahmen ambulanter Psychotherapien sowie stationärer psychosomatischer Behandlungen erfolgt. In deutschen Krankenhäusern für Psychosomatik und Psychotherapie stellen somatoforme Störungen mit 18,3 % die dritthäufigste Diagnose (Statistisches Bundesamt, 2009) und in der ambulanten Versorgung mit 6,6 % die vierthäufigste Diagnose dar (Schulz et al., 2011). Problematisch ist dabei, dass die Betroffenen i. d. R. erst sehr spät eine psychotherapeutische Behandlung erhalten und die Symptomatik bei Beginn einer Therapie deshalb zumeist schon über mehrere Jahre chronifiziert ist (Kleinstäuber et al., 2011).

33.2 Muster-Manual/e: Theoretische Aspekte

Obwohl bei somatoformen Störungen ein großer Anteil der existierenden psychoedukativen Literatur auf Patientenratgebern basiert, beziehen sich die folgenden Erläuterungen ausschließlich auf die vier in Tabelle 33-1 aufgelisteten kognitiv-verhaltenstherapeutischen Behandlungsmanuale. Die Inhalte der Selbsthilfe-Ratgeber decken sich weitgehend mit denen der Therapiemanuale; letztere bieten jedoch zusätzlich eine praxisnahe Aufbereitung für die direkte Umsetzung in der Therapie – insbesondere durch konkrete Instruktionen sowie Arbeitsmaterialien. Aufgrund inhaltlicher Überschneidungen werden im Folgenden Aspekte zur praktischen Durchführung sowie die Informationsinhalte für alle vier Konzepte zusammenfassend dargestellt. Auf Besonderheiten, die bei hypochondrischen Patienten zu berücksichtigen sind, wird gesondert hingewiesen.

33.2.1 Praktische Durchführung, didaktische Aspekte und Setting

Die in den vier Therapiemanualen vorgestellten Behandlungskonzepte lassen sich im ambulanten wie auch stationären Therapiesetting umsetzen. Die Manuale von Rief und Hiller (2011) sowie Bleichhardt und Martin (2010) sind nicht auf ein festes Therapieformat zugeschnitten. Bleichhardt und Weck (2011) sowie Kleinstäuber et al. (2012) beschreiben hingegen ein kognitiv-verhaltenstherapeutisches Einzeltherapiekonzept. Erstere Autoren legen zudem noch ein kombiniertes Einzel- und Gruppentherapieprogramm vor. Unabhängig vom Therapieformat bietet es sich an, Medien einzubeziehen und abwechslungsreiches Bildmaterial (z. B. zur Funktionsweise von Sympathikus und Parasympathikus) aus Internet, Fachbüchern oder Patientenratgebern einzusetzen, um die Informationsvermittlung nicht allzu konfrontativ zu gestalten. In Gruppentherapien empfiehlt es sich auch, dem Patienten zum Erstgespräch ein Informationsschreiben über Aufbau, Inhalte und Ziele der Gruppenpsychoedukation auszuhändigen. Je nach Durchführungsmodus und individuellen Schwerpunkten des Patienten können für die Psychoedukation bei somatoformen Störungen ca. 6–7 Sitzungen eingeplant werden, wobei sich eine Sitzungsfrequenz von 1 Termin pro Woche bewährt hat. Aufgrund spezifischer Merkmale der Patientengruppe mit somatoformen Störungen (z. B. häufig biomedizinisch geprägtes Störungsmodell, jahrelange Frustrationserlebnisse und Stigmatisierungserleben) erfordert die Gesprächsführung im Rahmen der Psychoedukation großes Geschick und viel Erfahrung. Eine fundierte psychotherapeutische Ausbildung sowie ein gewisses medizinisches Grundwissen sind daher eine unabdingbare Voraussetzung.

Ziele Bei somatoformen Störungen stellt die Psychoedukation einen sehr wichtigen Einstieg in die Therapie dar. Sie ermöglicht es, zunächst auf einer „sachlich-neutralen" Ebene die Symptome der Betroffenen zu reflektieren und darauf basierend auch mit Patienten, die eher ein stark biomedizinisch geprägtes Erklärungsmodell aufweisen und ablehnend gegenüber Psychotherapie eingestellt sind, eine therapeutische Beziehung aufzubauen. Wichtig zu berücksichtigen ist, dass das Hauptziel nicht darin besteht, das subjektive Störungsmodell des Patienten zu „ersetzen", sondern es zu „erweitern". Neben den häufig rein somatisch geprägten Vorstellungen des Patienten über seine Beschwerden sollen ihm zusätzlich psychosoziale Bedingungsfaktoren vermittelt werden. Dies bildet wiederum das Fundament für sämtliche weiteren therapeutischen Interventionen (z. B. kognitive Techniken, Ablenkungstechniken oder Entspannungsverfahren). Da es wichtig ist, der Fixierung des Patienten auf biomedizinische Krankheitsfaktoren und der damit häufig einhergehenden passiven Haltung möglichst schnell entgegenzuwirken, sollte die Psychoedukation frühzeitig im Therapieverlauf durchgeführt werden.

Informationsinhalte: Curriculum zur Psychoedukation bei somatoformen Störungen In der folgenden Tab. 33-2 werden wesentliche Informationsinhalte einer Psychoedukation bei somatoformen Störungen zusammengefasst. Die Reihenfolge der Module muss nicht streng eingehalten werden. Je nach den individuellen Problemen des Patienten können Schwerpunkte gesetzt und das Konzept angepasst werden.

Tab. 33-2 Informationsinhalte des psychoedukativen Curriculums für somatoforme Störungen

Modul	Informationsinhalte	Ableitung folgender Therapietechniken
1	Alternative Erklärungen für Missempfindungen I: Stress, emotionale Belastungen[a] und körperliche Symptome • Bedeutung und Funktionsweise der Stressreaktion (z. B. Kampf-Flucht-Theorie nach Cannon, 1915) • Funktionsweise und Aktivierung des vegetativen Nervensystems • Individuelle Stresssymptome und Stressoren • Körperliche Begleiterscheinungen von Angst[a] und anderen intensiven negativen Emotionen • Entspannungsreaktion und die Rolle des Parasympathikus • Stress und die Rolle von Bewertungsprozessen (z. B. Stresstheorie nach Lazarus u. Launier, 1978)	Entspannungstraining, Stressbewältigungstechniken
2	Alternative Erklärungen für Missempfindungen II: Wahrnehmungsprozesse und Aufmerksamkeitslenkung • „Körperreise" • Merkmale unserer Aufmerksamkeit und die „Scheinwerfer"-Metapher • Rolle der Aufmerksamkeitslenkung bei der Wahrnehmung körperlicher Beschwerden (Verhaltensexperiment zur Aufmerksamkeitslenkung, Beispiel „Fakir" und „Eiswassertest")	Aufmerksamkeitslenkungstechniken, Positive Aktivitäten zur Ablenkung, Genusstraining und bewusste Sinneswahrnehmungen
3	Alternative Erklärungen für Missempfindungen III: Wahrnehmungsprozesse und körpersymptombezogene Kognitionen • „Zitronenübung" • ABC-Modell Interaktion von Gedanken, Gefühlen, Körperreaktionen und Verhalten	Kognitive Umstrukturierung

Tab. 33-2 *Fortsetzung*

Modul	Informationsinhalte	Ableitung folgender Therapietechniken
4	Alternative Erklärungen für Missempfindungen IV: Wahrnehmungsprozesse, dysfunktionales Verhalten und andere Erklärungsmöglichkeiten • Vermeidungs- und Schonungsverhalten • Rückversicherungsverhalten • Körperkontrollierendes Verhalten • Weitere Auslöser körperlicher Symptome	Aufbautraining, Abbau von Vermeidungs-, Rückversicherungs- und körperkontrollierendem Verhalten, Aufbau einer alternativer Bewertungen körperlicher Empfindungen
5	Informationsvermittlung zu symptomspezifischen Sachverhalten • Z. B. Schmerzsymptome, kardiovaskuläre Beschwerden	Aufbau alternativer Bewertungen körperlicher Empfindungen
6	• EXKURS: Biofeedback • Demonstration psychophysiologischer Zusammenhänge • Wirkung von Stressoren und Angst[a] auf körperliche Prozesse	Abbau externaler Einflüsse (z. B. Stressoren) auf Körperwahrnehmungen, Normalisierung physiologischer Vorgänge
7	Zusammenfassendes Störungsmodell	Zusammenfassung der hilfreichsten Therapiestrategien

Anm.: [a] Thematischer Fokus bei Vorliegen einer Hypochondrie bzw. starker Krankheitsängste.

33.2.2 Ablauf der Sitzungen

Es ist empfehlenswert, den psychoedukativen Sitzungen in Orientierung an den Therapiemanualen von Bleichhardt und Weck (2011) sowie Kleinstäuber et al. (2012) eine feste Ablaufstruktur zu geben. Zu Beginn sollte eine festgelegte Zeit (ca. 10–15 Min.) für die Nachbesprechung von Hausaufgaben vorgesehen werden. Der darauffolgende Hauptteil hat dann die Vermittlung der jeweiligen Sachinhalte, nach Möglichkeit in Verknüpfung mit einer praktischen Demonstrationsübung, zum Inhalt. Die letzten 5 Minuten der Sitzung sollten für offene Fragen des Patienten genutzt werden sowie für die Planung einer Hausaufgabe, mit der der Patient die in der Sitzung erlernten Inhalte vertiefen bzw. erproben kann.

Therapeutische Strategien, Beziehungsgestaltung und Umgang mit emotionalen Themen Im Vergleich zur Psychoedukation bei anderen psychischen Störungen ist bei somatoformen Patienten als Besonderheit das primär somatische Erscheinungsbild der Symptome zu berücksichtigen. Als Therapeut muss man sich darauf einstellen, nicht der erste Ansprechpartner des Patienten zu sein, sondern an eine lange Vorgeschichte diverser Arztkonsultationen anzuknüpfen. Deshalb spielen die Exploration *individueller Erklärungsmodelle* des Betroffenen und sein Anliegen an die Therapie eine besonders wichtige Rolle dabei, den Patienten „dort abzuholen, wo er steht". Eine interessierte, offene, respektvolle und „naive" Haltung sowie Fragen zum Überweisungskontext bzw. zu Erfahrungen mit verschiedenen Vorbehandlungen (z. B.: „Hat Ihnen Ihr Hausarzt mitgeteilt, warum er Sie zu uns überwiesen hat? Haben Sie Vermutungen? Welche Ursache[n] vermuten Sie denn für Ihre Beschwerden? Was waren die Gründe, warum Sie Arzt X aufgesucht haben?") können zum Einstieg hilfreich sein, um dieses für den Betroffenen meist sehr emotional besetzte Thema aufzugreifen. Zudem ist es wichtig, dem Patienten jederzeit Autonomie hinsichtlich seiner Entscheidung für oder gegen dieses Behandlungsangebot einzuräumen. Zugleich sollte ihm verdeutlicht werden, dass er nichts zu verlieren hat, wenn er „mehrgleisig" mit seinen Beschwerden umzugehen versucht. Neben den bis zu diesem Zeitpunkt meist eher heilungsorientierten Behandlungsversuchen stellt dabei die Psychotherapie einen „ganz anderen", eher bewältigungsorientierten Ansatz dar. Vor dem Hintergrund, dass der Arzt i. d. R. der erste Ansprechpartner für den Patienten ist, erscheint eine enge Kooperation mit ihm im weiteren Verlauf nahezu unerlässlich. Wenn Aussagen des Arztes und des Therapeuten einander widersprechen, kann das auf den Patienten extrem verunsichernd wirken. Empfehlenswert ist, den Patienten möglichst an einen „Hauptarzt" anzubinden, um die Kontinuität in der interdisziplinären Behandlung zu unterstützen.

Dem Therapeuten sollte bewusst sein, dass er beim Einstieg in die Psychoedukation Gefahr läuft, sich in eine Ursachendiskussion mit dem Patienten zu verstricken bzw. in die „Etikettierungsfalle" zu tappen. Fachbegriffe wie „somatoform" oder „psychogen" sollten zunächst eher vermieden werden. Stattdessen sind Begriffe wie „Körperbeschwerden" oder „körperliche Symptome" i. A. unverfänglicher.

Hingegen stellt im Fall einer diagnostizierten Hypochondrie bzw. bei starken Krankheitsängsten die *Erklärung der Diagnose* einen wichtigen einleitenden Schritt in die Psychoedukation dar. Aufgrund der häufig diskriminierenden Verwendung des Begriffs „Hypochondrie" in der Öffentlichkeit sollten bestimmte Klischeevorstellungen („eingebildete Kranke", „Wunsch, tatsächlich krank zu sein", etc.) möglichst frühzeitig aufgegriffen und in Frage gestellt werden. Um Stigmatisierungsrisiken zu umgehen, empfiehlt es sich, im Umgang mit dem Patienten den Begriff „Krankheitsangst" zu verwenden. Hierbei können verschiedene Schweregrade der Krankheitsangst (z. B. fehlendes Krankheitsbewusstsein, angemessenes Krankheitsbewusstsein, extrem hohe Krankheitsangst) vermittelt werden, wobei dem Betroffenen bewusst gemacht werden soll, dass weder extreme noch zu geringe Krankheitsängste von Vorteil sind und der richtige Weg in der „goldenen Mitte" liegt.

Als therapeutische Technik spielt das *geleitete Entdecken* eine besonders wichtige Rolle. Wenn sich biomedizinisch-kausale Symptomattributionen beim Patienten bereits stark verfestigt haben, kann man Einsicht in alternative psychosoziale Perspektiven v. a. durch neue Erfahrungen bzw. „Aha-Erlebnisse" bewirken. Praktische Demonstrationsübungen sowie Verhaltensexperimente, aus denen der Betroffene mit Unterstützung des Therapeuten wichtige Erkenntnisse über psychophysiologische Zusammenhänge ableiten kann, sind hierbei von enormer Bedeutung. Zudem kann der Einsatz von Selbstbeobachtungsbögen unterstützend sein, aus denen sich Zusammenhänge zwischen verschiedenen Einflussfaktoren und den Körperbeschwerden bzw. den Krankheitsängsten herleiten lassen.

Häufige Probleme bei der Psychoedukation somatoformer Patienten hängen damit zusammen, dass Symptome sowie entsprechende Befürchtungen u. U. häufig wechseln. In diesem Fall können Gemeinsamkeiten und Unterschiede herausgearbeitet werden. Zu einem Hindernis kann sich bei stark hypochondrischen Patienten die falsche Befürchtung entwickeln, dass ein psychologisches Vorgehen medizinische Maßnahmen ausschließt und eine reale medizinische Erkrankung aufgrund dessen womöglich zu spät erkannt wird. Der Patient sollte sich damit auseinanderzusetzen, dass es auch nach gründlicher medizinischer Untersuchung keine 100 %ige Sicherheit gibt. Im Rahmen der Vermittlung von alternativen Erklärungsmöglichkeiten für körperliche Missempfindungen kann der Therapeut zudem Gefahr laufen, Rückversicherung zu geben („Alle Befunde zeigen, dass Sie körperlich gesund sind"), was eigentlich möglichst vermieden werden sollte. Der Therapeut ist hierbei angehalten, zwischen einer echten Wissenslücke des Patienten und der Suche nach Rückversicherung zu differenzieren. Im Fall von Rückversicherungsverhalten sollte dieses transparent thematisiert und hinterfragt werden. Schließlich kann sich das Problem ergeben, dass Patienten in der Vorgeschichte wirklich an einer ernsten Erkrankung gelitten haben. Die Elemente der in diesem Kapitel vorgestellten Psychoedukation können in modifizierter Form trotzdem zum Einsatz gebracht werden. Dabei sollte die tatsächliche Bedrohung durch diese Erkrankung und ihre Folgen thematisiert werden. Zudem sollten neben der negativen Hauptemotion Angst bei somatoformen Störungen weitere Gefühle wie z. B. Wut oder Trauer im Zusammenhang mit dem Einfluss emotionaler Belastungen auf körperliche Prozesse angesprochen werden. In das Störungsmodell können das erste Auftreten der Erkrankung sowie damit einhergehende kognitive, emotionale und behaviorale Reaktionen als wichtige Bedingungsfaktoren eingearbeitet werden.

Dokumentation und Evaluation Geeignet für jedes der psychoedukativen Module erscheint der Einsatz von *Selbstbeobachtungsbögen* bzw. *Symptom-Tagebüchern*, vor allem um das geleitete Entdecken von Zusammenhängen zwischen verschiedenen Einflussfaktoren und dem körperlichen Wohlbefinden zu fördern. Vorlagen finden sich bei Bleichhardt und Weck (2011) sowie Kleinstäuber et al. (2012). Alternativ können auch selbstgestaltete visuelle Analogskalen, z. B. zur Stärke der Beschwerden oder der durch sie bedingten Beeinträchtigung, zur Stimmung, zur Stärke der Angst vor körperlichen Beschwerden oder zu den Bewältigungsversuchen, zum Einsatz kommen. Es ist empfehlenswert, die Selbstbeobachtung anfangs auf ein kleines Zeitfenster zu beschränken (z. B. eine positive oder negative Situation am Tag). Aus Gründen potenziell dysfunktionaler Aufmerksamkeitslenkung sollte das Protokoll zudem nur für den begrenzten Zeitraum von einer Woche ausgefüllt werden. Für die begleitende Evaluation einer Psychoedukation bei somatoformen Störungen bieten sich *Beschwerdelisten* (z. B. Somatisierungsskala des Patient Health Questionnaire-15, Kroenke et al., 2002; Screening für Somatoforme Störungen, Rief u. Hiller, 2008), *hypochondriespezifische Skalen* (z. B. Whiteley-Index oder Illness Attitude Scales, Hiller u. Rief, 2004; Multidimensional Inventory of Hypochondriacal Traits, Witthöft et al., 2010) sowie *Fragebögen zu assoziierten Merkmalen* (z. B. Pain Disability Index, Dillmann et al., 1994; Fragebogen zu Körper und Gesundheit, Hiller et al., 1997; Skala zur Erfassung von Krankheitsverhalten, Rief et al., 2003) an.

33.3 Muster-Manual/e: Praktische Darstellung und Fallbeispiele

33.3.1 Stress, emotionale Belastungen und körperliche Symptome

Infolge der Aufklärung über die Rolle von Stress und stressbezogenen physiologischen Prozessen kann zur Identifikation individueller Stressoren und Stressreaktionen ein Tagebuch als Hausaufgabe zum Einsatz kommen. Bleichhardt und Martin (2010) empfehlen, bei krankheitsängstlichen Patienten besonders zu betonen, dass Körperreaktionen krankheitsbezogene Befürchtungen auslösen können und dass diese Krankheitsängste wiederum als Stressreaktionen wirken und körperliche Missempfindungen verstärken können.

Im zweiten Teil sollte der Schwerpunkt auf der Rolle von kognitiven Bewertungsprozessen bei der Entstehung von Stress liegen. Das transaktionale Stressmodell nach Lazarus und Launier (1978) kann hier zur Grundlage dienen. Bei diesem Modell stehen zwei Bewertungen im Vordergrund. Die *primäre Bewertung* bezieht sich auf die Bedeutung der Situation für die Person. Hier stehen die drei Bewertungsoptionen „positiv", „irrelevant" oder „potenziell gefährlich" zur Auswahl, wobei die letztere Kategorie nochmals in die Bewertung als „Herausforderung", „Bedrohung" oder „Schädigung/Verlust" untergliedert werden kann. Im Rahmen der *sekundären Bewertung* schätzt die Person ihre Bewältigungsfertigkeiten für die Situation ein. Sieht sie sich als kompetent für den Umgang mit der Situation, kann sie positiven Stress (Eustress) erleben. Hingegen kann sich negativer Stress (Distress) entwickeln, wenn sich die Person als überfordert wahrnimmt. Der Patient sollte dabei unterstützt werden, bei sich selbst stressverstärkende Einstellungen zu identifizieren (z. B. „Sei perfekt!", „Sei beliebt!", „Sei stark!", „Sei auf der Hut!", „Ich kann nicht!").

Bei vorhandener technischer Ausstattung bieten sich Biofeedback-Sitzungen als sehr wertvolle Ergänzung der Stress-Psychoedukation an. Für eine Vertiefung dieses Ansatzes sei auf Rief und Birbaumer (2006) verwiesen.

Wahrnehmungsprozesse und Aufmerksamkeitslenkung Das Thema „Aufmerksamkeit" kann gut mit einer praktischen Demonstrationsübung eingeleitet werden. Bleichhardt und Weck (2011) beschreiben diesbezüglich eine „Körperreise" – eine Entspannungsübung, bei der die Aufmerksamkeit zunächst auf Wahrnehmungen in der Nase, im Gesäß, in den Füßen, am Kehlkopf und abschließend wieder in der Nase gelenkt wird. Mithilfe von geleitetem Entdecken soll der Patient erkennen, dass es durch bestimmte Aufmerksamkeitsausrichtungen zur Wahrnehmung bzw. auch Verstärkung dazugehöriger Körpersensationen kommen kann, die ansonsten unbewusst ablaufen. Mit dieser Übung können wichtige Funktionsweisen unserer Aufmerksamkeit hergeleitet werden, z. B. dass diese wie ein „Scheinwerfer" funktioniert, in dessen „Lichtkegel" man selbst kleinste Veränderungen wahrnehmen kann, während Dinge, die außerhalb des Aufmerksamkeitskegels liegen, zumeist nicht bewusst wahrgenommen werden. Ergänzend können Alltagsbeispiele zur Demonstration der Aufmerksamkeitslenkung herangezogen werden, z. B. indem der Betroffene befragt wird, welche Dinge ihm besonders wichtig sind und ob er diese häufiger bzw. intensiver wahrnimmt als andere Menschen in seiner Umgebung. Die folgende Patient-Therapeut-Interaktion (zit. nach Bleichhardt u. Martin, 2010, S 31 f.) zeigt, wie die Erkenntnisse zur Wirkung der

33 Psychoedukation bei somatoformen Störungen

Aufmerksamkeitsausrichtung auf die körperlichen Beschwerden und Krankheitsängste übertragen werden können.

> **Fallbeispiel**
>
> **Patient-Therapeut-Interaktion zur Rolle der Aufmerksamkeit bei Körperbeschwerden**
>
> *Therapeut:* Lassen Sie uns das, was wir bis jetzt besprochen haben, einmal schriftlich in einem Modell festhalten: Was denken Sie, wenn Sie starke Magenschmerzen und Übelkeit haben?
> *Patient:* Dass es Magenkrebs sein könnte.
> *Therapeut:* Wenn Sie sich an die letzte Stunde und die Übungen erinnern – was passiert, wenn man denkt, dass man in einem Bereich seines Körpers eine schlimme Krankheit haben könnte?
> *Patient:* Dann beobachtet man diesen Bereich besonders.
> *Therapeut:* Genau! Ob man will oder nicht, durch die Bewertung als schlimme Krankheit wird der Bereich – in Ihrem Fall der Magen – sozusagen zur „Gefahrenzone" erklärt. Was passiert aber, wenn Sie Ihren Magen verstärkt beobachten?
> *Patient:* Ich spüre immer mehr Schmerzen. Manchmal meine ich dann sogar, ich könnte wirklich einen Tumor im Magen spüren.
> *Therapeut:* Das heißt, durch die Aufmerksamkeitszuwendung verstärken sich Ihre Beschwerden. Und so entsteht ein Teufelskreis, weshalb die Ängste immer schlimmer werden. Aus Ihrer persönlichen Geschichte heraus ergibt sich aber noch eine wichtige Erklärung für Krankheitsangst. Sie haben mir erzählt, dass in der Zeit, als Sie das erste Mal Magenschmerzen hatten …
> *Patient:* … meine Nachbarin an Krebs gestorben ist. Das war schrecklich.
> *Therapeut:* Wenn man solche Erlebnisse miterlebt, kann das ganz natürlich zur Folge haben, dass man dazu neigt, den Körper mehr zu beobachten, und auch eher annimmt, dass einem das Gleiche passieren könnte wie der Nachbarin.

Im nächsten Schritt soll vermittelt werden, dass bei vielen Patienten mit somatoformen Störungen dieser Aufmerksamkeitsscheinwerfer „eingerostet" ist. Vor dem Hintergrund, dass unsere Aufmerksamkeit bevorzugt auf Aspekte von hoher subjektiver Bedeutung gelenkt wird, richtet der „Scheinwerfer" sich auf die körperlichen Missempfindungen, die als Anzeichen einer Krankheit bewertet werden und deshalb eine besondere Wichtigkeit erlangen. Als logische Konsequenz kann nun abgeleitet werden, dass das Ziel darin besteht, die Aufmerksamkeit wieder zu flexibilisieren und von den Körperbeschwerden auf andere Dinge bzw. Sinneseindrücke umzulenken.

Zur Demonstration kann hier ein Verhaltensexperiment gewählt werden (vgl. Bleichhardt u. Weck, 2011). Im 1. Durchgang hält der Patient 60 Sek. lang seinen rechten Arm mit geschlossenen Augen ausgestreckt und wird instruiert, sich bewusst auf die Wahrnehmungen im Arm zu konzentrieren. Im 2. Teil (ebenfalls 60 Sek.) streckt der Patient den linken Arm aus, soll sich jedoch auf ein positives Vorstellungsbild konzentrieren. Die Dauer beider Übungsabschnitte wird dem Patienten nicht verraten. I.d.R. erkennt der Patient, dass die Aufmerksamkeit auf die positive Vorstellung zu einer geringeren Schmerzwahrnehmung führt. Ergänzend können Beispiele herangezogen werden, in denen Aufmerksamkeitslenkung ebenfalls eine wichtige Rolle spielt: Etwa bei einem Fakir, der sich sehr starken Schmerzreizen aussetzt, ohne Schmerz zu empfinden, oder beim „Eiswassertest", bei dem man einen Kälteschmerz am längsten aushalten kann, wenn man abgelenkt ist. Als Hausaufgabe eignet sich bei diesem Modul, den Patienten für ihn geeignete Ablenkungsstrategien oder -aktivitäten sammeln und erproben zu lassen.

Wahrnehmungsprozesse und körpersymptombezogene Kognitionen Inwieweit Vorstellungsbilder bzw. Gedanken Einfluss auf die Wahrnehmung körperlicher Prozesse haben können, sollte ebenfalls anhand einer praktischen Demonstrationsübung vermittelt werden. Hierbei bietet sich die sogenannte „Zitronen-Übung" an: „Der Patient wird instruiert, sich vorzustellen, wie er langsam eine Zitronenscheibe dem Mund zuführt und dann in das saftige Fruchtfleisch der Zitrone beißt, sodass sich der Zitronensaft im Mund ergießt" (Rief u. Hiller, 2011, S. 62). Die Patienten berichten im Anschluss an diese Vorstellungsübung i. d. R. die Wahrnehmung eines erhöhten Speichelflusses oder ein verstärktes Schluckbedürfnis. Bleichhardt und Weck (2011) stellen eine Tabelle mit verschiedenen körperbezogenen Vorstellungen und damit einhergehenden Konsequenzen zur Verfügung (s. Tab. 33-3).

Zu berücksichtigen ist, dass hypochondrische Patienten manchmal die Befürchtung entwickeln, allein aufgrund ihrer Vorstellung einer ernsthaften Erkrankung tatsächlich auch an dieser erkranken zu können. Der Patient sollte beruhigt werden, dass es dafür keine Belege aus der Forschung gibt. Um ihm im nächsten Schritt zu veranschaulichen, dass seine Gedanken, Gefühle, körperlichen Reaktionen bzw. Beschwerden und sein Verhalten miteinander interagieren, kann das ABC-Modell herangezogen werden. In diesem Modell werden die Situationskomponente A (A=activating event; z. B. eine Situation, in der ein Schmerz auftritt), die Gedankenkomponente B (B= beliefs) und die Konsequenzkomponente C (C=consequences) unterschieden. Als Hausaufgabe für dieses Modul bietet sich an, den Patienten Vorstellungen und Gedanken im Zusammenhang mit seinen Körperbeschwerden identifizieren und protokollieren zu lassen.

Tab. 33-3 Körperbezogene Vorstellungen und ihre Konsequenzen (vgl. auch Bleichhardt u. Weck, 2011, S. 111)

Krankheit	Vorstellung	Mögliche Konsequenzen
Magenkrebs	Magenkrebs frisst sich durch die Magenschleimhaut	Erhöhte Magensäureproduktion; Verspannungen im Bauchbereich führen zu Übelkeit und Magenkrämpfen
Knochenkrebs	Der Oberschenkelknochen wird vom Krebs zerfressen	Verspannungen im Bereich des Oberschenkels und Einnehmen einer Schonhaltung führen zu Schmerzen im Oberschenkel
Herzerkrankung	Das Herz ist schwer geschädigt und kann das Blut nicht richtig transportieren	Beschleunigter Herzschlag, Verkrampfung der Rippenmuskulatur, Veränderungen der Atmung führen zu Herzstolpern, Schmerzen im Brustkorb und Atemnot
Kehlkopfkrebs	Der Kehlkopf ist angeschwollen, und dies könnte zum Ersticken führen	Verkrampfung der Speiseröhrenmuskeln und Veränderung der Atmung führen zu Erstickungsgefühlen und Intensivierung des Globusgefühls

33 Psychoedukation bei somatoformen Störungen

Wahrnehmungsprozesse, dysfunktionales Verhalten und andere Erklärungsmöglichkeiten
Vermeidungs- und Schonverhalten – insbesondere von körperlichen Aktivitäten – sind bei einem großen Teil somatoformer Patienten zu finden. Wichtig ist hier, mit dem Patienten die positiven bzw. negativen kurz- und langfristigen Konsequenzen zu diskutieren.

Aus dieser Übung kann gemeinsam mit dem Patienten ein Teufelskreismodell des Schonungs- und Vermeidungsverhaltens hergeleitet werden (s. Abb. 33-1). Es veranschaulicht, dass Körperbeschwerden durch Inaktivität und Dekonditionierung verstärkt bzw. hervorgerufen werden können. Neben körperlicher Aktivität können auch andere Dinge vermieden werden, z. B. Orte (Arztpraxen etc.), Situationen (Medienberichte über Krankheiten etc.) oder anderes (bestimmte Lebensmittel etc.), auf die das beschriebene Vorgehen adaptiert werden kann.

Ähnlich wie beim Vermeidungsverhalten kann auch bei der Psychoedukation bezüglich des Rückversicherungsverhaltens sowie des körperkontrollierenden Verhaltens („Body Checking") vorgegangen werden. Die nächste Abb. zeigt einen Teufelskreis, aus dem für den Patienten abgeleitet werden kann, dass durch die Arztbesuche bzw. Rückversicherung eine erhöhte Konzentration auf die Körperbeschwerden resultiert und dadurch wiederum Symptome verstärkt beachtet werden (s. Abb. 33-2). Zur Bedeutung des körperkontrollierenden Verhaltens kann man dem Patienten als Hausaufgabe z. B. ein kleines Verhaltensexperiment mitgeben, bei dem er (in paradoxer Intention) das „Body Checking" dreimal so häufig ausführen soll wie sonst. Durch Beobachtung der Folgen soll der Betroffene zu der Erkenntnis kommen, dass das dysfunktionale Verhalten selbst zu Symptomen führen kann.

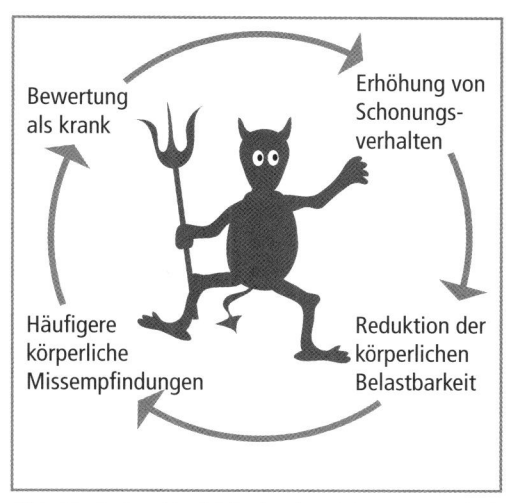

Abb. 33-1 Der Teufelskreis des Schonungsverhaltens (nach: Kleinstäuber et al., 2012, S. 165)

Abschließend können zusätzlich zu den bisher besprochenen Auslösern von Körperwahrnehmungen Therapeut und Patient gemeinsam noch weitere sammeln. Thematisiert werden sollten hierbei z. B. bestimmte Nahrungsmittel, Medikamente, andere Substanzen, Fehlhaltungen, Umgebungsfaktoren, Schlaf- oder Flüssigkeitsmangel.

Informationsvermittlung zu symptomspezifischen Sachverhalten Je nach Beschwerdebild können Informationen zu symptomspezifischen Aspekten ergänzt werden. Ein besonders häufiges Symptom sind Schmerzen. Es mag sich anbieten, dem Patienten Informationen über die Unterscheidung von akutem vs. chronischem Schmerz, über die Ebenen der Schmerzwahrnehmung oder über Schmerzmechanismen (z. B. Gate-Control-Theorie und Schmerzwahrnehmung im Gehirn, Schmerzgedächtnis) zu vermitteln. Des Weiteren spielen auch kardiovaskuläre Symptome häufig eine wichtige Rolle, wobei

Wahrnehmung:
Körperliche Beschwerden bzw. Missempfunden

Bewertung:
Das könnte Zeichen einer ernsthaften Krankheit sein!

Angst

Angst nimmt ab, Beruhigung, Erleichterung (kurzfristig positiver Effekt)

Arztbesuch und Rückversicherung über die Unbedenklichkeit des Symptoms

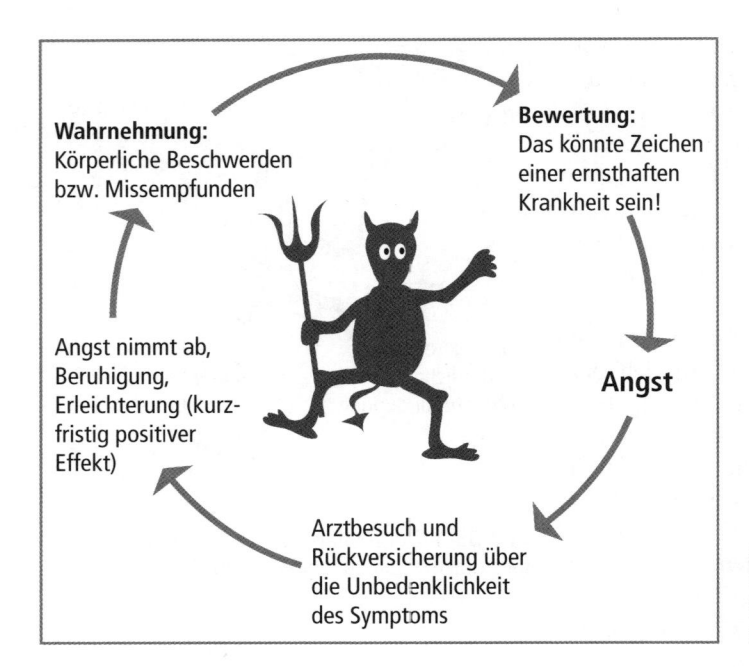

Abb. 33-2 Der Teufelskreis des Rückversicherungsverhaltens (nach: Kleinstäuber et al., 2012, S. 173)

die Neigung zu hyperventilierender Atmung oftmals ein Bedingungsfaktor ist, der mit einem übermäßigen Ausatmen von CO_2 und einer Veränderung des pH-Wertes im Blut zusammenhängt. Analog zur Behandlung der Panikstörung (Margraf u. Schneider, 1990) können dem Patienten die Folgen mithilfe des Hyperventilationstests demonstriert werden. Um zu verhindern, dass dieser Abschnitt allzu stark zum „Frontalunterricht" wird, ist es hilfreich, möglichst viel Bildmaterial einzubringen und den Patienten in die Erklärungen einzubeziehen (indem man z. B. sein Vorwissen berücksichtigt). Die Informationsvermittlung kann zudem durch die Nutzung von Techniken wie dem Flipchart aufgelockert werden. Die Herleitung entsprechender Modelle sollte in patientengerechter Sprache erfolgen. Als Hausaufgabe kann dem Patienten ggf. eine vom Therapeuten vorher sorgfältig ausgewählte Lektüre empfohlen werden.

Zusammenfassendes Störungsmodell Die Psychoedukation kann nun mit einem zusammenfassenden Erklärungsmodell abgerundet werden. Dem Patienten kann dafür z. B. das in der folgenden Abbildung dargestellte Modell vorgelegt werden (Abb. 33-3). Die einzelnen Modellkomponenten und Erfahrungen des Betroffenen können dann gemeinsam mit dem Therapeuten in einen Zusammenhang gebracht werden.

33 Psychoedukation bei somatoformen Störungen

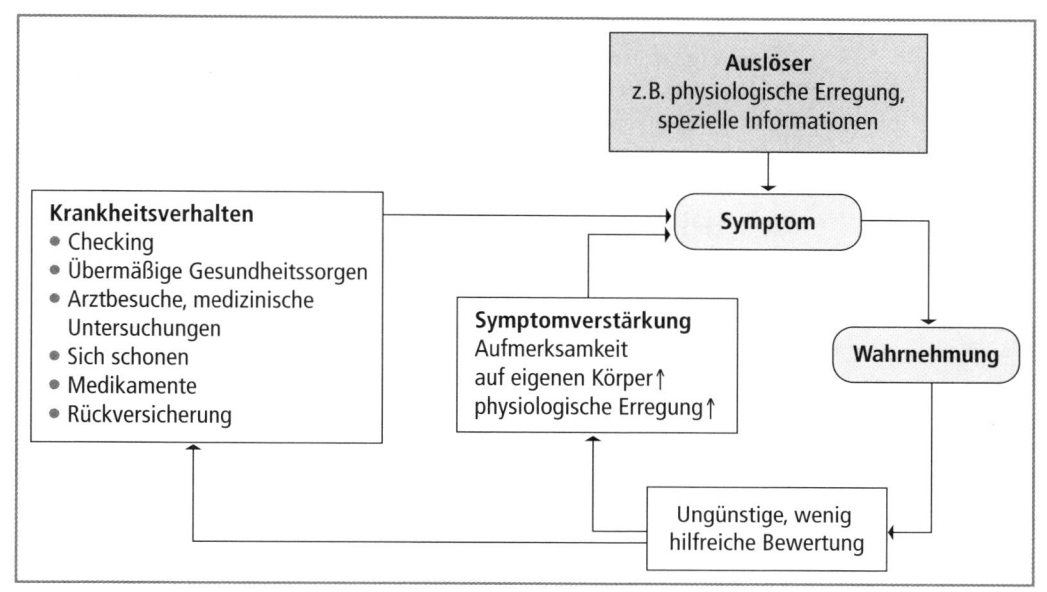

Abb. 33-3 Erklärungsmodell zur Entstehung und Aufrechterhaltung somatoformer Störungen (nach: Kleinstäuber et al., 2012, S. 188)

Modellkomponenten:
- **Auslöser** z. B. physiologische Erregung, spezielle Informationen
- **Symptom**
- **Wahrnehmung**
- **Symptomverstärkung**: Aufmerksamkeit auf eigenen Körper ↑, physiologische Erregung ↑
- **Ungünstige, wenig hilfreiche Bewertung**
- **Krankheitsverhalten**
  - Checking
  - Übermäßige Gesundheitssorgen
  - Arztbesuche, medizinische Untersuchungen
  - Sich schonen
  - Medikamente
  - Rückversicherung

33.4 Ausblick

Obwohl Psychoedukation ein entscheidendes Element kognitiv-verhaltenstherapeutischer Behandlungsansätze bei somatoformen Störungen darstellt, liegt ein eigenständiges, rein psychoedukatives Manual bislang nicht vor. Die Effektivität von Psychoedukation als einzelner oder isolierter Therapiebaustein im Rahmen eines breiteren Gesamtbehandlungskonzepts wurde noch kaum untersucht. Dies wäre ein nächster Schritt bei der Entwicklung eines psychoedukativen Manuals. Die Arbeitsgemeinschaft der Wissenschaftlichen Medizinischen Fachgesellschaften (2012) sowie die Deutsche Gesellschaft für Psychologie (Martin et al., 2013) beurteilen Psychoedukation daher als wirksam in Form eines integrierten Bestandteils eines Gesamtbehandlungsplans, jedoch nicht als Monotherapie.

Forschungsbedarf besteht hinsichtlich der Phasen des Therapieverlaufs, in denen sich ein rein psychoedukativer Ansatz am wirkungsvollsten integrieren ließe. Hypothetisch könnte es günstig sein, z. B. gleich zu Beginn Psychoedukation einzusetzen, wenn Betroffene noch nicht so stark chronifiziert sind bzw. sich möglicherweise noch relativ offen auf alternative Erklärungen ihrer Symptome einlassen können. Solch eine Maßnahme würde zugleich die bessere Schulung von Hausärzten hinsichtlich der Früherkennung somatoformer Beschwerden sowie eine frühzeitige, enge Kooperation zwischen Arzt und Psychotherapeut erforderlich machen. Weiterer Forschungs- und Entwicklungsbedarf ergibt sich bzgl. manualisierter Psychotherapiekonzepte einschließlich psychoedukativer Module für somatoforme Störungen bei Kindern und Jugendlichen. Zudem stellen somatoforme Beschwerden in Deutschland eine zunehmend häufige Problematik bei Migrantengruppen dar (Glaesmer et al., 2009). Die entsprechende Adaptation psychoedukativer Konzepte sowie eine stärkere Berücksichtigung des kulturellen Hintergrunds bzw. kulturspezifischer Beschwerden sind daher zukünftig von Bedeutung.

Therapiemanuale und Patientenratgeber

Bleichhardt G, Martin A (2010). Hypochondrie und Krankheitsangst. Göttingen (Hogrefe).

Bleichhardt G, Weck F (2011). Kognitive Verhaltenstherapie bei Hypochondrie und Krankheitsangst. 2. Aufl. Heidelberg (Springer).

Girstenbrey W (2008). Wenn der Arzt nichts findet. Kranksein ohne Befund. Hannover (Humboldt).

Heintz E, Groebner S (2010). Der Hypochonder. Das Handbuch für alle, die gerne leiden. München (Südwest).

Kaufs EL (2006). Ich habe Angst vor Krankheiten. Erfahrungen eines Hypochonders. Worms (Tribut).

Kleinstäuber M, Thomas P, Witthöft M et al. (2012). Kognitive Verhaltenstherapie bei medizinisch unerklärten Körperbeschwerden und somatoformen Störungen. Berlin (Springer).

Lieb H, von Pein A (2009). Der kranke Gesunde. 4. Aufl. Stuttgart (Trias).

Morschitzky H, Hartl T (2012). Die Angst vor Krankheit verstehen und überwinden. Ostfildern (Patmos).

Morschitzky H, Sator S (2010). Wenn die Seele durch den Körper spricht. Psychosomatische Störungen verstehen und heilen. 9. Aufl. Mannheim (Walter).

Rauh E, Rief W (2006). Ratgeber Somatoforme Beschwerden und Krankheitsängste. Informationen für Betroffene und Angehörige. Göttingen (Hogrefe).

Rief W, Hiller W. (2011). Somatisierungsstörung. Göttingen (Hogrefe).

Literatur

American Psychiatric Association (2000). Diagnostic and Statistical Manual for Mental Disorders. 4th ed. Washington, DC (American Psychiatric Press).

Arbeitsgemeinschaft der Wissenschaftlichen Medizinischen Fachgesellschaften (2012). S3-Leitlinie. Umgang mit Patienten mit nicht-spezifischen, funktionellen und somatoformen Körperbeschwerden (Registernr.: 051–00). AWMF Online website: http://www.awmf.org/leitlinien/detail/ll/051-001.html. Zuletzt aufgerufen am 28.01.2014.

Arnold IA, de Waal MWM et al. (2006). Somatoform disorder in primary care: Course and need for cognitive-behavioral treatment. Psychosom 47(6): 498–503.

Barsky AJ, Ahern DK (2004). Cognitive behavior therapy for hypochondriasis: A randomized controlled trial. JAMA 291(12): 1464–1470.

Barsky AJ, Geringer E, Wool CA (1988). A cognitive-educational treatment for hypochondriasis. Gen Hosp Psychiatry 10(5): 322–327.

Barsky AJ, Orav EJ, Bates DW (2005). Somatization increases medical utilization and costs independent of psychiatric and medical comorbidity. Arch Gen Psychiatry 62(8): 903–910.

Bleichhardt G, Hiller W (2007). Hypochondriasis and health anxiety in the German population. Br J Health Psych 12: 511–523. DOI: 10.1348/135910706×146034

Bleichhardt G, Martin A (2010). Hypochondrie und Krankheitsangst. Göttingen (Hogrefe).

Bleichhardt G, Weck F (2011). Kognitive Verhaltenstherapie bei Hypochondrie und Krankheitsangst. 2. Aufl. Heidelberg (Springer).

Bouman TK (2002). A community-based psychoeducational group approach to hypochondriasis. Psychother Psychosom 71(6): 326–332. DOI: 10.1159/000065995

Buwalda FM, Bouman TK (2009). Cognitive-behavioural bibliotherapy for hypochondriasis: A pilot study. Behav Cogn Psychother 37(3): 335–340. DOI: 10.1017/S1352465809005293

Buwalda FM, Bouman TK et al. (2006). Psychoeducation for hypochondriasis: A comparison of a cognitive-behavioural approach and a problem-solving approach. Behav Res Ther 45(5): 887–899.

Cannon WB (1915). Bodily changes in pain, hunger, fear and rage: An account of recent researches into the function of emotional excitement. New York (Appleton-Century-Crofts).

de Waal MW, Arnold IA, Eekhof JA et al. (2004). Somatoform disorders in general practice: Prevalence, functional impairment and comorbidity with anxiety and depressive disorders. Br J Psychiatry 184(6): 470–476.

Dillmann U, Nilges P, Saile H, Gerbershagen HU (1994). Behinderungseinschätzung bei chronischen Schmerzpatienten. Schmerz 8(2): 100–110.

Glaesmer H, Wittig U, Brahler E et al. (2009). Are migrants more susceptible to mental disorders? An evaluation of a representative sample of the German general population. Psychiatr Prax 36(1): 16–22. DOI: 10.1055/s-2008–1067566

Goldberg D, Gask L, O'Dowd T (1989). The treatment of somatization: Teaching techniques of reattribution. J Psychosom Res 33(6): 689–695.

Gureje O, Ustun TB, Simon GE. (1997). The syndrome of hypochondriasis: A cross-national study in primary care. Psychol Med 27(5): 1001–1010.

Hahn SR, Kroenke K, Spitzer RL et al. (1996). The difficult patient: Prevalence, psychopathology, and functional impairment. J Gen Intern Med 11(1): 1–8.

Hiller W, Rief W (2004). Internationale Skalen für Hypochondrie. Deutschsprachige Adaptation des Whiteley-Index (WI) und der Illness Attitude Scales (IAS) (Manual). Bern (Huber).

Hiller W, Rief W, Brähler E. (2006). Somatization in the population: From mild bodily misperceptions to disabling symptoms. Soc Psychiatry Psychiatr Epidemiology 41(9): 704–712. DOI: 10.1007/s00127-006-0082-y

Hiller W, Rief W et al. (1997). Dysfunctional cognitions in patients with somatization syndrome. Z Klin Psychol Forsch 26(3): 226–234.

Jacobi F, Wittchen HU, Holting C et al. (2004). Prevalence, co-morbidity and correlates of mental disorders in the general population: Results from the German Health Interview and Examination Survey (GHS). Psychol Med 34(4): 597–611. DOI: 10.1017/S0033291703001399S0033291703001399

Katsamanis M, Lehrer PM et al. (2011). Psychophysiologic treatment for patients with medically unexplained symptoms: A randomized controlled trial. Psychosomatics 52(3): 218–229.

Kellner R (1979). Psychotherapeutic strategies in the treatment of psychophysiologic disorders. Psychother Psychosom 32(1–4): 91–100.

Kellner R (1982). Psychotherapeutic strategies in hypochondriasis: A clinical study. Am J Psychother 36(2): 146–157.

Kleinstäuber M, Thomas P, Witthöft M et al. (2012). Kognitive Verhaltenstherapie bei medizinisch unerklärten Körperbeschwerden und somatoformen Störungen. Berlin (Springer).

Kleinstäuber M, Witthöft M, Hiller W (2011). Efficacy of short-term psychotherapy for multiple medically unexplained physical symptoms: A meta-analysis. Clin Psychol Rev 31(1): 146–160. DOI: S0272-7358(10)00145–510.1016/j.cpr.2010.09.001

Kroenke K, Spitzer RL, Williams JB et al. (1994). Physical symptoms in primary care. Predictors of psychiatric disorders and functional impairment. Arch Fam Med 3(9): 774–779.

Kroenke K, Spitzer RL, Williams JB (2002). The PHQ-15: Validity of a new measure for evaluating the severity of somatic symptoms. Psychosom Med 64(2): 258–266.

Lazarus RS, Launier R (1978). Stress-related transactions between person and environment. In: Pervin LA, Lewis M (Hrsg.). Perspectives in international psychology. New York (Plenum Press), S 287–327.

Leiknes KA, Finset A, Moum T et al. (2007). Course and predictors of medically unexplained pain symptoms in the general population. J Psychosom Res 62(2): 119–128. DOI: S0022-3999(06)00403-X10.1016/j.jpsychores.2006.08.009

Margraf J, Schneider S (1990). Panik: Angstanfälle und ihre Behandlung. 2. Aufl. Berlin (Springer).

Martin A, Härter M, Henningsen P et al. (2013). Evidenzbasierte Leitlinie zur Psychotherapie somatoformer Störungen (Bd. 4). Göttingen (Hogrefe).

Martin A, Rauh E, Fichter M et al. (2007). A one-session treatment for patients suffering from medically unexplained symptoms in primary care: a randomized clinical trial. Psychosom 48(4): 294–303.

Morriss R, Dowrick C, Salmon P et al. (2007). Cluster randomised controlled trial of training practices in reattribution for medically unexplained symptoms. Br J Psychiatry 191(6): 536–542.

Nanke A, Rief W (2003). Biofeedback-based interventions in somatoform disorders: A randomized controlled trial. Acta Neuropsych 15(4): 249–256.

Rief W, Birbaumer N (2006). Biofeedback. Grundlagen, Indikationen, Kommunikation, praktisches Vorgehen in der Therapie. Stuttgart (Schattauer).

Rief W, Hiller W (2008). SOMS – Das Screening für Somatoforme Störungen. Manual zum Fragebogen. 4. Aufl. Bern (Huber).

Rief W, Hiller W (2011). Somatisierungsstörung (Bd. 1). Göttingen (Hogrefe).

Rief W, Ihle D, Pilger F (2003). A new approach to assess illness behaviour. J Psychosom Res 54(5): 405–414. DOI: S0022399902004014

Rief W, Martin A, Rauh E et al. (2006). Evaluation of general practitioners' training: How to manage patients with unexplained physical symptoms. Psychosomatics 47(4): 304–311.

Rief W, Nanke A, Emmerich J et al. (2004). Causal illness attributions in somatoform disorders: associations with comorbidity and illness behavior. J Psychosom Res 57(4): 367–371. DOI: S002239990400047910.1016/j.jpsychores.2004.02.015

Robins LN, Regier DA (Hrsg.). (1991). Psychiatric disorders in America: The Epidemiological Catchment Area Study. New York (Free Press).

Rosendal M, Olesen F, Fink P et al. (2007). A randomized controlled trial of brief training in the assessment and treatment of somatization in primary care: effects on patient outcome. Gen Hosp Psychiatry 29(4): 364–373.

Schulz H, Barghaan D, Koch U et al. (2011). Die Versorgung von Patienten mit psychischen Störungen. In: Wittchen HU, Hoyer J (Hrsg.). Klinische Psychologie und Psychotherapie. 2. Berlin (Springer).

Schweickhardt A, Larisch A, Wirsching M et al. (2007). Short-term psychotherapeutic interventions for somatizing patients in the general hospital: a randomized controlled study. Psychother Psychosom 76(6): 339–346.

Statistisches Bundesamt (2009). Fachserie 12, Reihe 6.2.1 Gesundheit: Diagnosedaten der Patienten und Patientinnen in Krankenhäusern 2008. Wiesbaden (SFG).

Witthöft M, Haaf A et al. (2010). Erfassung von Krankheitsangst mit dem Multidimensional Inventory of Hypochondriacal Traits (MIHT). Diagnostica 56(1): 2–12.

World Health Organization (1996). International Classification of Diseases. 10th revision. Genf (WHO).

34 Psychoedukation bei Schlafstörungen

Thomas Wobrock, Roger Dörr

34.1 Einleitung

Die Ursachen von Schlafstörungen sind mannigfaltig, und fast alle Menschen haben zumindest für kurze Zeit schon einmal einen gestörten Schlaf gehabt. Die derzeit gültige zehnte Version der Internationalen Klassifikation der Krankheiten der WHO (ICD-10) trennt die Schlafstörungen in „nicht-organische Schlafstörungen", die im Abschnitt V (F) in der Rubrik F5 des psychiatrischen Kapitels – Verhaltensauffälligkeiten mit körperlichen Störungen und Faktoren – dargestellt werden (Dilling et al., 1999), und in „organische Schlafstörungen", die im Rahmen des neurologischen Kapitels aufgelistet sind (Kessler u. Freyberger, 1996). Diese Aufteilung ist angesichts der Tatsache, dass viele Schlafstörungen eine organische Grundlage haben können, aber durch psychologische Faktoren verstärkt und beeinflusst werden, nicht unbedingt sinnvoll. Auch haben sogenannte „nicht-organische Schlafstörungen" wie Pavor nocturnus oder Schlafwandeln nach heutiger Erkenntnis ebenfalls einen organischen Kern.

Eine Einteilung nach schlafmedizinischen Kriterien erlaubt genauere Differenzierungen. In der International Classification of Sleep Disorders (ICSD) (Schramm u. Riemann, 1995) als multiaxiales System können neben der Art der Schlafstörung insbesondere deren Schweregrad, der Grad der diagnostischen Sicherheit, die zur Ermittlung der Diagnose angewendeten Verfahren, nichtschlafbezogene Begleiterkrankungen und andere relevante Informationen erfasst werden. Generell werden als Störungsbilder Dyssomnien (Schlafstörungen mit Beeinflussung der Quantität und/oder Qualität des Schlafes), Parasomnien (Aufwachstörungen, z. B. Schlafwandeln oder Pavor nocturnus; Störungen des Schlaf-wach-Rhythmus, z. B. Einschlafzuckungen oder Sprechen im Schlaf; REM-Schlaf-assoziierte Parasomnien, z. B. Albträume oder Schlaflähmung, und andere Parasomnien, z. B. Bruxismus oder Enuresis nocturna), Schlafstörungen bei körperlichen/psychiatrischen Erkrankungen (z. B. bei Psychosen, Angststörung, Demenz, chronisch-obstruktiver Lungenerkrankung) und sogenannte vorgeschlagene Schlafstörungen (z. B. Langschläfer, Erstickungsanfälle im Schlaf) unterschieden.

Im Folgenden erläutern wir die Insomnie, eine Unterform der Dyssomnie. Dyssomnien werden nach Intrinsischen und Extrinsischen Schlafstörungen sowie Störungen des zirkadianen Schlaf-Rhythmus unterteilt. Unter den Intrinsischen Schlafstörungen stellen die Erkrankungen mit dem Hauptsymptom Insomnie (ungenügender Schlaf) die häufigste Gruppe dar.

34.2 Epidemiologie

Die Prävalenz der Insomnie variiert je nach Art der Erhebung, untersuchtem Kollektiv und diagnostischer Klassifikation erheblich. Sie lag zumeist zwischen 10 % bis 50 % der Bevölkerung. In einer Untersuchung wurde eine Prävalenz der *schweren Insomnie* bei 4 % in Deutschland gefunden (Hajak et al., 2001). Dabei wurde das Vorliegen einer Insomnie entsprechend den Leitlinien der DSM-IV (s. Tab. 34-1) angenommen, wobei unter einer schweren Ausprägung das Vor-

Tab. 34-1 Diagnostische Leitlinien der nichtorganischen Insomnie

nach DSM-IV	nach ICD-10
A) Zeitkriterium: Innerhalb der letzten 4 Wochen muss eines der folgenden Symptome zumindest dreimal in jeder Woche vorgelegen gaben. **B) Symptome:** 1. Einschlafstörungen, Durchschlafstörungen, schlechte Schlafqualität **Und** 2. eine unbefriedigende Schlafdauer oder -qualität wirkt sich störend auf die Alltagsaktivitäten aus (z. B. durch Müdigkeit oder Reizbarkeit).	**A) Zeitkriterium:** Die Schlafstörungen treten wenigstens dreimal pro Woche über eine Dauer von mindestens 4 Wochen auf. **B) Symptome:** 1. Einschlafstörungen oder Durchschlafstörungen oder schlechte Schlafqualität. 2. Überwiegendes Beschäftigtsein mit der Schlafstörung sowie nachts und tagsüber eine übertriebene Sorge über deren negative Konsequenzen. 3. Die unbefriedigende Schlafdauer oder -qualität verursacht entweder einen deutlichen Leidensdruck oder wirkt sich störend auf die Alltagsaktivitäten aus.

DSM-5-Kriterien der Insomnischen Störung („insomnia disorder") (vgl. Riemann et al., 2014)

A) Zeitkriterium:
Die Schlafschwierigkeit tritt mindestens drei Nächte pro Woche auf, und sie persistiert für 3 Monate.
B) Symptome:
1. Generelle Unzufriedenheit mit der Schlafqualität oder -quantität verbunden mit einem oder mehreren der folgenden Symptome:
   - Einschlafschwierigkeiten
   - Durchschlafschwierigkeiten (häufige oder verlängerte Wachperioden mit der Schwierigkeit, wieder einzuschlafen)
   - Frühmorgendliches Erwachen (d. h. vorzeitiges Erwachen mit der Unfähigkeit, wieder einzuschlafen)
   - Unerholsamer Schlaf
2. Die Schlafbeschwerden sind begleitet von Stress oder Leidensdruck oder Beeinträchtigung in sozialen, beruflichen oder anderen wichtigen Funktionsbreichen – charakterisiert durch das Vorliegen von mindestens einem der folgenden Symptome:
   - Fatigue oder Energielosigkeit
   - Tagesschläfrigkeit
   - Kognitive Einschränkungen (z. B. der Aufmerksamkeit, der Konzentration oder des Gedächtnisses)
   - Stimmungsstörung (z. B. Irritabilität, Dysphorie)
   - Eingeschränkte berufliche Funktionsfähigkeit
   - Eingeschränkte interpersonelle/soziale Funktionsfähigkeit

C) Weitere Bedingungen:
- Die Schlafstörung tritt trotz ausreichender Gelegenheit für Schlaf ein
- Die Insomnie wird nicht besser erklärt und tritt nicht ausschließlich im Rahmen einer anderen Schlaf-Wach-Rhythmusstörung auf
- Die Insomnie ist nicht zurückführbar auf die physiologischen Effekte einer Substanz (z. B. einer Droge, die Missbrauch auslöst, oder einer Medikation)
- Die koexistierenden psychischen und körperlichen Erkrankungen erklären nicht das Auftreten der Insomnie

34 Psychoedukation bei Schlafstörungen

kommen von mindestens 2 der Symptome dreimal pro Woche während des letzten Monats verstanden wurde. Mit der gleichen Methodik wurde auch in 4 anderen nordeuropäischen Ländern eine Häufigkeit der schweren Insomnie bis zu 22 % erhoben, wobei mehr Frauen als Männer betroffen waren, die Schlafstörung im Median 2–6 Jahre andauerte, im Alter nicht signifikant anstieg und der Schweregrad einen direkten Zusammenhang mit der Beeinträchtigung der Lebensqualität aufwies (Chevalier et al., 1999).

34.3 Ursachen der Insomnie

Die Entstehung von Schlafstörungen ist komplex. Die schon erwähnte Klassifikation (ICSD) versucht, ätiologische Aspekte bereits zu berücksichtigen. Als übersichtlich und hilfreich für die Art der Behandlung und ein pragmatisches Vorgehen hat sich die grobe Einteilung in fünf Gruppen möglicher Ursachen, der sogenannten fünf „P's" (Erman, 1989), erwiesen:

1. Physische bzw. äußere Ursachen
   a) als Folge eines organischen Faktors wie z. B. bei Herz- und Lungenerkrankungen, Schlaf-Apnoe-Syndrom, Restless-Legs-Syndrom, Fieber, Schmerzen, Infektionen, Tumoren, Juckreiz, Stoffwechselerkrankungen
   b) durch störende Außenreize wie z. B. Lärm, Temperatur, Licht
2. Physiologische Ursachen
   a) durch eine gestörte Schlafhygiene wie allzu lange Bettliegezeiten, langer Tagesschlaf, anregende Abendgestaltung
   b) durch häufig wechselnde Schlafzeiten, bedingt z. B. durch Schichtarbeit, unregelmäßige Lebensweise, familiäre Anforderungen, reisebedingten Wechsel von Zeitzonen
3. Psychologische Ursachen
   a) infolge eines chronisch belastenden Lebensereignisses, z. B. Partnerkonflikt, Berufsprobleme, Verlust eines Bezugspartners
   b) durch eine aktuelle seelische Problematik, z. B. eine der o. g. Schwierigkeiten
   c) im Zusammenhang mit generellem Stress
   d) aufgrund persönlichkeitsbedingten Nichtabschalten-Könnens
4. Psychiatrische Ursachen
   a) bei manifester psychiatrischer Erkrankung wie z. B. Depression, Manie, schizophrener Psychose, Angsterkrankung, Essstörung, Demenz, Substanzabhängigkeit
   b) latente Einflüsse der o. g. Erkrankungen
5. Pharmakologische Ursachen
   a) bei Einnahme schlafstörender Medikamente wie Antihypertensiva, Appetitzügler, Atemwegstherapeutika, Corticoide, Diuretika, Nootropika, Zytostatika, aktivierende Psychopharmaka
   b) durch Genussmittelfehlverhalten, z. B. abendlichen Genuss von Kaffee oder Cola
   c) durch eine Schlafmittelabhängigkeit mit Wirkungsverlust des Präparates
   d) durch Alkohol-, Nikotin- oder Drogenmissbrauch

Zur systematischen Abklärung der beim Patienten vorliegenden Schlafstörung empfiehlt sich neben der ausführlichen Anamneseerhebung und eingehenden klinischen Untersuchung die zusätzliche Anwendung von Schlaf-Fragebögen, strukturierten Interviews oder Checklisten (Schramm et al., 1993).

Bei organischen und psychiatrischen Krankheitsbildern wird die Schlafstörung als Symptom der Grunderkrankung aufgefasst. Man versucht, durch deren Besserung auch die Insomnie zu therapieren. Der

Schwerpunkt der Behandlung liegt dann zumeist auf einer medikamentösen Therapie. So wird z. B. durch die Gabe eines Antidepressivums bei einer depressiven Störung auch die Schlafstörung gebessert. Insomnien sind auch bei problematisch zu behandelnden Patientenkollektiven, etwa bei schwerer kardialer Erkrankung, mit pharmakotherapeutischen Strategien in den Griff zu bekommen, wobei aber ergänzend – wie bei allen chronischen Insomnien – nicht-pharmakologische Behandlungsmethoden zum Einsatz kommen sollten (Wobrock et al., 2001).

Schlafstörungen mit einer reduzierten Schlafdauer oder -qualität, die ursächlich weder auf eine organische noch auf eine psychiatrische Erkrankung oder eine Störung des Schlaf-wach-Rhythmus zurückzuführen sind, werden als sogenannte primäre Insomnien bezeichnet. Dabei handelt es sich in den meisten Fällen um eine primär psycho-physiologische Insomnie. Chronische Ein- und Durchschlafstörungen werden durch eine Verbindung von erhöhtem Erregungszustand (Hyperarousal), Schlaf behindernden Kognitionen, dysfunktionalen Schlafgewohnheiten und Konsequenzen der Schlafstörung wie Tagesmüdigkeit, Stimmungsbeeinträchtigung und Einbußen in der Leistungsfähigkeit aufrechterhalten (Abb. 34-1). Dies schließt keineswegs aus,

Schlafbehindernde Gedanken
- Grübeln im Bett
- negative Erwartungen bzg. des Schlafes
- Befürchten negativer Konsequenzen des schlechten Schlafes

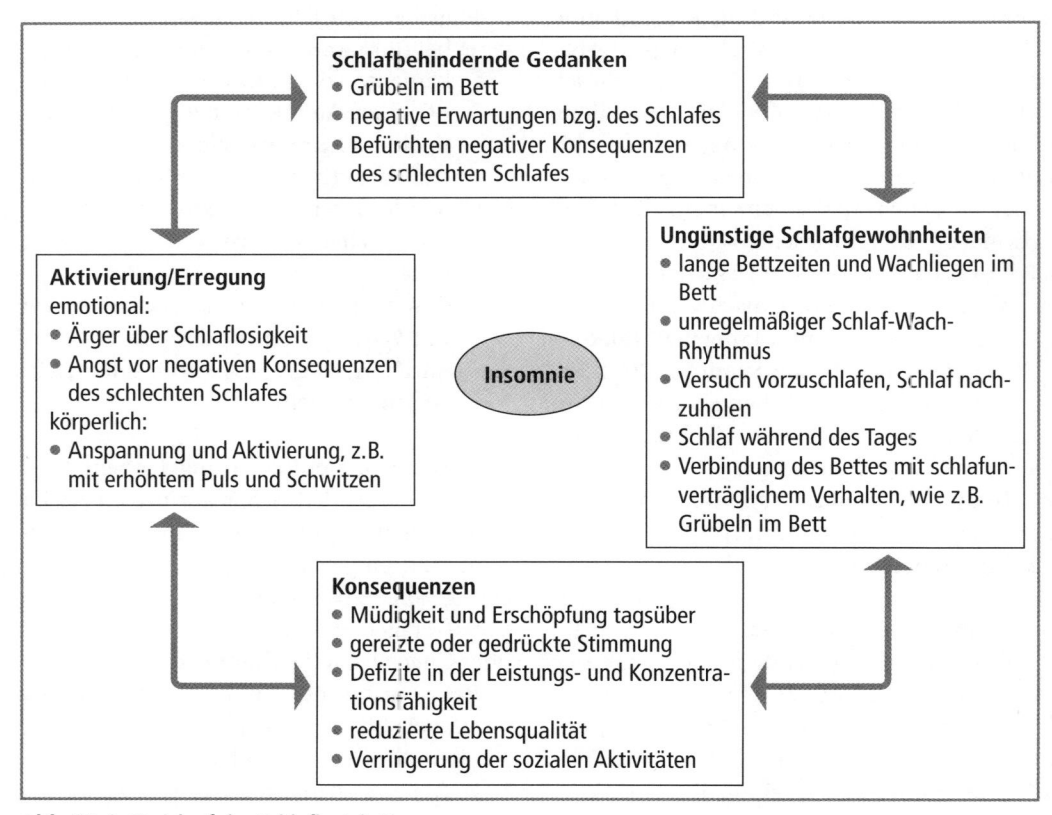

Ungünstige Schlafgewohnheiten
- lange Bettzeiten und Wachliegen im Bett
- unregelmäßiger Schlaf-Wach-Rhythmus
- Versuch vorzuschlafen, Schlaf nachzuholen
- Schlaf während des Tages
- Verbindung des Bettes mit schlafunverträglichem Verhalten, wie z.B. Grübeln im Bett

Aktivierung/Erregung
emotional:
- Ärger über Schlaflosigkeit
- Angst vor negativen Konsequenzen des schlechten Schlafes

körperlich:
- Anspannung und Aktivierung, z.B. mit erhöhtem Puls und Schwitzen

Insomnie

Konsequenzen
- Müdigkeit und Erschöpfung tagsüber
- gereizte oder gedrückte Stimmung
- Defizite in der Leistungs- und Konzentrationsfähigkeit
- reduzierte Lebensqualität
- Verringerung der sozialen Aktivitäten

Abb. 34-1 Kreislauf der Schlaflosigkeit

dass belastende Lebensereignisse für ein physiologisches (z. B. erhöhte Catecholaminausschüttung), kognitives (negative Gedanken an Tagesereignisse, Angst vor der Schlaflosigkeit) oder emotionales Hyperarousal (z. B. Ärger und Wut über das Nicht-schlafen-Können) in Kombination mit prädisponierenden Persönlichkeitseigenschaften initial verantwortlich sind.

34.4 Nicht-medikamentöse Verfahren zur Therapie der Insomnie

Unter nicht-pharmakologischen Behandlungsmöglichkeiten von Schlafstörungen sind alle Maßnahmen zur Verbesserung des Schlafes zu verstehen, die auf Strategien der Verhaltensänderung, Entspannung oder Psychotherapie basieren und die Mitarbeit des Patienten in den Vordergrund stellen. Hierbei können folgende Aspekte berücksichtigt werden.

Angst, Fehlerwartung und Frustration über den schlechten Schlaf sollen durch Aufklärung und Beratung (z. B. im Rahmen der Psychoedukation) relativiert und aufgelöst werden. Besonders wichtig ist hierbei, wieder eine positive Assoziation zwischen Schlafumgebung und Schlaf herzustellen. Die generelle Fähigkeit zu entspannen ist zu fördern, und der geistige sowie körperliche Erregungszustand (Hyperarousal) ist zu reduzieren. Es gilt, einen geregelten zirkadianen Schlaf-wach-Rhythmus wiederherzustellen. Der von der Schlafstörung Betroffene soll in die Lage versetzt werden, in den Schlaf führende Müdigkeit zur richtigen Zeit zu verspüren. Innere und äußere Störfaktoren sollen deutlich verringert werden.

Als weitere Ziele einer Psychotherapie im engeren Sinne ist eine Umstellung der Wahrnehmung, des Verhaltens und der Lebensgestaltung vor dem Hintergrund seelischer Konflikte und daraus resultierenden Fehlverhaltens zu nennen. Diese Ziele sind z. B. durch eine (kognitive) Verhaltenstherapie zu erreichen.

34.4.1 Verhaltenstherapeutische Techniken

Ein häufiger Fehler bei der versuchten Behebung der Insomnie ist der Versuch, den Schlaf zu erzwingen. Schlaf setzt einen entspannten Zustand voraus, der sich bei Schlafgesunden zumeist beim Zubettgehen oder auch nur beim abendlichen Betreten des Schlafzimmers wie ein bedingter Reflex einstellt. Bei Patienten mit chronischer Insomnie wirkt das Bett hingegen Angst erzeugend: Es ist zum Signal einer schlechten Erfahrung geworden. Bereits die Erwartungshaltung eines schlechten Schlafes führt zur Anspannung.

Stimuluskontrolle Mit der Stimuluskontrolle (vgl. Bootzin, 1980; Spiegelhalder et al., 2011) wird die verselbständigte gedankliche Verbindung zwischen der Schlafumgebung (Bett) und der Angst vor dem Nicht-schlafen-Können (Wachliegen) wieder gelöst. Das Zubettgehen wird erneut mit angenehmen Gefühlen und der Erfahrung, einschlafen zu können, verknüpft. Folglich werden Verhaltensregeln für die Stimuluskontrolle festgelegt:
- Der Patient soll nur zu Bett gehen, wenn er müde ist und glaubt, einschlafen zu können.
- Das Bett soll lediglich zum Schlafen genutzt werden (Ausnahme: sexuelle Aktivitäten). Arbeiten, essen, fernsehen, telefonieren oder auch nur lesen sollte außerhalb des Bettes erfolgen.

- Falls der Patient länger als 15–20 Minuten wach im Bett liegt, soll er das Bett und auch das Schlafzimmer wieder verlassen und so lange aufbleiben, bis erneut echte Müdigkeit auftritt. Spiegelhalder et al. (2011) empfehlen sogar, diesen Schritt zu wiederholen, sollte das Einschlafen nach dem ersten Versuch immer noch nicht gelingen.
- Das morgendliche Aufstehen soll unabhängig von der Schlafdauer und -qualität immer um die gleiche Zeit erfolgen (Erlangung eines geregelten Schlaf-wach-Rhythmus).
- Tagsüber soll nicht geschlafen werden (Verlagerung des Schlafdrucks auf die Nacht).

Patienten müssen darauf hingewiesen werden, dass sie bei der Stimuluskontrolle in den ersten Tagen vermutlich weniger schlafen werden als vorher und dass der positive Effekt zeitlich verzögert auftritt.

Seit Bootzin (1972; Bootzin et al., 1991) diese Methode einführte, sind mehrere kontrollierte Studien erschienen, welche die Effektivität dieses Verfahrens belegen (Lacks et al., 1983; Puder et al., 1983; Morin, 1993; Morin et al., 1999). Laut Spiegelhalder et al. (2011) zeigten sich z. B. in entsprechenden Metaanalysen große Effektstärken für die Einschlaflatenz (0,81 und 1,16), die nächtliche Wachzeit (0,70) und die subjektive Schlafqualität (1,30) (vgl. auch Morin et al., 1994; Murtagh u. Greenwood, 1995).

Schlafrestriktion Die von Spielman und Kollegen (1987) entwickelte Schlafrestriktionstherapie soll das Missverhältnis von im Bett verbrachter Zeit und echter Schlafzeit günstig beeinflussen. Laut Glovinsky und Spielman (1991) zielt dieses Verfahren auf das oftmals beobachtete Fehlverhalten der Patienten, länger als erforderlich im Bett zu liegen, um mehr Schlaf zu bekommen. Dem Patienten wird empfohlen, lediglich die Zeit im Bett zu verbringen, die er glaubt, in den letzten Nächten tatsächlich geschlafen zu haben – quasi eine Verbesserung der Schlafqualität durch das Herabsetzen der Schlafquantität. Es wird ihm erlaubt, wenigstens viereinhalb Stunden pro Nacht zu schlafen (das sog. „Schlaffenster"; vgl. Müller u. Paterok, 2010). Am Tag zu schlafen ist jedoch nicht gestattet. In Abhängigkeit von der Schlafeffizienz (Schlafzeit/Bettzeit × 100 %) der vergangenen Woche wird die Bettzeit um 15 Minuten verlängert, wenn die Schlafeffizienz größer als 85 % ist, bzw. um 15 Minuten verringert, wenn diese kleiner als 85 % ist. Dieses Verfahren setzt Willensstärke seitens des Patienten voraus, kann aber auch als alleiniges Verfahren Erfolge verbuchen (Morin et al., 1999; Spielman et al., 1987; Friedman et al., 1991). Müller und Paterok (2010) werteten zahlreiche Studien zur Effektivität der Schlafrestriktion aus. Bei Mittelung der Studienergebnisse zeigte sich, dass es zu einer Zunahme der Schlafeffizienz um ca. 20 % kommt. Diese erwies sich auch in den Katamnesestudien (für den Zeitraum von 3 bis 12 Monaten nach Therapieende) als stabil (vgl. Müller u. Paterok, 2010, S 58).

Kognitive Techniken Mithilfe eines Ersetzens der ängstlichen und grüblerischen Gedanken über den Schlaf durch positive und entspannende Kognitionen soll im Sinne einer *kognitiven Umstrukturierung* versucht werden, den gestörten Nachtschlaf wieder zu bessern. Diese Technik folgt den Vorgaben der von Beck (1976) beschriebenen ABC-Technik. Hierbei lernt der Patient, automatische Gedanken als solche zu identifizieren und zu protokollieren. Im folgenden Schritt wird trainiert, ebendiese Gedanken auf ihren Realitätsgehalt hin zu überprüfen. Beispiele für maladaptive Gedanken, wie sie oftmals als typische Denkmuster bei Schlafstörungen anzutreffen sind, finden sich bei Müller und Paterok (2010, S. 51). Hier seien lediglich das „Alles-oder-nichts-Denken" und das Katastrophisieren genannt. Weiterführende pragmatische Empfehlungen für die Betroffenen finden sich bei Belanger et al. (2006). Diese raten z. B. zu einer realistischen Erwartungshaltung, einer Überprüfung eigener Annahmen bzgl. der Ursachen der Schlafstörung, einem angemessen Umgang mit der Tagesbeeinträchtigung, zur Unterlassung der Katastrophisierung, zur Entwicklung einer gewissen Toleranz hinsichtlich der Folgen des Schlafmangels und zum Verzicht auf den Versuch, den Schlaf zu erzwingen. Müller und Paterok (2010) ergänzen diese Ratschläge mit der Empfehlung, man solle die unrealistische und falsche Vorstellung über den Schlaf korrigieren. Laut Morin (2003) werden im therapeutischen Setting die patientenspezifischen Fehleinstellungen identifiziert und mittels kognitiver Techniken wie dem „sokratischen Dialog" (vgl. Stavemann, 2007) korrigiert und durch adäquate Einstellungen ersetzt.

Bei der *kognitiven Fokussierung* wird die Konzentration während des nächtlichen Wachliegens auf angenehme und beruhigende Gedankenbilder (z. B. die Imagination einer Urlaubslandschaft, etwa eines einsamen Strandes, einer idyllischen Blumenwiese, eines verschneiten Berggipfels etc.) gerichtet. Auch weitere Techniken zur Ablenkung von dysfunktionalen Gedanken, z. B. Fantasiereisen oder Ruhebilder, können angewandt werden (vgl. hierzu Harvey u. Payne, 2002). Laut Weeß (2009) wird dabei die entspannte kognitive, emotionale und vegetative Situation zur entscheidenden Zielgröße. Bei der Durchführung eines Ruhebildes soll sich der Patient eine angenehme Situation vorstellen, in welcher er sich rundum wohl und zufrieden fühlt. Die Fokussierung auf die verschiedenen Sinne (Sehen, Hören, Fühlen, Riechen und Schmecken), die Vorstellung der Jahres- und Tageszeit und der Wetterlage der vorgestellten Situation sollen als Hilfestellungen den Eindruck von Ruhe und Entspannung verstärken (zu einem Fallbeispiel siehe Weeß, 2009, S. 98).

Gedankenstopp und *Gedankenstuhl*: Die Technik des *Gedankenstopps* unterbricht nächtliche Grübeleien und negative Gedankengänge mittels einer Selbstinduktion und stellt somit wieder eine subjektive Kontrolle über die Gedanken her. Der Patient übt dabei, sich im Bett „STOPP" zu sagen (oder zu denken), sobald er das Grübeln bemerkt. Wurde das Grübeln gestoppt, so muss der Patient bewusst positive und entspannende Vorstellungen dagegensetzen. Bei Müller und Paterok (2010) findet sich allerdings auch ein Hinweis, wonach sich vor allem in der Anfangsphase die Häufigkeit der zu unterdrückenden Gedanken erhöht, was wiederum zu einer Zunahme der Einschlafdauer führt (vgl. auch Schmidt und Gendolla, 2008). Der *Gedankenstuhl* hingegen ist laut Hirscher und Riemann (2012) eine präventive Technik, bei der trainiert wird, aktuelle Probleme nicht mehr im Bett zu durchdenken. In der konkreten Umsetzung nimmt der Patient auf einem Stuhl „außerhalb" des Schlafzimmers Platz, um dort die wichtigen Gedanken und Termine zu durchdenken und auch aufzuschreiben. Dadurch, so die Autoren, werden diese Gedanken vor dem Vergessen gesichert und müssen folglich im Bett nicht mehr bedacht werden. Auch der Angst vor einem möglichen Vergessen wird dadurch entgegengewirkt, was wiederum ein beruhigteres Einschlafen ermöglichen sollte. Für das Aufschreiben empfehlen Spiegelhalder und Kollegen (2011) die bewährte Technik des „systematischen Problemlösens". Die Gestaltung einer angenehmen Atmosphäre, z. B. mittels Kerzenlicht und angenehmer Düfte, kann die Wirksamkeit des Gedankenstuhls weiter verstärken (zu einem Fallbeispiel siehe Weeß, 2009, S. 97).

Bei der *paradoxen Intention* wird zu einem möglichst langen „Wachbleiben" geraten. Laut Schlarb (2003) ist der Ausgangspunkt dieser paradoxen Symptomverschreibung die Annahme einer Erwartungsangst. Diese Form der Angst ist darauf zurückzuführen, dass schlaflose oder schlafgestörte Nächte Angst vor weiteren schlafgestörten Nächten generieren. Schlarb zufolge geht diese Angst wiederum mit einer erhöhten physiologischen Erregung einher, die zum einen das Einschlafen erschwert und zum andern das Symptom unmittelbar verstärkt. In der Konsequenz versuchen die Betroffenen für gewöhnlich, den Schlaf zu erzwingen. Jedes Scheitern weckt erneut Ärger und Frustration, was das Problem der Schlafstörung weiterhin verstärkt. Schlarb (2003) sieht das Ziel der paradoxen Intervention darin, diesen Teufelskreis aus Ärger und Schlaflosigkeit zu durchbrechen. Dies geschieht dadurch, dass das Symptom paradox verschrieben wird (eben NICHT zu schlafen!). Auf diese Weise sollen die Erwartungsangst und die damit einhergehende physiologische Erregung verhindert und das Einschlafen erleichtert werden. Die Wirkung dieses Verfahrens, das in erster Linie bei Einschlafstörungen Verwendung findet, wurde in vielen Untersuchungen belegt (Morin et al., 1999; Espie et al., 1989).

Achtsamkeitsübungen: Ong et al. (2009) postulieren in neueren Studien, dass auch das Konzept der Achtsamkeit („Mindfulness") zu einer Reduktion der Schlafstörungen beitragen kann. Achtsamkeitsbasierte Verfahren, welche letztendlich auf Meditationstechniken zurückzuführen sind, gehen über die Methode der kognitiven Umstrukturierung hinaus und betonen eher metakognitive Prozesse. Ziel ist es, die ungewollten Gedanken zu akzeptieren (vgl. Michalak et al., 2012; Heidenreich et al., 2006). Die Patienten lernen, den gegenwärtigen Augenblick bewusst wahrzunehmen, ohne jedoch zugleich eine wertende Haltung einzunehmen. Durch diese Aufmerksamkeitslenkung können negative, den Schlaf hemmende Gedanken reduziert werden (Hirscher u. Riemann, 2012).

Insgesamt, so resümieren Müller und Paterok (2010), sei die Effektivität der kognitiven Verhaltenstherapie bei chronischer Insomnie stabil und mit Effektgrößen von 0.44 bis 0.88 recht hoch. Darüber hinaus profitieren von dieser Vorgehensweise durchschnittlich 70 % bis 80 % der Patienten. 50 % weisen klinisch signifikante Verbesserungen auf, und etwa ein Drittel der Patienten war nach der Behandlung weitestgehend störungsfrei. Morin und Kollegen (2006) konnten zudem in Nachuntersuchungen zeigen, dass die erzielten Therapieeffekte auch nach Therapieende mittel- (6 Monate) und langfristig (> 12 Monate) andauern.

Entspannungsverfahren Durch Entspannungsverfahren wird die physiologische Erregungsbereitschaft herabgesetzt und damit auch die Störbarkeit gegenüber inneren und äußeren Reizen vermindert. Damit beruhen die erzielbaren Effekte einerseits auf der tatsächlichen somatischen Entspannung, andererseits auf der zunehmend besseren kognitiven Fokussierung durch die Konzentration auf die Übungen. Für die meisten Patienten erweist sich die mit diesen Methoden erreichbare Verminderung von Angst und Anspannung besonders beim Einschlafen als sehr hilfreich.

Bei der *Progressiven Muskelrelaxation nach Jacobson* (vgl. Bernstein u. Borkovec, 1975) werden durch systematisches Anspannen und Lockerlassen einzelner Muskelgruppen eine verbesserte Wahrnehmung der entspannten Muskulatur erreicht und das Vegetativum heruntergeregelt. Insbesondere Patienten mit hohem Anspannungsniveau profitieren von diesem übenden Verfahren. So fanden u. a. Borkovec et al. (1975) in der Analyse 17 kontrollierter Studien eine mittlere Reduktion der Einschlaflatenz von 45 % mithilfe der progressiven Muskelentspannung. In etlichen kontrollierten Untersuchungen wurde die Wirksamkeit dieser Methode als alleiniges Verfahren oder in Kombination mit anderen Techniken zu Besserung der Insomnie belegt (Morin et al., 1999; Gustafson, 1992).

Das *Autogene Training* (vgl. Schultz, 2003) erfordert eine höhere konzentrative Bereitschaft, kann aber die Fähigkeit der Selbstwahrnehmung noch besser vermitteln, falls die Selbstsuggestionen, z. B. von Schwere, Ruhe und Wärme, angenommen werden. Auch hier wurden Hinweise für eine Wirkung dieses Verfahrens in einer vergleichenden Studie gefunden (Morin et al. 1999, Coursey et al. 1980, Nicassio u. Bootzin 1974).

Beim *Biofeedback* wird der körperliche Spannungs- bzw. Entspannungszustand neurophysiologisch durch Geräte gemessen und dem Patienten kontinuierlich über akustische oder optische Signale zurückgemeldet. So können die körperliche Anspannung intensiver gespürt und die Entspannung unmittelbar belohnt werden. Mittlerweile existieren zahlreiche verschiedene Formen des Biofeedbacks. Ihre Wirksamkeit bei Schlafstörungen ist nachgewiesen (Morin et al., 1999; Coursey et al., 1980). Zu Beginn der Übungen sollen die Entspannungsverfahren nicht beim Einschlafen angewandt werden, da die Wirkung eine gewisse Übung und Beherrschung voraussetzt und eine frühe Frustration vermieden werden soll. Es kann sogar empfohlen werden, die Entspannungsverfahren zu regelmäßigen Zeiten außerhalb der Schlafenszeit einzusetzen, um generell eine Herunterregelung des Hyperarousals zu erreichen, aber keine Erwartungshaltung nach dem Zubettgehen zu generieren.

34.4.2 Psychoedukative Therapieansätze

Geht man von Psychoedukation als systematischer didaktisch-psychotherapeutischer Intervention aus, die zum Ziel hat, Patienten (und ihre Angehörigen) über die Erkrankung und ihre Behandlung zu informieren, das Krankheitsverständnis und den selbstverantwortlichen Umgang mit der Erkrankung zu fördern und Betroffene bei der Krankheitsbewältigung zu unterstützen, so bewegen sich psychoedukative Ansätze zur Therapie der Insomnie zwischen reiner Informationsvermittlung im Sinne einer Beratung bzw. Aufklärung (z. B. Widerlegung sog. „Schlafmythen" oder Vermittlung der Schlafhygiene-Regeln) einerseits und ausgefeilter Kombination mehrerer kognitiv-verhaltenstherapeutischer Verfahren als mehrwöchigem Stufenprogramm andererseits. Ein solches Stufenprogramm kann sowohl im stationären Rahmen als auch ambulant, zumeist als Therapie in der Gruppe, durchgeführt werden. Die verwendeten verhaltenstherapeutischen Verfahren sind den oben ausführlich dargestellten nicht-medikamentösen Therapieverfahren der Insomnie entlehnt.

Schlafhygiene Mithilfe schlafhygienischer Maßnahmen sollen dem Schlaf abträgliche Verhaltensweisen abgebaut werden. Betroffene werden zudem angeleitet, eine schlaffördernde Umgebung zu schaffen. Allgemein

beschreibt die Schlafhygiene neben Verhaltensweisen auch Umstände und Maßnahmen, die sich positiv auf den Schlaf auswirken (vgl. Hauri, 1991). Auch wenn eine fehlende Schlafhygiene nicht zwingend die primäre Ursache für die Schlafstörung darstellt, so kann sie das bestehende Schlafproblem verschlechtern oder zumindest einer Besserung im Wege stehen. In der Schlafhygiene werden folgende Anleitungen vermittelt:
- Es sollte zu keinem anderen Zweck im Bett verweilt werden als zum Schlafen (mit Ausnahme der Sexualität).
- Regelmäßige Zeiten für das Zubettgehen und das morgendliche Aufstehen sind einzuhalten (auch am Wochenende!).
- Tagesschlafperioden sind so kurz wie möglich zu halten (etliche Autoren, z. B. Binder, 2009, raten sogar ganz davon ab).
- Es ist eine angenehme und schlaffördernde Gestaltung des Schlafzimmers vorzunehmen, einschließlich der Reduktion von Lärm (wenn nötig auch mittels Ohrenstopfen), Liegebequemlichkeit, ausreichender Belüftung und einer dem Schlaf zuträglichen Raumtemperatur (16° bis 18°C). Nach Möglichkeit sollte man sämtliche Dinge aus dem Schlafzimmer entfernen, die an Stressoren erinnern.
- Abends sollten nur eine leicht verdauliche Mahlzeit gegessen, weder Alkohol noch Kaffee oder Cola konsumiert und das Rauchen (Zigaretten) eingeschränkt werden.
- Die Abendstunden sollten so entspannend wie möglich gestaltet werden. Ggf. kann man sich ein Einschlafritual überlegen.
- Regelmäßiger Sport am Mittag und Nachmittag kann das Einschlafen erleichtern; intensive körperliche Aktivität vor dem Schlafengehen ist aber zu vermeiden.
- Etliche Autoren empfehlen sogar, den oft geübten Kontrollblick auf den Wecker einzustellen (vgl. Binder, 2009; Weeß, 2009; Spiegelhalder et al., 2011).

In einigen Fällen genügt die aus Information und Schlafhygiene bestehende Kombination der Basisintervention, um zumindest den Umgang mit der Schlafstörung positiv zu beeinflussen. So fanden Morin et al. (1994) in ihrer Metaanalyse heraus, dass die Befolgung der Schlafhygieneregeln positive Effekte auf die Einschlaf- und die Gesamtschlafzeit hat. In den meisten Fällen einer chronischen Insomnie müssen aber zusätzlich andere Verfahren zum Einsatz kommen, da die alleinige Vermittlung der Grundsätze der Schlafhygiene nur eine begrenzte Wirkung hat (Morin et al., 1999).

34.4.3 Verhaltenstherapeutische Programme mit psychoedukativem Anteil

Da die primäre Insomnie nicht unbedingt ein zeitkonstantes Störungsmuster aufweist und die Schlafstörung durch unterschiedliche individuelle Faktoren ausgelöst und aufrechterhalten wird, sollte ein verhaltenstherapeutisches Therapiekonzept nach Meinung einiger Autoren bekannte Wirkvariablen in möglichst großer Breite umfassen (Davies, 1989).

Ein solches Konzept bzw. Therapieprogramm wurde von Zschintzsch et al. (1996) erarbeitet. Es beinhaltet 7 Sitzungen für 6 bis 8 Patienten. In der 1. Sitzung werden wichtige Aspekte der Schlafhygiene erörtert und die Methode der Reizkontrolle vermittelt. Die 2. Sitzung enthält wichtige Informationen über den Schlaf (Wissensvermittlung). In der 3. Sitzung wird die Muskelentspannung nach Jacobson erlernt. In der 4. Sitzung wird neben der Entspannung ein Ruhebild erstellt, und die 5. Sitzung dient zum Festlegen eines Einschlafzeremoniells. In der 6.

Sitzung werden schlafstörende Kognitionen besprochen und Übungen zur kognitiven Umstrukturierung durchgeführt, während die 7. Sitzung nochmals alle erarbeiteten Punkte durchgeht und bei Schwierigkeiten individuelle Lösungsmöglichkeiten anbietet.

Jacobs et al. (1996) konzipierten ein Programm für 7–10 Gruppenteilnehmer, das in einem Zeitraum von 10 Wochen 7 jeweils 2-stündige Sitzungen beinhaltet. Tab. 34-2 zeigt den Aufbau der Sitzungen und die einzelnen Komponenten dieser verhaltenstherapeutischen Intervention. Der Ablauf dieses Trainings ähnelt dem der unten beschriebenen deutschsprachigen Therapiemanuale.

Nach Durchlaufen der mehrere Komponenten enthaltenden verhaltenstherapeutischen Intervention gaben alle Patienten (n=102) eine Verbesserung ihrer Schlafstörung an. 58 % der Patienten beschrieben die Insomnie als deutlich bzw. signifikant verbessert (vgl. Jacobs et al., 1996). Bei 38 % der Teilnehmer konnte die Schlafmedikation abgesetzt und bei immerhin noch 53 % die Dosis reduziert werden. Auch nach 6 Monaten gaben 90 % der Patienten weiterhin eine zunehmende oder anhaltende Besserung der Schlafstörung an.

34.5 Therapiemanuale unter Einbeziehung von Psychoedukation

Ein halbstandardisiertes Therapiekonzept wurde von Riemann und Backhaus (1996) entwickelt und 1996 als Therapeutenmanual veröffentlicht. Diese *störungsspezifische Kurzzeittherapie* umfasst sechs Sitzungen in einer

Tab. 34-2 Komponenten der verhaltenstherapeutischen Intervention bei Insomnie (nach: Jacobs et al., 1996)

Sitzung 1	Beratung, Aufklärung und kognitive Umstrukturierung bezüglich des Schlafes (z. B. Veränderung inkorrekter Einstellungen zur notwendigen Schlafdauer, zum Effekt der Schlafstörung und zur subjektiven Wahrnehmung des eigenen Schlafes)
Sitzung 2	Heruntersetzen der Schlafmedikation und Vermitteln der Regeln der Schlafhygiene
Sitzung 3	Schlafplanung (z. B. festgelegte Aufstehzeit, kein Schlaf länger als 45 Minuten während des Tages oder nach 16 Uhr; Schlafrestriktion, um die Schlafeffizienz zu erhöhen)
Sitzung 4	Modifizierte Stimuluskontrolle (z. B. Bett und Schlafzimmer nur zum Schlafen benutzen, bei 20–30 Minuten Wachliegen Entspannungsübungen oder Aufstehen)
Sitzung 5	Entspannungsübungen (z. B. Muskelentspannung, konzentrierte Atmung, repetitive mentale Aktivitäten, Ignorieren und Unterbinden von störenden Gedanken), kombiniert mit Stimuluskontrolle
Sitzung 6	Kognitive Umstrukturierung und Stressmanagement (z. B. Registrierung und Veränderung unerwünschter kognitiver Aktivierung bezüglich täglicher Stressoren)
Sitzung 7	Wiederholung und Festigung der therapeutischen Strategien und Ziele

Frequenz von 1 Sitzung pro Woche mit einer Dauer von jeweils etwa 90 Minuten und beschränkt sich auf schlafbezogene Maßnahmen. Die Anzahl der Teilnehmer in der Gruppe sollte auf ca. 4–8 Personen beschränkt bleiben. In einer Kombinationstherapie werden hier Übungen zur körperlichen Entspannung (Progressive Muskelrelaxation), zur gedanklichen Entspannung mit Fantasiereisen und Ruhebildern, Informationen über den Schlaf, Regeln für einen gesunden Schlaf (Stimuluskontrolle, Schlaf-wach-Rhythmus-Strukturierung, Schlafhygiene) sowie kognitive Techniken (Gedankenstopp, kognitives Umstrukturieren) vermittelt. Die Autoren verstehen unter dem Begriff Psychoedukation allerdings lediglich den Information vermittelnden Teil ihres Therapieprogramms. Die folgende Tabelle zeigt den Aufbau und Ablauf dieser Kurzzeittherapie detaillierter (s. Tab. 34-3). Die Autoren begründen die Einleitung des Programms mit der Muskelentspannung damit, dass es für viele Patienten motivierend sei, schon in den ersten Sitzungen durch ein leicht zu erlernendes Verfahren eine Entspannung erreichen zu können. So werde die Zuversicht für schwierigere Therapieteile gestärkt. Zusätzlich werde bei dieser Reihenfolge berücksichtigt, dass das Verfahren der Muskelrelaxation Übungszeit brauche. In der Regel sollte es erst ab der 4. Sitzung im Bett angewendet werden. Es verlange, so die Autoren, zunächst außer regelmäßigem Üben noch keine gravierende Verhaltensänderung. Als Verstärkung der Selbstkompe-

Tab. 34-3 Störungsspezifische Kurzzeittherapie der primären Insomnie – Ablauf der Sitzungen (nach: Riemann u. Backhaus, 1996)

1. Sitzung	*Entspannung I:* • Vorstellung des Kurskonzeptes • Körperliche Entspannung: Progressive Muskelrelaxation
2. Sitzung	*Entspannung II:* • Gedankliche Entspannung, Ruhebild, FantasiePhantasiereisen
3. Sitzung	*Regeln für einen gesunden Schlaf:* • Informationen zu Schlaf und Schlafstörungen, Schlaf-wach-RhythmusSchlaf-Wach-Rhythmus-Strukturierung, Stimuluskontrolle, Schlafhygiene
4. Sitzung	*Kognitive Kontrolle I:* • Erkennen kognitiver Teufelskreise und Sich-Selbst-erfüllender- Prophezeiungen, Umgang mit schlafbehindernden Gedanken und Erwartungen: Gedankenstuhl, Gedankenstopp
5. Sitzung	*Kognitive Kontrolle II:* • Kognitives Umstrukturieren dysfunktionaler Gedanken
6. Sitzung	*Abschluss:* • Zusammenfassende Analyse aufrechterhaltender Bedingungen und entsprechender Gegenmaßnahmen, als Prävention Umgang mit zukünftigen Phasen von Schlaflosigkeit

34 Psychoedukation bei Schlafstörungen

tenz (Selbstmanagement) sowie als Erinnerungsstütze während der Gruppensitzungen und zur Rückfallprävention sind die einzelnen Therapieelemente auch in einem Selbsthilfemanual zusammengefasst (Backhaus u. Riemann, 1996).

Riemann und Backhaus konnten in einer Studie mit 18 (von ursprünglich 21) Patienten über einen mittleren Zeitraum von nahezu 3 Jahren die positiven Langzeiteffekte ihres Therapieprogramms belegen (Backhaus et al., 2001). Gemessen mit dem Pittsburgh Sleep Quality Index (PSQI) (Buysse et al., 1989) zeigten sich auch nach 3 Jahren eine noch bestehende signifikante Abnahme der Einschlaflatenz (Sleep Onset Latency) und Zunahme der absoluten Schlafdauer (Total Sleep Time) sowie der Schlafeffizienz (Sleep Efficiency Index) gegenüber der Warteperiode vor Beginn der Therapie.

Ein weiteres Therapiemanual mit der Bezeichnung *Schlaftraining* wurde von Müller und Paterok (2010) aus dem Schlaflabor des Psychologischen Institutes II der Universität Münster entwickelt. Es basiert auf der Methode der Schlafrestriktion. Während im ersten Teil des Manuals die theoretischen Grundlagen der Entstehung und Aufrechterhaltung der Insomnie, Klassifikation und Diagnostik von Schlafstörungen sowie die Grundlagen der Behandlung und insbesondere die Wirkungsweise der Schlafrestriktion vermittelt werden, enthält der zweite Teil eine detaillierte Beschreibung und Anleitung mit Materialien für die sechs konzipierten Therapiesitzungen. Tab. 34-4 verdeutlicht den Ablauf und den Inhalt der Sitzungen. Die Materialien sind so konzipiert, dass sie direkt als DIN A4-Vorlage auf eine Overheadfolie kopiert und in den Sitzungen ohne erneute Bearbeitung verwendet werden können. Zusätzlich ist ein Anmeldungsfragebogen bei Schlafstörungen angefügt, der die Schlafstörung näher beschreibt und wichtige diagnostische Hinweise zur Einordnung der beim Teilnehmer vorliegenden Schlafstörung gibt. Durch die Mitgabe von Hausaufgaben (z. B. Schlafprotokoll-Muster), die als vorgefertigte Blätter in einfacher Ausfertigung enthalten sind, wird das Training intensiviert. Ein abschließender Katamnese-Fragebogen dient der Evaluation des Schlaftrainings und der Überprüfung des individuellen Therapieerfolges. Die Sitzungen dauern jeweils mindestens 90 Minuten, wobei die ersten 4 Sitzungen wöchentlich stattfinden, während zwischen der 4. und 5. bzw. 5. und 6. jeweils 2 Wochen liegen.

Die Evaluation des Schlaftrainings mittels Katamnesefragebogen zeigte, dass alle Patienten sowohl nach Abschluss der Behandlung (Post1) als auch nach 3 und 6 Monaten (Post2, Post3) von der Schlafrestriktion profitierten (Müller u. Paterok, 2010). Es zeigten sich Verbesserungen in allen wesentlichen Schlafparametern (Schlaferholsamkeit, Einschlafdauer, Gesamtschlafdauer und nächtliche Wachliegezeit). Betrachtet man den Verlauf des Schlaftrainings, so ergibt sich bei der Schlafeffizienz in der 6. Therapiewoche ein Anstieg auf 87%. Nach Theerapieende (Post1) liegt diese bei 88%, bei Post2 (d.h. 3 Monate nach Beendigung der Therapie) bei 82% und bei Post3 (6 Monate nach Therapieende) noch bei 83% – eine im Vergleich mit der Baseline hochsignifikante Verbesserung. Die Compliance, d.h. die konsequente Fortführung der Schlafrestriktion nach Abschluss der Trainingsmaßnahme, wird mit etwa 60% beziffert.

Tab. 34-4 Schlaftraining – Ablauf der Sitzungen (nach Müller u. Paterok, 2010)

1. Sitzung	• Information über den formalen und inhaltlichen Ablauf des Trainings • Gegenseitiges Kennenlernen • Erste Vermittlung eines einfachen Störungsmodells • Vermittlung der theoretischen Grundlagen und der praktischen Vorgehensweise bei der Schlafrestriktion
2. Sitzung	• Erfahrungsaustausch der Patienten bzgl. der 1. Restriktionswoche • Vermittlung von Strategien im Umgang mit Müdigkeit/Schläfrigkeit • Weiterer Aufbau von Motivation (Compliance) • Erläuterungen zu auftretenden Problemen • Vorbereitung des Aktivitätenaufbaus • Berechnung von Schlafeffizienz und Schlaffenster
3. Sitzung	• Erfahrungsaustausch der Teilnehmer bzgl. der 2. Restriktionswoche • Wissensvermittlung über die Entstehung und Aufrechterhaltung von Schlafstörungen (Störungsmodell) • Motivationsaufbau: Realisierung von positiven Freizeitaktivitäten • Entwicklung eines eigenen Störungsmodells
4. Sitzung	• Erfahrungsaustausch der Teilnehmer bzgl. der 3. Restriktionswoche • Wissensvermittlung über die Grundlagen des gesunden und gestörten Schlafes: Eine Reise durch die Nacht • Korrektur dysfunktionaler Vorstellungen über Schlafnormen • Vermittlung der Regeln des gesunden Schlafes • Aufbau positiver Freizeitaktivitäten
5. Sitzung	• Erfahrungsaustausch der Teilnehmer bzgl. der 4. und 5. (selbstständigselbständigen!) Restriktionswoche • Besprechung der Regeln des gesunden Schlafes • Wissensvermittlung über die Wirkungen und Nebenwirkungen von Schlafmitteln und Alkohol
6. Sitzung	• Erfahrungsaustausch und ein Resümee über die bisherigen Schlafrestriktions- Fort- und Rückschritte • Motivationsaufbau: Langfristige Compliance • Ausblick: Wie geht es weiter? • Schriftliche Nachbefragung

34.6 Ausblick

Zusammenfassend ist festzuhalten, dass Psychoedukation als integraler Bestandteil der Behandlung von Schlafstörungen anzusehen ist. Psychoedukation im Sinne von Aufklärung und Beratung über den natürlichen Ablauf, die Dauer und Funktion des Schlafes, über unterschiedliche Arten, mögliche Entstehung und Aufrechterhaltung von Schlafstörungen sowie über die zur Verfügung stehenden Behandlungsmöglichkeiten hat ihren festen, unangefochtenen Platz in den meisten Ratgebern, Selbsthilfekonzepten und kognitiv-verhaltenstherapeutischen Programmen zur Therapie psycho-physiologischer Insomnien. Fasst man den Begriff der Psychoedukation weiter und versteht darunter eine bestimmte kognitiv-verhaltenstherapeutische Intervention, bei welcher der Wissensvermittlung und dem selbstverantwortlichen Umgang mit der Erkrankung ein hoher Stellenwert zukommt, so sind die hier vorgestellten verhaltenstherapeutischen Programme und Therapiemanuale als psychoedukative Behandlungsmaßnahme einzuordnen.

Über die Effektivität der einzelnen Komponenten der multimodalen Programme besteht noch kein einheitliches Bild. Die größte Wirksamkeit und damit der höchste Stellenwert werden jedoch offenbar der Stimuluskontrolle sowie der Schlafrestriktion beigemessen. Zur besseren Evaluation wären u. a. Therapiestudien mit mehreren Behandlungsarmen notwendig, um die potenzielle Überlegenheit bestimmter einzelner Komponente zu identifizieren. Der häufig durchgeführte Vergleich mit der Gruppe auf der Warteliste als Kontrollgruppe ist hier unzureichend.

Als abschließende „psychoedukative" Maßnahme ist die Antwort auf die häufig gestellte Frage nach der bleibenden Gesundheitsschädigung und Gefährlichkeit von Schlafstörungen zu geben. Obwohl eine Reihe von Erkrankungen mit Schlafstörungen assoziiert ist, wurde keine erhöhte Mortalität bei Personen gefunden, die eine subjektive Beeinträchtigung der Qualität und Dauer ihres Schlafes angaben (Kripke et al., 2002). Menschen mit einer längeren Schlafdauer wiesen sogar eine erhöhte Mortalität auf. Obwohl diese Befunde noch einer plausiblen Erklärung bedürfen, ist die Insomnie somit eine Störung, die zwar mit einer deutlichen Beeinträchtigung der Lebensqualität einhergeht, aber per se nicht zu einer verkürzten Lebenserwartung führt.

Ratgeber

Riemann D (2011). Ratgeber Schlafstörungen – Informationen für Betroffene und Angehörige. Kindle Edition. Göttingen (Hogrefe).

Fricke L, Frölich J, Lehmkuhl G et al. (2006). Ratgeber Schlafstörungen – Informationen für Betroffene, Eltern, Lehrer und Erzieher. Göttingen (Hogrefe).

Müller T, Paterok B (2010). Schlaf erfolgreich trainieren – Ein Ratgeber zur Selbsthilfe. Göttingen (Hogrefe).

Internetlinks

Deutsche Gesellschaft für Schlafforschung und Schlafmedizin http://www.charite.de/dgsm/dgsm/

Dr. Tilmann Müller, Dr. Beate Paterok und Prof. Dr. Becker-Carus (Uniklinik Münster) http://www.schlafgestoert.de/

Literatur

Backhaus J, Riemann D (1996). Schlafstörungen bewältigen. Informationen und Anleitungen zur Selbsthilfe. Weinheim (Beltz-PVU).

Backhaus J, Hohagen F, Voderholzer U et al. (2001). Long-term effectiveness of a short-term cognitive-behavioral group treatment for primary insomnia. Eur Arch Psychiatry Clin Neurosci 251: 35–41.

Beck AT (1976). Cognitive Therapy and the Emotional Disorders. New York (IUP).

Belanger L, Savard J., Morin CM (2006). Clinical management of insomnia using cognitive therapy. Behavioral Sleep Medicine 4 (3): 179–198.

Bernstein DA, Borcovec TD (1975). Entspannungs-Training – Handbuch der „progressiven Muskelentspannung" nach Jacobson. München (Pfeiffer).

Binder R (2009). Psychotherapie bei primärer Insomnie. In: PiD 10(2): 120–128.

Bootzin RR (1972). Stimulus control treatment for insomnia. Proceedings of the APA 26 (1): 17–23.

Bootzin RR (1980). Verhaltenstherapeutische Behandlung von Schlafstörungen. Psychotherapeutische Praxis. München (Pfeiffer).

Bootzin RR, Epstein D, Wood JM (1991). Stimulus control instructions. In: Hauri R (Hrsg.). Case Studies in Insomnia. New York (Plenum Publishing), S. 19–26.

Borkovec TD, Kaloupek DG, Slama KM (1975). The facilitative effect of muscle tension-release in the relaxation treatement of sleep disturbance. Behav Ther 6: 301–309.

Buysse D, Reynolds C, Monk T et al. (1989). The Pittsburgh Sleep Quality Index: a new instrument for psychiatric practice and research. Psychiatry Res 28: 193–213.

Chevalier H, Los F, Boichut S et al. (1999). Evaluation of severe insomnia in the general population: results of a European multinational survey. J Psychopharmacol (Oxf) 13 (4 Suppl 1): 21–24.

Coursey FD, Frankel BL, Gardner KB et al. (1980). A comparison of relaxation techniques with electrosleep therapy for chronic sleep-onset insomnia. A sleep EEG study. Biofeedback Self Regul 5: 57–73.

Davies DR (1989). A multiple treatment approach to the group treatment of insomnia: a follow-up study. Behav Psychother 17: 323–331.

Dilling H, Mombour W, Schmidt MH (1999). Internationale Klassifikation psychischer Störungen ICD-10, Kapitel V (F). Klinisch-diagnostische Leitlinien. Bern (Huber).

Erman MK (1989). An overview of sleep and insomnia. Hosp Pract 23 (Suppl 2): 11.

Espie CA, Lindsay WR, Brooks DN et al. (1989). A controlled comparative investigation of psychological treatments for chronic sleep-onset insomnia. Behav Res Ther 27: 79–88.

Friedman L, Bliwise DL, Yesavage JA et al. (1991). A preliminary study comparing sleep restriction and relaxation treatments for insomnia in older adults. J of Gerontology 46: 1–8.

Glovinsky PB, Spielman AJ (1991). The varied nature of insomnia. In: Hauri P (Hrsg.). Case Studies in Insomnia. New York (Plenum Publishing), S. 1–15.

Gustafson R (1992). Treating insomnia with a self-administered muscle relaxation training program: A follow-up. Psychol Reports 70: 124–126.

Hajak G, On behalf of the SINE Study Group (2001). Epidemiology of severe insomnia and its consequences in Germany. Eur Arch Clin Neurosci 251: 49–56.

Harvey AG, Payne S (2002). The management of unwanted pre-sleep thoughts in insomnia: distraction with imagery versus general distraction. Behav Res Ther 40 (3): 267–277.

Hauri PJ (1991). Sleep hygiene, relaxation therapy, and cognitive interventions In: Hauri PJ (Hrsg.). Case Studies in Insomnia. New York (Plenum Publishing), S. 65–84.

Heidenreich T, Tuin I, Pflug B et al. (2006). Mindfulness-based cognitive therapy for persistent insomnia: a pilot study. Psychother Psychosom 75 (3): 188–189.

Hirscher V, Riemann D (2012). Schlaf und Schlafstörung. In: Psychiatrie und Psychotherapie up2date 6 (1): Stuttgart (Thieme), S. 41–55.

Jacobs GD, Benson H, Friedman R (1996). Perceived benefits in a behavioral-medicine insomnia program: a clinical report. Am J Med 100: 212–216.

Kessler C, Freyberger HJ (Hrsg.) (1996). Internationale Klassifikation neurologischer Erkrankungen. Bern (Huber).

Kripke DF, Garfinkel L, Wingard DL et al. (2002). Mortality associated with sleep duration and insomnia. Arch Gen Psychiatry 59: 131–136.

Lacks P, Bertelson AD, Sugerman J et al. (1983). The treatment of sleep-maintenance insomnia with stimulus control techniques Behav. Res Ther 21: 291–295.

Michalak J, Heidenreich T, Williams J et al. (2012). Achtsamkeit. Göttingen (Hogrefe).

Morin CM (1993). Insomnia – Psychological assessement and management. New York (Guilford Press).

Morin CM (1996). Relief from insomnia. New York (Doubleday).

Morin CM (2003). Measuring outcomes in randomized clinical trials of insomnia treatments. Sleep Med Rev 7: 263–279.

Morin CM, Culbert JP et al. (1994). Nonpharmacological interventions for insomnia: A meta-analysis of treatment efficacy. In: Am J Psychiatry 151 (8): 1172–1180.

Morin CM, Hauri PJ, Espie CA et al. (1999). Nonpharmacological treatment of chronic insomnia. An American Academy of Sleep Medicine Review. Sleep 22 (8): 1134–1156.

Morin CM, Bootzin RR, Buysse DJ et al. (2006). Psychological and behavioral treatment of insomnia – update of the recent evidence (1998–2004). Sleep 29 (119): 1398–1414.

Müller T, Paterok B (2010). Schlaftraining – Ein Therapiemanual für Behandlung von Schlafstörungen. 2. Aufl. Göttingen (Hogrefe).

Murtagh DR, Greenwood KM (1995). Identifying effective psychological treatments for insomnia: a meta-analysis. J Clin Consult Psych 63: 79–89.

Nicassio PM, Bootzin RR (1974). A comparison of progressive relaxation and autogenic training as treatments for insomnia. J Abnorm Psychol 83(3): 253–260.

Ong JC, Shapiro SL, Manber R (2009). Mindfulness Meditation and Cognitive Behaviorals Therapy for Insomnia: A Naturalistic 12-Month Follow-Up. Explore 5: 30–36.

Puder R, Lacks P, Bertelson AD et al. (1983). Short-term stimulus control treatment of insomnia in older adults. Behav Ther 14: 424–429.

Riemann D, Backhaus J (Hrsg.) (1996). Schlafstörungen bewältigen. Ein psychologisches Gruppenprogramm. Weinheim (Beltz-PVU).

Riemann D, Baglioni C, Feige B et al. (2014). Insomnien – Stand der Forschung. Nervenarzt 85: 43–49.

Schlarb AA (2003). Verhaltenstherapie und Hypnotherapie bei primärer Insomnie. Unveröff. Diss. Univ. Tübingen zur Erlangung des Grades eines Doktors der Naturwissenschaften.

Schmidt RE, Gendolla GH (2008). Dreaming of white bears – The return of the suppressed at sleep onset. Conscious Cogn 17(3): 714–724.

Schramm E, Riemann D (Hrsg.) (1995). Internationale Klassifikation der Schlafstörungen (ICSD). Weinheim (Beltz-PVU).

Schramm E, Hohagen F, Graßhoff U et al. (1993). Test-retest reliblity and validity of a structured interview for sleep disorders according to DSM-III-R. Am J Psychiatry 150: 867–872.

Schramm E, Riemann D (Hrsg.) (1995). Internationale Klassifikation der Schlafstörungen (ICSD). Weinheim (PVU).

Schultz JH (2003). Das autogene Training. Konzentrative Selbstentspannung – Versuch einer klinisch-praktischen Darstellung. 20. Aufl. Stuttgart (Thieme).

Spiegelhalder K, Backhaus J, Riemann D (2011). Schlafstörungen. 2. Aufl. Göttingen (Hogrefe).

Spielman AJ, Saskin P, Thorpy MJ (1987). Treatment of chronic insomnia by restriction of time in bed. Sleep 10: 45–56.

Stavemann HH (2007). Sokratische Gesprächsführung in Therapie und Beratung – Eine Anleitung für Psychotherapeuten, Berater und Seelsorger. 2. Aufl. Weinheim (Beltz-PVU).

Steering-Komitee (2010). S3-Leitlinie: Nicht erholsamer Schlaf/Schlafstörungen – Kurzfassung. Berlin (Springer).

Stuck BA, Maurer JT, Schredl M et al. (Hrsg.) (2009). Praxis der Schlafmedizin – Schlafstörungen bei Erwachsenen und Kindern – Diagnostik, Differenzialdiagnostik und Therapie. Heidelberg (Springer).

Weeß HG (2009). Insomnien. In: Stuck BA et al. (Hrsg.). Praxis der Schlafmedizin – Schlafstörungen bei Erwachsenen und Kindern – Diagnostik, Differenzialdiagnostik und Therapie. Heidelberg (Springer), S. 79–110.

Wobrock T, Schwaab B, Böhm M et al. (2001). Pharmakotherapeutische Behandlungsstrategien der Insomnie bei Patienten mit kardialen Erkrankungen und nach Herztransplantationen. Z Kardiol 90: 717–728.

Zschintsch A, Sieb JP, Miretzky A et al. (1996). Konzept eines verhaltenstherapeutischen Programms bei primärer Insomnie. Nervenarzt 67: 244–248.

35 Psychoedukation bei chronischen Schmerzerkrankungen

Martin von Wachter, Askan Hendrischke

35.1 Einleitung

Mit über 10 Millionen betroffenen Menschen in Deutschland gehören chronische Schmerzstörungen zu den häufigsten Erkrankungen. Schmerzkranke schreiben ihre Beschwerden i. d. R. vorrangig körperlichen Ursachen zu und suchen daher selten aus eigener Motivation um eine psychosomatisch-psychotherapeutische Behandlung nach. Die Betroffenen schildern typischerweise eine umfangreiche, lange Vorgeschichte mit vielfältigen medizinischen Maßnahmen und erfolglosen Therapieversuchen. Oft ist ihr Selbstwertgefühl erheblich beeinträchtigt. Sie sind durch den Behandlungsverlauf und die subjektiv erlebte Zurückweisung im Gesundheitssystem zurückhaltend und misstrauisch geworden. Ohnmacht und Hilflosigkeit und das Gefühl, dem Schmerz ausgeliefert zu sein, sind die dominierenden Emotionen (von Wachter, 2014). Unzureichende Aufklärung, einseitige somatische Krankheitsattribution, Erwartungsängste, passive Behandlungserwartungen und wiederholte Hoffnungs-Enttäuschungserfahrungen können die Krankheitsakzeptanz und -bewältigung zusätzlich erschweren.

Chronische Schmerzzustände korrespondieren nicht nur mit körperlichen Beeinträchtigungen, sondern sind fast immer auch Teil (oder Ausdruck) komorbider psychischer bzw. sozialer Belastungen oder Konflikte. Dementsprechend spielen neben den körperlichen auch die psychosozialen Krankheitsfaktoren in der Diagnostik und Behandlung eine entscheidende Rolle. Die Information des Patienten über diese Wechselwirkungen zielt auf Orientierung und Verständnis und stellt deshalb eine wichtige Voraussetzung für ein weiterführendes psychotherapeutisches Setting dar. Petrie et al. (2005) betonen, dass für Schmerzpatienten die Erklärung ihrer Beschwerden oft ebenso wichtig ist wie deren Behandlung. Wegen des subjektiven Charakters von Schmerzen sind gerade Schmerzpatienten die eigentlichen Experten ihrer Beschwerden und Beeinträchtigungen (Seemann, 2005). Infolgedessen sollten sie aktiv in die Behandlung einbezogen werden.

Den Patienten zum Experten seiner Krankheit zu machen und ihm eine aktive und partnerschaftliche Entscheidungsfindung in der Therapiegestaltung zu ermöglichen setzt eine Haltung der Behandler voraus, die den Patienten als Kooperationspartner wertschätzt und ihm die entscheidende Kompetenz zur Problemlösung zuspricht. Viele Patienten, die von ihren behandelnden somatischen Ärzten in die Psychosomatik „geschickt" bzw. überwiesen werden, halten trotz erfolgloser Therapieversuche weiter an einer somatischen Behandlungserwartung fest, da ihnen die Kenntnis der bio-psychosozialen Krankheitszusammenhänge fehlt. Oft werden entsprechende Attributionsversuche, die vom Hausarzt oder von den Angehörigen an Schmerzpatienten herangetragen werden, aufs heftigste zurückgewiesen, weil die Patienten fürchten, in die „Psychoschublade" gesteckt zu werden. Nur allzu leicht fühlen sich Betroffene als Simulanten abgestempelt oder als psychisch krank diffamiert („Ich hab's doch im Rücken, nicht im Kopf!"). Für den Behandler bedeutet dies, respektvoll auf das subjektive Krankheitsmodell des Patienten einzugehen und es schrittweise in Richtung eines bio-psycho-sozialen Modells zu erweitern. Dies ist auch deshalb wichtig, weil Schmerzpatienten Stress häufig nur in Form von körperlichen Beschwerden kommunizieren können. Der Aufbau einer tragfähigen Arzt-Patient-Beziehung, die einer Sicht von psychophysiologischen Wechselwirkungen den Vorzug vor einseitig körperbezogenen Kausalitätsmodellen gibt, ist darauf ausgerichtet, durch symptomorientiertes Vorgehen den Patienten in seiner Krankheitsattribution dort abzuholen, wo er steht.

Das Verständnis für die Schmerzerkrankung reduziert Unsicherheiten und das Gefühl von Angst und Ausgeliefertsein, da die Patienten sich in ihren Beschwerden und ihrer Erkrankung gesehen und ernst genommen fühlen. Psychoedukation schafft Transparenz und reduziert Vorurteile und Bedenken gegenüber einer psychosomatischen Schmerzbehandlung. So stärkt sie die Therapiemotivation und nutzt das Selbsthilfepotenzial der Betroffenen. Der gemeinsame Austausch in der Gruppe wirkt i. d. R. entstigmatisierend, verringert Selbstvorwürfe und beugt Resignation im Umgang mit der Schmerzerkrankung vor (Schirmer, 2008). Die durch die Psychoedukation angestoßenen Themen und emotionalen Prozesse sind oft ein Katalysator für die Psychotherapie und führen häufig schneller zum Fokus. Patienten, die erfahren, dass Psychotherapie auch auf der Vermittlung von Wissen beruhen kann, fühlen sich in ihrem Grundbedürfnis nach Autonomie und Selbstbestimmung respektiert. Sie lernen, selbstverantwortlich mitzuarbeiten und Therapiewirkungen zu kontrollieren, und lassen sich auf eine vertrauensvolle therapeutische Beziehung bereitwilliger ein (Seemann, 2005). Der Einsatz von Psychoedukation unterstreicht somit auch die fachliche Qualifikation des Therapeuten (Grawe, 1994).

Diagnostik und Therapie von chronischen Schmerzen ist allerdings oft langwierig und erfordert Geduld seitens des Patienten wie auch des Behandlers. Erschwert wird sie auch dadurch, dass die zugrunde liegenden Pathomechanismen unterschiedlich sind und es keine generelle psychosomatische Schmerztherapie gibt, die für alle Formen chronischer Schmerzzustände „passt" (Hendrischke u. von Wachter, 2008; Egle u. Zentgraf, 2009). Das Spektrum reicht vielmehr von Schmerzstörungen, bei denen Fragen der Bewältigung und eine Verbesserung der Teilhabe am Alltagsleben im Vordergrund stehen (Schmerz bei Gewebsschädigung), über Schmerzen, die vor dem Hintergrund eingeschränkter Konflikt- und Stressregulation auftreten (funktionelle Schmerzen), bis hin zu Schmerzerkrankungen, die einen ätiologieorientiert-kurativen Ansatz erfordern (Schmerzen bei psychischen Erkrankungen oder nach Traumatisierung; s. Tab. 35-1). Abgeleitet daraus ergeben sich in therapeutischer Hinsicht unterschiedliche Behandlungsziele (Schmerzbewältigung, Schmerzreduktion oder Schmerzfreiheit). Die Psychoedukation bietet für Schmerzpatienten mit unterschiedlicher Ätiopathogenese übergreifende und spezifische Informationen und Arbeitsmittel, die im weiteren Verlauf dieses Kapitels detailliert beschrieben werden.

Tab. 35-1 Störungsorientierte Differenzierung in der Psychoedukation bei chronischer Schmerzkrankheit

	Schmerz bei Gewebsschädigung mit inadäquater Krankheitsbewältigung	Schmerz als funktionelle Störung	Schmerz als Leitsymptom einer psychischen Erkrankung
Beispiele	Arthrose, Arthritis, neuropatischer Schmerz, Tumorschmerz	unspez. Rückenschmerz, Fibromyalgiesyndrom, Craniomandibuläre Dysfunktion, Spannungskopfschmerzen	somatoforme Schmerzstörung, Trauma, Depression
Psychosoziale Faktoren	Anpassungs- und Coping-Probleme, Hilflosigkeit, somatische Fixierung, Katastrophisieren, Verleugnen, fatalistisches Resignieren	ängstliches Vermeidungsverhalten, anhaltender Stress, Mobbing, Probleme der Konfliktregulation, Arbeitsplatzunzufriedenheit, eingeschränkte Entspannungsfähigkeit	frühe Verknüpfung von Schmerz und affektiven Zuständen, früher psychosozialer Stress, Schmerz als Reaktionsform auf belastende Lebensereignisse und Verlusterfahrungen, Schmerz als körperliche Intrusion nach Traumatisierung
Therapeutischer Fokus	Schmerzbewältigung, Coping, Akzeptanz, Motivation zu körperlicher Aktivität	Stressbewältigung, Regulation von Entspannung und Aktivierung, aktuelle Konflikte, Arbeitsplatz	Beziehungsmuster und -gestaltung, interaktionelle Aspekte von Schmerz, Schmerz-Affekt-Differenzierung, mögliche Traumatisierung
Themen in der Psychoedukation	akuter Schmerz versus chronischer Schmerz, neurobiologische Schmerzverarbeitung, bio-psychosoziales Krankheitsmodell, Chronifizierungsfaktoren, Aufmerksamkeitslenkung, Schmerz und Familie	kognitive Schmerzverarbeitung, hilfreiche Selbstanweisungen, Schmerzbewältigungsstrategien, Balance zwischen Schonung und übermäßiger Aktivität Entspannungsverfahren	Schmerz und soziale Ausgrenzung, Schmerz und Gefühle, Schmerzwahrnehmung negativer Emotionen, neurobiologisches Schmerzgedächnis, Schmerz und Trauma
Module im Manual	1,2,3,4,8,9,10,11,12	1,2,3,5,6,7,8,9,11,12	1,2,6,9,10,12
Arbeitsblätter	Krankheit und Gesundheit Schmerzbewältigungsstrategien Ressourcenaktivierung	Wie erkenne ich Belastungsgrenzen? Anspruch an mich selbst Meine Auszeit – Pausenmanagement Schmerzbewältigungsstrategien	Anspruch an mich selbst Umgang mit Wünschen und Bedürfnissen Schmerz und Gefühle

35.2 Grundlagen, Inhalte und Ziele der Schmerzpsychoedukation

Neben der Information über die Krankheit lässt sich für die Psychoedukation bei Patienten mit chronischen Schmerzerkrankungen eine Reihe weiterer Ziele definieren:
- evidenzbasierte Patienteninformation über verschiedene Formen von Schmerzstörungen und ihre Entstehung, ihre Symptomatik, ihre Ursachen, Wechselwirkungen, Bedingungen und ihre Behandlung,
- Würdigen der Health Beliefs und Grundüberzeugungen des Patienten; Nutzen der subjektiven Krankheitstheorien für die Behandlung (Patient als Experte),
- Erweiterung einer somatischen Krankheitssicht zugunsten eines bio-psychosozialen Bedingungsgefüges chronischer Schmerzstörungen,
- Förderung eines individuellen Krankheitsverständnisses, Erarbeitung der Schmerzbiographie und ihrer Bedeutung,
- Vermittlung einer ausgewogenen Krankheitsbewältigung (balanced coping): Eingehen auf die Anforderungen der Krankheit (acceptance) bei gleichzeitiger Stärkung der Selbstwirksamkeit und des selbstverantwortlichen Umgangs mit der Krankheit (agency); dabei Weiterverfolgen von Zielen und Werten trotz Krankheit (commitment),
- Förderung der Fähigkeit, eigene Entscheidungen zu treffen, Änderungen vertrauter Lebensgewohnheiten einzuleiten oder diese bewusst beizubehalten und Spielräume trotz der Krankheit zu nutzen,
- Formulierung realistischer Therapieziele; Förderung eines kompetenten Verständnisses für das Zusammenwirken medizinischer und psychotherapeutischer Behandlungsmaßnahmen,
- Vermittlung von Hoffnung auf Reduktion der Symptombelastung und Besserung der Lebenszufriedenheit,
- Reduktion von emotionalen Belastungen und Abwehrmechanismen (Ängsten, Ärger, Schuld- und Schamgefühlen, Ohnmacht, Verzweiflung, Trauer etc.),
- Differenzierung zwischen Schmerz und Affekt,
- Training der Schmerzdistanzierung,
- Implementierung therapeutischer Tagebuchtechniken,
- Anleitung zur Ressourcenaktivierung, Abbau von erlernter Hilflosigkeit,
- Erläuterung der Wirkung von Entspannungsverfahren und Bewegungsübungen,
- Erläuterung der Wirkung und Bedeutung von psycho-traumatologischen Stabilisierungs- und Imaginationstechniken,
- Einbeziehung von Partnern und Angehörigen als Kooperationspartner.

35.3 Verfügbare Manuale in der Psychoedukation chronischer Schmerzstörungen

Bevor wir im Folgenden das Aalener Edukationsprogramm detailliert erläutern, führen wir einige verfügbare Gruppen-Behandlungsangebote für Schmerzpatienten auf, die eine störungsorientierte Psychoedukation und Materialien als Bausteine enthalten. Hauptkriterium dieser wissenschaftlich evaluierten Programme ist dabei in erster Linie die Schmerzlokalisation, z. B. Rücken-, Kopf- oder auch multilokuläre Schmerzsyndrome:

- **Göttinger Rücken-Intensiv-Programm (GRIP)** – multimodales Behandlungsprogramm für Patienten mit chronischen Rückenschmerzen (Hildebrandt et al., 1996, 2003),
- **Marburger Schmerzbewältigungstraining** für Patienten mit chronischen Kopf- und Rückenschmerzen (Basler u. Kröner-Herwig, 1998),
- **Psychodynamisch-interaktionelle Gruppentherapie** für Patienten mit somatoformer Schmerzstörung (Nickel u. Egle, 1999),
- **Schulungsprogramm für Fibromyalgiesyndrom-Patienten** des Arbeitskreises Patientenschulung der Deutschen Gesellschaft für Rheumatologie zusammen mit dem Deutschen Rheuma-Liga Bundesverband e.V. (Brückle et al., 1997; Brückle et al., 2005).

35.4 Aalener Manual „Psychoedukation bei chronischem Schmerz"

Didaktische Hilfsmittel und Organisationsstruktur

Das hier vorgestellte Manual eignet sich für Schmerzerkrankungen sowohl in der Klinik als auch im ambulanten Setting. Ausgehend von einer Differenzierungstabelle chronischer Schmerzstörungen (s.o., Tab. 35-1) kann es individuell störungsorientiert bzw. mechanismenbezogen eingesetzt werden. Eine umfangreiche Buchpublikation des Manuals ist veröffentlicht (von Wachter u. Hendrischke, 2016).

Das Manual beinhaltet eine Vielzahl von Folien und Arbeitsmaterialien. Die Folien sind auch Grundlage der Schmerzvorträge einer Psychoedukations-DVD der Verfasser (2009; siehe S. 373) sowie einer onlinegestützten Psychoedukation, die ebenfalls auf www.schmerzpsychoedukation.de abgerufen werden kann. Die Folien dienen als Anregung zu Diskussionen mit den Patienten bzw. zur Erarbeitung spezifischer Themen. Die zugehörigen Arbeitsblätter können in der Gruppe ausgeteilt und erläutert werden. Als therapiebegleitende Lektüre eignet sich das Buch „Chronische Schmerzen" (von Wachter, 2014). Es hat sich bewährt, das Buch und eine Reihe von Arbeitsblättern den Patienten leihweise für die Dauer ihres (teil-)stationären Aufenthaltes zur Verfügung zu stellen.

Im stationären Setting verteilen wir die 12 Module der Psychoedukation auf 4–6 Termine à 100 Min. Der allgemeinen Einführung (ca. 100 Min.) schließen sich die weiteren Themenblöcke in beliebiger Reihenfolge an. In den Pausen bieten wir passende Entspannungs- oder Bewegungsübungen an. Da im klinischen Alltag zumeist offene Psychoedukationsgruppen stattfinden, sollten Patienten, die den allgemeinen Teil versäumt haben, diesen über DVD oder Internetvortrag am PC nachholen. Die genannten Materialien können im Selbststudium durchgearbeitet und anschließend in der Psychotherapie vertieft werden. Wir empfehlen Patienten, die auf einen Therapieplatz in der Klinik warten müssen, dieses Internetangebot zur Vorbereitung ihrer Behandlung zu nutzen (www.schmerzpsychoedukation.de).

Als Kurzversion lässt sich die Psychoedukation auch in 2 Sitzungen zu je 50 Min. durchführen: Teil 1 beinhaltet dann Ursachen chronischer Schmerzkrankheiten, Teil 2 beleuchtet entsprechende Behandlungsmöglichkeiten. Inhaltlich entspricht diese Kurzedukation den 2 Vorträgen auf der oben erwähnten Psychoedukations-DVD.

35 Psychoedukation bei chronischen Schmerzerkrankungen

35.4.1 Manualinhalte

Modul 1: Ursachen und Folgen chronischer Schmerzen

Was ist Schmerz?

Einen guten Einstieg in die Psychoedukation bietet die Frage: „Wie lässt sich Schmerz eigentlich beschreiben? Ist Schmerz eine Wahrnehmung wie Schmecken, Hören oder Riechen oder ein Gefühl wie Wut, Ärger oder Trauer?" Im gemeinsamen Gespräch und Austausch sollen die Patienten die beiden Anteile im Erleben von Schmerz erkennen. Hier kann auch die Definition der International Association for the Study of Pain herangezogen und mit Beispielen verknüpft werden (Merskey u. Bogduk, 1994). Ziel ist es, schon früh deutlich zu machen, dass die sensorischen und affektiven Anteile im Erleben von Schmerz untrennbar miteinander zusammenhängen. Auch die Bedeutung von Schmerz als Alarmsystem kann hier herausgearbeitet werden.

Akuter Schmerz versus chronischer Schmerz

Da Patienten mit chronischen Schmerzerkrankungen entsprechend einem Reiz-Reaktions-Konzept die Behandlung von peripheren Ursachen erwarten, ist es in der Psychoedukation wichtig, den Unterschied zwischen akuten und chronischen Schmerzen zu verdeutlichen. Man kann die Unterschiede in der Schmerzempfindung aufzeigen und darauf verweisen, dass chronische Schmerzen keine Schutzfunktion im engeren Sinne mehr haben und der Schmerz nicht für eine Organschädigung steht. Dies ist wichtig, um einer Vermeidung und Schonhaltung entgegenzuwirken. Hier können auch bereits Unterschiede in der Behandlung angesprochen werden (s. o., Tab. 35-1).

Der Weg vom Schmerzreiz zum Gehirn: Bahnung – Neuroplastizität

Als Einleitung sind neurobiologische Erklärungsmodelle geeignet. Dabei hat es sich bewährt, die Reizleitung vom Nozizeptor über die Umschaltung im Rückenmark aufzuzeigen. Die Gate-Control-Theorie veranschaulicht, wie bereits auf neuronaler Ebene Einfluss auf die Schmerzweiterleitung genommen werden kann. Begriffe wie Hyperalgesie, Allodynie, Bahnung, zentrale Sensibilisierung und Neuroplastizität sowie Ausweitung der schmerzhaften Regionen lassen sich anschaulich erklären (s. Abb. 35-1).

Schmerzverarbeitung im Gehirn

Hier sollte zur Veranschaulichung des Zusammenspiels zwischen affektiver Schmerzwahrnehmung bzw. Schmerzintensität und

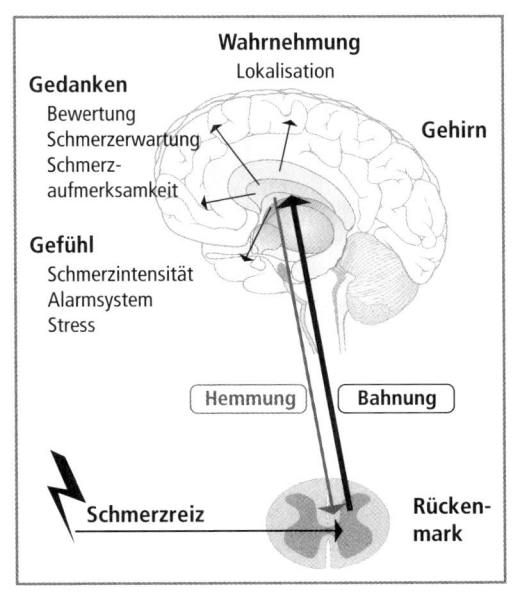

Abb. 35-1 Schmerzwahrnehmung (nach: von Wachter, 2015)

Reizlokalisation die Beziehung zwischen medialem und lateralem Schmerzsystem beschrieben werden. Auch der Einfluss von Schmerzaufmerksamkeit, Schmerzerwartung und -bewertung lässt sich hier gut darstellen (s. o., Abb. 35-1). Die gegenseitigen Wechselwirkungen zwischen Schmerz, Stress, Emotionen und Angst erhalten so für die Patienten eine neue Plausibilität als „gemeinsames Alarmsystem". Last not least kann der Patient verstehen lernen, wie das sog. Schmerzgedächtnis dazu beiträgt, frühere Schmerzereignisse zu reaktivieren.

Bio-psychosoziales Krankheitsverständnis

Das gewöhnlich überwiegend somatisch ausgerichtete Krankheitsmodell des Patienten sollte nun schrittweise durch Einbeziehung psychosozialer Bedingungs- und Verstärkungsfaktoren zu einem komplexen bio-psychosozialen Krankheitsverständnis erweitert werden. So kann z. B. das Diathese-Stress-Modell illustrieren, wie eine individuelle genetische Schmerzschwelle, frühere Stresssituationen oder Schmerzen in der Kindheit in Abhängigkeit von aktuellen Stressoren zum Schmerz führen (Egle et al., 2004). Vom Patienten wird als auslösende Situation dann häufig z. B. eine „falsche Bewegung" o. ä. verantwortlich gemacht („Der letzte Tropfen, der das Fass zum Überlaufen bringt …") (Nobis, 2012).

Aufrechterhaltung der Schmerzen

Die Aufrechterhaltung von Schmerzen lässt sich in der Psychoedukation trefflich durch Teufelskreismodelle veranschaulichen:
- *Dekonditionierungskreislauf*:
  Schmerz, Schonung, muskuläre Dysbalance, Fehlhaltung, vermehrte Schmerzen (s. Abb. 35-2).
- *Fear-Avoidance-Modell*: Die Überzeugung, dass Bewegung Schmerzen nach sich zieht, bedingt eine entsprechende Erwartungsangst mit Vermeidungsverhalten, einhergehend mit Inaktivität und sozialem Rückzug (Pfingsten et al., 2001).
- *Avoidance-Endurance-Modell*: Bagatellisierung und überaktive Kompensation führen zu Daueranspannung, konsekutiver Überforderung, Erschöpfung und Schmerzzunahme (Hasenbring et al., 2001) (Modell: „Indianer kennt keinen Schmerz").
- *Teufelskreis aus Stress, Daueranspannung, Muskelverspannung, Muskelverhärtung und Schmerzen*, dabei hoher Energieverbrauch und Erschöpfung (Mense, 1999). (Modell: „Angst sitzt im Nacken").

Affekte und chronischer Schmerz: Psychosoziale Ursachen und Folgen von chronischen Schmerzen

Wechselwirkungen zwischen Schmerz und psychischen Faktoren sollten in beiden Richtungen beschrieben werden. Die affektive Komponente („sozialer Schmerz") lässt sich gut mit Metaphern wie Verlust- und Trennungsschmerz sowie am Beispiel von Ausgrenzungs- und Mobbingerfahrungen erläutern (Eisenberger et al., 2003). Zusammenhänge zwischen Arbeitsplatzunzufriedenheit und Schmerzerleben sollten unbedingt erläutert werden (Ijzelenberg u. Burdorf, 2005). Weitere psychische Risikofaktoren, die eine Chronifizierung unterstützen, sind im Anschluss daran ebenso zu thermatisieren wie protektive Faktoren.

Modul 2: Besonderheiten unterschiedlicher Schmerzerkrankungen

Hier geht es um die Unterscheidung der verschiedenen Schmerzerkrankungen sowie um deren Mechanismen und die Unter-

35 Psychoedukation bei chronischen Schmerzerkrankungen

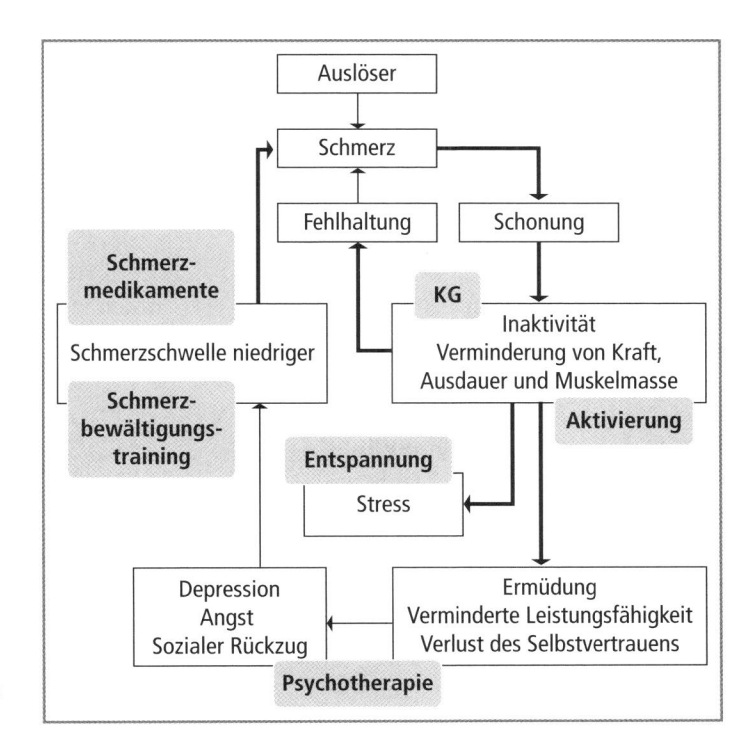

Abb. 35-2 Teufelskreise in der Chronifizierung und therapeutische Ansatzpunkte (nach: von Wachter, 2015)

schiede in Behandlung und Prognose. Symptome und Unterschiede werden herausgearbeitet (s. o., Tab. 35-1). Erläutert werden darüber hinaus spezifische und unspezifische Rückenschmerzen, das Fibromyalgiesyndrom, Spannungskopfschmerz, Migräne und medikamenteninduzierter Kopfschmerz sowie die somatoforme Schmerzstörung (Hendrischke u. von Wachter, 2008).

Schmerz und Trauma

Vor allem bei der somatoformen Schmerzstörung, beim Fibromyalgiesyndrom und bei unfallbedingten Schmerzen gibt es einen hohen Prozentsatz traumatisierter Schmerzpatienten. Hier kann es zu körperlichen und seelischen Schmerzen kommen, die durch spätere Trigger immer wieder aktiviert werden (Schmerz als traumabedingte Intrusion). Die Patienten können dadurch ihre Körperreaktionen und Verhaltensweisen besser zuordnen (Liedl et al., 2010).

Schmerzen bei Erschöpfungssyndrom – depressive Somatisierung

In Rudolfs (1998) Konzept der depressiven Somatisierung finden sich viele Patienten wieder. Mangelnde Erfahrung von Geborgenheit in der Kindheit läßt die Betroffenen eigene Bedürfnisse früh zurückzustellen und lernen, sich anzupassen oder sich in ihrem Wunsch nach Anerkennung übermäßig zu bemühen. Dies manifestiert sich im jungen Erwachsenenalter in einer Haltung aus Selbstunsicherheit, Überaktivität und Perfektionismus („für andere da sein"), die letztlich zur Erschöpfung und zum Einsetzen von Schmerzen führen kann. Wir schlagen an dieser Stelle den Bogen zu Hoffnungs-Enttäuschungsspiralen im Gesundheitssystem: Alte Erfahrungen aus der Kindheit wiederholen sich, führen zu Missverständnissen in der Arzt-Patient-Beziehung und begünstigen u. U. ein High-utilizer-Verhalten der Patienten.

Modul 3: Beginn der Behandlung, Selbstbeobachtung und Ziele

Behandlungsziele

Behandlungsziele lassen sich in der Psychoedukationsgruppe gut erarbeiten. Unrealistischen Erwartungen kann man hier ebenso wie erneuten Hoffnungs- Enttäuschungsschleifen vorbeugen und entgegentreten. Die Ziele beziehen sich nicht allein auf Kontrolle bzw. Reduktion der Schmerzen, sondern auch auf die Reduktion der psychischen bzw. emotionalen Folgen chronischer Schmerzen und ihrer sozialen Auswirkungen (von Wachter u. Hendrischke, 2005). Die Frage: „Woran bemerken sie konkret, dass sie Ihrem Ziel ein Stück näher gekommen sind?", erleichtert es den Teilnehmern, kleine Schritte in die gewünschte Richtung bewusst wahrzunehmen. (Arbeitsblatt 1: Ziele; siehe S. 373)

Selbstbeobachtung

Viele Patienten erleben ihren Schmerz als durchgängig, unveränderbar, gleichbleibend und unbeeinflussbar. Entsprechend skeptisch reagieren sie zunächst auf den Vorschlag, Schmerztagebücher zu führen, zumal diese die Aufmerksamkeit für den Schmerz eher noch verstärken. Um einer somatischen Fixierung nicht Vorschub zu leisten, sollten Schmerztagebücher mit ausschließlich körperlicher Smptombeschreibung deshalb normalerweise nicht länger als bis zu 2 Wochen geführt werden. Das um psychische und soziale Faktoren erweiterte Situations-Schmerztagebuch in der Psychoedukation zielt hingegen darauf, den Zusammenhang zwischen psychosozialen Stressquellen und möglichen Schmerzereignissen oder einem veränderten Schmerzerleben etc. transparenter und nachvollziehbarer zu machen. Um die Patienten zum Ausfüllen der Spalten für Gedanken, Gefühle und Verhalten zu motivieren, kann auch gut auf das zuvor angesprochene Fear-Avoidance-Modell verwiesen werden. Für die Selbstbeobachtung können zudem Achtsamkeitsübungen wie der Body-Scan oder der Körperressourcen-Ort vorgestellt werden. Bei letzterem wird die Aufmerksamkeit auf die weniger schmerzhaften Bereiche des Körpers gelenkt. *(Arbeitsblatt 2:* Situations-Schmerztagebuch; siehe S. 373)

Modul 4: Strategien zur Schmerzbewältigung

Hier eignet sich die Vorstellung eines Aufmerksamkeitsscheinwerfers. Im Austausch in der Gruppe sammeln Patienten Ideen und Möglichkeiten, sich von den Schmerzen abzulenken oder sich trotz ihrer Schmerzen zu entspannen. Wichtig ist die Unterscheidung, welche Maßnahmen in welcher Reihenfolge bei leichtem und welche bei starkem Schmerz einzusetzen sind. Entsprechende Beispiele sollten erarbeitet werden. Die Patienten lernen auf diese Weise, aktiv auf den Schmerz Einfluss zu nehmen und ihre Hilflosigkeit zu reduzieren. Dabei ist der Austausch untereinander nützlich, da Hinweise von Betroffenen oft besser ange-

35 Psychoedukation bei chronischen Schmerzerkrankungen

nommen werden als vom „gesunden" Therapeuten (*Arbeitsblatt 3*: Strategien zur Schmerzbewältigung; siehe S. 373). Im Weiteren können schmerztypische Gedanken wie Katastrophisieren und entsprechende Gegengedanken erarbeitet sowie die Gedanken-Stopp-Übung vorgestellt werden. Zwischendurch können kleine Experimente zur Aufmerksamkeitslenkung die Psychoedukation auflockern.

Modul 5: Umgang mit chronischer Krankheit

Stellt der Schmerz ein wichtiges Begleitsymptom einer körperlichen Schädigung dar, so ist der Umgang mit der chronischen Erkrankung und den damit verbundenen Verlusten und Einschränkungen ein wichtiges Thema, das aufgegriffen werden sollte. Dadurch können Verlusterfahrungen und damit verbundene Gefühle thematisiert und Entlastung erfahren werden. Auch die Bedeutung einer ausgewogenen Krankheitsbewältigung kann hier erläutert werden (balanced coping). Dabei geht es neben der Akzeptanz im Krankheitsgeschehen um das Eingehen auf die Anforderungen der Krankheit (acceptance) bei gleichzeitiger Stärkung der Selbstwirksamkeit und des selbstverantwortlichen Umgangs mit der Krankheit (agency). Die Patienten können lernen, den Spielraum, der trotz der Erkrankung besteht, zu nutzen (von Wachter, 2014) und ihre Ziele und Werte trotz ihrer Krankheit weiterhin zu verfolgen (commitment). Die Einführung der Metapher „Krankheit als ungebetener Gast, der unaufgefordert eintritt" hilft den Patienten, bewusst darüber nachzudenken, welchen Platz sie der Krankheit einräumen wollen. Hier kann erarbeitet werden, dass komplettes Verdrängen ebenso ungünstig ist wie eine Einstellung, die es zulässt, dass der Schmerz das ganze Leben bestimmt („Krankheit auf ihren Platz verweisen"). Lebensziele und Werte trotz chronischer Schmerzen, aber auch „Inseln der Normalität" sollen bewusst gemacht werden. Hierbei übernehmen Gruppenleiter aus der Selbsthilfe in unserer Klinik eine Psychoedukationssitzung und berichten über ihre eigenen Erfahrungen im Umgang mit der Krankheit und den Schmerzen (peer to peer)(von Wachter u. Hendrischke, 2016). (Arbeitsblatt 4: Balanced Coping; siehe S. 373)

Modul 6: Stress, Schmerz und Entspannung

Thema dieses Moduls sind der enge Zusammenhang zwischen Stress und Schmerz (Egloff et al., 2009) sowie die erhöhte Stressempfindlichkeit von Schmerzpatienten (Stoeter et al., 2007). Auch bzgl. der häufigen Komorbidität Angst ist die Vorstellung eines Stressmodells wichtig. Hier ergibt sich Gelegenheit, das adaptive bzw. maladaptive Wechselspiel zwischen Sympathikus und Parasympathikus und die körperliche und psychische Erschöpfungsreaktion bei chronischen Schmerzen (ähnlich wie bei chronischem Stress) zu erläutern. Dadurch werden die Ziele der Entspannungsverfahren verständlich: Reduktion der vegetativen Stressreaktionen, Ablenkung von den Schmerzen („Anti-Schmerzsystem"), Angstbewältigung und Verbesserung des Schlafes bzw. der Erholungsfähigkeit. In der Gruppe können die Patienten individuelle Beispiele für Stress bzw. Erholung beschreiben.

Belastungsgrenzen

Bei funktionellen Schmerzerkrankungen haben die Betroffenen häufig einen hohen Anspruch an sich selbst und neigen dazu,

Leistungsgrenzen zu überschreiten. In der Psychoedukation kann erarbeitet werden, an welchen körperlichen Symptomen sowie Gedanken und Verhaltensweisen man Belastungsgrenzen erkennen kann. Das Beispiel, dass Schmerzpatienten alle Arbeiten nachholen, die vorher liegen geblieben sind, sobald sie weniger Schmerzen haben, findet in der Gruppe stets große Zustimmung. Als neue Strategie kann hier erarbeitet werden, wie man Aktivitäten an festen Zeitvorgaben statt an der jeweiligen Schmerzstärke orientieren kann. Auch der soziale Bereich sollte dabei mit einbezogen werden: Wie können z. B. Unternehmungen trotz der Schmerzen durchgeführt, aber von vorne herein zeitlich begrenzt werden? Statt mit negativem Gefühl einer Aktivität übertrieben lange nachzugehen, kann man sie früher beenden und macht dann die Erfahrung, dass eine Schmerzzunahme ausbleibt. (*Arbeitsblatt 5*: Belastungsgrenzen; Arbeitsblatt 6: Regulation von Selbstansprüchen; siehe S. 373)

Sodann können verschiedene Entspannungsverfahren und Achtsamkeitsübungen vorgestellt und einzelne Übungen durchgeführt werden, um die Sitzung aufzulockern. Dies zeigt dem Patienten modellhaft, dass auch in der Gruppe auf Pausen geachtet wird. Auf die für die Schmerzerkrankung ggf. erforderliche Modifizierung der Entspannungsverfahren sollte hingewiesen werden (Derra, 1997). Da die Motivation, Entspannungsübungen selbständig und regelmäßig in den Alltag einzubauen, entscheidend für deren Effekt ist, sollte gemeinsam erarbeitet werden, welche Übungen alltagstauglich sind und mit welchen schon zuvor gute Erfahrungen gemacht wurden.

Pausenmanagement

Beim Pausenmanagement geht es darum, Patienten zu motivieren, im Alltag regelmäßig kurze Pausen einzulegen. Damit dies tatsächlich praktikabel ist, müssen sie zeitlich begrenzt und ohne großen Aufwand durchführbar sein. Hier kann in der Gruppe erarbeitet werden, wann und wie oft Pausen nötig sind, was in den Pausen gemacht wird, wie lange eine Pause dauern sollte und wie man sich diese erlauben kann. (Arbeitsblatt 7: Pausenmanagement; siehe S. 373)

Modul 7: Bewegung

Viele Schmerzpatienten haben im Laufe der Erkrankung hinsichtlich ihrer körperlichen Aktivitäten ein ausgeprägtes Vermeidungs- und Schonverhalten bis hin zur Bewegungsphobie entwickelt. In diesem Modul ist es daher das Ziel, den Patienten zu vermitteln, dass Aktivität nicht Schmerzfreiheit voraussetzt, sondern dass angemessene Bewegung, ganz im Gegenteil, zur Schmerzreduktion führen kann (s. Abb. 35-3). Hier ist die Edu-

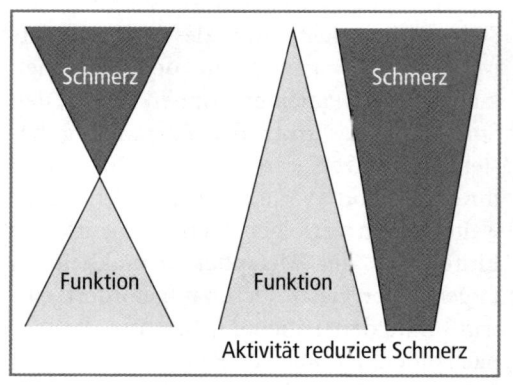

Abb. 35-3 Aktivierung trotz Schmerzen statt „Wenn die Schmerzen weg sind, dann mache ich wieder …" (nach von Wachter, 2015)

kation in der Gruppe ein gutes Korrektiv. Patienten, die bereits die Erfahrung gemacht haben, das adaptierte körperliche Bewegung schmerzlindernd wirkt, können dies im Gespräch vermitteln und Mitbetroffene motivieren, ihr Verhalten zu verändern. Motivierend ist u. U. auch der Hinweis, dass Bewegung antidepressiv, selbstwertsteigernd und stressabbauend wirkt. Vor diesem Hintergrund kann auch auf die AWMF-Leitlinien für Fibromyalgie und Rückenschmerz verwiesen werden, die belegen, dass für beide Krankheitsbilder körperliche Aktivität der am besten abgesicherte positive Wirkfaktor ist (Winkelmann et al., 2012, Nationale Versorgungsleitlinie zum Kreuzschmerz, 2010).

Für den Transfer in den Alltag können folgende Themen gemeinsam erarbeitet werden (vgl. Egloff et al., 2009):
- Welche Bewegungsart passt zu mir? Was hat früher Spaß gemacht (z. B. Nordic Walking, Wandern, Schwimmen, Radfahren etc.)?
- Wo, wann, wie oft und wie lange sollte ich mich bewegen? Wie passe ich mein Bewegungsverhalten an die Schmerzen an?
- Wie kann ich mich für Bewegung belohnen? Wie kann ich Bewegung mit Genuss verbinden (z. B. Spaziergang zu einem Café, Bewegungsaktivierung mit Musik etc.)?
- Welche physiotherapeutischen Übungen kann ich zu Hause eigenständig weiterführen?

Typischerweise gibt es in der Gruppe häufig sowohl Vermeider als auch Überaktive. Im Austausch miteinander kann aber ein richtiges Maß für Bewegung erarbeitet werden. Hier eignen sich alltagspraktische Beispiele, bei denen der Therapeut möglichst konkret nachfragt: „Führen 15 Minuten Spazierengehen bereits zu einer Schmerzzunahme?"

Zusätzlich können kleine Bewegungsübungen die Psychoedukation auflockern.

Da chronische Schmerzerkrankungen häufig mit einem erhöhten Stresslevel einhergehen, ist es beim körperlichen Bewegungstraining wichtig, nach Möglichkeit unter der Stressschwelle zu verbleiben, und zwar entsprechend einer moderaten Belastung des Herz-Kreislauf-Systems mit lediglich 60 % der maximalen Herzfrequenz. Hier können Vortrags-Folien mit entsprechenden Leistungskurven anschaulich vermitteln, wie das langsame Steigern kleiner Bewegungseinheiten die Leistungsfähigkeit erhöht, während eine allzu hohe Belastung mit anschließender Erschöpfung eher zu einer Minderung der Leistungsfähigkeit führt. Nützlich ist auch der Hinweis auf gestufte Bewegungsprogramme der Krankenkassen (z. B. Rückenmuskeltraining) oder auf Angebote der Rheuma-Liga (Funktionstraining) und der verschiedenen Selbsthilfegruppen.

Modul 8: Schlaf und Schmerz

Schmerz führt über Stress und Anspannung (Arousal) zu Ein- und Durchschlafstörungen. Es ist daher nicht verwunderlich, dass 58 % der chronischen Schmerzkranken unter Schlafproblemen leiden. Anhaltende Störungen des Schlaf-Wach-Rhythmus verringern die körpereigene Schmerzhemmung, Schlaf hingegen schützt vor Schmerzempfindungen. So kann auf Untersuchungen hingewiesen werden, die zeigen, dass Schlafentzug die Schmerzempfindlichkeit erhöht (deszendierende Bahnen). Schlaf hat also eine nicht zu unterschätzende protektive bzw. kurative Funktion im Umgang mit chronischen Schmerzstörungen. Infolgedessen werden in der Psychoedukation der physiologische Teufelskreis der Schlafstörung, die Bedeutung der Psychohygiene und der Stimuluskontrolle (Spiegelhalder et al., 2011) ausführlich thematisiert und vorgestellt. Ein weiterer wichtiger Punkt ist die Beurteilung der medikamentösen Behandlung der Schlafstörung.

Modul 9: Ressourcenaktivierung

Da Patienten mit chronischer Schmerzkrankheit oft in ihrem Selbstwert beeinträchtigt und in ihrer Auseinandersetzung mit den Schmerzen durch eine negative Wahrnehmung ihrer selbst und ihrer Umgebung geprägt sind, ist es besonders wichtig, dass sie sich der eigenen Ressourcen bewusst werden oder sie für sich reaktivieren lernen. Alle Ressourcen, die positive Gefühle und Entspannung fördern, können potenziell zur Schmerzlinderung beitragen. Wichtig ist in diesem Zusammenhang die Beobachtung, dass eine systematische und regelmäßige Ressourcenfokussierung offenbar die neurobiologische Bahnung von Ressourcennetzwerken im Gehirn begünstigen kann. Nach einer Begriffsklärung werden in der Patientengruppe Ressourcen aus den Bereichen Hobbys, Natur und soziale Beziehungen gesammelt und aufgelistet. Neben äußeren Ressourcen sollten gezielt auch innere Ressourcen und Fähigkeiten angesprochen werden sowie Dinge, die als „normal" gelten. Ressourcenaktivierend kann dabei die Frage wirken: „Was möchten Sie in Ihrem Leben gern so bewahren, wie es ist? Was soll so bleiben?" (vgl. von Wachter u. Hendrischke, 2013). In diesem Zusammenhang kann der Einsatz eines Freudetagebuchs angeregt werden (Kast, 2003). Im Ressourcen-ABC sollen Patienten täglich zu einem anderen Buchstaben des Alphabets Ressourcen benennen und sammeln (Diegelmann, 2009). (*Arbeitsblatt 8*: Aktivierung von Ressourcen, S. 373)

Modul 10: Differenzierung zwischen Schmerz und Affekt

Umgang mit Bedürfnissen

Die Differenzierung zwischen Schmerz und Affekt (Nickel und Egle, 1999) bildet bei der anhaltenden somatoformen Schmerzstörung den Schwerpunkt der Psychoedukation. Viele Alltagserfahrungen, die eine Verknüpfung von Schmerz und negativen Affekten zeigen, lassen sich in der Gruppe aufgreifen, so z. B. Verlustschmerz oder emotionaler Schmerz durch soziale Ausgrenzung etc. In der Psychoedukation können unterschiedliche Gefühlsreaktionen, Körpersignale und zugehörige Gedanken zusammengetragen werden. (*Arbeitsblatt 9*: Schmerz und Gefühle, S. 373)

Patienten mit einer somatoformen Schmerzproblematik sind zu Beginn der Therapie kaum in der Lage, Schmerzen mit auftretenden Affekten in Verbindung zu bringen. Im gegenseitigen Austausch lernen sie schrittweise, von ihren Erfahrungen einer Schmerzzunahme in Belastungssituationen zu berichten. Der Zusammenhang zwischen auslösender Situation, Affekt und Körperreaktion wird so als Schmerz oder im Rahmen vegetativer Reaktionen als anderes Symptom unmittelbar erlebbar. Er kann besprochen und mit entsprechenden Medien veranschaulicht werden (S. 373).

Beziehungsmuster, die durch frühe Anpassung und das Bedürfnis, sich schützen zu müssen, charakterisiert sind, kommen bei Patienten mit somatoformer Schmerzstörung und Fibromyalgiesyndrom überproportional häufig vor. Hier hat sich die Arbeit an den Bedürfnissen und Wünschen bewährt (Egle u. Zentgraf, 2009, 2013). Dafür stellen wir in diesem Modul die vier Grundbedürfnisse vor, wie sie von Grawe (2004) beschrieben wurden: Orientierung und Kontrolle, Bindung, Selbstwert/Selbstschutz, Lustgewinn/Unlustvermeidung. Wir erklären sie und veranschaulichen sie anhand von Beispielen. Es werden frühe und aktuelle Verhaltensweisen dargestellt, die exemplarisch dazu dienen, diese Grundbedürfnisse zu schützen, abzuwehren oder zu befriedigen. Unterstützend eignen sich hier auch Selbsthilfebücher zum Umgang mit Gefühlen und Bedürfnissen (Fritsch, 2010). (*Arbeitsblatt 10*: Umgang mit Wünschen und Bedürfnissen, S. 373)

Modul 11: Medikamente

Als Einstieg in dieses Modul können bisherige Erfahrungen zu Wirkungen und Nebenwirkungen von Schmerzmedikamenten erfragt werden. Auf der Flipchart (oder Folie) werden die genannten Medikamente den einzelnen Substanzgruppen zugeordnet. Vorbehalte gegen Medikamente und entsprechende Ängste lassen sich gut in der Edukation erläutern; Nebenwirkungen können dadurch mitunter deutlich reduziert werden (Bennett et al., 2011). Wichtig ist der Hinweis, dass eine regelmäßige Einnahme von Schmerzmitteln nur dann Sinn macht, wenn sie zu nachweislicher Schmerzlinderung führt und nicht aus Hilflosigkeit erfolgt. Bei medikamentöser Neueinstellung oder Umstellung trägt auch der begrenzte zeitliche Einsatz eines Schmerztagebuchs dazu bei, die Wirksamkeit von Schmerzmitteln zu überprüfen.

Die Substanzgruppen werden im Einzelnen besprochen. Wir weisen auf die Gefahr von medikamenteninduziertem Kopfschmerz hin. Bei den Opiaten wird die enge Indikationsstellung bei Nicht-Tumor-Schmerzen deutlich gemacht. Notwendige Überprüfungsintervalle sowie das körperliche Abhängigkeitspotenzial (Streltzer und Linden, 2008) werden ebenso thematisiert wie häufige Nebenwirkungen.

Die Psychoedukation eignet sich auch gut zur Besprechung und Kategorisierung der Ko-Analgetika. So lässt sich z. B. erläutern, dass Antidepressiva im Hirnstamm absteigende schmerzhemmende Bahnen aktivieren, was erklärt, warum Schmerzpatienten von der Einnahme eines Antidepressivums profitieren können, auch wenn sie nicht depressiv sind. Da Patienten häufig befürchten, dass Antidepressiva abhängig machen oder die Persönlichkeit verändern, muss hier korrigierend aufgeklärt werden. Bei einigen Antikonvulsiva weisen wir zudem darauf hin, dass nicht nur die Krampfschwelle, sondern auch die Schmerz- und die Angstschwelle neurobiologisch beeinflusst werden. Die dabei zu beachtenden Indikationen, ein verzögerter Wirkeintritt und mögliche Nebenwirkungen werden dargestellt (siehe Folien S. 373). Bezüglich der chronischen unspezifischen Rückenschmerzen stellen wir die leitliniengerechte medikamentöse Behandlung vor und weisen darauf hin, dass Injektionen, Pflaster und Infusionen nicht empfohlen werden (Nationale Versorgungsleitlinie zum Kreuzschmerz, 2010).

Modul 12: Einbeziehung von Partnern und Angehörigen

Ausgehend von der Erfahrung, dass Patienten nicht alleine krank sind, sondern ihre Angehörigen ebenso oft unter den Auswirkungen der Krankheit und den damit verbundenen Einschränkungen leiden, laden wir interessierte Partner und Familienangehörige zu einem spezifischen Edukationsmodul ein. Hier stehen Fragen im Vordergrund, die die Art des Umgangs mit der chronischen Schmerzkrankheit im familiären Umfeld betreffen. Dabei zeigen Angehörige zur Überraschung der Betroffenen häufig ein größeres Interesse an der Schmerzerkrankung, als diese erwartet hatten.

Der Verlust von vertrauter Kommunikation, emotionaler oder körperlicher Nähe, aber auch der Verlust gemeinsamer Interessen ist häufige Folge chronischer Schmerzen (von Wachter, 2003). Unsicherheiten oder Hilflosigkeit der Partner im Umgang mit der Erkrankung sind in der Psychoedukation daher ebenso Thema wie der Umgang mit Belastungsgrenzen und die Balance zwischen Über- und Unterforderung. Entsprechend stark sind alle Beteiligten daran interessiert, sich über konkrete Hilfestellungen für einen besseren alltäglichen Umgang miteinander zu informieren. Typisch sind Unsicherheit und Hilflosigkeit der Partner im Umgang mit der Schmerzerkrankung, denn auch sie erwarten zumeist eine Behandlung nach dem Reiz-Reaktion-Schema und reagieren mit Unverständnis, wenn keine körperliche Behandlung stattfindet bzw. anschlägt (Rowat, 1985). Der Patient wiederum fühlt sich als „Simulant" nicht ernst genommen.

Ermutigung brauchen Partner und Angehörige auch, um zu verstehen, dass Zuwendung an eine aktive Krankheitsbewältigung trotz bestehender Beschwerden gekoppelt sein sollte und nicht an die Beschwerden an sich. Zwar können Zuwendung und soziale Unterstützung kurzfristig den Schmerz lindern, umgekehrt kann jedoch die Entlastung des Patienten durch seine Angehörigen auf Dauer ein vermehrtes Schonverhalten begünstigen. Wenn der Betroffene dann immer weniger Aufgaben zu erfüllen hat, leidet sein Selbstwertgefühl, und es kann zum sozialen Rückzug mit konsekutiver Schmerzzunahme kommen. In Beisein der Partner und Angehörigen können mit den Patienten beispielsweise folgende Fragen erörtert werden (von Wachter u. Hendrischke, 2016):

- Wie wirkt sich die Schmerzkrankheit auf die einzelnen Beteiligten aus?
- Was hat sich seit dem Beginn der Schmerzen in den Beziehungen untereinander verändert?
- Wer reagiert wie auf den Schmerz?
- Wie können die Familienangehörigen, der Partner und der Patient trotz der Schmerzen Entlastung finden und sich gegenseitig unterstützen?
- Wie kann trotz der Schmerzen Normalität in der Familie aufrechterhalten werden?
- Werden die Schmerzen vom Partner geglaubt, zeigt er ein eher entlastendes, supportives Verhalten, oder verhält er sich ignorant, abweisend, aggressiv, überfürsorglich etc.?
- Kann der Partner/Angehörige übermäßige Aktivitäten des Betroffenen stoppen oder auf das Einhalten von Pausen achten, sobald Überforderung droht?
- Woran bemerken Partner/Angehörige beim Patienten eine Besserung der Schmerzen?
- Wie können Bedürfnisse geäußert und wie können Nähe und Distanz anders als über Schmerzen reguliert werden?
- Was würde sich in der Familie/Partnerschaft ändern, wenn der Schmerz auf einmal weg wäre (vgl. „miracle question"; de Shazer, 1989)?
- Wird trotz der Schmerzerkrankung auf Lebensziele und Werte in der Familie geachtet?

Auf diese Weise kann nicht nur das Verständnis für die Erkrankung und den Partner deutlich verbessert, sondern auch ein Austausch über die Erkrankung in der Familie und Partnerschaft gebahnt werden. Mitunter werden dabei in Bezug auf die Erkrankung erstmals Dinge thematisiert, die zuvor in der Partnerschaft nie zur Sprache kamen. Als methodisches Modell kann die sog. „multi-family discussion group" gelten, die in der Systemischen Medizin (vgl. Altmeyer und Hendrischke, 2012) sehr erfolgreich als edukative oder supportive Intervention bei Patienten mit chronischer Erkrankung eingesetzt wird (Steinglass, 1998; Lemmens et. al., 2005). Entsprechende Folien und eine Evaluation der Angehörigenpsychoedukation enthält Kap. 44.

Arbeitsblätter (abrufbar unter http://www.schmerzen-bewaeltigen.de)
Arbeitsblatt 1: Ziele
Arbeitsblatt 2: Situations-Schmerztagebuch
Arbeitsblatt 3: Strategien zur Schmerzbewältigung
Arbeitsblatt 4: Balanced Coping
Arbeitsblatt 5: Belastungsgrenzen
Arbeitsblatt 6: Regulation von Selbstansprüchen
Arbeitsblatt 7: Pausenmanagement
Arbeitsblatt 8: Aktivierung von Ressourcen
Arbeitsblatt 9: Schmerz und Gefühle
Arbeitsblatt 10: Umgang mit Wünschen und Bedürfnissen

Ratgeber, Internetlinks, Medien
Wir stellen in der Psychoedukation eine Auswahl von Selbsthilfebüchern, CDs und DVDs vor und bieten diese direkt zum Ausleihen an.

Buchempfehlungen für Patienten:

Butler D, Moseley LG (2004). Schmerz verstehen. Berlin (Springer). Fokus: Rückenschmerzen, Pacing, Physiotherapie.

Gaul C et al. (2012). Patientenratgeber Kopfschmerzen und Migräne. Berlin (ABW Wiss-Verlag).

Göbel H (2010). Erfolgreich gegen Kopfschmerzen und Migräne. Berlin (Springer). Verschiedene Formen von Kopfschmerzen, medikamentöse und nichtmedikamentöse Behandlung, Materialien und Adressen.

Kröner-Herwig B (2004). Ratgeber Rückenschmerz – Informationen für Betroffene und Angehörige. Göttingen (Hogrefe). Edukative und verhaltenstherapeutische Bausteine, körperorientierte Übungen.

Nobis HG et al. (2012). Schmerz – eine Herausforderung. Informationen für Schmerzpatienten und deren Angehörige. Berlin (Springer). Offizielle Informationsschrift der Deutschen Schmerzgesellschaft, der Deutschen Gesellschaft für psychologische Schmerztherapie und -forschung und der Deutschen Migräne- und Kopfschmerzgesellschaft. Informationen über Schmerzentstehung, verschiedene Schmerzerkrankungen und ihre Behandlungsmöglichkeiten

Seemann H (2009). Freundschaft mit dem eigenen Körper schließen – Über den Umgang mit psychosomatischen Schmerzen. Stuttgart (Klett-Cotta). Fokus: Chronische Schmerzen ohne Organbefund, Verbesserung der „Kommunikation" zwischen Körper und Selbst.

Von Wachter M (2014). Chronische Schmerzen. Selbsthilfe und Therapiebegleitung, Orientierung für Angehörige. Konkrete Tipps und Fallbeispiele. Berlin (Springer). Therapiebegleitendes Arbeitsbuch, Erläuterung verschiedener Erkrankungsbilder, Symptome, ihrer Ursachen und Behandlung, schulenübergreifend, mit Materialien zum Download unter www.schmerzen-bewaeltigen.de

Psychoedukation auf DVD:

Von Wachter M, Hendrischke A (2009). Die Seele schweigt – der Körper spricht. Psychosomatische Erkrankungen und ihre Behandlung. Müllheim/Baden (Auditorium Netzwerk, Jokers Verlag). In zwei Vorträgen werden die Diagnostik chronischer Schmerzstörungen dargestellt und deren Behandlungsmöglichkeiten vermittelt. Fünf weitere Vorträge sind schmerzassoziierten Themen gewidmet. Gesamtdauer 3 Std. 15 Min.

Kröner-Herwig B (2003). Chronischer Schmerz – Die Chancen psychologischer Therapie. Göttingen (Universitätsverlag).
Die physiologischen Grundlagen von Schmerz, Zusammenhänge zwischen Schmerzempfinden, Ge-

fühlen, Gedanken und Verhalten des Schmerzpatienten und die Methoden psychologischer Schmerztherapie werden dargestellt. Dauer 30 min.

Das Fibromyalgiesyndrom – Schritte zur Heilung. Ein Film für Betroffene und Interessierte. Film der Rheuma-Liga Baden-Württemberg in Zusammenarbeit mit Dr. Thomas Weiss. Er zeigt den Weg einer Betroffenen und interessante Interviews mit Experten. Geschäftsstelle der Rheuma-Liga Baden-Württemberg www.rheuma-liga-bw.de

Psychoedukation im Internet:

Ausführliche Patienteninformationen der Deutsche Schmerzgesellschaft e. V.: www.dgss.org/patienteninformationen

Patientenleitlinien der Wissenschaftlichen Medizinischen Fachgesellschaften (AWMF) zu Fibromyalgiesyndrom, Kreuzschmerz sowie funktionelle und somatoforme Körperbeschwerden: www.awmf.org

Audiovisuelle Online-Psychoedukation vom Erstautor sowie Arbeitsblätter, Podcasts, Links und Folien zum Thema chronische Schmerzen: www.schmerzedukation.de

Youtube Kanal „SchmerzTV" Schmerzpsychoedukationsfilme vom Erstautor: www.youtube.com/user/schmerzedukation

Informationen zu Kopfschmerzen, Checklisten, Tagebüchern, Schmerzklinik Kiel: www.schmerzklinik.de

SchmerzLOS e. V. Aufklärung über Vorbeugung und Behandlung von Schmerzen, Aktivitäten und körperliche Bewegung trotz Schmerz: www.schmerzlos-ev.de

Deutsche Rheuma-Liga Bundesverband e. V. Information, Funktionstraining: www.rheuma-liga.de

Deutsche Migräne- und Kopfschmerzgesellschaft (DMKG). Therapieempfehlungen und Merkblätter für Betroffene: www.dmkg.de/patienten

Deutsche Gesellschaft für Zahn-, Mund- und Kieferheilkunde e. V. (DGZMK), Merkblätter für Betroffene u. a. zu: Chronischer Kiefer- und Gesichtsschmerz, Kiefergelenkschmerz, Zungen- und Schleimhautbrennen: www.dgzmk.de/patienten/patienteninformationen.html

Deutsches Kinderschmerzzentrum, Informationen und Filme zu chronischen Schmerzen bei Kindern: www.deutsches-kinderschmerzzentrum.de (Stand der Internetlinks: 12.12.14)

Von Wachter M (2015). Psychoedukationsfolien http://www.schmerzpsychoedukation.de/folien.html

Literatur

Altmeyer S, Hendrischke A (2012). Einführung in die systemische Familienmedizin. Heidelberg (Carl Auer).

Basler HD, Kröner-Herwig B (Hrsg.) (1998). Psychologische Therapie bei Kopf- und Rückenschmerzen. Marburger Schmerzbewältigungsprogramm zur Gruppen- und Einzeltherapie. München (Quintessenz).

Bennett MI, Bagnall AM, Raine G et al. (2011). Educational interventions by pharmacists to patients with chronic pain: systematic review and meta-analysis. Clin J Pain 27: 623–30.

Brückle W, Bornmann M, Webe H (1997). Patientenschulung bei Fibromyalgie. Akt Rheumatol 22: 92–97.

Brückle W, Ehlebracht-König I, Bornmann M et al. (2005) Evaluation der Fibromyalgie-Schulung – Erste Ergebnisse. DRV-Schriften 59: 191–192.

Derra C (1997). Entspannungsverfahren bei chronischen Schmerzpatienten. Schmerz 11: 282–295.

de Shazer S (1989). Wege der erfolgreichen Kurztherapie. Stuttgart (Klett Cotta).

Diegelmann C (2009). Trauma und Krise bewältigen. Psychotherapie mit TRUST. Stuttgart (Klett-Cotta), S. 158.

Egle UT, Ecker-Egle ML, Nickel R et al. (2004). Fibromyalgie als Störung der zentralen Schmerz- und Stressverarbeitung – ein neues biopsychosoziales Krankheitsmodell. Psychother Psychosom Med Psychol 54: 137–47.

Egle UT, Zentgraf B (2009). Mechanismenbezogene statt schulenspezifische psychosomatische Schmerztherapie. Schweizer Zeitschrift für Psychiatrie & Neurologie 3: 18–23.

Egle UT, Zentgraf B (2013) Psychosomatische Schmerztherapie Grundlagen, Diagnostik, Therapie und Begutachtung. Stuttgart (Kohlhammer).

Egloff N, Egle UT, von Känel R. (2009). Therapie zentralisierter Schmerzstörungen. Praxis 98: 271–283.

Eisenberger NI, Lieberman MD, Williams KD (2003). Does rejection hurt? An fMRI study of social exclusion. Science 302: 290–292.

Fritsch, GR (2010). Der Gefühls- und Bedürfnisnavigator – Gefühle und Bedürfnisse wahrnehmen. Eine Orientierungshilfe für Psychosomatik- und Psychotherapiepatienten. Paderborn (Junfermann).

Grawe K, Donati R, Bernauer F (1994). Psychotherapie im Wandel. Von der Konfession zur Profession. Göttingen (Hogrefe).

Grawe K (2004). Neuropsychotherapie. Göttingen (Hogrefe).

Hasenbring M, Hallner D, Klasen B (2001). Psychologische Mechanismen im Prozess der Schmerzchronifizierung: unter- oder überbewertet? Schmerz 15(6): 442–447.

Hendrischke A, von Wachter M (2008). Störungsorientierte Differenzierung von Behandlungsthemen und therapeutischem Vorgehen bei Patienten mit chronischer Schmerzstörung. Ärztliche Psychotherapie 3: 177–183.

Hildebrandt J, Pfingsten M, Franz C et al. (1996). Das Göttinger Rücken-Intensiv-Programm (GRIP) – ein multimodales Behandlungsprogramm für Patienten mit chronischen Rückenschmerzen, Teil 1. Ergebnisse im Überblick. Schmerz 10: 190–203.

Hildebrandt J, Pfingsten M., Lüder S et al. (2003). Göttinger Rücken-Intensiv-Programm (GRIP) – Das Manual. Berlin (congress compact).

IJzelenberg W, Burdorf A (2005). Risk factors for musculoskeletal symptoms and ensuing health care use and sick leave. Spine 30: 1550–1556.

Kast V (2003). Trotz allem Ich. Gefühle des Selbstwerts und die Erfahrung von Identität. Freiburg (Herder).

Lemmens G, Eisler I, Heireman M et al. (2005). Family Discussion Groups for Patients with Chronic Pain: A Pilot Study. ANZJFT 26(1): 21–32.

Liedl A, Schäfer U, Knaevelsrund C (2010). Psychoedukation bei posttraumatischen Störungen. Manual für Einzel- und Gruppensetting Stuttgart (Schattauer).

Mense S. (1999). Neurobiologische Grundlagen von Muskelschmerzen. Schmerz 13: 3–17.

Merskey H, Bogduk N (1994). Pain Terms. A Current List with Definitions and Notes on Usage. Classification of Chronic Pain. 2nd Edition. IASP Task Force on Taxonomy. Seattle, WA (IASP Press), S. 209–214.

Nationale Versorgungsleitlinie zum Kreuzschmerz (2010). www.versorgungsleitlinien.de/themen/kreuzschmerz

Nickel R, Egle UT (1999). Therapie somatoformer Schmerzstörung. Manual zur psychodynamisch-interaktionellen Gruppentherapie. Stuttgart (Schattauer).

Nobis HG (2012). Schmerz und Psyche. In: Nobis HG, Rolke R, Graf-Baumann T (Hrsg.). Schmerz – eine Herausforderung. Informationen für Schmerzpatienten und deren Angehörige. Heidelberg (Springer).

Petrie KJ, Frampton T, Large RG et al. (2005). What do patients expect from their first visit to a pain clinic? Clin J Pain 21(4): 297–301.

Pfingsten M, Leibing E, Harter W et al. (2001). Fear-avoidance behavior and anticipation of pain in patients with chronic low back pain – a randomized controlled study. Pain Med 2: 259–266.

Rowat KM (1985). Assessing the "chronic pain family". Int J Fam Ther 7: 284–296.

Rudolf G (1998). Der Prozess der depressiven Somatisierung. In: Rudolf G, Henningsen P (Hrsg.). Somatoforme Störungen. Stuttgart (Schattauer), S. 171–184.

Schirmer R (2008). Psychoedukation, Selbsthilfe und Angehörigenarbeit. www.klinikum.uni-heidelberg.de/fileadmin/zpm/psychiatrie/backenstrass/WS07_08/Psychoedukation_Selbsthilfe_und_Angehoerigenarbeit_28-01-08.pdf (Stand 1.8.2015).

Seemann H (2005). Psychoedukation in der Schmerzbehandlung. In: Behrendt B, Schaub A (Hrsg.). Handbuch Psychoedukation & Selbstmanagement. Verhaltenstherapeutische Ansätze für die klinische Praxis. Tübingen (dgvt), S. 347–412.

Spiegelhalder K, Backhaus J, Riemann D (2011). Schlafstörungen. Göttingen (Hogrefe).

Steinglass P (1998). Multiple family discussion groups for patients with chronic medical illness. Fam Syst Health 16(1–2): 55–70.

Stoeter P, Bauermann T, Nickel R et al. (2007). Cerebral activation in patients with somatoformpain disorder exposed to pain and stress: An fMRI study. NeuroImage 36: 418–430.

Streltzer J, Linden M (2008). Erhöhte Schmerzempfindlichkeit unter Dauerbehandlung mit Opiaten. Nervenarzt 79: 1–3.

Wachter M von (2003). Schmerzkrankheit in der Familie. In: Altmeyer S, Kröger F (Hrsg). Theorie und Praxis der Systemischen Familienmedizin. Göttingen (Vandenhoeck und Ruprecht).

Wachter M von (2014). Chronische Schmerzen – Selbsthilfe und Therapiebegleitung, Orientierung für Angehörige und konkrete Tipps und Fallbeispiele. Berlin (Springer).

Wachter M von, Hendrischke A (2005). Die stationäre psychosomatische Behandlung von Patienten mit chronischer Schmerzkrankheit. PiD 1: 70–75.

von Wachter (2015). Psychoedukationsfolien http://www.schmerzpsychoedukation.de/folien.html.

Wachter M von, Hendrischke A (2013). Ressourcenaktivierung bei stationärer Psychotherapie- Wichtiger Faktor in der gesamten Behandlung. PiD 14(1): 36–42.

Wachter M von, Hendrischke A (2016) Psychoedukation bei chronischen Schmerzen – Manual und Materialien. Berlin (Springer).

Winkelmann A, Häuser W, Friedel E et al (2012). Physiotherapie und physikalische Verfahren beim Fibromyalgiesyndrom. Systematische Übersicht, Metaanalyse und Leitlinie. Schmerz 26(3): 276–286.

36 Psychoedukation bei sexuellen Funktionsstörungen

Roger Dörr, Kai-Uwe Kühn

36.1 Begründung der Psychoedukation bei dieser Indikation

Laut DSM-IV-Textrevision (dt. Version: Saß et al., 2003) sind Störungen der sexuellen Appetenz, Störungen der sexuellen Erregung, Orgasmusstörungen und Störungen mit sexuell bedingten Schmerzen zu unterscheiden. Wenn sexuelle Funktionsstörungen ausschließlich auf medizinische Krankheitsfaktoren zurückzuführen sind oder durch Substanzen verursacht wurden, ist dies bei der Diagnosestellung zu berücksichtigen. Ebenfalls darf die Diagnose der sexuellen Funktionsstörung nicht vergeben werden, wenn die Beschwerden ausschließlich durch eine psychiatrische Erkrankung oder das Altern erklärt werden. All dies ist wissenschaftlich sinnvoll und nachvollziehbar, wird aber der Gemengelage real existierender Menschen mit sexuellen Funktionsstörungen bei Vorliegen von psychiatrischen Erkrankungen nicht immer gerecht. Darüber hinaus sind sexuelle Funktionsstörungen auch in der sog. Allgemeinbevölkerung außerordentlich häufig. Noch schwieriger als eine valide quantitative Erfassung der Häufigkeit sexueller Dysfunktion in der Allgemeinbevölkerung und in bestimmten Patientengruppen ist die Erfassung ihrer Relevanz. Es sei hier nur auf das U.S. National Health and Life Survey 1999 (Laumann et al., 1999), die Metaanalyse von Simons und Carey (2001) sowie die Massachusetts Male Ageing Study (Derogatis u. Burnett, 2008) verwiesen.

36.1.1 Sexuelle Funktionsstörungen in der Psychiatrie

Verschiedene psychische Erkrankungen, die eine entsprechende psychiatrische Behandlung erfordern, z. B. Depressionen und Psychosen (Schizophrenie), bedingen zudem ebenfalls sexuelle Probleme. Allerdings kann auch unabhängig von diesen Erkrankungen, bereits vor deren Beginn, eine Sexualstörung bestanden haben.

Depressionen Laut Fahrner und Kockott (2003) gehen gerade auch schwere Depressionen oft mit einem Verlust der Libido oder einem Mangelerleben an sexueller Appetenz einher. Die Autoren weisen aber auch darauf hin, dass, sofern eine Depression diagnostisch bestätigt wurde, die zeitliche Abfolge des Auftretens der beiden Störungen abgeklärt werden sollte. Es zeigte sich, dass sexuelle Störungen auch sekundär eine Depression verursachen können. Allerdings bietet diese „sekundäre Depression" für gewöhnlich nicht das Vollbild einer schweren Depression.

Psychosen Kockott und Pfeiffer (1996) führten an ambulant betreuten psychiatrischen Patienten (100 schizophren Erkrankte, 58 depressive Patienten) eine Untersuchung durch, die u. a. zeigte, dass sexuelle Funktionsstörungen vorwiegend von Patienten mit Psychoseerfahrung angegeben wurden (47%) und dass es sich bei den sexuellen Funktionsstörungen vorwiegend um Störungen der Appetenz handelte. Diese waren nach Meinung klinischer Experten meist multifaktoriell bedingt. Ferner ließ sich bei den schizophren erkrankten Patienten der störende Einfluss der Erkrankung auf die Sexualität nachweisen.

Probleme der Compliance in der Psychiatrie
Wenn sexuelle Dysfunktionen in Zusammenhang mit Psychopharmaka in der Literatur diskutiert werden, so geschieht dies regelmäßig im Sinne monokausaler und unidirektionaler Ursache-/Wirkungsbeziehungen, z. B.: Prolactinerhöhung führt zu sexueller Dysfunktion. Dies wird der Lebenswirklichkeit zumeist nicht gerecht. Es stehen sowohl pharmakologische als auch psychotherapeutische Behandlungsmöglichkeiten mit guter Wirksamkeit bei zuverlässiger Evidenzlage zur Verfügung, doch werden sie insbesondere bei schwerkranken schizophrenen Patienten i. d. R. nicht genutzt. Sexuelle Dysfunktion spielt bei Non-Compliance eine ungemein wichtige Rolle, ist aber in erster Linie für die Lebensqualität unserer Patienten von erheblicher Bedeutung. Deshalb ist die Nicht-Beachtung weder medizinisch noch ethisch zu rechtfertigen. Wenn z. B. sexuelle Funktionsstörungen infolge von Nebenwirkungen eines verordneten Neuroleptikums auftreten, so geht dem zumeist auch mangelnde Aufklärungen seitens des behandelnden Arztes voraus (vgl. Oksaar, 1995). Das heißt, weder sexuelle Funktionen noch deren Beeinträchtigungen werden im Arzt-Patient-Gespräch thematisiert. Dies wiederum hat oft zur Folge, dass der Patient im Falle sexueller Probleme völlig unvorbereitet ist und ggf. beeinträchtigt wird. Eine gänzlich falsche Zuschreibung könnte erfolgen, wenn z. B. ein Mann Probleme beim Hervorrufen seiner Erektion hat: „Ich werde alt", oder: „Vielleicht finde ich meine Frau nicht mehr attraktiv." Laut Fahrner und Kockott (2003) könnte sich aufgrund mangelnder Aufklärung ein negativer Selbstverstärkungsmechanismus entwickeln, der evtl. eine Sexualstörung weiter verfestigen kann. An gerade dieser Stelle könnten und sollten psychoedukative Maßnahmen ansetzen.

36.2 Aktueller Stand

Mit Blick auf die vorliegenden Behandlungsmanuale ist vorab festzuhalten, dass die Psychotherapie sexueller Funktionsstörungen bei psychiatrischen Patienten bislang sträflich vernachlässigt wurde. So finden sich über- und vorwiegend Ansätze zur Behandlung „normaler" Patienten – vorzugsweise in einem paartherapeutischen Setting. Manche Manuale enthalten sogar Hinweise auf eine eventuelle Kontraindikation, z. B. bei einer vorliegenden Psychose. Die folgenden Behandlungsmöglichkeiten sexueller Dysfunktionen klammern somit psychotische Patienten weitgehend aus und richten sich an eine psychisch gefestigteres Klientel, vorzugsweise in Paarstärke.

36.2.1 Therapieprogramme für Paare

Ausgehend von den Untersuchungen von Masters und Johnson (1966) wurde zunächst ein Programm zur Behandlung sexueller Funktionsstörungen unter dem Titel „sensate focus" entwickelt. Dieses Programm wurde zur Grundlage der sog. „direkten Sexualtherapie" (vgl. Weig, 2001). In der Folge entstand aus diesen Ansätzen im deutschsprachigen Raum das Programm der Hamburger Paarsexualtherapie (oder das „Hamburger Modell der Paartherapie bei sexuellen Störungen"; vgl. Hauch, 2006). Weitere Einflüsse bildeten die Ansätze von

Lobitz und LoPiccolo (1972) sowie Kaplan (1984). Das Programm wurde ursprünglich für heterosexuelle Paare entwickelt, die auf der Suche nach professioneller Hilfe für die klassischen sexuellen Funktionsstörungen waren, d. h. bei Männern Erektions- und Ejakulationsprobleme, bei Frauen Erregungs- und Orgasmusprobleme sowie Vaginismus (Scheidenkrampf) (vgl. Hauch, 2006). Heute umfasst die Indikationsgruppe generell gegengeschlechtliche Paare, bei denen eine chronifizierte sexuelle Funktionsstörung oder eine sexuelle Lustlosigkeit vorliegt (Galedary u. Rethemeier, 2006a). Die Autoren setzen dabei voraus, dass beide Partner die sexuellen Probleme gemeinsam bearbeiten wollen – und dies unabhängig von der Schwere des neurotischen Konflikts und der Partnerkonflikte. Bei gleichgeschlechtlichen Paaren wurde die Anwendung des Hamburger Modells bislang nur vereinzelt realisiert – eine Konsultation gleichgeschlechtlicher Paare mit sexuellen Problemen geschieht sehr selten. Eine Kontraindikation stellt die Gleichgeschlechtlichkeit allerdings nicht dar. An Kontraindikationen listen die Autoren u. a. schwere akute Drogen- und Alkoholabhängigkeit sowie akute Psychosen auf. Weitere somatische oder psychische Erkrankungen stellen nicht per se Kontraindikationen dar, allerdings sollte in diesen Fällen vorab eine sorgfältige Abklärung erfolgen. Die Indikation nach Störungsbildern wird von den Autoren wie in Tabelle 36-1 angegeben (vgl. Galedary u. Rethemeier, 2006b):

Die Autoren geben, abgesehen von den oben genannten isolierten sexuellen Funktionsstörungen, auch Kombinationen von Störungen an: So ist beim Mann oftmals ein vorzeitiger Samenerguss mit Erektionsstörungen verbunden, während bei der Frau Orgasmusstörungen häufig mit Erregungsstörungen einhergehen.

Laut Hauch (2006) hat sich das Paartherapie-Konzept in den vergangenen 30 Jahren bewährt. Weig (2001) zufolge zeigen sich nach durchschnittlich 30 Sitzungen bei etwa 75 % derjenigen, die die Therapie abgeschlossen haben, signifikante Besserungen, und zwar insbesondere bei den Diagnosen Erektionsstörungen, mangelnde Kontrolle über den Ablauf der Erregung sowie Vaginismus. Laut Weig waren die Erfolge bei Orgasmusstörungen und bei Appetenzbeeinträchtigungen im Vergleich deutlich schlechter.

Tab. 36-1 Sexuelle Funktionsstörungen

Beim Mann	Bei der Frau

• Ejakulationsstörungen
  – Vorzeitiger Samenerguss (Ejaculatio praecox)
  – Ausbleibender oder verzögerter Samenerguss (Ejaculatio deficiens bzw. retarda)
  – Erektionsstörungen (erektile Dysfunktion)
• Schmerzhafter Geschlechtsverkehr (Dyspareunie)
• Sexuelle Lustlosigkeit auch ohne Funktionsstörung
	• Erregungsstörungen
	• Orgasmusstörungen
	• Scheidenkrampf (Vaginismus)
	• Schmerzhafter Geschlechtsverkehr (Dyspareunie)
	• Sexuelle Lustlosigkeit auch ohne Funktionsstörung

Die ursprünglich von Masters und Johnson (1966) konzipierte Sexualtherapie wurde hingegen bereits in frühen Therapiestudien in ihrer Wirksamkeit bestätigt (vgl. Lobitz u. LoPiccolo, 1972; Mathews et al., 1976). Berichtet werden Erfolgsquoten von 50 % bis 80 % je nach Art der sexuellen Störung (Zimmer, 1985). Langzeituntersuchungen (über 2 bis 4 Jahre) konnten eine Stabilität der Erfolge zeigen (Gromus, 2002). Dabei haben die „geheilten" Patienten die stabilsten Verläufe; 28 % konnten ihr sexuelles Erleben nach dem Therapieende sogar noch verbessern. Nachfolgende Untersuchungen hatten später die Weiterentwicklung zum Gegenstand (vgl. Schover u. Leiblum, 1994; Wiedermann, 1998). Insgesamt sprechen die Ergebnisse für eine relativ hohe Erfolgsrate (Fahrner u. Kockott, 2003). Laut Grawe et al. (1994) ist die Paartherapie bei sexuellen Störungen das psychotherapeutische Verfahren mit der besten Evidenz.

36.2.2 Therapieprogramme für Frauen

Gromus (2002) beschreibt in ihrem Buch „Sexualstörungen der Frau" verschiedene Möglichkeiten, sexuelle Dysfunktionen bei Frauen psychotherapeutisch zu behandeln. Neben Hinweisen zur einzel- und paartherapeutischen Praxis finden sich auch zahlreiche psychoedukative Aspekte, die vorwiegend innerhalb der Sexualberatung Anwendung finden (z. B. Aufklärung hinsichtlich diverser „Sexualmythen" und körperlicher Funktionen).

36.2.3 Therapieprogamme für Männer

Ein Manual zur Behandlung sexueller Funktionsstörungen bei Männern wurde von Fahrner und Kockott (2003) unter dem Titel „Sexualtherapie" veröffentlicht. Diese Form der Sexualtherapie, die ebenso wie das Hamburger Modell auf den Erkenntnissen von Masters und Johnson (1966) basiert, wird vorzugsweise als Paartherapie durchgeführt. Das Manual enthält präzise Hinweise zum therapeutischen Vorgehen, zu den theoretischen Grundlagen und zur diagnostischen Abklärung sowie zahlreiche Fallbeispiele.

Zwei weitere Verfahren, die in den USA entwickelt wurden, werden ebenfalls in der Sexualtherapie angewandt und sollen im Folgenden kurz beschrieben werden: das „PLISSIT-Modell" sowie der „SAR-Prozess".

Das PLISSIT-Modell Bei diesem Modell handelt es sich um ein von dem klinischen Psychologen Jack Annon (1976) entwickeltes Verfahren zur Behandlung von Sexualproblemen. PLISSIT ist ein Akronym für die vier Stufen der Therapie (vgl. Hoyndorf et al., 1995; Hecker, 2001; Gromus, 2002; Strauß, 2004):

- P steht für Permission (Erlaubnis oder Beruhigung): Grundlage bildet die Feststellung, dass sich viele Sexualstörungen auf Angst, Schuldgefühle und Hemmungen zurückführen lassen.
- LI („Limited Information" – begrenzte Information): Hier findet sich eine rein psychoedukative Komponente des sexualtherapeutischen Programms. Laut Annon (1976) genügen oftmals bereits präzise anatomische und physiologische Auskünfte, um Patienten wieder sexuell funktionsfähig zu machen. Auch ist eine Aufklärung bzgl. falscher sexueller Vorstellungen äußerst hilfreich.
- SS („Specific Suggestions" – spezifische Anregungen oder Vorschläge): Praktische Hinweise oder Übungen, die auf ein besonderes Problem zugeschnitten sind. Diese können von den Paaren selbst durchgeführt werden (vgl. auch Masters u. Johnson, 1966).

- IT („Intensive Therapy" – intensive Therapie): Ein langwieriges und komplizierteres Eingreifen durch Spezialisten. Diese Stufe erfolgt laut Annon aber relativ selten.

Insgesamt ist das PLISSIT-Modell als ein abgestuftes System von „therapeutischem Sieben" zu verstehen: Oben werden die leichteren Fälle nacheinander abgefangen, während die schwereren in abnehmender Anzahl nach unten sinken. Das PLISSIT-Modell eignet sich also auch dazu, Sexualberatung („PLISS") von Sexualtherapie („PLISS + IT") abzugrenzen (vgl. Strauß, 2004).

Der SAR-Prozess Eine andere Form der Psychoedukation sexueller Dysfunktionen stellt das SAR („Sexual Attitude Restructuring") dar. Das Akronym bezeichnet einen Entwicklungsprozess, der die sexuelle Einstellung der Seminarteilnehmer in Richtung größerer Toleranz ändert oder umstrukturiert (vgl. Wollert, 1978). Ursprünglich in San Francisco als Intensivkurs von acht Tagen konzipiert, werden audiovisuelles Material, Vorträge, Gruppendiskussionen, Entspannungsübungen und Rollenspiele präsentiert. Im Mittelpunkt stehen sexuelle Dokumentarfilme – aufgenommen mit gewöhnlichen Menschen (nicht mit professionellen Schauspielern!) – ohne Drehbuch, ohne Regie und ohne vorgefasste Meinung irgendwelcher Art. Diese Filme sollen den unrealistischen sexuellen Normvorstellungen und stereotypen Rollenauffassungen entgegenwirken.

36.3 Das Thema Sexualität in der psychiatrischen Arbeit

Im „Alliance Psychoedukations-Programm", einem Behandlungsmanual zur Durchführung psychoedukativer Sitzungen, soll im Rahmen des Moduls „Beziehung und Sexualität" über die Auswirkungen der Schizophrenie und ihrer Behandlung im Hinblick auf Beziehung und Sexualität informiert werden (vgl. Kissling et al., 2003 sowie Kissling u. Pitschel-Walz, 2003). Die Autoren verweisen auf folgende Themen, die im Behandlungsmanual ausführlich beschrieben werden:
- Beziehungen und Sexualität,
- Kinderwunsch, Verhütung,
- sexuelle Probleme,
- Vererbungsrisiko der Schizophrenie,
- sexuelle Nebenwirkungen der Psychopharmaka.

Beziehungen und Sexualität sind Gegenstand des 11. Moduls. Es findet sich ein Hinweis, wonach die Teilnehmer zuvor die Module 1 bis 10 durchgearbeitet haben sollten – demzufolge steht dieses Modul nicht für sich alleine. Ziel des Moduls ist es u. a., Gespräche über schwierige Themen wie Beziehungen und Sexualität zu erleichtern – insbesondere, was die Auswirkungen der Schizophrenie und ihrer Behandlung auf diese Bereiche betrifft. Die Behandlung der Themen Beziehungen und Sexualität im Rahmen des Alliance-Programms stellt keine Therapie dar. Bei der Behandlung von sexuellen Störungen wird an entsprechende Experten verwiesen. „Das Alliance-Programm kann aber die Teilnehmer generell über diese Themen informieren und kann sie ermutigen, über Probleme offen mit dem Behandlungsteam zu sprechen und – wenn nötig – fachliche Hilfe zu akzeptieren." (Kissling et al., 2003, Modul 11, S. 3)

36.4 Theoretische Aspekte

Das oben vorgestellte Hamburger Modell der Paartherapie bei sexuellen Störungen (vgl. Hauch, 2006) soll im Folgenden weiter vertieft werden. Dieses Prinzip der Paartherapie wurde von Masters und Johnson (1966) übernommen und findet sich in vielen Ansätzen zur Behandlung sexueller Funktionsstörungen wieder (Hauch, 2004). Hauch versteht die sexuelle Problematik als eine Störung, „die sich in der Beziehung des jeweiligen Paares manifestiert, auch wenn nur bei einem/einer eine manifeste Symptombildung vorliegt" (S. 76). Fokussiert wird dabei v. a. auf die Strukturen der Partnerschaft: „Dabei verstehen wir die Partnerschaft als einen bedeutsamen Ort sexueller Inszenierungen, sexuellen Verhaltens und Erlebens, und nicht Sexualität als Ausdruck der Paarbeziehung" (S. 77). Die Sexualität rückt explizit in den Fokus der psychotherapeutischen Arbeit. Ein Manual zur Vorgehensweise findet sich bei Hauch (2006).

Im Mittelpunkt des **Hamburger Modells** steht ein umfangreiches Lernprogramm zu folgenden Themen (vgl. Galedary u. Rethemeier, 2006c):
- Streicheln I
- Streicheln II
- Erkundendes Streicheln im Genitalbereich
- Spielen mit Erregung/stimulierendes Streicheln
- Einführen des Penis
- Koitus mit erkundenden und stimulierenden Bewegungen
- Vorbereitung des Therapie-Endes
- Abschlussgespräch
- Katamnesegespräch

Die Autoren weisen darauf hin, dass der Verlauf der Therapien trotz der vorgegebenen Abfolge jeweils individuell variiert.

Weig (2001) erläutert zudem, dass der Ablauf des Programms in einer entspannten Atmosphäre, also ohne Leistungsdruck, und im gegenseitigen Erkunden und im Erleben angenehmer Erfahrungen gestaltet werden muss. Zu den möglichen Wirkfaktoren zählen auch verhaltenstherapeutische Methoden, z. B. die gestufte Desensibilisierung, die paradoxe Intervention sowie zahlreiche kognitive und psychoedukative Elemente.

36.4.1 Psychoedukation bei sexuellen Dysfunktionen der Frau

Ein spezifisches Manual zur Anwendung und Umsetzung psychoedukativer Elemente in der psychotherapeutischen Sexualtherapie von Frauen ist derzeit nicht verfügbar. Allerdings gibt Gromus (2002) zahlreiche Hinweise auf die Bedeutung der Psychoedukation in der Behandlung, insbesondere in der Sexualberatung junger Frauen. Themen, die hierbei geklärt werden können, sind u. a.: Attraktivitätsdruck („Ist mein Busen zu groß, zu klein, zu unförmig …"), Leistungsdruck („Ich hatte noch nie/ganz selten einen Orgasmus …", „Können nur multiple Orgasmen eine Frau befriedigen …?"), Körperfunktionen, Verhütung, weibliche und männliche Stereotype („weibliches Vorspiel" und „männliches Endspiel"), Umgang mit „geheimen Wünschen", Liebe und Treue etc.

Neue Lebensphasen können die weibliche Sexualität auf eine harte Probe. So können in der Schwangerschaft unterschiedliche Probleme oder Ängste die sexuelle Appetenz hemmen (die Wahrnehmung der eigenen Attraktivität kann sich so dramatisch verändern, dass Insuffizienzgefühle die Folge sind). Auch die Zeit nach der Schwangerschaft kann durch die veränderte Lebenssituation zu Schwierigkeiten in der Sexualität führen (viele Paare erleben es als belastend, dass Sexualität mit Rücksicht auf das Kind nicht mehr spontan stattfinden kann).

Gegenstand der Sexualberatung sind darüber hinaus Themen des mittleren Erwachsenenalters (z. B. die Bedeutung des „empty nest"-Effektes für die Sexualität, Veränderung der Appetenz durch das Klimakterium etc.) und des späten Erwachsenenalters (z. B. die Suche nach einem neuen Partner im Fall der Witwen- oder Witwerschaft oder die Frage, ob im hohen Alter auf Sex zu verzichten ist).

> **Zu vermittelnde Prinzipien für die Übungen**
>
> - Zeitliche Festlegung: 2 × pro Woche jeweils ca. eine ¾ Stunde Streichelübungen.
> - Trennung von Aktiv- und Passivstreicheln.
> - Erforschung des ganzen Körpers und Experimentieren mit Streichelarten.
> - Gegenseitige Rückmeldung.
> - Rückmeldung kann stimmlich, sprachlich und körperlich erfolgen.
> - Zurückweisung und positive Rückmeldung soll konkret sein und frei von Vorwürfen sein („Wenn du dort so stark streichelst, ist mir das unangenehm").
> - Leicht unangenehme Gefühle sollen erspürt und später besprochen werden; sie dienen dem therapeutischen Fortschritt.
> - Bei stark unangenehmen Gefühlen und bei Angst sollte die Übung nicht fortgesetzt werden. Nach Möglichkeit sollte das Paar über die Gefühle sprechen.
> - Neue Instruktionen zum Fortgang erhält das Paar erst, wenn beide die Übung entspannt genießen können.
> - Außerhalb der Übungen gelten die gleichen Tabuzonen wie während der Übungen (Mund- und Zungenküsse sind immer erlaubt).
> - Erfolgsmeldungen werden nicht erwartet, angenehme und unangenehme Empfindungen sind gleichermaßen wichtig; Unangenehmes kann besonders wichtig sein.

Bei Erkrankungen und deren Behandlungsfolgen (z. B. der sexuellen Inappetenz bei Diabetes mellitus) sollte ebenfalls eine Sexualberatung stattfinden.

Zusätzlich zur Sexualberatung erläutert Gromus (2002) auch das paartherapeutische Vorgehen bei weiblichen sexuellen Dysfunktionen.

Das „Neun-Stufen-Programm" von Lo Piccolo und Lobitz (1972) lässt sich ebenfalls im paartherapeutischen Setting praktizieren, kann aber auch für Frauen ohne Partner durchgeführt werden (vgl. Gromus, 2002). Die 9 Stufen sind:
1. Betrachtung des eigenen Körpers und Geschlechts und Vergleich mit Zeichnungen.
2. Untersuchung des Geschlechtsteils mit der Hand (ohne Stimulation).
3. Erkunden von Arealen im Genitalbereich, die angenehm sind.
4. Ausprobieren von manueller Stimulation (wo, wie und wie intensiv).
5. Steigerung von Intensität und Ausdauer.
6. Empfehlung der Benutzung eines Vibrators (zur Entlastung von Anstrengung).
7. Manuelle Stimulierung in Anwesenheit des Partners.
8. Der Partner soll die Frau manuell stimulieren.
9. Der Partner stimuliert manuell die Frau während des Koitus.

36.4.2 Psychoedukation bei sexuellen Dysfunktionen des Mannes

Fahrner und Kockott (2003) haben ein Manual zur Behandlung sexueller Funktionsstörungen des Mannes verfasst. Sie beschreiben folgende Therapieziele:
- Die Versagensangst und das daraus resultierende Vermeidungsverhalten müssen abgebaut werden.

- Es muss ein ungestörtes sexuelles Verhaltensrepertoire neu aufgebaut werden.
- Die Bedeutung der sexuellen Funktionsstörung für die Partnerschaft muss geklärt werden.
- Es müssen Ängste, Konflikte oder traumatische Erlebnisse therapeutisch bearbeitet werden, die mit der sexuellen Problematik in Zusammenhang stehen.

Therapiephasen (ca. 20 Sitzungen)

- Sensate Fokus
  - Verschiedene Stufen von Sensate Fokus,
- Spezielle Übungen entsprechend den individuellen Störungsbildern
  - Teasing Technik, Stopp-Start Methode/Squeeze-Technik,
  - Übungen zur Verbesserung der Partnerschaft,
- Kognitive Therapie
  - Edukative Interventionen,
  - Kognitive Umstrukturierung,
- Konfliktbearbeitung weiterer Problembereiche, z. B.
  - Kommunikationstraining,
  - Partnerschaftstherapie,
  - Abbau Stress fördernder Lebensbedingungen.

Hinweise zur praktischen Durchführung enthält das strukturierte Programm zur Behandlung von Erektionsstörungen (vgl. auch Fahrner und Kockott, 2003, S. 89 ff.). Die Übersicht oben zeigt, dass parallel zu den Übungen regelmäßig auch psychoedukative Elemente zum Einsatz kommen. So werden im Rahmen der Psychoedukation dysfunktionale Einstellungen verändert (z. B. mit Blick auf die Normen und Mythen der Sexualität) und mittels Sexualpädagogik Informationsdefizite aufgearbeitet (z. B. Fehlinformationen und mangelnde Kenntnisse über die Physiologie der Sexualität).

36.5 Praktische Darstellung und Fallbeispiele

36.5.1 Prolactin ist an allem Schuld!

45-jährige Patientin, vordiagnostiziert mit schizoaffektiver Psychose, unsere Aufnahmediagnose: Manie mit psychotischen Symptomen, nach 11 Wochen stationärer Behandlung bipolare affektive Psychose, Mischzustand, überwiegend depressiv. Derzeit keine produktiv psychotischen Symptome. Medikation: Olanzapin 30 mg/die, Lithium 1200 mg/die, Lamotrigin 100 mg/die, Mirtazapin 30 mg/die, 2 Antihypertensiva, 1 Lipidsenker. Patientin äußert sich unzufrieden mit der Behandlung allgemein und der Medikation im Besonderen und gibt bei Befragung an, sie empfinde keinerlei sexuelles Interesse. Bei eingehender Exploration zeigt sich folgendes Bild: Patientin ist mit 18 Jahren erstmals erkrankt, hatte seither 5 manische und „über 20" depressive Phasen, hatte in der 3. und 4. manischen Phase jeweils außereheliche Beziehungen, die auch zu einem 2-jährigen Beziehungsbruch (Ehemann ausgezogen) führten. In der letzten manischen Phase keine außereheliche Beziehung, aber massives Misstrauen des Ehemannes. Patientin hat unter der Medikation „ständig" zugenommen, wiegt derzeit bei 150 cm Körpergröße 78 kg, findet sich unattraktiv. Periode war bereits vor der aktuellen Phase sehr unregelmäßig. Frauenärztin habe „Hormone" empfohlen, die die Patientin „aus Angst" aber nicht eingenommen habe. Derzeit deutlich depressiv herabgestimmt, Prolactinplasmaspiegel (einmalige Bestimmung!) 150 ng/ml.

Patientin ist sehr verunsichert und schreibt ihre schlechte Verfassung dem erhöhten Prolactinspiegel zu. Sie fühlt sich von Ärzten unverstanden und nutzt die Psychoedukationsgruppe, um ihrer Unzufriedenheit Ausdruck zu verleihen. Von der psychologischen Psychotherapeutin ist zu erfahren, dass die Patientin massive Angst davor hat, vom Ehemann verlassen zu werden. Diese Ängste bestehen bereits seit mehreren Jahren und unabhängig von der aktuellen Krankheitsepisode. Im Rahmen der depressiven Stimmungslage ist die vorbestehende Selbstwertproblematik ebenfalls massiv verstärkt. Die Patientin erlebt sich als permanent überfordert. Nach Rücksprache mit der Stationsärztin zeigt sich, dass die aktuelle Medikation teilweise „historisch entstanden" ist, d. h. eine vorbestehende Medikation fortgeführt, aber durch zusätzliche Medikamente ergänzt wurde. Derzeit besteht keine Notwendigkeit für eine stark sedierende Medikation. Bei der Patientin sind auch die Kriterien eines metabolischen Syndroms erfüllt. Sie wird im Verlauf in die Tagesklinik verlegt, die neuroleptische Medikation wird halbiert, das Mirtazapin wird durch ein SSRI ersetzt, es werden 3 Prolactinbestimmungen lege artis durchgeführt, Ergebnis: Prolactin leicht erhöht, dennoch in Absprache mit der behandelnden Gynäkologin keine Prolactin senkenden Maßnahmen, Beginn einer Hormontherapie. Die Depression bildet sich in den nächsten 6 Monaten zurück, Libido kehrt teilweise zurück, Sexualität bleibt aber unverändert problematisch. Bei ebenfalls fortbestehender Partnerschaftsproblematik Überweisung an Paartherapeuten am Wohnort der Patientin.

36.5.2 Bedeutung für die Psychoedukationsgruppe

Die Patientin spricht ein wichtiges Problem an, in dem sich mehrere Gruppenmitglieder wiedererkennen. Die Besprechung der Thematik wird von der gesamten Gruppe als wichtig und lohnenswert wahrgenommen. Die zunächst unterstellte monokausale und unidirektionale Problemdarstellung muss jedoch relativiert werden, wobei die konkrete Lebenssituation der Patientin auch nicht in der Gruppe, sondern in der Einzeltherapie besprochen wird.

Wissensvermittlung:
- Prolactinerhöhung durch Psychopharmaka ist häufig.
- Prolactinerhöhung löst u. U., aber nicht zwangsläufig erhebliche unerwünschte Arzneimittelnebenwirkungen aus.
- Einzelbestimmungen von Prolactin können leicht irreführen, und ihre Wertigkeit ist zweifelhaft. Sexualität auf *einen* Hormonwert zu reduzieren ist meistens falsch.

36.5.3 Patient mit Residuum

57-jähriger Patient, mit Anfang 20 an schizophrener Psychose erkrankt, lebt seit ca. 10 Jahren in Außenwohngruppe einer Einrichtung für psychisch Kranke. In dieser Zeit 8 stationäre Aufnahmen in unserer Klinik, Aufnahmegründe: Symptomverschlechterung wegen Non-Compliance bzw. Aufnahme auf Wunsch der Betreuer wegen Interaktinsproblemen in der Wohngruppe, und zwar stets im Zusammenhang mit dem ausgeprägten schizophrenen Residuum. Medikation bei Aufnahme: Clozapin 350 mg/die, Pipamperon bis 4 mal 20 mg/die, Fluoxetin 40 mg/die, 2 Antihypertensiva, Allopurinol, Omeprazol.

Patient mäßig begeistert von Wiederaufnahme, äußert auch Unverständnis darüber. Laut Angaben der Bezugsbetreuerin hat er Medikamente nur teilweise eingenommen und im Verlauf weder Gruppenaufgaben erfüllt noch Körperpflege betrieben. Patient möchte zunächst auch nicht an Psychoedukationsgruppe teilnehmen, da er bereits zweimal das Gruppenprogramm absolviert habe. Lässt sich aber schließlich umstimmen.

Bei Aufnahme sind Clozapin und Fluoxetin-Plasmaspiegel sehr niedrig, Patient räumt auch unregelmäßige Medikamenteneinnahme ein. Auf Nachfrage, warum er die Medikamente nicht regelmäßig eingenommen habe, antwortet er ausweichend. Zuvor hatte er die Clozapin-Medikation jahrelang regelmäßig und durch Spiegelkontrollen überprüft eingenommen. Vor 9 Wochen wurde wegen Antriebsmangels durch niedergelassenen Psychiater zusätzlich Fluoxetin eindosiert. Zunächst habe sich nach Angabe der Bezugsbetreuerin der Antrieb tatsächlich etwas gebessert. Danach sei jedoch „alles schlechter" geworden.

Der Patient zeigt sich in der Aufnahmesituation ausgesprochen kritisch gegenüber seiner Medikation, räumt aber ein, dass das Clozapin ihm über die Jahre sehr wohl geholfen habe. Er ist schließlich einverstanden, Clozapin und Pipamperon bei Bedarf wieder einzunehmen, weigert sich jedoch stenisch, nochmals Fluoxetin einzunehmen. Gründe hierfür gibt er nicht an. Der Patient nimmt an den verschiedenen Gruppenangeboten teil, ist in der 2. Woche mit der zusätzlichen Gabe von 15 mg Aripiprazol/die nach Reduktion von Clozapion von 350 auf 300 mg/die einverstanden, ab der 4. Woche zeigt sich eine wesentliche Besserung von Antrieb und Gesamtbefinden bei allerdings unverändertem erheblichem Residuum. In der 5. Woche gibt der Patient im Einzelgespräch schließlich unaufgefordert an, unter Fluoxetin sei ihm die Selbsbefriedigung nahezu unmöglich geworden. Auf Nachfragen räumt er ein, dass zwar auch die Erektion etwas schwächer geworden sei, was ihn jedoch „gar nicht so gestört" habe. Weit schlimmer seien der massiv verzögerte und schließlich sogar vollständig ausbleibende Höhepunkt und Samenerguss gewesen. Der Patient äußert sich geradezu empört über den SSRI und v. a. darüber, dass er in keiner Weise über diese Nebenwirkung informiert worden sei. Erst jetzt, Wochen später, habe er von dieser Nebenwirkung erfahren.

Bedeutung für die Psychoedukationsgruppe:

Patienten mit schizophrener Psychose werden sehr häufig und aus verschiedenen Gründen mit SSRI als Co-Medikation behandelt. Im Einzelfall gibt es hierfür gute Gründe und häufig auch gute Therapieerfolge. Es muss jedoch bedacht werden, dass je nach Studie zwischen 20 und 70 % aller Patienten, die mit SSRI behandelt werden, verschiedene Formen von sexuellen Dysfunktionen entwickeln.

Die schizophrene Psychose selbst und die Antipsychotika als Primärmedikation führen ebenfalls zu verändertem sexuellem Erleben und sexuellen Dysfunktionen. Deshalb sind Patienten mit schizophrener Psychose unter SSRI-Komedikation als Hochrisikogruppe für das Entstehen sexueller Dysfunktionen anzusehen. Besonders relevant für diese Patientengruppe ist nicht die erektile Dysfunktion, die relativ häufig erfragt wird, sondern die Ejaculatio tarda, also die verspätete Ejakulation und die Anorgasmie, die sehr viel seltener erfragt werden. Es ist unmittelbar einleuchtend, dass derartige Nebenwirkungen nicht compliancefördernd sind.

Wissensvermittlung:

Ejakulationsverzögerung und/oder Anorgasmie treten bei sehr vielen Patienten unter SSRI-Therapie auf. Patienten, die mehrere Medikamente nehmen, sind besonders oft von dieser Nebenwirkung betroffen. Es besteht keine Gefahr für körperliche Schäden. In fast allen Fällen verschwindet die Nebenwirkung nach Absetzen des Medikamentes rasch. Manchmal kann sie durch eine Dosisreduktion gemildert werden, manchmal ist ein Medikamentenwechsel sinnvoll. Ärzte *und* Patienten müssen Nebenwirkungen ansprechen.

36.6 Ausblick

Die gegenwärtige Versorgungsrealität lässt den Schluss zu, dass die psychotherapeutische Behandlung sexueller Funktionsstörungen psychiatrischer Patienten trotz des offenkundigen Bedarfs nicht gegeben ist. Viele psychotherapeutische Ansätze lassen sich zumindest in ihrer aktuellen Form vor dem Hintergrund einer psychiatrischen Indikation, nicht wirklich realisieren (man denke etwa an Streichelübungen).

Mit Blick auf die selbstschädigenden Kognitionen infolge der neuroleptischen Behandlung sollte gerade an dieser Stelle eine psychoedukative Maßnahme erfolgen. Andernfalls ist mit einer Verstärkung der Negativsymptomatik und/oder der Gefahr einer Non-Compliance zu rechnen – ganz abgesehen davon, dass eine Nichtbeachtung geradezu unethisch und somit medizinisch nicht zu vertreten ist. Diese Maßnahmen sind aber derzeit leider nicht in Sicht. In der Praxis werden sexuelle Probleme in psychoedukativen Gruppen (z. B. Psychosegruppen) nur am Rande und lediglich auf gezielte Nachfrage hin behandelt. Es besteht also klarer Handlungsbedarf!

Internetlinks zur erektilen Dysfunktion
www.dgsmt.de
www.dergesundemann.de
www.impodoc.de
www.impotenz-selbsthilfe.de
www.impotenz-therapie.de

www.netdoktor.de
www.essm2012.org

Literatur

Annon J (1976). Behavioral Treatment of Sexual Problems, 2 vols., Medical Department Harper u. Row, New York.

Derogatis LR, Burnett AL (2008). The epidemiology of sexual dysfunctions. J Sex Med5(2): 289–300. [Epub 2007].

Fahrner EM, Kockott G (2003). Sexualtherapie – Ein Manual zur Behandlung sexueller Funktionsstörungen bei Männern. Göttingen (Hogrefe).

Galedary G, Rethemeier A (2006a). Indikation: Wer kann profitieren? In: Hauch M (Hrsg.). Paartherapie bei sexuellen Störungen – Das Hamburger Modell: Konzept und Technik. Stuttgart (Thieme), S. 8–13.

Galedary G, Rethemeier A (2006b). Die PatientInnen. In: Hauch M (Hrsg.). Paartherapie bei sexuellen Störungen – Das Hamburger Modell: Konzept und Technik. Stuttgart (Thieme), S. 83–86.

Galedary G, Rethemeier A (2006c). Übersicht über den Therapieverlauf. In: Hauch M (Hrsg.). Paartherapie bei sexuellen Störungen – Das Hamburger Modell: Konzept und Technik. Stuttgart (Thieme), S. 87–88.

Grawe K, Donati R, Bernauer F (1994). Psychotherapie im Wandel. Von der Konfession zur Profession. Göttingen (Hogrefe).

Gromus B (2002). Sexualstörungen der Frau. Göttingen (Hogrefe).

Hartman W, Fithian M (1996). Jeder Mann kann. Die Erfüllung männlicher Sexualität. Berlin (Ullstein).

Hauch M (2004). Paartherapie bei sexuellen Funktionsstörungen und sexueller Lustlosigkeit. In: Strauß B (Hrsg). Psychotherapie der Sexualstörungen. Stuttgart (Thieme), S. 70–88.

Hauch M (Hrsg.) (2006). Paartherapie bei sexuellen Störungen – Das Hamburger Modell: Konzept und Technik. Stuttgart (Thieme).

Hautzinger M, Meyer TD (2002). Diagnostik affektiver Störungen. Göttingen (Hogrefe).

Hecker N (2001). Sexualberatung. PiD: Sexuelle Störungen. 2(3): 291–295.

Hoyer J (2012). Sexuelle Funktionsstörungen und ambulante Psychotherapie. Psychotherapeut [Epub 2012].

Hoyndorf S, Reinhold M, Christmann F (1995). Behandlung sexueller Störungen – Ätiologie, Diagnostik, Therapie: Sexuelle Dysfunktionen, Missbrauch, Delinquenz. Weinheim (Beltz).

Kaplan HS (1984). The New Sex Therapy. New York (Brunner & Mazel).

Kissling W, Pitschel-Walz G (2003). Mit Schizophrenie leben. Alliance Psychoedukations-Programm. Informationen für Patienten und Angehörige. Stuttgart (Schattauer).

Kissling W, Rummel C, Pitschel-Walz G (2003). Psychoedukation für Patienten mit Schizophrenie Psychosen und deren Angehörige. Alliance Psychoedukations-Programm. Karlsruhe (Pfizer Neuroscience).

Kockott G, Pfeiffer W (1996). Sexual disorders in nonacute psychiatric outpatients. Compr Psychiatry 37: 56–61.

Laumann EO, Paik A, Rosen RC (1999). The epidemiology of erectile dysfunction: results from the National Health and Social Life Survey. Int J Impot Res 11(Suppl 1): 60–64.

Lobitz WC, LoPiccolo J (1972). New methods in the behavioral treatment of sexual dysfunctions. J Behav Ther Exp Psychiatr 4: 265–271.

LoPiccolo J, Lobitz WC (1972). The role of masturbation in the treatment of orgasmic dysfunction. Arch Sex Beh 2: 163–171.

Mathews A, Bancroft J, Withhead A et al. (1976). The behavioral treatment of sexual inadequacy: A comparative study. Behav Res Ther 14: 427–436.

Masters W, Johnson V (1966). Human sexual response. Boston (Little, Brown & Co).

Naber D (2000). Atypische Antipsychotika. Nervenarzt 71(5): 327–328.

Oksaar E (1995). Arzt-Patient-Begegnung. „Alles Verhalten ist Kommunikation…" Deutsches Ärzteblatt 92: 3045–3047.

Saß H, Wittchen HU, Zaudig M, Houben I (2003). Diagnostisches und Statistisches Manual Psychischer Störungen – Textrevision – DSM-IV-TR. Hogrefe-Verlag, 1 Aufl.

Schover LR, Leiblum SR (1994). Commentary: The stagnation of sex therapy. J Psychol Hum Sex 6: 5–30.

Sigusch V (2000). Social transformation of sexuality in the past decades. An overview. Fortschr Neurol Psychiatr 68(3): 97–106.

Simons JS, Carey MP (2001). Prevalence of sexual dysfunctions: results from a decade of research. Arch Sex Behav 30(2): 177–219.

Strauß B (2004). Ansätze zur Psychotherapie sexueller Störungen. In: Strauß B (Hrsg.). Psychotherapie der Sexualstörungen. Stuttgart (Thieme), S. 55–61.

Strauß B (2004). Psychotherapie der Sexualstörungen – Krankheitsmodelle und Therapiepraxis – störungsspezifisch und schulenübergreifend. Stuttgart (Thieme).

Thiem U, Theile G, Junius-Walker U et al. (2011). Prerequisites for a new health care model for elderly people with multimorbidity: the PRISCUS research consortium. Z Gerontol Geriatr 44(2): 115–20. [Epub 2010].

Weig W (2001). Sexuelle Störungen – Erscheinungsformen, Ursachen, Behandlungsangebote. In: PiD: Sexuelle Störungen 2(3): 246–251.

Wiederman MW (1998). The state of theory in sex therapy. J Sex Res 35: 88–99.

Wittmann WW, Lutz W, Steffanowski A et al. (2011). Qualitätsmonitoring in der ambulanten Psychotherapie: Modellprojekt der Techniker Krankenkasse – Abschlussbericht. Hamburg.

Wollert R (1978). A survey of sexual attitude reassessment and restructuring seminars. In: J Sex Res 14(4): 250–259.

Zajecka J (2001). Strategies for the treatment of antidepressant-related sexual dysfunction. J Clin Psychiatry 62 (Suppl 3): 35–43.

Zimmer D (1985). Sexualität und Partnerschaft – Grundlagen und Praxis psychologischer Behandlung. München (Urban u. Schwarzenberg).

IIX Psychoedukation bei Persönlichkeitsstörungen

37 Psychoedukation bei Persönlichkeitsstörungen

Bernt Schmitz

37.1 Begründung der Psychoedukation bei Persönlichkeitsstörungen

Studien zur Prävalenz von Persönlichkeitsstörungen in der Allgemeinbevölkerung berichten über eine mittlere Prävalenz von etwa 10 % (Fydrich et al., 1996a; Torgersen, 2009). In klinischen Stichproben sind die Prävalenzraten mit großer Spannweite deutlich höher und weisen auf die besondere Bedeutung der Diagnose für die Psychotherapie, Psychiatrie und Psychosomatik hin. Im Rahmen einer eigenen Literaturübersicht betrug die mittlere Prävalenzrate bei ambulanten Patienten ca. 50 % und bei stationären Patienten ca. 65 % (Fydrich et al., 1996a). Die Diagnosestellung einer Persönlichkeitsstörung erfolgt meist zusätzlich zu einer oder mehreren Symptomstörungen, und etwa die Hälfte der Patienten mit Persönlichkeitsstörungen erfüllt die diagnostischen Kriterien für mehr als eine Persönlichkeitsstörung (Fydrich et al., 1996a). Persönlichkeitsstörungen sind nicht nur mit hoher Prävalenz und Komorbidität, sondern auch mit erheblichen Beeinträchtigungen im Funktionsniveau (Skodol, 2009) sowie mit reduzierter Lebensqualität (Soeteman et al., 2008a) und hohen gesellschaftlichen Kosten (Soeteman et al., 2008b) verbunden.

Studien zum Langzeitverlauf bei Patienten mit Persönlichkeitsstörungen zeigen, dass die Ausprägung von Verhaltensauffälligkeiten eng mit situativen Lebensumständen zusammenhängt und dass die Stabilität der Diagnosen sehr viel geringer ist, als es die Definition in den Klassifikationssystemen nahe legt (z. B. 2-Jahresstabilität von 40–60 %: Shea et al., 2002). Die aktuelle Forschung lässt damit eine deutlich bessere Prognose vermuten als bisher angenommen, die meisten Patienten sind allerdings weiterhin sozial schlecht integriert (Gunderson et al., 2011).

Patienten mit Persönlichkeitsstörungen haben häufig einen schwierigeren Therapieverlauf und einen geringeren Erfolg in der Behandlung ihrer symptomatischen psychischen Störung als Patienten ohne Persönlichkeitsstörungen (Schmitz et al., 1996b). Psychotherapie gilt als Methode der ersten Wahl bei der Behandlung der Persönlichkeitsstörungen. Empirisch abgesicherte Therapieempfehlungen liegen insbesondere für die Borderline-, antisoziale und ängstlich-vermeidende Persönlichkeitsstörung vor (Renneberg et al., 2010).

Die Behandlung von Patienten mit Persönlichkeitsstörungen ist oft schwierig und langwierig und mit erheblichen Interaktions-, Motivations- und Complianceproblemen im Behandlungsverlauf verbunden, die zu kaum auflösbaren Krisen in der Zusammenarbeit und zu Therapieabbrüchen oder unbefriedigenden Behandlungsergebnissen führen können. Die Ursachen dafür liegen nicht nur in den komplexen und tiefverwurzelten Problemen und Beschwerden der Patienten, sondern auch im Problem der „Ich-Syntonie" der Persönlichkeitsstörungen und den damit verbundenen Einstellungen und Verhaltensweisen. Viele Patienten mit Persönlichkeitsstörungen sehen nämlich das eigene Verhalten als „zu sich gehörig" (ich-synton) und nicht als „ich-fremde" (ich-dystone) Symptomatik, die sie gerne wieder los wären, wie z. B. Ängste oder Depressionen. Die Patienten neigen dann dazu, die Schwierigkeiten im Umgang mit anderen Menschen und Problemen unabhängig vom eigenen Verhalten zu sehen (sie sehen sich als Opfer anderer oder des Systems), haben wenig Einsicht in die Unangemessenheit ihrer Überzeugungen und Verhaltensweisen und suchen eine Therapie wegen der Folgeprobleme (z. B. Depressionen) oder auf Drängen der Umwelt auf, nicht aber wegen ihrer Persönlichkeitsprobleme. Auf Grund der „Ich-Syntonie" der Persönlichkeitsstörungen und des häufig geringen Problembewusstseins der Betroffenen sind wir bei der Entwicklung unseres psychoedukativen Programms davon ausgegangen, dass Psychoedukation für Patienten mit Persönlichkeitsstörungen besonders indiziert ist.

37.2 Aktueller Stand

Trotz intensiver Forschung im Bereich der Persönlichkeitsstörungen ist das Wissen immer noch begrenzt, und es gibt viele Fragen, Probleme und kontroverse Standpunkte. So sind die aktuellen kategorialen Klasssifikationssysteme zur Diagnostik der Persönlichkeitsstörungen wegen ihrer theoretischen und methodischen Probleme höchst unbefriedigend, und viele Autoren fordern seit Jahren eine Revision, die einer dimensionalen Sichtweise der Persönlichkeit Rechnung tragen sollte (Bernstein et al., 2007; Schmitz et al., 1996a). Die Entwürfe der DSM-5 Arbeitsgruppe (Skodol, 2012; Skodol et al., 2011) und der ICD-11 Arbeitsgruppe (Tyrer et al., 2011) zur Revision der aktuellen Klassifikation und Diagnostik der Persönlichkeitsstörungen sind allerdings selbst heftig diskutiert und kritisiert worden (Davidson, 2011; Herpertz, 2011; Shedler et al., 2010; Zimmermann et al., 2013). So wurde am DSM-5-Entwurf u. a. die Reduktion auf sechs Persönlichkeitsstörungstypen oder die klinische Brauchbarkeit der neuen Klassifikation kritisiert, die zu detailliert und unhandlich sei, nicht vereinbar sei mit dem klinischen Denken in Syndromen und Mustern, die Kommunikation von Befunden erschwere und wissenschaftlich nicht hinreichend vorbereitet sei. Als Ergebnis dieser Diskussionen wurde im DSM-5 (American Psychiatric Association, 2013) ein zweigleisiges Vorgehen gewählt: Die kategoriale Diagnostik der Persönlichkeitsstörungen nach DSM-IV-TR wurde unverändert in die Sektion II des DSM-5 übernommen. Die Persönlichkeitsstörungen werden allerdings nicht mehr auf einer eigenen Achse abgehandelt. Das neue und alternative Hybrid-Modell, bei dem kategoriale PS-Diagnosen (reduziert auf 6 spezifische Persönlichkeitsstörungen sowie die Diagnose einer merkmalsspezifischen Persönlichkeitsstörung) auf dimensionalen Einschätzungen zum Funktionsniveau der Persönlichkeit und zu maladaptiven Persönlichkeitseigenschaften basieren, befindet sich zur klinischen und wissenschaftlichen Überprüfung in der Sektion III des DSM-5. Die Publikation des ICD-11 ist für 2018 angekündigt.

Im Hinblick auf das Thema Psychoedukation wird seit Jahren kontrovers diskutiert, ob ein Patient über die Diagnose einer Persönlichkeitsstörung informiert werden sollte oder nicht (Schmitz, 2011). Die Argumente gegen eine offene Kommunikation der Diagnose beziehen sich vor allem auf die stigmatisierende Sprache und Defizitorientierung der kategorialen Diagnostik von Persönlichkeitsstörungen und die Sorge, dass Patienten und Angehörige mit der Diagnose gekränkt, demoralisiert oder stigmatisiert werden, auf ungünstige Auswirkungen der Kommunikation der Diagnose auf die Übertragung und Gegenübertragung oder auf die Ich-Syntonie der Persönlichkeitsstörungen, die dazu führe, dass Patienten nicht möchten, dass ihre Persönlichkeit zum Gegenstand der Therapie gemacht wird. Die Argumente für eine offene Kommunikation der Diagnose beziehen sich ebenfalls auf die Ich-Syntonie, auf die zunehmenden Informationsbedürfnisse von Patienten und Angehörigen und das Recht des Patienten auf Aufklärung und Informierung oder auf klärende, emotional entlastende und Hoffnung vermittelnde Aspekte, die sich durch die Diagnose einer psychischen Störung und deren wirksame Behandlungsmöglichkeiten ergeben. So dokumentiert die neuere Forschung im Vergleich zu früheren fatalistischen Sichtweisen eine wesentlich optimistischere Haltung zur Behandlung der Persönlichkeitsstörungen und zum Verlauf. Für die offene Kommunikation der Diagnose einer Borderline-Persönlichkeitsstörung spricht im Besonderen, dass die zunehmende Präsenz der Thematik in den Medien sowie die Verfügbarkeit unterschiedlicher Informationsquellen wie Ratgeber, Erfahrungsberichte, Filme oder das Internet dazu geführt haben, dass sich viele Patienten selbst über ihr Störungsbild informieren und eine Behandlung „State of the Art" erwarten, d.h. eine störungsspezifische Psychotherapie ihrer Borderline-Persönlichkeitsstörung.

Vor dem Hintergrund dieser Diskussionen überrascht es nicht, dass bisher nur wenige diagnoseorientierte psychoedukative Programme für Patienten mit Persönlichkeitsstörungen entwickelt wurden und dass sich die Mehrzahl dieser Programme spezifisch auf Patienten mit Borderline-Persönlichkeitsstörungen und/oder deren Angehörige bzw. signifikante Bezugspersonen bezieht.

Die Programme zur Borderline-Persönlichkeitsstörung werden im Gruppenformat angeboten, und z.T. liegen Ergebnisse empirischer Studien zur Akzeptanz und Wirksamkeit vor (Schmitz, 2011; s. Kap. 38).

Neben den spezifischen Programmen zur Borderline-Persönlichkeitsstörung wurden nur noch zwei Programme für Patienten mit unterschiedlichen Persönlichkeitsstörungen entwickelt. Das etwas ältere Programm wurde von unserer Arbeitsgruppe als therapieergänzendes psychoedukatives und kompetenzorientiertes Gruppenprogramm für Patienten mit ausgewählten Persönlichkeitsstörungen und unflexiblen Persönlichkeitsstilen publiziert (Schmitz et al., 2001) und in der stationären Psychosomatik, Suchttherapie und Akutpsychiatrie evaluiert (Falge-Kern et al., 2007; Schmitz et al., 2006). Das Programm wurde bisher in verschiedenen ambulanten, teilstationären und stationären Behandlungssettings in Deutschland und der Schweiz eingeführt und wird im vorliegenden Beitrag ausführlich vorgestellt. Das zweite Programm wurde ursprünglich von D'Silva und Duggan (2002) für das Einzelsetting mit 8–12 einstündigen wöchentlichen Sitzungen entwickelt und von Banerjee et al. (2006) als kurze Intervention mit 4 einstündigen wöchentlichen Sitzungen modifiziert und empirisch überprüft. Das modifizierte Programm beinhaltet eine Informierung des Patienten über das Konzept der Persönlichkeitsstörungen sowie eine Klärung und Diskussion seiner spezifischen Persönlichkeitsstörung(-en), der resultierenden zwischenmenschlichen Probleme und der für ihn wichtigsten Therapieziele. Das modifizierte Programm wurde von Huband et al. (2007) sowie McMurran et al. (2011) als therapievorbereitende und motivierende Maßnahme mit einem anschließenden Problemlösetraining im Gruppenformat verbunden und als Paket (PEPS: Psychoeducation with Problem Solving) evaluiert.

Die diagnoseorientierten psychoedukativen Programme für Patienten mit Persönlichkeitsstörungen verfolgen als therapievorbereitende, therapieergänzende oder eigenständige Maßnahme für Angehörige unterschiedliche Zielsetzungen. In Abhängigkeit von der Zielsetzung haben die Programme infolgedessen unterschiedliche Schwerpunkte und Komponenten. Alle Programme beinhalten die systematische und interaktive Vermittlung störungs- und behandlungsrelevanter Informationen und verbinden die Informationsvermittlung z. T. mit anderen Komponenten, z. B. einem Fertigkeiten- oder Problemlösetraining oder sozialer Unterstützung (Schmitz, 2011).

Die günstigen Ergebnisse der zum Teil randomisiert kontrollierten Studien belegen die Akzeptanz und Wirksamkeit der Programme und weisen darauf hin, dass die Vorteile einer offenen Kommunikation der Diagnose einer Persönlichkeitsstörung die Nachteile überwiegen. So wird auch in der Behandlungsleitlinie Persönlichkeitsstörungen empfohlen, die Diagnose einer Persönlichkeitsstörung, eingebettet in ein psychoedukatives Vorgehen und ein sinnstiftendes biopsychosoziales Erklärungsmodell, unter Bezugnahme auf die biographische Entwicklung mit dem Patienten zu kommunizieren (Renneberg et al., 2009). Angesichts fehlender Behandlungsmöglichkeiten, langer Wartezeiten und der langwierigen und kostenintensiven Behandlungskonzepte bei Persönlichkeitsstörungen stellen die vorliegenden psychoedukativen Programme innovative, pragmatische und kostengünstige Maßnahmen dar, die zu weiteren Konzeptentwicklungen und Interventionsstudien anregen sollten.

37.3 Muster-Manual: Das psychoedukative Programm für Patienten mit Persönlichkeitsstörungen und unflexiblen Persönlichkeitsstilen

Das Programm ist kognitiv-verhaltenstherapeutisch orientiert und wurde als ergänzender Therapiebaustein für Patienten mit Persönlichkeitsstörungen entwickelt, die sich wegen einer symptomatischen Störung in ambulanter oder stationärer psychotherapeutisch-psychiatrischer Behandlung befinden. Das Konzept wurde vom Autor zuerst als Vortragsreihe in der stationären Psychosomatik entwickelt (Schmitz, 1999, 2000) und dann im Rahmen eines Forschungsprojekts in der stationären Psychosomatik und Suchttherapie als psychoedukatives Gruppenprogramm manualisiert (Schmitz et al., 2001).

37.3.1 Das dimensionale Modell der Persönlichkeitsstile als Grundlage des psychoedukativen Programms

Wir haben in früheren Publikationen empfohlen, das kategoriale Konzept der Persönlichkeitsstörungen durch eine dimensionale Erfassung der Persönlichkeit zu ersetzen (Schmitz et al., 1996a), und geben mit dem vorliegenden psychoedukativen Programm ein Beispiel für die therapeutische Praxis. Bei der Entwicklung des Programms sind wir davon ausgegangen, dass das kategoriale Konzept mit seiner stigmatisierenden Sprache und defizitorientierten Sichtweise für psychoedukative Maßnahmen nicht geeignet ist. Als Alternative haben wir dem Gruppenprogramm das dimensionale Modell der Persönlichkeitsstile zu Grunde gelegt (Oldham u. Morris, 1992), dass mit einer wertschätzenden Sprache und einer gleichermaßen ressourcen- wie problemorientierten Sichtweise der Persönlichkeit für psychoedukative Maßnahmen geeigneter erschien und zur Entstigmatisierung und Entmystifizierung der Diagnose sowie zur Auflösung der Ich-Syntonie der Persönlichkeitsstörungen beitragen sollte.

Die wesentlichen Gesichtspunkte des dimensionalen Modells sind (Schmitz, 2011):
- Es wird von einem Kontinuum vom Persönlichkeitsstil zur Persönlichkeitsstörung ausgegangen, nicht aber von qualitativen „Sprüngen" oder von „gestört" versus „nicht gestört".
- Persönlichkeitsstile wie etwa der gewissenhafte Persönlichkeitsstil sind in milderer Form unverzichtbare Qualitäten des zwischenmenschlichen Zusammenlebens, über die in unterschiedlichen Anteilen alle Menschen verfügen.
- Ausgehend von den normalen, anpassungsfähigen Persönlichkeitsstilen mit großer Variationsbreite werden Persönlichkeitsstörungen wie die Zwanghafte Persönlichkeitsstörung als deren Extreme aufgefasst („des Guten zu viel") mit fließenden Übergängen zur Normalität.
- Die Quantität des Persönlichkeitsstils in einem Kontinuum schafft Probleme im Leben, nicht seine Qualität.
- Jeder Persönlichkeitsstil kann unter dem Gesichtspunkt seiner Stärken und Schwächen betrachtet werden (ressourcen- und problemorientierte Sichtweise).
- Es lassen sich therapeutische Zielsetzungen im Sinne einer Abschwächung und Flexibilisierung der extremisierten Persönlichkeit ableiten, die keinen Anspruch auf deren grundlegende Veränderung erheben.

37.3.2 Inhalte

Das Gruppenprogramm beinhaltet psychoedukative und kompetenzorientierte Module für sechs Persönlichkeitsvarianten:
- Gewissenhafter Persönlichkeitsstil – Zwanghafte Persönlichkeitsstörung
- Dramatischer Persönlichkeitsstil – Histrionische Persönlichkeitsstörung
- Anhänglicher Persönlichkeitsstil – Dependente Persönlichkeitsstörung
- Selbstbewusster Persönlichkeitsstil – Narzisstische Persönlichkeitsstörung
- Sensibler Persönlichkeitsstil – Selbstunsichere Persönlichkeitsstörung
- Sprunghafter Persönlichkeitsstil – Borderline-Persönlichkeitsstörung

Die ausgewählten Persönlichkeitsstörungen sind nach den vorliegenden Ergebnissen die in der stationären verhaltenstherapeutischen Psychosomatik und Suchttherapie am häufigsten diagnostizierten Persönlichkeitsstörungen (Fydrich et al., 1996a). Obwohl wir lieber auf den Begriff „Persönlichkeitsstörung" verzichten würden, führen wir ihn unter den gegebenen Bedingungen zur Information der Patienten als (überholten) Fachbegriff ein, der zum professionellen Gebrauch bestimmt ist. Im sprachlichen Umgang im Gruppenprogramm bevorzugen wir Begriffe wie „unflexible" oder „extreme" Persönlichkeitsstile.

37.3.3 Indikationsstellung

Bei der Evaluation des Programms wurde für die Gruppenteilnahme vorausgesetzt, dass ein Patient die diagnostischen Kriterien für zumindest eine der ausgewählten Persönlichkeitsstörungen erfüllt. Das Programm ist allerdings ebenso gut für Patienten geeignet, die die diagnostischen Kriterien der ausgewählten Persönlichkeitsstörungen nicht voll erfüllen, aber behandlungsrelevante Erlebens- und Verhaltensmuster aufweisen. Es eignet sich nicht für Patienten, die z. B. aufgrund einer Minderbegabung intellektuell eingeschränkt oder die in ihrer Gruppenfähigkeit wesentlich beeinträchtigt sind, z. B. durch eine schwere Depression, Entzugssymptomatik, akute Suizidalität oder psychotische Phase.

37.3.4 Zielsetzungen

Die Zielsetzungen des Gruppenprogramms sind sowohl verstehens- als auch veränderungsorientiert, d. h., es geht nicht nur darum, dass die Patienten sich selbst und andere Menschen besser verstehen lernen, sondern auch darum, dass sie ihre Persönlichkeitsentwicklung günstig beeinflussen und ihre psychosozialen Kompetenzen erweitern können. Folgende Ziele stehen im Vordergrund des Programms:
- Die Förderung von Selbstwahrnehmung und Verständnis für das eigene Erlebens- und Verhaltensmuster im Rahmen einer Auseinandersetzung mit dem eigenen Persönlichkeitsstil, seiner Entwicklung und seinen Folgen.
- Die Förderung von Fähigkeiten der Perspektivenübernahme und die Abschwächung egozentrischer Sichtweisen.
- Die Förderung psychosozialer Kompetenzen im kognitiven, emotionalen und Verhaltensbereich.

Im Unterschied zu Behandlungs- und Gruppenkonzepten für Patienten mit spezifischen Persönlichkeitsstörungen basiert das Konzept auf einer heterogenen Gruppenzusammensetzung. Es werden also unterschiedliche Persönlichkeitsstile bzw. Persönlichkeitsstörungen bearbeitet. Für dieses Vorgehen sprechen nicht allein die hohen inneren Komorbiditäten bei Persönlichkeitsstörungen (vgl. Fydrich et al., 1996a) oder ökonomische Gründe. Ein wichtiger Vorteil besteht auch darin, dass die Patienten nicht nur etwas über die Persönlichkeitsstile erfahren, die sie selbst betreffen, sondern dass sie auch mit anderen Stilen konfrontiert werden, in die es gilt sich hineinzuversetzen und Verständnis für unterschiedliche interpersonelle Bedürfnisse, Einstellungen und Verhaltensweisen zu entwickeln. Patienten mit Persönlichkeitsstörungen erleben die Welt oft nur aus der eigenen egozentrischen Perspektive (Liotti, 1992). Sie haben dann nur geringe Fähigkeiten zur Perspektivenübernahme, d. h., sie können sich nur sehr begrenzt in das Erleben anderer hineinversetzen oder den Standpunkt oder Blickwinkel eines anderen Menschen einnehmen. So ist die Gruppe unter diesem Aspekt auch ein Übungsfeld zur Förderung von Fähigkeiten zur Perspektivenübernahme.

Das Gruppenprogramm soll helfen, die eigenen Erlebens- und Verhaltensweisen wahrzunehmen und zu erkennen, in welchen Situationen sie zum Problem werden, woher sie kommen, wofür sie gut sind bzw. waren, welche Folgen sie haben und wie sie verändert werden können. Die Zusammenhänge zwischen den aktuellen interpersonellen Bedürfnissen, Einstellungen, Gefühlen und Verhaltensweisen und der eigenen Lern- und Entwicklungsgeschichte sind den Betroffenen meistens nicht bewusst. Eine wichtige Aufgabe besteht darin, dem Patienten zu ermöglichen, diese Zusammenhänge wahrzunehmen, und ihm ein plausibles Erklärungsmodell für seine Probleme zu bieten, das ihm hilft, das eigene Verhalten als subjektiv sinnhafte und gelernte Anpassungs- und Bewältigungsstrategie in frühen Kontexten zu verstehen. Ein sinnhaftes und plausibles Erklärungsmodell löst zwar noch nicht die Schwierigkeiten, wirkt aber entlastend, indem es die Probleme verständlich und nachvollziehbar macht. Es gibt dem Verhalten des Patienten Sinn und Bedeutung und stellt eine Brücke zu seiner Erfahrungswelt und zu seinen Beweggründen dar. Ein weiteres wichtiges Ziel besteht darin, dass der Patient die eigene Mitverantwortung für die gegenwärtigen Probleme wahrnimmt und akzeptiert, dass er sie nur durch eigene Anstrengungen und Veränderungen vermindern kann.

37.3.5 Rahmenbedingungen

Das Gruppenprogramm kann ökonomisch als ergänzender Therapiebaustein in ein ambulantes oder stationäres Behandlungsangebot integriert werden. Die Materialien und Übungen lassen sich auch in der Einzeltherapie und in der Therapieausbildung verwenden.

37.3.6 Aufbau

Das Gruppenprogramm wurde so konzipiert, dass für jeden der sechs Persönlichkeitsstile zwei zweistündige Sitzungen zur Verfügung stehen, die durch Hausaufgaben und Kleingruppenarbeit zwischen den Sitzungen ergänzt werden. So umfasst das Programm 12 Gruppensitzungen und bietet für jede Persönlichkeitsvariante in der ersten Sitzung ein psychoedukatives Modul, in dem die beiden zentralen Themen „Einführung in den Persönlichkeitsstil" und „Wenn der Persönlichkeitsstil zum Problem wird" gemeinsam mit den Patienten erarbeitet werden. Thema der zweiten Sitzung ist ein kompetenzorientiertes Modul zur Klärung persönlichkeitsspezifischer Entwicklungsrichtungen und zur Förderung psychosozialer Kompetenzen. Im Rahmen der Abklärung und Vorbereitung der Gruppenteilnahme füllen die Patienten einen Fragebogen zur Erfassung von Persönlichkeitsstilen aus (z. B. das PSSI von Kuhl u. Kazen, 2009 oder das Persönlichkeitsportrait von Oldham u. Morris, 1992)

37.3.7 Didaktik, therapeutische Interventionen und Beziehungsgestaltung

Die Besonderheiten des Gruppenprogramms liegen in seiner Themenbreite, seiner Transparenz und vorgegebenen Struktur, in der Vielfalt der therapeutischen Methoden und Vorgehensweisen sowie in den vorbereiteten Arbeitsmaterialien und Hausaufgaben, die eine kontinuierliche Arbeit gewährleisten. So wird im Gruppenprogramm mit kognitiven, erlebnis- und verhaltensorientierten Methoden gearbeitet (z. B. Sokratischer Dialog, Disput irrationaler Einstellungen, Narrative, szenische Darstellungen und Rollenspiele, Fantasieübungen, Hausaufgaben etc.), ergänzt durch vielfältige Wahrnehmungs- und Kommunikationsübungen und durch Methoden der Unterrichtsdidaktik (Handouts, Informationsvermittlung im Gruppengespräch, Kurzreferate, Kleingruppenarbeit etc.).

Die übersichtliche und für jeden Persönlichkeitsstil identische Struktur des Programms trägt zur Entängstigung bei und gibt durch seinen psychoedukativen Charakter besonders misstrauischen, sozial ängstlichen oder affektiv instabilen Patienten Halt und einen Orientierungsrahmen mit mäßigem Anspruch an Nähe und Beziehungsintensität. Die Themen wirken nicht bedrängend, sondern machen eher neugierig, weil sie überschaubar sind und wechseln. Durch unterschiedliche Vorgehensweisen wird ein anregender und lebendiger Zugang ermöglicht, und Informationen erzeugen weniger Abwehr und Widerstand, wenn die Gruppe der Adressat ist und nicht der Einzelne in der direkten Konfrontation. Die therapeutischen Interventionen sollten durch einfühlendes Verstehen und Anteilnahme geleitet sein, die Gruppenatmosphäre sollte unterstützend und nicht bedrohlich wirken. Darüber hinaus bemühen wir uns, durch die Vergabe von Hausaufgaben, die in Kleingruppenarbeit zu erledigen sind, die aktive Mitarbeit der Patienten und ihre Kontaktaufnahme untereinander direkt zu fördern. Psychoedukation verstehen wir als „lebendigen und interaktiven Lernprozess auf Augenhöhe" und nicht als einseitige Kommunikation in einer asymmetrischen Beziehungsgestaltung (Schmitz et al., 2000). Und nicht zuletzt sorgt das Gruppenprogramm für Transparenz in der Therapie und der Patient kann entscheiden, inwieweit er sich in der Einzeltherapie mit den erarbeiteten Informationen im persönlichen Bezug vertiefend auseinandersetzen möchte oder nicht.

37.3.8 Evaluation

Das psychoedukative Programm wurde hinsichtlich seiner Akzeptanz und Wirksamkeit in drei stationären verhaltenstherapeutischen Behandlungssettings mit breiter Kriteriumsmessung überprüft: Psychosomatik und Suchttherapie (Schmitz et al., 2006) sowie Akutpsychiatrie (Falge-Kern et al., 2007). Den Studien lagen quasi-experimentelle Untersuchungspläne mit drei Messzeitpunkten (Prä-Post-Einjahreskatamnese) und randomisierter Zuweisungen zu Experimental- und Kontrollgruppen (Schmitz et al., 2006) bzw. zwei Messzeitpunkten (Prä-Post) und zeitversetztem Design (Falge-Kern et al., 2007) zugrunde. Die Patienten der Kontrollgruppen nahmen am etablierten multimodalen Behandlungsprogramm der Kliniken teil, die Patienten der Experimentalgruppen nahmen zusätzlich an dem neuen psychoedukativen Gruppenprogramm teil.

Das Programm hinterließ bei den Patienten einen sehr guten Gesamteindruck und zeigte ähnlich günstige Ergebnisse in allen drei Behandlungssettings. Die Patienten bewerteten die Informations- und Übungseinheiten als interessant, anregend und verständlich, dem Programm wurde eine hohe positive Auswirkung hinsichtlich Problemverständnis und Verhaltensänderung zugeschrieben. Die Ergebnisse in den abhängigen Variablen (z. B. Symptomatologie, Persönlichkeitsaspekte) zeigten durchweg hochsignifikante Messwiederholungseffekte in allen Experimental- und Kontrollgruppen, die sich auch ein Jahr nach Entlassung nachweisen ließen, und bestätigten nachhaltig die Wirksamkeit stationärer Verhaltenstherapie. In wesentlichen symptomatischen und interpersonalen Bereichen zeigte sich zudem ein noch günstigerer Behandlungserfolg der Patienten der Experimentalgruppen. In allen drei Behandlungssettings gaben die Patienten der Experimental-Gruppe eine signifikant höhere Zufriedenheit mit der stationären Behandlung an.

37.4 Muster-Manual: Praktische Darstellung

37.4.1 Psychoedukative Module: Einführung in den Persönlichkeitsstil

Anhand konkreter Beispiele werden die Persönlichkeitsstile mit ihren Merkmalen in den Schlüsselbereichen des Lebens dargestellt: Selbstbild, Beziehungen, Arbeit, Gefühle, Selbstbeherrschung und Vorstellungen von der realen Welt (vgl. Oldham u. Morris, 1992). Persönlichkeitsstile wie „dramatisch" oder „sensibel" werden als das charakteristische, überdauernde Muster des psychologischen Funktionierens – der Art und Weise, wie man denkt, fühlt und handelt – beschrieben. Der eigene Persönlichkeitsstil prägt die Beziehung zum Partner, zu den Kindern oder zum Chef, er trägt dazu bei, welche Arbeit uns liegt, wie wir mit Konflikten umgehen und vieles mehr. Jeder Persönlichkeitsstil ist durch spezifische Stärken und Schwächen gekennzeichnet, und kein Persönlichkeitsstil ist grundsätzlich besser oder schlechter als andere.

Für Patienten ist die wertschätzende Sichtweise von besonderer Bedeutung, denn sie vermittelt ihnen, dass alle Persönlichkeitsstile in milderer Form und mit großer Variationsbreite das Leben bereichern und unverzichtbare Qualitäten des zwischenmenschlichen Miteinanders bilden, die alle Menschen in unterschiedlichen Anteilen besitzen. So werden z. B. dramatische Menschen als Gefühlsmenschen mit einem Bedürfnis nach emotionaler Erfahrung, Aufmerksamkeit und Wertschätzung beschrieben, als Menschen, die empfindungsorientiert sind und in einer Welt voller Farbe und Intensität leben, ihre Gefühle offen zeigen, zu spontanem Verhalten neigen und den Augenblick zu nutzen wissen. Wenn der dramatische Stil das Erlebens- und Verhaltensmuster prägt, ist das Leben selten langweilig. Die Betroffenen sind leidenschaftlich, phantasievoll, charmant, haben Flair und erotische Anziehungskraft.

Wenn der Persönlichkeitsstil eines Menschen allerdings extrem und unflexibel ausgeprägt ist oder sich unter Stress extremisiert und unflexibel wird, verwandeln sich die Stärken eines jeden Persönlichkeitsstils in Schwächen („des Guten zu viel"). Dann kann der Persönlichkeitsstil Leid verursachen und das Leben beeinträchtigen. Für die Betroffenen und ihre Umwelt kann z. B. der dramatische Stil mit dem übermäßigem Verlangen nach Aufmerksamkeit und Wertschätzung, mangelnder Frustrationstoleranz und theatralischem Auftreten oder übertriebenem Gefühlsausdruck sehr anstrengend und konflikthaft werden. Fehlende Aufmerksamkeit oder negative Rückmeldungen durch die Umwelt führen zu einer weiteren Intensivierung des Erlebens- und Verhaltensmusters. Ob der Persönlichkeitsstil eines Menschen zu Problemen führt, hängt aber nicht nur vom Grad seiner Ausprägung, von der Flexibilität der Person oder ihrer Stressbelastung ab, sondern in besonderem Maße auch vom sozialen Kontext, in dem sie lebt, bzw. von der Passung zwischen Persönlichkeitsstil und sozialem Kontext. So wird ein Mensch mit einem dramatischen Stil als Angestellter in einem Steuerbüro, in dem Gewissenhaftigkeit und Genauigkeit belohnt werden, eher Probleme bekommen als in einer künstlerisch-kreativen Umgebung.

37.4.2 Psychoedukative Module: Wenn der Persönlichkeitsstil zum Problem wird

Mithilfe von Narrativen, Rollenspielen und plausiblen Modellen werden die spezifischen Bedingungen der Entwicklung und Aufrechterhaltung von extremen, unflexiblen Persönlichkeitsstilen bzw. Persönlichkeitsstörungen erarbeitet und Zusammenhänge zwischen den Persönlichkeitsvarianten und der Entwicklung symptomatischer Störungen aufgezeigt.

Narrative und Rollenspiele

Therapeutische Prozesse kommen nur dann in Gang, wenn Patienten emotional beteiligt sind. So wurden für jeden Persönlichkeitsstil Narrative entwickelt, die vom Gruppenleiter als Einführung in das Thema „Wenn der Persönlichkeitsstil zum Problem wird" erzählt werden. Sie können durch vorbereitete Rollenspiele zur Demonstration persönlichkeitstypischen Verhaltens ergänzt werden. In den symbolhaften Geschichten werden im Verhalten der Hauptfigur paradigmatisch zentrale Probleme oder Zusammenhänge im Umgang mit der Selbststeuerung und der Beziehungsgestaltung im Alltag deutlich gemacht. Narrative werden als nicht-konfrontative Motivierungsstrategien eingesetzt, die mit hoher emotionaler Erlebnisaktivierung dazu einladen, sich mit der Hauptfigur in den Geschichten und ihren Problemen zu identifizieren und sich mit der eigenen Innenwelt und dem eigenen Verhalten zu beschäftigen.

Entwicklung von grundlegenden Überzeugungen/Schemata und ihr Einfluss auf das Verhalten in konkreten Situationen

Aus kognitiv-verhaltenstherapeutischer Sicht gehen wir davon aus, dass sich Persönlichkeitsstörungen aus einem komplexen Zusammenspiel von genetischen, biologischen, psychologischen und sozialen Faktoren entwickeln und dass dysfunktionale Überzeugungen oder Schemata des Patienten eine zentrale Rolle bei Persönlichkeitsstörungen spielen. Schemata sind äußerst stabile und durchgängige kognitiv-affektive Muster, die sich in der Kindheit entwickeln und lebenslang erweitert werden. Die aktiven Schemata regeln die Informationsaufnahme, d. h. die Integration von Erfahrungen in unsere persönliche Welt. Sie bestimmen unsere Gefühle und unser Alltagsverhalten sowie die Art und Weise, wie wir das Verhalten anderer wahrnehmen und wie wir generell mit Menschen und Aufgaben umgehen (Schmitz, 2004).

Im Gruppenprogramm werden anhand der vorgestellten Narrative und in Anlehnung an die kognitive Therapie (Beck et al., 1993) für jeden Persönlichkeitsstil gemeinsam mit den Patienten die Zusammenhänge zwischen prägenden Erfahrungen in Kindheit und Jugendzeit, der Entwicklung grundlegender Überzeugungen bzw. kognitiver Schemata und dem Verhalten in konkreten Situationen erarbeitet und in Verhaltensanalysen und persönlichkeitsspezifischen Erklärungsmodellen zusammenfassend dargestellt (s. Abb. 37-1).

So haben z. B. Menschen mit sensiblem Persönlichkeitsstil bzw. selbstunsicherer Persönlichkeitsstörung erlebt, dass sie in der Kindheit und Jugendzeit durchgehend abgelehnt und kritisiert wurden. Die Betroffenen haben diese Beziehungserfahrungen verinnerlicht und sind überzeugt davon, dass sie selbst verletzbar, unfähig, sozial ungeschickt und minderwertig sind, dass andere Menschen kritisch, demütigend, überlegen und kompetent sind und dass unangenehme Gefühle und Gedanken nicht auszuhalten und überwältigend sind. Sie erwarten auch als Erwachsene durchgehend, dass andere Menschen genauso negativ und ablehnend auf sie reagieren werden wie die kritischen frühen Bezugspersonen, auch wenn ihre Wahrnehmungen und Interpretationen nicht mehr zutreffen. Das Denken und Erleben der Betroffenen führt zu Verhaltensweisen bzw. interpersonellen Strategien, die verhindern sollen, dass sich die schmerzhaften Verletzungen und Ablehnungen der Kindheit und Jugendzeit wiederholen. Des-

Erfahrungen in Kindheit und Jugend
Kritik, Ablehnung, Beschämung, Erniedrigung oder überfürsorgliche Abschottung und Behütung durch die Eltern und soziale Umwelt, die mit ängstlichen Warnungen vor der Welt und ihren Gefahren vermischt sind

⬇

Grundlegende Überzeugungen/Schemata
Ich bin verletzbar, unfähig, minderwertig, andere Menschen sind kritisch, demütigend. Ich bin schwach, wenn andere es sehen, was mit mir los ist, lehnen sie mich ab. Ich könnte es nicht aushalten, abgelehnt zu werden.

⬇

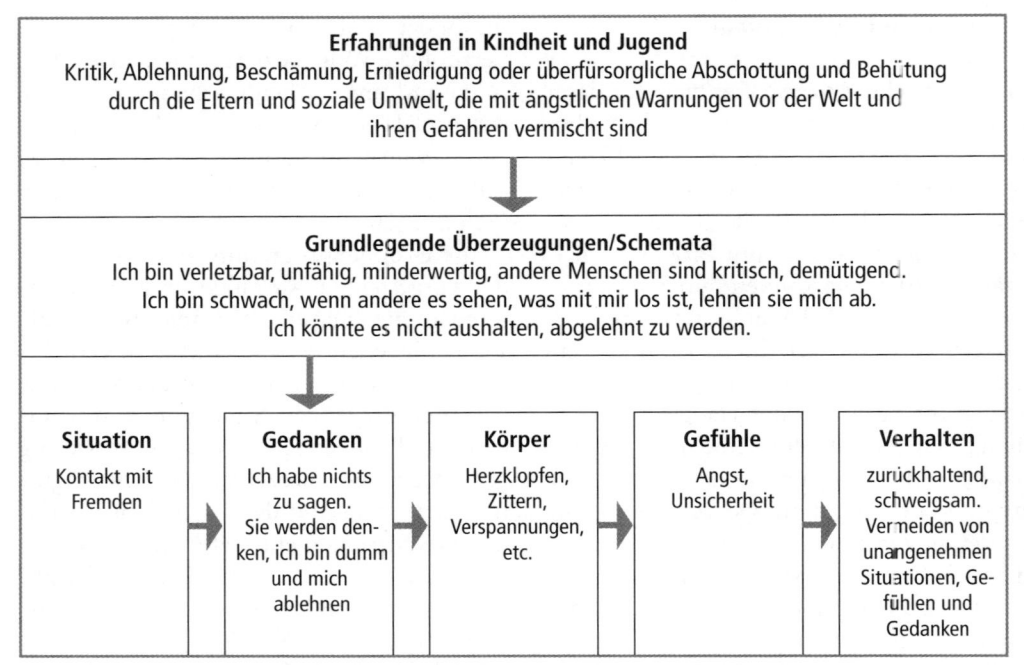

Situation	Gedanken	Körper	Gefühle	Verhalten
Kontakt mit Fremden	Ich habe nichts zu sagen. Sie werden denken, ich bin dumm und mich ablehnen	Herzklopfen, Zittern, Verspannungen, etc.	Angst, Unsicherheit	zurückhaltend, schweigsam. Vermeiden von unangenehmen Situationen, Gefühlen und Gedanken

Abb. 37-1 Wenn der sensible Persönlichkeitsstil zum Problem wird: Entwicklung von grundlegenden Überzeugungen/Schemata und ihr Einfluss auf das Verhalten in konkreten Situationen

halb neigen die Betroffenen dazu, unangenehme Situationen, Gefühle und Gedanken nach Möglichkeit zu vermeiden und sich in Beziehungen weitgehend zurückzuhalten, nicht aufzufallen und die eigenen Bedürfnisse und Meinungen nicht zu äußern. Wenn jede Situation und Beziehung vermieden wird, die das Risiko eines Versagens oder einer Ablehnung enthält, ist das private und berufliche Leben extrem eingeschränkt und beeinträchtigt.

Beziehungsgestaltung und Aufrechterhaltung des Persönlichkeitsstils

Die individualpsychologische Betrachtung der Entwicklung unflexibler Persönlichkeitsstile wird durch eine systemische Analyse typischer Beziehungserfahrungen ergänzt. Am Modell der „kognitiv-interpersonellen Teufelskreise" wird in Anlehnung an Schulz von Thun (1989) für jeden Persönlichkeitsstil dargestellt bzw. erarbeitet, welche typischen positiven und negativen Reaktionen die interpersonellen Strategien des Betroffenen in der sozialen Umwelt hervorrufen und welche Rückwirkungen dies auf ihn selbst hat (s. Abb. 37-2).

Wenn z. B. Mitmenschen auf das zurückhaltend-distanzierte Verhalten bei sensiblem Persönlichkeitsstil interessiert und hilfsbereit mit Zuwendung und besonderem Bemühen reagieren, erleben die Betroffenen das Angebot von Nähe und Kontakt u. U. als bedrohlich. Aus Angst, bloßgestellt oder beschämt zu werden, versuchen sie, die Distanz wiederherzustellen (indem sie z. B. das

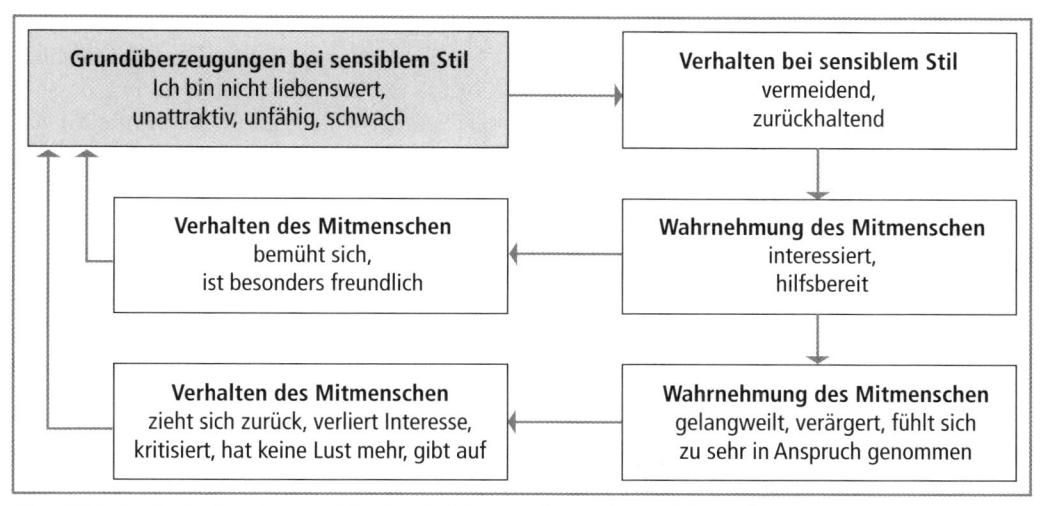

37 Psychoedukation bei Persönlichkeitsstörungen

```
┌─────────────────────────────────────┐      ┌─────────────────────────────────┐
│ Grundüberzeugungen bei sensiblem Stil│ ───▶ │ Verhalten bei sensiblem Stil    │
│      Ich bin nicht liebenswert,      │      │           vermeidend,           │
│    unattraktiv, unfähig, schwach     │      │          zurückhaltend          │
└─────────────────────────────────────┘      └─────────────────────────────────┘
                                                              │
     ┌──────────────────────────────┐       ┌─────────────────────────────────┐
     │   Verhalten des Mitmenschen  │ ◀──── │   Wahrnehmung des Mitmenschen   │
     │         bemüht sich,         │       │           interessiert,         │
     │   ist besonders freundlich   │       │            hilfsbereit          │
     └──────────────────────────────┘       └─────────────────────────────────┘
                                                              │
     ┌──────────────────────────────────────┐  ┌─────────────────────────────────┐
     │     Verhalten des Mitmenschen        │  │   Wahrnehmung des Mitmenschen   │
     │ zieht sich zurück, verliert Interesse,│◀─│    gelangweilt, verärgert, fühlt sich │
     │ kritisiert, hat keine Lust mehr, gibt auf│  │       zu sehr in Anspruch genommen  │
     └──────────────────────────────────────┘  └─────────────────────────────────┘
```

Abb. 37-2 Teufelskreis beim sensiblen Persönlichkeitsstil: Welche Reaktionen löst der sensible Stil bei anderen aus und welche Rückwirkungen hat dies auf den Betroffenen?

Treffen oder die Einladung absagen). Längerfristig werden dann selbst zugewandte Mitmenschen ihr Interesse an ihnen verlieren, sich verärgert zurückziehen oder mit Vorwurf und Kritik reagieren. Das heißt, die zum Selbstschutz erlernten interpersonellen Strategien lösen exakt die Ablehnung und Kritik aus, vor der sich die Betroffenen zu schützen versuchen, und bestätigen damit im Sinne einer sich selbst erfüllenden Prophezeiung ihre negativen Überzeugungen/ Schemata.

Die Patienten können in die Erarbeitung dieser Teufelskreise miteinbezogen werden und haben dann z. B. die Aufgabe, typische Beziehungsabläufe wie zurückhaltendes Verhalten beim sensiblen Stil oder klammerndes Verhalten beim anhänglichen Stil szenisch und „ohne Worte" darzustellen. Ziel ist, die Beziehungsgestaltung aus der Distanz einer Vogelperspektive zu betrachten und die eigene Mitverantwortung für die bestehenden zwischenmenschlichen Schwierigkeiten wahrzunehmen.

Der Einfluss des Persönlichkeitsstils auf die Entwicklung psychischer und psychosomatischer Störungen

Für jeden Persönlichkeitsstil wird an Beispielen aufgezeigt, wie sich symptomatische Störungen vor dem Hintergrund dysfunktionaler Stile entwickeln können. Die Patienten werden aufgefordert, über eigene Erfahrungen zu berichten.

Aus klinischer Sicht sehen wir die Entwicklung symptomatischer Störungen bei Patienten mit dysfunktionalen Stilen vor dem Hintergrund zunehmender interpersoneller Anforderungen, Belastungen und Konflikte der Betroffenen in der jeweiligen Lebenssituation. Im Krankheitsverlauf gewinnt die symptomatische Störung dann meist eine Eigendynamik (z. B. Teufelskreis bei Angststörungen) und eine spezifische intrapsychische und interpersonelle Funktionalität im Sinne eines unangemessenen Bewältigungsversuchs (z. B. Schutz des fragilen Selbstbildes, Spannungsreduktion, Zuwendung). So können sich z. B. bei Patienten mit selbstbewusstem Persönlichkeitsstil bzw. narzisstischer Persönlichkeitsstörung infolge der Enttäuschung grandioser Erwartungen depressive Störungen entwickeln. Somatoforme Störungen ermöglichen über einen sozial anerkannten Weg den klassischen sekundären Krankheitsgewinn in Form von Aufmerksamkeit und Zuwendung und sind eine annehmbare Erklärung dafür, dass in der Realität nicht erreicht wurde, was gemäß den grandiosen Erwartungen möglich gewesen wäre. Eine Überempfindlichkeit gegenüber der Einschätzung durch andere kann sich als soziale Phobie manifestieren. Uneingestandene Spannungen aufgrund dieser Überempfindlichkeit werden u. U. mit Alkohol oder Medikamenten abgebaut.

37.4.3 Kompetenzorientierte Module

Psychoedukative Interventionen sollten angesichts der tief verwurzelten Problemstellungen beim Patienten realistische Hoffnungen, Zielsetzungen und Pläne für eine Veränderung initiieren und ein plausibles Behandlungsmodell anbieten, welches bewältigbare Schritte auf dem Weg hin zur Veränderung aufzeigt. So lassen sich aus dem dimensionalen Verständnis therapeutische Zielsetzungen im Sinne einer Abschwächung und Flexibilisierung der extremisierten Persönlichkeit ableiten, ohne dass jedoch Anspruch auf deren grundlegende Veränderung erhoben wird.

Richtungen der Persönlichkeitsentwicklung

Anhand des Modells der Werte- und Entwicklungsquadrate (Schulz von Thun, 1989) werden für jeden Persönlichkeitsstil längerfristige Entwicklungsrichtungen aufgezeigt. Mit dem Werte- und Entwicklungsquadrat ist die Annahme verbunden, dass in den Persönlichkeitsstilen bestimmte für das Zusammenleben der Menschen unverzichtbare Qualitäten verwirklicht sind, die zur Belastung werden können, wenn sie nicht durch die entsprechenden Gegenqualitäten ausbalanciert werden. So kann z. B. Akzeptanz ohne Konfrontation zu konfliktscheuer Harmonisierung führen, während Konfrontation ohne akzeptierende Haltung zu Entwertung führt. Aus diesem Verständnis lassen sich dann die längerfristigen Richtungen der Persönlichkeitsentwicklung ableiten.

Förderung psychosozialer Kompetenzen

Das Programm beinhaltet für jeden Persönlichkeitsstil eine Reihe von Übungen zu den zentralen Problembereichen des jeweiligen Persönlichkeitsstils, die neue Erfahrungen und Kompetenzen im Denken, Erleben und Verhalten ermöglichen sollen. Die Übungen sind thematischen Schwerpunkten zugeordnet und können nach dem Baukastenprinzip in Abhängigkeit von der Zusammensetzung der Patientengruppe ausgewählt werden. Die folgende Tabelle führt lediglich die thematischen Schwerpunkte für die Persönlichkeitsstile auf (s. Tab. 37-1).

37.5 Ausblick

Die Kritik an der kategorialen Diagnostik der Persönlichkeitsstörungen bezieht sich unter anderem auf die stigmatisierende Sprache und Defizitorientierung des Konzepts. Viele Patienten fühlen sich mit der Diagnosestellung einer Persönlichkeitsstö-

37 Psychoedukation bei Persönlichkeitsstörungen

Tab. 37-1 Persönlichkeitsstile und psychosoziale Kompetenzen

Persönlichkeitsstil (Persönlichkeitsstörung)	Psychosoziale Kompetenzen
Gewissenhafter Stil (Zwanghafte Persönlichkeitsstörung)	Gelassenheit, Genuss- und Entspannungsfähigkeit
Anhänglicher Stil (Dependente Persönlichkeitsstörung)	Selbstverantwortliches Verhalten, Wahrnehmung und Ausdruck eigener Gefühle und Bedürfnisse
Selbstbewusster Stil (Narzisstische Persönlichkeitsstörung)	Einfühlungsvermögen, Kooperationsfähigkeit und Umgang mit Kritik
Dramatischer Stil (Histrionische Persönlichkeitsstörung)	Wahrnehmungsschulung und Konfliktfähigkeit
Sensibler Stil (Selbstunsichere Persönlichkeitsstörung)	Selbstsicheres Verhalten, Durchsetzungsvermögen und günstige innere Steuerung
Sprunghafter Stil (Borderline-Persönlichkeitsstörung)	Achtsamkeit, Umgang mit Gefühlsstürmen und Selbstregulationsfähigkeit

rung gekränkt, demoralisiert oder stigmatisiert mit nachvollziehbar ungünstigen Folgen für die Therapie. Tölle (1990) formuliert in diesem Zusammenhang prägnant: „Wer möchte schon seine Persönlichkeit alleine unter den Gesichtspunkt einer Störung gestellt sehen" (S. 9). Solange sich die psychiatrischen Klassifikationssysteme an der kategorialen Diagnostik der Persönlichkeitsstörungen orientieren, stehen Therapeuten vor der Aufgabe, die Aufklärung über die Diagnose einer Persönlichkeitsstörung und weitergehende psychoedukative Interventionen mit einer wertschätzenden Sprache und Sichtweise der Persönlichkeit und ihrer Entwicklung zu verbinden. Dann fühlen sich Patienten akzeptiert und verstanden und zur Therapie und persönlichen Entwicklung motiviert und angeregt. Im vorliegenden Beitrag wurde ein psychoedukatives und kompetenzorientiertes Gruppenprogramm für Patienten mit Persönlichkeitsstörungen und unflexiblen Persönlichkeitsstilen vorgestellt, das wesentlich zur Entstigmatisierung und Entmystifizierung der Diagnose einer Persönlichkeitsstörung beiträgt und bei dieser Aufgabenstellung hilfreich ist (Renneberg et al., 2010). Das Programm ist kognitiv-verhaltenstherapeutisch orientiert und basiert in kritischer Abgrenzung zur kategorialen Diagnostik der Persönlichkeitsstörungen auf einem dimensionalen Modell der Persönlichkeitsstile. Das Konzept berücksichtigt die schwierigen Problemstellungen bei Patienten mit Persönlichkeitsstörungen in besonderer Weise durch Ressourcen- und Problemorientierung, plausible und sinnstiftende Verstehensmodelle, nicht-konfrontative Motivierungsstrategien und Kompetenzorientierung.

Ratgeber

Als Einführung in das Thema der Persönlichkeitsstile und Persönlichkeitsstörungen und als Begleit-Lektüre zum vorgestellten Gruppenprogramm wird die Publikation von Oldham und Morris (2010) empfohlen.

Literatur

American Psychiatric Association (2013). Diagnostic and statistical manual of mental disorders, 5. Aufl., Arlington: American Psychiatric Association.

Banerjee P, Conor C, Huband N et al. (2006). Brief psychoeducation for people with personality disorder: A pilot study. Psychol Psychother 79: 385–394.

Beck A T, Freeman A. et al. (1993). Kognitive Therapie der Persönlichkeitsstörungen. Weinheim (Beltz).

Bernstein DP, Iscan C, Maser J (2007). Opinions of personality disorder experts regarding the DSM-IV personality disorders classification system. J Personal Disord 21: 536–551.

D'Silva K, Duggan C (2002). Service innovations: development of a psychoeducational programme for patients with personality disorder. Psychiatr Bull 26: 268–271.

Davidson K (2011). Changing the classification of personality disorders – An ICD-11 proposal that goes too far? Personal Ment Health 5: 243–245.

Falge-Kern A, Schulz H Fricke S (2007). Ein Gruppenprogramm bei Persönlichkeitsstörungen und unflexiblen Persönlichkeitsstilen: Eine quasiexperimentelle Evaluation. Verhaltenstherapie 17: 17–24.

Fydrich T, Schmitz B, Dietrich G et al. (1996a). Prävalenz und Komorbidität bei Persönlichkeitsstörungen. In: Schmitz B, Fydrich T, Limbacher K (Hrsg.), Persönlichkeitsstörungen: Diagnostik und Psychotherapie. Weinheim (Psychologie Verlags Union), S. 56–90.

Fydrich T, Schmitz B, Hennch C et al. (1996b). Zuverlässigkeit und Gültigkeit diagnostischer Verfahren zur Erfassung von Persönlichkeitsstörungen. In: Schmitz B, Fydrich T, Limbacher K (Hrsg.), Persönlichkeitsstörungen: Diagnostik und Psychotherapie. Weinheim (Psychologie Verlags Union), S. 91–116.

Gunderson JG, Stout RL, McGlashan TH et al. (2011). Ten-year course of borderline personality disorder: Psychopathology and function from the collaborative longitudinal personality disorders study. Arch Gen Psychiatry 68: 827–837.

Herpertz SC (2011). Was bringt das DSM-5 Neues zur Klassifikation der Persönlichkeitsstörungen? Zeitschrift für Psychiatrie, Psychologie und Psychotherapie 59 (4): 261–266.

Huband N, McMurran M, Evans C et al. (2007). Social problem-solving plus psychoeducation for adults with personality disorders. Brit J Psychiatry 190 (4): 307–313.

Kuhl J, Kazen M (2009). Persönlichkeits-Stil und Störungs-Inventar. 2., überarb. und neu normierte Auflage. Göttingen (Hogrefe).

Liotti G (1992). Egocentrism and the cognitive psychotherapy of personality disorders. J Cogn Psychother 6: 43–58.

McMurran M, Crawford MJ, Reilly JG et al. (2011). Psychoeducation with problem solving (PEPS) therapy for adults with personality disorder: a pragmatic multi-site community-based randomised trial. Trials 12: 198. doi: 10.1186/1745-6215-12-198.

Oldham JB, Morris LB (1992). Ihr Persönlichkeitsportrait. Hamburg (Kabel).

Oldham JB, Morris LB (2010). Ihr Persönlichkeitsportrait. Eschborn (Klotz).

Renneberg B, Schmitz B, Doering S et al. (2010). Behandlungsleitlinie Persönlichkeitsstörungen. Psychotherapeut 55(4): 339–354.

Schmitz B (1999). Kognitive Verhaltenstherapie bei Persönlichkeitsstörungen: Behandlungsansätze und Psychoedukation. In: Saß H, Herpertz S (Hrsg.). Therapie der Persönlichkeitsstörungen. Stuttgart (Thieme), S. 25–47.

Schmitz B (2000). Kognitive Verhaltenstherapie bei Persönlichkeitsstörungen. In: Senf W, Broda M (Hrsg.). Praxis der Psychotherapie. 2. neu bearb. u. erw. Aufl. Stuttgart (Thieme), S. 421–439.

Schmitz B (2004). Schwerpunkte eines integrativen stationären Behandlungskonzepts für Patienten mit Persönlichkeitsstörungen. Aktuelle Verhaltens-

therapie 12. Schriftenreihe der Psychosomatischen Fachklinik Bad Dürkheim.
Schmitz B (2011). Psychoedukation für Patienten und ihre Angehörigen. In: Dulz B, Herpertz SC, Kernberg OF et al. (Hrsg.). Handbuch der Borderline-Störungen. Stuttgart (Schattauer), S. 767–776.
Schmitz B, Bischoff C, Ehrhardt M et al. (2000). Perspektiven der Gruppenpsychotherapie: Wirksame Therapie bei begrenzten Ressourcen. In: Hermer M (Hrsg.). Psychotherapeutische Perspektiven am Beginn des 21. Jahrhunderts. Tübingen (DGVT-Verlag), S. 225–244.
Schmitz B, Fydrich T, Limbacher K (Hrsg.) (1996a). Persönlichkeitsstörungen: Diagnostik und Psychotherapie. Weinheim (Psychologie Verlags Union).
Schmitz B, Fydrich T, Schifferer E et al. (1996b). Persönlichkeitsstörungen und Behandlungserfolg bei Patienten mit psychischen und psychosomatischen Störungen. In: Schmitz B, Fydrich T, Limbacher K (Hrsg.), Persönlichkeitsstörungen: Diagnostik und Psychotherapie. Weinheim (Psychologie Verlags Union), S. 318–342.
Schmitz B, Schuhler P, Gönner S et al. (2006). Rehabilitation of personality disorders in inpatient behavioural psychosomatic and addiction therapy. In: W Jaeckel, Bengel J, Herdt J (Hrsg.). Research in Rehabilitation – Results from a research network in southwest Germany. Stuttgart (Thieme), S. 143–161.
Schmitz B, Schuhler P, Handke-Raubach A et al. (2001). Kognitive Verhaltenstherapie bei Persönlichkeitsstörungen und unflexiblen Persönlichkeitsstilen. Lengerich (Pabst).
Schulz v. Thun F (1989). Miteinander reden 2. Stile, Werte und Persönlichkeitsentwicklung. Hamburg (Rowohlt).
Shea MT, Stout RL, Gunderson JG et al. (2002). Short-term diagnostic stability of schizotypal, borderline, avoidant, and obsessive-compulsive personality disorders. Am J Psychiatry 159: 2036–2041.

Shedler J, Beck A, Fonagy P et al. (2010). Personality disorders in DSM-5. American Journal of Psychiatry, 167, 9: 1026–1028.
Skodol AE (2009). Manifestations, clinical diagnosis, and comorbidity. In: J Oldham M, Skodol AE, Bender DS (Hrsg.). Essentials of Personality Disorders. Washington, DC (American Psychiatric Publishing), S. 37–62.
Skodol AE (2012). Personality disorders in DSM-5. Annu Rev Clin Psychol 8: 317–344.
Skodol AE, Bender DS, Morey LC et al. (2011). Personality disorder types proposed for DSM-5. J Personal Disor 25 (2): 136–169.
Soeteman DI, Verheul R, Busschbach JJV (2008a). The burden of disease in personality disorders: diagnosis-specific quality of life. J Personal Disord 22: 259–268.
Soeteman DI, Hakkaart-van Roijen L, Verheul R et al. (2008b). The economic burden of personality disorders in mental health care. J Clin Psychiatry 69: 259–265.
Tölle R (1990). Persönlichkeitsstörungen: Problematik und diagnostische Bedeutung. In: Janssen PL (Hrsg.). Psychoanalytische Therapie der Borderlinestörungen. Berlin (Springer), S. 7–16.
Torgersen S (2009). Prevalence, sociodemographics, and functional impairment. In: Oldham JM, Skodol AE, Bender DS (Hrsg.), Essentials of personality disorders. Washington, DC (American Psychiatric Publishing), S. 83–102.
Tyrer P, Crawford M, Mulder R et al. (2011). The rationale for the reclassification of personality disorder in the 11th revision of the international classification of diseases (ICD-11). Personal Ment Health 5: 246–259.
Zimmermann J, Benecke C, Bender DS et al. (2013). Persönlichkeitsdiagnostik im DSM-5. Psychotherapeut 58: 455–465.

38 Psychoedukation bei Borderline-Persönlichkeitsstörung

Michael Rentrop, Markus Reicherzer

38.1 Klinischer und theoretischer Hintergrund

Psychoedukative Gruppenangebote erscheinen für Patienten mit Borderline-Persönlichkeitsstörung (borderline personality disorder, BPD) sinnvoll, weil dieses Störungsbild ausgesprochen häufig im psychiatrisch-psychotherapeutischen Alltag anzutreffen ist. Je nach epidemiologischer Untersuchung gehen Schätzungen von 0.7 bis 1.5 % Betroffenen in der Allgemeinbevölkerung aus (Torgerson et al., 2001; Skodol et al., 2002). Nach einer aktuellen Studie ergibt sich sogar eine Lebenszeitprävalenz von 3 % (Trull et al., 2010). Der Anteil der BPD an allen stationär behandelten Patienten in der Psychiatrie liegt bei etwa 20 % (Bohus, 2002). Die Zahl stationärer und insbesondere stationär-psychotherapeutischer Behandlungen von BPD-Patienten ist in Deutschland im Vergleich zu anderen Ländern außerordentlich hoch. Dies kann als Hinweis auf eine weiter bestehende Unterversorgung der Patientengruppe im ambulanten Sektor verstanden werden (Bohus, 2011). Insgesamt werden hierzulande etwa 20 % aller für die stationäre Behandlung psychischer Störungen aufgebrachten Mittel zur Therapie von Borderline-Persönlichkeitsstörungen eingesetzt (Bohus, 2007). Unter den ambulanten Patienten machen BPD-Betroffene einen Anteil von etwa 10 % (Bender et al., 2001) aus.

Die Borderline-Persönlichkeitsstörung ist ein mit krisenhaften Zuspitzungen verlaufendes chronisches Störungsbild. Während man in der Zeit der Konzeptualisierung der Persönlichkeitsstörungen für die modernen psychiatrischen Klassifikationssysteme (mit Erscheinen des DSM III, 1980) davon ausging, dass die spezifischen Symptome ein Leben lang anhalten würden, zeigen aktuelle Langzeitverlaufsstudien, dass dies keineswegs der Fall ist. In einer über 16 Jahre laufenden prospektiven Untersuchung konnten Zanarini und Mitarbeiter (2012) zeigen, dass es bei einem Großteil der insgesamt 290 untersuchten Patientinnen zu einer Besserung („remission") kam. Diese Zahl lag ähnlich hoch wie bei den anderen Persönlichkeitsstörungen der Vergleichsgruppe. Unter einer Besserung der Störung wurde verstanden, dass Probanden die Kriterien für das Vorliegen einer Persönlichkeitsstörung nicht länger erfüllten. Borderline-Patienten brauchten jedoch länger als Patienten mit anderen Persönlichkeitsstörungen, um eine Besserung ihrer Problematik zu erreichen. Als vollständige Ausheilung des Störungsbildes („recovery") wurde neben einem Symptomrückgang eine gleichzeitig gelungene soziale und berufliche Integration gewertet, gemessen mit der GAF-Skala (>61/100 Punkten). Dabei erreichten im Beobachtungszeitraum lediglich 40–60 % der Borderline-Patienten eine vollständige Ausheilung, hingegen 75–85 % der Vergleichspopulation. Zudem lagen die Zahlen für Rückfälle in das Störungsbild mit 10–36 % und der Verlust der Ausheilung mit 20–36 % bei den BPD-Betroffenen gegenüber 4–7 % resp. 9–28 % in der Vergleichsgruppe deutlich höher (Zanarini et al., 2012).

Größtes Risiko im Erkrankungsverlauf bleibt die Suizidalität. Etwa 10–15 % der Borderline-Patienten sterben durch Suizid (Maris et al., 2000). Dabei treten die meisten Suizidversuche in den ersten Jahren der Behandlung auf. Zum vollendeten Suizid kommt es dagegen häufig erst später im Krankheitsverlauf bzw. Behandlungsverlauf bzw. vor allem bei Patienten ohne weitere soziale Integration und ohne therapeutische Anbindung (Soloff u. Chiappetta, 2012). Zusätzlich zu der Selbstgefährdungsproblematik wird eine kontinuierliche Behandlung im therapeutischen Alltag auch durch die Neigung zu impulsiven Entscheidungen und Beziehungsabbrüchen erschwert. Die Folge sind einerseits hohe Abbruchquoten, andererseits die Weigerung eines Teils der zur Verfügung stehenden Psychotherapeuten Patienten mit BPD in Behandlung zu nehmen. In einer Befragung niedergelassener Therapeuten in München gaben knapp 22 % an, keinesfalls BPD-Patienten zu behandeln (Jobst et al., 2010).

Hinsichtlich eines Ursachenmodells gilt es als gesichert, dass spezifische Anlagebedingungen und Umweltfaktoren an einem multimodalen Entstehungsgeschehen beteiligt sind. Dabei wurden an biologischen Befunden Hinweise sowohl auf genetische Veränderungen als auch auf strukturelle zerebrale Auffälligkeiten beschrieben. Bislang konnte jedoch die Spezifität der Befunde für die BPD nicht nachgewiesen werden (siehe die Zusammenfassung bei Rentrop, 2012).

Seit den 80er Jahren des vorigen Jahrhunderts wurden spezielle Psychotherapieverfahren für die BPD entwickelt. Was die Therapien mit einzelpsychotherapeutischem Verfahren betrifft, so etablierten Masha Linehan die Dialektisch-Behaviorale Therapie (DBT; Linehan, 1993), Otto F. Kernberg die Übertragungsfokussierte Psychotherapie (TFP; Clarkin et al., 2001), Anthony Bateman und Peter Fonagy die Mentalisierungsbasierte Therapie (MBT; Bateman u. Fonagy, 1999) und Jeffrey E. Young die Schematherapie (SFT; Young, 1999). Darüber hinaus wurde das „Systems training for emotional predictability and problem solving for borderline personality disorder" (STEPPS) von Blum und Kollegen (2008) vorgelegt, das als 20-wöchiges Gruppen-Trainingsprogramm in Ergänzung zu einer Einzelpsychotherapie angewendet wird. STEPPS soll helfen, erworbene Fertigkeiten zu konsolidieren, und deren Anwendung wahrscheinlicher machen (Bos et al., 2010). Alle genannten Therapieverfahren konnten ihre Wirksamkeit mittlerweile zumindest in einer randomisierten kontrollierten Therapiestudie nachweisen. Die stärkste wissenschaftliche Evidenz hat dabei die dialektisch-behaviorale Therapie erreicht (Stoffers et al., 2012).

Problematisch bleibt die medikamentöse Therapie von BPD-Patienten. Zwar findet sich eine breite Anwendung von Psychopharmaka, doch die Gabe von Medikamenten stützt sich bislang nur auf relativ kleine randomisierte Studien und Fallserien oder hat vorrangig die Behandlung der zahlreich vorkommenden komorbiden psychischen Probleme zum Ziel. Im psychiatrischen Alltag bedeutet dies weiterhin häufig eine polypharmazeutische Behandlung, bisweilen unter Inkaufnahme von Interaktionsrisiken oder einer entstehenden Medikamentenabhängigkeit. Dies gilt insbesondere bezüglich der Verabreichung von Benzodiazepinen (Schwerthöffer et al., 2013). Die medikamentöse Behandlung bleibt überwiegend eine „off-label"- Anwendung von Psychopharmaka.

38.1.1 Ziele psychoedukativer Programme bei BPD

Ähnlich anderen psychoedukativen Programmen, etwa für Menschen mit schizophrenen Erkrankungen oder affektiven Störungen, zielt die als Basispsychotherapie verstandene Intervention auf die Vermittlung von Informationen und einem tragfähigen Krankheitsmodell sowie auf die Stärkung der Selbstbewältigungsstrategien und der Behandlungsbereitschaft der Patienten (vgl. Bäuml u. Pitschel-Walz, 2008). Im Unterschied zu anderen Krankheitsbildern meint Behandlungsbereitschaft hier in erster Linie eine kontinuierliche psychotherapeutische Behandlung. Bezüglich der Medikation soll ein solides Grundwissen Menschen mit BPD in die Lage versetzen, mit ihren Psychiatern „auf Augenhöhe" über Behandlungsstrategien diskutieren zu können. Dabei gilt es auch, vielfältige Ängste und Befürchtungen gegenüber medikamentösen und psychotherapeutischen Behandlungsansätzen abzubauen.

38.1.2 Wissenschaftliche Evidenz

Während für affektive und schizophrene Erkrankungen ein positiver Effekt von Psychoedukation inzwischen als gut gesichert gelten kann (vgl. Bäuml et al., 2006), ist die wissenschaftliche Evidenz bei BPD noch wenig tragfähig. International liegt eine Untersuchung von Mary Zanarini und Mitarbeitern (2008) vor, die zeigen konnte, dass Patientinnen sich hinsichtlich zentraler Probleme der BPD nach Teilnahme an einer psychoedukativen Gruppe deutlich verbessern. Insbesondere Impulsivität und chaotische Beziehungen nahmen im Vergleich zur Kontrollgruppe ab.

38.2 Manualisierte Konzepte zur Psychoedukation bei BPD

Bislang ist in Deutschland ein einziges manualisiertes Psychoedukationsprogramm zur BPD verfügbar. Das hier im Folgenden vorgestellte Gruppenprogramm (Rentrop, Reicherzer, Bäuml 2006) umfasst 10 Gruppensitzungen. Es ist möglich, die Inhalte in Einzeltherapien, Gruppen für Patienten oder Angehörige, im Rahmen stationärer sowie ambulanter Behandlungen anzuwenden. Jede einzelne Sitzung hat einen eigenen Themenschwerpunkt, sodass es unproblematisch ist, das Programm modular anzuwenden und als fortlaufende Gruppe zu organisieren. Dabei zeigt die Erfahrung mit BPD-Gruppen, dass insbesondere in einer Phase der Erfahrungsbildung von Therapeuten oder Teams geschlossene Gruppen ohne ständigen Wechsel der Teilnehmer die Arbeit erleichtern. Ein wiederholter Wechsel der Gruppentherapeuten ist kontraproduktiv. Für ambulante Gruppen empfiehlt sich ein wöchentlicher Termin; stationäre Gruppen sollten zweimal pro Woche stattfinden, damit das dichte Programm in einem angemessenen zeitlichen Rahmen durchgeführt werden kann. Jedes Gruppentreffen dauert 60 Minuten. Es empfiehlt sich, einen klaren Zeitrahmen zu vereinbaren. Vereinzelt sind die Themenbereiche jedoch vor allem bei lebhafter Mitarbeit der Teilnehmer nur schwer innerhalb dieses Rahmens zu bewältigen. Eine flexible Handhabung der Sitzungsdauer ist dann aus therapeutischen Gründen unerlässlich.

38.2.1 Teilnahmevoraussetzungen auf Patientenseite

Die Teilnahme soll freiwillig erfolgen, und alle Teilnehmer müssen im Vorfeld bereits über ihre Diagnose informiert sein. Detail-

38 Psychoedukation bei Borderline-Persönlichkeitsstörung

liertes oder weitergehendes Wissen ist hilfreich, um einen lebhaften Austausch zu ermöglich, jedoch nicht notwendig. Die Teilnehmer sollten über ein Minimum an Steuerungsfähigkeit bezüglich Impulsivität und Frustrationstoleranz verfügen. Insbesondere bei ambulanten Gruppen sind eine feste Vereinbarung bezüglich des Verhaltens in Krisen und ein Antisuizidpakt notwendig. Weitere Voraussetzungen sind ausreichende deutsche Sprachkenntnisse und eine Intelligenz im Rahmen der Norm.

38.2.2 Teilnahmevoraussetzungen auf Therapeutenseite

Erfahrungen im Bereich Psychoedukation sind hilfreich, ebenso eine zumindest begonnene, vorzugsweise verhaltenstherapeutische Ausbildung. Grundsätzlich empfiehlt sich im Umgang mit BPD-Patienten, eine Supervisions- oder Intervisionsgelegenheit wahrzunehmen. Die Gruppe sollte von einem Therapeuten und einem Co-Therapeuten geleitet werden. Allgemein bewährt hat sich ein gemischtes professionelles Leitungsteam, z. B. aus dem ärztlich-psychologischen und dem Pflegebereich. Psychoedukation kann hier zu einer gemeinsamen Behandlungsphilosophie eines therapeutischen Teams beitragen.

Der Gruppenleiter hat die Funktion eines Moderators, der die Teilnehmer zur aktiven Mitarbeit ermutigt, sie gelegentlich aktiv zu einer Wortmeldung auffordert, Beiträge strukturiert oder nötigenfalls auch die Redezeit begrenzt. In den psychoedukativen BPD-Gruppen muss sich ein Therapeut in noch höherem Maß als bei anderen psychischen Erkrankungen auf eine große Bandbreite unterschiedlich schwer ausgeprägter Störungsbilder und einen sehr variablen interindividuellen Wissensstand bezüglich der Störung einstellen.

38.2.3 Therapeutischer Rahmen

Psychoedukation ist keine klassische Gruppenpsychotherapie, sondern ein gemeinsames Erarbeiten von Informationen über ein Störungsbild. In dieses Erarbeiten soll das individuelle Erfahrungswissen der einzelnen Teilnehmer ganz konkret eingehen. Damit dieses Ziel erreicht werden kann, ist es notwendig, klare Vereinbarungen zu treffen. Wir schlagen folgende Regeln vor:
- Verpflichtung zur Teilnahme,
- Informationen, die innerhalb der Gruppe ausgetauscht werden, sind streng vertraulich zu behandeln,
- jeder soll zu Wort kommen, es gibt dabei kein „richtig" oder „falsch",
- Teilnehmer bewerten sich nicht gegenseitig und akzeptieren die Grenzen der Anderen, auch wenn diese von den eigenen Grenzen abweichen,
- wer sich durch die Gruppensituation zu stark belastet fühlt, darf die Sitzung unterbrechen und soll ein Signal geben, ob er eine Begleitperson (Co-Therapeut) braucht,
- Teilnehmer verpflichten sich zur Zurückhaltung bzgl. suizidaler Kommunikation; wer von Suizidplänen eines Mitpatienten erfährt, hilft, den Suizid zu verhindern,
- bestimmte Themen, z. B. Traumaerfahrungen, überschreiten den Rahmen der Gruppe und sind der Einzeltherapie vorbehalten.

Alle Vereinbarungen werden im ersten Treffen der Gruppe besprochen und verbindlich gemeinsam beschlossen. Es ist nützlich, darauf hinzuweisen, dass diese Regelungen sich bewährt haben und eine Diskussion über einzelne Aspekte oder über „Grenzen der Regeln" nicht hilfreich ist. Das Leitungsteam hat die Aufgabe, auf die Einhaltung der Vereinbarungen zu achten, z. B. wertende

Äußerungen innerhalb der Gruppe zu stoppen. Eine wertvolle Übung besteht in diesem Zusammenhang darin, das spezifische Anliegen des Teilnehmers von ihm selbst oder von anderen Gruppenmitgliedern noch einmal in einer nicht-wertenden Form paraphrasieren zu lassen. Grobe Regelverstöße sollten im Einzelkontakt geklärt werden.

38.2.4 Technik der Informationsvermittlung

Um das Gruppengeschehen lebendig zu halten, wird auf vorbereitetes Material verzichtet. Ausnahmen sind z. B. Adressen und Telefonnummern von Notfalldiensten beim Thema Krisenbewältigung. Alle übrigen Informationen werden gemeinsam erarbeitet. Zu Beginn steht daher lediglich ein weißes Blatt Papier auf einem Flipchart. Der Gruppenleiter erfragt den Stand der Information in der Gruppe zum jeweiligen Thema und versucht, die Beiträge in einer sinnvollen Übersicht darzustellen. Die aus therapeutischer Sicht entscheidenden Informationen sollten möglichst weit oben auf der Tafel stehen, die nebensächlichen oder nicht zum Thema gehörenden Aussagen weiter unten. Grundsätzlich sollten die Therapeuten sich bemühen, sämtlichen Beiträgen, in bestimmten Grenzen also auch den unsachlichen (z. B. zum Thema Krankheitsbegriff „verrückt"), einen Platz einzuräumen. Nach Abschluss der Sammlung einschlägiger Gedanken erfolgen eine gemeinsame Diskussion und eine Einordnung der einzelnen Punkte. Bei zentralen Themen muss der Schwerpunkt eindeutig und transparent auf Informationsvermittlung durch den Gruppenleiter (z. B. Krankheitsmodell, Medikation, Psychotherapien) gesetzt werden.

Gelegentlich fühlen sich Teilnehmer von der Informationsfülle überfordert und klagen, nicht alles behalten zu können. Es bietet sich an, jeweils einen Teilnehmer zu bitten, die Aufzeichnung der Stunde auf ein DIN A 4 Blatt zu übertragen und für alle Gruppenteilnehmer zu kopieren. So entsteht eine detaillierte Zusammenfassung der Inhalte sämtlicher Gruppensitzungen.

38.2.5 Struktur der Gruppensitzungen

Die Gruppe beginnt mit einer Eröffnungsrunde. Im Unterschied etwa zur Psychoedukation bei Patienten mit schizophrenen Psychosen ist die Technik des „Blitzlichtes zur aktuellen Befindlichkeit" bei BPD-Patienten erfahrungsgemäß kontraproduktiv. Eine sinnvolle Alternative wäre z. B. die Frage nach „dem Besten, was dem einzelnen Teilnehmer seit der letzten Gruppensitzung passiert ist". Die Patienten lernen dadurch im Laufe der Zeit, sich schon im Alltag auf „kleine" positive Erfahrungen zu konzentrieren. Auf die häufige Aussage, es habe sich „nichts Positives ereignet", sollten die Therapeuten mit der Ermutigung reagieren, noch einmal genauer hinzusehen. Das Zeitkontingent für die Eröffnung sollte sich auf 5 Minuten beschränken. Danach beginnt der Informationsteil, und zwar zunächst mit einer schlaglichtartigen Wiederholung der Inhalte der letzten Sitzung. Anschließend wird das neue Thema erarbeitet. Zum Abschluss kann je nach Bedarf eine kurze Achtsamkeitsübung, eine Entspannungsanleitung oder auch eine Rückmeldung über das erfolgen, was der einzelne aus der Stunde „mitnimmt". Fragen zur aktuellen Befindlichkeit wären erneut kontraproduktiv.

Weil in aller Regel ein Großteil der Teilnehmer von PE-Gruppen keine Erfahrung mit dem Thema Achtsamkeit mitbringt, sind nur basale Übungen möglich, etwa erste Schritte von Atemübungen, wie bei Burkhard (2008) beschrieben, oder motorisch orientierte Übungen (Rentrop et al., 2006).

Eine detaillierte Einweisung in das Thema Achtsamkeit bleibt den Achtsamkeits- oder Skillsgruppen vorbehalten.

38.2.6 Inhalte des Guppenprogramms

Die Inhalte des psychoedukativen Programms unterscheiden sich nicht grundsätzlich von den Themen anderer erkrankungsspezifischer Gruppen. Besonderheiten ergeben sich jedoch durch die Vielzahl der zu erläuternden Störungsbilder beim Thema „komorbide Störungen". Es ist erforderlich, praktisch sämtliche Psychopharmaka sowie den Themenkreis Psychotherapie (2 Stunden) zu besprechen. Alle Inhalte sind in der folgenden Tabelle zusammengefasst (s. Tab. 38-1).

Tab. 38-1 Themenbereiche zur Psychoedukation Borderline-Gruppen

Gruppentreffen/Thema	Inhalte/Ziele
Gruppensitzung: Organisatorisches Treffen	Vorstellung des Gruppenprogramms, Termine, Regeln, Kennenlernen der Teilnehmer
Gruppensitzung: Krankheitsbegriff/Krankheitszeichen, Symptome	Vereinbarung eines gemeinsamen Krankheitsbegriffs, Erläuterung der in der Gruppe bekannten Krankheitsbezeichnungen; Ordnung der Symptomatik zu Oberbegriffen
Gruppensitzung: Ursachenmodell	Erarbeitung und Diskussion des bio-psycho-sozialen Ursachenmodells der Borderline Störung (nach M. Linehan)
Gruppensitzung: Komorbide psychische Probleme	Sammlung komorbider psychischer Erkrankungen, die im Rahmen einer Borderline-Störung auftreten können, Leitlinien für die Behandlung
Gruppensitzung: Psychopharmaka I	Allg. Überblick Psychopharmaka, Sammlung/Erläuterung von Wirkungen und Nebenwirkungen der Antidepressiva und stimmungs-stabilisierenden Substanzen
Gruppensitzung: Psychopharmaka II	Sammlung/Erläuterung von Wirkungen und Nebenwirkungen der Antipsychotika, Benzodiazepine und sonstiger bei BPD eingesetzter Substanzen
Gruppensitzung: Krisenintervention und Notfallplan	Definition Krise, eigene Möglichkeiten, mit Notfallsituationen umzugehen (DBT: Stresstoleranzskills), Hilfsangebote in der Region
Gruppensitzung: Psychotherapie I	Dialektisch behaviorale Therapie
Gruppensitzung: Psychotherapie II	Übertragungs-fokussierte Psychotherapie [TFP]
Gruppensitzung: Offene Themengestaltung und Abschluss	Wiederholung/Nachholen offener Themen, ergänzende Themen (z.B.: gesunde Ernährung, Umgang mit Genussmitteln, Umgang mit körperlichen Erkrankungen, Schlaf)

38.2.7 Emotionale Themen

Vielen BPD-Patienten fällt es schwer, eine klare, ausreichend umfassende und subjektiv stimmige Bezeichnung ihrer Erkrankung zu nennen. Einerseits haben viele das Stichwort „Borderline" schon gehört, können aber kaum Symptome damit verknüpfen oder hegen große Zweifel, ob diese Einschätzung auf sie persönlich zutrifft. Anderseits zeigen Betroffene, die sich selbst oft als „Bordi" bezeichnen, eine erschreckende Scheinidentität, in der das „Borderline-Sein" eine alles dominierende Rolle spielt und keinesfalls aufgegeben werden kann. Deshalb ist der Begriff „Borderline" an sich schon häufig ein emotional aufgeladenes Thema. Werden in der Gruppe die den Teilnehmern bislang von Ärzten mitgeteilten Diagnosen gesammelt, so erhält man am Ende zumeist eine Liste, die praktisch sämtliche psychischen Erkrankungen mit Ausnahme der Demenzerkrankungen umfasst. Die Mehrzahl der Teilnehmer hat die Erfahrung gemacht, dass unterschiedliche Ärzte zu unterschiedlichen Schlussfolgerungen gelangt sind, so dass ihnen die Diagnose „Borderline" erst spät im Verlauf des psychischen Leidens genannt wurde. Zudem ist es für viele Betroffene schwer, mit dem Diagnosebegriff „Persönlichkeitsstörung" zurechtzukommen, weil er eher als Kränkung und nicht als Bezeichnung einer psychischen Problematik empfunden wird. Daher ist es notwendig, hier eine sachliche Ebene einzuführen und die auch von Profis oft missachtete Dimensionalität des Begriffs verständlich zu erläutern. Wertvolle Hilfe kann hier die auf K. Schneider zurückgehende Definition leisten, nach der bei einer Persönlichkeitsstörung ein Persönlichkeitszug, den jeder Mensch kennt, in einer so starken Ausprägung vorliegt, dass der Betroffene selbst oder sein Umfeld darunter leiden. Dimensionalität meint, dass es unterschiedliche Schweregrade der Problematik, einen fließenden Übergang zwischen Gesundheit und Störung sowie eine Reihe von Talenten und Fähigkeiten gibt, die mit den einzelnen Persönlichkeitsausprägungen einhergehen. Ebenso wie viele „Fachleute" sitzen Menschen mit einer Persönlichkeitsstörung oft dem Irrtum auf, dass eine Veränderung im Sinne einer Überwindung der Problematik kaum möglich sei. Auch ein Teil der Informationsquellen im Internet trägt zur Mystifizierung des Krankheitsbegriffs bei, die am Ende alle Anstrengungen einer langwierigen Behandlung unnötig und sinnlos erscheinen lässt. Auf der anderen Seite der extremen Meinungen steht die Befürchtung mancher Betroffener, durch eine Psychotherapie faktisch „bis zur Unkenntlichkeit" verändert und von „Innen nach Außen" gekrempelt zu werden. Für Menschen mit einer ausgeprägten Schwäche im Bereich der eigenen Identität stellt diese Fantasie eine quasi existenzielle Bedrohung dar und verhindert oft die Aufnahme einer wirksamen Behandlung.

„Ich dachte immer, Borderline ist so eine Art ‚Krebs' der Seele."

Patientin zum Thema „Persönlichkeitsstörung"

„Für alle war ich ein ‚Alien', zuletzt habe ich auch geglaubt, ich passe einfach nicht in diese Welt. Jetzt höre ich, dass es viele gibt, die sich ähnlich fühlen."

Patientin nach Sammlung der zur BPD gehörenden Symptome

Was das Ursachenmodell betrifft, so gehen viele Betroffene davon aus, dass sie ein sexuelles oder anderes Trauma erlitten haben *müssen*. In Anlehnung an die Ursachenhypothese von M. Linehan (1993) wird in den Gruppensitzungen jedoch ein „bio-psychosoziales Ursachenmodell" vermittelt. Dieses Modell besagt, dass Traumatisierung eine Rolle spielen kann, aber nicht zwingend muss. Ausgangspunkt ist die Annahme einer beim Kind bereits angelegten Störung der Emotionsregulation. Die beeinträchtigte Regulationsfähigkeit hat an sich noch keinen Krankheitswert, sondern stellt lediglich eine individuelle Besonderheit dar. Erst in Verbindung mit einer „invalidierenden Umwelt" mündet diese Vorbedingung in eine sich gegenseitig verstärkende Problematik, die der Entwicklung dysfunktionaler Verhaltensweisen Vorschub leisten kann. Unter einer „invalidierenden Umwelt" verstehen wir ein Klima des „Ungültig-Machens" emotionaler Äußerungen des Kindes, des ständigen Hinterfragens, Abwertens oder Ignorierens seiner Gefühle sowie eine emotionale Unberechenbarkeit der Mutter/des Vaters, die dem Kind keine Sicherheit bietet. Es ist notwendig, an dieser Stelle darauf hinzuweisen, dass der hier angenommene, sich selbst verstärkende Mechanismus keine „schuldhafte" Komponente haben muss. Selbst in einem Familiensystem, in dem alle das „Beste wollen", kann es Konstellationen (z. B. aufgrund außergewöhnlicher psychosozialer Belastungen) geben, die in eine derartige Entwicklung münden.

Andere therapeutische Schulen sehen im Zentrum der BPD anstelle der Emotionsregulationsstörung andere Schwierigkeiten. So wird ein TFP-orientiertes Ursachenmodell die Identitätsstörung in den Mittelpunkt stellen und ein MBT-orientiertes Modell die Bindungssituation zwischen Patient und den frühen Bezugspersonen. Für beide Überlegungen ist eine ähnlich nachvollziehbare schematische Darstellung möglich, wie dies im Folgenden für das Modell von M. Linehan versucht wird (s. Abb. 38-1).

Die Problematik komorbider Störungen ist häufig ebenso emotional aufgeladen. Neben der Erläuterung einzelner Krankheits-

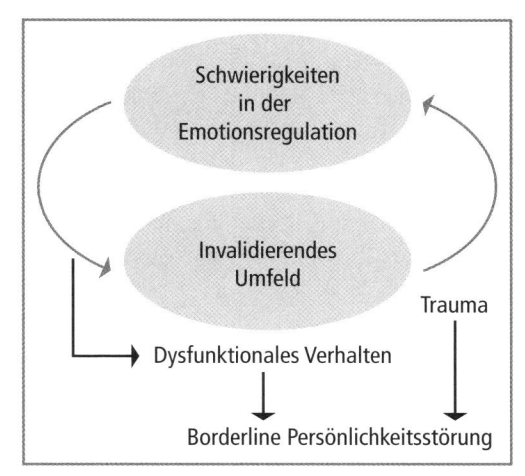

Abb. 38-1 Vorschlag für eine Flipchart-Darstellung

bilder stehen die Information über Behandlungsmöglichkeiten und, wo immer angezeigt, eine Hierarchie des therapeutischen Vorgehens im Zentrum der Psychoedukation. Ein treffendes Beispiel ist die Problematik von Abhängigkeitserkrankungen: Eine aktive Sucht macht alle Bemühungen einer Psychotherapie der BPD zunichte. Deshalb halten wir es für notwendig, eine Suchterkrankung bevorzugt zu behandeln oder alternativ ein Doppeldiagnosensetting aufzusuchen. Auch kann an dieser Stelle vonseiten des Gruppenleiters eine Einschätzung der Behandlung von Traumafolgeproblemen gegeben werden. Der Entscheidung, ob und zu welchem Zeitpunkt eine spezifische Behandlung einer Traumafolgestörung indiziert ist, sollten sehr sorgfältige klinische Überlegungen vorangestellt werden. Die Empfehlungen haben sich in den letzten Jahren geändert. Aktuell wird eine Expositionsbehandlung bei komorbider posttraumatischer Belastungsstörung favorisiert. Entscheidend ist in diesem Modul die Balance: Einerseits geht es nicht darum, alle denkbaren Störungsbilder zu besprechen, andererseits dürfen bestimmte psychische Problembereiche wie affektive Störungen, Essstörungen, PTSD und Abhängigkeitserkrankungen nicht übersehen oder vernachlässigt werden. Neben den genannten Erkrankungen sind in aller Regel auch Angststörungen, Zwang, somatoforme Störungen, ADHS und schizophrene Psychosen zu erläutern (s. Abb. 38-2).

38.3 Arbeit mit Angehörigen

Die Zusammenarbeit mit Angehörigen von BPD-Patienten steht häufig im Schatten komplexer Familienkonstellationen. Es ist von entscheidender Bedeutung, dass Patienten über die Teilnahme ihrer Angehörigen informiert sind und sich ausdrücklich damit einverstanden erklären. Ohne Einverständniserklärung des Patienten können Angehörige nur dann an Angehörigen-Gruppen in der Einrichtung teilnehmen, wenn der Patient selbst zum Behandlungssetting dieser Einrichtung keinerlei Kontakt hat.

Die in der Angehörigen-Gruppe vermittelten Inhalte entsprechen den für die Patientengruppe vorgestellten Themen. Dabei sollen die Treffen Medikation/Psychotherapie auf jeweils eine Stunde reduziert werden, um den Themen „dialektische, nicht-wertende Grundhaltung" sowie „Strategien der intrafamiliären Kommunikation" genügend Raum zu geben. Übergeordnetes Ziel des Angehörigen-Programms ist es, die Gruppe nach Abschluss des Informationsteils in eine Selbsthilfegruppe ohne professionelle Begleitung zu überführen. Daher wird zum Ende des Programms schrittweise eine Übernahme der Gruppenleitungsposition durch jeweils wechselnde Teilnehmer aus der Gruppe eingeführt. Die Frequenz der Gruppentreffen soll zweiwöchig eingerichtet werden, damit ausreichend Zeit zum Kennenlernen und zur Vertrauensbildung gegeben ist. Bei den späteren psychoedukativen Gruppen auf SH-Basis soll jeweils eine Familie ein Thema oder Problem einbringen, welches gemeinsam diskutiert wird, um in einem „Brainstorming-Prozess" Lösungsmöglichkeiten zu suchen. Im Folgetreffen wird der Lösungsversuch diskutiert, danach ein neues Thema ausgewählt.

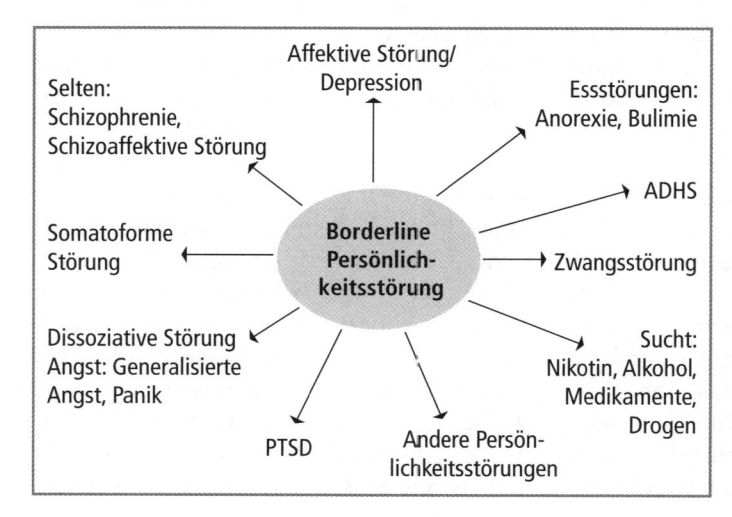

Abb. 38-2 Borderline-Persönlichkeitsstörung, komorbide Störungen

38.3.1 Psychoedukation im Behandlungsalltag

Psychoedukation versteht sich als Basismodul innerhalb eines multimodalen Behandlungsalgorithmus. In der folgenden Grafik ist dies dargestellt (s. Abb. 38-3). Im besten Fall kann Psychoedukation es den Therapeuten und den Patienten erleichtern, zu einer fundierten gemeinsamen Entscheidung über eine langfristig wirksame Behandlungsstrategie zu kommen. Im Rahmen stationärer Behandlungen, insbesondere einer stationären DBT-Therapie, wird Psychoedukation in der sogenannten „Basisgruppe" angeboten.

38.3.2 Erfahrungen mit dem Manual, Ausblick

Bislang gab es eine Reihe positiver Rückmeldungen zum Manual. Die erste Auflage von 300 Exemplaren ist vergriffen. Nachbestellungen sind als „Print on Demand"-Version möglich, eine Neuauflage ist seitens des Verlags bislang nicht vorgesehen.

„Psychoedukation war weit anstrengender und aufwühlender für mich als meine Skillsgruppe."

Vergleichende Aussage einer Patientin über zwei ihr bekannte Therapieelemente

„Nach der PE-Gruppe traue ich mir auch die Teilnahme an einem Skilltraining zu."

„Ideale" Outcome-Beurteilung einer Teilnehmerin

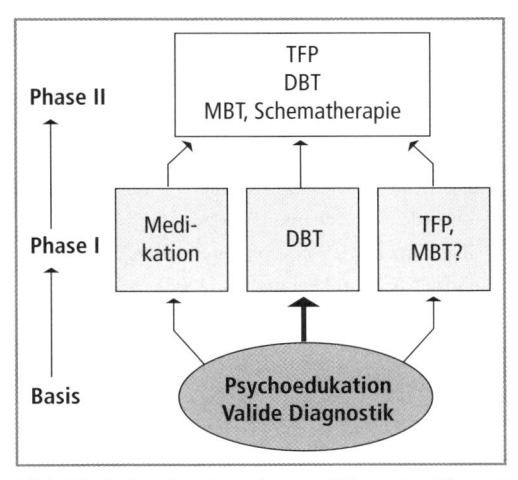

Abb. 38-3 Psychoedukation und Therapie: Phase I der Behandlung meint eine Situation, in der selbstschädigendes und suizidales Verhalten noch eine Bedeutung haben, Phase II die Therapie nach Überwindung schwer destruktiven Verhaltens

Literatur

Bäuml J, Froböse T, Kraemer S et al. (2006). Psychoeducation: a basic psychotherapeutic intervention for patients with schizophrenia and their families. Schizophr Bull 32: S1–S9.

Bäuml J, Pitschel-Walz G (2008). Psychoedukation bei schizophrenen Erkrankungen. Konsensuspapier der Arbeitsgruppe „Psychoedukation bei schizophrenen Erkrankungen". 2. Auflage. Stuttgart (Schattauer).

Bateman AW, Fonagy P (1999). Effectiveness of partial hospitalization in the treatment of borderline personality disorder: a randomized controlled trial. Am J Psychiatry 156: 1563–1569.

Bateman A, Fonagy P (2009). Randomized controlled trial of outpatient mentalization-based treatment versus structured clinical management for borderline personality disorder. Am J Psychiatry 166: 1355–1364.

Bender DS, Dolan RT, Skodol AE et al. (2001) Treatment utilization by patients with personality disorders. Am J Psychiatry 158: 295–302.

Berkowitz CB, Gunderson JG (2002). Multifamily psychoeducational treatment of borderline personality disorder. In: Mc Farlane WR (Hrsg.) Multifamily Groups in the Treatment of Severe Psychiatric Disorders. New York/London (Guilford Press).

Blum N, St John D, Pfohl B et al. (2008). Systems training for emotional predictability and problem solving (STEPPS) for outpatients with borderline personality disorder: a randomized controlled trial and 1-year-follow-up. American J Psychiatry 165: 468–478.

Bohus M (2002). Borderline-Störung. Göttingen (Hogrefe).

Bohus M (2007). Zur Versorgungssituation der Borderline-Patienten in Deutschland. Persönlichkeitsstör Theorie Ther 11: 149–153.

Bohus M, Kröger C. (2011). Psychopathologie und Psychotherapie der Borderline-Persönlichkeitsstörung. Nervenarzt 82: 16–24.

Bos EH, Van Wel E, Bas AMT et al. (2010). A randomized controlled trial of a Dutch version of systems training for emotional predictability and problem solving for borderline personality disorder. J Nerv Ment Dis 198: 299–304.

Burkhard A (2008). Achtsamkeit. Ein Meditationshandbuch für Therapeuten und Klienten. 3. Auflage. München (CIP Medien).

Clarkin JF, Yeomans FE, Kernberg OF (2001). Psychotherapie der Borderline-Persönlichkeit. Manual zur psychodynamischen Therapie. Stuttgart (Schattauer).

Döring S, Hörz S, Rentrop M et al. (2010). Transference-focused psychotherapy vs treatment by community psychotherapists for borderline personality disorder: a randomized controlled trial. Br J Psychiatry 196: 389–395.

Giesen-Bloo J, Dyck R van, Spinhoven P et al. (2006). Outpatient psychotherapy for borderline personality disorder: randomized trial of schema-focused therapy vs transference-focused psychotherapy. Arch Gen Psychiatry 63: 649–658.

Herpertz SC (2011). Beitrag der Neurobiologie zum Verständnis der Borderline-Persönlichkeitsstörung. Nervenarzt 82: 9–15.

Jobst A, Hörz S, Birkhofer A et al. (2010). Einstellung von Psychotherapeuten gegenüber der Behandlung von Patienten mit Borderline-Persönlichkeitsstörung. Psychother Psychosom Med Psychol 60: 126–131.

Kliem S, Kröger C, Kosfelder J (2011). Dialectical behavior therapy for borderline personality disorder: A meta-analysis using mixed-effect modeling. Consult Clin Psychol 78: 936–951.

Linehan MM (1993). Cognitive-behavioral treatment of borderline personality disorder. New York (Guildford Press).

Maris RW, Berman AL, Silverman MM (2000). Comprehensive textbook of suicidology. New York (Guilford Press).

Rentrop M, Reicherzer M, Bäuml J (2006). Psychoedukation Borderline-Störung. Manual zur Leitung von Patienten und Angehörigengruppen. München (Elsevier).

Rentrop M, Reicherzer M, Schwerthöffer D et al. (2012). Psychoedukation bei Borderline-Persönlichkeitsstörungen für Betroffene und Angehörige. Münchner Modell: Überblick und theoretischer Hintergrund. Psychotherapeut 57: 291–300.

Rentrop M (2012). Aktueller Stand der Forschung auf dem Gebiet der Borderline-Persönlichkeitsstörung. In: Lohmer M (Hrsg). Psychotherapie der Borderline-Persönlichkeitsstörung. Stuttgart (Thieme).

Schwerthöffer D, Bäuml J, Rentrop M (2013). Pharmakotherapie bei Borderline Störung: Praxis und Studienlage. Fortschr Neurol Psychiatr 81: 437–443.

Soloff PH, Chiappetta L (2012). Prospective predictors of suicidal behavior in borderline personality disorder at 6-year follow-up. Am J Psychiatry 169: 484–490.

Stoffers JM, Völlm BA, Rücker G et al. (2012). Psychological therapies for people with borderline personality disorder (review). New York (Wiley).

Trull T, Jahng S, Tomko R et al. (2010). Revised NESARC personality disorder diagnoses: gender prevalence, and comorbidity with substance dependence disorders. J Pers Disord 24 (4): 412–426.

Young JE (1999). Cognitive Therapy for Personality Disorders: A Schema-Focused Approach. 3. Auflage. Sarasota (Professional Ressource Exchange).

Zanarini MC, Frankenburg FR (2008). A preliminary, randomized trial of psychoeducation for women with borderline personality disorder. J Per Disord 22: 284–290.

Zanarini MC, Frankenburg FR, Bradford Reich D (2012). Attainment and stability of sustained symptomatic remission and recovery among patients with borderline personality disorder and axis II comparison subjects: a 16-year prospective follow-up study. Am J Psychiatry 169: 476–483.

IX Psychoedukation mit diagnosenübergreifendem Ansatz

39 Diagnosenübergreifende Psychoedukation

Kristin Rabovsky, Maren Jensen, Thomas Kohler

39.1 Klinische und theoretische Aspekte zur Begründung einer diagnosenübergreifenden Konzipierung von Psychoedukation

Dass Psychoedukation (PE) bei einer Vielzahl von psychiatrischen Störungen im Hinblick auf klinische Outcome-Variablen sowie krankheits- und behandlungsrelevantes Verhalten (Compliance) wirksam ist, konnte in zahlreichen Studien gezeigt werden und ist in den vorausgehenden Kapiteln über die Indikation bei einzelnen Krankheiten ausführlich beschrieben. Entsprechend wird die Intervention für diverse Erkrankungen in evidenzbasierten Therapieleitlinien empfohlen. Angesichts der Datenlage und der Vielzahl verfügbarer diagnosenspezifischer Programme erstaunt, dass der klinische Einsatz deutlich hinter den Empfehlungen zurückbleibt (Lehman et al., 2003; Rummel-Kluge et al., 2006, 2009; Getachew et al., 2009).

39.1.1 Versorgungspraktische Aspekte

Die von Rummel-Kluge et al. durchgeführte Befragung aller psychiatrischen Institutionen in Deutschland, Österreich und der Schweiz ergab bei einer Rücklaufquote von ca. 50 %, dass im Indexjahr 2003 in 86 % der antwortenden Institutionen Psychoedukation angeboten wurde, davon wiederum in 84 % für Schizophrenie. Im Mittel hatten in den antwortenden Institutionen lediglich 21 % aller schizophren erkrankten Patienten und 2 % ihrer Angehörigen an psychoedukativen Interventionen teilgenommen. Die Daten legen nahe, dass die Zahlen für andere Diagnosegruppen noch weit darunter liegen. Als Hauptgrund hierfür wurden Mangel an Zeit und Personal angegeben (35 %); die nicht weiter aufgeschlüsselte Hauptposition (52 %) umfasst „weitere Gründe", an erster Stelle „nicht genügend Patienten mit der gleichen Diagnose verfügbar" und „zu kurze Hospitalisationszeiten" (Rummel-Kluge et al., 2006). Insgesamt nur 8 % der Institutionen boten Psychoedukation für Angsterkrankungen an (Rummel-Kluge et al., 2009). Entsprechend praxisrelevant ist die Frage, ob die psychoedukativen Prinzipien eine diagnosengemischte Form erlauben, die in der klinischen Routinebehandlung möglicherweise einfacher zu implementieren ist.

39.1.2 Klinische Aspekte

Die grundlegende Definition von Psychoedukation, wie sie sich in dem Konsensuspapier der „Arbeitsgruppe Psychoedukation bei schizophrenen Erkrankungen" (Bäuml u. Pitschel-Walz, 2008, 1. Aufl. 2003; s. a. Kap. 1) und ähnlich in den aktuellen NICE-Guidelines (The British Psychological Society and The Royal College of Psychiatry, 2009) findet, verweist auf die zentrale Zielsetzung psychoedukativer Angebote: patientengerechte Vermittlung krankheits- und behandlungsassoziierter Informationen, Entwicklung eines funktionalen Krankheitskonzeptes und Unterstützung bei der sinnvollen Bewältigung der Krankheit. In all diesen Bereichen finden sich störungsunabhängige Aspekte: Das grundlegende biopsychosoziale Krankheitskonzept ist übergreifend gültig, und die einzelnen Symptome kommen bei verschiedenen Erkrankungen vor. So können depressiv Erkrankte psychotische und Schizophrenie- oder Borderline-Patienten depressive Syndrome aufweisen. Entsprechend sind Informationen über Medikamente diagnosenunabhängig von Relevanz: Im Rahmen syndromaler Behandlungsansätze werden viele Psychopharmaka auch dann eingesetzt, wenn die Grunderkrankung nicht primär ihrer Zielsymptomatik zuzuordnen ist, und zudem sind inzwischen zahlreiche Psychopharmaka für ein breites Spektrum psychiatrischer Syndrome zugelassen. Fragen der Krankheitsbewältigung sowie der Teilhabe am gesellschaftlichen Leben sind ebenso wie Stigmatisierungserfahrungen für Patienten mit den allermeisten psychischen Störungen von großer Bedeutung. Informationen, Beratung und Unterstützung in diesen Belangen sind deshalb unabhängig von der Diagnose wichtig.

39.1.3 Verlaufs- und behandlungsrelevante Faktoren

Auch die Frage nach der fundamentalen Zielsetzung von Psychoedukation spielt für die Gruppenzusammenstellung eine Rolle. Diagnosenübergreifende Gruppen könnten sich insbesondere dann als zielführend erweisen, wenn nicht die detaillierte Wissensvermittlung über ein bestimmtes Störungsbild, sondern die Entwicklung eines funktionalen Krankheitskonzeptes bzw. verlaufsrelevante Verhaltensmodifikationen (z. B. Complianceverbesserung) im Vordergrund stehen. Eine Zusammensetzung, die sich primär z. B. an soziodemographischen Patientencharakteristika (Bildungsniveau, Alter etc.), spezifischen Kontextfaktoren oder Problemfeldern (z. B. in der sozialmedizinischen Rehabilitation oder Forensik) orientiert, könnte die „Treffgenauigkeit" und Wirksamkeit hinsichtlich dieser Zielvariablen evtl. sogar steigern (s. a. Kap. 49 u. 50). Sowohl für somatische als auch für psychosomatische und schwere psychiatrische Störungen ist inzwischen gut untersucht, dass subjektive Einstellungen, Krankheitstheorien sowie Symptomwahrnehmung und Symptomattribuierungen das Krankheitsverhalten und den Verlauf wesentlich und nachhaltig beeinflussen (Cavelti et al., 2012; Nikendei et al., 2009; Lynch et al., 2011; Broadbent et al., 2006). Erste Auswertungen der qualitativ erhobenen und semiquantitativ ausgewerteten Daten aus der Basler Studie zu dem dort entwickelten diagnosenübergreifenden Gruppenprogramm zeigen als Akuteffekt (Prä-post-Vergleich), dass sich z. B. die subjektive Einstellung zu Medikamenten in der Psychoedukationsgruppe signifikant günstiger entwickelte (Rabovsky et al., 2012b).

Zu der Frage, ob die Diversifikation von psychoedukativen Gruppeninterventionen nach Diagnosen die optimal zielführende ist, liegen bisher keine spezifischen Untersuchungen vor. Hierauf haben schon 1996 Penn und Mueser (1996) hingewiesen. So sind z. B. das kognitive Funktions- oder Bildungsniveau, das Alter, der Chronifizierungsgrad der Erkrankung oder spezifische kritische Lebenssituationen bzw. Problemfelder (s. a. Kap. 41) erwägenswerte Diversifikationskriterien. Dass die Psychoedukation mittlerweile nicht mehr auf ihr traditionelles Hauptindikationsgebiet, die Schizophreniebehandlung, beschränkt ist, sondern bei nahezu allen Diagnosen eingesetzt wird, könnte man als Zeichen für diese Tendenz interpretieren (s. Kap. 13–38). Die Frage, ob eine junge, neu erkrankte Schizophreniepatientin mehr psychoedukationsrelevante Gemeinsamkeiten mit einem residualsymptomatischen 55-Jährigen mit der gleichen Grunddiagnose oder mit einer gleichaltrigen Patientin aufweist, die z. B. an einer schweren Angst- oder Zwangsstörung leidet, stellt sich nach wie vor.

39.1.4 Geschichte und aktueller Stand, Datenlage, Materialien

Diagnosenübergreifende Psychoedukation ist ein vergleichsweise junges Format. Mitte der 1990er Jahre entwickelte Maren Jensen ein Programm, das sie später ausbaute. Erstmals wurde hierüber in dem Buch „Psychoedukation bei schizophrenen Erkrankungen" berichtet (Jensen u. Sadre-Chirazi-Stark, 2003). Unabhängig hiervon führte Kristin Rabovsky seit ca. 2001 eine störungsunabhängige Gruppe mit psychoedukativen Inhalten an der Psychiatrischen Universitätsklinik Basel durch, bevor sie den Ansatz im Jahre 2006 in einem Übersichtsartikel diskutierte (Rabovsky u. Stoppe, 2006). Dabei wurde deutlich, dass weltweit noch keine einschlägigen Publikationen vorlagen. Im Jahre 2009 wurde das „Basler Modell" durch ein separates Curriculum für Angehörigengruppen zu einem bifokalen Konzept erweitert und als Manual veröffentlicht (Rabovsky u. Stoppe, 2009), ein Jahr später folgte das „Hamburger Programm", das inzwischen in überarbeiteter Form vorliegt (Jensen et al., 2010, 2014). In einer Diplomarbeit hatten sich erste Hinweise für die Wirksamkeit dieses diagnosenübergreifenden Konzeptes gezeigt (Vellguth, 2008).

Das in Basel praktizierte Programm wurde in einer explorativen randomisierten und kontrollierten Studie mit einjährigem Follow-up-Zeitrahmen klinisch evaluiert. Dabei ergaben sich für die insgesamt 82 erwachsenen Studienteilnehmenden mit schweren psychotischen, affektiven, neurotischen, somatoformen und Persönlichkeitsstörungen ein signifikant besserer Compliance-Score nach 3 Monaten und deskriptiv günstige Tendenzen für fast alle untersuchten Zielparameter (z. B. klinisches Gesamtbild, Lebensqualität, Einsicht) in der Interventionsgruppe. Besonders deutlich fiel der Vorteil für sämtliche Rehospitalisierungsvariablen aus; statistische Signifikanz wurde hier aber verfehlt. Vor dem Hintergrund der zahlenmäßig sehr geringen Teilnahme Angehöriger (von weniger als einem Viertel der Patienten) einerseits und deren metaanalytisch nachgewiesener entscheidender Bedeutung für die Effekte (Lincoln et al., 2007) andererseits wurden die Ergebnisse im Sinne einer mit störungsspezifischen Programmen vergleichbaren Wirksamkeit interpretiert (Rabovsky et al., 2012a). Zudem ergab die Drop-out-Analyse eine statistisch signifikant geringere Suizidrate in der Gruppe mit Psychoedukation. Dies ist eine Besonderheit insofern, als dieser günstige Befund überhaupt erstmals für ein Psychoedukationsprogramm gezeigt werden konnte. Derzeit scheint die Hypothese gerechtfertigt, dass das diagnosenübergreifende Konzept gerade bei schwerkranken Patienten eine Möglichkeit zu größerer Integration und Reduzierung von Stigmatisierungserfahrungen bietet (s. a. Pitschel-Walz, Geleitwort, in: Jensen et al., 2010, 2014). Die Analysen der qualitativ erhobenen und semiquantitativ ausgewerteten Daten zu behandlungs- und verlaufsrelevanten subjektiven Einstellungen (z. B. zu Medikamenten, Symptomwahrnehmung etc.) zeigen bei der Prä-post-Analyse statistisch signifikant günstigere Ergebnisse für die Interventionsgruppe (Rabovsky et al., 2012b). Nach wie vor sind außer den genannten keine Veröffentlichungen zu diagnosenübergreifender Psychoedukation verfügbar.

39.2 Mustermanuale: Theoretische Aspekte

Zurzeit liegen zwei deutschsprachige Manuale zu diagnosenübergreifender Psychoedukation vor (Rabovsky u. Stoppe, 2009; Jensen et al., 2010, 2014). In den SINOVA Kliniken Ravensburg und Friedrichshafen wird ein von T. Kohler entwickeltes, unveröffentlichtes Gruppenprogramm im psychotherapeutischen Setting durchgeführt. Eine gründliche internationale Literatursuche ergab darüber hinaus keine Materialien für diagnosengemischte Psychoedukationsgruppen.

Das „Basler Modell" (Rabovsky u. Stoppe, 2009) ist interaktiv und methodenintegrativ konzipiert. Im Rahmen des multimodalen Ansatzes werden neben den edukativ-didaktischen Elementen explizit kognitiv-behaviorale, motivationale und psychodynamische Aspekte berücksichtigt. Es ist für gruppenfähige erwachsene Patienten mit Diagnosen aus den ICD-10-Kategorien F2, F3, F4 und F6 vorgesehen, d.h., die Indikation umfasst psychotische Störungen incl. Schizophrenien, alle affektiven Störungen, Angst-, Zwangs-, Anpassungs- und somatoforme Erkrankungen sowie spezifische und kombinierte Persönlichkeitsstörungen. Die Anmeldung zur Gruppenteilnahme der Patienten bzw. Angehörigen erfolgt durch die behandelnden Stationsteams. Zudem empfiehlt es sich, das Angebot durch Flyer bekanntzumachen.

Sowohl das Programm für Patienten als auch das für Angehörige enthalten thematisch korrespondierende informations- und verhaltensorientierte „Trainings-Sitzungen" sowie ein weniger vorstrukturiertes „Diskussions-Modul". Dabei ist der Ablauf der Sitzungen ritualisiert mit einer Einleitung (Begrüßung, Vorstellungsrunde, Gruppenregeln, ggf. Besprechung der Hausaufgaben aus der letzten Sitzung, Einführung ins neue Thema), dem Hauptteil (interaktive Erarbeitung des Schwerpunktthemas, s. a. Curriculum) und der Ausleitung (Abschluss der Gruppe mit Ausgabe der im Manual enthaltenen Handouts, ggf. Hausaufgaben, Verabschiedung).

Aus versorgungspraktischen Gründen ist die Patientengruppe mit 10 Sitzungen à 45–60 Min. für den Klinikrahmen als offene Gruppe mit 8–12 Teilnehmenden konzipiert, kann aber (zumal bei Transfer in die Ambulanz) auch „slow-open" oder geschlossen geführt werden. Eine Sitzungsfrequenz zweimal wöchentlich ist anzustreben. Die Angehörigengruppe wird geschlossen geführt und findet an 5 abendlichen Terminen alle ein bis zwei Wochen über jeweils ca. 90 Min. statt. Sie lehnt sich inhaltlich an die Patientengruppe an, ist jedoch hinsichtlich Vermittlung von Stressreduktionsstrategien und situationsangepassten Kommunikationsfertigkeiten modifiziert. Die Gruppenführung stellt hohe Anforderungen an die klinisch-psychiatrische wie auch psychotherapeutische Kompetenz des Leiters, der Facharzt für Psychiatrie und Psychotherapie bzw. in fortgeschrittener Weiterbildung befindlicher Assistenzarzt oder klinisch und psychotherapeutisch ausgebildeter Psychologe sein sollte. Wichtige Funktionen hat auch die Ko-Leitung (z. B. Pflegende, Sozialarbeiter).

Das Programm kann standort- bzw. teilnehmerassoziierten Bedingungen angepasst werden, z.B. bzgl. der Sitzungsfrequenz. Auch eine „Streckung" der Inhalte auf mehr als 10 Sitzungen ist möglich, wenn dies aufgrund der Gruppendynamik oder des kognitiven Funktionsniveaus der Patienten sinnvoll erscheint. Tab. 39-1 zeigt die Themenschwerpunkte der Gruppensitzungen im Überblick.

Tab. 39-1 Programmübersicht Diagnosenübergreifende Psychoedukation nach Rabovsky u. Stoppe (2009)

Patientengruppe	
1	Psychische Funktion und ihre Störungen; Vulnerabilitäts-Stress-Modell (*Information*)
2	Funktionsweise des Gehirns, Transmittermodell (*Information*)
3	Umgang mit Krankheitssymptomen (*Training*)
4	Überblick über Behandlungsmöglichkeiten; Medikamente: Wirkungen und Nebenwirkungen (*Information*)
5	Umgang mit Medikamenten, Einnahmepraxis, Nebenwirkungsmanagement (*Training*)
6	Soziale Aspekte psychischer Erkrankungen (Wohnen, Beschäftigung, Freizeit, Finanzen etc.); Unterstützungsangebote, Selbsthilfegruppen (*Information*)
7	Kommunikationsfertigkeiten: Aktives Zuhören und Ich-Botschaften (*Training*)
8	„Akzeptanz und Perspektive": Strategien im Umgang mit einer psychischen Erkrankung und Stigmatisierung (*Diskussion*)
9	Entlassungsvorbereitung und Rückfallprophylaxe (*Information*)
10	Individuelle Frühsymptome, persönlicher Krisenplan (*Training*)
Angehörigengruppe	
1	Eröffnung der Gruppe, Vorstellung der Leiter und Teilnehmer Psychische Funktion und ihre Störungen; Vulnerabilitäts-Stress-Modell (*Information*)
2	Funktionsweise des Gehirns, Transmittermodell; Behandlungsmöglichkeiten, Medikamente (*Information*)
3	Identifikation und Management schwieriger Situationen mit den kranken Angehörigen; Umgang mit Schuld- und Schamgefühlen (*Diskussion*) Kommunikationsfertigkeiten: Ich-Botschaften, berechtigte Forderungen (*Training*)
4	Soziale Aspekte; Unterstützungs- und Selbsthilfeangebote (*Information*) Stressreduktion, Problemlösestrategien (*Training*)
5	Frühsymptome, Krisenmanagement (*Information*) Offene Fragen, Schluss der Gruppe

Das „Hamburger Programm" (Jensen et al., 2010, 2014) richtet sich ebenfalls an Patienten mit Diagnosen aus dem Kapitel V der ICD-10, mit Ausnahme von Patienten mit im Vordergrund stehenden Sucht- oder dementiellen Erkrankungen. Die 2., vollständig überarbeitete und erweiterte Auflage des Manuals besteht aus einem Basiscurriculum mit 12 Sitzungen sowie 4 optional einsetzbaren Zusatzmodulen zu den Themen Ernährung (3 Sitzungen), Stressbewältigung bei psychischen Erkrankungen (2 Sitzungen), Beteiligung von Angehörigen (3 Sitzungen) und einem Zusatzmodul zur Entlassungsvorbereitung (1 Sitzung). Das Manual wurde vorwiegend für Patientengruppen konzipiert, kann aber grundsätzlich auch als Grundlage für Angehörigengruppen, gemischte Patienten-Angehörigen-Gruppen sowie der Psychoedukation in der Einzelbehandlung dienen. Das Curriculum mit Seminarcharakter kann sowohl im ambulanten und teilstationären als auch im stationären Rahmen durchgeführt werden. Die Sitzungen sollten im stationären oder teilstationären Rahmen zweimal wöchentlich stattfinden. Für die stationären – aufgrund der Praktikabilität in der Regel offenen – Gruppen wird mit Rücksicht auf die Konzentrationsfähigkeit der Patienten eine Sitzungsdauer von nicht länger als 45–60 Min. empfohlen. Eine Vervollständigung des Curriculums nach Entlassung sollte ermöglicht oder die Teilnahme an einer ambulanten Gruppe zur Vertiefung angeboten werden. Im ambulanten Setting ist eine geringere Frequenz (1 Sitzung/Woche) bei längerer Sitzungsdauer (ca. 90 Min.) möglich. Da es sich im Versorgungsalltag als schwierig herausgestellt hat, Gruppen für Angehörige zu etablieren, können diese im Bedarfsfall auch an den Patientengruppen teilnehmen, wobei die Vorteile (u. a. gegenseitiges Kennenlernen und Voneinander-Lernen) und Nachteile (u. U. Bevorzugung/Benachteiligung einer Teilnehmergruppe) gegeneinander abzuwägen sind.

Die formale Grundstruktur der Module besteht aus 6 Elementen (1. Begrüßung, Vorstellen der thematischen Sitzungsinhalte, Anfangsrunde, 2. kurze Wiederholung der letzten Sitzung, 3. Besprechen der Aufgabe aus der letzten Sitzung, 4. Bearbeitung des Schwerpunktthemas, 5. Aufgabe zur nächsten Sitzung, 6. Abschluss mit Zusammenfassung der erarbeiteten Inhalte, Beantwortung offener Fragen, Abschlussrunde, Verabschiedung). Die Themen des Basiscurriculums sind Tab. 39-2 zu entnehmen.

Die Gruppe sollte von zwei Moderatoren, möglichst unterschiedlichen Geschlechts, geleitet werden, deren Haltung von den gesprächspsychotherapeutischen Merkmalen Wertschätzung, Empathie und Echtheit geprägt ist. Grundsätzlich werden alle Gruppeninhalte interaktiv erarbeitet. Um dem Aspekt der Störungsspezifität im Rahmen der diagnosenübergreifenden Psychoedukation Rechnung zu tragen, wurden 2 Sitzungen mit störungsspezifischen Inhalten innerhalb des Basiscurriculums konzipiert (Sitzung 5 u. 6; s.o., Curriculum in Tab. 39-2).

Die fachliche Inhaltsvermittlung und die Verantwortung für den komplexen Gruppenprozess sollten von einem Psychologen oder einem Arzt mit möglichst abgeschlossener Psychotherapieausbildung übernommen werden. Es empfiehlt sich, in den Schwerpunktsitzungen zur medikamentösen Behandlung, Gesundheitsförderung und Rehabilitation Kollegen mit entsprechenden Fachkenntnissen als Ko-Leiter hinzuziehen. Als Ko-Moderatoren kommen Mitarbeitende aller therapeutischen Fachrichtungen sowie aus dem Pflegeteam infrage.

Tab. 39-2 Programm Diagnosenübergreifende Psychoedukation (Jensen M et al., 2010, 2014)

1. Sitzung	Begrüßung und Einführung in das Thema
2. Sitzung	Erkrankungen: Somatische, psychosomatische, neurologische und psychische Erkrankungen, deren Auswirkungen auf unser Erleben und wer helfen kann
3. Sitzung	Entstehung, Aufrechterhaltung und Bewältigung psychischer Krisen und Erkrankungen
4. Sitzung	Diagnosen: Wie Diagnosen gestellt werden und was sie bedeuten
5. Sitzung	Besprechen einzelner Störungsbilder nach den Wünschen der Teilnehmenden
6. Sitzung	Besprechen einzelner Störungsbilder nach den Wünschen der Teilnehmenden (Fortsetzung)
7. Sitzung	Frühwarnzeichen und Frühsymptome
8. Sitzung	Medikamenteninformation
9. Sitzung	Gesundheitsförderndes Verhalten
10. Sitzung	Entspannungsverfahren und Anspannungsregulationstraining
11. Sitzung	Krisenbroschüre und Krisenpass
12. Sitzung	Informationen zu Psychotherapie, ambulanten und teilstationären Behandlungsangeboten, Rehabilitation, Beratungsstellen und Selbsthilfe

Die *Psychoedukation im psychotherapeutischen Setting nach T. Kohler* arbeitet neben den allgemeinen Zielen von Psychoedukation an der Anreicherung der psychotherapeutischen Prozesse, am Abbau der Schwellenangst vor Psychotherapie und an der Verkürzung der primären Latenz (Zeitspanne, die psychotherapie-naive Patienten üblicherweise brauchen, bis sie sich angemessen auf den Prozess einlassen und ihre Ängste überwinden können). Ein gedrucktes Manual liegt nicht vor, Materialien können aber beim Autor (T. K.) angefordert werden.

Die Klientel weist überwiegend Diagnosen der Abschnitte F3 und F4 gemäß ICD-10 auf, mit vielen somatischen und psychosomatischen Beschwerden und relativ wenig psychotherapeutischem Vorverständnis. Die Psychoedukationsgruppe findet einmal wöchentlich für alle Patienten obligat als offene Gruppe über 60 Min. statt. Die Themen sind entsprechend der Dynamik meistens nach 12 bis 14 Sitzungen abgehandelt. Manche Patienten nehmen poststationär weiterhin teil.

Der Ablauf der einzelnen Gruppensitzungen ist flexibler, offener und interaktiver auf die Bedürfnisse der Gruppe eingehend als bei den traditionellen Programmen und hat damit einen stärker gruppentherapeutischen Akzent. Es wird u. a. mit Metaphern gearbeitet (siehe Abb. 39-1 bis 39-5, Praktische Darstellung und Fallbeispiele). Gruppentherapeutische Vorerfahrungen bzw. eine

Ausbildung in einem Gruppentherapieverfahren und eine differenzierte und kontinuierliche Kommunikation mit den anderen Therapeuten im Team sowie gemeinsame Supervisionen sind für den PE-Therapeuten wünschenswert. Wichtig ist, dass zumal im tiefenpsychologischen Kontext der PE-Therapeut nicht auch zugleich Einzel- und/oder Gruppenpsychotherapeut eines Teils der Patienten ist.

Die behandelten Inhalte umfassen i. W. diejenigen der diagnosespezifischen PE: Symptomatik, Diagnostik, Ätiologie, Verlauf und Behandlung psychischer Krankheiten, Umgang mit Suchtmitteln, Frühwarnsymptome und Selbsthilfemöglichkeiten. Sie weisen aber auch spezifische Besonderheiten auf.

So werden, falls möglich, körperliche Erkrankungen als Erklärungsmodelle herangezogen, um Parallelen zu psychischen Erkrankungen aufzuzeigen und ein psychosomatisches Krankheitsmodell bei den Patienten zu fördern, z. B. Infektions- oder Krebserkrankungen zur Erläuterung des Vulnerabilitäts-Stress-Modells. Das Kapitel Ätiologie wird nicht mit Pathogenese-Modellen begonnen, sondern mit der Frage: „Was braucht jeder Mensch, um sich seelisch gesund zu entwickeln?" Erst danach geht es um „Krankheit". Dieser Ansatz hat sich als hilfreich erwiesen, um die Patienten über die PE hinaus zu einem differenzierten Nachdenken über die eigenen Entwicklungsbedingungen anzuregen und die Selbstexploration zu fördern. Zusätzliche Themen sind: Krankheit vs. Gesundheit, seelische Krankheit vs. körperliche Krankheit, Erklärungsmodell für Stigmatisierung und Selbststigmatisierung bei seelischen Krankheiten, Salutogenese und Resilienz sowie die intensive Auseinandersetzung mit Psychotherapie im Abschnitt Behandlung. Psychotherapie wird übergreifend am Modell der „Allgemeinen Wirkfaktoren" von Grawe et al. (2001) erläutert, mit Betonung der Bedeutung aktiver Mitarbeit von Psychotherapiepatienten („Man kann sich operieren, aber nicht psychotherapieren lassen"). Darüber hinaus werden typische Widerstände wie Beschämungsangst, Schuldgefühle, Scham und Loyalitätskonflikte aktiv angesprochen. Basale Grundannahmen und die Methodik unterschiedlicher psychotherapeutischer Schulen werden ebenso wie neurowissenschaftliche Erkenntnisse dargestellt und bzgl. ihrer individuellen Implikationen besprochen. Der Themenbereich Psychopharmakotherapie wird mit den negativen Einstellungen bzw. Ängsten der Patienten begonnen (initiale Frage: „Was spricht *dagegen*, Psychopharmaka zu nehmen?"). Es werden Antidepressiva, Benzodiazepine, Schlafmittel und Pregabalin besprochen, weiteres nur auf konkreten Wunsch von Teilnehmenden.

39.3 Mustermanuale: Praktische Darstellung und Fallbeispiele

Basler Modell (Rabovsky u. Stoppe, 2009)

a) *Interaktive Visualisierung*
In den Gruppenstunden werden bereits bestehende Kenntnisse bzw. Ideen gemeinschaftlich zusammengetragen und als Tafel- bzw. Flipchartbild visualisiert, das in vervollständigter und standardisierter Form abschließend als Handout ausgegeben wird. Dieses Vorgehen hat sich gerade für die Bearbeitung schwieriger Themen außerordentlich gut bewährt, weil Vorwissen auch zu negativ konnotierten Themen wie „Symptome und Krankheiten" oder „Medikamente"

von den Teilnehmenden aktiv und teilweise geradezu begeistert eingebracht wird. Abb. 39-1 und 39-2 zeigen, wie die Entwicklung vom interaktiv erarbeiteten Tafelbild zum finalen Handout am Beispiel des Themas „Soziales Netz" aussehen kann.

b) *Integration von „Störungen"*
Einem ausreichend erfahrenen Gruppenleiter wird es gelingen, auch in sehr „lebhaften" Sitzungen „störendes" Verhalten von Teilnehmenden zu integrieren und im Idealfall zu modifizieren, ohne dass das Diskretionsprinzip verletzt wird oder der Betroffene sein Gesicht verliert. Erlebte Beispiele hierfür sind der durch die Leitung zu regulierende Redefluss eines manischen Patienten (bei der Sitzung über „Psychische Funktionen und ihren Störungen") oder das „Tuscheln" zweier Sitznachbarinnen, die in Sitzung 7 aufgefordert wurden, dies „für alle" als Muster für gelungenes „Aktives Zuhören" zu wiederholen.

c) *Psychotherapeutische Gruppenleitung*
Der hohe Anspruch an die therapeutische Leitung aufgrund der komplexen und wechselnden Gruppenzusammensetzung mit verschiedenartig symptomatischen Patienten kann nicht oft genug betont werden. Nicht nur ist eingehende klinische Behandlungserfahrung mit allen psychiatrischen Störungsbildern unabdingbar. Darüber hinaus erfordert die Leitung die souveräne Fähigkeit, auch dysfunktionale Gruppenprozesse zu regulieren. Dies gilt insbesondere für das wenig strukturierte Diskussionsmodul „Akzeptanz und Perspektive", in dessen Rahmen die schwer kranken Patienten häufig tiefe Trauer und Hoffnungslosigkeit zum Ausdruck bringen. Diese einerseits nicht zu ignorieren und gleichzeitig die aufkommende Resignation in Perspektiventwicklung münden zu lassen gehört zur Kunst der psychoedukativen Gruppenleitung.

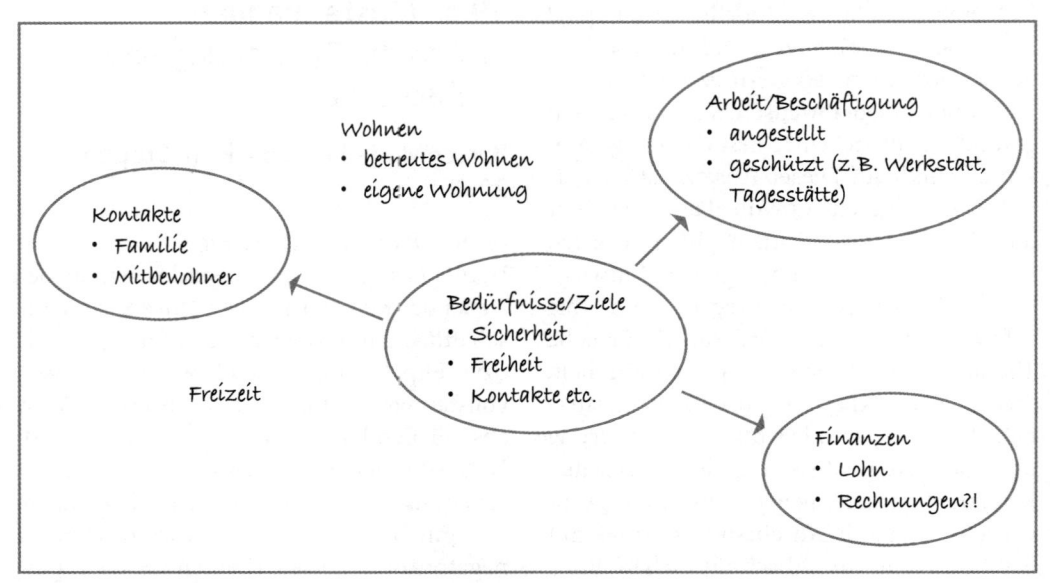

Abb. 39-1 Tafelbild „Soziales Netz" (Rabovsky u. Stoppe, 2009)

39 Diagnosenübergreifende Psychoedukation

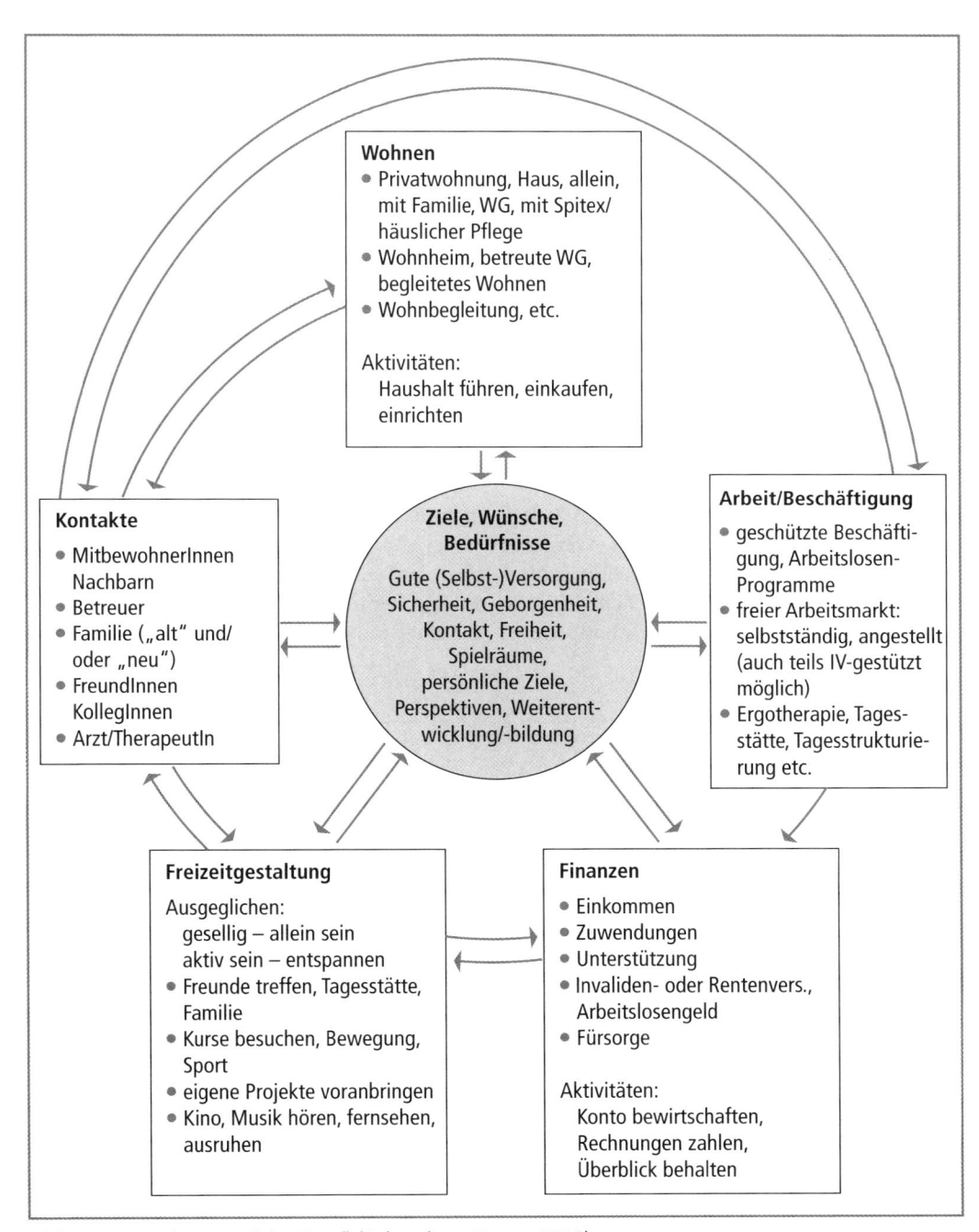

Wohnen
- Privatwohnung, Haus, allein, mit Familie, WG, mit Spitex/häuslicher Pflege
- Wohnheim, betreute WG, begleitetes Wohnen
- Wohnbegleitung, etc.

Aktivitäten:
Haushalt führen, einkaufen, einrichten

Kontakte
- MitbewohnerInnen Nachbarn
- Betreuer
- Familie („alt" und/oder „neu")
- FreundInnen KollegInnen
- Arzt/TherapeutIn

Ziele, Wünsche, Bedürfnisse

Gute (Selbst-)Versorgung, Sicherheit, Geborgenheit, Kontakt, Freiheit, Spielräume, persönliche Ziele, Perspektiven, Weiterentwicklung/-bildung

Arbeit/Beschäftigung
- geschützte Beschäftigung, Arbeitslosen-Programme
- freier Arbeitsmarkt: selbstständig, angestellt (auch teils IV-gestützt möglich)
- Ergotherapie, Tagesstätte, Tagesstrukturierung etc.

Freizeitgestaltung

Ausgeglichen:
gesellig – allein sein
aktiv sein – entspannen
- Freunde treffen, Tagesstätte, Familie
- Kurse besuchen, Bewegung, Sport
- eigene Projekte voranbringen
- Kino, Musik hören, fernsehen, ausruhen

Finanzen
- Einkommen
- Zuwendungen
- Unterstützung
- Invaliden- oder Rentenvers., Arbeitslosengeld
- Fürsorge

Aktivitäten:
Konto bewirtschaften, Rechnungen zahlen, Überblick behalten

Abb. 39-2 Handout „Soziales Netz" (Rabovsky u. Stoppe 2009)

Hamburger Programm
(Jensen et al., 2010, 2014)

Beispielhaft werden an dieser Stelle der Psychologische Erlebenskreislauf und das Anspannungsregulationstraining mit dazugehörigen Präsentationsfolien vorgestellt:

a) *Psychologischer Erlebenskreislauf*
Aufgrund der vielfältigen Einsatzmöglichkeiten hat dieses Modell in unserem Programm einen hohen Stellenwert. Unserer Erfahrung nach ermöglicht es den Gruppenteilnehmenden, neue Informationen gut aufzunehmen und einzuordnen. Auf diese Weise kann das Zusammenwirken der verschiedenen psychologischen und physiologischen Komponenten menschlichen Erlebens nachvollziehbar dargestellt werden. Auch lassen sich die primären Beeinträchtigungen bei den unterschiedlichen psychischen Erkrankungen gut veranschaulichen, z. B. Störungen im Bereich der Wahrnehmung und des Denkens bei der Schizophrenie oder Störungen im Bereich des Denkens und Handelns im Fall von Zwangsstörungen etc. Die unterschiedlichen Wirkungsweisen von Medikamenten können mit Hilfe des Modells ebenfalls „laienverständlich" erläutert werden.

b) *Anspannungsregulationstraining*
Neben einer Einführung in das Entspannungsverfahren nach Jacobson enthält das Curriculum eine Anleitung zur Anspannungsregulation durch Regulierung der Innen-/Außenaufmerksamkeit (entsprechende Folien s. Abb. 39-3 ff.).

Diesem Modell liegt die Annahme zugrunde, dass es in Problemlöseprozessen zu einer Wahrnehmungseinengung auf das Problem hin (Innenaufmerksamkeitssteigerung) kommt, sodass die Außenaufmerksamkeit sinkt und die physiologische und

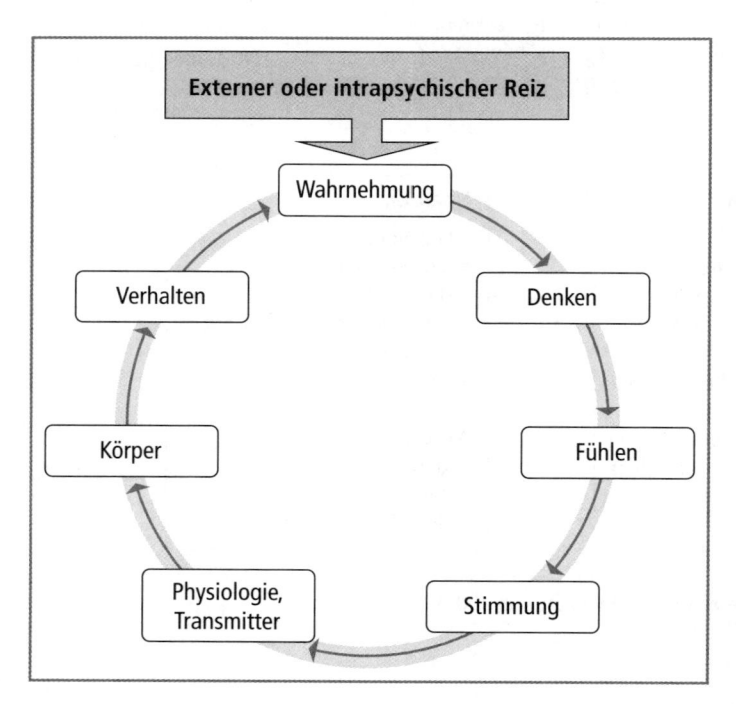

Abb. 39-3 Psychologischer Erlebenskreislauf (Jensen et al., 2014)

39 Diagnosenübergreifende Psychoedukation

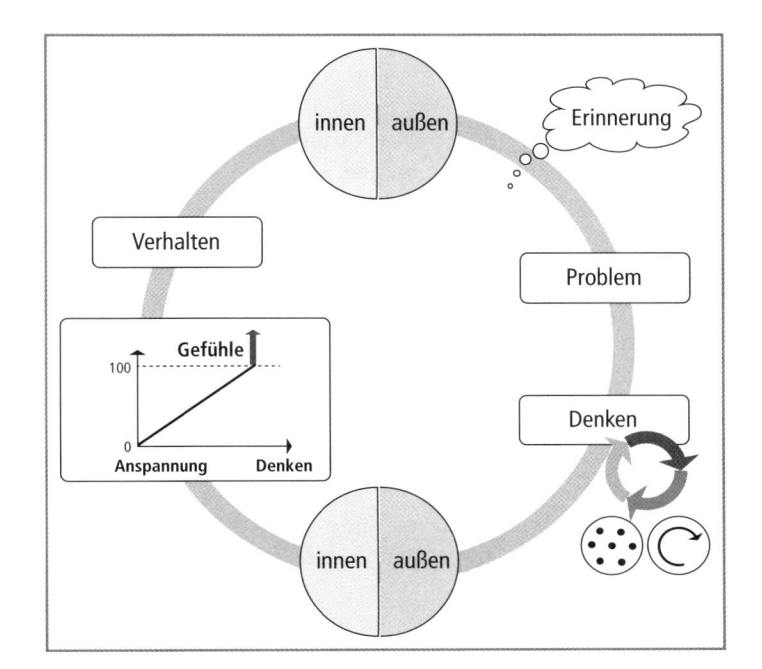

Abb. 39-4 Psychologisches Modell: Vom Problem zum Verhalten I (Jensen et al., 2014)

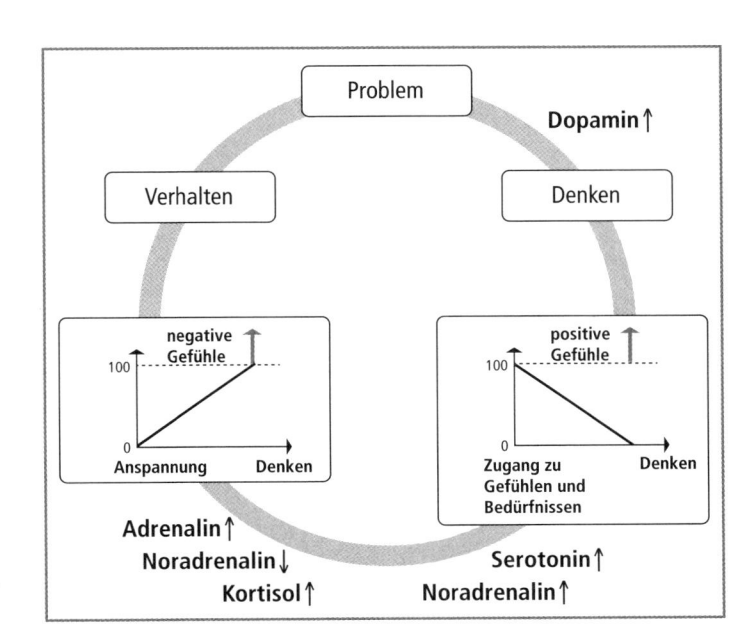

Abb. 39-5 Psychologisches Modell: Vom Problem zum Verhalten II (Jensen et al., 2014)

psychologische Anspannung steigen. Diese erhöhte Anspannung, kombiniert mit einer individuellen Vulnerabilität, wird als mitverantwortlich bei der Entwicklung einer psychischen Erkrankung gesehen. Anhand der Graphiken kann der entstehende „Aufschaukelungsprozess" erklärt und gezeigt werden, dass durch gezieltes Training der Außenaufmerksamkeit eine Normalisierung des psychischen Erlebens unterstützt wird. Darüber hinaus wird mithilfe dieses Modells plausibel erläutert, wie eine gesunde Lebensweise zur Gesundung beiträgt. Die Patienten werden durch die Darstellung der Zusammenhänge ermutigt, sich selbst aktiv zu beteiligen. Ihre erwartete und erlebte Selbstwirksamkeit werden gefördert.

Psychoedukation im psychotherapeutischen Setting nach Kohler

a) *Arbeit mit Metaphern (Beispiel):*
Ein Beispiel für die Arbeit mit Metaphern ist der Vergleich von Psychotherapie mit dem gemeinsamen Besteigen eines schwierigen, manchmal „gefährlichen" Berges in Etappen, mit Pausen und Rückschlägen. Der Therapeut hat in diesem Bild die Rolle eines erfahrenen Bergführers, der den diesbezüglich nicht versierten Patienten u. a. technisch unterstützen kann. Beziehung und Vertrauen sind elementar wichtig, ebenso wie Ausrüstung, Proviant und die Einteilung der eigenen Kräfte. Man kann sich „versteigen", und in einer kritischen Situation den Bergführer zu wechseln ist ungemein problematisch. Die aktive Rolle des Patienten wird betont (er wird den Berg nicht hochgetragen, bekommt keinen „Hubschrauber-Service").

39.4 Ausblick

Das Interesse der Fachwelt wie auch die jüngsten Studienergebnisse (Rabovsky et al., 2012a, 2012b) haben die Bedeutung diagnosenübergreifender Psychoedukationsprogramme unterstrichen und rechtfertigen ihren klinischen Einsatz. Studien mit einer größeren Stichprobe wären geeignet, die Ergebnisse syndrom- bzw. störungsbezogen zu differenzieren und die deutlichen Vorteile der Intervention zu statistisch signifikanten Ergebnissen zu befördern. Sie sind dringend zu empfehlen, auch wegen des weiter abklärungswürdigen Befundes zur Suizidrate. Mit den günstigen Befunden stellt sich die Frage, ob möglicherweise neben den traditionell angewendeten Diagnosen auch andere, z. B. soziodemographische Faktoren oder spezifische Lebenssituationen, im Hinblick auf eine möglichst starke Wirksamkeit sinnvolle Diversifikationskriterien sein könnten. „Indikationsbezogene" Gruppen (Kap. 1, 2 und 7) könnten das Primat der Störungsspezifität für Psychoedukation bei gewissen Indikationen relativieren.

Literatur

Bäuml J, Pitschel-Walz G (Hrsg.) (2008). Psychoedukation bei schizophrenen Erkrankungen. 2. Aufl. Stuttgart (Schattauer). 1. Aufl. 2003.

Broadbent E, Petrie KJ, Main J et al. (2006). The brief illness perception questionnaire. J Psychosom Res 60(6): 631–637.

Cavelti M, Beck EM, Kvrgic S et al. (2012). The role of subjective illness beliefs and attitude toward recovery within the relationship of insight and depressive symptoms among people with schizophrenia spectrum disorders. J Clin Psychol 68(4): 462–476.

Getachew H, Dimic S, Priebe S (2009). Is psychoeducation routinely provided in the UK? Survey of community mental health teams. Psychiatrist 33: 102–103.

Grawe K, Donati R, Bernauer F (2001). Psychotherapie im Wandel. Von der Konfession zur Profession. 5. Aufl. Göttingen (Hogrefe).

Jensen M, Sadre Chirazi-Stark F-M (2008). Diagnosenübergreifende psychoedukative Gruppen. In: Bäuml J, Pitschel-Walz G (Hrsg.). Psychoedukation bei schizophrenen Erkrankungen. 2. Aufl. Stuttgart (Schattauer), S. 163–175, 1. Aufl. 2003, S. 137–150.

Jensen M, Sadre Chirazi-Stark M, Hoffmann G (2010). Diagnosenübergreifende Psychoedukation. Ein Manual für Patienten- und Angehörigengruppen. Arbeitshilfe 26, Bonn (Psychiatrie-Verlag).

Jensen M, Hoffmann G., Spreitz J et al. (2014). Diagnosenübergreifende Psychoedukation. Ein Manual für Patienten- und Angehörigengruppen, Arbeitshilfe 26, 2. Aufl. Köln (Psychiatrie Verlag).

Lehman AF, Buchanan RW, Dickerson FB et al. (2003). Evidence-based treatment for schizophrenia. Psychiatr Clin North Am 26: 939–954.

Lincoln TM, Wilhelm K, Nestoriuc Y (2007). Effectiveness of psychoeducation for relapse, symptoms, knowledge, adherence and functioning in psychotic disorders: A meta-analysis. Schizophr Res 96: 232–245.

Lynch J, Moore M, Moss-Morris R et al. (2011). Are treatment beliefs important in determining adherence to treatment and outcome for depression? Development of the beliefs about depression questionnaire. J Affect Disord 133(1–2): 29–41.

Nikendei C, Waldherr S, Schiltenwolf M et al. (2009). Memory performance related to organic and psychosocial illness attributions in somatoform pain disorder. J Psychosom Res 67(3): 199–206.

Penn DL, Mueser KT (1996). Research update on the psychosocial treatment on schizophrenia. Am J Psychiatry 153: 607–617.

Pitschel-Walz G, Leucht S, Bäuml J et al. (2001). The effect of family intervention on relapse and rehospitalization in schizophrenia – a meta-analysis. Schizophr Bull 27: 73–92.

Rabovsky K, Stoppe G (2006). Die Rolle der Psychoedukation in der stationären Behandlung psychisch Kranker – eine kritische Übersicht. Nervenarzt 77(5): 538–548.

Rabovsky K, Stoppe G (2009). Diagnosenübergreifende und multimodale Psychoedukation. München (Urban & Fischer).

Rabovsky K, Trombini M, Allemann D et al. (2012a). Efficacy of bifocal diagnosis-independent group psychoeducation in severe psychiatric disorders: results from a randomized controlled trial. Eur Arch Psychiatry Clin Neurosci 262 (5): 431–440.

Rabovsky K, Trombini M, Stoppe G (2012b). Diagnosenübergreifende Psychoedukation: „Notbehelf" oder „Mittel der Wahl"? Ergebnisse der Basler Psychoedukationsstudie. Psychotherapeut 57 (4): 319–325.

Vellguth T (2008). Eine Vergleichsstudie zur Effektivität von störungsbezogener und diagnosenübergreifender Psychoedukation an psychoseerkrankten Ambulanzpatienten. Unveröffentlichte Diplomarbeit. Fachbereich Psychologie, Universität Hamburg.

Rummel-Kluge C, Pitschel-Walz G, Bäuml J et al. (2006). Psychoeducation in Schizophrenia – Results of a Survey of All Psychiatric Institution in Germany, Austria and Switzerland. Schizophr Bull 32: 765–775.

Rummel-Kluge C, Pitschel-Walz G, Kissling W (2009). Psychoeducation in Anxiety Disorders: Results of a Survey of All Psychiatric Institutions in Germany, Austria and Switzerland. Psychiatry Res 169: 180–182.

The British Psychological Society and The Royal College of Psychiatry (2009). The NICE-Guidelines on Core Interventions in the Treatment and Management of Schizophrenia in Adults in Primary and Secondary Care, National Clinical Guideline Number 82. Updated edn. London (National Institute for Clinical Excellence).

40 Psychoedukation in der Wohnungslosenhilfe

gesund.sein. Ein innovatives Gruppenprogramm für wohnungslose Männer

Daniel Niebauer

40.1 Forschungs- und versorgungsorientierte Relevanz von Psychoedukation in der Wohnungslosenhilfe

Der heterogene Personenkreis wohnungsloser Menschen wird in der Literatur in mannigfaltiger Art und Weise beschrieben und definiert, wobei eine eindeutige Klassifikation schwer zu erreichen scheint (Ayaß, 2013). Für die weiteren Ausführungen soll demnach die Zielgruppe der wohnungslosen Menschen durch folgende Merkmale näher gekennzeichnet sein:
- Sie verfügen über keinen mietrechtlichen Vertrag („keine eigene Wohnung").
- Sie sind von Multiproblemlagen betroffen (psychische Erkrankungen, Suchterkrankungen, Straffälligkeit, Schulden, Armut, Arbeitslosigkeit, etc.).
- Sie leben auf der Straße, bei Freunden oder Bekannten, in Notunterkünften oder Pensionen, in Einrichtungen der Wohnungslosenhilfe.

Seit etwa 20 Jahren gibt es in Deutschland einschlägige wissenschaftliche Studien, die in erster Linie die Prävalenz psychischer Erkrankungen unter Wohnungslosen untersuchten. Da es an dieser Stelle nicht möglich ist, die Ergebnisse detailliert zu erörtern, seien lediglich die Untersuchungen von Eikelmann et al. (1992), Fichter et al. (1996) sowie die ersten Auswertungen der aktuellen SEEWOLF-Studie (Brönner et al., 2013) genannt, aus denen folgende wesentliche Merkmale hervorgehen:
- Signifikant hohe Prävalenzen psychischer Erkrankungen, die um ein Mehrfaches höher als die Vergleichswerte der Gesamtbevölkerung sind.
- Häufigste Diagnose: Alkoholmissbrauch bzw. -abhängigkeit (50 % bis 90 %), oft in Kombination mit psychischen Erkrankungen.
- Besondere Schwere der Erkrankungen aufgrund von Komorbiditäten, Mehrfachdiagnosen, unbehandelten Krankheitsverläufen und Chronifizierungen.

Diese epidemiologischen Forschungsergebnisse rücken zunächst das Ausmaß der Prävalenzen in den Vordergrund und sprechen für einen erhöhten und spezifischen Versorgungsbedarf. Die Studien von Kellinghaus (2000), Salize et al. (2002) sowie Romaus und Gaupp (2003) zeigen auch, inwieweit der Versorgungsbedarf durch Hilfemaßnahmen gedeckt ist bzw. welche Versorgungslücken sich identifizieren lassen. So werden klassische psychiatrische Hilfen von wohnungslosen Menschen aus unterschiedlichen Gründen, z. B. wegen fehlender Krankheitseinsicht, häufig nur unzureichend in Anspruch genommen. Infolgedessen wird dieser Personenkreis auch in Bezug auf Aspekte der seelischen/psychischen Gesundheit zumeist durch die Wohnungslosenhilfe betreut, die wiederum auf eigenständige Angebote angewiesen ist, um zielgruppenorientiert handeln zu können.

Auf der Basis vorliegender Studien ist ein überdurchschnittlich hohes Maß an psychischen Erkrankungen unter Wohnungslosen zu konstatieren, dem nicht ausreichend zielgruppenorientierte Programme gegenüberstehen. Im Sinne einer evidenzbasierten Praxis ist neben der forschungsorientierten Relevanz auch die sorgfältige Betrachtung der Praxis und ihrer fachlichen Expertise maßgeblich (Hüttemann u. Sommerfeld, 2007). So wird durch Rückmeldungen von Einrichtungen der Wohnungslosenhilfe und entsprechende Fachtagungen deutlich, dass die Thematik der „seelischen Gesundheit" einen hohen Stellenwert besitzt und innovative, für die Zielgruppe spezifizierte Angebote benötigt werden. Im Bereich der Suchthilfe für wohnungslose Menschen wurden in den vergangenen Jahren spezielle Interventionen der zieloffenen Suchtarbeit entwickelt, z. B. das Gruppenprogramm des kontrollierten Trinkens. Dieses Angebot konnte sich mit entsprechenden Evidenzen in der Versorgungsrealität der Wohnungslosenhilfe etablieren (Körkel, 2007). Die Ausführungen zeigen, dass psychoedukative Gruppenprogramme für psychische Erkrankungen und seelische Belastungen für die Wohnungslosenhilfe ein wertvolles Potenzial darstellen kann.

Im psychiatrischen Kontext hat sich die Psychoedukation als evidenzbasierter Behandlungsbaustein bewährt (Bäuml u. Pitschel-Walz, 2008; Rummel-Kluge et al., 2013). Für die meisten psychiatrischen Erkrankungen liegen einschlägige diagnosenspezifische Manuale vor; auch erste diagnosenunspezifische Programme stehen mittlerweile zur Verfügung (Jensen et al., 2010; Rabovsky u. Stoppe, 2009, s. a. Kap. 39). Diese „klassischen" psychoedukativen Gruppenprogramme sind jedoch aus folgenden Gründen auf die Wohnungslosenhilfe nicht ohne Weiteres übertragbar (vgl. auch Niebauer u. Klug, 2014):

1. allzu hohe Anforderungen/Schwellen (zeitlicher Umfang; allzu komplexe Aufbereitung und Gestaltung der Inhalte mit hohem Anspruch an Konzentrationsfähigkeit und kognitive Fähigkeiten),
2. allzu hohe Voraussetzungen (das Ziel der Compliance wird einer Klientel, die wenig Krankheitsbewusstsein und/oder kaum Veränderungsmotivation besitzt, ebenso wenig gerecht wie diagnosenspezifische Programme für Betroffene ohne Fachdiagnosen),
3. wohnungslose Menschen haben häufig Angst vor Stigmatisierung und misstrauen therapeutischen Maßnahmen, zumal sie klassische Hilfen oft schon wiederholt erfolglos durchlaufen haben.

Für die Wohnungslosenhilfe liegt noch kein spezifisches Psychoedukationsprogramm vor. Dieser methodischen Versorgungslücke soll das Gruppenprogramm *gesund.sein* begegnen, das im Folgenden in seinen Grundzügen dargestellt wird.

40.2 Das Gruppenprogramm gesund.sein

Das Programm *gesund.sein* richtet sich an folgende Zielgruppe:
- Wohnungslose Männer im Alter von 20 bis 60 Jahren,
- die in Einrichtungen der Wohnungslosenhilfe mit regelmäßigen sozialarbeiterischen Hilfeangeboten leben und
- für die eine Teilnahme an einer Gruppe möglich erscheint.

Das Programm umfasst 6 Einheiten (1 Einheit pro Woche) zu je 90 Min. und findet direkt in den Einrichtungen der Wohnungslosenhilfe statt. Es ist im ambulanten wie auch (teil-) stationären Setting durchführbar.

Die Gruppenleitung wird bei jeder Einheit von zwei Fachkräften (überwiegend aus der Sozialen Arbeit, je nach Umständen auch aus der Psychologie oder der Pflegewissenschaft) der jeweiligen Einrichtung der Wohnungslosenhilfe übernommen. Lediglich Einheit 3 wird von einem Facharzt bzw. einer Fachärztin der Psychiatrie inhaltlich und fachlich geleitet. Die medizinischen Themen werden relativ allgemein abgehandelt, da im Fokus die offenen Fragen der Teilnehmer stehen sollten. Möglichen Hemmschwellen bezüglich des psychiatrischen Hilfesystems soll durch eine direkt anzusprechende Person begegnet werden.

Die wesentlichen *Ziele* von *gesund.sein* sind:
1. Informationszugewinn,
2. Stärkung der Kommunikationsfähigkeit,
3. Stärkung des Selbsthilfepotenzials,
4. Erhöhung der Motivation für gesundheitsfördernde Veränderungen sowie Sensibilisierung für das Thema „seelische Gesundheit".

Folgende *theoretische Grundannahmen und Grundhaltungen* bilden den Bezugsrahmen des Programms und verdeutlichen dessen Selbstverständnis sowie die Gestaltung der Beziehung zu den Teilnehmern:
- Diagnosenübergreifende bzw. -unabhängige Gruppe,
- Empowerment (individuelle Selbsthilfepotenziale und Ressourcen) nach Herriger (2010),
- Männerspezifische Hilfe (ca. 75 % bis 80 % der wohnungslosen Menschen sind männlich [BAG W, 2011]; die Einrichtungen sind überwiegend geschlechtsspezifisch ausgerichtet, und das Gesundheitsverhalten zeigt geschlechtsspezifische Aspekte [Hurrelmann u. Kolip, 2002]),
- Motivationsarbeit nach Miller und Rollnick (2009), Klug und Zobrist (2013),
- Niedrigschwelligkeit (sowohl der inhaltlichen als auch der strukturellen Gestaltung),
- Partnerschaftlichkeit und Advocacy nach Germain und Gitterman (1999),
- Salutogenese (gesundheitsfördernde Faktoren und Ressourcen stehen im Vordergrund) nach Antonovsky (1997),
- Themenzentrierte Interaktion (TZI) nach Cohn (2013).

Der folgende Kasten zeigt die *Themen und Inhalte der einzelnen Einheiten* des Gruppenprogramms in der Übersicht:

> **Einheit 1:**
> - Allgemeine Informationen zum Kurs
> - Gesundheit und Krankheit
> - Krankheitsentstehung (Vulnerabilitäts-Stress-Modell)
>
> **Einheit 2:**
> - Schutzfaktoren
> - Risikofaktoren
>
> **Einheit 3:**
> - Diagnosen
> - Medikamente
>
> **Einheit 4:**
> - Krisen
> - Frühwarnzeichen
>
> **Einheit 5:**
> - Kommunikationstraining
>
> **Einheit 6:**
> - Hilfenetz
> - Persönliche Auswertung

Präsentationen, Arbeitsblätter und Feedbackbögen für die einzelnen Einheiten sowie Anleitungen und Dokumentationsformulare für die Gruppenleitungen liegen in einem vollständig ausgearbeiteten Manual vor.

Vor Beginn der Durchführung sollen eine Informationsveranstaltung, Plakate und

Handzettel innerhalb der Einrichtung auf das Programm aufmerksam machen, wobei die überwiegende Motivationsarbeit zur endgültigen Teilnahme der Bewohner durch den direkten Kontakt zu den Mitarbeiterinnen und Mitarbeiter der Einrichtungen geschieht.

40.3 Evaluationsstudie und Ausblick

gesund.sein wurde 2011/2012 im Rahmen der Entwicklungsphase eines Pilotprojekts in drei Männerwohnheimen durchgeführt (Niebauer, 2011). Die überwiegend positiven Erfahrungen und überdurchschnittlichen Teilnehmerzahlen haben motiviert, das Programm weiterzuentwickeln und im Rahmen einer Promotion formativ zu evaluieren. Das Gruppenprogramm wurde hierfür 2014/2015 an vier Standorten in insgesamt acht Einrichtungen der Wohnungslosenhilfe deutschlandweit implementiert und von geschulten Fachkräften durchgeführt. Ziel der Untersuchung ist es, seine Optimierungspotenziale auf Konzept-, Struktur- und Prozessebene abzuklären, Aspekte einer hohen Zielgruppenorientierung zu benennen und erste mögliche Wirkfaktoren zu identifizieren. Hierfür werden sowohl die Gruppenleitungen als auch die Teilnehmer anhand standardisierter Fragebögen, Interviews bzw. Fokusgruppen und zusätzlichen Dokumentationselementen vor, während und nach dem Programm befragt. Derzeit sind folgende Stichproben zu erwarten: n (Teilnehmer)=50–60, n (Gruppenleitungen)=16–20. Mit der Auswertung und ersten Ergebnissen wird für Anfang 2016 gerechnet. Nach Abschluss der Evaluationsstudie soll ein evidenzbasiertes und zielgruppenorientiertes Programm für die Wohnungslosenhilfe bereitgestellt werden, das möglichst unabhängig von strukturellen Rahmenbedingungen einsetzbar ist und der Zielgruppe einen niedrigschwelligen Zugang zum Thema „seelische Gesundheit" ermöglicht.

Literatur

Antonovsky A (1997). Salutogenese. Zur Entmystifizierung der Gesundheit. Tübingen (dgvt).

Ayaß W (2013). „Vagabunden, Wanderer, Obdachlose und Nichtsesshafte": eine kleine Begriffsgeschichte der Hilfe für Wohnungslose. Archiv für Wissenschaft und Praxis der sozialen Arbeit 44(1): 90–102.

Bäuml J, Pitschel-Walz G (Hrsg.) (2008). Psychoedukation bei schizophrenen Erkrankungen. Konsensuspapier der Arbeitsgruppe „Psychoedukation bei schizophrenen Erkrankungen". Stuttgart (Schattauer).

BAG W. (2011). Statistikbericht 2011: Aktuelle Daten zur Lebenslage Wohnungsloser und von Wohnungslosigkeit bedrohter Menschen in Deutschland. Zuletzt aufgerufen am 10.12.2014: http://bagw.de/de/themen/statistik_und_dokumentation/statistikberichte/statistikberichte_1.htm

Brönner M, Baur B, Pitschel-Walz G et al. (2013). Seelische Erkrankungsrate in den Einrichtungen der Wohnungslosenhilfe im Großraum München: die SEEWOLF-Studie. Archiv für Wissenschaft und Praxis der sozialen Arbeit 44(1): 65–71.

Cohn RC (2013). Von der Psychoanalyse zur themenzentrierten Interaktion. Stuttgart (Klett-Cotta).

Eikelmann B, Inhester ML, Reker T (1992). Psychische Erkrankungen bei nichtsesshaften Männern. Defizite in der psychiatrischen Versorgung? Sozialpsychiatrische Informationen 2: 29–32.

Fichter M, Koniarczyk M, Greifenwald A et al. (1996). Mental illness in a representative sample of homeless men in Munich, Germany. Euro Arch Psychiatry ClinNeurosci 246: 185–196.

Germain C, Gitterman A (1999). Praktische Sozialarbeit. Das Life Modell der Sozialen Arbeit. Stuttgart (Enke).

Herriger N (2010). Empowerment in der Sozialen Arbeit. Stuttgart (Kohlhammer).

Hüttemann M, Sommerfeld P (2007). Forschungsbasierte Praxis. In: Sommerfeld P, Hüttemann M (Hrsg.). Evidenzbasierte Soziale Arbeit. Nutzung von Forschung in der Praxis. Baltmannsweiler (Schneider), S 40–57.

Hurrelmann K, Kolip P (Hrsg.) (2002). Geschlecht, Gesundheit und Krankheit: Männer und Frauen im Vergleich. Bern (Huber).

Jensen M, Sadre Chirazi-Stark M, Hoffmann G. (2010). Diagnosenübergreifende Psychoedukation. Bonn (Psychiatrie-Verlag).

Kellinghaus C (2000). Wohnungslos und psychisch krank. Münster (Lit Verlag).

Klug W, Zobrist P (2013). Motivierte Klienten trotz Zwangskontext: Tools für die Soziale Arbeit. München (Reinhardt).

Körkel J (2007). Alkoholkonsum und alkoholbezogene Probleme Wohnungsloser. In: BKK Bundesverband (Hrsg.). Zieloffene Suchtarbeit mit Wohnungslosen. Bremerhaven: (Wirtschaftsverlag NW), S. 21–53.

Miller WR, Rollnick S (2009). Motivierende Gesprächsführung. Freiburg im Breisgau (Lambertus).

Niebauer D (2011). Psychoedukation in der Wohnungslosenhilfe. gesund.sein – Ein Programm zur Förderung der seelischen Gesundheit wohnungsloser Männer. wohnungslos 53(4): 138–142.

Niebauer D, Klug W (2014). Forschungsbasierte Praxis in der Sozialen Arbeit am Beispiel der Wohnungslosenhilfe. In: Mührel E, Birgmeier B (Hrsg.). Perspektiven sozialpädagogischer Forschung. Wiesbaden (Springer VS), S. 315–330.

Rabovsky K, Stoppe G (Hrsg.) (2009). Diagnosenübergreifende und multimodale Psychoedukation. München (Urban & Fischer).

Romaus R, Gaupp B (2003). Psychisch Kranke in der Wohnungslosenhilfe. Interaktionsprobleme zwischen Personal und auffälligen Bewohnern in Einrichtungen der Wohnungslosenhilfe. Reihe Materialien zur Wohnungslosenhilfe 54.

Rummel-Kluge C, Kluge M, Kissling W. (2013). Frequency and relevance of psychoeducation in psychiatric diagnoses: Results of two surveys five years apart in German-speaking European countries. BMC Psychiatry 13: 170–177.

Salize H J, Dillmann-Lange C, Kentner-Figura B (2002). Versorgungsbedarf psychisch kranker Wohnungsloser – Sind wir in der Lage, ihn zu erkennen? In: Nouvertné K, Wessel T, Zechert C (Hrsg.). Obdachlos und psychisch krank, Bonn (Psychiatrie Verlag), S. 28–40.

X Psychoedukation und die Einbeziehung der Angehörigen

41 Psychoedukation und die Einbeziehung der Familien

Gabriele Pitschel-Walz, Teresa Froböse, Josef Bäuml

41.1 Warum sollten die Familien in die Behandlung einbezogen werden?

Von psychischer Erkrankung sind neben den Patienten selbst immer auch ihre Angehörigen in unterschiedlicher Weise und unterschiedlichem Ausmaß betroffen. Ob z. B. bei einer Schizophrenie die Eltern in das Wahngebäude des Patienten einbezogen sind („Ihr steckt doch mit denen unter einer Decke …", „Ihr wollt mich wohl vergiften …"), bei einer Manie durch außereheliche Kontakte die Partnerschaft in Gefahr gerät, bei einer Zwangsstörung alle Familienangehörigen sich Reinigungsritualen unterwerfen müssen, bei einer Bulimie Eltern oder Geschwister immer wieder die von Erbrochenem verstopfte Toilette reinigen müssen oder bei einer Borderline-Persönlichkeitsstörung der Partner permanent in den Strudel des Nähe-Distanz-Konflikts hineingezogen wird – stets sind die Angehörigen mit außergewöhnlichem, manchmal extremem Verhalten konfrontiert, auf das sie in irgendeiner Weise reagieren müssen. Häufig können sie die krankheitsbedingten Verhaltensweisen nicht nachvollziehen. Unverständnis und Ratlosigkeit sind an der Tagesordnung. Angehörige, die keine Gelegenheit hatten, sich gezielt zu informieren, laufen im Zweifelsfalle immer wieder Gefahr, sich „überkritisch, feindselig oder übersorgt" (typische „High-Expressed-Emotions-" oder „HEE-Kriterien"; Brown et al., 1962; Brown u. Rutter, 1966) zu verhalten. Entsprechend negativ sind die Auswirkungen auf das Familienklima. Auf der anderen Seite geht von den Angehörigen ein hohes supportives Potenzial aus. Wenn die nicht erkrankten Familienmitglieder die Krankheit richtig verstanden und akzeptiert haben und gut Bescheid wissen über die wichtigsten Behandlungsmaßnahmen, können die meisten von ihnen zu regelrechten „Ko-Therapeuten" werden. Das heißt nicht, dass sie sich im Übermaß in die Behandlung einmischen und die Behandlung womöglich übernehmen sollen! Aber gut instruierte Angehörige können die Betroffenen zur Behandlung motivieren, die Therapie unterstützen und konstruktiv begleiten, Hoffnung machen, zur Deeskalation von Krisensituationen beitragen und den Krankheitsverlauf auf diese Weise positiv beeinflussen bzw. dem Abbau von Problemverhalten zuarbeiten.

Viele Angehörige fühlen sich an der Seite ihrer erkrankten Familienmitglieder selbst sehr belastet und drohen psychisch zu dekompensieren. Der Grad an subjektiver Belastung hängt von verschiedenen Faktoren ab, die untereinander korrelieren. Wissenschaftliche Untersuchungen auf diesem Gebiet ergaben folgende Prädiktoren (Schene et al., 1998):

- Beziehungscharakteristika (Qualität, Ausmaß der gemeinsam verbrachten Zeit),
- Patientencharakteristika (Symptome, Einschränkungen, Ressourcen),
- Angehörigencharakteristika (Bewältigungsverhalten, soziale Unterstützungsmöglichkeiten).

In den vergangenen Jahren wandte sich die Forschung vermehrt der Frage zu, was den Angehörigen in ihrer belastenden Situation hilft, d. h., welche personalen und sozialen Ressourcen und effektiven Bewältigungsstrategien ihnen zur Verfügung stehen. Auch die positiven Aspekte, die mit der psychischen Erkrankung eines Familienmitglieds verbunden sind (Familie rückt näher zusammen, größerer Tiefgang in den Beziehungen, mehr gegenseitige Rücksichtnahme etc.), wurden angemessener berücksichtigt. Szmukler et al. (1996) sprachen infolgedessen nicht länger von den defizitorientierten „Belastungen der Angehörigen", sondern von der „Erfahrung, Angehöriger eines psychisch Kranken zu sein" („Experience of Caregiving"). In Anlehnung an die Stressforschung (Lazarus u. Folkman, 1984) wurden die Krankheitssymptome und Defizite des Patienten als Stressoren interpretiert, die bei den Angehörigen Stressreaktionen hervorrufen können. Ob und in welchem Ausmaß Stress und Belastung erlebt werden, hängt demnach auch von kognitiven Prozessen ab, die sich zudem im Laufe der Erkrankung des Angehörigen adaptiv verändern können. Es kommt einerseits darauf an, wie die Situation, einen psychisch Kranken in der Familie zu haben, insgesamt bewertet wird, und andererseits darauf, wie man die eigenen Einfluss- und Bewältigungsmöglichkeiten einschätzt. Bei diesen Faktoren gilt es, auch interkulturelle Aspekte zu berücksichtigen (Van Wijngaarden et al., 2003).

In der Bewältigungsforschung wurden die Bewältigungsbemühungen von Angehörigen in problemfokusierte Strategien (lösungsorientierte Aktivitäten, Suche nach Information und praktischer sozialer Unterstützung) und emotionsfokusierte Strategien (Akzeptieren, Verleugnen, Religiosität) unterteilt und auf ihre belastungsreduzierende Wirkung hin untersucht. Studien ergaben, dass sich die Belastung der Angehörigen reduziert, wenn diese ihre Bewältigungsstrategien verbessern können (Magliano et al. 2000). Eine Belastungsreduktion findet statt, wenn Angehörige weniger emotional fokussierte Bewältigungsstrategien (Verleugnen) anwenden und vermehrt praktische Unterstützung durch ihr soziales Netz erfahren. Diese Ergebnisse bestätigen die Forderung nach intensiverer Angehörigenarbeit durch Professionelle, in der effektive Bewältigungsstile angeregt und gefördert werden und auch die Erweiterung des sozialen Netzes der Angehörigen angestoßen wird. Die Veränderung der Bewältigungsstile von Angehörigen hat in der Folge positive Auswirkungen auf die Patienten.

In den Behandlungsleitlinien für viele Diagnosen wird mittlerweile die Einbeziehung der Angehörigen als psychosoziale Maßnahme explizit gefordert. Sowohl aus Sicht der Professionellen als auch aus Sicht der Betroffenen und ihrer Angehörigen macht es Sinn, die Angehörigen in die Behandlung einzubeziehen (Bäuml u. Pitschel-Walz, 2004).

41.2 Formen der Einbeziehung von Familien

In den Kliniken sollten Gespräche mit den Angehörigen der psychisch Erkrankten zum Behandlungsalltag gehören und vom Behandlungsteam routinemäßig in die Wege geleitet werden. Abhängig von der Diagnose sind es schwerpunktmäßig die Eltern der Betroffenen, in erster Linie die Mütter, die angesprochen werden, aber auch Partner, Kinder, Geschwister oder entferntere Verwandte. Neben diesen Gesprächen, die sich zumeist auf die aktuellen Bedürfnisse und Erfordernisse der betroffenen Familien beziehen, wurden eigene Konzepte für spezifische psychoedukative Interventionen in manualisierter Form entwickelt, um den Angehörigen die relevanten Informationen systematisch zu vermitteln. Bei starker Belastung sollten darüber hinaus auch eine eigene Psychotherapie des Angehörigen und/oder die Kontaktaufnahme mit der Angehörigenselbsthilfe in Betracht gezogen und empfohlen werden.

Die verschiedenen Formen der Einbeziehung von Angehörigen (Bäuml u. Pitschel-Walz, 2004) sind notwendig. Sie schließen einander nicht aus, sondern ergänzen sich, da sie unterschiedlichen Bedürfnissen – abhängig von Diagnose, Alter, Krankheitsstadium, Familienstand und subjektivem Belastungsgrad etc. – explizit Rechnung tragen. Zu den spezifischen Bedürfnissen und Erfordernissen von Kindern psychisch kranker Eltern s. Kap. 42.

41.2.1 Psychoedukation bei Angehörigen

Psychoedukation wurde in den USA Anfang der 1980er Jahre als Bestandteil der verhaltenstherapeutisch orientierten Familientherapie bei Schizophrenie im Rahmen von Forschungsprojekten entwickelt. Ziel war es, den Angehörigen die Ängste vor der Krankheit zu nehmen, sie zu informieren und sie im Umgang mit der Erkrankung und den Erkrankten zu unterstützen. In Verbindung mit der EE-Forschung (Brown et al., 1962; Brown u. Rutter, 1966) sollte durch die Familienintervention Einfluss auf das Familienklima genommen und darüber die Rückfallrate der schizophren Erkrankten reduziert werden (Kavanagh, 1992; Bebbington u. Kuipers, 1994; Butzlaff u. Hooley 1998). Die psychoedukativ-verhaltenstherapeutischen Familieninterventionen haben sich als sehr wirksam erwiesen (Pitschel-Walz et al., 2001; s. a. Kap. 16) und fanden in der Folgezeit weltweit Verbreitung. Neben der Reduktion der Rückfall- und Rehospitalisierungsraten sind weitere Effekte von psychoedukativen Familieninterventionen belegt. So konnte gezeigt werden, dass eine Verbesserung des Krankheitswissens bei Patienten und Angehörigen erzielt wird, Compliance und soziale Adaptation der Patienten verbessert, High-EE-Verhalten sowie Stress und Belastung der Angehörigen reduziert und eine Verbesserung der Lebensqualität der Familien erreicht werden. In einigen Familieninterventions-Studien wurde auch die Kostenfrage untersucht. Dabei stellte sich heraus, dass sich die anfänglichen Mehrinvestitionen durchaus lohnen.

Im englischsprachigen Raum wird der Begriff „psychoeducation" nach wie vor hauptsächlich in Verbindung mit „family" verwendet, d. h., es haben sich vor allem psychoedukative Interventionen etabliert, die sich an einzelne Familien wenden oder die im Mehrfamilien-Setting unter Einschluss der Patienten (Jewell et al., 2009; McFarlane et al., 1995) angeboten werden. Die Konzepte wurden auch auf andere Diagnosen wie bipolare Störung (Miklowitz u. Goldstein, 1997) oder unipolare Depression (Katsuki et al., 2011) übertragen.

In Deutschland konnten aufgrund der Versorgungsbedingungen derartig komplexe und zeit- wie auch personalintensive Behandlungsverfahren mit Einzelfamilien nur zu einem kleinen Teil realisiert werden (Hahlweg et al., 2006; Boonen u. Bockhorn, 1992). Im Spannungsfeld zwischen eigentlich wünschenswerter maximaler und umfassender Therapieversorgung und oft sehr bescheidener minimaler Behandlungsrealität wurden Behandlungselemente aus den von Anderson et al. (1980), Falloon et al. (1984), Hogarty et al. (1991), Tarrier et al.

(1989) und anderen beschriebenen Gesamtkonzepten herausgenommen und zu einem eigenen psychoedukativen Therapiekonzept kondensiert. Speziell in der Schizophreniebehandlung wurde die Psychoedukation zu einem psychotherapeutischen Basisprogramm entwickelt, das alle Patienten und ihre Angehörigen erhalten sollten.

Es wurde versucht, die essenziellen Informations- und Copingelemente in Programme von 8 bis maximal 16 Gruppensitzungen zu integrieren, damit sie auch im Rahmen der Routinebehandlung umgesetzt werden können. Ganz wesentlich ist hierbei die Tatsache, dass diese interaktiv gestaltete Informationsvermittlung eng eingebettet ist in eine gleichzeitig stattfindende emotionale Entlastung unter Nutzung der gruppentherapeutischen Wirkfaktoren. Auf diese Weise entwickelten sich sog. bifokale psychoedukative Gruppenkonzepte. Das bedeutet, die Betroffenen selbst erhalten eigene psychoedukative Gruppen, während ihre Angehörigen zu parallel stattfindenden psychoedukativen Angehörigengruppen eingeladen werden (Bäuml u. Pitschel-Walz, 2008). Die Informationsinhalte sind in den Patienten- und Angehörigengruppen weitgehend identisch. In den parallelen Gruppen kann aber auch auf die spezifischen Bedürfnisse und Erfordernisse der Patienten bzw. der Angehörigen eingegangen werden. Besonders die Angehörigen brauchen einen Ort, wo sie sich aussprechen können, ohne gleichzeitig auf die Vulnerabilität ihrer kranken Angehörigen Rücksicht nehmen zu müssen. In der relativ kurzen psychoedukativen Basis-Intervention wäre auch nicht der Raum für die Bearbeitung aufkommender familiendynamischer Probleme. Um auch auf die Kommunikationsprobleme der individuellen Familien eingehen zu können, wurde als psychoedukatives „Kür"-Programm (Berger u. Gunia, 2010; s. Kap. 19) am Zentrum für Soziale Psychiatrie Riedstadt ein 10-wöchiges poststationäres psychoedukatives Mehrfamilien-Programm (Psychoedukative Familienintervention, PEFI) erstellt, das gezielt Strategien zur Verbesserung der familiären Kommunikation vermitteln soll. Dieses Programm wurde besonders von Patienten mit Partnern gut angenommen.

Die psychoedukative Arbeit mit Angehörigen von schwer psychisch Kranken zielt darauf ab, die Angehörigen als informierte „Ko-Therapeuten" zu gewinnen, die den Lebensweg der Patienten begleiten, sie – wenn nötig – schützen und unterstützen und in Krisenzeiten kompetent eingreifen können. Es bietet sich dadurch die Chance auf einen besseren Krankheitverlauf. Doch auch die Angehörigen selbst sollen von der Teilnahme an einer psychoedukativen Gruppe profitieren. Sie erhalten die gewünschten Informationen, die Gruppe trägt zu ihrer emotionalen Entlastung und Stabilisierung bei und hilft ihnen, Probleme, die im Zusammenhang mit der Erkrankung entstehen können, besser zu bewältigen. Ziel der psychotherapeutischen Interventionen im Rahmen der psychoedukativen Angehörigengruppen ist es, die selbstkompetenten Verhaltensweisen der Angehörigen zu fördern, sie in ihrem Bedürfnis nach Abgrenzung und Selbstschutz zu bestärken, um sie vor Verausgabung und Überforderung zu bewahren und ihr Unterstützungspotenzial zu erhalten (Förderung von Empowerment; s. Pitschel-Walz et al., 2012).

Versorgungsrealität hinsichtlich psychoedukativer Angehörigengruppen

Obwohl die Wirksamkeit der Einbeziehung von Angehörigen – zumindest für die Schizophrenie und die affektiven Erkrankungen – ausreichend belegt ist (s. die entsprechenden diagnosebezogenen Kapitel), mit den psychoedukativen Gruppen gute therapeutische Konzepte zur Einbeziehung der Angehörigen zur Verfügung stehen und auch in den Therapieleitlinien der Einbezug von Angehörigen gefordert wird, sieht die Praxis anders aus. Wie die Zahlen aus den Umfragen von Rummel-Kluge et al. (2006, 2013; s. a. Kap. 12) zeigen, gehört die Einbindung der Familienangehörigen in die Behandlung der Patienten noch nicht zur Routine. Im deutschsprachigen Raum werden heutzutage vor allem psychoedukative *Patientengruppen* für schizophren Erkrankte im stationären Setting angeboten.

Die ursprüngliche wichtige Intention, die mitbetroffenen Angehörigen zu erreichen, geriet – vor allem aufgrund praktischer und struktureller Hindernisse (Pitschel-Walz, 2008) – in den Hintergrund. Nur von etwa 2 % der schizophren Erkrankten nahmen im Jahr 2003 die Angehörigen an einer psychoedukativen Angehörigengruppe teil (Rummel-Kluge et al. 2006). Laut einer Umfrage von Frank et al. (2014) gaben bei einer Responderrate von 50 % rund 35 % der psychiatrischen und psychosomatischen Kliniken in Deutschland an, psychoedukative Angehörigengruppen bei Depressionen durchzuführen. An diesen Kliniken erhielten im Jahre 2011 die Angehörigen von ca. 20 % der Patienten mit Depressionen ein psychoedukatives Gruppenangebot. Es ist anzunehmen, dass bei anderen Diagnosen – analog zu den psychoedukativen Patientengruppen (Rummel-Kluge et al. 2013) – der Anteil psychoedukativer Angehörigengruppen noch wesentlich geringer ist als bei Schizophrenie und Depression. Damit mehr Angehörige in den Genuss von Gruppen kommen und die große Chance zur Verbesserung der Behandlung wahrgenommen wird, müssen alle Seiten weitere Anstrengungen unternehmen.

Angehörigengespräche im Rahmen der Psychotherapie

Psychoedukative Gruppen werden, wenn überhaupt, überwiegend bei Schizophrenie angeboten. Aufgrund der gruppentherapeutischen Wirkfaktoren (vgl. Kap. 6) sind psychoedukative Patienten- und Angehörigengruppen auch bei den anderen Diagnosen durchaus indiziert. Zudem liegen Anleitungen für die Durchführung der Gruppen vor.

Bei anderen psychischen Erkrankungen erhalten Patienten eher eine Einzel-Psychotherapie, in die psychoedukative Inhalte dann häufig integriert werden. In der Kognitiven Verhaltenstherapie ist der psychoedukative Part – z. B. bei Angsterkrankungen die Darstellung der körperlichen Angstsymptome und ihrer Funktion oder die Erarbeitung des Angstkreislaufes, bei Zwangsstörungen die Besprechung des Erklärungsmodells für die Aufrechterhaltung von Zwangshandlungen und bei Depressionen die Erklärung der Depressionsspirale oder der Funktionsweise dysfunktionaler Gedanken – ein wichtiger und unerlässlicher Einstieg in die Therapie. Auch wenn Patienten mit Schizophrenie eine Einzelpsychotherapie angeboten wird, ist die Psychoedukation ein wichtiger Bestandteil (Klingberg et al., 2003; Lincoln, 2006; Vauth u. Stieglitz, 2007).

Angehörige können und sollten bei allen Diagnosen punktuell in die Einzeltherapie einbezogen werden:
- Voraussetzung: Einverständnis der Patienten
- Vorbereitung des Gesprächs mit den Patienten (1–2 Themen)
- Anerkennung des Engagements des Angehörigen
- Offene Haltung des Therapeuten
- Moderation des Gesprächs

41 Psychoedukation und die Einbeziehung der Familien

- Positiver Gesprächsabschluss (Plan, Vereinbarungen, Kompromisse), evtl. Folgetermin vereinbaren

Bei den gemeinsamen Therapiesitzungen mit dem/den Familienangehörigen bzw. wichtigen Bezugspersonen kann es um die Erhebung einer Fremdanamnese gehen, aber es kann auch die Vermittlung psychoedukativer Inhalte im Vordergrund stehen. Dies schafft die Voraussetzung dafür, dass die Angehörigen größeres Verständnis für die Patienten und ihre aktuellen Schwierigkeiten aufbringen können und ein gesundheitsförderlicher Umgang mit den Patienten eher umgesetzt wird.

Themen bei Angehörigengesprächen im Rahmen der Psychotherapie

- Fremdanamnese (Problemsicht der Angehörigen)
- Psychoedukation
- Angehörige als „Ko-Therapeuten"?
- Beteiligung bei den Krisenplänen der Patienten
- Ressourcen
- Konflikte (Kommunikationstraining)
- Evtl. Motivierung zu Paartherapie

Bei der stationären oder teilstationären Psychotherapie und in den Institutsambulanzen lassen sich gemeinsame Therapiesitzungen mit Angehörigen gut integrieren. Im niedergelassenen Bereich ergeben sich bei der ambulanten Psychotherapie laut Psychotherapeutenkammer häufig Schwierigkeiten bei der Beantragung und Vergütung von Angehörigengesprächen, was die Umsetzung deutlich erschwert (s. a. Kap. 53).

Zusammenarbeit mit den Selbsthilfeorganisationen der Angehörigen

Neben dem direkten Einbezug von Angehörigen in die Behandlung durch psychoedukative Gruppen oder durch die Teilnahme an Therapiesitzungen bestehen weitere Kooperationsprojekte mit Angehörigen bzw. Angehörigenvertretern aus den Selbsthilfevereinigungen in unterschiedlichen psychiatrischen und gesellschaftspolitischen Bereichen und Gremien. Sie wurden ins Leben gerufen, um langfristige allgemeine und strukturelle Verbesserungen für die von psychischer Krankheit betroffenen Familien zu erzielen (Bäuml et al., 2004; Pitschel-Walz, 2007). Unter diesen Projekten sind sämtliche Formen des Miteinanders zu verstehen, die durch Kooperationen von Angehörigen und professionellen Helfern entwickelt werden, unabhängig davon, ob diese Aktivitäten experteninitiiert zustande kommen oder weil Angehörige auf professionelle Helfer zugehen. Als Beispiel ist hier das Projekt „Angehörige informieren Angehörige" zu nennen, das in Zusammenarbeit mit dem Landesverband Bayern der Angehörigen psychisch Kranker und der Klinik für Psychiatrie und Psychotherapie der TU München zustande kam. Durch die systematische Schulung von Angehörigen-Moderatoren konnten in Gegenden Bayerns, die bezüglich psychoedukativer Angebote für Angehörige schizophren Erkrankter unterversorgt waren, selbsthilfebasierte psychoedukativ ausgerichtete Angehörigengruppen etabliert werden (s. a. Kap. 43).

41.3 Ausblick

Wie in den diagnosenbezogenen Kapiteln schon mehrfach konstatiert, ist auch hier festzuhalten, dass die Einbeziehung von Angehörigen noch nicht überall planmäßig erfolgt und der Umsetzung nach wie vor zahlreiche strukturelle Hindernisse entgegenstehen. Die in der Psychiatrie Tätigen und die Vertreter der Familien-Selbsthilfe müssen gemeinsam immer wieder (in den Kliniken, auf Tagungen und Kongressen) die Einbeziehung der Angehörigen zum Thema machen und die Implementierung von psychoedukativen Angehörigengruppen und weiteren bedürfnisorientierten Unterstützungsmaßnahmen vorantreiben. Hilfreich wäre zweifellos eine Vernetzung von Fachleuten, die mit Angehörigenarbeit in psychiatrischen Institutionen befasst sind. Ebendies hat man in der deutschsprachigen Schweiz bereits verwirklicht (s. Interlink, unten).

Ratgeber, Links, Medien

http://www.bapk.de (Familien Selbsthilfe Psychiatrie)
http://www.angehoerige.ch (Verein Netzwerk Angehörigenarbeit Psychiatrie Schweiz)

Literatur

Anderson CM, Hogarty GE, Reiss DJ (1980). Family treatment of adult schizophrenic patients: a psychoeducational approach. Schizophr Bull 6: 490–515.

Bäuml J, Pitschel-Walz G (2004). Beratungs- und Therapiekonzepte für Angehörige von Patienten mit schweren psychischen Erkrankungen. In: Rössler W (Hrsg.). Psychiatrische Rehabilitation. Berlin (Springer), S. 424–441.

Bäuml J, Pitschel-Walz G, Straub E (2004). Selbsthilfe bei Angehörigen. In: Rössler W (Hrsg.). Psychiatrische Rehabilitation. Berlin (Springer), S. 611–632.

Bäuml J, Pitschel-Walz G. (Hrsg.) (2008). Psychoedukation bei schizophrenen Erkrankungen. 2. Aufl. Stuttgart (Schattauer).

Bebbington PE, Kuipers L (1994). The predictive utility of expressed emotion. In: Schizophrenia: Aggregate analysis. Psychol Med 24: 707–718.

Berger H, Gunia H (2010). „Kür": Psychoedukative Familienintervention (PEFI) – ein Programm zur Vermittlung von Strategien zur Verbesserung der familiären Kommunikation. In: Bäuml J, Pitschel-Walz G, Berger H et al. (Hrsg.). Arbeitsbuch PsychoEdukation bei Schizophrenie (APES). Stuttgart (Schattauer).

Boonen M, Bockhorn M (1992). Schizophreniebehandlung in der Familie. Psychiat Prax 19: 76–80.

Brown GW, Monck EM, Carstairs GM et al. (1962). Influence of Family Life on the Course of Schizophrenic Illness. Br J Prev Soc Med 16: 55–68.

Brown GW, Rutter M (1966). The measurement of family activities and relationships: A methodology study. Hum Relat 19: 241–263.

Butzlaff RL, Hooley JM (1998). Expressed Emotion and Psychiatric Relapse – A Meta-analysis. Arch Gen Psychiat 55: 547–552.

Frank F, Rummel-Kluge C, Berger M, Bitzer EM Hölzel L (2014). Provision of group psychoeducation for relatives of persons in inpatient depression treatment – a cross-sectional survey of acute care hospitals in Germany. BMC Psychiatry 14: 143.

Falloon IRH, Boyd JL, McGill CW (1984). Family Care of Schizophrenia. New York (Guilford Press).

Hahlweg K, Dürr H, Dose M et al. (2006). Familienbetreuung schizophrener Patienten: Ein verhaltenstherapeutischer Ansatz zur Rückfallprophylaxe. 2. Aufl. Göttingen (Hogrefe).

Hogarty GE, Anderson CM, Reiss D, et al. (1991). Family Psychoeducation, Social Skills Training and Maintenance Chemotherapy in the Aftercare Treatment of Schizophrenia: II. Two-Year Effects of a Controlled Study on Relapse and Adjustment. Arch Gen Psychiatry 48: 340–347.

Jewell TC, Downing D, McFarlane WR (2009). Partnering with families: multiple family group psycho-

education for schizophrenia. J Clin Psychol. 65(8): 868–878.
Katsuki F, Takeuchi H, Konishi M (2011). Pre-post changes in psychosocial functioning among relatives of patients with depressive disorders after Brief Multifamily Psychoeducation: a pilot study. BMC Psychiatry 11: 56. doi: 10.1186/1471–244X-11–56
Kavanagh DJ (1992). Recent developments in expressed emotion and schizophrenia. Brit J Psychiatry 160: 601–620.
Klingberg S, Schaub A, Conradt B (2003). Rezidivprophylaxe bei schizophrenen Störungen. Ein kognitiv-verhaltenstherapeutisches Behandlungsmanual. Weinheim (Beltz – PVU).
Lazarus RS, Folkman S (1984). Stress, appraisal and coping. New York (Springer).
Lincoln T (2006). Kognitive Verhaltenstherapie der Schizophrenie. Ein individuenzentrierter Ansatz zur Veränderung von Wahn, Halluzinationen und Negativsymptomatik. Göttingen (Hogrefe).
Magliano L et al. (2000). Family burden and coping strategies in schizophrenia: 1-year follow-up data from the BIOMED I study. Soc Psychiatry Epidemiol 35(3): 109–115.
McFarlane WR, Lukens E, Link B et al. (1995). Multiple-family groups and psychoeducation in the treatment of schizophrenia. Arch Gen Psychiatry 52(8): 679–687.
Miklowitz DJ, Goldstein MJ (1997). Bipolar Disorder – A Family-Fokused Treatment Approach. New York (Guilford Press).
Pitschel-Walz G (2007). Angehörige und ihre Partner: Die Perspektive der Professionellen. In: Becker T, Bäuml J, Pitschel-Walz G et al. (Hrsg.) (2007). Rehabilitation bei schizophrenen Erkrankungen. Köln (Deutscher Ärzte-Verlag), S. 300–309.
Pitschel-Walz G. (2008). Motivierung zur Teilnahme an psychoedukativen Angehörigengruppen. In: Bäuml J, Pitschel-Walz G. (Hrsg.). Psychoedukation bei schizophrenen Erkrankungen. 2. Aufl. Stuttgart (Schattauer), S 93–106.
Pitschel-Walz G, Leucht S, Bäuml J et al. (2001). The Effect of Family Interventions on Relapse and Rehospitalization in Schizophrenia – A Meta-analysis. Schizophr Bull 27(1): 73–92.
Pitschel-Walz G, Rummel-Kluge C, Froböse T et al. (2012). Steigerung des „empowerment" bei Angehörigen von schizophren Erkrankten. Psychotherapeut 57: 313–318.
Rummel-Kluge CB, Pitschel-Walz G, Bäuml J (2006). Psychoeducation in schizophrenia – results of a survey of all psychiatric institutions in Germany, Austria and Switzerland. Schizophr Bull 32(4): 765–775.
Rummel-Kluge CB, Kluge M, Kissling W (2013). Frequency and relevance of psychoeducation in psychiatric diagnoses: Results of two surveys five years apart in German-speaking European countries. BMC Psychiatry 13: 170. doi:10.1186/1471–244X-13–170
Schene AH, van Wijngaarden B, Koeter MWJ (1998). Family caregiving in schizophrenia: domains and distress. Schizophr Bull 24: 609–618.
Szmukler GI et al. (1996). Caring for a relative with serious mental illness: the development of the Experience of Caregiving Inventory. Soc Psychiatry Psychiatr Epidemiol 31: 137–148.
Tarrier N, Barrowclough C, Vaughn C et al. (1989). Community Management of Schizophrenia – A Two-Year Follow-Up of a Behavioural Intervention with Families. Br J Psychiatry 154: 625–628.
Van Wijngaarden B et al. (2003). People with schizophrenia in five countries: conceptual similarities and intercultural differences in family caregiving. Schizophr Bull 29(3): 573–86.
Vauth R, Stieglitz R-D (2007). Chronisches Stimmenhören und persistierender Wahn. Göttingen (Hogrefe).

42 Psychoedukation bei Kindern psychisch erkrankter Eltern

Ines Andre-Lägel

42.1 Einleitung

Kinder psychisch erkrankter Eltern gelten als Hochrisikogruppe für psychische Auffälligkeiten und Erkrankungen. Informationen zu der elterlichen Erkrankung tragen zu einer gesunden Entwicklung des Kindes bei. Schuldgefühle können sich dadurch reduzieren, Verhaltensweisen besser verstanden und abweichende Wahrnehmungen erklärt werden. Bestimmte Coping-Strategien, Loyalitätskonflikte, ein stillschweigendes oder auch explizites Kommunikationsverbot sowie Scham- und Schuldgefühle erschweren es den Kindern jedoch, sich professionelle Unterstützung zu suchen. Auch müssen wir bei der Information beachten, dass Kinder ein naives Krankeitsverständnis und ein entwicklungsbedingt abweichendes Erklärungs- und Verständnismodell haben. Ebenso muss das Vorgehen eventuelle Traumatisierungen oder die Parentifizierung der Kinder berücksichtigen. Im Folgenden soll ein mögliches Vorgehen bei der alters- und entwicklungsgerechten Information zu psychischen Erkrankungen beschrieben werden.

Kinder psychisch kranker Eltern haben ein stark erhöhtes Risiko, selbst eine vorübergehende psychische Auffälligkeit oder eine anhaltende kinderpsychiatrische Störung zu entwickeln. Sie stellen somit eine Hochrisikogruppe für psychische Erkrankungen dar. Wir gehen davon aus, dass ihr Erkrankungsrisiko um das Zwei- bis Dreifache erhöht ist. Für bestimmte Diagnosen der Eltern (z. B. Angststörungen oder Psychosen aus dem schizophrenen Formenkreis) wird sogar ein Anstieg des Erkrankungsrisikos um das Zehnfache angenommen (Rutter u. Quinton, 1984). Die Art der psychischen Störung kann von der elterlichen Erkrankung abweichen. Es ist davon auszugehen, dass

- ⅓ der Kinder keinerlei Auffälligkeiten,
- ⅓ der Kinder vorübergehende Auffälligkeiten und
- ⅓ der Kinder manifeste psychische Störungen entwickelt.

Die Resilienzforschung befasst sich mit dem ersten Drittel – jenen Kindern, die trotz der elterlichen Erkrankung keine Auffälligkeiten zeigen. Demnach ist neben Intelligenz, robustem Temperament, einer guten Paarbeziehung der Eltern, sozialen Kompetenzen, emotionaler Ausdrucksfähigkeit, einer sicheren Bindung an eine gesunde Bezugsperson und dem elterlichen Umgang mit der Erkrankung auch das Wissen des Kindes über die Erkrankung der Eltern von zentraler Bedeutung. Es erhöht ihre Selbstwirksamkeitserwartungen (Bengel et al., 2001), vermindert Schuldgefühle und trägt so zu einer erhöhten Widerstandsfähigkeit gegenüber den Folgen psychischer Belastungen bei.

42.1.1 Begründung der PE bei dieser Indikation

Nach aktuellen Hochrechnungen (Mattejat, 2008) erleben in Deutschland jährlich mehr als 3 Mio. Kinder psychisch erkrankte Eltern. Diese Schätzungen schwanken je nach Einbeziehung unterschiedlicher Diagnosebilder und möglicher Komorbiditäten (Abb. 42-1).

42 Psychoedukation bei Kindern psychisch erkrankter Eltern

Erkrankung	Anzahl
Schizophrenie	270.000
Sucht	740.000
Affektive Störungen	1.230.000
Angststörungen	1.555.000

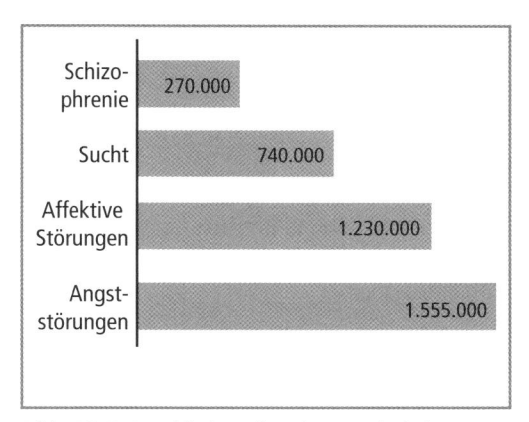

Abb. 42-1 Psychische Erkrankungen bei Eltern

Die Forschung hat verschiedene Risikofaktoren identifiziert, die auf die gesundheitliche Entwicklung der Kinder psychisch erkrankter Eltern einwirken:

42.1.2 Genetische Ausstattung

Psychische Krankheiten werden nicht per se „vererbt". Was jedoch über die Gene von den Eltern an die Kinder weitergegeben wird, ist eine mehr oder weniger große Veranlagung, bei Zusammentreffen mehrerer Faktoren eine psychische Störung auszubilden: die sog. Vulnerabilität.

42.1.3 Individuelle Risikofaktoren

Von erheblicher Bedeutung für die psychische Gesundheit der Kinder sind die individuellen Lebensumstände der Familie. Dazu zählt vor allem, wie sich die Erkrankung auf den betroffenen Elternteil auswirkt und welche Symptome er/sie in welcher Häufigkeit und Intensität zeigt. Das heißt, wie stark wirkt sich die Erkrankung auf die Beziehungs- und Erziehungsfähigkeit des Elternteils aus?

- Ist der erkrankte Elternteil kognitiv oder emotional beeinträchtigt?
- Sind sein Antrieb oder seine Affekte gestört?
- Ist der/die Betroffene in der Lage, verlässlich Zuwendung, Wärme und Geborgenheit zu vermitteln?
- Ist er/sie fähig zu Empathie und Perspektivenwechsel?
- Ist seine Sensitivität beeinträchtigt, also seine Fähigkeit, kindliche Signale wahrzunehmen und prompt und angemessen darauf zu reagieren?
- Ist es ihm/ihr möglich, einen transparenten, wertschätzenden und konsequenten Erziehungsstil zu praktizieren?
- Kann der erkrankte Elternteil angemessen kommunizieren und Blickkontakt aufnehmen?
- Ist es ihm/ihr möglich, Grenzen zu setzen und zu wahren und seine/ihre Vorbildfunktion wahrzunehmen?
- Kann er/sie das Kind angemessen fördern?
- Inwieweit ist der Elternteil in der Lage, den Alltag des Kindes zu strukturieren und zu managen?

42.1.4 Psychosoziale Risikofaktoren

Neben den genetischen und individuellen Faktoren wirken sich natürlich auch allgemeine Umstände auf die psychische Gesundheit der Kinder aus. Dazu zählen vor allem familiäre Konflikte und soziale Isolation. Viele psychisch Erkrankte ziehen sich aus dem sozialen Leben zurück, und dies hat zur Folge, dass ihre Kinder wichtige soziale Kompetenzen nicht gut erlernen können. Weitere wichtige Aspekte sind „High Expressed Emotions", finanzielle Probleme, Auflösung der Familienstruktur und eine fehlende soziale Unterstützung.

42.1.5 Ergebnisse der High-Risk-Forschung

Von besonderer Bedeutung ist, inwieweit die Kinder in die Symptomatik der Eltern involviert sind (Mattejat, 2008). Bekommt das Kind z. B. mit, wie sich die an einer Borderline-Persönlichkeitsstörung erkrankte Mutter die Arme aufschneidet? Oder ist das Kind eines schizophrenen Vaters in dessen Wahnsystem eingebunden?

Ein weiterer wichtiger Aspekt hängt mit der Chronizität zusammen (Keller et al., 1986). Eine vorübergehende Erkrankung wirkt sich i. d. R. weniger schwer aus als eine über mehrere Jahre bestehende Störung. Auch das Alter des Kindes bei Krankheitsbeginn spielt zweifellos eine maßgebliche Rolle. Je älter das Kind bei der Ersterkrankung des Betroffenen ist, desto größer sind seine Chancen auf eine gesunde Entwicklung. Natürlich sind auch die Krankheitsdiagnose des Elternteils und eventuelle Komorbiditäten von erheblicher Bedeutung.

Zahlreiche Kinder leider darüber hinaus unter der mit einer psychischen Störung häufig einhergehenden Stigmatisierung und der sozialen Isolation, in der betroffene Familien häufig leben (Atkinson u. Coia, 1995). Es fehlen ihnen das stützende soziale Netz und die sozialen Kompetenzen, um sich in belastenden Situationen Beistand und Hilfe zu holen. Zudem wissen wir heute, dass ein Großteil der Kinder psychisch erkrankter Eltern vor allem situationsregulierende Coping-Strategien entwickelt. Emotionsregulierende Strategien werden selten und vorwiegend von Kindern gezeigt, die eine sichere Bindung zu einer gesunden Bezugsperson aufbauen können (Kuhn, 2008). Kinder psychisch erkrankter Eltern haben gelernt, Krisen selbst zu meistern und sich keine Hilfe zu suchen. Deshalb fällt es ihnen schwer, Hilfsangebote anzunehmen.

Hinzu kommen Loyalitätskonflikte, denn die Kinder möchten ihre Eltern nicht bloßstellen, indem sie Außenstehenden deren Defizite schildern. Stattdessen sind die Kinder bemüht, Unzulänglichkeiten etwa in der Haushaltsorganisation oder der Versorgung jüngerer Geschwister selbst auszugleichen, was zu Überforderung und Parentifizierung führen kann.

Auch innerhalb der Familien leiden die Kinder unter Loyalitätskonflikten. Was soll das Kind dem fragenden Vater antworten, wenn dieser wissen will, ob die manische Mutter wieder heimlich teure Handtaschen gekauft hat? Die Mutter verraten? Den Vater belügen? Die Kinder lernen oft auch, dass man über psychische Erkrankungen nicht spricht. Dieses Kommunikationsverbot kann ihnen direkt erteilt werden, sie können es aber auch indirekt lernen, indem z. B. die Mutter einer Bekannten erzählt, der Vater sei auf Geschäftsreise, während das Kind genau weiß, dass der Vater in einer psychiatrischen Klinik ist.

42.1.6 Auswirkungen auf die Kinder

Die Beeinträchtigung der Eltern und die Belastungen wirken sich auf Kinder deutlich aus (Mattejat, 2008). Sie beschreiben
- Desorientierung,
- Verwirrtheit,
- Schuldgefühle (das Gefühl, Schuld an der Erkrankung der Eltern zu sein, aber auch Schuldgefühle wegen Wut oder Ärger gegenüber dem erkrankten Elternteil),
- Betreuungsdefizit,
- Zusatzbelastungen (Übernahme von Hausarbeiten und/oder Betreuung jüngerer Geschwister),
- Parentifizierung,
- Abwertungserlebnisse,
- Scham,

- Isolierung (Isolation der Familie in der Gesellschaft, aber auch Isolation unter anderen Kindern, Ausschluss aus Peer-Groups),
- Kommunikationsverbot innerhalb der Familie,
- Kommunikationsverbot gegenüber Dritten,
- Loyalitätskonflikte (innerhalb der Familie und gegenüber Außenstehenden).

42.1.7 Aktueller Stand

Anders als bei erwachsenen Angehörigen ist bei der Psychoedukation für Kinder zu bedenken, dass diese auf ein ihrem Entwicklungsstand angepasstes Vokabular angewiesen sind. Manuale für Erwachsene sind für sie nicht geeignet. Viele Kinder wirken infolge der Parentifizierung reifer, sodass man leicht geneigt ist, sie zu überfordern. Es ist jedoch wichtig, sich zum einen der kindlichen Wahrnehmung und Verarbeitungsweise anzupassen, also kindgerechte Formulierungen und Bilder zu verwenden, und sich zum anderen auf die bei dem betroffenen Elternteil konkret vorliegenden Symptome zu beschränken. Es ist also nicht damit getan, Manuale für Erwachsene in Kindersprache zu übertragen. Vielmehr ist individuell zu berücksichtigen, was das Kind an Informationen benötigt und wie ihm diese, zugeschnitten auf seine konkreten Bedürfnisse, vermittelt werden können. Dazu eignen sich z. B. Kinderbücher, die man gemeinsam ansehen bzw. lesen und dann besprechen kann.

42.2 Grundsätzliche Aspekte

42.2.1 Das Setting und die Sprache

Bei der Psychoedukation für Kinder ist zu bedenken, dass die Erkrankten, von denen berichtet wird, die wichtigsten Bezugs- und Identifikationspersonen für das Kind darstellen und es i. d. R. von ihnen abhängig ist. Infolge der Erkrankung können lebensnotwendige Grundbedürfnisse der Kinder wie Bindung, Zugehörigkeit, Selbstwert oder auch Kontrolle (Grawe, 2000) erheblich gestört sein, sodass eine massive Verunsicherung oder existenzielle Angst die Folge ist. Dies kann zu ungünstigen Bindungsstrategien (Grossmann u. Grossmann, 2004) und zu übermäßigen Kontrollversuchen sowie Vermeidungsverhalten führen. Der sehr bewusste Einsatz der Sprache und umsichtige, auf das einzelne Kind zugeschnittene Formulierungen sind daher unbedingt erforderlich. Im Gruppensetting ist es leider nicht immer möglich, für jedes einzelne Kind die richtigen Formulierungen zu finden und individuelle Reaktionen so aufmerksam zu verfolgen, dass wir sofort intervenieren können, wenn wir eine Verunsicherung oder Anzeichen von Traumatisierung oder eine Verletzung elementarer Bedürfnisse bemerken. Insofern birgt das Gruppensetting das Risiko, dass uns wichtige Hinweise auf einen Bedarf an psychischer Unterstützung entgehen. Im Zweifel ist daher das Einzelsetting in Kombination mit einer Familienintervention dem Gruppensetting vorzuziehen.

42.2.2 Bei der Planung zu beachten

- Loyalitätskonflikt oder Schuldgefühle können Offenheit verhindern oder einschränken.

- Kindliches Krankheitsverständnis: Kinder können das Verhalten der Eltern nicht immer als krankheitsbedingt/als Symptom erkennen, sondern sehen es als normal an.
- Direkte oder indirekte Kommunikationsverbote durch Bezugspersonen können dazu führen, dass das Kind Schwierigkeiten leugnet und eigene Ängste oder Sorgen nicht mitteilt.
- Parentifizierung und besondere Coping-Strategien führen leicht dazu, das Kind zu überschätzen und zu überlasten.
- Die Umgebung sollte möglichst behaglich sein (kein Arztzimmer mit Spritzen und Kanülen ...), Störungen sind zu vermeiden.
- Besprochen werden sollten lediglich die im konkreten Fall vorherrschenden Symptome, für die es kindgerechte Beschreibungen zu finden gilt. („Antriebsminderung" ist für ein Kind wenig aussagekräftig. Formulierungen wie: „Macht gar nichts mehr", „Liegt nur noch rum" o. Ä. sind ihm aber verständlich.)

Das Setting für Kinder

Der Gesprächsverlauf wird spielerisch gestaltet, z. B. mit Hilfe von:
- einem weichen Teppich, Decken oder Kissen,
- Therapiepuppen,
- Kinderarztkoffer,
- Spielmedikamente (z. B. Pfefferminzdrops, Konfetti),
- Kuscheltiere in Reichweite.

Das Setting für Jugendliche

Eine spielerische Gesprächsgestaltung ist i. d. R. (zumal bei Parentifizierung der Jugendlichen) nicht angemessen. Man kann den Jugendlichen aber Fragen, die sie vermutlich belasten und die sie nicht auszusprechen wagen, vorschlagen:
- „Werde ich auch krank?"
- „Vererbe ich das meinen Kindern?"
- „Woher kommen die Schnitte in den Armen?"
- „Bin ich schuld?"

42.2.3 Ziele der altersgerechten Krankheitsinformation

Durch die Aufklärung über die elterliche Erkrankung wollen wir ermöglichen, dass das Kind/der Jugendliche
- lernt, dass psychische Störungen zu den Krankheiten gehören,
- die elterlichen Symptome besser verstehen und sie als unabhängig von sich, seiner Person und seinem Verhalten, betrachten kann,
- sich von Schuldgefühlen befreien kann,
- entängstigt wird,
- sich in belastenden Krankheits- und Krisensituationen der Eltern als weniger hilflos und ausgeliefert erlebt,
- mögliche Trennungen vom erkrankten Elternteil (z. B. durch einen Klinikaufenthalt) besser nachvollziehen und einordnen kann,
- seiner eigenen Wahrnehmung vertrauen lernt,
- vor unrealistischen Befürchtungen geschützt wird,
- lernt, dass psychische Erkrankungen sehr häufig vorkommen, auch wenn nicht offen darüber gesprochen wird,
- lernt, dass psychische Erkrankungen nicht im gleichen Maße vererbt werden wie klassische Erbkrankheiten,
- eine Möglichkeit erhält, über die eigenen belastenden Gefühle und Ängste sprechen zu können,

- sich leichter Unterstützung suchen kann und Ansprechpartner kennenlernt.

42.2.4 Praktische Darstellung

Ablauf der Krankheitsinformation für Kinder und Jugendliche

Grundsätzlich setzt sich die Psychoedukation für Kinder psychisch kranker Eltern aus folgenden vier Bestandteilen zusammen:
1. **Das Elterngespräch**
Um die Notwendigkeit und das Ziel altersgerechter Krankheitsinformation zu verdeutlichen und die Inhalte zu besprechen, sollte das erste Gespräch nach Möglichkeit mit den Eltern erfolgen. Eltern befürchten häufig, dass ihre Kinder sich von ihnen abwenden werden, wenn sie von der Krankheit erfahren. Diese Sorge ist im Gespräch ernst zu nehmen. Mit den Eltern wird vereinbart, welche Symptome im Gespräch mit dem Kind berücksichtigt werden sollen, wie man ihm diese erklärt und welches Krankheitsmodell in der Familie bisher vorherrscht. Auch Themen, die die Eltern nicht kommuniziert wissen möchten, müssen besprochen werden. Sind diese aus therapeutischer Sicht für das Kind von Belang, kann man versuchen, ebendies dem Elternteil aufzuzeigen. Bei ausreichender Transparenz haben die Eltern in der Regel keine Bedenken mehr, ihr Kind informieren zu lassen.
2. **Das Gespräch mit dem Kind**
Bei der Planung ist zu beachten, dass wir eine möglichst behagliche Umgebung schaffen und Störungen verhindern. Es empfiehlt sich, mit dem Kind zunächst allein zu sprechen, damit es auch Fragen stellen kann, die dem betroffenen Elternteil peinlich sein könnten oder die das Kind selbst ängstigen. Erst anschließend sollten die Bezugspersonen (wenn möglich der erkrankte Elternteil) hinzugezogen werden, um das Kommunikationsverbot zu durchbrechen. Zu beachten sind:
- Information über Gesprächsablauf,
- Erfassen des Wissenstandes des Kindes/ des Jugendlichen,
- Erfahrungen aus eigener Krankheit und Gesundung wieder erlebbar machen,
- Fragen, wie es ist, wenn es dem erkrankten Elternteil nicht gut geht. Wichtig bei Kindern:
  a) Was kann das Kind wahrnehmen?
  b) Welche Begriffe verwendet es?
  c) Wie fühlt es sich dabei?
  d) Welche Erklärungen hat es für sich gefunden?
- Zuordnung der elterlichen Verhaltensweisen zur Krankheit,
- Zusammenfassen des Krankheitsbildes. Wichtig:
  a) Die Begriffe des Kindes aufnehmen und Symptome erklären.
  b) Im Wortschatz des Kindes bleiben.
  c) Die Diagnose benennen.
- Ursachen und Behandlungsmöglichkeiten erklären und durchspielen,
- Verantwortung der Behandlung eindeutig Erwachsenen zuschreiben,
- Fragen des Kindes/des Jugendlichen

Wichtig:
- Es ist unbedingt darauf zu achten, dass das Kind/der Jugendliche alles gut versteht und sich entlastet fühlen kann. Krankheitsinformation darf niemals zusätzlich ängstigen!
- Bei Parentifizierung unbedingt den Erwachsenen die Verantwortung zuschreiben – deutlich betonen, dass Kinder sich darum nicht zu kümmern haben. Hier ganz besonders achtsam vorgehen!!!
- Nicht bagatellisieren oder „beschönigen". Dies schützt nur uns, dem Kind hilft es nicht. Es lebt mit den Auswirkungen und würde sich schlicht unverstanden fühlen.

- Nur so viel Information, wie notwendig ist, nicht so viel, wie möglich ist.
3. **Das gemeinsame Gespräch mit Kind und erkranktem Elternteil**

Alle Beteiligten können mit unterschiedlichsten Erwartungen und Befürchtungen in dieses Gespräch gehen, z. B.:
- Scham,
- Angst,
- Überforderung,
- Sorge, den Anderen zu überfordern,
- Sorge, den Anderen zu kränken,
- Angst, verletzt zu werden,
- Bedürfnis nach Schutz.

Häufig hilft es, diese Erwartungen und Befürchtungen zu Beginn zu erfragen. Dadurch erfahren alle Beteiligten, dass sie mit ihren Befürchtungen nicht allein sind. Dies verbessert das Gesprächsklima und schafft eine Grundlage für die nachfolgenden Inhalte. Dabei ist durchgehend auf die emotionale Schwingungs- und Empathiefähigkeit zu achten. Die hier geäußerten Gedanken können auch für andere sehr verletzend sein. Daher immer individuell entscheiden!

Es kann Bereiche geben, die der Erkrankte als allzu beschämend erlebt oder dem Kind nicht offenlegen möchte. Deshalb ist es notwendig, diese Tabuzonen zu kennen. Sind sie zu weit gefasst, muss man gemeinsam mit dem Elternteil zunächst im Einzelgespräch den Rahmen des Möglichen erweitern, denn das Kind nimmt Tabubereiche oft wahr und ist auf Informationen in angemessenem Umfang angewiesen.

4. **Nachfolgegespräch**

Das auf die Krankheitsinformation folgende Treffen mit dem Kind bzw. dem Jugendlichen hat zum Ziel, gemeinsam Erarbeitetes zu konsolidieren und zu prüfen, ob alles verstanden wurde:

- Wiederholen, was das Kind/der Jugendliche behalten hat und ggf. auffrischen.
- Wichtig: Symptome aufzählen und als krankheitszugehörig werten; Krankheitsbegriff wiederholen; Ursachen wiederholen (wegen nachhaltiger Schuldgefühle!); Behandlungsmöglichkeiten aufzählen.
- Fragen: „Ist Dir noch etwas eingefallen, was Du wissen möchtest?" „Gibt es etwas, was ich noch einmal erklären soll?"
- Sehr achtsam auf Anzeichen von Parentifizierung und Überlastung achten!
- Genau beobachten, ob das Kind Anzeichen von Interferenzen zeigt, ablenkt oder vermeidet!

Wenn das Kind gut verstanden hat, dass es sich um eine Erkrankung handelt, wird gemeinsam ein Krisenplan erstellt.

Ratgeber, Internetlinks, Medien etc.

Es gibt viele Kinder- und Jugendbücher zum Thema „Kinder psychisch erkrankter Eltern", die als gute Grundlage für ein Gespräch dienen können. Manuale zur Durchführung der altersgerechten Krankheitsinformation sind noch rar. Zu empfehlen ist Albert Lenz' (2010) Buch „Ressourcen fördern: Materialien für die Arbeit mit Kindern und ihren psychisch kranken Eltern", das auch ein Manual zur Durchführung altersgerechter Information über psychische Erkrankungen enthält.

Internetseiten zum Thema

Bundesarbeitsgemeinschaft „Kinder psychisch erkrankter Eltern": www.bag-kipe.de

Bundesverband der Angehörigen psychisch Kranker: www.kipsy.net

Netz und Boden: www.netz-und-boden.de

Broschüren für Kinder mit Bestelladresse

Fufu und der grüne Mantel – Information für Kinder bis 6 Jahre: www.pluspunkt-pia.de

Jetzt bin ich dran – Informationen für Kinder 8–12 Jahre: bapk@psychiatrie.de

Broschüren für Jugendliche mit Bestelladresse

It's my turn – Informationen für Jugendliche: bapk@psychiatrie.de

Mit psychisch Kranken leben – Mein Name ist Amelie bapk@psychiatrie.de

Broschüren für Erwachsene

Nicht von schlechten Eltern – Informationen für Eltern: bapk@psychiatrie.de

Bücher für Kinder

Boie K (2012). Mit Kindern redet ja keiner. 4. Aufl. Frankfurt am Main (Fischer Schatzinsel).

Homeier S (2006). Sonnige Traurigtage. 2. Aufl. Frankfurt am Main (Mabuse).

Minne B (2007). Eichhörnchenzeit oder der Zoo in Mamas Kopf. Hamburg (Carlsen).

Bücher für Jugendliche

Rushton R (2001). Wer fängt mich, wenn ich falle? Gütersloh (Bertelsmann).

Eriksen E (2004). Beste Freunde, kapiert! 2. Aufl. Hamburg (Dressler).

Literatur

Atkinson J, Coia D (1995). Families coping with schizophrenia: A practitioner's guide to family groups. New York (John Wiley & Sons).

Bengel J, Strittmatter R, Willmann H (2001). Was erhält Menschen gesund? Antonovskys Modell der Salutogenese – Diskussionsstand und Stellenwert. Forschung und Praxis der Gesundheitsförderung. Köln (BZgA).

Grawe K (2000). Psychologische Therapie. 2. Aufl. Göttingen (Hogrefe).

Grossmann K, Grossmann KE (2004). Bindungen – Das Gefüge psychischer Sicherheit. Stuttgart (Klett-Cotta). Kuhn J, Lenz A (2008). Coping bei Kindern schizophren erkrankter Eltern – eine täuschend gute Bewältigung. Prax Kinderpsychol K 57(10): 735–756.

Keller MB, Beardslee WR, Dorer DJ, Lavori PW, Samuelson H, Klerman, GR (1986). Impact of severity and chronicity of parental affective illness on adaptive functioning and psychopathology in children. Arch Gen Psychiatry 42: 930–937.

Mattejat F, Lisofsky B (Hrsg.) (2008). Nicht von schlechten Eltern – Kinder psychisch kranker Eltern. Köln (Balance Verlag).

Rutter M, Quinton D (1984). Parental psychiatric disorder: effects on children. Psychol Med 14(4): 853–880.

43 „Peer to Peer"-Psychoedukation

Christine Rummel-Kluge, Gabriele Pitschel-Walz, Werner Kissling

43.1 Das Peer-to-Peer-Konzept in der Psychoedukation

Der „Peer-to-Peer"-Ansatz – Hilfe von jemandem zu bekommen, der in einer ähnlichen Situation ist oder war – ist in verschiedenen medizinischen Bereichen bereits seit vielen Jahren weit verbreitet (Dowling et al., 2006). So wird dieses Konzept z. B. bei den Anonymen Alkoholikern seit 1953 in Deutschland erfolgreich umgesetzt. Selbsthilfegruppen, -organisationen und vielfältige Internet-Plattformen außerhalb der institutionellen psychiatrischen Versorgung basieren auf der „Peer-to-Peer"-Idee (Burti et al., 2005; NAMI, 2013).

Peer-Beratung, im Englischen als „Peer-Counseling" bekannt, ist eine Methode, um Information, Rat und auch emotionale Unterstützung bezüglich einer Erkrankung oder gesundheitlichen Beeinträchtigung durch Menschen zu bekommen, die selbst davon betroffen sind oder waren. Im Gegensatz zu den meisten Selbsthilfe-Interventionen werden die Peer-Berater vor Aufnahme der Beratungstätigkeit ausgebildet und während der Ausübungsphase supervidiert. Peer-Beratung im medizinischen Bereich wird aktiv vorwiegend in der subakuten Phase der Erkrankung angeboten. In unterschiedlichsten medizinischen Feldern ist dies bereits etabliert, z. B. in der Onkologie, Diabetologie, Gynäkologie und sogar im Bereich der Intensivmedizin (Giese-Davis et al., 2006; Heisler et al., 2005; Merewood et al., 2006; Williams et al., 2002). Das Konzept wird generell gut akzeptiert und kann z. B. den Umgang mit der Erkrankung, die Lebensqualität und die Compliance nachweislich signifikant verbessern.

Im Bereich der psychiatrischen Versorgung gibt es bislang nur wenige Ansätze, das Peer-to-Peer Konzept zu übernehmen bzw. in die Psychoedukation zu integrieren. Dies ist überraschend, da gerade der Umgang mit einer psychischen Erkrankung und die Compliance mit der Behandlung Problemfelder in der Behandlung von Menschen mit psychischen Erkrankungen darstellen. Die Non-Compliance ist z. B. eines der größten Probleme in der Behandlung von Menschen mit einer schizophrenen Erkrankung und stellt die Hauptursache für Rehospitalisierungen dar (Nosé et al., 2003; Schooler et al., 2003). Gerade hier setzt die Psychoedukation an: Die Teilnahme von Patienten mit Schizophrenie und deren Angehörigen an einer psychoedukativen Gruppe entlastet Patienten und Angehörige und beeinflusst den Krankheitsverlauf positiv. Dennoch erreichen solche Gruppen nur einen Bruchteil der infrage kommenden Patienten und Angehörigen. In einer Umfrage zur Häufigkeit der Durchführung von psychoedukativen Gruppen im deutschsprachigen Raum zeigte sich, dass nur etwa jeder 5. stationär behandelte Patient mit Schizophrenie und nur etwa jeder 50. Angehörige eines stationär behandelten Patienten an einer psychoedukativen Gruppe über Schizophrenie teilgenommen hat (Rummel-Kluge et al., 2006). Die angebotenen Gruppen werden meist von Ärzten und Psychologen durchgeführt; jedoch sind gerade Personal- und Zeitmangel dieser Berufsgruppen die am häufigsten genannten Gründe für die seltene Durchführung. Auch vor diesem Hintergrund erscheint es sinnvoll, zusätzliche Personenkreise für die Leitung von psychoedukativen Gruppen für Patienten und Angehörige in Betracht zu ziehen. Hierfür bieten sich aufgrund von persönlichen Erfahrungen mit der Erkrankung und der dadurch bedingten Glaubwürdigkeit Betroffene selbst und ihre Angehörigen an. Wenn Betroffene (bzw. in Angehörigengruppen Angehörige) in einer von Betroffenen geleiteten Gruppe hören, wie andere mit oft ähnlich gearteten Problemen umgehen, fühlen sie sich meist emotional entlastet und lernen daraus viel für ihr eigenes zukünftiges Verhalten. Dies erleichtert ihnen häufig den Umgang mit der Erkrankung und der persönlichen Lebenssituation (Jungbauer et al., 2001).

Diese besondere Eignung von Betroffenen und Angehörigen für die Moderatorenrolle im Rahmen des Peer-Konzeptes sowie das unzureichende Angebot an expertengeleiteten Patienten- und Angehörigengruppen waren der Anlass, ein Curriculum für die Ausbildung von Betroffenen und Angehörigen als Leiter für Gruppen mit psychoedukativen Inhalten zu entwickeln und in Pilotuntersuchungen zu erproben. Die nachfolgend vorgestellten Peer-Projekte „Patienten informieren Patienten" (PiP) und „Angehörige informieren Angehörige" (AiA) haben zum Ziel, geeignete remittierte Patienten mit einer Schizophrenie und Angehörige von Patienten mit Schizophrenie als Leiter von psychoedukativen Gruppen zu qualifizieren (Rummel et al., 2005, 2005a). Das Programm AiA wurde zusammen mit dem Landesverband Bayern der Angehörigen psychisch Kranker entwickelt.

43.1.1 Aktueller Stand

Manuale für Peer-Psychoedukation von Patienten und/oder Angehörigen bei psychischen Erkrankungen gibt es gegenwärtig nicht. Die amerikanische Angehörigenvereinigung National Alliance on Mental Illness (NAMI) bietet ein 12-wöchiges, kostenloses diagnoseübergreifendes peer-geleitetes Psychoedukationsprogramm zu psychischen Erkrankungen für Angehörige, das „Family to Family Education Program", an. Ein Manual ist hierfür nicht verfügbar (weitere Informationen unter http: //www.nami.org/Template.cfm?Section=Family-to-Family&Template=/TaggedPage/TaggedPageDisplay.cfm&TPLID=4&ContentID=32973). Dixon et al. (2011) sowie Lucksted et al. (2013) konnten in einer Untersuchung an 318 Teilnehmern eine Verbesserung des Umgangs mit der Erkrankung (Coping) und des Empowerment nachweisen, und zwar sowohl direkt nach der Absolvierung des Programms als auch noch 6 Monate später.

Proudfoot et al. (2012, 2012a) konnten zeigen, dass bei einem internetbasierten psychoedukativen Programm für Patienten mit einer bipolaren Erkrankung eine zusätzliche Peer-Beratung eine wirksame Unterstützung brachte, z. B. durch eine größere Adhärenz in der Teilnahme bzw. durch eine Verbesserung von Kompetenzen im Umgang mit der Erkrankung. Ein Manual ist gegenwärtig auch hier nicht verfügbar.

Im Folgenden werden die von den Autoren dieses Kapitels entwickelten Peer-Programme „Patienten informieren Patienten" (PiP) und „Angehörige informieren Angehörige" (AiA) näher vorgestellt.

43.2 „Patienten informieren Patienten" (PiP) und „Angehörige informieren Angehörige" (AiA)

43.2.1 Ausbildung anhand eines 5-Stufen-Plans

Für die Pilotprojekte PiP und AiA wurden in einem sorgfältigen Screeningverfahren remittierte Betroffene, die selbst Erfahrung mit einer schizophrenen Erkrankung haben, und Angehörige von Patienten mit Schizophrenie ausgewählt, die geeignet und motiviert waren, an einer Schulung zum Moderator einer solchen Gruppe teilzunehmen. Für diese potenziellen „Peer-to-Peer"-Moderatoren (Patienten- und Angehörigen-Moderatoren) wurde ein Curriculum für ein 5-stufiges Schulungsprogramm entwickelt und in Pilotstudien getestet (Rummel et al., 2005, 2005a).

Die Ausbildung beginnt in Stufe 1 mit der Teilnahme der interessierten Betroffenen bzw. Angehörigen an einer regulären, von professionellen Gruppenleitern geführten Patienten- bzw. Angehörigen-Psychoedukationsgruppe.

In Workshops (Stufe 2) trainieren die zukünftigen Betroffenen- bzw. Angehörigen-Gruppenleiter die Durchführung der acht Gruppensitzungen in Rollenspielen, um dann zunächst in Ko-Moderation mit professionellen Gruppenleitern (Stufe 3) und letztlich selbstständig Gruppen mit den Inhalten der Psychoedukation für die jeweilige „Peer-Gruppe" durchzuführen (Stufe 4).

Aus den laufenden Patienten- bzw. Angehörigengruppen sollen in Stufe 5 weitere geeignete Betroffene bzw. Angehörige für eine zukünftige Gruppenleitung gewonnen werden, die dann ihrerseits das Schulungsprogramm durchlaufen (s. Tab. 43-1).

Stufe 1

Teilnahme von interessierten potenziellen Peer-Moderatoren an einer regulären, von Ärzten und Psychologen moderierten Psychoedukationsgruppe.

Stufe 2

Teilnahme der zukünftigen Moderatoren an von Ärzten und Psychologen geleiteten Trainings-Workshops (allgemeine Einführung in die Gruppenmoderation, Vertiefung des Wissens über Schizophrenie, praktisches Einüben der Moderation in Rollenspielen).

Stufe 3

Durchführung von eigenen Psychoedukationsgruppen (mindestens eine) durch die Angehörigen-Moderatoren in Ko-Moderation mit erfahrenen Moderatoren (Ärzte bzw. Psychologen).

Stufe 4

Eigenständige Durchführung von Gruppen unter Supervision durch erfahrene professionelle Moderatoren je nach Bedarf.

Stufe 5

Rekrutierung neuer Interessenten aus den laufenden Gruppen, „Train the trainer" durch die erfahrenen Peer-Moderatoren, Ausbildung anhand des Stufenplans.

43.2.2 Pilotstudie zur Praktikabilität des Programms „Patienten informieren Patienten"

Teilnehmer an von Patienten-Moderatoren geleiteten Gruppen Insgesamt konnten 49 Patienten (25 weiblich, 24 männlich) in die Auswertung eingeschlossen werden. Die Patienten waren im Durchschnitt 34 Jahre alt (SD 12), hatten die Diagnose einer Schizophrenie (78%) oder einer schizoaffektiven Erkrankung (22%), waren seit 6 Jahren (SD 7) in Behandlung und hatten zwei stationäre Aufenthalte (SD 3). Die Teilnehmer nahmen im Durchschnitt an 7 von 8 Gruppensitzungen teil.

Ergebnisse bezüglich Krankheitswissen und Krankheitskonzept 3 von 7 Unterskalen der Krankheitskonzept-Skala von Linden et al. (1988) veränderten sich statistisch signifikant: Arztvertrauen (p=0.002, Z=-3.165) und Medikamentenvertrauen (p=0.001, Z= -3.358) nahmen signifikant zu, Negativerwartungen an eine Behandlung nahmen signifikant ab (p=0.001, Z=-3–334). In den anderen Unterskalen zeigten sich keine signifikanten Veränderungen (s. Tab. 43-2).

Zusätzlich zu diesen Erhebungen wurden die Teilnehmer um ihre subjektive Einschätzung der Fähigkeiten der Peer-Moderatoren gebeten. Die Teilnehmer waren „sehr zufrieden" oder „zufrieden" mit dem Wissen, dem Einfühlungsvermögen, den pädagogischen Fähigkeiten und der übermittelten Informa-

Tab 43-1 Aufbau der Peer-Psychoedukationsgruppen

	Patientengruppen	Angehörigengruppen
Anzahl der Sitzungen	8	8
Dauer	60 Minuten	90–120 Minuten
Inhalte	1. Einführung 2. Symptome und Diagnose der Schizophrenie 3. Ursachen der Schizophrenie 4. Medikamente: Nebenwirkungen und Wirkungen 5. Psychosoziale Behandlungsmöglichkeiten 6. Frühwarnzeichen und Rückfallschutz 7. Umgang mit der Erkrankung 8. Bedeutung der Angehörigen, Abschluss	

Tab. 43-2 Wissensveränderung

Wissen	Prä	Post
Patienten Informieren Patienten	47 von 70 möglichen Punkten (= 67%)	57 von 70 möglichen Punkten (= 81%)
Zum Vergleich: PIP-Studie: Experten-geleitete Psychoedukation (Pitschel-Walz et al., 2006)	44 von 70 möglichen Punkten (= 63%)	55 von 70 möglichen Punkten (= 79%)

tion. 94 % der Teilnehmer würden diese Form einer Informationsgruppe anderen Mitpatienten empfehlen.

43.2.3 Pilotstudie zur Praktikabilität des Programms „Angehörige informieren Angehörige"

Krankheitsspezifisches Wissen der zukünftigen Angehörigen-Moderatoren (Stufe 1 und 2)

Das ermittelte Krankheitswissen von 8 an einer späteren eigenständigen Gruppenleitung interessierten Teilnehmern nahm im Rahmen der Ausbildung von Beginn der Stufe 1 mit 83 % richtiger Antworten (58 von 70 möglichen Punkten) zum Abschluss von Stufe 2 mit 94 % richtiger Antworten (66 von 70) statistisch signifikant zu (p=0.028, Z=-2.201).

Subjektive Einschätzung der Ausbildung der Angehörigen-Moderatoren (Stufe 1 und 2)
Die Teilnehmer empfanden den Erfahrungsaustausch mit anderen Angehörigen während Stufe 1 als „sehr bereichernd", „wertvoll" und „hilfreich für den zukünftigen Umgang" mit ihrem Betroffenen. Die Videoaufzeichnungen der einzelnen Übungssitzungen in Stufe 2 mit anschließender Rückmeldung durch die anderen Teilnehmer und die Profis wurden als sehr hilfreich erlebt, und zwar sowohl mit Blick auf die Einschätzung der eigenen Fähigkeiten („Ich hätte gar nicht gedacht, dass ich so selbstbewusst wirke …") als auch wegen des Lernens am Modell der anderen Teilnehmer („Genauso wie Frau S. werde auch ich deutlich machen, dass ich kein Profi bin und deswegen manche Sachverhalte in einfacheren Worten erkläre …").

Auch die Wissensvermittlung wurde positiv bewertet. Die Teilnehmer hoben hervor, einen sehr guten Überblick über die Erkrankung Schizophrenie bekommen zu haben. Dabei habe sich bereits vorhandenes und neu erworbenes Wissen im Laufe der Sitzungen und Trainings-Workshops „wie zu einem Puzzle" zusammengesetzt. Durch die Vermittlung eines Gesamtzusammenhangs und detaillierter Informationen über unterschiedliche Aspekte der Schizophrenie, z. B. Symptome, Ursachen, medikamentöse und psychosoziale Behandlung, fühlten sich die Teilnehmer am Ende der 2. Stufe gut auf ihre zukünftige Rolle als Gruppenleiter vorbereitet.

Im Folgenden werden die Ergebnisse von regulären Teilnehmern an von ausgebildeten Angehörigen-Moderatoren geleiteten Gruppen dargestellt.

Krankheitsspezifisches Wissen der Teilnehmer in Stufe 3 Von 28 der insgesamt 32 Angehörigen, die an einer von Angehörigen in Ko-Moderation mit Profis geleiteten Gruppe teilgenommen haben (Stufe 3), konnten prä-/post-Wissensdaten erhoben werden; es zeigte sich ein statistisch hochsignifikanter Wissenszuwachs von 70 % richtiger Antworten (49 von 70 möglichen Punkten) auf 80 % (56 von 70) (p< 0,001, Z= -4,206).

Subjektive Einschätzung der Teilnehmer in Stufe 3 Von 31 der insgesamt 32 Angehörigen, die an einer von Angehörigen und Profis geleiteten Gruppe teilgenommen haben (Stufe 3), konnten das „Feedback" sowie die „Einschätzung der Fähigkeiten der Angehörigen-Gruppenleiter" erhoben werden. 81 % der Teilnehmer gaben an, die Angehörigengruppe als „sehr hilfreich" erlebt zu haben, 19 % beurteilten sie als „hilfreich". 48 % der Teilnehmer fühlten sich nach Teilnahme an der Gruppe zum Thema Schizophrenie „sehr gut", 52 % „gut" informiert. 94 % der Teilnehmer hielt die Anzahl der Sitzungen für „angemessen", 6 % fanden die Anzahl zu gering.

Die Informationen durch die Angehörigen-Gruppenleiter waren für 74 % „sehr wichtig", für 26 % „wichtig". Bezüglich des fachlich-theoretischen Wissens, des Einfühlungsvermögens, der pädagogischen Fähigkeiten und der praktischen Erfahrungen der Angehörigen-Gruppenleiter waren alle Teilnehmer „sehr zufrieden" oder „zufrieden". 45 % der Teilnehmer meinten, „fast alles", 42 % „sehr viel" und 13 % „viel" der vermittelten Informationen verstanden zu haben. 77 % der Teilnehmer würden ihrem Betroffenen definitiv raten, an einer Gruppe mit ähnlichen Inhalten teilzunehmen, 23 % vielleicht. 87 % der Teilnehmer würden anderen Angehörigen raten, an einer solchen Gruppe teilzunehmen, 13 % vielleicht. Für 58 % der Teilnehmer waren die Erfahrungen der anderen Gruppenteilnehmer „sehr wichtig", für 42 % „wichtig".

Krankheitsspezifisches Wissen der Teilnehmer in Stufe 4 Von 15 Angehörigen, die in einer Gruppe teilgenommen haben, die von Angehörigen eigenständig geleitet wurde (Stufe 4), konnten prä-/post-Wissensdaten erhoben werden. Hier zeigte sich ein statistisch signifikanter Wissenszuwachs von 63 % (44 von 70 möglichen Punkten) auf 80 % (56 von 70) (p=0.001, Z= -3.471).

Subjektive Einschätzung der Teilnehmer in Stufe 4 Von 15 Angehörigen konnten in Stufe 4 das „Feedback" sowie die „Einschätzung der Fähigkeiten der Angehörigen-Gruppenleiter" erhoben werden. 93 % der Teilnehmer gaben an, die Angehörigengruppe als „sehr hilfreich" erlebt zu haben, 7 % als „hilfreich". 53 % der Teilnehmer fühlten sich nach Teilnahme an der Gruppe zum Thema Schizophrenie „sehr gut", 47 % „gut" informiert. 93 % der Teilnehmer hielt die Anzahl der Sitzungen für „angemessen", 7 % fanden die Anzahl zu gering.

Die Informationen durch die Angehörigen-Gruppenleiter waren für 87 % „sehr wichtig", für 13 % „wichtig". Bezüglich des fachlich-theoretischen Wissens, des Einfühlungsvermögens, der pädagogischen Fähigkeiten und der praktischen Erfahrungen der Angehörigen-Gruppenleiter waren auch hier alle Teilnehmer „sehr zufrieden" oder „zufrieden".
73 % der Teilnehmer meinten, „fast alles", 20 % „sehr viel" und 7 % „viel" der vermittelten Informationen verstanden zu haben. 78 % der Teilnehmer würden ihrem Betroffenen definitiv raten an einer Gruppe mit ähnlichen Inhalten teilzunehmen, 22 % vielleicht. 83 % der Teilnehmer würden anderen Angehörigen raten an einer solchen Gruppe teilzunehmen, 17 % vielleicht. Für 58 % der Teilnehmer waren die Erfahrungen der anderen Gruppenteilnehmer „sehr wichtig", für 42 % „wichtig".
Äußerungen von AiA-Gruppen-Teilnehmern:

„Die Feststellung, dass die Übereinstimmung bei vielen anderen Teilnehmern genauso ist und diese die Probleme schon gemeistert haben."

„Die offenen Gespräche; über alle Probleme reden zu können."

„Die Übereinstimmung unter allen Teilnehmern und den Leiterinnen."

„Gute Atmosphäre und das Gefühl verstanden zu werden."

„Offenheit von allen Teilnehmern und Leitern; der Versuch, ausführlich die Probleme der Krankheit zu erklären und diese besser verstehen zu können."

„Zeigte mir viele neue Möglichkeiten."

„Sehr informativ. Viele Hinweise u. Tipps erhalten."

43.3 Schlussfolgerung und Ausblick

Die Ergebnisse der Pilotuntersuchungen „Patienten informieren Patienten" und „Angehörige informieren Angehörige" zeigen, dass Peer-Moderatoren eine besondere Glaubwürdigkeit für ihre jeweilige Gruppe besitzen und als Vorbilder angesehen werden. Aufgrund des eigenen Erfahrungshintergrundes können Moderatoren, die selbst an einer Schizophrenie erkrankt sind bzw. ein betroffenes Familienmitglied haben, anderen Patienten bzw. Angehörigen besonders gut helfen, mit dieser schweren Diagnose zurecht zu kommen, indem sie immer wieder auch ihre persönlichen Erfahrungen einbringen. Die Tatsache, dass die Gruppenleiter mit der Erkrankung in gleicher Weise wie die Gruppenteilnehmer vertraut sind, dürfte auch manchem schizophrenen Patienten bzw. manchem Angehörigen die Teilnahme an solchen Gruppen erleichtern. Diese Form der Patienten- und Angehörigengruppen kann dazu beitragen, auch in Bereichen, in denen bisher aus Personalmangel keine psychoedukativen Gruppen angeboten werden konnten, entsprechende Gruppen einzurichten. Freilich sollen die Programme „Patienten informieren Patienten" und „Angehörige informieren Angehörige" die von Professionellen durchgeführte Psychoedukation nicht ersetzen, sondern das vorhandene Angebot erweitern.

Patienten und Angehörige, die solche Gruppen mit psychoedukativen Inhalten leiten, entlasten die professionellen Versorgungsstrukturen und tragen in mehrfacher Hinsicht (z. B. auch über die Auswirkungen auf die Compliance der Betroffenen) zur Kostensenkung bei. Nicht nur deshalb sollten die Peer-Moderatoren für ihre Tätigkeit angemessen bezahlt werden (Jungbauer et al., 2002). Die Finanzierung könnte z. B. von gesetzlichen Krankenkassen unterstützt werden, die nach § 20, Absatz 4, SGB V, gesetzlich verpflichtet sind, Selbsthilfeorganisationen zu unterstützen (Aichberger, 2003). Allerdings sollten sich bisherige Kostenträger psychoedukativer Maßnahmen nicht unter dem Vorwand der Unterstützung dieses zusätzlichen Angebots an psychoedukativen Gruppen von ihrer Versorgungspflicht zurückziehen. Beide – professionell und von Peer-Moderatoren geleitete – Gruppen sollten parallel angeboten werden.

Strukturierte, von ausgebildeten Betroffenen bzw. Angehörigen geleitete Gruppen mit den Inhalten der Psychoedukation sind hervorragend geeignet, eine wesentlich größere Anzahl von Patienten und Angehörigen als bisher über die Krankheit Schizophrenie aufzuklären, sie zu entlasten und ihnen den Umgang mit der Erkrankung zu erleichtern. Unsere Ergebnisse zeigen, dass sich die Programme „Patienten informieren Patienten" und „Angehörige informieren Angehörige" hierfür bewährt haben.

Eine Manualerstellung für die Programme „Patienten informieren Patienten" (PiP) und „Angehörige informieren Angehörige" (AiA) bei Schizophrenie ist geplant. Dazu sollen zunächst auch die Ergebnisse und Erkenntnisse einer randomisierten, multizentrischen, 4-armigen BMBF-geförderten Studie (Vergleich von Peer-Psychoedukation, Profi-Psychoedukation, Video-Edukation und Kontrollgruppe) ausgewertet werden.

In einem weiteren Schritt ist eine Erweiterung im Bereich der affektiven Störungen, v. a. für Menschen mit Depression und deren Angehörige, geplant.

Internetlinks

Family-to-family-Programm der NAMI:
http://www.nami.org/Template.cfm?Section=Family-to-Family&Template=/TaggedPage/TaggedPageDisplay.cfm&TPLID=4&ContentID=32973

Peer-to-peer Programm der NAMI:
http://www.nami.org/template.cfm?section=peer-to-peer

Literatur

Aichberger F (2003). Sozialgesetzbuch. München (Beck).

Burti L, Amaddeo F, Ambrosi M et al. (2005). Does additional care provided by a consumer self-help group improve psychiatric outcome? A study in an Italian community-based psychiatric service. Community Ment Health J 41: 705–20.

Dixon LB, Lucksted A, Medoff DR et al. (2011). Outcomes of a randomized study of a peer-taught Family-to-Family Education Program for mental illness. Psychiatr Serv 62(6): 591–7. doi: 10.1176/appi.ps.62.6.591

Dowling FG, Moynihan G, Genet B et al. (2006). A peer-based assistance program for officers with the New York City Police Department: report of the effects of September 11, 2001. Am J Psychiatry 163: 151–3.

Giese-Davis J, Bliss-Isberg C, Carson K et al. (2006). The effect of peercounseling on quality of life following diagnosis of breast cancer: an observational study. Psychooncology 15: 1014–22.

Heisler M, Piette JD (2005). "I help you, and you help me": facilitated telephone peer-support among patients with diabetes. Diabetes Educ 31: 869–79.

Jungbauer J, Mory C, Angermeyer MC (2002). Finanzielle Belastungen von Eltern und Partnern schizophrener Patienten im Vergleich. Teil II: Qualitative Aspekte. Psychiat Prax 29: 181–185.

Linden M, Nather J, Wilms HU (1988). Definition, significance and measurement of disease concepts of patients: the Disease Concept Scale (KK-Scale) for schizophrenic patients. Fortschr Neurol Psychiatr 56: 35–43.

Lucksted A, Medoff D, Burland J et al. (2013). Sustained outcomes of a peer-taught family education program on mental illness. Acta Psychiatr Scand 127(4): 279–86. doi: 10.1111/j.1600–0447.2012.01901.x. Epub 2012 Jul 16.

Merewood A, Chamberlain LB, Cook JT et al. (2006). The effect of peer-counselors on breastfeeding rates in the neonatal intensive care unit: results of a randomized controlled trial. Arch Pediatr Adolesc Med 160: 681–5.

National Alliance on mental illness (NAMI). Web site available at: http://www.nami.org/template.cfm?Section=Consumer_support&template=/ContentManagement/ContentDisplay.cfm&ContentID=16526&lstid=334. Letzter Zugriff: 13.5.2013.

Nosé M, Barbui C, Gray R et al. (2003). Clinical interventions for treatment non-adherence in psychosis: meta-analysis. Br J Psychiatry 183: 197–206.

Pitschel-Walz G, Bäuml J, Bender W et al. (2006). Psychoeducation and compliance in the treatment of schizophrenia: results of the Munich Psychosis Information Project Study. J Clin Psychiatry 67(3): 443–52.

Proudfoot JG, Jayawant A, Whitton AE et al. (2012). Mechanisms underpinning effective peer support: a qualitative analysis of interactions between expert peers and patients newly-diagnosed with bipolar disorder. BMC Psychiatry 12: 196. doi: 10.1186/1471–244X-12–196

Proudfoot J, Parker G, Manicavasagar V et al. (2012a). Effects of adjunctive peer support on perceptions of illness control and understanding in an online psychoeducation program for bipolar disorder: a randomised controlled trial. J Affect Disord 142(1–3): 98–105. doi: 10.1016/j.jad.2012.04.007. Epub 2012 Aug 2

Rummel C, Pitschel-Walz G, Kissling W (2005). "Family members inform family members" – family members as group moderators for psychoeducational groups in schizophrenia. Psychiat Prax 32: 87–92.

Rummel C, Hansen WP, Helbig A et al. (2005a). Peer-to-peer psychoeducation in schizophrenia: a new approach. J Clin Psychiatry 66: 1580–1585.

Rummel-Kluge C, Pitschel-Walz G, Bäuml J et al. (2006). Psychoeducation in Schizophrenia – Results of a Survey of All Psychiatric Institutions in Germany, Austria, and Switzerland. Schizophr Bull 32: 765–775

Schooler NR (2003). Relapse and rehospitalization: comparing oral and depot antipsychotics. J Clin Psychiatry 64(Suppl 16): 14–17.

Williams RM, Patterson DR, Schwenn C et al. (2002). Evaluation of a peer consultation program for burn inpatients. 2000 ABA paper. J Burn Care Rehabil 23: 449–453.

44 Systemische Familien-Psychoedukation in der Psychosomatischen Medizin

Askan Hendrischke, Martin von Wachter

44.1 Einleitung

Die Psychosomatik ist als Querschnittfach zwischen biomedizinischen und psychosozialen Erkrankungen ebenso wie in der störungsspezifischen Psychotherapie psychisch erkrankter Patienten häufig mit klinischen Fragestellungen konfrontiert, die den Einsatz psychoedukativer Angebote neben anderen psychotherapeutischen Verfahren nützlich und hilfreich erscheinen lassen (vgl. Herzog et al., 2012, Joos et al., 2012). Da familienpsychologische Interventionen nicht nur die psychosoziale Verlaufsprognose, sondern auch den biomedizinischen Krankheitsverlauf nachhaltig verbessern, gehört es zunehmend zur Alltagsroutine, bei starkem Ineinandergreifen körperlicher und psychischer Wechselwirkungen, bei Somatisierung vor dem Hintergrund affektiver Störungen, bei somatoformen Störungen sowie bei Traumafolgestörungen oder dissoziativen Störungen auch familien- und angehörigenorientierte Interventionskonzepte in die Behandlung einzubeziehen. Ziel ist es, nicht nur dem Patienten selbst, sondern den direkt oder indirekt Betroffenen ein biopsychosoziales Krankheitsmodell zu vermitteln, das alle Seiten der Erkrankung entsprechend gewichtet und hinreichend berücksichtigt, dass bei chronischen Erkrankungen verlaufssteuernde Faktoren häufig wichtiger sind als primär-ursächliche (Noeker, 2013, McDaniel et al., 2013, Kröger und Altmeyer, 2013).

44.2 Aktueller Stand

Psychoedukation mit einzelnen Partnern bzw. Familienangehörigen oder in Gruppen hält zunehmend auch in die Psychosomatik Einzug, während sie in der Psychiatrie schon eine lange Tradition hat (Pitschel-Walz et al., 2001). Erfahrungen liegen z. B. vor bei Essstörungen (Zitarosa et al., 2012), bei Schmerzstörungen (von Wachter, 2013; von Wachter u. Hendrischke, 2016) und in der Psychoonkologie (Weiss et al., 2006). Auch für viele organische Erkrankungen erweisen sich angehörigenorientierte psychoedukative Interventionen als effektiv (Gonzalez u. Steinglass, 2002; Steinglass et al., 2002; Goldbeck u. Babka, 2001; Rolland et al., 2005; Heier 2008, Savundranayagam u. Brintnall-Peterson, 2010; Siousiora, 2012). So konnte z. B. gezeigt werden, dass sich durch Familieninterventionen der Blutdruck von Patienten stabilisieren ließ und die Sterblichkeitsrate sank (Morisky et al., 1983). Bei Diabetikern konnten durch Familieninterventionen die Blutzuckerwerte verbessert werden (Gilden et al., 1989), orthopädisch erkrankte Patienten waren früher wieder arbeitsfähig (Cockburn et al., 1997).

44.3 Niemand ist alleine krank

Da mit einer Erkrankung nicht selten der Verlust der körperlichen bzw. psychischen Integrität, der Autonomie und Entscheidungsfreiheit, der finanziellen Sicherheit und Lebensqualität, aber auch die Einschränkung von Flexibilität, Handlungsspielraum und Veränderungspotenzial einhergehen, leiden Partner und Angehörige unter den Auswirkungen psychischer, psychosomatischer oder körperlicher Beschwerden gleichermaßen (Buddeberg, 1992; Keller et al., 1998; McKeown et al., 2003; Fristad et al., 2003; Lemmens et al., 2005; Rolland et al., 2005; Kleiboer et al., 2007; Noeker, 2008; Köllner 2009; Zitarosa et al., 2012). Oft erleben sie die Auswirkungen sogar intensiver als die Patienten selbst. Auffallend sind dabei ihre Unsicherheit und Hilflosigkeit im Umgang mit der Erkrankung. Der Verlust von vertrauter Kommunikation, von emotionaler und körperlicher Nähe, mögliche Einschränkungen im Sexualleben, die Bedrohung gemeinsamer Interessen, die Einschränkung der Bewegungsfreiheit und der Freizeitmöglichkeiten, der Verlust von Freunden etc. – all dies sind Herausforderungen, die die Krankheit mit sich bringen kann. Verschärfend wirkt, dass Partner, Angehörige und Eltern sich mit ihren Wünschen, Ängsten und Informationsbedürfnissen von den Behandlern häufig nicht angemessen wahrgenommen fühlen. Zwar rücken Paare und Familien in dieser Phase besonderer Belastung enger zusammen, um sich gegenseitig Mut zu machen und gemeinsame Ressourcen zu aktivieren. Dennoch sind sie den psychosozialen Krankheitsanforderungen mitunter nicht ausreichend gewachsen und fühlen sich überfordert. Gleichsam wie ein Brennglas kann die Krankheit positive oder negative Kräfte in einer Partnerschaft oder Familie bündeln: Gute Beziehungen werden besser, schlechte werden schlechter und laufen womöglich Gefahr zu scheitern. Dies legt nahe, den Partner und/oder die Familienmitglieder schon möglichst frühzeitig in die Behandlung einzubeziehen. Hinzu kommt, dass mangelnde Informationen zu dysfunktionalen Reaktionen führen und zur Aufrechterhaltung der Erkrankung beitragen können.

44.3.1 Patienten, Familien und Partner in der Psychoedukation

Patienten, Familien und Partner gemeinsam in die Psychoedukation einzubeziehen setzt bei Behandlern ein fundiertes Wissen über die systemische Interaktionsdynamik von Individuen, Paaren und Familien voraus. Dafür stehen unterschiedliche Behandlungstechniken und psychotherapeutische Vorgehensweisen der systemischen Psychotherapie, aber auch der medizinischen Paar- und Familientherapie bzw. der systemischen Familienmedizin zur Verfügung (Kröger et al., 1998). Psychoedukation unterstützt diese Prozesse und schafft neben der systemspezifischen Interaktionsdynamik einen Raum gemeinsam geteilten Wissens, der den Patienten und sein primäres Umfeld als kenntnisreiche Experten und aktiv Handelnde in den Behandlungsprozess integriert. Untersuchungen lassen den Schluss zu, dass Familienpsychotherapie und Familienpsychoedukation z. B. bei Essstörungen eine ähnlich hohe Wirksamkeit haben, wobei die psychoedukative Einbeziehung von Angehörigen besser angenommen wurde als die Familientherapie (Zitarosa et al., 2012). Unsere Erfahrung in der Psychoedukation mit Patienten und ihren Angehörigen zeigt, dass Teilnehmer sich signifikant entlastet und im Umgang mit der Erkrankung sicherer fühlen. Nicht zuletzt ist Psychoedukation eine ökonomische Methode, Angehörige an der Behandlung zu beteiligen. Umso mehr verwundert es, dass psychoedukative Angebote für Betroffene und Angehörige lediglich in 30 % der psychosomatischen und psychiatrischen Kliniken vorgehalten werden, trotz einer klaren Empfehlung in den entsprechenden AWMF-Leitlinien (Frank et al., 2012).

Stufenschema für die Einbeziehung von Partnern und Familienangehörigen in die Behandlung

Die Integration der Partner bzw. Familienmitglieder in den krankheitsbedingten Informations-, Behandlungs- und Entscheidungsprozess wird stark von der Komplexität der Situation bestimmt, insbesondere vom Ausmaß der biopsychosozialen Wechselwirkungen. Banale Alltagsbeschwerden, z. B. in der primärärztlichen Versorgung, werden kaum die Einbeziehung der Familie erfordern. Ganz anders stellt sich die Situation hingegen dar, wenn es sich um lebensbestimmende, von krisenhaften oder unsicheren Verläufen geprägte Erkrankungen handelt. Schließt sich an die akute Phase ein chronischer Krankheitsprozess mit wiederholten medizinischen Kontrolluntersuchungen und Nachbehandlungen an, treten Übergangs- und Anpassungsprozesse in den Vordergrund (Rolland, 1994, 2000, 2012). Der Patient und seine Angehörigen suchen Wege, mit der Krankheit zurechtzukommen, sei es durch Umstellung der Alltagsabläufe, durch berufliche Umorientierung, durch eine stärkere Rollenflexibilität in Partnerschaft und Familie oder durch Anschluss an eine Selbsthilfegruppe etc. Soll die Krankheit nicht zum alles organisierenden Prinzip innerhalb der Familie oder Partnerschaft werden, gilt es in dieser Phase, ihr einen Platz zuzuweisen, ohne sich von ihr vereinnahmen zu lassen. Ein ausgewogener Umgang mit der Symptomatik i. S. des sog. Balanced Coping bedeutet, einerseits auf die krankheitsbedingten Anforderungen angemessen einzugehen und andererseits partnerschaftlich-familiäre Lebensziele aktiv weiterzuentwickeln.

Art und Schwere der Erkrankung, aber auch der Umgang mit ihr sind ausschlaggebend, wenn es darum geht, Partner bzw. Angehörige in das Setting einzubeziehen. Unter Berücksichtigung der Komplexität der somatischen *und* psychosozialen Krankheitsfaktoren hat sich dabei ein *Stufenmodell* bewährt, das im Behandlungsverlauf klären hilft, wann und in welcher Form die Integration weiterer Personen indiziert ist (modifiziert nach Doherty u. Baird, 1986; Doherty, 1995; s. a. McDaniel et al., 1997) (s. Abb. 44-1). Therapeutisches Ziel ist es dabei, eine gelingende Interaktion sowie die Entwicklung von Verständnis und Empathie füreinander als wesentliche Faktoren funktionierender Beziehungen und familiärer bzw. partnerschaftlicher Zufriedenheit zu unterstützen.

Stufe 1 Bei banalen Alltagserkrankungen, blanden Infekten etc. Hier ist eine Einbeziehung und Beteiligung des Partners/der Familienangehörigen im Rahmen der medizinischen Behandlungsroutine i. d. R. nicht erforderlich, da ein komplikationsloser Behandlungsverlauf zu erwarten ist.

Stufe 2 Kontinuierliche medizinische Information und Beratung der Partner/Familienangehörigen (z. B. im Rahmen von Schulungs- oder DMP-Programmen). Oft indiziert bei schweren körperlichen Erkrankungen mit geringen psychosozialen Belastungen und günstigem Behandlungsverlauf, z. B. bei Diabetes mellitus Typ 2, kardiovaskulären oder pulmonologischen Erkrankungen, nach chirurgischen Eingriffen etc.

Stufe 3 Systematische Einbeziehung des Partners/der Angehörigen bei der Mitteilung von Diagnosen, geplanten Untersuchungs-

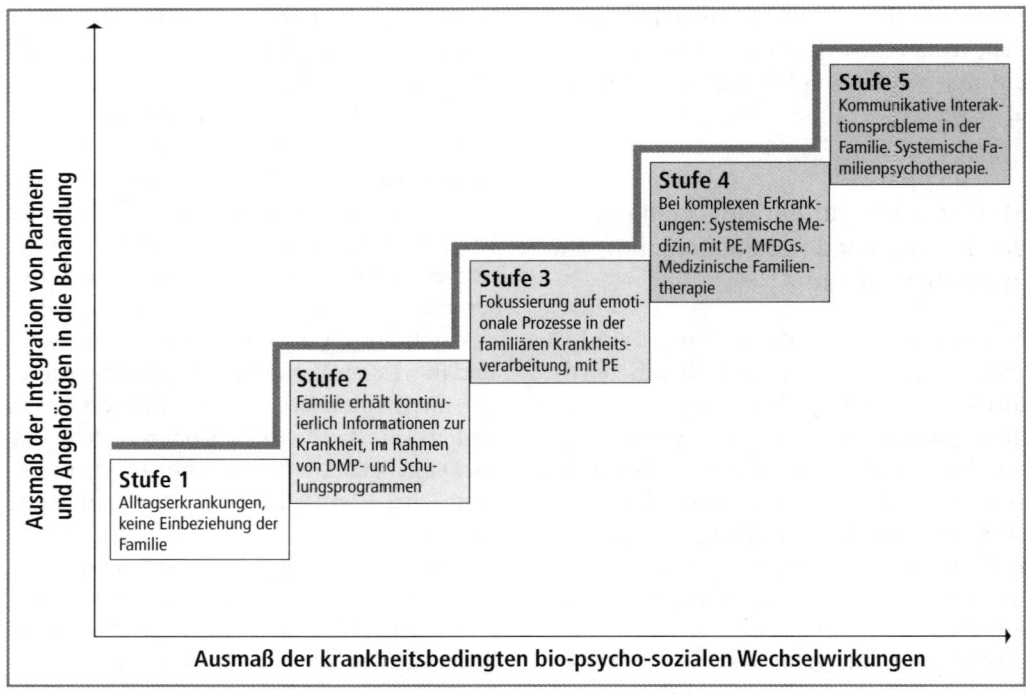

Abb. 44-1 Stufenmodell zur Einbeziehung der Familie

Stufe 1 Alltagserkrankungen, keine Einbeziehung der Familie

Stufe 2 Familie erhält kontinuierlich Informationen zur Krankheit, im Rahmen von DMP- und Schulungsprogrammen

Stufe 3 Fokussierung auf emotionale Prozesse in der familiären Krankheitsverarbeitung, mit PE

Stufe 4 Bei komplexen Erkrankungen: Systemische Medizin, mit PE, MFDGs. Medizinische Familientherapie

Stufe 5 Kommunikative Interaktionsprobleme in der Familie. Systemische Familienpsychotherapie.

Ausmaß der Integration von Partnern und Angehörigen in die Behandlung

Ausmaß der krankheitsbedingten bio-psycho-sozialen Wechselwirkungen

bzw. Behandlungsschritten oder der Übermittlung schlechter Nachrichten. Evidenzbasierte Patienteninformation über typische Krankheitsverläufe und mögliche Varianten. Fokussierung auf emotionale Prozesse in der partnerschaftlichen oder familiären Krankheitsverarbeitung, z. B. beim juvenilen Diabetes Typ 1, bei genetisch disponierten Erkrankungen, im Verlauf von Tumorerkrankungen, bei chronischen Schmerzstörungen, degenerativen Erkrankungen etc.

Stufe 4 Obligatorische diagnostische und therapeutische Einbeziehung des Partners/der Angehörigen bei starken biopsychosozialen Wechselwirkungen im somatischen oder psychischen Krankheitsverlauf. Indiziert insbesondere bei komplexen körperlichen Erkrankungen mit unsicherer Prognose, z. B. bei Autoimmunerkrankungen (Encephalitis disseminata, PCP etc.), bei hereditären Erkrankungen, malignen System- und Tumorerkrankungen, nach Unfall- bzw. Verbrennungstraumata, nach Transplantation, aber auch bei chronischen psychischen oder psychosomatischen Erkrankungen.

Ebene der *Systemischen Familienmedizin* (Hendrischke u. Kröger, 1997; Kröger et al., 2000; Altmeyer u. Hendrischke, 2012; Kröger u. Altmeyer, 2013) bzw. der *Medizinischen Familientherapie* (McDaniel et al., 1997):

- Häufige krankheitsbegleitende Paar- und Familiengespräche,
- gemeinsame interdisziplinäre Fallkonferenzen der (medizinischen und psycho-

44 Systemische Familien-Psychoedukation in der Psychosomatischen Medizin

sozialen) Behandler (Hendrischke u. Kröger, 2000),
- geleitete Paar- oder Angehörigengruppen, sog. Multiple Family Discussion Groups, MFDGs (Steinglass, 1998) oder Psychoedukation für Partner und Angehörige.

Stufe 5 Bei Patienten, deren Krankheits- und Behandlungsverlauf stark durch kommunikative Interaktionsprobleme in der Partnerschaft bzw. Familie bestimmt ist, z. B. im Verlauf psychogener Essstörungen, somatoformer Störungen, affektiver Störungen (Angst und Depression), bei Anpassungsstörungen, bei Traumafolgestörungen (indikativ), bei Dissoziation, bei Persönlichkeitsstörungen.

Ebene der *Systemischen Paar-* bzw. *Familien-Psychotherapie* (von Schlippe u. Schweitzer, 1996; Schweitzer u. von Schlippe 2007; von Sydow et al., 2006):
- Ambulante Paar- und Familienpsychotherapie,
- gemeinsame „reflecting teams" der psychosozialen Behandler im Rahmen von Familiengesprächen,
- ggf. stationäre Paar- oder Familienpsychotherapie bzw. Familienrehabilitation.

Entsprechend dem Ausmaß der biopsychosozialen Wechselwirkungen ergänzt die Psychoedukation flexibel und prozessadaptiert den Behandlungsverlauf nach dem oben erläuterten Stufenschema. Auf der Stufe 2 sind typischerweise Schulungs- bzw. Disease-Management-Programme anzutreffen, die in erster Linie evidenzbasiertes medizinisches Knowhow vermitteln, ohne im engeren Sinne psychosoziale Krankheitsfaktoren zu berücksichtigen (vgl. Nationale VersorgungsLeitlinie Kreuzschmerz, 2010; Nationale VersorgungsLeitlinie Diabetes, 2013). Die angehörigenorientierte Psychoedukation hingegen ist in Kombination mit anderen Behandlungsangeboten am ehesten auf den Stufen 3–4 einzuordnen und versteht sich als zentraler Behandlungsbaustein, der die krankheitsbezogene Wissens- und Informationsvermittlung an den Bedürfnissen, aber auch an den Belastungen aller Betroffenen unter Berücksichtigung der Paar- bzw. Familiendynamik orientiert.

Ambulante Diskussionsgruppen mit mehreren Familien

Als psychoedukativer Kurzzeit-Behandlungsansatz im ambulanten Bereich können die sog. Multiple Family Discussion Groups MFDGs gelten, die in der Systemischen Medizin (vgl. Altmeyer u. Hendrischke, 2012; Kröger u. Altmeyer, 2013) sehr erfolgreich als edukative oder supportive Intervention bei Patienten mit chronischer Erkrankung eingesetzt werden (Steinglass, 1998; Lemmens et al., 2005; Rolland et al., 2005; Ochs u. Altmeyer, 2006). Auch in die Behandlung der Schizophrenie und anderer schwerwiegender psychischer Erkrankungen haben MFDGs Einzug gehalten (McDonell et al., 2006; Asen u. Schuff, 2006; Sherman et al., 2009). Es handelt sich hierbei um psychosoziale Interventionsgruppen mit mehreren Familien (oder Paaren), deren Teilnahme für alle Familienmitglieder offen ist. In einem vorab vereinbarten Zeitraum von ca. 4–6 zweistündigen Sitzungen können die Anwesenden über die Belastungen und Einschränkungen sprechen, denen die Patienten und ihre Familien ausgesetzt sind, wenn ein Familienmitglied unter chronischen körperlichen (z. B. MS, Diabetes, Muskeldystrophie etc.), psychosomatischen (z. B. Schmerzstörung, somatoforme Störung, Essstörung) oder psychischen (z. B. Angst- und Panikstörung, depressive Störung,

Traumafolgestörung etc.) Beeinträchtigungen leidet. Im Anschluss an einen psychoedukativen Informationsteil über die jeweilige Erkrankung haben die Teilnehmer Gelegenheit, sich unter Moderation eines erfahrenen Gruppenleiters in getrennten Kleingruppen (z. B. Subsystem Partner, Subsystem Kinder) oder im Beisein aller Beteiligten (Fishbowltechnik mit Innen- und Außenkreis) über vielfältige krankheitsbezogene Themen miteinander auszutauschen, sei es aus der Perspektive als Partner oder als Kind oder als Eltern. Die Gespräche können sich drehen um die Unsicherheit im Umgang mit dem weiteren Krankheitsverlauf, um die mit der Krankheit verbundenen psychosozialen Herausforderungen, um Möglichkeiten der gegenseitigen Unterstützung, um den Umgang mit Ohnmacht und Resignation, aber auch mit Ärger und Unzufriedenheit, mit Schuldgefühlen etc. Entscheidend ist, dass Angehörige und Patienten gleichermaßen erfahren, dass sie nicht auf sich allein gestellt sind, dass sie vom Erfahrungswissen anderer Betroffener profitieren und dass sie füreinander eine bedeutsame Ressource darstellen können.

Während es unter Berücksichtigung der Paar- und Familiendynamik in der systemischen Psychoedukation und den MFDGs in erster Linie um edukative oder supportive Interventionen bei chronischen Erkrankungen geht – bei denen neben der Wissensvermittlung die gegenseitige Entlastung und die Aktivierung des resilienten Potenzials aller Beteiligten im Vordergrund stehen –, liegt in der Familienpsychotherapie und der medizinischen Familientherapie die Gewichtung auf interpersonellen Beziehungskonflikten bzw. dsyfunktionalen krankheitsinduzierten Interaktionen. Die psychologische Perspektive tritt hier stärker in den Vordergrund. Die Suche nach kompetenzorientierter Aktivierung von Ressourcen zur Konfliktlösung bestimmt den Dialog zwischen den systemischen Therapeuten und der Familie.

44.4 Mögliche Themen in der systemorientierten Psychoedukation

Je nachdem, ob der Behandlungsprozess noch am Anfang steht oder schon fortgeschritten ist, beschäftigt sich die Psychoedukation mit folgenden Themen:
- Evidenzbasierte Informationsvermittlung an alle Beteiligte: Zur Krankheit, ihren typischen Symptomen und Verlaufsformen, Ursachen, Wechselwirkungen, Bedingungen und Behandlungsmöglichkeiten,
- Erweiterung eines überwiegend somatisch geprägten Krankheitsmodells zugunsten eines biopsychosozialen Bedingungsgefüges. Förderung eines Verständnisses für das Ineinandergreifen medizinischer und psychotherapeutischer Behandlungsmaßnahmen,
- Würdigung der familiären health beliefs und Grundüberzeugungen. Nutzung und Respektierung vorhandener subjektiver Krankheitstheorien für die weitere Behandlung,
- Förderung der interpersonellen Bezogenheit und Kommunikation als Basis für sozialen und emotionalen Austausch in der Familie. Minderung von Konflikten und Problemen mit einer von der Krankheit bestimmten Lebensweise,
- Vermittlung einer ausgewogenen familiären Krankheitsbewältigung (balanced coping): Eingehen auf die Anforderungen der Krankheit (acceptance) bei gleichzeitiger Förderung der Fähigkeit, eigene Entscheidungen zu treffen, Änderungen

vertrauter Lebensgewohnheiten im Familienleben einzuleiten oder diese fortan bewusst beizubehalten,
- Erleichterung der Akzeptanz einer nicht heilbaren medizinischen Erkrankung bei gleichzeitigem Weiterverfolgen gemeinsamer Ziele und Werte trotz der Krankheit (commitment). Ermutigung der Familie, Spielräume trotz der Krankheit zu nutzen. Förderung von interpersoneller Verbundenheit trotz krankheitsbedingter Hindernisse und Einschränkungen (communion),
- Stärkung der familiären Selbstwirksamkeit im Umgang mit der Krankheit und mit den notwendigen Veränderungen des Lebensstils (agency). Unterstützung der Bemühungen, der Krankheit einen angemessenen Platz im Alltagsleben der Beteiligten zuzuweisen (wie kann trotz der Beschwerden Normalität aufrechterhalten werden?),
- Vermittlung von Hoffnung auf Reduktion der Symptombelastung und Besserung der Lebenszufriedenheit. Formulierung realistischer Therapieziele.
- Klärung und ggf. Enttabuisierung der Bedürfnisse aller Beteiligter, Förderung von emotionaler Entlastung, Unterstützung der Partner und Familienmitglieder in der Akzeptanz von Abwehrmechanismen (Ängste, Ärger, Schuld- und Schamgefühle, Ohnmacht, Verzweiflung, Trauer etc.),
- Förderung der innerfamiliären und partnerschaftlichen Resilienz und Beziehungsstabilität angesichts krankheitsbedingter Belastungen und Unsicherheiten. Reduktion von sozialer Isolation und erlernter Hilflosigkeit, Fokussierung auf vorhandene Stärken, Aktivierung persönlicher und gemeinsamer Ressourcen. Förderung der Bereitschaft zur Annahme sozialer Unterstützung.
- Förderung einer krankheitsbezogenen Compliance hinsichtlich erforderlicher diagnostischer bzw. therapeutischer Maßnahmen. Unterstützung von Verhaltensweisen, die sich im Umgang mit der Krankheit für alle Beteiligten als günstig und hilfreich erwiesen haben,
- Erläuterung der Wirkung von Entspannungsverfahren und Bewegungsübungen, Stabilisierungs- und Imaginationstechniken.

44.5 Familiäre Belastungen bei psychosomatischen Störungsbildern

Die Integration von Paaren und Familienangehörigen in das ambulante oder klinische Behandlungssetting kann beim Umgang mit den krankheitsbedingten Herausforderungen eine wichtige Ressource darstellen. Andererseits kann es unter dem Eindruck krankheitstypischer Verhaltensweisen in der Partnerschaft oder Familie auch zu Spannungen und Konflikten kommen. Beispielsweise fühlen sich essgestörte Patienten häufig von ihren Eltern kontrolliert und angegriffen. Umgekehrt beziehen Angehörige das Essverhalten der Betroffenen schuldhaft auf sich und reagieren mit Ohnmacht und Hilflosigkeit. Angehörige von Angstpatienten wiederum neigen eher zu einem Schon- und Ausweichverhalten ihrem betroffenen Familienmitglied gegenüber, statt es mit seinem Angst- oder Vermeidungsverhalten zu konfrontieren. Demgegenüber machen Partner und Angehörige von Patienten mit chronischen Schmerzstörungen oder somatoformen Störungen die Erfahrung, dass Zuwendung und soziale Unterstützung die Symptomatik zwar kurzfristig positiv beeinflussen oder sogar lindern können, der Patient dadurch aber längerfristig eher zu einer Verstärkung seines Defensivverhaltens ermutigt wird. Wenn er dann immer weniger Aufgaben zu erfüllen hat, leidet sein Selbstwertgefühl, und es kann zum sozialen Rückzug mit konsekutiver Beschwerdezunahme kommen. Die Aufmerksamkeit für den Patienten sollte daher eher an seine aktive Krankheitsbewältigung geknüpft sein statt an die Klage seiner Beschwerden.

Die Beispiele zeigen, dass Krankheiten tatsächlich beziehungsgestaltende Wirkung haben und deshalb zu einem signifikanten Bestandteil familiärer Interaktion werden können, um die herum sich Kommunikations- und Narrationsmuster entwickeln. Familien stellen einen Rahmen dafür zur Verfügung, wie mit Belastungen umgegangen wird, welche Kommunikation darüber entsteht, welche Gefühle geäußert werden, welche Schritte zur Verbesserung der Situation möglich sind etc. (Ollefs, 2013). Dies kann entsprechend in der Psychoedukation diskutiert/reflektiert und an alltagspraktischen Beispielen in der Familien-Edukationsgruppppe aufgezeigt werden. Auf der Beziehungsebene ist das Ernstnehmen der Symptome wichtig. Es darf jedoch nicht die Fixierung auf die körperlichen Symptome unterstützen. Im Austausch zwischen Betroffenen und Angehörigen sind der Umgang mit Belastungsgrenzen und die Balance zwischen Über- und Unterforderung zentrale Themen. Dies gilt v. a. dann, wenn der Anspruch der Betroffenen so hoch ist, dass sie kleine Erfolgsschritte gar nicht wahrnehmen können. Geklärt werden sollte auch, woran die Betroffenen merken, dass sie von ihren Angehörigen mit ihren Beschwerden ernst genommen werden und wann Ablenkung sinnvoller ist. Für die Identifizierung der Grenze zwischen Über- und Unterforderung erweisen sich die Partner als besonders hilfreich, indem sie evtl. auf das Einhalten der Pausen achten.

44.5.1 Alltagsstrategien für Familien und Partner

Oft werden körperliche und soziale Aktivitäten so lange durchgehalten, bis es nicht mehr geht und die Belastungsgrenze überschritten wird. Hier können in der Familien-Psychoedukation soziale Aktivitäten durchgespielt werden, z. B. der Besuch bei Freunden. Dabei könnte zuvor eine Verabredung getroffen werden, wie lange der Besuch dauern sollte, damit es nicht zu einer Schmerzverstärkung kommt. Ziel sollte sein, dass am Ende statt einer depotenzierenden Versagenserfahrung ein positives Erleben im Vordergrund steht, z. B. die Erfahrung: „Ich habe es geschafft, gut für mich zu sorgen!" In der Gruppe lässt sich auch gut besprechen, wie damit umgegangen werden kann, wenn Patienten wegen psychosomatischer Beschwerden einen Arzt verlangen oder die Notaufnahme aufsuchen wollen. Bei einer Verschlechterung der bereits bekannten Symptomatik sollten sie nicht ungeplant zum Arzt zu gehen, sondern die erlernten Bewältigungsmöglichkeiten selbstständig anwenden, bis der nächste reguläre Kontrolltermin ansteht. Bei somatoformen Störungen wird daher erläutert, daß eine wiederholte apparative Diagnostik zur somatischen Fixierung führen kann und welche Rolle die Affekt-Symptom-Differenzierung in der psychotherapeutischen Behandlung spielt. Bei chronischen Schmerzerkrankungen wird thematisiert, warum aktive Maßnahmen geeigneter sind als passive Behandlungsformen (vgl. von Wachter u. Hendrischke, 2016). Bei Traumafolgestörungen werden ein neurobiologisches Traumamodell und das Modell der strukturellen Dissoziation vermittelt, das zwischen einem funktionierenden Persönlichkeitsanteil und dissoziierten emotionalen Anteilen unterscheidet (vgl. van der Hart et al., 2008). Auch werden hilfreiche Strategien zum Verhalten gegenüber Triggern angesprochen. Ein weiteres wichtiges Thema bei posttraumatischen Belastungsstörungen bilden der Umgang mit Nähe und Distanz und die Gewinnung innerer und äußerer Sicherheit. Bei den Angst- und Zwangserkrankungen hingegen geht es um die Unterstützung bei der konfrontativen Exposition und um die Ermutigung, trotz Misserfolgen wieder in die Situation zurückzukehren. Wichtig ist hier, daß sich die Angehörigen nicht in repetitive Zwangsrituale oder Teufelskreise einbinden lassen. Bei den Essstörungen stehen die Aufklärung über starvationsbedingte Symptome und die Entlastung von Schuldgefühlen im Vordergrund.

44.5.2 Systemische Psychoedukation ermöglicht neue Perspektiven

Angehörige lernen, zwischen Krankheit und Patient zu unterscheiden und das Verhalten der Betroffenen nicht als persönlichen Vorwurf zu erleben. Bei körperlichen Krankheiten geht es z. B. um Werte und Lebensziele in den Familien, an denen mit bzw. trotz der Erkrankung festgehalten werden kann. Angehörige stellen in der Regel viele Fragen zum Einsatz von Medikamenten, oft begleitet von der Befürchtung, dass Medikamente abhängig machen, oder von der Irritation, dass z. B. peripher wirkende Schmerzmittel nicht den erwarteten Effekt haben etc. Die Wirkung von Psychotherapie im Vergleich zu Medikamenten bzw. deren Kombination kann an dieser Stelle gut erörtert werden. Nicht zuletzt ist die Selbstfürsorge aller ein wichtiges Thema in der gemeinsamen Psychoedukation. Hier können die Familienmitglieder ermutigt werden, auch eigene Grenzen der Belastbarkeit zu äußern. Da sich manche Angehörige mitschuldig an der Erkrankung fühlen, sollte auch dieser Aspekt in der Psychoedukation frühzeitig zur Sprache kommen. Die Betroffenen müssen entlastet werden, auch wenn sie das Thema nicht aktiv ansprechen. Der Gruppenleiter sollte die therapeutische Haltung vermitteln, dass die Familien nicht für die Krankheit ihrer Angehörigen verantwortlich, sondern dass sie mitbetroffen sind und eine wichtige Ressource darstellen können. Im Mittelpunkt steht die Klärung von Fragen, die mit der Krankheit zusammenhängen. Dabei nimmt der Gruppenleiter eine aktiv-reflexive Haltung ein, ähnlich der Gesprächsführung in der systemischen Familienpsychotherapie. Ziel ist es, einen sprachlichen Raum zu schaffen, in dem vielfältige Antworten aus verschiedenen Perspektiven möglich sind. Der Gruppenleiter kann vorübergehend immer wieder in die Rolle des Experten schlüpfen, z. B. wenn es abgrenzbare medizinische Sachverhalte zu klären gilt. Insgesamt versteht er sich jedoch als allparteilicher Moderator, der einen ko-kreativen Prozess des Informationsaustausches auf der Ebene des Erfahrungswissens der Patienten, ihrer Partner, ihrer Familienangehörigen und weiterer Mitpatienten anregt und fördert.

44.5.3 Praktische Durchführung der Systemischen Psychoedukation

Die geschilderte Psychoedukation mit Partnern und Familien wird in unserer psychosomatischen Klinik als Gruppenangebot durchgeführt und ergänzt die Behandlung der stationären und tagesklinischen Patienten. Im Unterschied zum ambulanten Setting der oben beschriebenen Multiple Family Discussion Groups nehmen unsere Klinikpatienten in 2 Gruppen à 18 Patienten jede Woche an einer Psychoedukation zu einem der folgenden Themen teil: Angststörungen, depressive Störungen, somatoforme Störungen, chronische Schmerzerkrankungen, Traumafolgestörungen oder Essstörungen. Zu jedem 3. Termin öffnen wir das Setting und laden zusätzlich Familienmitglieder ein, wobei die Einladung so rechtzeitig ausgesprochen wird, dass Interessierte genügend Zeit haben, sich für einen Nachmittag frei zu nehmen. Unsere Patienten sprechen ihre Partner, Eltern, Geschwister oder erwachsene Kinder selbst an, je nachdem, wessen Anwesenheit ihnen wichtig ist. Häufig bedarf es in der Visite oder in der Einzelpsychotherapie einer zusätzlichen Ermutigung, die Partner oder Familienmitglieder um Mitwirkung zu bitten, denn die Patienten befürchten oft, ihnen zur Last zu fallen, oder vermuten bei ihnen Desinteresse. An den Familien-Psychoedukationen, die von einem systemisch ausgebildeten ärztlichen oder psychologischen Psychotherapeuten und ko-therapeutisch ggf. von einem weiteren Teammitglied geleitet werden, nehmen außer den von dem Störungsbild betroffenen Patienten i.d.R. jeweils 5–7 Partner bzw. Familienmitglieder teil.

Auch die Patienten, deren Familienangehörige nicht kommen können, berichten von ihren Erfahrungen in der Familie und profitieren von der PE. Ihnen ist damit die Möglichkeit gegeben, sich im Rahmen eines inneren Dialogs eine Vorstellung davon zu machen, welche Fragen ihre Partner oder Familienangehörigen stellen würden, wenn sie anwesend wären, oder welche Reaktionen sie zeigen würden. So können diese Patienten durch die Beteiligung der Familienmitglieder ihrer Mitpatienten Sichtweisen oder Einstellungen zu der Krankheit kennenlernen, die auch für sie selbst neue, interessante Perspektiven bergen.

Ablauf der Sitzungen

Die Dauer der Familien-Psychoedukation umfasst 100 Min. einschließlich einer kurzen Pause, in der sich die Partner/Familienmitglieder auch informell miteinander austauschen können. Eingangs referiert der Gruppenleiter mithilfe einer PowerPoint-Präsentation über die Symptomatik, das Krankheitsmodell und typische Behandlungsformen des zu besprechenden Störungsbildes. Zur Vertiefung von Informationen und entsprechenden biopsychosozialen Modellen verweisen wir auf unser klinikinternes Schulungsmaterial, das auf unserer Webseite www.psychosomatik-aalen.de/psychoedukation.html abgerufen werden kann. Die Folien dienen als thematischer Input, der die Patienten und Familienmitglieder zur gemeinsamen Diskussion anregen soll. Dabei wird in erster Linie auf die Paar- bzw. Familiendynamik und die Auswirkungen der Erkrankung auf das Familiensystem fokussiert. Im interaktiven Austausch können die Wünsche und Bedürfnisse der Betroffenen, aber auch die der Partner bzw. Angehörigen thematisiert werden. Darüber hinaus besteht Gelegenheit, eine Vielzahl von Fragen zu erörtern, die von den Beteiligten formuliert werden. Während der Psychoedukation leiten wir auch jeweils eine passende kurze Entspannungs- oder Bewegungsübung an.

Typische Fragen von Partnern oder Familienangehörigen

Zur Überraschung der betroffenen Patienten reagieren die Partner und Familienangehörigen oft wesentlich interessierter und neugieriger, als sie es von ihnen erwartet haben. Eine besonders wichtige Rolle spielen Fragen nach der Prognose, dem Verlauf und der Behandlung der Erkrankung. Neben dem Wunsch nach Erläuterung der aktuellen Behandlungsangebote in der Klinik wollen die Angehörigen auch über mögliche Medikamentenwirkungen aufgeklärt werden.

Alle Beteiligten sind sehr daran interessiert, wie sie konkret im Alltag miteinander umgehen können und wie nach der Krankenhausbehandlung der Transfer in den privaten bzw. beruflichen Alltag gelingen kann:
- „Wie gehe ich mit dem Partner um, wenn es ihm schlecht geht? Was hilft ihm?"
- „Wie kann ich ihn beruhigen?"
- „Alle in der Familie können das Jammern nicht mehr hören, wie sollen wir uns verhalten? Darf ich sagen, wenn es mir zu viel wird?"
- „Wie kann ich die Krankheit meines Partners akzeptieren und ihm zeigen, dass ich ihn ernst nehme, ohne ihn zu bedauern?"
- „Meine Frau hört nicht auf mich, wie kann ich sie stoppen, wenn sie zu viel macht?"
- „Soll ich meinen Partner strenger auffordern, etwas zu machen? Wie oft soll ich ihn auffordern?"
- „Wie viel Arbeit soll ich meiner Partnerin im Haushalt abnehmen?"
- „Soll ich ihn schonen, wenn er Schmerzen hat?"
- „Darf ich von meinem Kind, das Magersucht hat, getrennt essen, wenn ich die Esssituation unerträglich finde?"
- „Was kann ich tun, wenn ständig die Lebensmittelvorräte verschwinden? Wie spreche ich das gegenüber meiner bulimischen Tochter an?"
- „Welche Absprachen machen bei essgestörten Kindern Sinn?"
- „Was darf ich im Freundes- und Bekanntenkreis von der psychosomatischen Krankheit erzählen? Was soll ich den Kindern sagen?"
- „Wie kann ich mit meiner Ohnmacht umgehen, wenn ich merke, dass ich ihm nicht helfen kann?"
- „Machen die Medikamente abhängig?" „Was sollen wir tun, wenn sie nicht mehr wirken?"
- „Wie kann es nach dem Klinikaufenthalt weitergehen?"
- „Was können wir bei einem Rückfall tun? Was, wenn meine Partnerin zuhause wieder in alte Muster verfällt?"

Fragen der Gruppenleiter an die Patienten und ihre Partner bzw. Familienmitglieder

Die Gruppenleiter können sich in der Systemischen Psychoedukation z. B. von folgenden Fragen leiten lassen (von Wachter, 2012):
- Wie wirkt sich die Krankheit auf die Beteiligten aus?
- Welche Belastungen entstehen durch die Krankheit für die Familie? Wie viel Raum nimmt die Erkrankung ein?
- Was hat sich seit dem Beginn der psychosomatischen Erkrankung in den Beziehungen untereinander verändert? Wer reagiert wie auf die Beschwerden?
- Wie oft und wie genau sollen die Angehörigen den Betroffenen fragen, wie es ihm geht?
- Woran merken Sie, dass Ihr Angehöriger Sie versteht?
- Wie können die Partner Verständnis zeigen, ohne die Patienten auf die Beschwerden zu fixieren?
- Werden die Beschwerden vom Partner geglaubt, zeigt er ein eher entlastendes, supportives Verhalten, oder verhält er sich ignorant, abweisend, aggressiv etc.?
- Wie können die Familienangehörigen, der Partner und der Patient trotz der Be-

schwerden Entlastung finden und sich gegenseitig unterstützen?
- Wie kann trotz der Krankheit Normalität in der Familie aufrechterhalten werden?
- Wann und wie sollen Angehörige den Betroffenen konfrontieren, wann und wie lange in Ruhe lassen?
- Kann der Partner/Angehörige übermäßige Aktivitäten des Betroffenen stoppen oder auf das Einhalten von Pausen achten, sobald Überforderung droht?
- Woran bemerken Partner/Angehörige beim Patienten eine Besserung der Beschwerden?
- Wie wird mit unangenehmen Gefühlen, z. B. mit Angst, Ärger, Scham und Schuld, in der Familie/Partnerschaft umgegangen?
- Wie können Bedürfnisse geäußert werden? Wie lassen sich Nähe und Distanz regulieren?
- Wird trotz Erkrankung auf Ziele und Werte in der Familie geachtet?

44.5.4 Fallbeispiele

In der Psychoedukation zeigen sich Betroffene häufig vom Engagement ihrer Familienmitglieder beeindruckt. Eine Patientin berichtet z. B.: „Erst dachte ich, mein Mann kommt bestimmt nicht, den interessiert das nicht … Ich war dann überrascht, dass er direkt zusagte und Urlaub nahm."

Eine Patientin mit Depression berichtet, dass ihr Ehemann alles im Haushalt erledige, seit sie in der Klinik sei. Wenn sie nach Hause komme, fühle sie sich überflüssig, ihr Mann hingegen beteuere, dass er ihr nur helfen wolle. In der Gruppe werden daraufhin Erfahrungen im Umgang mit Kompromissen ausgetauscht. Die Patientin beschließt, die Anregungen aufzugreifen und mit ihrem Mann zu klären, was sie nach Entlassung übernehmen kann und was (noch) nicht.

Eine Trauma-Patientin mit dissoziativen Anfällen erzählt in der Gruppe: „Wenn ich einen Anfall habe, will ich nicht von meinem Partner berührt werden. Ich kann aber inzwischen meinen Kopf auf seine Brust legen." Der Partner berichtet, dass seit der Behandlung größere körperliche Nähe bestehe. Beide sprechen von ersten kleinen Schritten.

Zum Thema Pausenmanagement berichten Angehörige in der Psychoedukation, dass sie sich daheim schon oft vergeblich darum bemüht hätten, die Betroffenen diese Begrenzungen jedoch nicht annähmen: „Meine Frau hört nicht auf mich!" Ein Arbeitsblatt kann dem Patienten und seinen Angehörigen im Rahmen einer Belastungserprobung helfen, gemeinsam an der konkreten Umsetzung eines oder mehrerer Wochenendziele zu arbeiten.

Die Frage nach dem Befinden wird sehr unterschiedlich erlebt. Einzelne Betroffene finden, dass die Frage: „Wie geht's Dir?", es ihnen erleichtern würde, innezuhalten, um über sich und ihr Verhalten nachzudenken. Dadurch würden sie sich auch mehr ernst genommen oder gesehen fühlen. Andere Patienten hingegen lassen keinen Zweifel aufkommen, dass sie nicht gefragt werden wollen, wie es ihnen geht.

„Wie können die Partner Verständnis zeigen, ohne dass sie die Patienten auf ihre Beschwerden fixieren?" Diese Frage eignet sich gut für eine kontroverse Diskussion über das Thema Fürsorge. Eine Patientin möchte z. B. kurz über die Beschwerden erzählen dürfen, einmal am Tag für 1 bis 5 Minuten, danach möchte sie aber eher abgelenkt werden. Hier zeigt sich, dass Zuhören oft hilfreicher ist als das Erteilen von Ratschlägen.

Eine häufig diskutierte Frage lautet: „Wem und wie viel darf ich im Bekanntenkreis von der Krankheit erzählen?" Dabei kommt die

Hilflosigkeit der Familienmitglieder zum Ausdruck; die Scham im Umgang mit der Erkrankung wird spürbar.

Oft wird gefragt, wie viel Schonung sinnvoll ist und ob, wie oder wann die Angehörigen die Betroffenen zur Aktivität auffordern sollen. Eine Patientin mit Somatisierung betont: „Zwei bis drei wiederholte Aufforderungen, etwas anders zu machen, sind ok." Oder: „Wir gehen zusammen einkaufen und machen dann eine Pause im Café." Ein anderer Angehöriger fragte: „Wie viel Kritik ist erlaubt?" Dahinter verbarg sich die Frage, wie viel Konfrontation durch den Partner bei Vermeidungsverhalten nötig ist. Eine Schmerzpatientin hingegen sagte zu ihrem Partner, sie wolle trotz der Schmerzen mehr mit ihm zusammen unternehmen und wünsche sich von ihm, dass er sie öfter zu Aktivitäten auffordere bzw. ermutige.

44.5.5 Medieneinsatz

PowerPoint-Präsentationen zu den einzelnen Krankheitsbildern können auf der homepage der Aalener Psychosomatik unter www.psychosomatik-aalen.de/psychoedukation.html aufgerufen werden. Dort finden sich auch kurze Übungen als Podcasts. Den Patienten, die ohne ihre Familienmitglieder an der Systemischen Psychoedukation teilnehmen, empfehlen wir zwei Psychoedukations-DVDs unserer Klinik, die sie sich gemeinsam mit ihren Angehörigen zuhause anschauen und anhören können (s. u., Psychoedukation auf DVD).

Die 6 Vortragstitel der DVD 1 lauten:
1. Somatoforme Störungen
2. Chronische Schmerzstörungen
3. Burnout-Syndrom
4. Schlafstörungen
5. Trauma-Folgestörungen
6. Krankheit in Familie und Partnerschaft.

Die 7 Vortragstitel der DVD Nr. 2 lauten:
1. Depressive Störungen
2. Angststörungen
3. Essstörungen
4. Medikamente in der Psychotherapie
5. Psychotherapie im Krankenhaus
6. Umgang mit Krisen
7. Ressourcen erkennen und fördern.

44.5.6 Bisherige Erfahrungen

Die gemeinsame Psychoedukation mit Patienten und ihren Partnern bzw. Familienmitgliedern wird von den Teilnehmern sehr gut angenommen und vermittelt mehr Sicherheit im Umgang mit der Erkrankung. Die Angehörigen zeigen erstaunlich großes Interesse und stellen häufig mehr Fragen als die Betroffenen selber. Der Erfahrungsaustausch in einer gemeinsamen Psychoedukation erweist sich als entlastend. Gespräche über die Erkrankung in der Familie können gebahnt und Dinge in Bezug auf die Erkrankung thematisiert werden, die in der Partnerschaft nicht erörtert wurden. Diese Erfahrung erleichtert es den Teilnehmern, sich auch zuhause über den Umgang mit der Erkrankung intensiver auszutauschen.

Auch Betroffene, deren Angehörige nicht an der Psychoedukation teilnehmen, äußern sich zum Thema, stellen konkrete Fragen und formulieren die Wünsche und Erwartungen, die sie in der Partnerschaft/Familie haben. Offenbar regen die anwesenden Familienmitglieder zur Reflexion an. Sie wirken als Modell, sodass sich manch einer im Spiegel der anderen wiederzuerkennen scheint.

Systemische Psychoedukation mit Patienten und deren Angehörigen erweist sich als praktikable Methode, die Partner bzw. Familienangehörigen ohne zusätzlichen Aufwand kennenzulernen und sie als Experten in die Behandlung einzubeziehen.

44.5.7 Evaluation

Der folgende, von den Autoren entwickelte Kurz-Fragebogen eignet sich für die Evaluation:

Hat sich durch die Krankheit an der Beziehung zu Ihrer/m Angehörigen/m etwas geändert? Wenn ja, was?

Hatte diese heutige Sitzung einen Nutzen für Sie?
Bitte einkreisen (0–5): keinen Nutzen 0–1–2–3–4–5 sehr guter Nutzen?
Wenn ja, was hat Ihnen in der heutigen Sitzung geholfen?

Gibt es Dinge, die Ihnen weiterhin unklar sind und von denen Sie sich wünschen, daß darauf eingegangen wird? Wenn ja, welche sind das?

Kann sich durch die heutige Sitzung im Umgang mit der Erkrankung und Ihrem Angehörigen etwas ändern? Wenn ja, was könnte das sein?

Ich bin ❏ Partner
❏ Elternteil
❏ Kind
❏ sonstiger Angehöriger

Sollten wir die gemeinsame Psychoedukation weiterhin anbieten?
❏ Ja / ❏ Nein
Fänden Sie es hilfreich, mehrfach an solchen oder ähnlichen Sitzungen teilzunehmen?
❏ Ja / ❏ Nein

Vielen Dank für Ihre Rückmeldung

44.5.8 Eigene Evaluation der Systemischen Psychoedukation

Ausgehend von der Frage, welche beziehungsrelevanten Auswirkungen Partner und Angehörige durch die Krankheit erleben und wie sie den Nutzen gemeinsamer Psychoedukation einschätzen, führten wir in unserer Klinik für Psychosomatik eine orientierende Fragebogenuntersuchung durch (von Wachter et al., 2013).

Es wurden 14 Psychoedukationen mit insgesamt 167 Patienten und 76 Angehörigen (52 Partner, 12 Eltern, 8 erwachsene Kinder, 4 Geschwister) durchgeführt. An den gemeinsamen Gruppensitzungen nahmen jeweils 2–13 Angehörige (durchschnittlich 5,5) und 5–18 Patienten (durchschnittlich 11,5) teil. In der Befragung mit einem in der Klinik entworfenen Fragebogen (s. Kasten links) wünschten sich alle Familienmitglieder (n=72) eine Fortsetzung des psychoedukativen Angebotes. Auch an mehreren Sitzungen würden 96 % teilnehmen. Der Nutzen wurde auf einer Skala zwischen 0 (kein Nutzen) und 5 (sehr guter Nutzen) mit 4 bewertet.

Die Familienmitglieder gaben Einschränkungen durch die Krankheit vor allem in den Bereichen Nähe und Distanz, Vertrauen, Kommunikation, gemeinsame Aktivitäten, Aufgaben- und Rollenverteilung sowie Sexualität an. Die Angehörigen waren unsicher im Umgang mit der jeweiligen Erkrankung und zeigten sich sehr daran interessiert, wie sie konkret im Alltag miteinander umgehen sollten. Sie gaben an, die Sitzung habe zum besseren Verständnis beigetragen, sie hätten viele Informationen über das Krankheitsbild erhalten und sich bestätigt und entlastet gefühlt. Als Partner und Familienangehörige hätten sie eine Vielzahl von Anregungen für den besseren Umgang mit der Erkrankung und mit schwierigen Situationen bekommen. Als weitere Ziele wurde genannt, in Zukunft weniger über die Krankheit zu diskutieren, mehr Ablenkungsmöglichkeiten zu forcieren, trotz der Erkrankung mehr zusammen zu unternehmen, zu loben bei Bewältigungsversuchen, größere Akzeptanz füreinander zu entwickeln, häufiger das gemeinsame Gespräch zu suchen und auch selbst offener über ihre eigenen Befindlichkeiten zu sprechen.

Psychoedukation auf DVD

Die Seele schweigt – der Körper spricht. Psychosomatische Erkrankungen und ihre Behandlung. Martin von Wachter und Askan Hendrischke. 195 Min. Auditorium Netzwerk und Jokers Verlag 2009, Art. Nr.: JOK1068D.

Aus Krisen werden Ressourcen – Psychische Erkrankungen und ihre Behandlung. Monika Enderle, Henrike Wiedersheim, Martin von Wachter, Askan Hendrischke. 265 Min. Auditorium Netzwerk und Jokers Verlag 2013, Art.Nr.: 3070D.

Literatur

Altmeyer S., Hendrischke A. (2012). Einführung in die Systemische Familienmedizin. Heidelberg (Carl-Auer Verlag).

Asen E, Schuff H (2006). Psychosis and multiple family group therapy. J Fam Ther 28: 58–72.

Birbaumer N, Schmidt RF (2005). Biologische Psychologie. Psychophysiologie chronischer Schmerzen. 6. Aufl. Heidelberg (Springer), S. 359–372.

Breitenstein C, Flor H, Birbaumer N. (1994). Interaktionsverhalten chronischer Schmerzpatienten und ihrer Partner [Interaction patterns of chronic pain patients and their spouses]. Zeitschrift für Klinische Psychologie 23: 105–116.

Buddeberg C. (1992). Brustkrebs – Psychische Verarbeitung und somatischer Verlauf. Stuttgart (Schattauer).

Cockburn JT, Thomas FN, Cockburn OJ (1997). Solution-focused therapy and psychosocial adjustment to orthopedic rehabilitation in a work hardening program. Journal of Occupational Rehabilitation 7(2): 97–106.

Doherty WJ, Baird M (1986). Family-centered medical care: a clinical casebook. New York (Guilford Press).

Doherty W J (1995). The why's and levels of collaborative family health care. Fam Syst Med 13: 275.

Eisler I (2005). The empirical and theoretical base of family therapy and multiple family day therapy for adolescent anorexia nervosa. J Fam Ther 27: 104–131.

Engel GL (1977). The need for a new medical model: A challenge for biomedicine. Science 196(4286): 129–136.

Frank F, Rummel-Kluge C, Berger M et al. (2012). Psychoedukation für Angehörige von Depressionspatienten – Versorgungssituation in der stationären Depressionsbehandlung. Berlin: Poster, Jahrestagung der DGPPN.

Fristad MA, Goldberg-Arnold J S, Gavazzi SM (2003). Multi-family psychoeducation groups in the treatment of children with mood disorders. J Marital Fam Ther 29: 491–504.

Gilden JL, Hendryx M, Casia C et al. (1989). The effectiveness of diabetes education programs for older patients and their spouses. J Am Geriatr Soc 37(11): 1023–1030.

Goldbeck L, Babka C (2001). Development and evaluation of a multi-family psychoeducational program for cystic fibrosis. Patient Educ Couns 44: 187–192.

Goldberg-Arnold JS, Fristad MA, Gavazzi S M (1999). Family psychoeducation: Giving caregivers what they want and need. Fam Relat 48: 411–417.

Gonzalez S, Steinglass P (2002). Application of multifamily groups in chronic medical disorders. In: McFarlane WF (Hrsg.). Multifamily Groups in the Treatment of Severe Psychiatric Disorders. New York (Guilford Press), S. 315–341.

Hart van der O, Nijenhuis ERS, Steele K (2008). Das verfolgte Selbst. Strukturelle Dissoziation und die Behandlung chronischer Traumatisierung. Paderborn (Junfermann).

Heier H (2008). Evaluation eines psychoedukativen Kurses für Angehörige von Schlaganfallpatienten.

Dissertation, FB Rehabilitationswissenschaften Humboldt Universität, Berlin.

Hendrischke A, Kröger F (1997). Systemische Familienmedizin – ein Modell für Kooperation im Gesundheitswesen. Dtsch Ärztebl 94: A 294–296.

Hendrischke A, Kröger F (2000). Kooperation im Krankenhaus. In: Kröger F, Hendrischke A, McDaniel S (Hrsg.). Familie, System und Gesundheit – Systemische Konzepte für ein soziales Gesundheitswesen. Heidelberg (Carl-Auer Systeme Verlag), S. 207–221.

Herzog W, Beutel ME, Kruse J (2012). Psychosomatische Medizin und Psychotherapie heute: Zur Lage des Fachgebietes in Deutschland (Hrsg.). Stuttgart (Schattauer).

Joos AB, Kemter B, Schmidt A et al. (2012). Allgemeine Psychoedukation in der Akutpsychosomatik am Beispiel einer Tagesklinik. PiD 13: 91–95.

Keller M, Henrich G, Beutel M (1998). Wechselseitige Belastung und Unterstützung bei Paaren mit einem Krebskranken. Psychother Psych Med 48: 358–368.

Kleiboer AM, Kuijer RG, Hox JJ et al. (2007). Daily negative interactions and mood among patients and partners dealing with multiple sclerosis (MS). The moderating effects of emotional support. Soc Sci Med 64: 389–400.

Köllner V (2009). Traumafolgestörungen bei körperlichen Erkrankungen und medizinischen Eingriffen. Ärztliche Psychotherapie 4: 133–139.

Kröger F, Hendrischke A, Schweitzer J et al. (1998). Psychotherapie in der Systemischen Familienmedizin. Psychotherapeut 43: 352–359.

Kröger F, Hendrischke A, McDaniel S (Hrsg.) (2000). Familie, System und Gesundheit – Systemische Konzepte für ein soziales Gesundheitswesen. Heidelberg (Carl-Auer Systeme Verlag), S. 207–221.

Kröger F, Altmeyer S (2013). Systemische Familienmedizin – eine kritische Bestandsaufnahme. Familiendynamik 38: 108–118.

Lemmens G, Eisler I, Heireman M et al. (2005). Family discussion groups for patients with chronic pain: A Pilot Study. ANZJFT 26–1: 21–32.

Lemmens GMD, Eisler I, Migerode L et al. (2007). Family discussion group therapy for major depression: A brief systemic multi-family group intervention for hospitalized patients and their family members. J Fam Ther 29: 49–68.

McDaniel S, Hepworth J, Doherty WJ (1997). Familientherapie in der Medizin. Ein biopsychosoziales Behandlungskonzept für Familien mit körperlich Kranken. Heidelberg (Carl-Auer Verlag).

McDaniel S, Hepworth J, Doherty WJ (2013). Familientherapie in der Medizin und die therapeutische Persönlichkeit. Familiendynamik 38: 92–107.

McDonell MG, Short RA, Hazel NA et al. (2006). Multiple-family group treatment of outpatients with schizophrenia: Impact on service utilization. Family Process 45: 359–373.

McKeown LP, Porter-Armstrong AP, Baxter GD (2003). The needs and experiences of caregivers of individuals with multiple sclerosis: A systematic review. Clin Rehab 17: 234–248.

Morisky DE, Levine DM, Green LW et al. (1983). Five-year blood pressure control and mortality following health education for hypertensive patients. Am J Public Health 73(2): 153–162.

Nationale VersorgungsLeitlinie Diabetes – Strukurierte Schulungsprogramme (2013). Dtsch Ärztebl 110: A-795/B-691/C-691.

Nationale VersorgungsLeitlinie Kreuzschmerz (2010). Dtsch Ärztebl, 107: A 2525–2528

Noeker M (2008). Funktionale und somatoforme Störungen im Kindes- und Jugendalter. Göttingen (Hogrefe).

Noeker M (2013). Familienmedizin – eine Erfolgsgeschichte, auch für die Psychiatrie. Familiendynamik 38: 166–168.

Ochs M, Altmeyer S (2006). Herausforderungen und Chancen bei der Implementierung von Multi-Familien-Gruppen in der pädiatrischen Onkologie. Systhema 20: 284–296.

Ollefs B (2013). Wenn Kinder-Krankheiten Eltern hilflos werden lassen. Familiendynamik 38: 126–137.

Pitschtel-Walz G, Leucht S, Bäuml J et al. (2001). The effect of family interventions on relapse and rehospitalization in schizophrenia. A meta-analysis. Schiz Bull 27: 73–92.

Rolland JS (1994). Families, illness and disability – an integrative treatment model. New York (Basic Books).

Rolland, JS (2000). Krankheit und Behinderung in der Familie – Modell für ein integratives Behandlungskonzept. In: Kröger F et al. (Hrsg.). Familie, System und Gesundheit. Heidelberg (Carl Auer-Verlag).

Rolland JS (2005). Cancer and the Family: An Integrative Modell. Cancer 104 (11 Suppl): 2584–2595.

Rolland JS (2012). Mastering family challenges in serious illness and disability. In: Walsh F (Hrsg.). Normal family processes. 4. Aufl. New York (Guilford Press), S. 452–482.

Rolland JS, McPheters JK, Carbonell E (2005). Resilient Partners: A Collaborative Project with the MS Society. Projektskizze. Bezug über: jrolland@uchicago.edu

Savundranayagam MJ, Brintnall-Peterson M (2010). Testing self-efficacy as a pathway that supports self-care among family caregivers in a psychoeducational intervention. Journal of Family Social Work 13: 149–162.

Schlippe A von, Schweitzer J (1996). Lehrbuch der systemischen Therapie und Beratung. Göttingen (Vandenhoeck & Ruprecht).

Schweitzer J, Schlippe A von (2007). Lehrbuch der systemischen Therapie und Beratung II. Das störungsspezifische Wissen. Göttingen (Vandenhoeck & Ruprecht).

Sherman MD, Fischer EP, Sorocco K et al. (2009). Adapting the Multifamily Group Modell to the Veterans Affairs System: The REACH Program. Prof Psychol Res Pr 40: 593–600.

Siousioura D (2012). Review of therapeutic groups for type 1 diabetes mellitus patients. J Diabetes Endocrinol 3(2): 11–21.

Steinglass P (1998). Multiple family discussion groups for patients with chronic medical illness. Fam Syst Health 16: 55–70.

Steinglass P, Ostroff J, Steinglass AJ (2002). The Ackerman/ Memorial Sloan Kettering Multiple Family Discussion Group for Cancer Patients and their Families. Unpublished Treatment Manual. Ackerman Institute for the Family. Bezug über: psteinglass@ackerman.org

Sydow K von, Beher S, Retzlaff R et al. (2006). Die Wirksamkeit der Systemischen Therapie/Familientherapie. Göttingen (Hogrefe).

Wachter M von (2003). Schmerzkrankheit in der Familie. In: Altmeyer S, Kröger F (Hrsg.). Theorie und Praxis der Systemischen Familienmedizin. Göttingen (Vandenhoeck & Ruprecht).

Wachter M von (2012). Chronische Schmerzen, Selbsthilfe und Therapiebegleitung. Orientierung für Angehörige, Konkrete Tipps und Fallbeispiele. Berlin (Springer).

Wachter M von, Enderle M, Hendrischke A (2013). Psychoedukation mit Patienten und Angehörigen in der Psychosomatik. Heidelberg: Poster, Jahrestagung des Deutschen Kollegiums für Psychosomatische Medizin DKPM.

Wachter M von, Hendrischke A (2016). Psychoedukation bei chronischen Schmerzen – Manual und Materialien. Berlin (Springer).

Weiss J, Brocai D, Heckl U et al. (2006). Psychoedukation mit Krebspatienten: Therapiemanual für eine strukturierte Gruppenintervention. Stuttgart (Schattauer).

Zitarosa D, de Zwaan M, Pfeffer M et al. (2012). Angehörigenarbeit bei essgestörten Patientinnen. Psychother Psych Med 62: 390–399.

XI Indikationsorientierte Psychoedukation

45 Lebensqualitätsorientierte Psychoedukation

Ingrid Sibitz, Julia Strothjohann, Michaela Amering[1]

45.1 Bedeutsamkeit der Förderung von Lebensqualität

Die Lebensqualität von Personen mit psychischen Erkrankungen ist niedriger als die der Allgemeinbevölkerung und niedriger als die von Personen mit körperlichen Erkrankungen (Katschnig et al., 2006). Beeinträchtigungen finden sich vor allem im Bereich des psychischen Wohlbefindens. Personen mit psychischen Erkrankungen sind unglücklicher und unzufriedener als andere. Viele leiden unter Anhedonie, einem Zustand der Freud- und Lustlosigkeit, der sich negativ auf das subjektive Wohlbefinden auswirkt. Weitere Symptome wie depressive Verstimmung, Antriebslosigkeit und sozialer Rückzug wirken ebenfalls belastend. Auch die Einnahme von Psychopharmaka kann Lebensfreude, Antrieb und Libido beeinträchtigen. Psychisch Erkrankten fällt es daher oft schwer, sich aktiv für ihr Wohlbefinden einzusetzen und Maßnahmen zur Förderung der Genussfähigkeit und der Lebensfreude zu ergreifen.

Neben der Belastung durch Krankheitssymptomatik und krankheitsbedingte Beeinträchtigungen stellen die mit einer psychiatrischen Erkrankung verbundene Stigmatisierung und Diskriminierung ein großes Problem dar (Stuart, 2008). Stigma und Diskriminierung tragen dazu bei, dass die ohnehin bereits bestehenden Hürden in Bezug auf das Eingehen und Erhalten von Partnerschaften und Freundschaften sowie selbstständiges Wohnen, eine Anstellung am ersten Arbeitsmarkt und eine erfüllende Freizeitgestaltung noch schwerer zu meistern sind. Oft fehlt den psychisch Erkrankten ein stabiles soziales Netzwerk, das sie unterstützt, auffängt und motiviert. Ein Mangel an sozialem Netz, Stigma und soziale Exklusion gehen mit geringer Selbstwirksamkeit und begrenzten Möglichkeiten im Leben einher und führen zu Armut, Isolation, Perspektivlosigkeit, Resignation und Depression und somit zu reduziertem psychischen Wohlbefinden und niedriger Lebensqualität (Markowitz, 1998; El-Badri u. Mellsop, 2007; Corrigan et al., 2009; Sibitz et al., 2011).

Psychisch Erkrankte haben auch ein höheres Risiko für körperliche Erkrankungen und eine geringere Lebenserwartung als die Allgemeinbevölkerung (Weiser et al., 2009). Mehrere Faktoren sind dafür verantwortlich: Zum einen zeigen psychisch Erkrankte häufig ein ungünstiges Gesundheitsverhalten mit schlechten Ernährungsgewohnheiten, Rauchen, Alkohol- und Drogenmissbrauch und wenig Bewegung. Zum anderen wird die Entwicklung eines metabolischen Syndroms mit Adipositas, Hyperlipidämie, Hypertonie und erhöhtem Nüchternblutzucker auch durch die Einnahme von Psychopharmaka begünstigt. Zudem werden körperliche Erkrankungen bei Personen mit psychischen Erkrankungen einerseits von den PatientInnen selbst und andererseits von den behandelnden ÄrztInnen seltener als solche erkannt.

---

[1] Unsere Kollegin und Freundin Ingrid Sibitz hat die Drucklegung unseres gemeinsamen Beitrags leider nicht mehr erlebt. Sie ist im November 2014 gestorben. (J. Strothjohann, M. Amering)

Es ist daher von wesentlicher Bedeutung, die Lebensqualität von Personen mit psychischen Erkrankungen gezielt zu fördern. Während einige der Bedingungen einer guten Lebensqualität von gesellschaftspolitischen und ökonomischen Umständen abhängig sind, gibt es andere, für die subjektive Haltungen und Einstellungen sowie individuelles Verhalten maßgeblich sind. Diese lassen sich durch Therapie beeinflussen, wobei eine individuelle Vorgehensweise mit Integration von medikamentösen, psychosozialen und psychotherapeutischen Behandlungsstrategien erforderlich ist. Um die Lebensqualität nachhaltig zu verbessern, sind psychosoziale Interventionen essenziell (Penn et al., 2005; Smizdla u. Leff, 2006). Die Behandlungsergebnisse lassen sich jedoch noch optimieren, wenn die Therapie nicht nur auf die Erarbeitung eines Krankheits- und Selbstkonzeptes ausgerichtet ist, sondern auch auf eine positive Lebensgestaltung und Steigerung der Genussfähigkeit zielt (Böker u. Brenner, 1996; Schaub et al., 1996). Zunehmend wird daher in psychoedukativen Programmen das Augenmerk auch auf Lebensqualitätsthemen gelegt (Schaub et al., 1996; Pitschel-Walz et al., 2003; Bäuml et al., 2010). Eine umfassende Beschäftigung mit Themen wie Ressourcen, Genuss, positive Lebensgestaltung und gesundheitsfördernder Lebensstil findet in den meisten störungsspezifischen psychoedukativen Interventionen bislang jedoch nicht statt.

45.2 Konzepte zur gezielten Förderung der Lebensqualität

Um unabhängig von Krankheit oder Gesundheit die Lebensqualität zu fördern, wurden einige neue Therapieansätze entwickelt. Robert Cloninger stellt in seinem Buch „Feeling Good: The Science of Well-Being" (Cloninger 2004) ein umfassendes Konzept zu subjektivem Wohlbefinden dar und zeigt Wege zum erfüllten Sein auf. Das eigene Wohlbefinden ist ausschlaggebend dafür, wie weitere Bereiche der Lebensqualität, z. B. das Funktionieren in sozialen Rollen, die sozialen und materiellen Lebensbedingungen sowie die persönliche und geistige Erfüllung, beurteilt werden. Sein psychoedukatives Programm zum Well-being nennt sich „The happy life: voyages to well-being" und umfasst 15 Module (Cloninger 2006). Ein Modul dauert ca. 50 Min. und kann im Sinne der individuellen Selbsthilfe oder als Zusatz zur Einzel- oder Gruppentherapie angewendet werden.

Einen weiteren Therapieansatz zur Steigerung des subjektiven Wohlbefindens stellt die „Well-being-Therapie" von Giovanni Fava (1999) dar. Sie basiert auf Caroll Ryffs (1989) Modell des psychologischen Well-Being, das die sechs Dimensionen Alltagsbewältigung, persönliches Wachstum, Lebenssinn, Autonomie, Selbstakzeptanz und positive soziale Beziehungen beinhaltet. In der Well-being-Therapie werden in 8–14 Einzelsitzungen durch Selbstbeobachtung, Tagebuchführung und Interaktionen zwischen TherapeutIn und PatientIn Episoden des Wohlbefindens sowie Gedanken und Überzeugungen, die zu einer vorzeitigen Unterbrechung des Wohlbefindens führen, identifiziert. Einschränkungen des Wohlbefindens werden nach Ryffs Modell erfasst, Veränderungsmöglichkeiten erarbeitet und entdeckt. Fava und MitarbeiterInnen evaluierten die Well-being-Therapie bei PatientInnen mit generalisierter Angststörung (Fava et al., 2005), affektiven Störungen (Fava et al., 1998) und Zyklothymie (Fava et al., 2011). Hierbei zeigten sich die Well-being-Therapie bzw. kognitiv-behaviorale Therapie plus Well-being-Therapie hinsichtlich positiver Auswirkungen auf das psychologische Wohlbefinden und die Krankheitssymptomatik der alleinigen kognitiv-behavioralen Therapie (Fava et al., 1998; Fava et al., 2005) bzw. der Routineversorgung (Fava et al., 2011) überlegen. In einer der genannten Studien wurde auch gezeigt, dass die positiven Effekte über den 2-jährigen Follow-up-Zeitraum bestehen blieben (Fava et al., 2011). Somit erwies sich die Therapie auch im Sinne der Rückfallprophylaxe als wirksam. Die Wirksamkeit der Well-being-Therapie wurde darüber hinaus in einem nicht-klinischen Setting bestätigt: Bei jugendlichen SchülerInnen erzielte sie eine Zunahme an psychischem und körperlichen Wohlbefinden sowie eine Abnahme von Stress und Angst (Ruini et al., 2006; Ruini et al., 2009).

Auch die „Quality of Life Therapy" von Michael Frisch (2006) zielt auf eine Steigerung von Lebensfreude und Zufriedenheit. In 8–15 Einzelgesprächen wird eine Verbesserung der Zufriedenheit mit verschiedenen Lebensbereichen wie körperliche Gesundheit, familiäre und freundschaftliche Beziehungen, Funktionieren in sozialen Rollen, Freizeitaktivitäten, psychische Gesundheit und gesellschaftliche Integration angestrebt. In Interventionsstudien mit PatientInnen, die auf eine Lungen- bzw. Nierentransplantation warteten, führte die Quality of Life Therapy im Vergleich zu supportiver Therapie zu einer stärkeren Verbesserung der Lebensqualität und zu weniger Angst und Depression bzw. Stress (Rodrigue et al., 2005; Rodrigue et al., 2011).

Eine im deutschen Sprachraum angewandte Therapie mit psychoedukativem Charakter zur Förderung von Wohlbefinden und Genuss ist die „Kleine Schule des Genießens" bzw. euthyme Therapie (Koppenhöfer, 2004; Lutz, 2007). Die euthyme Therapie fokussiert auf Ressourcen und gesunde Anteile und ist konzeptuell mit dem Salutogenesekonzept von Antonovsky (1979, 1997) verwandt. Durch Zentrierung auf die verschiedenen Sinnesqualitäten wie Sehen, Hören, Riechen, Schmecken und Tasten wird die Genussfähigkeit gesteigert. Der reflektierte Umgang mit den schönen und angenehmen Dingen des Lebens fördert gesunderhaltende Bedingungen und einen positiven Umgang mit sich selbst. Bisherige Studien belegen, dass die euthyme Therapie eine Zunahme an positiver Stimmung und psychischer Gesundheit sowie eine Abnahme von Angst und Depression bewirkt (Lutz, 2007). In einer randomisierten und kontrollierten Studie wiesen Kiermeir et al. (2012) darüber hinaus nach, dass mit dieser Therapie nicht nur depressive Residualsymptome reduziert werden können, sondern auch die Selbstfürsorge gestärkt wird. Beide Faktoren gelten als wesentlich für die Rückfallprävention. Positive Erfahrungen gibt es auch bei der Integration der euthymen Therapie in ein umfassendes Behandlungsprogramm, das auf einer soziotherapeutischen Station für Personen mit einer Psychose aus dem schizophrenen Formenkreis durchgeführt wurde (Stöhr, 2003). Die euthyme Therapie war bei den Psychoseerfahrenen sehr beliebt und wurde wie kein anderes Angebot regelmäßig besucht. Neben der Steigerung der Genussfähigkeit kam es zu positiven Auswirkungen auf das Selbstvertrauen, die Kommunikationsfähigkeit, die PatientIn-TherapeutIn-Beziehung und das Freizeitverhalten (Stöhr, 2003).

Das gesundheitsfördernde und präventive Potenzial von Maßnahmen zur Förderung von Wohlbefinden, positiven Emotionen und Glück wird zunehmend erkannt und erlangt gesellschaftspolitische Relevanz. So soll zukünftig auch in Schulen und in der Erwachsenenbildung neben der Förderung der körperlichen Gesundheit das Augenmerk vermehrt auf die Förderung von Wohlbefinden und Glück gelegt werden (http://www.key-competence-happiness.eu/).

Ein weiteres auf der Salutogenese (Antonovsky, 1979, 1997) basierendes Manual zur Gesundheitsförderung ist das sog. HEDE-Training (Franke u. Witte, 2009). HEDE bezeichnet die Pole des Kontinuums zwischen gesund („health-ease") und krank („disease"). Ziel dieses Trainings ist es, den TeilnehmerInnen durch Stärkung ihres Kohärenzgefühls dabei zu helfen, sich weg vom Krankheitspol und hin zum Gesundheitspol zu entwickeln. Es sollen gezielt folgende drei Teilkomponenten des Kohärenzgefühls gefördert werden: Verstehbarkeit (die eigene Person und die äußeren Ereignisse verstehen können), Handhabbarkeit (Mittel und Wege haben, um Aufgaben und Herausforderungen zu lösen) und Bedeutsamkeit (das Leben und Lebensbereiche als so sinnvoll und wichtig empfinden, dass es sich lohnt, sich dafür anzustrengen). Heute wird auf Basis der Datenlage mehrheitlich die Ansicht vertreten, dass das Kohärenzgefühl durch psychotherapeutische Interventionen verändert werden kann (Maoz, 2004). HEDE richtet sich allgemein an Menschen, die ihre Gesundheit verbessern und ihr Wohlbefinden steigern möchten. Das Training umfasst 10 Sitzungen à 2 Std. Es werden Methoden wie Kleingruppenarbeit, Diskussionen und Rollenspiele eingesetzt. Eine Evaluation des Programms findet derzeit statt, erste Ergebnisse des Prä-post-Vergleiches zeigen signifikante Verbesserungen in den Bereichen psychische und körperliche Belastung sowie bei der Bewältigung partnerschaftlicher Probleme (Stahn, 2011).

45.3 Muster-Manual: „Wissen – genießen – besser leben", ein Seminar für Menschen mit Psychoseerfahrung

Ein störungsspezifisches lebensqualitätsorientiertes psychoedukatives Gruppenangebot für Personen mit der Erfahrung einer Psychose aus dem schizophrenen Formenkreis stellt das in Wien entwickelte Seminar „Wissen – genießen – besser leben" dar (Amering et al., 2002). Das Besondere an diesem 9-wöchigen Seminarangebot ist, dass es den Lebensqualitätsthemen genauso viel Raum und Zeit widmet wie den Krankheitsthemen. In den 1mal wöchentlich für 2×30 Min. mit einer viertelstündigen Pause stattfindenden Gruppentreffen werden einerseits Anregungen zum Umgang mit der spezifischen psychiatrischen Störung und andererseits Anregungen zur Erhöhung der Lebensqualität – Themen, die nicht nur Personen mit Psychoseerfahrung ansprechen, sondern unabhängig von Gesundheit und Krankheit jedem nutzen können – vermittelt und erarbeitet. Die Themen des Seminars sind in Tab. 45-1 dargestellt.

Das Seminar bietet Gelegenheit zum Wissens- und Erfahrungsaustausch und hilft zu erkennen, dass und wie man zu mehr Genuss im Leben kommen und aktiv zur Verbesserung der eigenen Lebensumstände beitragen kann.

Das Gruppenangebot richtet sich an PatientInnen, die in ambulanter ärztlicher Betreuung stehen und denen die Teilnahme am Seminar als zusätzliches Angebot empfohlen wird. Die Bezeichnung „*Seminar*" bringt zum Ausdruck, dass das Angebot vergleichbar ist mit Angeboten, die in der Erwachsenenbildung üblich sind, und trägt so zu einer „Normalisierung" im Leben der PatientInnen bei. Moderiert werden soll das

Tab. 45-1 Themen des Seminars „Wissen – genießen – besser leben"

Wie verringere ich meine Vulnerabilität?	Wie erhöhe ich meine Lebensqualität?
Was ist Vulnerabilität? Worin besteht meine Vulnerabilität? Was ist für mich ein Stressor? Wie hängen Vulnerabilität und Stress zusammen? (Vulnerabilitäts – Stress – Modell) Wie kann ich mit Stress besser umgehen?	**Wie steigere ich mein Wohlbefinden?** Wie kommt Wohlbefinden zustande? Wie kann ich mir Gutes tun? Wovon hängt Lebensfreude ab? Wie wirkt sich die Umgebung auf mein Wohlbefinden aus? Wie kann ich meine Umgebung angenehmer gestalten?
Was kann ich gegen Symptome tun? Was sind Symptome? Wie kann ich mit verschiedenen Symptomen besser umgehen lernen? Was sind Frühwarnzeichen? Wie reagiere ich richtig auf Frühwarnzeichen?	**Wie bleibe ich fit?** Was bringt mir körperliche Aktivität? Was kann ich tun, um mich körperlich fit zu halten? Welche Ernährungsgewohnheiten unterstützen meine Gesundheit? Was brauche ich, um mich langfristig wohl zu fühlen?
Was bewirken Medikamente? Welche Medikamentengruppen gibt es? Wie verringern Medikamente die Verletzlichkeit? Wie gehe ich mit Nebenwirkungen um? Welches Medikament ist für mich am besten geeignet?	**Wie kann ich mich mit anderen wohlfühlen?** Was kann ich gemeinsam mit anderen tun, um mich wohl zu fühlen? Wie verhalte ich mich bei neuen Bekanntschaften? Wie gehe ich mit Konflikten um? Wie pflege ich meine Freundschaften?
Wie gehe ich mit Vorurteilen und Benachteiligungen um? Welches sind die häufigsten Vorurteile gegenüber psychisch Kranken? Welche Folgen haben Vorurteile für psychisch Kranke? Wie gehe ich mit Benachteiligungen im Alltag um? Wie können Vorurteile und Benachteiligungen abgebaut werden?	**Wie kann ich mein Leben aktiv gestalten und planen?** Wie kann ich durch Aktivität von anderen unabhängiger werden? Wie plane ich meinen Tagesablauf? Wie finde ich einen guten Rhythmus von Aktivität und Erholung? Wie kann ich meinen Interessen nachgehen?

Seminar durch Personen, die Erfahrung im Umgang mit Personen mit einer Psychose sowie Erfahrung in der Leitung von Gruppen mitbringen. Aufgabe der Moderation ist es, eine klare Struktur vorzugeben, die als Rahmen für die Auseinandersetzung mit den Themen dient. Es kann davon ausgegangen werden, dass vieles von dem Wissen, das im Seminar vermittelt werden soll, in einer Gruppe von Personen, die Erfahrung mit Psychosen und Psychiatrie haben, bereits vorhanden ist. Die Gruppe wird angeleitet, ihr eigenes Wissen zu den vorgegebenen Themen zu entdecken. Sie wird zur aktiven Teilnahme motiviert, etwa durch die Aufforderung, der Reihe nach zu einem bestimmten Thema Stellung zu nehmen. Vereinbar wird aber auch, dass jemand, der zu einem bestimmten Thema nichts sagen möchte, dies eindeutig zum Ausdruck bringt, indem er z. B. erklärt: „Dazu möchte ich jetzt nichts sagen." Eine klare Strukturierung ist vor allem anfangs für Personen mit Psychoseerfahrung wichtig, damit es nicht zu belastendem Schweigen und angstauslösendem Chaos kommt. Mit der Zeit wächst das Vertrauen untereinander und zur Gruppenleitung, sodass Struktur zurückgenommen und freie Diskussionen gefördert werden können. Die Gruppenarbeit orientiert sich an den Prinzipien der „Themenzentrierten Interaktion" (Cohn, 1992) und des „Angeleiteten Entdeckens" (Mayer, 2004).

Die Vermittlung von Expertenwissen erfolgt verbal sowie auf Flipchart und durch Handouts und nimmt somit Rücksicht auf eventuelle kognitive Beeinträchtigungen. Eine nicht-hierarchische, partnerschaftliche Beziehungsgestaltung mit Respekt vor dem Wissen und den Erfahrungen der TeilnehmerInnen, vorbehaltlose Wertschätzung und das Einbringen persönlicher Erfahrungen haben sich bewährt.

Struktur und Ablauf der 9 Treffen sind in Tab. 45-2 dargestellt. Dieser Ablauf wiederholt sich in jedem Treffen. Im Hauptteil werden die 4 Krankheitsthemen und 4 Lebensqualitätsthemen bearbeitet, wobei jedes Thema jeweils in zwei aufeinander folgenden Treffen behandelt wird. Durch die Wiederholung wird der Lernerfolg erhöht und die Treffen enden jeweils mit einem Thema,

Tab. 45-2 Struktur und Ablauf der Treffen (Quelle: Amering et al., 2002, S. 27 f.)

Einleitung (bis zur 5. Minute)	• Nach der Begrüßung wird die **Anwesenheitsliste** herumgereicht. • **Blitzlicht** – Teilnehmer werden aufgefordert, der Reihe nach kurz und unkommentiert ihre Befindlichkeit zu schildern nach den Fragen „Wie geht es Ihnen jetzt? Ist seit dem letzten Treffen etwas Wichtiges passiert?" • Dann folgt ein Rückblick auf die Themen des vorhergehenden Treffens und die Themen für das heutige Treffen werden vorgestellt.
Hauptteil (bis zur 30. Minute)	**Thema 1: Vulnerabilität** a) Inhaltsvermittlung, Diskussion, Übungen b) Ausgabe der Handouts c) Aufgaben für die Woche bis zum nächsten Treffen
Pause (bis zur 45. Minute)	
Hauptteil (bis zur 70. Minute)	**Thema 2: Lebensqualität** a) Inhaltsvermittlung, Diskussion, Übungen b) Ausgabe der Handouts c) Aufgaben für die Woche bis zum nächsten Treffen
Abschluss (bis zur 75. Minute)	• Abschlussblitzlicht • Zusammenfassung und Ausblick • Stundenbeurteilung

das sich mit Aspekten der Lebensqualität beschäftigt.

Das Seminar wurde mit quantitativen und qualitativen Methoden evaluiert (Sibitz et al., 2006, 2007a, 2007b). Insgesamt fanden 19 Gruppen mit je 6–8 TeilnehmerInnen statt. Von 131 zum Seminar erschienenen Personen nahmen 103 an mindestens 5 Seminartreffen teil. Diese wurden in die Datenanalyse einbezogen. Nach Abschluss des 9-wöchigen Seminars wurden 50 % der Gruppen randomisiert zu monatlichen „Booster-Treffen" zugeteilt, die anderen Gruppen erhielten kein weiteres zusätzliches Angebot. Alle wurden zu einer Follow-up-Untersuchung nach 1 Jahr eingeladen. Die 103 SeminarteilnehmerInnen waren im Schnitt 36 Jahre alt. Etwas mehr als die Hälfte (54 %) waren Frauen. Die Gesamtgruppe hatte ein durchschnittliches Ersterkrankungsalter von 25 Jahren und wies die für diese Diagnosegruppe (F2) typischen Beeinträchtigungen auf: Mehr als die Hälfte lebte alleine, lediglich ein Drittel hatte eine Partnerschaft, und obwohl mehr als die Hälfte eine gute Schulbildung (Matura/Abitur) hatte, ging nur etwa ein Fünftel einer bezahlten Arbeit nach.

Im quantitativen Vor-nach-Vergleich (Sibitz et al., 2006) zeigten sich einige signifikante Veränderungen: Krankheitsbezogenen Wissen, Lebensqualität und Selbstwirksamkeit nahmen zu; die Krankheitssymptomatik nahm ab. Auch verbesserte sich die Einstellung gegenüber Medikamenten. Bei den subjektiven Beschwerden kam es zu keinen signifikanten Veränderungen.

Die Studie zur Wirksamkeit von Booster-Treffen (Sibitz et al., 2007a) belegt, dass die ermutigenden Effekte der prä-post Analyse selbst 1 Jahr nach Seminarbeginn noch vorhanden waren, und zwar unabhängig davon, ob Booster-Treffen stattfanden oder nicht. Dies deutet darauf hin, dass das Angebot von monatlich stattfinden Booster-Treffen keinen wesentlichen zusätzlichen Nutzen bringt. Unserer Erfahrung nach wäre jedoch die Möglichkeit, zu einem späteren Zeitpunkt noch einmal an einer psychoedukativen Gruppe teilzunehmen, für einige TeilnehmerInnen interessant und nützlich.

Um erwünschte und unerwünschte Wirkungen sowie mögliche Wirkmechanismen zu erfassen, wurde das Seminar auch mit qualitativer Methodik evaluiert (Sibitz et al., 2007b).

45.4 Fazit

Neben gesellschaftspolitischen Maßnahmen gegen Stigma und Diskriminierung, Maßnahmen zur Verbesserung von Versorgungsstrukturen, Betreuungsqualität und ökonomischen Rahmenbedingungen sind therapeutische ressourcenorientierte Interventionen zentrale Bausteine für die Steigerung der Lebensqualität von Personen mit psychischen Erkrankungen. Diese unterstützen die Entwicklung eines die Gesundheit und das Wohlbefinden fördernden Lebensstils und stellen somit Initiativen im Sinne der Gesundheitsförderung dar.

Manuale

Amering A, Sibitz I, Gössler R et al. (2002). Wissen – genießen – besser leben. Ein Seminar für Menschen mit Psychoseerfahrung. Bonn (Psychiatrie-Verlag).

Cloninger R (2004). Feeling Good: The Science of Well-Being. New York.

Franke A, Witte M (2009). Das HEDE-Training. Manual zur Gesundheitsförderung auf Basis der Salutogenese. Bern (Huber).

Frisch MB (2006). Quality of Life Therapy. Applying a Life Satisfaction Approach to Positive Psychology and Cognitive Therapy. New York (John Wiley).

Koppenhöfer E. (2004). Kleine Schule des Genießens. Berlin (Pabst).

Literatur

Amering A, Sibitz I, Gössler R et al. (2002). Wissen – genießen – besser leben. Ein Seminar für Menschen mit Psychoseerfahrung. Bonn (Psychiatrie-Verlag).

Amering M, Schmolke M (2012). Recovery. Das Ende der Unheilbarkeit. 5. Aufl. Bonn (Psychiatrie-Verlag).

Antonovsky A (1979). Health, Stress and Coping. San Francisco (Jossey Bass).

Antonovsky A (1997). Salutogenese. Tübingen (dgvt).

Bäuml J, Pitschel-Walz G, Berger H et al. (2010). Arbeitsbuch PsychoEdukation bei Schizophrenie (APES). Stuttgart (Schattauer).

Böker W, Brenner HD (1996). Stand systemischer Modellvorstellungen zur Schizophrenie und Implikationen für die Therapieforschung. In: Böker W, Brenner HD (Hrsg.). Integrative Therapie der Schizophrenie. Bern (Huber), S. 17–32.

Cloninger CR (2006). The science of well-being: An integrated approach to mental health and its disorders. World Psychiatry 5: 71–76.

Cloninger R (2004). Feeling Good: The Science of Well-Being. New York.

Cohn RC (2009). Von der Psychoanalyse zur Themenzentrierten Interaktion. 15. Aufl. Stuttgart (Klett-Cotta).

Corrigan PW, Larson JE, Rüsch N (2009). Self-stigma and the „why try" effect: impact on life goals and evidence-based practices. World Psychiatry 8: 75–81.

El-Badri S, Mellsop G (2007). Stigma and quality of life as experienced by people with mental illness. Australas Psychiatry 15: 195–200.

Fava G (1999). Well-being therapy: conceptual and technical issues. Psychother Psychosom 68: 171–179.

Fava G, Rafanelli C, Cazzaro M et al. (1998). Well-being therapy. A novel psychotherapeutic approach for residual symptoms of affective disorder. Psychological Medicine 28: 475–480.

Fava G, Ruini C, Finos L et al. (2005). Well-Being therapy of generalized anxiety disorder. Psychother Psychosom 74: 26–30.

Fava GA, Rafanelli C, Tomba E et al. (2011). The sequential combination of cognitive behavioral treatment and well-being therapy in cyclothymic disorder. Psychother Psychosom 80: 136–143.

Franke A, Witte M (2009). Das HEDE-Training, Manual zur Gesundheitsförderung auf Basis der Salutogenese. Bern (Huber).

Frisch MB (2006). Quality of Life Therapy. Applying a Life Satisfaction Approach to Positive Psychology and Cognitive Therapy. New York (John Wiley).

Grant GM, Salcedo V, Hynan LS et al. (1995). Effectiveness of quality of life therapy for depression. Psychol Rep 76: 1203–1208.

Katschnig H, Freeman H, Satorius N (Hrsg) (2006). Quality of Life in Mental Disorders. 2. Aufl. New York (John Wiley).

Kiermeir J, Gassner LM, Siebörger A et al. (2012). Euthymic Therapy to Reduce Residual Symptoms of Depression and Strengthen Self-Care – A Randomised Controlled Trial., Ger J Psychiatr 15: 15–22.

Koppenhöfer E (2004). Kleine Schule des Genießens. Berlin (Pabst).

Lutz R (2007). Euthyme Therapie und Salutogenese. In: Frank R (Hrsg.). Therapieziel Wohlbefinden. Ressourcen aktivieren in der Psychotherapie. Heidelberg (Springer), S. 56–68.

Maoz B (2004). Historische Entwicklung und Praxis der Salutogenese. In: Gunkel S, Kruse G (Hrsg.). Salutogenese, Resilienz und Psychotherapie: Was halt gesund? Was bewirkt Heilung? Hannover (Hannoversche Ärzte-Verlags-Union), S. 69–89.

Markowitz FE (1998). The effects of stigma on the psychological well-being and life satisfaction of persons with mental illness. J Health Soc Behav 39: 335–347.

Mayer RE (2004). Should there be a three-strikes rule against pure discovery learning? Am Psychol 59: 14–19.

Pitschel-Walz G, Bäuml J, Kissling W (2003). Psychoedukation Depressionen. München (Urban & Fischer).

Penn DL, Waldheter EJ, Perkins DO et al. (2005). Psychosocial treatment for first-episode psychosis: a research update. Am J Psychiatry 162: 2220–2232.

Rodrigue JR, Baz MA, Widows MR (2005). A randomized evaluation of quality-of-life therapy with patients awaiting lung transplantation. Am J Transplant 5: 2425–2432.

Rodrigue JR, Mandelbrot DA, Pavlakis M (2011). A psychological intervention to improve quality of life and reduce psychological distress in adults awaiting kidney transplantation. Nephrol Dial Transplant 26: 709–715.

Ruini C, Belaise C, Brombin C (2006). Well-being therapy in school settings: a pilot study. Psychother Psychosom 75: 331–336.

Ruini C, Ottolini F, Tomba E (2009). School intervention for promoting psychological well-being in adolescence. J Behav Ther Exp Psychiatry 40: 522–532.

Ryff CD (1989). Happiness is everything, or is it? Explorations on the meaning of psychological well-being. J Pers Soc Psychol 57: 1069–1081.

Schaub A, Andres K, Brenner HD et al. (1996). Entwicklung einer bewältigungsorientierten Gruppentherapie für schizophrene Patienten. In: Böker W, Brenner HD (Hrsg.). Integrative Therapie der Schizophrenie. Bern (Huber), S. 330–352.

Schmolke M (2001). Gesundheitsressourcen im Lebensalltag schizophrener Menschen. Eine empirische Untersuchung. Bonn (Psychiatrie-Verlag).

Sibitz I, Katschnig H, Goessler R et al. (2006). „Wissen – genießen – besser leben" – ein Seminar für Psychoseerfahrene zur Verbesserung der Lebensqualität und Verringerung der Verletzlichkeit. Erste Erfahrungen und Ergebnisse. Psychiat Prax 33: 170–176.

Sibitz I, Amering M, Gössler R et al. (2007a). One year outcome of low intensity booster sessions versus care as usual in psychosis patients after a short term psychoeducational intervention. Eur Psychiatry 22: 203–210.

Sibitz I, Amering M, Gössler R et al. (2007b). Patients' perspectives on what works in psychoeducational groups for schizophrenia: a qualitative study. Soc Psychiatry Psychiatr Epidemiol 42: 909–915.

Sibitz I, Amering M, Unger A (2011). The impact of the social network, stigma and empowerment on the quality of life in patients with schizophrenia. Eur Psychiatry 26: 28–33.

Stahn C (2011). Evaluation einer Interventionsmaßnahme zur Steigerung der kognitiven Leistungsfähigkeit bei älteren Arbeitnehmern in der Automobilbranche. Dissertation, Technische Universität Dortmund.

Stöhr KW (2003). Euthyme Therapie mit schizophrenen Patienten. Gfts-Zeitschrift 19: 54–60.

Stuart H (2008). Fighting the stigma caused by mental disorders: past perspectives, present activities, and future directions. World Psychiatry 7: 185–188.

Szmidla A, Leff J (2006). Differentiating the effects of pharmacological and psychosocial interventions in an intensive rehabilitation programme. Soc Psychiaty Psychiatr Epidemiol 41: 734–737.

Weiser P, Becker T, Losert C et al. (2009). European network for promoting the physical health of residents in psychiatric and social care facilities (HELPS): background, aims and methods. BMC Public Health 9: 315.

46 Psychoedukation in der beruflichen Rehabilitation psychisch kranker Menschen

Irmgard Plößl, Matthias Hammer

46.1 Gründe für die Psychoedukation in der beruflichen Rehabilitation psychisch kranker Menschen

Arbeit bedeutet für psychisch kranke Menschen viel: am gesellschaftlichen Leben teilzuhaben, den Tag zu strukturieren, soziale Kontakte zu pflegen, Geld zu verdienen und vieles mehr. Arbeit auf dem allgemeinen Arbeitsmarkt, aber auch in beschützten Beschäftigungsverhältnissen erhöht nachweislich die Lebenszufriedenheit und Lebensqualität (Priebe et al., 1998; Angermeyer, 2000). Auch die Krankheitsbewältigung wird positiv beeinflusst. Die rezidivprophylaktische Wirkung von Arbeit ist wiederholt empirisch belegt (Reker et al., 1998; Priebe, 1999). Arbeit kann aber auch belasten. Menschen, die an psychischen Erkrankungen leiden, sind häufig vulnerabel für Überstimulation und soziale Stressoren. Wird Arbeit als Überforderung oder Überstimulation empfunden, kann sie ein auslösender Faktor für Krankheitssymptome oder Rückfälle sein. Um die positiven und protektiven Aspekte von Arbeit erlebbar zu machen, ist es deshalb für psychisch kranke Menschen besonders wichtig, Über- und Unterforderung zu meiden und beruflich das jeweils optimale Anforderungsniveau zu suchen. Im Rahmen einer psychoedukativen Gruppe kann versucht werden, mit den Teilnehmern ebendieses individuell optimale Anforderungsniveau zu erarbeiten.

Psychisch kranke Menschen können nach der Erstmanifestation der Erkrankung häufig nicht mehr oder nur eingeschränkt auf ihre Lebenspläne und beruflichen Perspektiven zurückgreifen. Unter Berücksichtigung der Erkrankung und der Kenntnis des Arbeits- und Unterstützungssystems müssen sie alternative berufliche Perspektiven und Pläne entwickeln. Dies ist häufig eine zentrale Beratungsaufgabe für Mitarbeiter und Mitarbeiterinnen beruflicher Rehabilitationsmaßnahmen (Haerlin, 2009). Da medizinische und berufliche Rehabilitation in Deutschland in der Regel getrennt voneinander und in verschiedenen Maßnahmen stattfinden, sind Menschen mit psychischer Erkrankung bei der Aufgabe, die Bewältigung der psychischen Erkrankung mit der Entwicklung einer neuen beruflichen Perspektive zu verknüpfen, häufig auf sich allein gestellt. Ein psychoedukatives Programm sollte diese Lücke in der bestehenden Versorgung schließen. Inhaltlich sollte versucht werden, sich dem stark emotional besetzten und oft sowohl beängstigenden als auch Hoffnungen auslösenden Thema der Arbeit schrittweise zu nähern, stufenweise konkrete Ziele zu erarbeiten und positiv-realistische Zukunftserwartungen zu wecken. Dabei gilt es, insbesondere den komplexen Zusammenhang zwischen Arbeit und psychischer Erkrankung herauszuarbeiten: Einerseits kann Überforderung am Arbeitsplatz Krankheitssymptome verschlimmern und Rückfälle zur Folge haben, andererseits kann die schrittweise Stabilisierung im Rahmen einer beruflichen Trainingsmaßnahme die Überwindung längerfristiger Krankheitsfolgen und die Wiedererlangung früherer Fähigkeiten und Fertigkeiten beschleunigen und einer Chronifizierung vorbeugen. Die Beziehung zwischen krankheitsbedingten Einschränkungen, deren Veränderbarkeit durch rehabilitative Maßnahmen und ihren Auswirkungen auf die berufliche Zukunft sollte im Rahmen der Psychoedukation von verschiedenen Seiten her beleuchtet und bearbeitet werden.

46.1.1 Aktueller Stand

Angesichts der großen Bedeutung von Arbeit und beruflicher Teilhabe für den Krankheitsverlauf und die Bewältigung einer psychischen Erkrankung ist es überraschend, dass dieser Themenbereich in der Psychoedukation nicht stärker gewichtet wird. Berufliche Tätigkeit erfordert eine vertiefte Auseinandersetzung mit der eigenen psychischen Erkrankung, die psychoedukativ begleitet werden sollte. Das ZERA-Programm ist eines der wenigen psychoedukativen Programme im deutschsprachigen Raum, das den Schwerpunkt auf die berufliche Rehabilitation legt. Auch das verhaltenstherapeutische Praxishandbuch von Roder et al. (2008) enthält ein Manual zur Arbeitsrehabilitation.

Berufliche Rehabilitation findet außerhalb der klinischen Versorgung statt und wird schwerpunktmäßig von Sozialpädagogen und Arbeitstherapeuten begleitet. Erforderlich sind daher praxisnahe psychoedukative Programme, die von diesen Berufsgruppen in Schulungen erlernt und dann durchgeführt werden können. Nur so ist gewährleistet, dass psychisch erkrankte Teilnehmerinnen und Teilnehmer beruflicher Rehabilitationsmaßnahmen von psychoedukativen Programmen profitieren können.

46.2 Das ZERA-Programm

Das ZERA-Programm ist methodisch an die Zielgruppe psychisch kranker Menschen angepasst. Der Ablauf ist klar und strukturiert und folgt stets einem roten Faden, der auch für die Teilnehmer erkennbar ist. Dabei werden Informationen auf zwei Säulen vermittelt: einerseits über die psychische Erkrankung und ihre Bewältigungsmöglichkeiten, andererseits über das zur Verfügung stehende Hilfesystem.

Neben der Vermittlung von Informationen sind auch die Entwicklung positiver, selbstwirksamer Kontrollüberzeugungen und die Entwicklung oder Aufrechterhaltung von Motivation wesentliche Aufgaben einer gelingenden beruflichen Rehabilitation. Motivation hat sich immer wieder als wichtiger Prädiktor zur Vorhersage des Rehabilitationserfolgs erwiesen (Mecklenburg, 1999; Höhl et al., 2004). Leider geht gerade die Entwicklung realistischer neuer Zukunftsperspektiven häufig mit einer gewissen Resignation und dem Verlust der Motivation einher, v. a. wenn die neuen Zukunftsperspektiven weit entfernt sind von den ursprünglichen Wünschen und Zielen eines Menschen. Die Psychoedukation bietet besonders gute Möglichkeiten, die Motivation aufrechtzuerhalten und gleichzeitig konkrete, realistische Ziele zu entwickeln.

Die besondere Herangehensweise beim ZERA-Programm besteht darin, für die Teilnehmer den Zusammenhang zwischen den Themenkomplexen Arbeit und Erkrankung herzustellen. Das Schulungsprogramm ZERA verknüpft psychoedukative Inhalte bewältigungsorientiert mit dem Lebensbereich Arbeit. Es kann jedoch keinen Ersatz für ein allgemeines psychoedukatives, soziales oder berufliches Trainingsprogramm darstellen.

1. Unterprogramm: Einführung

Zielsetzung:
- Klärung der Rahmenbedingungen
- Übersicht der Schulungsinhalte und Klärung der Erwartungen
- Kennenlernen der Teilnehmer

Dauer: 1 Sitzung

2. Unterprogramm: Einstieg in das Thema Arbeit

Zielsetzung:
Differenzierung des Arbeitsbegriffs

Dauer: 1 Sitzung

3. Unterprogramm: Welcher Zusammenhang besteht zwischen Arbeit und dem Verlauf einer psychischen Erkrankung?

Zielsetzung:
- Erarbeitung eines plausiblen Krankheitsmodells
- Differenzierung von krankheitsauslösenden Faktoren und Bewältigungsmöglichkeiten
- Erarbeitung von konkreten Bewältigungsansätzen mittels Krisenplan im Bereich Arbeit

Dauer: 3–4 Sitzungen

4. Unterprogramm: Aktuelles Profil der Grundarbeitsfähigkeiten

Zielsetzung:
- Differenzierung der Einschätzung der eigenen Stärken und Schwächen im Hinblick auf Grundarbeitsfähigkeiten durch Selbst- und Fremdeinschätzung
- konkrete Ansatzpunkte für die Veränderbarkeit von arbeitsbezogenen Schwächen aufzeigen und in kleinen, erreichbaren Schritten Verbesserungen erarbeiten (Problemlösetraining)

Dauer: 3–4 Sitzungen

5. Unterprogramm: Spektrum der Arbeits- und Unterstützungsmöglichkeiten

Zielsetzung:
- Vermittlung von Informationen über weiterführende Arbeits- und Unterstützungsmöglichkeiten
- Aufbau von Handlungskompetenz durch selbstständiges Erarbeiten von Themengebieten

Dauer: 3–4 Sitzungen

6. Unterprogramm: Planung der beruflichen Rehabilitation – Kurz- und mittelfristige Ziele

Zielsetzung:
- Entwicklung realistischer Zukunftsperspektiven anhand arbeitsbezogener kurz- und mittelfristiger Ziele
- Motivierung der Teilnehmer und weitere Planung zur sinnvollen Nutzung der Rehabilitationsmaßnahme (individueller Rehabilitationsplan)

Dauer: 2–3 Sitzungen

7. Unterprogramm: Zusammenfassung und Ausblick

Zielsetzung:
- Individuelle Zusammenfassung der Schulungsergebnisse im 3-Kreise-Modell.
- Gruppenabschluss

Dauer: 2–3 Sitzungen

Das Konzept des Schulungsprogramms ZERA berücksichtigt sowohl inhaltlich als auch didaktisch die kognitiven und sozialen Anforderungen von schizophren Erkrankten, die sich in einer Rehabilitationsmaßnahme befinden. Die bisher gesammelten Erfahrungen weisen auf die Relevanz der Trainingsinhalte hin. Die erste Evaluation der Schulungsmaßnahme (Hammer u. Plößl, 2001) ergab Veränderungen bei der Experimentalgruppe: Im kognitiven Bereich (Wissenszuwachs), im motivationalen Bereich (Training wurde als motivierend, strukturierend im Hinblick auf beruflichen Ziele und die Ausnutzung der Arbeitstrainingsmaßnahme erlebt) und im Verhaltensbereich (gezielte Verbesserung der Arbeitsgrundfertigkeiten im Rahmen des Problemlösetrainings). Dies entspricht den Zielsetzungen der Schulung. Das ZERA-Gruppentrainingsprogramm ist aufgrund der Erfahrungen in der praktischen Anwendung gut geeignet, eine berufliche Trainingsmaßnahme für psychisch Erkrankte sinnvoll zu begleiten und zu ergänzen. Die Teilnehmenden sind im Anschluss an das Programm besser über ihre Erkrankung und das relevante Arbeits- und Unterstützungssystem informiert, nutzen die Angebote im Rahmen der beruflichen Trainingsmaßnahme besser aus und können erste Verbesserungen im Bereich der Grundarbeitsfähigkeiten erzielen. Sie erleben die Teilnahme an der Schulung als informativ, hilfreich und sinnvoll strukturierend (Plößl u. Hammer, 2005).

Das ZERA-Trainingsprogramm besteht aus insgesamt 7 Unterprogrammen, die aufeinander aufbauen. Dabei ist der Aufbau des Schulungsprogramms baukastenartig, sodass bei Bedarf einzelne Bausteine entnommen, flexibel in das jeweilige Rehabilitationskonzept einer Einrichtung eingefügt und an die entsprechende Zielgruppe angepasst werden können.

Das ZERA-Trainingsprogramm wurde entwickelt für Menschen mit psychischen Erkrankungen, die eine berufliche Trainingsmaßnahme absolvieren. Ziel ist, krankheitsbedingte Defizite im Bereich der Arbeitsfähigkeit auszugleichen und die Leistungsfähigkeit nach Möglichkeit so weit zu steigern, dass die Übernahme einer Tätigkeit auf dem allgemeinen Arbeitsmarkt möglich wird. Alternativ kann auch eine andere Form der beruflichen Teilhabe das Ziel sein, z. B. die Integration in den Arbeitsbereich einer Werkstatt für psychisch erkrankte Menschen, stundenweise niederschwellige Tätigkeiten oder eine Arbeitsgelegenheit mit dauerhafter Unterstützung und Begleitung. Es ist wichtig, die Teilnehmer nicht nur bei der Entwicklung und Umsetzung beruflicher Ziele zu unterstützen, sondern auch bei der Bewältigung der psychischen Erkrankung. Beide Bereiche sind untrennbar miteinander verbunden. Wer sich beruflichen Herausforderungen stellen und sich etwas zutrauen möchte, muss seine Frühwarnzeichen gut kennen und wissen, welche Entlastungs- und Unterstützungsmöglichkeiten im Krisenfall helfen und zur Verfügung stehen.

Der psychoedukative Teil von ZERA in Unterprogramm 3 ist störungsübergreifend aufgebaut und vermittelt grundlegende Informationen zur Rückfallprophylaxe und Bewältigung, die unabhängig von der Diagnose hilfreich sein können. Damit trägt ZERA der Tatsache Rechnung, dass in den meisten Einrichtungen und Maßnahmen der beruflichen Rehabilitation diagnoseübergreifende Gruppen angeboten werden.

Das ZERA-Trainingsprogramm wurde so konzipiert, dass es im Rahmen der teilstationären oder ambulanten Rehabilitation mit den vorhandenen personellen und zeitlichen Ressourcen durchgeführt werden kann. Für die Leitung der Gruppen ist nur ein Trainer erforderlich, ggf. können ein Ko-Trainer oder externe Referenten einbezogen werden. Die Gruppe kann von Psychologen, Sozialpädagogen oder anderen Berufsgruppen nach Teilnahme an einer Trainerschulung durchgeführt werden. Das Trainingsprogramm umfasst ca. 20 Sitzungen von 60 bis 90 Min. Dauer. Die Gruppengröße sollte idealerweise 7 bis 9 Teilnehmende umfassen. Die Teilnehmenden erhalten Ordner mit schriftlichen Informationsmaterialien und Arbeitsblättern. Das

Programm ist störungsübergreifend einsetzbar für Menschen mit Erkrankungen aus dem schizophrenen Formenkreis, mit affektiven Erkrankungen oder Persönlichkeitsstörungen, die sich mit ihrer beruflichen Zukunft auseinandersetzen möchten.

Die übergeordnete Struktur des Programms orientiert sich an den drei Leitfragen:
- Wo liegen zurzeit meine Stärken und Schwächen im beruflichen Bereich?
- Welche Arbeits- und Unterstützungsmöglichkeiten kann ich nutzen?
- Welche Wünsche und Ziele habe ich für meine berufliche Zukunft?

Diese Leitfragen sind im 3-Kreise-Modell (Abb. 46-1) zusammengefasst:

Das 3-Kreise-Modell stellt die übergeordnete Struktur und Klärungshilfe für die Teilnehmer dar. Die Schnittmenge der drei Kreise enthält die konkreten beruflichen Zielsetzungen unter Berücksichtigung der Wünsche und Ziele, der Stärken und Schwächen und der angemessenen Arbeits- und Unterstützungsmöglichkeiten. In die Schnittmenge der 3 Kreise werden berufliche Wünsche und Ziele aufgenommen, deren Verwirklichung in nächster Zeit realistisch erscheint. Alle anderen Wünsche und Ziele werden jedoch nicht verworfen oder als unrealistisch abgewertet. Sie behalten ihren Platz im unteren Kreis und können zu einem späteren Zeitpunkt ebenfalls realistisch werden und in die mittlere Schnittmenge aufgenommen werden. Selbst diejenigen Wünsche und Ziele, die es voraussichtlich nie dorthin schaffen werden, bleiben im unteren Kreis stehen und werden wertgeschätzt. Jeder Mensch hat Wünsche oder Ziele, die er vielleicht nie verwirklichen wird. Dennoch dienen sie als Quelle der Motivation und Inspiration. Auf diese Weise können im 3-Kreise-Modell unrealistisch erscheinende, aber motivierende Ziele erhalten bleiben und gleichzeitig konkrete, realistische, an den aktuellen Fähigkeiten und den Unterstützungsmöglichkeiten ausgerichtete Schritte formuliert werden.

Der Ansatz des ZERA-Programms ist ein salutogenetischer (Antonovsky u. Franke, 1997). Zunächst wird versucht, durch die strukturierte Aufarbeitung vielfältiger Informationen über die Erkrankung und das Unterstützungssystem die *Verstehbarkeit* zu erhöhen. Auf dieser Basis können die Teilnehmer realistische Ziele formulieren und so die *Handhabbarkeit* ihrer beruflichen Zukunft verbessern. Durch die lösungsorientierte Methode des Problemlösens in der Gruppe wird ein Gefühl dafür vermittelt, dass auch Probleme handhabbar und lösbar sind. Schließlich lässt sich *Sinnhaftigkeit* herstellen, wenn die Teilnehmer die berufliche Trainingsmaßnahme als sinnhaft und bedeutsam im Hinblick auf ihre beruflichen Ziele erleben. Dabei spielt es keine Rolle, ob sie für sich das Ziel einer Integration in den ersten Arbeitsmarkt anstreben oder eine an-

Abb. 46-1 3-Kreise-Modell

dere Form der beruflichen Teilhabe. Das ZERA-Programm unterstützt jeden Teilnehmer dabei, das richtige Anforderungsniveau im beruflichen Bereich zu finden.

46.2.1 Praktische Darstellung und Fallbeispiele

Das ZERA-Programm ist sehr strukturiert, und die einzelnen Sitzungen folgen stets einem auch für die Teilnehmer erkennbaren roten Faden. Im Aufbau und in der Didaktik gleichen die Sitzungen eher einem Seminar als einer Therapiegruppe. Die Teilnehmer wissen das zu schätzen und können sich gut auf das Programm einlassen. Anfängliche Ängste oder Vorbehalte können reduziert werden, wenn die Teilnehmer wissen, dass es keinen Zwang gibt, sich zu äußern oder zu beteiligen und dass die Atmosphäre sehr sachlich und wertschätzend ist. So machten auch Teilnehmer, die zunächst skeptisch waren, positive Erfahrungen mit ZERA:

Erika, 53 Jahre: „Ich wollte eigentlich immer nur arbeiten, zum Nachdenken und Diskutieren hatte ich überhaupt keine Lust. Deshalb wollte ich erst absagen, als die Einladung zu ZERA kam. Mein Arbeitstherapeut hat dann gemeint, ich soll es mir doch unbedingt mal anschauen und die ersten Sitzungen mitmachen. Da hab ich mir gesagt, ich kann ja immer noch aufhören, wenn es mir nicht gefällt. Heute bin ich froh, dass ich bis zum Ende durchgehalten habe. Die ZERA-Gruppe hat mir gut getan. Ich weiß jetzt, wo ich stehe und was ich kann. Was ich an diesem Programm auch gut finde, ist die Verlässlichkeit, der feste Rahmen, der Verbindlichkeit erzeugt, und auch die Moderation. Für mich war es auch wichtig, dass ich einmal wieder etwas zu Ende gebracht habe. Ich kann nur allen, die genauso zögern wie ich, raten: habt Mut, den Schritt zu wagen, bringt euch ein und seid offen für die Gruppe."

Teilnehmer haben zu Beginn einer beruflichen Rehabilitationsmaßnahme oft viele Fragen: Wo geht es beruflich für mich hin? Was kann ich mit meiner psychischen Erkrankung überhaupt noch leisten? Kann ich denn je wieder arbeiten? Das ZERA-Programm hilft, Antworten auf diese Fragen zu finden, und ist deshalb in der Anfangsphase der beruflichen Rehabilitation die passende Maßnahme. Manchmal dauert es aber auch deutlich länger, bis Teilnehmer in der Lage sind, sich mit ihren beruflichen Möglichkeiten und Zielen auseinanderzusetzen. Dann ist es auch zu jedem späteren Zeitpunkt noch sinnvoll, eine ZERA-Gruppe zu absolvieren:

Lena, 40 Jahre: „Ich arbeite schon seit einigen Jahren hier und habe mich bisher immer zu krank gefühlt, um an einer Gruppe teilzunehmen. Jetzt habe ich mich doch entschieden, die ZERA-Gruppe zu machen. Ich wollte mich mit meiner Krankheit auseinandersetzen. Heute geht vieles besser, und ich kann die Zusammenhänge betrachten. ZERA hat mir Klarheit darüber gebracht, wo ich stehe, was ich kann und was ich will. Den Kontakt zu den Anderen in der Gruppe fand ich sehr hilfreich. In dieser Intensität kommt das ja sonst nicht vor. Mir ist die Gruppe eine große Hilfe. Ich bekomme die Denkweisen der anderen mit, alle bringen etwas von sich ein. Darin stecken wichtige Hinweise und Anregungen, und man entdeckt Ähnlichkeiten. Öffnung ist aber kein Muss. Jeder geht so weit, wie er will, jeder hat seinen Stopp. Und jeder plant seinen Weg: Manche von uns wollen unbedingt wieder auf dem Arbeitsmarkt arbeiten oder eine Ausbildung machen. Andere wollen das auf keinen Fall und möglichst immer im geschützten Rahmen bleiben. Ich weiß noch nicht genau, was ich will. Von ZERA verspreche ich mir, dass es mir dabei hilft, meine Stärken zu akzeptieren, meine negativen Denkmuster zu durchbrechen und mich einzubringen."

Im psychoedukativen Teil von ZERA in Unterprogramm 3 versuchen die Teilnehmer herauszufinden, wo für sie das optimale Anforderungsniveau liegt. Sie sammeln Frühwarnzeichen, die auf Überforderung und die Gefahr eines Rückfalls hinweisen. Sie führen sich aber auch vor Augen, in welcher Weise sich längerfristige Unterforderung nachteilig auf die psychische Gesundheit und das Wohlbefinden auswirkt. Das optimale Anforderungsniveau ist gekennzeichnet durch positive Gedanken, Gefühle und Körperempfindungen. Jeder Mensch hat ein ganz persönliches optimales Anforderungsniveau, das sich zudem durch Krankheitseinflüsse und Alterung im Laufe des Lebens ändern kann. Dabei kann es durchaus sein, dass nach einer Phase der Genesung das optimale Anforderungsniveau wieder höher liegt, man sich wieder mehr zutrauen kann. Auch diesen für viele Teilnehmer neuen Blickwinkel vermittelt die ZERA-Schulung:

Jens, 32 Jahre: „Für mich war es total überraschend zu sehen, dass Unterforderung ganz ähnliche Symptome erzeugen kann wie Überforderung. Ich kenne meine Frühwarnzeichen ganz gut und dachte immer, ich muss halt aufpassen, dass ich mir nicht zu viel Stress zumute. Nun hab ich gemerkt, dass ich mich manchmal auch unterfordert habe und mich dann auch nicht gut fühle. Jetzt mache ich schon deutlich mehr als vorher und achte darauf, dass keine Frühwarnzeichen auftreten."

Die Formulierung von Zielen dient nicht nur dazu, Schritte zu ihrer Erreichung festzulegen. Wenn Ziele rein ergebnisorientiert verstanden werden, können sie entmutigen. Man fühlt sich unzufrieden und nicht „in Ordnung", solange das angestrebte Ergebnis noch nicht erreicht ist. Ziele können aber auch in einem anderen Sinne verwendet werden. Sie können uns helfen, uns in Bewegung zu setzen, uns zu engagieren für von uns wertgeschätzte berufliche Interessen. In diesem Sinne sind Ziele Mittel zum Zweck, Mittel, um uns in eine Richtung zu bewegen, die uns wichtig und wertvoll erscheint, und Handlungen auszuführen, denen wir einen Wert beimessen und die wir im Hinblick auf unsere Zielsetzung als sinnvoll einschätzen. Nach dem Motto: „Der Weg ist das Ziel!".

Celine, 38 Jahre: „Ich hatte bisher immer nur gehört, dass es unrealistisch ist, wenn ich mir wünsche, wieder als Französischlehrerin zu arbeiten. Erst hab ich mich deshalb gar nicht getraut, das hier in der Gruppe laut zu sagen. Aber dann war ich froh, dass wir Ziele gefunden haben, die in diese Richtung gehen. Die anderen in der Gruppe hatten auch Ideen. Natürlich hat es die Französischlehrerin nicht in die mittlere Schnittmenge geschafft. In nächster Zeit ist das ja noch nicht realistisch. Aber Französisch-Kurse geben hier in der Einrichtung und ein Praktikum bei einer Nachhilfe-Agentur, das ist schon realistisch. Damit kann ich jetzt erst mal anfangen. Und wer weiß, was noch kommt!"

46.3 Ausblick

Das ZERA-Programm ist in erster Auflage im Jahr 2000 erschienen. Seither hat es sich in unterschiedlichsten Settings der beruflichen Rehabilitation bewährt und breite Anwendung gefunden. ZERA ist mittlerweile in der 5. Auflage erschienen. Dabei wurden über die Jahre immer nur moderate Anpassungen vorgenommen. Zuletzt wurde in der 5. Auflage ein störungsübergreifendes Vorgehen im psychoedukativen Teil realisiert, das aufgrund der Erfahrungen in der Praxis der beruflichen Rehabilitation notwendig geworden und von Anwenderseite gewünscht worden war.

Das Programm mit seinen 7 Unterprogrammen hat sich in vielen Kontexten als gut anwendbar erwiesen. Die Grundidee des 3-Kreise-Modells ist sehr praktikabel und flexibel für verschiedene Nutzergruppen anwendbar. In den letzten 10 Jahren hat das ZERA-Programm eine beachtliche Verbreitung erfahren. Insbesondere in den Werkstätten für psychisch behinderte Menschen wird es zur Strukturierung und inhaltlichen Bereicherung des Berufsbildungsbereichs eingesetzt. Aber auch in anderen Einrichtungstypen wird das ZERA-Programm erfolgreich angewandt, z. B. in Tageskliniken, Rehabilitationseinrichtungen für psychisch Kranke (RPK), Wohnheimen, Maßnahmen für Langzeitarbeitslose, Beruflichen Trainingszentren (BTZ) etc. Durch den baukastenartigen Aufbau kann das Schulungsprogramm an das jeweilige Rehabilitationskonzept einer Einrichtung und an die entsprechende Zielgruppe angepasst werden.

Die Beschäftigung mit ihren Wünschen und Zielen, Stärken und Schwächen erleben die Teilnehmenden als Wertschätzung. Was sie bereits einmal erreicht haben und was sie sich erhoffen, findet seinen Platz, auch wenn es sich im Moment nicht realisieren lässt. Das ZERA-Programm ist geeignet, unterschiedliche Menschen auf vielfältigen Wegen der Gesundung und beruflichen Rehabilitation zu begleiten und sie zu unterstützen. Es ist dabei in erster Linie eine Klärungshilfe für die Teilnehmer, die es ermöglicht, personenzentriert auf der Grundlage von Plänen und Zielen zu arbeiten, die der psychisch Erkrankte selbst erarbeitet hat und die tatsächlich seinen Wünschen entsprechen. Auch die Entscheidung, wie viel Schutz und wie viel Realitätsnähe vom Einzelnen gewünscht und bei der beruflichen Teilhabe als hilfreich erlebt wird, kann auf dieser Basis besser getroffen werden. Für die Teilnehmer wird durch die ZERA-Gruppe in der Regel der Weg zu ihrem beruflichen Ziel klar. Ein Teilnehmer formulierte es so: „Ich habe nicht mehr das Gefühl, nur so dahin zu schwimmen in der Reha."

Ratgeber

Haerlin C (2009). Berufliche Beratung psychisch Kranker. Bonn (Psychiatrie Verlag).

Knuf A (2006). Empowerment in der Psychiatrischen Arbeit. Bonn (Psychiatrie Verlag).

Hammer M, Plößl I (2013). Irre verständlich – Menschen mit psychischer Erkrankung wirksam unterstützen. Köln (Psychiatrie Verlag).

Literatur

Amering M, Schmolke M (2007). Recovery. Das Ende der Unheilbarkeit. Bonn (Psychiatrie Verlag).

Angermeyer MC (2000). Schizophrenie und Lebensqualität. Fortschritte Neurobiologische Psychiatrie 68 (Sonderheft 1): 2–6.

Antonovsky A, Franke A (1997). Salutogenese. Zur Entmystifizierung der Gesundheit. Tübingen (dgvt).

Hammer M, Plößl I (2001). Zusammenhang zwischen Erkrankung, Rehabilitation und Arbeit (ZERA) – Ein Schulungsprogramm für die medizinisch-berufliche Rehabilitation psychisch kranker Menschen. Rehabilitation 40: 28–35.

Haerlin C (2009). Berufliche Beratung psychisch Kranker. Bonn (Psychiatrie Verlag).

Höhl W, Kirchhoff C, Längle G et al. (2004). Motivation als wichtiger Aspekt psychiatrischer Arbeitsrehabilitation. Kerbe 22(4): 34–36.

Mecklenburg H (1999). Zwölf Thesen für eine langfristig erfolgreiche berufliche Integration psychisch Kranker und Behinderter. Psychiatr Prax 26: 227–232.

Plößl I, Hammer M (2005). Psychoedukation in der beruflichen Rehabilitation. ZERA – ein Gruppentrainingsprogramm zum Zusammenhang zwischen Erkrankung, Rehabilitation und Arbeit. In: Behrend B u. Schaub A (Hrsg.) (2005). Handbuch Psychoedukation & Selbstmanagement. Verhaltenstherapeutische Ansätze für die klinische Praxis. Tübingen (dgvt).

Plößl I, Hammer M (2013). ZERA – Zusammenhang zwischen Erkrankung, Rehabilitation und Arbeit. Ein Gruppentrainingsprogramm. 6. Aufl. Köln (Psychiatrie Verlag).

Priebe S, Warner R, Hubschmidt I et al. (1998). Employment, attitudes to work, and quality of life among people with schizophrenia in three countries. Schizophr Bull 24: 469–472.

Priebe S (1999). Welche Ziele hat psychiatrische Rehabilitation, und welche erreicht sie? Psychiatr Prax 26 (Sonderheft 1): 36–40.

Roder V, Zorn P, Andres K et al. (2008). Praxishandbuch zur verhaltenstherapeutischen Behandlung schizophren Erkrankter. 2. Aufl. Bern (Huber).

Reker T, Eikelmann B, Schonauer K et al. (1998). Arbeitsrehabilitation chronisch psychisch Kranker – Ergebnisse einer prospektiven Untersuchung über drei Jahre. Psychiatr Prax 25: 76–82.s

47 Psychoedukation zur Bewältigung von arbeitsplatzbezogenem Stress

Matthias Bender, Peter M. Wehmeier

47.1 Einleitung

In einer Arbeitswelt, die sich durch Beschleunigung und zunehmende Arbeitsverdichtung in den letzten Jahren verändert hat, sind arbeitsplatzbezogener Stress und die daraus resultierenden psychischen Erschöpfungserscheinungen zu einem immer häufiger beklagten und vieldiskutierten Phänomen geworden (BGFF, 2010; DGPPN, 2012; BAA, 2013). Steigende Krankenstände aufgrund psychischer Erkrankungen sind ein Beleg für diese Entwicklung, die sowohl von der Wirtschaft als auch vom Gesundheitswesen mit Sorge betrachtet werden. Sowohl in den Medien als auch in der Fachliteratur hat das Thema arbeitsplatzbezogener Stress auch auf dem Hintergrund der Burnout-Diskussion eine enorme Aufwertung erfahren (Burisch, 2012; Kaluza, 2011; Kaschka, 2011; Kanfer et al., 2012; Maslach et al., 1996; Meichenbaum, 2003; Schaarschmidt, 2012; Stark u. Sandmeyer, 2001; Unger u. Kleinschmidt, 2006; Wehmeier, 2001, 2016). Und nicht selten finden Menschen über dieses Thema erstmals zur Behandlung ihrer seelischen Erkrankung.

Stressoren, die heute im Bereich der Arbeit eine Rolle spielen, haben in den letzten Jahren zugenommen und nehmen auch weiter zu. Dabei spielen soziale Konflikte am Arbeitsplatz (z. B. mit Kollegen oder mit Vorgesetzten), Angst vor Ausgrenzung, Über- bzw. Unterforderung, befristete Arbeitsverträge, Leiharbeit, drohende Arbeitslosigkeit eine wichtige Rolle. Aber nicht nur zu viel Arbeit bedeutet Stress. Auch zu wenig Arbeit oder gar keine Arbeit zu haben bedeutet in den meisten Fällen Stress für die Betroffenen. Diese Art von Stress kann ebenfalls zu psychischer Erschöpfung bzw. bei entsprechender Vulnerabilität zur Krankheitsmanifestation führen.

Arbeitsplatzbezogener Stress steht häufig am Anfang einer Entwicklung, die sich als „Erschöpfungsspirale" beschreiben lässt. Diese Entwicklung mündet häufig in eine klinisch relevante Depression, Suchterkrankung oder Somatisierungsstörung, die psychiatrische Behandlung erfordert. Die stressbedingte Depression wurde auch als „Arbeitsunfall der Moderne" bezeichnet (Unger u. Kleinschmidt 2006). Allerdings stellen klinische Symptome, die aufgrund von beruflicher Überlastung oder Stress am Arbeitsplatz entstehen, noch kein eigenständiges, klinisch-psychiatrisches Störungsbild dar. Darüber hinaus kann insbesondere bei psychosomatischen Störungsbildern nur selten ein eindeutiger kausaler Zusammenhang zwischen den Beschwerden und beruflicher Überlastung hergestellt werden. Generell lässt sich aber sagen, dass psychische Erkrankungen erhebliche Auswirkungen auf die Arbeit (und damit auf arbeitsplatzbezogenen Stress) haben können. Umgekehrt kann arbeitsplatzbezogener Stress psychische Erkrankungen gravierend beeinflussen; sie können durch Stress angestoßen oder verstärkt werden. Eine Einschränkung der subjektiven Erwerbsprognose ist eine schwerwiegende Folge.

Für die Entstehung von Burnout-Symptomen haben mehrere ätiologische und pathogenetische Faktoren bzw. Stressoren eine Bedeutung (DGPPN, 2012). Dazu zählen biologische, psychologische, arbeitsplatzbezogene sowie gesellschaftliche Bedingungsfaktoren (Tab. 47-1).

Diese Faktoren bzw. Stressoren greifen ineinander und führen durch Arbeitsüberforderung zu vegetativen Stresssymptomen und Erschöpfungserscheinungen. Hält die Überforderung an, kommt es zum sog. Burnout, das einen nach ICD klassifizierbaren Risikozustand darstellt (Z73.0). Wenn der Stresszustand chronifiziert, können Folgekrankheiten entstehen (z.B. Depression, Angststörung, Tinnitus, Hypertonie).

Die Folgen der Stressbelastung haben zwangsläufig unmittelbare Auswirkungen sowohl auf die psychiatrischen Akutkliniken als auch auf die psychiatrischen Ambulanzen, da Patienten immer häufiger wegen arbeitsplatzbezogener Überforderung eine psychiatrische Behandlung suchen. Dabei steht für die Betroffenen das empfundene Leiden im Vordergrund und weniger die in Fachkreisen geführte Diskussion um die medizinisch „richtigen" Begriffe für die vielfältigen Beschwerden, die Frage der psychischen Krankheit, die unterschiedlichen Stadien der Störung oder das Maß der subjektiven bzw. objektiven Beeinträchtigung. Dass die Betroffenen zunehmend ärztlich-therapeutische Hilfe in Anspruch nehmen und psychiatrische Institutionen aufsuchen, unterstreicht den Bedarf an einem prägnanten, störungsübergreifenden, lösungsorientierten Hilfsangebot für betroffene Patienten. Diesem Bedarf zu begegnen ist Sinn und Zweck verschiedener Psychoedukationsprogramme zur Bewältigung von arbeitsplatzbezogenem Stress (Storch u. Krause, 2007; Hinsch u. Pfingsten, 2007; Schuster et al., 2011; Litzcke et al., 2012; Weimer u. Pöll, 2012).

47.2 Aktueller Stand zu Psychoedukation für Menschen mit arbeitsplatzbezogenem Stress

Im Internet ist auf einer Seite der Universität Würzburg eine Datenbank mit zahlreichen Schulungs- und Psychoedukationsprogrammen zugänglich, darunter auch Psychoedukationsprogramme, die einen Bezug zu psy-

Tab. 47-1 Bedingungsfaktoren für die Entstehung von Burnout-Symptomen (DGPPN, 2012)

Bedingungsfaktor bzw. Stressor	Beispiel
biologische Risikokonstellationen	genetische Prädisposition für eine depressive Reaktion
psychologische Bedingungsfaktoren	übermäßige Bedeutung der Arbeit für das Selbstwertgefühl
arbeitsplatzbezogene Bedingungsfaktoren	hohe Arbeitsbelastung, Veränderung der Arbeitswelt, Globalisierung, technische Innovation, dauernde Erreichbarkeit, Kontrolle durch Vorgesetzte
gesellschaftliche Bedingungen	Entwicklung zur Leistungsgesellschaft, zunehmende Selbstausbeutung

chischer Überlastung am Arbeitsplatz haben und vorwiegend für den Einsatz in der Rehabilitation konzipiert wurden (www.zentrum-patientenschulung.de/datenbank). Beispielsweise finden sich dort ein AVEM-gestütztes Patientenschulungsprogramm zur beruflichen Orientierung (Schaarschmidt u. Fischer, 2008) sowie weitere Psychoedukationsprogramme, die in der therapeutischen Arbeit mit psychisch Erschöpften oder von psychischer Erschöpfung bedrohten Menschen verwendet werden können.

Vor diesem Hintergrund möchten wir zwei evaluierte Psychoedukationsprogramme exemplarisch erläutern. Es handelt sich zum einen um ein stationäres berufsbezogenes Gruppenprogramm zur Stressbewältigung am Arbeitsplatz (SBA), das von Hillert, Koch und Hedlund entwickelt wurde (Hillert et al., 2007). Ausgangspunkt des Gruppentherapieprogramms sind die aktuelle Arbeitssituation sowie das Verhalten und Erleben bei Überlastung. Das Programm zielt darauf, alltagstaugliche Perspektiven zu entwickeln und berufliche Problemlösungen zu üben. Effekte des Programms hinsichtlich der beruflichen Wiedereingliederung von Patienten wurden wissenschaftlich nachgewiesen.

Bei dem zweiten evaluierten Psychoedukationsprogramm handelt es sich um ein Stressbewältigungstraining für psychisch kranke Menschen (SBT), das von Hammer (2012) entwickelt wurde. Hammer geht davon aus, dass kritische Lebensereignisse und andauernde Belastungen bei psychisch Erkrankten oft Anlass für Krisen und Rückfälle im beruflichen und privaten Bereich darstellen. Das Stressbewältigungstraining für psychisch kranke Menschen (SBT) wurde auf der Grundlage des Vulnerabilitäts-Stress-Bewältigungs-Modells als störungsübergreifende Gruppenprogramm entwickelt.

47.3 Psychoedukationsprogramme für Menschen mit arbeitsplatzbezogenem Stress

47.3.1 Stressbewältigung am Arbeitsplatz (SBA; Hillert et al., 2007)

Diesem Psychoedukationsprogramm liegt die Beobachtung zugrunde, dass zahlreiche psychosomatische Patienten einen Zusammenhang zwischen ihrer beruflichen Belastung und ihrer Symptomatik erleben. Trotz Behandlung gelingt es jedoch oft nicht, den Teufelskreis von Überlastung und Symptomverstärkung aufzulösen. Daher erachten es Hillert et al. (2007) für sinnvoll, die Behandlung durch berufsbezogene Therapien zu ergänzen.

Der erste Teil des SBA beschreibt die konzeptuellen Grundlagen der Zusammenhänge zwischen Arbeit und Gesundheit sowie die darauf bezogenen verhaltensmedizinischen Interventionen. Der zweite Teil enthält das Therapiemanual zur Durchführung der Gruppenintervention, der dritte Teil Kopiervorlagen für die Folien und Arbeitsblätter, die in der SBA-Gruppe zum Einsatz kommen. Das SBA ist folgendermaßen aufgebaut:

Teil 1: Hintergründe und Grundlagen des berufsbezogenen Therapieprogramms

- Arbeitsbelastung und psychosomatische Gesundheit
- Berufsbezogene Behandlungsverfahren
- Indikation zur Teilnahme am berufsbezogenen Therapieprogramm
- Inhalte und Abläufe des SBA-Programms
- Evaluation des SBA
- Gestaltung der Gruppentherapie

47 Psychoedukation zur Bewältigung von arbeitsplatzbezogenem Stress

Teil 2: Das Manual

1. Sitzung: Einleitung
2. Sitzung: Arbeit und Gesundheit
3. Sitzung: Soziale Kompetenz am Arbeitsplatz
4. Sitzung: Soziale Konflikte am Arbeitsplatz
5. Sitzung: Grundlagen der Stressbewältigung
6. Sitzung: Umsetzung von Stressbewältigungsstrategien
7. Sitzung: Individuelle Ressourcen und berufliche Neuorientierung
8. Sitzung: Abschlusssitzung und weiterführende Literatur

47.3.2 Stressbewältigungstraining für psychisch kranke Menschen (SBT; Hammer, 2012)

Das SBT ist störungsübergreifend einsetzbar und umfasst in erster Linie Basisbewältigungsstrategien. Es kann und soll störungsspezifische Angebote nicht ersetzen. Im Theorieteil werden die Konzepte, Begriffe und Modelle vorgestellt, auf denen das SBT beruht. Im Anschluss werden Zielgruppe und Zielsetzung erläutert. Darauf folgt die Erklärung der Grundprinzipien, Methoden und Rahmenbedingungen für die praktische Durchführung an. Abschließend werden die Ergebnisse der wissenschaftlichen Evaluation dargestellt. Das SBT ist folgendermaßen aufgebaut:

I. Einführung

- Grundlagen des Stressbewältigungstrainings (SBT)
- Das Stress-Bewältigungsmodell
- Zielgruppe, Zielsetzungen und Inhalte des SBT

- Grundprinzipien, Methoden und Rahmenbedingungen der Durchführung
- Wissenschaftliche Begleitforschung

II. Trainingsmanual

Modul 1: Einführung
Modul 2: Stress und psychische Erkrankung
Modul 3: Entspannungstraining: Progressive Muskelentspannung
Modul 4: Krisenbewältigung
Modul 5: Problemlösetraining für alltägliche Belastungen
Modul 6: Achtsamkeit und positives Erleben
Modul 7: Gruppenabschluss und Auswertung
Zusatzmodul 1: Tauschbörse
Zusatzmodul 2: Gedanken und Stress
Zusatzmodul 3: Gesundheitsförderliches Verhalten
Zusatzmodul 4: Krisenbewältigung
Zusatzmodul 5: Fähigkeiten zur selbständigen Lebensführung verbessern

Dieses Gruppenprogramm hat sich in vielen unterschiedlichen Einrichtungen bewährt, unter anderem in psychiatrischen Kliniken der Regelversorgung. Die Ergebnisse wissenschaftlicher Begleitforschung liegen vor und belegen die positiven Effekte des SBT.

47.4 Das Psychoedukationsprogramm zur Bewältigung von arbeitsplatzbezogenem Stress (PeBAS)

In unserem eigenen klinischen Alltag ist uns die steigende Zahl von Patienten aufgefallen, die wegen beruflicher Überlastungsreaktionen oder Erschöpfungszuständen in der Klinik stationär behandelt werden. Das Erleben von beruflicher Über- oder Unterforderung, Ausgebranntsein, Mobbing, Rollenkonflikten, Schwierigkeiten bei der Integration von Beruf und Familie bzw. privaten Interessen und Aufgaben im Sinne einer Work-life-Inbalance besitzt dabei – akzentuiert von der jeweiligen psychiatrischen Grunderkrankung und Persönlichkeitsstruktur – eine ätiopathogenetische Relevanz. Ein wichtiger Aspekt der Behandlung ist somit oft die Bearbeitung der arbeitsplatzbezogenen sozialen Situation des Betroffenen. Dabei geht es häufig um Angelegenheiten wie die Sicherung des Arbeitsverhältnisses, die Suche nach Möglichkeiten, Arbeitsanforderungen und Erkrankung miteinander zu vereinbaren, oder auch um den Wunsch nach beruflicher Veränderung. Vor diesem Hintergrund eignet sich neben den genannten individuellen sozialtherapeutischen Aspekten die Psychoedukation im Gruppensetting als therapeutische Interventionsform, um störungsübergreifend über die Auswirkung von Stress aufzuklären, berufsbedingten Stress als krankheitsauslösenden oder -erhaltenden Faktor zu identifizieren und einzuordnen und den Umgang mit bzw. die Reduktion von Stressreaktionen zu thematisieren, um die sinnvolle oder sogar sinnstiftende Form der Arbeit als protektive Ressource im salutogenetischen Sinne nutzen zu können.

Diese Psychoedukationsgruppe wurde ausdrücklich *nicht* als Rehabilitationsangebot, sondern als Gruppe im Rahmen eines gemeindepsychiatrischen Versorgungskonzepts für das stationäre, teil- und integriert ambulante Setting konzipiert. Ziel war es, Patienten mit klinisch behandlungsbedürftigen psychiatrischen Erkrankungen in die Lage zu versetzen, ihre arbeitsplatzbezogenen Probleme bzw. den Stress am Arbeitsplatz besser zu bewältigen. Darüber hinaus ging es darum, eine stärkere Sensibilisierung für Stressauslöser sowie für den Umgang mit Stress zu bewirken. Bestehende störungsspezifische psychoedukative Gruppen und das in ihnen vermittelte Vulnerabilitäts-Stress-Bewältigungs-Modell sollten sich mit den PeBAS-Inhalten ebenso gut vertiefend verschränken lassen wie auch weiterführende, z. B. poststationäre Gruppen, die den Transfer von stationär Erreichtem in den ambulanten Bereich verbessern sollen, oder das sozialtherpeutische „Bewerbercoaching" für Patienten der Institutsambulanz.

Das PeBAS ist in erster Linie als „Hilfe zur Selbsthilfe" konzipiert, beispielsweise bei „ausweglosen" Situationen am Arbeitsplatz oder bei der Suche nach Ansprechpartnern in Hilfsorganisationen oder anderen unterstützenden Institutionen und Behörden. Dabei geht es um die Balance zwischen Über- und Unterforderung, die verbesserte, stabilere berufliche Wiedereingliederung von Patienten mit berufsbezogenen Problemen, z. B. durch die Förderung eines selbstsicheren Umgangs mit verschiedenen fachlichen und nicht-fachlichen Anforderungen am Arbeitsplatz. Darüber hinaus soll der Transfers der im stationären Setting erreichten Therapiefortschritte in die Arbeitswelt der Betroffenen gefördert werden

Die Teilnahme an der Gruppe ist an mehrere Ein- und Ausschlusskriterien geknüpft, die zusammen die Indikation für die Therapieteilnahme ausmachen. Konzipiert wurde das Angebot für berufstätige Personen mit Schwierigkeiten am Arbeitsplatz bzw. für Teilnehmer mit schwerwiegenden Problemen im Arbeitsbereich. Zu solchen Schwierigkeiten gehören Unzufriedenheit mit der beruflichen Situation, erhöhte berufliche Beeinträchtigung durch die psychische Erkrankung, ein erhöhter Beitrag der beruflichen Belastungen zur psychischen Erkrankung nach Selbsteinschätzung des Patienten, gravierende Konflikte mit Kollegen bzw. Vorgesetzten, erhöhte Arbeitsunfähigkeitszeiten, Arbeitslosigkeit oder der absehbare Verlust des Arbeitsplatzes. Eine Voraussetzung für die Teilnahme an der Gruppe ist natürlich die psychische, intellektuelle und sprachliche Gruppenfähigkeit des Patienten.

PeBAS ist als Teil des stationsübergreifenden Gruppenangebots konzipiert. Die Gruppe ist offen, d. h., der Einstieg ist jederzeit möglich. An der Gruppe nehmen 8–12 Personen teil. Das Angebot umfasst 5 Termine. An jedem Termin, der 90 Min. dauert, wird eines der fünf Module durchgeführt. Die Gruppe findet einmal pro Woche statt. Die Gruppen werden sowohl ärztlich/psychologisch als auch von Sozialpädagoginnen therapeutisch geleitet. Pflegepersonen kommen natürlich ebenfalls als Ko-Therapeuten in Frage.

PeBAS ist modular aufgebaut. Alle Module haben eine ähnliche Struktur und somit auch einen ähnlichen Ablauf:
- Begrüßung
- Achtsamkeitsübung
- Besprechung der Hausaufgabe
- Themenzentrierte Kurzvorstellung: „Was liest du, was siehst du?"
- Einstieg in das Hauptthema des jeweiligen Moduls
- Diskussion
- Abschlussrunde mit Ausblick auf das nächste Modul

Nach Begrüßung, Achtsamkeitsübung und Besprechung der Hausaufgabe folgt die themenzentrierte Kurzvorstellung. Unter dem Motto: „Was liest du, was siehst du?" kann ein Gruppenteilnehmer in maximal zehn Minuten über einen Zeitungsartikel, Interneteintrag oder ein Buch, eine Beobachtung oder eine Fernsehsendung in thematischem Zusammenhang mit berufsbezogenem Stress berichten, die den Gruppenteilnehmer interessiert oder beschäftigt hat. Die Beiträge, Artikel, Internetseiten usw. der Fortbildungstipps werden gesammelt und komplettieren am Ende mit den Arbeitsblättern die individuelle Gruppenmappe.

Darauf folgt der eigentliche Einstieg in das Hauptthema des jeweiligen Moduls. Dieser Teil ist in allen Modulen ähnlich aufgebaut. Zunächst werden die übergeordneten Ziele definiert; im Anschluss daran werden die inhaltlichen Schwerpunkte kurz umrissen und anhand der Erfahrungsberichte der Teilnehmer gemeinsam erarbeitet.

In den Modulskizzen werden Vorschläge zum didaktischen Vorgehen genannt und Hinweise auf didaktische Materialien gegeben, die sich in der Praxis bewährt haben. Es gibt jedoch keine Festlegung der didaktischen Hilfsmittel für die Durchführung des Psychoedukationsprogramms. Wie immer ist entsprechend dem eignen Stil die didaktische Kreativität der Gruppenleiter gefordert. Die Gruppenleiter können bei der Durchführung auf diejenigen didaktischen Methoden zurückgreifen, die sie für die jeweilige Gruppe für richtig halten (Strittmatter-Haubold u. Ehlail, 2012). Wesentlich ist auf der Basis des vermittelten allgemeinen Hintergrundwissens die Entwicklung einer individuellen Handlungs- bzw Verhaltensoption, die dann je nach therapeutischer Einbettung der Gruppe in der Einzeltherapie weiter vertieft wird (Bender, 2004).

47.4.1 Manual PeBAS

Im Einzelnen geht es in den 5 Modulen um folgende inhaltliche Schwerpunkte und Ziele:

Modul 1: Psychische Gesundheit und persönliche Belastbarkeit

- Sensibilisierung für eigenes Stressempfinden/Erleben.
- Wahrnehmung der einzelnen Ebenen des Stresserlebens fördern.

Modul 2: Stress und Erschöpfung am Arbeitsplatz
- Individuellen Wert von Arbeit erkennen, Einstellungsänderung (Arbeit als Ressource).
- Möglichkeiten der Einflussnahme durch Analyse der Stressoren am Arbeitsplatz erkennen.

Modul 3: Ressourcen vs. Anforderungen
- Wahrnehmung der Einflussname auf die seelische Balance schärfen durch Herbeiführen eines Gleichgewichts zwischen Anforderungen und Ressourcen (erfolgreiches Selbstmanagement).
- Anforderungen/Belastungen sowie Ressourcen erkennen können.

Modul 4: Grundlagen der Stressbewältigung und der psychischen Entspannung
- Die Patienten werden mit Möglichkeiten der Stressbewältigung vertraut gemacht und lernen, Methoden in gegebener Situation einzusetzen.
- Patienten sind sich ihrer Fähigkeiten zur Stressbewältigung bewusst und können daraus Ressourcen ableiten, die noch erworben/aufgebaut werden müssen.

Modul 5: Soziale Kompetenz am Arbeitsplatz
- Verbesserung der Kommunikation. Förderung der Fähigkeit, sich abzugrenzen, eine eigene Position zu finden und die eigenen Interessen zu vertreten.
- Fähigkeiten zum Perspektivenwechsel in der Kommunikation.

47.4.2 Schematische Darstellung der praktischen Durchführung am Beispiel von Modul 1: Psychische Gesundheit und persönliche Belastbarkeit

- Übergeordnete Ziele:
1. Sensibilisierung für eigenes Stressempfinden/-erleben (Stress als subjektives Erleben, das von persönlichen Erfahrungen und Bewertungen geprägt ist),
2. Wahrnehmung der einzelnen Ebenen des Stresserlebens verbessern.
- Inhaltliche Schwerpunkte:
  - *Transaktionales Stressmodell* (nach Lazarus) einführen (Bewertungen und persönliche Erfahrungen spielen bei der Stresswahrnehmung eine bedeutende Rolle),
  - *Anforderungs-Kontroll-Modell* (nach Karasek) erklären, um den Zusammenhang zwischen Stressbelastung und empfundener Autonomie bzw. Kontrolle am Arbeitsplatz zu verdeutlichen,
  - *Vulnerabilitäts-Stress-Modell* ergänzend dazu besprechen, um die unterschiedliche Belastbarkeit bzw. das Stressempfinden und die individuellen Bewältigungsmöglichkeiten jedes Menschen aufgrund seiner körperlichen und psychischen Konstitution zu verdeutlichen,
  - *Stressampel* (nach Kaluza), um die verschiedenen Ebenen des Stresserlebens zu verdeutlichen (Stressor → Stressreaktion → Stressverstärkende Glaubenssätze).
- *Stressentstehungs- und Stressbewältigungsmodell „Stressverkehr(t)"* (nach Bender und Wehmeier), das vier aufeinander folgende Schritte der Stressentstehung anhand verschiedener Straßenverkehrsschilder verdeutlicht und Möglichkeiten der Stressbewältigung aufzeigt.

- Didaktisches Vorgehen:
  - *Vexierbilder*, um subjektives Erleben zu verdeutlichen,
  - Vulnerabilitäts-Stressmodell an Flipchart entwickeln,
  - Stressampel an Flipchart entwickeln.
- Stressentstehungs- und Stressbewältigungsmodell „Stressverkehr(t)" anhand verschiedener Straßenverkehrsschilder an Flipchart erklären. Dabei steht das Schild „Gefahrstelle" für äußere Stressoren bzw. stressauslösende Reize, z. B. erhöhte Leistungsanforderungen, Überlastung durch Arbeit, Zeitdruck oder häufige Unterbrechungen bei der Arbeit. Das Schild „Kreisverkehr" steht für stressverstärkende innere Faktoren, z. B. Kontrollbedürfnis, Perfektionismus, überhöhte Selbstansprüche oder der Wunsch, es anderen recht zu machen. Das Schild „Sackgasse" steht für die scheinbar ausweglose Situation, die durch eine ausgeprägte Stressreaktion gekennzeichnet ist. Dazu gehört die (Über-)Aktivierung in körperlicher, geistiger und emotionaler Hinsicht sowie die Aktivierung der entsprechenden Verhaltensschemata. Das Schild „Vorfahrtstraße" steht schließlich für den Weg nach vorne, der den Einzelnen aus einer scheinbar ausweglosen Situation ohne größere Hindernisse in die Zukunft führt.
- Achtsamkeitsübung: z. B. Stuhlübung, Atemübung etc.

Diskussion:
- Der Begriff Stress wird heute inflationär gebraucht. Was bedeutet Stress für mich persönlich?
- Welche Vulnerabilitätsfaktoren liegen bei mir vor? Bin ich mir meiner „individuellen Verletzlichkeit" bewusst?
- Welche der Stressebenen kann ich am ehesten beeinflussen?
- Welche stressverstärkende Glaubenssätze liegen bei mir vor?

Fallbeispiel
In Modul 2 wird der Wert von Arbeit thematisiert. Herr P., ein 49-jähriger Verwaltungsfachangestellter, der wegen einer schweren Erschöpfungsdepression in stationärer Behandlung ist, sagt: „Wir sind ja alle nur Lohnsklaven." Diese Äußerung führt zu einer angeregten Gruppendiskussion zu den Themen Autonomie und Abhängigkeit im Angestelltenverhältnis, Einstellung zur Arbeit, ihrem Stellenwert und zur Arbeitsmotivation. Darüber hinaus werden die Kommunikation am Arbeitsplatz, die Auswirkung von Äußerungen wie der zitierten sowie die (Arbeits-)Haltung, aus der sie resultieren, thematisiert. Der Verlust des Glaubens an die eigene Selbstwirksamkeit, der Herrn P. zu seiner Haltung veranlasst, wird herausgearbeitet. Bei der Generalisierung und Rückgabe des Themas in die Gruppe werden von Teilnehmern weitere Beispiele genannt für das Gefühl des Ausgeliefertseins an fremdbestimmte Prozesse als bedeutsame Stressquellen und die Reaktionen darauf, die zwischen passivem Erleiden und aktiver Auflehnung schwanken. Die Guppenleiter greifen die polarisierenden Äußerungen auf, um zu möglichen Bewältigungsstrategien überzuleiten. Dabei stehen die Reflexion der Fremdattribuierung und die Copingstrategie des Ablegens der Opferrolle im Vordergrund.

47.5 Ausblick

Derzeit wird das PeBAS in zwei Kliniken angeboten. Das Angebot erstreckt sich auf den stationären sowie den teilstationären und integriert ambulanten Bereich, d. h., bereits entlassene Patienten können die Gruppenmodule ambulant komplettieren. Das Pe-

BAS wird aktuell in einer 2-jährigen Pilotphase evaluiert und hat sich bislang als eine themenzentrierte störungs- und stationsübergreifende Form der psychoedukativen Gruppenintervention mit sehr guter Akzeptanz bei den Patienten klinisch bewährt. Das Programm soll auf der Grundlage der Evaluationsergebnisse optimiert und mit störungsbezogenen Zusatzmodulen weiterentwickelt werden. Zur Optimierung soll unter anderem auch der Selbstmanagement-Selbsttest (SMST) beitragen. Der SMST umfasst fünf Items und wurde im Rahmen einer klinischen Untersuchung validiert (Wehmeier, 2016).

Internetlinks

www.zentrum-patientenschulung.de/datenbank

Bundesanstalt für Arbeitsschutz und Arbeitsmedizin (BAA). Stressreport Deutschland 2012. Psychische Anforderungen, Resourcen und Befinden. Dortmund/Berlin/Dresden 2013.

http://www.baua.de/de/Publikationen/Fachbeitraege/Gd68.pdf?__blob=publicationFile&v=5

Bundesministerium für Gesundheit, Familien, und Frauen (BGFF) (2010). Leitfaden Prävention. Abschnitt 5.2.4. Stressmanagement. 27. August. http://www.bmg.bund.de/fileadmin/redaktion/pdf_broschueren/praevention_leitfaden_2010.pdf

Deutsche Gesellschaft für Psychiatrie, Psychotherapie und Nervenheilkunde (DGPPN) (2012). Positionspapier der Deutschen Gesellschaft für Psychiatrie, Psychotherapie und Nervenheilkunde (DGPPN) zum Thema Burnout. Nervenarzt 4: 537–543. http://www.dgppn.de/fileadmin/user_upload/_medien/download/pdf/stellungnahmen/2012/stn-2012-03-07-burnout.pdf

Literatur

Bender M (2004). Spektrum und Konsens bei psychoedukativen Interventionen in der Behandlung schizophren Erkrankter. In: Machleidt W et al. (Hrsg.). Schizophrenie. Behandlungspraxis zwischen speziellen Methoden und integrativen Konzepten. Stuttgart (Schattauer), S. 173–181.

Bender M, Wehmeier PM, Steup M et al. (2014). Psychoedukation zur Bewältigung von arbeitsplatzbezogenem Stress (PeBAS). Manual für die Gruppentherapie. Unveröffentlichtes Manuskript. Hadamar.

Burisch M (2010). Das Burnout-Syndrom. Theorie der inneren Erschöpfung. 4. Aufl. Heidelberg (Springer).

Hammer M (2012). SBT: Stressbewältigungstraining für psychisch kranke Menschen. Ein Handbuch zur Moderation von Gruppen. 5. Aufl. Bonn (Psychiatrie Verlag).

Hillert A, Koch S, Hedlund S (2007). Stressbewältigung am Arbeitsplatz. Ein stationäres berufsbezogenes Gruppenprogramm. Trainerhandbuch. Göttingen (Vandenhoeck & Ruprecht).

Hinsch R, Pfingsten U (2007). Gruppentraining sozialer Kompetenzen (GSK). Grundlagen, Durchführung, Anwendungsbeispiele. 5. Aufl. Weinheim (PVU).

Kaluza G (2011). StressbewältigungTrainingsmanual zur psychologischen Gesundheitsförderung. 2. Aufl. Heidelberg (Springer).

Kanfer FH, Reinecker H, Schmelzer D (2012). Selbstmanagement-Therapie. Ein Lehrbuch für die klinische Praxis. 5. Aufl. Heidelberg (Springer).

Karasek RA (1989). Control in the workplace and its health-related aspects. In: Sauter SL, Hurrell JJ, Cooper CL (Hrsg.). Job Control and Worker Health. Chichester (Wiley), S 129–156

Kaschka WP. Modediagnose Burn-out. Deutsches Ärzteblatt 2011, 108 (46): 781–787

Litzcke S, Schuh H, Pletke M (2012). Stress, Mobbing, Burn-out am Arbeitsplatz. 6. Aufl. Heidelberg (Springer).

Maslach C, Jackson SE, Leiter M (1996). Maslach Burnout Inventory – Manual. 3. Aufl. Palo Alto (Consulting Psychologists Press).

Meichenbaum D (2003). Intervention bei Stress: Anwendung und Wirkung des Stressimpfungstrainings. 2. Aufl. Bern (Huber).

Schaarschmidt U (2012). Burnout als Muster arbeitsplatzbezogenen Verhaltens und Erlebens. Persönlichkeitsstörungen 16: 116–124.

Schaarschmidt U, Fischer AW (2008). AVEM – Arbeitsplatzbezogenes Verhaltens- und Erlebensmuster, 3. Aufl. London (Pearson).

Schuster N, Haun S, Hiller W (2011). Psychische Belastungen im Arbeitsalltag. Trainingsmanual zur Stärkung persönlicher Ressourcen. Mit Online-Materialien. Weinheim (Beltz).

Stark M, Sandmeyer P (2001). Wenn die Seele S.O.S funkt. Fitneßkur gegen Streß und Überlastung. Reinbek (Rowohlt).

Storch M, Krause F (2007). Selbstmanagement – ressourcenorientiert. Grundlagen und Trainingsmanual für die Arbeit mit dem Zürcher Ressourcen Modell (ZRM). 4. Aufl. Bern (Huber).

Strittmatter-Haubold V, Ehlail F (2012). Lernen im Aufwind. Methodenreader zur Gestaltung von Lernprozessen. Pädagogische Hochschule Heidelberg, Institut für Weiterbildung, Akademie für wissenschaftliche Weiterbildung an der Pädagogischen Hochschule Heidelberg e. V., Heidelberg.

Unger HP, Kleinschmidt C (2006). Bevor der Job krank macht. Wie uns die heutige Arbeitswelt in die seelische Erschöpfung treibt und was man dagegen tun kann. München (Kösel).

Wehmeier PM (2001). Selbstmanagement. Organisationsentwicklung und Interaktion. Sternenfels (Verlag Wissenschaft und Praxis).

Wehmeier PM (2016). Erfolg ist, wenn es mir gut geht! Burnout durch Selbstmanagement vermeiden. 2. erg. Aufl. Göttingen (Vandenhoeck & Ruprecht).

Weimer S, Pöll M (2012). Burnout – Ein Behandlungsmanual. Baukastenmodul für Einzeltherapie und Gruppen, Klinik und Praxis. Stuttgart (Klett-Cotta).

48 Psychoedukation im Internet

Heinrich von Reventlow

„Auch birgt das Vordringen des Internets in die Psychiatrie die Gefahr, dass alle in Maß und Zahl erfassbaren, digitalisierbaren Aspekte in den Vordergrund rücken und reduktionistische Sichtweisen resonanzartig verstärkt werden. Gerade was uns wichtig ist, entzieht sich jedoch oft Maß und Zahl."

(Hegerl et al., 2002)

48.1 Ist internetbasierte Psychoedukation eine virtuelle oder eine reale Option?

„The medium is the message" – „Das Medium ist die Botschaft" (McLuhan, 1964) – ist der in den Kommunikationswissenschaften wohl am häufigsten zitierte Satz, wenn es um die Beurteilung von Kommunikation in neueren Medien geht. Hiermit ist, kurz gesagt, eine Verschiebung des Blickwinkels von der Kommunikation von Inhalten mittels Medien auf die Medien selbst gemeint, die menschliche Lebensverhältnisse auf eigene und typische Art und Weise gestalten. Pointierter ausgedrückt: Die Inhalte treten in den Hintergrund oder werden sogar austauschbar, und das Medium übernimmt deren Rolle, wie dann auch in Wissenschaft und Gesundheitswesen zu beobachten ist.

In der Wissenschaft zeigt sich die Gestaltungskraft Neuer Medien überaus prägnant in der Zahl von Studien, deren fachliche Inhalte angesichts der Fülle von Internet-Publikationen kaum noch rezipierbar sind. Im Gesundheitswesen bestimmen per Intranet gestaltete Computeranwendungen den Alltag, welche sich zu seinen klinisch-therapeutischen Inhalten zunehmend arbiträr verhalten.

Nichts gegen Neue Medien, tragen sie doch positiv zu Standards und Arbeitsabläufen in vielen spezifischen Bereichen wie der Datenverarbeitung empirischer wissenschaftlicher Studien oder Medikamentenbestellungen bei. Die Verdrängung von traditionelleren durch die Neuen Medien ist aber auf vielen möglichen Ebenen der Arbeitswelt zu beobachten, sei es in der Beurteilung wissenschaftlichen Erfolgs über Impact-Faktoren, sei es in einer Wahrnehmung psychischer Erkrankungen über operationalisierte Diagnostik. Neue Medien sind somit im Ursprung keine Mittel multimedialer Unterhaltung. Sie schaffen neuartige, „virtuelle" Lebenswelten, Akteure, Regeln und Gewohnheiten, die zunehmend bisherige, „reale" Lebenswelten, Akteure, Regeln und Gewohnheiten ersetzen. Ihr medialer Einfluss beschränkt sich also nicht auf Veränderungen von Hilfsmitteln oder Lebensbereichen, für die eine Nutzung Neuer Medien sinnvoll wäre – das Medium selbst ist die Botschaft.

Die zugehörigen Inhalte realer und virtueller Kommunikation unterscheiden sich oftmals ebenfalls erheblich. Im Mittelpunkt des traditionellen Mediums therapeutischen Handelns stehen „Ereignisse", ein multimodaler, ganzheitlicher Austausch von situativ, persönlich und klinisch stark determinierten menschlichen Interaktionen mit manifestem, konkretem Realitätsgehalt. Diese Ereignisse sind primär der Erinnerungsleistung an ihnen beteiligter Personen zugänglich und von diesen zu verantworten. Im Mittelpunkt der Neuen Medien stehen „Informationen", ein unimodaler, technisierter Austausch situativ undeterminierter Daten mit vermitteltem, virtuellem Realitätsgehalt. Diese Informationen sind im Prinzip jeder Person auf jedem Computer jederzeit verfügbar und von niemandem mehr individuell verantwortet.

Auch wenn derartige Dichotomien in psychiatrisch-psychosomatischen Kontexten wohl ständig zur Debatte stehen, ganz gleich, ob man es mit dem Unbewussten, mit Konditionierungen oder mit neuronalen Netzen zu tun hat, verwandelt sich eine konkrete Realität menschlichen Erlebens (Varela, 1996) dadurch nicht in eine virtuelle Realität computerbasierter Daten. Kommunikationstheoretisch ist diese vergleichsweise arm und folgt komplexen Regeln von Professionen, welche für Psychoedukation im Sinn der Ausübung von „Heilkunst" zur Verringerung seelischen Leidens im Allgemeinen keineswegs hinreichend sind. Sie könnten aber in einer stetigen Veränderung der Lebenswelten für sie im Sinne geeigneter Mittel im Speziellen hilfreich sein und lassen sich nicht einfach verleugnen.

Beide Typen von Medien haben also ihre eigenen Vor- und Nachteile. Hier gilt es primär zu beurteilen, wie Psychoedukation sich im Internet darstellt, wie dieses mit für Zwecke der Psychoedukation geeigneter Kommunikation vereinbar ist und der PE möglicherweise sogar neue Horizonte eröffnet. Nur sekundär geht es darum, inwieweit das Internet psychoedukative Informationen zu transportieren vermag. Dies tut es technisch, und dabei mögen Geschwindigkeit, Präzision oder Sicherheit von erheblicher Relevanz sein. Für therapeutisches Handeln ist dagegen maßgeblich, ob es mit Empathie, Akzeptanz und Kongruenz erfolgt. Die kategorialen Unterschiede zwischen dem Mittel zum Zweck – Psychoedukation – und möglichem Medium – Internet – und jeweils gültigen Rahmenbedingungen gilt es in einem differenzierten und kritischen Überblick zu behalten.

48.2 Welchen Rahmenbedingungen unterliegt Psychoedukation in E-Mental-Health?

„E-Mental-Health – Neue Medien in der psychosozialen Versorgung" (Bauer u. Kordy, 2008a): Schon im Titel dieses Sammelbandes ergeben sich auf den ersten Blick vielversprechende Möglichkeiten computervermittelter Kommunikation für die Psychoedukation bei psychischen Störungen. Die Herausgeber unterscheiden in ihrer Einleitung „Offline- und Onlineprogramme" und „Informationsseiten (...) und Interventionen" und diskutieren die generellen Chancen und Risiken derartiger Angebote.

Vorteile einer internetbasierten Gesundheitskommunikation sehen sie in der Anonymität („Verringerung der Hemmschwelle"), in verbesserter sozialer Unterstützung („Austausch über Internetforen und Internetchat") sowie in der Integration computerbasierter Anwendungen in herkömmliche Interventionen („Nutzung virtueller Realität"). Probleme sehen sie in Qualitätssicherung, Datenschutz und Datensicherheit, rechtlichen Grundlagen und Regelungen, allgemeinen Gefahren des Internets und Einschränkung der therapeutischen Beziehung im Sinne einer Substitution des herkömmlichen „Face-to-face-Settings".

Dieselben Autoren verorten Psychoedukation unter einer Überschrift „Information, Aufklärung und Psychoedukation" und beschreiben sie als Nutzung „psychoedukativer Materialien und Bausteine zur Selbsthilfe und Unterstützung verhaltenstherapeutischer Interventionen" (Bauer u. Kordy, 2008b). Solche oder ähnliche – statt auf Ereignisse auf Informationen über Ereignisse bezogene – Missverständnisse mögen weit verbreitet sein und dazu beitragen, internetbasierte Psychoedukation prima vista als reale Option zu sehen. Diese bleibt ein schulenübergreifender Modus klinischer Interventionen und wird durch eine Redefinition nicht zum potenziellen Modus eines Datenaustausches per Computer.

Als Onlineangebote, die eine herkömmliche Psychoedukation substantiell ergänzen oder sie gar ersetzen, sind computervermittelte Ansätze allerdings bereits aus juristischen und berufsrechtlichen Erwägungen sowie aufgrund von datenschutzrechtlichen Bestimmungen in Deutschland derzeit wenig akzeptabel (Almer, 2008; Wenzel, 2008, 2011). Über individuelle Rechtsgrundlagen hinaus wird die Einhaltung von Grundsätzen der „Sicherheit, Privatheit und Vertraulichkeit" laut Kelly et al. (2002) im internationalen Rahmen als maßgeblich angesehen. Diese erlaubten gewöhnlich nur eine speziell auf gesundheitsrelevante Daten bezogene Nutzung von „Intranets" (organisationsinterne Computernetzwerke ohne Verbindung zur medialen Außenwelt) unter Einhaltung strikter Sicherheitsmaßnahmen. Dennoch werde das Internet weltweit häufig zur Kommunikation gesundheitsbezogener Daten genutzt, was neben Risiken durch einen „entschlossenen Kriminellen oder Regierungsorganisationen [...]" von Behandlern verlange, dass „wir selbst in einer dem 21. Jahrhundert angemessenen Weise Sorge für die von uns gesammelten, patientenbezogenen Daten tragen".

Trotz dieser Vorbehalte lohnt es sich, die bestehenden Angebote zum Thema Psychoedukation im Internet und wissenschaftlichen Diskurs systematischer anzusehen. Auf diese Weise lässt sich deren Bedeutung innerhalb dieses sich rasant entwickelnden Neuen Mediums genauer bestimmen.

48.3 Wie stellt sich Psychoedukation im Internet für potenzielle Nutzer dar?

Gibt man im Internet in einer großen Suchmaschine wie Google, die den deutschen Markt quasi monopolisiert hat, den Begriff „Psychoedukation" ein, findet man etwa 355.000 Einträge. Unter „Psychoedukation Schizophrenie" sind es immerhin noch ca. 92.100, unter „Psychoedukation Psychiatrische Störungen" ca. 46.700 Einträge (Stand 02/2012). Dies zeigt das vielleicht wichtigste Merkmal internetbasierter Angebote, nämlich die konkurrenzlose Menge und Pluralität von Informationsmöglichkeiten (Links) bzw. Internetseiten, die man als Internetnutzer aufgrund von Suchbegriffen in der Folge anklicken („aufrufen") und sich genauer ansehen kann.

So liegen die Raten einer Suche nach gesundheitsbezogenen Informationen in den USA laut den Autoren eines „Weissbuchs und Aktionsplans für Online-Gesundheitssuche" bei 80 % aller Personen mit Internetzugang (Greenberg et al., 2004). Sie konstatieren, dass Gesundheitsinformationen im Internet die Wahlmöglichkeiten der Nutzer in den Bereichen Gesundheitsversorgung und „Life-Style" „dramatisch verbessern".

Allerdings sei gesundheitsbezogene Information häufig unvollständig oder nicht aktuell, wobei Nutzer sie in der Regel nicht mit Behandlern besprächen. Sie werde von Anbietern nach nicht nachvollziehbaren Kriterien priorisiert – d. h., Internetangebote erscheinen bei der Suche nach oftmals geheimgehaltenen Algorithmen, die von Suchbegriffen, Inhalten der Websites, Häufigkeit vorheriger Aufrufe, aber auch geschäftlichen Interessen zahlender Kunden abhängig sind. Für eine Optimierung gesundheitsbezogener Suche im Internet und deren Qualitätssicherung sei ein ausreichendes Wissen über dessen Nutzungsgewohnheiten sowohl in technischer als auch pädagogischer Hinsicht vonnöten.

Bei ihrer Beurteilung der Qualität einer Website verließen sich Nutzer laut Eysenbach und Köhler (2002) auf ihren Eindruck von der Quelle, Professionalität des Designs, vom wissenschaftlichen oder offiziellen Anschein, Sprache und Nutzerfreundlichkeit. Dagegen läsen sie nie „About us"-Informationen, Impressen oder Qualitätszertifikate und achteten fast nie auf evtl. vorhandene Angaben zu den Sicherheitsstandards. Die entscheidenden Kriterien der Beurteilung lägen bei etwa der Hälfte der Nutzer in formellen visuellen Eigenschaften der Angebote. Sie könnten sich generell nicht erinnern, welche Webseiten sie besucht hätten

48.4 Wie sehen allgemeine Angebote zu Psychoedukation im Internet aus?

Bei der Suche nach „Psychoedukation" steht in den Top Five ein Angebot von „Wikipedia – die freie Enzyklopädie" an erster Stelle, es folgen zwei Webseiten von „Psychoedukation.net – das Internetportal für Patienten, Angehörige und Fachkreise". An vierter und fünfter Stelle stehen „Psychiatrie.aktuell.de" und „psychoedukation.de" (Stand 02/2012). Bis auf den ersten Eintrag stammen alle Seiten von Fachanbietern, d. h., einschlägige Berufsverbände, Krankenhäuser oder individuelle Behandler zeichnen – neben Verlagen, Pharma- oder sonstigen Firmen – zumindest mitverantwortlich.

Alle vier Fachanbieter bieten – ebenso wie die nachfolgenden – keine Psychoedukation per Internet an. Sie informieren über den Begriff Psychoedukation, über Links, Kontakte, Angebote und Publikationen im Bereich der Psychoedukation und machen sicher auch eine gewisse Werbung für die Sache und für sich bzw. ihre Produkte. Wikipedia als ein gemeinsam erarbeitetes Angebot einer Gemeinschaft der Internetnutzer (Web-Community) kann allerdings – sei es in Sachinformationen oder Links versteckt – von den Verfassern der Texte ebenfalls zu eigenen Zwecken genutzt werden. Für die anderen Einträge ist die Seriosität quasi per Namen der jeweils verantwortlichen Organe verbürgt, oder es ist anzunehmen, dass sie im Rahmen des Berufsrechts ebenfalls gegeben ist.

Im Sinne der bislang genannten Kriterien erscheinen alle Angebote als eher für gebildete oder vorinformierte Nutzer geeignet. Sie verfügen meist über ein ansprechendes Design, erscheinen allerdings in mehreren Fällen visuell nur eingeschränkt rezipierbar und nicht unbedingt häufiger aktualisiert. Jedenfalls stoßen Nutzer bei ihrer Suche mittels des Suchbegriffs „Psychoedukation" im Internet bei den ersten fünf Angeboten auf prinzipiell psychoedukationsbezogene Informationen, d. h., sie werden dort nicht in die Irre geführt.

Die konkurrenzlose Aktualisierung und die damit möglicherweise einhergehende Aktualität sind ein weiteres hervorstechendes Merkmal internetbasierter Angebote. Sie können sich permanent ändern und tun dies auch, was sich primär aus ihrer Nutzung, technischen Algorithmen und natürlich aus der Einstellung neuer Informationen ergibt. Nur Fachleute können bei ständiger Nutzung des Internets einen gewissen Überblick behalten. Diese verwenden ihre Zeit zwar für die Behandlung von Patienten, sollten aber versuchen, auch im Internet auf der Höhe der Zeit zu bleiben, um internetbezogene Anliegen und Lebensstile im Rahmen von Psychoedukation hinreichend verstehen zu können.

48.5 Wie steht es um die Qualität relevanter Wissensvermittlung im Internet?

Vergleichbares findet sich zur Vermittlung des für die Zwecke von Psychoedukation geeigneten Wissens im Internet. Laut einem aktuellen Review auf Grundlage von 31 einschlägigen Fachartikeln ist die Qualität von dezidert auf psychische Störungen bezogener Information insgesamt schlecht; nur im Falle affektiver Störungen lässt sich ein Trend zur Besserung erkennen. Demselben Forschungsbericht zufolge ist das Verständnis der Implikationen diesbezüglicher Beschaffung von Information für das Nutzerverhalten gering. Eine Einbeziehung von Modellen der Verhaltensänderung, Indikatoren der Alphabetisierung im Bereich psychischer Gesundheit und aussagekräftige Ergebnisse zu einer Förderung psychischer Gesundheit sind vonnöten (Reavly et al., 2011b).

Zu einem ebenfalls weniger befriedigenden Ergebnis bezügl. der Qualität von Gesundheitsinformationen im Internet kommt ein deutschsprachiger Überblicksartikel (Eichenberg et al., 2011a). Selbsthilfeangebote weisen demnach oft eine schlechte inhaltliche Qualität auf; im Fall pharmazeutisch gesponserter Webseiten sind Therapieempfehlungen signifikant von Interessen der Pharmafirmen beinflusst. Eine evidenzbasierte Information stellt den Autoren zufolge nicht die Regel dar; auch entsprechende Rückmeldungen an die Betreiber der Websites führen zu keiner Qualitätsbesserung. Eine erste Analyse deutschsprachiger Angebote (zum Thema Posttraumatische Belastungsstörungen) zeige, dass diese nicht unbedingt dem aktuellen Forschungsstand entsprächen und auch nicht ausgewogen über Behandlungsansätze informierten, sondern häufig ausschließlich kognitiv-behaviourale Ansätze darstellten.

Daran anschließend referieren die Autoren über aktuelle Ansätze zur Qualitätssicherung gesundheitsbezogener Information im Internet. Neben generellen Appellen an die Verbesserung der Kompetenz der Nutzer stünde hier insbesondere die Einrichtung von unabhängigen Instanzen zur Vergabe von Gütesiegeln im Vordergrund, welche aber nicht notwendigerweise die inhaltliche Qualität beträfen. Zudem ergriffen verschiedene Nichtregierungs- und Regierungsorganisationen vermehrt Initiativen zur Erarbeitung und Sicherung von Qualitätsstandards, die allerdings sämtlich einen freiwilligen Charakter aufwiesen (Eichenberg et al., 2011a; s.a. Commission of the European Communities, 2002; Greenberg et al., 2004).

Gütesiegel wie der HONcode (Health On the Net Code of Conduct) und Einhaltung anderer Qualitätsstandards könnten z. B. für den Bereich Depression eine positive empirische Beziehung zur inhaltlichen Qualität ausgesuchter Internetangebote aufzeigen (Zermatten et al., 2010), was für weitere psychiatrische Störungen einer statistischen Prüfung aber nicht standhalte (Kazaal et al., 2012).

Den notwendigen hohen Qualitätsstandards herkömmlicher Psychoedukation entsprechen die im Internet verfügbaren Angebote zu psychischen Erkrankungen also schon auf rein informativer und kommunikativer Ebene in der Regel nicht. Es lassen sich auch kaum Ansätze zu einer Abhilfe ausmachen, die den Qualitätskriterien genügen würde. Im Sinne der Anverwandlung im Internet angebotener Information in relevantes Wissen, Einstellungen und Fertigkeiten seiner Nutzer gibt es derzeit bestenfalls unsystematische Ansätze einer Thematisierung des Problems, aber wenige empirische Untersuchungen.

Hier könnte also auch die DGPE, die sich derzeit nicht unter den Top Five im Internet gelisteter Angebote findet – Mitglieder sind aber an Einträgen beteiligt –, für ihr Thema neue Impulse setzen. Neben einer generellen Förderung von einschlägigen Standards, Inhalten, Materialien, empirischen Untersuchungen, Fortbildungsangeboten und Vermittlung geeigneter Ansprechpartner wäre Zertifizierungen von psychoedukativen Standards mit entsprechenden Formaten durch zuständige Fachverbände zu denken.

48.6 Welche Chancen hat die Psychoedukation im Internet?

Im Folgenden geht es um die Chancen – und mögliche Risiken – der eigentlichen Nutzer, d. h. der Patienten, ihrer Angehörigen und Behandlern.

Vertraut man der bis dato wohl einzigen veröffentlichen Studie zur Internetnutzung von stationären psychiatrischen Patienten in Deutschland (Wöller, 2005), so haben bislang 43 % Erfahrung mit dem Internet gemacht. 28 % von ihnen haben sich bereits auf psychiatrischen Webseiten informiert, und zwar vor allem über psychiatrische Störungen und Behandlungen – insbesondere Medikamente – sowie zur Vorbereitung auf Arztbesuche. Nur 23 % von ihnen halten psychiatrische Informationen im Internet für hilfreich. Trotzdem befürworten 60 % eine Ausweitung solcher Angebote, 59 % würden Kontakaufnahmen mit Psychiatern über das Internet sogar vorziehen. Herkömmliche Angebote werden anscheinend selbst von psychiatrieerfahrenen Personen mit Ängsten oder negativen Erfahrungen verbunden und/oder als stigmatisierend erachtet, dürften aber auch aus störungsbezogenen und einer Reihe anderer Gründe erschwert sein.

Eine etwas jüngere Studie über tagesklinische psychiatrische Patienten in der Schweiz fand eine erheblich höhere Inanspruchname von internetbasierten störungbezogenen Quellen (Borzekowski et al., 2009), die im Rahmen einer Erleichterung des Internetzugangs – z. B. über telefonie-basierte Apps – und genereller Veränderungen von Nutzungsgewohnheiten wohl in Zukunft noch weiter steigen dürfte. Zum Nutzerverhalten Angehöriger psychiatrischer Patienten gibt es anscheinend noch keine einschlägigen Untersuchungen. Diese werden das Internet aber inzwischen ebenfalls vermehrt zu vergleichbaren Zwecken verwenden.

Nicht nur in Allgemeinpopulationen wird das Internet also zunehmend zur virtuellen Ergänzung herkömmlicher Informationsquellen, Rückversicherung, Einholung einer zweiten Meinung sowie Verringerung der mit herkömmlicher Informationssuche verbundenen Barrieren genutzt, was laut Powell et al. (2011) mit Blick auf den aktiven Konsumenten positiv zu werten ist. Empirischen Untersuchungen zufolge kann dies allerdings zu einer Verschlechterung des therapeutischen Verhältnisses oder der Behandlung führen, wenn sich Behandler angegriffen fühlen oder auf ihrer Expertenmeinung beharren. Es ist zu wünschen, dass sie gezielt ausgebildet werden, mit ihren Patienten den Zugang zu seriösen und qualifizierten Internetangeboten bzw. diesbezüglichem Wissen und entsprechenden Handlungsoptionen aktiv zu erarbeiten (Murray et al., 2003; McMullan, 2006).

Ebendies wäre auch eine *erste Chance* einer Psychoedukation per Internet: Eine verbesserte Aufklärung auf der Basis von zumindest in Grundzügen geteilter und internetbasierter Information mit Erarbeitung von gemeinsamen Wegen zur bestmöglichen Bewältigung psychischer Erkrankungen in realen therapeutischen Settings von Einzel- und Gruppentherapien.

Bei der Internetnutzung durch Patientenkollektive sollten auch störungsbezogene Einschränkungen nicht aus dem Blick geraten, die in einer qualitativen österreichischen Studie bezüglich der Inanspruchnahme durch schizophrene und schizoaffektive Patienten deutlich wurden (Schrank et al., 2010): Internetangebote werden demnach zwar als insgesamt hilfreich angesehen; die anonyme und hierarchiefreie Kommunikation ohne das Gefühl einer impliziten oder expliziten Abwertung und Gefährdung werden als Vorteile der Informationssuche und des interpersonalen Austauschs im Internet erachtet. Gleichzeitig klagen die Patienten über Konzentrationsschwierigkeiten, Reizüberflutung, Ängste vor Symptomverschlechterung oder paranoide Ideen. Auch fiel es ihnen mitunter schwer, sich gegen krankheitsbezogene Themen und Schicksale – vor allem bei Kommunikation in Chatrooms, Foren und Blogs – abzugrenzen. Außerdem wünschten diese Patienten explizit die Einbeziehung auf Internetnutzung bezogener störungsrelevanter Themen in ihre Behandlungskontakte.

Bezüglich der Nutzung öffentlicher Kommunikationsplattformen im Internet ließ sich in einer US-amerikanischen Studie über „medical weblogs" (von Mitgliedern medizinischer Berufe geführte ‚Blogs' ohne Beschränkung von Einsicht) in 56,8 % der Fälle der Autor identifizieren (Lagu et al., 2008). In 42,1 % der Blogs wurden individuelle Patienten beschrieben, oft auch auf negative Weise. 16,6 % der Beschreibungen ließ die Identifizierung individueller Patienten oder Ärzte zu, Einzelfälle enthielten gar Fotos von Patienten. Zudem stellten 11,4 % der Blogs Medizinprodukte in einer Weise dar, die als Werbung verstanden werden konnten.

Die *zweite Chance* einer Psychoedukation per Internet wären also eine in den Grundzügen kooperativ gestaltete Aufklärung und die Erarbeitung konkreter störungsbezogener Kommunikation mit den und innerhalb der Neuen Medien. Diese Aufklärung sollte in herkömmlichen, realen Behandlungssettings und nicht in virtuellen Interneträumen stattfinden.

Die Autoren der beiden zum Themengebiet Psychoedukation und Neue Medien derzeit verfügbaren deutschsprachigen Fachartikel (Lägel u. Kohler, 2007; Lägel, 2008) sehen die Psychoedukation in Abgrenzung zu einer primären Wissensvermittlung „vor allem durch psychotherapeutische und gruppendynamische Effekte […] wirksam". Der Einsatz von Neuen Medien berge erhebliche Gefahrenquellen, z. B. durch die Verfügbarkeit fertiger, für die Betroffenen aber inadäquater Lösungen und potentieller Fehlinformationen. Dennoch sei ein Gebrauch unterstützender Hilfsmittel u. a. aufgrund der mittlerweile hohen Akzeptanz und Verbreitung, Förderung der Autonomie der Nutzer und Entlastung der Behandler sowie positiver Ergebnisse beim Einsatz entsprechender Offline-Softwareprogramme im kognitiven Training berechtigt (Lägel u. Kohler, 2007).

Lägel und Kohler (2007) stellen ein „Trainings- und Informationsprogramm für Psychosebetroffene" (TIP) vor, das in jeweils eigenen Versionen für Patienten und Angehörige vorliegt. Es dient als ein interaktives Lernprogramm zur Vermittlung und Überprüfung von störungsbezogenem Wissen aus dem schizophrenen Formenkreis und kann für seinen jeweiligen Einsatz individuell zusammengestellt werden. Das Programm ist zum Gebrauch im Offline-Modus oder Intranet und „zur Ergänzung oder Nachbearbeitung psychoedukativer Gruppen- oder Einzelarbeit" vorgesehen und kann „seine Wirkung nur eingebettet in einer intensiven und tragfähigen Arzt-Patientenbeziehung entfalten." Ziele sind die vertiefte Wissensvermittlung, Wiederholung, Nachbearbeitung und Förderung von Nutzergruppen, die in Bezug auf herkömmliche Behandlungskontexte bisher nur eingeschränkt, laut Lägel und Kohler (2007) über Neue Medien aber besonders gut zu erreichen sind.

Vor diesem Hintergrund erscheint den Autoren der Einsatz eines solchen Programms erwägenswert, selbst wenn Probleme der Sicherheit, Privatheit und Vertraulichkeit auch hier ganz offensichtlich nicht gelöst sind – es wird z. B. von der Weitergabe patientenbezogener Information per Memory-Stick gesprochen. Dennoch wird deutlich, dass unterstützende Onlinematerialen oder -programme eine Rolle spielen könnten, falls diese in herkömmlichen psychoedukativen Angeboten offline oder in de facto ausreichend geschützten Intranets verwendbar sind.

Die *dritte Chance* einer Psychoedukation per Internet wäre somit eine dezidiert an ihren fachlichen Standards orientierte Verwendung internetbasierer Informationen und Hilfsmittel zum Thema Psychoedukation an sich – insofern sie nicht in substantiellen Aspekten ins Internet verlagert wird.

Solche Ansätze wären allerdings qualitativ nicht neuwertig und ähnlich aufwendig wie herkömmliche Lösungen. Auch wären computervermittelte Interaktionen in Hinsicht auf eine Verringerung der Hemmschwelle, verbesserte soziale Unterstützung und Nutzung virtueller Realität dem Angebot entsprechender, in der klinischen Praxis breit etablierter Methoden – wie z. B. niedrigschwelliger ambulanter Gruppenangebote mit Einsatz von psychoedukativ bislang eher weniger genutzter imaginativer Verfahren, Rollenspiele und Psychodrama – nicht unbedingt überlegen. Dazu stehen empirische Untersuchungen aber noch aus.

Abschließend bleibt zu untersuchen, ob auch eine regelrechte Psychoedukation per Internet Berechtigung haben könnte, wenn ihre spezifischen Ziele, Inhalte und kommunikativen Ansprüche ausreichend berücksichtigt werden und sich eine besondere Indikation – im Sinne ansonsten kaum oder nur schwierig erreichbarer Nutzergruppen – stellt. Hier gilt, dass der Begriff „Psychoedukation" zwar in einschlägigen Programmen sog. Internet-Therapien recht häufig auftaucht: sie scheint in entsprechenden Angeboten oftmals sogar einen wichtigen Stellenwert einzunehmen. Damit ist allerdings in den meisten Fällen die bloße Vermittlung störungs- und behandlungsrelevanter Information an Patienten, Angehörige oder sonstige Interessenten und fast niemals eine professionelle Intervention zur gemeinsamen Erarbeitung entsprechender Kenntnisse, Einstellungen und Fertigkeiten gemeint. Es handelt sich also in aller Regel um pseudo-psychoedukative Angebote, die sich oft analog zur generell eher fachfremden Interpretation des Begriffs „Psychoedukation" in der allgemeinen Web-Community definieren und einer sachgerechten Psychoedukation keinesfalls dienlich sind.

Zwei US-amerikanische Ansätze stechen aus diesem negativen Gesamtbild hervor, die dezidiert versuchen, herkömmliche psychoedukative Verfahren in entsprechende Internetangebote für an Schizophrenie und schizoaffektiven Störungen erkrankte Patienten, deren Familienangehörige und Freunde umzusetzen (Rotondi et al., 2010; Glynn et al., 2010). Als Gründe für den Versuch einer Bereitstellung von Online-Psychoedukationsangeboten werden die positiven Erfahrungen genannt, die mit professioneller Psychoedukation in ambulanten Settings in der Vergangenheit gemacht wurden, sowie die gleichzeitig eingeschränkten Möglichkeiten ihres Einsatzes in weiten Teilen des amerikanischen Gesundheitssystems.

In einem ersten, aufwendig gestalteten psychoedukativen Internetangebot für Betroffene, deren Angehörige und Freunde werden die Teilnehmer – wenn notwendig – mit dem zur Nutzung unabdingbaren Computerequipment ausgestattet und in einem gemeinsamen Workshop zum Thema „Schlüsselelemente der Familienpsychoedukation: Offensive Einbindung der Teilnehmer, Schulung in Bezug auf die Erkrankung und Behandlung, ein sie unterstützendes Sicherheitsnetz und Coping- Strategien" vorbereitet (Rotondi et al., 2010).

Aufgrund der Vorerfahrungen wählten die Autoren ein Gruppenmodell mit verschiedenen Modulen zu einer verbesserten Information sowie Problemlösung mit einer Verringerung von Stress und Erreichung persönlicher Bedürfnisse und Ziele sowie mehreren Online-Diskussionsforen – eines für Patienten, Angehörige und Freunde gemeinsam, eines nur für Patienten sowie eines nur für Angehörige und Freunde –, die je von einem Therapeuten aktiv betreut wurden. Das Angebot wurde möglichen Einschränkungen der Nutzer sorgsam angepasst und per speziellem Benutzernamen und Passwort geschützt.

Das Programm wurde insgesamt gut angenommen und genutzt, die Rate von Drop-outs war den Autoren zufolge gering. Bei den Patienten habe sich über 12 Monate eine signifikante Reduktion der Positivsymptomatik und Zunahme des Wissens über die Diagnose Schizophrenie, bei Angehörigen und Freunden lediglich in Bezug auf die Prognose – im Vergleich zu einer Gruppe in Standardbehandlung – ergeben. In Bezug auf weitere klinische und soziale Parameter sowie sonstiges Wissen seien keine signifikanten Veränderungen gefunden worden. Die Ergebnisse seien aufgrund des bislang noch marginalen Erkenntnisstandes bezüglich fachgerechter Psychoedukation per Internet und der geringen Größe des Samples mit Vorsicht zu betrachten. Sie zeigten immerhin, daß sie auch für teils kognitiv deutlich eingeschränkte Nutzer eine Option sei (Rotondi et al., 2010).

In einer weiteren, auf Angehörige von an Schizophrenie und schizoaffektiven Störungen erkrankten Veteranen der US-Streitkräfte zugeschnittenen Studie mit Bereitstellung eines von einem Therapeuten moderierten „real-time chat programs" (Echtzeit-Austausch von Textnachrichten), eines Online-Diskussionsforums sowie psychoedukativer Materialien und Weblinks ergaben sich über 12 Monate ebenfalls gute – wenn auch im Vergleich zum oben beschriebenen Angebot geringere – Raten der Nutzung und Zufriedenheit (Glynn et al., 2010). Es sei aber zu keiner Reduktion der Positivsymptomatik der Patienten oder des Stresses der Angehörigen gekommen. Die Rate von Rehospitalisierungen der Patienten sei zwar um 50 % geringer als die einer Vergleichsgruppe ausgefallen, was aufgrund der ebenfalls geringen Größe der Stichprobe aber keine Signifikanz erreicht habe. Darüber hinaus wurden Patienten in dieser Studie weder aktiv einbezogen noch fand eine regelgerechte Familienintervention statt.

Zusammengefasst zeigen diese beiden ersten, mit erkennbar hoher Sorgfalt und Fachkunde durchgeführten Angebote einer sachgerechten Psychoedukation per Internet, dass selbst diese noch einen erheblichen Klärungsbedarf in den relevanten Bereichen theoretische Konzeption, praktische Umsetzung und zu erwartende Behandlungsergebnisse aufweisen. Von sachgerechter, regelhafter Umsetzung in die alltägliche Versorgung psychisch Kranker und ihrer Angehöriger oder gar von positiver Vergleichbarkeit mit herkömmlichen Angeboten sind derartige Pilotprojekte jedenfalls noch erkennbar weit entfernt.

Soweit betreffen Verwendungsbereiche fachlich ausgewiesener Psychoedukation zumindest beim derzeitigen Stand der Dinge keine realistische Anwendung dieses speziellen Verfahrens im Internet. Hierzu läßt sich aufgrund der generellen hinderlichen Eigenschaften dieses Mediums und angesichts der problematischen Befundlage zu dessen gesundheitsbezogenen Anwendungen vermutlich auch in Zukunft keine optimistischere Indikation stellen.

Hinweis Dieses Kapitel beansprucht aufgrund der Schnelllebigkeit des Mediums Internet lediglich in grundlegenden Befunden eine fortgesetzte Aktualität.

Literatur

Almer S (2008). Das Fernbehandlungsverbot als rechtliche Grenze im Einsatz Neuer Medien in der psychosozialen Versorgung. In: Bauer S, Kordy H (2008): E-Mental Health. Neue Medien in der Psychosozialen Versorgung. Heidelberg (Springer).

Bauer S, Kordy H (Hrsg.) (2008). E-Mental Health. Neue Medien in der Psychosozialen Versorgung. Heidelberg (Springer).

Bauer S, Kordy H (2008). Computervermittelte Kommunikation in der Psychosozialen Versorgung. In: Bauer S, Kordy H (Hrsg.). E-Mental Health. Neue Medien in der Psychosozialen Versorgung. Heidelberg (Springer).

Borzekowski DL, Leith J, Medoff DR et al. (2009). Use of the internet and other media for health information among clinic outpatients with serious mental illness. Psychiatr Serv 60(9): 1265–1268.

Commission of the European Communities (2002). eEurope 2002: Quality Criteria for Health Related Websites. J Med Internet Res 4(3): e15.

Eichenberg C, Malberg D (2011). Gesundheitsinformationen im Internet. PiD 12(2): 128–131.

Eysenbach G, Köhler C (2002). How do consumers search for and appraise health information on the world wide web? Qualitative study using focus groups, usability test, and in-depth interviews. BMJ 324: 573–577.

Glynn, S. M., Randolph, E. T., Garrick, T. et al. (2010). A proof of concept trial of an psychoeducational program for relatives of both veterans and civilians living with schizophrenia. Psychiatric Rehabilitation Journal; 33(4), 278–287.

Greenberg L, D'Andrea G, Lorence D (2004). Setting the public agenda for online health search: a white paper and action agenda. J Med Internet Res 6(2): e18.

Hegerl U, Bussfeld F (2002). Psychiatrie und Internet: Möglichkeiten, Risiken, Perspektiven. Nervenarzt 73: 90–95.

Kazaal Y, Chatton A, Zullino D. et al. (2012). HON label and DISCERN as content quality indicators of health-related websites. Psychiatr Q 83(1): 15–27.

Kelly G, McKenzie B (2002). Security, privacy, and confidentiality issues ion the internet. J Med Internet Res 4(2): e12.

Lägel R, Kohler T (2007). Neue Medien zur Unterstützung der Psychoedukation – Trainings- und Informationsprogramm für Psychosebetroffene (TIP). In: Bäuml J, Pitschel-Waltz G (Hrsg.) (2007). Psychoedukation bei schizophrenen Erkrankungen. Stuttgart (Schattauer).

Lägel R (2008). Neue Medien zur Unterstützung der Psychoedukation. Gemeindenahe Psychiatrie 2. Weimar (Bertuch).

Lagu T, Kaufman EJ, Asch DA. et al. (2008). Content of weblogs written by health professionals. J Gen Intern Med 23(10): 1642–1646.

McLuhan M (1964). The medium is the message. In: Understanding Media: The Extensions of Man. New York (McGraw-Hill).

McMullan M (2006). Patients using the internet to obtain health information: how this affects the patient-health professional relationship. Patient Educ Couns 63(1–2): 24–28.

Murray E, Lo B, Pollack I et al. (2003). The impact of health care information on the Internet on health care and the physician-patient relationship: national U. S. survey among 1.050 U. S. physicians. J Med Internet Res 5(3): e 17.

Powell J, Inglis N, Ronnie J et al. (2011). The characteristics and motivations of online health information seekers: cross sectional survey and qualitative interview study. J Med Internet Res 13(1): e20.

Reavley NJ, Jorm AF (2011). The quality of mental disorder information websites: a review. Patient Educ Couns 85(2): 16–25.

Rotondi AJ, Anderson CM, Haas GI et al. (2010). Web-based psychoeducational intervention for persons with schizophrenia and their supporters: One-year outcomes. Psychiatric Services 61(11): 1099–1105.

Schrank B, Sibitz I, Unger A et al. (2010). How patients with Schizophrenia use the internet: a qualitative study. J Med Internet Res 12(5): e70.

Varela F (1996). Neurophenomenology: A methodological remedy to the hard problem. J Consc Studies 3: 330–350.

Wenzel J (2008). Technikentwicklung, Datenschutz und Datensicherheit: Die bewußte Gestaltung medialer Versorgungsangebote. In: Bauer S, Kordy H (Hrsg.) (2008). E-Mental Health. Neue Medien in der Psychosozialen Versorgung. Heidelberg (Springer).

Wenzel J (2011). Internetdatenschutz. PiD 12(2): 158–160.

Wöller A (2005). Internetnutzung von psychiatrischen Patienten. Dissertation Universität München.

Zermatten A, Khazaal Y, Coquard O et al. (2010). Quality of web-based information on depression. Depress Anxiety 27(9): 852–858.

49 Psychoedukation und Migration
Der Versuch einer Annäherung

Eckhardt Koch, Hans-Jörg Assion, Matthias Bender

49.1 Hintergrund und Datenlage

Laut Migrationsbericht aus dem Jahr 2015 belief sich der Anteil der im Jahre 2013 in Deutschland lebenden Personen mit Migrationshintergrund auf 19,6 % der Gesamtbevölkerung (15,913 Mio., BAMF, 2015); hiervon betrug der Anteil der Deutschen mit Migrationshintergrund 11,2 %, der Ausländeranteil 8,4 %. Knapp zwei Drittel der Personen mit Migrationshintergrund sind selbst Migranten (1. Generation), während gut ein Drittel bereits in Deutschland geboren wurde (2. und 3. Generation). Bezüglich der Herkunftsländer stellen Personen türkischer Herkunft (17,6 %) die größte Gruppe innerhalb der Bevölkerung mit Migrationshintergrund dar, gefolgt von Personen polnischer (9,6 %), russischer (7,5 %) und italienischer (4,9 %) Herkunft.

Die Datenlage über die Entwicklung psychischer Störungen im Zusammenhang mit dem Migrationsprozess ist insgesamt nach wie vor ungenügend und inkongruent; auch sind die bestehenden Befunde je nach Herkunfts- und Aufnahmeland heterogen (Glaesmer et al., 2009). Es kann jedoch als gesichert gelten, dass unter Migranten zumindest eine vergleichbar hohe Rate psychischer Störungen auftritt wie unter Deutschen. Unter besonderen Bedingungen wie Asylverfahren und Vertreibung (Koch, 2009; Assion u. Koch, 2012a), Isolation und Ethnic Density (Veling et al., 2008) und für bestimmte Störungen wie akute und posttraumatische Belastungsstörungen (Koch et al., 2008; Schouler-Ocak et al., 2009), Diskriminierungserfahrungen (Igel et al., 2010) sowie bei Subgruppen (z. B. Alkoholabhängigkeit bei Migranten aus der ehemaligen UdSSR; Assion u. Koch, 2012b; Koch u. Müller, 2012; Koch, Müller u. Assion, 2014) besteht offensichtlich ein höheres Erkrankungsrisiko.

49.2 Inanspruchnahme psychiatrisch-psychotherapeutischer Angebote durch Migranten in Deutschland

Aus der Gesundheitsforschung ist bekannt, dass viele Migranten – u. a. in Abhängigkeit von Sozialstatus und Bildungsniveau – in erheblich geringerem Umfang Vorsorgeuntersuchungen und Präventionsprogramme in Anspruch nehmen (Nationaler Integrationsplan der Bundesregierung, 2007; Assion, 2005). Eine Untersuchung psychiatrischer Kliniken (Koch et al., 2008) an 12 psychiatrischen Krankenhäusern mit insgesamt mehr als 2.000 Betten ergab, dass im Gegensatz zu früheren Erhebungen der Anteil an Migranten an der Gesamtpatientenzahl mit gut 17 % für die Erwachsenenpsychiatrie mittlerweile in etwa dem epidemiologischen Bevölkerungsanteil der Migranten entspricht.

Einigkeit besteht in der Literatur bezüglich eines erhöhten Bedarfs an interkulturell ausgerichteten Angeboten (Razum et al.,

2008). Dass kulturell sensible Angebote bei Migranten auf Akzeptanz stoßen, ist bereits seit längerem bekannt (Koch, 1997). Ein auf ihre Bedürfnisse zugeschnittenes Vorgehen von psychoedukativen Therapieansätzen kann hier zu einer erheblichen Verbesserung beitragen.

49.3 Bedeutung interkultureller Aspekte für die Psychoedukation

Die Berücksichtigung aller relevanten biologischen, psychologischen und sozialen Faktoren bei Diagnostik und Therapie psychischer Störungen ist medizinischer Standard. Das bedeutet, dass sowohl bei der Anamnese- und Befunderhebung als auch bei der Therapieplanung und Therapieumsetzung familiäre, kulturelle, ethnische, sprachliche, politische und religiöse Einflussfaktoren zu beachten und im Sinne des Patienten mit einzubeziehen sind. Bei mangelnder Berücksichtigung dieser Aspekte besteht die Gefahr von diagnostischer Fehleinschätzung (Assion, 2005; Zeiler, 1997). Für eine adäquate Diagnostik und Therapie seelischer Störungen bei Migranten ist demzufolge eine modifizierte Anamneseerhebung notwendig (Behrens u. Calliess, 2008). Diese beinhaltet maßgeblich die Berücksichtigung kultur- und migrationsspezifischer Einflussgrößen auf Entwicklung und Manifestation psychischer Störungen (Müller u. Koch, 2011). Nahezu alle Studien und Erhebungen verweisen auf erhebliche Kommunikationsprobleme bei der Behandlung von Migranten; die Schwierigkeiten sind in erster Linie sprachlicher Natur, herrschen aber auch in Bezug auf Krankheitsmodelle und therapeutische Strategien vor. In der oben erwähnten Studie von Koch et al. (2008) zeigten sich z. B. sprachliche oder kulturelle Verständigungsprobleme bei nahezu 50 % der Patienten mit Migrationshintergrund. Eine neuere Arbeit über türkische Migranten mit psychischen und psychosomatischen Störungen konnte den Migrationshintergrund als unabhängigen negativen Prädiktor des stationären Behandlungserfolgs identifizieren (Mösko et al., 2008).

Um eine Verbesserung der Ergebnisse stationärer und ambulanter psychiatrischer Behandlung erreichen zu können, müssen in psychotherapeutische Konzepte incl. der Psychoedukation migrations- und kulturspezifische Aspekte einfließen (Calliess et al., 2007; Wohlfart u. Zaumseil, 2006).

In der psychotherapeutischen Arbeit mit Migranten kommen kulturspezifische Unterschiede zwischen westlichen Psychotherapiemethoden und traditionellen Heilvorstellungen zum Tragen. Die Förderung von Individuation und Einsicht ist ein zentrales Merkmal westlicher Therapien. Ein auf Individuation ausgerichtetes Therapieziel ist für manche Migranten allerdings nicht angemessen. Als Therapeut sollte man die therapeutischen Ziele daher im Einklang mit dem kulturellen Hintergrund des Patienten definieren (Sato, 2001).

Da in vielen traditionellen Kulturen die Familie Entscheidungen trifft, ist es hilfreich, wichtige Angehörige in den Therapieprozess einzubeziehen. Die westlichen Therapeuten oftmals in Ihrer Bedeutung nicht bewusste kohäsive Struktur traditioneller Familien ist mit einer klaren sozialen Rolle verbunden und kann sich als stabilisierender Faktor im therapeutischen Prozess auswirken. Hier können die trialogische Dimension (Bender, 2003) und das methodisch-inhaltliche Selbstverständnis der Psychoedukation, systematisch Angehörigengruppen anzubieten bzw. Angehörige miteinzubeziehen (z. B. im Konzept der psychoedukativen Familienintervention, PEFI;

Berger u. Gunia 2007), der Weiterentwicklung von Manualen für die Angehörigenarbeit zugute kommen.

Inwieweit die Psychoedukation durch interkulturelle Aspekte beeinflusst wird, ist bislang nicht untersucht. Einige Kernpunkte, die es bei der Psychoedukation zu berücksichtigen gilt, sollen zunächst beschrieben werden.

49.4 Therapeutische Grundhaltung

In der Begegnung mit dem Fremden besteht nach Simmel (1908) zu Beginn Distanz. Der Fremde wird zunächst nicht als Element der Gruppe identifiziert, Vorstellungen und Haltungen sind auf beiden Seiten unklar (Devereux, 1976). Das betrifft auch die Erwartungen von Behandlern und Patienten mit Migrationshintergrund in der Arzt-Patient-Beziehung. Diese sind meist nicht von vornherein deckungsgleich. Die Grundlagen der Beziehung müssen erst geschaffen werden; die gegenseitigen Erwartungen bedürfen einer Klärung und Annäherung (Pfeiffer, 1995).

Eine selbstreflektierte Haltung bezüglich der eigenen kulturellen Prägung erleichtert eine tragfähige Beziehungsgestaltung. Neugier und Geduld fördern das Aushandeln gemeinsamer therapeutischer Ziele. Auch findet sich bei Patienten mit Migrationshintergrund häufiger eine passive Erwartungshaltung, die der hierzulande in der Vergangenheit üblichen paternalistischen Arzt-Patient-Beziehung entspricht. Eine gleichberechtigte Beziehung im Sinne des Shared-Decision-Making kann oft weder vorausgesetzt noch erwartet werden, sondern ist unter Umständen als Therapieziel zu sehen (Koch, 2011). Eine Überbewertung kultureller Besonderheiten ist allerdings ebenfalls irreführend, da sich hinter den psychosozialen Konflikten oft allgemeine menschliche Verhaltensweisen verbergen (Maoz, 2006). Von entscheidender Bedeutung ist aber letztlich, sich Menschen aus anderen Kulturen nicht schablonenhaft zu nähern, sondern anhand der Biografie des Gegenüber und der Selbstreflexion eigener Werte einen individuellen Zugang zu finden (Assion u. Koch, 2012a).

49.5 Arbeit mit Dolmetschern (Sprach- und Kulturmittlern)

Alle Institutionen, sie sich mit der Versorgung von Patienten mit schweren psychischen Störungen befassen, müssen auch für Patienten mit geringen Kenntnissen der deutschen Sprache eine angemessene Behandlung gewährleisten. Das erfordert Kenntnisse im Umgang mit Dolmetschern und zuallererst deren Verfügbarkeit (gut organisierte und preiswerte Dolmetscherdienste). Dabei kann es sich z. B um Gemeindedolmetscherdienste handeln, es sind aber in größeren Kliniken auch Dolmetscherdienste von bilingualem Fachpersonal denkbar. Der Einsatz von Sprach- und Kulturmittlern sollte routinemäßig dann erfolgen, wenn sprachliche Verständigung nicht ausreichend gewährleistet ist.

Es gibt mittlerweile Leitfäden für einen professionellen Einsatz von Sprach- und Kulturmittlern, die nicht nur einmalig – z. B. bei der stationären Aufnahme – zugezogen werden sollten, sondern psychiatrische und psychotherapeutische Behandlungen (z. B. Psychoedukation) auch kontinuierlich begleiten können. Einfache Regeln helfen hier, Missverständnisse zu vermeiden und die Möglichkeiten, die in einer dolmetschergestützten Behandlung liegen, zu nutzen (Morina et al., 2010). Zudem sollten Manuale und Informationsmaterial in den gängigen Fremdsprachen zur Verfügung stehen.

49.6 Praxisbeispiele von Psychoedukation mit Migranten im klinischen Alltag

49.6.1 Psychoedukationsgruppe in der Zentralambulanz der LWL-Klinik Dortmund

Die Ambulanz der LWL-Klinik hat u. a. eine Sprechstunde mit interkulturellem Schwerpunkt. Im Rahmen dieser Schwerpunktambulanz werden psychoedukative Gruppen angeboten, die insbesondere Menschen mit Migrationserfahrung ansprechen sollen. Diese Angebote berücksichtigen, dass Menschen aus anderen kulturellen Bezügen ihre Beschwerden und Krankheitszeichen anders präsentieren und emotionales Empfinden in höherem Maß durch körperliche Symptome beschreiben (z. B. Menschen türkischer Herkunft). Muslime sind auffallend zurückhaltend, was Äußerungen über ihre Familie angeht. Auf das Rollenverständnis in dem jeweiligen kulturellen Kontext ist zu achten. Die Gruppen legen Wert darauf, Kenntnisse über das deutsche Gesundheits- und Versorgungssystem zu vermitteln.

Das PE-Angebot wird im Rahmen einer kulturoffenen, gemischten Gruppe vorgehalten. Vorteile dieses Angebots sind:
- Flexibilität,
- Offenheit für jede Kultur,
- Praktikabilität im Versorgungsalltag einer Klinik,
- wechselseitiges Lernen,
- integrationsförderlicher Austausch.

Nachteile dieses Angebots sind, dass es nicht sämtliche Personen, z. B. Frauen aus traditionellen muslimischen Familien, erreicht und dass es ein gewisses Maß an Sprachkenntnissen voraussetzt.

49.6.2 Gesundheitsgruppe auf der Station für interkulturelle Psychiatrie der Vitos Klinik Marburg

Seit fast 20 Jahren (Koch, 1997; Koch u. Müller, 2012) wird auf der Station für Interkulturelle und Allgemeine Psychiatrie, der Schwerpunktstation für affektive Störungen der Vitos Klinik Marburg, eine psychoedukative Gesundheitsgruppe durchgeführt. 8 der 20 Betten der Station sind für Patienten mit Migrationshintergrund, in der Mehrzahl türkischer Herkunft, reserviert. Die Gruppe wird grundsätzlich mit Dolmetscher durchgeführt. Alle Patienten der Station, die Interesse haben, nehmen daran teil. Erfahrungsgemäß schwankt die Teilnehmerzahl zwischen ca. sieben und 15 Patienten. Die Sitzungen werden interaktiv mit Fragen zum jeweiligen Thema begonnen und mit einer PowerPoint-Präsentation in deutscher Sprache strukturiert. Die Folien werden von den Dolmetschern in einfachen Worten mündlich übersetzt.

Im Laufe der Jahre haben sich folgende Erfahrungen herauskristallisiert: Deutsche Patienten verfügen in der Regel über mehr Hintergrundwissen zu den Erkrankungen als die Patienten mit Zuwanderungsgeschichte. Das Interesse an Aufklärung ist gerade bei Patienten, die wenig Informationen haben, besonders groß. Den deutschen Patienten verlangen die Übersetzung und die häufig langwierigen Begriffserklärungen unter Umständen Geduld ab. Gerade von den Patienten mit Migrationshintergrund wird die Leitung der Gruppe durch den Stationsarzt als besondere Zuwendung geschätzt. Türkische Männer sind in der Gruppeninteraktion meist aktiver und raumgreifender als die Frauen. Dies erfordert eine konsequente Moderation durch den Gruppenleiter.

Hervorgehoben wird die Eigenverantwortung bezüglich gesunderhaltender Faktoren. Die Gesundheitsgruppe nutzt außerdem den Austausch der Patienten untereinander. Indem eine allgemeine Ebene hergestellt wird, erleben die teilnehmenden Patienten, wie ähnlich die Fragen und Erfahrungen der Mitpatienten ganz unabhängig von ihrer jeweiligen Herkunft sind.

49.7 Psychoedukation und Rollenspiel für Patienten mit Migrationshintergrund

Die Erfahrung geringer sozialer Kompetenz bei der Alltagsbewältigung führte zur Entwicklung einer psychoedukativen Gruppenarbeit ausschließlich für Patienten mit Migrationshintergrund. Information über rechtliche Grundlagen spielt z. B. bei Patienten, die im laufenden Asylverfahren oder im Duldungsstatus sind, eine große Rolle. Ebenso ist dies bei Partnerkonflikten von „Heiratsmigranten" von Bedeutung. Hier sind die Klärung der Rechtssituation und das Hintergrundwissen wichtig. Die Sprache ist im Kontakt zu Behörden, Kostenträgern und bei Arbeitskonflikten oft eine Barriere, die Missverständnisse und schlechte Erfahrungen nach sich ziehen kann. Zudem erschweren Sprachprobleme soziale Kontakte und den Zugang zu Informationen des alltäglichen Lebens und führen zur Isolation bzw. zur exklusiven Abhängigkeit von der Familie. Neben den Informationen vermitteln einfache Rollenspiele neue Erfahrungen und über die Unterstützung selbstständigen Handelns auch wichtige Erfolgserlebnisse. Die Gruppenarbeit orientiert sich an der Lebenswelt der Patienten, und der Stationsalltag kann als soziales Übungsfeld genutzt werden, um Handlungskompetenzen zu verbessern.

49.7.1 Muttersprachlich unterstützte psychoedukative Gruppen am Vitos Klinikum Hadamar

2009 konnte eine transkulturelle psychiatrische Ambulanz an der Klinik eingerichtet werden, deren Mitarbeiter auch muttersprachliche diagnostische, z. B. in der Demenzdiagnostik der Gedächtnissprechstunde, und therapeutische Angebote machen und psychoedukative Gruppen durchführen. Vor allem in akuten seelischen Krisen regredieren auch gut integrierte Migranten oft auf ihre Muttersprache. Schwerpunkte der muttersprachlichen Angebote sind Russisch, Farsi und Griechisch. Die sprach- bzw. ethnospezifischen Angebote decken natürlich nicht die gesamte kulturelle Vielfalt der Patienten einer psychiatrischen Versorgungsklinik ab. Sie ersetzen auch weder die Arbeit mit Dolmetschern anderer Sprachen noch die notwendigen Maßnahmen zur Förderung der interkulturellen Kompetenz aller Mitarbeiter. Aber sie komplettieren auf sinnvolle Weise das therapeutische Spektrum für die in der Region besonders häufig vertretenen Muttersprachen von Migranten.

In einer aus 8 Modulen bestehenden *Gruppe für Farsi sprechende Patienten* (Zokai u. Bender, 2011) mit kontinuierlicher Beteiligung der von den Patienten bei Bedarf eingeladenen Angehörigen und unter fachärztlicher Leitung einer aus dem Iran stammenden Ärztin wird von Beginn an die jeweilige Migrationsgeschichte systematisch und ressourcenorientiert mit einbezogen. Die eigene Einordnung wird anhand einer Darstellung der verschiedenen Migrationsphasen (Sluzki, 2001) erarbeitet.

Neben dem Informationsanteil vorwiegend zu affektiven Störungen und Angststörungen steht der Erfahrungsaustausch zu Bewältigungsstrategien im Vordergrund. Von Sitzung zu Sitzung werden umschriebene Hausaufgaben aufgegeben, die in der Gruppe bearbeitet werden.

> **Fallbeispiel**
>
> **„Hausaufgaben" für die nächste Sitzung**
>
> „Überlegen Sie die Bewältigung eines konkreten Problems im Heimatland und vergleichen Sie Ihre Lösungsstrategie für dasselbe Problem hier in Deutschland." Oder: „Beschreiben Sie eine Lieblingsbeschäftigung von früher im Heimatland und den jetzigen Stand."

In jeder Sitzung, die bei einer Gruppengröße von 6–12 Patienten 90 bis 120 Min. dauert und im zweiwöchigen Abstand stattfindet, werden Übungen zum Autogenen Training durchgeführt. Mit einer vertrauten Musik aus dem Heimatland klingt jede Sitzung aus. Dieses Konzept der transkulturellen Psychoedukation beruht auf vier Bausteinen:
1. Vermittlung des Migrationsprozesses und seiner Phasen.
2. Vermittlung des Vulnerabilität-Stress-Bewältigungs-Modells und Austausch über die subjektiven Krankheitskonzepte.
3. Aufklärung über Depressions- und Angsterkrankungen, deren Symptomatik und Therapieoptionen.
4. Einsatz von behavioralen Elementen zur Förderung von funktionellen Bewältigungsstrategien und von Sicherheit im Umgang mit der Alltagsbewältigung in der neuen Kultur mit Stärkung des Selbstbewusstseins.

49.7.2 Psychoedukation bei Depression für russischsprachige Patienten im ambulanten Setting (PeDruss)

Ziele dieser 2012 in der Institutsambulanz Limburg implementierten und von den selbst ursprünglich russischsprachigen Fachärztinnen geleiteten Modellgruppe (Schmied u. Bender, 2012) sind:
- Aufklärung über die Ursachen und Entstehungsmechanismen einer psychischen Dekompensation.
- Selbstfindung im Rahmen des Migrationsprozesses.
- Entdeckung der individuellen Weiterentwicklungswege im Prozess der Konsolidierung zweier verschiedener kultureller Einflüsse.
- Wahrnehmung und Förderung der eigenen Ressourcen.

Die eingesetzten Instrumente sind:
- Psychoedukative Gruppenarbeit mit muttersprachlicher Hilfe.
- Verhaltenstherapeutische Elemente der kognitiven Umstrukturierung.
- Austausch der Migrationserfahrungen.
- Verwendung gruppendynamischer Einflüsse auf die Förderung der Selbstwertstabilisierung sowie Individuelle Nachbetreuung aller Patienten.

Themen der Gruppensitzungen:
1. Vorstellung der Teilnehmer, Organisatorisches, aktuelle Probleme, Erwartungen an die Gruppe.
2. Was sind Depressionen? Symptome. Dreieck: Fühlen, Denken, Handeln; Depressionsspirale.

3. Ursachen der depressiven Störung, Vulnerabilitäts-Stress-Modell. Diagnosen. Mögliche Auswirkungen der Migrationserlebnisse.
4. Phasen des Migrationsprozesses, Herausforderungen und Strategien zur Bewältigung des Kulturschocks (s. Abb. 49-1).
5. Integration, Anpassungsfähigkeit, Dritte Individuation. „Hilfe zur Selbsthilfe", Institutionen, Einrichtungen.
6. Depression: Behandlungsstrategien, Überblick über die Therapieverfahren.
7. Umgang mit der depressiven Erkrankung, Erkennen und Korrektur der negativen Denkinhalte, Krisenplan bei Zuspitzung von suizidalen Gedanken.
8. Möglichkeiten zur Steigerung angenehmer Aktivitäten, Stolpersteine. Goldene Regeln. Zukunftsplanung. Beantwortung der offen gebliebenen Fragen.
9. Nachbesprechung. Bericht der Teilnehmer über bisher Erreichtes. Aktuelle Probleme. Wiederholung der wichtigsten Informationen. Zukunftsorientierung. Vereinbarung einer Booster-Sitzung nach ca. sechs Monaten.

49.7.3 Psychoedukation für Flüchtlinge und Folteropfer

Seit einigen Jahren gibt es auch Hinweise auf den Einsatz von Pychoedukation in der Behandlung von Folter- und Bürgerkriegsüberlebenden. Haenel (2013) berichtet über eine psychoedukative Gruppe als Bestandteil des therapeutischen Angebotes der Tagesklinik des Berliner Behandlungszentrums für Folteropfer, die stützende positive Erfahrungen vermitteln soll. Özkan und Belz (2013a) beschreiben eine muttersprachliche psychoedukative Gruppe für türkische Patientinnen und Patienten zum Umgang mit psychischen Schwierigkeiten. Besonderes Augenmerk liegt auf Stress und Körper. In der Gruppe werden kultur- und sprachunabhängige Entspannungstechniken vermittelt. Außerdem beschreiben die

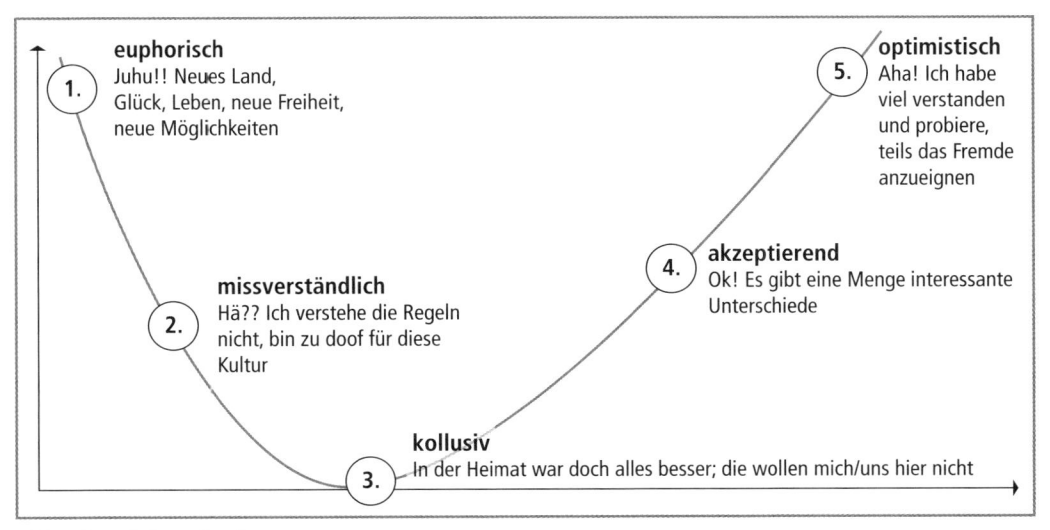

1. **euphorisch** — Juhu!! Neues Land, Glück, Leben, neue Freiheit, neue Möglichkeiten
2. **missverständlich** — Hä?? Ich verstehe die Regeln nicht, bin zu doof für diese Kultur
3. **kollusiv** — In der Heimat war doch alles besser; die wollen mich/uns hier nicht
4. **akzeptierend** — Ok! Es gibt eine Menge interessante Unterschiede
5. **optimistisch** — Aha! Ich habe viel verstanden und probiere, teils das Fremde anzueignen

Abb. 49-1 Kulturschock

Autoren (2013b) das Curriculum einer psychoedukativen Trauma-Stabilisierungs-Gruppe aus 12 Sitzungen à 60 bis 90 Min. Im Verlauf der Sitzungen erwerben die Teilnehmer durch eine sprachreduzierte, visualisierende Psychoedukation Wissen über ihr Störungsbild und die Erhaltung psychischer Gesundheit im Allgemeinen. Darüber hinaus werden Dissoziationsstopps, der Umgang mit Flashbacks und erhöhter Reizbarkeit sowie die Reduzierung von Vermeidungsverhalten trainiert. Nach Evaluation der Wirksamkeit ist ein Manual geplant.

49.8 Schlussfolgerungen

Um Patienten mit Migrationshintergrund durch psychoedukative Angebote erreichen zu können, sind Modifikationen üblicher Vorgehensweisen erforderlich.
- Einfache und bildhafte Formulierungen erleichtern das Verständnis für neuartige Informationen.
- Sprachliche Verständigung muss sichergestellt sein, bei Bedarf sind Dolmetscher hinzuzuziehen. Die Dolmetscher sollten geschult und in der Lage sein, medizinische und therapeutische Sachverhalte mit kulturell verständlichen Metaphern auszudrücken.
- Ärztliche Leitung psychoedukativer Gruppen – insbesondere mit muttersprachlicher Kompetenz bzw. eigenem Migrationshintergrund – erhöht die Akzeptanz und wird als besondere Form der Zuwendung verstanden.
- Die Leiter psychoedukativer Gruppen sollten Patienten mit Migrationshintergrund durch Nachfragen bewusst zur aktiven Teilnahme ermuntern, da häufig ein geringes Informationsniveau besteht, das schamhaft und mit Rückzug verarbeitet wird.
- Informationsmaterial und Manuale sollten in den häufigsten Sprachen und kulturell verständlich übersetzt vorliegen. Dennoch ist in Einzelfällen eine zusätzliche Erläuterung durch Dolmetscher erforderlich.
- Stationsübergreifend können psychoedukative Gruppenangebote, die sich ausschließlich an Patienten mit Zuwanderungsgeschichte wenden, sinnvoll sein.

Ohne spezielle Anpassung der Verfahren können die Patienten mit Migrationshintergrund, die über schlechte Kenntnisse der deutschen Sprache und geringeres medizinisches Wissen verfügen, nicht angemessen erreicht werden. Eine Teilhabe am therapeutischen Geschehen wird ihnen dadurch unmöglich gemacht. Dies gilt es in Zukunft in Anbetracht der steigenden Zahl von Patienten aus anderen Kulturen verstärkt zu berücksichtigen.

Literatur

Alarcon RD (2009). Culture, cultural factors and psychiatric diagnosis: review and projections. World Psychiatry 8: 131–139.

Assion HJ (2005). Migration und psychische Krankheit. In: Assion HJ (Hrsg.). Migration und seelische Gesundheit. Berlin (Springer), S. 133–144.

Assion HJ, Koch E (2012a). Migrationshintergrund: Anforderungen an und Möglichkeiten der Sozialpsychiatrie – Europäische Perspektiven. In: Rössler W, Kawohl W (Hrsg.). Soziale Psychiatrie. Das Handbuch für die psychosoziale Praxis. Stuttgart (Kohlhammer).

Assion HJ, Koch E (2012b). Substance Abuse and Addiction Among Divergent Ethnic Groups. In: Barnow S, Balkir N (Hrsg.). Cultural Variation in Psychopathology: From Research to Practice. Göttingen (Hogrefe).

Behrens K, Calliess IT (2008). Gleichbehandlung ohne gleiche Behandlung: Zur Notwendigkeit der Modifikation therapeutischer Strategien für die Arbeit mit Migranten. Fortschr Neurol Psychiatr 76: 725–733.

Bender M (2003). Individualisierung und trialogische Dimension. In: Bäuml J, Pitschel-Walz G (Hrsg.). Psychoedukation bei schizophrenen Erkrankungen. Stuttgart (Schattauer), S. 124–136.

Bender M (2004). Spektrum und Konsens bei psychoedukativen Interventionen in der Behandlung schizophren Erkrankter. In: Machleidt W et al. (Hrsg.): Schizophrenie. Stuttgart (Schattauer), S. 173–181.

Berger H, Gunia H (2007). Psychoedukative Mehrfamilieninterventionen bei schizophrenen Psychosen – am Beispiel des PEFI-Programmes. In: Bäuml J, Pitschel-Walz G (Hrsg.). Psychoedukation bei schizophrenen Erkrankungen. Stuttgart (Schattauer), S. 155–162.

Bundesamt für Migration und Flüchtlinge (BAMF) (2015). Migrationsbericht 2013

Beauftragte der Bundesregierung für Migration, Flüchtlinge und Integration. Das kultursensible Krankenhaus. Berlin, 2013.

Calliess IT, Schmid-Ott G, Akguel G et al. (2007). Einstellung zu Psychotherapie bei jungen türkischen Migranten in Deutschland. Psychiat Prax 34: 343–348.

Devereux G (1976). Angst und Methode in den Verhaltenswissenschaften. Frankfurt/M (Ullstein).

Glaesmer H, Wittig U, Brähler E et al. (2009). Sind Migranten häufiger von psychischen Störungen betroffen? Eine Untersuchung an einer repräsentativen Stichprobe der deutschen Allgemeinbevölkerung. Psychiat Prax 36: 16–22.

Gün AK (2009). Erfordernis und Aufgaben von Integrationsbeauftragten in der stationären Versorgung. In: Falge C, Zimmermann G (Hrsg.). Interkulturelle Öffnung des Gesundheitssystems. Baden-Baden (Nomos).

Haenel F (2013). Zur teilstationären Behandlung von Folter- und Bürgerkriegsüberlebenden aus anderen Kulturkreisen. Die Tagesklinik des Berliner Behandlungszentrums für Folteropfer (bzfo/CCM). In: Feldmann RE, Seidler GH (Hrsg.) Traum(a) Migration. Aktuelle Konzepte zur Therapie traumatisierter Flüchtlinge und Folteropfer. Gießen (Psychosozial-Verlag), S. 83–102.

Igel U, Brähler E, Grande G (2010). Der Einfluss von Diskriminierungserfahrungen auf die Gesundheit von Migranten. Psychiat Prax 37: 183–190.

Koch E (1997). Migranten türkischer Herkunft am Psychiatrischen Krankenhaus Marburg – eine Institution öffnet sich für Arbeit mit Ausländern. Curare 1(20): 65–74.

Koch E, Hartkamp N, Siefen RG et al. (2008). Patienten mit Migrationshintergrund in stationär-psychiatrischen Einrichtungen. Pilotstudie der Arbeitsgruppe Psychiatrie und Migration der Bundesdirektorenkonferenz. Nervenarzt 79: 328–339.

Koch E (2009). Patienten im Asylverfahren in der Vitos Klinik für Psychiatrie und Psychotherapie Marburg. In: Koch E, Müller HJ (Hrsg.). Asyl und Psychiatrie. Freiburg (Lambertus), S. 97–117.

Koch E (2011). Arzt-Patient-Beziehung und Transkulturelle Psychiatrie. Sozialpsychiatrische Informationen 41(1): 26–29.

Koch E, Assion HJ (2011). Transkulturelle Psychiatrie: Alltag in Kliniken und Praxen: Psychiatrie und Psychotherapie up2date 5/2011: 301–311.

Koch U, Brähler E (2008). Migration und Gesundheit – a subject of high priority. Psychother Psychosom Med Psychol 58: 105–106.

Koch E, Müller MJ (2012). Migration und Krankenhaus: Interkulturelle Öffnung des Vitos Klinikums für Psychiatrie und Psychotherapie Gießen-Marburg. Hess. Ärzteblatt 7: 434–439.

Koch E, Müller MJ, Assion HJ (2014). Interkulturelle Aspekte bei der Diagnostik und Psychotherapie von Suchtstörungen. Prävalenz, Konzepte und Evidenz. Suchttherapie 15: 67–74.

Maoz B, Rabin S, Katz H et al. (2006). Der zwischenmenschliche Ansatz in der Medizin: Die Arzt-Patient-Beziehung. Berlin (Logos).

Mösko M, Schneider J, Koch U et al. (2008). Does a Turkish migration background influence treatment outcome? Results of a prospective inpatient healthcare study. Psychother Psychosom Med Psychol 58: 176–182.

Morina N, Maier T, Schmid Mast M (2010). Lost in Translation? Psychotherapie unter Einsatz von Dolmetschern. Psychother Psych Med 60: 104–110.

Müller MJ, Koch E (2011). Stressors related to immigration and migration background in Turkish patients with psychiatric disorder: validity of a short questionnaire. J Immigr Minor Health 13(6): 1019–1026.

Nationaler Integrationsplan. Die Beauftragte der Bundesregierung für Migration, Flüchtlinge und Integration. Presse- und Informationsamt der Bundesregierung, 2007.

Özkan I, Belz M (2013a). Traumazentrierte Psychotherapie im Rahmen des Göttinger Behandlungskonzepts für Menschen mit Migrationshintergrund. In: Feldmann RE, Seidler GH (Hrsg.). Traum(a) Migration. Aktuelle Konzepte zur Therapie traumatisierter Flüchtlinge und Folteropfer. Gießen (Psychosozial-Verlag), S 103–114.

Özkan I, Belz M (2013b). Ressourcenorientierte traumazentrierte Behandlung von Migranten. In: Feldmann RE, Seidler GH (Hrsg.). Traum(a) Migration. Aktuelle Konzepte zur Therapie traumatisierter Flüchtlinge und Folteropfer. Gießen (Psychosozial-Verlag), S. 193–220.

Pfeiffer WM (1995). Kulturpsychiatrische Aspekte der Migration. In: Koch E, Özek M, Pfeiffer WM (Hrsg.). Psychologie und Pathologie der Migration. Freiburg (Lambertus).

Razum O, Zeeb H, Schenk L (2008). Ähnliche Krankheiten, unterschiedliche Risiken. Migration und Gesundheit. Deutsches Ärzteblatt 47: A2520–1.

Sato T (2001). Autonomy and relatedness in psychopathology and treatment: a cross-cultural formulation. Genet Soc Gen Psychol Monogr 127: 89–127.

Schmied E, Bender M (2012). Klinikinternes Manual PeDruss, Psychoedukation bei Depression russischsprachiger Patienten. Unveröff. Manuskript. Hadamar.

Schouler-Ocak M, Bretz HJ, Rapp MA et al. (2009). Patienten mit Migrationshintergrund in stationär-psychiatrischen Einrichtungen – Vergleich zwischen Patienten aus Osteuropa und der Türkei. Z Med Psychol 18: 117–123.

Simmel G (1908). Soziologie. Untersuchungen über die Formen der Vergesellschaftung. Berlin (Duncker und Humblot).

Sluzki CE (2001). Psychologische Phasen der Migration und ihre Auswirkungen. In: Hegemann T, Salman R (Hrsg.). Transkulturelle Psychiatrie. Konzepte für die Arbeit mit Menschen aus anderen Kulturen. Bonn (Psychiatrie Verlag).

Veling W, Susser E, van Os J et al. (2008). Ethnic density of neighborhoods and incidence of psychotic disorders among immigrants. Am J Psychiatry 165 (1): 66–73.

Wohlfart E, Zaumseil M (Hrsg.) (2006). Transkulturelle Psychiatrie – interkulturelle Psychotherapie. Interdisziplinäre Theorie und Praxis. Heidelberg (Springer).

Zeiler J (1997). Psychiatrische Diagnostik bei Migranten: Typische Fehlerquellen. T&E Neurologie Psychiatrie 11: 889–891.

Zokai M, Bender M (2011). Klinikinternes Psychoedukationsmanual (PeFars) für farsisprechende Patienten. Unveröff. Manuskript. Hadamar.

50 Psychoedukation bei schizophrenen Erkrankungen in der Forensik und im Justizvollzug

Ilona Kogan, Tanja Friedenstab

50.1 Besonderheiten der Psychoedukation bei psychisch kranken Straftätern

Psychisch kranke Straftäter („forensische Patienten") werden in Deutschland mehrheitlich in Einrichtungen des Maßregelvollzugs oder in Justizvollzugsanstalten behandelt. Die Justizvollzugsanstalten stellen entweder eine stationäre Behandlung in der psychiatrischen Abteilung eines Justizvollzugskrankenhauses oder einen ambulanten Konsiliardienst zur Verfügung. In beiden Fällen wird ein breites Spektrum psychischer Erkrankungen behandelt, darunter Psychosen, Persönlichkeitsstörungen, Suchterkrankungen und Depressionen. Fazel und Danesh (2002) weisen in ihrer umfassenden Metastudie darauf hin, dass die Prävalenz schwerer psychischer Störungen unter Strafgefangenen deutlich höher ist als in der Gesamtbevölkerung. Ihre Auswertung von 62 Studien aus 12 Ländern mit insgesamt 22.790 Probanden ergab Prävalenzen von 3,7 % bei psychotischen Störungen, 10 % bei Major Depression (DSM-IV) und 65 % bei Persönlichkeitsstörungen. Im Justizvollzugskrankenhaus Berlin (JVKB) wiesen Opitz-Welke und Konrad (2012) eine weitaus höhere Prävalenz für psychotische Erkrankungen (55 %), aber eine niedrigere für Persönlichkeitsstörungen (24 %) nach. Im Berliner Maßregelvollzug ist der Anteil der Psychotiker an der Gesamtzahl der nach § 63 StGB untergebrachten Patienten zwischen 2001 und 2010 von 53 % auf 71 % gestiegen.

Die Anordnung einer „Maßregel der Besserung und Sicherung" nach § 63 StGB (Einweisung in ein psychiatrisches Krankenhaus) oder § 64 StGB (Einweisung in eine Entziehungsanstalt) setzt voraus, dass die betroffenen Personen im Zustand der erheblich verminderten (§ 21 StGB) oder aufgehobenen Schuldfähigkeit (§ 20 StGB) gravierende Rechtsbrüche begangen haben und auch weiterhin als gefährlich einzustufen sind. Insofern unterscheidet sich ihre Behandlung von herkömmlichen Therapien, denn es geht nicht nur um „Besserung" (des psychischen Befindens), sondern auch um „Sicherung", d. h. um den Schutz der Öffentlichkeit und die Verhinderung weiterer Straftaten. Zu den Zielen der Behandlung forensischer Patienten gehören daher insbesondere die Verbesserung der Kriminalprognose, die Deliktbearbeitung, die Entlassungsvorbereitung (mit Schwerpunkt auf Alltagsbewältigung) und die Gewaltprävention. Die Therapie lehnt sich eng an das Risk-Need-Responsivity-Modell an, dem derzeit anerkanntesten Behandlungsmodell für Straftäter (McGuire, 2008), indem sie drei Prinzipien folgt: dem Bedürfnisprinzip, das die spezifischen kriminogenen Faktoren der Patienten berücksichtigt, dem Risikoprinzip, das die Behandlungsintensität an das Rückfallrisiko anpasst, und dem Ansprechbarkeitsprinzip, das Verfahren und Stil der Behandlung auf die Fähigkeiten und Lernstile der Patienten abstimmt (Andrews et al., 1990, 2011).

Im regulären Strafvollzug hingegen werden die Insassen als schuldfähige Straftäter betrachtet, können aber ebenso an psychischen Störungen leiden. In diesem Fall ist die allgemeine medizinische Versorgung in den Gefängnissen für sie zuständig, denn die „Grundsätze ärztlicher Ethik", die auf der 37. Tagung der Generalversammlung der Vereinten Nationen verabschiedet wurden, betonen das Äquivalenzprinzip:

„Medizinisches Personal, insbesondere Ärzte, dem die medizinische Betreuung von Strafgefangenen oder Häftlingen obliegt, ist verpflichtet, deren körperliche und geistige Gesundheit zu schützen und ihnen im Krankheitsfall eine Behandlung von der gleichen Qualität und nach den gleichen Maßstäben zukommen zu lassen wie Personen, die sich nicht in Haft oder Gewahrsam befinden." (Vereinte Nationen, 1982)

Es ist daher selbstverständlich, dass psychische Störungen auch unter Vollzugsbedingungen behandelt werden sollten, und zwar gemäß den aktuellen Behandlungsrichtlinien, die auch psychoedukative Maßnahmen vorsehen. Der störungsspezifische Einsatz der Psychoedukation bei Suchterkrankungen, Schizophrenie, Depressionen und Persönlichkeitsstörungen ist dabei von großer Bedeutung und wird in diesem Buch an anderer Stelle ausführlich beschrieben (s. Kap. 15, 16, 22, 37 u. 38). Die Behandlungsmöglichkeiten schizophrener Erkrankungen sind durch die Kombination von pharmakotherapeutischen Methoden einerseits sowie psycho- und sozialtherapeutischen Methoden anderseits in den letzten Jahrzehnten grundlegend verbessert worden (Robert Koch-Institut, 2010).

Forensische Patienten im Maßregelvollzug zeigen weitgehende Übereinstimmungen mit inhaftierten Straftätern im Justizvollzug. Zum einen sind die Prävalenzen schwerer psychischer Erkrankungen auch im Strafvollzug überproportional hoch: Bei inhaftierten Straftätern ist die Wahrscheinlichkeit für das Auftreten von Psychosen und Depressionen um das Zwei- bis Vierfache erhöht, für eine Antisoziale Persönlichkeitsstörung um den Faktor 10 (Fazel u. Danesh, 2002). Zum anderen gleichen Forensikpatienten auch hinsichtlich ihrer soziodemografischen Merkmale „eher den nichterkrankten Tätern im Strafvollzug als den nichtdelinquenten psychisch Kranken" (Leygraf, 2006a, S. 194 f.). Beide Gruppen stammen überwiegend aus den unteren sozialen Schichten, verfügen über ein niedriges Bildungsniveau, haben oft eine Heimsozialisation durchlaufen, ein Leben ohne Partner geführt sowie mehrere Vorstrafen erhalten.

Warum die Prävalenz psychischer Störungsbilder im Strafvollzug so hoch ist, lässt sich durch zwei Faktoren erklären: erstens durch psychische Erkrankungen und traumatische Erfahrungen vor dem Haftantritt, die die Straftat unter Umständen begünstigt haben, zweitens durch den Freiheitsentzug, der dazu beitragen kann, dass sich das psychische Befinden während der Haftzeit verschlechtert – besonders dann, wenn die Haftbedingungen ungünstig und die psychiatrische Versorgung unzureichend sind (Kopp, 2012).

Am Beginn der Behandlung psychisch kranker Rechtsbrecher steht in vielen Fällen die „Herstellung von Therapiefähigkeit" (Müller-Isberner u. Eucker, 2009, S. 47). Sie beinhaltet neben der Zurückdrängung der psychotischen Akutsymptomatik den Abbau gefährlichen Verhaltens, zielt aber auch auf die Herstellung eines therapeutischen Bündnisses mit der Klinik und auf Gruppenfähigkeit. Die Änderungsmotivation ist bei Psychotikern erfahrungsgemäß erst nach weitgehender Remission zu erwar-

50 Schizophrene Erkrankungen in der Forensik und im Justizvollzug

ten, doch wird sie durch die Arbeit an einem adäquaten Krankheitskonzept insbesondere mithilfe psychoedukativer Verfahren gefördert (Kraemer u. Möller, 2000). Schon in der postremissiven Stabilisierungsphase, v. a. aber nach erfolgter Stabilisierung, kann die Anwendung störungsspezifischer Therapieprogramme beginnen, die vom psychosozialen Funktionsniveau der Patienten abhängig sind und etliche psychoedukative Elemente enthalten (Abb. 50-1).

Allerdings steht die psychotherapeutische Behandlung in forensischen Settings vor besonderen Herausforderungen, die

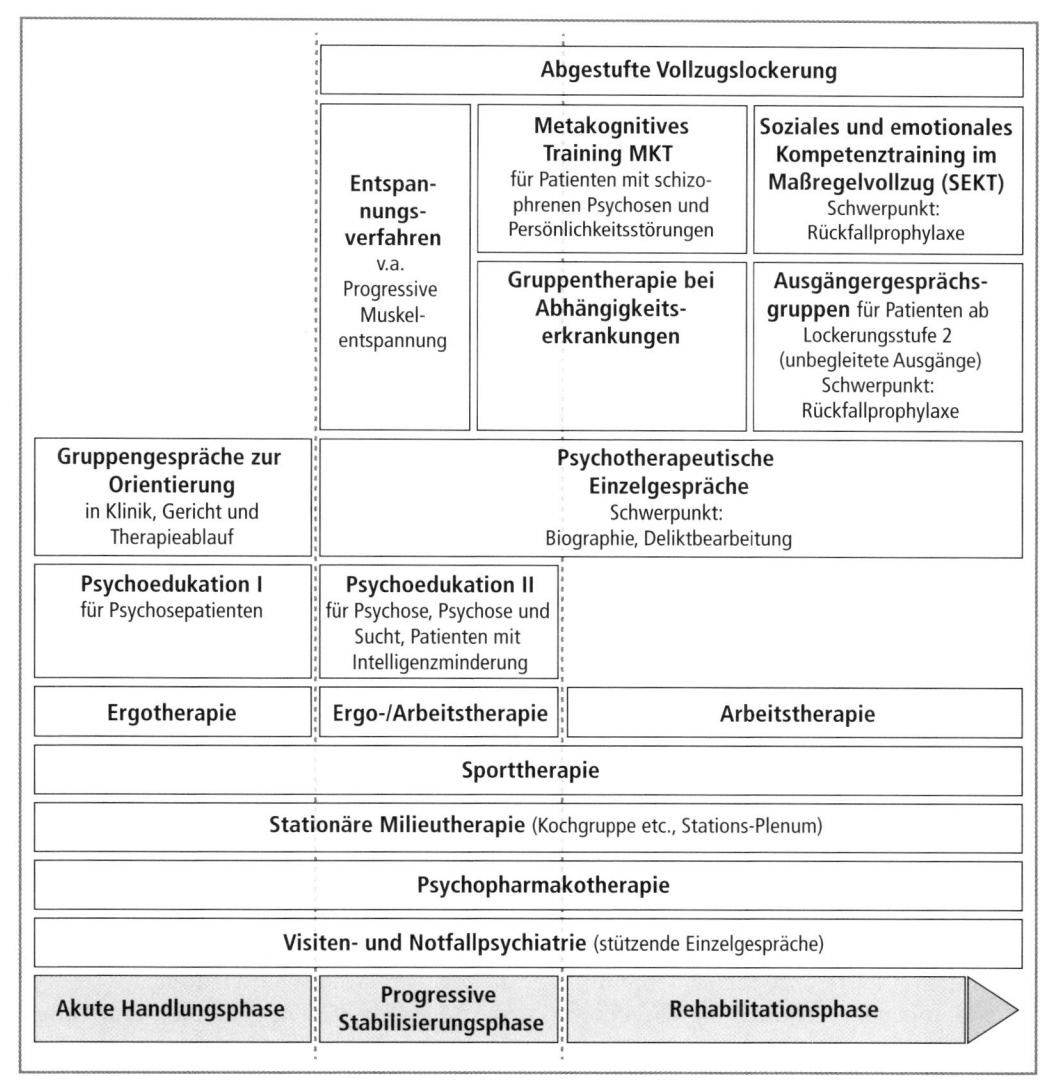

		Abgestufte Vollzugslockerung		
	Entspannungsverfahren v.a. Progressive Muskelentspannung	Metakognitives Training MKT für Patienten mit schizophrenen Psychosen und Persönlichkeitsstörungen	Soziales und emotionales Kompetenztraining im Maßregelvollzug (SEKT) Schwerpunkt: Rückfallprophylaxe	
		Gruppentherapie bei Abhängigkeitserkrankungen	Ausgängergesprächsgruppen für Patienten ab Lockerungsstufe 2 (unbegleitete Ausgänge) Schwerpunkt: Rückfallprophylaxe	
Gruppengespräche zur Orientierung in Klinik, Gericht und Therapieablauf		Psychotherapeutische Einzelgespräche Schwerpunkt: Biographie, Deliktbearbeitung		
Psychoedukation I für Psychosepatienten	Psychoedukation II für Psychose, Psychose und Sucht, Patienten mit Intelligenzminderung			
Ergotherapie	Ergo-/Arbeitstherapie	Arbeitstherapie		
Sporttherapie				
Stationäre Milieutherapie (Kochgruppe etc., Stations-Plenum)				
Psychopharmakotherapie				
Visiten- und Notfallpsychiatrie (stützende Einzelgespräche)				
Akute Handlungsphase	Progressive Stabilisierungsphase	Rehabilitationsphase		

Abb. 50-1 Behandlungskonzept der II. Teilvollzugsabteilung im KMV Berlin (nach: Friedenstab, 2013, S. 23 Band 2)

sich aus den strukturellen Rahmenbedingungen (steigende Patientenzahlen, begrenzte Ressourcen, Zwangskontext) und aus den Besonderheiten der Patientenklientel (Komplexität der Störungen, spezifische Defizite, geringe Therapiemotivation) ergeben (Friedenstab, 2013). Die diagnostische Zusammensetzung der im Maßregel- und Strafvollzug untergebrachten psychisch kranken Patienten unterscheidet sich erheblich von der Allgemeinpsychiatrie, da diese Klientel durch kompliziertere Störungsbilder mit hoher Komorbidität gekennzeichnet und darüber hinaus strafrechtlich vorbelastet ist. Gerade die häufige Kombination von psychischen Erkrankungen (Achse I im DSM-IV) mit Persönlichkeitsstörungen (Achse II im DSM-IV) und oft langjähriger, lebensgeschichtlich verfestigter dissozialer Entwicklung bzw. Aggressionsproblematik bringt eigene Behandlungsanforderungen mit sich (Leygraf, 2006a). Besonders gravierend ist die Prävalenz einer komorbiden Suchtproblematik (Alkohol und illegale Drogen), die z. B. 2006 im Maßregelvollzug in Nordrhein-Westfalen für 74 % der schizophrenen Patienten nachgewiesen wurde; bei 20 % bis 30 % lag außerdem eine dissoziale Persönlichkeitsakzentuierung bzw. -störung vor (LBMRV NRW, 2009). Ein ähnliches Bild ergibt sich für den Justizvollzug (Müller-Foti, 2007; Opitz-Welke u. Konrad, 2012).

Unabhängig vom Störungsbild ist für sämtliche forensische Patienten die Erarbeitung wirksamer Bewältigungsmechanismen und -fähigkeiten bei Stress und krankheitsbedingten Belastungen von großer Bedeutung. Die Psychoedukation kann hierfür Wesentliches leisten. In der Schizophreniebehandlung z. B. vermittelt sie Krankheits- und Therapiekonzepte an die Erkrankten und, wenn möglich, deren Angehörige, um sie zu Experten der Erkrankung und der erforderlichen Behandlungsmaßnahmen zu machen (Bäuml et al., 2010). Eingebettet in den multimodalen Behandlungsplan stellt die Psychoedukation eine „spezifische psychotherapeutische Basisintervention" dar, die den Patienten – quasi als „große Klammer" – ein Gespür und Verständnis für das Ineinandergreifen der einzelnen Therapieelemente vermitteln soll (Pitschel-Walz et al., 2005, S. 37; s. auch Abb. 50-1).

Bedingt durch die Schwere ihrer Störungen, die Nebenwirkungen der Medikation, aber auch schon infolge ungünstiger Entwicklungs- und Sozialisationsbedingungen weisen viele forensische Patienten spezifische Defizite auf, die in der psychotherapeutischen Behandlung berücksichtigt werden müssen. Für psychoedukative Verfahren sind dabei in erster Linie kognitive Einschränkungen von Bedeutung. Bei Schizophrenie können „rate-limiting factors" die Vermittlung behindern, zu denen insbesondere formale Denkstörungen, Probleme bei Gedächtnisleistungen und selektiver Aufmerksamkeit sowie Daueraufmerksamkeit zählen (Liberman u. Corrigan, 1993, S. 245). Etliche forensische Patienten zeigen Konzentrationsschwierigkeiten und/oder mangelnde Abstraktionsfähigkeit (Haften am Detail); in der psychoedukativen Arbeit mit diesen Patienten sind daher häufige Wiederholungen und ein langsames Vorgehen unabdingbar.

In der Regel wird die Behandlung der zwangsuntergebrachten oder inhaftierten forensischen Patienten durch eine schwach ausgeprägte Therapiemotivation erschwert (Dahle, 1995). Dazu trägt fehlende Krankheitseinsicht ebenso bei wie eine oft ablehnende, misstrauische Haltung gegenüber der Institution im Allgemeinen und Unterrichtssituationen im Speziellen. Sowohl die ausgeprägte Dissozialität als auch das beschädigte Selbstwertgefühl vieler Patienten beeinträchtigen potenziell ihre Gruppenfähigkeit. Die Konzeption der Behandlung im Ganzen, aber auch die der spezifischen Behandlungsprogramme einschließlich der psychoedukativen Maßnahmen müssen diese Besonderheiten der forensischen Patienten berücksichtigen, um dem Ansprechbarkeitsprinzip zu genügen.

Viele der Patienten haben einen langjährigen kriminellen Werdegang durchlaufen und zunächst kaum Einsicht in ihre eigene Persönlichkeitsproblematik (Leygraf, 2006a). Nach der „Herstellung von Therapiefähigkeit" (vgl. Müller-Isberner u. Eucker, 2009) spielen deshalb zunächst extrinsische, auf „kontextuelle Therapieeffekte" zielende Motivationsanreize die größte Rolle. So kann z. B. die Aussicht auf mehr Freiheit als positiver Verstärker dienen (vgl. Rasch u. Konrad, 2004; Rohdich u. Kirste, 2005). Auch scheint vielen Betroffenen bewusst zu sein, dass die Gefahr einer Re-Exazerbation der psychischen Erkrankung oder das Weiterbestehen einer Drogensucht – und damit verbunden oft auch des kriminellen Verhaltens – auf Dauer zu Konflikten mit der Justiz führt.

Ist der Patient erst einmal zur (Psycho-)Therapie bereit, kann diese über eine gezielte Auswahl an Übungs- und Trainingsangeboten weiteren Einfluss auf Motivationsfaktoren nehmen. Im Krankenhaus des Maßregelvollzugs (KMV) Berlin und im Justizvollzugskrankenhaus Berlin (JVKB) haben sich z. B. Entspannungsübungen zum Abbau von Berührungsängsten bewährt. Mit ihnen lässt sich aber auch auf die Problembelastung bzw. -verarbeitung einwirken. Auch instrumentelle Faktoren, insbesondere Bewertungen, Erwartungen und Einstellungen zur Therapie, sind dem Einfluss des Therapeuten und der Institution nicht entzogen. Ein gutes therapeutisches Klima, Offenheit und Transparenz, die die Herstellung des „therapeutischen Bündnisses" erleichtern, sind motivational wirksam. Daneben bedarf es einer durchdachten Behandlungsplanung, die den Motivationsstand der Patienten berücksichtigt (vgl. Müller-Isberner u. Eucker, 2009, S. 45 f., sowie Rohdich u. Kirste, 2005, S. 43 f., mit Bezug auf das transtheoretische Modell der Veränderungsmotivation nach Prochaska u. Di Clemente, 1984). Aber auch der Therapeut ist gefordert, indem er die „therapeutischen Basisvariablen" Respekt, Transparenz, wertfreie Grundhaltung sowie neutrale und tolerante Wertschätzung des Patienten umsetzt (Rohdich u. Kirste, 2005). Gerade in der Forensik muss sich der Therapeut aktiv auf seine Patienten einlassen und das soziale Gefälle, das ihn von seinem Patienten trennt, überbrücken, denn wie Dahle für den Strafvollzug betont, wurzeln motivationale Probleme zu einem nicht geringen Teil in der sozialen Herkunft der Patienten. Auch für den Maßregelvollzug gilt, dass viele Patienten ihres geringen Bildungsniveaus wegen nur wenig über Inhalte, Prozedere und Hintergründe von Psychotherapie wissen, „weshalb von vornherein Unsicherheiten und Vorbehalte gegenüber solchen Maßnahmen zu erwarten sind" (Dahle 1995, S. 150).

50.2 Aktueller Stand

Die aktuellen Behandlungsleitlinien für die Therapie an Schizophrenie erkrankter Menschen raten zur Implementierung psychoedukativer Maßnahmen (American Psychiatric Association, 2002; Deutsche Gesellschaft für Psychiatrie, Psychotherapie und Nervenheilkunde, 2006). Eine Reihe wissenschaftlicher Untersuchungen belegt zwar die Wirksamkeit psychoedukativer Maßnahmen in der Allgemeinpsychiatrie (Pekkala u. Merinder, 2002; Bäuml et al., 2006; Aguglia et al., 2007; Xia et al., 2011), doch zu ihrer Effektivität im Justiz- oder Maßregelvollzug gibt es bislang keine deutschen Studien (Kogan, 2012), während sich die internationalen Studien darauf beschränken, den Zuwachs unbehandelter schizophren Erkrankter im Justizvollzug bzw. in forensisch psychiatrischen Einrichtungen zu beschreiben (Prince, 2006; Nakatani, 2011). Die in Deutschland tätigen Psychotherapeuten, die psychoedukative Maßnahmen im Justiz- bzw. Maßregelvollzug anbieten, können daher nicht auf entsprechend ausgearbeitete Manuale zurückgreifen, sondern müssen bestehende Manuale für die eigene Arbeit modifizieren oder eigene Programme entwickeln. 2011 wurde deshalb im Justizvollzugskrankenhaus Berlin (JVKB) ein Manual ausgearbeitet, das sich an das APES-Manual (Bäuml et al., 2005) anlehnt und die psychoedukativen Maßnahmen für psychisch kranke Straftäter adaptiert und modifiziert. Zurzeit wird das Manual des JVKB in einer Wirksamkeitsstudie untersucht (Kogan, 2012).

50.3 Manuale

Die Rahmenbedingungen für die psychoedukativen Maßnahmen sind im Justizvollzugskrankenhaus Berlin (JVKB) und im Krankenhaus des Maßregelvollzugs (KMV) Berlin annähernd gleich. In Tabelle 50-1 sind die grundlegenden Praktiken detailliert dargestellt.

Da die Auffrischung und Vertiefung des krankheitsbezogenen Wissens von besonderer Relevanz sind, werden mindestens zwei Durchgänge der psychoedukativen Maßnahme pro Patient angestrebt. Im KMV Berlin ist das weitgehend möglich. Der erste Durchgang findet bereits gegen Ende der Akutbehandlungsphase auf der Aufnahmestation statt (auch als Entlassungsvorbereitung für den Fall einer Bewährungsentlassung nach der Hauptverhandlung), der zweite etwa ein bis eineinhalb Jahre später in der postremissiven Stabilisierungsphase (s. Abb. 50-1). Da die durchschnittliche Verweildauer der gemäß § 63 StGB unterge-

Tab. 50-1 Praktische Durchführung der Sitzungen

	KMV Berlin	JVKB
Setting	Gruppentherapie (geschlossen)	Gruppentherapie (geschlossen)
Profession der Gruppenleitung und Anzahl	1 Psychologe ggf. mit Co-Therapeut aus Pflege oder Ergotherapie	2 Psychologen
Teilnehmerzahl	max. 8	max. 6
Anzahl der Sitzungen	15	8
Frequenz	1–2-mal pro Woche	2-mal pro Woche
Zeitdauer	45 min	50 min
Motivation	nach Indikationsstellung verpflichtend	freiwillig; auch ohne Krankheitseinsicht möglich

brachten Patienten im Berliner Maßregelvollzug in der Regel mehrere Jahre andauert (2010 waren es 6,8 Jahre; Kerndatensatz im Maßregelvollzug, 2010), kann der in der Psychoedukation zu vermittelnde Inhalt auf 15 Sitzungen verteilt werden, was den spezifischen Eigenschaften der Patientenklientel (Tab. 50-4) entgegenkommt. Im JVKB dagegen ist lediglich ein Durchgang umsetzbar, da es sich um ein Akutkrankenhaus mit verhältnismäßig kurzer Aufenthaltsdauer handelt (daher 8 Sitzungen). Erst bei Exazerbation bzw. Neuinhaftierung wird eine zweite Teilnahme an der Psychoedukation angeboten.

Die Wiederholung der Maßnahme hat mehrere Vorteile: Erfahrene Wiederholer können ihr Wissen im Sinne einer Peer-to-Peer-Psychoedukation weitergeben, was u. a. ihr Selbstbewusstsein stärken kann. Außerdem ermöglichen die veränderten Gruppenkonstellationen eine Erweiterung des praktischen Handlungswissens sowie neue krankheitsrelevante Einsichten der Teilnehmer.

Die Aufnahme in die Psychoedukationsgruppe erfolgt nach einem Einzelgespräch zwischen Therapeut und Patient, in dem die Kernelemente des Verfahrens besprochen werden. An erster Stelle steht die Erklärung des Begriffs der Psychoedukation, welcher nicht aus dem Wortstamm educare für „Erziehung", sondern als educere, dem „Herausführen" aus dem Informationsdefizit verstanden werden möchte (Bäuml u. Pitschel-Walz, 2008).

Der Ablauf der einzelnen Sitzungen folgt einer festen Struktur und ist für alle Sitzungen identisch (s. Tab. 50-2).

Tabelle 50-3 führt die Inhalte sämtlicher Sitzungen im KMV Berlin und im JVKB sowie die Unterschiede zum APES-Manual auf.

Tab. 50-2 Ablauf der Sitzungen am Beispiel der „Dopamin-Hypothese"

Dopamin-Hypothese (Somatische Brücke)	
Material	Flipchart, Whiteboard, Synapsenmodell aus Ton oder als Poster
Handout	Synapsenmodell-Zeichnung
Einleitung	Fragestellung: „Was denken Sie, wo die Psychose stattfindet?"
Besprechung der Aufgaben bzw. Fragen aus der letzten Sitzung	„Zunächst wollen wir noch einmal die in der vorigen Sitzung vorgestellten Theorien zusammenfassen. Wer erinnert sich, worum es uns hauptsächlich ging? Welche Fragen sind Ihnen dazu noch eingefallen?"
Durchführen der Sitzung	Vorstellung des neuen Themas, Darstellung spezifischer Hypothesen z. B. Synapsenmodell aus Ton einsetzen oder am Whiteboard/Flipchart aktiv zeichnen
Abschluss	Zusammenfassung und Ankündigung des nächsten Themas
Aufgabenstellung	„Als Arbeitsaufgabe möchte ich Sie bitten, sich das heutige Thema noch einmal durch den Kopf gehen zu lassen und eventuell auftretende Fragen dazu schriftlich festzuhalten."

Tab. 50-3 Inhalte der Psychoedukation abhängig vom Setting

Sitzung	APES Inhalte (Bäuml et al., 2005/2010)	APES im JVKB	PE im KMV
1.	Begrüßung und Einführung („Bin ich hier richtig?"): • organisatorischer Rahmen der Gruppensitzungen • Gruppenregeln • Curriculum • Ziele (Wissenszuwachs, Verbesserung des Krankheitskonzeptes, Compliance-Zuwachs, Selbstkompetenzzuwachs, weniger Rezidive) • Vorstellungsrunde	entspricht dem Original	Begrüßung und Einführung – Was ist eine Psychose? • organisatorischer Rahmen? • Vorstellungsrunde • Curriculum • Sammlung von Symptomen einer akuten Psychose
2.	Krankheitsbegriff, Symptomatik, Diagnostik („Ist das überhaupt eine Psychose?"): • Definition: Psychose • Symptome (Plus- und Minussymptome) • Frühwarnzeichen • Postpsychotische Depression • Verlauf und Prognose	entspricht dem Original	Auswirkungen auf das persönliche Erleben • Wiederholung möglicher Symptome einer akuten Psychose • Arbeitsblatt „Liste der Symptome einer Psychose" • Arbeitsblatt „Reizüberflutung" und „Spaltung in zwei Realitäten"
3.	Somatische Brücke („Wie passen Chemie und Seele zusammen?") • normale Informationsübertragung eines taktilen Reizes • Modifizierung der Reizleitung im limbischen System • Was ist bei einer Psychose anders? • präsynaptischer Dopamin-Überschuss • präsynaptische Abhilfen • postsynaptische Abhilfen • die vier unterschiedlichen dopaminergen Funktionskreise • Nebenwirkungen • Drogen	Vulnerabilitäts-Stress-Bewältigungs-Modell („Ich war schon immer sensibler und unkonventioneller als andere ...") – reduziert auf folgende Inhalte: • Ausbruch der Erkrankung • Vulnerabilität • Stressfaktoren • Ursachen der Vulnerabilität • Ursachen von Stress • kritischer Grenzwert • Bewältigungstechniken	Psychose als Störung der Informationsverarbeitung „Selektive Aufmerksamkeit" anhand des Bildbeispiels „Dalmatiner" (Straube, 1992)

Tab. 50-3 *Fortsetzung*

Sitzung	APES Inhalte (Bäuml et al., 2005/2010)	APES im JVKB	PE im KMV
4.	**Vulnerabilitäts-Stress-Bewältigungs-Modell** („Ich war schon immer sensibler und unkonventioneller als andere …") • Ausbruch der Erkrankung • Vulnerabilität • Stressfaktoren • Ursachen der Vulnerabilität • Neurobiologische Korrelate der Vulnerabilität • Ursachen von Stress • kritischer Grenzwert • medikamentöse Therapie • Psychotherapie • psychosoziale Therapien • Bewältigungstechniken	**Somatische Brücke, Medikamente und ihre Nebenwirkungen** – zusammengelegt und reduziert auf bzw. ergänzt um folgende Inhalte: • Synapsen-Modell (Bäuml, 1994) • erwünschte Wirkungen • Nebenwirkungen • Medikamente der Patienten im Detail	**Stress-Vulnerabilitäts-Modell** • Vulnerabilität • Stressfaktoren • Ursachen der Vulnerabilität • Ursachen von Stress • kritischer Grenzwert **Waage-Modell** Waagemodell zur seelischen Ausgeglichenheit (Belastbarkeit und Belastung)
5.	**Medikamente und Nebenwirkungen** („Schaden diese Medikamente nicht mehr als sie nutzen?") • Nebenwirkungen • Wirkungsstärken • Dosierung • Depot	**Psychose, Sucht und Delinquenz** – neue Inhalte: • Was hat die Psychose mit der Haft zu tun? • Suchterkrankungen bzw. psychische Wirkungsweisen verschiedener Substanzen	**Dopamin-Hypothese** • Darstellung der Dopamin-Hypothese am Synapsenmodell aus Ton und Tafel • Wiederholung Schaubild „Reizüberflutung"
6.	**Psychotherapie und psychosoziale Maßnahmen** („Kann man den inneren Knackpunkt finden?") • psychologische Unterstützungsmaßnahmen (Selbsthilfestrategien und professionelle psychotherapeutische Hilfen) • psychosoziale Maßnahmen	entspricht dem Original	**Krankheitsbilder, in denen Psychosen auftreten können** • Prävalenz und Verlauf • exogene und endogene Psychosen

Tab. 50-3 *Fortsetzung*

Sitzung	APES Inhalte (Bäuml et al., 2005/2010)	APES im JVKB	PE im KMV
7.	**Rezidivprophylaxe, Frühwarnzeichen, Krisenplan** („Wie lange muss ich denn das Gras wachsen hören?") • Rückfallrisiko im Einjahreszeitraum • Dauer der Rezidivprophylaxe mit Neuroleptika • Dosis und Applikationsart • Frühwarnzeichen • Krisenplan	entspricht dem Original	**Psychose und Drogenkonsum** • Was hat der Drogenkonsum mit der Psychose zu tun? • psychische Wirkungen verschiedener Substanzen
8.	**Abschluss-Sitzung** („Wie wird es weitergehen?", „Habe ich jetzt das Schlimmste hinter mir?") • Rekapitulation wichtiger Basisinformationen • Perspektiven für weiterführende Therapien • Selbsthilfegruppen, konkrete Adressen • „Goldene Regeln" für den Patienten	entspricht dem Original	**Krankheitsverlauf unter Einbeziehung der Plus- und Minussymptomatik** • Erarbeitung der Plus- und Minussymptomatik • Verlaufskurve als Poster
9.			**Wirkung von Antipsychotika** • Wirkungsspektrum von Neuroleptika • Rückfallrisiko mit und ohne Antipsychotika • Depot
10.			**Nebenwirkungen von Antipsychotika** • typische Nebenwirkungen • medikamentöse Abhilfemaßnahmen • allgemeine Abhilfemaßnahmen

Tab. 50-3 *Fortsetzung*

Sitzung	APES Inhalte (Bäuml et al., 2005/2010)	APES im JVKB	PE im KMV
11.			**Frühsymptomatik** • kurze Wiederholung des „Stress-Vulnerabilitäts-Modells" unter Einbeziehung des Waagemodells, um auf die Rückfallproblematik hinzuweisen • Abb. „Zimmerbrand" • Frühsymptome
12.			**Meine persönlichen Warnsignale** • Arbeitsblatt „Liste meiner persönlichen Warnsignale" • Erarbeitung der Ursachen für ein verändertes Erleben
13.			**Stressmanagement** • Arbeitsblatt zur selbstständigen Erarbeitung persönlicher Belastungsfaktoren/Selbsthilfestrategien – „Frankfurter Befindlichkeitsskala" (Süllwold u. Herrlich, 1987) • Rückblick auf das „Waage-Modell" und auf das „Vulnerabilitäts-Stress-Modell"
14.			**Selbsthilfestrategien** • Arbeitsblatt „Erarbeitung persönlicher Belastungsfaktoren und Selbsthilfestrategien" • Arbeitsblatt „Krisenplan"
15.			**Erstellung eines Krisenplans** • Arbeitsblatt Krisenplan • Handlungsmöglichkeiten bei einem Rückfall • konkrete Adressen

Das neue Wissen, das die Patienten in den psychoedukativen Interventionen erwerben, ermöglicht ihnen die Teilnahme an medizinischen Entscheidungen, auch „Shared Decision Making" genannt. Zudem fördert die verbesserte medikamentöse Adhärenz, die mit einer Verringerung des Rückfallrisikos korreliert, die Krankheitsbewältigung. Die Redewendung „Wissen ist Macht" kann für die Forensik also in „Wissen ist Freiheit" umgemünzt werden. Durch die individuelle Erarbeitung eines funktionellen Krankheitskonzeptes werden nicht zuletzt die Verbesserung der Fähigkeit zur Kontrolle des psychotischen Erlebens und ein höheres Selbstwirksamkeitserleben erreicht.

50.4 Praktische Techniken der Wissensvermittlung

Therapeuten müssen in der praktischen Arbeit mit forensischen Patienten nicht nur jene Eigenschaften an den Tag legen, die sich auch in der Allgemeinpsychiatrie bewährt haben – z. B. Wertschätzung, Empathie, Verständnis für Eigenständigkeiten („Eigensinn") der Patienten, Optimismus, Lebendigkeit, Spontaneität und Humor –, sondern sie müssen auch besondere Vorsicht im Umgang mit der Affektaktualisierung walten lassen, um die Gefahr der Überforderung durch emotionale Überstimulation (z. B. Delikt) zu vermeiden. Ferner ist es unumgänglich, die Patienten wiederholt zur Psychoedukation einzuladen und sie zur aktiven Mitarbeit zu motivieren. Der Therapeut sollte die Gespräche strukturierend und themengeleitet führen (z. B. Benutzung eines Wollknäuels in der Begrüßungsrunde als lebendiges „Warming-up") und das komplexe Wissen reduziert und vereinfacht vermitteln. Die zumeist erheblichen kognitiven Störungen der Klientel erfordern den gezielten Einsatz von Strukturierungsmaßnahmen, die Angst mindern und Orientierung geben, wodurch auch die Anspannung verringert wird (Moritz, 2005; Volz, 2000). Die Maßnahmen in Tab. 50-4 stehen dem erfahrenen Psychotherapeuten als Regulativ der Gruppenatmosphäre zur Verfügung.

Die Psychoedukation erweitert nicht nur das Wissen der Patienten, sondern auch das der Therapeuten, die sich durch die Erfahrungen in der Gruppenarbeit neue Sichtweisen erarbeiten können. Schwierigkeiten, die während der Durchführung aufgetreten sind, werden konsequent durch Abwandlung korrigiert. Die herkömmlichen Arbeitsmaterialien, wie die Schaubilder der ersten vier Module des APES-Manuals (Bäuml et al., 2010), erwiesen sich z. B. als zu komplex und mit einer allzu großen Anzahl an Informationseinheiten versehen und wurden für den Einsatz in der Forensik vereinfacht. Die spezifischen Eigenschaften der Klientel im Straf- und Maßregelvollzug erfordern darüber hinaus besondere didaktische Techniken (s. Tab. 50-4) und die Integration der Themen Stressmanagement und Wirkungsweisen von Drogen und anderen bewusstseinsverändernden Substanzen in die Psychoedukation (s. Tab. 50-3).

In der Behandlung bzw. Psychoedukation psychisch kranker Straftäter muss der Therapeut gerade zu Beginn der gemeinsamen Arbeit mit deutlichen, abwehrenden Äußerungen rechnen:

> **Mögliche Äußerungen von Gruppenteilnehmern**
>
> „Mir geht es beschissen! Ich wäre jetzt viel lieber zu Hause bei meiner Freundin."
> „Ich werde ja gezwungen, hier zu sitzen …"
> „Das Gericht, die Betreuer, die Gutachter und die Therapeuten stecken doch alle unter einer Decke."

> „Ihr wollt uns doch alle verarschen und uns eure Medikamente andrehen."
>
> „Das, was Sie uns da gerade als Symptome einer Psychose verkaufen wollen, sind doch in Wirklichkeit alles Nebenwirkungen der Medikamente."
>
> „Ihr Psychologen und Psychiater betreibt doch nur eure Forschungen an uns."

Hinter solchen zunächst feindlich anmutenden Äußerungen verbergen sich häufig Befindlichkeiten, Probleme und offengebliebene oder nicht geäußerte Fragen, auf die der Psychotherapeut mit Fingerspitzengefühl eingehen sollte. Hier gilt es zunächst, zwischen dissozialen Spaltungsversuchen und tatsächlichen Ängsten, Sorgen und Nö-

Tab. 50-4 Patientenspezifische Merkmale und didaktische Techniken im Straf- und Maßregelvollzug

Patientenspezifische Merkmale im Straf- und Maßregelvollzug	Didaktische Techniken für die Gruppenarbeit mit psychisch kranken Straftätern
Kognitive Störungen • Merkfähigkeit und Konzentration eingeschränkt • Haften am Detail • Termine werden nicht wahrgenommen • Angst vor Bloßstellung gegenüber den anderen; Beeinträchtigung des Selbstwertgefühls **Motivation & Compliance** • mangelnde Krankheitseinsicht • Autismus/Selbstbezogenheit • Überwiegen der Primärbedürfnisse • Reaktanz: Feindbild Klinik; Zwangskontext • Misstrauen; Hospitalisierung; Selektionseffekte („Problemfälle") **Komorbidität** • hoher Prozentsatz an Komorbidität • lange Krankheitsverläufe mit Chronifizierung und Sucht • Thema Sucht kommt zu kurz • Intelligenzminderung und Psychose • Negation Zusammenhang Psychose – Sucht **Delinquenz** • Dissozialität und Gruppenfähigkeit; krank versus dissozial • Verleugnung/Scham • Verhältnismäßigkeit: Wie viel „dissozial" darf übrig bleiben? • Kriminaltherapie möglich? Schwere der Krankheit als Hindernis bei der Deliktbearbeitung • soziale Randständigkeit	• Wiederholungen erforderlich • Abbruch der Mitarbeit • Geschwindigkeit des Vorgehens anpassen bzw. verlangsamen • Patient braucht Solidarität und Mitgefühl/ Einfühlung Nachfragen erforderlich • Informationsüberflutung vermeiden • Bilder und Metaphern verwenden • Fachsprache vermeiden • Verwendung von offenen Fragestellungen: „W-Fragen" • Instruktionen konkret und klar formulieren • ruhigere Gruppenteilnehmer direkt zum Mitmachen ansprechen • Aktivität der Teilnehmer mit positivem Feedback beantworten • bisherige positive Bewältigungsstrategien der Teilnehmer aufgreifen • systematische Wiederholung aller wichtigen Fakten • schriftliches Material wie z. B. Merkblätter austeilen (Handout) • Teilnehmer sollten vieles selbst schriftlich ausarbeiten • interaktives Vorgehen: Erfahrungen der Teilnehmer einbeziehen • Patienten „abholen": z. B. negative Erfahrungen mit Medikamenten gezielt zum Thema machen

ten der Patienten, die zu diesem Zeitpunkt noch keine adäquate Möglichkeit gefunden haben, ihren Unmut zum Ausdruck zu bringen, zu unterscheiden. Tab. 50-5 zeigt Beispiele für Ergänzungen und Interventionsformen in der Psychoedukation mit psychisch kranken Straftätern.

50.5 Ausblick

Die fortgeschrittenen Therapiekonzepte des Maßregelvollzuges, die den Patienten mit ihren psychischen Besonderheiten gerecht werden, sollten auch im Justizvollzug Anwendung finden. Die Strafvollzugsforschung hat Hinweise darauf ergeben, dass sich vor allem solche Programme als erfolgreich erweisen, die auf die speziellen Probleme und Lebenslagen der Probanden zugeschnitten sind (Lösel, 1993, 1994). Besonders sinnvoll erscheinen in diesem Rahmen Methoden des sozialen Trainings, welche Problemlösungs- und Handlungskompetenzen verbessern (vgl. Friedenstab, 2013), und Programme, die an der individuellen Verbesserung der Lebenslage außerhalb der Haftanstalt ansetzen (Lipton, 1998; MacKenzie u. Hickmann, 1998).

An erster Stelle steht aber die Diagnostik und Behandlung psychischer Störungsbilder im Justizvollzug (Salize u. Dressing, 2008). Bisherige Studien haben einen hohen psychiatrischen Behandlungsbedarf bei Gefängnisinsassen belegt, weisen jedoch auch darauf hin, dass diesem Bedarf häufig nicht oder nur unzureichend entsprochen wird, dass also von einer gleichwertigen Behandlung im Sinne des Äquivalenzprinzips nicht

Tab. 50-5 Praktische Anregungen für die Psychoedukation mit psychisch kranken Straftätern

Einsatz eines Synapsen-Modells für die praktische Veranschaulichung schwieriger Sachverhalte   Beispiel für die praktische Veranschaulichung der Dopamin-Hypothese und die Wirkmechanismen antipsychotischer Medikation in der 5. Sitzung im KMV Berlin: Eine ehemalige Gruppenteilnehmerin hat im Rahmen der Ergotherapie zwei Synapsen-Modelle aus Ton angefertigt: Das erste Modell verbindet zwei (phantasiereich gefertigte) Synapsen mit einigen holzperlenbesetzten Schnüren. In den Synapsen gibt es kleine Einbuchtungen in verschiedenen Formen, in denen diese Perlen (Dopamin) Platz finden (Schlüssel-Schloss-Prinzip): Das zweite Modell ist durch noch viel mehr Schnüre und Perlen verbunden, was ein Überangebot an Dopamin darstellen soll.
Motivationsaufbau durch Auflockerungsübungen, die Spaß machen   Beispiel für eine Auflockerungsübung zu Beginn der 4. Sitzung im KMV Berlin: Einleitung: In kurzem Rückblick auf die vergangene Sitzung (s. Abb. 50-2), in der es um die Informationsverarbeitung des menschlichen Gehirns ging, wird augenzwinkernd ein kleines Spiel zur Auflockerung vorgeschlagen: „Ich sehe was, was du nicht siehst."
Erweiterung der Themenschwerpunkte auf handlungsbezogene Problemlöseansätze und Selbsthilfestrategien   Beispiel: Arbeitsblatt zum persönlichen Stressmanagement   Meine persönlichen Belastungsfaktoren/Selbsthilfestrategien: • Was belastet mich im Alltag besonders?   • Was kann ich dagegen unternehmen?   • Was hilft?

die Rede sein kann (Exworthy et al., 2011; Schönfeld et al., 2006). Unerkannte und unbehandelte psychische Erkrankungen erhöhen das individuelle Leiden der Inhaftierten, führen zu interaktionellen Schwierigkeiten mit dem Gefängnispersonal und anderen Gefangenen und stellen einen Risikofaktor für andere psychische Erkrankungen, selbstverletzendes oder suizidales Verhalten dar (Gößling u. Konrad, 2004). Sie reduzieren zudem die Aussicht auf eine gelungene soziale Reintegration. Schließlich ist die gleichwertige Behandlung forensischer Patienten aber auch von hoher volkswirtschaftlicher, gesellschaftlicher und ethischer Relevanz (Kopp, 2012).

Die Wirksamkeit der Psychoedukation in der Allgemeinpsychiatrie ist nach Maßgabe der deutlichen Reduzierung der Rezidiv- und Rehospitalisierungsraten, die unmittelbar mit der medikamentösen Adhärenz zusammenhängen, unbestritten (Robinson et al., 1999; Eaddy et al., 2005; Weiden et al., 2004). Entsprechend unumgänglich ist daher die Integration der Psychoedukation in den Justizvollzug, wie in den Richtlinien als Standard in der Therapie der Schizophrenie und der schizoaffektiven Erkrankungen empfohlen. Die spezifischen Bedürfnisse der Klientel erfordern jedoch auch eine entsprechende Modifizierung der für die Allgemeinpsychiatrie entwickelten Manuale. Seit 2011 untersucht eine noch andauernde Studie (Kogan, 2012) die Wirksamkeit einer modifizierten Version des APES-Manuals (Bäuml et al., 2010) im Justizvollzugskrankenhaus Berlin (JVKB).

Literatur

Aguglia E, Pascolo-Fabrici E, Bertossi F et al. (2007). Psychoeducational intervention and prevention of relapse among schizophrenic disorders in the Italian community psychiatric network. Clin Pract Epidemiol Ment Health 3: 7.

American Psychiatric Association (2002). Diagnostic and Statistical Manual of Mental Disorders (4th ed., text rev.). Washington, DC.

Andrews DA, Bonta J, Hoge RD (1990). Classification for effective rehabilitation: Rediscovering psychology. Crim Justice Behav 17: 19–52.

Andrews DA, Bonta J, Wormith JS (2011). The risk-need-responsivity (RNR) model: Does adding the good lives model contribute to effective crime prevention? Crim Justice Behav 38: 735–755.

Bäuml J (1994). Psychosen aus dem schizophrenen Formenkreis. Ein Ratgeber für Patienten und Angehörige. Berlin (Springer).

Bäuml J, Berger H, Gunia H et al. (2010). Arbeitsbuch PsychoEdukation bei Schizophrenie (APES). 2. Aufl. Stuttgart (Schattauer). 1. Aufl. 2005.

Bäuml J, Froböse T, Kraemer S. et al. (2006). Psychoeducation: A basic psychotherapeutic intervention for patients with schizophrenia and their families. Schiz Bull 32 (suppl. 1): S1-S9. Doi:10.1093/schbul/sbl1017

Bäuml J, Pitschel-Walz G (Hrsg.) (2008). Psychoedukation bei schizophrenen Erkrankungen 2. Aufl. Stuttgart (Schattauer).

Dahle KP (1995). Therapiemotivation hinter Gittern. Zielgruppenorientierte Entwicklung und Erprobung eines Motivationskonstrukts für die therapeutische Arbeit im Strafvollzug. Regensburg (Roderer).

Deutsche Gesellschaft für Psychiatrie, Psychotherapie und Nervenheilkunde (DGPPN) (2006). Behandlungsleitlinie Schizophrenie S3 (Praxisleitlinien in Psychiatrie und Psychotherapie, Bd. 1). Berlin (Springer).

Eaddy M, Grogg A, Locklear J (2005). Assessment of compliance with antipsychotic treatment and resource utilization in a medicaid population. Clin Ther 27(2): 263–272.

Exworthy T, Wilson S, Forrester A (2011). Beyond equivalence: Prisoners' right to health. The Psychiatrist 35: 201–202.

Fazel S, Danesh J (2002). Serious mental disorder in 23 000 prisoners. A systematic review of 62 surveys. The Lancet 359: 545–550.

Friedenstab T (2013). SEKT im Maßregelvollzug (Band 1). Psychotherapie sozialer und emotionaler Defizite bei psychisch kranken Straftätern. Lengerich (Pabst Science Publishers).

Friedenstab T (2013). SEKT im Maßregelvollzug (Band 2). Soziales und emotionals Kompetenztraining (SEKT). Lengerich (Pabst Science Publishers).

Gößling J, Konrad N (2004). Zur Entität der sogenannten Haftpsychose. Recht & Psychiatrie 3: 123–129.

Kerndatensatz im Maßregelvollzug (2010) Teil 1: Auswertungen 2010. Relationen, Kennzahlen und Zusammenstellungen wichtiger Kenngrößen des Maßregelvollzugs in den Ländern (unveröffentlicht).

Kogan I (2012). Psychoedukation im Justizvollzugskrankenhaus. Recht & Psychiatrie 30: 144–149.

Kopp D (2012). Psychische Erkrankungen bei Gefängnisinsassen. Dissertation, Ernst-Moritz-Arndt-Universität Greifswald.

Kraemer S, Möller HJ (2000). Schizophrene Störungen. In: Hautzinger M (Hrsg.). Kognitive Verhaltenstherapie bei psychischen Störungen. 3. Aufl. Weinheim (Beltz-PVU), S 378–415.

LBMRV NRW (2009). Der Landesbeauftragte für den Maßregelvollzug Nordrhein-Westfalen (Hrsg.). Behandlungsleitlinie für die Regelbehandlung von schizophrenen Patienten im Maßregelvollzug. (1.12.2009). www.massregelvollzug.nrw.de/pdf/BLPsychosen.pdf (aufgerufen am 20.8.2015).

Leygraf N (2006a). Maßregelvollzug und Strafvollzug – Psychiatrischer Maßregelvollzug (§ 63 StGB). In: Kröber HL et al. (Hrsg.). Handbuch der forensischen Psychiatrie, Bd. 3. Darmstadt (Steinkopff), S. 193–221.

Leygraf N (2006b). Therapie verschiedener Tätergruppen – Psychisch kranke Rechtsbrecher. In: Kröber HL et al. (Hrsg.). Handbuch der forensischen Psychiatrie, Bd. 3. Darmstadt (Steinkopff), S. 254–270.

Liberman RP, Corrigan PW (1993). Designing new psychosocial treatments for schizophrenia. Psychiatry 56: 238–249.

Lipton DS (1998). The effectiveness of correctional treatment revisited thirty years later: Preliminary meta-analytic findings from the CDATE study. Vortrag beim 12. Internationalen Kongress für Kriminologie in Seoul.

Lösel F (1993). Sprechen Evaluationsergebnisse von Metaanalysen für einen frischen Wind in der Straftäterbehandlung? In: Egg R (Hrsg.). Sozialtherapie in den 90er-Jahren. Wiesbaden (Kriminologische Zentralstelle), S. 21–31.

Lösel F (1994). Meta-analytische Beiträge zur wiederbelebten Diskussion des Behandlungsgedankens. In: Steller M et al. (Hrsg.). Straftäterbehandlung. Argumente für eine Revitalisierung in Forschung und Praxis. Pfaffenweiler (Centaurus), S. 13–34.

MacKenzie DL, Hickman LJ (1998). What works in corrections? An examination of the effectiveness of the type of rehabilitation programs offered by the Washington State Department of Corrections. Report to the State of Washington Joint Audit and Review Committee.

McGuire J (2008). A review of effective interventions for reducing aggression and violence. Philos Trans R Soc Lond B Biol Sci 363: 2577–2597.

Moritz S (2005). Kognitive Störungen. In: Braus DF (Hrsg.). Schizophrenie – Bildgebung, Neurobiologie, Pharmakotherapie. Stuttgart (Schattauer), S. 15–27.

Müller-Isberner R, Eucker S (2009). Therapie im Maßregelvollzug. Berlin (Medizinisch Wissenschaftliche Verlagsgesellschaft).

Müller-Isberner R, Jöckel D, Neumeyer-Bubel D et al. (2007). Entwicklungen im psychiatrischen Maßregelvollzug Hessens. Forensische Psychiatrie, Psychologie, Kriminologie 1: 43–49.

Müller-Foti G (2007). Immer mehr psychisch Kranke im Justizvollzug? Dissertation, Charité – Universitätsmedizin Berlin.

Nakatani Y (2011). Treatment of offenders with mental disorders: focusing on prison psychiatry. Seishin Shinkeigaku Zasshi 113(5): 458–467.

Opitz-Welke A, Konrad N (2012). Inpatient treatment in the psychiatric department of a German Prison Hospital. IJLP 35 (3): 240–243.

Pekkala E, Merinder L (2002). Psychoeducation for schizophrenia. Cochrane Database Syst Rev; Issue 2; Art. No.: CD002831; DOI: 10.1002/14651858.

Pitschel-Walz G, Bäuml J, Gunia H (2005). Psychotherapeutische Verfahren in der Behandlung von schizophrenen Erkrankungen. In: Bäuml J et al. (Hrsg.). Arbeitsbuch PsychoEdukation bei Schizophrenie (APES). Stuttgart (Schattauer), S. 35–58.

Prince JD (2006). Incarceration and hospital care. J Nerv Ment Dis 194: 34–39.

Prochaska J, DiClemente C (1984). The Transtheoretical Approach: Crossing the Traditional Boundaries of Therapy. Homewood, IL (Dow-Jones Irwin).

Rasch W, Konrad N (2004). Forensische Psychiatrie. 3. Aufl. Stuttgart (Kohlhammer).

Robert Koch-Institut (2010). Schizophrenie, Reihe Gesundheitsberichterstattung des Bundes, Heft 50 (Primärquelle: Statistisches Bundesamt). Bonn. www.gbe-bund.de (Stichwort: Schizophrenie). Abrufdatum: 10.06.2012

Robinson D, Woerner M, Alvir J et al. (1999). Predictors of relapse following response from a first episode of schizophrenia or schizoaffective disorder. Arch Gen Psychiatry 56: 241–247.

Rohdich R, Kirste A (2005). Ein integrierter Behandlungsansatz für schizophrene Patienten mit Suchterkrankung und Persönlichkeitsstörung. In: Bauer P, Kielisch S (Hrsg.). Differenzierte Behandlungskonzepte im psychiatrischen Maßregelvollzug. Lengerich (Pabst Science Publishers).

Salize HJ, Dressing H (2008). Epidemiologie und Versorgung psychischer Störungen im europäischen Strafvollzug. Psych Prax 35(7): 353–360.

Schalast N, Seifert D, Leygraf N (2007). Patienten des Maßregelvollzugs gemäß § 63 StGB mit geringen Entlassungsaussichten. Forensische Psychiatrie Psychologie Kriminologie 1: 34–42.

Schönfeld CE von, Schneider F, Schröder T et al. (2006). Prävalenz psychischer Störungen, Psychopathologie und Behandlungsbedarf bei weiblichen und männlichen Gefangenen. Nervenarzt 77: 830–841.

Straube E (1992). Zersplitterte Seele oder Was ist Schizophrenie? Frankfurt/M (Fischer).

Süllwold L, Herrlich J (1987). Fragebogen zur Frankfurter-Befindlichkeits-Skala (FBS). Berlin (Springer). DOI10.1007/978-3-642-61596-2

Vereinte Nationen (1982). Generalversammlung, Siebenunddreißigste Tagung. 37/194. Grundsätze ärztlicher Ethik. www.un.org/Depts/german/uebereinkommen/ar37194.pdf (aufgerufen am 16.11.2013).

Volz HP (2000). Kognitionsstörungen sind schizophrene Kernsymptome. In: Volz HP et al. (Hrsg.) Die Rolle der Kognition in der Therapie schizophrener Störungen. Wiesbaden (Deutscher Universitäts-Verlag), S. 50–73.

Weiden P, Kozma C, Grogg A et al. (2004). Partial compliance and risk of rehospitalization among California Medicaid patients with schizophrenia. Psych Serv 55: 886–891.

Xia J, Merinder LB, Belgamwar MR (2011). Psychoeducation for schizophrenia. Cochrane Database Syst Rev; Jun 15; (6): CD002831.

51 Psychoedukation zur Motivierung von Maßregelvollzugspatienten in der Entziehungsanstalt für eine psychodynamische Psychotherapie

Stefan Hollenberg, Georg Juckel

51.1 Unterbringung gemäß § 64 Strafgesetzbuch

Der § 64 des Strafgesetzbuchs (StGB) regelt die Anordnung der Unterbringung in einer Entziehungsanstalt und bildet damit die rechtliche Grundlage für die langfristige Behandlung suchtmittelabhängiger Straftäter außerhalb des Strafvollzugs. Die gerichtlich angeordnete Einweisung der Straftäter basiert dabei im Gegensatz zur „zivilen" Unterbringung in der Regel nicht auf einer psychischen Erkrankung oder einer akuten Selbst- oder Fremdgefährdung, sondern auf einem sogenannten „Hang, berauschende Mittel im Übermaß zu sich zu nehmen" und im Zusammenhang damit Straftaten zu begehen. Im Gegensatz zu „zivilen" Psychotherapiepatienten, die in der Regel mit einer auf Leidensdruck basierenden Veränderungsmotivation zum Therapeuten kommen, werden forensische Patienten auf der Grundlage eines Gerichtsurteils zwangsweise in einer Therapieeinrichtung untergebracht. Im realklinischen Kontext stellt sich die Suchtmittelabhängigkeit bei vielen Patienten im Therapieverlauf allerdings nicht in den Vordergrund der Behandlung. In einem Großteil der Fälle sind die Patienten schon bei der Übernahme aus einer Justizvollzugsanstalt suchtmittelabstinent bzw. durch eine „klassische" Entzugsbehandlung unter hochstrukturierten Bedingungen vergleichsweise schnell drogenfrei, im Regelfall auch ohne jegliche längerfristige Substitutionsbehandlung. Einstellungen, Werthaltungen, Verhaltensweisen und Persönlichkeitszüge der Patienten können innerhalb weniger Wochen Unterbringungszeit allerdings noch keine tiefgreifende Veränderung erfahren, weshalb bei einer Entlassung bereits zu diesem Zeitpunkt mit einer raschen Drogen- und Kriminalitätsrückfälligkeit zu rechnen wäre. Eine nachhaltig wirksame Maßnahme sollte sich daher neben der reinen Entzugsbehandlung umfassendere Ziele stecken. Problematische Interaktionsstile, dysfunktionale Persönlichkeitseigenschaften und fehlende langfristige Handlungsplanung sind typisch für diese Patienten, die u. a. ihre emotionalen Erfahrungen über lange Zeit mit Suchtmittelgebrauch reguliert haben. Zwar sind sie mit ihrer sozialen Situation häufig unzufrieden, eine Veränderungsmotivation in Bezug auf eigene Persönlichkeits- oder Strukturanteile liegt jedoch nur bei wenigen Patienten vor. Sie zeigen stattdessen oft eine Externalisierungsneigung sowie einen damit verbundenen hohen Widerstand gegen psychotherapeutische, auf eher grundlegende Änderungen zielende Langzeittherapien und die damit verbundenen, nicht allein auf die spezifische Suchtbehandlung ausgerichteten Interventionen. Diese mangelnde „Krankheitseinsicht" zeigt die Nähe zu den Krankheitsbildern auf, bei denen sich Psychoedukation bereits als sinn- und wirkungsvolle Intervention bewährt hat. Die

Maßregelpatienten entstammen zumeist sog. „Broken-home-Familien", sind häufig traumatisiert und weisen in vielen Fällen Mentalisierungs- und/oder Bindungsstörungen auf (vgl. Lackinger et al., 2009). Es handelt sich oft um Patienten mit schweren strukturellen Persönlichkeitsstörungen auf dem Organisationsniveau einer Borderline-Persönlichkeit, die sich aufgrund der Ich-Syntonizität ihrer vorwiegend im inter-individuellen Bereich sichtbaren Problematiken kaum auf eine Psychotherapie im engeren Sinne einlassen können oder wollen. Intrinsische Therapie- und Veränderungsmotivationen sind dementsprechend selten, der Aufbau einer therapeutischen Arbeitsbeziehung gestaltet sich häufig schwierig, die Verläufe sind oft ungünstig. So werden bundesweit im Schnitt ca. 50 % der Patienten in den Strafvollzug zurückverlegt – mit weitreichenden Folgen (vgl. Westendarp u. Hollenberg, 2012).

Im klinischen Bereich werden zur Optimierung des Therapieergebnisses im Sinne der Patienten verhaltenstherapeutische Trainingsaspekte mit tiefenpsychologischen und anderen, an Einsicht orientierten Verfahren einander ergänzend angewandt.

51.2 Psychoedukation bei rauschmittelabhängigen Straftätern

Einige forensische Kliniken, die mit der Behandlung rauschmittelabhängiger Straftäter betraut sind, nutzen zwei psychoedukative Ansätze, um sowohl Drogenabstinenz als auch die Therapiebereitschaft der Patienten günstig zu beeinflussen. Neben einem eher verhaltenstherapeutisch orientierten Rückfallprophylaxetraining (RPT) wurde auch eine Psychoedukation für die psychodynamische Therapie von Maßregelpatienten in einer Entziehungsanstalt speziell für den forensischen Kontext entwickelt.

51.2.1 Psychoedukation zur Motivierung für die psychodynamische Therapie

Außer der Suchterkrankung, die im Zusammenhang mit der Straftat zur Einweisung führt, liegen bei den Patienten in der Regel weitere, oben beschriebene strukturelle Problematiken vor, für die bei den Patienten nur wenig Einsicht und eine eher geringe Veränderungsbereitschaft besteht. Im LWL-Therapiezentrum für Forensische Psychiatrie Marsberg wurde daher in Zusammenarbeit mit der Klinik für Psychiatrie, Psychotherapie und Präventivmedizin, LWL-Universitätsklinikum der Ruhr-Universität Bochum, zur Motivierung der Patienten ein weiteres Programm entwickelt, das eine tiefenpsychologisch orientierte Arbeit an den strukturellen Problematiken erleichtern soll.

Die Beschreibung des Programms entstammt größtenteils der Publikation von Hollenberg, Wittmann und Juckel (2010). (Auf die Setzungen von Anführungszeichen bei wörtlichen Zitaten und den jew. Literaturverweis wird in Bezug auf diesen Artikel verzichtet, um den Text dieses Kapitels lesbar zu halten.) Eine Grundannahme dieser Form der *Psychoedukation für die psychodynamische Therapie* ist, dass tiefgreifende und überdauernde Veränderungen eher aus einer einsichtsgetragenen Eigenmotivation heraus entstehen können. Da die allermeisten Patienten trotz einer oberflächlich ablehnenden Haltung zumindest vorbewusst ambivalent gegenüber einer weitergehenden Veränderung ihres Lebensstils sind, gibt es in der Regel durchaus Ansätze, die aufgegriffen werden können. Die Vermittlung von Informationen über die Rahmenbedingungen der Therapie, über die Behandlung selbst sowie die Schaffung von Problembewusstsein sind daher wichtige Aspekte, die übertriebene Ängste reduzieren und Therapie- bzw. Veränderungsmotivation wecken sollen. Neben der reinen Wissensvermittlung sollen durch die Teilnahme am Programm aber auch die Therapiemotivation, die Selbstakzeptanz und die Problemfokussierung der Patienten gesteigert sowie interpersonelle Probleme und motivationale Inkongruenz reduziert werden. Damit soll Wirkmechanismen der eigentlichen psychodynamisch orientierten (Gruppen-)Therapie, die im weiteren Verlauf der Unterbringung stattfindet, der Boden bereitet werden. Die in diesem Kapitel beschriebene Psychoedukation steht damit Programmen nahe, die ebenfalls über Psychotherapie informieren und für eine darauffolgende Therapie motivieren sollen (z. B. Rentrop, 2006, oder Schmitz et al., 2001). Bei anderen Störungen, z. B. Schizophrenie, stellt Psychoedukation einen wichtigen therapiebegleitenden Ansatz dar (vgl. Bäuml et al., 2010).

Die Dynamik des psychischen Erlebens wird durch das bewusst-unbewusste Zusammenwirken von Strukturproblematiken, inneren und äußeren Konflikten sowie Traumata eines Menschen erklärt (Reimer u. Rüger, 2000). Die Bereitschaft der Patienten und Therapeuten zur Aufnahme einer intensiven Übertragungs- und Beziehungsarbeit ist dabei eine wichtige Voraussetzung für eine nachhaltig wirksame Therapie (vgl. Luborsky, 1993), die im Zwangskontext einer Maßregelunterbringung meist nur unter großen Anstrengungen herzustellen ist. Erschwert wird dies zusätzlich dadurch, dass die Einrichtungen Führungsberichte und Stellungnahmen zum Therapieverlauf an die Strafvollstreckungsbehörden senden müssen und deshalb in den Augen der Patienten mit den Strafverfolgungsbehörden „verbandelt" sind, was deren ohnehin ausgeprägten Widerstand gegen die Entwicklung einer kooperativen Haltung noch erhöht. Therapeuten können mit diesem Widerstand konstruktiv arbeiten, wenn es gelingt, die Probleme der Patienten zu aktualisieren, eine aktive Hilfe zur Problembewältigung zu leisten, eine therapeutische Klärung zu bewirken und bereits vorhandene Ressourcen für therapeutische Veränderungszwecke zu aktivieren (vgl. Grawe et al., 2001; Reimer u. Rüger, 2000).

Um diese Voraussetzungen zu erleichtern, kann den Patienten vor einer intensivierten therapeutischen Arbeit an und in Übertragungen und Beziehungen ein psychoedukatives Programm angeboten werden, in dem sie mit psychodynamischen und bindungstheoretischen Basiskonzepten sowie Grundzügen der Persönlichkeitsentwicklung, Affektregulation und Selbstreflexion vertraut gemacht werden. Da die Störungen der Patienten kaum unter die im Rahmen psychoedukativer Programme häufig adressierten „Krankheiten" zu subsumieren sind, wird Psychoedukation dabei in Anlehnung an Behrendt und Schaub (2005) verstanden als die systematische Anwendung didaktisch-psychotherapeutischer Interventionen, die dazu geeignet sind, Patienten über ihre Störung und deren Behandlung zu informieren, das Störungsverständnis und den selbstverantwortlichen Umgang mit der Störung zu fördern und sie bei der Störungsbewältigung zu unterstützen.

51.2.2 Theoretische Orientierung bei der Entwicklung der Psychoedukation

Die Inhalte des hier vorgestellten Gesamtprogramms orientieren sich an der psychodynamischen Theoriebildung unter Berücksichtigung emotions- und bindungstheoretischer (vgl. Nissen, 2003; Fonagy, 2003) und neurobiologischer (vgl. Schneider et al., 2003) Erkenntnisse. Die Patienten sollen durch das Programm eine Vorstellung ihrer eigenen Entwicklung aufbauen und sie vor dem Hintergrund ihrer eigenen Bindungsgeschichte (vgl. Großmann u. Großmann, 2004) verstehen lernen. Als Grundannahme wird dabei die Existenz eines unbewussten Bereichs im Gedächtnis vorausgesetzt, der u. a. aufgrund von ängstlich oder aggressiv verwickelten desorganisierten Bindungserfahrungen (vgl. Solomon u. George, 1999), Fixierungen und Traumatisierungen zur Manifestation spezifischer dysfunktionaler Abwehrmechanismen (vgl. König, 2004) und gefestigten Widerstandsprozessen führt.

51.2.3 Praktische Orientierung bei der Psychoedukation

Psychoedukation dient unter anderem der Wissensvermittlung. Viele Patienten des Maßregelvollzugs reagieren aber bereits mit starkem Widerstand auf alle Settings, die eine Erinnerung an die in der Regel als unerfreulich erlebte Schulzeit wach rufen. Daher werden – gemäß den psychoedukativen Standards – anstelle von langen Vorträgen und Schulungen überwiegend interaktive Vermittlungstechniken angewendet. Um die Patienten zu erreichen, werden auch Techniken aus dem Motivational Interviewing nach Miller und Rollnick (2002) eingesetzt: Ein direktives, aber nicht konfrontatives Vorgehen erleichtert es den Patienten, sich selbstexplorativ mit den Inhalten auseinanderzusetzen und vorhandene Ambivalenzen in Richtung einer prosozialen Veränderungsmotivation zu reduzieren. Wichtig ist es in jedem Fall, sich sprachlich an die Möglichkeiten der Patienten anzupassen. Fachtermini werden daher nach Möglichkeit im Gespräch mit den Patienten vermieden, in jedem Fall aber allgemeinverständlich erläutert.

51.2.4 Struktur des Gesamtprogramms

Durchgeführt werden insgesamt 10 Module von jeweils 60–90 Min. Dauer mit 4 bis 8 Teilnehmern einer geschlossenen Gruppe.

Module des Psychoedukationsprogramms zur Motivierung für eine psychodynamische Therapie

Einführungsteil
1. Therapie und Veränderung
2. Bewusstes und Unbewusstes, Gedächtnis
3. Abwehr, Widerstand und Rückzug
4. Bindung und Beziehungsgestaltung

Spezifischer Teil
1. Persönlichkeit
2. Störungen der Persönlichkeit
3. Gefühle

Soziale Perspektive
1. Andere Sichtweisen

Aktuelle Situation
1. Aktuelle Schwierigkeiten
2. Ungesagt Gebliebenes, Abschluss

Die 10 Module des Gesamtprogramms sind in vier Bereiche unterteilt: Nach dem allgemeinen Einführungsteil in den Modulen 1 bis 4, der als Hauptinhalt „Es gibt etwas, das außerhalb meiner bewussten Erinnerung liegt und das eine Bedeutung für mein heutiges Leben hat", thematisiert, soll im spezifischen Teil deutlich werden, in welchen Bereichen mögliche Abweichungen der jeweils eigenen Persönlichkeitsentwicklung von einer „Normentwicklung" liegen. Dadurch sollen die Arbeit an diesen Abweichungen von „gesunden" Persönlichkeitsentwicklungen ermöglicht und eine Entwicklung von verfestigter Ich-Syntonie hin zu Ich-Dystonie und damit verbundener vertiefter Veränderungsmotivation eingeleitet werden. Das Hauptziel dieses Teils ist also „die Erarbeitung eines auf die eigene Person bezogenen Problemverständnisses". Im 3. Teil wird die aktuelle soziale Perspektive eröffnet. Neben der Entwicklung eines allgemeinen Verständnisses für Emotionen und affektregulative Prozesse sollen eine Meta-Perspektive auf Werte, Motive und Ziele erreicht und ein Nachvollziehen der Perspektiven anderer Menschen vorbereitet werden. Schließlich sollen die eigenen aktuellen Schwierigkeiten und dysfunktionalen Bewältigungsmuster vor dem erarbeiteten Hintergrund verstanden und einer Aufarbeitung in den „eigentlichen" Therapiesitzungen zugeführt werden. Im Folgenden werden die theoretischen Inhalte der einzelnen Sitzungen vorgestellt.

Modul 1: Therapie und Veränderung

In den ersten 4 Sitzungen wird den Patienten ein grundlegendes Verständnis psychodynamischer Prozesse vermittelt und erste Motivationsarbeit geleistet. Dazu dient im 1. Modul die Sammlung von zentralen Faktoren, die nach der Literaturübersicht von Lang (2003) an der Entwicklung von Psychotherapiemotivation beteiligt sind: Leidensdruck, Erfolgszuversicht, Bereitschaft, Opfer zu bringen, Wille zur aktiven Mitarbeit, Wunsch nach persönlicher Veränderung, Verantwortungsübernahme und ein Bedürfnis nach Unterstützung. Dem gleichen Ziel dient die Vermittlung von Grundzügen des transtheoretischen Modells der Veränderung nach Prochaska und DiClemente (1982).

Modul 2: Bewusstes und Unbewusstes, Gedächtnis

Im 2. Modul werden den Patienten die Existenz eines unbewussten Bereichs des autobiografischen Gedächtnisses und der Unterschied zwischen bewusstem und unbewussten Erleben und Erinnern nahe gebracht, verbunden mit der Bedeutung von Vorbewusstem, Träumen und Abwehrmechanismen. Es folgt die verknüpfende Erarbeitung des Instanzenmodells (S. Freud, 1923). Das Über-Ich als moralische Instanz der Forderungen, die mit Wert- und Normvorstellungen verbunden sind, wird wegen der besonderen Bedeutung für Straftäter (auch in Bezug auf ein möglicherweise sadistisch ausgeprägtes Über-Ich) ausführlich besprochen. Das Es, das Bedürfnisse vertritt, auf äußere Reize reagiert und in der Folge des Lustprinzips ebenfalls Forderungen an das Ich stellt, wird leicht verständlich vorgestellt und anhand von Beispielen erläutert. Dem Ich werden schließlich die bewussten und unbewussten Entscheidungsmöglichkeiten, resultierend aus lebensgeschichtlichen Erfahrungen und genetischer Ausstattung, zugeschrieben; es wird als Instanz erläutert, die zwischen Über-Ich und Es vermittelt und die Reaktionen und Verhaltensweisen durch kritische Verstandesprüfung und Triebregulation steuert. Daran schließt sich eine gemeinsame Diskussion über „wahre" Erinnerungen an, in der die Subjektivität jeglicher Wahrnehmung, die Veränderlichkeit und die umgebungsabhängige variable Reproduktion von Gedächtnisinhalten deutlich werden.

Modul 3: Abwehr, Widerstand und Rückzug

Das 3. Modul bereitet den Boden für eine Arbeit an Abwehr- und Widerstandsprozessen (s. A. Freud, 1984; König, 2004). Der Mechanismus und die Wirkung der Regression werden erklärt. Anhand von Erfahrungen aus der 1. Sitzung und durch Beispiele von Patienten werden wichtige psychische Abwehrmechanismen erläutert: Humor, Unterdrückung, Ungeschehenmachen, Projektion, Affektisolation, Reaktionsbildung, Verdrängung, Verschiebung, Entwertung, Idealisierung, Projektion, Rationalisierung, Verleugnung, projektive Identifizierung, Identifizierung mit dem Angreifer, passive Aggression, Somatisierung und ggf. weitere. Meist gelingt es den Patienten eher, bei anderen Personen Symptome dieser Mechanismen wahrzunehmen, als einen Selbstbezug herzustellen. Falls in der Sitzung zuvor die Verinnerlichung von Bewusst und Unbewusst gelungen ist, erkennen sie aber in der Regel an, dass es diese Abwehrmechanismen gibt und dass sie selbst sie einsetzen. Dabei soll auch deutlich werden, dass ein Leben ohne Abwehr nicht denkbar ist und dass viele Abwehrmechanismen notwendig und funktional sind. Diejenigen Mechanismen, die dysfunktional sind und zu eigenem oder fremdem Schaden führen, müssen jedoch bearbeitet werden. So erweist sich der häufig erkennbare Widerstand gegen die Therapie auch den Patienten schließlich als Widerstand gegen das Bewusst-Machen von Abwehrmechanismen. Es soll klar werden, dass Widerstände in der Therapie nicht „gebrochen" werden sollen und können, wie viele Patienten vermuten, sondern dass es darum geht, die Funktion des Widerstandes zu verstehen, um neue Erlebens- und Verhaltensoptionen zu eröffnen. Den Patienten soll vermittelt werden, dass ihre bisherigen „agierenden" Verhaltens- und Denkweisen die besten waren, die ihnen zur Verfügung standen, dass aber eine Weiterentwicklung und die Aneignung von Alternativen möglich sind. Diese Weiterentwicklung kann jedoch nur geschehen, wenn die Patienten eine Bereitschaft zur Auseinandersetzung mit ihrer bisherigen Lebensgeschichte und der Entstehung von Widerstand zulassen.

Modul 4: Bindung und Beziehungsgestaltung

Thema des 4. Moduls ist der prägende Einfluss primärfamiliärer frühkindlicher Erfahrungen auf interpersonelle Verhaltensmuster und das Abwehrniveau. Pränatale und frühkindliche Einflüsse auf das emotionale Gedächtnis werden besprochen und vor dem Hintergrund der infantilen Amnesie diskutiert. Auch die Bedeutung der Interaktion mit den primären Bezugspersonen, die Art des früheren und aktuellen Bindungsstils und die Beeinflussbarkeit der frühen Prozesse durch neue Erfahrungen in der Therapie werden anhand von Patientenbeispielen aufgearbeitet. Es wird verdeutlicht, dass die Entwicklung von Übertragungsbeziehungen und die dadurch gegebene Möglichkeit korrigierender emotionaler Erlebnisse wesentliche Nachreifungsschritte bewirken können, aber bei anderen auch häufig Gegenübertragungsreaktionen auslösen, die bei ungenügender Verarbeitung zur Aufrechterhaltung der bisherigen, dysfunktionalen Interaktionsmuster beitragen können.

Modul 5: Persönlichkeit

Die ersten 4 Module bilden die Grundlage für ein erweitertes Verständnis des Persönlichkeitsbegriffs. Das 5. Modul setzt sich mit der Entwicklung der Persönlichkeit im Zusammenhang mit Bedürfnissen, Wünschen, Ansprüchen von außen und Begrenzungen im Säuglings-, Kleinkind-, Kindes-, Jugend- und frühen Erwachsenenalter auseinander. Viele Patienten betonen den Einfluss genetischer Faktoren und zeichnen selbst ein eher fatalistisches Bild, mit dem sie ihre eigene Entwicklung für prädestiniert erklären. Hier ist es wichtig, ein Bild grundsätzlicher Veränderbarkeit zu erzeugen, um die Selbstwirksamkeitserwartungen zu erhöhen und starren Externalisierungsmustern entgegenzuwirken. Hilfreich ist in diesem Zusammenhang auch die beispielgestützte Einführung der Begriffe Ich-Syntonie und Ich-Dystonie (Fiedler, 2001; König, 2004). Die dimensionale Struktur des zugrunde liegenden Konstrukts wird aufzeigt, und Übergangsbereiche werden anschaulich beschrieben.

Modul 6: Störungen der Persönlichkeit

Nachdem im 5. Modul allgemeine Entwicklungsschritte und deren Folgen für die Ich-Integration bestimmter Persönlichkeitsanteile besprochen wurden, geht das 6. Modul auf konkrete Probleme ein, die sich durch problematische Entwicklungen in kritischen Phasen ergeben. Ein Aufgreifen der Ich-Syntonizität leicht erkennbarer, stabiler Interaktionsmuster bietet sich an. Allgemeine Definitionen von Persönlichkeit, Persönlichkeitseigenschaften, Persönlichkeitsstilen, Persönlichkeitsakzentuierungen und schließlich Persönlichkeitsstörungen präzisieren die Vorstellungen der Patienten. Dies bietet die Grundlage dafür, dass es Patienten möglich wird, die Diagnose „Persönlichkeitsstörung" (Fiedler, 2001) als zusammenfassende Beschreibung bestimmter überdauernder Interaktionsmuster und nicht als pejorativen Stempel einer defizitären Entwicklung zu akzeptieren. Einige Persönlichkeitsstörungen (v. a. aus dem Cluster B des DSM-IV) werden dann hinsichtlich ihrer Symptomatik genauer beschrieben und darüber hinaus anhand von Beispielen für Situationen und Berufsfelder, in denen bestimmte „normabweichende" Persönlichkeitszüge funktional sein können, veranschaulicht.

Modul 7: Gefühle

Die vorangegangenen Module dienen als inhaltliche Grundlage für die Besprechung der zentralen Bedeutung von Emotionen für die Persönlichkeitsentwicklung und die allgemeine Lebensgestaltung. Der Begriff „Emotion" wird zunächst gegen „Gefühl" und „Affekt" abgegrenzt. Eingeführt werden die primären Emotionen (z. B. nach Becker u. Wunderlich, 2004) Freude, Trauer, Furcht, Wut, Überraschung und Ekel anhand von Porträts sowie einige physiologische Korrelate (am leichtesten nachvollziehbar sind auch für wenig beschulte Patienten Herzfrequenz, Muskeltonus, Schwitzen in extremen Gefühlslagen). Die Vielfalt der Gefühle wird dann anhand einer Übersicht verdeutlicht. Ein Arbeitsblatt dient dem systematischen, konkreten Vergleich zwischen dem Erleben eines Gefühls in der Kindheit bzw. im Erwachsenenalter. Viele Patienten können hier zum einen ihre (erinnerte) Gefühlslage präzisieren, zum anderen direkte Zusammenhänge erkennen und auf diese Weise Ansatzpunkte für eine vertiefte Bearbeitung in den Gruppen- und Einzeltherapien entwickeln. Allgemeine und einrichtungsspezifische Möglichkeiten (z. B. Unterbringung im Kriseninterventionsraum) der inneren und äußeren Affektregulation (vgl. Fonagy et al., 2004) werden anschließend besprochen. Wegen der hohen Relevanz für viele forensische Patienten kann danach noch auf die

Bedeutung von Angst, Aggressivität und Impulsivität und ihre Zusammenhänge eingegangen werden.

Modul 8: Andere Sichtweisen

In der 8. Sitzung erfolgt die Auseinandersetzung mit der eigenen Präsentation, der inneren Repräsentation und den Perspektiven der anderen. Anhand eines Patientenbeispiels wird das Erleben einer Situation aus Sicht des Patienten und das Erleben von anderen in der gleichen Situation analog zur „Beziehungsdynamischen Formulierung" in der OPD-2 (Arbeitskreis OPD, 2006) beschrieben. Beziehungen entwickeln sich demzufolge in wechselseitiger Abhängigkeit. Bei Patienten mit Persönlichkeitsstörungen ist von einer dysfunktionalen Entwicklung in diesem Bereich auszugehen: So kann eine erlebte frühkindliche emotionale Verwahrlosung zu einer defensiven, u. U. sogar destruktiven Reaktion auf äußere Beziehungsangebote veranlassen, die wiederum zu entsprechend destruktiven reaktiven Antworten beim Gegenüber führt, die dann als Bestätigung der fehlerhaften Ursprungsannahme verstanden werden.

Modul 9: Aktuelle Schwierigkeiten

Viele Patienten können in der 9. Sitzung eigene Einstellungen und Werte, eigenes Verhalten und Probleme besser einordnen und mit frühkindlichen, kindlichen und jugendlichen Erfahrungen in Verbindung bringen. Aktuelle Schwierigkeiten, z. B. dem jeweils gültigen individuellen Behandlungsplan der Patienten entnommen, können vor diesem Hintergrund systematischer beleuchtet und einer vertieften Bearbeitung in Gruppen- und Einzeltherapien zugeführt werden.

Modul 10: Ungesagt Gebliebenes, Abschluss

Angesichts der inhaltlichen Fülle der Sitzungen bleibt häufig einiges ungesagt, un- oder missverstanden. Die letzte Sitzung dient zur Klärung offener Fragen und zur Verabschiedung der Patienten.

51.2.5 Empirische Bewährung

Das Programm wurde mittlerweile einer ersten empirischen Evaluation unterzogen. Dabei zeigte sich eine hohe Akzeptanz bei den Teilnehmern und überwiegend auch bei den Therapeuten, die mit der weiteren Behandlung der Patienten betraut waren. Mithilfe systematisch untersuchter Kurzformen psychometrischer Standardverfahren (vgl. Lutz et al., 2006) wurden spezifische Effekte auf die Patienten in einem 6-monatigen Zeitraum in Abhängigkeit vom Zeitpunkt der Psychoedukation untersucht. Patienten, die zu einem frühen Zeitpunkt an der Psychoedukation teilgenommen hatten, erreichten tendenziell weniger ausgeprägte interpersonale Probleme, eine Reduktion ihrer motivationalen Inkongruenzen und eine ansatzweise stärker verbesserte Selbstakzeptanz. Vor allem schätzten die Patienten aber ihr neu gewonnenes Wissen nach der Psychoedukation als höher ein.

51.3 Schlussbetrachtung

Auch – oder vielleicht gerade – im forensischen Kontext, in dem die zwangseingewiesenen Patienten nicht frei über ihre Therapeuten oder ihre Therapieform entscheiden können, scheint ein psychoedukativer Zugang im Rahmen eines therapeutischen Gesamtkonzepts hilfreich zu sein. Die Patienten, denen es oft an grundlegenden Kompetenzen und Selbstverantwortung mangelt, erweitern ihre Kenntnisse über Ursachen, Symptomatik und Folgen ihrer Störung. Damit werden sie nicht mehr nur passive „Empfänger" von Therapie, sondern aktive Mitgestalter ihrer Gegenwart und möglichen Zukunft. Psychoedukation ist dabei sicher kein „Allheilmittel", das die Anwendung jahrzehntelang bewährter (forensischer) Therapieansätze ersetzen kann. Sie kann aber ein wichtiger Motivator sein, die in der Maßregel gebotenen einmaligen Chancen langfristiger Veränderung zu nutzen.

Literatur

Arbeitskreis OPD (2006). Operationalisierte Psychodynamische Diagnostik OPD-2. Bern (Huber).

Bäuml J, Berger H, Pitschel-Walz G et al. (2010). Arbeitsbuch PsychoEdukation bei Schizophrenie (APES): Mit Manual für die Praxis. Stuttgart (Schattauer).

Becker R, Wunderlich HP (2004). Gefühl und Gefühlsausdruck. Stuttgart (Thieme).

Behrendt B, Schaub A (2005). Handbuch Psychoedukation und Selbstmanagement. Verhaltenstherapeutische Ansätze für die klinische Praxis. Tübingen (DGVT).

Fiedler P (2001). Persönlichkeitsstörungen. Weinheim (Beltz-PVU).

Fonagy P (2003). Bindungstheorie und Psychoanalyse. Stuttgart (Klett-Cotta).

Fonagy P, Gergely G, Jurist EL (2004). Affektregulierung, Mentalisierung und die Entwicklung des Selbst. Stuttgart (Klett-Cotta).

Freud A (1984). Das Ich und die Abwehrmechanismen. Frankfurt/M (Fischer).

Freud S (1923 [1975]). Das Ich und das Es. Studienausgabe, Bd. III: Psychologie des Unbewussten. Frankfurt/M (Fischer), S. 273–330.

Grawe K, Donati R, Bernauer F (2001). Psychotherapie im Wandel – von der Konfession zur Profession. 5. Aufl. Göttingen (Hogrefe).

Großmann K, Großmann KE (2004). Bindungen – Das Gefüge psychischer Sicherheit. Stuttgart (Klett-Cotta).

Hollenberg S, Wittmann B, Juckel G (2010). Psychoedukation für die psychodynamische Therapie forensischer Patienten. Forensische Psychiatrie und Psychotherapie 2: 35–47.

König K (2004). Charakter, Persönlichkeit und Persönlichkeitsstörung. Stuttgart (Klett-Cotta).

König K (2007). Abwehrmechanismen. 4. Aufl. Göttingen (Vandenhoeck und Ruprecht).

Lackinger F, Dammann G, Wittmann B (2009). Psychodynamische Psychotherapie bei Delinquenz. Stuttgart (Schattauer).

Lang K (2003). Behandlungsabbrüche und Therapiemotivation in der stationären Rehabilitation von Patienten mit psychischen Erkrankungen – Entwicklung und empirische Überprüfung eines Vorhersagemodells. Dissertation Universität Hamburg.

Luborsky L (1993). How to maximize the curative factors in dynamic psychotherapy. In: Miller N et al. (Hrsg.). Psychodynamic treatment research. A Handbook for Clinical Practice. New York (Basic Books), S. 519–535.

Lutz W, Tholen S, Schürch E et al. (2006). Die Entwicklung, Validierung und Reliabilität von Kurzformen gängiger psychometrischer Instrumente zur Evaluation des therapeutischen Fortschritts in Psychotherapie und Psychiatrie. Diagnostika 52: 11–25.

Miller WR, Rollnick, S (2002). Motivational Interviewing. Preparing People for Change. New York (Guilford Press).

Nissen G (2003). Affekt und Interaktion. Genese und Therapie psychischer Störungen. Stuttgart (Kohlhammer).

Prochaska JO, DiClemente CC (1982). Transtheoretical Therapy: Toward a more integrative model of change. Psychotherapy: Theory, Research and Practice 19: 276–288.

Rauchfleisch U (1982). Dissozial. Göttingen (Vandenhoeck und Ruprecht).

Rentrop M et al. (2006). Psychoedukation Borderline-Störung: Manual zur Leitung von Patienten- und Angehörigengruppen. München (Urban und Fischer).

Reimer C, Rüger U (2000). Psychodynamische Psychotherapien. Berlin (Springer).

Schmitz B, Schuhler P, Handke-Raubach A et al. (2001). Kognitive Verhaltenstherapie bei Persönlichkeitsstörungen und unflexiblen Persönlichkeitsstilen. Lengerich (Pabst).

Schneider U, Gödecke-Koch T, Paetzold W et al. (2003). Biologische Korrelate zur Erklärung von Persönlichkeitsstörungen. In: Schiepek G (Hrsg.). Neurobiologie der Psychotherapie. Stuttgart (Schattauer), S. 469–484.

Schuhler P, Schmitz B (2005). Psychoedukation bei Persönlichkeitsstörungen – ein neues gruppentherapeutisches Programm. In R. Merod (Hrsg.) Behandlung von Persönlichkeitsstörungen. Tübingen (dgvt), S. 601–622.

Solomon J, George C (1999). Attachment Disorganization. New York (Guilford Press).

Westendarp AM, Hollenberg S (2012). § 67 d Satz 5 StGB – Erledigung der Unterbringung in einer Entziehungsanstalt – Gedanken zum Thema. Forensische Psychiatrie und Psychotherapie 3: 318–313.

Wittmann B (2000). Persönlichkeitsstörungen, Sucht, § 64 StGB. In: Marneros A et al. (Hrsg.). Psychiatrie und Justiz. München (Zuckschwerdt), S. 96–100.

52 Finanzierung der Psychoedukation im Rahmen der Integrierten Versorgung

Werner Kissling, Rosmarie Mendel

52.1 Einleitung

Obwohl Psychoedukation bei vielen psychiatrischen Erkrankungen in den Behandlungsleitlinien empfohlen wird, werden im Rahmen der stationären Regelversorgung maximal ca. 20 % der Patienten in eine psychoedukative Gruppe eingeschlossen. Im ambulanten Sektor sind es sogar noch deutlich weniger. Einer der Gründe für diese Unterversorgung besteht darin, dass insbesondere im ambulanten Sektor die Vergütung für psychoedukative Maßnahmen nicht kostendeckend ist. Eine Möglichkeit, diesen Missstand zu ändern, bieten Integrierte Versorgungsverträge.

Integrierte Versorgung ist eine seit 2004 vom Gesetzgeber geförderte sektorenübergreifende Versorgungsform. Sie soll zu einer stärkeren Vernetzung der verschiedenen Fachdisziplinen und Sektoren (Hausärzte, niedergelassene Fachärzte, Krankenhäuser, Rehabilitationseinrichtungen) führen, die Qualität der Patientenversorgung verbessern und die Gesundheitskosten senken.

Integrierte Versorgung und Psychoedukation können dabei gegenseitig voneinander profitieren: Zum einen können psychoedukative Maßnahmen im Rahmen der Integrierten Versorgung kostendeckender als in der Regelversorgung finanziert werden. Zum anderen kann Psychoedukation entscheidend dazu beitragen, dass Integrierte Versorgungsmodelle ihre Ziele erreichen. Auch zur Lösung des Problems zunehmender Arbeitsunfähigkeitszeiten wegen psychischer Erkrankungen kann Psychoedukation beitragen. Wenn man psychoedukative Maßnahmen flächendeckend in der Regelversorgung implementieren und finanzieren will, sollte man deshalb einen Integrierten Versorgungsvertrag abschließen. Wie man das macht, wird im Folgenden beschrieben.

52.2 Warum ist die Integrierte Versorgung für Psychoedukatoren interessant?

Am 1.1.2004 ist als Teil der Gesundheitsreform das Gesetz zur Integrierten Versorgung (§ 140 SGB V) in Kraft getreten (Kissling, 2004, 2006). Dieses Gesetz soll die Zusammenarbeit zwischen den verschiedenen Versorgungssektoren verbessern. Es eröffnet den Kliniken, den Rehabilitationseinrichtungen und den Vertragsärzten darüber hinaus aber auch die Möglichkeit, zusätzlich zu den geltenden Budgets eine Finanzierung für sektorübergreifende Versorgungsmodelle zu erhalten. Durch dieses Angebot sollen die Leistungserbringer ermutigt werden, innovative Versorgungsformen zu erproben und zu evaluieren. Erfolgreiche Modelle sollen dann später in die Regelversorgung übernommen und auf Dauer finanziert werden. Erstmals seit Langem eröffnet sich dadurch die Möglichkeit, Versorgungsformen wie z. B. die Psychoedukation, die bisher gar nicht oder nicht angemessen finanziert wurden, kostendeckend und auf Dauer zu finanzieren. Bundesweit stehen hierfür immerhin ca. 700 Mio. EUR pro Jahr zur Verfügung, davon ca. 70 Mio. EUR für psychiatrische Versorgungsformen. Mit diesen Mitteln könnten pro Jahr mindestens 150 psychiatrische Versorgungsmodelle finanziert werden, und in vielen dieser Modelle könnte die Psychoedukation eine wichtige Rolle spielen. Die tatsächliche Zahl psychiatrischer Integrierter Versorgungsmodelle ist aber deutlich niedriger.

Dass es die psychiatrischen Leistungserbringer bisher versäumt haben, eine ausreichende Zahl geeigneter Anträge zu stellen, kann langfristig negative versorgungspolitische Folgen haben. Denn ein erklärtes Ziel der Integrierten Versorgung war und ist es, neue und innovative Versorgungsformen zu erproben und die erfolgreichen dann im Rahmen der Regelversorgung auf Dauer weiterhin zu finanzieren. Wenn aber aus dem Bereich der Psychiatrie kaum Verträge abgeschlossen werden, dann sinkt auch die Chance, dass neue psychiatrische Versorgungsmodelle erfolgreich evaluiert und schließlich in die Regelversorgung überführt werden.

Damit diese Chance evtl. doch noch besser genutzt wird, sollen im Folgenden die wichtigsten Informationen über diese neuen Finanzierungsmöglichkeiten zusammengefasst werden. Es wird gezeigt, wie man – z. B. durch den Beitritt zu einem bereits genehmigten IV-Vertrag – rasch und mit relativ geringem Aufwand in den Genuss dieser Finanzierung kommen kann. Am Beispiel bereits laufender Versorgungsmodelle wird außerdem erläutert, welche Rolle psychoedukative Maßnahmen bei solchen Verträgen spielen können. Aus versorgungspolitischen Gründen wäre es auf jeden Fall wünschenswert, dass sich möglichst viele psychiatrische Leistungserbringer noch rasch entschließen, einen Antrag auf Integrierte Versorgung zu stellen, um z. B. ihre Psychoedukation dauerhaft darüber zu finanzieren. Wenn dies in ausreichender Zahl erfolgt und wenn diese Verträge erfolgreich sind, dann besteht die Chance, dass Psychoedukation im Rahmen der Regelversorgung auf Dauer angemessen finanziert wird.

52.2.1 Was ist Integrierte Versorgung?

Was bei der Integrierten Versorgung inhaltlich im Einzelnen gemacht werden soll, hat der Gesetzgeber im § 140 des Sozialgesetzbuches V nur relativ vage beschrieben. Es heißt dort lediglich, dass die Krankenkassen mit den in § 140b Abs. 1 genannten Vertragspartnern (z. B. Kliniken, Rehabilitationseinrichtungen, Niedergelassenen) Verträge über eine „verschiedene Leistungssektoren übergreifende Versorgung der Versicherten oder eine interdisziplinär-fachübergreifende Versorgung" abschließen können. Die Ziele dieser neuen Versorgungsform sind mehr oder weniger die gleichen wie bei der üblichen Regelversorgung, nämlich die „qualitätsgesicherte, wirksame, ausreichende, zweckmäßige und wirtschaftliche Versorgung" der Versicherten. Diese sehr allgemein gehaltene Definition von Inhalten und Zielen der Integrierten Versorgung macht es möglich, dass man prinzipiell für fast alle Versorgungskonzepte eine Finanzierung beantragen kann, solange es sich um eine sektorenübergreifende oder fachübergreifende Versorgung handelt. Aus der bisherigen Bewilligungspraxis kann man allerdings ersehen, dass die Krankenkassen (die alleine über die Bewilligung der Anschubfinanzierung entscheiden) Anträge bevorzugen, die eine Kostenreduktion und/oder eine Steigerung der Behandlungsqualität zu versprechen scheinen. Psychoedukation kann beide Vorgaben in der Regel problemlos erfüllen: Sie führt nicht nur zu einer besseren Behandlung, sondern – z.B. über eine Complianceverbesserung – auch zu einer Senkung der Wiederaufnahmeraten und damit zu niedrigeren Gesamtkosten.

52.2.2 Wer sollte einen IV-Antrag stellen?

Die Entwicklung eines neuen Versorgungskonzepts, das zu einer Qualitätsverbesserung und einer Kostensenkung führt, ist zeitaufwändig und erfordert ebenso wie die nötigen organisatorischen Vorbereitungen und später die praktische Implementierung einen beträchtlichen Aufwand an Manpower. Bei neuen Versorgungskonzepten sind für diese Vorbereitungsarbeiten, die anschließende Antragsformulierung und die Verhandlungen mit den Krankenkassen durchschnittlich ca. 12–18 Monate und etwa 9 Arztmonate an Manpower einzuplanen. Bei einfacheren Versorgungsmodellen – etwa dem alleinigen Angebot psychoedukativer Gruppen – kann sich dieser Aufwand aber auf ca. die Hälfte reduzieren. Aber auch nach Vertragsunterzeichnung müssen nochmals mehrere Monate in die praktische Umsetzung des neuen Versorgungsmodells, in die Entwicklung der Dokumentation und Evaluation, in die Organisation der Abrechnungen etc. investiert werden. Und da die Krankenkassen nicht zu Vorauszahlungen bereit sind, dauert es auch nach Einschluss der ersten Patienten nochmals mindestens 3 Monate, bis die ersten Zahlungen von den Kostenträgern eintreffen. D.h., wer nicht bereit und in der Lage ist, Vorinvestitionen – z.B. an Manpower – in der Größenordnung von mindestens 25.000 bis 50.000 EUR zu erbringen (und bei einem Scheitern des Antrags notfalls abzuschreiben), sollte das Thema rasch abhaken. Wenn man diese Vorleistungen aber erbringen kann und möchte (in

der Regel werden das eher Kliniken oder Reha-Einrichtungen als Vertragsärzte sein), sollte man als Nächstes genau prüfen, ob man die erforderlichen Voraussetzungen für eine Antragstellung erfüllt (vgl. Kissling, 2004, 2006). Bisher zeigen die praktischen Erfahrungen, dass insbesondere folgende Voraussetzungen erfüllt sein sollten:
- Alle Teilnehmer an der Integrierten Versorgung haben die Fähigkeit zur sektorübergreifenden, kollegialen Zusammenarbeit und sind bereit, ausreichend Zeit in die Rekrutierung der Patienten, in die Dokumentation und in die korrekte Durchführung der Interventionen zu investieren.
- Eine ausreichende Zahl von Patienten der gewählten Indikation (n > 300) kann innerhalb von 6–12 Monaten zur aktiven Teilnahme an der Integrierten Versorgung motiviert werden.
- Mit dem geplanten Versorgungsmodell können tatsächlich die Behandlungsqualität verbessert und die Gesamtkosten gesenkt werden (idealerweise belegt durch Voruntersuchungen).
- Die spätere Übernahme des Versorgungsmodells in die Regelversorgung erscheint möglich.
- Die Kosten für alle Beteiligten sind realistisch und transparent kalkuliert worden und die Finanzierung durch die Krankenkassen deckt zumindest diese Kosten.
- Die erforderlichen Rahmenbedingungen (geeignete Räume, Vorfinanzierung der Manpower etc.) sind vorhanden.
- Es besteht Einvernehmen unter allen Beteiligten über Art und Ausmaß der Dokumentation, der Erfolgsbeurteilung und der Qualitätssicherung.

Die Erfahrungen aus den zurückliegenden Jahren seit Inkrafttreten des § 140 SGB V zeigen, dass ein IV Antrag nur Sinn macht,

wenn alle oben genannten Voraussetzungen erfüllt sind. Die häufigsten Fehler, die in diesem Zusammenhang bisher gemacht wurden, waren folgende:
- Wahl von Indikationen oder Versorgungsmodellen, bei denen keine ausreichenden Kostensenkungen und/oder Qualitätsverbesserungen erreicht werden können,
- Überschätzung der tatsächlich erreichbaren Rekrutierungszahlen,
- Fehlen von effizienten Management- und Monitoringstrukturen, die ausreichende Rekrutierungszahlen und die Qualität der Dokumentation und der Interventionen sicherstellen,
- allzu komplexe und aufwändige Versorgungsmodelle.

Versorgungsmodelle zu beantragen, bei denen bereits bestehende Versorgungsangebote (z. B. in Institutsambulanzen) als Integrierte Versorgung umetikettiert werden, erscheint dabei aus mehreren Gründen nicht sinnvoll: Zum einen, weil die Krankenkassen nicht bereit sind, für inhaltlich ähnliche Leistungen doppelt zu bezahlen, und man deshalb mit derartigen Anträgen nur bewährte Versorgungsstrukturen ersetzen würde, ohne zusätzliche Finanzmittel zu bekommen. Zum anderen können durch solche Modelle auch nicht die geforderten Qualitätsverbesserungen oder Kostensenkungen im Vergleich zur jetzigen Regelversorgung erreicht werden.

Der häufigste Fehler ist aber, dass in der Planungseuphorie die später tatsächlich erreichbaren Rekrutierungszahlen überschätzt werden. Wenn dann am Ende deutlich weniger Patienten als geplant in das Programm eingeschlossenen werden, kommt es wegen der fehlenden Fallhonorare rasch zu einer Unterfinanzierung, an der das gesamte Projekt scheitern kann. Um dies zu vermeiden, sollte man so früh wie möglich Proberekrutierungen durchführen, bei denen sich zeigt, wie viele Patienten tatsächlich zum Einschreiben in ein Programm motiviert werden können. Einige psychiatrische Projekte, die darauf vertraut haben, dass durch eine angemessene Honorierung quasi automatisch die optimale Rekrutierung sichergestellt werde, haben nach den ersten 6 Monaten feststellen müssen, dass sich ihre Erwartungen nicht erfüllten und die geplanten Rekrutierungszahlen bei weitem nicht erreicht wurden. Insbesondere bei indikations- oder kassenspezifischen Verträgen, die nur einen Teil der in einer Praxis oder Klinik versorgten Patienten betreffen, wird unter dem Zeitdruck des Versorgungsalltags immer wieder vergessen, diese Patienten für die Integrierte Versorgung zu motivieren. Die eigentlich möglichen Rekrutierungszahlen werden unter diesen Umständen dann nicht erreicht. Um zu vermeiden, dass Projekte an allzu geringen Teilnehmerzahlen scheitern, bedarf es eines intensiven Projektmanagements und Monitorings, für das ausreichende personelle und finanzielle Ressourcen bereitgestellt und finanziert werden müssen.

Häufig begehen Antragsteller auch den Fehler, sich bei der inhaltlichen Ausgestaltung der Integrierten Versorgung zu viel oder zu wenig vorzunehmen. Entweder werden – wie oben beschrieben – bereits existierende sektorenübergreifende Versorgungsformen einfach umetikettiert, und man praktiziert die Regelversorgung unter neuem Namen weitgehend unverändert weiter. Damit ist aber niemandem gedient. Genauso wenig sollte man allerdings versuchen, sämtliche diagnostischen und therapeutischen Prozesse der Regelversorgung gleichzeitig zu verändern und zu verbessern. Solchen – irgendwo zwischen Lehrbuch und Leitlinie angesiedelten – Konzepten merkt man an, dass ihre Autoren sie selbst nie praktisch umgesetzt haben. Andernfalls hätten sie rasch bemerkt, dass es nicht reicht, aufzulisten, wie die optimale Diagnose, Behandlung oder Rehabilitation bei einer bestimmten Indikation idealerweise auszusehen hätten. Dass sie in der Realität tatsächlich nicht so aussehen, hat ja zumeist Gründe. Die meisten Ärzte wissen sehr wohl, wie unter idealen Bedingungen optimale diagnostische und therapeutische Prozesse ablaufen sollten, aber die Bedingungen (Manpower, Budget, Compliance, etc.) sind in der Regelversorgung eben nicht ideal. Und auch die zusätzlich über die Integrierte Versorgung zur Verfügung gestellte Finanzierung führt nicht automatisch dazu, dass die in solchen Rahmenkonzepten beschriebenen optimalen Prozesse auf allen Stufen des Behandlungspfades tatsächlich auch umgesetzt werden. Solche idealtypischen Konzepte sind in der Praxis nicht zu realisieren und führen eher zu Kostensteigerungen als zu den von den Krankenkassen angestrebten Kostensenkungen.

Bessere Erfolgschancen als diese umfangreichen Konzepte haben schlanke Versorgungsmodelle, die sich auf die wichtigsten Probleme (z. B. Noncompliance, intersektorale Kommunikationsdefizite, Wartezeiten auf Psychotherapie) konzentrieren und versuchen, diese Probleme mit wenigen wirksamen Interventionen kosteneffektiv zu lösen. Eine besonders erfolgreiche Version dieses schlanken Konzepts ist das sog. „Münchner Modell", das als bisher einziges IV-Modell in der Psychiatrie nachgewiesenermaßen zu einer Qualitätsverbesserung und zu Kostensenkungen von mehr als 5.000 EUR pro Patient pro Jahr geführt hat (Kissling, 2008; Hamann et al., 2014). Um zu veranschaulichen, wie die Integrierte Versorgung bei psychiatrischen Indikationen inhaltlich aussehen kann und welche Rolle die Psychoedukation dabei spielt, soll dieses Münchner Modell im Folgenden etwas ausführlicher beschrieben werden.

52.2.3 Das „Münchner Modell"

Inhaltlich konzentriert sich dieses Versorgungsmodell auf 2 Bereiche:
1. Die Verbesserung der rezidivprophylaktischen Compliance schizophrener und depressiver Patienten und
2. die optimale Abstimmung der Behandlung zwischen dem ambulanten und dem stationären Sektor.

Ausgehend von dem Befund, dass die Hauptursache für Qualitätsdefizite und hohe Kosten bei diesen beiden Indikationen darin zu sehen ist, dass mehr als die Hälfte der betroffenen Patienten keine rezidivprophylaktische Behandlung durchführen, werden im Münchner Modell ca. 80 % der Ressourcen darauf verwendet, Patienten und Therapeuten zu einer leitliniengerechten, optimalen Rezidivprophylaxe zu motivieren. In dem Programm werden – ohne Beschränkung durch die Budgets der Regelversorgung – alle Maßnahmen angeboten, deren Compliance fördernde Wirksamkeit in Vorstudien nachgewiesen wurde (s. Tab. 52-1). Dabei spielt die Psychoedukation in all ihren Erscheinungsformen eine zentrale Rolle.

Im Einzelnen werden im Rahmen dieses integrierten Versorgungsmodells u. a. folgende Interventionen angeboten: Nach Einschluss eines Patienten ins Programm wird auf der Basis einer mehrstündigen, individuellen „Compliance-Diagnostik" zusammen mit dem Patienten und seinen Angehörigen eruiert, wie compliant der Patient in der Vergangenheit die rezidivprophylaktische Behandlung durchgeführt hat, wo es

Tab. 52-1 Probleme der Regelversorgung und deren Lösung im Rahmen der Integrierten Versorgung

Problem	Lösung
Noncompliance der Patienten bei der Rückfallschutzbehandlung	• „Differenzialdiagnose der Noncompliance" • Psychoedukation für Patient und Angehörige (Pitschel-Walz et al., 2006) • Compliance – Monitoringsysteme • Medikamententraining (Asani und Eißmann, 2006) • Reminder (Telefon, SMS) • „Shared Decision Making" (Hamann et al., 2006) • Depotmedikation • Bonus für Teilnahme an Compliance verbessernden Maßnahmen (Post et al., 2006)
Drop out nach Klinikentlassung, Nichteinhaltung von Terminen	• Extra honorierte Vorstellung beim weiterbehandelnden niedergelassen Nervenarzt noch während der stationären Behandlung • Terminerinnerungen, bei Bedarf Hausbesuche
Umstellung der Medikation kurz nach Entlassung des Patienten aus der Klinik	• Abstimmung der Entlassungsmedikation zwischen Klinikern, Niedergelassenen und Patienten • Fallkonferenzen in sektorübergreifenden Qualitätszirkeln • Benchmarking von Prozess- und Ergebnisindikatoren • Standardisierter, beschleunigter Informationsfluss bei Aufnahme und Entlassung
suboptimale ärztliche Therapieempfehlungen	• Implementierung von Behandlungsleitlinien (Qualitätszirkel) • Optimierung eines gemeinsamen Behandlungspfades (Qualitätszirkel) • Benchmarking von Prozess- und Ergebnisindikatoren anhand der sektorübergreifenden Dokumentation
verspätete Reaktion auf Krisen	• Training der Patienten im Erkennen von Frühwarnzeichen • Krisenplan für Patienten und Angehörige • Garantierte, beschleunigte stationäre Aufnahme im Bedarfsfall • Tel. Hotline für Patienten und Angehörige
unzureichende Vorbereitung der beruflichen Wiedereingliederung	• Spezifische psychoedukative Maßnahmen zur Vorbereitung und Begleitung der beruflichen Wiedereingliederung

dabei Probleme gab und wie diese Complianceprobleme in Zukunft gelöst werden können. Gemeinsam mit dem Patienten wird dann von einem ärztlichen und einem sozialpädagogischen Case Manager ein auf die spezielle Situation des Patienten abgestimmtes Compliance-Programm aufgestellt und fortlaufend angepasst. Seine praktische

Umsetzung wird über mindestens 18 Monate im Rahmen regelmäßiger Wiedervorstellungstermine monitoriert. Durch eingebaute Wellness- und Bonuselemente und durch Gelegenheit zu zusätzlichen Sozialkontakten wird versucht, das Programm für die Teilnehmer so attraktiv wie möglich zu machen. Verschiedene Anreize wie Fahrtkostenerstattung, Befreiung von Zuzahlungen etc. sollen die Teilnahmefreudigkeit der Patienten erhöhen. Pro Patient werden so jährlich mindestens 20–30 Manpower-Stunden für die Verbesserung der rezidivprophylaktischen Compliance aufgewandt; ein Drittel davon entfällt auf psychoedukative Maßnahmen im engeren Sinne. Ein derartiger Aufwand lediglich für die Compliance-Verbesserung kann in der – traditionell eher auf die Akutbehandlung fokussierten – derzeitigen Regelversorgung auch nicht annähernd geleistet werden. Der damit auch verbundene erhöhte Kostenaufwand (ca. 1.250 EUR pro Patient) rentiert sich aber auch für den Kostenträger, da durch diese Interventionen pro Patient jährlich ca. 6.250 EUR an stationären Behandlungskosten eingespart werden, wie eine Zwischenauswertung des „Münchner Modells" nach einjähriger Laufzeit ergab (Kissling, 2008).

Die therapeutische Verantwortung für den Patienten liegt bei diesem Modell weiterhin beim niedergelassenen Nervenarzt, der seine übrigen therapeutischen Leistungen wie bisher über die Kassenärztliche Vereinigung abrechnet. Für die zusätzlich zur Regelversorgung angebotenen Compliance verbessernden Maßnahmen bekommen die Niedergelassenen und die das Programm unterstützenden Kliniken außerhalb ihres Budgets ein zusätzliches Honorar. Da sich die mangelnde Abstimmung zwischen niedergelassenen Ärzten und Klinikern häufig negativ auf die Compliance der Patienten und auf die Effizienz der Behandlung auswirkt, wird im Rahmen der Integrierten Versorgung auch versucht, die Kommunikation zwischen den verschiedenen Behandlungssektoren zu optimieren. Durch regelmäßige gemeinsame Fallkonferenzen und standardisierte (und zusätzlich honorierte) Kommunikationsinstrumente wird verhindert, dass es beim Wechsel des Patienten von einem Sektor in den anderen zu vermeidbaren Doppeluntersuchungen oder Medikamentenumstellungen kommt. Die Niedergelassenen können ihre Patienten zur Psychoedukation in die fortlaufend angebotenen Gruppen schicken bzw. auch selbst solche Gruppen anbieten, für die sie dann außerhalb ihres Regelversorgungsbudgets ein angemessenes Honorar erhalten.

Das Münchner Modell unterscheidet sich in einigen entscheidenden Aspekten von anderen integrierten Versorgungsmodellen für diese Indikationen (s. Tab. 52-1). Im Gegensatz z. B. zum Rahmenkonzept der DGPPN (2005) versucht das Münchner Modell nicht, sämtliche Aspekte der Behandlung zu optimieren; stattdessen konzentriert es sich auf einige wenige, aber sehr wirksame Compliance verbessernde Maßnahmen, die in der derzeitigen Regelversorgung in dieser Form nicht angeboten werden können. Voruntersuchungen (Pitschel-Walz et al., 2006) und die bisherige Laufzeit des Vertrags haben gezeigt, dass ein derartiges schlankes Interventionspaket problemlos in der Regelversorgung implementiert werden kann und nicht nur zu einer Verbesserung der Behandlungsqualität, sondern auch zu einer Halbierung der pro Patient anfallenden Krankenhaustage führt. Weil damit die beiden zentralen Zielsetzungen der Krankenkassen – Qualitätsverbesserung und Kostensenkung – erreicht werden, haben diese sich entschlossen, die Implementierung des Münchner Modells in weiteren Regionen zu unterstützen und weiteren Leistungserbringern den Beitritt zum Münchner Vertrag zu ermöglichen.

Seit 2014 wird im Rahmen eines zweiten Integrierten Versorgungsvertrags („Münchner Modell 2") versucht, das derzeit drängendste Versorgungsproblem in der psychiatrischen Regelversorgung besser zu lösen: Die jährlich um mehr als 10 % steigenden Arbeitsunfähigkeitstage wegen psychischer Störungen. Diese in den letzten 15 Jahren insgesamt um 165 % gestiegenen Fehltage (DAK, 2013) stellen derzeit die größte Herausforderung für Patienten, Krankenkassen und Arbeitgeber dar und führen jährlich zu eigentlich vermeidbaren Kosten in Milliarden Höhe. Ursache für diese dramatische Zunahme der Fehltage ist nicht etwa eine Zunahme der Häufigkeit der zugrunde liegenden Depressionen, Angst- oder Suchterkrankungen. Die Inzidenz dieser Erkrankungen ist in den letzten Jahren weitgehend unverändert geblieben. Eine der Ursachen für die Zunahme der Fehltage sind die Wartezeiten von 3 bis 6 Monaten auf eine psychotherapeutische Behandlung. Weitere Ursachen sind: Im Rahmen der Regelversorgung kann auf krankheitsauslösende Faktoren am Arbeitsplatz nicht adäquat eingegangen werden. Zudem kann die therapeutische Vorbereitung und Begleitung der stufenweisen beruflichen Wiedereingliederung nach einer psychischen Erkrankung von Vertragsärzten und auch vom psychiatrischen Krankenhaus in der Regelversorgung kaum geleistet werden. Ein weiterer Grund liegt überwiegend in der Verantwortung der Arbeitgeber und der Krankenkassen: In den meisten Unternehmen und Behörden findet so gut wie kein Gesundheitsmanagement für psychische Belastungen und Erkrankungen statt.

Im Integrierten Versorgungsmodell „Münchner Modell 2" werden alle diese Ursachen für die Zunahme der Fehltage wegen psychischer Erkrankungen identifiziert und gezielt angegangen. Hier spielt wiederum die Psychoedukation eine zentrale Rolle: Eine entsprechende Gestaltung der Vergütung und der organisatorischen Abläufe gewährleistet, dass ein psychisch erkrankter Arbeitnehmer zeitnah zum Beginn seiner Erkrankung Zugang zu spezifischen psychoedukativen Maßnahmen erhält, in die auch alle Aspekte des Arbeitsplatzes sehr spezifisch einbezogen sind. Ebenso wird garantiert, dass jeder Patient einige Wochen vor seiner Rückkehr an den Arbeitsplatz durch spezielle psychoedukative Maßnahmen auf sämtliche Aspekte der beruflichen Wiedereingliederung vorbereitet wird.

Flankierend hierzu werden die Wartezeiten auf Psychotherapie auf wenige Tage verkürzt. Auch die Gesamtdauer der Psychotherapie wird – wo dies möglich und therapeutisch sinnvoll ist – durch den Ausbau von gruppenpsychotherapeutischen Maßnahmen verkürzt. Es ist zu erwarten, dass durch das „Münchner Modell 2" nicht nur den Patienten schneller und effektiver geholfen werden kann; darüber hinaus werden vermutlich auch Krankenkassen und Arbeitgeber – ähnlich wie im „Münchner Modell 1" – deutliche Einsparungen erzielen. Es bleibt zu hoffen, dass die Evaluationsergebnisse dieses neuen Integrierten Versorgungsprogramms dazu führen, dass solche speziell auf den Arbeitsplatz bezogenen psychoedukativen Maßnahmen in einigen Jahren im Rahmen der Regelversorgung finanziert werden.

52.3 Ausblick

Das „Münchner Modell" veranschaulicht, wie ein integriertes Versorgungsmodell im Einzelnen aussehen kann. In diesem neuen Versorgungsmodell ist es niedergelassenen Nervenärzten, Klinikern und Krankenkassen gemeinsam gelungen, für alle Beteiligten eine „Win-Win Situation" herbeizuführen. Patienten und Angehörige bekommen ein deutlich verbessertes Leistungsangebot, die Leistungserbringer erhalten ein angemessenes extrabudgetäres Honorar für die Durchführung dieser zusätzlichen Leistungen, und die Kostenträger sparen trotzdem 50 % ihrer bisherigen Kosten ein. Ähnliche Ergebnisse sind auch vom „Münchner Modell 2" zu erwarten, in dem eine Verkürzung der Arbeitsunfähigkeitszeiten bei psychischen Erkrankungen erreicht werden sollen.

Wenngleich dieses neue Gesetz zur Integrierten Versorgung von den Krankenkassen noch allzu zögerlich umgesetzt wird und auch berufspolitisch nicht völlig unumstritten ist (Meißner, 2006), überwiegen aus unserer Sicht die Chancen, die es gerade für die Psychiatrie bietet, bei weitem. Erstmals seit der Psychiatrie-Enquete besteht wieder eine realistische Chance, neue Versorgungskonzepte in der Regelversorgung zu implementieren und dafür auch ausreichend Finanzmittel zu erhalten. Die Psychiatrie sollte diese Chance nutzen und das Feld (und die Finanzmittel!) nicht völlig den somatischen Fächern überlassen.

Literatur

Asani F, Eißmann I (2006). Medikamententraining. Psych Pflege 12: 205–207.

DAK (2013). DAK Gesundheitsreport 2013 http://www.dak.de/dak/download/Vollstaendiger_bundesweiter_Gesundheitsreport_2013-1318306.pdf

DGPPN (2005). Rahmenkonzept Integrierte Versorgung Depression. Nervenarzt 76: 104–121.

Hamann J, Langer B, Winkler V et al. (2006). Shared decision making for in-patients with schizophrenia. Acta Psychiatr Scand 114(4): 265–73.

Hamann J et al. (2014). Effects of an integrated care program for outpatients with affective or psychotic disorders. Psychiatry Research http://dx.doi.org/10.1016/j.psychres.2014.02.005i

Kissling W, Seemann U, Fritze P (2004). Integrierte Versorgung. Neurotransmitter 10: 28–35.

Kissling W (2006). Integrierte Versorgung in der Psychiatrie. Neurotransmitter 7–8: 26–31.

Kissling W (2008). Das „MünchnerModell" Krankenkassen finanzierenCompliance- Programme. Psychoneuro 34: 410–415.

Meißner A (2006). Leserbrief. Psychiat Prax 33: 251–252.

Pitschel-Walz G, Bäuml J, Bender W et al. (2006). Psychoeducation and compliance in the treatment of schizophrenia: results of the Munich PIP-study. J Clin Psychiatry 67:443–452.

Post EP, Cruz M, Harman J (2006). Incentive payments for attendance at appointments for depression among low-income African Americans. Psychiatr Serv 57(3): 414–416.

Rummel-Kluge C, Pitschel-Walz G, Bäuml J et al. (2006). Psychoeducation in schizophrenia--results of a survey of all psychiatric institutions in Germany, Austria, and Switzerland. Schizophr Bull 32: 765–775.

53 Psychoedukative Gruppen in der ambulanten nervenärztlich-psychiatrischen Versorgung

Norbert Mönter

53.1 Allgemeines

Für die Praxis des niedergelassenen nervenärztlich-psychiatrischen Facharztes und analog für das psychiatrisch ausgerichtete Medizinische Versorgungszentrum (MVZ) sind die in den letzten Jahren entwickelten Psychoedukationskonzepte wie auch die konkreten Manuale eine große Bereicherung. Sie beschreiben die Vielschichtigkeit und den multimodalen Therapieeinsatz im psychiatrischen Praxisalltag und stellen zugleich eine hervorragende Informations- und Vermittlungsoption für ambulante Patienten dar. Dass dabei immer auch der ganz individuelle Behandlungsstil des Psychiaters zum Tragen kommen kann, macht einen besonderen Reiz aus.

Für den zumeist akut erkrankten „Erst-Patienten" ist der niedrigschwellige, wenig institutionelle Zugang für eine fachärztliche Beratung, Diagnostik und eine ggf. weiterführende Therapie häufig ausschlaggebend für die Konsultation in der Praxis des Niedergelassenen.

Für den „Therapiepatienten", der zumeist einer längeren, intensiven oder gar langzeitlichen, oft lebenslangen fachärztlichen Behandlung bedarf, kann hingegen die persönliche Beziehung zum behandelnden Psychiater zu einem wichtigen Eckpfeiler in der individuellen Lebensbewältigung werden. Fachärztliche psychopharmakologische Behandlung, störungsspezifische Psychotherapie, der Einsatz von häuslicher psychiatrischer Pflege, Ergotherapie und Soziotherapie, sozialmedizinische Beratung und Weichenstellung bei Arbeits- und Erwerbsunfähigkeit und nicht zuletzt die Angehörigenberatung und Hinführung zu Selbsthilfegruppen und -organisationen gehören zum differenzialtherapeutischen Repertoire einer modernen psychiatrischen Behandlung. Methodologisch stellt die psychiatrische Behandlungssituation abseits einer im Richtlinienverfahren durchgeführten Behandlung ein Mixtum dar, das zudem immer eine deutliche Akzentuierung aus der Persönlichkeit des Psychiaters und den von ihm erlernten Methoden aufweist. Im Idealfall sollten je nach Situation und persönlichem Bedarf des Patienten Elemente der unterschiedlichen Therapieformen zur Anwendung kommen:

- die Klientenzentrierte Psychotherapie nach Rogers mit ihrem humanistisch geprägten Menschenbild und den Konzepten der Wertschätzung, Empathie und Begegnung,
- die tiefenpsychologisch-psychodynamische Psychotherapie mit ihrem Konzept des Unbewussten und ihrer Fokussierung auf die fortdauernden Einflüsse aus Kindheit und Jugend sowie die Beziehungsmustergestaltung mit Übertragung und Gegenübertragung,
- die kognitive-behaviorale Therapie mit ihren Detailanalysen des Verhaltens und ihren sehr konkreten Therapie-Strategien und Empfehlungen,
- die Familientherapie mit ihrem systemischen Verständnis der Entwicklung psy-

chischer Störungen und ihren die Familie resp. Angehörige einbeziehenden Behandlungsansatz,
- die Konzepte gruppentherapeutischer Verfahren der vorgenannten unterschiedlichen Methoden.

In der psychiatrischen Ausbildung und somit im Tätigkeitsprofil des niedergelassenen Facharztes ist die Psychotherapie in der einen oder anderen Methodenausrichtung heute fest etabliert. Was für die psychiatrische Alltagstätigkeit (abseits einer Richtlinienpsychotherapie) zuvor als Mixtum beschrieben wurde, gilt natürlich auch bei Durchführung psychoedukativer Gruppen: Der Therapeut kann sich entscheiden zwischen den Polen einer strenger manualisierten „pädagogischen" Haltung und Durchführung einerseits und einem stark interaktionell, an den Erfahrungen und Bedürfnissen der teilnehmenden Patienten ausgerichteten Stil der Gruppenmoderation andererseits. Psychoedukation wird hier vorrangig als ein Gruppentherapieverfahren verstanden, wenngleich die spezifische Vermittlung von Krankheits- und Krankheitsbewältigungswissen als Kernelement von Psychoedukation natürlich auch einen wichtigen Teil der Einzelbehandlung ausmachen sollte. Hierauf wird im Folgenden jedoch nicht näher eingegangen. Allerdings ist ein Phänomen an dieser Stelle zu betonen: Die Durchführung von Psychoedukationsgruppen in der Psychiater-Praxis soll Einstellung und Verhalten des Patienten verändern; tatsächlich aber verändert die Leitung von Psychoedukationsgruppen auch die Einstellung und das Verhalten des Psychiaters, auch in der Einzelgesprächsführung. Die Grundfunktionen psychiatrischer Basispsychotherapie Zuhören, Stützen, Klären, Begleiten werden somit vor allem in Richtung eines verständnisvollen Erklärens akzentuiert.

Für den Patienten sind die Konsequenzen klar zu benennen: Mehr Wissen und der Austausch mit anderen Betroffenen fördert die Krankheitsbewältigung (Empowerment) und sorgt für eine verbesserte Basis mit Blick auf eine gemeinsame Entscheidungsfindung.

53.2 Psychoedukation in der Regelversorgung

53.2.1 Hindernisse

Psychoedukationsgruppen (PE-Gruppen) werden in nervenärztlich-psychiatrischen Praxen wie MVZ bislang bundesweit trotz der aufzeigbaren Positiveffekte eher sporadisch als regelmäßig durchgeführt. Unter den Hindernissen ist an erster Stelle sicherlich der in vielen Praxen fehlende Gruppenraum zu nennen. In manchen Praxen werden die Wartezimmer kreativ für die Gruppendurchführung umgestaltet, aber auch dies lässt sich häufig nicht realisieren.

Als Lösung bleibt in der Regel nur die wohnortnahe Zusammenarbeit mit anderen Praxen, psychosozialen Trägern, Pflegediensten, Ergotherapie-Praxen oder Kliniken. Nach eigener Erfahrung setzt die praxisübergreifende Zusammenführung allerdings sowohl seitens der Patienten als auch seitens des Psychiaters eine erhöhte Motivation voraus. Dabei sind Abrechnungs-und Honorierungsfragen zumeist unwichtig; bremsend wirkt der vermehrte organisatorische Aufwand. Positive Einzelerfahrungen z. B. im Rahmen eines Berliner Projektes können allerdings Mut machen. So konnten im Zeitraum 2005–2006 in Berlin insgesamt in 13 Praxen Psychoedukationsgruppen für Patienten mit schizophrener Erkrankung bzw. mit einer bipolaren Störung erfolgreich durchgeführt werden, wobei auch eine praxisübergreifende Rekrutierung der Patienten erfolgte. Über das Projekt wurde von Luber (2006) sowie Luber und Leifeld (2008) berichtet.

Als schwierigstes Problem bei der Organisation von Psychoedukationsgruppen in den Praxen erweist sich der hochgradig verdichtete Routineaablauf. Hohe Patientenzahlen, volle Wartezimmer, lange Wartelisten und Ansprechbarkeit für Notfälle bedingen einen erheblichen Ablaufdruck, der die Etablierung fester Gruppenzeiten erschwert. So erfordern die Rekrutierung der Patienten, die Terminierung und organisatorische Vorbereitung (Handout, evtl. Folien) einer PE-Gruppe eine ungewohnte und damit schnell in den Hintergrund geratende Zusatzarbeit. Abhilfe an dieser Stelle kann nur die bewusste und auf längere Sicht angelegte Etablierung eines festen Blocks „Psychoedukationsgruppe" im wöchentlichen Praxisprogramm schaffen.

Ein weiteres Problem stellt bisweilen die Anzahl der infrage kommenden Teilnehmer einer PE-Gruppe dar. Dies ist natürlich sehr von der jeweiligen Praxisklientel abhängig. Während es den meisten Praxen z. B. kaum Schwierigkeiten bereitet, ausreichend Patienten für eine Depressionsgruppe zu rekrutieren, fällt dies bei anderen Krankheitsbildern (z. B. Zwangserkrankungen) ausgesprochen schwer. Hier hilft nur die praxisübergreifende Organisation wie oben beschrieben.

Auch wenn Patienten sich in aller Regel freuen, von ihrem Psychiater für eine Gruppe angesprochen zu werden, ist ihre Teilnahme damit noch keineswegs gesichert. Die wichtigsten Ablehnungsgründe lauten nach meiner Erfahrung:
- „Kenne ich schon, habe ich schon in der Klinik gemacht."
- „Möchte mich nicht soviel mit meiner Krankheit und anderen Kranken befassen."
- „Keine Zeit" (glaubhaft und weniger glaubhaft).

Hingegen ist die aktuelle Schwere der Erkrankung, z. B. auch der Grad der Konzentrationsfähigkeit, der Denkstörungen bzw. der Verhaltensstörungen, subjektiv selten ein Grund zur Ablehnung eines PE-Angebotes. Auch sind starke Antriebsstörungen auf depressivem oder residualem Hintergrund als Hinderungsgrund durch Überzeugungsarbeit zumeist zu überwinden. Ohnehin liegt in der Vertrauensposition des in aller Regel von den Patienten selbst ausgewählten ambulanten Psychiaters ein besonderes Potenzial, das der Motivation zuträglich sein kann. Allerdings gilt auch hier, dass die vertraute Umgebung der Praxis und die Durchführung der Gruppe durch den »eigenen« Psychiater besonders starke Motivationsfaktoren darstellen.

53.2.2 Wirtschaftlichkeit

Ginge es nach der Wirtschaftlichkeit honorartechnischer Minutenberechnung, so müssten die Nervenarzt-/Psychiater-Praxen in Deutschland am besten kontinuierlich eine und nach Möglichkeit sogar zwei PE-Gruppen parallel durchführen.

Dass realiter in den Praxen eher selten PE-Gruppen durchgeführt werden, hängt neben den oben beschriebenen Hemmnissen dennoch mit einer unzureichenden Honorierung zusammen. So ist zum einen im Einheitlichen Bewertungsmaßstab (EBM) keine explizite Abrechnungsposition für die PE ausgewiesen, die die besondere Vorbereitungs-und Organisationszeit, geschweige denn die Berücksichtigung eines Ko-Therapeuten aufnimmt.

Honorartechnisch hemmend kann sich zudem auswirken, dass die PE anhaltend nur innerhalb des Regelleistungsvolumens

(RLV) einer Praxis berücksichtigt wird; dies kann u. U. bei ansonsten schon hohem (das RLV übersteigendem) Leistungsvolumen zu einer Minderung der nachstehend aufgezeigten Honorierung führen (dies dürfte allerdings eher selten der Fall sein).

Die Forderung nach RLV-separater Abrechnung von PE-Leistungen wie auch die Forderung nach Schaffung einer PE-spezifischen EBM-Abrechnungsposition mit Berücksichtigung auch eines Ko-Therapeuten-Einsatzes sollte von der Deutschen Gesellschaft für Psychoedukation (DGPE) unbedingt weiterhin aufrechterhalten werden.

Die nachstehenden Auflistungen[1] zeigen, dass PE in der Nervenarzt-/Psychiater-Praxis bei Nutzung der Gebührenordnungsposition 21221 vom Durchführungsaufwand her (minutentechnisch) betrachtet wirtschaftlich sinnvoll und gegenüber der Einzelbehandlung sogar ökonomischer erscheint (162,64 EUR ggü. 82,68 EUR). Stellt man allerdings einen Vergleich zur EBM-Honorierung antragspflichtiger Gruppen-Psychotherapie an, wird deutlich, dass hier eine markante Benachteiligung der Psychoedukation vorliegt (162,84 EUR ggü. 224,32 EUR). Bei allen Berechnungen und auch Vergleichen wurden ausschließlich die gruppenbezogenen Leistungen, nicht jedoch Ordinationspauschalen und ggf. andere in Kombination berechenbare Leistungen berücksichtigt.

EBM Abrechnungsziffer 21221 – Psychiatrische Behandlung (Gruppe)

Obligater Leistungsinhalt:
- Dauer mindestens 40 Min.
- Mindestens 3, höchstens 8 Teilnehmer

---

[1] Alle folgenden Honorarangaben beziehen sich auf EBM-Ausgabe für 2. Quartal 2014.

Fakultativer Leistungsinhalt:
- Syndrombezogene therapeutische Intervention
- Anleitung der Bezugsperson

Abrechnungsbestimmungen für EBM Position 21221

- Je Teilnehmer
- Je vollendete 40 Min.
- Ausschlussbestimmungen
- Keine Berichtspflicht
- Punkte: 134 (€ 13,57)

Maximal-Berechnungen für eine Sitzung nach EBM 21221

- 8 Teilnehmer
- 2 × 40 Min. (ggf. auch 3 x)
- 16 × 134 (€ 13,57)
- = 2144 Punkte für 80 Min.
- entspricht 16 × 13,57 = € 217,12
- Stundenhonorar ohne Vorbereitungszeit: € 162,84

Vergleich mit psychiatrischer Einzelleistung

- 21220 psychiatrisches Gespräch, je 10 Min. 136 Punkte (€13,78)
- pro Stunde: 6 × 136 = 816 Punkte (€ 82,68)
- 21221 „Psychoedukationsgruppe", bei 8 TN für 80 Min. 2144 Punkte (€ 217,12)
- pro Stunde: 1608 Punkte (€ 162,84)

Psychotherapie-Vergleich

- *Antragspflichtige* Gruppen-PT/VT (z. B.: EBM 35225), 5–9 TN, je 50 Min.-Sitzung 205 Punkte (€ 20,77), maximal 1845

Punkte (€ 186,93), je Stunde 2214 Punkte (€ 224,32)
- *Psychoedukationsgruppe* (EBM 21221), bis 8 TN, je 40 Min. 134 Punkte (€ 108,56), je Stunde 1072 Punkte (€ 162,84)

Bei *Privatabrechnung* der Teilnahme an einer PE-Gruppe ergibt sich folgende Situation:
GOÄ-Nr 20: Beratungsgespräch in Gruppe, 4 bis 12 TN, mindestens 50 Min., 120 Punkte (€ 6,99).
Honorar bei Steigerungssatz 2,3: 12 × 16,08 = € 192.96.
Auch das sich bei Privatabrechnung ergebende rechnerische Honorar für die Durchführung von PE-Gruppen in Höhe von 192,96 EUR ist als unzureichend anzusehen.
Bei Durchführung mit einem Ko-Therapeuten ist für eine PE-Sitzung von 80–90 Minuten Dauer inkl. aller notwendigen Vorbereitungsarbeiten kalkulatorisch eine Finanzierung von nicht unter 250 EUR anzusetzen.

53.2.3 Effektivität

Was die Effektivität betrifft, so ist im Kontext der ambulanten Behandlungssituation zu betonen, dass während sowie nach Abschluss einer PE-Gruppe Routine-Einzeltermine zumeist weniger häufig erforderlich sind. Der Patient selbst und häufig auch die Angehörigen stehen der Behandlung insgesamt positiver gegenüber. Der immer wieder im Rahmen von PE-Gruppen beschriebenen Gefahr einer sich entwickelnden Suizidalität einzelner Patienten ist im ambulanten Setting besondere Aufmerksamkeit zu widmen, zumal der kontinuierliche wie vertraute Arzt-Patienten-Kontakt diesbezüglich rechtzeitig Gegenstrategien ermöglichen sollte. Natürlich schützt PE auch nicht sicher vor Krankheitsrezidiven, aber immerhin ermöglicht sie den bewussteren und therapeutischeren Umgang damit.

Ein weiterer erfreulicher Effekt ambulanter PE-Gruppen besteht darin, dass sich u. U. eigenständige persönliche Beziehungen zwischen den Patienten entwickeln, die sich in aller Regel positiv auf deren soziale Aktivitäten auswirken. Dies gilt bisweilen auch für die Kontakte der Angehörigen.

Ingesamt betrachtet, steht aus Sicht des durchführenden Psychiaters einer relativ hohen Anfangsinvestition (in Form von Vorbereitungszeit) in der Langzeitperspektive ein hoher Effekt in puncto Beziehungsstärkung und verbesserter Compliance/Adhärenz gegenüber.

53.3 Psychoedukation im Rahmen der Integrierten Versorgung

In den für die Integrierte Versorgung (IV) neu geschaffenen § 140a bis § 140d Sozialgesetzbuch V wurde festgelegt, dass Leistungserbringer und Krankenkassen auch ohne Zustimmung der Kassenärztlichen Vereinigungen Verträge zur Integrationsversorgung miteinander schließen können. Insbesondere in den sogenannten Kollektivverträgen zur Regelversorgung nicht oder nicht ausreichend vereinbarte Versorgungsleistungen können im Kontext der Integrierten Versorgung gesondert gefördert und zudem auch sektorübergreifend organisiert und erbracht werden (s. a. Kap. 52).

Diese Gesetzesvorgabe ermöglichte auch den Einbezug von Psychoedukationsgruppen in eigenständige Leistungsvereinbarungen. Tatsächlich spielt Psychoedukation in den verschiedenen psychiatrischen IV-Verträgen eine herausragende Rolle und zählt zu den wichtigen, durch gesonderte Leistungsanreize zu fördernde Therapiemodulen. Da ein vollständiger Überblick über alle diesbzgl. Verträge angesichts der Fluktuation der Vereinbarungen schwer zu erlangen ist, wird im Folgenden exemplarisch die Situation für Berlin und Brandenburg dargelegt, wie sie sich aus den Verträgen der Psychiatrie-Initiative Berlin Brandenburg (PIBB) mit mehreren Krankenkassen ergibt. Es sind vor allem 3 entscheidende Argumente, die den Einbezug der Psychoedukation in die IV begründen:

- In den Verträgen nach § 140 ff. SGB V wurden zwischen verschiedenen Leistungserbringer-Organisationen und den Krankenkassen Psychoedukation resp. Psychoedukationsgruppen erstmalig als Leistung definiert und deren Einsatz gezielt honoriert. In den für Berlin-Brandenburg geltenden Verträgen werden Psychoedukationsgruppen nach dem Standard der DGPE als psychotherapeutische Leistung beschrieben, die von Psychiatern und Psychotherapeuten erbracht und ko-therapeutisch durch Mitarbeiter aus psychiatrischer Fachpflege wie Soziotherapie ergänzt und unterstützt wird.
- Honorartechnisch wird die definierte Leistung „Teilnahme an einer Psychoedukationsgruppe" gegenüber der ersatzweise in der Regelversorgung zur Berechnung kommenden EBM-Ziffern 21221 (S. 570) besser und damit erstmalig kostendeckend bewertet, was einen betriebswirtschaftlich effektiven Einsatz ermöglicht. Die wichtige Option des Einsatzes eines Ko-Therapeuten ist einbezogen. Die Durchführung eines bifokalen Ansatzes mit Einbezug der Angehörigen konnte gleichfalls vereinbart werden.
- In der IV können eine sektorübergreifende Organisation und Durchführung der Psychoedukation vereinbart werden. So können z. B. kooperierende Krankenhäuser PE-Gruppen anbieten, die dann von der Managementgesellschaft gegenfinanziert werden. Über das IV-Netz können Patienten aus mehreren Praxen zu Gruppen zusammengeführt werden. In Berlin und Brandenburg gilt dies Angebot ausdrücklich für Patienten mit schizophrenen, bipolaren und depressiven Störungen.

In der IV besteht die Möglichkeit, auch innovative Psychoedukationsgruppen mit spezieller Modalität und Dramaturgie für Patienten mit gezielter Indikation zu vereinbaren und zur Durchführung zu bringen.

Dazu abschließend ein Beispiel: Steigende Zahlen psychischer Erkrankungen im Zusammenhang mit Arbeitsunfähigkeit (oftmals ebenso oberflächlich wie unzureichend als „Burnout"-Problematik etikettiert) stellen für Krankenkassen ein zunehmendes Versorgungs- und Ressourcenproblem dar (s. a. Kap. 47 und 23). In Berlin-Brandenburg konnte im März 2012 ein Vertrag zur Frühintervention und besseren differenzialtherapeutischen Versorgung arbeitsunfähig Erkrankter mit psychiatrischer oder psychosomatischer Diagnose starten, an dem im ersten Jahr ca. 300 Patienten teilnahmen. Auf der Basis dieses Vertrages wird Versicherten, die mit einer psychiatrischen Diagnose arbeitsunfähig erkrankt sind, von den Gesundheitsberatern der Krankenkasse (DAK Gesundheit) ein Direkttermin bei einem niedergelassenen Nervenarzt/Psychiater oder einem entsprechenden MVZ vermittelt. Vorrangig handelt es sich um Patienten mit Diagnosen aus dem F3*- und F4*-Spektrum nach ICD-10, also Patienten mit affektiven Störungen und Angst-, Zwangs-, Anpassungs- oder somatoformen Störungen.

Fußend auf medizinisch-psychiatrischer Diagnostik und einem zusätzlichen Assessment, das in besonderer Weise die Arbeitsplatzsituation und die Arbeitsunfähigkeit berücksichtigt, wird bereits im Erstkontakt eine gemeinsame therapeutische Perspektive formuliert, die rasche Hilfestellung und damit Klärung und nach Möglichkeit baldige Wiederherstellung der Arbeitsfähigkeit zum Inhalt hat. Konkret werden erörtert bzw. geprüft und durchgeführt:
- arbeitsplatzbezogene Problemkonstellationen und ihre Relevanz für die aktuelle Arbeitsunfähigkeit,
- Maßnahmen zur Rehabilitation, bisweilen auch die Beantragung einer Erwerbsunfähigkeitsrente,
- Einleitung medikamentöser Behandlung,
- psychiatrisch-supportive Gespräche.

Darüber hinaus kommen als spezifische Leistungen dieses Vertrages zur Integrierten Versorgung zum Einsatz:
- 15 psychotherapeutische Einzelsitzungen ad hoc, die auch in Zuweisung an kooperierende Psychotherapeuten realisiert werden können,
- 15 gruppenpsychotherapeutisch-psychoedukative Sitzungen bei Gruppentherapeuten, gleichfalls als Ad-hoc-Maßnahme,
- bis zu 12 Soziotherapie-Einsätze, wenn die Arbeitsplatzproblematik als maßgebliches Verursachungsmoment für die Arbeitsunfähigkeit erscheint,
- 50 Einheiten spezifischer Reha-Sport-Sitzungen bei kooperierenden Reha-Sport-Anbietern.

53.3.1 Das gruppenpsychotherapeutisch-psychoedukative Therapieprogramm zur Frühintervention bei arbeitsunfähig Erkrankten mit psychiatrischer oder psychosomatischer Diagnose

Das gruppenpsychotherapeutisch-psychoedukative Therapieprogramm ist für Patienten vorgesehen, bei deren aktueller Arbeitsunfähigkeit primär (mit-)verursachend oder die Arbeitswiederaufnahme erschwerende psychische und psychosoziale Faktoren wirksam sind.

Stressoren und Ressourcen zu identifizieren und die Entstehung krankhafter Störungen anhand eines Krankheitsmodells nachvollziehbar zu machen ist ein wichtiger erster Schritt. Die Formulierung von therapeutischen Zielen und die Entwicklung persönlicher Handlungsstrategien sollen den Gruppenteilnehmern einen klaren Ausblick eröffnen; stressverschärfende Kognitionen sollen umstrukturiert und Problemlöseschemata vermittelt werden. Wesentlich ist angesichts der häufig anzutreffenden unzureichenden Entspannungsfähigkeit auch die therapeutische Hinführung zu Erholung und Genuss. Entspannungsverfahren werden ebenfalls in allen Gruppensitzungen praktiziert.

Das nachstehende Schaubild (Abb. 53-1), das auch in den Sitzungen verwendet wird, zeigt die angewandten Module dieser IV-Psychoedukation, die den Übergang zur Kurzzeit-Gruppenpsychotherapie darstellt, im Überblick.

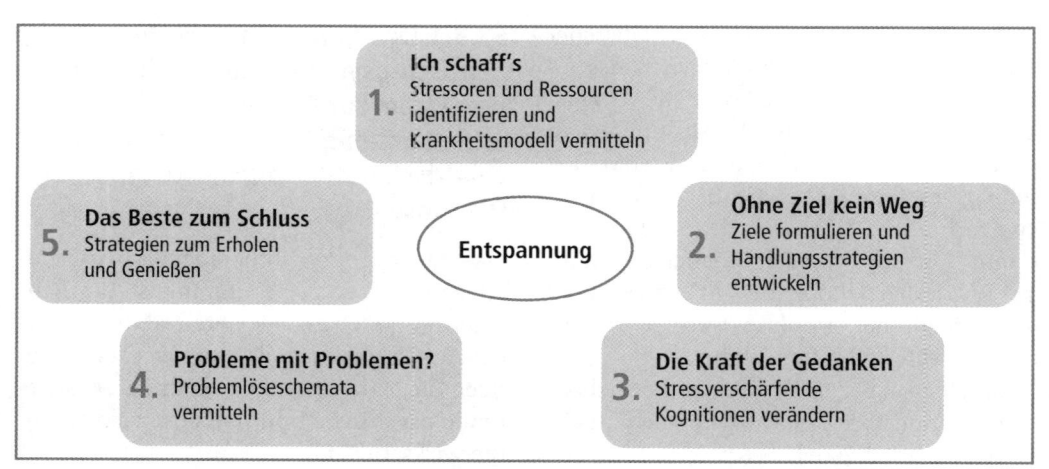

Abb. 53-1 Module der psychoedukativen Gruppentherapie (Birgit Leifeld, Götz Beyer, Norbert Mönter)

Module:
1. **Ich schaff's** – Stressoren und Ressourcen identifizieren und Krankheitsmodell vermitteln
2. **Ohne Ziel kein Weg** – Ziele formulieren und Handlungsstrategien entwickeln
3. **Die Kraft der Gedanken** – Stressverschärfende Kognitionen verändern
4. **Probleme mit Problemen?** – Problemlöseschemata vermitteln
5. **Das Beste zum Schluss** – Strategien zum Erholen und Genießen

Entspannung

53.4 Ausblick

Psychiatrische Behandlung sollte zukünftig noch engagierter im Lebensumfeld der Patienten erfolgen. Die Vermittlung von krankheitsbezogenem Wissen und Informationen über entsprechende Therapiemöglichkeiten ist eine wesentliche Voraussetzung dafür, dass Patienten mit ihrer Erkrankung umzugehen lernen und optimale Bewältigungsstrategien für sich nutzen können. Ambulante, auch in den Psychiater- und Nervenarzt-Praxen durchgeführte Psychoedukationsgruppen können aufgrund der Vertrauensbasis zwischen Patient und Behandler eine besondere Wirkung entfalten. Allerdings stehen einer flächendeckenden Implementierung Hindernisse entgegen. Eine vernetzte Arbeitsstruktur der Praxen unter Einbeziehung sektorenübergreifender Ansätze (Kliniken, Komplementärbereich) sollte hier den Weg bahnen; eine ausreichende Finanzierung der PE-Gruppen ist eine entscheidende Voraussetzung für den breiteren Einsatz. Diese wird derzeit nur im Rahmen von einigen Selektiv-Verträgen zur Integrierten Versorgung gewährleistet. Die Integrierte Versorgung bietet darüber hinaus Möglichkeiten, auch neue gruppentherapeutische Verfahren unter spezieller Indikationsstellung und mit starker psychoedukativer Komponente einzusetzen.

Literatur

Einheitlicher Bewertungsmaßstab (EBM) der Kassenärztlichen Bundesvereinigung, Stand 2. Quartal 2014.

Luber P (2006). Ambulante Psychoedukation – praktikabel und beliebt. NeuroTransmitter H. 12: 34.

Luber P, Leifeld B (2008). Ambulante Psychoedukation bei schizophrenen Psychosen. NeuroTransmitter H. 1: 42.

54 PsychoEdukations-Modul zum pauschalierenden Entgeltsystem in der Psychiatrie und Psychosomatischen Medizin (PE mit PEPP)

Claus Wolff-Menzler

54.1 Einleitung

Die schrittweise Einführung des pauschalierenden Entgeltsystems für Psychiatrie und Psychosomatik (PEPP) stellt die Kliniken vor gewaltige Herausforderungen. Bei PEPP handelt es sich um eine weltweit einzigartige Entgeltsystematik, charakterisiert durch eine ganze Reihe von Begrifflichkeiten, die in psychiatrischen und psychosomatischen Häusern zuvor wenig bedeutsam bzw. völlig unbekannt waren. Das PEPP-Entgeltsystem ist ein Patientenklassifikationssystem, das auf der Grundlage einer tagesbezogenen Kostenkalkulation Art und Anzahl der behandelten Krankenhausfälle in Bezug zum Ressourcenverbrauch des Krankenhauses setzt. Die Eingruppierung nach PEPP dient somit als Grundlage der leistungsorientierten tagesbezogenen Entgelte. Die Abkürzung PEPP wird sowohl für das Entgeltsystem im Allgemeinen als auch für die einzelnen Fallgruppen verwendet.

Um die Kliniken und deren Mitarbeiter optimal darauf vorzubereiten, müssen die Klinikleitungen innerhalb eines vorgegebenen Zeitplanes etliche Maßnahmen ergreifen sowie zahlreiche operative und strategische Entscheidungen treffen.

Im Vorteil wird diejenige Klinik sein, der es gelingt, das Wissen über diese außerordentlich komplexe Entgeltsystematik strukturiert und nachhaltig sowohl horizontal als auch vertikal und entsprechend den Mitarbeiterkompetenzen gezielt zu vermitteln. Diese „PEPP-Schulungen" werden zum einen einrichtungsintern und zum anderen durch professionelle Dienstleister erfolgen. Entscheidend für die Ergebnisqualität wird sein, ob es gelingt, die komplizierte PEPP-Systematik in die Sprache der Anwender/Mitarbeiter zu übersetzen (Tab. 54-1). Genau an dem Punkt der Wissensvermittlung gibt es zahlreiche Parallelen zur Psychoedukation, anders ausgedrückt: „Das Wie der Wissensvermittlung ist der Transmissionsriemen für das Was (Ergebnisqualität)."

54.2 Gesetzlicher Hintergrund

Im Rahmen des Krankenhausfinanzierungsreformgesetzes (KHRG) 2009 wurde die Einführung eines durchgängig leistungsorientierten und pauschalierenden Entgeltsystems für Psychiatrie und Psychosomatik (PEPP) auf der Grundlage von tagesbezogenen Entgelten für die Vergütung von Krankenhausleistungen der Psychiatrie und Psychosomatik im § 17d des Krankenhausfinanzierungsgesetzes (KHG) geregelt. Dies betrifft alle Fachkrankenhäuser und selbstständigen, gebietsärztlich geleiteten Abteilungen an somatischen Krankenhäusern für die Fachgebiete Psychiatrie und Psychotherapie, Kinder- und Jugendpsychiatrie und -psychotherapie (psychiatrische Einrichtun-

Tab. 54-1 Psychoedukation (PE) in zwei Welten

PE-Grundannahmen im klinischen Routinebetrieb	PE-Grundannahmen bei PEPP
Eine psychiatrisch-psychotherapeutische Behandlung ohne begleitende Psychoedukation ist nicht mehr zeitgemäß.	Eine psychiatrisch-psychotherapeutische Dokumentation ohne begleitende Psychoedukation ist nicht mehr zeitgemäß (= kontinuierliche Schulungen).
Jeder rational arbeitende Therapeut wird in seine klinische Arbeit ganz automatisch psychoedukative Elemente einfließen lassen. Er dolmetscht und versucht, die krankheitsrelevanten Aspekte in die Sprache der Patienten zu übersetzen.	Jeder rational arbeitende Controller/PEPP-Beauftragte wird in seine Arbeit ganz automatisch psychoedukative Elemente einfließen lassen. Er dolmetscht und versucht, die entgeltrelevanten Aspekte in die Sprache der Mitarbeiter zu übersetzen.
Diese „Weiterbildung" in Sachen eigene Erkrankung erhöht das Empowerment, stärkt die Selbstwirksamkeitskräfte und fördert letztlich die Autonomie der Patienten!	Diese „Weiterbildung" in Sachen Abbildung des eigenen Leistungsgeschehens erhöht das Empowerment und fördert letztlich die Autonomie der Mitarbeiter.

gen) sowie Psychosomatische Medizin und Psychotherapie (psychosomatische Einrichtungen). Jede dieser Einrichtungen musste die Entscheidung treffen, ab wann sie von der „Psych-PV" auf die neue PEPP-Entgeltsystematik wechselt. In diesem Zusammenhang kommt mehreren Regelwerken eine zentrale Bedeutung zu, durch welche die erbrachten Leistungen abgebildet und entsprechend vergütet werden sollen. Die korrekte Anwendung dieser Regelwerke eröffnet die Möglichkeit, die außerordentliche Komplexität psychischer Störungen vergleichbar und deutlich zu machen.

54.3 Zeitplan

Jede dieser Einrichtungen musste entscheiden, ob sie beginnend ab 2013 optional auf die neue PEPP-Entgeltsystematik wechseln wollte oder einen Wechsel verbindlich spätestens zum 01.01.2017 plant. Ab 01.01.2019 wird deutschlandweit die 5-jährige Konvergenzphase beginnen, innerhalb deren die Basisentgeltwerte auf einen bundeslandweiten Basisentgeltwert konvergieren (Kunze et al., 2013) (s. Abb. 54-1 und 54-2).

54.4 Regelwerke

Grundsätzlich sind mit der neuen Entgeltsystematik folgende Regelwerke verbunden (cave: jährliche Aktualisierungen der jeweiligen Werke):
- **ICD-10-GM Version**
  Funktion: Internationale Klassifikation von Diagnosen. Grundlage für die Haupt- und Nebendiagnosen.
  Verantwortlich: Deutsches Institut für Medizinische Dokumentation und Information (DIMDI).
  Aktualisierung: jährlich.

54 PsychoEdukations-Modul zum pauschalierenden Entgeltsystem

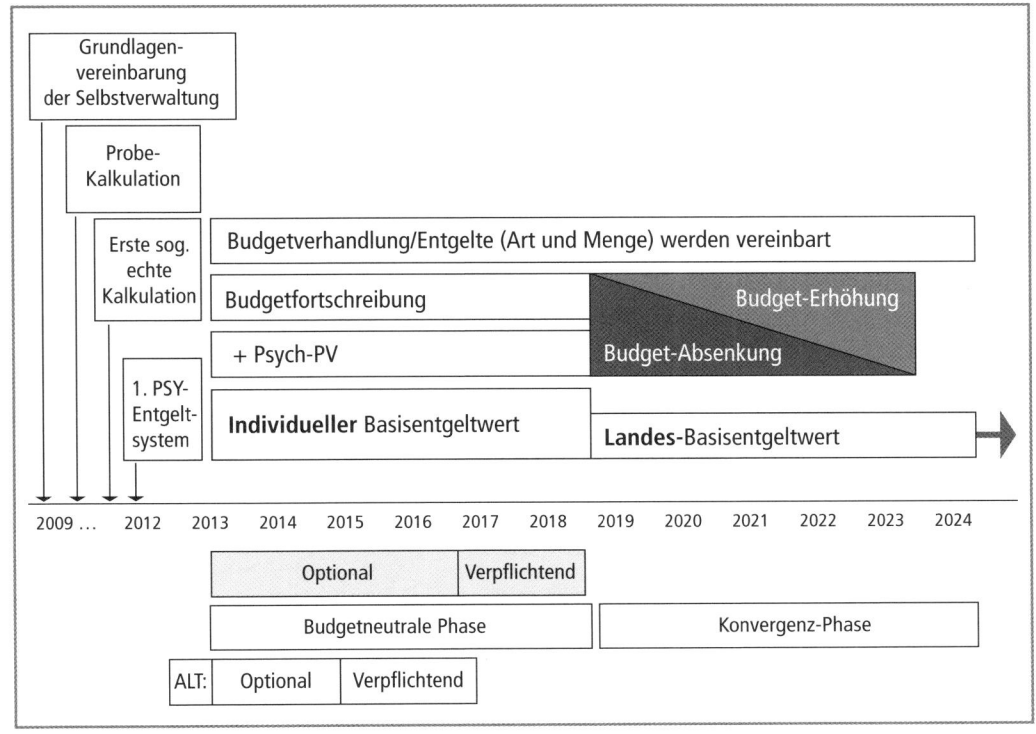

Abb. 54-1 PEPP-Zeitplan (eigene Darstellung in Anlehnung an die Niedersächsische Krankenhausgesellschaft)

- **Deutsche Kodierrichtlinien Psychiatrie/Psychosomatik (DKR-Psych)**
  Funktion: Definiert, unter welcher Bedingung eine Diagnose im Sinne der Abrechnung geltend gemacht werden darf.
  Verantwortlich: Institut für das Entgeltsystem im Krankenhaus (InEK).
  Aktualisierung: jährlich.
- **Operationen- und Prozedurenschlüssel (OPS)**
  Funktion: Definiert, welche Leistung von welcher Berufsgruppe in welcher Art zu verschlüsseln ist.
  Verantwortlich: Deutsches Institut für Medizinische Dokumentation und Information (DIMDI).
  Aktualisierung: jährlich.
- **PEPP-Definitionshandbuch**
  Funktion: Bildet die eigentliche Grundlage der neuen Entgeltsystematik. Führt in diese ein und beschreibt, wie verschiedene Merkmale eines Falles zu einer PEPP führen.
  Verantwortlich: Institut für das Entgeltsystem im Krankenhaus (InEK).
  Aktualisierung: jährlich.
- **PEPP-Entgeltkatalog**
  Funktion: Übersicht über PEPP und Zusatzentgelte. Hier sind z. B. die Bewertungsrelationen und Vergütungsklassen hinterlegt.
  Verantwortlich: Institut für das Entgeltsystem im Krankenhaus (InEK).
  Aktualisierung: jährlich.

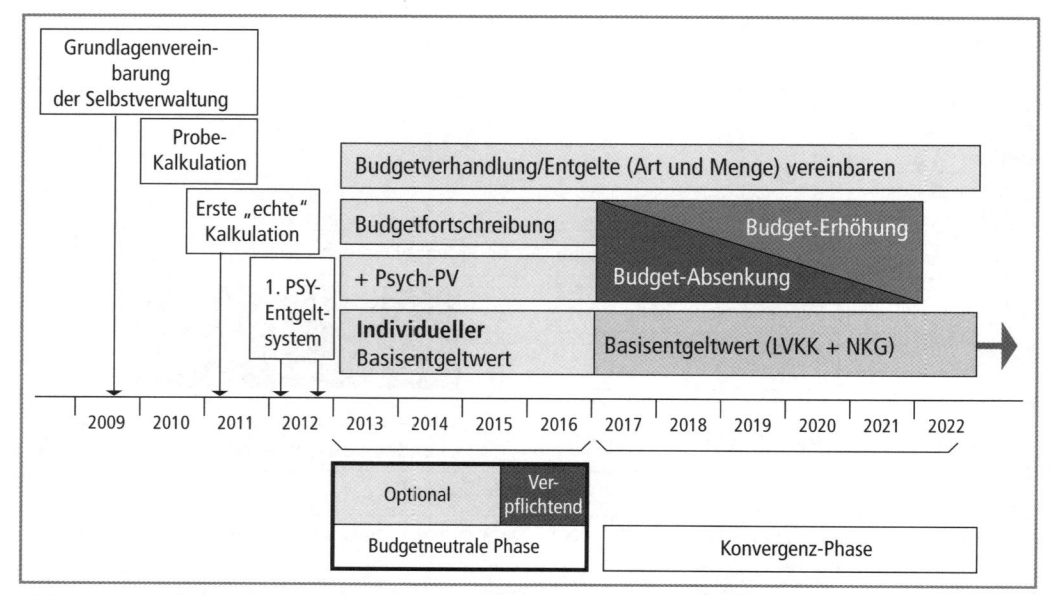

Abb. 54-2 Zeitplan – Einführung Entgeltsystem Psychiatrie (PEPP) (eigene Darstellung in Anlehnung an die Niedersächsische Krankenhausgesellschaft)

- **Verordnung pauschalierende Entgelte Psychiatrie und Psychosomatik (PEPPV)**
  Funktion: Regelt den administrativen Ablauf (Fallzusammenführung, Zwischenabrechnung, usw.).
  Verantwortlich: Bundesministerium für Gesundheit (BMG).

54.5 IT-gestützte Datenverarbeitung

Hier wird zu klären sein, nach welcher Systematik und in welcher Form dokumentiert wird. In der Regel investieren die Kliniken in eine IT-gestützte Dokumentation bzw. halten diese in ihrem Krankenhausinformationssystem (KIS) ohnehin bereits vor. Obwohl angesichts derartiger Datenkomplexität kaum vorstellbar, gibt es in manchen Kliniken aber auch noch rein papiergebundene Dokumentationssystematiken (Wolff-Menzler, 2011).

54.6 Dokumentationsstrategien und Schulungsaufwand

Die pragmatische und korrekte Anwendung der verschiedenen Regelwerke ist die eigentliche Herausforderung für die Kliniken, denn in diesem Zusammenhang ist ein erheblicher Zusatzaufwand zu erwarten. In einem ersten Schritt ist zu entscheiden, von welcher Berufsgruppe in welchem Umfang dokumentiert werden soll (Janßen et al., 2012). Seitens der Klinikleitung muss entschieden werden, ob sich die klinische Arbeit an den OPS/PEPP-Katalog anpassen soll. In diesem Fall müssten z. B. sämtliche Therapieformen an 25-Minuten-Intervallen ausgerichtet werden. Die Klinikleitung kann aber auch entscheiden, dass die klinische Behandlung weiterhin gemäß gängiger Leitlinien/Behandlungspfade erfolgen soll. Dies bedeutet, dass „lediglich" der Anteil der erbrachten Leistungen, welcher in die OPS/PEPP-Logik passt, auch geltend gemacht werden kann. Verwaltung und Controlling müssen die Entscheidung treffen, in welchem Umfang zu dokumentieren ist. So ist eine Erfassung lediglich der OPS/PEPP-konformen Leistungen denkbar, um das Personal nicht mehr als unbedingt nötig mit Dokumentationstätigkeiten zu belasten. Demgegenüber steht ein möglichst feingranularer Leistungserfassungsansatz, der eine Dokumentation von Leistungen deutlich unter den geforderten Minutengrenzen nach sich zieht (z. B. Erfassung aller therapeutischen Interventionen ab 5 Min.; siehe Wolff-Menzler, 2012). Einen Überblick gibt Abb. 54-3.

In einem weiteren Schritt muss entschieden werden, welche Berufsgruppe wie fundiert in die Thematik eingearbeitet werden soll. Abb. 54-4 illustriert, was im Bereich des maximalen bzw. minimalen Schulungsaufwandes denkbar ist.

Eng mit dem Schulungskonzept verzahnt ist die Festlegung, welche Berufsgruppe die Primärdokumentation vorzunehmen hat. So gibt es z. B. die Annahme, dass die Dokumentationsgüte erst dann die valideste ist, wenn der Leistungserbringer in zeitlicher Nähe zur erbrachten Leistung diese persönlich dokumentiert. Dem gegenüber steht der Ansatz, diese Aufgabe speziell geschulten Kodierfachkräften zu übertragen, um die teuren Personalressourcen (Ärzte, Psychologen usw.) weitestgehend zu entlasten.

Insgesamt ist unbestritten, dass die Erfüllung der gesetzlichen Vorgaben mit einem massiv gestiegenen Schulungsbedarf und äußerst komplexem Dokumentationsaufwand verbunden ist. Sämtliche Berufsgruppen, die in psychiatrischen und psychosomatischen Einrichtungen Leistungen am Patienten erbringen bzw. in den Dokumentations-/Abrechnungsprozess involviert sind, müssen fundierte Kenntnisse über die aktuellen Klassifizierungsinstrumente und Regelwerke besitzen. Die korrekte Abbildung des Krankheitsbildes, des aktuellen Krankheitsverlaufs und der damit verbundenen Leistungen am Patienten erfordert aus Leistungserbringer- und Controllingperspektive einen gewaltigen Koordinationsaufwand. Zudem muss die Art der Dokumentation eine hohe MDK-Prüfsicherheit gewährleisten können. Insofern kommt einer maximal einfachen, intuitiven und insbesondere anwenderfreundlichen Darstellung der Regelwerke eine zentrale Bedeutung dabei zu, die gesetzlichen Vorgaben zu erfüllen und die außerordentliche Komplexität psychischer Störungen deutlich zu machen.

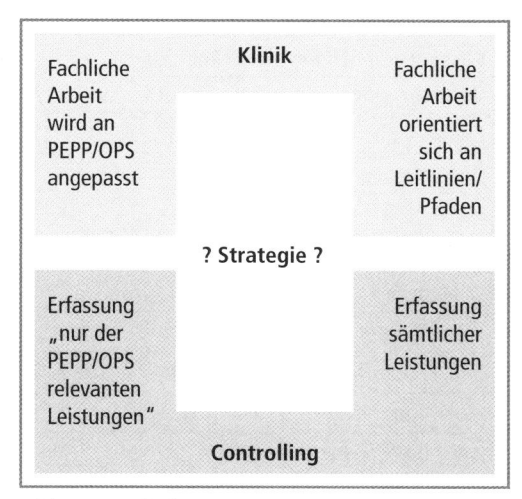

Abb. 54-3 Klinikstrategie

Wissensvermittlung – Maximal

Berufsgruppe	OPS	ICD-10	DKR-Psych	PEPP Def.-Handbuch	PEPP Entgeldkatalog	PEPP Verordnungen BMG
Chefarzt	X	X	X	X	X	X
Oberärzte	X	X	X	X	X	X
Assistenzärzte	X	X	X	X	X	(X)
Psychologen	X	X	X	X	X	(X)
Fachpflege	X	X		X		
Spez.-Therapeuten	X	X				
„PEPP-Beauftragte"	X	X	X	X	X	X
Med.-Controlling	X	X	X	X	X	X
Pat.-Abrechnung	X	X	X	X	X	X
MDK-Management	X	X	X	X	X	X

klinisches Personal   Mitarbeiter der Verwaltung

Wissensvermittlung – Minimal

Berufsgruppe	OPS	ICD-10	DKR-Psych	PEPP Def.-Handbuch	PEPP Entgeldkatalog	PEPP Verordnungen BMG
Chefarzt	X	X	X	X	X	X
Oberärzte	X	X	X			
Assistenzärzte	X	X	X			
Psychologen	X					
Fachpflege	X					
Spez.-Therapeuten	X					
„PEPP-Beauftragte"	X	X	X	X	X	X
Med.-Controlling	X	X	X	X	X	X
Pat.-Abrechnung	X	X	X	X	X	X
MDK-Management	X	X	X	X	X	X

Abb. 54-4 Schulungsstrategie

54.7 „Grouper" und PEPP

Der „Grouper" ist eine Software zur Zuordnung von Behandlungsepisoden zu Strukturkategorien, Basis-PEPP und PEPP. Die Strukturkategorie (SK) ist eine Kategorie, die vornehmlich über strukturelle Kriterien wie z. B. die Fachabteilung definiert wird (PSY, PSOM, KJP, vollstationär, teilstationär). Eine Basis-PEPP (BPEPP) wird grundsätzlich durch die gleiche Liste von Diagnose- oder Prozedurenkodes definiert. Innerhalb einer BPEPP unterscheiden sich die einzelnen PEPPs durch ihren Ressourcenverbrauch; sie sind anhand unterschiedlicher Faktoren wie komplizierende Diagnosen/Prozeduren oder Alter untergliedert. Das Kürzel jeder PEPP besteht aus fünf alphanumerischen Zeichen (z. B. „ABZZS") mit folgender Bedeutung (s. Tab. 54-2):
- AB verweist auf die Strukturkategorie, der die PEPP angehört.
- ZZ gibt die Basis-PEPP innerhalb der Strukturkategorie sowie die gruppierungsrelevante Diagnosegruppe an.
- S kennzeichnet die Einteilung der PEPP innerhalb einer Basis-PEPP anhand ihres Ressourceverbrauches.

Die sog. Prä-PEPPs dienen neben der SK-Zuordnung auch der Identifikation besonders kostenintensiver Fälle. Diese PEPPs sind streng hierarchisch anhand des Ressourcenverbrauches geordnet. Zur Identifikation des hohen Ressourcenverbrauchs dienen vorrangig Prozeduren des OPS, wie z. B. die 1:1 Betreuung bei Erwachsenen (PEPP-Version 2016).

Der PEPP-Grouper arbeitet mit den folgenden Merkmalen:
- Aufnahme- und Entlassdatum,
- Haupt- und Nebendiagnosen,
- Prozeduren und Prozeduren-Datum,
- Geschlecht und Alter,
- Aufnahmeanlass und Aufnahmegrund,
- Entlassungsgrund, Verweildauer und Urlaubstage,
- Fachabteilung, Status der Verweildauer, Belegungstag usw.

Vergütungsklassen und Bewertungsrelationen

Im Entgeltkatalog sind sämtliche PEPPs mit den jeweiligen Bewertungsrelationen aufgeführt. Jeder PEPP werden verweildauerabhängig Vergütungsklassen und Bewertungsrelationen zugeordnet. Bei Erreichen oder Überschreiten der letztgenannten Vergütungsklasse wird deren korrespondierende Bewertungsrelation bis zum Entlassungszeitpunkt verwendet (sog. Degressionsendpunkt). In Tab. 54-4 sind die verweildauerabhängigen Vergütungsklassen und ihre Bewertungsrelationen exemplarisch dargestellt.

Daraus ersichtlich ist, dass affektive, neurotische, Belastungs-, somatoforme und Schlafstörungen in drei PEPPs münden können. Vergleicht man die PEPPs hinsichtlich der Vergütungsklassen, so fällt auf, dass die PA04A dabei die höchstbewertete ist, gefolgt von der PA04B. Die PA04C ist die niedrigstbewertete PEPP.

Tab. 54-2 PEPP-Grundgerüst (PEPP-Definitionshandbuch 2014–2015)

Kürzel				Beschreibung
A	B	ZZ	S	
P	–	–	–	vollstationär
T	–	–	–	teilstationär
P	F	–	–	Fehler-PEPP (voll- und teilstationär)
–	A	–	–	(Allgemein-)Psychiatrie
–	P	–	–	Psychosomatik
–	K	–	–	Kinder- und Jugendpsychiatrie
–	0	1	–	Erste Basis-PEPP der Prä-PEPP
–	0	2	–	Zweite Basis-PEPP der Prä-PEPP
–	0	3	–	Dritte Basis-PEPP der Prä-PEPP
–	0	4	–	Vierte Basis-PEPP der Prä-PEPP
–	–	1	–	Intelligenzstörungen, tief greifende Entwicklungsstörungen, Ticstörungen oder andere Störungen mit Beginn in der Kindheit und Jugend
–	–	2	–	Psychische und Verhaltensstörungen durch psychotrope Substanzen
–	–	3	–	Schizophrenie, schizotype und wahnhafte Störungen oder andere psychotische Störungen
–	–	4	–	Affektive Störungen
–	–	5	–	Phobische, andere Angst- oder Zwangsstörungen
–	–	6	–	Somatoforme oder andere neurotische Störungen
–	–	7	–	Dissoziative Störungen
–	–	8	–	Sexuelle Funktionsstörungen oder Störungen der Geschlechtsidentität, der Sexualpräferenz oder der sexuellen Entwicklung und Orientierung
–	–	9	–	Nichtorganische oder organische Schlafstörungen
–	–	10	–	Ess- oder Fütterstörungen

Tab. 54-2 *Fortsetzung*

Kürzel				Beschreibung
–	–	11	–	Hyperkinetische Störungen, kombinierte Störungen des Sozialverhaltens und der Emotionen, Störungen des Sozialverhaltens oder sozialer Funktionen
–	–	12	–	Reaktionen auf schwere Belastungen und Anpassungsstörungen oder Störungen im Wochenbett
–	–	13	–	Abnorme Gewohnheiten und Störungen der Impulskontrolle
–	–	14	–	Persönlichkeitsstörungen oder andauernde Persönlichkeitsveränderungen
–	–	15	–	Organische Störungen, amnestisches Syndrom, Alzheimer-Krankheit oder sonstige degenerative Krankheiten des Nervensystems
–	–	16	–	Krankheiten des Nervensystems, zerebrovaskuläre Krankheiten oder Thiaminmangel
–	–	17	–	Andere psychosomatische Störungen
–	–	18	–	Umschriebene Entwicklungsstörungen oder andere neuropsychiatrische Symptome
–	–	19	–	Diagnoseübergreifende Basis-PEPP mit komplizierender Konstellation etc.
–	–	20	–	Diagnoseübergreifende Basis-PEPP ohne komplizierende Konstellation etc.
–	–	96	–	Nicht gruppierbar
–	–	98	–	Neuropsychiatrische Nebendiagnose ohne neuropsychiatrische Hauptdiagnose
–	–	99	–	Keine neuropsychiatrische Neben- oder Hauptdiagnose
–	–	–	Z	Keine Unterteilung der Basis-PEPP
–	–	–	A	Höchster Ressourcenverbrauch
–	–	–	B	Zweithöchster Ressourcenverbrauch
–	–	–	C	Dritthöchster Ressourcenverbrauch
–	–	–	D	Vierthöchster Ressourcenverbrauch

Tab. 54-3 Überblick über die Anzahl der PEPPs

PEPP-Version		2013
Vollstationär	**Bewertete PEPP** Prä-Strukturkategorie Strukturkategorie Psychiatrie, vollstationär Strukturkategorie Kinder- und Jugendpsychiatrie, vollstationär Strukturkategorie Psychosomatik, vollstationär Fehler-PEPP und sonstige PEPP	Anzahl 7 14 7 6 3
	Unbewertete PEPP-Entgelte Prä-Strukturkategorie Strukturkategorie Psychiatrie, vollstationär Strukturkategorie Kinder- und Jugendpsychiatrie, vollstationär Strukturkategorie Psychosomatik, vollstationär	1 5 6 6
Teilstationär	**Bewertete PEPP** Strukturkategorie Psychiatrie, teilstationär Strukturkategorie Kinder- und Jugendpsychiatrie, teilstationär Strukturkategorie Psychosomatik, teilstationär	4 2 1
	Unbewertete PEPP-Entgelte Strukturkategorie Psychiatrie, teilstationär Strukturkategorie Kinder- und Jugendpsychiatrie, teilstationär Strukturkategorie Psychosomatik, teilstationär	5 6 2

Tab. 54-4 Vergütungsklassen (Beispiel Basis-PEPP PA04)

PA04 A		PA04 B		PA04 C	
Anzahl Berechnungstage/ Vergütungsklasse	Bewertungsrelation je Tag	Anzahl Berechnungstage/ Vergütungsklasse	Bewertungsrelation je Tag	Anzahl Berechnungstage/ Vergütungsklasse	Bewertungsrelation je Tag
3	4				
1	1,3163	1	1,2105	1	1,1909
2	1,1650	2	1,1114	2	1,0734
3	1,1602	3	1,1045	3	1,0233
4	1,1521	4	1,0964	4	1,0145

Tab. 54-4 *Fortsetzung*

PA04 A		PA04 B		PA04 C	
Anzahl Berechnungstage/ Vergütungsklasse	Bewertungsrelation je Tag	Anzahl Berechnungstage/ Vergütungsklasse	Bewertungsrelation je Tag	Anzahl Berechnungstage/ Vergütungsklasse	Bewertungsrelation je Tag
5	1,1440	5	1,0878	5	1,0061
6	1,1359	6	1,0791	6	0,9977
7	1,1278	7	1,0704	7	0,9892
8	1,1197	8	1,0618	8	0,9808
9	1,1116	9	1,0531	9	0,9724
10	1,1034	10	1,0444	10	0,9639
11	1,0953	11	1,0358	11	0,9555
12	1,0872	12	1,0271	12	0,9471
13	1,0791	13	1,0185	13	0,9386
14	1,0710	14	1,0098	14	0,9302
15	1,0629	15	1,0011	15	0,9218
16	1,0548	16	0,9925	16	0,9133
		17	0,9838	17	0,9049
		18	0,9751	18	0,8965
				19	0,8880
				20	0,8796

54.8 Ergänzende Tagesentgelte

In Abhängigkeit von der Krankheitsschwere und vom Therapieaufkommen können sogenannte ergänzende Tagesentgelte (ET) geltend gemacht werden. Diese ET generieren zusätzliche Bewertungsrelationen, die beim Groupingprozess hinzuaddiert werden. Einen Überblick gibt Tab. 54-5.

Tab. 54-5 Ergänzende Tagesentgelte

ET	Bezeichnung	ET$_D$	OPS Version 2015		Bewertungsrelation je Tag
			OPS-Kode	OPS-Text	
1	2	3	4	5	6
ET01	Erhöhter Betreuungsaufwand bei psychischen und psychosomatischen Störungen und Verhaltensstörungen bei Erwachsenen		9-640.0	Erhöhter Betreuungsaufwand bei psychischen und psychosomatischen Störungen und Verhaltensstörungen bei Erwachsenen, 1:1-Betreuung	
		ET01.01	9-640.01	Mehr als 6 bis 12 Stunden pro Tag	1,1613
		ET01.02	9-640.02	Mehr als 12 bis 18 Stunden pro Tag	1,9758
		ET01.03	9-640.03	Mehr als 18 Stunden pro Tag	3,0219
ET02	Intensivbehandlung bei psychischen und psychosomatischen Störungen und Verhaltensstörungen bei Erwachsenen, bei Patienten mit mindestens 3 Merkmalen	ET02.01	9-615.	Intensivbehandlung bei psychischen und psychosomatischen Störungen und Verhaltensstörungen bei Erwachsenen, bei Patienten mit 3 bis 4 Merkmalen	0,1898
		ET02.02	9-616.	Intensivbehandlung bei psychischen und psychosomatischen Störungen und Verhaltensstörungen bei Erwachsenen, bei Patienten mit 5 und mehr Merkmalen	0,2355

Tab. 54-5 *Fortsetzung*

ET	Bezeichnung	ET$_D$	OPS Version 2015		Bewertungsrelation je Tag
			OPS-Kode	OPS-Text	
1	2	3	4	5	6
ET03	Intensive Beaufsichtigung mit Überwachung in einer Kleinstgruppe oder Einzelbetreuung bei psychischen und psychosomatischen Störungen und Verhaltensstörungen bei Kindern und Jugendlichen		9-693.0	Intensive Beaufsichtigung mit Überwachung in einer Kleinstgruppe bei psychischen und psychosomatischen Störungen und Verhaltensstörungen bei Kindern und Jugendlichen	
		ET03.01	9-693.04	Mehr als 12 bis 18 Stunden pro Tag	0,8867
		ET03.02	9-693.05	Mehr als 18 Stunden pro Tag	0,9503
			9-693.1	Einzelbetreuung bei psychischen und psychosomatischen Störungen und Verhaltensstörungen bei Kindern und Jugendlichen	
		ET03.03	9-693.13	Mehr als 8 bis 12 Stunden pro Tag	1,2543
		ET03.04	9-693.14	Mehr als 12 bis 18 Stunden pro Tag	1,9680
		ET03.05	9-693.15	Mehr als 18 Stunden pro Tag	3,1205

54.9 Praktisches Beispiel – PA04B

67-jähriger Patient, der 31 Tage vollstationär behandelt werden musste. Er wurde unter dem Vollbild einer schweren depressiven Episode mit psychotischen Symptomen (F32.3) bei schädlichem Alkoholgebrauch (F10.1) und komorbid vorliegender Hypercholesterinämie (E78.0), Nikotinabhängigkeit (F17.2), Z. n. Prostata-CA mit Totaloperation vor 7 Jahren aufgenommen. Die ersten 20 Tage musste er auf Basis des psychiatrischen Krankengesetzes (PsychKG) auf der geschützt geführten Akut-Aufnahmestation aufgrund von Desorientiertheit, Verwahrlosung, massiver Antriebsstörung, Nahrungsverweigerung und massiven suizidalen Entgleisungen intensiv betreut und pharmakologisch behandelt werden. Hinweise auf eine manifeste C2-Abhängigkeit ergaben sich nicht. Nach einsetzender Besserung wurde er am 21. Tag auf die Station für affektive Erkrankungen verlegt. Er entließ sich leider am 31 Behandlungstag gegen ärztlichen Rat.

Das Definitionshandbuch legt fest, welche Funktionen erfüllt sein müssen, damit eine PEPP ausgelöst werden kann (Tab. 54-6).

Die korrespondierende Kodierung in einem Grouper sähe dann folgendermaßen aus (Abb. 54-5):

Tab. 54-6 Funktionen einer PEPP

PEPP PA04B: Affektive, neurotische, Belastungs-, somatoforme und Schlafstörungen, Alter < 90 Jahre, ohne komplizierende Konstellation, mit Mutter/Vater-Kind-Setting oder mit komplizierender Diagnose oder Alter > 64 Jahre		
HD Affektive Störungen, Phobische und andere Angst- oder Zwangsstörungen, Somatoforme oder andere neurotische Störungen, Dissoziative Störungen, Nichtorganische oder organische Schlafstörungen, Reaktionen auf schwere Belastungen und Anpassungsstörungen oder Störungen im Wochenbett (PA04-1)	Alter > 65 J	
	Dg Bipolare Störungen mit psychotischen Symptomen (PA04-2)	
	Funktion Mutter/Vater-Kind-Setting mit hohem Anteil	
	HD Dissoziative Störungen (PA04-20)	
	ND Adipositas mit BMI ab 40 (PA04-21)	
	ND Anorexia nervosa (einschl. atypischer Form) (PA04-3)	
	ND Pneumonie durch Nahrung oder Erbrochenes (PA04-4)	
	ND Hereditäre Ataxien und verwandte Syndrome (PA04-22)	
	ND Entzugssyndrom mit Delir und psychotischer Störung bei Alkohol oder Sedativa/Hypnotikamissbrauch (PA04-5)	
	ND Störungen durch Alkohol, Sedativa/Hypnotika in verschiedenen Ausprägungsformen (PA04-23)	
	ND Störungen durch andere Stimulanzien in verschiedenen Ausprägungsformen (PA04-24)	ND Störungen durch andere Stimulanzien: Amphetamin und sonstige (PA04-25)
	ND Frühkindlicher Autismus (PA04-26)	
	ND Hochgradige Sehbehinderung (PA04-27)	
	ND Leichte Intelligenzminderung (PA04-28)	
	ND Mittelgradige Intelligenzminderung (PA04-6)	
	ND Schwere und schwerste Intelligenzminderung (PA04-7)	
	ND Dissoziative Intelligenzminderung (PA04-8)	
	ND Kachexie (PA04-29)	

54 PsychoEdukations-Modul zum pauschalierenden Entgeltsystem

Tab. 54-6 *Fortsetzung*

PEPP PA04B: Affektive, neurotische, Belastungs-, somatoforme und Schlafstörungen, Alter < 90 Jahre, ohne komplizierende Konstellation, mit Mutter/Vater-Kind-Setting oder mit komplizierender Diagnose oder Alter > 64 Jahre	
HD Affektive Störungen, Phobische und andere Angst- oder Zwangsstörungen, Somatoforme oder andere neurotische Störungen, Dissoziative Störungen, Nichtorganische oder organische Schlafstörungen, Reaktionen auf schwere Belastungen und Anpassungsstörungen oder Störungen im Wochenbett (PA04-1)	ND Komplizierende somatische Nebendiagnose (PA04-9)
	ND Komplizierende somatische Diagnose bei substanzinduzierten Störungen (PA04-30)
	ND Multiple Sklerose mit akuter Exazerbration oder Progression (PA04-10)
	ND Hereditäre muskuläre Erkrankungen (PA04-31)
	ND Virale Enteritis (PA04-11)
	ND Linksherzinsuffizienz, mit Beschwerden in Ruhe (PA04-12)
	ND Zerebrale Lähmungen (PA04-13)
	ND Pleuraerguss (PA04-14)
	ND Pneumonien (PA04-15)
	ND Bösartige oder sekundärbösartige Neubildungen des Gehirns (PA04-16)

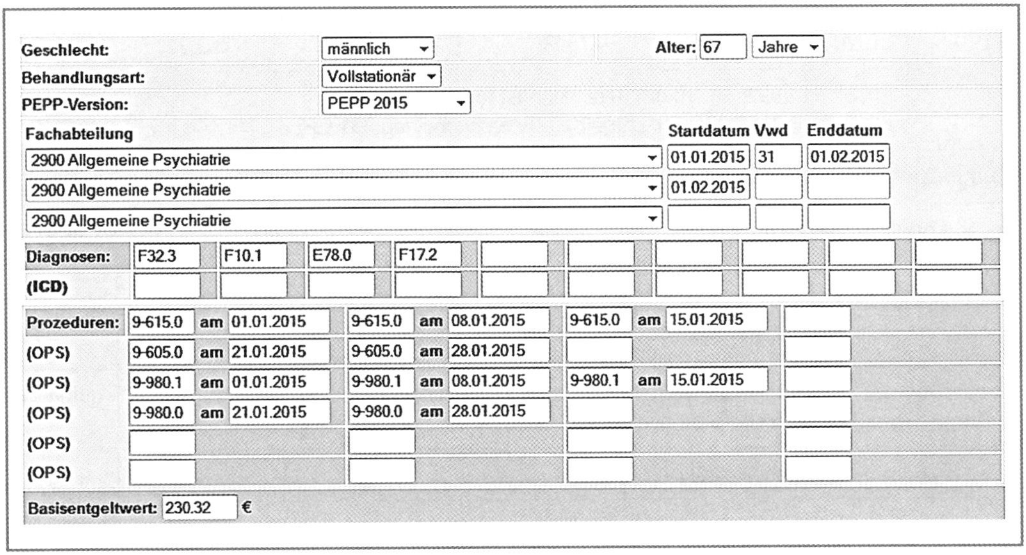

Abb. 54-5 Kodierung in einem Grouper

Das Gruppierungsergebnis ist in Tab. 54-7 dargestellt.

Die Analyse des Gruppierungsergebnisses zeigt, dass die PA04B durch die Kombination der Funktionen Hauptdiagnose (F32.3) und Alter (>65J.) ausgelöst wurde. Aufgrund der Krankheitsschwere „Intensivbehandlung mit 4 Merkmalen" (OPS 9-615.0) wurden zusätzliche ET generiert. In diesem Beispiel wurde als hausindividueller Basisentgeltwert die für 2015 geltende In-EK-Bezugsgröße von 230,32 € angenommen. An dieser Stelle muß erwähnt werden, dass der hausindividuelle Basisentgeltwert von den Häusern direkt verhandelt wird und somit erheblich davon abweichen kann.

Tab. 54-7 Gruppierungsergebnis – PA04A

Normales Grouping (GetDRG-Grouper 2015) (GetDRG V14.2.7)					
SK	PSY	Psychiatrie, vollstationär			
PEPP	PA04B	Affektive, neurotische, Belastungs-, somatoforme und Schlafstörungen, Alter <90 Jahre, ohne komplizierende Konstellation, mit Mutter/Vater-Kind-Setting oder mit komplizierender Diagnose oder Alter >64 Jahre			
		Anz. Berechnungstage	Bewertungsrelation pro Tag	Resultierende Bewertungsrelation	Resultierendes Entgelt
PEPP	PA04B	32	0,9751	31.2032	7186.72
ET	ET0201	7	0,1898	1.3286	306
ET	ET0201	7	0,1898	1.3286	306
ET	ET0201	6	0,1898	1.1388	262.29
Eff. BR 34.9992; Eff. BR pro Berechnungstag 1.0937 Eff. Entgelt 8061.02€; Eff. Entgelt pro Berechnungstag 251.91€					
Diagnosen (ICD-10-GM 2015)					
Kode	Bezeichnung		Verwendet	CCL	Gültig
F32.3	Schwere depressive Episode mit psychotischen Symptomen		J	0	gültig
F10.1	Psychische und Verhaltensstörungen durch Alkohol: Schädlicher Gebrauch		J	0	gültig
E78.0	Reine Hypercholesterinämie		N	0	gültig
F17.2	Psychische und Verhaltensstörungen durch Tabak: Abhängigkeitssyndrom		N	0	gültig

54 PsychoEdukations-Modul zum pauschalierenden Entgeltsystem

Tab. 54-7 *Fortsetzung*

| \multicolumn{5}{l|}{Prozeduren (OPS Version 2015)} |

Kode	Bezeichnung	Ver-wendet	OR/NOr	Amtlich
9-615.0	Intensivbehandlung bei psychischen und psychosomatischen Störungen und Verhaltensstörungen bei Erwachsenen, bei Patienten mit 3 bis 4 Merkmalen: Intensivbehandlung ohne Therapieeinheiten pro Woche	N	NOP	9-615.0
9-615.0	Intensivbehandlung bei psychischen und psychosomatischen Störungen und Verhaltensstörungen bei Erwachsenen, bei Patienten mit 3 bis 4 Merkmalen: Intensivbehandlung ohne Therapieeinheiten pro Woche	N	NOP	9-615.0
9-615.0	Intensivbehandlung bei psychischen und psychosomatischen Störungen und Verhaltensstörungen bei Erwachsenen, bei Patienten mit 3 bis 4 Merkmalen: Intensivbehandlung ohne Therapieeinheiten pro Woche	N	NOP	9-615.0
9-605.0	Regelbehandlung bei psychischen und psychosomatischen Störungen und Verhaltensstörungen bei Erwachsenen mit durch Ärzte und/oder Psychologen erbrachten Therapieeinheiten: Regelbehandlung mit bis 2 Therapieeinheiten pro Woche	N	NOP	9-605.0
9-605.0	Regelbehandlung bei psychischen und psychosomatischen Störungen und Verhaltensstörungen bei Erwachsenen mit durch Ärzte und/oder Psychologen erbrachten Therapieeinheiten: Regelbehandlung mit bis 2 Therapieeinheiten pro Woche	N	NOP	9-605.0
9-980.1	Behandlung von Erwachsenen in Einrichtungen, die im Anwendungsbereich der Psychiatrie-Personalverordnung liegen, Allgemeine Psychiatrie: Behandlungsbereich A2 (Intensivbehandlung)	N	NOP	9-980.1
9-980.1	Behandlung von Erwachsenen in Einrichtungen, die im Anwendungsbereich der Psychiatrie-Personalverordnung liegen, Allgemeine Psychiatrie: Behandlungsbereich A2 (Intensivbehandlung)	N	NOP	9-980.1
9-980.1	Behandlung von Erwachsenen in Einrichtungen, die im Anwendungsbereich der Psychiatrie-Personalverordnung liegen, Allgemeine Psychiatrie: Behandlungsbereich A2 (Intensivbehandlung)	N	NOP	9-980.1

Tab. 54-7 *Fortsetzung*

Prozeduren (OPS Version 2015)					
9-980.0	Behandlung von Erwachsenen in Einrichtungen, die im Anwendungsbereich der Psychiatrie-Personalverordnung liegen, Allgemeine Psychiatrie: Behandlungsbereich A1 (Regelbehandlung)	N		NOP	9-980.0
9-980.0	Behandlung von Erwachsenen in Einrichtungen, die im Anwendungsbereich der Psychiatrie-Personalverordnung liegen, Allgemeine Psychiatrie: Behandlungsbereich A1 (Regelbehandlung)	N		NOP	9-980.0

54.10 Prozessmodell der Datenverarbeitung und Qualitätskontrolle

Nachdem die Schulungen erfolgt, die Kodierstrukturen aufgebaut und die Kodierverantwortlichkeiten festgelegt sind, folgen die generierten Daten auf Fallebene einem definierten Prozess und werden üblicherweise an verschiedenen Stellen auf inhaltliche Korrektheit plausibilisiert. Zuletzt werden sie durch die Groupersoftware einer entsprechenden PEPP zugeordnet, noch einmal qualitativ bewertet und in einem normierten Format (sog. § 21er Datensatz) auf Fallebene an die Kostenträger übermittelt. Ein grundsätzliches Prozessmodell ist in Abb. 54-6 dargestellt. Die relevanten Themen bzw. Entscheidungsknoten sind dabei hervorgehoben.

54.11 Kennzahlen zukünftiger Steuerung und Ausblick

Die Einführung der weltweit einzigartigen PEPP-Entgeltsystematik stellt eine gewaltige operative bzw. strategische Herausforderung dar. Die ökonomischen und administrativen Belange sind höchst anspruchsvoll, und der Umstellungsprozess muss sehr sorgfältig überlegt werden. Zukünftig werden das PEPP-Mengengerüst und Kennzahlen wie
- Basisentgeltwerte, Verweildauer, Bewertungsrelationen pro Fall,
- Bewertungsrelationen pro Tag,
- Diagnosen/Fall,
- diverse OPS/Fall,
- ergänzende Tagesentgelte

mitsamt den sich daraus ergebenden Szenarien für die ökonomische Steuerung der Häuser im Fokus stehen.

Aufgrund der massiv gestiegenen Dokumentationsanforderungen und des komplexen Ineinandergreifens der diversen Regelwerke, die in sich allesamt schon sehr ausdifferenziert und umfangreich sind, erscheint ein geordneter Systemwechsel ohne eine entsprechende IT-Umgebung, definierte Verantwortlichkeiten, beschriebene Prozessabläufe und strukturierte Mitarbeiterschulungen kaum vorstellbar. Insbesondere bei den Mitarbeitern muss von sehr heterogenen Ressourcen und Interessenlagen ausgegangen werden, sodass die Kunst der Wissensvermittlung in der Übersetzung in die jeweilige „Sprache" liegen

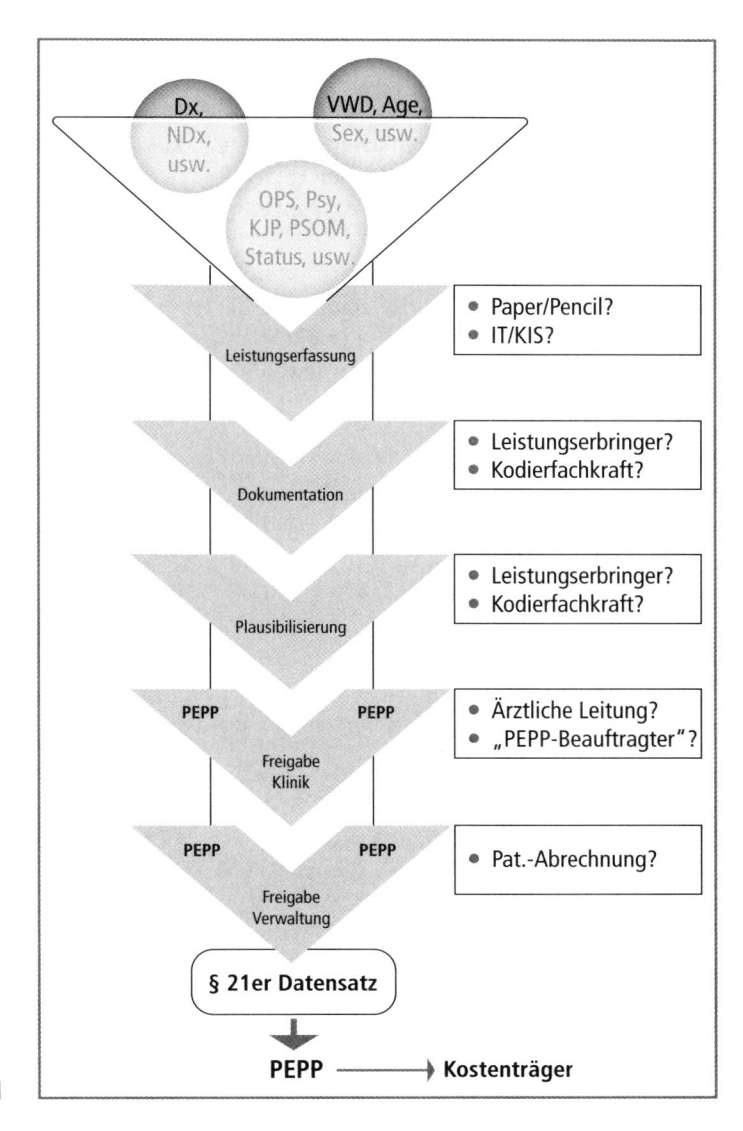

54 PsychoEdukations-Modul zum pauschalierenden Entgeltsystem

Abb. 54-6 PEPP-Prozessmodell

dürfte. Im Vorteil wird diejenige Klinik sein, der es gelingt, einerseits intelligente Lösungen für die dokumentatorischen Mehraufwendungen anzubieten und es andererseits zu schaffen, eine mitarbeiterdienliche Wissensvermittlung inkl. der Reduktion von Ängsten, Vorurteilen und Missverständnissen umzusetzen. Eine professionelle psychiatrisch-psychotherapeutische Dokumentation ohne begleitende Psychoedukation ist nicht mehr zeitgemäß (= kontinuierliche Schulungen). Diese „Weiterbildung" in Sachen Abbildung des eigenen Leistungsgeschehens kann das Empowerment erhöhen und letztlich die Autonomie der Mitarbeiter fördern.

Insgesamt wird man abwarten müssen, welchen positiven und negativen Einfluß der Systemwechsel auf die Versorgungsqualität psychisch kranker Menschen ausüben wird. Es kann nur im Interesse der Fachgesellschaften sein, diesen Prozess frühzeitig wissenschaftlich zu begleiten.

Ein vielversprechender Ansatz könnte das von der DGPPN, BDK, ackpa, DFPP und dgkjp/bagkjpp unterstütze Projekt „Versorgungsrelevante Indikatoren der Psychiatrie und Psychosomatik – VIPP" sein.

Literatur

DIMDI: Deutsches Institut für Medizinische Dokumentation und Information, http://www.dimdi.de/static/de/index.html

InEK Institut für das Entgeltsystem im Krankenhaus, http://www.g-drg.de/cms/

InEK Institut für das Entgeltsystem im Krankenhaus, PEPP-Version 2016/2015 Definitionshandbuch

InEK Institut für das Entgeltsystem im Krankenhaus, PEPP-Entgeltkatalog, Version 2016

Janßen U, Blum K (2012). DKI-Barometer Psychiatrie 2011/2012. Düsseldorf (Deutsche Krankenhaus-Verlagsgesellschaft), S. 69–79.

Kunze H, Schepker R, Heinz A (2013). Pauschalierende Entgelte für Psychiatrie und Psychosomatik: Wohin kann der Weg gehen? Dtsch Arztebl 110(27–28): A-1366/B-1194 /C-1178.

Maier B, Heitmann C, Rau F, Rutz S, Wolff-Menzler C (2012). Psych-Entgeltsystem: Rahmenbedingungen, Umsetzungshilfen, Erfolgsfaktoren. Heidelberg (medhochzwei), S. 41–48.

Wolff-Menzler C (2011). Moderne IT, Lösungen für die Psychiatrie. bvitg Innovationsreport Psychiatrie. Berlin.

Wolff-Menzler C (2012). Leistungsdokumentation in der Psychiatrie – Erste Ergebnisse einer Leistungsanalyse. KU Gesundheitsmanagement: 26–29.

Wolff-Menzler C et al. (2014). Indicators of patient care in Psychiatric and Psychosomatic Facilities (VIPP project)--a database project]. Fortschr Neurol Psychiatr 82(7): 394–400. doi: 10.1055/s-0034-1366577. Epub 2014 Jul 11. German.

XII Psychoedukative Ansätze bei neurologischen, onkologischen und sonstigen somatischen Erkrankungen

55 Patientenschulungen bei neurologischen Erkrankungen

Bernd Behrendt, Heiner Vogel

Interventionen, die darauf abzielen, neurologischen Patienten krankheitsbezogenes Wissen zu vermitteln, ihre Einstellung zu verändern und gegebenenfalls ihre Handlungskompetenz zu stärken, werden im Rahmen der neurologischen Rehabilitation überwiegend als „Patientenschulung" bezeichnet, teilweise aber auch als „Patientenedukation" oder „Gesundheitstraining"; der Begriff „Psychoedukation" findet sich in diesem Zusammenhang eher selten, z. B. bei Leplow (2007), der ein verhaltensmedizinisch orientiertes Programm zur ambulanten Behandlung der Parkinson-Erkrankung entwickelt hat. Zur begrifflichen Differenzierung siehe auch Kap. 13.

Hier muss betont werden, dass die nachfolgende Übersicht keinen Anspruch auf Vollständigkeit erhebt. Ebenso finden sich in Kap. 14 Programme, die Überschneidungen mit neurologischen Krankheitsbildern darstellen.

Die Datenbank des Zentrums Patientenschulung listet Schulungsprogramme für Patienten mit folgenden neurologischen Erkrankungen auf:
- Multiple Sklerose,
- Parkinson-Syndrom,
- Epilepsien,
- Insulterkrankungen.

Diese und weitere werden in den folgenden Abschnitten kurz vorgestellt. Vertiefende Informationen zu den einzelnen Programmen können Sie über die Website des „Zentrum Patientenschulung" an der Universität Würzburg finden.

55.1 Multiple Sklerose

Bei jungen Erwachsenen zählt die Multiple Sklerose (MS), auch als Encephalomyelitis disseminata (ED) bezeichnet, neben der Epilepsie zu den häufigsten neurologischen Erkrankungen. Die Ursache dieser chronisch-entzündlichen Entmarkungserkrankung des zentralen Nervensystems (ZNS) ist noch ungeklärt. Frauen sind etwa doppelt so häufig betroffen wie Männer. Die entstehende neurologische Symptomatik ist abhängig von der jeweiligen Lokalisation des aktiven Entmarkungsherdes im ZNS. Auftreten können z. B. Seh-, Schluck- und Sprachstörungen, Sensibilitätsstörungen, Taubheitsgefühle, Schmerzen, Muskelkrämpfe, Lähmungserscheinungen der Extremitäten, Schwindel sowie Störungen der Bewegungskoordination, aber auch Störungen der Kontrolle der Blasen- und Darmfunktion, sexuelle Funktionsstörungen sowie kognitive und psychische Störungen.

55.1.1 MS-COPE

Innerhalb des Programms „MS COPE" (Twork u. Kugler, 2007) für Neubetroffene lernen die Teilnehmer in 6 Gruppensitzungen ein besseres Verständnis und einen besseren Umgang mit ihrer Erkrankung, vor allem Bewältigungsmöglichkeiten ihrer häufig vorhandenen Ängstlichkeit und Depressivität. Im Internet „trifft" sich die Gruppe weitere 6 Monate.

55.1.2 PAkT-MS Patientenschulung zu körperlicher Aktivität und Training bei Multipler Sklerose (PAkT-MS)

Hierbei handelt es sich um ein computergestütztes bewegungstherapeutisches Heimtraining für Patienten mit multipler Sklerose, bei denen eine individuelle Betreuung empfohlen wird (Tallner et al., 2011). Es umfasst Basiswissen zu MS, Kraft- und Ausdauertraining, vertiefendes Handlungs- und Effektwissen zu und Bindung an körperliche Aktivität und Training, soziale Kompetenzen und die Hinführung zu einem gesundheitsförderlichen Lebensstil. Nach einer Einführung im Rahmen eines Blockseminars können über einen Zeitraum von 3 Monaten mehrere Online-Sitzungen durchgeführt werden. Nach der Erstellung eines Trainingsplans erfolgt das Training über eine Online-Plattform, wobei die persönliche Betreuung über das Internet stattfindet. Ein Sporttherapeut überwacht und steuert das Programm. Er ist Ansprechpartner für trainingsrelevante Aspekte und Motivator zugleich. Das Programm ist ambulant und stationär umsetzbar. Ergebnisse einer Evaluationsstudie liegen vor.

55.1.3 Psychoedukatives Trainingsprogramm für Patienten mit Multipler Sklerose (PTMS)

Das von Köhler et al. (2009) vorgestellte Training umfasst 12 Sitzungen für Patienten mit multipler Sklerose; die Gruppen finden wöchentlich statt. Folgende Inhalte werden vermittelt: Informationen zur Erkrankung, zum Krankheitsverlauf und zur Behandlung der MS, wobei der Schwerpunkt auf der Erarbeitung geeigneter Coping-Strategien liegt. Das individuelle Störungsmodell der Patienten wird mit dem „Expertenwissen" abgeglichen; persönliche Ressourcen werden erarbeitet und zur Verbesserung der Krankheitsbewältigung nutzbar gemacht. Zusätzlich sollen soziale Kompetenz und Therapieadhärenz verbessert werden.

Evaluation: Multizentrische Studie mit Kontrollgruppe.

55.2 Morbus Parkinson

Morbus Parkinson – auch Parkinson-Krankheit, idiopathisches Parkinson-Syndrom (IPS) oder primäres Parkinson-Syndrom genannt – ist eine der häufigsten Erkrankungen des Nervensystems. Je nach Land und Region beträgt die jährliche Neuerkrankungsrate zwischen 18 und 194 Patienten pro 100.000 Einwohner. Das juvenile Parkinson-Syndrom tritt vor dem 21. Lebensjahr, das „Young onset" Parkinson-Syndrom vor dem 40. Lebensjahr, das „Late onset" Parkinson-Syndrom nach dem 40. Lebensjahr und das „Very late onset" Parkinson-Syndrom nach dem 75. Lebensjahr auf.

Aktuell werden für Menschen, die an der Parkinson-Krankheit leiden, zwei Schulungsprogramme angeboten:
- Das Psychosoziale Training bei neurologischen Erkrankungen mit dem Schwerpunkt Parkinson (Ellgring et al., 2006) sowie das
- Behandlungsmanual „Psychologische Interventionen bei der Parkinson-Erkrankung" (Macht u. Ellgring, 2003).

Beide Programme informieren über die Symptomatik der Erkrankung, den Umgang mit Stress sowie den Einsatz geeigneter Coping-Strategien.

Einen verhaltenstherapeutisch orientierten Ansatz verfolgt Leplow (2007) in seinem Manual „Parkinson" mit den Bausteinen Psychoedukation, körperbezogene Maßnahmen und soziale Kompetenz.

55.2.1 Psychosoziales Training bei neurologischen Erkrankungen – Schwerpunkt Parkinson

Ein Programm für die Schulung von Patienten und Angehörigen

Das Programm von Ellgring et al. (2006) richtet sich sowohl an erwachsene Patienten als auch an deren Angehörige. Es kann in modifizierter Form auch auf andere neurologische Erkrankungen, z. B. Multiple Sklerose oder Schlaganfall, angewandt werden. In den 8 Sitzungen, die für Gruppen zwischen 3 und 7 Personen konzipiert wurden, werden folgende Themen behandelt: Wissen über die Erkrankung; Selbstbeobachtung; soziale Kompetenz; Förderung des Wohlbefindens; Umgang mit Stress, Angst und Depression. Macht et al. (2007) führten eine Evaluationstudie durch.

55.2.2 Psychologische Interventionen bei der Parkinson-Erkrankung – Ein Behandlungsmanual

Dieses Programm von Macht und Ellgring (2003) kann im ambulanten oder stationären Bereich mit erwachsenen Patienten und deren Angehörigen durchgeführt werden. In 11 Unterrichtseinheiten werden folgende Themen besprochen: Umgang mit Stress und körperlichen Symptomen der Erkrankung; krankheitsbezogene Kommunikation; Ausdruck von Gefühlen; Umgang der Angehörigen mit der Erkrankung. Empfohlene Gruppengrößen: Patientengruppen von 4–7 Personen, Angehörigengruppen bis 12 Personen.

56.2.3 Parkinson

Zielgruppen des stationär wie auch ambulant durchführbaren verhaltenstherapeutischen Ansatzes von Leplow (2007) sind sowohl Parkinson-Patienten als auch deren Angehörige und Betreuungspersonal. Die Patienten sollen größere Selbstständigkeit und mehr Stresstoleranz erwerben und gleichzeitig Vermeidungsverhalten abbauen, um Häufigkeit und Stärke von Exazerbationen zu reduzieren. Die Angehörigen sollen lernen, sich weniger zu überfordern. Beschrieben werden 3 Module:
1. Aufklärung und Information (Psychoedukation),
2. körperbezogene Maßnahmen,
3. Stressregulation und soziale Kompetenz.

Das Programm kann in Gruppen von 3–5 Personen, aber auch als Einzelbehandlung durchgeführt werden. Das therapeutische Vorgehen wird anhand zahlreicher Fallbeispiele erläutert. Evaluationsstudien liegen vor.

55.3 Patientenschulung bei Epilepsie

Epilepsie ist die häufigste chronische Krankheit des Nervensystems im Kindes- und Jugendalter. Betroffen sind etwa 0,5–1 % der Bevölkerung in Europa und den USA. Vorübergehende Funktionsstörungen im Gehirn lösen epileptische Anfälle aus, die meist nach wenigen Minuten abklingen. Die idiopathische Epilepsie, bei der keine ursächliche krankhafte Veränderung des Gehirns bekannt ist, wird von der symptomatischen Epilepsie unterschieden, die als Folge einer zugrunde liegenden Krankheit oder Gehirnschädigung auftritt.

55 Patientenschulungen bei neurologischen Erkrankungen

Für unterschiedliche Zielgruppen sind unterschiedliche Schulungsprogramme entwickelt worden, z. B. für Kinder und Jugendliche oder Erwachsene oder für die Eltern betroffener Kinder und Jugendlicher. Es werden krankheitsbezogenes Wissen sowie in unterschiedlichem Ausmaß auch Strategien zur Krankheitsbewältigung vermittelt.

55.3.1 MOSES – Modulares Schulungsprogramm Epilepsie

„MOSES", entwickelt von Ried, Baier, Dennig et al. (2004), ist für Betroffene ab dem 16. Lebensjahr und deren Angehörige zur Durchführung im ambulanten oder stationären Bereich geeignet. Die 10 Unterrichtseinheiten beinhalten die Vermittlung von Basiswissen über Diagnostik und Therapie, Häufigkeit, Prognose und psychosoziale Aspekte der Erkrankung. Sie thematisieren auch die Möglichkeiten der eigenen Einflussnahme auf das Anfallsgeschehen. Eine Evaluationsstudie liegt vor (May u. Pfäfflin, 2002).

55.3.2 Famoses – modulares Schulungsprogramm Epilepsie für Familien

Famoses wurde von Bettendorf, Fischbach, Heinen et al. (2005) für epilepsiekranke Kinder zwischen 8 und 12 Jahren sowie deren Eltern konzipiert; Kinder- und Elternkurs können unabhängig voneinander durchgeführt werden. In den 7 Unterrichtseinheiten für die Kinder und den 6 Einheiten für die Eltern werden Basiswissen über Epilepsie, Information über Diagnostik und Therapie sowie Beschäftigung mit psychosozialen Aspekten der Erkrankung vermittelt. Eine Evaluationsstudie liegt vor (Rau et al., 2006).

55.3.3 Psychoedukatives Training zur Verbesserung der Selbsthilfefähigkeit von Menschen mit Epilepsie

Dieses Programm von Wohlfarth und Schneider (1999) wurde für epilepsiekranke Erwachsene entwickelt, die sich in stationärer Behandlung befinden. Mit der Zielsetzung, das Streben nach Selbstbestimmung, Eigenverantwortung und Selbstständigkeit der Betroffenen zu unterstützen, beinhalten die 10 Therapieeinheiten neben ausführlichen Informationen über die Erkrankung und Hilfen zur Krankheitsbewältigung auch ein Training sozialer Kompetenzen; zwischen den Sitzungen sind entsprechende Übungen durchzuführen.

55.4 Patientenschulung bei Schlaganfall

Der Oberbegriff „Schlaganfall" (auch Apoplex oder Hirninsult genannt) wird für unterschiedliche plötzlich auftretende Erkrankungen des Gehirns verwendet; wenn der Schlaganfall durch eine Mangeldurchblutung des Gehirns hervorgerufen wurde, wird von „Hirninfarkt" gesprochen, wurde der Schlaganfall durch den Austritt von Blut in das Hirngewebe verursacht, von einer „Hirnblutung"; die verschiedene Ursachen erfordern unterschiedliche Therapien. In Deutschland gehört der Schlaganfall zu den häufigsten Erkrankungen und ist die dritthäufigste Todesursache. Oft treten einseitige Lähmungen, Gefühlsstörungen der Arme und Beine, Sprach-, Schluck-, Seh- und Gleichgewichtsstörungen sowie Bewusstseins- und Wahrnehmungsstörungen auf. Etwa die Hälfte der Betroffenen leidet an einem depressiven Syndrom. Die hier vorgestellten Schulungsprogramme wenden sich entweder an betroffene Patienten oder an die Angehörigen von Schlaganfallpatienten.

55.4.1 ICF-basierte Patientenschulung – Schlaganfall

Zielgruppe des ambulant oder stationär durchführbaren Programms von Sabariego (2008) sind erwachsene Schlaganfall-Patienten; es umfasst 5 Unterrichtseinheiten für jeweils 4 Patienten. Inhalt: Erfassung des derzeitigen Levels der Funktionsfähigkeit aus Patientenperspektive, Diskussion über Problembereiche der Funktionsfähigkeit sowie Suchen nach individuellen Lösungsstrategien und Hilfsangeboten. Die Gruppe soll von Trainern geleitet werden, die in der interdisziplinären Versorgung von Schlaganfallpatienten tätig sind. Eine formative Evaluation liegt vor (Neubert et al., 2010).

55.4.2 Psychoedukativer Kurs für Angehörige von Schlaganfallpatienten

Der „psychoedukative Kurs für Angehörige von Schlaganfallpatienten" von Heier (2008) soll folgende Ziele erreichen:
- Angehörige umfassend über die Erkrankung und die Auswirkungen informieren und damit ihre Kompetenzen im Umgang mit den Betroffenen erhöhen,
- Pflegenden die Möglichkeit bieten, Erfahrungen und Probleme mit anderen auszutauschen, wodurch sie eine Bestätigung ihrer Situation erleben und emotional entlastet werden,
- Angehörigen das Konzept der „Selbstpflege" nahe bringen und Stressbewältigungsstrategien vermitteln,
- Raum für gegenseitige emotionale Unterstützung bieten.

Der Kurs wird an 10 wöchentlichen Terminen in einem ambulanten Setting von jeweils einem anderen Mitarbeiter des therapeutischen Teams durchgeführt; Gruppengröße: 10–14 Teilnehmer.

Folgende Themen werden behandelt:
- Medizinische Ursachen des Schlaganfalls, Verlauf und Behandlung,
- Aktivierende Pflege, Pflegetechniken und Prophylaxe,
- Hirnleistungsstörungen nach Schlaganfall und ihre Behandlung,
- Entlastungsmöglichkeiten im Pflegealltag/Leistungsspektrum und materielle Hilfen,
- Prinzipien von Transfer, Lagerung und rückengerechtem Arbeiten, Bobath-Konzept,
- Alltagsaktivitäten und der Einsatz von Hilfsmitteln als Hilfe zur Selbsthilfe,
- Umgang mit Sprach- und Sprechstörungen,
- Umgang mit Belastung und Stress im Pflegealltag.

Der Kurs wurde im Rahmen einer Dissertation evaluiert.

Literatur

Bettendorf U, Fischbach H, Heinen G et al. (2005). Famoses – Modulares Schulungsprogramm Epilepsie für Familien. Bielefeld (Bethel-Verlag).

Ellgring H, Gerlich C, Macht M, Schradi M, EduPark-Konsortium (Hrsg.) (2006). Psychosoziales Training bei neurologischen Erkrankungen – Schwerpunkt Parkinson. Ein Programm für die Schulung von Patienten und Angehörigen. 1. Aufl. Stuttgart (Kohlhammer).

Heier H (2008). Evaluation eines psychoedukativen Kurses für Angehörige von Schlaganfallpatienten. Dissertation zur Erlangung des akademischen Grades Doktor der Philosophie, Fachbereich Rehabilitationswissenschaften der Humboldt-Universität zu Berlin.

Köhler W, Apel-Neu A, Faiss J et al. (2009). Psychoedukatives Training für Patienten mit Multipler Sklerose. Nervenarzt 80 (Suppl 1):16–17.

Kunkel A, Deppe R, Faiss J et al. (2009). Psychoedukatives Training für Patienten mit Multipler Sklerose: Inhalte und Evaluation. Akt Neurol 36-P669.

Leplow B (2007). Parkinson. (Fortschritte der Psychotherapie Band 29). Göttingen (Hogrefe).

Macht M, Ellgring H (2003). Psychologische Interventionen bei der Parkinson-Erkrankung. Ein Behandlungsmanual. Stuttgart (Kohlhammer).

Macht M et al. (2007). Patient education in Parkinson's disease: Formative evaluation of a standardized programme in seven European countries. Patient Educ Couns 65: 245–252.

May TW, Pfäfflin M (2002). The efficacy of an educational treatment Program for patients with epilepsy (MOSES): results of a controlled, randomized study. Epilepsia 43 (5): 539–549.

Neubert S, Sabariego C, Stier-Jarmer M, Cieza A. (2011) Development of an ICF-based patient education program. Patient Educ Couns 84(2): e13–e17.

Rau J, May TW, Pfäfflin M et al. (2006). Schulung von Kindern mit Epilepsie und deren Eltern mit dem Modularen Schulungsprogramm Epilepsie für Familien (FAMOSES) – Ergebnisse einer Evaluationsstudie. Rehabilitation 45: 27–39.

Ried S, Baier H, Dennig D et al. (2004). MOSES – Modulares Schulungsprogramm Epilepsie. Bielefeld (Bethel-Verlag).

Sabariego C (2008). IFC-basierte Patientenschulung – Schlaganfall. Unpubliziert. Ansprechpartnerin: Carla Sabriego. Institut für Medizinische Informatik, Biometrie und Epidemiologie- IBE, Lehrstuhl für Public Health und Versorgungsforschung, Ludwig-Maximilians Universität, Marchioninistraße 17, 81377 München (Telefon: 089 2180 78224, Fax: 089 2180 78230, carla.sabariego@med.lmu.de).

Tallner A, Mäurer M, Pfeifer K (2011). Internetbetreutes Kräftigungs- und Ausdauertraining verbessert Kraft und Lungenfunktion bei Multiple Sklerose-Patienten. In: Deutsche Rentenversicherung (Hrsg.). 20. Rehabilitationswissenschaftliches Kolloquium. DRV-Schriften Bd. 93, S. 329–331.

Tallner A, Tzschoppe R, Peters S et al. (2013). Internetgestützte Bewegungsförderung bei Personen mit Multipler Sklerose. Neurologie und Rehabilitation 19 (1): 35–46.

Twork S, Kugler J (Hrsg.) (2007). Multiple Sklerose: Krankheitsbewältigung – Therapiemotivation – Lebensqualität: Erste Ergebnisse zum Coping-Training MS-COPE. Heidelberg (Springer).

Wohlfarth R, Schneider D (1999). Psychoedukatives Training zur Verbesserung der Selbsthilfefähigkeit von Menschen mit Epilepsie. Tübingen (dgvt).

56 Psychoedukation in der Psychoonkologie

Peter Henningsen

Krebserkrankungen sind nach wie vor eine der häufigsten Erkrankungs- und Todesursachen des Menschen. Laut Deutscher Krebshilfe erkranken jährlich 490.000 Menschen in Deutschland neu an Krebs, 218.000 Menschen sterben jährlich daran. Beim Mann ist Prostatakrebs am häufigsten, bei der Frau Brustkrebs. Bei beiden Geschlechtern belegen Darm- und Lungenkrebs den zweiten bzw. dritten Platz. Es wird angenommen, dass die Zahl der Krebserkrankungen bis zum Jahr 2050 um 30 % zunehmen wird, da die Bevölkerung immer älter wird und Krebs eine Erkrankung ist, von der insbesondere ältere Menschen betroffen sind.

Der gesellschaftliche Umgang mit Krebserkrankungen hat sich in den vergangenen Jahrzehnten stark gewandelt. Wurden Krebserkrankungen früher eher stigmatisiert und z. T. auch dem Betroffenen gegenüber lange Zeit verschwiegen, kommt es heute manchmal fast schon zu überschiessender, schonungsloser Aufklärung. Ungeachtet dessen bedeuten die Diagnose einer Krebserkrankung, die anschließende Behandlung sowie die vielen körperlichen und psychosozialen Erkrankungs- und Behandlungsfolgen für alle Betroffenen nach wie vor einen erheblichen Einschnitt in ihrem Leben. Insofern hat das Wort „Krebs" wenig von seinem Schrecken verloren. Ausgeprägte Ängste, vor allem die sogenannte Progredienzangst, depressive Verstimmungen, zwischenmenschliche Spannungen und andere psychosoziale Folgen treten auch bei Patienten, die ansonsten psychisch gesund und stabil sind, häufig auf.

Die Psychoonkologie als Spezialgebiet der Medizinpsychologie und der Psychosomatik ist seit den 1970er Jahren entstanden und hat die Erfassung und Behandlung dieser mit Krebserkrankungen häufig (wenn auch nicht immer) einhergehenden psychosozialen Belastungen als ihren zentralen Gegenstand. Für das Selbstverständnis der Psychoonkologie war es dabei wichtig, sich mit der Ausrichtung auf die psychosozialen Belastungen von Patienten, denen primär psychische Gesundheit und Stabilität unterstellt wurde, von sonstiger Psychosomatik und Psychotherapie abzugrenzen, die vom Neurosenkonzept ausgingen und persönlichkeitsbezogene konflikthafte und strukturbedingte Hintergründe der Symptome ihrer Patienten annahmen.

Psychoonkologische Interventionen decken prinzipiell ein breites Spektrum ab, das von der konsiliarischen Einzel-, Angehörigen- oder Familienberatung über strukturierte, psychoedukative Gruppeninterventionen, unstrukturierte supportiv-expressive oder kognitiv-behaviorale Gruppentherapien (jeweils für Patientengruppen mit homogenen oder heterogenen Krebsdiagnosen) bis hin zur klassischen Langzeit-Einzelpsychotherapie unterschiedlicher schulischer Ausrichtung reicht.

Primäre Ziele psychoonkologischer Interventionen, unabhängig von deren Art, sind folgende (nach Weis et al., 2006):
- Reduktion von Angst, Depressivität, Hilf- und Hoffnungslosigkeit,
- Entlastung der Patienten durch Ausdruck negativer Gefühle (Angst, Wut, Trauer),
- Verbesserung des Selbstwertgefühls und der Einstellung zur Krebserkrankung

(Akzeptanz, aktive Krankheitsverarbeitung, Werte, Sinnfindung),
- Vermittlung von Selbsthilfe- und Selbstkontrollstrategien,
- Erarbeitung von Lebenszielen und -perspektiven,
- Auseinandersetzung mit Tod und Sterben,
- Verbesserung von spezifischen Funktionseinschränkungen (neuropsychologische Störungen, Schlafstörungen, Fatigue, Schmerzen).

Dies alles sind Ziele im psychosozialen Bereich. Es ist dagegen ein Dogma der Psychoonkologie, dass sie sich mit ihren Interventionen keine Beeinflussung der malignen Grunderkrankung zum Ziel setzt. Das liegt zum einen daran, dass der derzeitige Wissensstand diese Zielsetzung angesichts zumindest widersprüchlicher Studien nicht erlaubt. Zum anderen aber liegt es auch daran, dass die Psychoonkologie Annahmen über eine „Krebspersönlichkeit" nicht Vorschub leisten will (diese alte, als widerlegt geltende Annahme könnte Aufwind erhalten, wenn man davon ausginge, dass die Krebserkrankung mit psychosozialen Mitteln positiv beeinflusst werden könnte); ebenso wenig will sie das Schulderleben von Patienten verstärken, die bei ungünstigen Verläufen möglicherweise das Gefühl haben, selbst nicht genug dagegen getan zu haben.

Zwei Gründe lassen die Psychoedukation vor diesem Hintergrund als eine besonders geeignete Interventionsform in der Psychoonkologie erscheinen:
- Die Ausrichtung der Psychoonkologie auf den krankheitsbedingt beeinträchtigten, ansonsten psychisch gesunden Patienten passt ideal zur charakteristischen Zielsetzung der Psychoedukation, Information und Unterstützung bei der Krankheitsbewältigung an einen kompetenten Patienten zu richten.
- Die mit Krebserkrankungen zumeist einhergehende Unsicherheit über den Verlauf, die komplexen und nicht selten widersprüchlichen Therapieempfehlungen und die erwartbaren Belastungen nicht nur durch die Erkrankung, sondern auch durch die Therapien, schaffen einen hohen Informationsbedarf in Verbindung mit hohen Beunruhigungspotenzialen. Hier bietet sich Psychoedukation als Informationsvermittlung und Angstbewältigungsstrategie in hervorragender Weise an, und zwar prinzipiell für alle von einer Krebsdiagnose betroffenen Patienten, unabhängig von vorbestehender Vulnerabilität oder bereits eingetretener Belastung.

Dabei ist es klar, dass die Gestaltung, aber auch die mögliche Wirksamkeit psychoedukativer Interventionen von vielen Faktoren abhängen müssen, z. B.:
- Von der Art der Krebserkrankung, ihren unmittelbaren körperlichen und psychischen Auswirkungen, ihrer Behandlung und Prognose: Es gibt den harmlosen „Haustierkrebs" (so wurde das kleine Prostatakarzinom genannt) ebenso wie das praktisch unweigerlich in wenigen Monaten zum Tode führende Karzinom (z. B. am Pancreas). Die allermeisten Studien liegen zu Interventionen bei Patientinnen mit Brustkrebs vor, einer Erkrankung mit insgesamt vergleichsweise guter Prognose.
- Vom Zeitpunkt, zu dem die Intervention erfolgt: Es macht z. B. einen großen Unterschied, ob der Patient gerade erst die Diagnose erfahren hat, in der Rehabilitation nach abgeschlossener Akutbehandlung oder in einer palliativen Situation nach erstem Rezidiv ist. Je früher nach Diagnosestellung die Intervention er-

folgt, desto höher ist der Informationsbedarf der Patienten; vor allem nach Abschluss der Akutbehandlung sind die psychotherapeutischen Elemente der Interventionen besonders wichtig. Traditionell finden psychoedukative Interventionen in der Psychoonkologie in Deutschland am häufigsten in der Rehabilitation statt, im Rahmen der Akutbehandlung und in der ambulanten Versorgung sind sie vergleichsweise seltener etabliert.

- Von der Zusammensetzung der Patientengruppe: Homogen in Bezug auf die Krebsart (häufiger) oder heterogen (seltener)? Und, sehr wichtig: Wird die Intervention allen Patienten mit einer bestimmten Diagnose angeboten oder nur solchen, die bereits Zeichen erhöhter psychosozialer Belastung zeigen? Strukturierte psychoedukative Interventionen eignen sich, wie schon gesagt, im Unterschied zu weniger strukturierten psychotherapeutischen Interventionen im engeren Sinn besonders gut für alle Patienten einer Diagnosegruppe, unabhängig vom Ausmaß ihrer Belastung – allerdings werden dann Effekte im Hinblick auf eine Verbesserung der Lebensqualität oder andere psychosoziale Parameter schwerer nachweisbar sein, sodass man in diesem Fall eher von einer präventiven Zielsetzung der Programme sprechen kann.

56.1 Psychoedukationsmanuale in der Psychoonkologie

Erst nachdem Psychoedukationsprogramme in der Psychiatrie und bei anderen somatischen Erkrankungen Anwendung gefunden hatten, wurden sie seit den 1990er Jahren in der Psychoonkologie erprobt (Besseler et al., 2010).

Die im deutschsprachigen Raum etablierten Manuale zur Psychoedukation bei onkologischen Patienten werden i. F. ohne Anspruch auf Vollständigkeit vorgestellt. Sie unterscheiden sich in verschiedener Hinsicht; am bedeutsamsten dürfte der Unterschied sein, der sich aus dem Zeitpunkt im Behandlungsverlauf ergibt, zu dem die manualgestützte Intervention eingesetzt werden soll:

- Das Programm „PIA" („Patienten informiert und aktiv"), das im HELIOS Klinikum Berlin-Buch angeboten wird, richtet sich seit 1999 besonders niedrigschwellig an alle neuerkrankten Patienten auf den dortigen Stationen. Es wird von ca. 50 % aller erstbehandelten Patienten wahrgenommen. An einzelnen Veranstaltungen nehmen bis zu 30 Patienten teil. Das offene Programm bietet eine Kombination aus themenspezifischen Foren (Rechte des Krebspatienten, medizinische Informationen, Ernährungsberatung etc.), therapeutischen Angeboten (Entspannungstraining, Kunsttherapie, kreatives Gestalten etc.) und kulturellen Aktivitäten (Lesungen, Konzerte etc.). Die einzelnen Veranstaltungen finden mehrmals pro Woche nachmittags statt und werden von einem interdisziplinären Team durchgeführt (vgl. Besseler et al., 2010).
- Das Programm „Krebskrank – der direkte Weg zur guten Information" wurde zwischen 2000 und 2008 an beiden Münchner Universitätskliniken durchgeführt und auch evaluiert (Gündel et al., 2002, 2007; Besseler et al., 2010). Geleitet durch einen Psychologen als kontinuierlich anwesenden Moderator, umfasste das Programm 6 Termine innerhalb von 3 Wochen, an denen jeweils qualifizierte ärztliche Referenten zu verschiedenen Themen sprachen und für Fragen zur Verfügung standen. Das Programm wurde sowohl in offenen Gruppen für Patien-

ten und Angehörige angeboten als auch in geschlossenen Gruppen für Patienten. Die Evaluation zeigte, dass die Patienten insbesondere der geschlossenen Gruppen neben einem anhaltenden Wissenszuwachs auch eine Angstreduktion und ein größeres Selbstbewusstsein im Umgang mit der Erkrankung, aber auch mit den Ärzten, an den Tag legten.

- Das Manual „Psychoedukation mit Krebspatienten" (Weis et al., 2006) ist im Unterschied zu den beiden o. g. eine nicht während der Akutbehandlung, sondern im Rahmen der ambulanten Nachsorge an der Freiburger Klinik für Tumorbiologie entwickelte und in Kooperation mit einer Reihe weiterer deutscher Zentren auch evaluierte gruppenbasierte Interventionsform. Dem Zeitpunkt des Angebots entsprechend, werden in den hier vorgesehenen 10 Sitzungen auch andere Inhalte vermittelt als in den o. g. Programmen. Informationen zu Behandlungsformen spielen z. B. keine wesentliche Rolle; psychologische Themen, aber auch Aspekte der Gesundheitsförderung sind hingegen stärker vertreten. In der Evaluation zeigte sich, dass die Teilnahme an dem Programm im Vergleich zu einer Wartegruppe zu einem rascheren Anstieg der Lebensqualität und einem Absinken der psychischen Belastung führte. In der Nachuntersuchung ergab sich hier aber kein relevanter Unterschied mehr.
- Angenendt et al. (2010) stellen als einzige Autoren im Rahmen ihres thematisch weiter gefassten Buches auch eine psychoedukative Intervention im Einzelsetting vor. Inhaltlich und was ihren Umfang und den angezielten Zeitpunkt nach der Behandlung betrifft, unterscheidet sie sich nicht grundsätzlich vom zuvor erwähnten Manual von Weis et al. (2006).

Selbstverständlich liegen auch in anderen Sprachen, insbesondere Englisch (vgl. z. B. Fawzy u. Fawzy, 2011), zahlreiche Manuale vor. Hier sei lediglich auf eine Besonderheit hingewiesen. „I can cope" ist ein kostenloses und frei zugängliches Online-Psychoedukations-Programm der American Cancer Society (http://www.cancer.org/treatment/sup portprogramsservices/i-can-cope), das in einer Reihe von audiovisuellen Präsentationen (‚Diashows') neben typischen Informationen zu Krebserkrankungen und ihren Behandlungen auch Informationen z. B. zum Umgang mit Gefühlen und zur Kommunikation über die Erkrankung vermittelt (vgl. Besseler et al. 2010).

56.1.1 Inhalte und Durchführung zweier beispielhafter Manuale

Zur Veranschaulichung soll noch etwas näher auf Inhalte und Durchführung zweier Manuale eingegangen werden, nämlich das Münchner (Besseler et al., 2010) und das Freiburger (Weis et al., 2006).

Im Münchner Programm wurden vom jeweiligen ärztlichen Experten pro Sitzung bestimmte Themen in ca. 45 Min. ganz traditionell mit PowerPoint-Vorträgen abgehandelt. Es wurde, vor allem beim ersten Termin, Wert gelegt auf erfahrene, kompetente und rhetorisch begabte Redner. Besonders beliebt bei den Patienten waren „Chemo- und Strahlentherapie", „Ernährungsberatung", „Komplementäre Therapieverfahren", „Angst- und Alltagsbewältigung", „Sozialrechtliche und psychologische Nachsorge". Weitere Themen wie „Umgang mit Krebs (Krankheitsbewältigung und Entspannung)", „Rechtliches" etc. wurden im Verlauf wegen mangelnder Nachfrage wieder eingestellt. Im Anschluss an den Vortrag waren jeweils ca. 20 Min. für Fragen und

Diskussion vorgesehen. Während sich in den offenen Gruppen mit bis zu 30 Teilnehmern die Rolle der psychologischen Moderatoren auf Kontinuitätswahrung, Begrüßung und Verabschiedung beschränkte, fand in den geschlossenen Gruppen mit 6–10 Teilnehmern im Anschluss an den Vortrag, die Diskussion und die Verabschiedung des Referenten in der Regel noch ein sogenanntes Blitzlicht statt, in dem die Teilnehmer kurz über ihr Erleben des Vortrags und ihre momentane Befindlichkeit sprechen konnten. Besseler et al. (2010) betonen, wie wichtig eine gute Kompetenz und Vorbereitung des Moderators sei, der mit typischen Interaktionsproblemen mit kommunikativ schwierigen Patienten umgehen können müsse und einzelnen Patienten auch außerhalb der Gruppensitzungen als Ansprechpartner zur Verfügung stehen sollte.

Das in Freiburg von Weis et al. (2006) entwickelte und ebenfalls von ausgebildeten Psychotherapeuten geleitete Gruppenprogramm setzt nicht nur in einer späteren Phase der Nachbehandlung an, sondern ist auch zeitlich aufwändiger: Es besteht aus 10 Sitzungen à 120 Min. Es basiert auf verhaltenstherapeutischen Prinzipien, integriert darüber hinaus aber auch Elemente der Gesprächs- und systemischen Therapie sowie der Poesie- und Bibliotherapie. Aus den thematischen Schwerpunkten der 10 Sitzungen wird deutlich, dass der inhaltliche Akzent dieser psychoedukativen Intervention wesentlich „psychotherapeutischer" ist. Die Themen sind:
- Gesundheitsförderung bei Krebs,
- Krankheit und Stress,
- Krankheitsverarbeitung als Weg,
- Subjektive Bedürfnisse und personale Ressourcen,
- Umgang mit belastenden Gefühlen,
- Kontakt zu nahe stehenden Personen,
- Erfahrungen mit Ärzten und anderen professionellen Helfern,
- Belastungen und deren Bewältigung in Beruf und Alltag,
- Förderung der Patientenkompetenz: Möglichkeiten und Grenzen der Selbsthilfe.

Diese Themen werden in den strukturierten Sitzungen mit verschiedenen Methoden und Materialien erarbeitet, etwa mit Basisinformationen auf Arbeitsblättern, Diskussionen, Brainstormings, Rollenspielen, Hausaufgaben etc. Jede Sitzung wird eingerahmt von einer Eingangsrunde zur aktuellen Befindlichkeit und einer abschließenden gelenkten Imagination, bei der die Teilnehmer angeleitet werden, ressourcenorientierte Vorstellungen zu entwickeln („Ort des Wohlbefindens"; „Lebensfreude", „freundschaftliche Gefühle gegenüber dem eigenen Köprer" etc.). Von Imaginationen, die eine Bekämpfung des Tumores suggerieren sollen (insbesondere sog. Simonton-Methode), raten die Autoren dagegen ab.

56.1.2 Eine Übersicht zur Evaluation von Psychoedukation in der Onkologie

Viele, aber nicht alle Manuale wurden in Wirksamkeitsstudien evaluiert. Die umfassendste und aktuellste systematische Übersicht zu diesen Wirksamkeitsstudien stammt von Faller et al. (2013). Die Autoren untersuchten die Wirkung zahlreicher verschiedener Typen von Interventionen in der Psychoonkologie (Einzel- Gruppen-, Paarpsychotherapie, Entspannungstraining, Psychoedukation, reine Information und weitere) auf Lebensqualität und emotionalen Distress. Bezgl. der Wirksamkeit psychoedukativer Interventionen in der Psychoonkologie kamen die Autoren zu folgenden Ergebnissen:

19 von 198 in der Übersichtsarbeit untersuchte randomisierte Studien prüften die Wirksamkeit von insgesamt 22 psychoedukativen Interventionen an 3857 Patienten. Alle diese Studien wurden, soweit angegeben, ambulant durchgeführt, und zwar überwiegend in den USA; in Deutschland wurde nur 1 Studie durchgeführt. Alle Studien untersuchten ausschließlich (!) weibliche Patienten; 11 Studien waren auf Brustkrebs beschränkt, 4 Studien schlossen Probandinnen mit gemischten und weitere 4 Studien Probandinnen mit anderen Krebsdiagnosen ein. In 14 der 19 Studien waren die jeweiligen Tumoren nicht metastasiert, in 12 Studien war die onkologische Primärtherapie zum Interventionszeitpunkt beendet, in 5 Studien noch nicht; über alle Studien hinweg war die Primärbehandlung dagegen in über 50 % der Studien noch nicht beendet, in der Einzelpsychotherapie sogar in 69 %. Bei keiner der psychoedukativen Interventionsstudien wurden, wie in 10 % der sonstigen Studien, psychisch besonders belastete Patienten vorrausgewählt.

Der Median der Sitzungszahl lag bei den psychoedukativen Interventionen bei 8 (im Median verteilt über 28 Tage), über alle Interventionsarten hinweg war er mit 6 Sitzungen noch niedriger. Von 3 Ausnahmen abgesehen, wurden alle psychoedukativen Interventionen im Gruppenformat durchgeführt. Als Therapeuten waren in gleicher Häufigkeit (je 16) Psychologen und Pflegekräfte beteiligt, halb so oft (9) Sozialarbeiter und Ärzte (von denen zur Hälfte wiederum Psychiater).

Als Outcome-Parameter der Studien wurde zumeist der psychische Distress der Patientinnen erfasst, weniger häufig auch die Lebensqualität. Die Effektstärken der psychoedukativen Interventionen sind mit Werten um d=0,2 (Spanne von 0,1–0,3) durchweg gering, unabhängig vom Messzeitpunkt und dem genauen Outcome-Parameter. Damit liegt Psychoedukation aber nicht wesentlich unter den Effektstärken, die für andere Interventionsformen im Einzelwie auch im Gruppensetting erreicht werden. Die große Bedeutung des Konzeptteils, der über Information hinausgeht, wird aus der Tatsache ersichtlich, dass reine Informations-Interventionen als einzige noch deutlich geringere und damit auch keine signifikanten Effekte erzielten. Deutlich höher sind die Effektstärken einzig in den Studien, in denen psychisch bereits belastete Patienten ausgewählt wurden.

Mit dieser umfassenden metaanalytischen Übersichtsarbeit lassen sich psychoedukativ ausgerichtete Interventionen sehr gut im Kontext anderer psychoonkologischer Interventionen einordnen, und zwar nicht allein im Hinblick auf die Effekte, sondern auch, was Diagnosen und Behandlungsstadium der behandelten PatientInnen sowie Länge und Setting der Intervention angeht.

Zu den allenfalls moderaten Effekten ist anzumerken, dass sie, wie oben erwähnt, im Grunde schon dadurch vorprogrammiert waren, dass keine Vorauswahl bereits überdurchschnittlich belasteter Patienten erfolgte. Ausserdem ist festzuhalten, dass ein Absinken psychischer Belastung bzw. ein Ansteigen von Lebensqualität zwar wichtige, aber nicht die einzigen Kriterien für die Wirksamkeit solcher Interventionen darstellen. Gerade wenn die psychische Belastung vor der Intervention nicht überdurchschnittlich war, wird es für viele Patienten wichtig sein, im Rahmen der Intervention z. B. mehr Wissen, mehr Selbstwirksamkeit und eine aktivere Einstellung zu ihrer Erkrankung zu erlangen.

56.1.3 Fazit

Psychoedukative Elemente sind in der heutigen Psychoonkologie etabliert. Entsprechende Manuale sind an verschiedenen Orten mit gutem Erfolg hinsichtlich der Machbarkeit und der erreichten Wirkungen entwickelt und eingesetzt worden. Die Manuale müssen an die Erkrankungs- und Behandlungsphase der Patienten angepasst sein: In frühen Phasen nach Diagnosestellung und während der Akutbehandlung spielt der Informationsanteil über die Erkrankung und die Behandlungsformen eine besonders wichtige Rolle, in der Reha-Behandlung und Nachsorge stehen die im engeren Sinne psychotherapeutischen Elemente im Vordergrund.

Die Zukunft der Psychoedukation in der Psychoonkologie liegt aber vermutlich nicht in spezifischen psychoedukativen Behandlungsangeboten, sondern in der Integration psychoedukativer Elemente in die (psycho)onkologische Versorgung insgesamt.

Für die Frühphasen der Erkrankung ist künftig v. a. daran zu arbeiten, dass auch onkologisch tätige Ärzte und Pflegende kompetent werden in der für Psychoedukation notwendigen Kombination aus sachlicher Informationsvermittlung und emotionaler Entlastung durch Kommunikation. Auch der Nationale Krebsplan des Bundesgesundheitsministeriums hat im übrigen „Kommunikative Kompetenz der onkologischen Leistungserbringer" zu einem seiner Ziele erklärt. Entsprechende Kurse werden an verschiedenen Orten in Deutschland angeboten, organisiert über die „Weiterbildung Psychosoziale Onkologie (WPO)" (www.wpo-ev.de). Spezifische Kommunikationstrainings für onkologisch tätige Ärzte werden unter www.kompass-o.de angeboten.

Für den Umgang mit bereits überdurchschnittlich belasteten Patienten und für die, wie gesehen, eher psychotherapeutisch geprägte Nachsorge ist umgekehrt dafür zu sorgen, dass psychotherapeutische Generalisten, die mit diesen Patienten arbeiten, über ausreichendes (psycho)onkologisches Spezialwissen über maligne Erkrankungen, ihre Behandlung und ihre spezifischen psychosozialen Belastungsfaktoren verfügen, um strukturierte psychoedukative Elemente kompetent in die Behandlung einbringen zu können.

Insgesamt heißt das, dass psychoedukative Kompetenz in kaum einem Feld der somatischen Medizin so wichtig ist und bleiben wird wie in der Onkologie.

Literatur

Angenendt G, Schütze-Kreilkamp U, Tschuschke V (2010). Praxis Psychoonkologie. Psychoedukation, Beratung. 2. Aufl. Stuttgart (Haug).

Besseler M, Hümmeler V, Tari S et al. (2010). Praxismanual. Ein Leitfaden für die Organisation von Psychoedukation in der Onkologie. München (Zuckschwerdt).

Faller H, Schuler M, Richard M et al. (2013). Effects of psycho-oncologic interventions on emotional distress and quality of life in adult patients with cancer: systematic review and meta-analysis. J Clin Oncol 31: 782–793.

Fawzy FI, Fawzy NW (2011). Psychoeducational intervention for newly diagnosed cancer patients. In: Watson M, Kissane DW (Hrsg). Handbook of Psychotherapy in Cancer Care. Chichester (John Wiley & Sons), S. 117–136.

Gündel H, Lordick F, Brandl T et al. (2003). Psychoedukative Patientengruppen im Rahmen einer interdisziplinären Tumortherapie. Z Psychosom Med Psychother 49: 246–261.

Gündel H, Hümmeler V, Lordick F (2007). Welche Tumorpatienten profitieren von einer interdisziplinären Psychoedukation im Rahmen der Tumortherapie? Psychosom Med Psychother 53: 324–338.

Weis J, Heckl U, Brocai D et al. (2006). Psychoedukation mit Krebspatienten. Therapiemanual für eine strukturierte Gruppenintervention. Stuttgart (Schattauer).

57 Patientenschulungen bei somatischen Erkrankungen

Bernd Behrendt, Heiner Vogel

Bei psychischen Erkrankungen ist Psychoedukation ein elementarer Teil der psychiatrischen, psychologischen und psychosomatischen Behandlung. Strukturell und inhaltlich sehr ähnliche Interventionen werden bei somatischen Erkrankungen häufig als Patientenverhaltenstraining, Patientenschulung, Gesundheitstraining oder Patiententraining bezeichnet (z. B. Asthmaschulung, Diabetesschulung, Bluthochdruckschulung). Sowohl im Rahmen von psychoedukativen Interventionen als auch bei Patientenschulungen werden unterschiedliche Ebenen der Einstellungs- und Verhaltensänderung angesprochen:

„[Sie] streben die Vermittlung von krankheits- und gesundheitsrelevantem Wissen, die Motivierung zur Übernahme von krankheitsbezogener Eigenverantwortung, die Verbesserung der Mitarbeit im Behandlungsprozess, die Steigerung der behandlungsbezogenen Entscheidungsfähigkeit sowie der Stärkung der krankheitsbezogenen Handlungs- und Selbstmanagementkompetenz von Patienten an."

(Worringen, 2011, S. 419)

Die folgenden Kapitel enthalten eine Auswahl von somatischen Krankheitsbildern, für die bereits Schulungsprogramme vorliegen. Einen aktuellen Überblick geben die Webseiten des Zentrums Patientenschulung der Universität Würzburg: http://www.zentrum-patientenschulung.de/manuale/verzeichnis/ Dort finden sich auch weitere Informationen zu den einzelnen Programmen (z. B. Bezugsquellen, Evaluation, weiterführende Literatur, Fortbildung etc.).

In den folgenden Abschnitten werden exemplarisch einige häufigere Krankheitsbilder zusammen mit entsprechenden Schulungsprogramme genannt:
- Schulungsprogramme für Patienten mit Erkrankungen des Herz-Kreislauf-Systems,
- Schulungsprogramme für Patienten mit Atemwegserkrankungen,
- Schulungsprogramme bei Neurodermitis,
- Schulungsprogramme bei gastrointestinalen Erkrankungen,
- Schulungsprogramme bei Diabetes,
- Schulungsprogramme für Patienten mit rheumatischen Erkrankungen.

Diese Liste ließe sich noch deutlich erweitern, muss aber aus Platzgründen auf die oben genannten Kernthemen beschränkt bleiben. Die Autoren legen deshalb großen Wert auf die Feststellung, dass mittlerweile eine Vielzahl geeigneter Programme auch für andere somatische Krankheitsbilder vorliegt, die bei Bedarf unter in der Datenbank des Würzburger Zentrums Patientenschulung oder über andere Internetadressen abgerufen werden können.

57.1 Patientenschulungen bei Erkrankungen des Herz-Kreislauf-Systems

Koronare Herzerkrankungen (Herzinsuffizienz, chronisch ischämische Herzerkrankungen und der akute Herzinfarkt) sind in Deutschland – wie auch in anderen Industrienationen – die häufigste Todesursache. Risikofaktoren sind hoher Blutdruck (essenzielle Hypertonie), Rauchen, Fehlernährung, Übergewicht, Bewegungsmangel, Stress, dysfunktionale Stressverarbeitung oder auch depressive Symptome. Ein wichtiges Ziel von Schulungsprogrammen ist daher die Veränderung des Lebensstils der herzkranken Patienten.

Inhaltlich beziehen sich die nachfolgend aufgeführten Schulungsprogramme in der Regel auf das Vermitteln von krankheitsspezifischen Informationen (Ursachen, Entstehung, Verlauf, Behandlung, Risikofaktoren, Schutzfaktoren etc.) sowie auf die Themen Bewegung, Essverhalten, Umgang mit Stress, Überbelastung, emotionale Verarbeitung, Umsetzung in den Alltag etc. Häufig werden auch Themen wie Veränderungen des Lebensstils nach der Erkrankung, gesundheitsbewusste und gesundheitsförderliche Lebensgestaltung etc. angesprochen, um die Lebensqualität positiv zu beeinflussen.

In der Datenbank des Würzburger Zentrums sind folgende Schulungsprogramme für Patienten mit Erkrankungen des Herz-Kreislauf-Systems genannt:

57.1.1 Schulungsprogramme für Patienten mit koronarer Herzerkrankung

- „Schulungsprogramm Herzinsuffizienz" (Karger u. Glatz, 2008)
- „Gesundheitstraining der Deutschen Rentenversicherung Bund (ehem. BfA) – Koronare Herzkrankheit" (2010)
- „Curriculum Koronare Herzerkrankung (DGPR) – Basisschulungsprogramm für Patienten in der kardiologischen Rehabilitation" (2004)
- „Gesundheitstraining der Deutschen Rentenversicherung Bund (ehem. BfA) – Herzklappenerkrankungen" (2005)
- „Patientenschulung Herzinsuffizienz" (Hohoff, Feldmann, Schubmann, 2007)
- „Herzklappenschulung" (Folttmann, 2012)
- „HerzSchuB – Herzinsuffizienz Schulungs- und Behandlungsprogramm" (Didjurgeit)
- „KARENA" (Hoberg, Rieger et al., 2005)
- Gesundheitstraining der Deutschen Rentenversicherung Bund (ehem. BfA) – Antikoagulationsmanagement (Franz et al., 2003)

57.1.2 Spezielle Programme für Patienten mit Hypertonie

- „Curriculum Bluthochdruck (DGPR) – Schulungsprogramm für spezielle Patientengruppen in der kardiologischen Rehabilitation" (Franz et al., 2005)
- „Behandlungs- und Schulungsprogramm für Patienten mit Hypertonie" (4. Auf., bearbeitet von Jörgens et al., 2005)
- „Gruppenunterstützte Selbstmodifikation für essenzielle HypertonikerInnen (GSEH)" (Rotering-Steinberg, 1989)
- „Gesundheitstraining der Deutschen Rentenversicherung Bund (ehem. BfA) – Hypertonie" (Franz et al., 2003.)
- „Patientenschulung Hypertonie" (Augstein et al., 2009)
- „Modulare Bluthochdruckschulung" (IPM Universität Erlangen-Nürnberg, 2005)
- „Hypertonie-Behandlungs- und Schulungsprogramm" (HBSP) (Didjurgeit et al., 2003)
- „Behandlungs- und Schulungsprogramm für Patienten mit Hypertonie" (Grüßer u.

Jörgens, 2009, Unterrichtsmaterial; Verbrauchsmaterial; Patientenbroschüre)
- „Patientenschulung Arterielle Hypertonie Manual zur Leitung von Patientengruppen" (Köllner et al., 2012; auch als Ebook erhältlich)

57.2 Patientenschulungen bei Atemwegserkrankungen

Schulungsprogramme für Patienten mit Atemwegserkrankungen werden bereits seit den 1980er Jahren eingesetzt, weiterentwickelt und evaluiert und von den entsprechenden Fachgesellschaften in ihren Leitlinien empfohlen. Spezielle Schulungen für Kinder und Jugendliche mit Asthma gibt es in Deutschland seit 1986.

Die Datenbank des Würzburger Zentrums Patientenschulung nennt insgesamt 13 Programme für Erwachsene, Kinder oder Jugendliche, die ambulant oder stationär durchgeführt werden können. Sie beinhalten i. d. R. folgende Elemente: Grundlagen der jeweiligen Erkrankung (Anatomie, Physiologie, Symptome, Diagnostik, Therapie), Peak-flow-Messung und Protokoll, Selbstmedikation, atemerleichternde Übungen, Notfallplan, ggf. Raucherentwöhnung.

57.2.1 Schulungsprogramme für Erwachsene

- „COBRA – ambulantes Schulungsprogramm für Patienten mit chronisch obstruktiver Bronchitis mit und ohne Emphysem" (Deutsche Atemwegsliga; Dhein et al., 2006)
- „NASA – Nationales Ambulantes Schulungsprogramm für erwachsene Asthmatiker" (Deutsche Atemwegsliga; Dhein et al., 2002)
- „Gesundheitstraining der Deutschen Rentenversicherung Bund (ehem. BfA) – Asthma Bronchiale" (Scherer et al., 2010)
- „Gesundheitstraining der Deutschen Rentenversicherung Bund (ehem. BfA) – Bronchiektasen" (Scherer u. Spieker, 2010)
- „Gesundheitstraining der Deutschen Rentenversicherung Bund (ehem. BfA) – Chronisch obstruktive Atemwegserkrankungen" (Scherer u. Spieker, 2010)
- „Gesundheitstraining der Deutschen Rentenversicherung Bund (ehem. BfA) – Mukoviszidose" (Scherer u. Spieker, 2010)
- „Gesundheitstraining der Deutschen Rentenversicherung Bund (ehem. BfA) – Sauerstofflangzeittherapie" (Scherer u. Spieker, 2010)
- „Asthma bronchiale – Das Verhaltenstrainingsprogramm der Fachklinik Allgäu – auf Basis des Bad Reichenhaller Modells (mit Essentialtrainingsmodulen Peak-Flow-Kurs und Spray-Schule) " (Schultz Version, 2006)
- „Gesundheitstraining der Deutschen Rentenversicherung Bund (ehem. BfA) – Chronische Sinusitis" (Schäfer u. Scherer, 2010)
- „Patientenschulung Asthma der Asthma Initiative ratiopharm" (Barczok, Bulenda, Sauer, 2003)

57.2.2 Schulungsprogramme für Kinder und Jugendliche

- „Asthmaschulung ‚Kölner Piste-Pänz' (Kinder, Jugendliche und Eltern)" (Wittenmeier et al., 2008)
- „AVT – Asthma-Verhaltenstraining für Kinder und Jugendliche (und deren Eltern)" (Lecheler et al., 2007)

- „Elternseminar zu Asthma bronchiale" (Grüber et al., 1996)

Darüber hinaus bieten einige Einrichtungen regional bezogene Schulungsprogramme an (z. B. „Luftiku(r)s für Kinder und Jugendliche bis 18 Jahre", Hospital Osnabrück, Klinikum Lüdenscheid; siehe www.asthmaschulung-hannover.de oder SAAT: Strukturiertes Ambulantes Asthma Therapieprogramm, das derzeit in Arztpraxen in Nordrhein Westfalen durchgeführt wird). Einige der oben aufgeführten Programme sind online erhältlich (siehe Zentrum Patientenschulung Würzburg).

57.3 Patientenschulungen bei Neurodermitis

Bereits in den 1990er Jahren konstituierte sich eine Konsensuskonferenz zur Neurodermitisschulung, um Schulungsprogramme für Eltern neurodermitiskranker Kinder zu entwickeln und zu evaluieren. Der Dachverband für Neurodermitisschulung in Deutschland (AGNES) bietet Informationen über Neurodermitisschulung und Trainerausbildungen in eigenen Akademien an.

Die Inhalte der nachfolgend aufgeführten Schulungsprogramme orientieren sich i. W. an den von den Teilnehmern der Konsensuskonferenzen und der Arbeitsgemeinschaft Neurodermitisschulung im Kindesalter erstellten Rahmenbedingungen: Informationen zur stadiengerechten Behandlung, Einübung und Transfer in den Alltag, mögliche Auslöser und deren Vermeidung, Entspannungsverfahren, Umgang mit psychosozialen Belastungen von Kindern und Eltern, Umgang mit Juckreiz und Erarbeiten von Kratzalternativen, kindgerechte Ernährung und Diagnostik von Nahrungsmittelallergien.

57.3.1 Schulungsprogramme für Erwachsene

- „Chronische Hauterkrankungen – Ein psychologisches Behandlungsprogramm" (Niepoth, 1998)
- „Gesundheitstraining der Deutschen Rentenversicherung Bund (ehem. BfA) – Neurodermitis constitutionalis" (Aulepp, Feldmann-Bödekker, Schuh et al., 2003)
- „Neurodermitis bewältigen – Dermatologisches Schulungsprogramm" (Stangier, Gieler, Ehlers, 1996)

57.3.2 Schulungsprogramme für Kinder, Jugendliche und ihre Eltern

- „Fühl mal" – Neurodermitis-Verhaltenstraining für Kinder, Jugendliche und ihre Eltern (Scheewe, Warschburger, Clausen et al., 1997)
- „Elternseminar zu Atopischer Dermatitis" (Grüber, Paul, Lehmann et al., 1996)
- „Manual Neurodermitisschulung (Version für Kinder und Jugendliche)" (Scheewe, Werfel, Lotte et al., 2008)
- „Manual Neurodermitisschulung (Version für Eltern)" (Scheewe, Werfel, Lotte et al., 2008)
- „Pingu Piekfein – Ein Neurodermitis-Schulungsprogramm für Kinder" (Scheewe, Wilke-Clausen, 1999)
- „Psora – Ein Patientenschulungsprogramm für Kinder und Jugendliche mit Schuppenflechte" (Wilke, Keins, Stachow et al., 2002)
- „Verhaltenstraining für Eltern neurodermitiskranker Kinder" (Scheewe, Warschburger, Clausen et al., 1997)

57.4 Gastrointestinale Erkrankungen

Erkrankungen des Magen-Darm-Trakts werden oft als Folge einer Lebensführung betrachtet, welche die Entwicklung körperlicher Erkrankungen begünstigt – z. B. übermäßiger Alkohol- und Medikamentenkonsum, Rauchen, mangelnde Bewegung oder unausgewogene Ernährung. Das Spektrum reicht von unkomplizierten Erkrankungen bis zu bösartigen Tumoren.

Neben „unspezifischen" Programmen, etwa Stressbewältigungs- und Entspannungsverfahren im Rahmen der Behandlung gastrointestinaler Erkrankungen, wurden in den vergangenen Jahren 4 spezifische Gesundheitstrainings durch die Deutsche Rentenversicherung Bund entwickelt, die nachfolgend aufgeführt sind. Eine detaillierte Beschreibung findet sich in der Datenbank für Patientenschulung der Universität Würzburg.

Die einzelnen Schulungen informieren über die jeweilige Erkrankung (Ursachen, Symptome, Diagnose, Verlauf, Behandlungsmöglichkeiten etc.) und individuelle Bewältigungsmöglichkeiten:
- „Gesundheitstraining der Deutschen Rentenversicherung Bund (ehem. BfA) – Anus praeter naturalis" (Zilly u. Goischke, 2010),
- „Gesundheitstraining der Deutschen Rentenversicherung Bund (ehem. BfA) – Chronisch-entzündliche Darmerkrankungen" (Zilly u. Goischke, 2003),
- „Gesundheitstraining der Deutschen Rentenversicherung Bund (ehem. BfA) – Chronische Lebererkrankungen" (Zilly u. Goischke, 2003),
- „Gesundheitstraining der Deutschen Rentenversicherung Bund (ehem. BfA) – Chronische Pancreatitis" (Zilly u. Goischke, 2003).

57.5 Patientenschulungen bei Diabetes

Verglichen mit anderen chronischen Erkrankungen haben Patientenschulungen bei Diabetes eine sehr lange Tradition: Bereits 1978 wurde das erste Programm in Deutschland eingeführt. Während der Fokus ursprünglich auf der Wissensvermittlung lag, etablierten sich seit Beginn der 1990er Jahre Schulungsprogramme mit dem Ziel, die Patienten zum Selbstmanagement zu befähigen und neben Wissensaspekten auch kognitive, emotional-motivationale und behaviorale Faktoren zu berücksichtigen. Schulungen für Diabetespatienten zählen zu den am besten evaluierten Programmen.

Mit unterschiedlichen Schwerpunkten beinhalten die unten aufgeführten Programme folgende Themenbereiche: das Krankheitsbild Diabetes incl. Begleit- und Folgeerkrankungen, Behandlung, Insulininjektion, Insulintagebuch, Ernährung, Gewichtsreduktion, Bewegung, Fußpflege, Medikamente, Selbstkontrolle. Programme, die den Selbstmanagementansatz in den Mittelpunkt rücken, fokussieren zusätzlich auf die Themen subjektives Krankheitserleben, Motivationsklärung, Selbstbeobachtungsprotokolle, individuelle Zielklärung, praktisches Erproben, Bilanzierung neuer Fertigkeiten, Stabilisierung von Kurserfolgen, Empowerment etc. (vergl. MEDIAS 2).

- „MEDIAS 2 Basis – Mehr Diabetes Selbstmanagement für Typ 2 – Ein neues Schulungs- und Behandlungsprogramm für Menschen im mittleren Lebensalter mit einem Typ-2-Diabetes, die ihren Diabetes nicht mit Insulin behandeln" (Kulzer, Hermanns, Maier et al., 2004)
- „MEDIAS 2 ICT – Mehr Diabetes Selbstmanagement für Typ 2 – Ein neues Schu-

lungs- und Behandlungsprogramm für Menschen mit einem Typ-2-Diabetes mit einer intensivierten Insulintherapie (ICT)" (Kulzer et al., 2014)
- „MEDIAS 2 CT – Ein neues Schulungsprogramm für Menschen mit Typ-2-Diabetes mit einer konventionellen Insulintherapie (CT)" (Kulzer, Hermanns, Maier et al., 2013)
- „PRIMAS – Leben mit Typ-1-Diabetes – Ein Schulungs- und Behandlungsprogramm für ein selbstbestimmtes Leben mit Typ-1-Diabetes" (Kulzer et al., 2008)
- „HYPOS – Hypoglykämie – Positives Selbstmanagement – Unterzuckerungen besser wahrnehmen, vermeiden und bewältigen" (Kulzer et al., 2006)
- „NEUROS – Aktiv werden – Neuropathie richtig behandeln Das neue Schulungs- und Behandlungsprogramm für Menschen mit Diabetes und Neuropathie" (Kulzer et al., 2008)
- „WENUS – Wieder normal und spontan Sexualität erleben – Schulungs- und Behandlungsprogramm für Männer mit Diabetes und Erektionsstörungen" (Kulzer et al., 2012)
- „Gesundheitstraining der Deutschen Rentenversicherung Bund (ehem. BfA) – Typ 2-Diabetes mellitus" (Haupt, Herrmann et al., 2003)
- „LINDA – Das Schulungsprogramm für Menschen mit Typ-1 oder Typ-2-Diabetes" (Feulner-Krakow, Krakow, 2005)
- „DIAMAND – Training für Diabetiker" (Hasche, Balonier-Werner, Stäblein et al., 2005)
- „Blutglucose Wahrnehmungs- Training (BGAT)" (Fehm-Wolfsdorf, Kerner, Peters, 2001)
- „Typ-I-Diabetiker in Beruf und Alltag" (Petermann, Wendt, Rölver et al. 1996)
- „Behandlungs- und Schulungsprogramm für Typ-2-Diabetiker, die Insulin spritzen" (Berger, Grüßer, Jörgens et al., 2004; 7. Aufl.)
- „Behandlungs- und Schulungsprogramm für Typ-2-Diabetiker, die nicht Insulin spritzen" (Berger, Grüßer, Jörgens et al., 2005; 7. Aufl.)
- „Behandlungs- und Schulungsprogramm für Typ-2-Diabetiker, die Normalinsulin spritzen" (Berger, Grüßer, Jörgens et al., 2004; 4. Aufl.)
- „Curriculum Diabetes Mellitus Typ 2 (DGPR) – Schulungsprogramm für spezielle Patientengruppen in der kardiologischen Rehabilitation" (Franz et al., 2005)
- „Fit bleiben und älter werden – Strukturiertes Schulungsprogramm SGS für Typ-2-Diabetiker im höheren Lebensalter, die Insulin spritzen" (Zeyfang u. Feucht, 2007)

57.6 Patientenschulung bei Rheuma

Die Vielzahl rheumatischer Erkrankungen lässt sich unterteilen in entzündlich-rheumatische Erkrankungen, degenerative („verschleißbedingte") rheumatische Erkrankungen, Stoffwechselstörungen, die mit rheumatischen Beschwerden einhergehen sowie rheumatische Erkrankungen der Weichteile (verschiedene Krankheitsbilder mit Symptomen, z. B. Schmerzen im Bereich von Muskulatur und Sehnen).

Eine lange Tradition haben Patientenschulungen auch in der Rheumatologie; die Schulungskonzepte entstanden nach den Empfehlungen der einschlägigen wissenschaftlichen Fachgesellschaften. Die Deutsche Gesellschaft für Rheumatologie definierte Standards für die Entwicklung von Schulungsprogrammen und legte die primären und sekundären Schulungsziele ebenso fest wie die Merkmale von Struktur-, Prozess- und Ergebnisqualität für die Durchführung der Schulungen als Grundlage für die Zertifizierung der Programme.

Inhaltliche Schwerpunkte der unten aufgeführten Programme sind Informationen über die jeweilige Erkrankung (z. B. Ursache, Diagnose, Verlauf, unterschiedliche Behandlungsmöglichkeiten etc.), Alltagsbewältigung, Schmerzbewältigung, Stressbewältigung, Selbsthilfe, soziale Unterstützung, Krankengymnastik, Sporttherapie, Ernährung, praktische Übungen.

Die Datenbank des Zentrums für Patientenschulung führt folgende Schulungsprogramme für Patienten mit rheumatischen Erkrankungen auf:

- „Schmerz- und Krankheitsbewältigung bei rheumatischen Erkrankungen. Psychologische Hilfen im Einzel- und Gruppentraining" (Jungnitsch, 1992)
- „Chronische Polyarthritis – Ein Schulungsprogramm in 6 Modulen (DGRh)" (Arbeitskreis Patientenschulung der Deutschen Gesellschaft für Rheumatologie Deutsche Rheuma-Liga Bundesverband e. V., 2000)
- „Morbus Bechterew und andere Spondylarthropathien – Ein Schulungsprogramm in 6 Modulen (DGRh)" (Arbeitskreis Patientenschulung der Deutschen Gesellschaft für Rheumatologie Deutsche Rheuma-Liga Bundesverband e. V., 1998)
- „Osteoporose – Ein Schulungsprogramm in 7 Modulen (DGRh)" (Arbeitskreis Patientenschulung der Deutschen Gesellschaft für Rheumatologie Deutsche Rheuma-Liga Bundesverband e. V., 2006)
- „Fibromyalgie-Syndrom – Ein Schulungsprogramm in 6 Modulen (DGRh)" (Arbeitskreis Patientenschulung der Deutschen Gesellschaft für Rheumatologie Deutsche Rheuma-Liga Bundesverband e. V., 1998)
- „Gesundheitstraining der Deutschen Rentenversicherung Bund (ehemals BfA) – Osteoporose" (Härtelt, Link, Gerbig et al., 2003)
- „Nümbrechter Osteoporoseschule" (Peters u. Bode, 2008)
- „Gesundheitstraining Osteoporose – Seminar in mehreren Modulen" (Deutsche Gesellschaft für Orthopädie und Orthopädische Chirurgie (DGOOC), 2008)

Literatur

Köllner V, D'Amelio R, Fliser D et al. (Hrsg.) (2010). Patientenschulung Arterielle Hypertonie Manual zur Leitung von Patientengruppen. München (Urban & Fischer).

Worringen U (2011). Gesundheitstraining: Psychoedukation und Patientenschulung. In: Linden M, Hautzinger M (Hrsg.). Verhaltenstherapiemanual. Heidelberg (Springer), S. 419–424.

Rotering-Steinberg S (1989). Hypertonie? Prävention und Therapie. Gruppenunterstützte Selbstmodifikation für essentielle Hypertoniker (GSEH). Materialien Nr. 21. Tübingen (Verlag der Deutschen Gesellschaft für Verhaltenstherapie).

Anhang

Sachverzeichnis

A

Achse-I-/Achse-II-Störungen 151
– psychisch kranke Straftäter 534
ADHS (Aufmerksamkeitsdefizit-/Hyperaktivitäts-
    störung) 81, 87, 304–323
– adulte 304–314
– – Ablenkbarkeit/Irritierbarkeit 307
– – Achtsamkeitsübungen 308
– – (Be-)Arbeiten, sequentielles statt paralleles 310
– – Coaching 309–311
– – graduiertes Vorgehen 310
– – Gruppenfertigkeitstraining 309
– – Hilfe zur Selbsthilfe 310
– – Komorbiditäten 307
– – P-H-R-G-Problemlöse-Kreislauf 311
– – Psychoedukation(sprogramme) 305–309
– – Trialogforum 311–312
– – Veränderungsfokus 310
– Borderline-Persönlichkeitsstörung 414
– Diagnose 304–305
– Kinder/Jugendliche 315–323
– – Eltern als Coach – Praktisches Workbook
    für Eltern 318
– – Elterntraining 317–318
– – Erziehungsstrategien, effektive 319
– – Kompetenztraining für Eltern sozial auffälliger
    Kinder (KES) 317
– – kurzes ADHS- Psychoedukationsprogramm
    für Eltern (KAPPE) 318–321
– – OptiMemos 318
– – Präventionsprogramm für Expansives
    Problemverhalten (PEP) 317
– – Psychoedukation(sprogramme) 315–322
– – – praktische Durchführung 306–308
– – – Stellenwert 315
– – – Verstärkerplan 319
– – – Wackelpeter und Trotzkopf 316–317
– Sprechstunde, ambulante, an einem allgemeinen
    psychiatrischen Versorgungskrankenhaus 311–312
– Teufelskreis 320

ADHS-spezifisches Coaching 309–311
Adipositas 296–297
– s.a. Essstörungen
– PEPP 588
ADS-Elterntraining 317–318
ärztlicher/fachärztlicher Bereich, Psychoedukation
    29–30
affektive Erkrankungen/Störungen 197–259
– Borderline-Persönlichkeitsstörung 414
– PEPP 581, 589
Agoraphobie 262, 265, 268
Akut- und Langzeitbehandlung 6
Akzeptanz zeigen 40
Albträume 341
– Suizidhinterbliebene 341
Alkoholabhängigkeit 110–119
– Abstinenz, konstante und zeitlich begrenzte 111
– Abstinenz-Motivationsprogramm,
    Alkoholfrei mit Pfiff (AMP) 115
– Einstellung zum Trinken 111–112
– empathic person-centered style 113
– Epidemiologie 110–111
– Folgeerkrankungen 111, 117
– Jellinek-Typologie 115
– Katamnesezeitpunkt 111
– Motivational Interviewing Skill Code (MISC) 113
– Motivationsprozesse 112–114
– Psychoedukation(sprogramme) 114–117
– Veränderungsabsichten/-prozesse 112–113
– Verhaltenstherapie 113
Alliance-Psychoedukations-Programm 67–68
– Beziehung und Sexualität 381
– Schizophrenie 67, 381
alltägliche Belastungen
– ADHS 315
– Problemlösetraining 503
Alzheimer-Demenz 99–104
– AENEAS-Studie 103
– Frühdiagnose/-erkennung 100–101
– Gruppenprogramme 101
– Liquoruntersuchung 99
– Manuale für Patienten und Angehörige 103–104
– PEPP 583
– PET-Untersuchung 99

Sachverzeichnis

- Psychoedukation, aktueller Stand 100–102
- – für Angehörige 102–103
- Tele.TAnDem-Projekt 103–104

ambulante nervenärztlich-psychiatrische Versorgung, psychoedukative Gruppen 567–574

ambulantes Setting 10–11

Amisulprid 154

amnestisches Syndrom, PEPP 583

Aneignungs-/Verarbeitungsleistung, Bereitschaft 58–59, 100, 553

Anforderungs-Kontroll-Modell, PeBAS 506

Angehörige
- Belastungen 440
- informieren Angehörige (AiA) 458–460
- Psychoedukation 3, 437–479
- von Schlaganfallpatienten 600
- Stress 440
- Zusammenarbeit mit den Selbsthilfeorganisationen 443

Angehörigengespräche
- diagnosenübergreifende Psychoedukation, Programmübersicht 422
- im Rahmen der Psychotherapie 442–443

Angehörigengruppen
- emotionale Themen 7–8
- Implementierung 8
- Migranten 522
- psychoedukative, Versorgungsrealität 441–442
- Teilnahme 5

Angst(erkrankungen/-störungen) 87, 262–273
- anhaltende 324
- Anteile 268
- Arbeitsunfähigkeit 263
- Behandlungsmöglichkeiten 272
- Bewältigungsregeln 270
- chronifizierte 263
- Definition 267
- Entstehung 269
- Faktoren 268
- Flucht-Kampf-Reaktion 267
- Formen 268
- kognitive Verhaltenstherapie 263
- Komorbidität 262–263, 271
- Leidensdruck, persönlicher 262
- PEPP 581

- Prävalenzdaten 262
- Psychoedukation 262–265, 269
- Psychoedukationsmanuale 265–272
- – Fallbeispiele 266–272
- – Kurzpräsentation 265
- Psychotherapie 272
- Selbstexpositionsübungen 270
- Stressreaktion 267–268
- Teufelskreis 269
- Well-being-Therapie 484

Angstkurve 271

Anorexia nervosa 296
- s.a. Essstörungen
- Bewegungsaufbau 300
- PEPP-PA04B 588

Anorgasmie, SSRI 386–387

Anpassungsstörungen
- PEPP 583
- PEPP-PA04B 589

Antidepressiva in Schwangerschaft/Stillzeit 231–234

Antipsychotika
- Auswirkungen 134
- psychisch kranke Straftäter 540
- schizophrene Erkrankungen 135–136
- in Schwangerschaft/Stillzeit 236–237

Anti-Schmerzsystem 365

Antisoziale Persönlichkeitsstörung 390
- psychisch kranke Straftäter 532

APES-Manual, psychisch kranke Straftäter 542

Aphasie, progrediente, nicht flüssige (PNFA) 94

APS (attenuierte psychotische Symptome) 153

Arbeitsgruppe Psychoedukation bei der Behandlung schizophrener Erkrankungen 2

Arbeitsheft für Patienten 52–53

arbeitsplatzbezogener Stress
- Bewältigung 500–509
- Depression 500
- Erschöpfung(sspirale) 500, 506
- Psychoedukation 501–503
- Psychoedukationsmanual 503
- Psychoedukationsprogramm zur Bewältigung (PeBAS) 503–507
- Über- bzw. Unterforderung 500
- Work-life-Balance 504

Sachverzeichnis

Arbeitsunfähigkeit/Frühberentung 79–80, 558
- Angsterkrankungen/-störungen 263
- arbeitsplatzbezogener Stress 505, 573
- Burn-out-Problematik 572
- Depressionen 500
- Frühintervention 573–574
- psychische Störungen 565–566, 572

Aripiprazol 236
- sexuelle Funktionsstörungen 386

Arzt-Patient-Beziehung, Migranten 523
Ataxien, PEPP 588
Atemwegserkrankungen, Patientenschulung
   (sprogramme) 611–612
attenuierte psychotische Symptome (APS) 153
Aufklärung, umfassende 13
Aufmerksamkeitsdefizit-/Hyperaktivitätsstörung
   s. ADHS
Aufwachstörungen 341
Ausbildungscurriculum 31
Ausbildungselemente/-standards
- DGPE-Empfehlungen 29–37
- für Fachärzte 30
- für Pädagogen 33
- für Pflegekräfte 34–35
- Peer-to-Peer-Psychoedukation, komplementäre 36–37
- psychologische Psychotherapie 31–32
- sozialpädagogischer Bereich 32–33

Ausgebranntsein s. Burnout
Autismus
- Ausschlusskriterium 304
- frühkindlicher, PEPP-PA04B 588

Autogenes Training 526
- Schlafstörungen 349

B

Basis-PEPP (BPEPP) 581
Basistechniken, psychotherapeutische 28–29
Basler Modell
- diagnosenübergreifende Psychoedukation 420, 425–427
- psychotherapeutische Gruppenleitung 426

- Störungen, Integration 426
- Visualisierung, interaktive 425–426

Be-Go-Get-Programm
- Beschreibungen/Evaluationsstudien 194
- Fallbeispiele 187–194
- gesundheitsbezogene Erweiterung 188–190
- krankheits- und gesundheitsbezogene Aspekte,
   Waage-Modell 190
- Module 186–188
- – Belastungsbewältigung 187
- – Frühsymptome und Rückfallprophylaxe 186
- – körperliche und mentale Fitness 187
- – Krankheit und Gesundheit 186, 189
- – Medikation und Nebenwirkungen 186
- – Ursachen und Auslöser 186
- praktische Darstellung 187–194
- Ressourcen und Kompetenzen in der Gruppe 190–192
- salutotherapeutische Interventionen 192–193
- bei Schizophrenie und anderen Psychosen 185–195
- Übungen 191–194
- – Die Bergsteiger-Übung 193–194
- – Die Eiflugmaschine 191–192

Behandlungsoptionen 88
Behandlungsrahmen, Versorgungsrealität 297–299
behavioral variant FTD (bvFTD) 98
Belastbarkeit, persönliche, PeBAS 505–508
Belastungen/Belastungsstörungen
- Angehörige 440
- PEPP 583, 589

Benzodiazepine 229, 407, 425
- Borderline-Persönlichkeitsstörung 411
- in Schwangerschaft/Stillzeit 235–236

Berliner Modell 11
beruhigende Versicherungen 41
BE SMART (Become Empowered:Symptom
   Management for Abuse and Recovery from
   Trauma) 287
Bewältigungs- und Gesundheits-orientierte Gruppen-
   und Einzeltherapie s. Be-Go-Get-Programm
Bezugspflege 67, 179–180
Biofeedback
- Schlafstörungen 349

Sachverzeichnis

- somatoforme Störungen 325, 329, 332
- bipolare Störungen 79, 87, 248–259
  - affektive Symptome 251
  - Depression 254
  - Familientherapie 253, 255
  - Frühsymptommanagement 254
  - Gruppensitzungen, psychoedukativ-kognitive 251–255
  - interpersonelle Therapie 253
  - kognitive Defizite 251
  - kognitive Therapie 253–255
  - Krankheitsverlauf, phasenhafter 251
  - Lebensgeschichte, bisherige, Erfassung 251
  - Lebensrhythmen, Aufrechterhaltung 255
  - PEPP-PA04B 588
  - Psychoedukation 250–255
    - neurobiologische Erkenntnisse 250–255
    - optimierte Therapie 250–255
  - Psychotherapie 250
    - Manuale 253
  - psychotische Merkmale 248
  - rapid cycling 248
  - Stimmungstagebücher 250
- Bipolar-I-/-II-Störungen 254
- BLIPS (brief limited intermittent psychotic symptoms) 152
- Bonner Integratives Versorgungsangebot für Patienten mit Psychosen und deren Angehörige (BIVAP) 11
- Borderline-Persönlichkeitsstörung 394, 403, 406–416
  - Abhängigkeitserkrankungen 414
  - ADHS 414
  - Angehörigenarbeit 414–415
  - Ausheilung, vollständige (recovery) 406
  - Diagnose 392
  - Dialektisch-Behaviorale Therapie (DBT) 407, 413
  - emotionale Themen 412–414
  - Emotionsregulationsstörung 413
  - GAF-Skala 406
  - Informationsvermittlung, Technik 410
  - Komorbiditäten 413–414
  - Mentalisierungsbasierte Therapie (MBT) 407, 413
  - Nähe-Distanz-Konflikt 438
  - Psychoedukation 408–415
    - im Behandlungsalltag 415
    - Gruppenprogramm/-sitzungen 406, 410–411
    - manualisierte Konzepte 408–415
    - Programme 408
    - Teilnahmevoraussetzungen 408–409
    - Themenbereiche 411
    - therapeutischer Rahmen 409–410
    - wissenschaftliche Evidenz 408
  - Psychopharmaka 407
  - Selbstgefährdungsproblematik 407
  - Suizidalität 407
  - Übertragungsfokussierte Psychotherapie (TFP) 407, 413
  - Umwelt, invalidierende 413
  - Ursachenmodell 407
  - Verhaltensweisen, dysfunktionale 413
- brief limited intermittent psychotic symptoms (BLIPS) 152
- Bulimia nervosa 296–297
  - s.a. Essstörungen
  - Bewegungsaufbau 300
- Bupropion 233–234
- Burnout 12, 214–226
  - Amygdala/Hippocampus 222–223
  - arbeitsplatzbezogener Stress 500, 504, 506
  - Copenhagen Burnout Inventory 217
  - Diagnostik 216–218
  - Entstehung, Bedingungsfaktoren 501
  - EUCUSA-Methode (European Customer Satisfaction Association) 216–217
  - Gruppen (PE-Gruppen) 572
  - Maslach Burnout Inventory (MBI) 216
  - Muster-Manual 219–224
  - Präventionsprogramm nach Prof. Stark - theoretische Aspekte 219–224
  - Psychoedukation 214–218
  - Säbelzahntiger-Reflex 223
  - Schmerzerkrankungen, chronische 365
  - Stress(management) 220
  - Trierer Inventar zum chronischen Stress 217
- Burnout-Screening-Skalen (BOSS) 217–218
- Butyrophenone 236

C

Carbamazepin 235
Chloralhydrat 236
Citalopram 233
Clozapin 127, 236
- in Schwangerschaft/Stillzeit 230, 236–237
- Schizophrenie/schizophrenes Residium 127, 385
- sexuelle Funktionsstörungen 386

cognitive disturbances (COG-DIS), Psychoserisiko, erhöhtes 153
cognitive perceptive basic symptoms (COPER), Psychoserisiko, erhöhtes 153
Cologne Early Recognition Study (CER), Psychoserisiko, erhöhtes 153
COPD (chronische obstruktive Lungenerkrankung) 80
Copenhagen Burnout Inventory 217
Coping with Health Anxiety, somatoforme Störungen 326
Cornell-Depressionsskala 101
Co-Therapeuten 49
- Gruppen, psychoedukative 67

D

Degeneration, frontotemporale, lobäre s. frontotemporale, lobäre Degeneration (FTLD)
Delir, PEPP-PA04B 588
Demenz/demenzielle Erkrankungen 87, 93–108
- Coping (Problemlösestrategien) 96
- Ursachen 99

Dependente Persönlichkeitsstörung 394, 403
Depressionen 87
- arbeitsplatzbezogener Stress 500
- Belastung der Angehörigen 200–201
- Dreieck - Fühlen, Denken, Handeln 206–207
- emotionale Themen in Angehörigengruppen 206–210
- Häufigkeit 198
- Heterogenität 198–199
- Muster-Manual 202–210
- - praktische Darstellung und Fallbeispiele 205–210
- Noncompliance 199–200

- psychisch kranke Straftäter 532
- Psychoedukation 201–205
- - für russischsprachige Patienten (PEDruss) 526–527
- - Versorgungsrealität 201–202
- - Wirksamkeitsstudien 201
- psychoedukatives Gruppenprogramm 202–207, 210, 442
- psychosoziale Probleme 199
- Rezidivprophylaxe 199–200
- Rezidivwahrscheinlichkeit 198
- Schuldwahn 199
- Selbsthilfestrategien 202, 206
- sexuelle Funktionsstörungen 377
- Symptome 206–207
- unipolare 198–213
- Verlauf 198
- Well-being-Therapie 484

Deutsche Alzheimer Gesellschaft 104
Deutsche Gesellschaft
- für Psychoedukation (DGPE) 2, 81
- Zwangserkrankungen (DGZ) e.V. 283

Deutsche Psychotherapeutenvereinigung (DPtV) 81
DGPE-Empfehlungen/-Ausbildungsstandards
- Pflegemitglieder 34
- psychoedukative 29–37
- psychologische Psychotherapie 31–32
- Sozialpädagogen und Pädagogen 33

Diabetes mellitus, Patientenschulungen 613–614
Diagnosebegriff, zugehöriger, Akzeptanz 12–13
diagnosenübergreifende Psychoedukation 87, 89, 418–431
- aktueller Stand 420
- Basiscurriculum, Themen 423–424
- Basler Modell 420, 425–427
- Datenlage 420
- Geschichte 420
- Gruppensitzungen 424
- - Ablauf 424–425
- - Themenschwerpunkte 421–422
- Hamburger Modell/Programm 420, 423, 428–430
- Inhaltsvermittlung, fachliche 423
- klinische Aspekte 418–419
- Materialien 420

Sachverzeichnis

- Module, Grundstruktur 423
- Mustermanuale 421–430
- – theoretische Aspekte 421–425
- Patienten-Angehörigen-Gruppen 423
- praktische Darstellung und Fallbeispiele 425–430
- Programmübersicht, Angehörigen-/Patientengruppe 422
- Sitzungsfrequenz 421
- Symptomattribuierungen 419
- Treffgenauigkeit 419
- verlaufs- und behandlungsrelevante Faktoren 419
- versorgungspraktische Aspekte 418
- Wirksamkeit 419

didaktische Prinzipien 28
Disease-Management-Programme (DMPs) 78, 81, 465–466
dissoziative Störungen
- PEPP 581
- PEPP-PA04B 588–589

Dopamin-Hypothese (Somatische Brücke) 537–538
- psychisch kranke Straftäter 538–539, 544

Double Depression 198
Duloxetin 233
Dyspareunie 379
Dysthymien 198

E

Edukation-Skills-Motivation (E-S-M-Gruppe), schizophrene Psychosen 181–182
Ein- und Durchschlafstörungen 344
- schmerzbedingte 369

einheitlicher Bewertungsmaßstab (EBM) 81
Ejakulationsstörungen/-verzögerung 379
- SSRI 386–387

E-Mental-Health 511–512
emotionale Themen
- Borderline-Persönlichkeitsstörung 412–414
- zentrale 7–8

empathic person-centered style, Alkoholabhängigkeit 113
Empathie, Psychoedukation 114
Empowerment (Selbstbefähigung) 74–75
Entspannungsverfahren

- Schlafstörungen 348–349
- Schmerzerkrankungen, chronische 367

Entwicklungsstörungen
- angeborene 228
- umschriebene, PEPP 583

Entzugssyndrom, PEPP-PA04B 588
Epidemiologie und Verlauf 6
Epilepsie
- Folsäuretherapie 229
- Patientenschulung(sprogramme) 600
- Selbsthilfefähigkeit, Verbesserung, psychoedukatives Training 599
- Therapie in der Schwangerschaft 229, 232

Erfahrungsevaluation 62
Erfahrungshintergrund, beruflicher 27
ergänzende Tagesentgelte (ET) 586–587
Erklärungsmodell, mehrdimensionales 14
Erregungsstörungen 379
Erschöpfung s. Burnout
Erziehung 57
Escitalopram 234
Essstörungen 87, 296–303
- s.a. Adipositas
- s.a. Anorexia nervosa
- s.a. Bulimia nervosa
- Alternativverhalten, Aufbau 300–301
- Bewegungsaufbau 300
- Beziehungsaufbau, Grundvoraussetzung 298
- Borderline-Persönlichkeitsstörung 414
- Denkfehler aufspüren 301–302
- Einkaufliste 302
- Ernährungsverhalten, kluges 296–303
- Fasten, Teufelskreise 301
- Information 298
- Kalorienkorridor 299
- Lebensstiländerungen 299
- Manuale für Selbstbetroffene 297–302
- medizinisch-biologische Zusammenhänge 298
- PEPP 581
- Rückfallmanagement 300–302
- Therapieziele, spezifische 298
- Verhaltenskorridor 301
- Versorgungsrealität 297
- Wiegen, Vor- und Nachteile 302

euthyme Therapie, Well-being-Therapie 484

F

Facharzt/-ärzte
- Ausbildungselemente/-standards 30
- für Psychosomatische Medizin und Psychotherapie 17

Fachpflegebereich 33

Familieneinbeziehung
- Bewältigungsforschung 439
- Formen 439–443
- Prädiktoren 438
- Psychoedukation 438–445

Familiengruppen, Teilnahme 5

Familien-Psychoedukation
- aktueller Stand 463
- Alltagsstrategien für Familien und Partner 470–471
- Diskussionsgruppen, ambulante, mit mehreren Familien 467–468
- Erfahrungen 475
- Evaluation 476–477
- Fallbeispiele 474–475
- familiäre Belastungen 469–477
- Fragen 477
- – der Gruppenleiter 473–474
- – von Partnern oder Familienangehörigen 472–473
- Medieneinsatz 475
- niemand ist alleine krank 463–468
- Partner und Familienangehörige, Einbeziehung 464–467
- Perspektiven, neue 471
- praktische Durchführung 471–474
- in der Psychosomatik 463–479
- Schlüsselelemente 518
- Sitzungsablauf 472
- Themen, mögliche 468–469

Familientherapie 466, 567–568

Famoses (modulares Schulungsprogramm Epilepsie für Familien) 599

Feedback-Bögen 10

Fehlervermeidung 62

Fibromyalgie-Syndrom 79, 360, 365, 369–370
- Schulungsprogramm 362, 615

Floppy-infant-Syndrom durch Stimmungsstabilisierer 235–236

Flüchtlinge, Psychoedukation 527–528

Fluoxetin 233–234
- sexuelle Funktionsstörungen 385–386

Folteropfer 527–528

forensische Patienten s. psychisch kranke Straftäter

Formblätter 50–51

Fragebogen-Design 85–86

frontotemporale lobäre Degeneration (FTLD) 94–98
- Gruppenprogramm 97
- Prävalenz 97
- Problemlösestrategien (Coping) 96
- Psychoedukation, aktueller Stand 95–96
- Psychoedukationsmanual 96

Frühberentung s. Arbeitsunfähigkeit/Frühberentung

FTLD s. frontotemporale lobäre Degeneration

funktionelle Körperbeschwerden 19

G

Gangstörung, psychogene 22

gastrointestinale Erkrankungen, Patientenschulungen 612

Gebührenordnung für Ärzte (GOÄ) 81

Gefühle, negative, Mitteilen, psychoedukative Familienintervention (PEFI) 168

Gesamtbehandlungsplan 27

Geschlechtsverkehr, schmerzhafter 379

Gesprächspsychotherapie, Grundelemente 28

Gesundheitsförderung 3
- Selbstwirksamkeit 75–76

Gesundheitsgruppe auf der Station für interkulturelle Psychiatrie der Vitos Klinik Marburg, Migranten 524–525

Gesundheitsmodernisierungsgesetz, Integrierte Versorgung 10–11

GKV-Spitzenverband 81

Global Burden of Disease Study der WHO 151

Göttinger Rücken-Intensivprogramm (GRIP) 362

Grundhaltung 26–27, 67

Gruppen(arbeit/-programme)
- Alzheimer-Demenz 101

Sachverzeichnis

- Einbinden in ein therapeutisches Gesamtkonzept 9–10
- frontotemporale lobäre Degeneration (FTLD) 97
- Hospitanten 53
- Koordination, hausinterne 9
- Protokoll 49
- als Schicksalsgemeinschaft 45
- therapeutische, Grundprinzipien 28–29, 49
- therapeutische Wirkfaktoren 44–46
- trialogische Perspektive 53
- Verfahren 568
- Zusammenhalt 45

Gruppenpsychotherapie 44–46
Gruppensetting, von anderen lernen 45–46

H

Häufigkeitsberechnungen 61
Haloperidol 236–237
Hamburger Paarsexualtherapie 378–379, 382
Hamburger Programm
- Anspannungsregulationstraining 428–430
- diagnosenübergreifende Psychoedukation 420, 423, 428–430
- Erlebenskreislauf, psychologischer 428
- psychologisches, vom Problem zum Verhalten 429

Handlungswissen, praktisches 6
HEDE-Training, Well-being-Therapie 485
Herz-Kreislauf-Erkrankungen, Patientenschulungen 609–611
Hintergrundwissen, allgemeines 6
Histrionische Persönlichkeitsstörung 394, 403
Hoffnung verbreiten 41–42
HONcode (Health On the Net Code of Conduct), internetbasierte Psychoedukation 514
Hospitanten, Gruppensitzungen 53
Humorkompetenz einsetzen 42
Hyperarousals, Schlafstörungen 344–345, 349
hyperkinetische Störungen, PEPP 583
Hypertonie, Patientenschulungsprogramme 610–611
Hypnotika in Schwangerschaft/Stillzeit 235–236
Hypochondrie/hypochondrische Störung 324–325, 329–330

- Psychoedukation, Wirksamkeit 326
- Skalen, spezifische 331

I

ICF-basierte Patientenschulung, Schlaganfall 600
Ich-Botschaften, psychoedukative Familienintervention (PEFI) 168
Ich-Dystonie, Persönlichkeitsstörungen 391
Ich-Syntonie, Persönlichkeitsstörungen 391–392
IG3-S-Projekt 11
Illness Attitude Scales 331
Implementierung 8–11
Impulskontrollstörungen, PEPP 583
indikationsorientierte Psychoedukation 481–594
Informationsblätter 50–51
Informationsvermittlung, interaktive 51
Insomnie 341–342
- DSM-5-Kriterien 342
- nicht-medikamentöse Therapie 345–351
- nichtorganische, diagnostische Leitlinien, DSM-IV/ICD-10 342
- Ursachen 343–345

Integrierte Versorgung
- ärztliche Therapieempfehlungen, suboptimale 563
- Antragsteller 560–562
- Beantragung 560–562
- berufliche Wiedereingliederung, unzureichende Vorbereitung 563
- Beschreibung 559–560
- Compliance-Diagnostik 562
- Drop out nach Klinikentlassung 563
- Gesetz 558–559
- Gesundheitsmodernisierungsgesetz 10
- Münchner Modell 562–565
- Noncompliance der Patienten 563
- Psychoedukation, Finanzierung 558–566
- psychoedukative Gruppen (PE-Gruppen) 571–574
- Regelversorgung, Probleme, Lösung 563
- Rückfallschutzbehandlung 563

Intelligenzminderung, PEPP-PA04B 588

Interactive Psychoeducational Group Therapy for Traumatized Women (IPGT) 287
International Classification of Sleep Disorders (ICSD), Schlafstörungen 341
internetbasierte Psychoedukation 510–520
- Angebote 513–514
- Chancen 515–519
- Face-to-face-Settings 511
- Handlungsoptionen 516
- HONcode (Health On the Net Code of Conduct) 514
- Inanspruchnahme in der Schweiz 515
- Informationssuche 515
- Intranet, Nutzung 512
- kognitives Training, Offline-Softwareprogramme 516
- Kommunikation 516
- Kontaktaufnahme mit Psychiatern 515
- Nutzer(gruppen) 512, 517
- Nutzung durch Patientenkollektive 516
- Onlineangebote 512–513
- Online-Diskussionsforen 518
- Onlinematerialien oder -programme, unterstützende 517
- Option, reale/virtuelle 510–520
- Rahmenbedingungen 511–512
- Selbsthilfeangebote 514
- Web-Community 513, 517
- Wissensvermittlung, relevante, Qualität 514–515
IPGT s. Interactive Psychoeducational Group Therapy for Traumatized Women

J

Johanniskraut 233–234

K

Kachexie, PEPP-PA04B 588
KAPPE (kurzes ADHS Psychoedukationsprogramm für Eltern) 318–321
- Module 318
Kinder psychisch erkrankter Eltern 446–453
- Auswirkungen und Belastungen 448–449
- genetische Ausstattung 447
- Gespräche mit dem Kind bzw. dem erkrankten Elternteil 451–452
- High-Risk-Forschung 448
- Krankheitsinformationen, altersgerechte 450–451
- Nachfolgegespräche 452
- Psychoedukation 446–452
- - aktueller Stand 449
- - grundsätzliche Aspekte 449–452
- - Indikationsbegründung 446–447
- - Planungsfaktoren, zu beachtende 449–450
- - praktische Darstellung 451–452
- - Setting und Sprache 449
- Ratgeber, Internetlinks, Medien 452
- Risikofaktoren, individuelle/psychosoziale 447
- Setting für Kinder und Jugendliche 450
KISS-Prinzip (Keep It Short and Simple) 15
klientenzentrierte Psychotherapie 567
körperliche Erkrankungen
- Bewältigung 18
- psychisch Erkrankte 482
kognitiv-behaviorale Therapie s. Kognitive Verhaltenstherapie (KVT)
kognitive Aspekte, Psychoedukation 14–15
kognitive Beeinträchtigung
- leichte (MCI) 104–105
- psychisch kranke Straftäter 534, 543
Kognitive Verhaltenstherapie (KVT) 512, 567
- Alkoholabhängigkeit 113
- Angsterkrankungen/-störungen 263
- als Arbeitsbündnis 39
- klassische 19
- psychosefernes Prodrom 154
- Psychoserisiko, erhöhtes 154–155
- schizophrene Erkrankungen 130, 144, 180
- Schlafstörungen 345–351
- Zwangserkrankungen 276–277
kognitives Modell nach Salkovskis 281–282
Kopfschmerzen, medikamenteninduzierte 365
koronare Herzerkrankung, Patientenschulungsprogramme 610
Krampfanfälle, dissoziative 22
Krankenhausfinanzierungsreformgesetz (KHRG) 575

Sachverzeichnis

Krankheitsängste 324–325, 329–330, 333
Krankheitsbegriff 6
- psychisch kranke Straftäter 538
Krankheitsbewältigung 61
- ausgewogene (balanced coping) 361
Krankheitsbewusstsein, angemessenes/fehlendes 330
Krankheitsgewinn, sekundärer 12
Krankheitskonzept 6
Krebserkrankungen, Psychoedukation 602–608
Krebskrank – der direkte Weg zur guten Information, Psychoedukationsmanuale 604
Kreuzschmerz, Nationale Versorgungsleitlinie 369, 371, 467
Krisenmanagement
- Gesprächsanleitung 68–69
- Praxisbeispiel 68–70
Krisenplan 69–70
Kurzintervention bei Patienten mit Alkoholproblemen 114

L

Lamotrigin 235, 384
Lebensqualität
- Förderung(skonzepte) 482–483, 486
- Verbesserung 61, 483
lebensqualitätsorientierte Psychoedukation 482–490
- Booster-Treffen 488
- Muster-Manual, Wissen-genießen-besser leben, ein Seminar für Menschen mit Psychoseerfahrung 485–488
- Treffen, Struktur und Ablauf 487
- Vor-nach-Vergleich 488
Lernbedarf/-bedürfnis 59–60
Lernen als Aneignungsleistung 58
Lernerfolg/-ziel 60–62
Lewy-Körper-Krankheit 99
Lithium 254, 384
- bipolare Störungen 254
- Intoxikation 235
- in Schwangerschaft/Stillzeit 229, 234–235

M

Manie, akute, Deeskalationstechniken 248–249
MAO-Hemmer in Schwangerschaft/Stillzeit 232
Marburger Schmerzbewältigungstraining 362
Maslach Burnout Inventory (MBI) 216–217
Maßregelvollzugspatienten, Psychoedukation zur Motivierung für eine psychodynamische Psychotherapie 548–557
McLean-Harvard First Episode Mania Study 250
Medically Unexplained Symptoms (MUS) 324
Medizinische Familientherapie 466
Medizinisches Versorgungszentrum (MVZ), psychoedukative Gruppen, ambulante 567–574
Mehrfamilien-Setting 440
Mentalisierungsbasierte Therapie (MBT), Borderline-Persönlichkeitsstörung 407, 413, 415
Migräne 365
Migranten/Migrationshintergrund
- Angehörigengruppen 522
- Arbeit mit Dolmetschern 523–524
- Gesundheitsgruppe auf der Station für interkulturelle Psychiatrie der Vitos Klinik Marburg 524–525
- Hintergrund und Datenlage 521
- Kommunikationsprobleme 522
- Kulturschock 527
- PEFI 522–523
- psychiatrisch-psychotherapeutische Angebote, Inanspruchnahme in Deutschland 521–522
- psychische Störungen 522
- Psychoedukation 521–530
- – interkulturelle Aspekte 522–523
- – Praxisbeispiele 524
- psychoedukative Gruppen am Vitos Klinikum Hadamar, muttersprachlich unterstützte 525–526
- psychosomatische Störungen 522
- Rollenspiel für Patienten 525–526
- therapeutische Grundhaltung 523
mild cognitive impairment (MCI) 104–105
Milieutherapie, Psychosen, schizophrene 179–181, 533
Mini-Mental-Status-Test 101
Mirtazapin 233–234, 384–385

Mitarbeiter, Motivierung 10
Mobbing
- arbeitsplatzbezogener Stress 504
- Erkennen, rechtzeitiges 215
- Schmerzkrankheit, chronische 360, 364
Modellfunktion nutzen 40–41
Moodstabilizer in Schwangerschaft/Stillzeit 234–235
MOSES (Modulares Schulungsprogramm Epilepsie) 599
Motivational Interviewing Skill Code (MISC), Alkoholabhängigkeit 113
Münchner Modell 11
- Integrierte Versorgung 562–565
Multidimensional Inventory of Hypochondriacal Traits 331
Multiple Sklerose
- MS-COPE 596
- Patientenschulungen 596–597
- Selbstbeobachtungs- und Bewältigungskompetenz 23–24
Myoklonus, psychogener 22

N

Narzisstische Persönlichkeitsstörung 394, 402–403
National Alliance on Mental Illness (NAMI) 455
nervenärztlich-psychiatrischer Facharzt, niedergelassener, psychoedukative Gruppen, ambulante 567–574
Neurodermitis 609, 612
- Patientenschulungen 612
Neuroleptika
- atypische 236
- Manie, akute 249
- Nebenwirkungen 125
- in Schwangerschaft/Stillzeit 236–237
Neurologie, Psychoedukation 22–24
neurologische Erkrankungen, Patientenschulung 596–601
neuropsychiatrische Nebendiagnose ohne neuropsychiatrische Hauptdiagnose, PEPP 583
neurotische Störungen 263

- PEPP 582
- PEPP-PA04B 588–589
NICE-Guidelines 418

O

Olanzapin 154, 236–237, 384
Orgasmusstörungen 379
Ottawa-Charta 75

P

Pädagogen
- Ausbildungselemente/-standards 33
- psychoedukative Gruppen, Durchführung 33
Pain Disability Index 331
PAkT-MS (Patientenschulung zu körperlicher Aktivität und Training bei Multipler Sklerose) 596
Panikstörungen 262, 264, 266–268, 467
- Angstkurve 271
- Bewältigung 270
- Borderline-Persönlichkeitsstörung 414
- generalisierte, Well-being-Therapie 483
- Hyperventilationstest 336
- Manual – Psychoedukation Angst und Panikstörungen 265
- PEPP-PA04B 589
- Posttraumatische Belastungsstörung (PTBS) 286
- Psychoedukationsmanuale 265–266
paraphrasierende Kommentare 51
Parasomnien, REM-Schlaf-assoziierte 341
Parkinsonismus, psychogener 22
Parkinson-Krankheit/-Syndrom
- Neurodegeneration 99
- Patientenschulung 597–598
- psychologische Interventionen, Behandlungsmanual 597–598
- psychosoziales Training 598
Paroxetin 233–234
PAsta (Psychoedukation Angst bei stationären Patienten) 265–266
Patienten informieren Patienten (PiP) 456–458
- Ausbildung anhand eines 5-Stufen-Plans 456

Sachverzeichnis

- Krankheitswissen und Krankheitskonzept, Ergebnisse 457
- Patienten-Moderatoren geleitete Gruppen, Teilnehmer 456–457
- Peer-Moderatoren 460
- Praktikabilität, Pilotstudie 456–458

Patientengruppen
- diagnosenübergreifende Psychoedukation, Programmübersicht 422
- emotionale Themen 7
- Implementierung 8
- Teilnahme 4

Patientenschulungen 62, 596–615
- Atemwegserkrankungen 611–612
- Diabetes mellitus 613–614
- Epilepsie 598–599
- Fibromyalgie 362, 615
- gastrointestinale Erkrankungen 612
- Herz-Kreislauf-Erkrankungen 24, 612
- Hypertonie 610–611
- koronare Herzerkrankung 610
- Multiple Sklerose 596–597
- Neurodermitis 612
- neurologische Erkrankungen 596–601
- Parkinson-Krankheit/-Syndrom 597–598
- Rheuma 614–615
- Schlaganfall 599–600
- somatische Erkrankungen 609

pauschalierendes Entgeltsystem in der Psychiatrie und Psychosomatik s. PEPP

Pavor nocturnus 341

PeBAS (Psychoedukationsprogramm zur Bewältigung von arbeitsplatzbezogenem Stress) 503–507
- Aufbau, modularer 505
- Hilfe zur Selbsthilfe 504
- Muster-Manual 505–507
- persönliche Belastbarkeit 505–508
- psychische Entspannung, Grundlagen 506
- psychische Gesundheit 505–508
- Ressourcen vs. Anforderungen 506
- soziale Kompetenz am Arbeitsplatz 506
- stationsübergreifendes Gruppenangebot 505
- Stressbewältigung, Grundlagen 506
- (teil-)stationäres 507–508

- Vexierbilder 507

Peer-to-Peer-Psychoedukation 454–462
- aktueller Stand 455
- Aufbau 457
- Durchführung, Fertigkeiten, spezifische 37
- komplementäre 35–37
- – persönliche Voraussetzungen 35–37
- Wissensveränderung 457

PEFI (psychoedukative Familienintervention) 35, 163–174, 441, 522
- Forderungen 169
- Gefühle, negative, Mitteilen 168
- Gruppenatmosphäre 172–173
- Ich-Botschaften 168
- Indikation 164–165
- Interventionsstrategien 172
- Kommunikationstraining 166–169
- Medikamentenmodul 171
- Migranten 522–523
- Plus- oder Minuszeichen 169
- Problemlöseschema 169
- Programmüberblick 165–172
- Psychosen, schizophrene 163–174
- Tango-Argentino-Workshop 173
- Teilnehmerkreis 164–165
- Wiederauffrischungssitzung 170
- Zuhören, aktives 167

PEGASUS-Manual, Evaluationserhebung 61

PEPP (pauschalierendes Entgeltsystem in der Psychiatrie und Psychosomatik) 81, 575–594
- Behandlungsepisoden, Zuordnung, Software 581
- bewertetes/unbewertetes 584
- Bewertungsrelationen 581
- Controllingperspektive 579
- Datenverarbeitung und Qualitätskontrolle, Prozessmodell 592–593
- Definitionshandbuch 577, 582–583
- Deutsche Kodierrichtlinien Psychiatrie Psychosomatik (DKR-Psych) 577
- Dokumentationsstrategien 578–579
- Entgeltkatalog 577
- Funktionen 588–589
- gesetzlicher Hintergrund 575–576
- Groupersoftware 581, 588–590, 592

PEPP
- Grundannahmen 576
- Grundgerüst 582
- ICD-10-GM-Version 576
- IT-gestützte Datenverarbeitung 578
- Kennzahlen zukünftiger Steuerung 592–594
- Klinikstrategie 579
- MDK-Prüfsicherheit 579
- Operationen- und Prozedurenschlüssel (OPS) 577
- PA04A 584–585, 590
- PA04B 584–585, 587–588
- PA04C 584–585
- Regelwerke 576–578
- Schulungsaufwand/-strategie 578–580
- Vergütungsklassen 581, 584–585
- Verordnung (PEPPV) 578
- Zeitplan 576–577

PEPS (Psychoeducation with Problem Solving), Persönlichkeitsstörungen 392–393
Persönlichkeitsentwicklung, Richtungen 402
Persönlichkeitsstil
- anhänglicher 394, 403
- Aufrechterhaltung 400–401
- Beziehungsgestaltung 400–401
- dimensionales Modell 393–394
- dramatischer 394, 403
- Einführung, psychoedukative Module 397–398
- gewissenhafter 394, 403
- problematischer 398–402
- psychische Erkrankungen 401–402
- psychosomatische Störungen 401–402
- psychosoziale Kompetenzen 402–403
- selbstbewusster 394, 403
- sensibler 394, 400, 403
- sprunghafter 394, 403
- Stärken/Schwächen 398
- Stressbelastung 398
- unflexibler 392–393
- Varianten 394

Persönlichkeitsstörungen 87, 390–405
- Ich-Dystonie 391
- Ich-Syntonie 391–392
- Muster-Manual 393–402
- Narrative 399

- PEPP 583
- PEPS (Psychoeducation with Problem Solving) 392–393
- psychisch kranke Straftäter 532
- Psychoedukation
- – aktueller Stand 391–393
- – Begründung 390–391
- – Gruppenprogramm 394–397
- – kompetenzorientierte Module 402
- – Module 398–402
- rauschmittelabhängige Straftäter 554
- Rollenspiele 399
- Teufelskreise, kognitiv-interpersonelle 400–401
- Überzeugungen/Schemata und ihr Einfluss auf das Verhalten in konkreten Situationen 399–400

Pflege 33
- psychiatrische, Kernpunkte 65–66
- psychoedukative Begleitung 66–70
- psychoedukative Gruppen 34

Phasenprophylaktika in Schwangerschaft/Stillzeit 234–235
Phenothiazine 236
Phobien
- PEPP 581
- PEPP-PA04B 589
- soziale 268
- spezifische 268

Pipamperon, sexuelle Funktionsstörungen 386
Pittsburgh Sleep Quality Index (PSQI), Schlafstörungen 352
Platzangst 265
PNFA s. progrediente nicht flüssige Aphasie
Post-partum-Psychose 227
Posttraumatische Belastungsstörung (PTBS) 87, 285–293
- Angstsymptome 286
- Lebenszeitprävalenz 285–286
- Manual 288–291
- Psychoedukation 285–291
- Schlafstörungen 286

Psychologische Psychotherapeuten 10
Präadipositas 296
Prä-PEPP 581
Problemlösegespräche, strukturierte 43–44

Sachverzeichnis

progrediente nicht flüssige Aphasie (PNFA) 94
Progressive Muskelrelaxation nach Jacobson, Schlafstörungen 348–349
Prolactin
- Erhöhung durch Psychopharmaka 385
- sexuelle Funktionsstörungen 384
psychisch kranke Menschen
- Rehabilitation, berufliche 499
- Stressbewältigungstraining 503
psychisch kranke Straftäter 531–547
- Abschluss-Sitzung 540
- Antipsychotika 540
- APES-Manual 536–542
- Behandlungskonzept der II. Teilvollzugsabteilung im KMV Berlin 533
- Besonderheiten 534
- Compliance 543
- Delinquenz 539, 543
- Dopamin-Hypothese (Somatische Brücke) 537–538
- Frühwarnzeichen 540
- Gruppenteilnehmer, Äußerungen, mögliche 542–543
- Herstellung von Therapiefähigkeit 532
- im Justizvollzugskrankenhaus Berlin (JVKB) 536–542
- kognitive Störungen 543
- Komorbidität 534, 543
- im Krankenhaus des Maßregelvollzugs (KMV) 536–542
- Krankheitsbegriff 538
- Krankheitsbilder 539
- Krisenplan, Erstellung 541
- Medikamente und Nebenwirkungen 539
- Motivation 543
- Prävalenz 532
- Psychoedukation 534–544
- - aktueller Stand 535–536
- - Auflockerungsübungen 544
- - Besonderheiten 531–535
- - Manuale 536–542
- - Motivationsaufbau 544
- - praktische Anregungen 544
- - Synapsen-Modell, Einsatz 544

- - Themenschwerpunkte 544
- psychosoziale Maßnahmen 539
- Psychotherapie 539
- Rezidivprophylaxe 540
- Rückfallrisiko, Behandlungsintensität 531
- Selbsthilfestrategien 541
- Sitzungsablauf 536–537
- Stress 534
- Stressmanagement 541
- Synapsenmodell-Zeichnung 537
- Vulnerabilitäts-Stress-Bewältigungs-Modell 537–539
- Waage-Modell 539
- Wissensvermittlung, praktische Techniken 542–544
psychische Erkrankungen
- arbeitsplatzbezogener Stress 500
- Exazerbation nach Schwangerschaft 227
- genetische Ausstattung 447
- kleinster gemeinsamer Nenner 15
- körperliches Erkrankungsrisiko 482
- Migranten 522
- Persönlichkeitsstil, Einfluss 401–402
- Prävalenz 79
- Psychoedukation, Häufigkeit und Relevanz 85–91
- Rehabilitation, berufliche 491–498
- im Wochenbett 238
psychische Gesundheit, PeBAS 505–508
psychodidaktisches Vorgehen 51–54
psychodynamische Psychotherapie 17, 19–20
- Gruppentherapie 362
- für Maßregelvollzugspatienten in der Entziehungsanstalt 548–557
- Motivierung für rauschmittelabhängige Straftäter 549–550
Psychoedukation
- ärztlicher/fachärztlicher Bereich 29–30
- affektive Erkrankungen 197–259
- ambulante, Verstärkung 62–63
- Angehörigeneinbeziehung 437–479
- Arbeitsheft für Patienten 52–53
- Blitzlichtrunde 40, 51–53, 288, 410, 487, 606
- Chancen 23–24

Psychoedukation
- bei Depression für russischsprachige Patienten im ambulanten Setting (PeDruss) 526–527
- diagnosenübergreifende s. diagnosenübergreifende Psychoedukation
- Disease-Managment-Programme (DMPs) 78
- Durchführung 87–88
- Eingangsblitzlicht 52, 166
- Einladungsprozedere 48–49
- Einsatz, frühzeitiger und systematischer 15–16
- emotionale Aspekte/Themen 12–13, 131
- Empathie 114
- Erwachsenenbildung 57
- Familieneinbeziehung 438–445
- Finanzierung im Rahmen der Integrierten Versorgung 558–566
- Flüchtlinge/Folteropfer 527–528
- Gesichtspunkte, multiprofessionelle 26–27
- gesundheitspolitische Implikationen medizinischer und gesundheitsökonomischer Fakten 78–84
- indikationsorientierte s. indikationsorientierte Psychoedukation 481–594
- Indikation/Voraussetzungen 4
- internetbasierte s. internetbasierte Psychoedukation 510–520
- im klinischen Routinebetrieb 576
- kognitive Aspekte 14–15
- komplementäre 34
- Kontraindikationen 4, 88
- Kostensenkung 80
- mit Krebspatienten 605
- lebensqualitätsorientierte s. lebensqualitätsorientierte Psychoedukation 482–490
- Medien und Materialien 50–51
- methodische Einordnung 12
- Migration 521–530
- in der Neurologie und anderen somatischen Fachgebieten 22–24
- Organisation 5–6, 28, 48–49
- pädagogische Perspektive 56–64
- Peer-to-Peer-Konzept 454–462
- pflegerische Perspektive 65–73
- Positionierung, zeitliche 48
- in der Psychiatrie 17
- psychisch kranke Straftäter 531–547
- psychische Erkrankungen 85–91
- psychologischer/psychologisch-psychotherapeutischer Bereich 30–32
- Psychoonkologie 602–608
- psychosomatische Medizin 17–21
- psychotherapeutisches Setting 424, 430
- Qualitätsanforderungen an den durchführenden Therapeuten 27–29
- rauschmittelabhängige Straftäter 549–555
- in der Regelversorgung 568–571
- Rolle nach Störungsbereich 18–21
- salutogenetische Sicht 74–77
- Schlussblitzlicht 53, 166, 170, 182, 288, 497
- Struktur und Inhalte 5–6
- therapeutische Haltung 20–21
- Vernetzungskompetenz 28
- Ziele 3

Psychoedukationsmanual(e) 78
- bei Angst- und Panikstörungen 265–266
- Angst bei stationären Patienten (PAsta) 265–266
- FTLD 96
- Krebskrank - der direkte Weg zur guten Information 604
- PIA (Patienten informiert und aktiv) 604
- in der Psychoonkologie 602–608

PsychoEdukations-Modul, pauschalierendes Entgeltsystem in der Psychiatrie und Psychosomatischen Medizin (PE mit PEPP) 575–594

Psychoedukationsprogramm zur Bewältigung von arbeitsplatzbezogener Stress s. PeBAS

Psychoedukationsprojekt Soest 70–72
- Beispielkrisenplan 70

psychoedukative Familienintervention s. PEFI

psychoedukative Gruppen (PE-Gruppen)
- Abrechnungsbestimmungen/-ziffer für EBM 570
- ambulante nervenärztlich-psychiatrische Versorgung 567–574
- Burnout 572
- Diversifikation 419
- Effektivität 571
- einheitlicher Bewertungsmaßstab (EBM) 569–570
- - Abrechnungsziffern 570, 572

Sachverzeichnis

- Fähigkeiten für die Durchführung 30–34
- Frühintervention 572
- – bei arbeitsunfähig Erkrankten mit psychiatrischer oder psychosomatischer Diagnose 573–574
- Hospitation 30
- Integrierte Versorgung 571–574
- Krankenhäuser, kooperierende 572
- Leistungserbringer-Organisationen 572
- Maximal-Berechnung für eine Sitzung 570
- Module 573–574
- muttersprachlich unterstützte für Migranten am Vitos Klinikum Hadamar 525–526
- in nervenärztlich-psychiatrischen Praxen 568–569
- Programm bei problematischem Alkoholkonsum (PEGPAK) 114
- Psychotherapie-Vergleich 570–571
- Wirtschaftlichkeit 569–570

psychoedukative Gruppentherapie (PEGTh) 81
psychoedukative Programme 19
- stationärer Bereich 80–81

psychoedukatives Modell, Entwicklungsgrad 78
psychoedukatives Trainingsprogramm
- für Epilepsie, Selbsthilfefähigkeit, Verbesserung 599
- für Patienten mit Multipler Sklerose (PTMS) 458, 597–598

psychologische Krankheitshypothesen 281
psychologische Psychotherapeuten 10
psychologische Psychotherapie
- Ausbildungselemente/-standards 31–32
- praktisch-klinische Erfahrung 31

Psychoonkologie
- Psychoedukation 602–608
- Psychoedukationsmanuale 604–608

Psychopharmaka
- Absetzphänomene 231–232
- Basisinformationen zu Schwangerschaft und Wochenbett 238
- Borderline-Persönlichkeitsstörung 407
- perinatale Symptome 234
- Prävention durch Planung 238
- präventive Maßnahmen 228
- Prolactinerhöhung 385
- in Schwangerschaft/Stillzeit 227–239
- Teratogenität 228–232, 234
- Therapieplanung 227–230
- Verhaltensteratogenität 232, 234
- Wirkungen 231

psychosefernes Prodrom 154
- Kognitive Verhaltenstherapie (KVT) 154

Psychosen 87
- s.a. psychotische Episoden
- Basissymptom-Kriterien 153
- Begriffsdefinition 158
- bewältigungs- und gesundheitsorientierte Therapie, Die Bergsteiger-Übung 193–194
- Entstehung 170
- psychisch kranke Straftäter 532
- Risikofaktoren und Funktionseinbußen 153
- Risikokriterien 151
- Risikosymptomatik 151
- schizophrene s. schizophrene Psychosen
- sexuelle Funktionsstörungen 377–378
- unbehandelte 157

psychosenahes Prodrom 154
- Amisulprid 154

Psychoserisiko, erhöhtes 151–162
- Amisulprid 154
- Behandlungsbesonderheiten 155
- Belastbarkeit, geringe 155
- Einzeltherapie, psychoedukative 156–160
- Frühintervention, Effektivität 154–155
- Frühsymptome 157–158
- Gedankenblockierung 159
- Hirnstoffwechsel, Überaktivität 158–159
- Kognitive Verhaltenstherapie (KVT) 154–155
- Krankheitstheorie, subjektive, des Patienten 156–157
- Krankheitsverständnis 156–157
- Symptome 159
- UHR-Kriterien 154

Psychose-Seminare 53
psychosomatische Medizin 17
- Psychoedukation 17–21
- und Psychotherapie, Facharzt 17

psychosomatische Störungen
- Alltagsstrategien für Familien und Partner 470–471
- arbeitsplatzbezogener Stress 500
- familiäre Belastungen 469–477
- Migranten 522
- PEPP 583
- Persönlichkeitsstil, Einfluss 401–402

psychosoziale Kompetenzen, Persönlichkeitsstil 402–403

psychosoziale Therapien
- Lebensqualität, Verbesserung 483
- psychisch kranke Straftäter 539
- psychische Erkrankungen, Schwere 79

psychotherapeutische Haltung 39–42

psychotherapeutisches Setting nach Kohler
- Arbeit mit Metaphern 430
- Psychoedukation 424, 430

Psychotherapie
- ambulante, gestufte, Modell 82
- Angehörigengespräche 442–443
- Angsterkrankungen/-störungen 272
- Elemente 42–44
- internetbasierte s. internetbasierte Psychoedukation
- psychisch kranke Straftäter 539
- sexuelle Funktionsstörungen 378–380
- Strategien 42

psychotische Episoden
- s.a. Psychosen
- erste, Risikokriterien 152–154
- Ultra-high-risk-(UHR-)Kriterien 152

psychotische Krise 157–158

psychotische Symptome
- attenuierte (APS) 153
- transiente 152

PTBS s. Posttraumatische Belastungsstörung

Q

Qualifizierungsstandards, berufsgruppenspezifische 29–37

Qualitätsanforderungen an den durchführenden Therapeuten, Psychoedukation 27–29

Quality of Life Therapy 484
Quetiapin 236

R

rauschmittelabhängige Straftäter 548–557
- Psychoedukation 549–555
- – Abschluss 555
- – Abwehr, Widerstand und Rückzug 553
- – Bewusstes und Unbewusstes, Gedächtnis 552
- – Bindung und Beziehungsgestaltung 553
- – empirische Bewährung 555
- – Entwicklung, theoretische Orientierung 550–551
- – Gefühle, Bedeutung 554
- – Gesamtprogramm, Struktur 551–555
- – zur Motivierung für eine psychodynamische Therapie 549–550
- – Persönlichkeit, Entwicklung 553–554
- – Persönlichkeitsstörungen 554
- – praktische Orientierung 551
- – Schwierigkeiten, aktuelle 555
- – Sichtweisen, andere 555
- – Therapie und Veränderung 552
- – ungesagt Gebliebenes 555
- Rückfallprophylaxetraining (RPT) 549

Reboxetin 233–234
Recovery (Wiederherstellung) 74, 76
Regelversorgung, Psychoedukation 568–571
Rehabilitation, berufliche
- psychisch kranke Menschen 491–499
- Psychoedukation 491–492
- ZERA-Programm 492–498
- Schizophrenie 185–195

Resilience (Widerstandskraft) 74, 76
Ressourcenaktivierung 39
Ressourcenorientierung 13–14
Rheuma, Patientenschulungen 614–615
Risperidon 154, 236
Rollenkonflikte, arbeitsplatzbezogener Stress 504
Rollenspiele durchführen 28, 44, 485, 517
- bei Einbeziehung von Angehörigen 456
- bei Migranten 525

Sachverzeichnis

- bei neurologischen Erkrankungen 608
- bei Persönlichkeitsstörungen 396, 398–399
- bei schizophrenen Erkrankungen/Psychosen 163, 165, 167, 169, 182
- bei sexuellen Funktionsstörungen 381
- videogestützte 36

Rückenschmerzen 365
Rückfallprophylaxetraining (RPT), rauschmittelabhängige Straftäter 549
Rücklauf-Fragebogen 86

S

Salutogenese 74
salutogenetisches Potenzial, Psychoedukation 76–77
SAR (Sexual Attitude Restructuring), sexuelle Funktionsstörungen 381
Schaubilder, Wiederholung, regelmäßige 51–52
Scheidenkrampf (Vaginismus) 379
Schematherapie
- affektive Erkrankungen 255–256
- Borderline-Persönlichkeitsstörung 407, 413

schizoaffektive Störungen 3, 189, 384, 457
- Borderline-Persönlichkeitsstörung 414
- Internetangebote 516, 518
- real-time chat programs 518

schizophrene Patienten, ersterkrankte 140–150
- Anforderungen, besondere 140–145
- Angehörige, Einbeziehung 144–145
- Behandlungsanforderungen 141–142
- Häufigkeit 140
- Kognitive Verhaltenstherapie (KVT) 144
- Krankheitsverlauf 140–141
- Muster-Manual 145–147
- Psychoedukation 145–147
- Ratgeber, Links, Medien 147
- Regelbetreuung 147
- Relevanz 140
- Rezidivprophylaxe 145–147
- Rückfallraten 141

schizophrene Psychosen 122–127
- Borderline-Persönlichkeitsstörung 414
- Frühwarnzeichen 165–166

- Kommunikationstraining 166–169
- Krankheitsbewältigungsstrategien 166
- Medikamentenmodul 172
- PEFI (psychoedukative Familienintervention) 163–174
- Problemlösekonzept 165
- Suchterkrankungen 175–184
- – Craving-Protokoll 180–181
- – Doppeldiagnosestation des Isar-Amper-Klinikums 177
- – Edukation-Skills-Motivation (E-S-M-Gruppe) 181–182
- – Familienintervention 182–183
- – High Expressed Emotion (high EE) 179
- – integrative Therapie 177–183
- – Milieutherapie 179–181
- – Rückfälle 178
- – soziotherapeutische Interventionen 180
- – Verhaltenstherapie 180
- – Wochenprogramm 182

Schizophrenie/schizophrene Erkrankungen 87, 121–195, 237
- akute 122–139
- Alliance-Psychoedukations-Programm 67, 381
- Antipsychotika 135–136
- Be-Go-Get-Programm 185–195
- Beziehungsgestaltung 132
- chronische 122–139
- Didaktik, Medien, Evaluation 132–133
- Dopamingehalt, erhöhter 133–134
- emotionale Entlastung 130
- Fallbeispiele 133
- in der Forensik und im Justizvollzug 531–547
- grundlegende Fakten 122–123
- Gruppensitzungen, Beispielszenen, idealtypische 133
- Häufigkeit 123
- Informationsvermittlung 130
- Internetangebote 518
- Krankheitseinsicht, fehlende 135
- Krankheitskosten 122
- lack of insight 122
- medikamentöse Behandlung 125–127
- Muster-Manuale 130–136

Schizophrenie/schizophrene Erkrankungen
- Neuroleptika 125–127
- PEPP 581
- Plus- (Positiv-) und Minus- (Negativ-) Symptome 123
- Positivsymptomatik, Reduktion, signifikante 518
- praktische Darstellung 133
- psychisch kranke Straftäter 532, 534
- Psychoedukation 127–131, 185–195
- – aktueller Stand 185–187
- – in deutschsprachigen psychiatrischen Einrichtungen 129
- – in der Rehabilitation 185–195
- psychoedukative Gruppen 129, 131–133, 442
- psychoedukative Manuale 127–128
- real-time chat programs 518
- Schwangerschaftskomplikationen 124
- Setting 130
- Sitzungen, Ablauf 132
- Suchterkrankungen 87, 175
- – soziale Situation 176
- – Therapie, integrative 175–177
- Suizidrate 123
- therapeutische Strategien 132
- Ursachen 124–125
- Verhaltenstherapie 130
- Vulnerabilitäts-Stress-Modell 124–125
- – Fassmodell 125–126
- – Waage-Modell 126
- Well-being-Therapie 484

schlafbehindernde Gedanken 344
Schlafgewohnheiten, ungünstige 344
Schlaflähmung 341
Schlafstörungen 87, 341–357
- Achtsamkeitsübungen 348
- Autogenes Training 349
- Biofeedback 349
- Denkmuster 347
- DSM-5-Kriterien 342
- Entspannungsverfahren 348–349
- Epidemiologie 341
- Gedankenstopp/Gedankenstuhl 347–348
- Hyperarousals 344–345, 349

- International Classification of Sleep Disorders (ICSD) 341
- Katastrophisieren 347
- kognitive Fokussierung 347
- kognitive Kontrolle 351
- kognitive Techniken 346–348
- Kreislauf 344
- Kurzzeittherapie, störungsspezifische 351–352
- nicht-organische 341
- paradoxe Intention 348
- PEPP 581
- PEPP-PA04B 589
- pharmakologisch bedingte 343
- Pittsburgh Sleep Quality Index (PSQI) 352
- Posttraumatische Belastungsstörung (PTBS) 286
- Progressive Muskelrelaxation nach Jacobson 348–349
- Psychoedukation 349–350
- Schlafdauer oder -qualität, reduzierte 344
- Schlafhygiene 349–350
- Schlafrestriktion 346
- Schlaftraining 352
- Schlaf-wach-Rhythmus-Strukturierung 351
- Stimuluskontrolle 345–346
- Teufelskreis 368
- Therapiemanuale, psychoedukative 351–354
- Verhaltenstherapie 345–351

Schlaf-wach-Rhythmus
- Störungen 341, 344
- zirkadianer 345

Schlafwandeln 341
Schlaganfall(patienten)
- Patientenschulung 599–600
- psychoedukativer Kurs für Angehörige 600

Schmerzbewältigung 359
- Strategien 366–367

Schmerzen 87
- Aufrechterhaltung 363
- Bewältigungsprogramme, psychologische 19
- Verarbeitung im Gehirn 363–364

Schmerzerkrankungen, chronische 358–376
- Aalener Manual Psychoedukation 362–373
- – didaktische Hilfsmittel 362
- – Manualinhalte 363–373

Sachverzeichnis

- – Organisationsstruktur 362
- Affekte 364
- Anspannung 369
- Balanced Coping 367
- Bedürfnisse, Umgang 370–371
- Behandlungsbeginn/-ziele 366
- Belastungsgrenzen 367–368
- Bewegung 368–369
- bio-psychosoziales Krankheitsverständnis 364
- Dekonditionierungskreislauf 364
- depressive Somatisierung 365–366
- Diagnostik 359
- Einbeziehung von Partner und Angehörigen 371–373
- Ein- und Durchschlafstörungen 369–370
- Emotionen 358
- Entspannung 367
- Erschöpfungssyndrom 365
- Fear-Avoidance-Modell 364
- Gate-Control-Theorie 363
- Kausalitätsmodelle, körperbezogene 359
- Manuale, verfügbare 361–362
- Medikamente 371
- Pausenmanagement 368
- Psychoedukation 358–361
- psychosoziale Ursachen und Folgen 364
- Reiz-Reaktions-Konzept 363
- Ressourcenaktivierung 370
- Schmerz und Affekt, Differenzierung 370–371
- Selbstbeobachtung 366
- störungsorientierte Differenzierung 360
- Stress 359, 367, 369
- Teufelskreis 364
- Umgang 367
- Unterscheidung 364–365
- Ursachen und Folgen 363

Schmerzfreiheit 359
Schmerzreduktion 359
Schmerzstörungen, somatoforme 365
Schuldwahn, Depressionen, unipolare 199
Schulungsprogramm 18
- für Fibromyalgiesyndrom-Patienten 362

Schwangerschaft
- Komplikationen bei schizophrenen Erkrankungen 124
- Psychopharmaka 227–237
- – Folgewirkungen 231
- – interdisziplinäres Kompetenznetz für jede Patientin 229–230
- – Risikoprofile 230–232

seelische Gesundheit 74
Sehbehinderung, PEPP-PA04B 588
Selbstbefähigung (empowerment) 74–75
Selbst- und Fremdverstärkung 52
Selbsthilfeorganisationen, Angehörige, Zusammenarbeit 443
Selbsthilfestrategien
- ADHS, adulte 310
- Literatur 53
- psychisch kranke Straftäter 541

selbstunsichere Persönlichkeitsstörung 394, 403
Selbstwirksamkeit (self efficacy) 74–75
Sensibilitäts- und Empfindungsstörungen, dissoziative 22
Serotonin-Noradrenalin-Wiederaufnahmehemmer in Schwangerschaft/Stillzeit 233
Serotonin-Wiederaufnahme-Inhibitoren, selektive (SSRIs)
- Anorgasmie/Ejakulationsverzögerung 386–387
- in Schwangerschaft/Stillzeit 233, 365

Sertralin 233
Setting, ambulantes 79
Sexual Attitude Restructuring s. SAR
Sexualität
- empty nest-Effekt 382
- in der psychiatrischen Arbeit 381

sexuelle Funktionsstörungen 377–388
- Complianceprobleme in der Psychiatrie 378
- Depressionen 377
- Diabetes mellitus 382
- der Frau 382–383
- des Mannes 383–384
- Patient mit Residuum 385–386
- PEPP 581
- PLISSIT-Modell 380–381
- Prolactin 384

sexuelle Funktionsstörungen
- Psychoedukation 377–385
- – aktueller Stand 378–381
- – Begründung 377–378
- – Fallbeispiele 384
- – praktische Darstellung 384
- – theoretische Aspekte 382–384
- Psychoedukationsgruppe 385
- Psychosen 377–378
- Psychotherapie 378
- SAR (Sexual Attitude Restructuring) 381
- Therapieprogramme 378–381
- – für Frauen 380
- – für Männer 380–381
- – für Paare 378–380
sexuelle Lustlosigkeit ohne Funktionsstörung 379
Shared-Decision-Making, Migranten, Psychoedukation 523
Sich-Abfinden/Sich-Einlassen 14
Situations-Schmerztagebuch 366
somatische Diagnostik 228
somatische Erkrankungen
- Patientenschulungen 609
- Psychoedukation 22–24
Somatisierungsstörungen 324
somatoforme Störungen 324–340
- Aufmerksamkeitslenkung 328, 332–333
- Biofeedback 329
- Body Checking 335
- Borderline-Persönlichkeitsstörung 414
- Coping with Health Anxiety 326
- dysfunktionales Verhalten 329, 335
- emotionale Belastungen 328, 332–337
- Entdecken, geleitetes 330
- Erklärungsmodell 329–330, 335–337
- Etikettierungsfalle 330
- Explanatory Therapy 326
- Fallbeispiel 332–337
- körperliche Belastungen 19, 332–337
- körpersymptombezogene Kognitionen 328, 334
- Missempfindungen 328–329
- Muster-Manuale 326–337
- PEPP-PA04B 589
- Psychoedukation 325–331
- – aktueller Stand 325
- – Begründung 324–326
- – Dokumentation/Evaluation 331
- – emotionale Themen, Beziehungsgestaltung/Umgang 329–331
- – Literaturüberblick 325
- – Probleme, häufige 330–331
- – Ziele 327–328
- psychoedukatives Curriculum, Informationsinhalte 328–329
- Rückversicherungsverhalten 331, 336
- Schonungsverhalten 335
- Selbstbeobachtungsbögen 331
- Sitzungen, Ablauf 329–331
- Störungsmodell, zusammenfassendes 336–337
- Stress 328, 332–337
- symptomspezifische Sachverhalte, Informationsvermittlung 329, 335
- Symptom-Tagebücher 331
- Wahrnehmungsprozesse 332–335
soziale Phobie 268
soziales Kompetenztraining 31
Sozialpädagogen, Ausbildungselemente/-standards 32–33
Sozialverhaltensstörungen, PEPP 583
soziotherapeutische Interventionen, Psychosen, schizophrene, Suchterkrankungen 180
Spannungskopfschmerz 365
SSRI s. Serotonin-selektive Rückaufnahme-Inhibitoren
stationäres Setting 9, 80–81
Stimmungsstabilisierer in Schwangerschaft/Stillzeit 234–235
Straf- und Maßregelvollzug 543
Straftäter, psychisch kranke s. psychisch kranke Straftäter
Stress
- Angehörige 440
- arbeitsplatzbezogener s. arbeitsplatzbezogener Stress
- Burnout 220
- psychisch kranke Straftäter 534
- Schmerzerkrankungen, chronische 367, 369
- somatoforme Störungen 328, 332–337

Sachverzeichnis

Stressampel, PeBAS 506–507
Stressbewältigung(straining)
- am Arbeitsplatz 502
- psychisch kranke Menschen 503
Stressmanagement
- Burnout 220
- psychisch kranke Straftäter 541
Stressoren 439, 500–501
Substanzabhängigkeit s. Suchterkrankungen
Suchterkrankungen 87, 109–119
- psychisch kranke Straftäter 532
- Psychose, schizophrene 175–184
- Schizophrenie 87, 175
- - Therapie, integrative 175–177
Suizidalität, Borderline-Persönlichkeitsstörung 407
Suizid-Hinterbliebene 241–247
- Eltern und Partner 241–243
- Kinder 243–244
- Psychoedukation 241–246
- - aktueller Stand 244
- - Begründung 241–244
- - bei Erwachsenen 245
- - bei Kindern 245–246
- - praktische Darstellung 244–246
- Trauerphasen 242–243
Symptomatik 6
Systems training for emotional predictability and problem solving for borderline personality disorder (STEPPS), Borderline-Persönlichkeitsstörung 407, 413

T

Tagesentgelte, ergänzende (ET) 586–587
Team, gesamtes, Einbindung 9
Teilnehmer verstärken 43
Teufelskreis
- ADHS (Aufmerksamkeitsdefizit-/Hyperaktivitätsstörung) 320
- der Angst 269
- kognitiv-interpersoneller, Persönlichkeitsstörungen 400–401
- Schlafstörungen 368

- Schmerzerkrankungen, chronische 364
- somatoforme Störungen 335–336
Therapeut
- Erfahrungshintergrund, beruflicher 27
- Grundhaltung, persönliche 27
therapeutische Haltung, Psychoedukation 20–21
therapeutische Wirkfaktoren, Gruppen 44–46
therapeutisches Setting, Psychoedukation, Rolle 20
Therapeut-Patienten-Beziehung 44
Thioxanthene 236
tiefenpsychologisch-psychodynamische Psychotherapie 567
Trainings- und Informationsprogramm für Psychosebetroffene (TIP) 516–517
Tranquilizer in Schwangerschaft/Stillzeit 235–236
traumatisierte Patienten, Psychoedukationsprogramme 287
Tremor, psychogener 22
trialogische Perspektive, Gruppensitzungen 53
Trierer Inventar zum chronischen Stress, Burnout 217
Trizyklika 232

U

Umfragen
- Durchführung 86
- Ergebnisse 87–89
Unterbringung gemäß Strafgesetzbuch (StGB) 548–549
Unterstützung, gegenseitige 52

V

Valproinsäure 235
Venlafaxin 233–234
Veränderungsabsichten (Change Talk), Alkoholabhängigkeit 113
Verhaltensstörungen durch psychotrope Substanzen, PEPP 581
Verhaltenstherapie s. Kognitive Verhaltenstherapie (KVT)
Versorgungsrelevante Indikatoren der Psychiatrie und Psychosomatik (VIPP) 594

Vertragsarzt, niedergelassener 10
visuelle Analogskala für Lebensqualität 101
Vordrucke 50–51
Vulnerabilität(sbegriff) 14, 486
Vulnerabilitäts-Stress-Bewältigungsmodell 6
- psychisch kranke Straftäter 537–538
- schizophrene Erkrankungen 124–125
Vulnerabilitäts-Stress-Modell
- Depressionen bei russischsprachigen Patienten 527
- PeBAS 506–507
- schizophrene Erkrankungen 125–126

W

Well-being-Therapie 483–485
- Angststörungen, generalisierte 483
- euthyme Therapie 484
- HEDE-Training 485
- Kleine Schule des Genießens 484
Wertschätzung 40
Whiteley-Index 331
Widerstandskraft (resilience) 74, 76
Wiederherstellung (recovery) 74, 76
Wiederholung, regelmäßige, Schaubilder 51–52
Wochenbettdepression 227
Wohlbefinden, subjektives 483
Wohnungslosenhilfe 432–435
- Grundprogramm gesund.sein 433–435
- Gruppenprogramm, Einheiten 434
- Psychoedukation 432–433, 435
Work-life-Balance, arbeitsplatzbezogener Stress 217, 504

Z

ZERA-Programm 492–498
- Arbeits- und Unterstützungsmöglichkeiten, Spektrum 493
- Einstieg in das Thema Arbeit 493
- Fallbeispiele 496–497

- Grundarbeitsfähigkeiten, aktuelles Profil 493
- Handhabbarkeit 495
- Kontrollüberzeugungen, positive, selbstwirksame, Entwicklung 492
- 3-Kreise-Modell, Leitfragen 495, 498
- praktische Darstellung 496–497
- psychoedukativer Teil 494, 497
- Rehabilitation, berufliche, Planung 493
- salutogenetischer Ansatz 495
- Unterprogramme 493, 498
- Verstehbarkeit 495
- Zielsetzung 493
zerebrovaskuläre Krankheiten, PEPP 583
Ziprasidon 236–237
Zolpidem 236
Zopiclon 236
Zuhören, aktives 42–43
Zwanghafte Persönlichkeitsstörung 394, 403
Zwangserkrankungen/-störungen 87, 274–284
- Angehörige, Einbeziehung/Umgang 280
- Borderline-Persönlichkeitsstörung 414
- Chronifizierung 283
- Epidemiologie, Häufigkeit, Relevanz 274–275
- kognitiv-behaviorales Modell 281
- kognitive Verhaltenstherapie 276–277
- Komorbidität 275–276
- Muster-Manuale 277–279
- Patientenumgang, Besonderheiten 279–280
- PEPP 581
- PEPP-PA04B 589
- Psychoedukation 276–283
- – aktueller Stand 276–277
- – Bedeutung 279–280
- – Fallbeispiele 281–282
- – praktische Durchführung 277, 281–282
- psychoedukative Gruppentherapie, Themenschwerpunkte 278
- Ratgeber, Links, andere Medien 283
- Symptome 275
- Verlauf/Prognose 275–276
Zwangsrituale 471
Zwangsspektrumerkrankungen 274

Fachliteratur Psychotherapie bei Schattauer

Winfried Rief, Peter Henningsen (Hrsg.)
Psychosomatik und Verhaltensmedizin

Das renommierte Autorenteam um die Herausgeber Winfried Rief und Peter Henningsen, zwei Protagonisten der deutschsprachigen Psychosomatik und Verhaltensmedizin, geht auf störungsübergreifende Grundlagen und Problembereiche ein und veranschaulicht störungsorientierte Interventionen anhand klinischer Krankheitsbilder. Klassische psychosomatische Störungen wie Schmerzsyndrome oder somatoforme Störungen bilden dabei ebenso einen Schwerpunkt wie das Gesundheitsverhalten bei verschiedenen körperlichen Erkrankungen.

2015. 925 Seiten, 51 Abb., 85 Tab., geb.
€ 89,99 (D) / € 92,60 (A) | ISBN 978-3-7945-3045-8

Alexandra Liedl, Ute Schäfer, Christine Knaevelsrud
Psychoedukation bei posttraumatischen Störungen
Manual für Einzel- und Gruppensetting

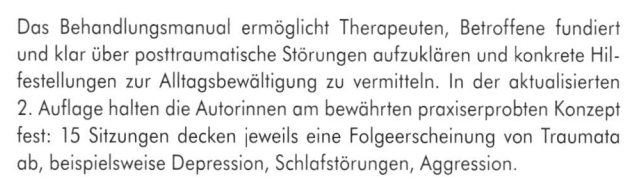

Download-Material

Das Behandlungsmanual ermöglicht Therapeuten, Betroffene fundiert und klar über posttraumatische Störungen aufzuklären und konkrete Hilfestellungen zur Alltagsbewältigung zu vermitteln. In der aktualisierten 2. Auflage halten die Autorinnen am bewährten praxiserprobten Konzept fest: 15 Sitzungen decken jeweils eine Folgeerscheinung von Traumata ab, beispielsweise Depression, Schlafstörungen, Aggression.

Mit einem Geleitwort von Andreas Maercker | 2., überarb. Aufl. 2013. 189 Seiten, 14 Abb., zahlr. Tab., kart., alle Arbeitsmaterialien für Patienten zusätzlich online zum Ausdrucken
€ 34,99 (D) / € 36,– (A) | ISBN 978-3-7945-2934-6

Joachim Weis, Ulrike Heckl, Dario Brocai, Susanne Seuthe-Witz
Psychoedukation mit Krebspatienten
Therapiemanual für eine strukturierte Gruppenintervention

Das vorliegende Manual wurde über viele Jahre und in Kooperation mit verschiedenen Zentren in der Praxis erprobt und wissenschaftlich untersucht. Es ist primär auf das ambulante Setting ausgerichtet, kann aber auch in modifizierter Form im Rahmen der stationären onkologischen Rehabilitation zum Einsatz kommen. Zu jeder einzelnen Sitzung erhält der Leser zahlreiche Arbeitsmaterialien und konkrete Tipps, z.B. zum Umgang mit schwierigen Gruppenteilnehmern.

2006. 199 Seiten, 8 Abb., 23 Tab. u. 58 Arbeitsblätter, kart.
€ 39,99 (D) / € 41,20 (A) | ISBN 978-3-7945-2444-0

Schattauer
www.schattauer.de

Fachliteratur Psychotherapie bei Schattauer

Eva Meisenzahl, Veronika Stegmüller

Psychische Belastung in Schwangerschaft und Stillzeit

Das Therapiemanual

Das erste psychoedukative Therapiemanual zur Bewältigung von psychischen Belastungen in Schwangerschaft und Postpartalzeit ist da: ein klar strukturiertes Konzept für die Begleitung von Frauen, die in diesen Phasen unter Depressionen, Ängsten und Zwängen leiden. In der Gruppentherapie oder in Einzelsitzungen lernen die Patientinnen wichtige therapeutische Maßnahmen und Copingstrategien wie u. a. Achtsamkeit, Zeitmanagement, Schlafhygiene oder das Ausschöpfen von Partnerschaftsressourcen.

2016. 250 Seiten, 6 Abb., 25 Tab., kart.
€ 39,99 (D) / € 41,20 (A) | ISBN 978-3-7945-3191-2

Evelyn Schmidt (Hrsg.)

Konzentrative Bewegungstherapie

Grundlagen und störungsspezifische Anwendung

Konzentrative Bewegung und die bewusste Wahrnehmung des Körpers machen seelische Zustände somatisch konkret erfahrbar. Auf der Basis von Körperbildtheorien und dem Konzept der Symbolisierung stellt das Lehrbuch die Grundlagen der Konzentrativen Bewegungstherapie (KBT) vor und berücksichtigt dabei auch aktuelle Ansätze in Diagnostik und empirischer Forschung sowie neue Erkenntnisse aus Entwicklungstheorie und Neuropsychologie.

2., überarb. Aufl. 2016. 406 Seiten, 21 Abb., 5 Tab., kart.
€ 49,99 (D) / € 51,40 (A) | ISBN 978-3-7945-3110-3

Peter Henningsen, Harald Gündel, Andres Ceballos-Baumann (Hrsg.)

Neuro-Psychosomatik

Grundlagen und Klinik neurologischer Psychosomatik

Neurobiologisches Grundwissen, Leitfäden für eine gelungene Gesprächsführung und die Hervorhebung der Besonderheiten der Psychotherapie in der neurologischen Psychosomatik sind Bestandteile der Grundlagenkapitel. Im speziellen Teil beschreiben die Autorinnen und Autoren detailliert die psychosomatischen und somatopsychischen Aspekte neurologischer Leitsymptome. Dabei legen sie besonderen Wert auf aktuelle diagnostische und therapeutische Handlungsempfehlungen.

2006. 320 Seiten, 16 Abb., 34 Tab., geb.
€ 69,99 (D) / € 72,– (A) | ISBN 978-3-7945-2378-8

Schattauer   www.schattauer.de